天津市志

园林志

天津市地方志编修委员会办公室
天津市市容和园林管理委员会
编著

方志出版社
Publishing House of Local Records

图书在版编目（CIP）数据

天津市志. 园林志/天津市地方志编修委员会办公室，天津市市容和园林管理委员会编著. --北京：方志出版社，2019.10

ISBN 978-7-5144-3962-5

Ⅰ.①天… Ⅱ.①天… ②天 Ⅲ.①天津—地方志 ②园林—概况—天津 Ⅳ.①K292.1

中国版本图书馆 CIP 数据核字（2020）第 112854 号

天津市志·园林志

编　　者：天津市地方志编修委员会办公室
　　　　　天津市市容和园林管理委员会
责任编辑：张　昊

出 版 者：方志出版社
　　　　　地址　北京市朝阳区潘家园东里 9 号（国家方志馆 4 层）
　　　　　邮编　100021
　　　　　网址　http://www.fzph.org
发　　行：方志出版社图书经销中心
　　　　　电话（010）67110500
经　　销：各地新华书店
排　　版：北京天逸合文化有限公司
印　　刷：北京中科印刷有限公司

开　　本：889×1194　1/16
印　　张：60.75
字　　数：138 万字
版　　次：2019 年 10 月第 1 版　2019 年 10 月第 1 次印刷
印　　数：1000 册

ISBN 978-7-5144-3962-5　定价：780.00 元

①高新区中式小公园
②天津站前绿化 | ③友谊南路绿化
④八里台桥下绿化

① 银河广场
② 新开路路边绿地
③ 水上公园鸟瞰

① 翔宇公园
② 河东区如意公园
③ 天津迎宾馆绿化

④医院绿化

⑤南翠屏公园

① 市中心区的大片绿洲　② 航拍梅江地区湖面和岛上绿化

③ 群众园　④ 杨柳青御河景区

⑤ 航拍迎宾馆及附近绿化　⑥ 都市中心的一派田园风光

①聂士成殉难纪念碑绿化
②南开星光广场
③庄王府

①②③ 蓟县的古树名木

①②③④ 蓟县的古树名木

①②③ 蓟县农庄与湖泊

④ 公园更新

滨海新区湿地

层次丰富的道路绿化

汉沽河西公园

河道绿化

泰安道绿化

泰安道街景

街区绿化

中山门公园

友谊公园

意式风情区的阳台绿化

河东区鹤园

大港石化公司绿化

王顶堤立交桥绿化

程林苗圃

河北区月秀公园

海河涌春泉

评选出的市级绿化之家

官港湖区

华苑居民区小游园

享受森林浴

天津动物园大熊猫“寨寨”

阳台绿化

航拍外环线绿化

天津市南开区天拖南居民小游园

河东区原粉煤灰场变靓丽公园

大港石化公司绿化

重大节日街头景点

市区迎春花市

开发区迎春花市

航拍河西区居民住宅及园边绿化

保税区绿化广场

解放南园

天津名花仙客来

天津海河岸边汉白玉浮雕“百龙嬉水”（昼景）

天津海河岸边汉白玉浮雕“百龙嬉水”（夜景）

河西医院庭院绿化与屋顶花园相辉映

河西医院屋顶花园

每年一度的迎春花市

天津市民阳台咫尺空间的绿化

王串场公园

蓟县古树王

华苑居民区绿化

河西区居民区绿化

中环线绿化红桥区段景点

河北区金狮立交桥上设置花盆

航拍南开大学绿化

中环公园

塘沽海滨公园

开发区泰达会馆绿化

20世纪八九十年代兴盛的阳台绿化

南京路耀华中学旁街头绿化

多姿多彩的居民区花园，美化了老百姓生活环境

少先队员护绿队在河北区中环线绿地开展活动

航拍杨柳青公园全景

市树白蜡

红桥区居民区绿化

航拍天塔及喜来登酒店地区绿化

河东公园

杨村小世界

李叔同碑廊

南京路绿化一隅

天津花圃

和平区柳州路绿化

街头植物景观

天津盆景园温室

南开区居民区绿化

抗震纪念碑
绿化景点

复兴公园一隅

民族医院绿化

天津市南开区天拖南居民小游园

南开区瀑园

市民利用居住空间养花养草

解放桥头“世纪钟”

周邓纪念馆不染亭

观赏国宝大熊猫是天津动物园游人首选

天津港区绿化

红桥区墙体垂直绿化

红桥区居民区庭院绿化

大港世纪广场

郊区公路绿化

成都道行道树夜景

中环线旁绿地内市花月季花团锦簇

河西区体院北居民区寓言公园

体院北居民区寓言雕塑

市人民体育馆前绿地

水上公园西湖

海河公园一隅

河西区体院北居民区花园

中环线绿化分车带

航拍河道绿化

三环喷泉

海河公园秋景园一隅

海河公园植物雕塑

海河公园青年园雕塑

河北区“蟾宫园”

塘沽桥头绿化

天津市地方志编修委员会组成人员

《天津市志·园林志》总编审人员

总　　编　关树锋

执行总编　张月光

分志主编　王中玮

分志编辑　陈　颖　沙　洵　韦　恬　张　铁　郭天天

评审人员　(以姓氏笔画为序)

王中玮　方兆麟　韦　恬　任云兰　关树锋
张月光　张　铁　沙　洵　陈　克　陈　颖
罗澍伟　郭天天　谭汝为

《天津市志·园林志》编修委员会

（2010—2012 年）

主　　任	李福海
副 主 任	刘鸿尧
成　　员	（以姓氏笔画为序）
	于永浩　王和祥　王春霞　王洪成　朱文忠
	李玉军　李永华　李向勤　李　齐　李冠玉
	李　强　杨振慧　杨莉娅　宋毓德　张文生
	张秀军　张建军　张彦明　张悦奎　陈俊吉
	邵泽泉　林万里　赵久江　柳宪布　徐泽光
	海兴禄　崔　敏　梁冀斌　隋家祝　蒋万和
	霍永晟　魏　侠　魏定起
顾　　问	王敬威　史晓成　左子敬　李占东　张常山
	马连勇　吴春秋

《天津市志·园林志》编修委员会办公室

主　　任	赵久江
副 主 任	张耀堂　邹　峰
编修组组长	王义彬
编　　纂	暴翠阁　张雨生

《天津市志·园林志》编修委员会

（2012—2016 年）

《天津市志·园林志》编修委员会办公室

《天津市志·园林志》编修委员会

（2016—2017 年）

主　　任	杜　翔
副 主 任	刘　祺　刘　峰　魏　侠　霍永晟　赵　健 王春霞　翟千德
成　　员	赵　勇（办公室）王庆贺　许　朝 赵　勇（计划处）韩全兰　解增熙　李奇杰 张　林　王和祥　尹爱国　徐泽光　付　鹏 梁冀斌　张　力　张俐文　张双来　李永华 李培升　刘　敏　宋永斌　王　滨　朱文忠 孙永军　崔　敏

《天津市志·园林志》编修委员会办公室

主　　任	许　朝
副 主 任	杨　静
编修组组长	张雨生
编　　纂	王义彬　暴翠阁

天津市志·园林志》编修委员会

（2017—2018 年）

主　　任　薛新立

副 主 任　刘　祺　李志琦　魏　侠　霍永晟　赵　健

　　　　　郝学华　许　朝　王春霞　翟千德

成　　员　陈永清　王庆贺　赵　瑾　赵　勇（计划处）

　　　　　徐泽光　尹鲁浩　李奇杰　张　林　焦春宝

　　　　　翟远刚　王和祥　解增熙　尹爱国　梁冀斌

　　　　　宋永斌　韩全兰　李建国　刘　敏　李培升

　　　　　张双来　杨东梅　赵　勇（机关党委办公室）

　　　　　王玉东　李永华　赵　剑

《天津市志·园林志》编修委员会办公室

主　　任　赵　瑾

副 主 任　高建静

编修组组长　姬培栋

编　　纂　王美娟

《天津市志·园林志》编修委员会

（2018—2019 年）

主　　任　薛新立

副 主 任　刘　祺　翟家常　李志琦　王艳玲　高显瑞

　　　　　郝学华　许　朝　吴光亮　翟千德

成　　员　陈永清　王庆贺　赵　瑾　赵　勇（计划处）

　　　　　徐泽光　尹鲁浩　李奇杰　翟远刚　曹　勇

　　　　　王和祥　郑国海　李少雄　解增熙　尹爱国

　　　　　焦春宝　王子平　韩全兰　刘　敏　李培升

　　　　　宋永斌　昝　珂　王玉东　赵　勇（机关党委办公室）

　　　　　李永华　赵　剑

《天津市志·园林志》编修委员会办公室

主　　任　赵　谨

副 主 任　高建静

编修组组长　姬培栋

编　　纂　王美娟

《天津市志·园林志》编修委员会

（2019—　　）

主　　任　薛新立

副 主 任　刘　祺　翟家常　李志琦　王艳玲　高显瑞
　　　　　郝学华　许　朝　吴光亮　翟千德

成　　员　陈永清　王庆贺　赵　瑾　赵　勇（计划处）
　　　　　徐泽光　尹鲁浩　李奇杰　翟远刚　曹　勇
　　　　　王和祥　郑国海　李少雄　解增熙　尹爱国
　　　　　焦春宝　王子平　韩全兰　刘　敏　李培升
　　　　　宋永斌　昝　珂　王玉东　赵　勇（机关党委办公室）
　　　　　李永华　赵　剑

《天津市志·园林志》编修委员会办公室

主　　任　王庆贺

副 主 任　刘瑞清

编修组组长　姬培栋

编　　纂　王美娟

序　言

盛世修志，志书可以“鉴前世之兴衰，考当今之得失”（宋·司马光《资治通鉴》）。国务院总理李克强强调“地方志是传承中华文明、发掘历史智慧的重要载体”，“方志流传绵延千载，贵在史实，重在致用”。国务院原副总理刘延东认为地方志有“传承文明、记录历史、弘扬文化、服务社会、借史鉴今，启迪后人”的作用。

天津市乃至全国的园林绿化历史都堪称历史悠久、内容丰富、源远流长，反映出各个历史时期的社会、政治、经济等对于改善城市环境和人民生活乃至促进社会发展进步，已经并将继续起着重要的作用。

在天津科学发展、和谐发展、率先发展的历史新时期，《天津市志·园林志》应运而生，这是天津市园林行业职工的一件大事。

园林绿化事业与人民群众的生活、工作息息相关，是城市建设的重要组成部分，是唯一有生命的城市基础设施，与其他各项事业关联密切，同时它也是一门综合性的现代交叉学科，是科学与艺术的结合，与城市建设、城市设施的结合。多年来，园林职工克服困难、辛勤耕耘、甘于奉献、改善环境、功在当代、利在千秋、泽及子孙，为美丽天津建设作了大量卓有成效的工作，堪称“城市美容师”、“生态改善师”和“社会造福者”的光荣称号。

《天津市志·园林志》主要记载了自天津设卫筑城以来到2010年天津市园林绿化的发展历史，是迄今为止记述天津市园林绿化事业历史最长、史料最详实、内容最齐全的专业志书。此书远今兼述、薄远厚今，较全面地反映和总结了天津市园林绿化行业产生和发展的历程、建设成就和基本经验，记录了园林职工辛勤劳动、艰苦奋斗、拼搏进取、无私奉献的光辉业绩，并力求从学术角度介绍天津市园林绿化事业在城市建设的大系统中，在美化城市和改善城市生态环境和促进各项事业发展及人民身心健康等方面的重要功能与作用，以期达到全面系统反映天津城市园林绿化面貌的目的。

《天津市志·园林志》作为载体，可以资政，继往开来；作为史料，可以存史，以史为鉴；作为文献，可以启迪和惠及后人。运用此书，可以充分发挥它的存史、育人、资政等多方面功效，对后人借鉴园林绿化发展历史的成功经验和需要探索的问题，将起到不可替代的作用，有助于推动园林绿化事业更好、更快地开拓发展。

《天津市志·园林志》的问世，是全体修志者及有关部门和人员历经多年、艰苦努力、辛勤工作的成果。他们坚持实事求是、尊重历史的原则，以科学严谨的态度，克服时间跨度大、资料短缺等困难，尽量广泛收集资料，奋力秉笔编纂，付出了很大心血。本书在编写过程中，得到了园林系统各单位和各有关部门人员的大力支持与协助，得到了上级有关部门和领导、专家的大力扶植和指导，在此一并深表谢意。

由于天津市园林基础资料所限，以及园林机构设置和人员的多次大幅度变化，导致资料收集难度较大，故本书的编写难免有所疏漏，甚至可能出现些许谬误，望大家阅后不吝赐教，并以期在今后的修志时不断完善。

是为序。

《天津市志·园林志》编修委员会

2018年12月31日

凡 例

一、本志以马列主义、毛泽东思想、邓小平理论、“三个代表”重要思想、科学发展观、习近平新时代中国特色社会主义思想为指导，坚持辩证唯物主义和历史唯物主义的立场、观点和方法，坚持实事求是的原则。全面、客观、真实地反映天津市园林绿化的历史和现状，突出区域特色，体现专业特点，力求思想性、科学性、资料性、可读性的统一。

二、本志上限始于明朝永乐二年（1404年），因事而异，尽量上溯事物的发端；下限至2010年。立足当代，详近略远，突出地域特色，体现行业特点，寓观点于记事之中。

三、本志采用篇、章、节、目结构，如需要再细化表述再设子目。综合运用述、记、传、志、图、表、录等体裁，以志为主。大事记以编年体为主，辅以记事本末体，按时序纵述大事、要事、新事。

四、本志采用现代规范化书面语体文、记述体，使用规范汉字。文风力求准确、朴实、简洁、流畅、合乎现代汉语语法，力戒文言文和白话文相杂。

五、历史纪年，中华民国以前书朝代年号，括注公元纪年，省去“公元”两字；中华民国之后，一律使用公元纪年。

六、各历史时期的政治机构、官职等，均以当时历史名称，直书其名，不加褒贬。地名依历史称呼，并括注现行标准地名。所有名称在第一次出现时均用全称，使用简称首次加括注。涉及外国名称，除历史上约定俗成的之外，均使用新华通讯社发表的译名。

七、对机构、团体、部门、政治术语、会议、文件、专业名称和专用名词等，首次出现用全称，再次出现用简称。

八、本志采用第三人称记述。对涉及人物直书姓名，首次出现时，在姓名前冠以职务、职称等称谓，后面不加“同志”“女士”“先生”等称谓。

九、本志标点符号与数字的用法，按2011年国家标准化管理委员会公布的《标点符号用法》《出版物上数字用法的规定》执行。凡列入国家统计范围的数据，使用统计部门公布的数据；无统计数据的，采用有关单位调查核实的数据。

十、计量单位名称、符号，按照国务院1984年2月公布的《关于在我国统一实行法定计量单位的命令》执行。历史上使用的计量单位如实记载。

十一、人物篇以本行业为主，兼收本籍对行业有突出贡献的人物；遵循“生不立传”的原则，对在世贡献大的人物，则采用以事系人，在有关篇章中记述；对本行业副局级以上人物用“简介”记述。对受省级以上表彰先进人物用人物表记述。

目 录

第三篇　公园、风景游览区

第四篇 城市绿化

第五篇 规划、设计与施工

第六篇 园林花苗木业

第七篇　古树名木与市花市树

第八篇　园林科技教育

第九篇　社团组织

第十篇 人 物

附 录

综 述

综　述

（一）

天津临近渤海，海河贯穿市区，九河下梢汇此入海，境内池塘洼淀星罗棋布，素有“北国江南”之称，自然和人文景观独特，历史文化积淀深厚，园林绿化有着得天独厚的有利条件。但因地下水位浅，矿化度高，土壤普遍盐碱，也给植物材料的选择、品种驯化种植与养护管理带来许多限制和影响。

明永乐二年（1404）天津设卫筑城，一些官僚、政客、富商在天津发祥地三岔河口一带，择地种植花木、建造亭台楼阁，作为休憩、待客、娱乐、题咏之所。天津园林乃由此萌发兴起，并伴随着城市的形成和发展而存立和发展。

天津古代园林始建于明朝，盛行于清中期，至清末衰落。它虽无皇家宫廷园林之堂皇宏丽，亦多无高山峻岭以增雄伟磅礴之势，但造园取法自然、注重意境、因地随势、巧于因借，既有江南气息，又有天津地方风格。

天津建造最早的园林，有史可考的是《天津县志》记载的官署园林“浣俗亭”，建于明正德年间，为明代户部主事汪必东所建，建在户部分司署内。在其后的约200年间，共建成官署园林和私家园林共50余处。其中最富盛名的私家园林，首推水西庄（今芥园水厂所在地），系芦盐巨商查日乾于雍正元年（1723）始建。共占地百亩，水木清华，堪称津门诸园之冠，可惜后来毁坏殆尽。

清末民初，官僚、政客、富商多有私人花园修建。主要有李春城在谦德庄所建荣园（李善人花园）、曹锟购置并扩建而成的曹家花园、李纯在南开建李公祠辟后花园等。一些较大的寺院，也多辟建园林。寺庙园林中，较著名的有南门外的普陀寺，赐名海光寺。到清末，这些园林大都毁坏殆尽。幸存的荣园后改建为人民公园，李纯祠堂后改建为第三工人文化宫，大悲院成为著名佛教寺院。

1860年第二次鸦片战争后天津开埠通商，1902年形成九国租界，租界内先后修建小花园10座，一般为外国人消遣游乐。

在天津近代园林中，于租界外修建的公园，首推清光绪三十一年（1905）的劝业场，（后为中山公园），其是在私家园林思源庄的基础上扩建而成。最早的花园式游乐场是建于1917年的大罗天，园内建有亭阁、假山，园林建筑独特，游艺形式多样，后废除。

天津的城市绿化早在明清时期，城北的西沽桃花堤就“春倾晓日、桃红柳绿”，城南八里台则“荷菱弥渠、舟楫往来”，而城西三元村一带“白杨参天、松柏苍翠”。其他如小树林、万柳村、柳林等地，也都曾形成较大规模绿化点。

兴建和装点园林，必当有花木的培育和供应。因此，明初天津城郊就出现了花农，逐渐集中于天津城郊南运河两岸的村庄。到清代，这一带更成为著名的花乡，如北辛庄、赵庄、三元村是有名的月季之乡，杨庄、曹庄称为菊花之村，大觉庵附近以莳养牡丹、芍药闻名，而阎街子则以培育草花著称。近代天津，租界地园林的建设，更使花木需求量增加。于是，英国人首先在租界地内的伟夫路（现湛江路）修建花厂，内有全光温室两座，利用锅炉供暖，当时被称为洋窖。南市、小白楼等地花卉商店渐多，经营盆花、切花、苗木、金鱼、鸣禽等。一些外国花卉品种，也由传教士、留学生等引进天津，如仙客来、香石竹、日本的皂角树、法国的银叶柳等，就是这个时期传入的。

天津的城市园林，虽然有几百年的历史，但由于近百年社会动荡、战争不断、烽火连年，遭到极大破坏。据统计，到 1949 年 1 月时，全市只剩下宁园和旧租界内的几个小公园，总面积 49. 91 公顷，加上街心和道旁绿地 0. 79 公顷，绿地总面积 50. 7 公顷，人均占有绿地面积 0. 28 平方米。全市保存的树木不及 2 万株，绿化覆盖率仅为 0. 53%，仅有花苗木生产基地 14. 83 公顷。当时天津已经是拥有约 179 万人口的大城市，其园林绿化基础之薄弱、状况之落后，由此可见一斑。

（二）

1949 年后，人民政府立即组织接收公园、花圃，审定公园名称，部署清整修复工作，并开始大规模新的园林建设，1950 年，成立了市政府直属的园林广场处，天津园林绿化进入高速发展阶段。在最初的三年经济恢复时期，园林部门开展植树造林，兴建公共绿地，到 1952 年底，全市公园已发展到 14 座，共植树 48 万株。特别是始建于 1950 年 8 月 26 日，并于 1951 年 7 月 1 日就正式对外开放的水上公园，成为天津历史上最大的城市综合性公园。

1953 年到 1957 年，是我国第一个五年计划时期。天津市的园林建设，按照“先普及、后提高”的原则，利用各种条件发展公共绿地，改善城市环境。如结合改善环境卫生，消灭号称“四大害”中的赤龙河、南开蓄水池等，以及结合修建工人新村，修建各类公园。到 1957 年末，基本达到区区有公园，处处有绿树。20 世纪 50 年代，党和政府在经济十分困难的情况下，投入 760 余万元，新建公园 24 座，建设公共绿地 390 余公顷。

但在 20 世纪 50 年代后期盲目“跃进”和三年经济困难时期等不良影响下，原定的城市园林绿化宏伟计划不仅没有完成，有单位还侵害占用园林部门的公园、花苗圃土地 118. 5 公顷。

自 1966 年“文化大革命”开始后的 10 年间，城市园林再度遭受严重破坏，公园绿地被挤占（在此期间公园绿地面积下降 5. 57%），花窖、花卉被毁，树木被砍伐约 15 万株。1976 年发生的以唐山为中心的特大地震，严重波及天津市，园林绿化又因此蒙受灾难。人民公园等 25 座公园近乎搭满临建棚，尽管为当时解决震后居民居住难题起了很大作用，但所迁入的 3. 18 万户、

18.12万名居民，令总面积330公顷的公园几乎面目全非。震后的3年多期间，仍得不到完全恢复。20世纪60和70年代的20年间，全市仅建设公园2座，建设公共绿地120公顷。

1949年到1976年唐山特地震的震后恢复时期，全市园林绿化事业尽管历经坎坷，但总体仍有很大发展。截至1978年，市区公园发展到28个，其中大型公园5座，占地361公顷，实有树木121.5万株，人均占有公共绿地1.06平方米，绿化覆盖率6.45%。随着城市绿化的发展，园林机构和职工队伍也不断发展提升和壮大，1979年底，天津市还首次成立了市园林局，全面实施对全市园林绿化的建设的管理。

（三）

中共十一届三中全会以后，天津市园林绿化事业有了重大转机，进入快速发展期。此后《天津市1981至1983年震损住宅及配套设施恢复重建规划》开始实施，伴随着拆除临建、市容整顿、旧区改造和大规模住宅建设，则有了新的更大的发展。居民区开展庭院式绿化，单位绿化蓬勃发展，出现一大批花园式单位，街头和道路绿化，由以往主要只栽植乔木行道树，改成实行乔木、花灌木、草坪和园林建筑小品等相结合，沿街的多处围墙改造为通透式，墙内外的绿化相融合，景观开始变得错落有序、丰富多彩。园林部门还根据旧市区建筑密集、道路狭窄和绿地匮乏等特点，结合城市改造，利用市区小块零星土地，见缝插绿，挤地建园，大力开展小街景、小绿地、小游园的“三小”建设，使之“星罗棋布”达到300余处，其面积约占公共绿地的39%。特别是1982年11月正式动工、1983年9月全面开放的海河公园，全长19.8公里，公园总面积20多公顷，成为贯穿市区的风景轴线，令天津市绿化面貌大大得以提升。1982年，全民义务植树运动开展以来，群众植树走向制度化、经常化，其形式也变得多样化，对提升天津市绿化水平，起到很大促进作用。

为适应大规模城市绿化发展，天津市的花苗木基地建设，在20世纪80—90年代有了迅猛发展。截至1990年，已建成刘园、北仓、程林庄等苗圃9处，总面积512.18公顷；建成北辛庄、宜兴埠、杨庄子、湛江路等花圃10处，总面积28.52公顷。

截至1990年底，全市人均占有公共绿地2.19平方米，绿化覆盖率为11.5%。

1991年至1995年的“八五”计划期间，园林建设全面加快，“八五”规划各项指标超额完成。植树610万株，超计划52.5%；绿化覆盖率为17.8%，比计划指标的16.3%提高了1.5个百分点；人均占有公共绿地3.2平方米，比计划指标的2.9平方米提高了0.3平方米。“八五”期间的公园建设，采取多渠道投资、多样化建园的措施，新建公园41座，其中大型公园7座，中型公园15座，小型公园19座，总面积204.8公顷，是天津市建设公园最多的时期。

1994年，以迎世乒赛为契机，园林绿化发展进一步加快。1995年，根据市委、市政府发出的“让天津白天绿起来，晚上亮起来”号召和部署，园林部门贯彻三年绿化实施办法，绿化、美化津城掀起新热潮，仅当年就新建各类绿地172.58公顷。

1996年，实现“九五”计划高起步，提前完成原订1996年到1998年“三年绿起来”的绿化任务，绿化覆盖率达到19.33%，绿地率达到6.92%，人均占有公共绿地3.45平方米。1998年是“三年绿起来”的最后一年，园林部门在继续增加市区绿化总量、不断提高绿化水平的同时，把新的绿化增长点转移到滨海新区上来。1998年，园林部门在提前完成年度绿化增量的同时，强化精品意识，提出“以创建国家园林城市为目标，增大绿，上水平，换新貌，见效果”的工作思路，新增绿地257公顷，较上年增加35.6%。1999年，园林部门抓住迎接和庆祝建国50周年、天津举办第39届世界体操锦标赛的契机，实施“建养并重、专群结合”等战略，园林绿化开始“向内挖潜、向外扩展”。

（四）

进入21世纪以后，园林建设进一步加快，2000年和2001年，每年新建绿地都在450万平方米以上，2002年，达到678万平方米，绿化量连创历史新高，并在实践的基础上，逐渐形成现代生态园林的理念。2006年，不仅绿化“三率”指标稳中有增，依法行政也稳步推进，制定了《天津市城市绿化异地补建绿地代建费管理办法》《天津市城市树木赔（补）偿费管理规定》等规范性文件和实施细则。完善了全市除虫植保网络，实现了将有虫株率指标控制在0.5‰以下的目标。2007年，制定出台了市级园林城区和园林县标准，组织20项民心工程中绿化建设，实施卫国道、津滨大道、大沽南路、解放南路等主要入市口道路的绿化提升改造工程，使之形成标准、样板路段，作为重点道路绿化的示范。

2009年，新组建的市容园林委不断加大园林绿化工作力度，不断提高园林绿化的标准和水平。截至2010年底，天津建成区绿化覆盖总面积达24888.14公顷，建成区绿地总面积达21782.36公顷，公园绿地总面积达5719.82公顷，建成区绿化覆盖率达33.00%，建成区绿地率达28.89%，人均公园绿地面积达8.76平方米。在城区面积和居民成倍增加的情况下，与天津1949年初的绿化覆盖率0.53%、人均公园绿地面积0.28平方米相比，可谓天壤之别。

新组建的市容园林委成立不久，还高标准编制了《天津市市容建设和城市绿化“十二五”（2011—2015）发展规划》，该规划首次整合城市管理范畴中环境卫生、城市绿化等多个专业领域，并依托天津中心城区地形地貌特征，规划构建更大规模、更加合理的绿地系统结构，不仅令天津市园林绿化呈现出新的发展态势，更展现出越发美好的前景。

大事记

隋　朝

隋开皇十三年（593），独乐寺在蓟县县城西大街开始建设。辽统和二年（984），独乐寺重建。这座古刹占地1.05公顷，规模宏大，建筑技艺高超，极具艺术价值，为我国古建筑的瑰宝，系全国重点文物保护单位。

唐　朝

唐永淳二年（683），峰山药王庙在位于大寺镇王村开始建设，历史上屡次重修。其总占地面积1万平方米，建筑面积3000平方米，主要供奉唐代杰出医学家孙思邈。

宋　朝

北宋景德二年（1005），广济寺在现宝坻区城西大街开始建设，俗称西大寺。该寺坐北朝南，占地面积3000余平方米。由弘演法师首倡筹建、开山立业，陆续建置了甘井、华亭、法堂、香厨、浴堂等建筑。弘演圆寂后，其弟子道广、义弘秉师遗志，将大殿和山门修完，直至北宋天圣三年（1025）竣工。

元　代

天后宫约建于元代至元十五年（1278），即元世祖忽必烈第一次敕封天妃之时，位于三岔河口海河西岸，占地5350平方米，建筑面积1655平方米，坐西向东，面对海河。建筑群由过街楼、戏楼、幡杆、山门、前殿、大殿、藏经阁、启圣祠构成。

明　代

明永乐二年（1404），潮音寺在塘沽海河西岸西大沽，面朝大沽口。由当地居民集资，兴建坐西向东庙宇13间，初名“南海大寺”，又名“双山寺”。明嘉靖三十一年（1552），为“安民心、抗倭寇、拨库银”予以重建，御笔更名为“潮音寺”，遂作为有明一代的皇家寺院，被誉为“海河第一道场”。清康熙、乾隆皇帝曾亲临拜谒，故愈加扬名于海内外。

明宣德二年（1427），玉皇阁在位于三岔河口西侧开始建设，并先后于正德八年（1513）、清康熙三年（1664）、乾隆四十五年（1780）、咸丰七年（1857）、光绪十七年（1891）五次重修，是天津市规模较大的道观。

明宣德八年（1433），吕祖堂在现红桥区吕祖堂前街16号开始建设，清康熙六十年（1443）和道光十九年（1839）两次重修，由供奉“纯阳吕祖”吕洞宾而得名，坐北朝南，后墙为芥园道，是一座木结构砖坯材料填充墙的古庙宇建筑，占地面积1500平方米，建筑面积500平方米。

明正统元年（1436），文庙在东门内大街东口北侧开始建设，又名孔庙。原址为明代天津左卫指挥朱胜的宅邸。为兴学祭孔，朱胜献宅建庙。首建堂斋公廨，十二年（1447）建大成殿，其后又增建东西两庑。文庙历经明代天顺、万历，清代康熙、乾隆年间重建扩建，是天津市区保存较为完整的古建筑群之一。

明万历四年（1576），杨柳青文昌阁在位于今西青区杨柳青镇柳口路古运河（御河）南岸、元宝岛东侧始建，为津门锦衣卫高姓集资兴建。

清　代

清顺治十年（1653）前后，问津园在位于天津城东北2.5公里处，金钟河故道锦衣卫桥迤西今中山公园迤南始建，是清代名噪一时，誉满津沽的私家园林。

清顺治十五年（1658），大悲禅院在海河三岔河口附近开始建设，俗称大悲院，旧寺院址，占地50余亩，包括今元纬路、四马路一带。院内有楼、亭。楼名“一层楼”，又名“藏经阁”。亭内供奉大悲观世音菩萨像（又称千手观音），即为大悲禅院寺名之由来。大悲院建成后不久，于康熙八年（1669）扩建。

清代康熙四十五年（1706），海光寺开始建设，历经13年始建成。

康熙、乾隆繁盛时期，津城内外寺庙繁多，诸寺之冠当属康熙、乾隆皇帝多次驾临并御题寺名和楹联的“海光寺”。

清代雍正年间（1723），水西庄开始建设，水西庄地周百亩，水木清华，为津门庭院之冠。

清乾隆九年（1744），静寄山庄在位于蓟县盘山南麓开始建设，又名盘山行宫。占地约40公顷，于乾隆十九年（1754）竣工。静寄山庄是清代北京以外规模仅次于承德避暑山庄的第二大皇家行宫园林，清鼎盛时期的御用园林杰作之一。

清乾隆三十年（1765），柳墅行宫开始建设，这是继明代建的直沽黄庄之后，津城建造的第二座大型御用园林，翌年至1794年的28年间，乾隆皇帝八次驻跸行宫，整座行宫分为两部分，一部分为殿堂区，一部分为造园区，行宫周长240丈（720米），总面积近50亩，为当年津城最大的园林古建筑群。

海河楼建于清乾隆三十八年（1773），遵循明清时期古典庭园建筑营造方式。其内亭池廊台榭树石，前临河为楼，毁于同治八年（1869），存世97年。

清同治二年（1863），李家花园（荣园）就是现在的人民公园，在今河西区厦门路开始建设，是天津大盐商李春城（1826—1872）的私家花园。

清光绪元年（1875）起，“石家大院”几经扩建修葺，历十余年，时称“津西第一宅”占地面积6080平方米，集居住、筵宾、娱乐、赏景、读书、祀祖功能于一体，堪称津门私家宅园建造模式的代表。

清光绪二十一年（1895），位于威廉街（今解放南路）租界内始建德国花园（今解放南园），占地约20亩。

光绪二十九年（1903），曹家花园在位于今河北区新开河畔，二五四医院院址始建，成为天津最大的私人花园之一。

光绪二十九年（1903）俄国公园建于1903年，位于原天津俄租界领事馆迤东，在今大光明桥海河东岸天星广场一带，面积7万平方米，在昔日天津租界花园中面积居首。

清光绪三十一年（1905），由北洋政府出资，在新建的大经路中段东南侧及早期名园“问津园”的前身——思源庄北部建辟公园，占地逾九十亩（约为今中山公园面积的三倍），历时两年建成。

民国时期

民国二年（1913），李纯祠堂在位于今南开区白堤路82号始建，民国十一年（1922）建成。原占地逾40亩。

民国二年（1913），法国花园（今中心公园）始建，花园为圆形，被霞飞路（今花园路）环绕，占地面积20亩，属于典型的街心花园设计，为半径65米的正圆形。

民国五年（1916年），张园初名“露香园”，系清末两湖制统张彪在天津的别墅，建于原天津日租界宫岛街（今鞍山道59号），占地20余亩，是一处中西合璧的花园别墅，成为载入中国近代史的一处名园。

民国八年（1919），平安公园在小白楼开始建设，建成于民国十四年（1925），是一处供人休憩的街心花园。在10座租界花园中规模最小，呈三角形，面积6.12亩，。

民国十年（1921），静园在坐落于原日租界公岛街、今鞍山道70号开始建设，占地面积3360平方米。

民国十九年（1930），北宁铁路分局投入50万元资金，规划拓建种植园，总面积达400亩，翌年7月竣工开园，取名“宁园”。

1949年至2010年

1949年

3月19日 天津市工务局建立园林管理所，委派范文中任园林管理所主任，负责经营局所属的公园、苗圃、花厂，并接受旧市立农场。

3月25日 公布该年植树计划14000株。其中市内行道树补植7000株，郊区公路及河岸栽植7000株。

4月8日 接收原市立农场完毕，计土地2150亩。

12月4日 为加强园林工作，园林管理所改为园林处，仍隶属工务局。

12月12日 工务局召开开辟公园的会议。参加会议的单位有民政局公产清管局、教育局、地政处、南开大学、学联等。主持人在会上介绍，拟利用名为“青龙潭”的洼地改造成水上公园的意见。

1950年

1月3日 市人民政府通知，恢复中山公园

1月28日 市建委首次会议决定，成立包括绿化委员会在内的10个专业委员会。

2月20日 在百货公司对面的多伦道口原书局废墟上，修建胜利公园。

2月25日 开展植树造林，组织植树大队，计划植树28368株。

3月20日 工务局更名为建设局。

4月30日 春季植树计划全部完成，共植树30000株。

6月16日 市区徽州道李家花园为天津市较大花园之一，面积242亩，内有旧式楼阁、假山、亭、塔、苇塘60亩。该园园主李岐美等人，自动捐献给政府。

8月26日 水上公园修建工程开工。

9月26日 园林广场处成立，处长阎子亨。组织机构设秘书室、技术室、会计科、工程科、园艺科。园林广场处直接隶属人民政府。

10月28日 市政府发布《关于植树保护办法及公园游览规则》，拟定秋季植树造林计划。该秋植树重点为新开河两岸，宜兴埠北防洪堤及南郊三处造林364亩，共需栽植苗木142165株。

11月25日 园林广场处由市6区福建路18号迁至10区马场道60号。

1951年

1月17日 市政府决定，园林广场处由市建委直接指导日常工作。

2月23日 制定植树造林计划。植树地点和内容为在西北郊、第九区丁字沽、邵公庄、西于庄等处举办合作造林，栽植紫穗槐、洋槐等；在新开河岸造林65000株，在市内街道、公路两侧补栽树木14048株。

5月4日 园林广场处经市人委同意后，函告各厂、矿企业，为做到以园养园，自当日起开始对外供应花木并代为施工设计，酌收低于市价的工本费。

7月1日 人民公园和新建的水上公园开放。

12月 市政府、市总工会决定兴建总面积455亩的第二工人文化宫。

3月23日 解放公园改名为解放北园，原德国公园改名为解放南园，河北新公园改名为金钢

公园。

1952 年

3 月 10 日 成立园场工程大队，下设 10 个小队。

4 月 27 日 第二工人文化宫首期工程破土动工。

7 月 5 日 第二工人文化宫开幕，市委书记兼市总工会主席黄火青剪彩。

7 月 15 日 园林广场处与建设局、卫生工程局一并成立市政工程局。

1953 年

4 月 18 日 在承德道空地修建街头绿地。

5 月 15 日 市政工程局公布《天津市私有树株保护暂行办法》

12 月 28 日 金钢公园、八一公园开放。

1954 年

4 月 15 日 第二工人文化宫举行大剧场落成典礼，市委书记兼市总工会主席黄火青剪彩，周扬、田汉等名人出席，梅兰芳在此专门为天津工人进行首场祝贺演出。

9 月 19 日 毛泽东为天津市人民公园题写园名，毛泽东手书的“人民公园”制成匾额。

1955 年

6 月 6 日 公布市区行道树达 64877 株。

12 月 31 日 填垫南开蓄水池臭坑而修建的南开公园和修葺一新的中山公园开放。

12 月 31 日 当年植树 114191 株。当年园林工程队撤消，改为直属市政局养护处的两个工区，一工区负责园林建筑，主任张春泽、吉炳忠、许金楷。二工区负责土方工程，主任吴春庆、杜金山、郭瑞起。

1956 年

1 月 28 日 制定出 1956 年到 1962 年七年绿化规划，内容为新建滨河公园绿地 16 处，47. 5 公顷，中小型公园 40 处，36. 5 公顷，中小型绿地 25 处，24. 28 公顷，林荫道 18. 5 公里，防护和隔离林 56. 9 公里行道树 75 公里，郊区行道树 6. 25 公里。预计人均绿地面积可达 3. 79 平方米。成立苗圃管理所，所长孙永成。

5 月 1 日 海河公园正式开放。

7 月 1 日 第二工人文化宫 1250 平方米的游泳池建成开放，并举办市首次职工游泳比赛。

1957 年

5 月 1 日 红桥区丁字沽和大红桥小公园、河东区沈庄子大街小公园、四纬路小公园、新华区桂林路小公园、河北区李公祠沿河小公园建成开放。

8 月 25 日 水上公园公布售票规定，个人票价 5 分，团体票每人 3 分，月票 7 角 5 分，钓鱼票每杆 3 角。

12 月 24 日 公布本年度春季植树道路 38 条，栽植树木 4920 株；秋季植树道路 46 条，栽植树木6698株；加上其他地区植树，总计植树96941株。

1958年

2月3日 提出1958年“大跃进”指标，全市植树100万株，比1957年增长十倍。

2月26日 建设局通知，养护管理处的园林绿化部分，改称天津市建设局园林处，处长武道庚。

3月7日 绿化委员会正式成立，宋景毅任主任，王培仁、潘长友、许明、张玉、贺明、裴萍、翟新任副主任，责成各区成立绿委分会。

4月1日 经市人委同意，农林水利局将林木试验场，丁字沽苗圃（原名武库苗圃）移交红桥区人委，兴建西沽公园。

5月31日 公布园林处机构为四科一室，即办公室、人事保卫科、计划科、设计科、财务科。基层单位为三所一队，即园林工程队、花苗圃管理所、人民公园管理所、水上公园管理所，另设公私合营花木园艺场。

8月13日 毛泽东参观设在水上公园展览馆内的河北省工业展览。

9月19日 开辟程林庄苗圃。

12月6日 市人委批准成立天津市花木公司，花木公司首任经理惠传好。

1959年

1月1日 截至1958年底，园林处在册人数共计1662人（包括合同工）。其中技工288人、壮工1347人、徒工27人。

1月1日 花木公司正式开业。

1月31日 公布人民公园动物发展情况，该园1951年底仅有的31种、114只动物，到1958年末已发展到174种、1374只。

3月26日 园林处召集文档会议，要求从该年元月一日开始，做大事记记录，指定专人补齐，3月26日以前的记事，并自即日起实施逐日记录。

3月31日 天津日报登载，全市约有1000人投入编写十年建设专史活动，园林绿化章节列入城市建设部分中。

4月5日 市人委批拨1959年度园林绿化费100万元。

5月8日 职工变动情况，目前总数达1797名，其中正式工566名、合同工979名、临时工252名。

5月13日 市人委发布《天津市市区内园林绿化建设管理暂行办法》。

6月23日 修订印发《小公园管理养护规范》

10月12日 园林处首届职工代表大会在水上公园展览馆召开。

10月19日 红桥区建设局发动群众义务劳动修建西沽公园，挖掘土方10万立方米，即日动工。

11月5日 红桥区发动群众，赶挖西沽公园土方，将园内22亩苗圃中的杨树约3800株大部分伐掉。为此，市政工程局呈请市人委速予制止。

11月22日 《天津日报》载，全年重点绿化美化城市工作，共植树162万余株。

1960年

1月3日 总结1959年年度工作，全年实际完成214万元，为年计划的132%，其中基建费60万元（建园及广场绿化），植树费99万元，维护费及自筹资金317000元，代办工程233000元，全年植树2112281株，育苗23000000株，繁殖花卉42万盆株，劳动生产率为10.9元/工，植树成活率98.1%，育苗成苗率为77%，芽接成活率83%，游园人数达258万人次。

2月29日 建委划拨河北区北宁公园北侧土地100亩，作为绿化专用地。

3月14日 建委通知，将南开区李公祠西土地135亩划拨给第三文化宫，作为绿化用地。

4月18日 派出薛广信工程师，参加湖南韶山绿化规划工作组工作。

5月1日 “百花齐放展览”在人民公园开幕，四季花卉同时开放，蔚为奇观。

5月24日 统计“百花齐放展览”的品种及数量：露地草花44种、442盆；温室花木47种、543盆；温室草花65种、1326盆；露地草花66种、496盆；其它花木151种、688盆。总计373种、3495盆。参加展出的共73个单位、13位个人，参观人数265490人次，游人留言和赋诗380件（首）。

7月1日 尖山公园对外开放。

7月28日 市人委通知各区、县人委，迅速掀起一个雨季造林的群众运动。市建委划拨王串场土地43.9亩建公园。

9月1日 制定1961年科研项目12项研究，主要有利用强化器促进植物生长影响的研究、常见病虫害的调研及综合防治研究；常绿及南方名花适应土壤的研究、微量元素元土育花的研究、盐碱地的改良试验研究等。

9月15日 提出在水上公园修建动物园的预算102.5万元。

11月12日 成立生活指导小组，组长武道庚，副组长宋琪祥、安彦增，该组织大抓职工生活，节粮度荒。

12月24日 采取“狠抓、急动、细分析”的措施，对全体职工进行身体普查。1760名职工中，浮肿315名。治愈257名（包括待观察54名，需巩固39名，轻型19名，仍需休息59名）。

1961年

3月13日 统计1960年底苗圃经营情况，刘园苗圃收入24.42万元，支出22.48万元，在册人数111人，程林庄苗圃收入3.73万元，支出11.25万元，人数48人。赵庄子苗圃收入2.77万元，支出13.09万元，人数57人。

7月16日 公布上半年植树190.1万株，（市区70.6万株），定植苗木31.4万株，移植215.8万株，生产花卉48.1万盆株，出圃10.2万盆珠；公园游人数较去年同期增加42%，达

188万人次。

8月1日 制发试行《除虫操作规程和公园管理养护大纲》。

8月22日 试行计件工资制，提出初步方案。

8月30日 市建委发表《关于树木碰连电线问题的解决意见》。

11月28日 建设局、市内电话局，供电公司签订《关于解决线路与树木相互影响的协议书（草案）》。

1962年

1月15日 截至1961年底职工总数为1166人（其中干部150人，工人1016人）。

1月17日 经过整顿，刘园、赵庄子、程林庄三个苗圃合并。

5月29日 公布现有职工人数：干部138人（园林处91人，各区47人），工人766人（处165人，区601人）总计904人。

9月14日 建设局1962年投资计划汇总表载，园林处历年投资数，1957年为55.68万元，1961年为106.92万元，1962年为91.52万元。

10月26日 公布今春市区共植树22.66万株，比原计划的7万株超过两倍多。其中专业部门植树11.3万株，参加植树运动的群众达13800余人次。

11月30日 全市按期超额完成秋季植树计划。共植树32645株，为计划的103.58%。

12月1日 建立园林绿化研究所。

下半年 建立苗圃管理所，所长杨庆元。全年下半年度调整结构，园林处建立公园绿化科，副科长董伯涛；建立花木培育科，副科长田继泽。土建维修投资为13.7万元，植树绿化费11.5万元，完成工作量27.4万元。植树完成30.56万株，为年计划14.8万株的238%。补栽了116条道路的行道树1890株。公园绿地植树8.7万株，全年生产花卉32.9万盆，为年计划的125.8%，育苗完成播种2.5万平方米。插条0.64万平方米。移植苗木42.5万株，定植1.4万株，出圃花木32.2万株。

1963年

3月5日 园林绿化研究所制定全年九项主要科研工作。即土壤水质化验；病虫害调查；病虫害预测预报；病虫标本制作；新农药的试验推广；菊花、月季品种的调查、整理天津园林植目录花卉培育、养护管理的技术措施以及花卉病虫害防治的技术指导。

3月20日 建设局1963年投资初步计划3122万元，其中园林绿化投资50万元，占1.6%，重点工程是刘园苗圃渠道和公园内损坏严重的设施维修及全年植树30万株。

3月27日 园林处制定12项技术操作规程。

3月28日 市总工会、建设局联合通知：园林处等基层单位，自5月1日起，所属9个单位的职工，统一享受劳动保险待遇。

3月30日 开始编写《天津市观赏植物名录》。

5月30日 天津市绿化委员会通知各区绿化委员会，为庆祝六一儿童节，开展绿化宣传周活动，时间定为6月1日至6月7日。

6月17日 自当日起，实行园林处领导每周一集体办公的制度。

6月29日 园林处请示建设局，在全市推广水上公园发动群众捕捉天牛成虫给予奖励的办法。初步预算1500元，拟列入该年春植预算内开支。

7月29日 经建设局同意，园林处机关干部列入事业费开支，执行劳保条例。

10月7日 上半年实行行道树群众管理试点，据6月末统计，各区已落实群众管理的行道树13205株，分别落实到408个单位、85户、409人。

秋季 在人民公园举办菊展，展出品种为650个，3000余盆，接待观众8万余人次。

全年 园林处工程技术人员共47名，其中土建工程技术人员18名，农（林）业技术人员29名，18名土建工程技术人员高校毕业的8名（工程师3人，技术员5人），中技毕业的2人，（技术员），29名农（林）业技术人员（工程师、农技师4人、技术员12人），中技毕业的8人（工程师、农技师2人、技术员6人），总共工程师、农技师9名、技术员38名。绿化总面积480.54公顷，人均绿地面积1平方米/人，公共绿地占市区面积1%，全年植树175000株，已植树道路长度为397公里，公园34个，总面积461.83公顷，包括水面积157.32公顷，苗圃3个，总面积262.19公顷，实有苗木1781200株，全年育苗531100株，总收入为789500元，总支出为2859500元；职工总数1473人（包括市内人员各区园林队），其中工人1244人，工程技术人员49名，管理180名。全体园林处直属单位职工人数为945人，其中工人为699人，管理120人，工程技术人员47人，服务人员72人，其他7人。

人民公园展览馆竣工，建筑面积659.5平方米，屋面为仿古歇山式大屋顶，简易油漆彩画。

1964年

1月1日 经财政局同意，花木公司从即日起定为差额预算管理单位，执行内部经济核算制。

1月5日 上海永安公司董事长赠天津市月季名贵品种100个，每个品种一株，交给刘园苗圃繁殖。

3月6日 总结1963年，全年植树175000株，为年计划的116%。完成工作量328000元，为年计划的117%。新植补栽主要干路106条，充实了墙子河、废墙子河部分绿带及鸿顺里、金星里等五处新村的绿化。

3月7日 日本樱花5600株运抵天津，假植于刘园苗圃隔离养护。

3月24日 《天津市观赏植物名录》编写完成，付印。

4月1日 园林工程队实行事业单位的内部经济核算。

4月7日 园林处改为事业编制。

4月25日 樱花苗开始栽植。因养护期较长，成活苗仅为80%左右。

5月10日 编写1964至1970七年科研规划，参加人员：王景彬、薛广信、袁格方、李忠恕、袁桂生、张伯炎。

5月30日 春植市区完成156244中（其中专业队完成86479株，群众植树69765株）。群众植树有245个单位参加发动群众8360人次。

10月31日 市人委批准《天津市市区内园林绿地建设管理暂行办法实施细则》，并通知各有关区、局执行。

12月14日 全年育苗611768株，出圃287234株，苗圃收入为214908元，支出329536元。

12月15日 总结工作完成情况。植树181200株，维修完成53项园林绿化设施，工作量172万元，相当于1963年工作量的3倍；扩大了专群结合的范围，小型公园发动群众参加管理达20余万人次。

12月25日 市区秋季植树共栽植乔木19104株，为计划的113%；专业植树13411株，单位植树5693株。截至12月，园林处职工人数为1019人，其中工人769人，管理人员116人，服务人员75人，技术人员46人，其他人员13人。

1965年

2月11日 6个直属单位和6个区园林队共有职工1743人，园林处1161人（干部164人，局工857人，临时工140人），各区园林队582人（干部62人，工人485人，临时工35人）。

3月8日 提出《关于发动群众开展植树绿化运动的初步意见》报市人委核批。

3月9日 市人委办公厅发出《关于组织干部参加植树劳动的通知》，决定从3月11日至4月1日期间，每周四为干部劳动日，组织市直机关干部参加植树造林等活动。

3月11日 印发《发动群众植树中应注意的事项》，由各区参照执行。

3月12日 市人委发出《关于充分发动群众参加园林绿化义务劳动的通知》，要求各级领导要把此当成大事看待，认真执行。

3月20日 市区8个园林队建立科研组，由园林绿化研究代各区培训的技术员。市委、市人委发出《关于立即发动群众开展春植造林运动的通知》。

6月15日 园林系统职工队伍总数1817人（男1512人，女305人），其中园林处为1236人，各区园林队为561人，其中干部226人，局工1369人，临时工222人。

6月16日 截至本月，公共绿地从解放初期的951.34亩，增加到7196.47亩，其中公园34处，比原有增加6.5倍。

8月5日 花木公司报告：截至6月中旬全市各单位盆花已全部接收完毕，共接收有花窖的单位76个，无花窖的单位284个，共360个单位的盆花86183盆，大小细瓷花盆158个，水缸1000口，花瓷缸16口，荷花缸10口，木桶32个，各种花盆52630个，接收的盆花共售价款9506元，支付煤款252元。

12月20日 承担建工部出版下达的《城市绿化》编写任务。

1966年

1月31日 宁园建成天象厅，设座100个，能表演星空的四季变化和宇宙的一些天文现象。

2 月 11 日 制定《天津市 1969 年以前实现普遍绿化》的初步安排。

2 月 22 日 《关于我市铁路两侧绿化初步规划方案》上报市核批。

3 月 19 日 春植市区铁路沿线初步落实，植树总数 42120 株。

3 月 29 日 报送《春植绿化情况》，请市人委核批。

4 月 2 日 市人委同意印发《春植绿化情况》，请市人委核批。

4 月 12 日 春植预算 447068 元。

4 月 25 日 为丰富绿化树种引入新品种 50 个，已于第一季度扦插、播种、分栽。

5 月 10 日 编制市区铁路两侧绿化计划。

5 月 30 日 召开铁路绿化规划会议，决定由市建委、津铁分局、建设局各抽调两人，河北、红桥、河东每区各抽一人，组成规划领导小组。

6 月 15 日 市内植树完成 50 万株，育苗完成 488 万株。

9 月 21 日 铁道绿化规划领导小组提出《关于市区铁路沿线绿化规划的初步意见》，报送市人委。

10 月 5 日 市人委批转园林处编定的《1966 年秋及 1967 年春铁路沿线绿化规划》，交铁路局执行。规划包括台田 20000 立方米，栽植乔木 55443 株，灌木 21680 丛，土方 30000 立方米。

12 月 21 日 花木公司报告提出，直属门市部只留万年红（长春道）、东风（和平路）两处，其余暂行关闭或联系将门市部交给商业的报告。

1967 年

3 月 24 日 建设局以〔1967〕建园字第 41 号文，报送市建委关于铁路沿线绿化问题的请示：建议成立铁路沿线绿化，栽植、养护、管理专业班；铁路沿线绿化投资统一由天津市负担；各区园林队增加劳动力。

4 月 4 日 花木公司提出《结合经营方向，对香风臭气的芭兰，拟进行处理的意见》。

4 月 8 日 园林处“抓革命，促生产领导小组”提出生产完成情况汇报，春植完成（至 4 月 6 日）植树 95657 株，(乔木 90223 株，灌木 50989 株，常绿 336 株）为计划的 51.7%，新植树木浇水 73980 株，老树浇水 59676 株。

6 月 21 日 召集区队科研小组，进行有关病虫害防治的学习和小结会议。市建委、天津铁路分局、建设局和河北、河东、红桥区人委的领导同志，组成了铁路沿线绿化规划领导小组，并抽调上述单位干部组成工作组。

11 月 4 日 立新苗圃管理所（原刘园苗圃）报送丢失苗木的报告，反映有人成群结伙砍伐成林和苗木，春季以来总计被伐 25117 株，如用于行道树，可绿化道路 12.6 公里。

11 月 28 日 针对 1—10 月全市损坏树木达 5 万余株，丢失树穴土达 2900 余立方米的情况，制定加强管理、紧密联系公安部门和生产队、结合爱护树木的宣传教育加强路巡工作的措施。

1968 年

7 月 8 日 经检查 1967 年秋植发芽率 56%，(不包括人民、水上两大公园)，1968 年春植发芽率为71%。

9月9日 园林处请示局革委会，同意人民公园意见，将现有热带鱼全部处理掉，腾出房屋改为毛泽东思想宣传阵地。

9月20日 两大公园内增添大型宣传牌26块，共600平米，宣传毛泽东思想。

1969年

1月1日 成立绿化管理所（绿化研究所合并在内）成批科技人员开始下放劳动。

1月15日 在水上公园展览馆筹备举办“毛泽东思想的光辉照亮了安源工人运动”展览就绪。

6月9日 市规划部门将水上公园西湖西岸土地28.275亩，划给干部疗养院建肺病、肝炎传染病科。

10月份 成立平津战役纪念馆筹备小组，成员为民政局、天津大学、工艺美院、美术学院等单位派员组成，纪念馆选址为水上公园三岛以北全部建成区。

12月3日 市规划部门以〔1969〕城规字348号文，又将水上公园西湖西岸土地7.81亩拨给干疗院，至此，连同该院原占用的121.35亩，共占土地167.435亩。

1970年

5月25日 城市建设规划服务组划拨水上公园土地227.437亩（水上公园北部建成区，包括投资81.2万元修建的展览馆），修建烈士陵园。

6月27日 公布春季植树303604株（乔木245550株，果树16083株，常绿23741株）。

全年 春植完成27万株，6月份发芽检查，发芽率为79.5%，是1965年以来最高的一年，参加植树的有500多个单位，是1958年以来最多的一年，全市植树共600多万株，育苗5000多亩（包括郊区）。

1971年

2月1日 为加强市区主要干道绿化工作，结合上海经验，拟以花木管理所为基础，由四队（原园林工程队）抽调一百名职工，再由其他单位抽调绿化老工人、干部成立绿化管理所，负责干道、行道树的栽植、养护、管理和花卉生产养护工作。

3月8日 成立绿化管理所，人员共245名，负责中心广场、北仓工业区的绿化及花卉生产以及门市销售、农药试制工作。

9月7日 建设局针对以及人民公园烈性动物吼叫扰民问题，同时考虑兽舍简陋，大部分需修缮和重建的情况，拟将烈性动物迁移水上公园，既利市民，也利动物的生长繁殖，报市生产指挥部审批。

12月23日 全年出圃苗木29万株，定植22公顷（31万余株），播种10.8公顷（120余万株），插条10.7公顷（26余万株），嫁接果树5万株，收粮8万斤，自己烧砖14万块。

12月27日 全年花卉生产秋播草花41000株，扦插13900株，嫁接1646株，出圃19749盆株，花卉销售额 22539.9 元，花盆生产 103087 个。

1972 年

1 月 15 日 公布人民公园 1971 年全年游园人数 155 万人次，比 1970 年增加 45 万人次。繁殖禽类 360 余只。

2 月 25 日 据市革委会李贵荣在城市规划座谈会上提出的“开辟湾兜公园”的布置，南开区园林队提出计划报送市革委会审核。

4 月 3 日 公布市区春植完成 223393 株，为计划的 51%。参加公共绿地植树的群众达 113228 人次。

4 月 11 日 市管处革委会提出《关于筹建湾兜公园的报告》，该园总面积为 657 亩，(包括水面 50 亩)，内有园林队育苗地 80 亩，生产队园田 227 亩，还有住户 20 余家，拟先整理自己的土地，再征地进展；先绿化，后建一些必要的设施。

4 月 21 日 市管处革委会决定，利用绿化管理所在安家沟子的 50 亩苗圃地，建立死树加工点。

5 月 24 日 公布当年“五一”期间水上公园游人达 83080 人次，“五四”期间达 46463 人次，分别为 1971 年的三倍、七倍。

8 月 11 日 科研所在湛江路花圃开始小规模生产白木耳。

10 月 31 日 各兄弟省、市支援天津市一批珍稀动物，有狒狒、山魈、鹤驼、黑鹿、牦牛、金丝猴、黑叶猴等。

11 月 8 日 鉴于人民公园的动物品种单调、数量也少的状况，建设局请市建委报请中央林业部，代捕大象、熊猫各一对，金丝猴两对。

12 月 21 日 申请建设局批准有关部门，将王串场真理道南侧 100 亩左右大坑，划拨辟建公园绿地。

1973 年

1 月 12 日 邀请河北区建管组、交通中队、王串场派出所、街办事处及卫生院座谈，对拟截断幸福道贯穿王串场公园中心的一段道路，并将此段道路并入公园的意见，与会单位均表示同意。

1 月 17 日 据市委决定，市政、建工、建材三局合并的建设局，仍分开成三个局，市政工程局正式启用新章，市管处仍隶属市政工程局（包括公路园林）。

2 月 16 日 建设局城市规划处，将河北区王串场中医院南侧土地 69.961 亩，划拨给市管处，修建公园绿地。

3 月 2 日 市政工程局批复《关于建设王串场公园截断幸福道一段道路，将其并入公园》的请示，市建委同意，可与城建管理部门联系办理土地使用手续。

3 月 9 日 人民公园的猴连续感染细菌性痢疾已死亡 10 只，死亡率 25%，治疗率 75%。

3月10日 农林部门分配天津市日本赠送的大山樱50株、落叶松150株，均栽植于水上公园九岛山南坡。

4月16日 市管处机关建立科室，园林绿化专业的科室有绿化管理和园林设计两科，其他财务、计划、劳资、材料仍为三处合一的机构。

4月17日 清晨气温突降，出现霜冻1972年秋播种的一公顷白蜡，约有70%左右冻死。

5月1日 柬埔寨元首西哈努克亲王，由市领导陪同到水上公园参加联欢。

5月14日 全市公路（郊区）共长1570公里，绿化里程498.9公里，约占总里程的31%，专业养护的干线公路，已绿化的占干线里程的70%。

5月30日 日本赠送的大山樱桃发芽率100%，落叶松发芽率为73%。

7月27日 市政局1973年园林绿化投资计划总额145万元，其中水上公园50万、湾兜公园10万、尖山公园15万、西沽公园15万、植树25万、苗圃打井15万、程林苗圃土壤改良15万。

8月4日 公布市区植树郊区公路植树90028株，成活率84.7%。

8月5日 市政工程局技工学校正式成立。内设园林绿化班。

10月5日 刘园苗圃、程林苗圃开始接收我市上山下乡知识青年200人，插场落户。

11月6日 市管处分为道桥管理、园林管理、公路管理三个处。道桥和公路为一套机构，两个名称。原市管处撤销，但仍未分家。

1974年

1月16日 市管处分为市管处和园林处，同时召开成立大会，园林处的人员编制定为65名（包括工勤人员）。市政工程局召开会议，研究以宫北一块970平方米空地，调换已建成的福神街公园的问题，园林处与会者，按1971年中央城建座谈会的精神，均不同意。市政工程局以〔1974〕办字第10号文件发至市管处、园林处。

3月25日 报送水上公园动物区规划方案。

4月1日 报送人民公园改建规划方案及说明，并请转报建委核批。

4月24日 建立交换城市绿化科技情报联系的城市已达30余个。

4月30日 位于水上公园三岛假山上的眺园亭竣工。亭体为砼结构，绿琉璃瓦顶，上下三层，全高26.5米，登顶层可鸟瞰全园。

5月9日 公布今春植树完成167000株，超过计划47.5%。

5月31日 市政工程局批复，改建园林处办公楼，要求按勤俭节约的精神完成任务。

7月20日 人民公园晚会露天放映电影《杜鹃山》时，天气突变降雨观众拥散，发生挤死5人、挤伤16人、重伤2人的重大事故。

12月1日 公布今秋植树84108株，投资决算201339.42元。

12月31日 截至今日，全处职工1922名，其中干部167名（男126人，女41人），工人103人（男1228人，女475人）技术人员48人（男31人、女17人）临时工4人（男1人，女

3人)。

1975年

4月14日 制定局、区分工意见，市局主要业务范围为水上公园、人民公园两大公园和主要迎宾路线、干道上行道树的养管以及综合植树的规划等，区局主要业务范围是中、小公园、绿地、行道树的养管，检查和处理私砍滥伐树木等工作。

5月15日 成立“天津市水上公园挖湖工程会战指挥部”并开始办公。全市组织了5千人，开展深挖水上公园东湖的会战，取土填垫南部动物区。

9月9日 成立“七·二一”工人大学，地点在湛江路花圃内。

9月12日 制发《损坏公园设施赔偿暂行办法》共4项17条。

10月31日 园林处党委副书记郑玉霞带领水上公园、人民公园、绿管所和设计科的成员一行五人，到南京、苏州、杭州和上海四个城市参观学习。

12月30日 北宁公园温泉正式建成。井深974米，水温41°。

1976年

1月5日 提出《建议改变区园林队隶属关系的报告》，拟仍由园林处直接领导各区园林队，报局批示。

1月7日 将杨庄花圃及原有职工一并移交给“七·二一”大学，作为学校校址基地和工作人员（注：该圃所有花窖均于1969年被龙卷风摧毁。)。

1月16日 拟定沿海绿化树种的研究方案。

1月29日 成立园林处抗震办公室。

2月5日 拟定回赠日本神户市礼品动物的种类和数量。

3月15日 成立“七·二一”大学，启用公章，地点杨庄花圃

3月25日 大港区马棚口沿海绿化植树试验开始，试验品种有国槐、洋槐、白腊、臭椿、柳树、榆树、杜梨等。

4月24日 编制园林绿化十年规划完毕，报局审定。

5月1日 庆祝“五·一”国际劳动节，根据市政府决定，水上公园免费开放，但因游人拥挤，控制失灵，发生踩伤一男四女事故。

5月19日 建委批复，同意水上公园动物区的规划。

6月4日 人民公园为恢复露天电影，组织起放映领导班子。

7月1日 北宁公园自行设计的以水泥代木料的五百余米长廊建成，并由北京古建队油饰彩画。

7月28日 晨发生强烈地震，震中在唐山市，房屋摇动，多处房屋倒塌，津塘公路一号桥附近及东郊部分地区公路涌砂劈裂。

7月29日 紧急通知基层领导干部立即行动起来，成立抗震指挥小组，迅速进行抢险。

8月10日 为防震抗震，申请派部队进驻水上公园动物区。

8月23日 提出《停止在全市各公园内搭建临建的报告》，请局审批。

9月4日 召开抗震救灾表彰先进大会，表彰先进集体17个、先进个人78名，并选出市级先进1名，局级先进集体1个，先进个人15名。

10月24日 公布当年春植完成86324株，决算金额251522元。

11月27日 统计地震后，在尖山、海口路、海口路儿童、西南楼、复兴、中心、土山、山西路儿童、向阳等公园搭建临建数为3220间。11月15日再次地震后又插空挤建临建1194间(不包括人民、西沽及塘沽的公园)。

12月6日 统计11月15日地震后损坏树木和丢失树穴土的情况，计损树2838株，丢土29906平方米，共计损失419429元，另有搭在临建棚内的树木3732株。

12月13日 因修人防工事而推平的中心公园重新修建规划，制定完毕。

12月17日 郊区公路被伐大树662株，损失39460元，被挖土100多处，并日益发展。

12月20日 据市知青办和劳动局联合通知精神，决定从苗圃的1973届插场知青中招收40名工人。园林处科研组提出三项科研试验小结：常绿树引种情况调查初报、沿海树种选择试验、桧柏扦插繁殖试验。

12月22日 印发《市政设施维护管理质量标准》。定于1977年1月1日起执行。

12月28日 转发关于北京、天津《城市园林绿化在抗震中的作用》。

12月29日 花卉管理所即日改为差额补助单位，并决定节日集会的用花均收费出租。

12月31日 职工人数2329人（其中：干部169人，固定工2097人，技术人员56人，临时工7人)。据人民公园、睦南道公园、6个区园林队和绿管所统计，地震后各种树木、花卉的损失数为行道树353株，乔木160株，常绿树18028株，花灌木1065株，果树8251株，药材1522平方米，竹900墩，草花25900株，月季10915株，地棵花卉8650株，草皮800平方米，五色草26.5平方米，农作物886平方米。全市大小公园25处，因地震疏散进入的住户31771户，人口为181161人，占地面积4951.3亩。

1977年

1月4日 统计地震后搭建临建棚损坏园林设施的情况，有损树木的道边和公园临建共有7770余间，损坏树木15460株，树穴和绿地被挖取土30000立方米。尤为严重的是公园内临建户在花池草坪内乱泼乱倒污水、便溺，破坏着土壤的结构。市区道路1071条，总面积621.6万平方米，临建占据98.8万平方米，为总面积的16%。

1月6日 拟定在觉悟社遗址建立纪念公园的报告，现在觉悟社遗址，系1919年9月16日周总理、邓颖超等人在“五四”运动期间进行地下革命活动的地方，位于河北区宇纬路三戒里4号，列为国家文物保护单位。

4月22日 修建大直沽小型绿地两处，报局协助拨地。

4月27日 下达1977年8项科研计划。项目有沿海绿化树种选择的研究、白蜡材的选优研究、常绿材引种调查、快速育苗的研究、常绿树的扦插试验、生物除草试验、化学除草试验、唐昌蒲四季开花的研究。

5月4日 河北区人防办公室决定，在金钢公园内搞战备工程，近日封闭公园停止开放。

5月11日 制定科室、基层、各区园林队职责范围和岗位责任制。

5月24日 地震后进驻水上公园的驻军，各连队均大量养猪，今晚发现猪瘟，而猪圈有紧邻通往凌庄子的生活用水水源，距动物区也仅30米，疫情严重，恐危及国际礼品动物的安全，呼吁将猪圈迁出公园并及时消毒。

6月15日 公布春植完成93710株，投资173172.06元。

8月12日 制定《绿化检查评比条件（草案）》。

8月13日 在大港区马棚口进行第二次沿海绿化树种选择试验，已取得初步成果。

8月31日 制定动物异动报告制度，于8月份执行。

9月2日 植树成活率调查结束，1976年秋植成活率75.7%，1977年，春植成活率76.9%。完成93条主要干道树木检查定级工作，93条道路总长度为202235延米。

12月14日 全年完成三项科研项目、18项“双革”项目，主要为常绿树扦插繁殖、滨海植树试验、引进树种调查、园林工程四用车、清扫机、喷药车以及制盆一条龙和“放下浇壶”等。

1978年

1月9日 公布截至1977年底职工实有人数为2771人（其中工人2520人，干部251人）

1月10日 公布1977年秋植完成51905株。投资137811.37元。

2月28日 水上公园非洲狮自咬尾巴，已吃了1/3，此病态国内尚无先例，开始多方治疗。园林处举办定期科技讲座。由工程技术人员向机关干部讲授园林绿化专业的科技知识。

3月6日 下达该年度科研“双革”计划，科研项目包括围绕实现普遍绿化和针对生产关键的课题八项。“双革”项目主要是与提高各项业务的机械化、半机械化水平有关的10个项目。

下达该年度园林结合生产计划，内容为捕鱼67.500公斤、采莲10000个、收藕500公斤、水果4625公斤、药材1750公斤、油料3300公斤、粮食65000公斤、鹿茸20对、动物616只、羽毛画36幅、猪100头。

4月21日 提出《关于恢复盘山风景区及保护其山林古迹的意见》报市。

5月28日 春植完成109200株，投资176937.06元（乔木99528株、果树3054株、常绿753株、花灌木5884株）另外栽植小苗和紫穗槐10.95万株。

5月29日 市政局批复“恢复园林绿化研究所”。

5月31日 成立盘山游览区管理所。

6月8日 建委核拨南开区红旗路土地531.08亩，修建湾兜公园。

7月9日 全市大暴风雨，倒树569株，严重断枝219株，损坏民房79间。

9月30日 园林绿化研究所定员50名（包括工勤），经费由事业费开支，主要任务为园林绿化以及花卉等方面的科研工作。

10月1日 国庆花展在人民公园展出，本次花展为近十年来较大的一次综合性展览。以展花为主，还有园林结合生产的成果实物、山石盆景、羽毛画、鱼鸟类等。

11月15日 制定园林工人技术等级标准。

12月6日 市政局将木材厂划归园林管理所。

12月19日 编制1978年至1985年科研人员安排及培训规划。编制1978年至1985年科研、双革规划。

12月20日 园林绿化研究所重建。

12月29日 公布全年育苗完成176万株（刘园苗圃150万株，程林苗圃26万株）。花卉生产盆花135000盆，草花100084株。

12月31日 年末在册人数2773人（固定工2463人、临时工4人、其他306人）。其中：工人1963人、学徒工15人、工程技术人员101人、管理人员398人、服务人员145人、其他人员151人。

1979年

1月29日 花卉管理所与香港客户成交一批鲜花盆景贸易，这是天津市第一次出口鲜花。

2月5日 根据全国城市园林绿化工作会议所提出的“园林部门要开展经济核算和经济措施，逐步达到自给的精神”，决定从即日起对驻津部队的绿化用苗，执行照价收费。

2月12日 为适应动物园向专业化发展和执行科学化管理的趋势，准备单独成立动物园管理所，以七、八岛为界和水上公园分治。制定调整更换赤峰道、营口道等迎宾干线两侧杂乱树种的计划，统一树种为国槐。

3月6日 即日起用“天津市园林管理处”新章。原“天津市市政工程局园林管理处”的旧章同日注销。

3月8日 市建委批准修建幸福公园。水上公园试办周末交谊舞会。票价每张一元，每场售票400张。

4月13日 聘请85名退休的技术工人，实行补差。批准组建北仓苗圃管理所，即日启用新章。

5月2日 制定《试行增收节支奖励制度暂行规定》。

5月10日 王串场公园面积已从44亩扩展为100亩。

6月1日 市革委会召开会议，决定解决树线矛盾，决定：千瓦以上高压线距地的垂直高度，应在七米以上；低压线距地面垂直高度，应在五米五以上；剪护垂直距220~380伏快长树80厘米，水平距100厘米，慢长树60厘米，水平距80厘米；3.8~10千伏，快长树100厘米，水平距150厘米，慢长树80厘米，水平距120厘米。

6月2日 市政局制定出各种设施管理规定，包括《天津市园林绿化管理规定——附损坏赔偿标准》。

7月21日 制定盘山风景区总体规划。

7月22日 北宁公园新建影院开幕，面积7700平米，1900个座位，并有空调设备。

8月4日 林业部批复，同意天津市接受神户市所赠小猩猩一对、河马一只；回赠黑叶猴一对，白马鸡一至两对。

8月5日 通过调查，现存古老树木有18个品种、292株。据此，提出《关于保护我市古老树木的报告》，报批。

9月25日 天津动物园正式开放，单独售票。

日本神户市赠送天津市动物园的一对猩猩、一只河马，分别在动物园和人民公园落户。

10月1日 受地震期间严重损坏已闭园三年的佟楼公园，重新开放。洞庭公园建成开放。

10月5日 花卉管理所和北宁公园培植的一批盆景鲜花，运往德国参加波恩举行的花展。

10月16日 地震后遭受严重损坏的解放北园修竣开放。

10月20日 花卉管理所制作的盆景开始出口外销。

10月30日 天津动物园已展出动物131种、1397只。

11月15日 天津市园林管理局成立，共有职工1266人正式办公。

11月16日 田中首相赠红山樱苗150株运津，分别假植在南开中学和刘园苗圃。

12月6日 制定园林绿化工程的七年规划（1979年至1985年）和三年设想（1979年至1981年）。

12月19日 正式批准成立动物园管理所。

12月20日 制定花圃基建规划，准备于1980年在子牙河左岸征地80公顷，征地需款225万元。园林局决定在人民公园观赏温室，举办首次冬季迎春花展，展品主要由花管所提供，园林系统各单位（包括各区园林队）也可参展，奖品数量不限，花管所还负责运输、布置、养管、撤换、收尾。

12月24日 市物价局批复，动物园票价暂定人民币五分。

12月29日 拟定动物园与水上公园的分界线：从南湖北岸向西，（经五岛、四岛的南、西岸），沿六岛果园北侧向西，跨长条湖，顺动物园的环路湖边，经三角花坛，九岛花窖顺西湖南岸至271医院南围墙。

12月30日 截至年末市内实有树木153.99万株，公园34个，面积504.275公顷（其中水面164.98公顷），苗圃五处面积396公顷，年末职工人数3747人，公园收入746600元，支出918800元，科研完成9项，为计划的90%）。

1980年

1月8日 花卉管理所售给香港的一批仙客来、瓜叶菊起运赴港。

1月21日 公布1979年秋植44652株（乔木44068株，常绿274株，果树310株）。投资178982.93元。

2月13日 多年来规模较大、水平较高的大型迎春花展正式开展。

3月1日 市革委会发布《关于大力开展植树造林活动的通知》。阐明3月12日是80年代第一个植树节，植树造林对四化建设、人民生活、工作环境等都具有重要意义，决定从该日起至4月12日，开展植树活动月。

3月10日 建委批复，同意各区城建局以及塘沽市政公司增设园林绿化科。

3月12日 市内六区及塘沽区已中断工作十余年的绿化委员会，均恢复成立。

4月3日 花卉管理所、宁园提供的一批盆景珍品和汉沽津淘工艺制品所的艺术花盆，运往比利时参加国际艺术博览会展出。

4月10日 花卉管理所与双林农场试办花卉、苗木联合生产。

4月13日 在南开中学举行日本前首相田中角荣所赠樱花的栽植仪式。

4月23日 印发执行“关于加强园林绿化管理的五项规定”。

5月1日 盘山游览区已修竣工部分景区，今日开放，已竣工的工程有烈士陵园至莲花岭的花岗岩路及从入胜至天成寺的建筑，包括“入胜”一组民族形式的服务设施；迎客松下石桥和天成寺的山门、曲廊、江山一览阁、登山石阶、大雄宝殿等建筑。

5月9日 市规划局划拨北郊刘园苗圃西侧土地68.987公顷，扩建苗圃。

5月12日 确定当年第二十届菊花展由各区级公园分散举办，市设12处展区，展出品种650个，共计2万盆。

5月14日 印发试行《城市维护费园林绿化投资计划暂行管理办法》。

5月20日 我国珍贵动物丹顶鹤在天津动物园首次繁殖成功。

5月29日 印发《技术改进及合理化建议奖励暂行条例》。

6月1日 今春市区恢复和充实提高了58处街头花坛、绿地，总面积为5.969公顷。

6月30日 公布市内各区已铺栽草坪2.33公顷，超额13.8%完成全年计划。

7月11日 制定颁发《关于加强动物管理的规定》。

7月18日 园林树木病虫害和天敌资源普查工作，采集了7个目、32科、208种昆虫标本，已鉴定或识别定名的有99种，另外还完成主要害虫柳毒蛾、刺蛾等14种害虫生活标本的采集和整理工作。

本月 动物园首次成功繁殖出珍贵禽类白马鸡。

8月20日 修建盘山花圃列为园林局所属的生产单位。

9月2日 花卉管理所首次对美出口一批山水盆景。

9月5日 日本神户市王子动物园赠我黑豹、黄帽鹦鹉到达天津。

9月10日 编印《怎样植树》技术宣讲资料，分发市内各区和厂矿企业单位。位于东南角的“四季香”鲜花门市部开业。

9月18日 市编制委员会同意园林局增设公园处，增编20名。

9月19日 公布1979年秋植数成活率70.5%，1980年春植树成活率为81.1%。

9月26日 制订以小熊猫、鸿雁、红面鹤、灰斑角雉与神户市王子动物园交换河马、美洲虎、红袋鼠、大仙鹤、红鹳的计划，报批。

10月1日 一机系统建成15个花园式工厂。花卉管理所在北辛庄开设的“艺香苑”花店开业，这是“文化大革命”后第一个前店后窖的国营花卉门市部。

10月7日 国务院批准天津动物园饲养的熊猫，参加神户市人工岛博览会展出。

10月20日 公布当年春植树完成995303株，投资923965.88元。塘沽区成立园林处。

10月31日 全市公园、绿地和片林的土地使用证不全，申请建委补办手续。尖山公园动工充实园景，向综合性公园发展。

11月20日 利用京津渤遥感航测照片进行解释制图工作，完成天津市内六区园林绿化现状图，。

12月15日 公布全市秋植完成40439株的树木栽植任务。

本月份 市园林局、园艺学会联合调查统计了全市菊花品种，查明全市有较高观赏价值和培育前途、已基本定型的菊花638个品种，其中127个新品种是近年来培育的。

1981年

1月1日 红桥区园林工程队和西沽公园管理所开始对外办公。

1月7日 公布截至1980年底，职工人数为6770人，其中工人5373人、学徒工36人、工程技术人员173名、管理人员718名（包括长期脱产参加管理的工人453名）、服务人员279名、其他人员191名。

1月30日 张焕亭、张彦新、王同霄等人接受在贾家沽道苗圃内筹建园林学校的任务。

2月2日 《天津市重点园林植物保护名录》装册上报国家城建总局园林绿化局。

2月21日 总结1980年工作，植树1035303株、育苗183万株、出圃30万株、盆花生产196000盆，出圃156000盆，完成刘园苗圃征地1034亩和蓟县花圃征地100亩、完成大小工程规划设计项目114项、七个差额计算单位总收入2018900元，超计划400000元，补差比计划减少210000元。全年市投资2189万元，除人员经费外，用于园林建设的经费为1714万元，比1979年增加了4倍。

3月1日 园林局和市科协在科学会堂举办“天津市绿化电影周”。

3月10日 天津动物园的大熊猫“蓉蓉”和“寨寨”，离津赴日展览。行前举行了欢送仪式，神户市王子动物园园长等日本朋友，参加了仪式并致答谢词。

4月1日 市政局移交园林局的市政材料厂（原花木公司安家沟子园地），近日更名为天津市园林综合加工厂，启用新章。

4月23日 园林学校录取中专班学员39名，举行开学典礼。劳动局批复，同意园林局成立园林学校、内设绿化、花卉两个专业，规模暂定160人，招收应届毕业生，学制三年。

本月 市规划局制定《天津市园林绿化规划（初稿）》，分为1981至1985年，1986至1990年，1991至2000年三个建设阶段，市内总投资9亿元。

5月10日 举办首届草花竞赛。

5月16日 北宁公园生产的“育花灵”销往香港。

5月22日 动物园饲养的非洲母狮“非非”一胎五仔，创造奇迹。

成立绿化工程处，基层单位有：三个苗圃、三个绿化队、一个维修站、机关设科室11个、职校1个、共有职工1690人，机械设备294台。

6月17日 制定《天津市园林绿化科技发展“六五”计划和七年设想》。

6月27日 制定下达1981—1985年职工教育规划及1981年安排。

8月29日 天津建筑学会园林绿化分会成立。

9月1日 园林学校招收应届高中毕业生70名，分为技工班40名，中专班30名。

9月8日 美国圣地亚哥动物园协会所赠鸸鹋两对从深圳运津。

9月12日 美国圣地亚哥动物园所赠鸸鹋展出。

9月17日 动物园赴日参展的大熊猫乘日航专机回国。

9月18日 天津市绿化委员会正式恢复。

本月 根据市人大代表周叔弢、王华棠、赵悦祥、薛广信等代表所提449号、863号提案，市长办公会考虑并决定“烈士陵园迁移，土地交还水上公园”。

9月22日 成立技术（学术）委员会，日常工作由科教处负责。

10月13日 同意绿化工程处职校成立，教职员工暂定12名。批准园林工程处职校开学。暂定教职员工11名。

10月22日 天津市第一座街头花卉展室在津塘公路与十三经路交口落成。

11月25日 召开本局第一次科技大会，表扬奖励了科研成果六项，并给晋升的工程师颁发了证书，奖励分为五等奖和物质表扬奖各三项。

12月22日 基于雪后喷洒盐水、致含盐积雪溶化渗入树穴土壤可使树木死亡、未死亡也需经三年大水浇灌才能消除威胁的情况，提出《紧急停止给道路积雪喷盐水的意见》，报市。市府颁布《天津市市区、郊区城镇园林绿化及其设施管理暂行办法》，原1959年颁布的暂行办法即行废止。

本年 公布市区共有大小公园30处，连同街景公共绿地面积404.5公顷，城市绿化面积480.4公顷，人均绿地1.56平方米，共有树木185万株（其中乔木85.7万株），绿化覆盖率8%。市属苗圃395.7公顷，区属苗圃100公顷，花圃19.9公顷。

1982年

1月 总结1981年工作，总投资为2265.7万元，实际完成2132.4万元。植树311000株，平均成活率89.9%，建成“三小”绿地11万平方米，草坪152000平方米，建立了园林学校和两所职工学校；育苗1771628株。

2月10日 下达教育工作安排，决定今后每年抽出10%的职工脱产，进行文化补课。

2月28日 盘山游览区管理所升格为盘山游览区管理处。

3月23日 公布绿化现状：1. 园林绿地面积519.2公顷，(其中公共绿地442.2公顷)。2. 市区绿化覆盖率7.66%。3. 人均绿地面积1.5平方米。4. 公园32个，面积345.16公顷。5. 动物园1个50.49公顷。6. 年游人量460.6万人。7. 1981年植树32.8万株。8. 苗圃11处，面积523.7公顷（其中市属三处395.7公顷)。9. 苗木自给率65.5%，市内六个区。10. 年末职工人数7112人。11. 市区实有树木185万株，行道树27.5万株，道路总长度581公里，草皮15公顷(1981年新植11公顷)。

3月31日 规划局补拨尖山公园土地使用证，计界内土地902.192亩，界外处理41.19亩，共62.892公顷。

4月1日 市内六个区和塘沽、汉沽、大港三个区已相继成立了绿化委员会。

4月2日 园林局与电力局制定《关于解决树木与架空线路矛盾的协议》。

4月3日 市人大作出《关于开展全民义务植树运动的决议》。

5月16日 水上公园“国庆号”游船在东湖运送游人时发生沉船事故，溺水死亡游人26名，负伤9人。

5月28日 成立《大众花卉》双月刊编辑部，由园林绿化研究所代管，编辑由白洪奎、袁格方、魏德保、陈威、翟洪武五人组成。

6月21日 根据《沉船事故善后处理的若干规定》，制定经费22万元计划，报市政府核批。

7月9日 制定建设天津市植物园的规划，提出规划以133~160公顷为宜，栽植品种2000左右，投资概算6750万元。

7月12日 水上公园游艇沉没事故，经法院及上级党委处理，两人被判刑，三人被撤职，一人受记大过处分。

7月15日 举办“园林与人”影展，展出照片218帧，参观人数5000余人，优秀作品评选揭晓。

7月19日 制定《关于开辟官港森林风景区的初步方案》，提出此方案系以较少投资，可建成阻挡海风侵袭市区、隔离工业区间污染、改善气候环境、恢复生态平衡的风景游览区。

7月21日 园林局同意园林工程处成立雕塑工作室。

8月14日 召开草坪发展研究会，由刘再春副总工程师介绍青岛草坪会议的先进经验。

9月14日 市政府召开海河整治工作会议，为修建海河公园第一阶段工作进行布置。

9月23日 动物园猿猴馆发生金丝猴出笼事故。

9月25日 市政府发布《关于整治海河两岸的通告》。

10月5日 园林局主办的天津市第一份花卉杂志《大众花卉》问世。

10月10日 京、津、沪、宁等45个大中城市，在津举办花木交流购销会。

10月15日 李瑞环市长、白桦副市长，为开辟海河公园召开现场办公会。李瑞环指出必须在10月20日前把应拆除的建筑物一律推倒，月底前一律清除运净。

11月1日 市任命市政工程局副局长王荣同志为市园林局局长。

11月3日 成立干部学校，启用公章。召开海河带状公园建设施工交底会。市府领导批准成立"天津市海河带状公园建设指挥部"。

11月11日 海河带状公园建设正式动工，指挥部开始办公。

11月12日 十一届三中全会以来，市内各区（含塘沽、汉沽），恢复重建公园16处，新建公园37处，总面积为508.6公顷，(包括建设中的尖山与湾兜公园)。截至1982年6月底，新辟住宅区绿地、街头绿地132处，面积31.15公顷，为1978年0.41公顷的76倍，全市苗圃总面积503.8公顷，其中市直属苗圃三处、面积395.27公顷。花圃四处、面积19.9公顷，比1978年的11.29公顷增加了67.2%。截至1981年底，市区共有树木2115000株，比1978年增加了687000株，为41.1%。市区六个区园林绿地共480.4公顷，其中公共绿地404.5公顷，人均公共绿地1.56平方米，比1978年的1.18平方米增加0.38平米，绿化覆盖率8.8%，比1978年提高0.8%。

11月13日 首次组织建设海河公园义务劳动，有10723人参加，其中有7000余名团员和青年。

11月20日 海河带状公园投资825万元，其中基建费485万元、市政维护费340万元。

12月9日 园林局、蓟县县政府联报市府《关于对盘山游览区管理处实施双重领导的报告》。

12月31日 海河带状公园第一期工程胜利完成（右岸北安桥至四新桥，左岸赤峰桥至8号路，总长度8.1公里，面积13.5公顷）。

本年 植树67万株，成活率93%，新辟绿地105处，15公顷，(其中街头绿地46处，8.2公顷；街绿地35处，3.8公顷；群众绿地24处，三公顷)。铺草皮15公顷，公园总收入507927.31元，其中门票383946.31元，游船123981元。游园人数500余万人次（外宾20批，1500余人次)。

1983年

2月17日 园林局成立改革领导小组。

2月26日 天津市80多个区、局、院校的11000多名团员青年，投入了建设海河带状公园的义务劳动，拉开了第二个"全民文明礼貌月"活动的序幕。海河带状公园建设第二期工程全线开工。

3月1日 园林局通知各公园：3月1日起，全市离休老干部凭离休老干部证今起免费入园。

3月12日 为全国人民植树节，天津市市区共有13万名干部工人，军人参加植树节活动，党政军负责同志陈伟达等参加了活动。天津日报启事，拟辟专栏，供广大读者，就海河带状公园定名一事，展开讨论。

3月15日 刘园、北仓两苗圃的龙柏、雪松、白碧桃等珍贵苗木遭受冻害，部分国槐也抽条，此前从未发生过这种现象。

蓟县盘山天成寺风景区对外开放。

3月16日 园林局举行花卉管理处承包责任制的签订仪式。

3月18日 邓颖超今日派人专程来津，送来她为天津海河带状公园“青年园”书写的园名。

3月25日 海河带状公园，各单位截至今日集资已定，款额为586万元（计43个单位）。

3月份 园林工程处成立服务队及代办工程机构。

4月3日 动物园饲养的金丝猴产仔是天津市人工饲养金丝猴产仔之首。

4月10日 通过广大群众的各种建议，报请市人民政府批准，从即日起取消海河带状公园名称，正式定名为“海河公园”。

4月21日 天津市“爱鸟周”在动物园百鸟笼前举行活动仪式，副市长刘晋峰参加。

4月28日 以海河两岸普遍绿化和重点美化为主要内容的海河公园第二期建设工程胜利完工。

5月1日 海河公园部分园区向游人开放。

5月10日 海河公园第三期工程项目，开始陆续动工，这次工程以建设中心广场喷泉和海河公园内的艺术服务性建筑小品为主，突出进行重点美化，并对已初具规模的部分园区内的设施和植物进行调整、充实和提高。

5月18日 园林局制定天津市园林绿化科技发展“七五”计划和十年设想，计划到20世纪末，人均公共绿地4平米，城市绿化覆盖率20%。

5月20日 园林局与水上公园订立经济责任制承包合同，承包期为1983年1月至1983年12月底。

6月9日 请示市建委，将原有绿化处负责养护管理的43条主要干道上的65000株树木以及13万平方米的绿地，除保留其中的17条道路绿化带养管外，均移交区园林队。

6月10日 成立湾兜公园管理所，隶属南开区城建局，设编80名。

6月 为加强对海河公园已开放园区的管理，市海河公园建设指挥部制定了《海河公园暂行管理办法》经市政府批准，正式颁布实施。

7月12日 新华社于7月12日发出“天津市人员义务劳动建设海河公园，中央领导同志最近赞扬了天津市组织群众义务劳动，改造城市的做法”的消息。《人民日报》及其中央、地方报纸，均在显著版面刊登了此条新闻。

7月18日 成立尖山公园管理所，编制50人，隶属河西区城建局。

7月21日 建委同意园林局关于“将市管部分道路的绿化管理下放各区”的调整方案。

8月6日 局党委决定，将局干校正式定名为局党委党校。

8月12日 市建委通知河东区海河指挥部，食品一厂在田庄码头新建存车棚实属违章，即应拆除。并根据市府〔1982〕187号文再次阐明，海河两岸20米内用地，均拨归园林局使用。（右岸金钢桥至四新桥，左岸金钢桥至月牙河口）规划两岸30米内，不得新建各类建筑物。

9月1日 市引滦指挥部三岔河口引滦工程纪念雕塑及附近地段，作为重点公共绿地移交市园林局。

9月6日 下午，中共中央政治局委员、全国政协主席邓颖超，由市委第一书记陈伟达、市长李瑞环陪同到海河公园“青年园”视察。

9月7日 中国花木联营公司在我市人民公园举办“全国首届花卉展销会”。

9月10日 全国园林科技情报网中心组，在津召开第三次工作会议，本日开幕。

9月15日 全国园林科技情报第三次工作会议闭幕。会议决定设立网刊编委会，下设《园林科技情报》和《园林译丛》两个编辑部。《园林译丛》编辑部设在我市园林绿化研究所。

9月20日 中心广场喷泉工程全部竣工，今晚试喷效果良好。

9月26日 海河公园第三期建园工程胜利完成，并正式开放。

10月4日 园林局向市建委报告关于市管道路绿化管理调整工作情况，市管道路保留重点迎宾干线19条，行道树22500株，绿地1000076平方米，调整给区38条段，行道树45000株，绿地39980平方米，由绿化外调给各区319名工人（即河东54人，河西19人，红桥102人，南开64人，和平75人，河北55人），管理干部调给区4人。

10月24日 海河公园建设指挥部向市委、市政府汇报海河公园基本建成的报告，建园工程历时十个半月，有效工期七个月，参加义务劳动65000余人次，使用专业队伍92300余工日，共完成拆除防水墙5公里，刨除混泥土地面6000余平米，清除杂物和运进好土10万立方米，栽植乔木、常绿树、花灌木等57个品种，共20600株。

11月27日 经市人民政府研究，决定调整市绿委会，主任李瑞环，副主任刘晋锋、吴志远（警备区）、纪奎（52857部队）、毛昌五、燕政，委员有园林局王荣等有关部门负责同志共14人。

12月23日 海河公园共接待了来自22个省、市自治区的34个城市的71个团体，1295人前来参观。

1984年

1月14日 成立《当代天津城市园林》编委会领导小组，下设编写组三人。

1月17日 决定园林工程处所属的两个施工队合并为一个，体制为事业单位，独立核算，压缩300余名职工，充实各区园林的绿化管理。

1月23日 局机关公园处改为基层处，成立公园管理处。

2月8日 1984年城市维护费中核定对园林绿化的投资额为1490万元。

2月10日 制定26片庭院式居民区建设投资预算为260万元。树木养护费投资150万元。

2月20日 尖山公园吹泥填湖30万立方米，投资105万元，水上公园充实投资200万元。

3月31日 制发《天津市园林管理局干部奖惩暂行规定》共4章30条。

4月1日 水上公园和动物园实行统一售票，原价水平不动，单人票价一角，团体票每人六分，月票七角。吸取1983年刘园苗圃购买笔柏带入“锈病”致使梨树苗木全部染病的教训，明确局属单位今后向外地购苗，必须经当地检疫机构进行检疫。

4月15日 市人民政府通过《天津市人民政府关于开展全民义务植树运动的实施细则》。

6月1日 市府办公厅刘瑞岐副主任主持会议，落实津政发〔1982〕61号文件中关于烈士陵园交还水上公园事项。

6月6日 林业部委托天津动物园代养的大熊猫“丹丹”因自身免疫性疾病，造成肝损伤，合并肾病死亡。

6月12日 《天津日报》发表《北宁公园日新月异吸引游客》的报导，并以《以园养园之路》为题发表了编后语。

6月15日 《人民铁道报》发表《天津宁园21年不要国家投资》的报导。

6月16日 园林学会召开理事会，讨论评选“市树”“市花”的候选范围。

6月29日 《经济日报》以《改革管理体制实现以园养园》的标题，报导了宁园的经营管理，同时发表短评《公园管理体制也应改革》。

6月30日 北宁公园恢复停办17年的消夏晚会。

7月3日 初拟在基层单位实行经济承包责任制。水上公园为独立核算，自收自支，亏损不补，结余分成。人民公园为试行核定收支，定额补贴，超差不补，降差留用分成。

7月10日 制定《绿化之家标准（试行）》共4条。

7月15日 天津市动物园首次人工孵化丹顶鹤成功。

本日 市政府批准开展评比“市树”、“市花”的活动。

7月23日 全国政协副主席、著名书法家赵朴初为盘山游览区题写的“东五台山”四字，盘山在翠屏峰上镌刻完毕，字径一尺五寸。

7月25日 天津市动物园将与日本神户市动物园结为友好动物园，委托天津动物园草拟《议定书》文本。

8月12日 园林局向美国西雅图市订购全光温室一座，估价为65000美元。

8月25日 北辛庄花圃举办花苗木展销订货会，准备有百余品种的花卉十万余盆。

9月6日 全市首次举办的评选市级绿化之家活动结束。评出市级绿化之家100户，市绿委分别赠送了名花君子兰。

9月19日 列入1984年改善城市人民生活十六项重点工作之一的市区26片庭院式绿地工

程，已全部竣工开放。

10月19日 粉末冶金厂工人张某维伙同其亲戚张某元，把动物园的一只大天鹅杀死，被游人发现，逃跑未成，被捕归案。

10月23日 批准设计处实行经济承包一年。指标为收入16.26万元，支出13万元，结余3.6万元。建委同意将塘沽区园林处和南、北郊区园林队的劳动工资关系，移交各该区直接管理。

10月25日 北宁公园雌雄铁树同期开花后，产种籽868粒，重16.5公斤，这是天津市首次繁殖的铁树种籽。

10月26日 盘山游览区管理处于1985年实行经济承包责任制。

10月29日 市园林建设技术服务开发中心正式成立。11月1日启用新章。

本月 《天津园林植物名录》编竣。共收集园林植物1423种（或变种），隶713属、162科。

11月1日 “聂忠节（士成）公殉难处”纪念碑，正式动工修复，复原后屹立在水上公园路口的花坛中。

11月8日 东郊区贯庄自筹资金修建一座占地80余亩的综合性公园，这是天津市农村自费修建公园之首。

11月28日 河北省安新县大王庄社女社员袁艳芬，将一受伤的大天鹅医好后，送给市动物园。

12月21日 天津市园林局为承担西藏拉萨剧场、艺术馆的绿化任务，按照自治区领导的指示和该地气候条件，着手向外联系，进口草籽。

12月27日 正式建立园林管理局医务所，为区科级机构。

1985年

1月31日 市计委、对外经贸委批复，同意公园建设开发公司与日本波罗蜜株式会社合资在水上公园经营旅游服务中心。总投资额为60万元，中方以1000平方米建筑，土建使用费作为50%的投资。

2月1日 批准公园管理处调整各公园游艺设施的售票价格，增长幅度为50%至300%。

2月4日 林业部濒危物种进出口管理办公室批准天津市园林局以香椿、丁香、白皮松的幼苗向日本四日市交换日本杉、桧及红棣棠的幼苗，交换数量为对等各20株。

2月6日 公园建设开发公司与日本电通株式会社就拍摄金丝猴像及以此在日本做宣传广告的事项达成协议。日方交付拍摄、录像费350万日元。

2月10日 天津园林工艺雕刻厂成立。隶属园林工程处，专门承做园林、街景、城市雕刻的设计和制作。

《当代天津城市园林绿化资料汇编（讨论稿）》编印成册，共七章（第六章待补）约9万余字。

2月15日 市政府针对盘山现状，通知园林局与蓟县政府、市规划局联合搞好盘山风景区总体规划的修订工作。要求明确划分出“绝对保护区”、“环境保护区（安排区）”、“环境协调区”的界限。

经市批准，以园林局为主的“天津市海河开发公司”正式成立，任务为开发利用海河资源。

2月20日 中国人民解放军赠给北宁公园的一架初教六型飞机，对游人展出。

总结1984年质量：植树成活率95.9%（全市植树122.9万株），育苗成活率：移植79.7%，（总数76.5万株）、定植84.8%（总数32.27万株），盆花出圃一级品率75%，草花一级品率90%，混凝土试件合格率85%，分项工程优良率52%。

2月25日 由绿化工程处王开发带队的援藏绿化小分队，一行29人启程。

3月5日 本年度市府公布十项改善人民生活工作中，有关园林的任务是：1. 建设40片庭院式绿化小区，市内植树80万株，中环线绿带栽植，绿化卫津河，恢复北运河桃柳堤景色。2. 开辟金钢桥至四新桥间的海河游览线，修建沙滩浴场，海河游泳池和滑冰场，完成蓟县古长城第一期修复工程。

3月12日 市建委下达建设40片庭院式绿化小区的计划。计和平区8片，面积1.27公顷；南开区5片面积3.87公顷；红桥区5片3.68公顷；河北区5片2.1公顷；塘沽区2片1.47公顷。总投资额350万元。

3月13日 《当代天津城市园林》编写组编撰的《天津市园林绿化用地增减专辑》脱稿付梓。

3月14日 第二教育局批复，园林工程处和绿化工程处的两个职工学校合并，另行组建“天津市园林管理局职工学校”。市政府函复，关于水上烈士陵园大楼移交问题，仍按原发文件执行。即由民政局移交市园林管理局。新烈士陵园建设竣工前暂由民政局使用。

3月16日 市建委副主任刘文藩主持召开“会宾园”设计方案审查会。会议决定，第一综合方案由园林建筑开发中心，抓紧委托施工图设计；对化工部第一设计院和天大建筑研究院的两个方案发给二等奖金和证书；施工时注意打通沿湖内环通道，5月1日动工，10月1日交付使用。

3月23日 公园建设开发公司日本菠罗蜜株式会社合资在水上公园经营“水波游览服务有限公司”，双方签订合同并通过章程。公园建设开发公司与日本电通株式会社合作开发水上公园，双方就第一期工程达成协议。其要点是第一期工程由日方集资，开发公司以土地使用费和配套设施为投资。

3月26日 总结六个处级单位1984年实行经济承包效果：公园处、绿化处、花卉处、设计处和盘山游览区管理处五个单位，年度实际收入563.27万元，增收139.67万元，增长31.4%；计划支出492.94万元，实际支出500.74万元，增支7.8万元，增长1.58%；降差23.24万元，总收支相抵后实际结余132.09万元。1984年要求园林工程处收支平衡，实际结余47.98万元。

3月28日 河西区花鸟鱼虫综合开发公司与香港鸟行签署供鸟合同。

4月5日 位于北运河大堤的桃花园建成开放。此园为半年度市区改善人民生活的十件大事之一，面积1.3公顷，园内建有牌楼门，迎春洞、荷花池、五龙壁、迎宾阁、长廊等景点，栽植了各种桃科植物40余种，将河、桥、堤、园、居民区融为一体，恢复了春观桃花的历史名胜。

4月13日 市建委批准第一批开放海河水域活动的范围，自金钢桥至解放桥。海河开发公司与此经营游艇、游乐艇、游乐车等游乐设施。市民政局与市园林局签定移交水上陵园的协议书。

4月18日 王串场公园试行售票。票价3分，离退休人员月票3角，幼儿园集体免费。

4月29日 红桥区大伙巷街挤天占地，见缝插针仅用7天将500多米长的小巷搞成垂直绿化一条街，区政府予以表扬。

5月1日 海河公园喷泉游乐场举行开放典礼，市长李瑞环剪彩，副市长刘晋峰也出席典礼。

5月2日 园林局王荣局长与神户市土木局中井喜一郎分别受两市市长委托，签定日方借展金丝猴事项的备忘录。

5月3日 静海境内，津浦铁路以东、争光渠以西，从南至北百余里的狭长地带，辟为百里果园。

5月4日 海河公园喷泉游乐场正式开放。

5月10日 市政府决定健全绿委办公机构。市绿委办公室设综合组（处）为市府的常设机构，另设城市、农村和部队三个组，分别设在园林局、农林局和警备区内。

5月13日 动物园雄性果下马一匹，于夜间被人用刀砍伤。

5月17日 市建委同意拨款7万元，作为对1985年度绿化先进单位的绿化和40片庭院式小区绿化的评比经费。绿化工程处负责养管的18条主要干路绿化设施和319名人员，下放给各区管理。至此绿化工程所属单位仅余有三个苗圃和和一个施工队，全员尚有930名。

5月19日 大风雨导致树线连线和断线，市内有30台彩电、96台黑白电视机和61台收录机等家电遭受损失。

5月21日 海河开发公司所属“天津市海河喷泉游乐场”正式成立。体制为区科级事业单位，干部编制15名。

5月23日 市建委拨付大公园震灾恢复重建资金，一次性补助200万元。

5月25日 尖山公园改建的青少年儿童活动中心已建成首期工程33项。

5月29日 林业部批准天津动物园借给日本神户市一对金丝猴，供该市展览，同时提出要该市为“野生动物保护协会”提供抢救受灾野生大熊猫的活动款3万元。

6月5日 撤销绿化工程处所属绿化管理所的建制，改建园林绿化工程队，承担社会绿化任务，实行独立核算。

6月6日 市计委下达园林局进口花卉种苗款10000美元，分配给花卉处5000美元，绿化工程处2000美元，园林绿化研究所3000美元。

6月14日 水上公园、人民公园、动物园建立起“园容卫生”和“食品卫生监督”队伍。

6月20日 按照市政府毛昌五顾问的意见，市区在总长度为11.39公里的9条重点道路上的2897个树穴内栽种了草花39384株。

6月21日 市建委批准海河开发二期建设工程。计：河东区海河公园一侧的沙滩游泳场；六经路至刘庄浮桥的海河水域开展水上运动；位于河东一段的河滨公园建成以游乐设施为主的文化娱乐型公园。

6月27日 市建委批准天津会宾园的建设计划立项，准予投资控制在500万元以内。

7月12日 以王荣局长为首的天津市园林代表团赴日本，此行携有天津市市树“绒毛白蜡”的种籽。

7月13日 北宁公园在消夏晚会上，举办水、陆分台轻音乐会，此举乃天津市之首创。

7月15日 海河开发公司建立“海河水上运动俱乐部”，编制为科级事业单位。

7月16日 市第二教育局批准园林学校招收在职人员，入校学习三年文化和专业技术课，经考试合格后，由第二教育局颁发毕业证书，给予全日制中专同等资格。市园林绿化访日代表团出席神户市市政府举行的天津林纪念碑落成仪式。代表团团长王荣和该市议长田中喜雄分别讲话。

7月20日 应日本神户市市长和都市绿化基金会会长的邀请，天津市园林绿化代表团出席该市举办的第三届全国城市绿化展览会的开幕式。

7月22日 新建的40片庭院式绿化小区，已基本竣工。总面积约28公顷，分布在市内六个区和塘沽区。

7月23日 天津市已建6处屋顶花园，新华橡胶厂、河西医院楼顶齐展新颜。

7月24日 市园林局将塘沽区园林处移交给塘沽管理。

7月29日 动物园水禽湖发生翻坑后，至今已死亡海鸥四只、鸳鸯一只、鸿雁和天鹅各一只。

7月30日 人民公园新建展览馆定名“人民公园国际博览馆”。

8月1日 海河公园水上运动俱乐部开业，设有帆板、赛艇、皮划艇等项目。

8月14日 市计委拨转园林学校建教学楼投资40万元。

9月6日 市建委下达园林局自筹资金住宅项目投资调整数为407.4万元，建筑面积24090平方米。

9月11日 据市府指示，园林局决定于1986年1月25日至2月9日，举办全市性春节花市。

9月24日 林业部林政保护司濒危物种进出口管理办公室批准天津动物园引进亚洲象一对。

9月28日 水上公园新组建的“水波游览服务有限公司”正式开业。市园林局把市内园林绿化的人、财、物下放各区，实行条块结合，以块为主，责权到区，分块包干的管理体制。下放人员共3870名。(包括市内六个区及塘沽区、南、北郊区) 园林专用机械车辆也同时下放。

9月30日 市青少年儿童活动中心筹委会通知河西区城建局按照市政府会议纪要督促河西区

园林队与尖山公园迁出现址。

10月1日 水上公园新建的“会宾园”正式开业。

10月19日 应香港裕丰贸易公司邀请，市园林局组成考察团起程赴港。

10月23日 海河公园原规划中的“河滨公园”，决定建成为老年人和青少年儿童服务的游乐园，面积2.18公顷。

10月24日 成立鸟类研究会。

10月30日 市园林局把自筹自管的企业产房屋五处共8444平方米，连同产权一并移交市房管局，同时拨付修缮费36961元。

10月份 公园处与商业服务公司签订广告联营合同，公园处年收广告牌使用费65000元。

11月4日 天津市自1983年至当日，已建成的69片庭院式绿化小区已接待全国各地参观者1030名，外宾数十名。

11月12日 批准建立“天津市水上会宾园”隶属公园管理处领导。为全民所有制单位，实行企业管理，独立核算，自负盈亏，定员50名。

12月31日 年度末职工在册人数（各区园林绿化人数）4211名，其中：工人2518名，技术人员296名，管理人员822名，其他251名，服务人员324名。各区将居住区内绿化放给街道居委会管理，形成群管群享的管理网，专业管理转向社会管理。绿化工程处全年度开始实行自收自支，局不再拨给经费，该处1985年度苗木出圃37.9万株，苗木繁殖220万株。

1986年

1月3日 市政府外事办公室同意水上公园西侧的会宾园对外开放。

1月20日 《大众花卉》1982年创刊，销势递增。1983年发行150万册，1984年为160万册，1985年为182万册，年初出现订户下降、经营亏损现象。

1月30日 园林学校代管职工学校的关系改为直接隶属关系，撤销职工学校的建制及银行账户。

2月3日 市建委同意投资400万元，辟建居住区庭院绿化小区40片。

2月6日 明确1986年主要任务：植树80万株，争取100万株，新辟绿地35万平米，新建庭院式绿化小区40个，搞好中环线绿化配套和充实提高，增加海河景观，活跃水面，生产盆花17万盆，争取20万盆，繁殖苗木116万株，移植106万株，定植29万株，出圃62万株。

3月1日 市建委、市财政局联合下达园林局1986年城市维护费1900万元。其中绿地工程费350万元，设施维护费222万元，设备购置费30万元，区属公园费用48万元，塘沽、大港郊区350万元。

3月16日 园林工程处所属工程队改名古建工程队，同期建立绿化工程队、建筑工程队、工艺雕刻厂（均为区科级事业单位）。并撤销园林工程综合开发公司的建制。制定《天津市园林绿化管理法（草案）》呈报市政府。

3月26日 园林局和今晚报社拟共同主办1986年天津市首届阳台绿化有奖赛，时间定为“五一”到“十一”共五个月，报请市政府批示。

3月27日 柳林风景区开始重建，重建的重点是“一片、两线、三院”，即：原海河大堤片，柳林路，河堤路两线，三院是市结核病院，河西结核病院和铁路疗养院，总面积30公顷。

3月份 制定“天津市公园、绿地、树木年养护费用分级投资预算定额”，由红桥、河西两区试行。

4月4日 下达给市内各区绿化办公室及局属单位全年的绿化工程投资共700万元。其中：新工85.54万元，养护费184.46万元，配套费400万元。

4月9日 海河开发公司新建的“黄莲圣母号”游艇下水，这艘游艇将在金钢桥至四新桥一段往返载客，观赏海河两岸风光。

5月20日 南开区群众集资建设湾兜公园得到热情支持。截至公园开放，各单位支援物资折价55400余元，全区人民、学生和干部集资673元。

5月27日 举行利用垃圾堆山造景工程开工现场会，堆山地点在水上公园南侧，占地约80公顷，是净化美化城市的对策之一，李瑞环市长在会上讲话。

市政府就垃圾堆山有关问题发出通告，通告指出，垃圾堆山造景，变害为利，是本年改善城市人民生活的一件实事，市内所有垃圾废土，实行统一管理，一律用于堆山。

5月29日 上报“六五”期间园林绿化建设成就，概括为“发生了五个显著发展”，即新建区绿化向旧城区发展，主干道绿化向里巷胡同院落发展；公共场所绿化向家庭住户发展；平面绿化向立体绿化发展；专业绿化向全民办绿化发展；形成天津绿化的特色和风格。到1985年底，全市有树木517.87万株，较1980年增长179%；公共绿地634.1公顷，比1980年增长38%；有公园44座、面积461.08公顷，比1980年增长16%；苗圃面积达到495.8公顷，比1980年增长35%；市区覆盖率由8%，提高到8.3%，人均公共绿地达到1.72平米。

6月1日 汉沽区新建的河西公园开发，这座公园占地280亩。

6月11日 由建委牵头，经委和电力、园林两局参加，协调市区电、树矛盾，决议事项如后：1. 两局在本年7月底正式达成树木剪护协议即修订剪树标准。2. 迅速修剪超高树木35000株次，既保安全用电，又不能影响树木正常生长，各区园林部门立即组织施工，6月底前完工。3. 费用按2元/株由两局分摊，当年一次性试行。4. 过去根据任务固定修剪小组，电力部门配备监护人员两名负责监护验收。5. 剪掉的树枝必须当日清除。6. 实施奖惩办法。

6月20日 南开区地名办公室通知，据湾兜公园的地理位置及公园特色与名称含义美的原则，市政府于1986年6月6日正式批准湾兜公园更名为长虹公园。

6月30日 长虹公园正式开放。

6月30日，经过一个月的昼夜突击，在35公里的中环线两侧，整修楼房417幢，平房2932间，围墙2.87万米，新建雕塑、壁画、小品80处，新辟绿地15.75平方米，并拆除整顿楼房阳台915个，拆除违章建筑728间。

7月15日 统计上报1981年至1985年期间砍伐树木情况，计砍伐1211369株，其中，私伐数为3745株，占3.1%。

7月18日 市计委通知，城乡建设环境保护部下达市园林学校基建投资100万元。

8月1日 海河公园又添新景，海河开发公司在狮子林桥两座废桥墩上构筑了“哪吒闹海”“二龙戏珠”大型塑像。同时，自6月份动工的人造瀑布叠水水景工程，也建成开放。

8月5日 海河公园建园纪念碑落成，纪念碑坐落在海河公园西岸大同道口附近，主体横碑镌刻李先念所题“人民城市人民建”，竖碑刻着“海河公园”金色大字。碑体是从蓟县运来的距今10亿年的晚前寒武纪叠层石。

8月22日 《天津日报》刊登邓小平于8月20日视察红桥区咸阳北路居民小区楼间花园时，亲吻游玩儿童照片。

9月8日 外环线建设需占刘园苗圃13.5公顷土地、砍伐树木的73400株，总计损失达26.72万元。因苗圃系自收自支事业单位，其土地征用赔偿费以及苗木设施损失费应予补偿，申请市建委核定。

9月14日 参加首届阳台绿化有奖赛的达5000人，9月13日召开了表彰大会，市长李瑞环在这则报道消息旁批：“这是项很有意义的活动，坚持下去，定会对绿化、美化津城工作起很大作用。”

9月22日 同意海河开发公司由县团级企业改为海河游览区管理处，事业单位，实行差额管理。

10月17日 天津市第一座园林与历史文物相结合的仿古园林——邃园，已在天津市历史博物馆建成，邃园面积0.3公顷，举行揭幕式。

11月14日 市科委同意《大众花卉》自1987年开始，由限国内发行改为公开发行。

1987年

1月10日 园林系统“十大新闻”评选活动揭晓。1986年十大新闻是：邓小平、李先念等中央领导同志视察咸阳北路绿化小区；体院北居住区庭院绿化和海河公园建成；李瑞环阐述园林绿化等方面的关系；园林绿化研究所“白僵菌 防治蛀干害虫木囊蛾”等三个课题达到国内先进水平；举办首届迎春花会；河西区20天建成中环彩带公园；举办首次阳台绿化有奖竞赛；目前国内规模最大的人工叠水“涌春泉”建成；园林学校教师王翠敏参加全国城建单位演讲团获一等奖，被评为市模范教师，并出席全国教师座谈会；中环线（东半环）前期绿化工程完成，南开区用全民义务植树的方法，发动社会力量建设长虹公园。

1月12日 制定全局实行经济承包方案上报。1. 园林局对委承包：以上年度城市维护费的实际投资额增减合理款项，作为本年度的投资基数，一次性包干下达，在保证完成规定任务指标情况下，由局平衡使用，结余部分按四、二、四比例分配（发展基金40%，福利基金20%，奖金40%）。2. 园林局内实行承包：绿化、花卉、公园、工程、海河游览区等五个管理处，实行定额拨款，结余按比例分成，设计处实行自收自支，亏损不补，其他直属单位（盘山、学校、干校、科研所、医务所、局机关）实行经费预算包干、结余比例分成。

2月19日 市政府办公厅印发刘晋峰、毛昌五在全民义务植树工作会上的讲话。

3月12日 天津市30余万军民参加了城乡植树活动，并种植了15600余株新树。市党、政、军领导张再旺、何国模、白桦、石坚、姚峻、毛昌五、肖元、廖灿辉、何燕然等，分别参加了植树劳动。天津市绿委办公室，天津市园林局、农林局和今晚报联合举办的“绿化津门”征文活动开始。截至日期为10月24日。征文活动设奖三等。

3月18日 上半年在外环绿化带规划范围内，共栽植的各种树木57.6万株，占整个规划的14.7%；建成主副林带64.1公里，果园2938亩，竣工投产面积6700多亩，闸、涵及防渗渠道等98项工程已完成71项，基本达到能灌能排。

3月20日 外环线绿化带工程正式开工。

3月21日 市绿委办、市教卫委等联合发出《关于搞好高等院校校园绿化》的通知。

3月27日 市建委决定，市内六区园林部门所辖树木、绿地、公园，从1987年1月1日开始，执行按定额承包管理，所需费用由市园林局安排70%，其余30%由所在区解决。

4月1日 栽于胸科医院院内的一株法桐，硕大粗壮，冠荫达百余平米，一次移植成功。这株法桐系20世纪40年代栽植的，移植工作由市经园林局委托园林学会邀请专家反复研讨后决定的，首创了生长期移植大树的记录。

4月2日 市建委下达给市园林局1987年城市维护计划和财务预算，预算指标为2887万元，其中：小修养护955万元，植树125万元，工程项目539万元，机具购置88万元，塘沽、大港、郊区400万元，盘山150万元，经费630万元。

4月3日 西郊区新建的森林公园，已完成土方和植树任务，这座公园总面积为两千余亩，规划栽种树木1550亩，开辟钓鱼、游泳、划船水面260余亩，娱乐场所和服务设施等占地200余亩。

4月8日 静海基本建成百里果园，为天津市南大门增添一景。百里果园在静海县静津浦铁路以东，争光渠以西，北起进洪闸，南至九宣闸，百里有余，万亩开外。果树以金丝小枣、鸭梨为主，其次为桃、苹果、杏等。

市建委明确全年新建庭院式绿化小区的投资来源。在41片庭院式绿化小区中，34片由配套费投资312万元（包括和平、南开、红桥、河北、河东、河西、塘沽七个区），其余7片（包括汉沽、北郊、大港三个区），均由区自筹资金建设。

4月19日 水上公园在碧波庄内举办的仿古游览活动正式开放，具体活动共有20个项目。同日，动物园举办开放式，鹿园正式接待游人。

5月1日 市园林局和今晚报社联合举办的阳台绿化有奖竞赛，自即日至10月1日间再度开展。市园林学会也参加主办这项活动，这次竞赛，扩大了获奖面，增设组织奖和鼓励奖。

5月3日 动物园报告大熊猫“蓉蓉”死亡。死亡原因，经北京动物园兽医医院解剖化验，系年老心力衰竭致死。

5月4日 印发《关于代办工程管理的补充意见》。该意见与1986年制定的《关于加强对外承揽代办工程管理暂行办法》，一并执行。

5月16日 市编制委员会核定，市园林局下列单位的规格为县处级：园林管理干部学校、绿化工程处、花卉管理处、园林设计院、园林工程处、公园管理处、海河游览区管理处，园林学校。制定《考核班组长的条件和班组长的工作职责办法（试行）》，印发基层执行。

5月18日 市绿委办公室、园林局、农林局联合举办绿化普法讲座，贯彻《中华人民共和国森林法》和市政府《关于开展全民义务植树运动的实施细则》的依法治林精神。

5月25日 批复公园变更名称及领导职称如下：将天津市水上公园管理所、天津市人民公园管理所、天津市动物园管理所，改称天津水上公园、天津人民公园、天津动物园。三个公园领导改称为正、副园长。会宾园饭店正、副经理改称为正、副总经理。以上四个单位仍为区科级不变。

6月1日 天津市第一艘个体旅游船开航。旅游船每天可接待300多游客，自海河6号门码头到东郊崔家码头，往返载客游览海河两岸风光。

6月3日 制定《关于工程技术职务评审办法（试行）》并下达执行。

6月19日 经过一年多的调查，市园林局、园林学会组织有关专家，确定了天津市第一批古（大）树名木。据对塘沽、市内六个区及蓟县盘山风景区内的不完全统计，本市共有古（大）树名木30多种、6721株。其中，树龄300年以上的43株，百年以上的1436株。

7月4日 市政府召开专题会议，决定将花卉处北辛庄花圃的土地39.308亩，划拨给民政局使用。

7月10日 拟定修建盘山客运索道方案。申报市政府立案。索道拟自莲花岭经盘古寺至云罩寺，全长2.2公里，投资1000万元，分由市计委、市建委、旅游局投资，工程预计三年，1989年竣工运营。

7月23日 美国费城动物园协会主席威廉·唐纳森先生与天津动物园，所商定的以非洲猎豹和黑猩猩各一对与天津市交换黑叶猴两对之事，当日申报城乡建设环境保护部审批。美方一行三人于本年5月份到天津动物园考察，除交换动物条件外，另赠黑美洲虎一对。

8月17日 拟定《天津市区、郊县、城镇古树及大树保护管理办法》并确定了第一批树保护的树木明细，报请市政府审批。

8月24日 天津市举办第二届阳台绿化有奖竞赛，深受群众喜爱，参加竞赛的居民户已达23694户，是去年参赛户数的4.7倍。体院北居民区有适合摆花的阳台11944个，1986年搞起绿化的达50%，1987年上升到80%。

8月28日 园林局聘请市人大城建委、市政府区街处、市建委、市容委、市绿委的负责同志，对各区垂直绿化进行了两天检评。评出的第一名为红桥区，河西区、和平区并列第二，第三名河东区。

9月7日 经市建委核定，盘山游览区管理处的规格，定为县处级。

9月9日 “园林局教育成果汇报会及展览会”在园林学校开幕，局、处有关教育部门的领导及教师代表百余人参加。

十年来，园林局从职工中培养出大中专毕业生247人，中专在校生245人，对1859名青壮年职工进行了初中文化和初级技术补课；对345名技工进行中级技术培训。

截至1987年，园林学校培养出中专生204名，技术工168名。

9月15日 和平区为复兴公园新建的碑廊举行揭幕典礼。碑廊占地面积300平米，著名作家方纪和著名书画家、书法家王学仲、范增、李鹤年等都为碑廊留下珍贵墨宝。

9月16日 《天津日报》载：城市绿化美化管理权限下放到区以来，红桥区三年中种植了各类苗木130万株，成活率在95%以上，建成绿地90余万平米，数量接近该区建国以来的总和。在新建区，实行了绿化、美化与市政建设同步进行，新楼群、新道路与庭院式绿化小区、道路绿化同时完成。

林业部林政保护局批复：同意天津动物园，以两对黑叶猴向美国费城交换非洲猎豹、黑猩猩和美洲黑虎各一对。

9月21日 第二届阳台绿化有奖竞赛评比揭晓。

10月1日 东郊区东丽公园当日开放，这座公园坐落在外环线海河大桥附近，紧靠住宅规划区，占地面积3.33公顷，(包括水面1.2公顷)，公园建成为欧式风格，色调淡雅，结构简洁明快，水面备有木船和电动船。

10月25日 园林局与天津日报社联合举办的第27届大型菊展和秋菊比赛，今天在八个展区展出，中心展区设在水上公园碧波庄内。

11月28日 市绿化委员会办公室、市园林局和今晚报社、市农林局联合举办的首届“绿化津门”征文活动结束。

12月31日 全年度城市维护费市区完成和塘、大、四郊投资总共3382.23万元，其中：市园林局完成1728.13万元，市内六区完成1238.1万元，塘沽、大港和四个郊区拨款416万元。

年末，市区园林系统的职工人数8327人，其中：园林局4352人，市内六区3684人，郊区291人。

总结全年双增双节工作的成效如下：计划植树80万株，实际完成88.5万株；新建绿地45.06万平米，市区人均绿地由上年度的1.76平米升到1.9平米，绿化覆盖率由，10.8%，上升到11.37%；新建庭院式绿化小区40片35.12万平米，共投资579万元，平米造价16.49元，土绿投资比例稳定在13：87；垂直绿化完成700条里巷，超过计划六倍；繁殖苗木88万株，繁殖花卉20多万盆，在完成指令性施工任务的同时，承揽了室内外绿化土建代办工程137项，工作量1387万元，财务收入980万元，超过计划70万，实际支出1171万元，比去年增长15%。

1988年

1月3日 市政府办公厅发出:《关于全民义务植树有关事项的通知》要求，凡我市区适龄公民，都要积极参加全民义务植树活动，每人确保栽活一棵树，全民义务植树活动由各区人民政府负责组织实施。

1月5日 通知局属单位及各区城建（园林）局，严格控制外购苗木，对外购千株以上的各种花灌木，包括桧柏、龙柏、黑松、花柏、金银花、龙爪槐、白腊等，不经市批准，不得外购；确需外购，要将具体品种、数量、产地报市园林局核批。

1月10日 制定《实行经济承包责任制的意见》上报市建委，局对委实行城市维护费投资总承包，局内实行处对局，基层对处的层层承包。

1月29日 市绿委办公室城市组、市园林局及各区绿委会、园林（城建）局，对全市480个市级绿化先进单位，进行了全面复查，占总数8%的单位，存在着不同的问题。为维护市绿化先进单位应具备条件的严肃性，免去天津电器研究所、河北区新开河街、志诚道居委会、红光居委会、何兴庄街花园里居委会、塘沽区红楼小学、塘沽区运输场等7个单位的市绿化先进单位称号，同时摘掉市绿化先进单位荣誉奖牌。

2月8日 宣布撤销公园管理处的建制，原该处下属的水上公园、动物园、人民公园、会宾园划为园林局直属单位。

3月14日 《今晚报》载：近年来，市园林局所属单位，在完成本职任务的同时，已承揽外地园林工程500多项，先后为济南、昆明、包头、新城、胜利油田、山海关、北戴河等地设计、承建了园林设施。

3月19日 园林局干（党）校合并于园林学校，统称园林学校，但为便于业务联系及教学工作的需要，对外仍保留局干（党）校的名称。

3月23日 市建委批准，将公园管理处改为水上公园管理处，同时撤销水上公园管理所建制。

3月26日 市政府顾问毛昌五主持会议，研究开发官港建设森林公园问题，官港森林公园，要按照人民城市人民建的方针，大力开展全民义务植树的方法建设，从今年起，力争用三年时间完成绿化工作，园林局副局长高国华参加了会议。

经统计，煤气工程施工损坏的绿化设施，截至1987年7月底，共损坏绿地9.69公顷，落叶乔木1.95万株，常绿树0.35万株，花灌木2.03万株，绿篱1.8万延米，拟请市按恢复标准，由市重点工程指挥部给予解决413.96万元。

4月1日 一株40余年树龄的悬铃木移植已告成功，这株老树位于和平区胸科医院内，直径81厘米，高20米，冠幅16米，开创了首例移植大树的记录。

4月4日 制定印发《园林绿化工程质量评定验收标准》(试行)

4月5日 批复园林学校机构设置，学校内设立办公室、教务科、学生科、职教科、干训科、总务科、伙食管理科和实验场。

4月6日 下达各区1988年园林绿化工程及投资计划。

投资计划合计（城市维护费部分）1265.4万元，计：和平区155.7万元，南开区244万元，红桥区240.9万元，河北区176.2万元，和东区195.9万元，河西区252.7万元。全年植树100万株，新建公园绿地15.41公顷，四电树木修剪7.65万株。

4月25日 截至本日津塘公路植树任务全部完成，该路全长六公里，全部绿化后形成市区目前最长的一条绿荫成片、林木成线、花团锦簇的花园路。

4月26日 市政府办公厅做出《关于1988年市区全民义务植树有关事项的补充通知》。通知内容：1、市区绿化经费，应从城市建设维护费中解决，并逐年增加，各区从城市建设开发公司利润中，提取20%用于绿化。2、对确有困难不能参加义务植树和绿化管理的单位和个人，应经所在区绿化委员会批准，依照《天津市人民政府关于开展全民义务植树运动的实施细则》，单位按职工总数每人交纳20元绿化费，社会公民每人交纳20元，对无故不履行植树义务的单位和适龄公民，要按有关规定，给予经济处罚。

4月28日 中国城市花木博览会在人民公园揭幕，本届博览会约50个单位参加，展品包括鲜花、干花，种子球根，山石树盆景，趣石根雕，现代锦鲤，宫廷金鲤等。

5月18日 建于河东区海河沿岸的大型浮雕彩灯水景“百龙戏水”开放，浮雕为长107米、宽4米的白色大理石雕体。两侧由著名书画家范曾题写的“百龙戏水，时泰景和”“津门龙影，万象更新”楹联，镌刻于汉白玉石上。

7月1日 对连续三次获得阳台绿化三等奖以上荣誉的居户，一次性授予“绿化小舟”的荣誉称号。

7月13日 市园林局召开各区城建（园林）局局长参加的会议，落实“要完善中环线，形成月季一条路”的工作。布置了中环线栽植月季12.96万株的任务。

7月23日 关于河北区政府于5月份强行占用王串场公园4000平方米土地，私砍滥伐胸径10~50厘米大乔木62株、花灌木146株，修建老干部楼一事，近日发现后向市建委做了紧急报告。

8月7日 经市园林局办公室会讨论，鉴于目前纸张印刷费涨价，订户减少，亏损太大，拟将《大众花卉》发行到年底，从1989年停刊，报请建委批示。

8月13日 从1983年至1987年，本市共建小游园136个，面积26公顷，街景绿地173处，面积29公顷。这些小游园、小街景经过不断充实，其中部分已超过现在小公园标准，为此，对现已初步达到小公园规模和标准的50处小游园以及街景绿地共17.69公顷，按小公园进行养管，报请市建委批示。

9月10日 邓小平为引滦工程题词的纪念碑，在引滦纪念碑花园举行揭幕仪式。

9月22日 为庆祝天津和神户市结为友好城市15周年，在水上公园内兴建的“神户园”奠基。

9月26日 天津站绿化工程竣工，自解放桥至赤峰桥头的广场绿化总面积达2.5公顷。

9月27日 《天津日报》载：西青道中学高一学生刘东，在天津市树白蜡上嫁接桂花，获得成功，这一成果在全国第四届青少年科学创造发明比赛中夺得金奖。

10月8日 市政府今年提出的改善城市人民生活十件好事之一的园林绿化任务，已全部完成，主要任务是：新建庭院式绿化小区40片，垂直绿化主要干道36条，植树100万株，调整充实提高中环线的绿化等工程。

10月18日 重申“树木迁移，砍伐规定”印发各区城建（园林）局，再次明确任何工程项目，需迁砍树木绿地的，凡树木数量在十株以上和单株胸径20厘米以上者，需经区城建（园林）部门审查后，到市园林局办理审批手续，待市批准后，方可施工，其它任何单位无权审批。

11月18日 市建委批复同意将50处已建成开放的绿地晋升为小公园，并正式命名，悬挂园名标志。

11月21日 市长李瑞环主持召开了“中环线沿线绿化会议”。

12月31日 1988年园林绿化建设工作总结。植树完成132.71万株，新辟绿地44.43公顷，新建绿化小区40片，计划垂直绿化36条干道超额完成，共栽爬藤植物46.49万株。

市区绿化覆盖率由87年的9.5%提高到10.64%，人均绿地由87年的1.76平方米，提高到1.88平方米。

花卉苗木生产，完成育苗74万多株，出圃45万多株，苗圃在圃产值达700万元，花卉生产，按照“腾笼换鸟”规划，引进主要花卉品种169个，淘汰品种112个。

截至年底（包括市区，郊区，塘沽，汉沽，大港）：园林绿地总面积1615.43公顷，其中公共绿地824.93公顷，专用绿地211.73公顷，生产绿地570.67公顷。

公共绿地中，公园104个，总面积552.51公顷。

街景绿地97.28公顷。

小游园34.66公顷。

楼间绿地140.48公顷。

生产绿地中：苗圃9个，545.11公顷，

花圃7个，25.56公顷。

年底实有树木；837.71万株，其中：行道树73.81万株，道路绿化长度895.9公里，实有草皮205.33公顷。

城市建成区绿化覆盖率10.64%。

城市人均占公共绿地面积1.88平方米。

1989年

1月8日 南开区王顶堤小区绿化工程动工，总任务量为9个小区，13个自然片，共21万平方米，其中小游园11个，共4.3万平方米，楼间绿地14.35万平方米，街景26处，共2.35万平方米，还有五条路的行道树栽植，全部工程6月底竣工。

1月14日 印发《天津市园林管理局聘用干部的暂行办法》试行。

实行干部聘用制后，全局的干部管理体制将是任命制、选举制、聘用制、招标制，四种形式并存。

1月24日 天津市第11届人民代表大会常务委员会第六次会议通过《天津市绿化造林管理条例》。

2月24日 市建委下达1989年庭院绿化小区建设投资计划（第一批），投资554万元，绿化小区32片，绿化面积35.78万平方米。

3月1日 市长李瑞环在市政府主持会议，审定了今年全市绿化方案。(一）天津的绿化布局，要以外环线绿化带为城市的环境保护屏障，市内通过“三环十四射”等道路骨架绿化，把绿化的点、片、线、网连接起来。(二）全民义务植树的核心是尽义务。(三）外环线、中环线十四条射线，道路两侧的绿化，由沿线各区组织义务植树，实行统一规划，分区实施。(四）蓟县的绿化工程，包括盘山、长城、于桥水库周围绿化，以及荒山造林，要作为全市绿化的，重点加以扶持。(五）津围、津塘公路两侧的绿化要重点抓好。(六）官港森林公园的建设，今年搞好规划，完成水利工程设施，要扩大苗圃，做好前期准备工作。

3月2日 市政府批准《天津市义务植树管理规定》发布施行。

4月1日 具有浓郁日本民族情调和园林风格的水上公园“神户园”破土动工。这座园林坐落在水上公园五岛南侧，占地一万平方米，计划10月1日建成开放。

海河水上运动俱乐部与天津铁路分局客运段、塘沽海上旅游社，联合开辟了“海河—渤海一日游”新航线，于今日正式通航。

4月30日 4月份，园林绿化研究所从荷兰引进小菊品种20个，共200株。这种小菊的特点是如何控制好光照，可一年四季开花。

5月8日 园林局务会议讨论通过《关于建立全局敬老活动基金的试行办法》，印发局属各单位。

6月2日 市建委下达1989年第二批庭院绿化小区建设投资计划，投资80万元，绿化小区8片，绿化面积8.95万平方米。(与第一批下达的32片，合计为40片)。

6月14日 为迎接国庆40周年，在中环线及主干道布置园林绿化景点下达，市内各区城建（园林）局市级景点28个，补助经费110万元。

8月17日 天津市第四届阳台绿化竞赛，在市内六个区，103个街道办事处中，有94个街组织了475个集体，共192790户参加了这届阳台绿化竞赛活动，参赛户是六个区32万个阳台总数的59.85%，是当年计划参赛户15万户的120.8%。

8月25日 8月23日至25日，市园林局组织有关人员对市内六个区和塘沽区植树成活率进行了抽查，共抽查61处施工点，其中群众单位12处，这次抽查地段平均成活率达90.4%，其中专业植树成活率93.5%，群众植树成活率82.7%，均超过部颁标准。

9月7日 根据市委、市政府指示精神，10月1日，全市各公园都免门票对游人开放。

9月23日 园林绿化“八五”计划大纲上报市计委。“八五”指标是：1995年末，人均公共绿地5.5平方米/人，绿化覆盖率22.5%。平均每年新增公共绿地230公顷。

9月30日 水上公园神户园正式竣工。

11月10日 市领导承包的绿化工程完成情况报市委、市政府。

（1）市长李瑞环、副市长李振东承包的中环线和射线绿化工程：中环线共建绿地47.6万平方米，月季50万株（长3.49公里）复康路，金钟河大街等八条放射线，黄河道，气象台路等四条卡口，共植树4.64万株，建绿地8.09万平方米；

（2）张立昌副市长承包的王顶堤居住区绿化，一年建成庭院式绿地21.4万平方米；

（3）李长兴、陆焕生副市长承包的官港森林公园，规划设计和分期实施规划的建园方案已基本完成，建成了永久性苗圃500亩，完成了排灌，道路，土方，涵闸，倒虹吸等工程；

（4）李慧芬副市长承包的天津重型机械厂，一年植树0.803万株，栽桧柏、绿篱0.8万株，新建小游园绿地0.66万平方米，新辟苗圃0.14万平方米，使全厂绿化覆盖面积达到可绿化面积的58%；

（5）钱其傲副市长承包的天津大学和南开大学是我市连续多年的绿化先进单位，钱副市长又对他们提出了要达到花园式校园的要求，增加绿化面积4万多平方米。

12月31日 全年完成植树121.8万株，新建绿地66万平方米，完成庭院绿化小区46片，32.25万平方米，全年栽植月季42.11万株，垂直绿化路和里巷47条，栽爬藤50.72万株，全市迎国庆建景点134处，摆花100万盆（株）。

中环线已形成具有天津特色的大绿效果和花成环的景观。现中环线有绿地48万平方米，月季49.38万株，各种树木13.51万株。

1989年统计资料：（包括市内六个区、郊区、汉沽、塘沽、大港区）年末实有：

园林绿地总面积1693.68公顷。

公园111个，面积518.91公顷。

建成区绿化覆盖率11%。

城市人均占有公共绿地面积2.05平方米/人。

1989年底实有树木909.39万株。

其中行道树69.91万株，道路绿化总长度867.89公里。

1989年植树121.80万株，成活率88.7%。

1989 年底实有草皮 224.69 公顷。

1989 年新植草皮 32.42 公顷。

年末职工人数 9051 人。

其中：局属各单位 4524 人，专业技术人员 685 人。

1990 年

1 月 10 日 天津动物园饲养的黑猩猩“山太”(13 岁，87 年由日本神户王子动物园赠送）于 1 月 10 日产一仔（雌性)，取名“菲菲”，黑猩猩产仔在我市尚属首次。

2 月 9 日 市园林局印发《园林绿化建设及绿化设施损坏赔偿标准》。

2 月 16 日 市园林局批准工程处将原处属 9 个单位调整为 4 个，即古建队、园林队、机运队、综合加工场。

3 月 9 日 根据《天津市绿化造林管理条例》，市园林局重新制定下发了《园林绿化建设及绿化设施损坏赔偿标准》(4 月 15 日起执行)。

4 月 21 日 市园林局印发《天津市园林管理局全面质量管理奖罚办法》(试行)，在园林系统推行全面质量管理。

5 月 8 日 市建委批复：同意建立官港森林公园苗圃管理所，隶属市园林局领导，为科技事业单位，编制暂定 30 人，承担苗圃 1000 亩地的育苗生产任务（7 月 13 日行文，该圃由市园林局绿化处直管）

5 月 19 日 中绿委组织六省市绿化检查团来津，在津活动四天，检查了中环线、外环线绿化和家庭阳台绿化，对天津绿化成绩给予充分肯定。

5 月 20 日 从 20 日至 27 日，本市首次举月季展览周活动，有 200 多个单位，61 个街办事处，600 多户居民参加。这次活动共摆设景点 100 多个，参展月季 100 万余株。

6 月 11 日 市政府召开会议确定十条放射线的绿化任务，绿化总面积 27.84 万平方米，其中建绿地 12.88 万平方米，植树面积 14.98 万平方米。

8 月 18 日 市园林局党委召开扩大会议，传达贯彻城建口党政领导干部会议精神。会议强调：要结合局工程处发生的经济案件问题，切实加强廉政建设。重点是加强教育，严格管理，综合分析，制定措施，狠抓落实。

11 月 24 日 市政府发布《天津市市区冬季清雪暂行办法》，规定道路主干线、迎宾线两侧绿地、片林、分车绿带、花坛及海河公园，不准倾倒或作为转运点堆雪，违反规定造成园林绿地损坏的，由园林部门按有关规定处理。

12 月 8 日 我市赠送日本神户六角重檐亭“依留亭”，由市园林局派十名工程技术人员于 10 月 22 日赴日，12 月 5 日完成任务，12 月 8 日返津。

12 月 12 日 市园林局上报市编委、建委，将天津动物园由科级单位升级为处级单位（1991 年 4 月 25 日，编委批复同意)。

本年度

完成植树129万株，为年计划的129%。新建绿地51.59万平方米，为年计划的118%。建庭院小区42片（计划25片），建街景绿地21.69万平方米，新植月季34万株，建成月季路4条，垂直绿化道路54条，人均公共绿地达到2.19平方米，绿化覆盖率达到11.5%，全市参加义务植树绿化活动128.16万人次，占应尽义务人数151万的84.8%。苗木出圃71.44万株，盆花出圃24万盆，切花生产11万只，公园游人量3993万人次，其中局属三大公园游人量443万人次，动物繁殖50种、734只，动物死亡率降低41%。举办各类培训班19期，有1198人次参加。科研成果《国槐及草坪主要害虫防治研究》等达到国内领先水平。双增双节成绩突出，年创收1200万元。

1991年

1月17日 市园林局党委召开全局宣传工作会议，总结交流宣传工作经验：(一) 紧跟形势，围绕经济建设中心，开展宣传工作，变困难为机遇；(二) 思想教育和宣传报道工作促进稳定和推进双增双节运动开展；(三) 内外结合，内部大力宣传好人好事，外部大搞宣传报导，提高园林在社会上的知名度。

1月21日 印发《天津市园林局内部审计工作实施细则（试行)》。

1月22日 市园林局、旅游局上报市政府建议：天津市五月份举办首届月季花节。报告对总体构思、活动内容、组织形式提出了具体意见。4月11日，市政府关于举办首届月季花节发出通知，确定举办首届月季花节，从5月26日至6月9日为期15天。毛昌五为总顾问，有关委办局及我局王荣局长为筹备组成员。

市园林局报请市建委审定《天津市园林绿化“八五”计划》。

3月20日 天津市体北滨湖公园开工，于8月22日竣工。

4月11日 市城建系统召开十大窗口竞赛总结表彰大会，河东区、河北区城建局和水上公园被评为先进单位；河东区绿管所、海河喷泉游乐场等六个基层单位，被评为先进集体；海河处大船组等五个班组，被评为先进班组；邹继英等七名职工，被评为先进个人。

4月15日 市园林局致函市民政局，申请成立天津市花卉盆景协会。

4月27日 市民政局社团管理处批复：同意成立天津市花卉盆景协会。

5月1日 中国盆景艺术流派作品展5月1日，在水上公园盆景园开幕。这次展览荟萃全国14个地区、20多个园林单位的500多盆作品。其中有岭南、川、海、苏、扬、徽等艺术流派。参加开幕式的市领导有吴振、张再旺、毛昌五、李振东和中国盆景协会理事长王纪泉。开幕式由李振东主持，吴振剪彩，毛昌五致辞。

5月26日 天津市首届月季花节在水上公园开幕。中央、外省市及外宾和有关方面领导急群众，数万人出席了开幕式。

为期15天的月季花节，以中环线地棵月季为主，全市设大型月季景点9处，植物造型9处，和10组大型室外插花。群众单位设景点百余个，推出地棵和盆栽月季200多万盆（株），同时举办插花展览，售出切花3000余只，切叶花卉2000只。

6月3日 市园林局组织市区有关方面人员，对现存古树、名木及大树进行普查。通过对工厂、院校、街道、庭院近百个点的调查，现有古树、名树280株。其中百年以上稀有古树7株；胸径50厘米以上大树、珍稀树种210株。目前生长尚好，但缺乏统一管理和保护措施。

6月24日 市园林局致函市民政局，申请成立天津市观赏动物协会。同年10月22日，天津市民政局社团管理处批复：同意成立天津市观赏动物协会。

10月18日 市园林局印发《天津市园林局科学技术项目管理暂行办法》，对全局科技项目申报、开题、鉴定、推广、奖励等，都作了明确规定。

10月19日 市园林局印发了《天津市园林局科学技术项目经费管理暂行办法》、《关于推广应用科研成果泥炭栽培基质》的通知。

11月1日 市园林局党办《信息》96期载：市园林局和《今晚报》主办的"我爱津城绿化美"有奖征文活动，从6月中旬开始，到10月上旬结束。共征集稿件254篇。其中《今晚报》采用30篇。这些稿件从不同角度热情讴歌了我市园林绿化建设取得的成绩，以及园林绿化在城市建设中发挥的作用。局宣传部印发了"我爱津城绿化美"小册子，广泛宣传。

11月18日 市园林局请示市编委，将局设计处更名为园林规划设计处。(1992年1月9日市编委批复同意更名)。

11月23日 市园林局印发了《园林局加强临时工管理的暂行办法》。

12月30日 经请示市建委，同意将官港苗圃移交官港森林公园管理处管理（市建委于1992年2月20日批复）。

全 年

园林绿化任务全面完成。全市植树185.38万株，完成市政府下达任务的124%，新建绿地80.25公顷，完成计划的115%；其中计划新建庭院绿化小区18片，7公顷，建成30片，21.25公顷；新建公园8处，45.91公顷；新建街景绿地11.79公顷，新植月季29.3万株，新植垂直绿化路23条（段），阳台绿化20.96万户，市区参加义务植树146.92万人，占应尽义务人数的91.6%，全市树木成活率达百分之87.8%。

1992年

1月7日 市园林局印发了《公费医疗管理办法（试行）》、《关于建立大事报告制度的通知》。

2月25日 市园林局印发《天津市园林局专业技术人员继续教育实施办法》，对继续教育的目的、对象、内容、形式、时间、经费、考核和组织管理等，都提出具体要求。

3月4日 市园林局印发《关于劳动力计划调配管理办法》、《关于工资资金管理办法》、《关于业务往来活动费开支的有关问题》的通知。

4月1日 市园林局以改革财务管理为突破口，加大内部改革力度。对有自养能力的单位，核定预算，收支定额，超支不补，结余自留；对暂无自养能力的单位，在核定收支指标的基础上，试行定额补助，对有预算外收入的单位，以收入的40%抵支，其余归己；对没有收入的单位试行预算包干，自负盈亏。

4月3日 市园林局在河北区召开绿化现场会，参观河北区绿化小区，各区汇报春植绿化进度。贺振副局长要求加快速度，确保质量，除常绿树外，力争4月初全部完成植树任务。

市园林局呈报市建委，请示建百亩公园投资补助问题（5月12日，市建委批复同意建百亩公园）。

4月7日 市园林局以改革内部经营管理机制为目的，区别不同性质，推行不同形式承包责任制。主要六种形式："个人风险承包"、"百分计资定奖、定额承包"、"集体租赁承包"、"经济责任承包"、"综合承包" 和 "单向承包" 等，推行面积达80%。

4月14日 科研所新购进101棵、价值1600元的比利时杜鹃，全部被盗。经市园林局安保处会同公安河东分局刑警处的16天奋战，于4月30日破案。

5月1日 市园林局印发了《关于改革劳动人事制度的意见及有关几个问题（试行)》。

5月4日 市园林局印发了《天津市园林局综合承包达标单位评选办法（试行)》。

5月17日 天津市第二届月季花节开幕式上午10点，在水上公园露天剧场举行。市委、市人大、市政府、市政协、市顾委谭绍文、聂璧初、张立昌、王旭东、吴振、刘晋峰、张再旺等，以及中央和各地来宾3600余人到会。市长聂璧初致辞，市委书记谭绍文为开幕式剪彩，并举行了大型文艺演出。

5月22日 市园林局印发了《关于组建天津市园林系统行政执法监察队伍的决定》。

6月9日 市人大常委35次会议通过：任命左子敬为天津市园林管理局局长。

7月15日 市园林局呈报市建委请示成立 "天津市园林经济技术兴业公司"（8月7日，市建委批复：同意成立）。

7月26日 市园林局党委制定了《关于加快改革开放的实施意见》，改革开放的方针、目的是：园林要发展，职工要富裕。通过深化改革扩大开放，闯出一条建设大园林的新路子。全局经济收入递增15%（以91年为基数，到95年全局经济收入翻一番）。"八五" 期间，全局职工收入年均增长10%。

8月3日 市园林局从五个方面提出，深化人事制度改革的措施：（一）准许人才在局内流动；（二）完善干部聘任制度；（三）打破职级相对的框子；（四）在全局范围内实行技术职称聘任；（五）新建经营单位实行经理负责制。

8月9日 盘山云罩寺修复工程竣工，举行剪彩仪式。市政府原顾问毛昌五、市园林局长左子敬等参加仪式。

8月14日 市园林局印发了《关于内部人才招聘事情办法》、《关于进一步搞活劳动用工管理的几点意见》。

8 月 22 日 市园林局印发了《关于广泛筹集资金联合经营开办项目的暂行办法》、《关于对单位领导班子实行重奖的暂行办法》。

8 月 23 日 全市园林系统开展国务院颁布《城市绿化条例》宣传周活动，园林局左子敬局长、贺振副局长，到各区参加宣传周活动。

9 月 7 日 市园林局印发了《天津市园林局统计工作管理暂行办法》。

9 月 21 日 市园林局呈报市编委，将天津园林规划设计处更名为天津市园林规划设计院（市编委 10 月 22 日批复：同意变更名称）。

9 月 24 日 市园林局印发了《天津市园林系统科技与教育奖励基金管理办法（试行）》。

10 月 22 日 市园林局印发了《关于园林科技人员从事兼职和业余技术服务管理的暂行规定》。

11 月 27 日 市园林局呈报市政府《关于园林绿化实现"八五"规划措施》。

12 月 12 日 市园林局制定了《珍贵动物繁殖奖励暂行办法（试行）》。《办法》规定范围，珍贵动物：金丝猴、大熊猫等 45 种；礼品动物：黑猩猩、黑豹等 16 种；难繁殖动物：金钱豹、牡丹鹦鹉等 40 种。

全 年

主要成绩：植树 135.77 万株，为年计划的 113.14%；新建绿地 73.43 万平方米，为年计划 100.7%；全年绿化覆盖率由 13%上升到 14%；人均绿地由 2.34 平方米，上升到 2.47 平方米。

1993 年

2 月 2 日 市园林局印发《关于加强园林绿地广告管理的意见》。

2 月 16 日 张立昌在绿委 12 次全体会议上，要求用 3 到 5 年时间，使全市的绿化工作有一个突破性进展，上一个新台阶。今年提出一个口号，就是"人人尽义务、绿化天津城，迎接世乒赛"，深入动员，搞好宣传；要加强对绿化工作的领导，党政一把手要亲自抓，要开拓视野，探索绿化新路子，要加强绿化管理工作。

2 月 22 日 市园林局颁发《天津市园林、古建施工队伍资质等级标准》、《天津市园林、古建施工队伍资质管理办法》。

2 月 23 日 市园林局对新建经济实体的分配作出规定：（1）实行工资总额控制，到新建实体工作的职工，个人工资收入高于原单位的 20%，奖金收入从上交利润中提取 10%，由经理掌握分配；（2）职工从个人收入中，向单位交一定比例的医疗保险金、职工养老金，建立新型劳保制度；（3）建立住房积金，职工个人住房公积金，单位住房基金，从单位利润中提取 10%；（4）设立修购基金，用于设施设备的更新改造。

3 月 9 日 市园林局党委决定：将园林局党干校及园林职工学校分出，并迁至水上公园展览馆办学。

3月12日 市建委下达1993年庭院绿化小区建设44片，绿化面积15.36万平方米，投资392.8万元。

3月19日 市委批准：左子敬任中共天津市园林管理局委员会书记。

4月12日 市园林局呈报市外办请示，拟参加“国际公园娱乐管理联合会”。(4月19日，市外办批复：同意加入“国际公园娱乐管理联合会”)。

5月11日 市园林学会理事长张春泽、科研所高级工程师杨瑞兴，赴日本参加“国际公园娱乐管理联合会亚洲太平洋支部大会及日本公园绿地协会第35次全国大会”，并进行学术交流。张春泽在会上发表了《天津和天津市区的公园绿地》学术论文。并获得国际优秀论文奖。(5月21日返津)

5月27日 市第三届月季花节在水上公园露天会场举行。天津市长聂璧初致开幕词，市委书记高德占为花节揭幕。

6月18日 市园林学会受市园林局委托，对水上公园、动物园、人民公园的规划进行论证。经20余名专家，学者探讨，提出了建议，对完善“三大公园”规划起到了重要作用。

市园林局印发了《关于城市绿化管理权限下放后的管理办法》。

6月23日 在天津动物园熊猫馆前，举行神户市王子动物园赠送天津动物园动物仪式（小熊猫一只，斑尾狐猴一对）。

7月26日 市园林局党委印发了《关于局机关处室工作考核奖励办法（试行)》,《办法》规定了考核的内容、办法、奖励，每年度考核一次。

8月21日 市园林局呈报市政府，请审批《天津市城市古树名木保护管理办法》(94年2月23日张立昌市长签发市政府17号令，发布《天津市古树名木保护管理办法》)。

9月13日 市园林学会委派高国华副局长，参加在北京召开的第一届东亚地区国家公园与保护会议（18个国家和地区、270余人参加)，会议就国家公园和自然保护问题进行研讨，并通过《香山宣言》的四个文件。

10月29日 市园林局请示市编委同意，天津市海河水上运动俱乐部更名为天津市海河游览中心。

10月31日 国务院总理李鹏在市委书记高德占、市长张立昌以及园林局局长左子敬陪同下，于上午10点到水上公园盆景园参观第33届菊展。并和“天津菊花状元”叶家良亲切握手交谈。希望园艺工人培育出更多的菊花精品，为美化人民生活多做贡献，并欣然题词：“金菊芳满园”。

11月9日 市人大副主任王成怀、黄其兴带队，在市建委、市绿委和园林局领导陪同下，视察园林绿化工作，高度赞扬园林部门“寸土必争”的精神。并提出要正确处理好城市绿化与规划的关系；旧区改造、新区开发与绿化的关系；立法、执法与绿化的关系等问题。

11月30日 市园林局对下岗职工情况进行调查，全局下岗职工314人，占在职职工总数的6.8%。针对情况提出管理措施：(一）进一步完善上下岗制度；(二）发展多种经济，多安排下岗职工；(三) 制定下岗职工生活待遇的规定；(四) 加强对下岗职工的日常管理工作。

12月12日 市园林局制定了《关于我局将专业技术职务聘任权下放给事业单位自主管理的实施意见》、《天津市工程技术园林绿化专业高级工程师、工程师资格评审标准（试行)》。

12月21日 市园林局印发了《关于完善党组织同领导干部谈话制度的意见》，规定遇到干部任免、调动、离退休、受到奖惩等需要谈话，以及谈话应遵循的原则。

全年 通过深入贯彻党的14大精神，继续执行“园林要发展，职工要富裕”的方针，加大了解放思想、转变观念的力度，推进了改革，促进了园林经济和绿化建设的发展。年创收3116万元，比92年增收959万元。引资开发协议金额一亿三千万元，建成合作项目25个。园林绿化任务圆满完成。市区植树118.3万株，超计划18.3%；新建绿地60.77万平方米；绿化覆盖率增长1%，达到14.5%；人均绿地增长0.13平方米，达到人均2.6平方米。

1994年

1月9日 市政府决定：从1994年1月1日起将市园林局管理的盘山游览区，划归蓟县管理。

1月10日 市园林局批复：同意湛江路花圃更名为天津市园林花卉开发服务中心。

2月18日 市园林局呈报市政府《关于对我市古树、名木、大树加强保护的报告》。《报告》称：市内六区有胸径40厘米以上大树2821株。其中：百年以上古树21株，名树123株，计划列入第一批市级保护的古树、名木123株。

2月21日 市园林局印发了《关于加强我局档案管理工作的意见》。

2月23日 市园林局同意将“天津市园林经济贸易总公司”更名为“天津市园林建设总公司”。

3月3日 由市园林局、团市委、天津电视台、天津电台、天津青年报社及华梦实业发展有限公司等，共同主办的“94天津、建设一个美丽的动物园系列活动”，举行新闻发布会。组委会主任、市园林局局长左子敬，向新闻单位介绍了主办此次活动的起因、目的、意义以及活动内容。

3月8日 市政府在天津宾馆中礼堂召开绿化植树动员大会，市委书记高德占、市长张立昌，到会并作了重要讲话。强调全市动员，全民动手，搞好天津市的绿化，美化家乡，为改革开放创造条件。

3月14日 市园林局呈报市政府审定：天津市第四届市花节市园林局承办工作实施方案。提出不搞开幕式等大型活动，以市区大公园为依托，以中环线两侧月底带为骨架，以22处月季景点做点缀。结合迎世乒赛，突出绿化重点。市花节5月15日至22日，为期18天。

4月1日 市园林局领导办公会议决定：4月11日局机关搬迁。

4月4日 市园林局印发了《天津市园林局领导干部助理制试行办法》。

5月4日 市园林局印发了《关于对我市第一批古树、名木、大树采取措施加强养护的通知》。

5月10日 第三届中国盆景评比展览在天津水上公园盆景园开幕。本届参加展览的城市有77个展品1004盆件。

5月14日 市人大常委会主任聂璧初到水上公园参观第三届中国盆景评比展。

5月19日 市长张立昌参观第三届中国盆景评比展。

5月20日 市园林局下达1994年度各区园林绿化投资计划2124万元。

5月31日 市园林局下达市内六区迎接43届世乒赛园林绿化工程投资1935.3万元，其中市补助866.5万元，区自筹894.8万元，树木迁移砍伐费和异地补建费174万元。

6月27日 市园林局党委批转局工资制度改革工作领导小组《关于我局事业单位工作人员津贴使用实施意见》。

7月13日 市园林局印发《天津市园林局机关各处室立卷条例》的通知。

7月22日 市园林局印发《关于外用工安全管理制度》的通知。

7月25日 据市园林局党办《信息》载：市园林局提前半年实现引资工作目标。已经签订协议书7项。其中：引进外资项目3个，协议金额508万美元，引进内资4项，协议金额550万人民币。

8月11日 市园林局批复：同意天津动物园建立濒危动物繁殖与研究中心。

8月12日 市园林局印发《关于建立天津市园林职工盘山疗养院的通知》,《通知》称：根据市编委、市建委的批复：同意天津市园林职工盘山疗养院为直属副处级事业单位，核定人员编制30名。

9月9日 市人大常委会主任聂璧初、市政协副主席黄炎智，到园林学校教师唐慧莹家中慰问。

9月10日 水上公园举办的“中华民族风情百乐艺术节”开幕，参加艺术节活动的有来自云南、吉林、新疆、内蒙古等六省、自治区的30多个民族参加的九支民族表演队。

9月19日 花卉处和亚乒赛组委会签订协议，由花卉处无偿向亚乒赛组委会提供价值3万元的花卉（艺术花篮50个、鲜花花束200把，各类花卉5000盆），用于比赛场地鲜花装饰和运动员礼仪用花。

10月18日 市园林局上报市建委，申请花卉处征用杨柳青农场土地新建大型花圃。报告称：征用土地150亩作为北辛庄花圃异地新建大型花圃用地，需各项费用500万元，由花卉处开发项目所得资金中解决。

10月24日 市园林局印发了《天津市园林局推行规范化服务考核办法》的通知。

11月15日 市园林局印发《质量管理暂行办法》的通知。

11月17日 市园林局呈报市建委《天津市植物园立项报告》。

11月18日 市政府在大港区政府召开会议，副市长王德惠主持会议，审查“官港森林公园规划”。副市长王德惠基本同意官港森林公园规划。

12 月 19 日 市园林局印发《关于在技术工人中开展技术等级岗位认定工作的安排意见》。

12 月 20 日 市园林局被评为城建系统“窗口”、行风建设先进局，水上公园等 7 个单位，评为先进集体，动物园郑启丽等 8 人评为先进个人，局党委办公室被评为机关建设先进集体。

市园林局被评为天津市危陋房屋改造先进单位，市园林局绿办、南开区园林局被评为先进集体。

12 月 30 日 市园林局同意园林工程处、园林规划设计院两单位联合组织生产经营活动，并组成筹备工作领导小组。

全年 全局实现了五个方面的重点突破。(一) 园林绿化实现了新突破。全面超额完成园林绿化任务，植树完成 117.8 万株，为年计划的 118%；建成各类绿地 91.21 公顷，为年计划的 112.6%；全市植树成活率 89.4%，人均公共绿地提高 0.1 平方米，绿化覆盖率提高 1%。(二) 园林经济实现了新突破。全局收入 3710 万元，为年计划的 105.4%，比 93 年增幅 17.1%；支出 4020 万元，超计划 15%；职工年收入 5870 元。(三) 外引内联实现新突破。引进外资项目 3 个，协议金额 1613 万美元，为年计划的 322%；引进内资项目 9 个，协议金额 1.03 亿元人民币，为年计划的 107%。(四) 多种经营实现了新突破。多种经营实体达到 81 个，从业人员 866 人，完成产值 4200 万元，为计划的 105%，实现利税 320 万元，为计划的 106%。(五) 园容园貌实现了新突破。加大了公园环境建设的投入，健全和完善管理制度，使公园环境得到改善。动物饲养管理得到加强，动物繁殖创新纪录。年繁殖动物 47 种、506 只，价值 23.45 万元，首次繁殖成功金钱豹、小熊猫。

1995 年

1 月 20 日 市园林局于 1994 年 12 月 20 日至 1995 年 1 月 20 日，组织了国家行政机关工作人员（公务员）培训班。局机关 58 名干部参加了培训。主要学习了公共行政学、行政法学、公务员制度基本知识。经考试，58 名人员全部合格。

2 月 4 日 副市长王德惠、市政府副秘书长刘玉麟、市城建工委书记张旭东、市建委副主任陈质枫等，来市园林局参加讨论“绿起来实施意见”。

2 月 7 日 副市长王德惠主持召开了各区和有关委、办、局负责同志，参加了协调会。对市园林局呈报的《关于把天津迅速绿起来的实施意见》进行讨论，听取各方面意见。

市园林局上报市建委请审批 1995 年第一期园林绿化工程计划。

2 月 9 日 市园林局呈报市政府，提请审批《天津市市区三年绿化实施办法》。

2 月 16 日 市园林局印发《财务改革暂行办法》。

2 月 20 日 市园林局印发《专业技术职称评审工作安排意见》。

市园林局党委印发《天津市园林局综合达标单位考核评比办法》。

3 月 8 日 据党办《信息》载：我市赠送日本神户市象征友谊的“百龙戏水”大理石工艺浮

雕和仿古“连翼亭”，在1月27日日本阪神大地震中完好无损。为此神户市道路公社、土木局、王子动物园等有关单位和友好人士来信、来电，对我市园林工程技术人员制作安装高超技艺，给予高度赞扬。

3月31日 关于举办天津市第五届月季花节事宜，市政府发出通知。决定第五届月季花节于5月12日至19日举办，宗旨是：建设宏大的月季景观，创造热烈的节日气氛，吸引广大的群众参与，塑造开放、腾飞的天津形象，为办好第43届世乒赛增光添彩。市政府授权市园林局负责整体组织工作。

4月8日 市长张立昌批示：“尽快行动起来，把每一家、每一户、每一个阳台、每一栋楼、每一个单位的垂直绿化、立体绿化和市内重点地区绿化工作抓出成效”。

4月14日 市园林局成立了园林经营管理者协会。

4月20日 市园林系统和群众单位承建的98处绿化景点全部建成。

4月27日 市园林局印发《关于外环线内侧30米宽绿化带中企事业单位绿化问题意见》的通知。

市园林局印发《关于动员组织行政事业单位搞好垂直绿化工作》的通知。

5月6日 天津市人民政府发布第42号令，公布《天津市实施（城市绿化条例）办法》。

5月8日 天津市人民政府发布《天津市市级三年绿化实施办法》。

5月21日 据市园林局党办《信息》载：由市园林局牵头，副局长贺振主持，上海、杭州、济南、重庆等园林部门专家共同完成的《园林生态经济发展战略研究》课题，被联合国技术信息促进系统中国国家分部发明创新科技之星评选委员会，授予“发明创新技术之星奖”。

5月24日 市园林局局长左子敬在城建系统“绿起来”新闻发布会上，向14家新闻单位介绍了园林系统落实市政府让天津“绿起来”的指示，动员群众，大搞绿化，治理环境，节日摆放，大公园建设以及对全市绿化工作组织领导的情况。

5月25日 市政协副主席张昭若和部分政协委员，视察园林绿化工作。市园林局局长左子敬、副局长贺振，向委员汇报了全市园林绿化工作取得了10项突破性的进展。委员们对园林绿化工作取得的成绩，给予高度评价，希望继续巩固绿化成果，把我市绿化、美化工作越做越好。

5月31日 市园林局党委向市委写出了《天津市园林局关于第43届世乒赛组织服务工作情况的报告》。《报告》称：市园林系统广大职工为天津市成功举办43届世乒赛做了如下工作：（一）加大城市绿化工作力度，为世乒赛创造了全新的绿化景观。全市植树123.54万株，新栽月季34.5万株，建成98处迎世乒赛绿化景点，摆放花卉72万盆（株）；（二）优质高速地完成了世乒赛体育中心、新闻中心、地球站绿化配套工作。栽植植物30个品种，5.9万株的施工任务；（三）公园和风景游览区的环境建设得到改善，新建、改建绿地10.25万平方米，砌筑护坡7000多延米；（四）圆满完成比赛场馆摆花和礼仪用花供应工作。组织鲜花20万盆，鲜切花20万只；（五）接待服务工作上了新水平。共接待22个省市自治区的记者和组委会人员，受到表扬；（六）

世乒赛期间，园林快速保障队共出动42950人，抢险修剪树木32处，处理违章39起，清理占压190处等。

6月6日 市园林局呈报张立昌市长《关于让天津白天绿起来工作进展情况及下一步安排的报告》。

6月9日 市园林局在大港区召开天津市滨海新区绿化现场会。

6月20日 天津市公园协会成立。通过了《天津市公园协会章程》、《天津市公园协会会费交纳办法》、《天津市公园行业评优竞赛办法和目标管理实施细则》。

6月25日 市长张立昌视察水上公园卫生状况，询问游人对公园服务和环境卫生情况的看法，要求市园林局把水上公园环境卫生工作搞好。

7月14日 据市园林局党办98期《信息》载：天津动物园繁殖动物创好成绩。在国家建设部召开的专业会议上，通过综合考评，天津动物园被评为十佳动物园。

7月28日 大沽化工厂有害气体泄漏，造成严重空气污染，致使塘沽区河滨公园大批多年生树木大面积落叶、枯萎、甚至死亡，受灾面积达160余亩，树木13000多株，果树380株，花卉3100多株枯萎，2700多株已枯死，经济损失120多万元。

7月30日 市长张立昌对水上公园专项200万元园容绿化治理方案批示："加快落实"。

7月31日 95中国质量万里行夏令营"信誉杯营"开营授旗仪式，在人民公园信誉杯家具服务总公司举行。市委副书记、副市长李盛霖、市委常委王鸿江等及市有关部门负责人出席仪式。"信誉杯营"是由本市28所学校的39名初、高中年龄段的在校优秀学生组成，李盛霖向营长张维礼授了营旗。

8月3日 市园林局印发《道路、绿地、小游园岗位规范的通知》。

9月21日 市园林局深化劳动制度改革，全局劳动管理发生三大变化。(一) 单位与职工的关系由行政依附型向经济契约型转变，在4100名职工中，有3000名鉴定承包合同，与单位界定了经济责任、经济权利和经济义务；(二) 职工队伍结构，由单一固定工向多元结构转变，外聘工占全体职工总数的15%；(三) 分配方式由单一按事业单位工资制度实施分配，向依据单位、岗位、任务不同，确定不同分配方式转变。

10月16日 中国风景园林学会城市绿化专业委员会苗圃学组成立大会在天津举行。参加会议的有北京、上海、沈阳等14个省市的苗圃代表。

10月19日 市园林局印发《天津市城镇绿化施工技术规程》和《天津市城镇绿化养护管理技术规程》的通知。两个《规程》经市建委专家委员会审定批准，自1996年1月1日实施。

10月30日 市园林局宣传部牵头，海河处与天津日报文艺部联合主办的《爱我海河》有奖征文活动圆满结束。征文期间共收到来稿近千件在《天津日报》"满庭芳"副刊择优发表22篇，并汇编成册。

11月21日 市园林局呈市建委申报天津植物园立项。报告称：天津植物园位于子牙河左岸，中环线至外环线之间，北界规划的萍乡道，东西界 2000 千米，南北宽 500 米，占地 108 公顷。

11 月 23 日 市园林学会完成市建委下达的软课题“天津市园林绿化计划投资管理效益的研究”。该课题于 1992 年 3 月下达任务，经三年研究写出总报告和分报告，市建委评审会对该课题进行鉴定，属国内领先水平，并获市科协优秀学术活动荣誉证书。

12 月 17 日 市园林局向市政府报告：1995 年市政府改善城乡人民生活 20 件实事中的园林绿化任务，计划植树 100 万株，完成 131.89 万株；计划新建绿地 80 公顷，完成 136.82 公顷；计划新建庭院绿化小区 20 片，完成 47 片。

12 月 21 日 大沽化工厂有害气体泄漏，造成河滨公园动植物损失一事，经塘沽环保局调解达成协议，从 1995 年 12 月份起，分三次付赔偿费人民币 25 万元。

1996 年

1 月 7 日 市园林局印发《关于各区园林绿化专业队伍设置的意见》，“意见”提出各区园林绿化专业队伍，均调整为三只队伍。即：建设队伍、养管队伍、行政执法队伍。

4 月 8 日 市园林局呈报市建委：海河干流市区段防水墙工程，占用海河公园长度 16.98 公里，面积为 12.4 万平方米，为海河公园总面积的 55.5%。动迁乔木 2727 株，灌木 5728 株，常绿 934 株，绿篱植物 8824 度，藤本 1441 株，月季 5582 株，宿根花卉 6282 株，铺装地面 28251 平方米。亭台、廊等和管理用房建筑面积 2114 平方米以及园林小品，山石等。经测算损失费用 1963 万元。(4 月 5 日副市长王德惠批示：拟同意砍伐迁移树木)。

4 月 22 日 市园林局局长左子敬主持召开审查海河公园恢复建设方案会议。会上传达了市长张立昌对恢复海河公园建设的方案。左子敬局长要求：各单位设计方案，从绘制到汇报要看得清、听得明、效果好，概算要贴近实际，于 5 月 10 日前完成。

5 月 8 日 中共天津市委组织部通知，市委决定：李占东任市园林局党委委员、副书记（5 月 20 日市政府通知，任命李占东任市园林局副局长）。

5 月 16 日 市园林局党办《信息》载：市长张立昌、副市长王德惠、市政府秘书长张惯文，于 4 月 5 日率市有关局领导及市内六区主管绿化工作的区长检查月季景点和“双 30”绿化工程情况，并慰问园林职工。听取各区对“双 30”绿化工程建设和月季节活动情况汇报之后，来到市园林局机关与局领导进行座谈。

6 月 1 日 市委、市政府印发《天津市园林管理局职能配置、内设机构和人员编制方案》的通知。

6 月 3 日 3 日至 10 日，全国人大环保执法检查组在天津进行执法检查期间，对天津城市绿化工作提出了建议：“要加强城市绿化工作，继续扩大城市绿地面积，增加绿化覆盖率，推广立体绿化，努力美化市容，积极改善城市生态系统，为促进城乡积极持续发展创造事宜的环境。除在交通要道和城市周边地区建立绿化带外，还可在一些房屋房顶或墙壁，立交桥柱、道路两侧搞一些立体绿化，在居民小区建设中，多建一些街心花园和绿地，提高整体环境质量。”

市园林局呈报市政府:《关于召开外资企业投资建公园绿地现场会的请示》。韩国土地公社在天津经济建设技术开发区投资500万元，建设总面积2万余平方米的劳动公园和体育公园。

6月15日 市园林局呈报市政府:《关于海河公园恢复重建工程建设有关问题的请示》。为保障市区安全度汛，海河市区段护堤需要治理，海河公园绿化和设施受到不同程度的占损。共需恢复重建绿地12.4万平方米，调整充实8万平方米，新建绿地0.7万平方米及景观恢复重建。共需资金1538万元，其中由园林部门实施的1324万元，由市政府部门实施的214万元。(6月19日副市长王德惠批示同意请示意见)

6月17日 市园林局、市绿委发出《关于动员群众开展认领绿地活动的安排》。提出要认清意义，因地制宜，认真组织，抓好落实。

6月25日 市园林局批复：同意园林工程处组建天津市天顺和房地产综合开发有限责任公司。

市园林局印发《园林系统文明用语和服务忌语》。文明用语10项10条；服务忌语9项90条。

6月26日 市园林局在天津经济技术开发区召开外资企业投资建公园绿地现场会，王德惠副市长到会并讲话。

9月3日 市园林局呈报市政府《关于拟对天津绿化进行航拍的请示》，为出版《天津绿起来》画册和大型电视记录片积累资料，利用中国通用航空公司直升飞机，在市区进行一次航拍。

9月13日 市园林局决定：调整园林史志编修委员会成员。

10月1日 市园林局上报市政府审批《中环线月季带补植调整实施方案》的请示。同时，报送了调整报告、技术标准、管理标准等。

10月11日 市园林局组织有关人员对海河公园恢复重建工程进行了竣工验收。

10月18日 天津市第36届菊展在水上公园开幕对外展出。自1959年举办菊展以来，本届菊展是数量最大、品种最多、造型景点最美的一次。展出菊花品种500多个，5万多盆。

11月6日 市园林局对市内六区绿地、行道树养管工作进行检查。共检查行道树47条，绿地96块。通过检查确定：绿地、行道树升级16段；降级5段；给予黄牌警告8处。

11月12日 市园林局党委宣传部组织“让天津绿起来”电视片观摩评选。

12月15日 市园林局报请市推行国家公务员制度领导小组，审核《天津市园林局推行国家公务员制度实施方案》。

12月18日 市园林局、河东区政府召开会议，研究贯彻市领导指示，将海河喷泉游乐场拆迁至河东区森林公园，游乐场原地建绿化广场。

12月30日 市园林局党委召开扩大会议。局党委总结了1996年全局工作会议：

1. 城市绿化实现了“九五”高起步，提高完成了三年绿化任务。新建公共绿地150.4公顷，新植树木89.92万株，垂直绿地66.8公里，人均公共绿地达到3.45平方米，绿化覆盖率达到10.33%；

2. 养管服务工作得到了加强，整体水平提高。市内六区推行了建养管分离的管理体制，加强了树木病虫害防治和动物饲养，园容园貌的管理；

3. 园林经济保持较高幅度增长。全局完成收入5525万元，为年计划的105.45%，职工人均收入7520元，比去年增长15.16%，滚存积累2200万元。

1997年

1月18日 天津花圃竣工暨开业典礼隆重举行，市领导刘文藩、王德惠、老同志毛昌五、白化岭、胡晓槐出席。天津花圃是我局自筹资建起的津门第一花圃，也是本市园林行业最大的花卉生产基地。天津花圃位于西青区杨柳青农场，占地355亩，温室面积，1.46万平方米。生产切花100万只，月季20万盆，仙客来5万盆，组培苗50万棵。

2月13日 市园林局决定恢复天津市园林技工学校。1981年园林学校成立时，即园林中专学校和园林技工学校。1986年市劳动局复查时，因两校一套班子，故将园林技工学校改为园林学校技工班。随着我市园林绿化建设的发展，急需大量有实践动手能力的技术工人。同时，园林技工队伍年龄老化，急需增添新生力量，因而决定恢复天津市园林技工学校。

3月4日 市园林局发出关于做好1997年古树名木保护工作的通知。通知称：经过调查，市内六区胸径40厘米以上的大树2821株，其中百年以上的有21株，1994年评选出首批123株古树名木，列入市级保护。为加强保护工作，提出了五条保护措施。

3月7日 市人事局同意，市园林局机关列入国家公务员制度实施范围，核实机关人数83人。

4月9日 市园林局局长左子敬，陪同原中共中央政治局常委、中国计划生育协会会长宋平和市委副书记房凤友，视察天津花圃。宋平在参观中赞扬天津花圃是高科技规模生产的体现。

4月25日 市园林局报请市政府《关于修订我市园林绿化规章及规范性文件的审批》。报告称：根据市政府的要求，我局对《天津市实施（城市绿化条例）办法》、《天津市公园游乐场，风景游览区公共秩序管理规定》、《天津市古树古木保护管理办法》三个规章进行了修改，请审批。(这三个规章分别于1997年12月23日、25日、30日以政府令115号、116号、119号公布)。

5月1日 “五一”节期间，水上公园游人猛增，共接待游人18万人次，仅“五一”节当天就接待游人10万人次，创十年来接待游人量最高纪录。由于加强了安全管理工作，没有发生安全事故。

5月17日 市园林局鉴于海河喷泉游乐场改为大型绿地广场，同意把海河喷泉游乐场更名为海河公园管理所。

5月18日 中国建设职工政研会园林分会在天津成立。由天津市园林局倡导，上海、济南、长春、昆明、福州、乌鲁木齐等城市共同发起的中国建设职工思想政治工作研究会园林分会成立大会，在津召开。

5月19日 中环线月季带更新改造全部告竣。共补栽更新月季10万株，对原有约40万株月季进行施肥、修剪，促其复壮，并安装了部分水管和护栏。

6月17日 海河绿化广场改造工程比计划工期提前13天竣工，绿地广场占地19000平米。

6月20日 市园林局呈报市政府《关于举办天津市青少年护绿队和护绿卫士授旗命名仪式活动的请示》。全市有护绿队8000余支，18万余学生参加护绿活动，护绿面积达380万平方米。

7月3日 市园林局主持举行天津市百支青少年护绿队和千名护绿卫士授旗仪式。各区、县园林（城建）局长、绿办主任、街道绿办、区县教育局长、青少年护绿队、护绿卫士及老师代表等共750余人。副市长王德惠、庄公惠参加。

7月22日 市委书记高德占视察天津经济技术开发区，对开发区绿化工作给予肯定。

9月10日 天津市第12届人民代表大会常务委员会第35次会议通过决定：任命李占东为市园林局局长，免去左子敬市园林局局长职务。

9月17日 市园林局、市建委联合召开群众绿化工作经验交流会，参观了河西区恩德东里居委员会自建自养小区绿化的情况，市内六区介绍了群众认养、认管绿地及开展护绿活动的经验。

10月20日 市园林局绿化工程处，被国家建设部授予“全国建设系统精神文明建设先进单位”荣誉称号。

11月9日 市园林局领导左子敬、李占东、张群芳、王义彬，欢送水上公园花卉技师叶家良被评为“全国十大能工巧匠”赴京参加“全国十大能工巧匠”表彰大会。

11月21日 市园林局党委决定：在全局职工中开展向叶家良同志学习的活动。叶家良先后被评为天津市劳动模范、天津市首届技术明星、天津市特等劳动模范、天津市优秀党员、全国园林劳动模范、全国技术能手、全国十大能工巧匠等。

12月31日 公布全年主要工作成绩：

1. 城市绿化建设任务超额完成。新建公共绿地86.74公顷，植树85.29万株，垂直绿化47.7公里。人均公共绿地3.65平方米，绿化覆盖率21%，绿地率7.03%，全面实现了市区“三年绿起来”的目标。

2. 养管服务上水平。

3. 全年创收6016万元，比上年增长13.68%，职工年人均收入达到8893元，比上年增长15.92%。

截至1997年底，全年完成了市政府提出的三年绿化任务（1995—1997）。三年累积新植树木303万株，新建绿地580.265公顷，垂直绿化217公里，是天津历史上绿量增加最多、增长最快的时期。“三率”指标与1995年相比，建成区绿化覆盖率由16.5%，提高到21%，绿地率由5.9%，提高到7.03%，人均公共绿地由2.7平方米增加到3.26平方米。

1998年

2月6日 市园林局印发《财务管理暂行办法》，该办法共7章52条，对单位补贴形式的确定、经费补贴办法、六项基金的提取和使用管理、固定资产的管理等作出了具体规定。

2月25日 周邓纪念馆环境配套绿化工程由绿化处刘园苗圃施工，于25日竣工。共栽植各类花用7000余株，铺植草坪3.4万平方米。整个绿化以大型花木为主体，铺以大面积的疏林草地，其间苍松翠柏，花木扶疏，整体布局凝炼简洁。

3月25日 市园林局上报市建委：成立天津市花卉管理处园林设计所，请批示（7月13日，市建委批复同意成立美至园林设计所，为市政（风景园林）工程丙级设计单位）。

4月6日 市园林局党委印发《关于进一步完善党组织实施重大问题决策制度的意见》。“意见”对决策内容、决策程序、保证措施，都提出了明确的要求。

4月8日 中国99昆明世界园艺博览会—“天津园”工程破土动工。“天津园”面积为1557平方米，整个工程采取项目分解，内外同步推进的施工组织方案，建园工程计划年底竣工。

5月13日 市园林局十名干部职工分别当选新一届人大代表和政协委员；局长李占东当选市人大代表；党委书记左子敬当选市政协委员。

5月18日 市委书记张立昌、副市长王德惠对发动群众认养绿地作重要批示：立昌批示：“此项活动确定很有成效，一定要巩固下去，发扬光大”。

6月17日 6月16日，因受冰雹影响，花卉处、绿化处三个花圃、三个苗圃受到较大损失。天津花圃全光温室屋顶进口光分薄膜全部损坏。三个苗圃待出圃的草花被砸，其中地栽供“十一”草花幼苗损坏较多，地栽苗木损坏较大，初步估计损失达数十万元。

6月19日 市园林局报请市政府发布《天津市古树名木第二批市级保护名录》。经核查确定第二批市级保护的古树名木114株。(7月7日副市长王德惠批示：同意)

6月20日 市园林局呈报市政府《关于天津市植物园建设工程立项的请示》。植物园整体规划占地1800亩，外环线以东、津塘公路以南、子牙河以北规划路以西，共需投资2.2亿元。全部工程建设分两期，一期工程建设用地1100亩，由北仓苗圃地置换，需资金1.7亿元，二期工程规划用地700亩，建设资金5000万元。申请立项，报市政府审批。

6月30日 市园林局机关计算机联网工程完工。

7月7日 为庆祝天津、神户结为友好城市25周年，神户向天津赠送动物（黑猩猩一对、袋鼠一对）仪式在天津动物园举行。市长李盛霖、市人大副主任罗远鹏，副市长王述祖，及市政府秘书长、市外办、市建委主任及市园林局领导左子敬、李占东出席。仪式后参观了神户园。

7月9日 为纪念天津与神户缔结友好城市25周年，天津动物园回赠神户王子动物园一对白枕鹤。

7月13日 睦南道公园改建工程竣工并向游人开放。改建后占地15200平方米，设计采用欧式园林风格。

7月27日 市园林局批复：园林规划设计院申办企业法人注册登记。注册资金100万元人民币。

7 月 29 日 市园林局印发《天津市园林局综合达标单位考核评比办法》。该办法分为基本原则、考核项目、责任分工、考核实施及达标奖励等五部分，对考核评比工作，作了具体规定。

10 月 1 日 中心公园改建的中心文化广场竣工开放。占地面积 15000 平方米，植草皮 13200 平方米。

1999 年

1 月 9 日 国家林业总局通知，同意卧龙自然保护区向天津动物园借展一只大熊猫，展出时间五年。

2 月 1 日 市园林局科研所承担的重点科技攻关项目“美国白蛾防治技术研究”，通过专家技术鉴定。并被认定达到国际先进水平，具有重大推广价值。

2 月 2 日 市园林局印发《关于实行园林绿化养护管理市场化的实施意见》。该意见提出了园林绿化养护管理工作市场化的设想及应注意的 7 个问题。

3 月 21 日 天津市外环线津沽立交桥、宜白立交桥两块大型绿地景点建成，总面积 17500 平方米。

3 月 27 日 全国政协主席李瑞环视察了昆明世博会的“天津园”。

4 月 7 日 天津市园林系统职工思想政治工作研究会，被中国建设职工思想政治工作研究会授予政研会工作集体奖。

4 月 28 日 市园林局印发《关于开展天津市“月季王”、“月季皇后”、“市树王”、“树王”评选活动的通知》，该项活动由市建委、市园林局、工商银行天津分行、今晚报社主办。

5 月 24 日 市园林局批复，同意海河游览中心改制为内部股份合作制经济实体。市园林局批复，同意水上公园经营单位改制为内部股份合作制经济实体。

6 月 1 日 市委书记张立昌在市园林局党办《信息》第 108 期《“世博会”奖项开评，天津展团旗开得胜》的专题信息上批示：“向获奖集体表示祝贺”。

6 月 10 日 由市园林局、市建委、是工商银行和今晚报社，联合举办的评选“树王、花后”活动揭晓。

7 月 12 日 市园林局批复，同意动物园维修队改制为内部股份合作制经济实体。

7 月 18 日 新世纪广场落成投入使用。世纪广场位于大港区中央，总面积为 98193 平方米，其中绿化面积 51060 平方米，栽植各类花草树木 56 种。

7 月 22 日 天津经济技术开发区滨海广场建成开放。占地面积 22000 平方米，其中绿地面积 5000 余平方米。

8 月 30 日 市园林局转发全国人大代表黄启藻建议改变城市拔草做法的通知，要求全市园林系统在保护好现有草坪绿地的同时，对城市河坡、堤坝、土路肩、楼间里巷、片林、庭院等成片野草，要加强管理。

9 月 9 日 天津市第 39 届菊展在水上公园开幕。菊展以“跨世纪的欢笑”为主题。展期较往年提前十天开展，延长十天闭幕，共124天，为历届之最。

9月21日 迎国庆园艺街景规模空前。园林职工在海河广场、天津站前、红桥区文化广场、解放广场、抗震纪念碑等重点地区、街头、公园等，用百万盆鲜花装点，50处大型园艺景点，使津城以更加娇美的面貌迎接国庆50周年。

9月23日 由市园林局和《今晚报》共同举办津城十大绿化美景评选揭晓。命名为十大绿化美景是：西苑含黛（大港油田，西苑小区、油田职专、光明大道等地区绿化）、世纪留香（大港世纪大道及世纪广场绿化）、古河拢翠（海河公园含海河绿地广场、香格里拉绿地）、古佀传馨（宝坻县城，环城绿带）、中心青圃（中心文化广场）、滨海绿洲（泰丰公园、滨海广场等开发区绿化）、自然撷秀（自然博物馆、干部俱乐部内燕园、周邓纪念馆）、中环映碧（中环线绿化带、含平津战役纪念馆、长虹公园、桃花堤公园、中环公园、第二文化宫、北宁公园等）华苑庭芳（华苑居住区绿地）。

9月28日 天津解放广场建成开放，占地11000平方米，举行开放剪彩仪式，局领导左子敬、李占东等陪同张立昌等出席，张立昌剪彩。

10月23日 天津活动周在“世博园”隆重开幕。天津市长李盛霖率团出席，并与云南省领导共同为天津活动周开幕剪彩、致辞。

10月28日 在“世博园”新闻中心举行第三批移接交仪式，将“天津园”和室内天津展区无偿移交给云南省园艺博览局。

12月5日 市园林局批复，同意海河处园林广告经营部改制为股份有限责任公司。

12月14日 天津动物园先后派赴西安、秦皇岛、石家庄、济南、兰州、成都、广州等城市动物园，为珍禽异兽物色对象，促成本市与外埠东北虎、非洲狮、美洲虎、金丝猴、黑豹、金钱豹、白马鸡、阿拉伯狒狒等16种36只动物“婚配”，形成了全市八大类珍贵动物种群。

12月18日 市园林局《关于实行行政事企分开加快事转企步伐改革方案》，呈报市委城建工委和市建委。方案分为深化园林事业单位改革、加快事转企的改革步伐、园林局事转企改制需政府给予扶植政策三部分。

2000年

1月20日 市园林局印发《关于实施科技兴绿，加速科技进步和技术创新的意见》。意见提出乘势而上，坚定不移地依靠科技进步的发展路子；加速技术创新，确定重点，协同公关；深化改革，促进科技成果转化；高度重视人才工作，健全和完善人才激励机制；切实加强领导为“科技兴绿”提供强有力的保证等五个问题。

4月5日 市园林局成立园林绿化违章违纪举报中心。

4月17日 市园林局就水上公园蹦极娱乐设施伤及游客情况，上报市建委。4月16日11时35分，男女青年各一人在蹦极跳时摔到水泥地面上，造成头部受伤送往市一中心医院救治。

4月24日 市园林局发出通知，加强区县级准古树名木保护工作。通知称，为了进一步加强和完善古树名木保护工作，凡属下列情况，暂未纳入市级古树名木的，均可列入区县级保护的树木：(1) 具有历史价值和纪念意义的；(2) 树龄在70年以上的；(3) 树种珍贵，国内外稀有的；(4) 树形奇特，国内外罕见的。要求在普查的基础上，进行统一登记、编号、造册、建档、竖保护标牌。

5月19日 市属部分园林绿化设施及人员下放有关区管理交接仪式，在会宾园举行。此次，市园林局共下放园林绿化面积34.06万平方米，职工485人（其中离退休人员119人）。

5月22日 市园林局致函市国资局，将局属人民公园及部分国有资产划转有关区管理。函称：根据市政府《转发市体改委、建委、编委、财政局有关市区城市绿化行政主管部门事权划分意见的通知》要求，经与有关区商定，确定下放划转到有关区管理的资产总额如下：人民公园划转资产总额11013345.12元由河西区接收；海河管理处国有资产927851元，由河东区接收36570元，河北区接收891281元；绿化工程处国有资产104944元，由河东区接收82400元，河北区接收22544元。以上划转资产总额为12046140.12元。

5月24日 市园林局花卉处自筹资金，在昆明近郊租土地100亩，建立高档花卉生产基地。一期工程50亩，6月底完成3万平方米生产窖位，栽植康乃馨种苗60万株，月季5万株。二期工程占地30亩，8月中旬投入生产。整个基地生产面积达到5万平方米，生产鲜切花600万支。

6月1日 市园林局上报市建委：申请批复天津市花卉示范中心建设工程立项。花卉处通过土地置换，以划拨方式到津南区外环线北侧中石化华北制桶厂土地67.684平方米，拟建花卉示范中心，共需建设资金1456万元，由局自筹解决。

6月7日 市园林局印发《内部转制单位若干问题的管理办法（试行）》，该办法共11条，对转制过程中劳动人事管理、产权定界、收益分配等若干问题作了具体规定。

同日 据中国社会调查事务所天津分所进行的民意测验和社会调查显示，天津市园林学校被评为社会公认满意度好的学校。

7月3日 市园林局发出进行“三五”普法检查验收的通知，通知规定了受检单位、验收内容和验收时间。

7月4日 市园林局党委就组建天津市园林（集团）有限责任公司问题，呈报副市长王德惠请示称，根据《天津市人民政府机构改革实施方案》的要求，经研究拟进行园林局机构改革的同时，抓紧组建天津市园林（集团）有限责任公司。

7月18日 天津市插花花艺协会成立。聘请毛昌五同志为名誉理事长，陆焕生、市政府副秘书长陈忠槐为高级顾问。花艺协会理事长由花卉处处长李冠玉担任。

7月21日 《天津日报》第一版头条刊发绿化处党委做实思想政治工作经验文章《春风化雨，润物无声》，并配发短评《播种心灵的绿色》。

8月26日 天津动物园野生动物生态游览区——“三洽园”向游人开放。

9月7日 市委书记张立昌、市长李盛霖、副市长王德惠等领导视察墙子河解放南路广场绿地工程，对工程质量给予很高评价。

9月8日 市园林局党委通知，市委决定李占东同志任天津市园林管理局党委书记，免去左子敬同志天津市园林管理局党委书记、委员职务。

9月11日 市园林局批复，同意市园林绿化研究所建立天津市宿根花卉有限责任公司。

9月12日 津河绿化工程5月1日开工，历经四个多月的时间，于今天全线竣工。共新增绿地38万平方米，绿化改造7万平方米，总计划面积45万平方米。

9月20日 市园林局上报市建委，申请调整中环线、内环线绿化建设投资计划。总计需市投资983.67万元。

10月6日 市委书记张立昌到天津动物园“三洽园”参观，对这种新的野生动物保护和展出方式给予肯定和积极评价。

10月26日 市园林局上报市建委《关于申请下达“世纪钟”雕塑工程建设前期费的请示》。为确保此项工程进展顺利，申请市建委下达此项工程建设部分前期费用800万元。

10月31日 截至10月30日，2000年全市新建危改广场和绿化广场12个，闲置空地绿化四处。三项工程总面积185573平方米。其中危改广场面积24500平方米，绿化广场面积116585平方米，闲置空地绿化面积44488平方米。

11月6日 市园林局党委印发《关于成立园林局事业单位转制改革指导小组的决定》。

11月9日 市园林局花卉处参加了9月23日至10月22日在上海举行的第三届中国国际园林花卉博览会。在3个参赛项目中获7枚奖牌，其中金牌1枚、银牌2枚、铜牌4枚。

11月14日 市园林局上报市外办，应荷兰阿姆斯特丹市库肯霍夫国家花卉生产基地邀请，由局长李占东率天津市园林考察团一行五人于12月下旬，赴荷兰考察并顺访英国，在国外停留20天。

11月30日 市园林局报送李盛霖市长，申请审定水上公园整修改造实施方案。该请示提出三个改造实施方案：第一方案需投资10296万元，第二方案投资5676万元，第三方案投资3321万元。

12月11日 市园林局党委印发《关于改组园林工程处的实施方案》。改组方案主要是：（一）园林工程处所属园林工程队整建制并入绿化工程处；（二）园林工程处所属综合加工厂整建制并入花卉管理处；（三）园林工程处所属程盛房地产综合开发有限公司、房管站整建制并入成达实业公司；（四）撤销园林工程处所属古建工程队、园林古建建设总公司，重组园林古建工程公司；（五）解散园林工程处机关，人员按比例分流。

12月25日 由市园林局组织建设，刘园苗圃具体承建的“世纪钟”工程进入收尾，28日可全面竣工。“世纪钟”建设工程位于天津站广场西侧，主体位于解放桥中轴线上，总占地面积5500平方米，主要由主题雕塑、钟表、基座、八角平台、草坪绿地、灯光照明、花岗岩挡墙组成。

12月28日 和平区小白楼绿化广场建成。新建小白楼绿化广场位于南京路与浙江路交口原平安园旧址，占地约3000平方米。广场以花岗岩石材铺装，位于中央的主景为350平方米、钢化玻璃铺砌而成天津市全景地图，图下方布有141盏投光彩灯，一侧植有绿带。

12月29日 市园林局报市政府，申请审定水上公园整修改造计划。计划2001年改造东门区和北门区两个广场；改造桃柳堤绿化景观；在长条湖增设喷泉水景；改造主会场及园内道路、绿地和设施进行修葺，需投资3677.7万元。

2001年

1月4日 市园林局出台《事业单位工作人员养老保险局内统筹暂行办法》。

2月13日 天津市委、市政府决定治理卫津河。这是天津市委、市政府落实新三件事的重大举措。天津市党政军领导、机关干部、解放军和武警官兵、大学生及居民群众5000余人开展义务劳动，改造卫津河。实施河道渠化，修建河边甬道，建设道路排水工程，整修沿线桥梁，增设照明设施，形成绿化景观。

2月18日 市园林局李占东局长签发《天津市园林管理局机构改革人员定岗工作实施方案》等三个文件，成立了局机构改革工作小组。

2月21日 市园林局出台《天津市园林管理局机关各部门职责范围及人员编制方案》。

3月30日 《关于调整市园林局经费渠道的请示》报市财政局。1996年机构改革时，园林局定为行政编制，但经费渠道未变（从城市维护费中解决）。按照市委“建立机构编制与财政预算管理相互配套协调的约束机制”的原则，园林局意见，从2001年起，将市园林局机关经费来源由城市维护费调整为市级行政经费。后被批准。

4月21日 “海河—子牙河—杨柳青”一日游开航，游览观赏景区景点十余个，寓民俗文化于娱乐之中。

4月25日 市园林局局党委决定，组建天津市园林工程公司，为正处级单位。

5月12日 第11届月季花节开幕，市领导李振东、张德铨、王德惠及毛昌五、白化岭、胡晓槐等老同志，参加水上公园、人民公园万民同乐活动。

7月10日 市园林局制定《天津市园林绿化节约用水管理办法》。

7月17日 出台《天津市园林管理局关于特大安全事故行政责任追究的规定》。

8月2日 天津市绿化工程公司经建设部验收合格，正式核定为城市园林绿化一级资质企业，资质证书已颁发。

8月7日 市园林局出台《天津市园林局单位完成经济指标考核奖励办法（试行）》。

8月10日 花卉处美至园林设计所在通过ISO9001质量管理体系标准认证，并获得认证证书。

8月14日 市园林局印发《天津市园林管理局机关财务管理办法》等11个文件。

8月16日 市园林局组织设计建造的新型水舞喷泉广场——卫津河水舞喷泉广场，坐落在海光寺卫津河畔，占地面积约5000平方米，建有当时全国最大的水动球。

8月20日 市园林局公布第四批57株古树名木。至此全市古树名木已达到723株。

8月29日 市编委核定批复天津市建设工程质量监督总站园林分站人员编制。

9月21日 市委书记张立昌视察北运河、北洋园绿化工程。

9月22日 海河处“津门号”游船首航成功。该船是全市第一艘海上玻璃钢豪华快速旅游观光船，上下两层客舱，可载150人。

10月20日 以“新世纪·菊花·文化”为主题的天津市第41届菊展采取集中与分设展点相结合的方式，在水上公园集中展出参加评比的菊花，在市内六区和大港区各设一处展点，方便市民就近观展。

全年 新建各类绿地644公顷，完成年度计划的161%；植树115万株，完成年度计划的127.28%；垂直绿化34.9公里，完成年度计划的286%；全市建成区绿化覆盖率达到26%，绿地率达到17.8%，人均公共绿地面积达到5.9平方米。

园林经济继续保持两位数的增长。全局自创收入9562万元，按可比口径比上年增长17.88%，职工人均收入达15076元，比上年增长22.1%，均为历史最好水平。

2002年

3月14日 水上公园建园50年来规模最大、投资最巨的改造工程动工。工程总投资3000万元，首期工程于4月20日完成。

5月12日 市委书记张立昌在局党委书记、局长李占东陪同下到动物园视察。

9月3日 海河处开通“津河—卫津河—复兴河”水上观光游览线，游览线全长11公里，沿途共设十个码头。

全年 全年新建各类绿地678.42公顷，完成年计划的135.68%；植树133.63万株，完成年计划的133.63%；全市建成区绿地总面积达到8236.79公顷，建成区绿化覆盖率达到27.3%，绿地率达到19.22%，两项指标均比上年提高了1.3个百分点；人均公共绿地面积达到5.63平方米，比上年提高了0.37平方米。园林经济继续保持两位数增长。全局产值营业额达到3.12亿元，按可比口径，比上年增长23.4%。职工人均消费收入达到17500元，比上年增长16%。

2003年

1月10日 市委组织部、市委规划建设工委宣布局主要领导调整任命，马连勇任园林局党委书记、局长，李占东调任市容委工作。

1月16日 市园林局印发《天津市园林绿化工程质量检验评定暂行标准（试行）》。

3月4日 天津市市长戴相龙等市领导，到东方花市视察。

3月5日 市园林局副局长张群芳带领有关部门负责人，在天津广播电台“公仆走进直播间办公热线”，直接听取市民意见，解答来电咨询，对当场不能回复的9个问题，立即召开有关会议，至3月11日前，这些问题都已解决。

3月7日 经过区县评选推荐和市园林局审核认定，局授予天津市汇文中学等33个单位“花园式单位”称号；授予赵连义等58户家庭“绿化之家”称号。

3月24日 根据市园林局党委《关于重组天津市园林绿化研究所的实施意见》，决定将天津市园林绿化研究所人员、资产划转花卉管理处，组建天津市花苗木科技服务中心。天津市花苗木科技服务中心，为正科级事业单位，实行差额预算管理。

4月3日 市园林局同意拆除水上公园筑坡游泳场。

4月25日 市园林局出台《天津市城市园林规划设计和绿化种植结构指导意见》。

5月7日 市园林局编制印发《天津市园林绿化树种应用指导意见》，指导绿化种植设计，促使苗木产销适应市场需求，加强市、区县园林部门对城市绿化树种应用的管理。

5月21日 水上公园水晶广场工程3月8日开工，4月30日竣工。

6月13日 市园林局成立园林开发建设有限公司。

7月17日—22日 水上公园代表天津市参加了在河北省白洋淀和南戴河举办的第17届全国荷花展，水上公园送展40个荷花品种。水上公园被选为中国花协荷花分会理事单位。

8月19日 市属重点工程卫国道快速路绿化工程基本竣工。工程面积达12万平方米，共栽植各类植物1.07余万株，其中，行道树1062株，花灌木1300余株，绿篱0.45万平方米，草皮10万平方米。

8月24日 市委书记张立昌和其他市领导视察城建重点工程。在铁路沿线治理指挥部听取了城建口工作汇报后，张立昌做重要讲话。

9月14日 市委书记张立昌在市园林局党委书记、局长马连勇的陪同下，视察了动物园、水上公园主要景观，详细询问了全市城市绿化建设工作。

同日 天津市第十四届人大常委会第十四次会议通过《天津市城市绿化条例》。

9月25日 市园林局党委决定：绿化工程处与园林工程公司合并。合并后，园林工程公司单位建制不撤销，园林工程公司党政工作归属绿化工程处党委和行政领导班子领导。

上午10时至11时，国务院原总理朱镕基携夫人在中共中央政治局委员、中共天津市委书记张立昌的陪同下，参观游览了为迎接国庆和天津市第43届菊展开幕而身着盛装的水上公园。

9月27日 张再旺、吴振、聂璧初、刘晋峰等市级老领导、老同志及其家属和工作人员共百余人，兴致勃勃地游览了水上公园新建景观和正在此间举办的盛大的本市第43届菊展。

9月29日 市园林局同意注销“园林工程处绿化工程总公司”。出台天津市园林管理局部门职责范围及人员编制方案。

同日 绿化工程公司承建的西藏昌都澜沧江天津广场圆满完成一年的养护任务，于9月29日，顺利移交昌都地区行署，圆满完成天津市这一援藏任务。该项目是市政府援藏项目，于2002年3月20日动工，当年9月20日竣工。

10月10日至12日 中国风景园林学会城市绿化专业委员会三届四次年会，在天津市会宾园饭店召开。来自全国21个省市的建设厅城建处、园林局的委员代表及天津市委员共120人参加了年会。天津市人大副主任王德惠出席会议并致辞。

10月13日 10月10日至11日，天津市受大风雨袭击，园林树木和绿地造成损害。截至13日清晨，市区园林部门昼夜奋战，出动600车次、3000余人次，对500余株倒伏的树木进行了排险。

11月2日 市园林局组织专家对河西区园林局与天津市测绘院共同开展的“河西区利用卫星遥感图结合人工调查科学判断绿化覆盖率”项目进行评审，通过了专家评审。

11月24日 市园林局出台机关专项业务支出预算管理暂行办法。

2004年

1月10日 按照市园林局党委的决定，水上公园、动物园合署办公。

1月14日 水上公园举办水晶广场宣传展。展出旨在弘扬水晶广场建设精神，作为天津市亮点工程的水晶广场，在工期短、施工难度大、要求标准高的情况下，仅用50天就完成了任务，“水晶广场宣传展示牌”共分十个部分。

1月30日 2004年春节游园活动。水上公园经过精心准备组织了滑雪、赏梅、观企鹅、堆雪人比赛等丰富多彩的活动引起了多家新闻媒体的关注，中央电视台两次在《新闻联播》节目中播映了水上公园新春冰雪活动及天津市首届迎春腊梅艺术展。据统计，从正月初一至初七，水上公园共接待游人4.07万人次，总收入58.09万元，同比分别增长70.3%和259.7%创水上公园冬季游园会之最。

2月15日 市园林局于1月19日至2月15日，在水上公园举办迎春腊梅艺术展。该届梅展荟萃腊梅、梅花精品盆景，突出园林文化特色，采用室内展与室外雪景相结合的同一形式，室内展包括腊梅、梅花盆景；以梅、兰、竹、菊为题材的名家字画展；以奇石、游鱼相应成趣的赏石展及梅花文化知识长廊。

3月4日 水上公园首次大面积露地栽培郁金香取得初步成功。公园技术人员认真筛选，于2003年11月份栽植的30万株郁金香，通过采取改良土地等技术措施精心养护，已大部分发芽、展叶，有的已出现花蕾，3月中旬陆续绽放。

3月10日 水上公园盆景园内6株地载植腊梅已全部开花。这6株腊梅已栽种多年，并年年安全过冬，年年开花。水上公园为配合今年的郁金香展，于2002年11月份栽种的9株热带植物—棕榈已全部安全过冬，成为水上公园一景。

3月12日 水上公园加紧筹建叶家良菊花研究发展中心。该中心以全国菊花状元叶家良姓名为名，力争建成全市乃至全国的菊花品种研发基地。中心将主要承担市级以上的菊花专题性展览，保证水上公园菊花品种史，保留并培育传统名菊品种和选育新优品种。水上公园决定自2004年3月起，给予叶家良每月200元的“特殊功能贡献奖金”的奖励。

3月12日 水上公园采用科学方法引种珍贵苗木玉兰花。目前已从合肥引进胸径10厘米以上的玉兰、紫玉兰、二桥玉兰、广玉兰等6种，120株名贵大规格玉兰树。由于严格按照技术规范移植和科学换土、喷水、假植、苗木成活良好。

3月15日 水上公园三期改造工程全面铺开。工程是继水晶广场建成后打造水上公园AAAA级景观建设的又一重要举措。改造工程包括的七大项目是眺远亭东龙溪入湖，原三岛快餐厅改建为景观快餐厅，重新规划三岛环境建设，改建芙蓉轩，改建荷花池睡莲池，白堤路改建景观长廊堤，游乐区引进大型游艺设备的基础建设及安装等。

3月20日 红桥区第三届运河桃花旅游节，活动为期一周。一商旅购物、餐旅美食、娱乐旅游为主线，举办运河桃花旅游节“购物周”“美食周”“娱乐周”等活动。

3月24日 水上公园向祭扫者设牌公示，从即日起至4月10日，为清明节扫墓活动时间。其间，对单纯扫墓团体免费门票；个人祭扫活动凭烈士证件免费从一号门进出。

3月25日 市园林局出台《规范局直属单位领导班子成员工资收入管理办法（试行）》。

3月29日 由水上公园与天津日报报业集团共同冠名“天津日报报业集团 水上公园首届郁金香节”于3月27日开幕。水上公园30万株郁金香分成大色块组合展出，与另外20万株时令花卉将“水上”装扮的春色满园。同时展出的郁金香文化展、荷花风情特色景观展等。

4月7日 水上公园改造工程进展顺利。“水生园”内已开始栽植水生植物，栈桥木板已铺装20%，白堤的长廊施工队伍进场施工，三岛景观餐厅基础全部工程于4月29日完成。

4月16日 市园林局在一季度园林经济淡季，产值营业额累计实现10120.06万元，同比增长25.91%，完成年计划的18.07%。

4月18日 3月27日至4月18日，由市园林局与市旅游办、水上公园承办，水上公园与天津日报报业集团共同冠名游园活动，主题是“春风浩浩，春水漾漾，与春天相约，走进水上公园”。30万株10余个品种10多种花色郁金香以及荷兰风车5座、长15米的荷兰木屐3双、水门1座、木车5个、奶牛2头，郁金香橱窗介绍7幅营造出荷兰风情文化氛围。

4月23日 按照市建委的统一部署和要求，市园林局组织市内六区对津河、卫津河、月牙河、复兴河等二级河道绿地设施进行充实提高。截至4月20日，二级河道的乔木、花灌木、摸纹、绿篱等植物材料的补植工作已经基本完成。

5月7日 南开区第十届碧桃节。4月17日开幕至5月7日结束。主题是“弘扬园林文化”。12000平方米的碧桃园内，22个品种1300余株碧桃竞相开放，又增加了200余株玉兰及千余株海棠。

5月24日 5月22日至24日由中国国际商会天津商会、市旅游办、市园林局等部门共同主办“天津水上商务节”。商务节活动内容丰富，涉及工业、农业、金融、房地产、建材、物流、旅游、餐饮、文教、卫生、园林等诸多领域，是一次各地区、各行业的大聚会。

5月26日 天津市园林绿化行业协会成立，并召开首届首次会员大会。市人大常委会副主任王德惠出席大会并讲话。

6月11日 市委副书记房凤友陪同上海市人大代表参观水上公园。代表们一路观看了水晶长堤、水晶广场和新建成的水生植物园等景观，给予了较高的评价。

6月11日 水上公园申报AAAA级旅游景区，迎接国家旅游局检查工作准备就绪。按照市园林局党委的要求，水上公园自上而下开展了迎检大行动，按照AAAA级景区申报标准，对10大类220余小项逐项逐条地展开了自查、完善和整改工作。

6月21日 第五届国际园博会“津深情”景点建设竣工。

同日 市园林局党委召开援藏干部欢送大会，为第二天赴藏的园林局首位援藏干部刘汉友送行。

6月22日 6月17—18日，由国家旅游局计财司司长王嘉文一行3人组成的检查验收评定小组，对水上公园申报“国家AAAA级风景游览区”工作进行了检查验收。评定小组按照国家标准规定的“旅游交通、游览、旅游安全、卫生、邮电服务、旅游购物、综合管理、资源及环境保护”等八大类、41大项、106小项总共260多条内容对水上公园进行了全面地检查验收，对检查结果给予了积极评价。

6月29日 市政府发布38号令，公布《关于修改天津市古树名木保护管理办法的决定》，对1997年市政府第119号令《天津市古树名木保护管理办法》作出5处修改，并增加1条，新的决定自当年7月1日起施行。

7月8日 天津市第44届菊展，主题是“金秋菊韵·盛世津门”。展出地点在水上公园。菊展展期为9月30日—11月8日，历时39天。菊花景点展共设14处主景点及8处副景点。

7月12日 由建设部和深圳政府主办的第五届中国国际园林花卉博览会，于2004年9月16日至2005年3月16日在深圳举行。由花卉处代表天津园林参展建设的“津深情”景点于6月20日竣工。该景点占地1200平方米。

7月19日 7月20日—8月31日，水上公园举办消夏晚会，一是水上荷花节；二是开展水上公园第3届泼水节活动；三是7月24日—26日，举办为期三天的首届“今晚水上动漫节”；四是水晶消夏文娱晚会。

7月23日 由市政府和中国商业联合会主办、市商委和市商业联合会共同承办的“中国天津第五届啤酒节”于8月6日至15日在水上公园举行。为庆祝这一盛大商会，天津市鞍山道邮局特为啤酒节设计制作了邮票纪念封，并将在水上公园设立临时邮局，启用临时邮戳。

7月26日 由《今晚报·华夏未来周刊》、《今晚报》摄影美术部、水上公园联合主办的“首届2004今晚水上动漫节”于7月24日至26日在水上公园举行，为期三天。以“欢乐暑期！欢乐动漫！欢乐水上”为主题，主要包括原创漫画大赛及作品展、专业漫画工作室作品展、著名漫画家见面会、动漫花车巡游、Cosplay展赛、动漫周边商品展卖等内容。

8月7日 8月6日晚8时，天津市第五届啤酒节在水上公园拉开序幕。副市长只升华等市领导出席了开幕式。截至晚11点时，入园人数约达6万人，实际购票入园人数32700人，创水上公园夜晚游客量之最。

8月18日 《天津城市道路绿化建设标准》通过专家评审。

8月30日 水上公园第二届荷花节于7月20日开幕，8月30日闭幕，以“红荷绿韵、生态自然”为主题。天津市栽培和从国美外引种的6大类、115个品种、近5000盆（株）荷花在新辟的水生植物区、荷花池等6各景区展出，其品种、数量、布展规模和水平均超过上届。此届荷花节还将举办中国荷花发展史、荷花诗会、荷花楹联大赛荷花书画摄影大赛等文化活动。

9月7日 市园林局向市社团局递交的“成立天津市园林绿化行业协会”申请登记获得批准。

9月14日 《天津市城市绿化条例》由天津市第14届人民代表大会，常务委员会第14次会议于2004年9月14日通过，并予公布，自2004年10月15日起施行。

9月22日 主题为“金秋菊韵・盛世津门”的天津市第44届菊展前开幕，丰富市民节日生活。

9月23日 水上公园于国庆节期间推出“祖国，您好”大型文化系列活动。一是高水平承办市第44届大型菊花展。二是将上演流行乐、摇滚乐、交响乐等多台大型演出和超大型花车巡游。三是举办大型名家扇面精品展，这是天津历史上首次以扇面为题材的书画展览。

9月27日 《天津市大树移植技术规程》通过专家评审。

9月30日 天津市第44届菊展于9月30日在水上公园开幕。展期自9月30日至11月8日共39天。这届菊展主题是“金秋菊韵・盛世津门”。以菊花和20万盆其他花卉置景，形成“菊韵”“风帆”“龙腾津门”“吟香弄音”等14处主景点和“古辕金菊”“菊香竹廊”等10处副景点。

10月22日 应市政府的邀请，日本涵馆市代表团一行11人，参观游览了水上公园，并将赠送天津市的100棵杜鹃花送到公园。这100棵杜鹃花将被栽种到公园一岛植物观赏区。

11月1日 《天津市大树移植技术规程》施行。

11月9日 绿化处东方花市2000盆蝴蝶兰出口日本名古屋。

11月14日 市园林局党委决定，对水上公园、动物园的资产、机构和人员进行重组；重组在局内部进行，对外公园和动物园仍为两个单位，保留两块牌子，单位规格为正处级。

11月29日 市园林局机关办公软件实现正版化。

12月27日 据国家旅游局发布2004年第9号公告，经全国旅游景区评定委员会组织正式评定，水上公园等41家旅游景区被评为2004年国家AAAA级旅游景区。其中，天津市有5家，除水上公园外，还有热带植物园、天塔湖风景区、盘山风景区、蓟县独乐寺。

全年 办理人大代表建议和政协委员提案19件（单独办理的11件、分别办理的4件、会办理4件）。其中，市人大代表建议7件、市政协委员提案12件。涉及城市绿化、美化的2件，绿化植物配置的5件，绿化养管方面的4件、涉及公园门票价格和提高文化品位的4件，加大养管经费投入的2件，涉及解决树电矛盾和豪华路灯矛盾的2件。市园林局颁发2004年度“护绿杯”

优胜总杯和各优胜分杯。其中：河西区、河东区、河北区、塘沽区、市开发区、西青区、宝坻区获“护绿杯”总杯。

2005 年

1 月 18 日 天津市第 20 届迎春花市，由市园林局主办，花卉管理处承办，花卉管理处、绿化工程处等单位参加。活动时间：1 月 18 日至 2 月 23 日。主会场：花卉示范中心，销售量：85 万盆（头、株、支），销售额：1128.8 万元，比 2004 年同期增加了 12.4%。，

1 月 24 日 由水上公园与月季手工艺品编织布联合举办的“吉利闹春灯”大型灯展从正月初一到正月十七，在水上公园举办，是公园历史上一次规模最大、项目最全、单向最新、投资最少的花灯展。54 组造型各异、色彩斑斓的花灯遍布公园东门、北门及水景长堤，其中高 10 米，宽 8.5 米的“金鸡报春”堪称“津门之最”。

1 月 25 日 市旅游局、市纠风办联合对 20 个行风评议成效突出的单位进行了表彰。水上公园是园林系统唯一荣获此殊荣的单位。

2 月 5 日 水上公园第二届冰雪节，于 2 月 5 日至 2 月 25 日在水上公园举办，来自异国的一对海狮首次亮相水上公园。

2 月 21 日 第 20 届迎春花市举行，在 20 天左右的时间内，花卉处各销售点共销售 100 多个品种 80 余万盆（株、头、支）各类花卉，销售额达到 966 万元，同比增长 16.5%。

3 月 26 日 水上公园首届玉兰花展由市园林局等单位主办，水上公园承办。3 月 26 日开幕，4 月 10 日结束。展品共计 800 株，展出面积达 2 万平方米。

3 月 27 日 红桥区第四届运河桃花旅游节由红桥区政府、市旅游办等单位主办，于 3 月 27 日在北运河畔桃花园开幕。与以往不同的是，2005 年在北运河畔的北洋园“御码头”新增天津传统皇会“乾隆皇帝踏青”巡游表演。桃花节为期七天，内容包括展示桃花堤、北运河所承载的近代人文历史，赏花踏春民俗文化等活动。

4 月 10 日 水上公园第二届郁金香花节于 4 月 10 日举行，5 月 1 日结束，为期 20 天，主题是“绚丽色彩，浪漫风情”。种植近 30 万株郁金香，品种达 20 多个，面积近万平方米。

4 月 16 日 南开区第 11 届碧桃节于 4 月 16 日在长虹公园开幕，5 月 7 日结束。在原有基础上扩大种植面积，目前已达 15000 平方米，24 个品种，1500 余株各色碧桃，碧桃节期间还组织了“春似长虹”系列文化活动。

4 月 19 日 聂璧初、张再旺、吴振、刘晋峰等 11 位市级老领导在局有关负责同志陪同下，考察了水上公园园容园貌，对水上公园近两年的建设改造成果给予肯定。

4 月 28 日 由中国花卉协会月季分会、郑州市人民政府主办的首届中国月季展览会，于 4 月 28 日—5 月 16 日在河南郑州市举行，市园林局代表天津市组织参展，并一举获得最受瞩目的月季室外景点评比金奖，成为京、沪、津、冀、豫等省、直辖市 31 个建设景点中 5 个金奖之一。天津市参展景点“津豫苑”由花卉处承建，占地约 140 平方米，以产于天津蓟县中上元古界的叠

成岩景石为中心，通过搭配品种和布置安排，以月季为主组成色块，既展示了月季品种，又烘托了热烈的气氛。同时，天津市选送的“加利瓦达”获得月季品种评比金奖。

4月30日 天津电视台“都市频道”倾台出动对水上公园（动物园）“五一黄金周”游园会现场直播。夜晚，公园还举办“今夜星光灿烂”大型夜景歌舞晚会，由塞拉利昂艺人“黑珍珠”表演非洲狂舞。

5月24日 快速路解放南路—西青道绿化工程开工。该工程造价528万元，施工面积约10万平方米，主要为道路绿化，该工程由绿化工程公司承揽。

7月10日 水上公园第三届荷花节开幕，荷花展以水生植物园为主展区分为：荷花名品展、水生植物展、水车风车展、江南风情展、荷花知识展和大型灯光夜景表演等。此外大型夜景灯光为夜晚的荷花展增光添色，组成了灯荷交融分外壮观的荷花夜景。第三届荷花展其品种、数量、布展规模和水平均超过往届。荷花展期间还举办“颂荷书画展”、荷花诗会等文化活动。

7月22日 中国·天津第六届啤酒节于7月22日至31日在水上公园举办。

2006年

1月13日 由市园林局与天津市测绘院联合开发制作的天津市园林地理信息系统，历经三个月基本完成了园林地理信息系统框架的搭建及数据库的开发建设，完成了对全市现有绿地类型和绿地设施的分类、编号及绿地设施统计数据的整合；完成了在以市中心城区1：500地形图和高分辨的航拍影像图上标注1000平方米以上绿地工作，总计完成绿地标注12110点。

1月18日 天津市第21届迎春花市由市园林局主办，花卉处承办。活动时间为2006年1月18日至2月12日。主题是为“自主创新构建和谐社会，协调发展喜迎盛世新春”。销售各类花卉110余万盆（头、支），比2005年增加了29.4%；销售额1376.6万元，比2005年提高了42.5%，创下历年春节花市销售新高。

1月27日 园林设计院自1996年与绿化处联合生产经营以来，2005年产值达到2701万元，比1996年增长了22倍；实现利润800万元，增长了70倍；有资产993.9万元，增长了9.4倍；人均收入6.8万元，增长了7倍；单位积累806万元，增长了44倍。设计项目遍及全国21个省、自治区、直辖市的114个城市和地区，项目覆盖面列全国同行业首位。

3月30日 城市园林绿化行业性评比，天津市园林局、天津市河西区园林局被建设部授予先全国城市园林绿化先进集体的荣誉称号。

6月14日 市长戴相龙召开会议，研究天津市适于生长的园林植物问题。市园林局副局长张群芳做了专题汇报，戴相龙强调市园林局作为市政府主管部门，要加强方案审查和树种应用的监管，把一些适宜推广的树种确定下来。

全年 作为“十一五”规划的第一年，起草了《天津市城市绿化设施和植物材料赔偿费管理规定》《天津市城市绿化建设保证金管理办法》《天津市城市绿化异地补建绿地代建费管理办法》等规范性文件，为保证条例落实提供了必要支持。组织了园林执法骨干培训，培训率达

100%，提高了执法队伍整体素质。积极支持重点工程建设，从规范和强化报件、审批程序入手，严格树木迁移、砍伐审批，全年共接件322件，批准279件，依法行政水平有了新的提高。严肃查处了一批重大占绿毁绿案件，处理群众举报60余起，有力地保护了绿化成果。

2007年

5月9日 市园林局召开专题会议，确定改造动物园嬉水园和恢复改造水上公园水生植物园。

9月 启动卫国道、大沽南路、解放南路、世纪大道4条道路的绿化提升改造工程，把此作为迎接北京奥运会的重点工程，作为工程量最大、要求最高的卫国道绿化提升改造工程，率先于9月开工。

10月 为庆祝党的十七大召开和国庆节，园林部门把第46届菊展，举办成天津市历史上规模最大的一次菊花展览，主展区设在水上公园。

同月 市政府决定天津市迎庆北京奥运会，摆放花卉1000万盆，市园林局开始落实方案和外购花卉事宜。

11月12日 在江苏无锡举办2007年中国第七届菊花展览会，由水上公园为代表的天津展团，在该届展会结束的五个单项评比中，共获28块奖牌，其中，百菊赛、展台布置、盆景菊分获特等奖、一等奖和铜奖；专项品种获三金、两银、三铜；新品种获特等奖两个、金奖三个。

12月4日 代表天津市参展的水上公园菊花，在2007年11月结束的第九届中国菊花展，广东中山小榄，赛区百菊赛、新品种、专项品种和展台布置艺术菊花评比中，再次获得17个奖项，其中包括“金牌大奖”1个、金奖5个、银奖4个以及组委会特别颁发的唯一一个“金牌特别大奖”。至此天津市展团在本年度第九届中国菊花展览会无锡和中山小榄两个展区中，共获得各类奖项45个，创历届全国菊展本市获奖数目之最。

2008年

1月31日 天津市统计局发布统计专报，有70.6%的市民对增加社区公园绿地表示出迫切愿望，其中非常迫切的占38.1%。其中，河东区、东丽区、津南区、南开区、大港区的居民迫切程度较高。

2月2日 建设部发布通报，决定命名塘沽区为国家园林城区，蓟县为国家园林县城。

2月22日 市园林局进一步加大清欠工作力度，截至2月中旬，花苗木中心、绿化中心和花卉中心累计回款1598.43万元。

2月26日 天津市迎奥运市容环境整治工程总指挥部成立。

3月11日 市委书记张高丽在《迎奥运环境综合整治专报》第一期“迎奥运市容环境综合整治工程全面铺开”上做出重要批示，查看了小白楼地区、浙江路、南京路、卫津路、复康路等迎奥运道路综合整治情况。

4月25日 市园林局党委书记耿发起、副书记丛建华、副巡视员李继生等带领局党群部门同志，深入水上公园（动物园），调研推动“解放思想，干事创业，科学发展”大讨论活动，对深化开展大讨论活动提出指导意见。水上公园（动物园）党委书记李强作工作汇报。

4月28日 市园林局发布通报，对在2007年度“护绿杯”竞赛评比中取得突出成绩的河西区、和平区、河东区、塘沽区、市开发区、西青区、蓟县等7个“护绿杯”总杯获胜区县，南开区、红桥区、河北区等14个单杯获胜区县，予以表彰。

5月1日 下午5点至晚上11点，局党委召集局领导班子成员、水上公园（动物园）领导班子全体成员和局有关部门负责同志参加的紧急会议，学习市委书记张高丽当天下午1时许考察水上公园时的指示要求，对张高丽书记提出的公园管理中的四个具体问题作出了立即整改的部署。

5月3日 市园林局召开会议，听取水上公园（动物园）落实市委书记张高丽5月1日察访公园时指示要求的整改工作汇报。水上公园（动物园）党委书记李强就园领导班子贯彻落实市委书记张高丽的工作要求，迅速整改的情况和下一步改进和提高水上公园管理水平的工作措施进行了汇报。

5月12日 市园林局提前超额完成上半年迎奥运城市绿地改造提升任务。

5月13日 截至2008年5月12日，全市共实施绿地改造提升绿地1312.54万平方米、新栽树木75.83万株，其中：“一带三区五线”范围改造提升绿地134.98万平方米，12条入市道路实施251.88万平方米，市区二级景观河道实施180万平方米，完成市委、市政府确定的上半年要完成绿地改造提升1200万平方米、新栽树木70万株迎奥运的目标任务。

7月31日 迎奥运市容环境综合整治工程全面完成。

8月7日 市委书记张高丽在迎奥运环境综合整治工作报告上作出重要批示：“衷心感谢指挥部和各位领导、奋战在一线的全体同志。取得的成绩十分显著，积累的经验难能可贵，存在的差距要高度重视。希望发挥连续作战精神，巩固成果，扩大战果，使天津发生更大变化，让群众得到更多实惠。”

10月25日 市政府以津政发78号文，印发《天津市津河等河道管理办法》，其中第3条明确了津河等12条河道的起止范围，其中第4条明确了园林部门负责园林绿化，并规定了管理标准。自4月15日到10月25日，为迎奥运会和国庆节，在60余条主要道路摆放花卉1000万盆，悬挂花球2000个，设置大型花卉景点20处

11月13日 市园林局提前完成城市绿地新建和改造提升两项任务。

全年 新建改造绿化面积7498万平方米，建成京津塘等高速公路507公里沿线5285万平方米绿化带，改造提升外环线两侧绿化960万平方米，改造提升二级河道104公里沿岸绿化213万平方米。新建友谊公园等9个公园和30处大型绿地，完成绿化7322万平方米。市园林局审批树木迁移、砍伐、占绿情况，全年共办结100件，其中一般工程70件，重点工程30件。共迁移乔木5886株，迁移常绿乔木1213株，迁移花灌木39391株，迁移绿篱31673株，砍伐树木458株，占用绿地54062平方米。由市园林局颁发2008年度“护绿杯”优胜总杯和各优胜分杯，其中：

河西区、和平区、河东区、塘沽区、市开发区、东丽区、蓟县、武清区、获“护绿杯”总杯。

2009 年

2月18日 塘沽区开展新一轮市容环境整治工作。从2月底至7月初决战150天，提升森林公园、河滨公园等4个公园环境标准；集中整治海河大桥、解放路商业街两个出口等四片重点地区；综合整治京津塘高速公路及延长线、东江路等21条道路；重点整治学校大街等17个市场和吉祥里、河华里等38个社区。蓟县市容委2009年度城区市容环境综合整治工作治理3个重点部位；创建4条样板路；新建、改建6个便民市场；完成3个公园和10个游园建设任务；增购环卫基础设施；建立数字化城管系统。

3月5日 河北区新一轮市容环境综合整治工程全面启动。城际铁路沿线提升工程已全线展开，绿化工程开工面积69733平方米；中山北路、胜利路、律纬路、真理道绿化工程开工面积15000平方米，清整绿地5000平方米，刨伐更新乔木500棵。大江路脏乱点位综合整治工程已完成占路摊贩清理、违章拆除、垃圾堆积点清除等整治任务，进入路面修复阶段。

3月12日 蓟县市容委做好春季园林绿化养护工作。投资6.1万元购买杀虫药，出动打药车4台、工人16名，对迎宾路、兴华大街、光明南北路、康平路等道路两侧行道树，进行拉网式喷洒农药；组织9个养护小组，对城区绿化带、绿地、小游园内的垃圾杂物进行清理；对街道两侧18万株行道树进行修剪；清理绿化面积198000余平方米；清除枯死苗木6800余株；在东通景观大道打机井一眼，挖地沟铺设节水滴灌设施3800延米，平整地形28000平方米。

4月8日 大港区港塘公路绿化工程进展顺利。该工程南起世纪大道延长线，北至五指集团办公楼，位于港塘公路东侧，全长1930米，宽25米，工程总面积38600平方米。目前已完成上水、淋水管、井的施工、石硝回填等工作，计划栽植乔木4种，2400余株，花灌木30余种，27564株，预计4月底完工。武清区城际铁路沿线环境整治取得初步成效。共清理、规范脏乱点位16个，整修建筑立面11200平方米，植树近30万株，绿化总面积达4174亩。

5月1日 市委书记张高丽，市委常委、市委秘书长段春华，只升华、熊建平、王治平等深入水上公园改造项目施工现场考察。

5月6日 市政府第155号、156号、157号、158号、159号、160号任命书，任命孙玉萍、李爱国、郭喜东、苗加兴等为天津市市容和园林管理委员会（天津市爱国卫生运动委员会办公室）副主任，刘鸿尧为总工程师。

5月18日 市委《关于印发〈天津市机构改革实施方案的通知〉》决定，组建市容和园林管理委员会，不再保留市容环境管理委员会、园林管理局。”

5月27日 市第十五届人大常委会第十次会议，任命李福海为天津市市容和园林管理委员会（天津市爱国卫生运动委员会办公室）主任。

6月24日 蓟县府君山公园升级改造工程基本完成。府君山公园主入口道路两侧、山体创面及荒山部分共栽植油松、桧柏球、北海道黄杨球、砂地柏、杏树、柿树、火炬树、木槿、连翘、侧柏、白桦等各种苗木80000余株，新增绿化面积17万余平方米。主入口至地质博物馆道路两侧各50米的绿色长廊已经显现。对苗木进行养护，确保成活率达到98%以上。

7月2日 市委书记张高丽及市委、市政府、市人大、市政协主要领导，沿友谊路、广东路、津塘路、中山路、芥园道、鼓楼东街、荣业大街、红旗路、宾水西道等，察看重点道路综合整修和重点地区改造提升情况，并实地考察人民公园、河东公园、文庙和水上公园等地。7月底，第二轮市容环境综合整治任务基本完成。

7月15日 花苗木中心积极筹划下半年工作。一是努力完成全年各项经济指标。截至6月底，累计完成产值营业额24214.6万元，完成全年计划39600万元的61.1%。二是继续强化生产经营工作，以优质的产品积极抢占花苗木市场。三是继续加大工程揽业力度，积极抢抓绿化市场。四是加强绿化养护管理，切实保护绿化成果。五是加强外欠款的回收力度，努力提高经济运行质量。六是以科研技术指导花苗木生产，不断提高产品市场竞争力。七是抓实各项管理工作，为花苗木事业发展提供良好的运行环境。蓟县州河公园建设进展顺利。该公园总投资4500万元，占地300亩，由碧荷园和双水园组成。占地70亩的碧荷园已竣工开园，人工湖注水和水生物栽植已完工，共栽植各类苗木1800株，水生植物2000余平方米，铺设草坪3.2万余平方米，设置垃圾箱16个，并建成了生态环保型公厕。占地230亩的双水园已栽植各类苗木8000余株，完成喷灌管道铺设。园林示范中心节能降耗工作取得显著成效。一是引进高压灭菌锅和灌装机，工作效率达到以前的1.4倍，同时降低了瓶苗染菌的几率。二是货比三家，将成本降到最低。求购质优价廉的琼脂，使琼脂价格降低20%，使用量降低30%。多方选择，降低包装箱、包装袋等消耗品价格，仅此一项支出就比去年同期下降27.21%。三是新建过滤水回收设施，经过5、6两个月的运行，自来水用量同比下降50%，节水3000余吨。

8月24日 市委办公厅以津党办〔2009〕18号文件下发《关于印发〈天津市市容和园林管理委员会主要职责内设机构和人员编制规定〉关于印发〈天津市市容和园林管理委员会主要职责内设机构和人员编制规定〉的通知》。根据市委、市政府《关于印发〈天津市机构改革实施方案〉的通知》设立天津市市容和园林管理委员会。天津市市容和园林管理委员会为负责全市市容市貌、环境卫生、城市园林绿化、爱国卫生和城市管理综合执法工作的市政府组成部门。职责调整为：将原来市市容环境管理委员会、原市园林管理局的职责整合，划入市市容和园林管理委员会。增加负责全市生活废弃物收集、运输和处置的统一监督管理职责，增加负责全市城市管理考核职责。

10月23日 水上公园代表天津市市容园林委参加在无锡市举办的“第三届中国菊花精品展览”，参展的“品种菊”获得最佳栽培奖和培育新品种奖。菊展共有包括京津沪在内的十七个省市参加。参展内容主要是品种菊、新品种与展台布置等。

10月24日 天津市第48届菊展在水上公园正式开展。菊展由天津市市容和园林管理委员会主办，水上公园承办，市内六区、花卉中心、花苗木中心、水上公园9个单位参加了展出。菊展以“金秋金菊·盛世盛典”为主题，举办菊花精品专业大赛，包括百菊赛、专项品种赛、优秀传统名菊栽培大奖赛、小菊赛及其他参赛项目。所有参评作品均在盆景园内展出。菊展代表天津市园林专业单位菊花栽培的最高水平，对促进天津市菊花栽培技艺的提高、继承我市菊花栽培传统、培养菊艺人才，具有重要作用。

11月5—7日 花苗木服务中心参加了2009天津（国际）城市园林绿化景观设计及设施展览会。会展期间中心走访了10余家国际、国内知名设计院所，向他们发放了中心《苗木产品宣传册》100余册，对中心的新优、大规格和造型苗木产品进行了重点推荐，对中心花苗木销售工作起到了较好的促进作用。部分新、奇、特精品花卉，引领了津门春节花市的消费潮流。

11月6日 由河西区园林局、泰达园林建设有限公司承担的国家“863”计划《北方都市绿地植物耗水规律与生态用水研究》获天津市2009年度科技进步二等奖。

11月11日 园林开发公司积极响应委号召，紧抓当前滨海新区环境建设大发展的有利机遇，主动出击，搞好服务，近日公司所属监理公司通过公开竞标，先后成功中标了海河教育园一期基础设施绿化景观工程、临港工业区海滨大道防护林及长江道绿化工程、中新生态城惠风溪绿化工程等市重点工程，监理取费400余万元，其中海河教育园一期基础设施绿化景观工程总造价约2.36亿元、临港工业区海滨大道防护林及长江道绿化工程总造价约1亿元、中新生态城惠风溪绿化工程总造价约5500万元。

11月16日 花苗木中心力压15家国家一级资质绿化企业，一举中标山东省潍坊市政府援建北川县新县城安昌河南段景观绿化工程A标段。该工程是花苗木中心在四川地区的首个项目，包括园林建筑、广场铺装、园林小品、自然景观、公共设施、种植土回填、苗木栽植、树池、花坛、景观雕塑、游园景点、给水管道、绿化喷灌等工程内容，它的顺利中标标志着花苗木中心外埠市场的进一步扩大。绿化中心坚持走“以项目带动发展”的发展之路，通过承揽大项目、重点项目保证了经济平稳、较快发展。近日，绿化中心绿化三所成功承揽海河教育园区北洋园（四标段）景观工程。该项目建设规模590000平方米，中标标价为42050245元，工期从2009年10月30日至2011年10月30日。

11月24日 天津花圃顺利通过ISO9001质量认证监督评审。自2005年取得ISO9001质量管理体系认证资格后，天津花圃严格遵守质量管理体系标准进行管理，通过了2008年换证复评，并于近日圆满通过了长城质量认证组织换证后的首次监督评审。

12月2日 花卉中心2010年迎春花市筹备就绪。迎春花市总体经营方案已经敲定，货源组织、温室调整、人员调配等工作已基本落实。花卉中心将在园林花圃、经营服务中心以及研究所设三个零售卖场，示范中心A、B两区设批量销售卖场，总营业面积4万余平米。花市经营精品盆花、绿植、小盆栽、盆景等各类名优花卉百余种，30余万盆。

12月2日 天津市市容园林委在天津礼堂举办全系统大型法制讲座。各区县市容委、环卫局、爱卫办、综合执法局、城市绿化行政主管部门分管领导及法制科长，天津市城市管理综合执法局全体干部，市容园林委所属各单位科级以上干部，委机关全体干部近500人参加培训讲座。讲座邀请天津商业大学吴春雷教授介绍城市管理和法制建设最新研究成果，天津市人大法工委刘刚副巡视员系统讲解市容园林专业法规的立法背景、立法宗旨、基本精神和基本原则。

同日 委机关组织园林技术讲座。科技教育处与园林养护管理处共同主办《园林养护的基础知识及园林养护新技术》技术讲座，各区县园林部门和委直属单位的职工近170人参加。郭喜东副主任在讲座上对近期园林养护工作提出具体要求：一是打好冻水，防止冬旱；二是做好植物防寒的基础管理工作；三是做好植物，尤其是行道树的的冬季修剪；四是重视病虫害防治；五是加强对行道树的浇水和施肥。高级工程师陈小奎做了题为《天津园林的发展与突破》的专题发言。

全年 天津市中心城区快速路绿化面积570万平方米。全市2009年新建改造绿地面积2856万平方米，其中公园绿地1205万平方米新增1000万平方米绿化设施，移交园林园林养护部门管理，使天津市建成区专业队伍养护管理绿地面积达到9100万平方米。水上公园、河东公园、南翠屏公园、人民公园、二宫公园、中山公园、金钢公园、睦南公园和49片大型绿地提升改造，并免费向市民开放。

2010年

1月4日 市容园林系统法规知识竞赛活动圆满结束。知识竞赛是市容园林系统法制宣传月活动的一项重要内容，旨在进一步增强广大干部职工的法律意识和法制观念，促进广大干部职工学法用法的热情，提高领导干部依法行政依法管理的水平和能力。活动共13支队伍参加，6支进入决赛，经过激烈角逐，最终花苗木中心代表队勇摘桂冠，开发公司代表队与花卉中心代表队获得亚军，市执法局、宣教中心及绿化中心代表队分获季军。

1月5日 水上公园和动物园精心备战元旦，充分利用两园自身优势精心组织开展各项文化内涵深、品位高的元旦游园活动，为市民提供一个高雅、休闲、娱乐的场所，实现虎年“开门红”。1日至3日，虽突降大雪，但并未打消游客游园赏雪景的兴致，在全园职工的共同努力下，迎来了虎年第一个游人小高峰，动物园同比2009年游客量增长近30%。

同日 委举办屋顶绿化新技术培训讲座，聘请屋顶绿化专业科技公司总工做专题讲座，共吸引各区县园林行政主管部门和委属直属单位的相关技术人员近160人参加。讲座既包括屋顶花园各类型介绍又包括京津地区屋顶绿化植物品种配植及应用注意事项等实例，理论与实际紧密结合，生动翔实，取得了良好的培训效果。

同日 市市容园林委副主任郭喜东深入花卉中心调研指导工作，在听取了花卉中心2010年二十项重点工作的汇报后，与花卉中心领导班子就各项重点工作进行了深入交流和探讨，提出了指导性意见。

1月8日 园林设计院市场开发实现开门红，中标烟台市高新区马山河、通海东河、通海西河景观设计及世贸路、学府路、烟威高速路北辅路、经五路、纬四路和解马路中段景观设计（即“三河六路”）项目。此次参与竞标的都是国内一流设计单位，具有很强的专业技术实力和丰富的一线城市设计实践经验。设计院经过精心准备，以独特的设计思路和务实高效的工作作风赢得了广泛的赞赏，最终全票通过专家评委会的审核，并签订设计合同，合同额达三百余万元。甲方对设计院的专业技术水平及工作作风十分认可，又将烟台市高新区绿地系统规划和学院路景观设计两个项目委托给设计院，合同额约一百余万元。至此1月份，设计院签订了将近500万元的合同额。

1月27日 市科委组织有关专家对园林绿化研究所完成的“美国白蛾生物防治技术成果转化”项目进行鉴定评审，一致认为该项研究成果总体技术达到了国际先进水平。迎春花市经营品种全部到位，花市销售悄然升温。今年花卉品质明显高于去年，自产仙客来冠径达30厘米以上，花色纯正，120厘米分冠幅的比利时杜鹃和绿植新宠红豆杉均为天津专售品种。花圃从潮州、景德镇引进一批高档瓷盆，配以各种饰物对花卉进行精心包装，大大提高了花卉的观赏价值。虽然受低温的影响，大部分花卉价格普遍高于往年，但品质的提升激发了市民的购买欲望，呈现购销两旺的喜人场景。

2月8日 市市容园林委于组织召开了城市绿化建设工作会议，各区县城市绿化行政主管部门负责同志30余人参加。会议在总结2009年全市城市绿化建设工作的基础上，对2010年的绿化建设任务和工作进行了部署。一是全力推动创建园林城区、园林县城，扎扎实实推进创园工作。二是紧密围绕市容环境综合整治，推动园林绿化提升改造工程再上新水平。三是加大宣传力度，掀起全民义务植树工作新高潮。四是借鉴先进经验，做好重要活动和节日期间园林景点建设工作。五是加强培训和行业管理工作，搞好高素质园林建设队伍和人才建设工作。

2月26日 第三轮市容环境综合整治动员大会召开。市委书记张高丽做重要讲话，市人大常委会主任刘胜玉，市委秘书长段春华、副市长熊建平、市政府秘书长李泉山出席。副市长只升华主持会议。

3月21日 全市开展绿化宣传日活动，收到动员社会、发动群众、家喻户晓的宣传效果。

3月26日 梅江会展中心景观工程进展平稳顺利。工程自2009年11月开始施工已完成整体工程量的45%。在各分项工程中，完成淤泥清理10.8余万立方米，土方开挖倒运34.1余万立方米，土方、砖块回填50余万立方米，混凝土基础破拆2700余立方米，景石摆放1.74余万吨，排盐盲管铺设2.7余万米，石屑回填735立方米，给水管道铺设1000余米，栽植乔木9200余株、灌木1万余株。

3月28日 天津市政府召开全市动员大会，对《天津市城市管理规定》的宣传贯彻落实，再次提出明确要求。

7月15日至22日 应新加坡国家公园局的邀请，经市市容园林委领导批准，园林规划设计院院长王洪成前往新加坡参加2010年新加坡花园节。该花园节始于2006年，汇集了世界顶级园林设计师及其设计作品。王洪成应邀参展期间，充分展示了该院和天津市园林绿化事业所取得的优异成果，并学习借鉴了国外园林先进的设计理念和成果。

8月19日 市容环境综合整治市民满意度测评结果新闻发布会召开。经天津城调总队调查，市容环境综合整治群众满意度为99.5%。

全年 2010年，新建提升改造绿地面积3065.15万平方米，其中新建绿地2053.84万平方米，提升改造绿地1041.31万平方米。新建提升改造公园51个，并免费向市民开放。

第一篇

机构与队伍

第一章 机构沿革

第一节 天津1949年前的机构沿革

1949年之前，天津没有设立统一管理城市园林的机构。清光绪三十二年（1906），曾在直隶省农务总局内设直隶农业总会，负责筹办旱涝荒歉、条陈蚕桑、纺织、森林、畜牧、水产渔业等事业。清光绪三十四年（1908），直隶省设劝业道。内设农业科，下分农政、森林、水产三股，森林股负责农业奖励保护、林业学习、苗圃、劝办森林公司等工作。1931年，民国天津市政府在社会局下设立农场，监管公园、花厂和苗圃工作。1935年成立苗圃管理所，种植树苗和监管市内行道树。

1949年前，天津与天津市市级园林建设、管理有关机构的历史大体演变过程为工部局（公议局）—直隶农务总局农务总会—劝业道—社会局—建设总署。

第二节 天津1949年后的机构沿革

1949年1月，在天津市人民政府工务局成立园林管理所，负责全市公园、苗圃、行道树及花厂管理工作，天津始有统一的园林管理机构。

此后，为加强对城市园林绿化工作的领导，天津市人民政府1950年决定成立天津市人民政府园林广场处（园林广场处为局级处，与建设局、卫生工程局等平行）。此后不久，1952年城乡系统机构调整时，把天津市建设局、卫生工程局、水利处、园林广场处合并，组成天津市市政工程局，城市园林与市政工程养护业务，统一归市政工程局所属养护管理处领导。直到1958年养护管理处撤销，分设园林处和市政工程管理处，城市园林管理工作才恢复独立，属局直属机构。

1958年2月26日，建设局通知，养护管理处的园林绿化部分改称“天津市建设局园林处”，处长为武道庚。1958年3月1日，正式启用“天津市建设局园林处”圆形新章。

“文化大革命”期间，随着天津市建设局、建筑工程局和建筑材料工业局三局合并组建天津市建设局，大部分干部下放劳动，原建设局园林处于1970年11月撤销，1972年9月三局分开，原建设局更名为天津市市政工程局，1974 年 1 月成立局属园林管理处。

“文化大革命”结束以后，特别是中共十一届三中全会的召开，随着工作重点转移，园林绿化工作更加受到重视，于 1979 年 8 月，市委、市政府决定在市政工程局园林管理处的基础上，首次建立天津市园林管理局，以加强对城市园林绿化工作的统一指导，加速城市的园林绿化建设，尽快改变天津市园林绿化落后的面貌。

到 2009 年，市委、市人民政府决定把天津市园林管理局与市容委合并，成立市容和园林管理委员会。

在市园林处、市园林局和市市容和园林管理委员会成立期间，各区县的园林部门分别由各区县政府和市园林主管部门的双重领导。

1949 年后到 2010 年年底，天津市市级园林建设、管理机构的历史大体演变过程是工务局园林管理所—工务局园林管理处—市人民政府园林广场处—市市政工程局（建设局）养护管理处—市建设局园林处—市建设局市政工程管理处—市市政工程局园林管理处—市园林管理局—市市容和园林管理委员会。

1958 年 3 月成立天津市绿化委员会，除在“文化大革命”期间中断外，市主要领导先后担任市绿化委员会主任，下设市绿化委员会办公室，统一领导和组织全市的绿化工作。市园林部门作为市绿化委员会的内设机构的城市组，各区也相应地成立了区绿化委员会和办公室，以加强对城市园林绿化建设和管理的领导。

第二章 机构设置

第一节 市园林主管部门

一、市园林主管部门的职责

作为市政府主管园林绿化工作的职能部门，1979 年首次建立市园林局时，天津市园林管理局所确定的主要职责是：

（一）参与编制城市绿地总体布局和指标，编制园林绿化专业规划，制定城市园林绿化计划并监督实施，指导区县和有关部门园林绿化工作。

（二）承担市绿化委员会办公室城市组的职能，负责园林绿化宣传工作，组织城区全民义务植树工作。

（三）负责园林绿化法制建设，起草有关法规、规章，进行行政执法监督，负责审批占用城市绿地和迁移、砍伐树木事项，处理有关违法案件。

（四）组织审查公共绿地、风景林地、防护绿地以及城市主次干道、大型公共设施、市属重点项目的绿化规划设计方案；发展城市园林绿地内建设项目的审查工作。

（五）负责公园风景游览区的综合管理工作，负责珍稀动物繁殖和野生动物移地保护工作。

（六）指导园林花苗木产业的发展，负责城市绿化所需苗木、花草、种苗、籽种的检疫工作，划定疫区和保护区。

（七）管理园林绿化设施，依法组织收缴和管理园林行政收费。

（八）制定园林绿化工程、养护和定额标准，组织重点园林绿化建设项目的实施，监督和指导园林绿化养护管理和古树名木保护管理工作。

（九）制定园林科技发展规划、计划并组织实施，制定园林绿化技术规范并监督实施。

（十）制定并实施园林绿化行业人才培育规划和计划，负责干部职工队伍培训和专业技术教育工作。

（十一）负责园林绿化行业管理和市场管理，负责局属单位国有资产管理工作。

（十二）负责园林绿化行业管理和园林建筑市场管理，负责局属单位国有资产管理工作。

（十三）完成市人民政府交办的其他工作。

二、建立市园林局后园林主管部门机构、编制和人员的四次较大改革

（一）第一次较大改革

1979 年建立市园林局时，市人民政府给园林局机关的定编是 100 人，内设机构主要有办公室、绿化办公室、计划财务处、科技教育处、劳动人事处、审计处、保卫处、经营管理处、法规政策研究室等；后因增设内部机构，调整为 106 人，设置处室 16 个（其中党群部门 7 个）。

到 1991 年年底，实际在机关人数包括从基层借调临时帮助工作的人员在内，总数为 152 人。局机关人数不断增加，客观上讲是因建局以来管理服务半径不断扩大，任务越来越重，由建局时主要负责市内六个区绿化管理任务，扩大到四郊五县及滨海新区。养管树木绿地逐年增加，同时担负大量的绿化管理、行政执法及群众单位绿化宣传推动等工作。但是人员多、处室多，也造成人浮于事，工作效率不高。

“八五”计划期间，为加强市园林局机关建设，提高办事效率，充分发挥政府职能作用，进行了两次大的机构精简。

自 1992 年下半年起，局党委提出改革内部运行机制，调整机关处室设置，精简压缩机关编制，到 1993 年 3 月开始调整，整个运作约半年时间。这次机关机构调整，涉及处室多，精简人员数量较大，是建局以后精简力度最大的一次。

在机构设置上，对原 12 个处室的业务进行调整，减少处室业务分工交叉，并在 13 个处室取

消副职配备。在人员编制上，大力压缩精简，原在机关发工资118人减到100人，其中有13人转入“三产”或安排到基层工作。从基层借调到局机关帮助工作的，一律回原单位。

（二）第二次较大改革

第二次较大改革自1995年5月开始，到1996年6月结束。这次机构改革，从提出方案、讨论报批、到实际运作持续了近一年时间。

根据《天津市市级党政机构改革实施方案》，局党委经过反复酝酿讨论，从有利于园林事业发展出发，制定了《天津市园林局职能配置内设机构和人员编制的方案》。

方案对局机关机构改革、机构设置提出了具体意见。

1. 加强执法部门和政策研究部门。增设党政合一的研究室和负责行政执法的监察处，以适应强化政府职能，加大依法行政宏观管理的力度。

2. 精简内设机构，把职责相近和职责较少的部门合并或合署办公。将园林绿化宣传业务列入党委宣传部，机关党总支并入组织部，武装部工作并入安全保卫处，局纪委与行政监察合署办公。

3. 改革内部管理机制，实行建、养、管相分离的部门设置。将原由绿办和计财处分别承担的园林绿化建设和土建维修工作，统由计财处管理。绿化办公室改名为园林绿化管理处，全面负责全市园林绿化的养护管理和公园、游览区的园容卫生、服务质量和动物管理工作。

4. 在职责划分上，尽可能地减少部门之间的重复交叉，机关人员编制原分工在办公室的划归劳动人事处，使编制与人事管理统一。将绿化办公室负责的园林建设投资计划划归计财处，有利于计划的统一性和整体性。

按照上述意见，机构设置、人员编制，并报请市机关改革办公室审定，局机关共设14个处室，即办公室、研究室、法规处（执法监察处）、园林绿化管理处、计划财务处、审计处、经营管理处、科技教育处、劳动人事处、安全保卫处（武装部）、监察室、党委办公室、组织部、宣传部。

局机关行政编制为85人（比原编制106人减少21人，压缩编制约20%）其中局党委书记、局长1人，局党委专职副书记1人，副局长4人（含兼职），局纪检委书记1人，正副处长26人，工勤人员2人。这个方案于1996年6月1日经市委、市人民政府批准，至1996年8月底，分阶段实施完毕。

（三）第三次较大改革

2001年2月，经市委、市人民政府同意，市园林局印发《天津市园林局职能设置、内设机构和人员编制规定》的通知，内设8个处室：办公室（党委办公室）、法规处（研究室）、计划规划处、设计施工处、绿化管理处、科技教育处（安全保卫处）、财务经济处（审计处）、组织宣传处。行政编制为40人。其中，局党委书记兼局长1人，局党委副书记兼纪委书记1人，副局长2人，总工程师1人，正副处长16人。局原12名副处级以上机关干部和12名副科级以上机关干部，提前正式退休。

（四）第四次较大改革

2009 年 5 月 18 日，根据天津市委《关于印发〈天津市机构改革实施方案的通知〉》，决定组建市容和园林管理委员会，不再保留市容环境管理委员会、园林管理局。

8 月 24 日，市委办公厅以津党办〔2009〕18 号文件下发《关于印发〈天津市市容和园林管理委员会主要职责内设机构和人员编制规定〉的通知》，根据市委、市政府《关于印发〈天津市机构改革实施方案〉的通知》设立天津市市容和园林管理委员会。

天津市市容和园林管理委员会为负责全市市容市貌、环境卫生、城市园林绿化、爱国卫生和城市管理综合执法工作的市政府组成部门。职责调整为将原来市市容环境管理委员会、原市园林管理局的职责整合，划入市市容和园林管理委员会。增加负责全市生活废弃物收集、运输和处置的统一监督管理职责，增加负责全市城市管理考核职责。

根据上述职责，市市容和园林管理委员会内设办公室、法规处（研究室）、规划处、市容建设工程管理处、环境秩序协调管理处、街容管理处、环境卫生管理处（机动车辆清洗管理处）、废弃物管理处、城市管理数字化处、考核监督处、路灯照明管理处、园林建设管理处、园林养护管理处、公园管理处、爱国卫生管理处、行政许可处、科技教育处、社会宣传处、财务处（审计处）、组织人事处。其中，完全从事园林绿化建设和养护管理的处室，有园林建设管理处、园林养护管理处、公园管理处。

三、市市容和园林管理委员会有关处室的职责和编制

（一）园林建设管理处编制 6 人，处长崔敏。职责主要是制定园林建设发展规划、计划、规范、标准等规范性文件，制定涉及全市园林绿化建设管理的文件材料，办理上级机关制发的针对全市园林绿化建设并要贯彻执行的重要法规、规定，制定节日景点布置方案和本处年度计划总结等。

（二）园林养护管理处编制 5 人，处长隋家祝。职责主要是制定绿化养护管理发展规划、计划、规范、标准等规范性文件，制定涉及绿化设施管理的文件材料，各区县园林养护管理部门上报的重要文件及本处的批复，本处年度工作计划及总结等。

（三）公园管理处编制 4 人，处长李永华，职责主要是制定公园管理发展规划、计划、规范、标准等规范性文件，涉及公园基础设施管理工作的文件材料，本处年度工作计划及总结等。

第二节 市园林局直属单位

天津市园林局 1979 年成立后至 1990 年，直属单位主要有局机关、园林规划设计科研处、园林工程处、水上公园、动物园、人民公园、刘园苗圃、程林庄苗圃、北仓苗圃、绿化管理所、花卉管理所和机械器材供应站等。

1990年后随着业务不断扩大，局直属单位主要有局机关、绿化工程处、园林工程处、花卉管理处、水上公园管理处、海河游览区管理处、盘山游览区管理处、园林绿化研究所、园林学校、人民公园管理所等。盘山游览区管理处后划归蓟县管理，人民公园管理所后划归河西区园林部门管理。“八五”计划期间，是园林局直属单位变动较大的时期。

一、新建单位四个

1. 建立官港苗圃。

根据市政府批准的官港森林公园规划，新建苗圃1000亩。为了加强苗圃基地建设和管理，使其尽快形成生产能力，1990年5月8日，经市建委批准，建立官港森林公园苗圃管理所，隶属于市园林局，为正科级事业单位，人员编制30人。为便于加强行业管理，有利于苗圃建设和发展，市园林局确定该苗圃由绿化工程处领导。经过此后近两年的建设，苗圃在育苗生产和为大港地区提供苗木上发挥了重要作用。1992年2月20日，为了理顺关系和便于管理，市园林局报请市建委批准，把官港苗圃管理所划归官港森林公园管理处领导。

2. 成立园林建设总公司。

为了加快园林改革步伐、大力发展第三产业和安排富余人员、促进园林经济的发展，局党委研究决定并报请市建委，于1992年8月7日批准成立“天津市经济技术兴业公司”。后改为园林经济贸易总公司，1994年2月23日正式改名为天津市园林建设总公司。该公司为全民所有制，局属第三产业，内部实行企业化管理，依法实行自主经营、独立核算、自负盈亏、自我发展。行政上为处级单位，为局下属一个生产经营单位。经济上承担向局上缴利润的义务，人员经费由公司自身解决。聘任王开发为公司总经理，王同霄、林万里为总经理助理。公司建立党支部，为局党委领导下的基层党组织。

3. 成立成达实业公司。

该公司于1994年1月17日经市园林局批准成立，批准成立时，公司名称为惠达实业公司，到工商局注册时改为成达实业公司。1994年11月15日局党委决定建立成达实业公司党支部，张建军任总经理兼党支部书记。

4. 成立盘山疗养院。

盘山游览区管理处移交蓟县后，为充分利用盘山花圃土地及现有房屋设施，解决全市园林职工疗养休息场所，1994年7月4日，报请市编委批准，建立天津市园林职工盘山疗养院，为副处级事业单位。同年9月17日，市园林局批准，该院内部设办公室、接待服务部、政保科及苗圃管理所。

二、天津动物园升格

天津动物园于1980年成立并对外开放，为科级事业单位，到1995年底，展出动物187种，1348只，是国内外较有知名度的大型动物园之一。由于该园规格低，在一定程度上影响了对外交流和内部发展，不利于动物饲养管理人才的引进更新，对动物饲养管理和医疗水平的提高，也受到一定影响。

为了动物园长远规划建设发展，1991 年 4 月 25 日，报请市编委批准，将天津动物园升格为处级单位。同年 7 月 9 日，市园林局批复该园机构设置：办公室、计划财务科、劳动人事科、动物管理交换科、科教科、经营科、保卫科、党委办公室、工会、团总支。机关定员 40 人。下设动物饲养队、园艺队、经营服务队、基建维修队、兽医院。

三、天津园林规划设计院更名并联合

天津园林规划设计院原为园林局设计处，1992 年 1 月 9 日经市批准更名为天津园林规划设计处。为了便于与全国同行业交往，利于广开渠道参与市场竞争，1992 年 10 月 22 日经市批准更名为天津市园林规划设计院。1994 年 12 月 30 日，市园林局发出通知，同意工程处、园林规划设计院联合组织生产经营活动，组成筹备工作领导小组。赵连仲任组长，张全宝任副组长。刘本良、刘海涛、李俊成、马富英、张兆铨为成员。

四、党干校从园林学校迁出办学

局党干校原在局医务所楼上办学，1988 年 3 月，利用园林学校教学设施和师资力量，迁至园林学校合属办学，但仍保留局党干校建制和机构。考虑到全局党员教育和职工业务技术培训任务很重，也为了使园林学校更好地集中力量做好中专、技工学历教育工作，局研究决定，将党干校从园林学校分出迁至水上公园展览馆办学。1993 年 4 月 15 日迁校完毕。

五、因任务调整变更单位名称两个

1. 海河水上运动俱乐部。当初成立这个单位主要是为开展海河水上群众体育活动提供管理服务，而实际上多年来一直从事海河水上旅游服务工作。为了使任务与名称统一，1993 年 10 月 20 日，经局批准更名为天津市海河游览中心。

2. 湛江路花圃。由于该圃花卉生产任务已转移到宜兴埠花圃，由花卉生产改为花卉开发，故更名为天津市园林花卉开发服务中心。

六、成立基层单位两个

1. 成立天津动物园濒危动物繁殖与研究中心。该单位与 1994 年 8 月 11 日批准成立。成立该研究中心，主要是为充分发挥天津动物园在濒危野生动物移地保护方面的作用，更好地利用移地动物广泛开展有关濒危动物驯养、繁殖、生理行为等方面的科学研究工作，增强同国际的交流与合作，扩大天津动物园保护珍稀动物方面在国内外的影响，进一步推动中国动物园事业的发展，在天津动物园繁殖场的基础上建立的。

2. 成立水上公园园容管理队。管理队于 1995 年 7 月 18 日批准成立。主要任务是负责公园卫生及园容管理服务工作。此外，按照分管权限，局先后批准新建和调整了基层科级单位（包括部门）22 个。

七、盘山游览区划归蓟县管理

1978年，由天津市园林处受命组建盘山游览区管理所，负责对盘山的恢复重建工作。

1979年市园林局成立后到1993年15年时间，市园林局按照规划组织、策划、监督实施了盘山恢复建设，在两万平方公里的中心区范围内，盘山风景区建设与管理初具规模。

1994年1月9日，市政府根据蓟县政府的请示，同意将盘山游览区管理处划归蓟县管理。为了做好交接工作，1月3日，市园林局领导办公会议决定，成立盘山移交工作领导小组，由副局长张群芳任组长，计财处、劳人处、组织部、安保处、党委办公室、行政办公室领导为小组成员。2月8日，市建委召开移交工作协调会，成立移交工作领导小组，市建委一名副主任为组长，市园林局副局长张群芳、蓟县副县长卢金生为副组长。市园林局、蓟县有关部门组成专门工作班子，负责交接工作。3月12日市园林局、蓟县政府签署关于盘山移交工作协议。协议主要内容是：交给蓟县职工122人，其中干部39人，工人83人。干部中处长1人，副处长1人。移交离退休人员12人。盘山管理处办公用房及招待所，花圃等处109亩地及地上物归市园林局，办公用品、车辆及杂物，按双方留用人员比例或实际需要协商划分。1. 盘山管理处现有债权债务及其与资产划归蓟县。2. 盘山管理处移交后，考虑其办公需要，办公用房按划归人员比例无偿借给蓟县使用。借用期暂定三年（1994年1月1日至1996年12月31日）。三年后如因办公用房尚未建好，需继续借用，双方再议。

1994年4月11日，市园林局、蓟县政府向天津市政府呈送《关于盘山游览区管理处移交工作情况报告》称，整个移交工作于3月中旬全部结束。原盘山花圃及管理处移交后剩余房屋设施及职工，1994年7月经市编委批准，组建天津园林职工盘山疗养院，直属市园林局领导。

第三节　市园林局和直属单位的名称和主要负责人

至1995年底，市园林局和直属单位的名称和主要负责人是：市园林局局党委书记、局长：左子敬

局党委副书记：李贵新

副局长：高国华、贺振、徐乃奎、张群芳

直属单位

（一）园林工程处

党委书记、处长：赵连仲

党委副书记：马富英

副处长：刘海涛、李俊成、孟绍爽

总会计师：郭俊岭

（二）绿化工程处

党委书记：李文明

副处长：谢广元、康新民、刘家玉

副处长、总会计师：刘宝银

（三）花卉管理处

处长：张世桐

党委书记：刘连科

党委副书记：王树林

副处长：刘福才、李冠玉、李顺科

总会计师：张志廷

（四）海河游览区管理处

处长：袁志刚

党委书记：刘伟

副处长：胡连明

总工程师：张晓明

（五）水上公园

园长：舒健

党委书记：郭庆云

副园长：焦留柱、魏定起、关学珍、庞连华

（六）天津动物园

园长：苑光烈

党委书记：李明森

副书记：张学增

副园长：李泉彬、周国臣、郑启丽

总工程师：吕向东、卢宝泉

（七）人民公园

党总支副书记、园长：孙国昱

党总支副书记：吴乃津

副园长：夏宝岚、袁宝恒、张维礼、陈秉衡

总工程师：高桐波

（八）园林规划设计院

党支部副书记：刘本良

副院长：张全宝、张兆铨、陈文富

总工程师：张兆铨（兼）

（九）园林学校

校长：李伟

党委副书记：李兴德

副校长：陈忠新、朱剑峰、王政卿

（十）局党（干）校

副校长：高原

党支部副书记：杨孟廉

副校长：魏学东

（十一）盘山疗养院

党支部书记、院长：徐风林

副院长：杨福臣

（十二）园林建设总公司

党支部书记、总经理、总工程师：王开发

党支部副书记：化宪升

副经理：李宝昆

业务部经理：王同霄

（十三）成达公司

总经理：张建军

（十四）会宾园饭店

总经理：王敏

党支部书记：刘振丰

副书记：刘国兰

副总经理：杨广路、王克英、何天军

（十五）园林绿化研究所

所长：郭喜东

党支部书记：赵金生

总工程师：杨瑞兴

至2007年年底，市园林局直属单位和主要负责人及基层单位是：

（一）花苗木中心

主任：李冠玉

党总支副书记：李宝昆、王俊东

常务副主任：赵培强

副主任：赵杰

总工程师：童彤

基层单位主要有：工程分公司、生产经营分公司、科研中心等

（二）绿化中心

党总支副书记：霍卿

副主任：康新民、陈文富

总工程师：刘林

总会计师：张志强

基层单位主要有：绿化工程一所、二所、三所、园林工程公司、古建工程队、津卉绿化公司。

（三）花卉中心

代理主任：刘凤杰

党总支副书记：刘利

副主任：郭庆年、佟宝君、魏宏

总工程师：张斌

基层单位主要有：总公司、天津花圃、租赁中心、园林综合服务站、园林绿化研究所。

（四）水上公园（动物园）

党委书记：李强

园长：李玉军

党委副书记：徐泽光

副园长：刘昕光、张丽敏

工会主席：孟兆爽

总工程师：张全宝

基层单位主要有：绿化园容队、商业服务中心、票务中心、游艺服务中心、维修工程队、动物饲养队、治安保卫队。

（五）设计院

院长：王洪成

党支部书记：赵四茹

副院长：孙培茹、陈良

总工程师：杨一力

基层单位主要有：设计一所、二所、三所、四所、美至设计所。

（六）会宾园

主任：魏定起

党支部书记：赵金生

副主任：李凤鹏、李怀斌、杨广路

（七）海河中心

党总支书记：刘伟

副主任：王铁兵、周国臣、庞连华

（八）园林学校

校长：桂秀峰

副校长：魏恒占、李兴堂、杨莉亚

（九）成达公司

党支部书记、总经理：张建军

副总经理：陈树合

（十）开发公司

党支部书记、副总经理：邹峰

经理：陈涛

总经理助理：刘汉友

基层单位主要有：园林监理公司、方正监理公司。

到 2010 年 5 月，市市容园林委园林系统直属单位和主要负责人是：

（一）南翠屏公园管理所

所长、书记：安建宇

副主任：张庆玲

（二）园林规划设计院

院长：王洪成

党支部书记：赵四茹

副院长：孙培茹、陈良

总工程师：杨一力

（三）城市绿化工程服务中心

书记：赵金生

副主任：陈文富、刘凤杰、

总会计师：张志强

（四）园林花卉管理中心

主任：李玉军

书记：李宝昆

副主任：魏宏、李志祥

总工程师：张斌

（五）花苗木服务中心

主任：李冠玉

书记：刘利

副主任：王铁兵、赵杰

总工程师：童彤

（六）园林学校

校长：桂秀峰

书记：魏恒占

副校长：杨莉亚

（七）水上公园（动物园）

党委书记：霍卿

园长：徐泽光

副园长：刘昕光、陈周羡、张丽敏

工会主席：孟兆爽

（八）水上会宾园服务中心

主任：魏定起

副书记：王俊东

副主任：李凤鹏、李怀斌、杨广路

（九）园林建设开发有限公司

董事长：张建军

总经理：佟宝君

书记：杨金涛

副总经理：赵培强

第四节　市园林局直属单位的职工队伍

一、1979 年成立市园林局前的基本情况

天津市园林系统最初的职工很少，1949 年 3 月仅有职工 97 人，其中技术干部 4 人，管理全市园林绿地 19.51 公顷和树木万余棵。

在新中国成立初期的三年恢复期间，天津市园林部门配合全市失业工人以工代赈，曾组织

7000余人参加建园土方工程和植树造林活动，并从失业工人中吸收一部分固定工，到1952年年底，天津园林系统职工增加到1180人。

1953—1957年，随着园林事业的发展，职工队伍也有相应地发展。但是在1956年，为了支援内地和边疆建设，以及建设局内部调整力量，园林系统职工人数有所下降。1958年，园林职工队伍又有所加强，是年末园林处直属单位职工人数增加到1765人，其中干部103人（含工程师10人，技术员25人），工人1662人。但是到1961—1962年由于经济困难影响，为支援农业压缩城市人口精简机构，1962年年底天津市园林系统职工下降为1105人，其中干部158人（含工程师9人，技术员32人），工人947人。

1959年5月8日，公布园林处职工变动情况，当时职工总数达1797名。其中局工566名、合同工979名。

1963—1965年，园林事业随着国民经济的恢复而逐渐发展，职工队伍为适应园林事业的发展也有所发展。1963年园林系统职工上升为1473人，1965年达到1817人。

在“文化大革命”期间，职工队伍多有变化。截至1976年，天津园林系统职工总数达2339人，其中干部225人（含技术人员56人）。

二、1979年成立市园林局后到1990年期间的基本情况

党的十一届三中全会以后，于1979年成立天津市园林管理局，进一步加强了城市园林绿化工作。此后随着城市园林绿化事业的发展，园林系统的职工队伍不断壮大。截至1990年，全市园林系统的职工共有9426人，其中园林局直属各单位职工共有4570人。

这时职工队伍还产生其他一些变化。干部总数1990年年底1601名，1995年年底1734名，1995年比1990年增加了133名，增长了约8%；工人总数1990年年底7866名，1995年年底7286名，1995年与1990年相比，减少了580名；离退休人员1990年年底1163名，1995年年底1569名，1995年比1990年增加了406名，增加了约35%。

职工队伍在年龄上也有积极变化。通过大、中专学生的分配、人才引进和加强对青年干部的培养选拔任用等，增添了一批新生力量，市园林系统职工更年轻化了，尤其是领导干部队伍年轻化比较明显。以市内园林局干部队伍为例，1990年全局处级干部74名，平均年龄52.7岁，1995年初处级干部86名，平均年龄50岁。1995年与1990年相比，下降了2.7岁。1990年年底科级干部186名，平均年龄46.5岁。1995年年底科级干部177名，平均年龄43岁。1995年与1990年相比，下降3.5岁。

天津市园林系统不仅职工人数不断增加，职工素质也在逐步提高，技术力量不断壮大。1949年年初时，天津园林职工文化技术水平很低，园林部门仅有技术人员4人。在1949年6月即在伟夫路（今湛江路）花场开办早读班，组织园林职工学花卉，绿化知识。1950年1月又组建技术传习班，重点培养青年工人学习林木修剪、苗木培育、花木培育以及病虫害防治常识。由于当时工人中文盲较多，学习技术比较吃力，在1952年成立速成识字班，同年由市政工程局、公用

局、化工局等联合建立文化夜校，为干部补习高小、初中文化，并组织科技干部学习俄语。此后于1959年市政工程局成立技术学校，设置园林专业，为城市园林绿化事业培养技术骨干。1972年又在睦南道花圃举办园林技术培训班，传授有关花卉、土壤、肥料、植保等知识。1973年市政工程局成立市政工程学校，内设园林绿化专业中专班和技工班，先后培养出中等专业园林绿化的技术人员和技工120人。

1975年，园林管理处成立“七·二一”大学（学制两年），设置园林绿化和花卉两个专业。1979年天津市园林管理局成立。1980年着手筹备园林学校，1981年经天津市第二教育局批准备案。园林学校（中级专科技术学校），内设中专、职工中专和技工三个班。该校经过几年建设，先后建成化学、物理、树木、土肥、植物、植保、植物生理等实验室和美术、制图、设计三个专业教室以及电化教室、盆景制作室、实习花窖等，建筑面积1.7万余平方米，可容纳学生640人。1986年，天津园林学校与北京林业大学合办北京林业大学天津函授站（大专班）。在校生共有12个班470人。先后为国家培养园林建设人才723人，分布于黑龙江、新疆、浙江等19个省、市、自治区。这些毕业学生大都已成为园林部门的骨干力量，有的已被提拔为工程师或科级以上干部。

至1990年，天津市园林局专业技术人员共有14个系列657人，其中属于工程系列的占55.4%；属于会计系列的13.2%；属于教育系列的11.3%。

三、1990年后至2010年期间职工队伍的基本情况

在这20年期间，园林直属单位职工队伍各方面情况发展变化较大，本园林志限于篇幅，不能逐年一一记述，2008年的市园林局即将合并到市市容园林委的末期和2010年市市容园林委成立初期，是园林直属单位职工队伍情况的两大典型时期，故选取这两大时间节点的情况，收录入此志。到2008年市园林局所属单位职工队伍的各方面情况如下表。

2008年市园林局所属单位职工队伍年龄结构情况表

表 1-2-4-1

单位：人

单位 项目	年末职工人数	其中	年龄结构															
		女	25岁以下	其中女	26~30岁	其中女	31~35岁	其中女	36~40岁	其中女	41~45岁	其中女	46~50岁	其中女	51~55岁	其中女	56岁以上	其中女
水上公园	432	150	11	4	50	29	52	23	71	27	47	20	72	35	82	12	47	0
动物园	364	111	13	5	39	20	24	7	46	25	41	22	73	27	76	5	52	0
会宾园饭店	187	96	40	30	19	10	14	8	17	8	27	10	39	26	21	4	10	0
绿化中心	454	94	26	6	74	28	32	12	33	12	45	13	60	13	114	10	70	0
花苗木中心	506	119	21	10	83	31	44	16	37	18	50	11	103	27	104	6	65	0
花卉中心	427	146	22	12	59	26	45	22	48	26	47	17	87	30	92	13	27	0
园林学校	85	42	0	0	0	0	7	5	9	5	7	3	25	14	24	15	13	0
设计院	94	48	9	7	28	20	16	7	10	4	7	2	8	3	9	5	7	0
开发公司	68	29	19	9	30	19	7	0	2	0	1	1	5	0	4	0	0	0
局机关	57	14	3	2	0	0	6	1	10	3	10	2	10	2	13	4	5	0
市场中心	13	4	1	1	9	3	3	0	0	0	0	0	0	0	0	0	0	0
科技中心	9	5	0	0	1	1	2	0	4	3	1	0	0	0	1	1	0	0
合计	2696	858	165	86	391	187	252	101	287	131	283	101	482	177	540	75	296	0

2008年市园林局所属单位职工学历层次情况表

表 1-2-4-2

单位：人

单位 项目	年末职工人数	学历层次									
		研究生	其中在职研究生	大本	其中在职大本	大专	其中在职大专	中专	技校	高中	初中及以下
水上公园	432	0	0	41	21	94	91	34	59	96	108
动物园	364	3	1	33	17	60	57	33	30	67	138
会宾园饭店	187	1	1	26	0	51	0	25	10	50	24
绿化中心	454	0	0	80	10	78	65	42	32	41	181

续表

单位 项目	年末职工人数	学历层次									
		研究生	其中	大本	其中	大专	其中	中专	技校	高中	初中及以下
			在职研究生		在职大本		在职大专				
花苗木中心	506	2	0	82	19	49	33	48	37	37	251
花卉中心	427	3	1	73	8	74	24	40	13	65	159
园林学校	85	4	4	33	19	14	14	8	4	13	9
设计院	94	8	1	65	11	10	8	5	6	1	0
开发公司	68	0	0	35	0	28	0	2	0	3	0
局机关	57	4	4	40	20	12	11	0	0	1	0
市场中心	13	1	0	12	0	0	0	0	0	0	0
科技中心	9	0	0	9	3	0	0	0	0	0	0
合计	2696	26	12	529	137	470	303	237	190	374	870

2008 年市园林局专业技术人员情况统计表

表 1-2-4-3

单位：人

单位 项目	专业人员总数	工程系列					农业系列				中专教师				会计系列				图书、档案				统计、经济				其他系列			
		计	正高	高	中	初	计	高	中	初	计	高	中	初	计	高	中	初	计	高	中	初	计	高	中	初	计	高	中	初
水上公园	82	64	1	6	10	47	0	0	0	0	0	0	0	0	9	0	1	8	3	1	2	0	5	0	0	5	1	0	1	0
动物园	81	30	0	3	5	22	37	12	4	21	0	0	0	0	8	0	2	6	0	0	0	0	4	0	1	3	2	0	0	2
会宾园饭店	9	3	0	1	0	2	0	0	0	0	0	0	0	0	6	0	1	5	0	0	0	0	0	0	0	0	0	0	0	0
绿化中心	145	106	0	10	35	61	0	0	0	0	0	0	0	0	15	1	5	9	0	0	0	0	5	0	1	4	19	3	8	8
花苗木中心	104	86	0	5	2	61	0	0	0	0	2	1	1	0	4	1	1	2	0	0	0	0	1	0	0	1	11	1	7	3
花卉中心	152	135	1	18	31	85	0	0	0	0	0	0	0	0	14	0	3	11	0	0	0	0	3	0	1	2	0	0	0	0
园林学校	51	1	0	0	0	1	19	9	10	0	9	2	3	4	2	0	1	1	2	1	1	0	1	0	0	1	17	1	10	6
设计院	61	55	2	2	13	38	0	0	0	0	0	0	0	0	3	0	1	2	1	1	0	0	1	0	0	1	1	0	1	0

续表

单位 项目	专业人员总数	工程系列					农业系列				中专教师				会计系列				图书、档案				统计、经济				其他系列			
		计	正高	高	中	初	计	高	中	初	计	高	中	初	计	高	中	初	计	高	中	初	计	高	中	初	计	高	中	初
开发公司	33	29	0	0	4	25	0	0	0	0	0	0	0	0	3	0	1	2	0	0	0	0	1	0	1	0	0	0	0	0
市场中心	7	3	0	0	0	3	1	0	0	1	0	0	0	0	0	0	0	0	0	0	0	0	3	0	0	3	0	0	0	0
科技中心	8	3	0	2	1	0	0	0	0	0	2	1	1	0	2	0	1	1	0	0	0	0	1	0	0	1	0	0	0	0
合计	733	515	4	47	119	345	57	21	14	22	13	4	5	4	66	2	17	47	6	3	3	0	25	0	4	21	51	5	27	19

注：本表只统计具有初中以上专业技术资格的人员（不含政工及未评定技术资格的人员）

2008 年市园林局所属单位人员分类情况表

表 1-2-4-4

单位：人

单位 项目	年末 职工人总数	其中			
		国家公务员	行政管理人员	专业技术人员	工人
水上公园	432	—	45	87	300
动物园	364	—	41	90	233
会宾园饭店	187	—	32	9	146
绿化中心	454	—	48	145	261
花苗木中心	506	—	19	106	381
花卉中心	427	—	43	152	232
园林学校	85	—	5	51	29
设计院	94	—	8	77	9
开发公司	68	—	—	65	3
局机关	57	53	—	—	4
市场中心	13	—	—	13	—
科技中心	9	—	1	8	—
合计	2696	53	242	803	1598

到了 2010 年，园林系统已经并入市市容园林委，此时，园林系统直属单位职工队伍的基本情况，如下表

2010 年园林系统直属单位职工队伍基本情况表

表 1-2-4-5

单位：人

单位 项目	期初职工 总数	期末职工总数		期末合同工		离、退休人员		
		人数	女职工	人数	女职工	期初数	本年度	期末数
合　计	2612	2475	729	605	265	1821	91	1895
绿化中心	429	406	87	85	27	324	16	336
花卉中心	433	411	140	36	22	435	17	452
花苗木中心	510	482	112	159	60	364	15	379
园林设计院	94	89	44	36	23	35	0	34
会宾园饭店	188	185	93	75	42	63	0	62
水上公园	432	355	109	66	31	292	15	303
动物园	352	376	72	55	26	217	18	230
园林开发公司	83	90	32	90	32	0	0	0
园林学校	82	90	40	3	2	91	10	99
科技中心	9	9	5	0	0	0	0	0

需要特别说明的还有，到了 2008 年和 2010 年，园林直属单位的事业不断扩大，工作水平不断提高，但职工队伍的人数却都有所减少，这从一方面反映出职工素质和工作效率的大幅度提高。

第五节 区县园林主管部门

1979年市园林局成立后，各区县也都设有园林主管部门、负责人以及内设机构和下属单位，其归属、级别、名称和人员多有变化。本园林志限于篇幅，不能一一记述。其中的静海县和红桥区1995年底和2010年全市的有关情况，具有比较典型的代表性，故选取详述。

一、静海县园林主管部门的变迁

静海县园林绿化管理所的前身是静海县建设管理委员会市政工程管理站园林组，主要负责主干道路的绿化建设及养护工作。1998年园林组独立，成立静海县园林绿化管理所，隶属静海县建设管理委员会，为自收自支的事业单位。

该园林所刚成立时，正式职工只有8人，李子美任所长、党支部书记。2001年4月至2007年4月，边可刚任所长、党支部书记。2007年4月至2010年3月，侯建担任园林所所长，张如发任园林党支部书记。

2010年3月后，该园林所归属于静海县市容和园林管理委员会，边可刚任园林所所长、党支部书记。

二、红桥区园林主管部门的变迁

1978年10月24日，在组建红桥区城建局时，红桥区园林队和公园管理所为其下属单位，工作人员32人。

1980年3月8日，恢复“文化大革命”中撤销的红桥区绿化委员会。1981年1月，将园林队划分为红桥区园林工程队和西沽公园管理所。

1985年1月，成立红桥区园林绿化工程管理处。内设行政办公室、劳动工资科、绿化管理科、公园管理科、技术施工科。

1986年11月，建立红桥区园林管理局。内设办公室、生产计划科、劳资财务科、多种经营科，干部职工44人。下属单位：西沽公园管理所、绿化管理所、群众绿化管理所。

1997年2月，组建红桥区园林监察管理所，人员编制30名。组建红桥区园林绿化工程管理所，人员编制20名。组建红桥区绿化管理一所，人员编制190名。组建红桥区绿化管理二所，人员编制120名。撤销红桥区绿化管理所。

2001年，红桥区园林局内设党委办公室、办公室、绿化科、财务审计科、经营管理科、总工室。干部职工690人，其中退休人员200人。下属单位：绿化管理一所、绿化管理二所、西沽公园管理所、园林监察管理所、群众绿化管理所、绿化工程管理所、园林设计所。

2003年，红桥区园林局内设党委办公室、办公室、财务审计科、劳动人事科、绿化管理科、工程管理科、园林监察科、群众绿化管理科。下属单位：绿化管理一所、绿化管理二所、园林监察管理所、绿化工程管理所、西沽公园管理所、群众绿化管理所、园林设计所。

2006年，红桥区园林局增设退休职工管理科。

2009年1月，红桥区园林局内设办公室、综合科、绿化管理科、工程管理科、园林监察管理科、资金管理科，人员编制38人。下属单位：绿化管理一所、群众绿化管理所、园林监察管理所。

2010年6月，按照《天津市红桥区市容和园林管理委员会主要职责内设机构和人员编制规定》通知精神，红桥区城管体制改革，实行大部制管理，将园林局、环卫局、区市容委合并为红桥区市容和园林管理委员会。

三、各区园林主管部门名称和主要负责人

各区县园林主管部门名称和主要负责人多有变化，本园林志限于篇幅不可能一一记述，本志选取1995年底和2010年初两个较为典型的时段详述。

1995年底，各区县园林主管部门的名称和主要负责人是：

（一）红桥区园林管理局

局长：刘幼亭

党总支书记：郭凤崧

副局长：鲁华亭、李建华、杨怀礼

（二）南开区园林局

局长：李克忠

党委书记：杨孝文

副局长：赵振祥、贺培德

（三）河西区园林局

局长：孙广荣

党委书记：支长瑞

副书记：李爱华

副局长：韩桂林、张刚、吴子杰

纪委书记：王凤玲

（四）和平区城建局

副局长：朱宪启

（五）河东区市政园林局

副局长：邓福来

（六）河北区城建局

局长：赵玉良

(七) 塘沽区园林管理局

局长：李富祥

党委书记：刘志海

副书记：牛宝顺

副局长：李东河、王玉群、朱光起、贾桂义

(八) 汉沽区建委

主任：唐云先

书记：王守敏

(九) 大港区

区建委副主任：董纪明

(十) 津南区建委

副主任：刘学普

(十一) 东丽区建委

主任：路玉章

(十二) 北辰区建委

主任：边德恒

(十三) 西青区建委

副主任：刘华明

(十四) 静海县建委

副主任：郑国升

(十五) 蓟县建委

副主任：刘庭、刘文敏

(十六) 宁河县园林处

书记：张善明

主任：崔士伟

副主任：孙志高

(十七) 武清县建委

副主任：刘洪海

(十八) 宝坻县建委

副主任：白士玺

到 2010 年 5 月，市市容园林委成立后的各区县园林部门的名称和主要负责人的情况是：

(一) 滨海新区环境保护和市容管理局

局长：苗加兴

副局长：闫永宽、刘恩林、杨焕香

（二）和平区市容和园林管理委员会

主任：高平武、

副主任：韩勤、王水洲、张权

（三）河北区市容和园林管理委员会

主任：李志琦

副主任：曹岭、于乃昌、张春起、孙德巨、刘书芬

（四）河东区市容和园林管理委员会

主任：张平

副书记：刘雅新

副主任：尹连海、刘琼、徐庆保、王永祥、胡志成、韩正

（五）河西区市容和园林管理委员会

书记：施伯祥

主任：王洪泉

副主任：刘海江、谢斌、于洋

（六）南开区市容和园林管理委员会

书记：刘克贵

主任：何庆丰

副书记：郝金利

副主任：魏振平、朱洪亮、闫宝泉、孟军

（七）红桥区市容和园林管理委员会

书记：从毓臣

主任：杨茂顺

副书记：张萍

副主任：刑渤涛、缴玥、焦其谊

（八）东丽区市容和园林管理委员会

主任：张凤鳌

副主任：蔡凤祥、暴国正、何润玲

（九）西青区市容和园林管理委员会

主任：刘建军

副书记：陈建林

副主任：沈洪升、柴建平、高政

（十）津南区市容和园林管理委员会

主任：刘维庆

副主任：刘振铎、任学潮、赵士信

（十一）北辰区市容和园林管理委员会

书记：刘金元

主任：刘金刚

副主任：杨少桐、林学全、张振海

（十二）武清区市容和园林管理委员会

主任：高立

副主任：李江、梁书强

（十三）宝坻区园林管理局

局长：何建华

副局长：李栋、王前

（十四）蓟县市容和园林管理委员会

书记：袁福成

主任：陈景才

副主任：刘振东、王宝、刘建东

（十五）静海县市容和园林管理委员会

主任：韩印春

副主任：张文升

（十六）宁河县园林管理局

局长：刘宝国

书记：李玉良

副局长：张洪岭

第六节　园林部门职工队伍

园林部门的职工队伍在总体上也随着全市园林事业的发展，而逐步有所壮大。截至 1990 年，全市园林系统的职工共有 9426 人，其中除园林局直属各单位职工共 4570 人外，市内六个区园林职工共有 3727 人，滨海塘沽、汉沽、大漠区三个区园林职工共有 676 人，四个郊区园林职工共有 374 人，五个县园林职工共有 79 人。

特别是在市园林局成立 6 年后的 1995 年，在园林系统职工总数超过万人。截至 1995 年年底，天津市园林系统共有职工 10589 名。其中：干部总数 1734 名，内有管理干部 840 名，专业技术干部894名。在技术干部中，高级工程师43名，工程师183名，初级职称668名。工人总数7286名，其中：技师18名，高级工2132名，中级工2656名，初级工1071名，普通工1409名。离休干部100名，退休职工1469名。

其中市园林局直属单位职工总数4074名，其中党政干部1061名（局级干部6名，处级干部86名，科级干部177名，一般干部792名），另有管理干部434名，专业技术干部627名。在技术干部中，高级工程师31名，工程师124名，初级职称472名。工人总数3013名。其中技师18名，高级工539名，中级工896名，初级工376名，普通工1184名。离休职工66名，退休职工942名。

市内六区园林部门职工队伍的情况是：职工总数3695名，其中干部总数391名（管理干部254名，技术干部137名）。在技术干部中，高级工程师8名，工程师31名，初级职称98名。按职务分：处级干部29名，科级干部6名，一般干部276名。工人总数3304名。其中高级工1401名，中级工1292名，初级工493名，普通工118名。离休干部23名，退休职工441名。

塘沽、汉沽、大港区园林部门职工队伍的情况是职工总数689名。其中：干部总数155名（管理干部95名，技术干部60名）。在技术干部中，高级工程师1名，工程师8名，初级职称51名。按职务分：处级干部8名，科级干部44名，一般干部103名。工人总数534名。其中：高级工147名，中级工295名，初级工72名，普通工20名。离休干部11名，退休职工73名。

四郊区园林部门职工队伍的情况是职工总数376名。其中：干部总数55名（管理干部35名，技术干部20名）。在技术干部中，工程师3名，初级职称17名。按职务分：处级干部3名，科级干部10名，一般干部22名。工人总数321名。其中：高级工35名，中级工146名，初级工101名，普通工39名，退休职工13名。

五县园林部门职工队伍的情况是职工总数186名。其中：干部总数72名（管理干部22名，技术干部50名）。在技术干部中，高级工程师3名，工程师17名，初级职称30名。按职务分：处级干部3名，科级干部13名，一般干部56名。工人总数114名，其中：高级工10名，中级工27名，初级工29名，普通工18名。

2008年各区县园林部门职工学历层次情况表

表1-2-6-1 单位：人

单位 项目	年末职 工人数	学历层次						
		研究生	大本	大专	中专 高中	技校	初中	其他
和平区	344	—	16	28	105	16	179	—
河东区	482	—	21	42	207	14	196	2
河西区	736	8	152	141	181	25	229	—
南开区	515	2	35	70	137	3	268	—
河北区	414	—	7	75	92	5	203	32

续表

单位 项目	年末职 工人数	学历层次						
		研究生	大本	大专	中专 高中	技校	初中	其他
红桥区	258	4	36	79	72	7	58	2
高新区	2	—	2	—	—	—	—	—
东丽区	95	—	19	19	22	1	32	2
西青区	67	—	11	9	8	10	23	6
津南区	63	—	15	8	7	—	33	—
北辰区	84	—	1	6	28	2	47	—
塘沽区	286	3	48	52	89	2	92	0
汉沽区	113	—	11	15	28	—	47	12
大港区	167	—	45	34	35	48	5	—
开发区	155	8	48	55	33	4	7	—
保税区	2	—	2	—	—	—	—	—
武清区	74	—	4	16	23	4	27	—
宝坻区	121	—	11	39	51	—	12	8
宁河县	27	—	6	12	4	—	5	—
静海县	31	—	10	7	9	—	5	—
蓟县	38	—	4	16	18	—	—	—
合计	4074	25	504	723	1149	141	1468	64

2008 年各区县园林部门职工年龄结构情况表

表 1-2-6-2 单位：人

单位 项目	年末职 工人数	年龄结构				
		女	21~30	31~40	41~50	51~60
和平区	344	107	21	14	159	150
河东区	482	189	66	45	216	155
河西区	736	283	206	114	275	141
南开区	515	138	61	32	213	209
河北区	414	113	34	42	188	150
红桥区	258	103	42	60	100	56
高新区	2	—	1	1	—	—
东丽区	95	45	10	34	35	16
西青区	67	30	10	20	26	11
津南区	63	16	6	12	24	21
北辰区	84	33	8	20	35	21

续表

单位 项目	年末职 工人数	年龄结构				
		女	21~30	31~40	41~50	51~60
塘沽区	286	88	43	20	128	95
汉沽区	113	44	10	4	72	27
大港区	167	67	11	91	44	21
开发区	155	53	48	47	39	21
保税区	2	1	1	1	—	—
武清区	74	38	31	21	21	1
宝坻区	121	70	28	48	21	24
宁河县	27	13	7	7	9	4
静海县	31	17	9	9	9	4
蓟县	38	18	20	12	4	2
合计	4074	1466	673	654	1618	1129

2008 年各区县园林部专业技术职称情况表

表 1-2-6-3　　单位：人

单位 项目	合计 人数	工程技术					会计		其他		
		正高工	副高工	中级	初级	技术员	中级	初级	高级	中级	初级
和平区	41	—	—	12	11	5	—	7	—	1	5
河东区	66	—	1	10	21	12	—	6	2	5	8
河西区	192	—	7	25	84	43	1	10	—	7	13
南开区	85	—	2	15	33	—	3	3	1	7	20
河北区	49	—	1	17	21	2	4	3	—	—	—
红桥区	59	1	4	18	18	5	5	4	—	4	3
高新区	1	—	—	—	—	—	2	—	—	—	—
东丽区	30	—	1	9	20	—	1	—	—	—	—
西青区	13	—	1	1	8	—	—	—	1	1	1
津南区	18	—	1	8	9	—	—	—	—	—	—
北辰区	11	—	1	1	5	3	—	1	—	—	—
塘沽区	30	—	1	5	24	—	—	—	—	—	—
汉沽区	21	—	—	5	5	—	—	3	—	6	2
大港区	47	—	—	15	26	1	1	3	—	1	—
开发区	92	1	3	11	6	—	—	6	18	16	31
保税区	2	—	—	1	1	—	—	—	—	—	—
武清区	29	—	3	3	23	—	—	—	—	—	—
宝坻区	40	—	2	6	30	—	1	1	—	—	—
宁河县	15	—	2	5	6	—	—	2	—	—	—

续表

单位 项目	合计 人数	工程技术					会计		其他		
		正高工	副高工	中级	初级	技术员	中级	初级	高级	中级	初级
静海县	10	—	3	1	5	—	—	1	—	—	—
蓟县	18	—	1	3	5	2	—	2	—	1	4
合计	869	2	34	171	361	73	18	52	22	49	87

2010年园林系统人员基本情况表

表1-2-6-4 单位：人

单位 项目	期初职工 总数	期末职工总数	
		人数	女职工
合计	3838	3673	1181
市内六区	2626	2481	733
和平区	262	255	58
河东区	442	408	134
河西区	760	768	287
南开区	428	398	86
河北区	390	340	80
红桥区	344	312	88
新四区	293	280	106
东丽区	95	90	40
西青区	60	57	24
津南区	68	68	14
北辰区	70	65	28
滨海新区	645	639	198
武清区	67	67	30
宝坻区	101	97	58
三县	106	109	56
宁河县	28	28	13
静海县	24	24	11
蓟县	54	57	32

第二篇

寺园、宅园、御用园林

隋代，今天津市行政区域内已有庙宇，随之也出现了寺观园林。始建于隋开皇年间的蓟县独乐寺即为明证，是为天津寺庙造园之滥觞。至唐、宋年间，又兴建了多座寺园。如始建于唐代永淳二年（683）的今西青区的峰山药王庙，始建于辽统和二十三年（1005）的今宝坻区广济寺等。元代，由于漕运的发展，带动了海河两岸的繁荣。在三岔河口海河西岸、河东大直沽分别建起天后宫。明、清年间，天津的寺庙兴建进入全盛时期。光绪二十四年（1898）天津城内外有各类传统宗教祭祀类建筑约 180 座。各区县无不建有庙宇。有的庙宇建成后逐步在庙内外凿池叠石，广植树木，从而使宗教与周围的园林绿化融为一体，展现出古代丛林“园中寺，寺亦园”的园林景观。古代寺庙园林具有与现代公园相似的供公众使用的特点。人们在礼神朝佛之余，可随意在寺庙内外游览、休憩。有的寺庙园林由于景色特优而成为风景名胜，以至一些文人雅士把观光游览置于礼佛之前。

明正德年间，于天津城外建成的御用园林直沽皇庄，是为津城御用园林之肇始。天津“地当九河要津，路通七省舟车”，为服务皇帝巡幸，清康熙、乾隆年间先后建有皇船坞、柳墅行宫、武清行宫（筐儿港行宫）、碧樾行宫、海河楼、望海寺、蓟县盘山行宫静寄山庄等多座御用园林，供皇帝驻跸休憩、拈香礼佛。

天津设卫筑城后，官署园林应运而生。明正德十一年（1516）建浣俗亭，清康熙年间建道署花园（百岁园、虚心径）、环水楼、绎志轩、宜亭，以为公余休息纳客、陶情悦性之所。

清顺治十年（1653）前后，兵部主事张霖于旧城东北建问津园，是为津城私家园林之开端。史评，沽上园林之盛，张氏首屈一指。其后，旧城附近先后建起七十二沽草堂、南溪（康园、曲水园）、篆水楼、沽水草堂等宅园。至康熙年间，天津有宅园近 20 处，雍乾年间增修 20 余处，嘉道前后又增建近 20 处。大盐商查日乾父子于雍正元年（1723）始建水西庄，后经三次扩建，历时 35 年，地周百亩，水木清华，集津门私家造园之大成。同治二年（1863），盐商李春诚于旧城南三义庄仿造西湖园林设计，建起了具有江南风光的荣园。

历经光阴流逝，寺观园林中独乐寺、天后宫、文庙等基本保留完整；大悲院等于 20 世纪 90 年代进行了改扩建；挂甲寺、广济寺等于 20 世纪 90 年代至 21 世纪初恢复重建；海光寺、白庙、大寺等早已湮没无存，但以地名形式流传；天妃灵慈宫、吕祖堂则建成了博物馆或纪念馆。御用园林、官署园林早已圮废不存。私家园林仅存寥寥，荣园则于新中国建立后，于 1950 年为天津市人民政府接管，重新修葺，改名人民公园，成为供大众游览、休憩、娱乐的公共园林。

第一章 寺观园林

第一节 文 庙

一、沿革

文庙坐落在东门内大街东口北侧，又名孔庙。原址为明代天津左卫指挥朱胜的宅邸。为兴学祭孔，朱胜献宅建庙。文庙始建于明正统元年（1436），首建堂斋公廨，正统十二年（1447）建大成殿，其后又增建东西两庑。清雍正九年（1731）天津改州设府，初称府庙。因津城同置县治，故于雍正十二年（1734）在府庙以西又建一县庙，规模小于府庙，至今府、县庙并存。文庙历经明代天顺、万历，清代康熙、乾隆年间重建扩建，是天津市区保存较为完整的古建筑群之一。清光绪三十二年（1906）废除科举制度，天津府、县学从此不复存在。1910 年，文庙内创办了民办小学堂和普通学堂。1927 年，教育家严范孙等在庙内组织建立崇化学会。1947 年建崇化中学，1952 年更名为三十一中学，后为少年儿童图书馆、新华书店古籍部等单位借用。1985 年，进行复原修缮，原驻内单位同年迁出。2007 年对文庙进行大修时发现主脊梁上藏有 6 条千秋带，上面记载着清代康熙、嘉庆、道光年间的维修年代。

1962 年，文庙被天津市人民政府公布为市级文物保护单位。

二、园景

文庙占地 18 亩，府、县两庙均有牌坊、礼门、泮池、大成殿、崇圣殿和配殿等。府庙大成殿为庙内主体建筑，黄琉璃瓦九脊歇山顶，其中大吻与垂脊的交接处置吞脊兽，被称为“官式”庙宇建筑。县庙建筑体量小，为青砖、青瓦。殿庑掩映于浓郁树荫之中，院中栽植槐、柏、杨、白蜡、海棠等树种，颇具书院气息。

文庙内外建有七座牌坊。其中府、县两座棂星门；礼门、义路三座牌坊；庙外两座过街牌坊。棂星门为四柱三楼，原三楼冲天牌坊，黄琉璃瓦悬顶，寓意学子进入此门便可得到“文星神”的护佑。庙东西两侧各有一座过街牌坊，原东门里大街即从这两座牌坊下通过。牌坊横额上分别刻有“德配天地”“道冠古今”金漆大字，是对孔子至高无上的颂词。牌坊始建于明代，后经明万历、清康熙和民国年间重修。在两根高大的木柱上，通过三层横额和雕龙华板，由一簇簇制作精巧的斗拱，支撑着三座“屋脊六兽”的四阿屋顶。它不仅是天津仅存的两座明清时期过街牌坊，而且这种二柱三楼式的木结构造型，也是我国现存牌坊中所罕见的。

文庙泮池的水连通海河，海河水位有多高，泮池里的水位就有多高。泮池为半圆形，其上架有石桥，来源于《周礼》的“辟雍”，原意是周天子设置的四面环水的大学堂，寓意人们踏上泮池，就好像进入了最高学府。

第二节 吕祖堂

一、沿革

吕祖堂由供奉“纯阳吕祖”吕洞宾而得名。位于红桥区吕祖堂前街16号，坐北朝南，后墙为芥园道。原为李氏家祠。庙基拔地约3米，是一座木结构砖坯材料填充墙的古庙宇建筑。占地面积1500平方米，建筑面积500平方米。明宣德八年（1433）始建。

清光绪二十六年（1900）山东兴起义和团运动，很快传入天津，到五月底城厢一带已有坛口近300处，团民4万多人。义和团乾字号首领曹福田，率静海、沧县、盐山、南皮、庆云等地团民数千人抵津。因吕祖堂地处南运河南岸附近，该地居民多属劳苦民众，团民到津即在此落脚。曹福田选定吕祖堂为义和团总坛口，以西配殿，又称“五仙堂”，为义和团“乾”字团坛口。五仙堂备有香案和桌椅，“坛中围桌椅靠，概用黄缎为之”。曹福田、张德成、林黑儿、刘呈祥等首领在此议事、聚会拜坛。这里成为天津义和团活动的中心和大本营。吕祖堂遂在中国近代史上以义和团的活动地而闻名。

光绪三十二年（1906），清政府在吕祖堂山门两侧设司法机关“乡谳局”，达三年时间。

1917年天津水灾，曾在该庙成立“临时难民收容所”。后经永丰屯绅士发起募捐，于1920年进行修葺。农历每月初一、十五，善男信女进香求福者不乏其人，香火呈一时之盛。

吕祖堂是我国唯一保存完好的义和团坛口，1962年被列为天津市文物保护单位，于1982年被国务院公布为国家重点文物保护单位。1985年天津市、区政府拨款按原貌修复吕祖堂古建筑。1986年被辟为天津义和团纪念馆。该馆现为红桥区文物保管所住地。

2003年红桥区实施吕祖堂爱国广场绿化6600平方米。2004年红桥区政府对吕祖堂进行了大修，院内外进行了绿化提升改造。

二、园景

吕祖堂是一处玲珑别致的道教庙宇。主体为传统殿式建筑，由山门、前殿、正殿、西配殿等组成。山门、前殿均面阔三间，进深二间。山门为硬山瓦顶，门口悬“吕祖堂”三字匾额。前殿作卷棚硬山顶，檐下悬“纯阳正炁（气）”匾额，中间供吕祖神像，两旁为药王和药圣塑像。正殿作卷棚悬山顶，顶通脊饰双龙戏珠浮雕，殿内供北斗星君神像。每年重阳，庙里举办“攒斗”庙会，信徒奉献的香烛聚成塔形，点燃为祀，香火极盛。

按原貌修复的吕祖堂复原陈列了义和团坛场、各位首领聚会议事的场景，馆藏文献、藏品（包括照片）共 2332 件，陈列展现 130 延米。吕祖堂院外还有一口百年古井，修葺之后，改为供奉吕洞宾的堂观。

史料记载：“吕祖堂有文碑一件”，即今日珍存于该庙的《吕祖堂重修碑记》，原镶嵌在前殿东山墙，1976 年地震时东山墙倒塌，经多年珍藏，于 1985 年重修吕祖堂时，镶嵌于西回廊的内围墙。此碑为吕祖堂庙产登记中唯一留存的历史最久远的文物，是该庙建筑历史的见证。

1985 年，吕祖堂内栽植了松柏、龙爪槐、银杏、黄杨、桃树、丁香、月季、葡萄、紫薇、凌霄等植物。绿化景点与古建筑相映生辉，古色古香。

第三节　大悲禅院（得胜寺）

一、沿革

大悲禅院，俗称大悲院，位于海河三岔河口迤东。建于清顺治十五年（1658）。旧寺院址，占地 50 余亩，包括今元纬路、四马路一带。院内有楼、亭。楼名“一层楼”，又名“藏经阁”。亭内供奉大悲观世音菩萨像（又称千手观音），即为大悲禅院寺名之由来。其地原为一片芦花野水，由天津卫守备曹斌为僧人世高捐建。据《天津县志·卷二十一（大悲院记）》［乾隆四年（1739）刻本］记载：“禅人世高，结茅天津之衢，夏以水，冬以茗果，施来往之人，……曹君（即曹斌）实司武备兹土，捐俸钱继之，施工庀材，筑室三楹，题曰大悲禅院。”大悲院建成后不久，于康熙八年（1669）扩建，兹后历经劫难和修葺，声名不辍。同治十一年（1872），李鸿章任直隶总督时厌“大悲”之名，改名“得胜寺”，并派驻淮军，在院内建六角五层瞭望塔，称“镇海楼”（俗称大胜塔）。光绪二十六年（1900）庚子之役，八国联军入侵天津，大悲院和镇海楼烧毁，遗构略存。光绪二十八年（1902）袁世凯任直隶总督时，在“烬余故址”建北洋银元局。民国时期，渐为民居，继有官署迭次占据。寺院原有的藏经阁和一亭，于 1931 年在建工业学院时被拆除。1940 年，青岛湛山寺倓虚法师来津劝导信士募款，重修大悲院，历时七年。

1954 年，市人民政府拨款修葺大悲院，拆除瞭望塔（原镇海楼），山门匾额由天津文史馆馆长王襄篆书“古刹大悲禅院”。“文化大革命”中，佛地变成工厂和居民住宅，佛像法器荡然无存。1978 年市人民政府拨款，依原貌再次重修寺院。正殿供奉铜铸贴金像释迦牟尼，高 7 米，系明代所铸，由静海县移来。东院大雄宝殿内置铜盘一具，为早年天津名刹“佛教居士林遗物”，铸造极精，举锤轻击，余音缭绕，经久不息。还有清初所建望海寺铁钟一口，高约 3 米，上铸

“风调雨顺，国泰民安”。1918 年海河裁弯取直时，望海寺处在取直河道中，故拆除。寺内大钟先移至八里台海光寺内，后又移至大悲院。此钟为仅存之珍贵文物。1994—2001 年，大悲院先后两度扩建，占地达 1.58 万平方米。2003 年以来，在海河文化景观带建设中，规划并启动了大悲院佛教文化保护区整修扩建工程，总面积达 4.2 万平方米。此后，在工程现场陆续出土近 30 件造型精美、铭文清晰的石刻文物，包括蒙传佛教的佛碑、石刻四条屏、八仙浮雕石板（原应为 8 块，现仅存 3 块），及清乾隆年间线刻观音菩萨像。2006 年4 月，在施工清理废墟时，发现一块镌刻“大雄宝殿”的木匾，长 256 厘米、宽 90 厘米、厚 6 厘米，原为蓝地金字，用笔精到，很有气势，专家认为此匾出于大家之手，可能为该寺原主殿匾额。

大悲院以海内外佛教文化交流闻名于世。1942 年，侵华日军在南京中华门外建神社时，从地下发现了玄奘法师的顶骨，当时被日军掠走一部分，留下的分别供奉在天津、北京、南京、广州和四川。1956 年周恩来总理访印时，应印度政府之请，将供奉在大悲院的玄奘法师灵骨连同院藏宋版《积沙藏经》(影印本）一部，送予玄奘法师当年求学讲经圣地那兰陀寺。2004 年，大悲院方丈圣辉法师，应邀参观澳门禅净中心，该中心为促进澳门与天津之间的佛教文化交流，将珍藏的两颗佛舍利转奉天津。

1983 年，大悲院被列为全国重点佛教寺院之一。

二、园景

大悲院初建成时处在津城外淀塘芦深之地，颇具“波光无点尘”“超然尘埃外”的佛门意境。寺院僧人世高擅长作诗，与天津诗坛名人结草堂社。《天津县志 · 卷二十一（大悲院记)》:“世高驻锡其间，登坛说法，暇与南北名士以诗唱和，龙震、梁洪与之往来尤契”。他们茗香吟咏，写出不少情景交融、感悟颇深的佳作。龙震有《九日过草堂》诗曰:“寻菊入秋寺，篱香晚磬幽。”梁洪有《雪后夜望大悲精舍寄世高上人》诗云:“雪朗天晴海鹤盘，毶衣中夜依林端。水晶宫里僧初定，漏滴铜莲风月寒。”描绘了寺院的冬日景色。

现大悲院格局于 1940 年由青岛湛山寺倓虚法师来津募款重修后形成，分东西两院。西院为“旧庙”，保持康熙年间扩修后的文物殿和方丈院等；东院为“新庙”，有天王殿、大雄宝殿、大悲殿、地藏殿等，是寺院的主体。大雄宝殿位居中心，建于七级台基之上，为全寺之冠。后殿名大悲殿，迎面 6 根明柱，通体隔扇门窗，千子观音坐像，肤坐莲台，视端容寂。中庭有椿树两株，周可十围，高欲参天，枝杈盘比，颇有古趣。自西殿走廊进“圆通”门可达西院，内建殿堂。前院存放蓝玻璃塔顶一具，系镇海楼瞭望塔塔顶，庚子之役（1900）遭八国联军枪击，弹痕累累。

1994—2001 年两度扩建的大悲院主要由山门、天王殿、大雄宝殿、大悲殿组成。寺院绿化依观音道场环境，树种配植体现幽静、神秘和庄重。山门悬挂中国佛教协会会长赵朴初题写的匾额“真如觉场”，天王殿匾额悬书法家王襄篆书“古刹大悲禅院”，大雄宝殿殿门悬华世奎所书“大雄宝殿”金匾，东、西配殿设玄奘纪念堂、讲经堂、地藏殿及弘一法师纪念堂。

第四节 香林苑（崇禧观）

一、沿革

香林苑始建于清康熙初年，位于旧三岔河口南运河北岸，海河楼迤东。1869 年被法国传教士拆除建望海楼。存世逾 200 年。

香林苑于清代初年由天妃宫道人李怡神及弟子王聪创建，以风雅著称。乾隆皇帝曾多次至此拈香。清乾隆四十一年（1776）仲春，皇帝南巡，返京时銮舆莅津，到香林苑拈香，亲书“香林苑瞻礼作”。乾隆五十三年（1788）仲春，皇帝驾莅天津，舟至三岔河口，拈香香林苑和望海寺，亲书诗章联额。为香林苑赐名“崇禧观”，赐山门额“敕赐崇禧观”、大观额“上清昭贶”、大殿联“□荡玉闾开监观有赫，穆清香案仰广运无为”。并赋诗云：“行舟既自遂登岸，岸头老幼迎銮见。亲尊意比前更笃，咫尺崇禧谒古观。”赐崇禧观石刻文：“清河入海河，泊岸俯洪波。琳宇开香院，萧台□郁罗。都缘吁安宴，岂是豫卷阿？路便申瞻礼，祈民福佑多。”

第二次鸦片战争后，香林苑一带成为侵华外国列强的驻地。清咸丰八年三月十七（1858 年 5 月 20 日）英法联军的军舰进攻大沽口，三月二十三（5 月 26 日）联军的 12 艘军舰侵入到天津城外，望海寺、崇禧观、海河楼成了联军的司令部。清同治元年（1862）初，法国强行永租海河楼以及西侧的崇禧观共 15 亩地，后于同治八年（1869）拆毁了海河楼和崇禧观，同年 11 月 6 日建成天津第一座教堂“圣母得胜堂”（后称望海楼）和法国领事馆。

二、园景

香林苑所在三岔河口一带风景如画，柳荫数里。苑内有若居楼、玉笈山房、抱瓮园、望雪亭、磬台、草花亭、草花渠、乱云岛、竹圃等多处景观，还有苑主亲自开辟的十余亩菜园，豢养仙鹤等禽鸟。苑中建筑雕梁画栋，长廊曲廻，石林典雅，假山峻峭，曲径通幽。当时知名的诗人、书画家，盛夏时节，来此纳凉小聚；隆冬之际，来此吟诗赏雪，一时成为文人雅集之地。龙震有《王野鹤（苑主李怡神弟子王聪号野鹤）开园》诗云：“闲闲十亩间，道士有所羡。尽除芳草根，独留苍松树。开畦引流泉，往来亲指顾。欲种东陵瓜，不栖南山雾。”周焯的《拟游香林苑纳凉》诗曰：“纳凉何地系游船？咫尺仙源隔水边。好上草花渠上坐，绿筠深处听流泉。”查为义有《香林苑赠王炼师野鹤》诗曰：“琳宫河濡在，青苔满院滋。入门同佩景，把袖胜飡芝。月榭吹笙静，风帘捣药迟。湛园遗墨在，留玩拂珠丝。”查曦有《咏香林苑假山》诗曰：“为山九仞郁崔巍，蹬道盘空势屡回。石似女娲初炼就，峰疑西竺乍飞来。远芩绿映长廊树，幽谷青连曲径苔。更有平池侔弱水，居然入境小蓬莱。”旧城东南隅康园主人康尧衢有《同人过崇禧观》诗曰：

"共解闲中曲，来寻道院幽。午风门不闭，丁字分水流。入座资心赏，开樽只旧游。真堪谋昼醉，庭畔始无秋。"傅维祖有《题香林苑》诗曰："小春天气暖，行饭到香林。流水西来合，瀛波南望深。树凋归梦境，猿静习禅心，暂对黄冠坐，喜无尘事侵。"无不对香林苑的造园发出由衷的赞叹。

第五节　紫竹林

一、沿革

紫竹林位于今天津艺术博物馆及南侧绿地，建于清康熙二十八年（1689）。清咸丰十年（1860）《北京条约》签定后，天津开埠通商，以紫竹林为中心，方圆近950亩土地划为英、法、美租界，紫竹林寺庙划在法租界内。光绪二十六年（1900）八国联军入侵天津，义和团浴血奋战，夺回租界。后因建房拓路紫竹林寺庙被拆除，原址建起法国青物市场（菜市场）。寺庙毁废，存世221年。

二、园景

紫竹林原是一处村庄，有座小庙，寺庙主持是颇具文化素养的天花和尚。寺庙外杨柳成荫，环境幽雅，门前有一座精致的牌坊和两株老树。寺庙内有正殿三间，供奉观世音。两厢有配殿。院内植竹种蔬。清嘉庆、道光年间诗人梅成栋（1776—1844）有《沿海河独行过紫竹林喜书所见》诗赞曰："高柳绿围村，村烟接水痕。板桥通古寺，花圃背衡门。露棘虽填井，霜菘（蔬菜名）尚满园。吾乡已泽国（时值天津水灾），到此似桃源。"[道光刻本《欲起竹间楼存稿·卷一》]。诗中描绘的"古寺"即是紫竹林寺庙。晚清举人丁治棠游紫竹后记述："出街消散，随喜紫竹林。殿三盈，大士金容，惟妙惟肖，天人具足。出饮天盛茶楼，人杂而嚣，解渴即归。复玩洋行，槐柳接荫，绳直矩平（指街道横平竖直），大概与上海似，繁冶逊之，较前所见，踵事升华矣。"描述了紫竹林一带的繁荣景象。

第六节　海光寺

一、沿革

海光寺位于南京路与南门外大街交汇处东北侧，即南京路以北、多伦道以南、万全道以西、南门外大街以东的范围。始建于清康熙四十五年（1706），建成于康熙五十八年（1719），焚毁于光绪二十六年（1900），存世195年。

清康熙四十五年（1706），天津镇总兵官蓝理在南门外开垦水田200余顷，广募闽浙人传艺种植水稻，诩称“蓝田”。是年于城南始建寺院，请僧人成衡主持，初名“普陀寺”。相传海光寺还有“南葡萄寺”之称，系因寺内栽植了许多葡萄。对此，有学者疑将“普陀”误读为“葡萄”。而《重修天津府志·志余随笔》[清光绪二十四年（1898）刊刻]说“俗称亦未无因”。天津诗人查礼于乾隆二年（1737）《中元冒雨游海光寺记》中说在“葡萄草屋”见到了成衡栽植的一株葡萄树，葡萄犹硕果累累，可见葡萄寺之称有据。

海光寺在近代史上闻名遐尔。咸丰八年（1858）6月26日，在这座寺庙里清政府代表与英国签订了丧权辱国的《中英天津条约》。第二次鸦片战争后，清政府开始重视国防建设。咸丰十一年至同治六年，直隶总督崇厚创办天津机器局（东、西两局），东局工厂建在今河东，西局于海光寺外隙地辟建厂房。光绪十二年（1886）4月，主持海军衙门的醇亲王奕劻奉慈禧懿旨巡视天津、大沽及烟台、旅顺等海防，建于海光寺周围的西局为重要的巡察地之一。海光寺此前年久失修，椽梁油漆脱落，为迎接醇亲王，殿内进行了一些粉刷修葺。

清光绪二十六年（1900），八国联军侵略中国。是年1月9日，联军侵占海光寺，这处风景绝佳的佛门圣地，湮灭在炮火兵燹之中。旋即被日本侵略军占据。翌年将海光寺一带划为日本租界，成为日本兵营、日本驻防司令部驻地，一直到1945年抗日战争胜利。

如今，这里已建成血液病研究所及二七二医院。

二、园景

清康熙五十八年（1719）皇帝南巡，驻跸天津，寺僧成衡迎于西淀，銮至该寺并赐书“海光寺”匾额和两殿楹联：“香塔鱼山下，禅堂雁水滨”；“水月应从空法相，天花散落映星龛”。乾隆皇帝亦步祖父后尘，多次南巡。乾隆元年（1736）南巡过津，为海光寺御书大殿额“普门慧境”，大殿楹联：“觉岸正光明如水如月，法流大自在非色非空”；御书楼联：“春物熏馨含慧业，名禽宛转入闻思”；大士楼联：“不生波处心恒定，大寂光天相总融”；后楼额“镜澜普照”，后楼联“欢喜白毫光妙明合印，庄严香水海安隐同参”。乾隆三十二年（1767），阅兵于寺前，作《题海光寺》及《阅武》诗。翌年再作《海光寺》诗。乾隆五十三年（1788）拈香海光寺，又作《海光寺》诗，均刻石于海光寺中。

康熙、乾隆皇帝数次驾临海光寺，使佛门圣地倍添光辉，以致官商纷纷捐资修葺寺院内外，殿宇碧瓦朱墙与寺外景色浑然一体。寺外建桥三座。北平桥的“平桥积雪”堪称津门一景。南平桥通村落。西北隅桥通官道（进城之路）。寺外半里处开凿排灌两渠，桥南绿杨夹岸，掩映红莲，春夏游人，人头攒动，故此桥又称欢喜桥。

海光寺的景色，有“水光天色相总融”，“佛阁经楼映海光”的大意境。乾隆皇帝《海光寺赋》曰：“聊荡桨而难溯其源，必登楼而始穷其美。……景有万端，色非一状。……云霞自点缀，水月相浑映。”又有“文澜回旋，碧堤迤逦；杨柳万千，芙蕖三里。……花明柳暗，绿掩红遮，两岸翠幔，一水星槎。……津门路兮蛟门渡，彼美人兮脑如故；桃花面上带春风，杨柳枝头洒甘露”的描绘，盛赞津沽水色，寓意国泰民安。清代诗人杨平撰《早年天津春游胜地——海光寺》中说，早年水西庄、西沽和海光寺，并称天津三处春游胜地，因海光寺距城较近，游人最多，更是文人墨客雅集之地。

第七节　杨柳青文昌阁

一、沿革

杨柳青文昌阁位于西青区杨柳青镇柳口路古运河（御河）南岸、元宝岛东侧。始建于明万历四年（1576），为津门锦衣卫高姓集资兴建。天启二年（1622）白莲教徐鸣儒起义失败经此，明军追赶，以其资敌瞭望，故予烧毁。崇祯七年（1634）士庶梁宝珍重修。原因是梁得伤寒，为祈求原阁中供奉的魁星，故建阁重祀。清咸丰三年（1853）太平军北伐时再次烧毁，咸丰八年（1858）重修。光绪四年（1878），刘光先、石元俊等名士于阁内开办崇文书院，延聘大儒高善长为山长，在此办学20余年。光绪三十一年（1905），改为天津县私立第二中学堂。民国时期因阁内驻扎军队，建筑遭严重破坏，1941年予以修葺。新中国建立后，辟为杨柳青第五小学。1987年，天津市西郊区人民政府将文昌阁列为区级重点文物保护单位。1992年，天津市人民政府将文昌阁列为市级重点文物保护单位。2004年2月，经过整修的文昌阁正式开放，接待游人。

文昌，原指天上的星宿，是司禄星。几经附会衍化，成为主宰功名禄位之神。兴建文昌阁，是为了祈求桑梓的人文昌盛。然岁月沧桑，各处文昌阁，多已圮废。天津仅津西文昌阁和津南葛沽文昌阁尚存，尤以杨柳青文昌阁更具历史和艺术价值。

二、园景

杨柳青文昌阁为楼阁式建筑，由门房、配房和阁楼等构成。阁内原奉祀“文昌帝君”像，因而得名。阁楼建于高大的砖砌基座上，为砖木结构，平面呈正六边形，边长5米。阁作三层，高约20米。首层以砖墙封护，成封闭型空间。北面设券门，作出入口。门上镶石额书“文昌阁”三字。二层略小于首层，正面施格扇，其余各面均为砖墙封护。墙上开圆形和八角形透窗，外设回廊，周施木栏。顶层则为半开放空间，六面均施格扇，也有回廊。阁顶作六角攒尖式，角梁下悬六角形风铎。六角垂脊下端置垂兽、小兽及仙人等脊饰，上端置吞脊兽，兽背负宝顶而成阁的顶尖，使造型和功能达到完美结合。

文昌阁六脊檐角各悬铜铃，风吹作响，清脆悠远，因又称“铃铛阁”。该阁建于四周环水的水阜上，一二公里地外就能看见。每当细雨霏霏之时，远看似空中楼阁，清代因之列其为杨柳青十景之一，曰“崇阁朦雨”，与今已不存的戏楼、牌坊共称杨柳青“三宝”。

第八节 潮音寺

一、沿革

潮音寺位于塘沽区海河西岸西大沽，面朝大沽口。始建于明永乐二年（1404）。由当地居民集资，兴建坐西向东庙宇13间，初名“南海大寺”，又名“双山寺”。明嘉靖三十一年（1552），为“安民心、抗倭寇、拨库银”予以重建，御笔更名为“潮音寺”，遂作为有明一代的皇家寺院，被誉为“海河第一道场”。清康熙、乾隆皇帝曾亲临拜谒，故愈加扬名于海内外。

潮音寺旧时曾是塘沽地区经济、贸易、文化和民俗活动中心。作为当地渔民和外籍船员朝拜进香的场所，这里香火极盛。渔民每逢出海、归来都要来此烧香、拜谒，以求神灵庇护。

潮音寺于清康熙二十九年（1690），乾隆三十二年（1767），嘉庆二十二年（1817）均有过大修。道光六年（1826）改建山门。道光二十二年（1842）修葺工程较大，并勒石记盛（残碑尚存寺中）。此次工程由天津道宪陆建瀛、镇宪陈金绶、大沽营守向元奎及塘沽绅商13人率当地民众捐款，官方拨银资助而成。

1917年，西大沽人、后曾任民国大总统的曹锟攻打岳州得胜而归，捐资两万元重修潮音寺，以庆得胜兼示布泽乡里。并命人题写“渤海蒙庥”扁额悬于山门，以祈护佑渤海湾的百姓。

新中国建国初期，潮音寺香火渐衰。至“文化大革命”期间遭受严重破坏，寺院一度改作他用，建筑物也破败不堪。

1990年4月，塘沽区人民政府批准恢复重建潮音寺。至1993年1月，修复一新的潮音寺重现昔日风貌。是年，赵朴初题写“潮音寺”扁额。

潮音寺始建与天津卫同时，历经600年，是塘沽区唯一保存下来的古庙宇遗址。现为区级重点文物保护单位。该寺在现已修复的基础上，将逐步扩建，创建海运博物馆，修复观海台及景点，并恢复以明清风味饮食为主的商业街，形成以潮音寺为中心的综合旅游区。

二、园景

潮音寺为明清建筑格局。寺院占地5124平方米，由三大殿、四配殿、一座柳仙亭和南北跨院组成，古朴典雅，保持了明清建筑的原有风格。

潮音寺山门和天王殿建在一处，位于东缘，北临海河。抬梁式，砖木结构。两侧院墙延伸。门楣处悬“潮音寺”扁额。门内厅南北墙分绘四力士彩色壁画，中部坐西朝东供奉涂金弥勒菩萨一尊。观音殿位于山门西30米处，砖木结构，面阔三间，抬梁式，硬山人字脊。殿内供奉涂金菩萨三尊。中为观音菩萨，左为普贤菩萨，右为文殊菩萨。

观音殿南北两侧各一配殿。南配殿供奉王三奶奶彩塑。北配殿供奉东海龙王、龙王三太子与夜叉。柳仙亭位于南配殿前，八角飞檐式，东西两侧开门，内供柳仙像一座。柳仙本是道教崇拜，大沽先民来自五湖四海，信奉各异。“佛”“道”合一是潮音寺发展演变归顺民意的体现，也是潮音寺的特点。

大雄宝殿位于西部，砖木结构，面阔三间，抬梁式，硬山人字脊。殿内供奉涂金佛像三尊。中为释迦牟尼，左为阿弥陀佛，右为药师佛。

后院南北两侧各一配殿。南配殿供奉地藏王菩萨，北配殿供奉送子观音。

第九节　玉皇阁

一、沿革

玉皇阁位于三岔河口西侧。始建于明宣德二年（1427），先后于明正德八年（1513）、清康熙三年（1664）、乾隆四十五年（1780）、咸丰七年（1857）、光绪十七年（1891）五次重修，是天津市规模较大的道观。观中旧时设有祖先堂，最早者书有“小直沽三官庙重修玉皇阁”字样，说明阁之前身为三官庙。玉皇阁是明清时代津门独具特色的园林古迹，早在1954年已被列为天津市文物保护单位。2003年至2004年，在海河两岸综合开发改造中再次重修，成为古文化街地区的景点之一。

旧时玉皇阁因与天后宫相临构成香火胜地。每逢降香之日，善男信女逛庙之人络绎不绝，香火极盛。又因玉皇阁与天后宫有不同之处，此地尤以“祭星”“攒斗”“登高”等民俗活动最为繁盛。

“祭星”日为旧历正月初八。因相传九日为玉皇诞辰，前一日金星下界，故赶于是日前祭之。玉皇阁有星坛，人们多在此处祭祀求顺。

“攒斗”在每年旧历九月九日举行。相传该日为斗姥元君诞辰。一般信士都在此日以前备香送庙，为斗姥上寿，同时也为本人增福延寿，消灾免劫。在正日之前，道士们把所进之香层层摆放在山门里院中后制的斗座上堆垒成粗大的圆形高柱，称为“攒斗”。所攒之“斗”，自初八夜半“接驾”时燃起，可燃之十五日，历时一周，遇雨不熄。燃斗之日，游人如织。

“登高”也在每年旧历九月九举行。清康熙四十年（1701），恭亲王亦曾登临玉皇阁，并为该阁书写“清虚阁”扁额，是为玉皇阁兴旺之明证。

二、园景

玉皇阁建筑群包括牌坊、山门、大殿、清虚阁、配殿、钟鼓楼和六角亭等。清虚阁为观内主体建筑。面阔五间，进深四间，上下两层，乃天津市区现存最早的木结构高层建筑。上层供玉皇铜像，有回廊栏杆。阁顶作九脊歇山式，中心用黄琉璃瓦，边侧用绿琉璃瓦。在红色栋额之上，绿衣仙子簇立，龙凤走兽飞腾，显得宏伟壮观，别具风采。玉皇是道教的最高神祇，其居应名“玉虚阁”，此名清虚阁者，以示清高淡泊。

玉皇阁既是津门一大胜迹，更是明清两代文人学者登临、雅集、望远、抒怀之所。清代诗人周自郃《九日登清虚阁》云：“此日无风雨，清虚阁上游。天寒欺短发，地阔豁双眸。万井鱼鳞屋，千帆鹢彩舟。登临情未了，不负菊花秋。”曾任天津县丞的恽源浚《玉皇阁春望》诗云：“海色通群象，晴云旦夕浮。高城千雉出，远渚一帆收。星散空陈迹，莺啼感昔游。津河芳树密，日暮起离愁。”分别记述了秋季和春季登临玉皇阁所见之美妙景致和内心感受。宁河籍学者高静对玉皇阁情有独钟，曾数次登阁。他在《登清虚阁》序中记曰：“玉皇阁，高山城巅，俯视河曲，南船北运，往来于川途。鳞次骈罗，纷列居市。每至秋月，游人登览者云集焉。”记述了文人、雅士、官宦游览、观景的盛况。

第十节　独乐寺

一、沿革

独乐寺坐落在蓟县县城西大街，占地 1.05 公顷。这座古刹规模宏大，建筑技艺高超，极具艺术价值，为我国古建筑的瑰宝，系全国重点文物保护单位。

该寺始建于隋朝。隋文帝晚年笃信佛教，“不悦儒术”，极力在各州建造佛寺。隋开皇元年（581）诏：“于五岳之下各置僧寺一所。”开皇十三年（593）又诏：“于诸州名山之下各置僧寺一所，并赐庄田。”此后，又几次下诏督办。此时无终（今蓟县）是渔阳郡治，自然在必须建造寺塔的范围。据考证，隋代建造的独乐寺包括现存的位于观音阁南的白塔，是佛教建筑中“前塔后寺”的布局。

辽统和二年（984），独乐寺重建，倡修者是被封为“尚父秦王”的韩匡嗣。韩匡嗣族籍玉田县，蓟州是其祖籍的郡治，临辽朝皇帝往返辽南京和中京的御道。辽朝皇帝独尊观音，将“观音”尊为家神。韩匡嗣倡修独乐寺，既为了保荣禄于天年，流余庆于后世，荣耀乡里，也是靠拢皇帝的一种姿态。韩匡嗣倡修独乐寺未竣工即去世，余下的工程由其子韩德化继续完成。

独乐寺曾多次进行修缮和扩建，特别是明万历、清顺治、乾隆、光绪年间和1949年新中国建立后，工程规模都比较大。清乾隆十八年（1753），在寺前曾砌照壁，并在寺侧兴建行宫。寺前照壁、东西配殿和东院的行宫，完全是清代的模式。

在日本侵华时期和1949年前夕，独乐寺遭受严重破坏，珍贵文物被洗劫一空，一些壁画和塑像遭到损坏，寺院破败不堪。1961年，独乐寺被列为全国重点文物保护单位，其后国家多次拨款维修。1966年，梁思成提出要为观音阁“装避雷针、安门窗，为防止鸟类落在观音头像上，要为观音头像上罩铁丝网”，于是文化部拨款9000元，由河北省古建队施工安装完毕，使独乐寺受到妥善保护。最后一次维修是1998年。如今寺院和佛像均已修葺一新，千年古刹重放光芒。

二、园景

独乐寺的布局由山门、观音阁和东西配殿组成。观音阁前有千年古柏，生机盎然。东侧建有乾隆去东陵谒祖中途休息的行宫。寺院西壁嵌有乾隆皇帝临摹王羲之、颜真卿、苏轼诸家书法的刻石二十八通。

独乐寺的山门是中国最早的庑殿式木结构山门，面阔三间，进深两间，中间穿堂为门道。东西两梢间各塑一尊高大的“护卫神”像，面目威严，令人生畏。山门殿顶称作“四阿”大顶，就是五条脊、四面坡形，坡面和缓微曲，檐角如翼，造型美丽壮观。正面两端的“鸱尾”，犹如振翅欲飞，是中国现存古建筑中最早的“鸱尾”实物。独乐寺的大门约高10米。现山门匾额“独乐寺”楷书大字，据说是明朝权臣严嵩的手笔。

独乐寺观音阁是中国现存最早的木结构高层楼阁，面阔五间，进深四间，上下三层，第二层隐为暗层，通高23米。观音阁为九脊歇山顶，外檐下做回廊栏杆，可登临远眺。上层悬挂鎏金匾额“观音之阁”。传说是唐代大诗人李白所书。阁中耸立着一尊巨大的观音菩萨泥塑立像，因塑像头顶上有10个小头像，也称“十一面观音”。观音塑像两侧为“胁侍菩萨”。观音阁下层四壁为壁画，有明代重描的“十六罗汉”和“二明王”像；间绘世俗题材和佛教故事，为元代绘制，明代重描、补绘。绘画以铁线描为主，人物造型准确。主像与背景采用以密托疏，以繁托简的手法，是中国壁画艺术中难得的珍品。

有一种说法，称观音阁内观音是由一棵参天而立的大杜梨树雕成。近年，经天津市勘察设计院物探队勘察后确认，大佛不是一棵大树雕成，内部有密实的骨架，由木骨架、木板、竹钉、泥和绘画层组成。至此，千年大佛用料终于有了结论。

独乐寺建筑的特殊结构，极大地增强了抗震功能。一千多年来，独乐寺经历了28次地震，其中清康熙十八年（1679）三河、平谷发生8级地震，蓟县城内房屋无一幸存，独观音阁不圮。1976年唐山发生特大地震，观音阁及山门的木柱略有走闪。观音像胸部的铁条被拉断，但整个大木构架安然无恙。

第十一节　挂甲禅寺

一、沿革

挂甲禅寺古称庆国寺，原在海河之东，20 世纪初海河裁弯取直后，坐落在海河西岸。现位于河西区东南部，北靠新围堤道，南临美宁公寓，东接南北大街，西达湘阳大街。禅寺总占地面积 1 公顷，建筑面积 1800 平方米，是一座历史悠久的古刹。

据明万历二十八年（1600）九月所立，刘生申所撰《重建挂甲寺碑记》载："大直沽迤南三里许，有古刹曰庆国寺，后名挂甲寺。其由来久矣，图经无考。得父老传闻云：当大唐征辽奏凯，驻师此庙，因更名焉。世远倾颓，遗址尚在。"此为记载该寺最早的文字，有关史志和诗篇的记述都是由此碑相关内容引申衍化而来。《天津卫志》云："挂甲寺在城东南，去城十三里，世传曾有兵过此，挂甲于寺。"《天津县新志》云："庆国寺在大直沽南小孙庄，相传古有征辽者驻师此寺，故又名挂甲寺。"《津门杂记》云："挂甲寺在城东南十二里，古名庆国寺。相传唐尉迟恭凯兵过此，挂甲于寺。"上述史料证实，挂甲寺既然在明万历时重修，则至少在明代中叶或上推至明初天津建卫该寺已经存在。至于何人在此驻兵、挂甲，何时改名，已无确切材料可考。

历史上，挂甲寺曾数次重修。明万历二十八年（1600），游击将军张良奉命东讨倭寇，途经此寺，叹曰："余将凯旋，愿效唐太宗之挂甲焉！"目击寺之倾颓荒凉，慨然以重修为己任。天津廪生孙从先捐地十亩，张良遂督饬本营千总官袁应与，率队伍苏敬等，各捐资兴筑，未两月而落成，栋宇嵯峨，庙貌一新。以后张良果奏荡寇之功，旋师亦挂甲于此。

清光绪十七年（1891），四品直隶候补守备浙江人周尚达捐修大雄宝殿，即为后殿。光绪二十八年（1902）重加修葺，并改建观音殿，是为前殿。1933 年、1944 年，相继扩建山门、斋寮，形制日臻完备，于是善男信女，群趋祈福，法会高跷，竞来献技，实津门之盛况。后因变乱遭到破坏，至新中国成立前庙已倾圮。新中国成立后一度成为挂甲寺街文化站。

1994 年，河西区政府决定重建挂甲寺，同年动迁单位和居民。1995 年动工，1997 年 6 月第一期工程完工，同年 9 月 2 日举行大雄宝殿佛像开光大典，市、区领导，佛教界高僧、居士，社会各界人士及信众 1500 余人参加了庆典法会，对外开放。截至 2010 年年底，该寺有僧人 15 名，义工 39 人。

二、园景

当年的挂甲寺，寺殿均南向，山门亦南开。有殿两楹，前殿供观世音菩萨，后殿供释迦牟尼。寺内“栋宇嵯峨，象设赫濯，瞻谒云集”，香火十分旺盛。

重建后的挂甲寺，在布局设计上既尊重历史，又不因袭传统等级观念，既保留古建筑风格，又造型独特，有所发展，使整个寺院古色古香，和谐完美，得到了中国佛教协会、天津市佛教协会和佛门高僧的认可和赞同。重建时保留了寺内古井和百年古槐，像征挂甲寺庙之根源。继后，对原有的满足不了佛教徒活动需要的殿堂，即圆通殿、地藏殿、寮房、山门进行了改扩建，增设了讲经堂、五百罗汉堂、素斋楼等附属设施。

寺院内有 2 株古槐树，一株胸径 68 厘米，一株 56 厘米。重建后新植了 4 株银杏树，栽植了竹子、花草等植物材料，绿化寺院。

第十二节　峰山药王庙

一、沿革

峰山药王庙位于大寺镇王村，西临津淄公路。总占地面积 1 万平方米，建筑面积 3000 平方米。始建于唐代永淳二年（683），历史上屡次重修。药王庙主要供奉唐代杰出医学家孙思邈。为纪念孙思邈，天津曾先后建有数座药王庙，峰山药王庙是其中之一。

峰山药王庙颇具民俗色彩。旧时，多于旧历四月下旬在此举行庙会。其间，沿途茶棚林立，游人不绝。庙前庙后，摊贩栉比。法鼓、鹤铃、秧歌、小车会、跑旱船、高跷、少林会、狮子会等娱乐活动应有尽有。戴望愚在《峰窝庙场》中记述：“津人之好事者，当开庙场之先一日，即设许多茶棚于沿路之上，香客得入其中歇息饮茶，不取利，亦心愿也。庙外之临时赶趁生意，亦与各庙异，所售为当地特产之麦茎编器，如扇、枕、囊、盒、虎、兔、狗、马、舟、车、葫芦、席垫各品，极五色斑斓，手工巧妙之致。凡随喜者，无不沽之而还，或归遗细君，或馈赠亲友。值虽微，而意则厚，习也。”刘炎臣《津门杂谈》也曾言及民国时期峰山药王庙的景象：“每年由四月初就开庙门，直至月底为止。从（农历）十五到二十八这几天最热闹，香客最多。据谈四月二十八是药王的生日，亦就是这个庙会的‘正日子’。凡是天津市附近的人，可说是无人不知，无人不晓，所以它的香火极盛。”

1997 年，再次重修药王庙，并在原址上建起“中华医圣文化苑”，以弘扬中华医学文化、倡导医药科学、抵制封建迷信为己任，附属有药王湖公园和珍禽观赏园。现为西青区区级文物保护单位。

二、园景

峰山药王庙由山门、前殿、中殿、后殿、东西后殿及钟楼和鼓楼等几部分组成，整体建筑恢宏精美，楼阁殿宇错落有致，布局协调浑然一体，是一座颇具规模和特色的古建筑群。供奉的神像和牌位堪称三教九流、五花八门。头重殿供有药王、王灵官、雷公、柳真人、药圣等，共10位神。中殿供有伏羲、神农、禹王、尧王、舜王、汤王、天官玉帝、仓颉等，共16位。中殿东厢殿供的是扁鹊、华佗、黄大仙、胡大仙等，共11位，中殿西厢殿供奉的是一位柳七爷。后殿供如来佛、老君、孔夫子、弥勒等，共7位。庙宇最初不设山门，建于土坡之上。相传建庙时由一行脚僧过此，谓有山门则主不祥。清道光二年（1822），施主黄衍认为没有山门殊非敬神之道，便捐津钱五百千建起山门。落成之后，守砖更夫吸烟不慎，将山门付之一炬，由此便不再建山门。这实“乃迷信者举神相传行脚僧人之戒”。

第十三节　桃花寺

桃花寺位于北辰区北运河畔桃口村，始建年代待考。桃口（古称桃花口）一带在元代初期已有人定居，河畔两岸桃树茂盛，至元代中期时桃口已成商贸村镇。到明清时期，运河成为当时主要交通枢纽，天津北运河成为进京的主渠道。因此，地处北运河畔的桃花口、桃花寺即成了名扬津京的主要景点之一。康熙六次南巡，乾隆十二次巡幸津门，北运河均为必经之路。清康熙二十八年（1689）南巡江浙，路经天津，观桃花寺桃花盛开，情之所至，特吟《点绛唇》一首：“再见桃花，津门红映依然好。回銮才到，疑似两春报。锦缆仙舟，星夜眄辰晓。情缥缈，艳阳时袅，不是垂杨老。”此作今珍藏桃花堤内。由于康熙对桃花寺的欣赏，后人就有一首《桃花寺》诗“桃花寺内桃花树，春去犹迎銮辂开。”吟咏此地此景。

乾隆为治理津门水患，于清乾隆三十二年（1767）亲临北运河堤防巡察，驻跸桃花寺。新上任的北仓廒大使兼西沽巡检段生梅前去拜见，献上北运河畔老酒恭敬。乾隆品其酒质极佳，御批皇粮酿制贡酒。自此北运河沿岸酒坊烧锅为世人所知，颇负盛名。

第十四节　灶离庙

灶离庙始建于南宋建炎三年（1129），庙址在葛沽以南称作南灶的地方。倡建者是南灶把头万兆平，以后多次翻建。

灶离庙是制盐行业的神庙，主神是盐公盐母。南灶在北宋时叫盐滨洼，因制盐聚落成村，金元时期称盐村。进入明朝，北面的葛沽发展起来，一南一北都制盐，就有了“南灶”之称。金代崇庆年间灶离庙道人惠聪写有《盐村手记》。明万历年间，祥云道人曾将灶离庙改为盐宗祠。天启年间，道人郭慈在灶离庙绘画元代《盐灶图》。灶离庙香火繁盛，每年农历四月十六庙会，更是灶户盐民的盛大节日。

第十五节　天尊阁

一、沿革

天尊阁位于宁河县丰台镇南村、还乡河南岸。占地面积6000平方米，建筑面积240平方米。曾为供奉元始天尊、西天王母和紫薇大帝的道教场所，又名太乙观。是天津历史上道教三大阁之一。

天尊阁始建年代已不可考，有唐初始建和明代始建等多种说法。清康熙年间曾重修天尊阁，咸丰八年（1858）曾进行油漆、彩塑。清末废庙兴学时，该阁改为学堂。后为丰台镇中学所在地。1976年唐山大地震时，附近民房坍塌甚多，高层建筑亦所剩无几，而天尊阁除山门、配殿被毁外，主体建筑安然无恙。经专家鉴定，认为该阁对研究数百年来津唐地区地震和房屋抗震、防震提供了重要实例，极具科研价值。1982年，该阁被列为天津市文物保护单位，得以修缮。1996年，该阁再获修葺。2001年，民间人士出资完善阁前广场和配殿等，格局得以完善。2007年，宁河县政府再次对天尊阁修复一新，并通过天津市专家组验收，使其异彩重现。

二、园景

天尊阁是一座巍峨挺拔、气势恢宏、红树绿墙掩映的高大木结构建筑。原由山门、配殿和大阁组成。后多数建筑在地震中被毁，仅存大阁。大阁建造在高大的砖石台基之上，通高17.4米，为三层楼阁式建筑。阁内以8根12米长、直径0.6米的大柱为支撑，通连三层楼板，大柱之外又辅以檐柱、山柱、廊柱，并通过3种斗拱和不同规格的榫卯，把木构件连成一体，另有密布的粗大柏木为桩基，结构异常牢固。下层称天尊阁，面阔5间，进深4间前出廊。中层为王母殿，面阔5间，进深4间。上层名紫薇殿，面阔5间，进深2间前出廊。此阁的造型也十分考究。阁顶为青瓦九脊歇山式。各层出檐之下和木柱额枋之上，均有各式斗拱为饰。正脊砖雕二龙戏珠纹样，刻工精细。两端的大吻和脊上的走兽也都玲珑剔透，栩栩如生。楼阁结构严密合理，装饰美观大方。此外，每层檐角下还悬挂铁铎一只，每当微风吹拂，方圆数里均声震悦耳。

第十六节 广济寺

一、沿革

广济寺位于宝坻区城西大街，俗称西大寺。坐北朝南，占地面积3000余平方米。始建于辽圣宗统和二十三年（1005）。由弘演法师首倡筹建、开山立业，陆续建置了甘井、华亭、法堂、香厨、浴堂等建筑。弘演圆寂后，其弟子道广、义弘秉师遗志将大殿和山门修完，直至辽圣宗太平五年（1025）竣工。

广济寺历史上曾多次修葺，增扩建。明嘉靖十三年（1534），圆成和尚发起募捐修葺并抽梁换柱，即更换大殿的腐梁，塑立侍神罗汉。明万历九年（1581），建殿后宝祥阁替代辽代原有的木塔，惜宝祥阁已无迹可考。清道光九年（1829）及道光十九年（1839），修理大殿。同治十一年（1872），修葺三大士殿。

民国年间，广济寺被各方占据。大殿成为骑兵团的军草库，天王殿成了民众阅报处，东配殿成了长途电话宝坻分局。

1932年，梁思成在宝坻考查时看到广济寺的破败苍凉十分失望，呼吁予以妥善保护。梁思成经过调查认为，当时"除去蓟县独乐寺观音阁山门外，广济寺是中国古木建筑已发现中之最古者。"他撰写学术论文的《宝坻县广济寺三大殿》，对广济寺的历史价值、建筑特色进行了系统研究。梁思成对广济寺测绘了8幅结构图，拍摄了13幅照片，在其所著的《中国建筑史》中也对该寺予以记载，使这座千年名刹名扬天下。

1947年，县长于生呈请十五专署批准，将广济寺全部拆毁，修建了该县十三区的白龙港大桥。千年名刹毁于一旦。

2005年，天津市政府决定由民间出资对已完全消失的广济寺进行仿古复建。

2007年4月5日，全国政协主席李瑞环在大雄宝殿（原三大士殿）前东西两侧亲手各植一株龙柏。

2007年9月，由天津市福光投资集团出资重建的广济寺正式落成。天津市人大常委会主任刘胜玉、副主任张元龙，市政协副主席叶厚荣、曹秀荣等出席落成典礼。

二、园景

该寺重建项目根据梁思成亲自测绘的图纸精心设计，力求"原址原位，原汁原味"。整座寺院布局严谨，错落有序，庄严雄伟。由辽宋建筑天王殿、三大士殿、钟楼、鼓楼、祖师殿、伽蓝殿，明清建筑宝祥殿、药师殿、地藏王殿以及东西方丈院、斋堂、僚房等十余座单体仿古建筑构成完整的建筑群。

三大士殿为广济寺庙的主体建筑，也是中国稀有单层高大建筑，独具风格，雄伟壮观，青砖瓦顶，砖木斗栱建筑，内部结构精巧，似繁实简，极用木之能事，为后世所罕见。

三大寺殿东西五间，南北四间，有单层、单檐、四阿顶（即庑殿顶）。斗栱高大，山檐深远，屋顶举折缓和，大异于清式建筑。殿平面长方形。由中柱算，东西长 24.5 米，南北宽 18 米。南面正中檐下正额，为近乎于颜体的“三大士殿”，下有横额一方，为行书“阿弥陀佛”。全殿共有 28 根木柱，外檐柱 18 个，内围柱 10 个。内围南面当心间有 2 柱，向后退入半间，以增广殿内前部地位。因其上梁架与次间缝柱之异常结构，而产生富有趣味之变化。

外围各柱之间，正面当心间、东西次间及后面当心间皆为木制门窗，其余全用砖墙垒砌。内围北面当心间及东西次间，亦有扇面墙。墙前设砖坛，上供三大士像，即观音、文殊、普贤。三大士像前有胁侍菩萨八尊及朝服坐像一尊。坛下左右各有胁侍菩萨三尊，卫法神二尊。扇后墙有五大师像。大殿东西两侧列十八罗汉。内围四柱之下，多有碑碣围立。

在 2007 年仿古复建时，对主殿做了模仿辽代特征的彩绘，还进行了寺院环境绿化。

第二章　官署园林

第一节　浣俗亭

一、沿革

浣俗亭位于旧城北门内大街东侧，户部街、户部分司署内。明代户部主事汪必东所建。汪必东，湖北崇阳人，进士。明正德十一年（1516）由户部郎中出任天津户部分司，到任不久，即在户部分司署内建造浣俗亭，方亭曲栏，十亩清池，为公余休憩纳客之所，是当时卫城内唯一的花园，也是津城最早出现的官署园林。

浣俗亭是议定修纂天津最早地方志书《天津三卫志》的场所。明正德十四年（1519）八月下旬，天津兵备副使吕盛与户曹（户籍官）郑士凤饮宴于浣俗亭。席间，吕盛观赏了天津文人墨客的佳作，深感天津没有志书之憾。郑士凤告知吕盛，明弘治进士胡文璧曾编纂过《卫志》，在将就脱稿时被调离，手稿仍在学宫（即文庙）内存放。后有韩守清继续编纂，因事务繁多而耽搁。借机请吕盛完成《天津卫志》，吕慨然承诺。后志书刻本、木刻版保留在浣俗亭中。

浣俗亭约毁于乾隆年（1736—1795）后期，存世 280 余年。如今，这里是商业和居住区。

二、园景

浣俗亭面积逾十亩，一池清水，常年不涸，方亭曲栏掩映于花树之间，造园古朴典雅，景色犹如江南。《天津县志·卷七》记有汪必东赋《浣俗亭》诗一首，勾画了这里的景象："十亩清池一堠台，病夫亲与剪蒿莱。泉通海汲应难涸，树带花移亦渐开。小借江南留客坐，远宁林下伴人来。方亭曲栏虽无补，也称繁曹浣俗埃。"清康熙年间，天津籍京官高绢睿有《忆浣花梅园》诗曰："疏窗残雪夜悠悠，斜月低垂香满楼。"可知园中栽有梅花，也可见浣俗亭造园意境之深。

浣俗亭在清代仍是天津的重要名胜之地。主修《天津府、县志》的学者、诗人汪沆曾写过《浣俗亭》诗，收入其清乾隆四年（1739）《津门杂事诗》中。诗曰"浣俗亭开十亩池，傍地杂树带花移。软红百丈都抛却，清绝吾家全部诗。"感叹浣俗亭的园景佳色。清同治年间，津门学者华鼎元的《津门征迹诗》中有一首题为《浣俗亭》的诗，诗云："汲井移花无俗情，病夫亲手费经营。亭边浣去尘三斗，吟出新诗字字清。"从内容上看，浣俗亭在清末似乎已成遗迹。

第二节　道署花园（百岁园、虚心径）

一、沿革

天津道署设在旧城东门里大街北侧，文庙之西，仓厫之东。道署花园位于天津道署院内。花园遗址在城厢东路与鼓楼东街交汇处迤东。始建于清康熙四年（1665），约毁于清末，存世约240年。

天津道署最初是明永乐三年（1405）由卫指挥使袁得督建的天津左卫署，约在清顺治末年在此设"道河总督署"（又称总河公署），至清康熙四年（1665）改为整饬天津道署，由整饬天津副使薛柱斗重修。

二、园景

清康熙九年（1670）薛柱斗捐俸重修衙署并建立后花园。据《新校天津卫志·卷四》记载，在辕门外新建过街牌坊两座，外向题"贞宪"、"肃度"，内向题"控制海门"、"仪型河属"；将辕门改为东西向，安放石狮一对，规模与昔迥别；复建穿廊五间；重修二堂，隔东一间为书舍，题匾曰"宜夏轩"，西一间题匾曰"长春窝"；又将宅院门移至西北方向，并添设套墙一层、屏门一座，额曰"内台"；西建书房三间，额曰"渡瀛"；书房面前有芦甚盛，围绕书房砌花墙，东西立两坊，东曰"虚心径"，西曰"百岁园"，又于宅外筑围墙，计一百五十丈，以为内外之防。经过这次修缮，“数百年之传舍、数十年之颓圮，至此焕然一新”。工成之日，撰文“修道署记”。

据“修道署记”记载，天津道署后花园的营造，自然简朴，环境幽雅。园中书房前有池塘，“三分芦花七分水”，颇具津沽乡土气息。

第三节　环水楼、绎志轩

一、沿革

环水楼位于旧城东北，旧三岔河口，南运河北岸，盐院公署院内。

清康熙九年（1670），天津兵备道使薛柱斗在盐院公署后建花园“环水楼”。据《天津府志·卷七》记载，雍正元年至四年（1723—1726），满洲镶黄旗人莽鹄立在津任巡盐御使期间，于雍正三年（1725）重修盐院公署，在公署后院已荒圮的“射圃”基址上，重修成一园景，取《礼记》“射者，各绎己志”之意，题射圃室曰“绎志轩”。另据《天津通志·城乡建设志》记载，雍正二年（1724）由长芦众商捐资重修盐院公署，院内西侧建五圣神祠，东侧建熏风烈日祠，中间为敬事堂，后为环水楼、绎志轩，皆政暇游憩之所。清代晚期，盐院公署迭次作为官署之地。先后有三口通商衙门、直隶总督衙门在此办公。直到20世纪20年代末，盐院公署遗址仍存。

环水楼、绎志轩建于1670年，消逝于20世纪20年代末，存世约250年。如今，这里建起了钧和里居住区和影院街东侧的爱华里居住区。

二、园景

环水楼四面皆水，取河流萦绕，围环若带之义。盐院公署后花园“环水楼东侧有住房十四间，西侧有书房三间和箭亭三间。”环水楼的营造，是运用“借景”手法，体现造园“小中见大”的典型范例。彼时，傅维祖有诗二首。一曰《九日陪莽大廷尉环水楼登高》：“半醉黄花酒，同登环水楼。波光足下转，帆影栏前浮。西北神京壮，东南海气秋。清飔吹雨袖，开府自风流。”二曰《题院署后绎志轩》：“雕翎迅疾乍离弦，电闪星流堪洞坚。曾制骄猿号树里，更教飞燕落云旁。道惟用直应无阻，志在持平自不偏。物理细参公意在，肯将如矢让前贤。”迨至乾隆年间，水西庄后人查善长有《丁雨晴登环水楼即景》诗曰“夜雨酣如梦，喑喑到五更。晓来登水阁，凉意满秋城。茶叶同人瘦，苇花生远情。痴云飞不动，角角学山行。”莽鹄立、顾琮分别写有《环水楼记》，描绘了环水楼的景色，抒发了为官做事之道。

第三章　私家宅园

第一节　问津园（思源庄）

一、沿革

问津园位于天津城东北2.5公里处，金钟河故道锦衣卫桥以西，今中山公园以南，始建于清顺治十年（1653）前后。“城东北锦衣卫桥，鲁郡张氏别业。”张氏系指清康熙年间兵部郎中、津城大盐商张霖（1661—1713）。问津园初建时，张霖尚未出生，系其父辈所辟，不过一小宅园。张霖之父张明宇（希隐），祖籍河北抚宁，后行盐长芦，开创张氏家业，约在顺治年间移居天津，早卒。嗣后，子张霖，官至兵部车驾郎中时，在父辈宅基大兴土木造园，取名“问津园”，俟后声名鹊起。

问津园之盛在康熙中期。至清康熙三十九年（1700）张霖在云南布政史任上被夺官入狱后日渐荒芜，废圮于康熙晚期。乾隆三十三年（1768），张霖曾孙张映斗在问津园址修“思源庄”，为张氏祖先墓园。初修后的思源庄。

光绪晚期，袁世凯督直天津时（1902年）建劝业会场（今河北区中山公园），思源庄的大部分被割入劝业会场，仅存一块墓地。

二、园景

问津园是清代名噪一时、誉满津沽的私家园林。园中“树石葱茜，亭榭疏旷，海内名流过津者，无不假馆，称为‘小玉山’（注：杭州名园）云。”园中美景，虽由人做，宛若天开；楼堂斋榭，古朴典雅；廊台亭桥，错落有致；曲池溪流，自然幽静；古木卧石，画龙点睛；松槐杨柳、杏李竹薇、芍药芙渠（荷），花木扶疏；楼堂内名人字画，鼎彝古器，愈显文韵；登楼凭栏可观河之潮波，夜深可听城楼更鼓梆声。

问津园出现后，南北诗人或短期或久居其间，觞咏唱和，其中便有赞美诗句，载入天津府、县志中。

曾纂修《明史》的赵执信（1662—1744），有《问津园即事》诗曰：“闲园有约几回空，逸兴无端趁海风。绿树自随人远近，斜阳不隔水西东。槐荫老屋宜请簟，莲波新陂待碧筒。”

清康熙、雍正年间，著名学者吴雯（1644—1704）客居天津时，有《春初过问津园》诗曰：“河流带浅雪，轻舟问前渡。沙软没屐尺，柴门向溪路。却登水上楼，遥见海边树。大野浩茫茫，春鸿正东去。花隐谈棋局，日照吹笙处。舞巾超距远，争席藏钩误。归途画桥北，避棹起飞鹭。回首糟邱台，苍苍隔海雾。”

曾参与纂修《明史》的姜宸英（1628—1699），有《问津园雅集诗》诗曰：“又逐媳喜到水涯，意行离坐总相宜。花须的砾风飐，帆翅参差隔树移。我辈形骸甘瓠落，百年词赋托襟期。登楼莫叹非吾土，吟倚阑干月上时。”

诸多诗篇佳句描绘了园中的美景和“觞咏唱和”的盛况。清代戏剧家洪升的传世名作《长生殿传奇》，也是在问津园内最后定稿的。

第二节　一亩园

一、沿革

一亩园是津城大盐商张霖建的另一处私家花园。约建于康熙前期，位于问津园西。“一亩园，在城外东北隅，俱遂闲堂张氏（张霖）别业。”参考相关资料推测，一亩园约建在旧城外东北隅单街子东段。张氏盛时，招致海内名士观于其家，以此为宴游之地。一亩园与问津园同废于康熙三十九年（1700）之后，存世约50年。

二、园景

一亩园面积虽小，但造园精致典雅。园中有垂虹榭、绿宜亭、红坠楼、遂闲堂。清代出版的《津门纪略》描述垂虹榭诗曰：“吴绫洒遍湛园墨，越纻歌残秋谷词。更有莲洋老征士，垂虹榭上日题诗。”描述红坠楼诗曰：“花无月地斗觥筹，占尽秋风红坠楼。今日从巡园一亩，燕泥无赖涴帘勾。”

与张霖过从甚密的天津诗人部长蘅有《张鲁庵水部招饮一亩居群贤毕集》诗曰：“坐爱林泉胜，为园一亩余。磴危仍缀菊，涧仄亦游鱼。老树侵霜秃，寒藤挂石流。到来幽兴极，谁更忆吾庐。”

查慎行在《奉陪座主徐公游一亩园》有“履綦陈迹已多时”，又在《重阳后一日同德尹一亩园登高》有“老树空庭感盛年”的诗句，从中看出，一亩园自张霖因事罢官后已日见荒凉，终于废圮。

第三节　七十二沽草堂

七十二沽草堂位于老城外东北隅。草堂建在锅店街，后门临大河（南运河）。建于顺治年间，一说康熙年间。是天津诗人梁洪的宅园。由梁洪的生卒年判断，草堂建于康熙年间的可能性较大。废于何年待考。

南运河早年流经老城外东北隅，在侯家后有一个大河湾。《天津县志》说："七十二沽草堂坐落在锅店街以北"，这里正处于河湾处。清道光二十六年（1826）绘制的《津门保甲图说》中，称此处为"老君堂"，很可能是七十二沽草堂的旧址。

张霔有《草堂》诗云："七十二沽之草堂，主人为谁道芰梁。牵船岸上久已免，居人庑下今可忘。鸥影开门白皎皎，潮声卷帘青茫茫。"描述了这里园小景深，河潮欧影的景象。

如今，七十二沽草堂遗址处建起了爱华里居住区。

第四节 沽水草堂

一、沿革

沽水草堂坐落的位置约在著名禅寺紫竹林迤北，今海河与和平区赤峰道交汇处。始建于康熙初年，废圮于乾隆初年，但遗迹延至同治年间，存世180年左右。如今，这一带为法租界风貌保护区。

二、园景

清康熙早期，在天津城东南六里，行盐发家的儒商安尚义建起了他的大宅园，称"沽水草堂"。这座大宅园临近海河，园中景色以水取胜。清流环抱，蒲莲闭岸，堂斋掩映，曲径清幽。《天津县志》说："中饶水竹，台榭之胜，复构邃宇数楹，藏金石书画甚富"。翁嵩年有《沽水草堂》诗曰："入门高兴发，弥望尽蒲莲。暑净红藤健，凉生白袷便。琴樽陶令宅，书画米船家。可许时来此，风前借醉眠。"查曦有《游沽水草堂》诗赞曰："高馆围秋色，轩窗四面开。午阴当户静，清气逼人来。鸟语风前竹，虫书雨后苔。忝为金谷客，作赋愧无才。"

安尚义之子安岐（1683—1747）字仪周，号麓村，不仅与其父多有善举，更是闻名南北的大收藏家，于宅园中收藏金石书画甚富，沽水草堂藉此名声大振。当初清宫有不少藏品来自安氏的沽水草堂。我国著名收藏鉴赏家张伯驹（1898—1982）捐献给国家的西晋陆机《平复帖》、隋代展子虔《游春图》、唐代韩干《照夜白图》、五代董源《潇湘图》及天津博物馆的"镇馆之宝"北宋范宽《雪景寒林图》等，当年都是沽水草堂的藏品。

沽水草堂在清乾隆初年已成为一座废园。同治年间文人华鼎元在《津门征迹诗》中曰："三径就荒无亮宅，十年曾眺仲宣楼。而今风月都依旧，谁与诗人续旧游。"可知废圮之后的沽水草堂在同治年间还能看到一些遗迹。这一带于咸丰十一年（1861）被辟为法国租界地，沽水草堂的遗迹随着城市改造而彻底湮没。

第五节 水西庄（芥园）

一、沿革

水西庄位于南运河畔，红桥区芥园大堤以南。自来水厂（芥园水厂）范围是其旧址。原面积“地广百亩”，据后人考证，总面积为 159.15 亩。在清代初期以“景幽、文盛、人名”而著称，蜚声大江南北。它与扬州小玲珑山馆、杭州小山堂同为清初三大私家园林，也是华北地区最著名的私家园林。

水西庄为清初天津大盐商查日乾、查为仁父子所建。始建于清雍正元年（1723），雍正十三年（1736）规模已具。文渊阁大学士的陈元龙在《水西庄记》中言及建园背景时说：“天行查君（查日乾），夙负异才，抱远识，少游京都，开津门之雄且沃，遂卜居者有年。暇日，留连水次，有会于心，乃选材伐石，辟地而构园焉。既成，亭台映发，池沼萦抱，竹木荫庇于檐阿，花卉缤纷于阶砌。其高可以眺，其卑可以憩也。津门之胜，于是乎毕揽于几矣。遂名其曰水西。”

此后，查氏不断对水西庄进行整修和扩建。清乾隆四年（1739）于水西庄南侧建屋南小筑（舍南小筑），乾隆十二年（1747）增建园中园——“小水西”，乾隆二十三年（1758）复在园之东扩建一“介园”。清高宗弘历出巡，分别于乾隆十三年、三十六年、三十八年、四十一年，慕名四次留住水西庄，并即兴赋诗。一次春夏之交，园中紫芥（又名二月兰，天津野生花卉，3—5月开淡紫色花）盛开，他赏花赋诗，挥笔赐名“芥园”。从此，水西庄声誉更著。乾隆三十五年（1770），在芥园东侧建了河神庙，园盛之余又添庙热之况。

查日乾父子虽为商海巨富，但“贾而好儒”，风雅好客，广结交，重然诺，海内才俊、达官贵人纷纷慕名来访，被称为“津门园林之冠”的水西庄，一时成为天津的文化中心。史料记载，查氏二人在水西庄接纳的宾客，身份、阶层相当广泛。最尊贵的当属乾隆皇帝曾四次驻跸水西庄。知识官吏有文渊阁大学士陈元龙、刑部侍郎及提督直隶学政钱陈群、长芦盐运史张琛、永定河道英廉、天津知州宋晶、遵化知州杜甲；文化名人如浙江学者杭世骏、山东学者赵执信、四川学者张问陶、浙江诗人历鹗、金玉冈、胡捷，及浙江名僧元弘等人，都是水西庄的座上客。或暂住，或侨居，给天津文坛带来勃勃生机。如查礼所辑《沽上题襟集》是查为仁、查礼、吴廷华、刘文煌、汪沆、陈皋、胡睿烈、万光斗在水西庄的酬唱之作，每人一卷，诗六百七十六首，以及查为义、朱岷、历鹗、余懋等诗作三十五首，于乾隆六年（1741）四月刊刻。最典型的是乾隆十三年（1748），历鹗特意乘舟来水西庄，与查为仁“觞咏数月”，完成了《绝妙好词笺》佳作，被收入《四库全书》。这是水西庄宾主非同小可的业绩。同时，水西庄、杭州小山堂、扬州小玲珑山馆这三家宅主彼此互通文学。

清乾隆四年（1739）刻本的《天津府志》《天津县志》等皆修自水西庄。其他文人著作如乾隆四年（1739）刻的《天津杂事诗》，乾隆六年（1741）刻《沽上题襟集》，乾隆八年（1743）刻《蔗塘未定稿》、乾隆十二年（1747）刻《卜砚山房诗集》、乾隆十五年（1750）刻《绝妙好词笺》，今为国内珍藏古籍善本。

水西庄在清嘉庆年间仍兴盛。至道光年间已衰败，于道光八年（1828）和二十六年（1846）两次修葺，曾恢复了“古柳藏门，杂花传石，颇饶幽趣”的面貌。清咸丰三年（1853）和同治十二年（1873）南运河芥园大堤决口，水西庄两次被淹，基址日楚，台榭倾颓，寺僧引泉种竹，开畦艺蔬，遂成园圃。至光绪四年（1878），长芦盐务使如山应寺僧深远的请求，重修门宇。直到光绪十六年（1890），芥园河神庙一带仍有部分景物。光绪二十六年（1900）庚子事变后，水西庄驻警察马队，人畜践踏，草木全枯，惟假山犹是故物。光绪二十七年（1901）七月芥园内建济安自来水公司。光绪二十九年（1903）在芥园内建罪犯习艺所，光绪三十三年（1907）继又在习艺所内建北洋官办造纸厂。宣统二年（1910）5 月在芥园内建北洋火柴公司及聚丰糊店、贫民小学相继进入。1923 年后，军阀曹锟买下军火商孙仲英宅园，与其弟窃移水西庄所有太湖石至河北自家花园内（今二五四医院），一代明园，荡然无存，只留下水西庄（芥园）这个地名。水西庄的文物流传下来的很少。一对石狮现在天津自来水公司大门口，大量的文物流失海内外。

民国时期，天津成立“城南诗社”，致力水西庄文化保护。严修（1860—1929）等天津名人曾一度想恢复水西庄。1932 年 12 月 15 日成立了“天津水西庄遗址保管委员会”。1933 年 11 月由市财政局绘制《天津芥园水西庄故址图》。1933 年 9 月出版《河北第一博物馆画刊·天津芥园水西庄专号》。1935 年在津广智馆举办水西庄文物展览。但由于战乱迭起，修复水西庄这一愿望终成泡影。

自 20 世纪 80 年代起，不少学者撰文挖掘水西庄沉埋的史实，探讨水西庄的文化价值。1989 年初，香港《星报》发表署名文章，介绍了天津水西庄。天津市长李瑞环签批：“查一下。”遂由市政府有关部门组织市文史专家，撰写了水西庄的系统资料，送交市长。90 年代初，红桥区政府召集关心水西庄历史文化的各界人士并成立了“水西庄学会”。之后与市文史研究馆编辑《天津文史·水西庄研究》专辑，有力地推动了水西庄的学术研究。武侠小说家金庸（查良镛）先生情注天津水西庄。2001 年 5 月 26 日，金庸先生携夫人一行到天津，听了水西庄研究会的分析研究成果，当场即兴赋诗：“天津水西庄，天下传遗风。前辈繁华事，后人想象中。”

二、园景

水西庄在构思与布局上十分注重造园意境，集南北园林特色于一体。选择“面向卫水，背枕郊”、“近村仍近郭，通衢宜骑复宜船”的地方为园址，可谓相地合宜；“斧白木以为屋，不加丹巠”，以人为之美入之天然，可谓立意精当；营造手法上，或因高而借远，或凭水而借景，或遐想而借虚，可谓巧于因借。园内有澹宜书屋、水琴山画室、古芸台、竹间楼、夜月廊、数帆台、揽翠轩、平岗、枕溪廊、花影庵、藕香榭、泊月舫、绣野簃、红板桥、一犁春雨、碧海螺亭、小水西、夕阳亭、歇山楼、屋南小筑诸景点。屋南小筑中又有晴午楼、花香石、润之堂、送青轩、小丹梯、若槎读书廊、月明□笛台、萱苏径、古香小茨、莕花馆、来蝶亭、小旸谷、小憩舫等小景点。其建筑集传统私家造园之大成，堪称津门古代园亭池馆之冠。园中诸景题名意境深邃，听其名，观其景，颇宜觞咏。登数帆亭远眺，正是“长河落日征帆远，白帆悠悠碧云边”的绝妙景色。置身绣野簃，遂发“惹烟笼月影檀案，无数秋光上修竹”之浮想。乾隆年间天津诗人康尧衢在《沽上竹枝词》中曾云：“琵琶池上起龙台，曲曲水廊近水开。每到紫藤花发处，游人都问芥园来。”(《续天津县志·卷十九》)

水西庄的地形塑造，随势置景，开闭相宜。庄园北临卫河，以“数帆台”为主山，以“平冈”为客山；南以“一犁春雨”水体为襟带，连贯“枕溪廊”、“藕香榭”、“泊月舫”、“碧海螺亭”、“红板桥”等。中部地势平缓，西为“花影庵”，中有“揽翠轩”，傍“平冈”脚下有“绣野簃”，空间布局起伏错落有致。

水西庄的植物景观，具有鲜明的津沽园林特色。园中蓊郁深翠，花木繁多，步移景异。今从文献和当时的诗词歌赋检出的植物有杨、柳、榆、槐、柽、竹、枫、桃、梨、枣、梧桐、海棠、梅、丁香、芭蕉、芍药、青藤、紫藤、菊、兰草、荷、红蓼、芦、蒲，以及紫芥等蔬菜和粮食作物。充分利用植物树形、花期、叶色的差异，季相变化丰富。甚至有天津不能露地越冬的芭蕉、兰蕙，说明园中建有暖房，足见园主对祖籍江南故乡的眷恋。

江苏武进诗人、画家朱岷在水西庄与津门交下深厚的文缘。他绘有《秋庄夜雨读书图》，形象地描绘了水西庄的美景。此画和另一位画家田雪峰所绘的《水西庄修禊图》的真迹，均珍藏在今天津历史博物馆中。

第六节　曹家花园

一、沿革

曹家花园位于今河北区新开河畔，二五四医院院址。始建于清光绪二十九年（1903）。

曹家花园原为军火商、买办孙仲英建的花园别墅，占地 165 亩，初称孙家花园。1923 年，曹锟任民国临时大总统时曾借该园做寿，孙仲英借机以重金转让于曹。嗣后，曹锟大兴土木扩建。西起元纬路，东至宙纬路，南临五马路，北依新开河，占地 200 余亩，成为天津最大的私人花园之一。

民国初年，此地多为政客集会之所。1917年12月，段祺瑞与当时的“代总统”冯国璋产生矛盾，辞去“总理”职务，在此召开“天津会议”，鼓动曹锟、张作霖、倪嗣冲出兵讨伐南方军。1918年6月，以曹锟为首的督军团在此秘密策划《十六省区联名请冯国璋迅速发布对南方讨伐令》，并拟“举徐世昌为下届总统”。1920年7月和1924年4月，曾在此分别策划“直皖战争”“第一次直奉战争”。1924年10月，“第二次直奉战争”导致曹锟下野，曹家花园遂被奉系军阀占据。冯玉祥、李景林、褚玉璞、张作霖等都曾在此居住。1924年12月，孙中山北上莅津，曾与张作霖在曹家花园会谈，是为民国史上著名的“孙张会谈”。

20世纪20年代后期，因政局更迭，曹家花园乏人管理，渐见荒芜。1930年，市政府以十万元购得曹园，改为天津第一公园。市长萧振瀛莅园视察，见园内树木花卉多已残枯，特面饬该园筹备主任韩英伯，迅速修理栽植，决定整修后向市民开放。整修工程耗银约十万余元。同年6月15日正式开放，并举行开园典礼，一时游人甚盛。

“七七事变”后，天津沦陷，公园被日军占据，并强行征用周边恒源纱厂宿舍、北方客栈、同益汽车行、国善里等处，于马路砌墙拦腰截断黄纬路，改为日陆军医院。1945年抗战胜利后，国民党政府接收该院，后一度开放，仍名天津第一公园，不久又改为联勤天津总医院。1949年天津解放后，改为二五四医院及河北中学等单位。

二、园景

曹家花园扩建后，园中拓东湖，植莲藕，建湖心亭、“瀛庐”（观鱼台），回廊环湖而设，且遍通园内建筑。取挖湖之土堆山，山顶有方亭，半山腰建西式紫藤架。园中叠造假山，摆放神态各异的石人、石马、石羊、石狮。池台楼阁，树木茂密，风景自然。园内建筑既有传统仿古建筑松月楼、宾客楼，又有“爱奥尼”式双柱门庭的西式建筑“公子楼”（东大楼）和“小姐楼”（西大楼），还有跨梁西式连廊，集中西造园手法于一体。

改作天津第一公园重现整修后，入园往东是台球社，再东是一座可容纳八百人的剧场。剧场东为公园事务所，其北为面积达50余亩的东湖。湖边水榭名“瀛庐”（旧称观鱼台），湖中有“水心亭”。东湖以西复有三小湖，环拱于园之中部。再东为公园东门。附近临湖之东南隅有“园亭”。再向北仍沿湖堤，有一西式建筑称东大楼（旧称“公子楼”），为中餐馆。沿湖四周栽植垂柳，湖尾直抵园之北端，但愈行愈窄，间容一船。由东大楼迤北前望，正北为体量很大的叠石假山，附近有三贤祠。祠后有草地网球场。园最北为禽圈兽槛，附近为花畦花窖。由此转而南行，其西为装饰华丽的西大楼（旧称“小姐楼”），作为俱乐部。循西大楼南进，经过一茅亭。过此须经横贯该园之短河桥。桥东侧湖中水榭名“明轩”。水榭迤北为土山，山上有平台及“四方亭”，可瞭望全园。循山拾级而下，山坳处有三角平顶“腰心亭”。毗连山界，有高廊半绕，势甚壮伟。廊之东又有一栋大楼为西餐厅。楼之东，其南即南大门，其北为略小之假山。统观全园，有亭八，山五，湖四，桥六。而每一样之设置，又复争奇斗胜，各尽其致。园中湖水，系由新开河引入。园内主环路与游廊、建筑相连，又颇尽曲折迂回之妙。

第七节　李纯祠堂

一、沿革

李纯祠堂位于天津旧城西南 3 公里，今南开区白堤路 82 号，为南开文化宫。原占地逾 40 亩，祠堂西侧界外还有一片水塘，面积逾 30 亩。始建于 1913 年，1922 年建成。

李纯（1847—1920）字秀山，天津人。辛亥革命后任赣、苏两省督军。他依仗要职，聚敛私财，大量购置房地产，投资金融工商业。1913 年，李纯与其弟李馨出价 20 万现洋，买下北京庄亲王府宅第，然后将保存完好的部分拆卸运到天津建起李纯家祠。

民国时期，李纯祠堂曾被国民党军队占用，后多为居民居住。1949 年后，祠堂由人民政府接管。1958 年将祠堂内的居民迁出，填平了四周护祠河，修葺祠堂，至 1960 年修竣后称“南开人民文化宫”。

庄亲王府原系明代大太监刘瑾的私宅，清代为“八大铁帽子王”王府之一，有 300 多年的历史，是天津现今保存极少的明代建筑之一。而且，京城的王府宅邸移到外地的仅有天津这一座。1982 年，李纯祠堂（庄王府）被定为天津市重点文物保护单位。

二、园景

李纯祠堂基本保留了原庄王府的建筑格局，只是把原位于王府的西院内的花园改在祠堂的前半部，把建筑部分置于花园之后。祠堂呈东西走向，最南面为一面高大的二重檐照壁，照壁对面为进入祠堂的大门。把守大门的两尊石狮来自刘瑾的旧宅。入门后即是花园，南北长约 100 米，东西宽约 55 米。一条中路将花园一分为二。园前矗立一座石牌坊，坊后两侧有“经幢”分立左右。两侧原置“翁仲”、石马已失。再后是一块无字碑。园内树木茂密，自然布局。沿花园中路的北端，有一条环绕整座祠堂的护祠河，与祠堂西面大水塘相连，河上有一座石拱桥，拱桥正对着祠堂的正门楼。站在花园护祠河拱桥正中，沿建筑轴线透视，可以从正门楼、前殿、中殿，一直看到后殿供奉的李纯祖先的牌位。

李纯祠堂建成后，再现原庄王府邸的景象。建筑布局严谨工整，装饰考究。各殿均为大屋脊，垂脊，仙人走兽，覆绿色琉璃瓦。彩绘斗拱，雕梁画栋。

第八节 李公祠（颐园）

一、沿革

李公祠（颐园）位于金钢公园西北，紧邻大悲禅院。南面正门临海河三岔河口上游的子牙河；东西两侧是李公祠东、西箭道，长分别是258米、256米；北临天纬路，东西宽约120米。总占地逾40亩。是晚清为纪念重臣李鸿章建造的祠堂，称“李文忠公天津专祠”（习称李公祠）。由直隶总督兼北洋大臣袁世凯主持修建。始建于清光绪二十九年（1903），历时两年建成，约废于20世纪40年代。存世约40年。

李鸿章于1901年故去后，清廷赐许优加，谥号“文忠”，并准入祀贤良祠，先后在其家乡和京、津、沪、宁、苏、浙、冀、鲁、豫等任职之处，为其修建了十余座祠堂。

辛亥革命前后，李公祠一度成为天津各派系政党和社会名流的政治集会场所。1906年，天津知识界在此举行有关立宪的专题演讲。1910年，天津学界首次联合音乐会在此公演。1912年，统一党直隶支部、同盟会燕支部、自由党直隶支部、民主党直隶支部均在此召开成立大会，发表对时局的见解和主张。1912年10月8日，流亡日本的梁启超归国返津，第二天即到李公祠，出席民主党直隶支部为他举办的欢迎会，发表演说。1913年2月2日，北洋法政学会在此召开中国社会党天津支部成立大会，公推李大钊和郭须静主持天津支部的工作。同年4月13日，四千余人出席了在此举行的宋教仁追悼大会。同年11月2日，全国商会联合会直隶事物所、天津红十字会等团体，在此举行了被日军在昌黎枪杀的五警士追悼大会，宋则久、王邵廉等人发表了激愤的演说。

20世纪20年代，李公祠曾向公众开放，作为游园，曾名“颐园”。1937年天津沦陷后，李公祠被日伪占用，河水被截断。抗战胜利后，在祠堂跨院创办启明小学，之后建庐山中学。天津解放后，先后更名向前中学、第三十三中学、第五十七中学。校舍几经扩建、改造，逐渐将原建筑拆除改建新楼。至20世纪80年代，仅存两处四合院，以及李公祠大街和东西箭道之名。

如今，昔日李公祠遗址处已建成大悲慈航广场。

二、园景

天津最早出版的旅游书籍《天津指南》（1922年版）和《天津快览》（1926年版）都有李公祠的简介。1930年出版的《天津志略》则称，“宁静肃穆，亭台曲折，木桥横亘，池水一泓，芦叶丛生，颇绕雅趣。”同期的《天津旅游志》（1936年版）描述园中“有岩亭寺诸胜。高阁重楼，红栏九曲，花繁水碧，足畅幽情。惟境域稍狭，一览无余。”

李公祠的建造风格，一直有“完全仿造徽派风格”的说法。而从实景照片看，是兼徽派和津门风格于一体的祠园。正门为一座大门楼，门楼对面是一磨砖对缝的大影壁。正门前建有台阶，两侧有雕工精美、栩栩如生的石狮。进入大门，庭院中央安放李鸿章铜像，两侧东西厢房各三间，北面是通往后院的过厅。穿过厅，进入后院，北面面阔九间的大殿堂为享堂，是祠堂之主建筑。堂内红色立柱矗立，高轩宽敞，气势雄浑。东西两侧是配殿院，后院中建有一座精巧的琉璃瓦六角亭（民国时迁至宁园西大湖，取名“湖心亭”）。前后院的殿堂之间均有绿檐红柱、古色古香的游廊相通。殿内堂前挂满名人题写的匾额和楹联。后院连通西跨院。其后则为后花园。园内凿池，引北运河水注入，亭榭廊桥环池而建。园内苍松翠柏，垂柳摇曳。俯瞰整个祠堂，构图自然，以理水见长，堪称天津传统造园的佼佼者。

第九节　静　园

一、沿革

静园坐落于今鞍山道 70 号，占地面积 3360 平方米。建于 1921 年，原为民国时期“参议员”、驻日本公使陆宗舆的公馆，名“乾园”。

1924 年，清朝末代皇帝溥仪被冯玉祥逐出紫禁城。翌年 2 月 24 日，溥仪在日本人庇护下到天津，初居清末两湖统制张彪所建的“张园”。嗣后 1927 年 7 月移居乾园。乾园主人陆宗舆便搬至石山街（今宁夏路）居住。溥仪在此有“静观变化，静待时机”之意，于是将“乾园”改名“静园”。

溥仪居住静园后，仍使用宣统年号，俨然以皇帝自居，图谋复辟清室。1931 年“九一八”事变以后，溥仪与日本军政要人策划建立伪满政权。11 月 10 日，他由日本方面护送秘密离开静园潜往东北。后在长春当上了伪满洲国的傀儡皇帝，充当日本侵略中国的御用工具达 13 年之久。

1945 年抗日战争胜利后，静园一度成为国民党天津警备司令陈长捷的居所。1949 年后，静园曾为市总工会女工部和宣传部办公用，后改为民宅。1991 年 9 月，静园被列为市级文物保护单位。2006 年 4 月，遵照整修如故的原则，迁出静园内的住户，对其进行了全面修复。

二、园景

静园为庭院式住宅，大门及院内建筑均为日式风格。四周有高墙和门楼环绕。园内有三环套日式三道院。前楼为二层，局部三层。中央亭子间突出，立面显得高大壮观。西院有一幢内廊式小二楼。西跨院有鱼形喷泉花池和一座典型的日式花厅，厅前有假山。前院主楼前是花园，种植杨、槐、丁香、藤萝、葡萄，有金鱼池，鹅卵石铺路。楼东还有一个小网球场。一条长 17 米、宽 1.5 米的回廊直通主楼西端。后院和西跨院分别建有一座楼房，旁侧建有平房。静园树茂花繁，风雅宜人，在周围市井之间，备显静谧。

第十节 李叔同故居

一、沿革

李叔同故居位于河北区粮店后街69号，故居由四套四合院组成，平面呈田字形，有房60余间，占地1400平方米。院内建有游廊和小花园，室内陈设精致，环境幽雅。在宅院里有一西式书房，是李叔同1910年从日本学成重返故里时修建的，用于休息和习字作画。取名“意园”，以示一展宏图的意愿。

为了纪念这位对我国早期新文化发展作出过突出贡献的天津本土文化名人，1991年8月，李叔同故居被天津市人民政府列为市级文物保护单位。2007年，天津市委、市政府决定重新修复其故居，并将此工程列为该年度改善城乡人民生活的二十件实事之一。同年12月31日，李叔同故居恢复工程选址河北区海河东路与滨海道交口西侧正式开工。

2010年10月，故居按原貌恢复重建完成。保留下来的原故居材料被用于“李叔同—弘一大师故居纪念馆”工程。该纪念馆向社会免费开放。

二、园景

恢复重建的李叔同故居按照“前门朝东，后门朝海河，故居坐北朝南”的原则设计，占地4000余平方米。由故居和附设花园两部分组成。由苏州园林设计院设计，保持了原故居的建筑规模和建筑风格，但地基在原故居的基础上高了90厘米。

为增强历史原真性，故居的恢复按照片资料重建，大小、形状、装饰风格均与原故居一样，最大限度地复原了当时李家的生活起居场景。如桐达钱庄、起居室、洋书房、中书房、意园等，并融入了一些声、光、电等现代化的展示手段。附设花园内建有弘一大师纪念亭和雕像等设施。

李叔同故居纪念馆的基本陈列包括李叔同生平图片展和专题展览。同时，为了彰显李氏重视教育的家风，表现李叔同在书法、篆刻等方面的艺术成就，在室外艺术展区展示有一定数量的匾额、楹联、书法、篆刻作品。

第十一节 张 园

张园初名“露香园”，系清末两湖统制张彪在天津的别墅，建于1916年。1924年12月，孙中山先生北上过津时，曾下榻张园。1925年2月至1929年7月，曾为清逊帝爱新觉罗·溥仪的行在，遂声名鹊起，成为载入中国近代史的一处名园。

张园位于今鞍山道59号，占地20余亩，是一处中西合璧的花园别墅。园中有一座西式三层洋楼，四周长廊环绕。楼前花园有水池，与溪流、小桥、喷泉连成水景，水池荷边的八角龙亭造型典雅。园内还有草亭、叠石假山、西式花钵、石桌石凳，树木疏密有致，花草点缀其间，景色优雅别致。

早期天津张园“露香园”内景象

1926年8月，溥仪、婉容在张园与加拿大总督威林顿夫妇等合影

1929年7月，溥仪又从张园迁往宫岛街上的静园。20世纪30年代初，张园曾作为游览消夏之所而红火一时。1936年张园被日本侵略军占有，并把原三层洋楼改建成罗马式塔楼建筑。1946年作为国民党军警备司令部。1949年后，曾作为天津警备区司令部。而后又成为天津日报社、天津青年报社、市少年儿童图书馆、市京剧院等单位的所在地。1976年7月，作为张园主要标志之一的主楼的塔楼被地震损毁，其后修复。1982年，张园被列为市级重点文物保护单位。

第十二节　石家大院

石家大院位于天津杨柳青古镇，京杭大运河的津西南运河畔。原为清末天津八大家之一石元士的私宅。石家原籍山东，祖辈漕运发家后在清乾隆年间定居杨柳青。石家于清道光三年（1823）分为福善堂、正廉堂、天锡堂、尊美堂四门，现石家大院即为仅存的“尊美堂”宅第。

石家大院于始建于清光绪元年（1875），几经扩建修葺，历时十余年，时称“津西第一宅”。院落坐北朝南，占地9余亩。由正门入院，绕过影壁，一条贯通南北的甬道将大院分隔为东、西两部分。甬道上有三座门楼，皆设三级石阶，寓意“步步高升，连升三级”。甬道东侧是宅院，由四套四合院组成。甬道西侧是厅堂院，设客厅、戏楼、抄手院、佛堂和花园，为接待宾客、娱乐、饮筵和祀祖的场所。东跨院为佣人住，西跨院以长廊串南北。院落整体布局、建筑风格、装饰艺术、砖木石雕，浓缩了津沽人文精华。

石家大院堪称津门私家宅园的代表。进入大院甬道西侧的厅堂院，过一座瓶花门，内花园赫然映入眼帘，花园占地近2亩，规模于当时首屈一指。园中亭、堂、廊、台、榭、池、溪、瀑和花木，布局和造景别具匠心；花园以廊环绕，亭堂台榭遥相呼应，叠山点石自然成趣，池溪流瀑跌水潺潺；连廊墙什锦窗祝福随步而生，园路曲径步移景异。

石家大院建筑用料考究，大部分砖瓦从苏州、临清运来，木料为楠、梓、楸、柏及其他硬木，来自云南、贵州等地。砖、木、石雕技艺精湛，图案构思丰富多彩。甬道上的三座垂花门雕刻的象首、仙鹤、葫芦爬蔓图案，分别寓意吉祥平安、福寿富贵、家族兴旺。西院客厅、暖厅、戏楼的装饰精美。戏楼外廊、大垂柱门上的太师、少师等图案雕刻更为别致，门两侧青石青鼓，护阶石，两层阶石上全刻有精细浮雕。院中青石高台、磨砖对缝，房脊山尖、陡板山墙均以砖刻为饰。院内建筑多为梁彷雕刻，均为木质原色，绝无朱漆彩绘，“只有雕梁，却无画栋”，且精细雕刻的“凤、狮、鹤、象”图案，独不见龙形，可见宅园主人恪守封建定制，以避祸嫌。

1923年，石氏举家离开尊美堂老宅，迁往天津定居，从此石家逐渐衰落。至天津解放前，尊美堂的房屋大部出租。天津解放初期一度为天津专署所在地，1956年迁出后改为学校。1987年市、区文化部门搬迁院内住户和单位，整修院内建筑、花园等，于1990年辟建杨柳青民俗博物馆，渐成为津门特色旅游景点。1991年列为市级文物保护单位。

石家大院平面图

石家大院内花园景象

天津宅园名录一览表

表 2-3-12-1

	园名	建园年代	园　址	园主　园史
1	问津园 思源庄	清顺治十年（1653）前后始建 清乾隆三十三年（1768）	旧城东北金钟河故道锦衣卫桥以西，今河北区中山公园以南 建在问津园基址上	兵部郎中张霖宅园。废于康熙三十九年（1774）后。存世约 50 年 张霖墓园。废于光绪年间
2	一亩园	清康熙前期年间	与问津园相邻，位于其西	兵部郎中张霖宅园。与问津园同废
3	七十二沽草堂	清顺治年间一说康熙年间	旧城东北，锅店街北，背依南运河	诗人梁洪宅园。消失于何年待考
4	南溪（康园、曲水园）	清顺治年间	旧城外东南隅，今东马路与北马路交口处	初为南溪，后为诗人康尧衢父辈宅园。约废于光绪二十七年（1901）。存世近 300 年
5	篆水楼	清顺治、康熙年之交	旧城外东北隅，单子街迤北，临南运河旧三岔口处	兵部郎中张霖宅园。约废于康熙末年。存世逾百年
6	沽水草堂	清康熙初年	旧城外东南 3 公里，约在今赤峰道与海河交口一带	盐商安尚义宅园。同治年间遗迹尚存。存世约 180 年
7	问莲浦（蒲）	清康熙年间	旧城西 1 公里，南运河南岸。约在今红桥区外语中学址	知府杜军宅园。存世约 60 年。
8	帆斋	清康熙二十五年（1686）前后	旧城东北，旧三岔口东	张霖之弟张霔宅园。约废于乾隆初年。存世约 50 年
9	佟家楼（艳雪楼）	清康熙二十年（1681）前后	旧城西岸，南运河北岸，今邵公庄以西	诗人佟鋐宅园。废于嘉庆年间，存世逾百年
10	老夫村（东溟别墅、枣邨）	清康熙五十五年（1716）后	旧城东南，老闸口下游，与海河对岸自由道西口相对	诗人龙震宅园。废于何时待考
11	杞园（岭南轩）	清康熙年前期始建	旧城西北隅	诗画家金玉冈祖父金平始建宅园。约废于嘉庆、道光年之交。存世约 140 年
12	依绿园	清康熙年间	旧城西南十二里。今小刘庄一带临海河	王氏宅园。废于何时待考
13	虚舟亭	清康熙末年	旧城南一里许，近海光寺	宋旧山宅园。废于何时待考
14	锦怀园（怀园）	清顺治至康熙年间年前后	旧城东南四里许，约在今和平区海河西侧张自忠路与合江路交口一带	王氏宅园。遗存毁于同治中前期。存世约 200 年
15	半亩园	清康熙晚期，迟至雍正年间（1723—1735）	园址待考证	傅氏宅园。废于何时待考

续表 2-3-12-1

	园名	建园年代	园 址	园主 园史
16	水西庄	清雍正元年（1723）始建，后经三次扩建，历时 35 年	旧城西 1 公里，南运河南岸，今芥园水厂一代	盐商查日乾、查为仁父子宅园。清同治晚期荒圮，至光绪遗迹略存，后废毁。存世约 170 年
17	浣花村	清雍正晚期	旧城西里，南运北河岸，约在今民族医院址	知府杜甲宅园。存世约 120 年
18	萧闲园（杨家花园，问津行馆）	清乾隆二十七年（1762）后	旧城东门内大街二道牌坊后南侧，问津行馆旧址。鼓楼南、运署西旁	武举人杨秉钺宅园。咸丰年间改为问津行馆。光绪五年（1879）北洋电报局设于此。废于民国初，存世逾 150 年
19	枣香村（南庄）	清乾隆年间	旧城东南 2.5 公里，今河西区佟楼水利局及儿童医院一带	诗人童葵宅园。存世约 150 年
20	一柳园	清乾隆年间	旧城西。约在南运河故道西大弯河畔	金领云（梅成栋内兄）宅园。废于何时待考
21	寓游园（小水西）	清乾隆年晚期	旧城东南隅。今东马路曙光里社区	盐商、诗人李承鸿宅园。后两易其主。民国时期尚有遗存，存世近 150 年
22	杜家化园	清乾隆至嘉庆年间	水西庄以南	杜于藩宅园。存世约 120 年
23	杨家大院	嘉庆年间	宫北大街 11 号	原为太虚观，初为周氏购得，后转卖盐商杨家。今不存
24	金华园	道光年间或之前（1820 年前后）	旧城北门外以西。曲店街北，临南运河南岸，今金华里居委会址	金氏宅园。废于何时待考
25	黄家大院（1） 黄家大院（2）	道光年间或其后待考	旧城外针市街西头南阁。今地铁西北角站址处水西庄以东	清末天津八大家之一黄振德宅园。今无存 黄振德宅园。今无存
26	朱家花园	道光十二年（1832）前	旧城外西北。南运河故道西大弯内西侧	朱氏宅园。至 1936 年天津城区图中仍存此园址，废于何时待考
27	展家花园	清道光二十六年（1846）前	旧内户部街以北，临北城墙	至清光绪二十五年（1899）天津府城区图中仍存此园址。废于何时待考
28	葛家大院	清道光二十六年（1846）前	旧城西北隅，武学以南	至清光绪二十五年（1899）天津府城区图中仍存此园址。废于何时待考
29	杨园	至迟于清同治初年	旧城西 1.5 公许。在南运河北岸，与水西庄隔河侧畔	杨氏宅园。废于何时待考

续表 2-3-12-1

	园名	建园年代	园　址	园主　园史
30	郭园	待考	旧城东南 2 公里。海河东郭庄子一带，河对岸为怀园	郭氏宅园。废于何时待考
31	荣园（李家花园）	清同治二年（1863）	旧城南三义庄附近，今河西区、人民公园	盐商李春诚宅园。历经修葺，今尚存
32	逋园（焦家花园）	清同治三年（1864）始建	旧城东北金钟河故道锦衣卫桥以西。今河北区金钟、金霞、金海、金纬路区间	咸丰帝赞襄政务大臣焦佑瀛宅园。约废于光绪末年，存世近 40 年
33	石家大院	清光绪元年（1875）始建	杨柳青镇南运河畔	石元仕宅园。曾经修葺，今尚存
34	唐绍仪花园	待考	今河北区中山路、宙纬路交口西侧，达仁堂制药厂址	原曹氏公馆，清光绪二十八年（1902）北洋政府总理唐绍仪购此宅园
35	曹家花园（孙家花园）	清光绪二十九年（1903）	今河北区新开河畔，二五四医院址	原买办孙仲英公馆，后北洋政府总理曹锟购得此园。今尚存
36	李公祠	清光绪三十一年（1905）	今河北区天纬路西，金刚公园西北	北洋大臣直隶总督李鸿章故后所建祠堂。约废于 20 世纪 40 年代，存世约 40 年
37	张勋花园	清光绪晚期	今浦口道 6 号天津商检局址	20 世纪初，购自清王室建西式洋楼。今存
38	（袁乃宽）袁世凯别墅（1） 袁世凯别墅（2）	清光绪晚期待考	今天津工艺美术设计院等单位址 今河北区海河东路，金刚桥以西	袁世凯督直时所建官邸。 实为袁世凯死后其族侄袁乃宽所建花园公馆。今存
39	冯国璋别墅	1912 年	今海河东路与民主道交汇处北侧	别墅建筑。今存
40	庆王府	1912 年前	今重庆道 55 号。市外事办公室址	原私人别墅。后清太监小德张（张兰德）购为公馆。再后清庆亲王载振购此公馆。今存
41	杨家花园	1912 年	今南开二纬路，南开一马路交口东南隅	原天津警察厅长杨义德宅园。1929 年改为市立图书馆。现存园中别墅楼一幢
42	荣安别墅（1） 黎元洪别墅（2）	1917 年待考	今解放路 256 号，泰达大厦址今烟台道儿童影院址	黎元洪任大总统时官邸。已拆，建泰达大厦黎元洪英式花园别墅。后建儿童影院

续表 2-3-12-1

	园名	建园年代	园 址	园主 园史
43	李纯祠	1913 年始建，1921 年建成	今白堤路，南开文化宫	原京城庄亲王府（明代建筑），后北洋军阀江西总督李纯购买迁移至天津重建。今存
44	张园（露香园）	1916 年	今鞍山道 59 号，天津少儿图书馆	清末两湖制统张彪所建别墅。1924 年孙中山曾居此。清废帝宣统溥仪曾于 1925—1929 年蛰居此。今存
45	陶园	1917 年前后	今马场道新华中学址	1940 年英国人将于 1929 年办的圣功学堂中学部迁至此，更名圣功女子中学
46	静园（乾园）	1921 年	今鞍山道 70 号	原龙烟煤矿和铁矿督办陆宗舆宅园。清废帝宣统溥仪曾于 1929—1931 年蛰居此。今存
47	蔡家花园	1926 年	今河北区日纬路、四马路交口东北隅	北洋军阀蔡成勋别墅。已废，现为居住区
48	丽生园	1927 年后	今南开大学马蹄湖畔	前津浦路局长唐丽生去世后，将自养名贵金鱼捐献南开大学。为纪念而建
49	丁家花园	1928 年前	今友谊路与津河交口东南隅	丁氏宅园。至 1936 年尚存，废于何年待考
50	黄家花园	清末	今南京路与山西路口东侧	候补道台黄荫芬建
51	赵公馆	清末	约在今河北区昆纬路与三经路交口西南隅	又名轩静山庄。1919 年改称欧阳公馆。废于何年待考
52	凌公馆	清末	与赵公馆相邻，在其西侧	废于何年待考
53	李公馆	清末	今中山北路与月纬路交口东北隅	1919 年改为京张铁路转运局。1936 年改为北洋电话分局
54	何公馆	清末	今中山路与二马路交口西南隅	废于何年待考
55	顾家花园	清末	今中山北路与宿纬路交口东北隅	1936 年改建为“福禄里”居民区
56	何家花园	清末	原中山公园迤东。今昆纬路与七经路交口，天津第二中学处	废于何年待考
57	苏浙义园	清末	原谦德庄湛江路与海口路一带	后称“小蘑菇坟地”，再后改建为花圃和海口路公园
58	潘复别墅	1919 年	今马场道 2 号	原北洋政府总理潘复宅园。2005 年拆除

续表 2-3-12-1

	园名	建园年代	园　址	园主　园史
59	西湖别墅	1925 年	今马场道 491 号，中心妇产科医院	原为天津名绅德商礼和、捷成洋行买办雍剑秋所建。原建筑尚存
60	徐世昌别墅	1922 年后	今泰安道 23 号，小白楼街办事处	原建筑尚存
61	刘家花园	民国初期	今河北区何兴庄街区内	官僚刘氏宅园。废于何年待考
62	徐家花园	民国初期	旧与刘家花园毗邻，种植园迤南，小于庄迤东。今北辰区宜兴埠镇	徐氏宅园。至 1932 年尚存，废于何年待考
63	温家花园	民国初期	今北辰区宜兴埠镇迤东	温氏宅园。至 1936 年尚存，废于何年待考
64	倪家花园	民国前期，1920 年前	今佟楼儿童医院址	原皖系军阀倪嗣冲宅园。约废于抗战前
65	梁家花园（罗园）	民国前期，1920 年前	新农园迤南，吴家窑大街南侧隔河	园主罗仲芳，其过世后，渐废。后称梁家花园。废于何年待考
66	新农园	民国前期，1920 年后	管家花园西侧，吴家窑大街临津河一侧	园主及废于何年待考
67	潋碧园	民国前期，1920 年后	今佟楼迤西，吴家窑大街临津河一侧	园主陈祝龄。废于何年待考
68	管家花园	民国前期，1930 年前后	潋碧园西侧，吴家窑临津河一侧	园主管洛笙。废于何年待考
69	麦家花园	民国前期，1930 年前后	新农园西侧，吴家窑临津河一侧	园主及废于何年待考
70	张家花园	1932 年前后	今八里台临园里居住区	官僚张金卫宅园。废于天津解放前

第四章　御用园林

第一节　直沽皇庄

直沽皇庄约位于海河故道大直沽河弯处，占地百亩。建于明正德年间。明武宗皇帝南巡，必乘船经天津沿大运河而下，沿途各地均要建驻跸行宫，为方便出行，乃建此休憩之所。

虽最早由明天津兵备副使胡文璧纂修的《天津三卫志》已佚，但在胡文璧生平史料中，曾记述直沽皇庄之事。胡文璧在津任职时，由张忠督建直沽皇庄。张忠唆使部下从中牟取暴利，坑害商民。案发后，胡文璧秉公处置，反遭张忠诬陷，遂被下狱，后被贬。这段冤案从侧面反映出，直沽皇庄的建造在当时影响很大。

直沽，应指地名。《旧志序》中说："元始立海运万户府于今城八里"（天津于 1404 筑城设卫），系指万户府即设在大直沽。《方舆纪要》中记载："大直沽在（天津）县东南十里。"在清康熙十四年（1675）绘《天津卫志》的卫城图上，有大直沽的标名，并有"大直沽渡在城东南十里"的记载。乾隆四年（1739）绘《天津县境图》中，城东南海河东岸亦有大直沽的标名。根据以上史料，可知直沽应指今海河大直沽、河西挂甲寺一带，也就是直沽皇庄坐落的位置。

早年，海河流经的大直沽、挂甲寺一带形成一个大弯儿，像是一座三面环水的半岛，景观自然优美，应是建造皇帝行宫的理想之处。清康熙年间，皇船坞就建于这一带的海河西岸。清光绪二十七年（1901）十月，海河工程局（成立于 1897 年）在此处"裁弯取直"，起于挂甲寺，止于杨庄子（今土城），截去河弯儿。原坐落海河东岸的挂甲寺，遂落入今海河西岸。优美的半岛风光从此消失。

清康熙十四年（1675）《天津卫志》刻本已无直沽皇庄的记载。据此可知，这座天津最早的御用园林存世约 150 年左右。

第二节　皇船坞

一、沿革

皇船坞位于今和平区赤峰道、哈尔滨道、合江路围合的区域内，与早期著名禅寺紫竹林近在咫尺。建于清康熙五十二年（1713），乾隆二十六年（1761）继又改建。清咸丰十年（1860），英法联军进攻北京，是年 10 月 24 日签订了《中英北京条约》，天津开埠，相继在旧城东南海河两岸开辟租界地。皇船坞在法国租界地内，而后用海河吹泥填垫抬高地面，重新规划建设，估计皇船坞毁于此期，存世约 147 年。如今，这一带为旧法租界风貌建筑保护区。

二、园景

皇船坞是停放御舟的地方。《津门保甲图说》记述，"皇船坞跨流架屋，设有内外坝、石闸。建有坞房数座，最大的一座长九丈，宽一丈九尺。坞内停泊安福舻、翔凤艇、行春舫等豪华御舟，计十一只。"皇船坞"垣周一百六十丈"，照此估算，面积逾 30 亩。

康熙皇帝在位 61 年，十余次巡幸天津，皇船坞派上用场。康熙十年（1671），康熙皇帝乘船赴南苑游赏，乘兴沿北运河直下天津，一直抵达三岔河口，看到南粮北运的繁忙景象，饱览了海河风光，意犹未尽，御题《天津》一诗："转粟排千舰，分流纳九河；潮声连海壮，树色入京多。鼓楫鱼龙伏，停舟鹳鹤过。津门秋望远，明月涌金波。"《清史稿·圣祖本纪》记载有："九月辛亥（1671），上巡幸畿甸（指天津）"

皇船坞一带的景色为清代"津门八景"之一，曰"广厦舟屯"。清乾隆五年（1740）天津卫知县张志奇"亭亭依岸舣龙舸，碧瓦参差照绿波。玉辇不来春树长，游鳞争比旧时多"的诗句，描绘了这座专供皇帝来津巡游之用的船坞。座座绿琉璃瓦顶的坞房映耀在波光之中，河柳丝丝绿意融融，勾勒出这里非同一般的气派与景象。

皇船坞的风貌特色，于史料和文人笔下多有赞美之词。《天津县新志》中说"林木青苍，颇饶幽胜。"《津门保甲图说》中有皇船坞图说："船坞周围遍植杨柳，旁有炮台，亦旧时所筑，其上生树一株，土人（当地人）云已近百年矣，附近居民即呼为炮台村"。诗人蒋秋吟有《咏皇船坞》曰："皇船坞口是渔家，杨柳青青拂岸斜。绝似西湖好风景，二分烟水一分花。"描绘了这里酷似江南的自然风光和人文景物。

第三节 柳墅行宫

一、沿革

柳墅行宫，位于城东南"大直沽以西，唐家口以东。"考其位置，在今河东境内六纬路与十二经路至十四经路交口一带。是继明代直沽皇庄后，津城第二座大型御用园林。始建于清乾隆三十年（1765）。《续天津县志》记载，柳墅行宫是"芦商呈请巡盐御史高公（诚）奏准捐建"，由户部、内务府、长芦巡盐使监督，经一年多施工，落成于海河畔。清乾隆三十一年（1766）至乾隆五十九年（1794）的28年间，乾隆皇帝八次驻跸行宫，御题了大量匾额、楹联和诗章，有的还刻木或镌石立于行宫。

建成后的行宫，"属鹾臣（盐务官吏）所经营"，依靠盐商雄厚财力，将其养护极好。乾隆之后，嘉庆曾三次传旨过问行宫情况，并颁旨："行宫是巡幸驻跸之所，宜时加查看。"嘉庆六年（1801），因天津遭受特大水灾，行宫受到损坏，"近乎倾圮，遂进行修葺"。嘉庆十三年（1808），嘉庆皇帝阅兵于此。但嘉庆、道光两帝一直未再启用行宫。据《天津县新志》记载，行宫于道光二十六年（1846）"奉裁变估"，遂分段拆卖。咸丰六年（1856），第二次鸦片战争时被拆毁。存世91年。

清光绪十一年（1885），在柳墅行宫基址改建北洋武备学堂，成为中国近代第一所培养陆军军官的学校。光绪二十六年（1900），八国联军侵入天津，学堂毁于炮火。

二、园景

柳墅行宫分为两部分，一部分为殿堂区，约有 500 余间房屋，构成一个规模宏大的古建筑群。阁宇密布，楼宇豪华，有朝房、偕乐堂大殿、照殿、佛楼、西洋式戏台、海棠厅、校籛室、藤箩厅、船式厅、御座楼等。一部分为造园区，广植花木，柳绿成荫，溪桥流水。行宫周长 240 丈（720 米），总面积近 50 亩，是一处典雅豪华的皇家园林。

柳墅行宫的庭园建筑，居北面南，依此排列，四周遍植杨柳。“宫墙甬道、内外朝房、殿阁亭台、溪桥山石以及树木花卉、鹤鹿禽鱼、靡不具备。”乾隆皇帝深为喜爱，在八次巡幸驻跸时，御笔诗章颇为详尽，描写了如诗如画的行宫景色。除御题“柳墅”、“瀛津”牌楼外，并赋楹联“丽日和风春淡荡，花香鸟语物昭苏”等多幅，都是亲笔书于购金素蜡笺，洒金蓝蜡笺、碧蜡笺和洒金黄绢上，并钤印“乾隆宸翰”“陶冶性灵”等御玺，保存于行宫内。该园林一时名震大江南北，居津门诸园之冠。惜诸多乾隆手迹如今荡然无存，不知所往。

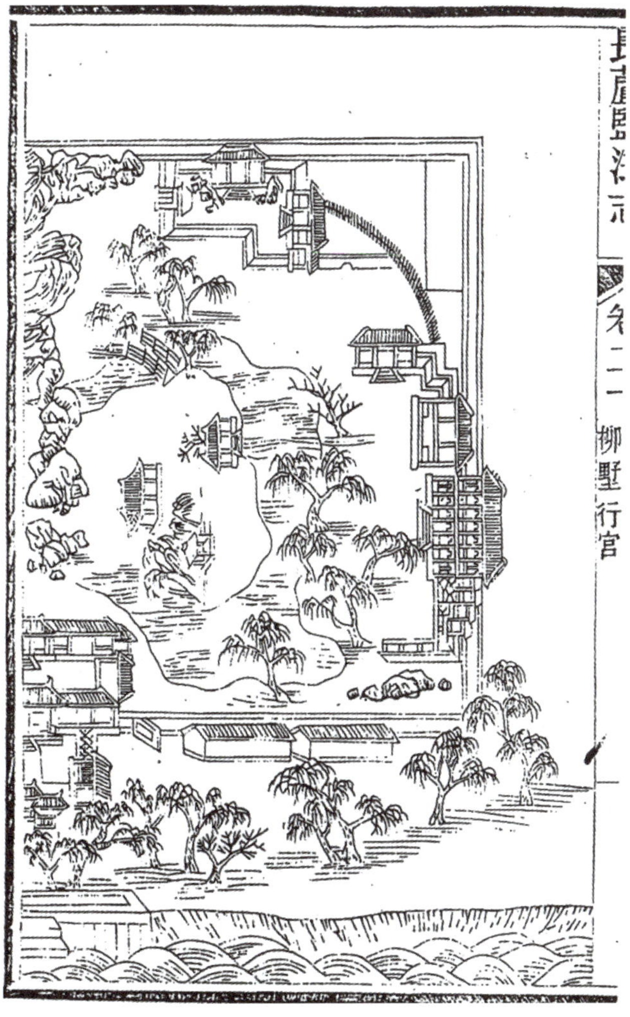

柳墅行宫示意图

摘自：清代《长芦盐法志》

在津人眼中，柳墅行宫是一座充满神秘色彩的园林圣地。清道光初年，津城文人崔旭（1767—1846）有《行宫》诗云：“往日銮舆曾此临，津东胜地柳成荫。宫门深闭花千树，应报春风望幸心。”嘉庆初年文人樊彬（1796—1881）也有《柳墅春融花笑日》等诗作。

三、俄国公园

俄国公园建于1903年，位于原天津俄租界领事馆以东，在今大光明桥海河东岸天星广场一带，面积7万平方米，在昔日天津租界花园中面积居首。公园布局自然，园中树高林密，浓荫遮地，大片池塘，临水植柳，以自然景致取胜。公园南部有凉亭，围有花木点缀，亭南有网球场、游泳池、运动场、秋千架等。公园建成后任人游览，夏日园中多举办夜场电影和舞会表演，热闹场景被称之“夜花园”；冬日湖水结冰后做为溜冰场，举办化妆溜冰会，场面热闹。园中的俄国东正教堂和纪念碑是标志性建筑，从白河（今称海河）对岸的英租界眺望，格外醒目。

1924年天津俄租界归还中国，该园更名为“海河公园”。其后若干年疏于管理，《大公报》1931年的一则报道说“园中景象荒芜不堪。”后有1936年的《天津游览志》记曰：“30年代市政府曾整修公园，浚深池塘，添植树木。春时杂花树繁，群莺乱飞，榆树成行，参天蔽日，红栏绿树掩映生光，益增胜境。”

俄国公园所在地曾是清代乾隆皇帝行宫“柳墅行宫”，建于清乾隆三十年（1765），后废。继又于清光绪十一年（1885）在行宫遗址上建“武备学堂”，废于1900年。遂又在“武备学堂”遗址上建俄国公园，故有称之“柳墅公园”。

1939年，侵华日军占据公园，将大树砍伐殆尽，拆掉了园内的教堂，将公园改为军用仓库和码头，俄国公园从此废毁。1945年此处复建小公园绿地，改名“建国公园”，又称“河东公

20世纪30年代俄国公园鸟瞰

园”，然昔日景致不再。2000年这一带规划建设天星广场商业区，昔日景致自然怡人的俄国公园成了历史记忆。

第四节　碧樾行宫

碧樾行宫位于葛沽东约三里杨惠庄与行宫村之间，北距海河约200米，东距杨惠庄渡口约300米，南邻海大道（津沽路，疑为大沽路），西邻刘庄村。行宫占地20000平方米。宫墙周长306丈，共12个院落，其中楼台殿阁、水榭亭台一应俱全。宫前建有牌坊。碧樾行宫于清乾隆二十八年（1763）开始选址，乾隆二十九年（1764）备料，乾隆三十一年（1766）春动工建造。清代嘉庆初年，葛沽文人白清轩著文集《百草寻参》，其中收录了碧樾行宫图。图中详细记载行宫的结构布局，宫殿中陈设布置及宫外园林设计，并加以脚注诠释。《百草寻参》中还录有痕台道人诗文《行宫》：“行宫欲起三百房，时至画栋镌朝廊。宫外杨柳绿如烟，金殿飞阁胜阿房。”题下有注：“乾隆三十一年七月初四，于行宫料场偶见行宫图，欣喜若狂，巴望筑就心切，一时情急而作之。”

清乾隆三十二年（1767）三月初五，乾隆帝巡视天津。“春巡郊甸，巡视河堤，凤艇承流，祥飚助顺。”是日，驻跸碧樾行宫，发谕旨四道。三月初六，乾隆帝“驾至福佑寺，降神庙拈香。上观海台；阅盐池；作瀛裔七律一首，刻碑，为‘盐滩碑’。阅驻防兵。”是日，驻跸碧樾行宫，发谕旨九道。

《畿辅通志·帝制纪》记载，“乾隆三十六年二月谕：……总督杨适璋以通州至扬州一带，向有河淤，舟行稍滞，将天津杨惠庄行宫移建武清县之桐柏村。”一道圣旨，碧樾行宫失去了原有繁华，日见荒凉，一座气势恢弘的皇家建筑在战乱和自然灾害中消失了。“指点前村路不遥，抚今追昔欲魂消。每当禾黍秋风动，倍觉凄凉感前朝。”曾经辉煌一时的行宫，给历代文人墨客留下了吟咏的无限空间。

第五节　海河楼

一、沿革

海河楼位于旧三岔口北岸正中，坐北朝南，面向海河，今望海楼址，由盐商捐资修建。始建于清乾隆三十八年（1773），毁于同治八年（1869），存世97年。

海河楼东西两侧，为望海寺和香林苑。《天津县新志》卷二十五《旧迹》记曰：“海河楼在三岔河口北岸，崇禧观东，乾隆三十八年建，御题‘海河楼’榜字赐之。”海河楼多次为乾隆巡幸津沽或行香各庙时休息、用茶膳之所。乾隆莅津赋《咏海河楼》赞曰：“香林苑畔海河楼，驻舫凭栏一畅眸。虑有夏绿容纳苦，幸无圹堰筑防忧。骈阗岸旁扶携侣，来往波中歌舞舟。虽献民欢供懿赏，怡然意共□然投。”

清咸丰年间，海河楼渐至荒圮。咸丰八年（1858）四月十四日，英、法、美等国兵船继攻陷大沽炮台后，溯海河而上，盘距在三岔河口一带，香林苑、望海寺等被抢劫破坏，海河楼则作为法国领事馆。第二次鸦片战争后，同治元年（1869），英、法等国首先在天津取得划占租界和修建教堂的特权，强行永租海河楼以及西侧香林苑共15亩地，拆除了海河楼和香林苑，于同治八年（1869）在两基址上，由法国天主教神甫主持建成了天津第一座教堂“圣母得胜堂”，俗称望海楼教堂。翌年发生了震惊中外的“天津教案”，教堂被焚毁。光绪二十六年（1900）6月15日义和团运动再次烧毁教堂。1900年后，法国用“庚子赔款”于原址再次建起教堂。

二、园景

海河楼的营造，遵循明清时期古典庭园建筑的营造法式。内有房屋152间。《长芦盐法志》记曰，其内亭池廊庑台榭树石，前临河为楼，朱栏彩绘，簷宇峻矗，俯瞰波流，遥瞻海色，尤据形势之胜。登楼远眺，波光粼粼，似可望海，故名“海河楼”或“望海楼”，或称“河楼”。及至嘉庆年之后，銮辂弗莅，栋宇失修，但仍不失当年气派。英国使节阿美士德随员于嘉庆二十一年（1816）经过天津入北京时所绘海河楼外景图，详尽描绘了当时该楼之全貌：“前临大河，河上船只往还，河岸亭台楼廊，树木葱笼，游人穿行其间，仍具园林胜迹之观。”嘉道年间天津诗人梅成栋（1776—1844）曾作《河楼春望》诗二首：（一）“绿杨袅袅抱红楼，斜日凭栏感旧游。满地落花春不管，雏莺衔过古墙头。”（二）“萋萋芳草望如烟，沽上潮来水相天。出网河豚三月美，桃花红映酒家船。”他的另一首《登河楼诗》感叹：“远水兼天下，西风满花楼。桃花如一梦，红叶又三秋。废宅多生草，高原尚泊舟。凭栏起长叹，谁有救时谋？”由诗中的描述可知，此时的海河楼已年久失修。道光年间进士吴士俊（1800—1883）尝作《望海楼观潮歌》，描绘了登楼远望“海光天色上下连”的沧溟开阔和“楼影倾摇浪花里”的楼下景色。清代诗人华鼎元、文人王敬熙亦留下了描绘望海楼风光的诗句。

第六节　望海寺

一、沿革

望海寺位于旧三岔河口北，面对海河，海河楼之西。始建于清代初年（一说明代），乾隆元年（1736）重修。为清代三岔河口著名景观之一。据《天津县志》卷八载：“望海寺在城外河北，乾隆元年巡河御史三保（正黄旗满洲人）提请重修，赐有御书匾额。”《天津县志·艺文志》载：“望海寺至香林苑，观卫（今南运河）、白（今北运河）二河交汇处。”乾隆三十八年（1773），在香林苑南又建海河楼。

望海寺一带当时名园麇集，人文荟萃，是天津重要的园林古迹。凡商旅行至三岔河口，莫不登临望海寺拈香拜佛，祈求神灵保佑。乾隆皇帝到天津巡视，多处到望海寺拈香，并在此观览休息。

清同治元年（1862），法国强租香林苑及海河楼地界，并于同治八年（1869）建起教堂。但望海寺不在法国“永租”之地。故“天津教案”发生后该寺依然存在，且仍有香火。直到民国初年，才成废寺。据说起因是该寺僧侣谋杀外来僧人，该寺僧被治罪后，寺遂封闭。

1918 年海河第五次裁弯取直，因望海寺位于裁直后的海河中心，寺院终被拆除。拆除时，寺院的石料、木料、坊额、碑石、炉钟等均移往八里台。于是，八里台也有了一座望海寺，并将乾隆御诗碑移置于碑亭内。但八里台这座望海寺并未存在多久。20 世纪 20 年代初，大殿改为学校，碑亭移至南开大学木斋图书馆西，成了图书馆纪念碑的碑亭，御诗碑被遗弃，埋于地下。古钟被悬挂在大悲院的大雄宝殿内。

1985 年 2 月修建中环线时，在八里台一民房的地下，发现了望海寺御诗碑。碑通高 3.12 米，宽 0.93 米，厚 0.31 米，碑额、碑身、碑座都有龙纹浮雕饰。碑上镌有乾隆皇帝自 1767 至 1788 年间六次出巡途经天津察看堤闸，检阅新城水师营和海光寺绿营兵，参加海神庙落成典礼，到芥园察看南运河水情并从津至山东作水灾后安抚之行，以及巡视河工在望海寺拈香作的七首诗。每首诗后均镌有两方御印。这七首诗已成为研究天津历史文化的宝贵资料。

二、园景

望海寺面对海河，且处于“三水交并”的特殊位置，在此观光览景，实可谓得天独厚。乾隆年间的天津学者查礼（1715—1782）游览望海寺后，作七律《望海寺》曰：“殿角曈胧寒日明，凭高迢递见蓬瀛。河分九派门前合，潮送三山槛外迎。烟霭有时浮刹影，霜天无际彻钟声。回瞻宸翰光华著，长使波涛昼夜平。”诗中说，倚立于望海寺院高处远眺，仿佛看到仙山蓬莱与瀛州，显得辽阔高远，令人心旷神怡，勾画了绝妙景致。

第七节 武清行宫（筐儿港行宫）

武清行宫（筐儿港行宫）位于武清城区北侧，在北运河十一分洪闸北约 160 米处，建于清康熙年间。清康熙、乾隆等皇帝曾多次驻跸于此，并留下御笔诗章。清康熙四十九年（1710），康熙亲书“导流济运”，刻石碑于筐儿港行宫东 100 米处。乾隆三十二年（1767），乾隆帝巡视天津，周览河堤淀闸，书《阅筐儿港减水堤作》五言诗一首，后立碑于筐儿港，题五言诗《阅筐儿港之作》并附刻前碑。乾隆三十八年（1773），乾隆帝阅视永定河等处，途经筐儿港，又留下了一首加注的五言诗，后来附刻在诗碑之侧。行宫东南20米处有一八角亭，正东90米处有古槐一株。1905年时行宫、古槐尚存完好。1925年行宫被运河河务局卖掉，八角亭被拆毁。现仅存遗址。此处水资源丰富，郊野景观较好，自然环境与文化遗存相得益彰。武清区在城乡总体规划中，已提出在该处建设运河公园。

第八节　静寄山庄

一、沿革

静寄山庄位于蓟县盘山南麓，又名盘山行宫。占地约40公顷。清乾隆九年（1744），"始命建静寄山庄于山之阳。"工程历时十一年，于清乾隆十九年（1754）竣工。静寄山庄是清代北京以外规模仅次于承德避暑山庄的第二大皇家行宫园林，清鼎盛时期的御用园林杰作之一。

乾隆曾于山庄驻跸三十余次，足见对其景观环境之钟爱。嘉庆驻跸七次。清嘉庆十五年（1810）以后，遂绝巡幸。道光十一年（1831），裁撤盘山行宫，所有陈设运往避暑山庄。直至清末尚有园官看守。

1924年，军阀胡景翼部为筹军饷，以斥卖官产为名，先伐松，后拆屋，最后计亩卖地，所得不足万金。同时，看守园官也争相抢夺，静寄山庄遭到严重破坏。抗日战争时期，又遭日本侵略军扫荡，山庄被夷为一片瓦砾。1966年，石佛殿三尊佛像及乾隆御制碑被砸毁。现仅存建筑基址和六、七里宫墙。

今山庄的大宫门和内八景之一的静寄山庄为市政疗养院所占，小宫门和农乐轩的一部分为财税疗养院所占。荣军疗养院也占用了山庄的一部分，建成宾馆楼东厢楼。

二、园景

山庄围墙石灰石砌成，周长7.6公里。山庄由前宫、中宫、后宫、石佛阁、步云楼、捉云亭以及内八景、外八景、新六景组成。乾隆亲自定名内外八景。内八景为静寄山庄、太古云岚、层岩飞翠、清虚玉宇、众音松吹、镜圆长照、四面芙蓉、贞观遗迹。外八景是山庄之外盘山诸胜：天成寺、万松寺、舞剑台、盘谷寺、云照寺、紫盖峰、千像寺、浮石舫。合称御题十六景。后又新增六景，即半天楼、池上居、农乐轩、雨花室、会然阁、小普陀。另外还有乐山书屋、婉娈草堂、四面云山、极望澄鲜、目穷千里、林深石润、云林石室、石林精舍、绿缛亭、摩青亭、石佛殿、沧浪亭、千尺雪、翠市亭、朵山（疑为"云"）亭、放鹤亭、净兰亭、西点亭、霞标亭、心静斋、中方亭、青阶堂、得慨轩、读画楼等建筑和景观。据姚文翰《盘山图》（现藏台湾故宫博物院）所示，山庄内有景观一百余处。

第三篇

公园、风景游览区

第一章 全市综合性公园

第一节 水上公园

水上公园坐落于天津市中心城区西南部，东依天津电视塔，南接动物园，西邻天津市委党校，西北临周恩来邓颖超纪念馆，北靠天津市体工大队。总面积164.57公顷，其中水域面积89.2公顷。水上公园始建于1950年8月26日，1951年7月1日正式对外开放。水上公园被誉为“北方小西子”，于1990年被评为“津门十景”之一——龙潭浮翠，2004年被国家旅游总局评为国家AAAA风景区。截至2010年底，水上公园在岗职工人数为401人，年均游客达800万人次以上，纳客量居天津各大公园之首，是天津市中心城区最大的综合性公园。

一、沿革

民国初期，水上公园区域洼淀星罗棋布，大小渊潭众多，潭内芦苇丛生，鸥鸟翔集，野趣盎然，人们进出要荡舟而行，途中常常会惊扰飞出野鸭等水禽，时称南郊公园。亦有专家考证，水上公园前身的八里台青龙潭洼淀群，称为卫南洼。天津方言中凡称“卫”者，多指明代事物，据此推证，这里至少从明代以前即为天津的洼淀之一。

由于天津城南地势低洼，八里台卫南洼一带便成了夏秋多雨季节的泄洪积涝之地，凡大洪涝之后的积水需经二三年后方能干涸，因此就形成了不宜种植庄稼的洼涝之地。

因连年水患，清光绪十六年（1890）夏，李鸿章命令淮军将领卫汝贵率所部官兵开浚卫津河。该河从海光寺前的墙子河开始向南，经八里台通卫南洼，后折至东南方向到南洋码头附近的赵北庄与海河沟通，形成了当年既可泄洪排涝，又可行船的航道。

随着天津开埠，商贾云集，日趋繁旺，租界增辟，城区扩充，建筑所用的砖瓦也成为急需。加之砖瓦运输可以由卫津河进入墙子河直达英、法等租界，省工省费也便捷，于是卫南洼的弃壤荒地就成为取土制砖的首选之地。在已经发现的1900年德国军队实测的天津地图上，已经标明卫南洼有若干窑坑。20世纪初，军阀鲍贵卿成立了仁义房地产公司，在八里台一带购买了3600亩弃壤取土烧砖。此后，陆续有红光、隆兴、永兴等十几家窑场在此取土烧砖，形成了无数大小窑坑，遇雨积涝，久不消退，日久蒲苇、野花、杂树丛生，加之行船便利，便有了此地的无限水面风光。

传说当年有行船者在天气阴晦、暮色低垂之际，于此曾见青龙时隐时现，故曰青龙潭。此说见于明清时期的《天津卫志》:“出龙河，在城南，去城二十余里，传说曾有龙出于此，故名。”1937年7月23日《北洋画报》曾刊出著名报人吴秋尘文章《青龙潭》，曾述:“1920年前后，临近南开大学有个水坑，人们习惯称之为‘南大坑’，‘津城咸视为消暑唯一胜地’”;“从南大坑往前走约500米左右，在“芦苇回环之端”，人们又发现一处新的水湾。此水湾与一座旧砖窑相邻，乡民于水湾中筑一小岛，竹篱环绕，蓆棚竹顶，内备桌子茶几供人们饮茶。岛前有伸入水中的巨木跳板，供游泳嬉水者用，茶棚外高挑一张白布大幡，书写大字‘青龙潭’”。另据资料考，“文化大革命”前，水上公园原二岛文化广场曾建有一座彩色琉璃二龙壁，为约1956年由广东佛山市所赠予，由天津市副市长周叔弢亲自组织二龙壁的运输、修建及装拼镶嵌，在“文化大革命”初期被视为“四旧”而砸毁。

1919年，教育家张伯苓修建南开大学新址选在八里台，就是看中此处风景。尤其入夏，凉风习习，荷花竞开，便有许多南大师生及津门百姓乘舟到青龙潭乘凉、嬉水。据载:“岛之南水深可达五六丈，岛北稍浅，三四丈耳，向晚游舟云集，下水者亦颇不乏人。”

20世纪初，曾有一批活跃在天津的城南诗社的文人雅士尤为钟情青龙潭。“城南诗社人，最喜城南游”。其创始人严修（范孙）在《八里台归途示诵洛》中写道:“夹岸丛芦一色青，橹声续续水波澄。故乡风景君应记，略似西兴到绍兴”。文史专家认为，当时文人雅士“泛舟八里台”就应该是从海光寺附近登船，经过六里台、七里台到达八里台的。同期，另有一批客居津门的南方籍学者文人也时常光顾青龙潭，无锡籍学者杨味云的《云在山房骈文诗词选》中收有歌咏青龙潭的诗句“红藕将残，白萍未老，柳丝冉冉，犹带斜晖”。此外，高凌雯的“城南绿水抱村流，曾共诗翁一放舟”(《刚训斋集》卷十二);冯文洵的“新涨一篙碧，疑人天上坐”(《紫啸声馆诗存》)，也均为青龙潭聚会时留下的诗文佳句。

天津作家冯景元和地名学家王翁如先生都提到，早在民国初年，此地就是文人雅士集会之地，已有蓼香洲、微碧园几处景观。准确位置待考。近年来，有文史学者深入考证又有新发现。20世纪30年代，天津城南曾建有一处景观，是家资雄厚的津门名人张镒之私家园林，名曰水香洲。此洲之前是八里台的荒洼苇塘，经过一番修建，建起了临水平台、连廊、居室等若干建筑，并栽植杨柳荷花，曾与当年的水西庄、芥园等津门名园齐名。名士陈实铭有诗云:“数椽小筑水中央，四面围花当画墙，万顷红香争异影，晚风吹透藕丝裳”，极为形象地描绘了水香洲内的沧近居、三十六陂吟馆等建筑景观之美。但张镒在水香洲建成两年后去世，水香洲也随之衰败湮没，渐渐被后人淡忘。人们只依稀记得水香洲具体位置大致在天津城南八里台一带。通过天津市建筑遗产保护志愿者团队多位史学专家屡次实地考察，比对天津老地图，查找名人回忆文章等，最终确认水香洲位于青龙潭南岸，即今日水上公园三岛眺远亭附近。

天津解放，给市民提供风景优美的休闲园地列入市政府的议事日程。水上公园是由毕鸣岐倡建的。毕鸣岐是中国近代爱国实业家，担任过天津市副市长。1950年春末夏初期间，毕鸣岐与天津市主要负责人之一的李耕涛到青龙潭打野鸭。其间，毕鸣岐向李耕涛建议，天津市内公园极少而且小，与华北第一大商埠地位不相称。青龙潭水面广阔，风光极佳，如果把这里建成一座水上公园，百姓们到了节假日就有了好去处。李耕涛认为可行，便将毕鸣歧的建议带到一次市委会议上，很快付诸实现。1953 年张仲携家人到青龙潭游玩，偶然遇到天津市政府秘书长吴砚农。吴说，“这里是我向黄敬市长建议修的公园。人民用自己的力量开这么大的公园还是第一个。”

1950 年 8 月 26 日，水上公园在天津市委市政府的大力支持下开工建设。1951 年 7 月 1 日初具雏形，向游客开放。1951 年 12 月 18 日，市政府又公布了扩建水上公园为风景区的方案。其范围北至八里台、中纺六厂、万德庄一带；东至津盐公路，西南两面各至大围堤。在此范围之内，以青龙潭、王顶堤两处为建园中心向外辐射。当时，市政府还对建园土地征用、设计原则等问题进行了商议。1951 年间，现水上公园一、二、三岛系原当地居民费振海、刘万金、陈培源、肖李氏等人的水旱田、坟地、鱼坑均被政府征用。宁家房子的陈鸿宾、陈连永和永兴同记砖厂的土地也一并征用，作为水上公园扩建之用。公园总面积为 18000 余亩，当时水域面积约占总面积面积的 70%。

1951 年 7 月 1 日，基本建成的水上公园正式向游客开放，并正式命名为水上公园，旧名南郊公园、青龙潭即弃之不用。管理机构全名为天津市水上公园管理所，行政级别为科级。公园管理所第一任所长为刘升。当时的水上公园共修成七个游览区，包括中心区、田园区、休养区、文教区、生产区、狩猎区等。其中中心区以公园五个岛面及四面水域为主，水路兼有，可容纳游人十余万。

二、园景

1. 景区

水上公园建成开放后，历经数次改造。特别是经历了 2002 年、2003 年和 2009 年三次大规模提升改造，旧貌换新颜。2008 年 10 月至 2009 年 7 月经历了历史上最大的一次提升改造。

水上公园定位是“北方西湖，水上四季”。改造提升原则是：1. 保持公园现有格局不变，以提升整体景观效果为主要内容。2. 突出公园与城市融合的开放性景观特色；突出长廊文化特色；突出湖岸自然亲水特色；突出自然生态大绿特色。3. 注重水上活动与陆上游艺相结合，建成独具特色、国内一流的综合性公益公园，成为广大群众休闲娱乐的重要场所。

公园规划强调总体布局的关系和景区的内在景观特色和总体布局的关系，体现内外结合、动静结合、景区结合，营造风格突出、特征鲜明的城市绿色开放空间的方式形成“两湖、四岛、六区”的总体布局。两湖为东湖、西湖，水上公园以“水”为魂，在“水”景的映衬下，城市景观与自然风物相互融合，在大自然造化中结合人文的审美情趣。为体现特有的“水上”魅力，规划紧密联系又各具特色的两湖景观。其中东湖以大型水景喷泉为特色，并结合夜间水上表演燃放焰火，突出水上的城市尺度。西湖则以游船活动和水上特技表演供市民广泛参与。四岛为春岛、夏岛、秋岛、冬岛，其中春岛名曰玉棠报春（精品园艺区），夏岛名曰芙蓉沁夏（文化展演区），秋岛名曰丹枫染秋（眺远亭景区），冬岛名曰松竹知冬（园中园景区）。六区为翠荫谐趣（游艺活动区）和桃柳和风（滨湖景观区）与以上四岛构成。

春岛景区——春霭玉津：由植物观赏区和盆景园组成，各式海棠、玉兰形成核心景观，突现春色兼顾四季景色变化。

夏岛景区——夏净云香：由水生植物园和湖滨轩组成，彰显了仿明清式的水榭风格建筑。

秋岛景区——秋宇清霜：由眺远亭、中途岛组成。各式秋季植物点染，层林尽染。

冬岛景区——冬宜雪韵：由神户园、碧波庄等独立景区组成。以松、竹、梅及各式常绿植物为核心景观。

2. 景点

登瀛邀月位于五岛，取义源自于20世纪50—70年代末，天津市著名的餐饮老字号登瀛楼饭庄在这里开设分店，曾经盛极一时。该楼原为中式两层建筑，砖木结构。20世纪80年代后期，因年久失修，登瀛楼饭庄撤出，遂逐渐荒圮。1990年初，天津市园林局投资，又在原址兴建一座三层钢筋混凝土框架建筑，外观以中式风格为主，兼具西式元素，呈中西合璧造型，取名龙潭酒家。1993年，开始实行独立承包，除继续经营餐饮外，还开辟一楼部分附属建筑，建成歌舞厅。2001年，三楼阳台出现裂缝，且日益增大，加之一些基础设施年久失修等原因，至2002年停业。之后一公司将之租用，但始终关门闲置。直到2008年，水上公园实施大规模提升改造，将该楼推倒重建为一规模更大的三层仿明清式建筑，由今晚报集团经营一高档饭店，名曰“抱金碗”，冯骥才为其书写了金字匾额。由于登瀛楼余响犹在，虽然这里几经改造，几换字号，但众多老游客、老员工仍将这里称为登瀛楼。

翠堤览胜位于公园最东侧。取沿翠色长堤览园中胜景之意。

水上公园环东湖周边依次建有水晶广场、水景长堤、眺远亭、神户园、碧波庄等景点；西湖东岸建有龙潭书画院；公园北部建有盆景园、游乐场；东西两湖中心分别有红莲岛和湖心岛，其中湖心岛于1994至2009年曾辟建为万佛岛。

天津盆景园位于水上公园北部，建成于1990年，占地14亩，为仿明清苏州式园林。整座园林飞檐翘瓦、青脊粉墙、垂花门楼、古色古香，是当时华北地区最大的盆景园。正门垂花门檐下悬挂着由著名书法家启功先生题写的“天津盆景园”匾额。悬挂于大门两侧的楹联“隔窗云雾生衣上、卷幔山泉入境中”，由天津著名书法家耿仲敭书写。园内斜对大门处有一石卧于花草树木之间，形似乌龟翘首仰望，故而被称为“龟寿石”；“三友斋”内上悬有一金丝楠木匾，上刻“壶天自春”四个石绿大字，为扬州著名文人王板哉手书。此二物被称为“镇园之宝”。

盆景园内建有天舫楼、三友斋、同坐轩、玉翠堂、咫韵馆、翰墨馆等多间厅舍。大厅里的展台上及露天的石凳上常年展放着全国苏、扬、川、海、岭南五大流派的盆景艺术精品300余盆。除此之外，盆景园内还专门设有展示具有天津艺术风格的山水盆景的展厅。李鹏、朱镕基、高德占、张立昌等多位国家和天津领导人曾参观盆景园。1993年10月31日，国务院总理李鹏偕夫人朱琳参观盆景园。

园内还收藏了慕凌飞、王学仲、周汝昌、范曾等书画名家作品数百幅。天津盆景园曾多次举办过盆景展、书法美术作品展。历届菊花展时，盆景园也是展示精品菊花的重要场所。

碧波庄位于水上公园东南部，占地 1.57 公顷，建成于 1986 年。碧波庄因碧波环绕而得名，庄内长廊迂回、雕梁画壁，由涟漪园、迎客来、畅心楼、碧泉轩、愉欣园等明清风格的仿古建筑群构成。亭台楼阁错落有致，曲径通幽。20 世纪 90 年代，游客站在中途岛上的拱桥上向东南方向望去，正与畅心楼隔水相望，两层临水楼榭、雕梁画栋，配以玉栏石砌、婆娑杨柳，倒映于碧水之上，令众多游客驻足欣赏、拍照留念。这个画面被中央电视台用于每晚的天气预报的天津标志。其建筑牌匾均由著名书法家王学仲、孙其峰、李鹤年、余明善、龚望等题写。园门上方高悬的“碧波庄”三个大字由著名书法家李研吾题写。园内入口处曾有一幅“百福屏”，是 20 世纪 80 年代，由天津 160 余位著名书法家分别书写，真、草、篆、隶字体共同组成的“福”字大屏风。2006 年，水上公园将碧波庄租借给一韩资企业，进行了大规模拆改，建成了高尔夫球练习场。人民日报社以《天津水上公园距离市民越来越远》为题的文章在 2007 年 4 月 24 日《人民日报》刊登后，引起了社会各方面的关注。之后，在 2009 年的大规模改造中，拆掉了碧波庄围墙、高尔夫球练习场、百福屏、小南院等部分建筑，只剩下了畅观楼等部分建筑，建起了二层小楼，引入卫鼎轩经营餐饮业。

神户园坐落于水上公园西南边缘地带，临近公园五岛南部，占地 1 公顷，建筑面积 175.28 平方米，是一座原汁原味的日式园林。

神户园是中日两国恢复友好往来的重要成果。1972 年中日恢复邦交后，于 1973 年，在周恩来和田中角荣等老一辈中日领导人的倡议下，天津市和神户市结为中日两国首对友好城市。1985 年，天津市政府在神户市森林植物园中种植了“天津林”，在一块天津蓟县盘山中上元古界震旦亚纪石上，刻有天津市市长李瑞环和神户市市长宫崎辰雄的题词，被视为天津赠予神户市的珍贵礼物。1988 年 9 月，日本神户市市长宫崎辰雄率团访津，参加天津市和神户市建立友好城市关系 15 周年活动，并提出由神户市出资 1 亿日元，以神户市布局为基本框架，修建象征两市友好的神户园，以此作为对“天津林”的回赠。1989 年神户市工程局派专员到津做技术指导，天津市园林工程处、绿化处、水上公园工程人员在五岛共同兴建了神户园。据日本专家介绍，他们之所以选择水上公园五岛建神户园，是由于其地形与神户市地形相仿：小南湖象征神户港；堆山象征神户六岬山；中间 5000 平方米的开阔草坪象征神户市区。

神户园中还有 5 组日式木制建筑。首先是该园的两座园门，以及木栅栏，不用任何油饰，与其他几组建筑相同，全部都是原木色调，用紫铜叶包角裹边，材料普通而做工考究。在正门入口处，是一间管理室和一间日本老式店铺，店铺的两面墙壁挡板可自由拆装，便于经营，类似我国苏杭一带的老式店铺。在“小六岬山”上，建有一名曰松风亭（或称四阿亭）的木亭，掩映于松树林中，小巧精致。其对面是建园纪念碑，上面镶嵌着两方由天津市市长李瑞环和神户市市长宫崎辰雄于 1989 年分别签款的碑文。中文碑文由天津市园林局副局长、著名造园专家张春泽撰文，著名书法家李鹤年书写。

依着土路、石板路或石子路前行，绕过小六岬山，可以看到日式园灯沿路而设。制作于日本的石灯笼点缀在水边、亭旁和山上，木质的坐台、座椅也分布园中，便于游人小憩。建在园内东南侧的一座木亭，不仅造型别致，而且具有极强的实用功能。据说在日本古代，这种木亭多建在乡间路边，是专为远途者休息住宿、躲风避雨而建。由于柳树是天津的传统树种，故日本友人将之命名为柳亭，寓意为天津，与西边的樱亭隔湖相望，象征着中日友好，一衣带水。在该亭的北面，与其紧邻相对的是1990年为纪念时任神户市市长的世山幸俊参观该园时所建造的纪念碑。碑上镌刻着世山幸俊所作的《访神户园》七言诗：

寻访天津神户园，遥望六甲布引瀑。

水进海河注渤海，愿更东流往神户。

神户园中还建有樱亭，曾被辟为茶社，日本著名的里千家茶道在天津成立的里千家茶道短期大学教师学生曾在此以茶会友，切磋茶艺。园内建筑材料大部来自日本神户，天然少饰，展现了日本特色。

神户园的绿化也是在日本专家的设计指导下建设而成的。山上遍植苍松翠柏，山下种植草坪，湖边的柳树婀娜多姿，湖水碧波荡漾。园内有用自然山石堆砌的瀑布，自高而下，迂回蜿蜒，由南向北经过山石点缀的小溪河道和几处叠水，潺潺汇入小南湖。湖两侧建有日本风格的河卵石泊舟湖岸，东侧建有木质的临水平台，象征着神户港。在此向北望去，远山小亭、瀑布流水、蜿蜒小溪、草坪绿树，其间还点缀了从盘山精挑细选的风景山石，景石或立或卧、大小错落，形成动静结合的幽美园林景观。神户园集山石、小溪、树木三者为一体，充分表现了日式园林风貌。

龙潭书画院坐落于水上公园一岛岸边，西倚西湖，东望植物观赏区，北临盆景园，南俯水生植物园，闹中取静。

书画院的前身是一座紫红色木质建筑，1971年4月为迎接柬埔寨王国亲王诺罗敦・西哈努克所建。旁边是一条曲回蜿蜒的百米长廊，东南北三面皆用高大的侧柏绿篱重做围墙，将之与外部隔离，堪称园中之园。以此得天独厚的环境，水上公园逐步将此处规划建设为迎宾接待区。1971年底、1972年初和1973年“五一”期间，柬埔寨亲王西哈努克曾多次在天津市领导的陪同下游览水上公园，并在这座建筑里休憩。此外这里还接待过其他国家领导人和众多外国友人。如画院前的一条路在20世纪70年代曾被命名为中阿友谊路，盖因这里还曾接待过阿尔巴尼亚客人。该建筑于1999年重建，以杭州西泠印社为范，修建了龙潭书画院。画院建成后，公园还特别邀请了两位书画界泰斗王学仲、孙其峰分别为画院题写匾额，并担任名誉院长，王学仲还题写了对联“龙潭有景都映波、画苑临流似巨船”。

2000年9月22日，水上公园龙潭书画院举办成立仪式，市文联党组书记兼秘书长孙福海，市园林局党委副书记王义彬等到会祝贺。成立当天，书画院的院士们纷纷献出了自己的画作，作为龙潭书画院的院藏。水上公园龙潭书画院曾多次举办书画笔会，自建成以来，成为了天津市文人雅士会集的重要场所。

水晶广场位于水上公园东门显著位置，总长度约500米，面积6.5公顷。水晶广场建于2003年，其整体建筑以原长条湖的纵深方向作为景观序列轴，在这一轴线上修建了水晶叠水墙、水幕电影、水晶长廊、水火交融、灯光喷泉、塔亭和蝶型广场多组景观。水晶叠水墙长33米、宽22.7米、高9.6米，为三层混凝土框架结构。外部是蘑菇形石材和钢化水晶玻璃，墙内设有七种颜色的彩灯，白天玻璃体晶莹剔透，夜间彩灯变换多彩。水幕电影长20米、宽10米，呈扇形展开，西、北方向各有一道水幕，可以使用高亮度投影仪同时放映两部电影。水火交融是在一条S型水景线上，能够表现出火海、火龙、火柱、火球四组景观，达到了水与火自然相融的效果。塔亭外形呈锥型，内部使用ZDMX512程式控制台进行驱动控制，使七彩灯光呈现变幻、旋动、追逐、放射式动感效果。蝶型广场采用了高新技术导光材料——冰花发光光纤进行轮廓勾勒，并由国内最先进的激光光纤机发出光亮，通过光纤导光不产热、不导电，既安全又美观。水晶广场湖内投放的2000尾锦鲤，可供游人观赏。

水景长堤位于水上公园东门对面，其前身是一条长街，两侧栽满了桃树和柳树，故也称之为桃柳堤。2002年，水上公园投巨资将桃柳堤改建为一组水景交融的造型喷泉景点，自公园东大门依次分布在长堤之上。

长堤喷泉风格各异："生命之源"由5棵高10米的圆柱与4只直径1.5米的银色球体高低错落组成水分子符号，底部喷出柱形喷泉，球体随喷泉高低而升降，寓意着水对人类生存的价值。2009年改造中拆除。"石破擎天"由两块高15米，宽4米的巨石构成，两石中间呈曲线间隙，底部水池涌泉翻滚，缝隙中有人造冷雾冉冉升腾缭绕，仿佛巨石刚刚裂开，颇生奇美，引人遐思。"理想之歌"的戏水池中设有5个S型喷口，分别为刻苦、努力、学习、科学、贡献5个英文词的字头，既有童趣又着实富有深意。"曲水流畅"为长堤，引自王羲之《兰亭序》，由大小26个高低错落的水池联接构成。池中设有喷泉，喷口错落有致，层层递升。池间有花坛相连，绿水交融，动静相间。跳泉为诸景之奇，由地面涌泉不规则喷出水柱，最高可达2米，往往在人不经意间喷涌，乐趣横生。跑泉以水动奇特而著称，水柱从井喷出，形成弧形再落入前方井内，依次递进，伴人前行。"水景彩虹"在长堤中轴线两侧喷出圆弧形水柱，继而形成水拱门，供游人穿行。阳光折射下，水柱折射出彩虹的色彩，其景美丽绝佳。"金盆溢彩"则是由四条金属链分四角将一只直径2米的金色大盆高高悬起，激流从空中直泻入盆，气势奔放、声韵震撼，寄托着人类勤劳致富的激情。

2008年11月至2009年7月，水上公园进行了历史上最大规模的一次提升改造。水景广场和水景长堤是重点改造区域之一。水景广场除蝶形广场之外，其余景观改动较大，如塔亭被拆除，水晶长廊被改造为明清式长廊，水晶叠水墙、水幕电影、灯光喷泉等由于维修资金紧缺造成年久失修，基本已不再使用。所存若干喷泉，尚可勉强使用，但每年也需大量资金投入才能维持。水景长堤的生命之源、跳泉、跑泉等景观也被拆除。

水上公园最早种植的藤本植物，于20世纪50年代栽于中途岛花架之上，至今长势茂盛，春季一层紫花，夏季一片绿荫，是水上公园建园之初保留下来的几处老景点之一，逐渐成为公园的著名景点，游人大都称之为藤萝架。藤萝架青砖石廊节节相连，百余米长的绿荫匝地，不远处的文化广场上还时常传来悦耳的乐曲声，由此便形成了供游客乘凉息憩的绝佳境地。

3. 岛屿

20世纪50年代后期，公园开始挖掘东、西两湖。此地处于多家施工单位工程范围衔接处的湖中央部分，没有被挖掘。后经有关部门批准，将挖掘的大量泥土累积于湖中央，从而形成了大小两座岛屿，这便是湖心岛的初期建设。

湖心岛是一座用“玉带桥”连接成的大小两座岛屿，直到20世纪90年代初期，一直是荒芜的小岛。1994年，水上公园与河北丛林景观有限公司合作联营，在湖心岛上修建一座具有佛教文化内容的旅游景点——万佛岛。

岛上供有释迦牟尼佛、弥勒佛的佛像和文殊、普贤、观世音、地藏王等多尊菩萨像。另外，还有十六罗汉听涛、韦陀护法、哼哈二将、四大天王、五百伽兰等大小数百尊佛界神像。万佛岛上还建有接引殿、五山朝圣殿、文殊殿、药师佛殿等多座佛堂。1994年3月19日，在全岛唯一的一株芙蓉树下，修建者挖出了一尊汉白玉鎏金文殊菩萨像。后经专家鉴定，被确认为明末清初的文物。4月13日又连续出土了两尊，为此，专门修建了文殊殿供奉三尊文殊菩萨像。

红莲岛位于水上公园东湖西南侧，南与中途岛隔水相望，西邻公园三岛。红莲岛是20世纪80年代初期，由挖掘水上公园东湖而人工形成的。岛屿总面积4800平方米，四面环水。经确切测量，岛屿边沿与湖岸最远端相距820米。

自红莲岛形成之日起，历时30年无人养管。岛上现有喜鹊、苍鹭、戴胜等6种禽鸟，共计约2000余只；植物除有榆树、槐树、臭椿、白蜡等常见树木外，还有枸杞、红柳等较为罕见的树木和鬼针草、马唐、墨旱莲等22种市内罕见的草本植物，虽然有些品种算不上珍贵，但以上生长和栖息在岛上的植物、禽鸟和昆虫，常年保持生态平衡，形成了一个能够自我修复、良性发展的纯天然生态系统。

琵琶岛坐落于水上公园西湖东岸，于1952年起动工修建，由于岛屿外形轮廓酷似民族乐器琵琶而得名。琵琶岛面临西湖，背靠荷花池，四周绿树成荫，便于赏景纳凉。为此，公园于1989年在琵琶岛上修建了琵琶亭。

4. 湖泊

东湖占公园水域总面积的1/3（其余为西湖和长条湖）。1954年至1955年间，市政工程局所属一、二工程处、养护处施工队人员联手挖掘东湖（同时挖掘西湖），由此形成了东湖的湖面雏形。1974年8月，天津市园林管理处、市管处、市政公司、地铁等单位人员，联合全市广大民兵、机关干部和学校师生对水上公园东湖进行再次挖掘，掘土10余万立方米，以此加大了东湖的蓄水量。迄今，水上公园已在东湖风景区内修建了二岛文化广场、眺远亭、红莲岛、碧波庄、神户园等景点，构成了幽静宜人的景色。

西湖是水上公园最大的湖面，占公园水域总面积的1/2（其余为东湖和长条湖）。1954至1955年间，市政工程局所属一、二工程处、养护处施工队人员联手挖掘西湖（同时挖掘东湖），并将其挖出的土壤堆积至中央，逐渐形成湖心岛。公园后期建设以湖心岛为中心，沿岸修建了北门内弧形长廊、游船码头、迎宾亭廊、琵琶亭等景点，形成远、中、近多层次水面风光。

5. 建筑景观及桥梁

眺远亭亦称眺园亭，是水上公园的标志性建筑之一。眺远亭于1970年建于公园三岛，高26.5米。塔亭整体为砖石结构，通身呈乳白色；亭顶为中国传统绿色玻璃瓦顶，中西合璧，别具特色。亭身外形呈正方体，四面皆有立柱围墙，站在亭上环望四周，可将水上公园的风光一览无余。

1988年，著名书画家范曾现场即兴为塔亭题名，后经多位美术师篆刻加工制成匾额，悬挂于亭子门楣上端。此后，公园又在亭身东墙修筑了循环水蛟龙喷泉，以此为眺远亭添加了诸多活力与动感。

公园内现有多座较大型仿古建筑景观。迎仙阁因该建筑地处东门，有迎客之意，又以游客来到水上公园犹如仙人一般美哉悠哉而得名。其余还有水波轩、湖滨轩、秋碧堂、水上登瀛楼等。另有步胜廊寓意游人在行走中，步移景换，步步览胜。添趣廊位于公园中心区，毗邻文化广场，集游览、休闲、观演于一体，故名添趣。宜秀廊因轻巧灵动，含蓄自然、层层递进、秀丽亮丽而得名。

公园内有7座造型各异、风格独特的石桥。上善桥其名取自《道德经》："上善若水，水善万物而不争"。卧龙桥，桥型如巨龙卧波，又因水上公园别称"青龙潭"而得名。颐寿桥，其寓意吉祥美好，并与桥型吻合。琵琶桥与园内琵琶岛相连，且桥身与岛屿浑然一体，形成琵琶造型而得名。安水桥，此桥外形仿赵州桥，取名"安水"，寓含安定、平和之意。安澜桥，寓碧水安澜，有安定和谐之意。畅观桥连接于水上公园与动物园之间，南北正向垂直，可通观两园景致。

6. 提升改造工程

2009年，水上公园实施了提升改造工程，面积为127公顷。改造工程包括土木建筑工程、道路桥梁工程和园林绿化等项目。

由于公园一直以仿古特色为主体建筑风格，因此，2009年公园改造的亭廊楼阁、服务建筑突出简约的明清建筑风格。主要新建和改建景观及管理建筑包括：公园管理办公楼（面积4113平方米）、东门水阁（面积1400平方米）、水波轩（面积1130平方米）、湖滨轩（870平方米）、三岛轩（727平方米）和登瀛楼（面积2679平方米）等共计6处。同时对盆景园、眺远亭、展览馆等保留建筑进行整理装饰，形成新老建筑统一、简约的明清园林建筑的整体风格。

桥梁是公园重要的交通和景观设施。既要满足交通功能的需要，又要与公园建筑风格协调一致，建成具有明清仿古风格的景观桥梁。原有桥梁大多超出使用年限，存在严重安全隐患，因此5处桥梁需全部拆除重建。为完善公园交通系统，增加游览路线，增建2座涵桥，风格均为仿古式桥。主体为砼结构，栏杆为花岗岩花式栏杆。其中东1号桥为仿古式九孔桥，西1号桥由琵琶岛连接南北二桥，形似蜻蜓，造型新颖生动，而西2号桥以赵州桥为蓝本建设。公园建成后东线桥为人行桥，西线桥可为紧急情况的车行交通。

公园以“春岛、夏岛、秋岛、冬岛”突出各自四季景观的特色。公园东侧的桃柳和风景区突出以“桃柳”为特色的四季景观效果；小迪斯尼景区突出在冠大荫浓乔木空间中的卡通修剪植物特色。公园改造工程坚持以“水”为魂，强调城市景观与自然风物相互融合，在大自然造化中结合人文的审美情趣。

三、绿化

新中国成立初期，由于苗木资源缺乏，故而栽植在公园最早的树木是从沧州、霸县运来的一批柳树。树木大多栽植在东面一条通向园中的土堤上，柳树的旁边又加栽一些山桃树，进而形成了公园桃柳堤的雏形。至今，在各岛沿岸仍可见胸径70厘米左右的柳树。公园中最高大的树种是毛白杨，当年栽植的树保留较多，胸径可达70~80厘米。其中水波北侧有一株胸径达83厘米，高达20余米的毛白杨，其树冠开阔，树干通直，是早期栽植的乡土树种中保存最好的。

1954年公园栽植的第一批外来树种，是从山东引进的绒毛白蜡，如今公园儿童区附近还保留着10多株。其中最大的，胸径已达94厘米，树冠达25米以上。另外刺槐也是一种非常好的外来树种，“五一”期间开花，洁白芳香，管理粗放，长势强健，极少发生病虫害。2003年公园做植物丰富度调查时，刺槐数量为1900多株，是公园中数量最多的乔木树种。公园展览馆两侧的2株梧桐和2株西府海棠树龄虽然只有50多年，但栽植地点背风向阳，生长迅速，枝繁叶茂。梧桐胸径分别达到82厘米和92厘米，西府海棠丛生枝径平均为35厘米，是公园中最大的花灌木品种。因为毛泽东曾于1958年来展览馆参观农业展览，所以这4株树被天津市定为有纪念意义的B级古树名木。

早期栽植的乔木树种还有桑树、国槐、合欢、山桃、臭椿、桂香柳、丝棉木、小叶椤等，目前在园中都有留存。1958年后，天津市的苗圃生产的各种花灌木逐渐增多，公园开始栽种海棠花、紫荆、金银木等花灌木品种，以及藤本品种美国凌霄和三叶地锦（爬山虎），逐步为公园增加色彩。到1961年公园建园10年之际，水上公园建设达到第一个高峰期，园内树木品种超过了50种。这些早期栽植的大树，树龄至今都在60年左右。它们为公园的绿化打下了坚实的基础，具有一定研究价值和纪念意义，公园下大力予以保护。

为解决国家经济困难，1961年到1963年公园栽植了很多粮食、瓜菜等农作物，园林建设受到很大影响。这一时期的绿化注重经济树种，为此，公园陆续在一岛、五岛、六岛、九岛建立多处苹果、桃树、梨树果园。果树自1956年就开始栽植。20世纪60年代后，各种果树达到5000多株，每年收获各种水果数万公斤。直至20世纪60年代后期，西湖西岸因建二七一医院，占用了梨树园。1975 年后因建动物园，公园南部的果园面积逐渐减少，至 20 世纪 80 年代中期果树才结束了作为经济树种的历史使命，共计历时 30 年。

1964 年后，绿化得到发展，公园开始注重树种配植和美化作用。绿化技术人员在长廊北侧绿地的设计非常典型。毛白杨、刺槐、元宝枫、黄金树等多种乔木品种配合体现季相变化的花灌木品种，三月的丁香，四月的黄刺玫，五月的蔷薇，六月的石榴花，结合利用有限的常绿树品种桧柏、侧柏，形成的人工植物群落，一直保持着稳定的环境效果。另外三岛的碧桃成片，四岛的海棠成林，形成了整体景观效果。这一时期，公园还引进了银杏、龙爪槐、蝴蝶槐、无刺槐、无刺山皂角等多种观赏乔木，还有南方的青桐、苦楝、江南槐、悬铃木、竹子等树种。无刺山皂角树姿优美。

“文化大革命”初期，园林事业再次受到严重冲击。绿化种植注意配合政治教育。从兰考引种泡桐，是学习焦裕禄；建红领巾小果园是为了教育少年儿童向工农学习，同时还具有科普教育的双重意义。为提高小果园的观赏性，除栽植桃、梨、苹果以外，还大胆引种了山区的柿子、黑枣、核桃等多种果树，不仅丰富了公园秋季景观，而且每年还能收获几千公斤果实。

20 世纪 60 年代中后期，开始注重常绿树种的引进，在八岛栽植了油松林，在贵宾接待区一号房周围，开始点缀一些雪松、龙柏、云杉等常绿树种。后修建烈士陵园，广场东西两侧栽植的白皮松、桧柏、侧柏等常绿树是公园长势最好的植物，充分展现了烈士陵园广场的庄严肃穆。1971 年在纪念碑周围首次栽植了大叶黄杨，这种来自南方的阔叶常绿树种不耐天津的干旱风寒，但经过工人们精心的养管和防护，最终全部成活，至今已近 40 年，一直生长茁壮，郁郁葱葱。到 1971 年公园的树木品种已达到 90 多种。

1972 年，为迎接柬埔寨国家元首西哈努克到津，中日、中美邦交恢复正常化以及与日本等外国交往日益频繁，促进了公园建设的较快发展。水上公园开始新建大门及 4120 米公园围墙，以确定公园的地域范围。建二三岛间的曲桥和两平一拱桥，三岛、中途岛、八岛间的两座拱桥，使各岛贯通。建一岛芙蓉轩和二号房接待区，二岛长廊、露天舞台、阅览室、湖滨轩，三岛眺远亭（亦名眺园亭，建于 1970 年），湖心岛亭等一系列设施，完善公园的功能，使公园景观整体成型，由此带动了新一轮绿化建设进程。公园在九岛栽植了日本樱花、日本落叶松等友谊树，后又从东北引进了大山樱和东北落叶松，还栽植了成片的玫瑰和黄栌，以突出季相特点。二岛文化广场建一大型树坛，中心是大桧柏，四周是粉花的贴梗海棠与红花的日本贴梗海棠。二号房贵宾接待区栽植了月季和蔷薇类品种。这些树木品种的栽植方式从侧面体现了中日、中美开始友好交往的政治氛围。

1974 年至 1975 年开始在东湖沿岸和动物园大规模栽植毛白杨、垂柳等乡土树种与北京杨、新疆杨、馒头柳和黑皮油松等同乡土树种习性相近的树种以及连翘、碧桃、榆叶梅等花灌木品种，进一步充实了公园的绿化骨干树种，新建了东门、北门和芙蓉轩等重点绿化景区。

随着“文化大革命”的结束，园林绿化加速发展，苗木需求量不断扩大，天津市绿化苗木逐渐紧张，品种又显现匮乏，因此开始了外购苗木的高潮。这期间公园从武汉引进白玉兰、华山松，从北京引进白皮松、云杉，从青岛引进雪松、龙柏，从河北省遵化引进侧柏，丰富和增加了公园各岛的常绿树。连续数年从北京东北旺苗圃、沙窝苗圃采购杜仲、元宝枫、文冠果、火炬树、红花海棠、寿星桃、小叶黄杨和野牛草等，不仅增加了公园的绿化品种，而且提高了苗木的储备量。通过各大苗圃的供应，公园栽植了垂枝桃、紫叶李、棣棠、太平花、海州常山、天目琼花、红瑞木等花灌木，其中大部分是公园第一次栽植的新树种。截至 1982 年，公园基本建设成型，这期间是公园绿化发展的重要转折期，树木品种达到 130 多种。

20 纪 80 年代改革开放时期，公园的改造注重建设特点各异的园中园。树木品种配植也注意配合建筑风格。四岛建设了富有中国古建筑风格的碧波庄，保持原有的杨、柳、榆、槐、椿和海棠林，在月亮门入口露窗处栽植了一组适合天津自然条件的油松、竹子、榆叶梅，形成一幅具有中国传统特色的松、竹、梅立体画卷。园内山坡上还栽植了玫瑰、黄栌、胡颓子等观花、观叶品种，增加了园中树种的色彩变化。桃柳堤改建成具有江南景色的桃柳依春景区。竹亭、竹廊、竹漏窗、竹影壁和竹水榭，配合原有的垂柳、山桃、碧桃、榆叶梅，增加栽植海棠、丁香、连翘、荼藨子等春季花灌木品种。

因天津与日本神户市结为友好城市，在五岛建设了具有日本园林风格的神户园。树种选择既适合天津地区生长，又在日本园林常用的树种，如黑皮油松、云杉、翠兰柏等常绿品种，蝴蝶槐、杜仲、丝棉木等乔木品种和玉兰、金雀儿、绣线菊等花灌木品种，以及整形的刺柏、大叶黄杨、小叶黄杨、日本小檗、紫叶小檗，兼具中、日元素，形成别具特色的园中园。在北门东侧建设的有苏州园林特点的盆景园。因其小气候环境条件较好，养管精细，一些在天津较少栽培的树种相继在园中扎根，如望春玉兰、棣棠、太平花、紫薇等花灌木品种和数片竹林。

1992 年水上公园树种调查时，园内树木品种已达 160 种。20 世纪 90 年代公园绿化水平稳步发展。1993 年在盆景园逐步培植了几种黄河以南至长江流域的树种。蜡梅、迎春通过花卉师傅改良培育后栽于背风向阳处，现在每年初春二月含苞待放、暗香飘逸，成为天津开花最早的树木品种。盆景师傅利用四川团队到津参展时淘汰的盆景桩胚木香栽于露地，通过精心养护，现在木香已是攀檐附壁，花满山墙，成为具有特色的夏季观花藤本植物。栽植的楝树小苗是由墙角滋生出来的，原只有 50 厘米高，1 厘米粗，不耐风寒，当年生新枝易发生冻害，绿化师傅经过多年培育，小苗终于经受住严寒，现已生长成胸径 11 厘米的树木。

1995 年在长廊南北栽植了木兰、红丁香、猥实、小花溲疏、小叶女贞、垂枝榆等全国引进的树种。1997 年在神户园栽植了北海道黄杨、垂枝樱花、阴绣球等日本原产花木。2000 年在一岛绿地栽植马褂木、毛株木、茶条槭、复叶槭、新疆忍冬、毛樱桃、龙桑等一批新树种。栽植后通过加强养护管理和系统培育，成活率达 100%。大部分品种生长正常，逐年强健，为后来植物观赏区的建立奠定了基础。另外 20 世纪 90 年代中期，彩枝彩叶树木品种发展迅速，公园先后引进栽植了青桐、金丝垂柳、火炬树、红瑞木、金叶女贞、金叶桧等树种，丰富了园内的树木色彩。

2002年公园部分绿地重点改造，相继建设专类植物区域，如植物观赏区、水生植物区、宿根花卉区、玉兰园等，植物品种的栽植依类别充实提高。原一岛多片绿地合并建成植物观赏区，增加了天目琼花、樱花、杏、女贞、棕榈等，树木品种达到80多种，成为观赏、教学、科普的良好基地。

2004年至2005年三岛栽植了数百株玉兰，建成玉兰园，包括紫玉兰、白玉兰、紫基玉兰、黄玉兰、红运玉兰、二乔玉兰、长春二乔玉兰、望春玉兰和广玉兰共9个玉兰品种。公园还连续数年举办玉兰节。盆景园中栽植了金桂、银桂、丹桂、四季桂四大类多个桂花品种形成桂花园区。

公园还在春季举办了有几十个品种的郁金香展，夏季举办拥有上百品种的荷花展，秋季举办有数百品种的菊花展，冬季举办促成栽培的腊梅、梅花展，多种植物品种系列的展示形成了水上公园这一时期的品牌。彩叶树种在这个时期发展较快，引进较多，如紫叶矮樱、红宝石海棠、金枝槐、金叶槐、红叶臭椿、美国红栌、金枝白蜡、紫叶白蜡、金枝千头柏等。另外，公园还栽植朴树、五针松、矮紫杉、梅花和流苏树等较珍稀树种，并进行改良培养。牡丹自20世纪50年代以来虽多次栽植不成功，但是2005年栽植时，改善栽植条件，强化栽后养管，不仅成活，而且生长健壮，花大色艳，成为盆景园中的新亮点。截至2008年年底，水上公园树种达193个品种。

2009年水上公园进行了大规模改造，公园以“春岛、夏岛、秋岛、冬岛”突出各自四季景观的特色。春岛栽植不同品种的海棠和玉兰形成该区的核心景观，突出春花植物的缤纷，形成精品园艺展示区。夏岛以水生植物园提升改造为核心，形成疏密有致，水天相映的自然景观。岛上栽植合欢、栾树、国槐、紫薇、木槿、石榴等体现夏季之葱郁的植物。秋岛增加多彩的枫树、槭树、火炬树、银杏、白蜡等秋色叶树种，并引进桂花树、柿子等秋季香花或观果植物。冬岛以油松、龙柏、白皮松、竹类等常绿树种为基调，突出体现冬日景观之素雅。公园沿湖以垂柳为主，群植、散点，疏密有致。柳条与湖中栽植的荷花、睡莲构成了丰富秀美的湖光景色。各岛屿的行道树大多以白蜡、国槐、合欢、法桐、栾树为主。

据统计，水上公园现有植物20820株，其中，乔木9580株，占总数的46%；灌木4404株，占总数的21.1%；常绿树5246株，占总数的25.2%；果树408株，占总数的1.9%；攀援植物1182株，占总数的5.7%；另有草坪47890平方米，绿篱12170延米。改造后的水上公园绿地总面积已达到290568.15平方米。

2010年水上公园绿化平衡表

表3-1-1-1

序号	类　别	面积（平方米）	占公园总面积（%）
1	绿地面积	286892.56	23.61%
2	道路铺装	124906.99	10.28%

续表 3-1-1-1

序号	类　别	面积（平方米）	占公园总面积（%）
3	建筑占地面积	22461.36	1.85%
4	水面面积	767124.79	63.14%
5	游乐设施占地面积汇总	13630.36	1.12%
6	桥梁面积及其他	3236.00	不含在公园总面积中
公园内用地共计 1215016.06 平方米			

四、服务设施

水上公园游艺部以游船、游艺为主要经营项目，属科级单位。园内游船现有东湖、西湖和万佛岛 3 个码头，有电瓶船、手划船、脚踏船、摩托艇、快艇等 5 大类共计 338 条游船。完好率为 100%。游船均配备救生设备，湖面时刻有救护人员执勤，每条船只的醒目位置上标有紧急救援电话，以确保游人的人身财产安全。游乐场位于公园东北部，是在早期的儿童区的基础上发展而来的，经过 2009 年提升改造后，现称小迪斯尼乐园。现有海盗船、观览车、自悬滑车、峡谷漂流、火焰山和大型过山车等 20 项游艺设施。游乐场分工明确，各项设施都具有管理、维修、器械操作、票务销售等岗位，人员各司其职，换班有序，服务运营中从未发生过器械损坏和服务人员空岗的现象。

水上公园商业服务部主营餐饮、食品、饮料、烟酒、经营活动招商等项目，属独立核算法人单位，行政级别为科级。历史上，经历了国营、职工承包和个人承包经营等几个阶段。自 2009 年公园免费开放以来，商业服务部吸收新鲜的管理经验，积极引进具有良好信誉商家，将改造后的园内商业经营全面搞活。园内现有自营小卖部 7 个，依次设在东门、游乐场、一岛、二岛、三岛、五岛和八岛。商业服务中心要求各售卖点位严格遵守公园的各项规章制度，确保认真执行卫生食品法，对商品依法定价、明码标价，不收售“三无”产品。中心为各售卖点配备了 5 大类，共 154 种商品，包括饼干、方便面、面包、瓜子、烤肠等 63 种食品；啤酒、白酒、香烟等多种不同品牌的烟酒；矿泉水、茶饮料、果汁饮料、酸奶等 51 种饮料；雀巢冰冰、伊利巧乐兹等 22 种冷食；另外还有打火机、纸巾、雨伞、电池等数种其他商品。

水上公园面积大、景点多，为了便于游客自行观赏，公园于游乐场、水景长堤、一岛至八岛的沿途中共设置了 32 块导游牌，详细注明了盆景园、神户园、文化广场、动物园等多处重点景区的方向和距离，安排了 5 辆交通观光车为游客服务。公园在东门、北门、五岛门以及动物园大门口为行走不便的残疾人、老年人提供免费轮椅。园内设有游客服务中心（急救中心），由专业导游和专业医护人员为游客提供服务，随时备有急救包和急救药品，并全年安排人员值守。另外，公园内还设置了 9 座卫生间、146 个垃圾桶、200 个休闲座椅以及咨询电话、广播室等多项服务设施，为游人提供保安全应急保障。

水上公园被市政府确定为天津市群众应急避难场所之一，为全市居民在发生战争和自然灾害时提供避难救援逃生之所。

五、公众活动

水上公园建园后，每逢劳动节、国庆节，均举办市民集会游乐活动，市民免费游园。历届天津市领导参加“万民同乐”活动，与天津市民共庆佳节。

1991 年 5 月天津市举办首届月季花节时，水上公园被定为主会场。天津市委书记、市长等主要市领导人出席了在水上公园举办的首届月季花节开幕式。

四季游园会于水上公园自 1998 年春季开始，每年都策划举办季节性大型综艺游园会。

1998 年 4 月 11 日，水上公园首届春游会拉开帷幕，主题为“’98 天津水上春季游园联欢活动”。公园聘请多家艺术团体为游人表演富有民族风情的音乐、歌舞、魔术、杂技等节目，同时园内设有民俗风味小吃和手工艺制品的销售摊位，活动为期 2 个月。

2007 年 2 月 18 日至 2 月 24 日（农历正月初一至初七），水上公园举办了首届春季庙会。庙会活动邀请了来自河北、辽宁、江苏、广东、北京、上海等地的专业文化团体、民间艺人，推出了戏曲专场、老北京天桥绝技专场、彩灯秀以及“童心携手迎奥运”10 万儿童小手印留念活动等 11 大板块，30 余项节目。庙会期间，游客欣赏了由各地名角联袂表演的时调、京剧、越剧、评剧等戏剧和传统民俗表演。上万盏造型各异的宫灯、长通灯、海洋灯、动物灯、传统走马灯装点了节日期间的水上公园。

2007 年 3 月 3 日至 5 日（农历正月十四至十六），水上公园于元宵节期间举办了首届大型灯会，引进了万盏红灯笼对公园进行整体装饰。此外，还设置了数十个大型灯组，其中包括“吉庆有余”、“五子献福”等天津民俗年画彩灯，并配以现代声、光、电技术，使传统手工艺花灯焕发出了新的活力。

2007 年“五一”黄金周假期，水上公园还精心打造了一台主题为“惊奇大观欢乐节”的大型游园会。该活动由天津市园林局、天津市旅游局、南开区政府联合主办，以欢乐惊奇为主线，营造出了惊险刺激的节日气氛。这次“五一”游园会的重头戏是举办天津首届国际音乐焰火节，即“中国·天津首届国际音乐焰火表演”。由焰火师用电脑统一控制的焰火燃放，与传统焰火燃放不同，更注重艺术性与观赏性，音乐与焰火同步，伴着流行曲、爵士乐、民乐等不同风格的乐曲，焰火在水上公园湖面上空绽放出不断变化的缤纷图案。

2007 年 6 月 1 日，水上公园举办了“六一”专题少儿游园会。开幕当天，公园的东门广场、水晶广场、儿童乐园站满了由演员装扮的加菲猫、咸蛋超人、蜘蛛侠等国际化卡通人物造型，为入园的游客进行音乐剧、卡通音乐歌舞表演。100 名身着机器猫、天线宝宝、米老鼠等多种造型的演员，在园内进行巡回表演，与少年儿童互动合影。还有从近千名儿童演员里遴选出的 26 位小明星，也在舞台上表演唱歌、舞蹈、武术等才艺。

水上公园于 2008 年 2 月 6 日至 13 日（农历腊月三十至正月初七）期间，举办了第二届水上公园大型庙会。

水上公园自2003年、2004年、2005年连续举办了三届消夏纳凉综艺游园会，其中以第三届规模最大。2005年7月10日至8月31日，水上公园在水生植物园设置了荷花名品区、水生植物区、水车风车区、江南风情区和灯光夜景表演区等观赏景区。

芙蓉轩“碧水香荷”白桥两侧设置品种池，展出了分红莲、傲汉莲、碧莲、春晓、雨花、火炬等6大种类，百余品种。近5000盆的荷花、莲花，池中再配以造型各异的荷花灯，飞溅的水花与亭亭玉立的荷花动静结合，相得益彰。水生植物区是为荷展专辟的水面展区，分为深水区、浅水区、临水区和亲水区，分别种植千屈菜、水葱、水生美人蕉、花叶芦竹、芡实、凤眼莲、慈姑等近20种水生观赏植物，与游鱼、水鸟、水禽等构成水乡景观。在2万平方米的草坪广场上，高大的荷兰风车、肥美的奶牛模型、小桥下的涓涓流水和池塘边悠悠转动的水车在蓝天白云下构成一幅幅田园风光，风车的动与池塘的静，将荷兰风情与华夏美景完美结合。植物观赏区内由棕榈、蒲葵、芭蕉、铁树、竹亭、竹廊、小桥流水组成一幅幅江南风景园林，雨中的芭蕉与东湖岸边的荷花相互呼应，为游客营造了听雨闻荷的美好意境。到了夜晚，公园里还有大型灯光夜景喷泉表演，璀璨的灯光与荷花组成了荷灯交融、壮观瑰丽的荷展夜景。

从2008年起水上公园开始举办中秋赏月综艺游园会。历经数届，活动荟萃了民风民俗、曲艺文艺表演以及丰富多彩的灯展，让游客们在园中饮茶赏月观灯，领略到了中华传统节日文化的魅力。2008年9月13日至15日，水上公园精心组织了“中秋团圆日，炫靓水上游”大型主题中秋游园会。公园将中秋游园会主会场设置在“水晶广场”和“水景长堤”。为烘托气氛，长廊悬挂200余盏大红灯笼以及一个高5米、直径2米的巨型月饼造型，其图案是嫦娥奔月，底部是一个巨大托盘盛放着各种水果，下端簇拥着百余盆鲜艳花卉。其间，公园组织了文艺表演，举办了月饼展销、图书展卖、蝴蝶知识科普展等活动。

水上公园在2003年、2005年举办了冬季游园会。冬季游园会以雪雕、冰雕作为主景，傍晚，在冰雕作品上挂满五彩串灯饰品，晶莹绚烂。同时举办梅花展，在盆景园内展出不同品种的梅花，游客赏梅闻香，感受春的气息。2003年12月24日至2004年1月30日，水上公园举办了以“极地风情”为主题的天津市首届冰雪节。主要内容为滑雪、赏雪、嬉雪。公园用冰山、雪坡、冰柱、冰挂、雪雕等打造出一个晶莹的冰雪世界。东门、水景长堤、水晶广场布置了冰雪景点。在东门入口处修建一座5米高的雪山，让游客一走进园内，即进入了银装素裹的冰雪世界。在原月季节主会场开辟了一片占地面积20000平方米的戏雪区，用两台造雪机制作雪景，营造出一片白雪皑皑的极地景象。作为主会场，这里还汇集了滑雪板、溜雪圈、狗拉雪橇、羊拉雪车等多项冰雪娱乐项目，游人可以开展坐雪车、打雪仗和赏雪玩雪等活动。公园邀请专业人士制作了形态各异的冰雕、雪雕群，堆砌了多座雪墙、雪雕。10只南极企鹅，憨态可掬，是冰雪节的亮点，而特制的爱斯基摩人居住的白色小木屋，则是企鹅们的家，吸引了无数游人。此间，游客还能和麋鹿、梅花鹿、大耳羊在内的20只小动物在嬉雪场旁亲密接触。

2005年12月24日至2006年2月13日，水上公园与城市快报社联合举办了以“缤纷圣诞节、狂欢平安夜”为主题的大型冬季游园活动。在12月24日平安夜，形成了活动高潮。公园以音乐广播、圣诞树、彩旗、彩灯、串灯等道具装点节日景观，并在水晶广场举行了圣诞文艺演出和露天激情锐舞派对（迪斯科舞会）。活动期间，公园举行了滑雪大赛、家庭冰雪趣味赛、打雪仗大赛等多个项目。水上公园将雪场面积在原有的基础上再度扩大，建造了多处滑雪、嬉雪场地，建成20条雪圈滑道，形成总面积约20000平方米的滑雪场。园内首次利用水面资源，在确保安全的基础上，增添了冰排、冰橇以及滑冰等冰上项目。12月31日，公园开展了《城市快报》读者日，读者可持全年订报单免费参加水上公园的冰雪节活动。与其他游园活动不同，2005年冰雪节，水上公园还引入了动物园里的动物丰富内容，如鹿、果下马等耐寒且观赏性强的动物在水上公园滑雪场进行了滑雪、嬉雪等趣味动物表演，果下马拉雪橇、狗拉雪橇等活动，提升了冰雪节的品位。除此之外，一年一度的腊梅展览也于2006年1月29日（农历正月初一）在盆景园举办，为冰雪节又增添了一个亮点。

2004年至2007年，在商务部的支持下，由天津市人民政府、中国商务联合会主办，天津商务委员会、天津商务联合会协办的“中国·天津啤酒节”，在水上公园连续举办了四届。

2004年8月6日至8月15日，在水上公园举办了第五届啤酒节。公园开发了水景长堤、水晶广场、二岛文化广场以及沿湖多处场地作为啤酒参展商的啤酒展卖场所、美食娱乐场所和文娱活动的使用场所，利用水幕电影、长廊、游船等多项设施为商家进行广告宣传，共销售啤酒300万瓶。

2005年7月22日至7月31日公园举办了第六届啤酒节。在此期间，入园总人数超过百万。2006年7月15日，第七届啤酒节在水上公园拉开帷幕，直至7月23日结束，啤酒销售超过20000箱，收入190万元。2007年7月20日至7月29日水上公园举办了第八届啤酒节，公园广场上有序地布置着“金威”、“青岛”、“哈尔滨”、“金仕佰”、“趵突泉”及德国“何夫人”等20多个品牌，50多种口味的中外名牌啤酒，规模之大为历届之最。水上公园举办的四届啤酒节均以各大啤酒品牌的宣传销售为主，配以歌曲、舞蹈、曲艺、杂技等多种表演形式，既丰富了活动内容，又弘扬了民风民俗。

郁金香原产地中海和我国新疆，尤以荷兰郁金香最负盛名。水上公园于2004年3月27日至4月18日举办了首届郁金香展。期间，30万株色彩艳丽的郁金香组成各种图案，形成带状、波纹状以及巨型花朵形状的大面积色块，强烈的色彩对比体现出了现代园林时尚和园林特色风貌；再配以具有浓郁荷兰特色的风车、传统木鞋等景致点缀其间，游人仿佛置身梦幻般的童话王国之中，尽情感受到荷兰风情。

水上公园举办的第二届郁金香展于2005年4月10日拉开帷幕，活动至2005年5月1日结束，为期20天。第二届郁金香展以“绚丽色彩·浪漫风情”为主题，在办展构思和造景艺术上力求创新，展现荷兰异国风情。郁金香大色块组合集中展示于一岛和八岛，栽植面积达到近10000平方米。花展在景点建设上以“主题鲜明、造型独特、突出特色、烘托气氛”为原则，通过统一规划、整体布置、科学的运用园林艺术表现手法，展示了天津市的文化特征和经济社会发展的崭新形象；通过种植、造型和景点布置，突出体现人文景观，展现了荷兰浪漫风情的主题内涵。第二届郁金香展引种荷兰新兴种球50多种，包括花大色艳的“法国酒”“帝王血”，花色奇异的复色品种“热情的鹦鹉”，有被法国作家大仲马交口称赞的黑郁金香“夜皇后”，还有一些较为珍贵的品种，如“爱得瑞姆”“蒙特卡罗”“巴塞罗那”等。

花展期间，30万株绽放的郁金香在水上公园与游人见面。公园将近万株早春开放的草花和多年生宿根花卉点缀在各个景点中，形成色彩斑斓的花海。公园还进行了图片展示，向游客介绍荷兰的风情风貌、郁金香相关知识。部分景点另有斯内克水门、牧童奶牛与荷兰风车等道具造型，使游客饱览了荷兰水乡风光。在20000平方米宽阔的草坪广场上，高大的荷兰风车、肥美的奶牛模型、小桥下的涓涓流水和池塘边悠悠转动的水车在蓝天白云下构成一幅幅田园风光。

荷花为我国传统十大名花之一，水上公园种植荷花由来已久，每逢夏日，荷莲吐艳，人们纷至沓来，荷花节应运而生。水上公园于2003年7月成功举办了首届荷花展。此后，在2004年和2005年7月又连续举办了两届。2005年7月10日至8月31日期间，水上公园举办了以“红荷绿韵·生态自然”为主题的第三届荷花展。主推水生植物，在营造水生植物景观的同时引入景观生态学理论，宣扬生态平衡理念，让人们享受到了“碧波荡漾，鱼鸟成群”的自然美景，宣传了保护生态环境的重要性和必要性。荷花展以水生植物园为主展区，分为荷花名品展、水生植物展、水车风车展、江南风情展、荷花知识展和大型灯光夜景表演等不同景区。

芙蓉轩两侧设置了品种池，展出近5000盆的荷花、莲花。大至莲叶直径1.5米，可坐一个小孩的亚马逊王莲，小到植于碗中的碗莲。从各地引进的著名优良品种，品种数量多达近百个，共分为6大种类。其中大花单瓣品种包括：百川台、分红莲；大花重瓣品种包括：白万万、碧莲、白千叶等；中花单瓣品种包括：小舞妃、春晓、茉莉莲等；中花重瓣品种包括：白重、雨花、火炬等；小花单瓣品种包括：风采、浪花、娃娃面等；小花重瓣品种包括：落霞、秋月、玉翠等。飞溅的水花与亭亭玉立的荷花形成动静结合，相映成趣的意境，池中再配以造型各异的水面荷花灯，更显意韵深长。

水生植物园是为荷花展专门开发的一个水面展区，可以让游人亲身感受连绵百亩的映日荷花及其他水生观赏植物。500米的木质栈桥，把池塘分为4个区域。每个区域又被分为深水区、浅水区、临水区和亲水区，分别种植了挺水植物、浮水植物和沉水植物，有荷花、睡莲、千屈菜、水葱、水生美人蕉、花叶芦竹、芡实、凤眼莲、慈姑等近20多个不同品种，野趣盎然。

植物观赏区内，棕榈、蒲葵、芭蕉、铁树、竹亭、竹廊、小桥流水组成风景园林。既有北方园林特色的水、路、石、树，又有江南园林风格的竹亭、竹廊、竹拱门，融南北园林于一体，是荷花节最有吸引力的景点。

在芙蓉轩设置的水生植物知识长廊，以水生植物丰富的种类和用途为内容，制作成图文结合的系列科普展牌。展示区内设有无土栽培花卉技术的现场表演，成为教授无土栽培技术的一部活教材。第三届荷花展活动期间，水上公园还举行了荷花书画诗辞汇粹、荷花摄影图片展、荷花主题笔会诗会、传统民间艺术展示，以及荷花系列产品展销活动。

菊花是天津传统名花，栽培历史近400年之久。天津市的菊花栽培和育种，在国内历来很有影响。一年一度的水上公园菊花展，早已融入到市民的生活之中。1952年，天津市举办了新中国成立后的第一届菊展，此后每年举办一届。水上公园自从1977年10月25日成功举办了第十七届菊展以来，于1981年10月16日、1984年10月25日、1986年10月19日和1987年10月又依次举办了第21届、24届、26届和27届菊展。

进入20世纪90年代以来，菊展的规模日趋扩大，而水上公园已经成为天津市举办菊展的最佳场所。1990年至2010年间，水上公园又连续举办了第30至第37届，第39至第41届和第43至第49届，共计18届菊展。这其中以第43届和第46届菊展的规模最大、品种最多、时间最长。

2002年举办了首届水上公园菊花展，首次运用低温遮光短日照栽培技术，使菊花花期提前到国庆前。2003年9月20日，“天津市第43届菊展暨水上公园第2届菊花展”在水上公园拉开帷幕。本届菊展的主题为“赏菊怡情·感悟自然·珍爱生命”。活动期间，共展出绿菊、墨菊等500个品种，菊花7万余盆，花卉15万盆，布置宜亭赏菊、陶公咏菊、菊坛春秋等大型菊花景点28组，其中水上公园制作了18组。参展单位有天津市8个区、3个专业单位，人民公园、长虹公园以及各大苗圃等。菊展历时38天，至11月2日圆满结束。菊展期间，朱镕基和夫人劳安参观了水上公园和菊花展，并在陶公咏菊景点前与天津市委书记张立昌合影留念。

2007年，天津市园林局为落实市委“迎接国庆58周年，构建和谐天津”要求，继承天津市菊花栽培和赏菊传统、弘扬津门菊文化、展示天津菊艺水平、丰富市民文化生活，决定在水上公园举办第46届菊展，力图办成具有浓郁津门文化特色的大众赏菊盛会。该届菊展主题为“津秋菊韵·和谐盛世”。展期自10月1日至11月12日，共43天。共分为7大展区22组景点、5条花路、1座菊花楼、2大展馆。菊展的亮点是创新设计了花路、花楼，内容新颖、形式独特，引进了菊树、菊塔、悬崖菊、大立菊等造型奇特的艺菊，景点遍布整个水上公园。活动期间，公园在盆景园和芙蓉厅内分别举行了菊花精品展、菊文化荟萃展、小菊盆景展、专业菊花评比大赛，夜晚还举办了大型灯展。菊展总用花量超过了20万盆，总投入170万元。

梅花为我国传统名花，已有3000多年的栽培历史。水上公园于2004年、2005年和2006年的农历正月初一至正月十五期间，连续在天津盆景园中举办了3届迎春腊梅展，尤以第二届最为隆重。

为纪念天津市建卫600周年，贯彻落实天津市委书记张立昌对城市绿化工作提出的“提高文化品位、丰富文化内涵”的要求，体现园林艺术特色，丰富市民春节文化娱乐生活，水上公园于2005年2月9日（农历正月初一）至2月23日（农历正月十五）的15天内举办了天津市第二届腊梅艺术展。梅展以“踏雪迎春·赏梅怡情”为主题，采用了室内展与室外雪景相结合的形式。

在盆景园三友斋内，以“岁寒而知松柏之后凋也”这一古语的内涵为立意，以苍松为背景，修竹作客景，梅花怒放于松、竹之间为主景，构成了相得益彰的“岁寒三友图”。其迎面以梅花瓶插与春盘为主景，配以素雅清香的水仙花和盆栽万年青，组成了互为补异的“岁朝清供图”。

在盆景园四川馆内，朝阳一面沿线高低错落处摆放了不同品种、不同派别样式的腊梅和梅花盆景，其对面为梅花历史、诗词、趣闻等知识介绍，为赏梅者增添了一份雅致。

以“梅、兰、竹、菊”四君子立意，在梅展的主展区天舫楼的楼口迎面处设置一组以腊梅为主景，竹作客景，兰、菊盆景远近相宜、互为衬托的“四君子图”，让游客们在赞赏梅花不畏风霜严寒的君子品格的同时备受感染。天舫楼内，以山野古桩上盆驯化的腊梅盆景为主，配以松类盆景、竹类盆景等与之呼应，墙壁张挂以梅、兰、竹、菊为题材的津门名家字画，使展厅内的文化氛围更加浓郁。

梅展期间，公园在盆景园实施了人工造雪，并配以自然式榆叶梅树桩盆景，营造了“探梅时节，香雪十里”的高雅意境。公园还特邀了天津市古琴协会的艺术家们作现场演奏，以烘托出梅展的情调，营造了高雅祥和的艺术氛围，游客徜徉在花丛之中，欣赏着满园梅花傲雪的美景，流连忘返。

1988 年夏秋，天津盆景园尚在规划筹建时，天津市园林局领导指示水上公园派专人学习盆景制作养护技能。之后经精心挑选，选派具有一定园艺知识和技艺的张勍、王维民、李宪章、刘万青、林杰五人分赴扬州、上海、广州、苏州、成都学习扬、海、岭南、苏、川五大流派盆景。从 1989 年初冬到 1991 年仲春，五人学成归来。同时水上公园还投入资金从上述五市购买了五大流派盆景 400 余盆和竹、木展架。

天津盆景园建成于 1990 年并于 1991 年 5 月 1 日正式开放。是日，在天津盆景园举办了天津首届中国盆景艺术流派（邀请）展。全国 14 个城市的 20 个盆景专业单位参加，参展作品共计 635 件。以传统的树桩盆景为主，部分为山水盆景。盆景园各个展馆展出了不同风格的盆景代表作：恩韵馆陈列着桩直枝繁、叶茂花艳的岭南派盆景；同坐轩展出了枝无寸直、叶如云片的扬派松柏、梅桃盆景和梅树根露、干枯花繁的苏派盆景；天舫楼一层陈列的徽派盆景，梅桩宛若游龙戏水，海派掌上盆景恰恰缩龙成寸，精巧新奇。天舫楼上层还有王学仲、慕凌飞等著名书画家的艺术珍品和具有天津风格的山石盆景供游客参观。

天津首届全国盆景艺术流派（邀请）展的成功举办，得到了建设部和中国风景园林学会的肯定。1993 年 6 月 28 日，中国花卉盆景协会秘书长傅珊仪到津，以“丰富人民文化生活、弘扬祖国园林艺术、交流各省市盆景制作技术、相互观摩、取长补短、共同提高”为办展宗旨，与天津市园林局正式签订了筹办第三届中国盆景评比展的协议。

经多方努力筹办，展览于 1994 年 5 月 10 日在水上公园盆景园隆重开幕。开幕式在天津盆景园门前广场举行。天津市副市长王德惠致开幕词，建设部党组成员、中纪委驻建设部纪检组组长郭锡权、天津市人大副主任刘文藩为开幕式剪彩。有关部门领导人王秉洛、杨雪芝、赵万里、孙连溪等出席。

活动在“交流、评比、友好、发展”的主旋律中进行了20天。来自全国各省、自治区、直辖市的80个城市，89个展团共展出了树桩、山石、微型和其他类盆景作品1048件，其中包括180件赏石作品。第三届中国盆景评比展首次将赏石列为展览和评比项目，得到了相得益彰的效果。本次盆景评比展天津市收获颇丰，王维民的“酣春”、王学涛的“津门山海对”、杜海峰的“英姿”以及刘双印的“太古无声”分别获得了树桩盆景、山石盆景、微型盆景和赏石的一等奖。另外，天津市还取得了两项二等奖和七项三等奖。

新华社、中央电视台、天津电视台、天津人民广播电台、《中国花卉报》、《天津日报》、《今晚报》等多家媒体对这届盆景展进行了全面报道。展览期间，参观者达50000余人次。

2010年10月1日至7日，天津盆景艺术大师肖宜兴、卜高昇的“蓟北雄关”(山水盆景、砂积石)“寻梦卧龙弯”(树桩盆景、榔榆、龟纹石) 入围在上海举办的中国盆景精品展并获铜奖。

水上公园利用自身独有的场地条件，曾多次举办面向全市乃至全国的公益活动。2007年5月19日至25日，为期一周的天津市第二十一届科技周活动在公园举行。活动以“节能环保·安全健康”为主题，大力宣传保护动植物和生态平衡的重要性，此外还开展了资源保护科普咨询活动。2008年5月12日，四川省汶川发生大地震后，水上公园于5月18日联合新闻媒体开展了“情系灾区·爱心游园”主题活动。从当天售出的票款中，每张提取5元，共计13875元救援款，通过天津市红十字会转交灾区。2008年3月12日（中国植树节）水上公园推出了以“种纪念树·建奥运林”为主题的大型植树活动。公园开辟了东湖岸边近20000平方米的场地作为“奥运林”的种植区域，并为义务植树的单位和个人准备了玉兰、山桃、西府海棠、美人梅、碧桃、木槿等珍贵植物。活动期间有470个家庭、7个企业团体参加，共植树900余株，公园还为每棵树都悬挂了纪念标牌。除此之外，水上公园还多次举办过专家免费医疗咨询会、大型图书展销会等活动。

第二节　宁　园

宁园濒临天津北站，位于中山北路北侧、育红路南侧，占地50.31公顷，其中水面16.7公顷。该园历经清末、民国时期和新中国成立后多次建设，各个时期的景观建筑和历史遗存很丰富，是天津市历史悠久、现存规模最大、原貌最完整的近代公共园林。因该公园隶属天津铁路分局，故宁园是全国铁路系统的第一个公园；因系北宁铁路局产业，亦名北宁公园，也曾一度改称“宁园”“铁路工人文化宫”、“二七公园”。

一、沿革

公园前身系清末官立种植园。清光绪三十二年（1906），袁世凯主政天津时，委派天津实业家周学熙建“种植园”。1933年定稿的《天津政俗沿革记》记曰：“种植园，光绪三十二年秋，直隶总督袁世凯委周学熙以工艺总局名义在天津北站附近筹办种植园，筹办（周）学熙乃勘定天津新车站迤东地十有余顷，分等给价，遂以开办，翌年春始凿湖构园”。清光绪三十三年（1907）正式开湖建园。

该种植园是以促进天津农业发展为目的的观赏园，直隶农事第一试验场、农艺研究会所楼和气象观测站都设在园内，园中广植树木和经济作物。初建园时，挖湖堆山，开渠理水，设闸引金钟河水，各种果木选种栽于园中。建屋三楹，曰鉴水轩，南架木桥以通之，前莳杂花，旁列茅亭，湖内有游船，湖后及左右筑土成山，坡上植松柏，山南曲处置亭，游廊倚湖，一幅田园风情，每年夏间植物繁盛时，任人游览。

该园后改称北宁公园，这是因为清光绪三十三年（1907）7月，关内外铁路改称（北）京奉（天）铁路，在天津设京奉铁路局。1929年4月15日，（北）平奉（天）铁路改称北宁铁路。该园归北宁铁路总局管辖，其又在北宁铁路旁，故名。

民国时期，军阀混战，该园日渐荒废。北宁铁路分局投入50万银元，其资金来源主要是查处开滦煤矿运煤车的超载罚款，利用这笔资金规划拓建种植园，将毗邻河北省第一博物等单位及天津新站后空地划入公园，总面积400亩，翌年9月竣工开园。取用诸葛亮《诫子书》“非宁静无以致远”之意，命名为“宁园”，并立碑于亭廊之中。

拓建后的宁园景色怡人。前大湖“宏观楼”（今文化宫）与两侧“志千礼堂”和“大雅堂”相得益彰；中湖三面图书馆楼、四面厅和钓鱼台、嘉禾堂遥相呼应；园内游廊经拓修，丹梁翠柱、廊檐彩绘，或环于湖滨，或穿绿荫林丛，曲径通幽，连接楼、亭如锦线贯诸景点；湖渠聚合相宜，以拱桥、小桥贯连，环湖岸植柳，亭阁游廊错落其间，水陆浑然一体；四方湖东面的“鸽子楼”，富于创意的六面体构造，自成一景；俏立于西大湖中“湖心亭”，系将李鸿章祠堂内的六角亭移至园中。

该园沿袭中国古典造园的手法，在种植园原有基础上，新建宏观楼、大雅堂、志千礼堂、图书馆、四面厅、钓鱼台以及水池亭桥、长廊曲径等古典建筑。景观营造具有明显的皇家园林风格：丹梁翠柱、廊檐彩绘，叠山理水、曲径通幽。园内湖渠聚合相宜，以29座拱桥、小桥贯连，沿岸遍植垂柳，楼亭错落，回廊蜿蜒，表现出若隐若现的园林情趣和自然优美的独特景观。

1937年天津沦陷后，宁园被日本侵略军占据，沦为日本侵略军的军事疗养所和后勤基地，仅留下西门至四面厅一条甬路，作为游览路线，仅划出一小部分园区供游览。1945年抗战胜利后，公园虽全部开放，但回廊倒塌，花木凋零，园容残破，呈现一片荒芜景象。

1949年后，宁园获得新生，开始恢复重建。首先恢复的是曾毁于战火的嘉禾堂，并油饰亭、台、水榭，还广植花木、增添动物。1958年，根据城市园林绿化“以园养园”的方针要求，又对公园进行新的全面规划。“文化大革命”期间，北宁公园改称为二七公园，1976年恢复原名。经数次整修，在保护原有古典园林建筑的基础上，该园又建起了舒云台、畅观楼、叠翠宫、电影院、花展馆、致远塔、温泉宾馆等，增添了游艺设施，该园水域分为九湖，以十条渠道相连。东大湖中建有畅观楼餐厅，西大湖建有湖心亭，临湖建有5万立方米的叠翠山，其地下建有叠翠宫游乐场，四方湖畔建有温泉池，园中心的琵琶湖畔建有烈士塔山，在山顶上矗立着烈士纪念碑，上面镌刻着郭沫若手书的“革命烈士永垂不朽”。园内建有长达1300米的长廊。该园素以“一馆”“二楼”“三廊”之美，“四山”“八堂”“九湖”之妙，“十渠”“十一桥”“十三亭”之秀著称津门，该园逐步成为天津市大型综合性公园之一、天津市北部最大的园林设施、市区规模较大和原貌相对完整的近代公共园林。该园北部1985年建成的“致远塔”，是天津当时最高的仿古塔。到1990年，该园面积达到50.31公顷，其中水域面积达到16.70公顷。

2010年，河北区委、区政府按照市委、市政府的指示精神，对宁园再次实施大规模提升改造。当年2月，以拆除违章建筑为突破口，仅用25天时间，便把园内20多年形成的5万多平方米的违章建筑拆除。在此基础上，只用了不到6个月的时间，就将一度曾经残破不堪的旧公园，改造成了特色突出的新公园。

二、园景和绿化

2010年的大规模提升改造工程，秉承“挖掘历史内涵、恢复原有格局、合理配置功能、重塑名园风貌”的理念，着力突出“水系、亭廊、楼阁”三大景观特色，在该园建筑设计和修建上，突出青砖、灰瓦、柱廊的特点，合理运用有序多变的园林造景方法，并努力寻求古人造园特点和近代造园技法的最佳结合点，在符合造园规律的基础上，力求有所变化。对每个点位的设计，都反复推敲研究论证。其中仅北门新建透空围墙的设计方案，就十八易其稿，力求精益求精。

这次大规模提升改造工程，创建了滨水休闲、体育健身、园林游览、赏湖娱乐、文化创意、配套服务六大服务功能区。另外，园内将不再设置大型游乐设施，开辟了专门场地用于市民休闲健身。

经过这次提升改造后，新建的泵站将园内水系与新开河连通，变死水为活水，并把湖水引到山上，增添山上叠水效果，形成了飞瀑的新景观，达到水清、水满、水流动的目的。湖岸建造亲水平台，让游人亲近大自然。改建了20座风格各异的桥梁，用青白石进行雕刻而成，并以历史名人命名，体现了历史积淀和文脉传承。廊亭保留、续建景观建筑25栋3.3万平方米，修复亭子18座，长廊2000延米。

以前公园的叠翠山，为水泥浇筑，不够自然，这次改造采用了燕山山脉的天然石材砌筑，石型粗犷，体现北方山石的豪迈的特点。同时还专门请到中国最负盛名的“山石韩”进行修建。石间有五处叠水，石头之间有预留土，栽种爬藤，很好体现了百年古典园林的韵味。这次提升改造工程中，还在公园内新建了一个石林小园作为园中园，该园以我国四大名园中最富盛名的苏州留园为雏形，使游人领略到南方园林小巧清新雅致的独特风韵。

这次提升改造工程，还新建提升绿化面积22.3万平方米，移植了百年老松等古树。除了地面

宁园早期前大湖景观

绿化，湖中还栽种了荷花、菖蒲（草）等植物，突出自然生态、湿地的风格。在建筑、廊亭修复中，严格按照中国古典建筑规定，如柱子的颜色分别是红色和绿色，圆形为红色，方形为绿色，并采用磨砖对缝等传统建筑手法，特别是在亭廊、楼阁彩绘方面，砍木见新、重做底仗，采用不褪色的进口矿物质材料，以金线苏式彩画修复，彩绘内容大多取材于《三国演义》《红楼梦》《西厢记》等经典名著，并穿插历史典故、成语、花鸟山水等图案，从细节上反映百年历史名园的文化沉淀。

全园形成了“荷芳揽胜”“九曲胜境”“紫阁长春”“待风迎月”“鱼跃鸢飞”“莲湖叠翠”“曲水瀛洲”“静波观鱼”“俏不争春”和“宁静致远”十景，以及以湖心岛六角亭为核心建筑的“祠亭思故”，以大雅堂、四面厅等为核心建筑的“鉴水描春”“镜湖抒怀”等核心景点。其中的“宁静致远”是1985年建成的“致远塔”，为北宁公园标志性建筑之一，塔身九层八面，高74.24米，这座天津最高的仿古塔经这次修缮后，塔身洁白如玉，9米高的宝顶利用传统工艺，贴敷了60多平方米24K金箔，金碧辉煌，能维持近30年不退色，在色彩上达到金顶玉身的效果。塔座是双层须弥平台，塔内四周墙壁上分别镶嵌着一百余幅青石刻浮雕石刻和瓷板釉彩色壁画，内容包括仰韶文化、三代钟鼎以及近代人文历史等，是天津市最高的古典式建筑。登双向盘旋楼梯或电梯可达9层高塔瞭望，公园及周边美景尽收眼底。在致远塔下新建长近40米的9组浮雕墙，分别题为“天津行宫”“河北新区”“北洋实业”“中山莅临”“革命先导”“一代宗师”“第一学人”“话剧泰斗”和“扶轮才子”，再现了天津近代史100年有重要影响的历史事件和名人风采，并邀请名家高手撰写楹联匾额数十幅，湖上风格各异的桥梁，均用青白石雕刻而成，并以享

今日宁园鸟瞰

誉中外的近代天津名人命名，彰显了“中华百年看天津”的浓烈人文魅力和天津作为中国历史文化名城的厚重文化积淀。塔前的一对金代石狮子雕刻精巧、形态生动，距今已经有800多年，其雕刻年代是金承安二年（1197），成为市级文物。

第三节 第二工人文化宫

第二工人文化宫（以下简称二宫），地处天津市河东区东兴路、津塘路和光华路之间，面积24万平方米。2010年职工总数为109人。年均游客约370万人次，每天在此晨练的群众达数千人。

一、沿革

二宫的前身是一片杂草丛生的荒滩。1936年前后成为附近几家纱厂的艺徒冢地。新中国成立后，政府首先利用这片荒地兴办苗圃。1951年，在天津市政府和天津市总工会的支持下，拨款百万元开始筹建工人文化宫。1952年破土动工，首期工程，挖掘人工湖6.6万平方米，修建景点桥3座。同年7月5日正式对外开放。

二宫建成后，隶属于天津市总工会。从“文化大革命”开始至今，隶属关系经历了五次变化：1967年划归天津市文化局；1968年由“市工代会”接管；1969年转为市革委会办事组管辖；1971年回归天津市文化局；1974年天津市文化局局长张映雪和天津市总工会副主席黄树尤办了移交，为天津市总工会所属的职工文化事业单位。总工会所属的第二工人文化宫等企事业单

第二工人文化宫景观

位，由津工集团管理。

二、园景

二宫建宫后，园内景观不断扩充修建。1954 年大剧场落成。园内游览区的东西两条园路及露天舞台相继竣工。相继修建了游泳池、展览厅、游乐园、旱冰场、篮球场和足球场等活动场所。建宫时人工挖掘面积达 7.8 万平方米的秀水湖，先后建设了白玉桥、虹桥、九曲桥、通幽桥和石拱桥等景观桥梁。在秀水湖畔和小花园建有造型优美，工艺考究，具有文化内涵的立漘亭、娱乐亭等凉亭。

2008 年，在市容环境综合整治中，二宫被列为天津市八大公园之一，进行了全面的改造提升。将白玉桥拆除，将虹桥、通幽桥和石拱桥进行了改造，并分别更名为白玉桥、鹊桥和金桥。将湖中心的两个人工岛进行了整治、绿化美化，命名为桃花岛和红叶岛，使广大市民可以分别在春秋季到二宫观桃花，赏红叶；在两个岛上分别建设了凉亭，修建了栈桥、喷泉和叠水；改造了秀水湖护坡，用鹅卵石和片石砌筑而成，湖面面积 60 余亩，湖上有游船 40 多条；修建了亲水平台及廊架；为了满足广大群众的健身和休闲需求，建有体育健身长廊和鹅卵石路。

三、绿化

二宫自 1953 年开始绿化，栽植了桧柏、垂柳、国槐和毛白杨等树木。园内建有藤萝架长廊

300米，在大剧场东侧种植了一株树龄长达近60年，枝干高达30米的凌霄。2008年综合整治后的二宫，种植各种树木达60多种。其中乔木2614株，灌木8328株，广场花坛9座，绿化面积达到95000平方米。

第二工人文化宫小桥流水

第二工人文化宫景观

天津市第二工人文化宫用地平衡表

表 3-1-3-1

围墙周长（米）	2400	广场花坛（座）	9
绿化面积（平方米）	95000	乔木（株）	2614
灌木（株）	8328	景观藤萝架走廊（米）	300
人工岛（座）	2	流水水系（平方米）	880
景观置石（吨）	1300	景观湖护坡（平方米）	2000
亲水平台（（平方米）	1020	桥梁（座）	4
游船码头（座）	3	游船（条）	50
景观亭（膜、廊架）（个）	6	栈桥（座）	2
石材座凳（米）	400	游乐设施、设备	10 种，100 余件
健身器械（件、套）	30	公共厕所（座）	2

四、服务设施

园内设有游客座椅 70 个，建有公共厕所两座，设有垃圾箱等 50 个公共设施。园内游乐设施得到更新增加，有欢乐天地、滑行龙、星球大战、旋转战马、碰碰车、立环跑车、森林狩猎、激战鲨鱼岛、大型贝乐迷宫和沙滩梦幻园等多种游乐设施设备，对外开放。

公园卫生始终保持了良好状态，多次被评为天津市卫生先进单位。2006 年被天津市爱卫会评为市级红旗卫生单位，2007 年被河东区申报为天津市市级星级公园。

五、公众活动

二宫每年举办“沽上春好”大型灯会，天津市职工庆“五一”游园大联欢活动，天津市职工庆“国庆”游园大联欢活动以及天津市啤酒节等各种大型活动。全市各企事业单位的各种大型文化体育活动经常不断。

第四节　天津市青少年儿童活动中心（乐园）

天津市青少年活动中心（乐园）位于天津市河西区西南楼二号路南端。东起隆昌路，南邻平江道，西至越秀路，北达乐园道。面积 55 万平方米，是天津市规模最大的综合性青少年校外教育活动场所，天津团市委直属的教育事业单位。

一、沿革

青少年活动中心的前身是尖山公园。尖山公园的原址系义兴窑地、浙江义地和山东义地及中华基督教会义地。1958 年，天津市政府为改善人民生活，组织修建尖山公园。经两年施工，于 1960 年局部开放。公园大部分为水面，局部建有亭廊，栽植花木。1976 年 7 月唐山发生特大地震，殃及天津，公园受到破坏，园内花草凋零。市政府为安置灾民，在园内盖起 1700 余间地震棚。1978 年后虽几次试图恢复，但仍显破旧。尖山住宅区建成后，公园地势更加低洼，为此进行了吹泥填土工程。将海河河道的淤泥挖起后装上吹泥船，搅拌成粥状，通过铺设的粗管道吹进公园的湖里，待沉淀一段时间后，再用泵把清水抽入海河，如此反复进行，地势逐渐增高。1984 年，市政府决定利用尖山公园原址，集资兴建青少年儿童活动中心。仅 1 个月时间，便集资 2370 万元，开始了筹建工作。同年开建，翌年 6 月 1 日第一期工程建成（游乐区和生活管理服务区的一部分），正式对外开放。

二、园景与服务设施

1995 年，青少年儿童活动中心建成游乐区、静园区、知识开发区和生活管理区，实现了总体规划。游乐区中有 180°环形电影、激流勇进等 20 项大型游乐设施和筑波游泳场、网球场、猴表演馆，并有歌舞厅、书画展厅、乐园宾馆、餐厅、商业公司、冷食室、摄影图片社等配套服务设施。静园区包括假山、涵香园、香菇湖、磨菇岛、百花园等园林小区。管理和生活服务区由音像、通讯系统和办公、后勤服务系统组成。知识开发区陆续兴建。园内筑有人工湖，水面积达 8 公顷（1986 年挖成），与 0.7 公顷的荷花池毗邻。湖中心建有人工岛，以造型别致的曲桥和望湖亭与岸边蜿蜒的长廊相连接。宽阔的湖面，秀丽的湖心岛，岸边垂柳依依，池塘荷叶青翠，曲桥水柳，如诗如画，景色清新。

三、绿化

活动中心对绿化进行了全面布局。已建成的开放区域内，栽植草坪 3 万余平方米，建造花坛、园林小品 100 余处，种植乔木 2 万余株。改良土壤，选种育苗，每年自育鲜花 2 万余株，种植各类花木成活率达 95%以上。

活动中心的绿化特色是，绿化层次分明，三季有花，四季常青，花木茂盛，果实累累。植物配置繁多，花色多样。其中有江南槐、唐棣、白杨、柳树、山桃、国槐、法桐、泡桐、龙爪槐、白蜡、龙爪桑、龙爪柳、洋槐、合欢、等品种；还种植了石榴、海棠、碧桃、榆叶梅、连翘、红瑞木、珍珠梅、金银木、枸杞、紫穗槐、樱花、垂枝桃、紫薇、锦带等 15000 余株花灌木及桧柏、雪松、龙柏和黑松等常绿树 1500 余株；各种果树 2100 余株，爬藤 6200 余株。花窖每年培育鲜花 20000 余株。一片片桃树林、梨树园、苹果树园、海棠林、葡萄园随季节更替变换着景色，实现了三季有花，四季见绿。

四、公众活动

2003 年，活动中心兴建了 2.3 万平米的综合教育楼。大楼内部各种功能厅、馆、教室齐备，配有数字化和多媒体语言辅助教学系统、会议系统和智能化管理系统。中心常年开办文艺、体育、科普、美术、技能等20多个专业培训班，具备特长生认定资质，具有举办各种比赛和活动的能力，培训项目达100余个，年培训学员2万余人。每年参加各级国内外活动和比赛的青少年达10万人次。众多学员在比赛中屡获金奖，为社会培养出了一大批德才兼备的优秀学员。

在天津团市委的领导下，经过二十多年的滚动发展，活动中心已经成为天津市乃至全国规模最大的综合性青少年校外教育活动场所，被誉为“放飞快乐的天地，畅游理想的殿堂”。活动中心是中国教育学会少年儿童校外教育专业委员会理事、中国青少年宫协会常务理事单位、共青团中央科技创新教育实践基地；国际游艺机游乐园协会（IAAPA）会员、天津市公园协会副秘书长单位、天津旅游协会常务理事单位、中国游艺机游乐园协会（CAAPA）副会长单位。

2009年，天津青少年活动中心（乐园）被纳入天津城市文化中心规划建设重点工程，原有场地全部划归天津市文化中心统一建设和管理。天津青少年活动中心迁出，乐园已不存在。

第五节　人民公园（荣园）

人民公园坐落在河西区东北部，东邻厦门路，西靠广东路，南界琼州道，北临徽州道，交通便利，四通八达，是一个以游艺娱乐为主的综合性公园。公园总面积13公顷，其中水面3.3公顷，是天津市区现存的清代造园遗迹之一。截至2010年底，职工总数155人，年游人量达150万人次。

一、沿革

人民公园的前身是津门富豪、大盐商李春城的荣园。荣园始建于清代同治二年（1863年），民间俗称李善人花园或“李家花园”，文人墨客则习惯叫它李园。荣园为李善人之别墅，建筑是园，聊为休憩之所。李春城以赈灾沽名，掠取东楼、西楼等村土地，在城南庄占地270亩，仿照西湖园林设计，建筑了颇具江南风格的荣园。四周筑壕为界，园内树木繁茂，丘壑幽秀，曲水回环，颇饶逸趣。园西北方堆有土山一座（即现湖西假山的基础）。山上树木葱郁，山顶上建有中和塔，山南麓有山神庙。园中还有水面宽阔的西湖，湖中心建有水心亭（现改为湖心亭）和曲虹桥。园的西南有水榭和养静室，可通西北隅山道。环绕湖溪，筑有堤岸和拱桥曰中和桥。园中心建有咏诗亭（今枫亭），距亭不远处筑有厅、楼、榭、厦，构成自然院落。园东南隅建有藏经阁，是一座飞檐斗拱的传统建筑，雕梁画栋，朱漆门窗，气势壮观。园南有花窖6所，培莳四时花卉。该阁建成于清光绪十二年（1886）。占地面积150.51平方米，建筑面积191.65平方米，全高14.2米。阁共三层，中层为藏书之地。四周环以外廊，可以尽览园中风光。

1900年八国联军入侵，李氏后裔分爨，花园无人修缮，树木荒芜，杂草丛生。又经1917年和 1939 年两次洪水侵蚀，园内建筑遭到损坏。1937 年日本侵略军侵华时，此园改作伪“新民会”址。1945 年曾为“红帮”分子把持的“育德学院”校址。1948 年，国民党军队进入园中伐木，构筑战壕掩体，荣园自此荒凉不堪。仅存土山、溪湖和残毁的中和塔、枫亭、藏经阁等处。

1949 年，人民政府在接受李氏后裔李岐美等人献产荣园之后，对荣园进行了全面规划，加以改造，重整园容。1951 年 7 月 1 日正式开放，命名为人民公园。1954 年，张学良将军胞弟张学铭先生任人民公园管理所副所长时，曾委托章士钊（行严）先生致函毛泽东为公园题字。同年 9 月 19 日，毛泽东亲自复函并亲笔题写了“人民公园”四个大字，至今高悬园门。这是毛泽东为我国唯一题写园名的公园。

人民公园正式开放后，改造和重修了亭、廊、楼、阁、塔、桥及动物兽舍，增修了照相部、小卖部、餐厅、冷食部等服务网点。1957 年建成全市第一个观赏温室，后又建成展览馆和国际博览馆。20 世纪 50 年代初期，园中建有狮虎房、鸟室、鹿园、猴笼等，以动物出名。至 1976 年，已有熊、狮、虎、豹、河马及斑马等大中小型野生动物 80 余种、500 余只，各种禽类 100 种以上，还有金鱼、热带鱼等。因地理位置和环境所限，1976 年至 1980 年，猛兽、鸟禽陆续迁至天津动物园。现园内仅保留部分鸣禽、水禽、涉禽、攀禽等禽类有 45 种小型观赏动物。

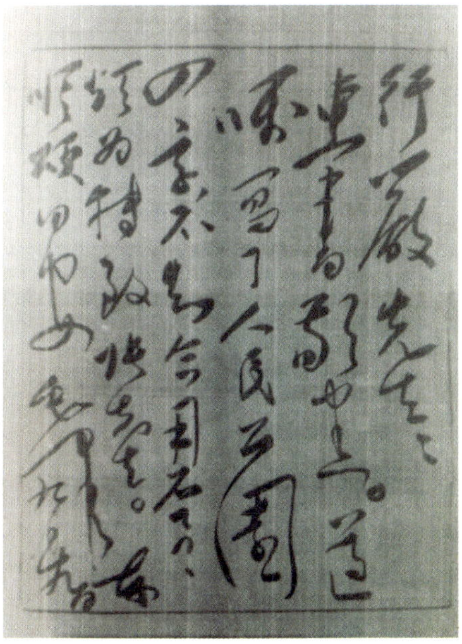
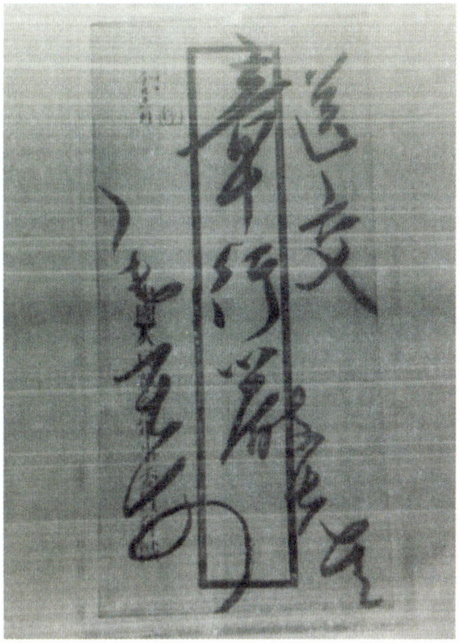

毛泽东给章士钊（行严）的信

人民公园建园时隶属于天津市市政局园林处，后隶属天津市园林局。至 2000 年 5 月，按照天津市政府《关于市、区城市绿化行政主管部门事权划分意见的通知》（津政办发〔2000〕20 号）精神，人民公园整编制由天津市园林局分离出来，人民公园及其国有资产 8835347.64 元划转到河西区政府管理，专业管理归属到河西区园林局。人民公园为差额事业单位，有职工 379 人（其中离、退休人员 118 人），设施量 14.21 万平方米。

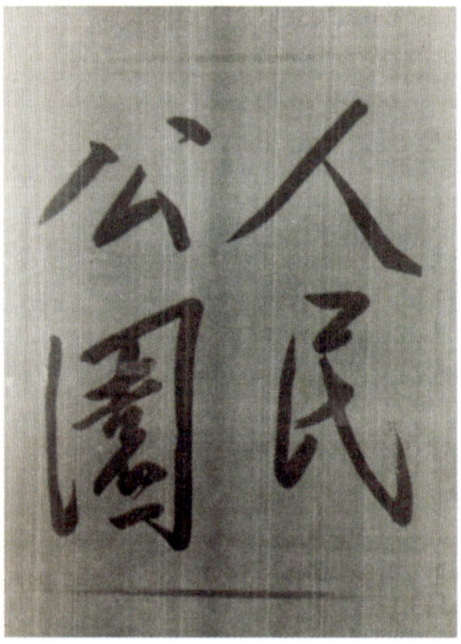

毛泽东为公园的题词

2000年由河西区政府投资，对公园南部8000平方米土地进行改造、新建，形成大片起伏绿地和开放式绿地，修建了一条鹅卵石甬路。同年，区政府再次投资，修缮改建南北展馆、博览馆及广场，历时三个月。新繁殖出梅花鹿、蓝孔雀、红面鸭、山羊、鹅等51只，增加了动物数量。

2001年，河西区政府投资600余万元，进行湖底清淤、湖堤重建，桥、亭、长廊、水榭等建筑群的改造及西北部地区的绿化改造。主要改造原湖心亭曲桥，改为两侧平曲中间加拱桥，湖心路做石径花架，大湖护坡改为景石自然坡。2005年，公园进行拆违透绿，拆除公园周边违章建筑，提升了公园景观效果。

2009年，天津市政府提出对人民公园进行整体提升改造，并列入天津市20件民心工程之一。市、区两级财政共投资5000余万元。改造工程包括地下管网改造、传统古建维修、堤岸护坡维修、建筑拆旧建新、老旧设施及道路改造、园林绿化景观提升、儿童乐园改造等七大项工程。公园内的古建维修，主要对藏经阁、湖心岛重棱八角亭、趣园、大佛殿、水榭、金鱼廊、月季园、桥西单棱八角亭等进行屋顶维修、瓦面翻新、彩绘、油漆、地面铺装等修复。拆除旧建筑5200平方米，新建建筑5000平方米，完成绿化工程4万平方米，广场及道路改造1.3万平方米，整修堤岸1800余延米，保留水面3.3万平方米。新建桥、舫、榭、廊等多处园林景观及旅游、管理服务用房，重修安装地下管网系统、通讯监控系统以及照明系统。特别对藏经阁从国家接管后已经先后进行三次修缮，2009年又对藏经阁进行了大修。公园改造工程于3月开工，10月中旬全面竣工。其间，人民公园于2009年8月1日免费对社会开放。

二、园景

2009年公园改造本着传承园林艺术、兼容古今流韵、重塑历史名园的整体要求，突出园内曲径通幽、流水回环、玉柳拂岸、亭榭错落、回廊起伏的江南风情，园中有园，步移景异，使之成为一座具有南派风格、以休闲娱乐为主的综合性公园。在利用原有设施的基础上，重新调整功能布局，划分为东、南、西、北、中 5 个功能区。它们均围绕在湖溪组合的水景之旁，大小、形状不一，情趣各异，貌似独立又相互联系，整个公园协调自然，错落有致。

北区是儿童游乐区，进公园正门可直达此处。区内有大、中、小各类游艺器械。按运动类型的不同，分为摆动类、攀登类、旋转类、滑行类。有大型游艺器械转马、登月火箭、摩托转盘、观览车等。中、小型游艺器械分散在树丛之间。

东区是公园的文化活动区，有南北展馆，重新整修的仿古建筑藏经阁更加壮观。该区有花灌木和白蜡树片林相连接，是一处幽静的休闲区。

南区是小动物观赏区，鸣禽室以百鸟园等飞禽场馆为特色，展出各种名贵鸟类。偏西处有金鱼廊。鱼廊的后身是水禽湖，有丹顶鹤、红面鹤、白天鹅等水禽。鱼廊前面不远处可以观赏小杂食动物猕猴。

西区是水上游乐及沿湖游览区，与公园西南端的后门紧邻，步入后门，迎面是水榭长廊。在此远眺湖心亭、白石桥、中和塔、湖心亭，堤岸垂柳依依，湖面轻舟点点，宛若一幅景色优美的天然图画。

中区位于湖溪围绕的中间地带。公园正门至后门的主干路贯穿其间，将其分为两部分。东半部为海棠林和广场。这里的海棠有数百株，盛开之时，阵阵清香，沁人心脾。广场南侧和西侧建有大型展馆，保留了仿古建筑显密圆通殿，即当年园主李家念经礼佛的祠堂。

五个功能分区由大小环路相连接，构成有机整体，形成景区设计的独特风格。假山瀑布位于

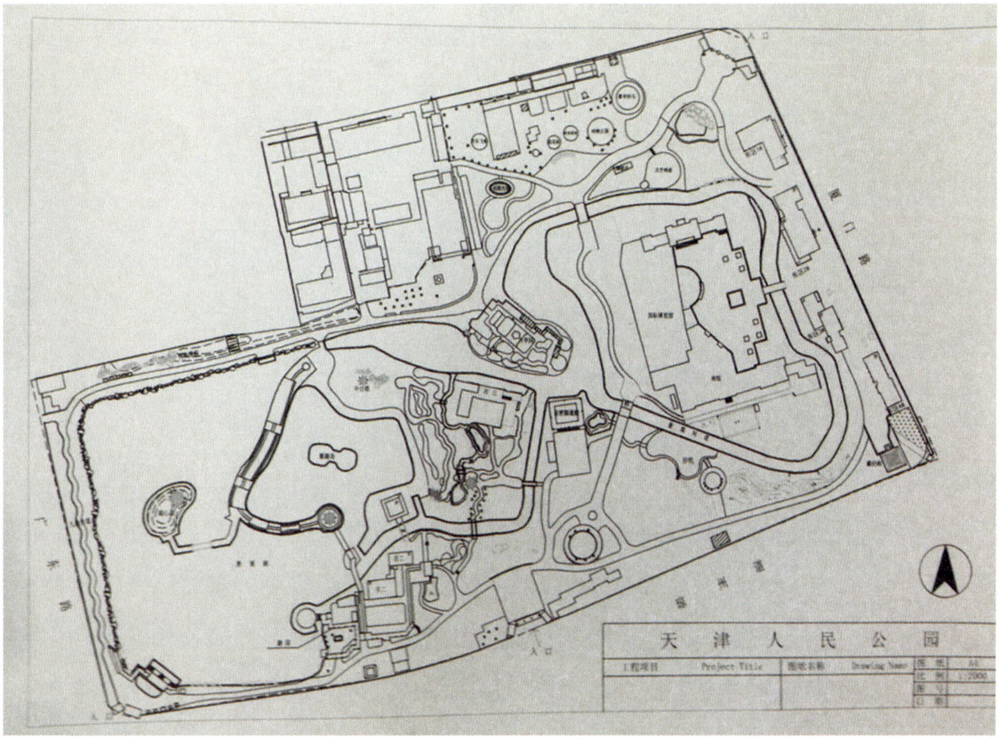

人民公园平面图

全园中心处，山顶建有中和塔。西湖景区以湖心亭为构图中心。亭与曲虹桥相连，亭旁设有平台。亭北部拾级而下有近水平台，周围垂柳成荫。西湖水面宽阔，可划船、垂钓，冬季又是滑冰的好场所。枫亭景区以古建筑枫亭为构图中心，是饮茶小憩、亭下观鱼的佳处。景致亭与长廊连接，嵌挂名人楹联匾额，油漆彩画，流光溢彩。广场展馆景区由主干道穿过，采用轴线两侧基本对称的布局，四周湖溪环绕，采用半封闭式，分设三桥为入口处。古建筑式的展馆周围植乔木树和常绿树，空间开阔，5000 平方米的广场不仅能开展文化娱乐活动，而且是老年人健身活动的好场地。

人民公园经过多次保护性修缮、提升改造，在延续历史文脉的基础上，将中国江南意蕴与北方园林文化相融合，将园林文化内涵与现代人文景观相融合，形成古朴兼容、老幼适宜、动静结合、服务上乘、文化娱乐并举的新格局，被誉为是镶嵌在繁华闹市中的“绿宝石”。

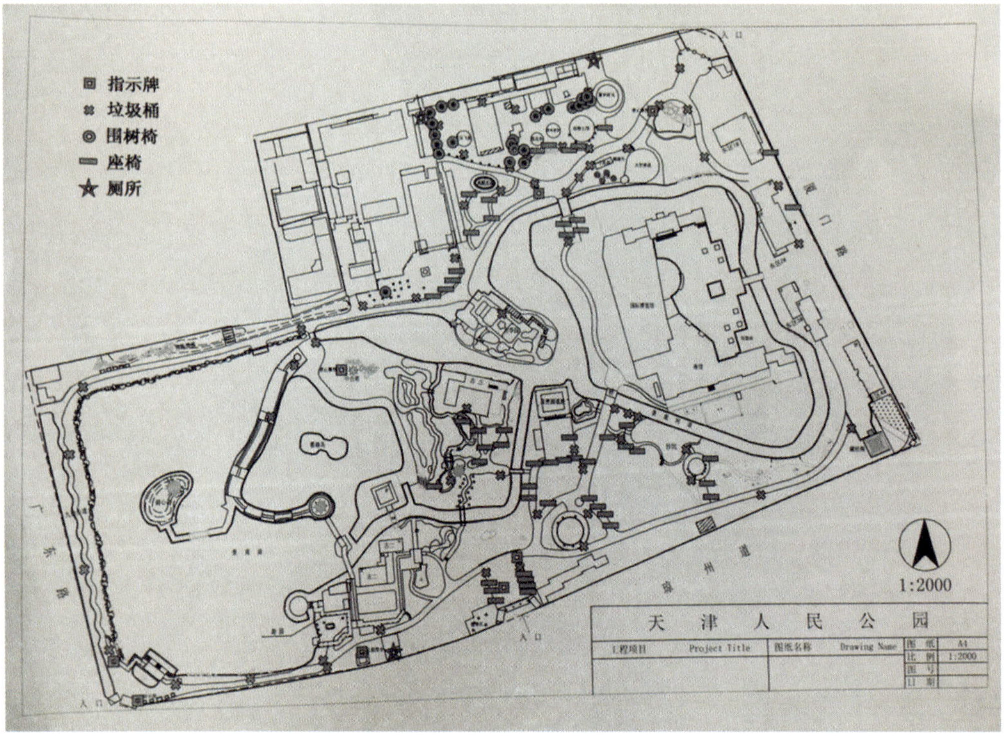

人民公园公用设施标示图

三、绿化

人民公园的绿化特色是，兼顾四时园景，参差交错，合理搭配，在满足生物特性、游人活动方式及环境卫生要求的同时，通过多样而统一的构图手法，创造优美、观赏、舒适的游憩活动环境。湖边以垂柳为主，儿童游艺区以乔灌木为主，每至初春，紫薇、连翘、榆叶梅和丁香等竞相开放，构成色彩意境。枫亭中心区西侧植枣林一片，假山周围以常绿柏类为主，构造冬季雪压松柏、霜挂直条的景色。胜春园（月季园）内以种植月季为主，名贵品种达 20 余个。花开季节竞相争妍，四周植有黄刺玫、榆叶梅、翠竹和刺柏烘托气氛。公园局部地面种有草坪，构成疏林草地景观。主干道两侧植有黄杨绿篱或部分月季带，构成区间分割线。公园的绿化除了满足一般的动能要求外，很多是用作景点的主体材料。如海棠林、月季园、枣林等都很有特色，著名收藏家张伯驹先生经常从北京专程到人民公园海棠林赏花。公园界墙周围绿化，主要以洋槐为主，花开季节香气满园，起到了防护和美化的双重作用。

截至2010年年底，人民公园绿化覆盖面积132172平方米，绿地面积90145平方米，其中乔木39种1800株，灌木23种48971株，月季6135株。

2010年绿化植物现状表

表3-1-5-1

类别	乔木（株）	灌木（株）	常绿（株）	绿篱（株）	组球（株）	藤本（株）	地被及宿根花卉（平米）
品种个	39	23	11	5	6	4	14
数量	1800	48971	6251	373551	416	1069	3102

2010年公园用地平衡表

表3-1-5-2

项　目	面积（平方米）	百分比（%）
水　面	33350	25.2
园路广场	33977	25.7
活动场地	1463	1.1
建筑占地	2455	1.8
绿　地	90145	68.2

四、服务设施

人民公园内配有游乐场、划船、儿童游乐场等游乐设施以及专用健身区、体育器械健身设施和小商品部等商业服务设施，专门为盲人提供盲道的特殊服务设施。为保障公园和游人的安全，专门配备了防火灭火设施、公园保安队、湖面巡逻艇等。为方便游人，公园在广东路、琼州道和厦门路公园入口处导游图、路名牌、景区景点指示牌、厕所和广播站公用设施。设有科普展牌、科普橱窗、动植物名牌等科普设施。

五、公众活动

人民公园早在20世纪60、70年代，曾多次面向公众放映露天电影。当时公园周边地区的群众每到傍晚就赶来观看露天电影，主要以放映八个样板戏为主。人民公园曾经作为天津市多届迎春花市的主花市，还多次举办月季展、菊花展、庙会、灯会、冰雕展、风车展、春季高考、中考咨询大会等公众活动。1991年，获三十一届菊展最佳栽培奖。1994年，获得迎春花市优质服务奖。1997年，人民公园与荷兰欣亚公司联合举办’97中国—荷兰国际郁金香展览会天津展区展览活动。2000年举办第40届以“菊花、人、城市”为主题的菊展，河西区选送的大菊精品获天津市“百菊赛”鼓励奖。2001年在第11届月季花节中，市区领导及老同志毛昌五、白化岭和胡晓槐出席与数千群众同乐活动。同年在第41届菊展中，河西区的大立菊、悬崖菊实现栽培突破，大立菊达3000头，悬崖菊在80厘米以上，长达3米，并获优秀布展奖、大菊精品一等奖。2002年在第12届月季花节中，河西区的“跨越发展”“飞瀑留春”景点获最佳景点奖，获优秀组织奖。同年组织承办天津市第42届菊展，河西区制作了“菊波涌翠”“凤凰于欲飞”和“梅兰竹菊”等十余处大型景点。

第六节　南翠屏公园

天津市南翠屏公园位于天津市西南部，北至宾水西道，西、南至红旗南路，东至水上公园西路。总面积39.86万平方米。截至2010年底，公园有职工40人，年游客量约200万人次。

一、沿革

南翠屏公园原为城乡结合部的建筑垃圾填埋场。1995年1月，经天津市人民政府批复，土地用途定为市政用地。该地原始地形主要是坑洼、淤泥和城市废弃物。晴天暴土扬场，雨天泥泞不堪。由于一直被人挖掘取土，因此遍地荒草、到处坑洼。建筑垃圾填埋场内环境较为复杂，场内土地多为采土深坑，长满杂草的水域，不见底的淤泥，一眼望不到边的苇地和弃置地。填埋场周边仅一条20米左右的小路环绕在西南部，夜间没有路灯，治安环境恶劣。

1986年，天津市市长李瑞环提议并亲自审定了在该地“变废为宝，用堆山垃圾堆山造景”的工程项目。建园宗旨是建设一座建筑垃圾填埋场，在消纳建筑渣土和无害化工业垃圾的同时，对其进行造景绿化，为市民提供一处集游览、休憩、健身于一体的公共绿地。

2000年以前，建筑垃圾填埋场累计收容建筑工程渣土、混凝土大块、无害化工业垃圾320万立方米，接纳墙子河、卫津河河道淤泥80万立方米。堆山造景工程总规划面积为45.1公顷，规划占地39.86万平方米。工程用地33.5万平方米。其中山体占地12.16万平方米，山体主峰高52.11米，水域面积8.5万平方米，绿化面积31.92万平方米。

为组织协调和管理工程施工，从天津市规划局、天津市建委、天津市市容委、天津市环卫局等各相关单位抽调专业工程管理人员，成立了垃圾堆山工程指挥部，负责该项目的实施。堆山造景工程作为城市环境整治的重点工程，属于社会公益事业，在建设资金的筹集上，以政府投资为主，社会投入为辅。

2002年8月，天津市副市长王德惠主持审查堆山造景工程项目，确定该项目分三期建设：一期工程以绿化为主，建设必要的道路、部分水面及相关市政配套设施；二期完善绿化工程，建成水面景观；三期工程完成堆山景观建设，建成城市山水精品绿地。

第一阶段为清淤理水，于2002年4月开工，2006年12月竣工。堆山造景工程启动建设难度较大，且施工要求较高。为使堆山造景工程安全、合理、高效地实施，与天津大学合作开展《天津市堆山造景工程山体稳定性研究》的科研课题，研究调查该项目地层结构、工程地质条件、地下水位、地形变化现状、不均匀物质及堆山工程实施状况等，对工程建设可能造成的地质灾害危险性进行了评估，并确定危害等级，用于指导确定堆砌山体的结构设计、最终高度及稳定坡角，并提出合理施工建议。该课题获得了天津市科技进步三等奖，为其他城市开展堆山造景工程提供了技术参考。由天津市地质工程勘察院负责项目地质勘查勘测，天津市环境卫生工程设计院为该项目设计，天津市振津水电工程有限公司负责施工，天津市园林绿化建设工程监理有限公司负责监理。

堆山造景工程需要在软弱地基上实施，山体所承载的负荷力直接影响到山体的稳定性、景观构筑物的安全性。清除场内淤泥在工程建设中至关重要，是完成该项目的前提和保障。清除淤泥主要采用了边挖淤泥边回填的挤压方法，同时完成了南侧环山水系工程。为有效拦截受山体压力影响的淤泥外溢，并形成环山水系，运用渣土、淤泥速灌的方法，减少了淤泥向南侧外溢量。为防止淤泥向东北侧外溢，实施小截面开挖清淤，建筑一道渣土拦淤大坝以确保山体稳定。为防止山体下面软弱地层侧向位移，保证西北侧市政道路管网的安全，实施支护桩工程。为防止山脚下局部隆起，实施反压平台工程，稳固山体的同时，也打好了环山道路的路基基础。为实现环山水系贯通，开展人工湖挖方工程。为使山体的稳定性、安全性得到保证，在静载、渗水实验中还进行了多种监测（孔隙水压力试验、山体沉降，位移检测）。

第二阶段为景观建设，于2004年10月开工，2006年12月竣工。设计单位为天津市环境卫生设计院，由天津市绿化工程公司负责施工，青岛市东方建设监理公司负责监理。通过实施山体整形、分层碾压，护坡工程，围墙、道路建设，设置大型组合喷泉，覆盖植被土及大面积绿化工程等使山体景观和水域景观整体效果显现出来。2006年年底，堆山造景一期、二期工程完工，初步形成了山、路、水的总体格局。堆山高度已在海拔52米，植树绿化面积为26万平方米，大面积湖水，数以万株林木蒸发出大量水分，基本消除周围地区热岛效应。2007年7月11日，通过社会征名，天津市垃圾堆山工程指挥部更名为南翠屏公园（津编事字〔2007〕99号），隶属天津市市容委，等级规格相当副处级，编制30人。经费渠道为事业单位全额拨款。“南翠屏”的寓意为津城南部的一道绿色屏障，同时对应天津市蓟县的翠屏山。

第三阶段为提升改造，于2008年10月开工，2009年8月竣工。天津市园林规划设计院、天津市建工集团设计公司负责设计，天津市园林绿化建设工程监理公司、天津市联合工程建设监理公司负责监理，天津市路易市政工程有限公司、天津市三建建筑工程有限公司、天津市绿化工程公司、天津市河东房建公司负责施工。2008年，天津市委、市政府开展新一轮市容环境综合整治，南翠屏公园被列为八大公园提升改造工程之一。按照优化布局、联系空间、完善功能的原则，在原状山水构架的基础上充实提高。并制定了丰富植物品种，提升绿化品质，完善便民设施，拆除公园围墙。2009年8月1日，南翠屏公园正式24小时免费对市民开放。

二、园景

公园按照“自然生态，山水园林”的总体定位，以堆山、理水为景观主体，以植物造景为特色，以休闲游览为主要活动项目，再合理安排服务设施，配置绿化及导游路线，形成以“静”为主的特色景观。整体划分为内外六个景区。其中环山园路内部山体部分建设翠屏揽胜、漫舞花溪和浅草漫步三大景区；平地建设静湖映翠、碧茶拾香和曲水晓月三大景区。景区运用都市开放空间设计理念，以几组圆和圆弧形构图为主旋律，使得山间有水，水中有山。弧形的路网、水面、山体以及四周不同层次的植被，形成新鲜、富有趣味的空间环境组合。景区内的湖水与陈台子河、四化河等二级河道贯通，形成一个完整的循环水系。

园内修建了四座风格迥异的桥梁。翠坪桥直通山体的道路是消防主通道，确保了游人和园区的安全；碧河桥汉白玉镶嵌，在桥上能望见美丽的荷花塘；晓月桥向下望去能看见鱼儿戏水，向上望去能看见起伏的山峰；畅观桥古亭建筑，古香古色，游人可在桥上观景、休闲、娱乐。

内、外环路使用1.6万平方米天然石材重新进行了铺设。上山主路改为天然料石铺砌，确保游人上、下山安全。山体建有主峰亭——揽翠亭。游人站在亭子里可将整个公园的秀丽景色一览无余。山体栽植各种乔、灌木12万余株，山下栽植树木21万株，形成“四季有花、四季常绿”的景观，满足游人一年四季的观赏需求。

内环路一侧铺设1500米环山塑胶跑道，以方便市民跑步锻炼、健身。公园设翠屏广场、儿童广场、南苑广场三大入口。为方便游人，临街开辟多处小入口。

三、绿化

2010年，全园拥有绿化面积31.92万平方米。公园共栽种乔、灌木30余万株，草皮绿地约30万平方米，树木品种200余种，花卉品种60余种，形成“四季有花，四季常绿”的景观效果，有效改善了周边的地区环境。

四、服务设施

公园西北角儿童广场内有滑梯、秋千、转椅、压板和沙坑等设施。南苑广场直通晓月桥，过桥可达上山小径。主入口广场是老年人的露天舞场。在静湖设有游船码头，上船可以游览静湖、芦湖和樱岛。公园滑雪场是在公园滑草场上建成的，滑道长260米、宽35米，滑道坡倾斜30度，山脚下铺设5000平方米草坪作为缓冲区，是一个符合滑雪规范要求的滑雪场。

公园南部湖边、山脚建有为游人提供完善服务的娱乐休闲建筑。建筑物屋顶体现生态设计理念，建成“空中花园”，可供游人观览休憩。公园选定了以下与几家公园氛围相匹配的经营场所：(1) 悠季莲花天津瑜伽会馆，400平方米内共设3个课室，分别配备有热瑜伽、辅助瑜伽和专业瑜伽设备，电地热采暖，教室始终恒定在一个舒适的适合练习的温度。(2) 静冈铁板烧，味道源于日本临山靠水自然美丽的静冈县，拥有300平米的舒适空间，是很有特色的日式自助餐厅，采用日式装修风格，加入大量时尚元素，使整个餐厅别有一番情调。(3) 亚龙屋西餐吧，是具有欧洲田园风格的西餐厅。(4) 女儿红专卖店，经营绍兴女儿红系列黄酒，同时经营绍兴特色食品，主营江南特色私房菜。(5) 九拍音乐教育机构，是全国连锁现代音乐教育机构，实施现代音乐普及教育。这些场所为市民在游览公园之余，提供综合配套设施和服务。

园内各点分别设有路名牌，内环4处、外环4处，导游图2处。山体上、内外环路上分别放置防火箱96个，消防栓34个。厕所共有6个，其中在儿童广场和滑雪场分别放置2个生态厕所。园内设监控室1个，设监控摄像头60处。广播循环播放《天津市公园条例》和游客安全需知。

在公园卫生方面，公园始终坚持“五分钟保洁”标准，即垃圾出现在5分钟内保洁人员清扫干净。在游园安全秩序方面，公园实行24小时定点、定人保安管理，并利用监控系统，保障了游园秩序。此外，公园通过“爱园护绿”活动，招募志愿者2320人，组织志愿者协助卫生保洁人员捡拾垃圾、协助养管人员保护树木花草，用示范行为带动广大游客文明游园，劝阻乱扔垃圾、攀折花木、践踏绿地、乱写乱画、破坏设施等不文明行为，为“老弱残幼”等需要照顾的游客提供帮扶服务。在节假日游客高峰时段，协助管理人员维护游园秩序，疏导客流，制止下湖游泳等危险行为，落实安全防范措施。公园承办的公众参加的大型活动有风筝节、重阳节和大运会等活动。

第二章　区域性综合公园

第一节　和平区

一、中心公园

中心花园位于和平区花园路围合的区域。清光绪六年（1880）始建，占地14000平方米，直径135米，称海大道花园。1917年法租界公议局修建，1922年竣工，称法国花园。占地面积12000平方米。公园呈圆形，园内置大小环形道两条，六条放射状甬道，间以卵石曲径。入正门设喷水池，园中心设置八角凉亭，各角用双圆柱支撑，环以座位。亭后建假山，布置以凉亭为中心的园内轴线。园中布有花坛、草坪，绿树成荫，曾塑有“诺尔达克”和“和平女神”雕像。花园外缘以半封闭铁栏围绕，其外又以环形马路围绕，有6条放射形道路通达附近各繁华地段。

中心公园喷泉

环路外又以不同高程、风格各异的风貌建筑作背景，构成一个布局合理、层次分明、造型完美的西欧园林建筑小区，最典型的法国规则式园林。1945 年改名为“中心公园”。1946 年改名为罗斯福花园。1949 年后，定名为“中心公园”。1976 年唐山特大地震后，公园遭严重破坏，1982 年进行维修重建。1995 年增建铸铜吉鸿昌雕塑。1998 年天津市人民政府对中心公园投资进行改造，面积扩大到 15000 平方米。运用声、光、电多种技术将音乐喷泉与世界音乐家雕塑结合，融文化休闲为一体。路面为火烧板石材，四周是宽敞的草坪，成为一座广场式花园。定名为“中心文化广场”。

中心公园绿化一隅

2009 年 6 月根据新一轮环境整治要求，对中心文化广场实施提升改造，将大型喷泉、甬路修旧如新；更换原有围栏，增设供游人活动的木栈道、座椅和围树椅等；在绿地中堆砌了微地形起伏，点缀了造型植物、各种常绿、乔木、灌木，特别是增加了大型石榴、山楂等观果植物，重新更换原有草皮，在木栈道周围用应季宿根花卉组成花境，将路、水、林、花和广场融为一体，使景物扎根于环境之中，相互融合，互为依托。同时坚持植物多样性的原则，利用植物的形态、色彩、质感、神韵创造各具特色的群落景观和文化景观，实现植物的层次感、色彩感、时序感的有机结合。通过乔木、灌木、地被植物的群落式种植以及常绿植物与落叶植物相结合，实现“四季常青、三季有花、两季有果”。对公园四周植物的种植形式采取微地形结合组团式种植，一定程度上打破以往规则式布局的单调，成为天津市新的城市景观。这次提升改造，增加了造型女贞、对节白蜡、高杆黄杨、山楂等新品植物，并采取了花镜式的栽植方式，给游人提供了自然、自由的休闲空间。

二、解放北园（原维多利亚花园）

维多利亚花园（英国公园）是原天津外国租界建起的首座花园，清光绪十三年（1887）为庆祝英国女皇维多利亚诞辰50周年而建，占地12300平方米。花园位于原英租界维多利亚道（今解放北路）与咪哆士道（今泰安道）交口处。1890年，于花园北侧建成欧洲古典风格的城堡式建筑“戈登堂”，故称“戈登花园”。1942年花园南侧咪哆士道改名南楼街，遂改称“南楼公园”。1945年更名“中正公园”（也称美龄公园）。1949年定名“解放北园”。

花园呈正方形，东、南、西三面临街，北面与英租界工部局大楼“戈登堂”接界，相互映衬。花园营造充满英国园林格调，而造园手法中西交融，被园林界誉为“集仿主义”造园范例。园中央建一座典型中国传统的六角亭，旁有小六角亭，合称“子母亭”。大六角亭周围环以花池，环亭有四条辐射状道路通向花园四个角门，园内还摆放西式花钵，为典型英国造园手法。花园东北部一大片草坪如茵，绿草芊芊之中，一片片花卉绰约多姿。花园东面和南面靠近街道种植柏树绿篱和一连串长方形花坛和花镜以及座椅。花园西部有一栋单坡面立窗式半地下花房，顶部覆土成台地，种植观赏花草。园内自然种植毛白杨、国槐、皂荚、山楂、雪松、柏木、海棠、龙爪槐和龙爪枣等树木。新中国成立初期，曾在园东南角建有兽栏，展示一些小动物。

1900年从天津著名的海光寺移到花园一口大钟，放置在东南隅，用于消防报警，后此钟移往南开大学，原处建欧战胜利纪念碑。早先园内曾有仿意大利威尼斯城景观，水渠、拱形廊桥和“刚朵拉”造型游船，模仿得惟妙惟肖，这一景观何时消失不详。1927年花园西部建起穹顶式花架，供游人休息纳凉。花园里还活跃着一支西洋乐队，夏季经常在园中央大亭子下举行露天音乐会。花园四周初为木围栏，后改为铁艺围栏。花园建成之初，华人游园需在前一天到英工部局外事房领取票证，凭证进园，一度每日下午五点以后概不准华人进园，后来才解除限制。

1949年后，花园经历数次修缮。50年代增加树木草坪，堆假山、建展室、游廊、滑梯，增添座椅。1976年唐山特大地震波及天津，市政府办公楼损坏严重，1981年拆除后新建市政府办公楼，公园面积缩至8900平方米。2000年拆除原假山，改建成内有公建和管理间的假山，增加游人活动场地。按英国花园原貌进行整修，园中的中式仿古“子母亭”修饰如初，延续中西合璧“集仿式花园”特色，增加海棠等观赏花木，拆掉园墙，与周围欧式建筑相呼应，形成以花园为中心的开放式花园街区。

现解放北园占地9000多平方米。经调整布局，整合公园出入口和道路系统，拆除假山，恢复对称式花池，并且对路面进行重新铺装，增加种植，体现维多利亚式的特点。拆除围墙，内部空间打开使公园更加亲近百姓生活，体现了“洋气、精致、欧风”的总体格调。局部恢复维多利亚花园建成时的风貌，彰显英国维多利亚式的自然景观风貌和具有区域特色的园林景观。空间结构上保留原有维多利亚式的景观轴线，同时增加一条4号院纵穿2号院北广场的视觉通廊，将公园的景致拓展到泰安道南侧2号院建筑前，将2号院北广场花园从视觉上与公园成为一体，与周围欧式建筑相呼应，呈现出经典英式花园的面貌。

第二节　河西区

一、解放南园（德国公园）

1. 沿革

1895年天津划定德租界，后在租界内建花园。花园位于威廉街（今解放南路）与埃姆登街（今杭州道）交口东侧，面积13300平方米。

花园建西式透格砖木围墙，园中景致中西结合。园门开在威廉街一侧，入园迎面有一座欧式圆顶玻璃透格窗凉亭，两侧各有一个葡萄架。园中放置一座铸铁香炉，一面铸字“献宝鼎”，一面铸字“大佛寺”。园内小土坡上有中式小亭和老虎造型雕塑；还有兽笼、茅亭和廊架，南部有儿童游戏场。园中种植刺槐、侧柏和花灌木。园路用细石屑铺就。1914—1918年，花园一度作为兵营，几近荒废。1921年天津德租界归还中国后改称特一区，花园遂更名为“特一区花园”，但疏于维护管理，景象荒凉。园内树木依旧，数处茅亭年久失修，儿童游戏器具残破，东部水塘边杂树丛生，荒草凌乱。

1949年天津解放后，翌年定名“解放南园”并进行整修。全园呈近似规则式布局，园内堆假山，建凉亭、喷泉和半壁廊等。至20世纪70年代，因周边规划，公园面积缩至8000平方米，依然保持原来格局，园内中轴线路的后部保存叠石假山和原有大刺槐等树木。

2008年，公园纳入解放南路德式风情街区修建规划进行改造提升。以德式长廊和凉亭为主景，营造欧风花园氛围；扩大游憩活动场地，增加公园夜景灯光；保留园内老刺槐和大杨树的同时，丰富四时园景，种植海棠、玉兰、紫薇和紫叶李等春夏花木和彩叶树，培育银杏树阵秋色意境和雪松、龙柏等四季常绿景色；在昔日花园遗址上，追溯昔日花园印象。2010年时的解放南园坐落在河西区解放南路，与海河中学相邻。东为台儿庄路，西邻解放南路，南为绍兴道，北为南京路，是一个休闲娱乐公园。

2. 园景

解放南园作为解放南路德式风情区的重要景观点，设计施工中坚持历史文脉传承与时代特征相融合的理念，结合解放南路德式风情区的整体环境，以德式长廊和凉亭为主要景观彰显出该园欧洲新古典主义园林风格。这座具有欧式风格的开放式园林与周围德式风貌建筑相融合，为市民营造了独具特色的休闲空间。

3. 绿化

解放南园的绿化特色是兼顾四时园景，参差交错，合理搭配，通过多样而统一的构图手法，创造优美、观赏、舒适的游憩活动环境。以国槐、银杏、龙柏等乔木为大绿主背景，配植多种花灌木。每至初春，紫薇、四季海棠、白玉兰、紫叶李和紫玉兰等竞相开放，构成色彩斑斓的报春意境。冬季以雪松、油松等柏类为主，构成四季常青的景色。

截至2010年年底，全园拥有绿化覆盖面积7410平方米，绿化面积4115平方米，其中草坪3000平方米。

2010年绿化植物现状表

表3-2-2-1

类别	乔木（株）	灌木（株）	常绿（株）	绿篱（株）	组球（株）	藤本（株）	地被及宿根花卉（平米）
品种（个）	3	8	2	1	1	1	2
数量	26	44	11	400	5	300	426

2010年公园用地平衡表

表3-2-2-2

项　目	面积（平方米）	百分比（%）
水　面	—	—
园路广场	3070	41.4
活动场地	—	—
建筑占地	220	2.97
绿　地	4115	55.5

二、珠江公园

珠江公园坐落在河西区小海地，北自珠江道，南至陵水道，东邻第四医院，西达榆林路。占地3.52公顷，是一个体育娱乐公园。截至2010年年底，年游人量7万人次。

1. 沿革

珠江公园用地系开辟小海地居民区规划配套的公园用地。1993年始建，1994年9月18日初步开放。北部为娱乐区，南部为游览休息区，东南角为管理区。由天津市建委补助25万元，引进资金40万元，建台球厅，双林农场投资20余万元建商业用房。2003年，对公园的建筑进行修缮。2005年，公园进行拆违。2006年3月，公园进行第一次改造，同年4月30日竣工。拆除公园周边违章建筑，提升公园景观效果。工程对公园入口广场、习武广场、太极广场、文化广场、戏曲广场、网球场、门球场、入口花坛、廊架、园路等进行了全部重建，对园内电力线路、照明灯具、给排水设施进行了全部更新安装。调整和充实栽种了大量的观赏性植物。

2010年，珠江公园作为天津市市容环境综合整治的重点，进行提升改造工程。3月1日开工，同年6月30日竣工。改造面积3.52万平方米。

2. 园景

改造后的珠江公园，分为入口景观区、景观休闲区、儿童活动区、老年活动区和体育休闲区5个功能区域。入口景观区以秩序空间布局配合各种景观小品布置，营造大气的景观氛围。景观休闲区以植物造景为主，分为景观种植区、观赏植物区、自然群落种植区。通过多种植物平、立面造型组合，展现层次鲜明、色彩多样、季相更迭的植物景观效果。儿童活动区以多种形式的活动空间，满足不同年龄的儿童的需要，增加了更多的休息设施和林荫空间。老年活动区在保留原有体育设施的基础上，在周边设置卵石健身步行路等。体育休闲区改造提升了原网球场硬件，增添其他运动健身设施。

3. 绿化

珠江公园的绿化特色是以乔木为主，青桐、泡桐、火炬树、五角枫、龙爪槐、龙须柳、栾树、红叶椿、金叶槐、柿树、法桐、白蜡、国槐、矮本金枝槐、玉兰、山桃、金叶榆、山楂、千头椿等，品种多样，树荫茂密。金雀梅、玫瑰、碧桃、西府海棠、梨花海棠、八棱海棠、榆叶梅、紫叶碧桃、独本紫薇、造型紫叶矮樱、丛生紫薇、红宝石海棠、紫叶李、紫叶矮樱、木槿、紫荆、重瓣黄刺玫、花石榴、丁香、连翘、金银木、珍珠梅、红瑞木和红王子锦带等24个品种的花灌木点缀其间等竞相争艳，构成色彩丰富多样、三季有花、四季常青的意境。

截至2010年年底，全园拥有绿化覆盖面积35164平方米。其中草坪17899平米，月季11312株。

2010年绿化植物现状表

表3-2-2-3

类别	乔木（株）	灌木（株）	常绿（株）	绿篱（株）	组球（株）	藤本（株）	地被及宿根花卉（平米）
品种	19	24	9	3	6	3	1
数量	709	2517	3315	20405	101	124	2561

2010年公园用地平衡表

表3-2-2-4

项　目	面积（平方米）	百分比（%）
水　面	—	—
园路广场	11510	32.7
活动场地	1001	2.8
建筑占地	427.29	1.2
绿　地	21073	59.9

4. 服务设施

该园设有不同年龄组的游乐设施。主要有位于公园西北角的儿童游乐器械。还有位于公园西门东侧的门球场、办公区北侧的网球场、摔跤场等健身设施及门球场东侧的老年健身体育器械。

5. 公众活动

每逢重阳节，河西区民政局与东海街在公园联合举办“夕阳红”老年歌舞联欢活动。平时每天在不同时段都有不同的文化娱乐活动，如太极、武术、书法、交谊舞、广场舞和大合唱等。

三、柳林公园

柳林公园坐落在河西区东北端，位于海河南岸，外环线以内，东至双林引水河，与津南区隔河相望，西至航道处宿舍，南接柳林路北端，北傍海河。占地 6.6 公顷。

1. 沿革

20 世纪初，海河裁弯取直，植柳固堤，积年成林，形成自然风景区。“文化大革命”期间柳林被毁。1986 年，天津市、河西区两级政府决定重建柳林风景区，全区各界捐资 120 万元，在部分原址上拓地 6 公顷多，建成廊、亭、轩等仿古建筑。1989 年 5 月 1 日基本建成开放。天津市领导张再旺、白化岭剪彩祝贺。1991 年 5 月 1 日河西区政府在风景区立碑。碑面镌有河西区委书记刘峰岩所题“恢复柳林纪念”。河西段堤岸沿岸规划建设的柳林风景区于 2007 年启动。景区位于柳林地区东北部，其主体是柳林公园，规划用地 2 平方公里，是天津市内海河沿岸规划建设最大的公共绿地。

2. 园景

柳林公园在设计上采用自然式山林野趣手法，人工与自然融于一体的风格。以高低错落的土丘、迂回曲折的小路、自然的草亭小景分割空间，层次分明，曲折多变，野趣横生。建有亭、轩等仿古建筑和 160 米长的曲回游廊。并在丛林中设置了泥人张雕塑“猛虎出洞”“鹿群”“蟒盘枯木”和汉白玉雕塑“牧童短笛”“石狮”等。

3. 绿化

柳林公园的绿化特色是以旱柳、雪柳、龙柳、馒头柳等多种柳树为主，更加凸显公园主题。还种植了苹果、山桃、山楂和石榴等果树，春秋时节既观花又品果。公园内栽植了大量的碧桃、西府海棠、榆叶梅、黄棣棠、木槿、珍珠梅、茶藨子和丁香等花灌木，构成花红柳绿的自然景观。园内广植观赏植物，如火炬、银杏、杜梨、栾树、金银木和枸杞等秋季观叶、观果植物。截至 2010 年底，全园拥有绿化覆盖面积 66000 平方米。

2010 年绿化植物现状表

表 3-2-2-5

类别	乔木（株）	灌木（株）	常绿（株）	绿篱（株）	组球（株）	藤本（株）	地被及宿根花卉（平米）
品种	16	9	5	1	3	1	—
数量	1913	693	873	950	57	1710	—

2010 年公园用地平衡表

表 3-2-2-6

项　目	面积（平方米）	百分比（%）
水　面	—	—
园路广场	547	0.8
活动场地	—	—
建筑占地	168.12	0.25
绿　地	63058	95.9

四、华夏未来儿童公园（滨湖公园）

华夏未来儿童公园（滨湖公园）坐落在河西区体院北居民区，北起环湖中道，南至环湖南道，东邻环湖中路，西接环湖西路。占地 5.07 公顷，其中水域面积 0.73 公顷。

1. 沿革

滨湖公园始建于 1986 年，1991 年续建，同年 9 月对外开放。1998 年进行充实改造。2003 年，公园建筑进行修缮。2005 年，公园进行拆违透绿，拆除公园周边违章建筑，提升了公园景观效果。2005 年 10 月，经天津市发展和改革委员会同意，河西区园林局将滨湖公园于 10 月底无偿转让给天津市华夏未来文化艺术基金会，改造为儿童主题公园，并进行整体改造。

2. 园景

原滨湖公园园内建筑及布局均采江南园林风格，有土山、凉亭、湖、曲廊、水榭和以雅趣园为主的园林建筑。辟有儿童活动区，建有旱冰场等儿童娱乐项目。1991 年在全市新建园林绿化工程评比中获新建鼓励奖。

2006 年，公园重新进行总体规划，体现贴近儿童，贴近生活的景观情趣，打造最具特色与风采的儿童天地。结合现状，把公园划分蓝色天际和梦幻森林两个景区。由华夏剧场、竹园、春景园、秋景园、木色湖畔等景点构成。利用建筑围合的小气候条件，栽植高大乔木及竹子，形成林荫广场意境，景区设置了雕塑、矮景墙、可坐人的石台阶、树阵铺地、环境装饰小品等。结合公园原有小岛，在小岛的南部，布置了美人鱼沙滩、植物岛等景点，提升童话般的美丽情境。梦幻森林景区以丰富的植物栽植贯穿各个景观点，体现四季景观，草木茂盛，浓荫如盖。

3. 公众活动

历史上的滨湖公园曾多次组办菊展、月季花节等活动。1991 年在天津市第 31 届菊展评比中，河西区获布展第一名，大立菊获第一名，菊展造型“三羊开泰”获第一名。1992 年在天津市第 32 届菊展中，河西区园林局制作的大立菊代表天津市参加设在江苏无锡的全国菊展，并获第三名。1993 年在天津市第 33 届菊展评比中，河西区大立菊、爬藤菊分别获奖。1995 年在天津市第 35 届菊展中，河西区大立菊、悬崖菊获奖。1996 年在天津市第六届月季花节中，河西区以“万民同乐”活动为主题，将历年成功景点集中在滨湖公园，形成巨龙戏水、月季争艳、雄狮迎宾、吉灯高照、马踏云雀、大鹏展翅、和平友谊和月季节徽八大景点集于一园，获天津市月季花节活动优秀组织奖。在该园成功举办天津市第 36 届、37 届、39 届菊展。大立菊获全市评比第一名，获栽培奖、布展二等奖，“四海同心”获菊展景点造型（专业综艺）一等奖。从 1996 年至 1999 年，连续四年作为天津市第六届至第九届月季花节河西区主会场。2000 年在第十届月季花节评比中河西区获市花养护一等奖、景点建设一等奖、同乐活动二等奖。

华夏未来儿童公园设计结合现状，对儿童的活动进行更加明确的引导，把公园划分为欢笑—华夏剧场、童年—蓝色天际、梦想—梦幻森林三个景观区，强调人造景观同环境题材景观的融合。体现出“欢笑·童年·梦想”的主题，公园设东、南、西三个出入口，东侧公园出入口区设管理室等办公建筑，并对东西两个入口的环境作了细致处理，使其装饰效果更为突出，成为相临道路的对景，并且结合修剪花带的设计，成为兼顾街景及道路对景的独特景观。在小岛的南部布置美人鱼沙滩，让孩子们在沙滩上尽情的嬉戏，去模拟感受神秘的大海，梦幻的美人鱼突出梦幻森林景区童话般的美丽情境。该园设计获得 2006 年度天津市优秀勘察设计一等奖、2008 年度全国优秀工程勘察设计行业奖市政公用工程三等奖。

五、干部俱乐部·燕园（原乡谊俱乐部）

天津市干部俱乐部，原为英国赛马场占地，始建于 1925 年，为英租界娱乐性建筑。1951 年辟为天津市干部俱乐部。总面积 16 公顷，其中绿化种植面积 4 公顷，坐落在天津市河西区马场道西南端 188 号，占地面积 16 公顷。

1886 年春，天津的直隶总督兼北洋大臣的李鸿章把佟楼附近的 200 多亩土地赠给了英租界董事会董事长德璀琳。他随后建起了当时天津最大的私人花园别墅“养心园”和东边的跑马场。1895 年，德璀琳将花园的 72 亩地交英租界工部局，在这里修建起“游艺场”。1925 年又继续进行扩建，两年后竣工，名为“天津马场俱乐部”（Tientsin Race Club），后改称“乡谊俱乐部”（Country Club），成为当时最有名的外国租界俱乐部。

乡谊俱乐部位于原天津英租界马场道西头（今干部俱乐部），园内的简约式英国古典建筑，其内有餐厅、茶室、球房、小剧场、舞厅、室内游泳池和健身房等娱乐设施；院内还有网球场、露天舞池，马蹄湖到了冬季结冰后做为滑冰场。园内种植法国梧桐、白蜡树、杨树、海棠及雪松、桧柏等落叶和常绿树，树木与草坪疏密有致，自然幽静。

该俱乐部铺设草坪1.7公顷，水面积4公顷，栽有上百年的一株大法桐树，高20余米，树干胸径近4米，是天津市少有的集古树与名木为一体的“活文物”。2007年，此树状况呈现颓势，俱乐部方面和园林部门经过勘察，发现其主要原因是此树周边土壤条件恶化，于是他们把此树周边200多平方米的柏油路面刨开，把深40厘米的不良土壤刨除，把其腐烂的根系剪除，再回填50多立方米富含有机肥的好土，改善了此树的生存环境，历经2年多，成功抢救了这株濒危的古树名木。

1981年3月，在该俱乐部庭院的西南角，开始建设仿古园林建筑的园中园——燕园，并于1982年9月建成开放。该园占地3公顷多，以北方古典民族形式为主，吸取了江南园林特色，成为一组颇具风采的仿清建筑。

燕园内有4个亭（重檐含晖亭、四角云水亭、六角澄怀亭、圆形一览亭）、4座桥（东园拱石桥、西园拱石桥、九曲桥、北涵洞桥）和3座山（龙泉山、屏湖山、土山），还有山门、延赏斋、临湖榭、曲径长廊以及雕塑壁画。其总体布局上采用了中国古典园林中“园中有园”的艺术手法，以建筑曲廊、墙垣、假山和水池等分成几个景色各异的院落，移步异景，景入其境。以各种建筑亭、台、轩、榭，前后错落，高低起伏曲廊、曲桥联为一体，环绕湖水。游廊建筑物上绘有三国、水浒、西游记等历史典故，燕园是一个既供游览、又可供多种使用要求的中国式园林。

六、中环公园

中环公园坐落在吴家窑大街与贵州路交口处，南依中环线，北傍津河（废墙子河），占地0.61公顷。

1. 沿革

中环公园是1986年中环线拓宽改造时预留出来的街景公园。2000年，津河改造时，对中环公园内的喷泉景观做了抬高技术处理，绿地采用大卵石围挡。2008年，中环公园及沿线的彩带街景绿地一并交由人民公园负责养护管理。同年，公园进行了植物调整和补种，重新铺装甬路。2010年春季，在公园原有风格基础上，增植多种乔灌木，使景观层次更加丰富，景致更加优美独特。

2. 园景

该园采取自然式布局，为条形地带，地势起伏，以科技楼和碧云里高层建筑为借景。自东向西依次建有三环喷泉、环形花架和伞亭组合。三环喷泉造型寓意为内、中、外三环干道环绕津城。球形雾状喷头和线形喷头使水景交织成一幅美丽的画图。伞亭组的亭柱饰为树干，亭顶栉比，高低错落，象征繁荣发展，被誉为中环线上的一颗明珠。

3. 绿化

中环公园的绿化特色是以乔木和花灌木为主，乔木多以泡桐、榆树、栾树、火炬、合欢、龙爪桑、银杏和卫矛等观赏树种居多；灌木以碧桃、榆叶梅、金银木、西府海棠、木槿、茶藨子、丁香、黄刺玫、连翘、红叶李、紫荆、花椒树、蔷薇、紫叶小檗和珍珠梅等多花品种见长，构成色彩丰富多样、三季有花、四季常青的意境。特别是公园围墙种满蔷薇，从开春到深秋，蔷薇花持续盛开，沿中环线一侧，形成一面高达2米多的花墙。

截至2010年年底，全园绿化覆盖面积6114平方米，其中草坪2131平方米；月季2553株。

2010年绿化植物现状表

表3-2-2-7

类别	乔木（株）	灌木（株）	常绿（株）	绿篱（株）	组球（株）	藤本（株）	地被及宿根花卉（平方米）
品种	13	15	3	1	1	—	—
数量	47	581	111	295	24	—	—

2010年公园用地平衡表

表3-2-2-8

项　目	面积（公顷）	百分比（%）
水　面	—	—
园路广场	1000	16.4
活动场地	—	—
建筑占地	45.8	0.75
绿　地	4903	80.19

4. 公众活动

该园是第一届至第五届天津市月季花节在河西区的主景区。1990年天津市第30届菊展河西展区设在中环公园。1991年天津市首届月季花节，中环公园园内摆放了一万余盆鲜艳的月季花，组成了“春的乐章”和“秋的收获”两组花群，分别获全市评比艺术金徽奖和艺术金章奖。巨型草雕“亚洲雄狮”“巨龙腾飞”“马踏云雀”安装了光电录音设备。1993年在第三届月季花节评比中获地棵月季栽培第二名。1994年“与民同乐”活动点获全市迎世乒景点建设评比第一名。在第四届月季花节评比中获布展第二名。1995年在第五届月季花节中，市区领导到中环公园参加了“与民同乐”活动。并获全市第一名。1996年3月17日在此公园组织了全区大型的“全民义务植树15周年纪念”活动。1999年在第九届月季花节评比中，获景点一等奖、市花一等奖、“万民同乐”活动一等奖、花节活动组织奖。

七、银河公园

银河公园方案由日本川口卫事务所设计，其中市政广场总占地规模为10.6万平方米，绿化建设从2003年8月份开始，有效工期仅为3个月，累计完成绿地49000余平方米，其中包括13万株花卉和30余个品种苗木的栽植，包括树坛161个，花坛179个，4600平方米的停车场铺装，5.7万平方米的广场铺装，其中包括18000平方米的卵石广场面积及近2.4万套的广场照明设备的安装。

第三节 南开区

一、长虹生态园

长虹生态园位于南开区红旗路、长江道立交桥下之东北部。占地33.9万平方米，绿化面积占97.5%。建于1953年，初名为湾兜公园。1986年3月，南开区筹资66万元恢复重建湾兜公园。平整土地10万平方米，清运废土、垃圾8000立方米，栽植树苗5万余株，铺草皮25000平方米，修路16700平方米，建花坛17个。同年6月30日正式对外开放，定名长虹公园。2007年12月，启动长虹公园提升改造工程，2008年7月竣工，8月1日正式对外免费开放。改造提升后的长虹公园定名为长虹生态园。

1996—2000年，新建长虹公园紫薇园，续建海棠园、百花园。园内栽植黑松、龙爪槐、梧桐等乔木38个品种，7701万株；灌木32个品种，6715株；花坛面积为1438平方米，草坪37953平方米。百花园位于园中心，占地8000平方米，随地势起伏，在路旁、池边及土丘，集中或散植米兰、含笑、腊梅、月季、玫瑰等草本花卉。

2003年12月，启动长虹公园南门破墙透绿工程，2004年7月底竣工。拆除园南门围墙处48间经营性门脸房违章建筑1120平方米，在原公园围墙处新建铁艺透视性围墙170延米，整修围墙内绿地2000平方米，换土500立方米，铺草皮1500平方米。引进日本帚桃，北京复色跳枝桃，牡丹型红色五宝桃，月季型、梅花型人面桃，菊花型粉碧桃、复色桃，月季型晚白桃等新品种近300株，开辟碧桃园，占地7000多平方米。并于是年4月举办第八届碧桃节。

2006年，长虹公园创建为“市级文明公园”。是年，长虹公园建高规格大型连栋温室。总建筑面积1014.8平方米，主体为轻型钢结构骨架。展厅面积460.8平方米，用于大型盆栽花卉养护、科普知识传播和名贵盆花、盆景、盆栽植物展示。生产厅以研发苗木新品和生产高档盆栽花卉、绿植为主。建有2排28个、长6.3米宽1.7米移动式苗床和上喷灌溉系统。温室建成后，可引进培育适合天津生长的植物新品种，为研发高科技苗木新品，生产高档绿色植被、盆栽花卉提供培育基地。

2010年春植期间，在长虹生态园南道两侧（长江道至红旗路）新植行道树香花槐140株，新栽月季7000余株。园内果木山上新植果树60株，铺草坪10000平方米，调整移植宿根花卉

长虹公园一景

5000株。冬季防寒修剪园内各类苗木花卉5000余株。围绕长虹生态园提升改造，在西门广场两侧道路新铺侧石200余延米，整修改善西门广场灯光照明设施，更新百米长廊阳光板，粉刷园内护栏及围墙，使公园景观焕然一新。

二、南开公园

南开公园是新中国成立后天津市内兴建最早的公园之一，1953年筹建，1955年建成。位于南开二纬路，占地面积5.05万平方米。公园左右对称布局，以东西两个大门干道为主轴线，前面有花坛陪衬。道路两侧栽植刺柏，分割空间。南门区突出植物造景，以一株孤植的雪松为主景，树高15米，冠径5米，葱郁壮观。道两侧栽植西府海棠。1986年有树木40多种，2100株，草皮920平方米，花卉面积500平方米，各类品种月季200余株。该园地处商业繁华、人口稠密地区，年游人量216万人次。

2003年2月，南开区投资1800万元，实施公园改造扩建工程，同年4月底竣工。绿化总面积4万平方米，为开放式绿地广场。设计上突出“绿色、人文、运动、休闲”主题，新建中心广场、游览等5个活动区。拆除商业用房、危陋平房等各类违章建筑17处6000平方米，清运杂土7900立方米，更换黄土20000立方米，种植各类苗木3800株。改扩建后的南开公园突出开放式布局，幽雅的环境和丰富的植物景观。2005年，南开公园改造工程获天津市城市绿化优质工程二等奖。

2006年，以南开公园为试点创建“星级”公园，植物增加到82种。采用50余株桧柏，塑造动物造型园林小品。公园绿篱模纹修剪成为南开区园艺技能示范精品。

南开公园两景

第四节　河东区

一、河东公园

该园坐落于成林路，原址为天津热电一厂的堆灰场，俗称“灰坑”。占地 10 公顷。1994 年，为解决大面积吹灰污染源问题，动工修建公园。1995 年，首期工程完成清除杂土 4 万立方米，铺垫黄土 2.5 万立方米，并进行了简易绿化。1997 年 8 月 1 日正式对外开放。

2009 年，河东公园结合原有各类植被进行合理提升改造。公园北侧建立和谐广场，采用开放式入口、阶梯休息设施、台阶式花坛、草坪坡地、自然修剪模纹造型贴近欧洲公园风格。公园西侧建立风华艺圃，除保留部分原有的儿童游乐设施外，增添家庭园艺示范游览活动区。同时增设品茗茶社，采用单层建筑，内设多个休闲空间以及室内服务设施，外延整体采用暖色调，以红、黄两色为主，各色花卉、造型植物，构成庭院式园林环绕四周，突出公园人文和谐理念。园内中部景观区地势最高处，以植物景观为主要特色，配合原有古树，以雪松造景，建造观景亭，形成公园主景。登上观景亭，全园景色一览无余，尽收眼底，定名“极目远眺”。园内水景深处，结合原有小叶杨等各类自然植被，构筑亲水平台，定名“濠濮听鱼”。登台而望，游人可近距离观赏湖内缓缓游动的锦鲤，放松身心、陶冶性情。公园南侧建七彩炫季，提升改造原有室外泳池，增设小型更衣管理室、景观围墙、座椅、儿童活动场地等设施，为居民提供了一个寓教于乐，情趣怡然的休闲娱乐空间。

2009 年改造前的河东公园景观

2009 年改造后的河东公园景观

河东公园改造中，园内地形整理 3.3 万立方米，围挡拆除 427 延米，苗木种植 3455 株，绿篱栽植 34650 株，月季填充 63315 株，湖泊掏挖 4442 立方米，蓄水 5330 立方米，修建亭阁 2 个，兴建桥梁 5 座，铺装各种规格甬路 9750 平方米，新建特色围墙 753 延米。至 2010 年，河东公园已成为河东区城市景观新亮点，提升了全区生态环境水平。

二、桥园

桥园公园坐落在河东区东新街道辖区，地处天津市河东区卫国道立交桥之东南隅，西北朝向呈扇形展开。其四至范围为：东至天山路，西至昆仑路，南至盘山道，北临卫国道。总占地面积22万平方米，该园原为废弃的打靶场，属于低洼盐碱之地。该园于2005年由天津市建委批复立项，2006年5月投入建设，2007年定为该年20项民心工程建设内容之一。

该园总体设计理念是以乡土植物、细胞、桥和钢结构廊架为主要元素，建设成城市人工湿地型综合公园，展示工业文明发展过程中原生态自然生命的活力。修建成人工湿地公园，湿地上架设各式桥梁，是国家AAA级旅游景区，天津市市内六区最大的人造生态湿地公园。公园面积400亩，其中生态水域面积近200亩，种植各类植物60余种，属于以生态时尚为特色、休闲旅游为核心的生态创意型公园。将园内木泡、湿地泡泡、高低泡泡、种植块、树阵块作为生命基本单元的细胞，共同构成公园原生态自然生命的取样，而中钢结构长廊和型土台锈迹斑斑的挡土板则是工业文明的取样，两种元素的反差对比体现了对工业文明的反思和对人类生存环境不断被侵扰乃至丧失的深切关怀，表达了人类努力修复和改善自然环境、生存状况，实现人与自然和谐发展的决心。

该园以卫昆桥为大背景，使桥与公园互为依托、融为一体。体现了沟通、联系、传统、跨跃、延续、继承和融合等多种寓意，展现了天津在环渤海地区乃至整个中国北方经济发展中重要的桥景和细节作用。

公园中心区建造了一座桥展馆，浓缩了桥文化在公园中的核心地位。展馆总面积2200平方米，多媒体放映室120平方米，其结构和外檐设计处处吸收和融合了桥的元素。馆内集中展览天津桥梁建筑的风景和发展历史。一方面对技术革新引起的桥梁设计和建筑历程一一进行解读，多角度展示天津桥文化和桥在天津社会发展中举足轻重的作用，另一方面以桥的历史为依据，反映天津经济社会全面快速的发展，并通过永久珍藏具有代表意义的桥梁设计图、建造模型和基础数据，推动天津桥梁设计和建筑的科学发展。除采用传统的展板、模型等展示手段外，还尝试通过互动多媒体触摸屏、可操作内透光模型等现代化的手段进行展示，发挥科普、教育和文化宣传的作用。2008年11月被认定为天津市科普教育基地，是国内第一个综合性展示桥梁历史、文化与技术的展馆。

该园通过因地制宜的方案设计、科学合理的植物配植，有效利用了现有资源，营造出了自然、生态、节约和持久型的城市绿地景观，突出了天津九河下梢、水绿结合的地域文化特色，使城市公共绿地持续发挥景观和生态效益，体现了可持续发展战略思想，开放以来得到社会各界的广泛赞誉。2009年4月，该园获得了住房和建设部颁发的人居环境范例奖；10月获得了全国工商联房地产、北京精瑞住宅科技基金会和精瑞（中国）不动产研究院颁发的第六届全国“精锐科学技术奖”景观设计大奖。同年，在西班牙巴塞罗纳召开的世界建筑节上桥园获得“全球最佳景观”奖。这是中国城市公园第一次获此殊荣。2010年，又荣获美国景观设计师协会ASLA综合类设计荣誉奖。

三、篴园

篴园位于原天津历史博物馆院内东部，由第二工人文化宫划地建设，于1986年建成开放，占地3000多平方米。虽然该园面积不大，但它是天津市唯一的一座集文物、园艺于一体的小型公园。园内既有亭廊、榭、拱桥和溪水等风景建筑，还有很高珍藏价值的碑、铜钟、石雕等文物，使参观者在优美的氛围中观赏文物。

篴园为开敞式圆门，阳面红色斜台上雕刻着书法家王学仲书写的填金大字“篴园”。台后立主折式曲屏，沿石路前行，半亩池塘映眼帘，碧水涟涟，意趣盎然，右侧建有白色小桥，流水从桥洞泻入堂内，小桥周围有假山叠石。

亭阁式的“涤襟榭”是园内的最高建筑物，顶部有护栏平台，可凭栏观览该园全景。榭后筑一曲型碑廊，荟萃了由明朝至民国年间的碑石、墓志81余块，有记载了“天津”名字由来的三官庙碑，有清末民初修治海洋水利的纪念碑，有出土于宝坻县的汉代鲜于璜碑。廊侧又有双碑亭相连，内储“元大都路总制碑”和“乾隆御制诗碑”，此二碑乃津门藏碑之佼佼者。

碑廊附近安置展示汉代陶井一眼，这口复原重建的汉井位于1983年出土于静海县西钓台古城址，是先人们开发生息在这块土地上的有力见证。陶井附近建有一座复原的蓟县别山汉墓。出土文物中有一块石砚，是我国至今发现的最早的一块砚石，为研究中国砚史的发展提供了可贵的实物资料。

小红桥旁有双檐六角亭一座，内置明铸铜钟一口，即权监冯保钟。六角亭前面为“文开玉篆”敞廊，集古钟三口，其中最大的一口为天津鼓楼大铁钟，是昔日全城百姓的“报时台”，相传风闻二十余公里。

篴园内还置有一对巨石雕成的石柱盆，可养植花木，据说是当年北京颐和园中的一物。在园中安置展示的大型铁锚，一为当年南北清运时的旧物，另一为外国侵略者入侵时留下的海轮船锚，铸造精细美观。篴园内遍槐、柏、梧、柳等树木，四季花卉，争奇斗艳，园林小品点缀其间，幽雅文静，寓文物于园林之中，风韵独具，堪为津门独特一景。

四、天津湾公园

2009年，在全市开展市容环境综合整治过程中，海河公园再次进行提升改造，其重点绿化点位之一，就是兴建天津湾公园。

该园位于中环线光华桥畔，地处海河新建的国泰桥下游100米河西侧，占地3.44万平方米。总体设计以园林景观为主体，突出水上休闲运动的功能和特色，充分利用沿河自然河滩坡地和屋顶绿化，把建筑与景观结合，使建筑融于河岸地形中，形成了独特的景观效果。一期工程2万平方米绿化大型林带及花街建设独具特色，种植各类乔木1000余株，灌木300余株，花卉2万余株，铺植草皮7000平方米，成为海河一颗绿色明珠。

第五节 河北区

一、王串场公园

公园位于王串场五号路上，占地面积6.4万平方米。该园兴建于1950年，1953年建成开放。进门迎面可见假山、喷水池，曲径藤架，别具一格。园内花坛、绿地月门、花墙错落有致，另有凉亭4座、长廊1处，古色古香。园内有各种树木1300余株，树木成林，郁郁葱葱。1993年戏水乐园在公园南部建成开放，占地面积7500平方米，其中水池面积1830平方米。池内设水滑梯两座。另设儿童小滑梯5道，由3座地下泵房推动池水环流。园内设有小桥4座，草坪面积3000平方米。公园年均客流量180万人次。

2001年为贯彻落实《全民健身计划纲要》，由河北区体育局与区市政园林局密切配合在此实施“绿色健身工程”。河北区政府将此项工程列为2001年为群众办实事重点工程之一，筹集资金300余万元，又争取到体育彩票公益金300万元，以原有的王串场公园为基础规划改建。工程于2001年8月动工，12月9日建成开放，成为备受居民群众欢迎的健身休闲场所。该园面积6.6万平方米，设施占地面积约5万多平方米。一期工程建有两个网球场、一个篮球场、两个门球场、鹅卵石路、生命步道、棋牌区、儿童综合器械区、室外乒乓球活动区、羽毛球活动区、乒乓球馆、美式健身厅和体能测试室等。与此同时还建成了一批健身配套服务设施，完善了园内基础设施，改善了园容园貌。二期工程建成体育健身科普长廊，增辟一个室外羽毛球场和6张乒乓球台，改造了公园东门。

王串场公园由于年久失修及地势低洼，下雨淹泡十分严重，使土壤盐碱度上升，草地、树木越来越少。2010年，王串场公园提升改造工程，列入河北区奋战300天市容环境综合整治工程之一。3月10日开工，8月25日竣工，9月1日向市民免费开放。改造面积6.64万平方米。为突出公园的运动主题，在公园入口的广场修建了一个高达5米、重约5吨的金属结构羽毛球雕塑，下方装点象征体育精神飞跃的“彩虹”。拆除违章建筑1080平方米和破旧游艺设施752平方米，通过拆违增绿，同时扩大了游人的锻炼场地。种植常绿树55株、乔木86株、灌木20株、果木18株、模纹绿篱708平方米；换种植土8800平方米、组球22株；种植花卉680平方米，铺设草坪1.86万平方米；镶侧石2160米，安装园灯32个，道路铺装1.15万平方米，树木移栽175株，水电改造3000延米。提升改造后的王串场公园区域划分更加合理化，设有文化教育区、游览休息区、儿童活动区、体育活动区，使整体景观具有观赏性和趣味性，休闲锻炼观赏游乐融为一体。

二、幸福公园

幸福公园位于幸福道，因路得名，面积2.4万平方米。始建于1979年，1983年正式开放，是河北区江都路地区较大的群众健身休闲公共场所。市人大常委会原副主任石坚曾为幸福公园题词:“幸福公园真幸福”。

随着时间的流逝，园内植物材料品种老化，基础设施大部分已损坏，亟待提升改造。幸福公园四周的靖江路、幸福道被列入市容环境综合整治之中后，幸福公园也列入市容环境综合整治绿化提升项目，提升面积 2.39 万平方米。公园内及周边 43 间 1000 余平方米的违章建筑和两处破旧游艺设施全部拆除。在施工中投入人工 1.5 万个工时，各类大型机械 1500 个台班；安装排水管道 1000 余延米，铺设电缆 1500 余米，地形填土 3500 余立方米，园路铺装 4000 余平方米；铺草坪 1.3 万平方米，栽植各种乔木 350 株、花灌木 3.2 万株、地被植物 2200 余平方米；摆放景石 300 余块，建花坛 300 余平方米，新建廊架 2 处；建休闲广场 10 处、儿童广场 1 处；人工造景 9 处。改造后的幸福公园林茂荫浓，绿篱平齐，松柏常青，乔、灌、草结合，极富层次，活动场地扩大，提升了观赏和休闲品位。

第六节　红桥区

一、西沽公园

西沽公园位于红桥区西沽，北依光荣道，西傍红桥北大街，东临北运河，南接西沽居民区。总面积 32 万平方米，其中水面面积 6.67 万平方米。

1. 沿革

西沽旧名黄叶村。西沽公园的前身系清末的武库菜园。据传，清末由海光寺迁武库至此，为官方存放武器之处，后废弃，改为菜园。历史上，其北部沿河一带山桃、垂柳久负盛名，誉称桃柳堤。1937 年日本侵华后，日伪南满铁路交通株式会社将菜园、荷塘全部侵占，改为稻田、畜产综合经营农场。1945 年日本投降，国民党接收后，归属铁路农场。1949 年天津解放后，天津铁路局接管农场改为林场，1955 年改为林木试验场苗圃。1958 年 4 月，经天津市政府批准，建立西沽公园。

2. 园景

1960 年，园内修建码头、桥梁，铺筑路面，增添游船、座椅、儿童游戏器械，并建成 1250 平方米的游泳池。1980 年公园中心岛竣工后，建成游廊、花架、异型三角凉亭、湖边水榭长廊。1982 年，增添大型自控式升降机等儿童电动游艺器械。2003 年，西沽公园内建成翠芳秀实园、映山红园两个园中园。2005 年，对园内河流、园路、广场、湖滨廊等处进行了改造。在保留河流原有自然景观基础上，营造卵石滩亲水平台、天然景石河岸、湖心小岛、大型卵石汀步桥等园林景观。2007 年，采用国际先进的植生带种植技术，对原有毛石堤岸进行生态改造，实施生态带护坡工程3000延米，修建汉白玉石桥3座，摆放各种景石700组，重修了公园园路。2009年至2010年，对西沽公园进行大规模提升改造。新建园路2万平方米，打造湿地6处瀑布景观，打造玉兰村等11个植物观赏区，打造黄叶村等8处旅游景点。新建桥梁1座，景观亭2座，改造景观长廊1处，一号门入口处两旁改造山体景观2座，二号门建“西沽公园”景观牌楼1处。引进书画企业——荣宝斋，建成梁崎、龚望纪念馆。2010年8月荣宝斋正式营业，为公园整体景观注入了浓郁的文化内涵。

3. 绿化

西沽公园土质肥沃，土层深厚，园内以植物茂盛，种类繁多而著称。林地依地栽植，取势自然，常绿、乔木、花灌木交叉成林。公园二门、南山、北山一带，有雪松片林、龙柏片林、桧柏林和小片竹林；有水杉、银杏、核桃、柿子、梨、桃、红果树；有观叶树种、观形树种龙爪槐、龙爪枣、花椒、黄杨、皂角、卫茅、五角枫；有芍药、樱花各类花卉品种；有毛白杨、新疆杨、垂柳、悬铃木等多种树种，绿荫遮天。孤岛栽有黄栌、常绿树和乔木，高处建有古式亭，深秋时节，可览红叶秋色自然野趣。园内水塘栽种莲藕，盛夏碧色连天。在河道湖泊种植萱草、马蔺等地被植物和具有较强观赏性的水生植物。园内有花卉基地，草花园、温室区。2007年，公园根据得天独厚的自然土壤条件及小气候特点，引进雪松、白皮松、洒金柏、黄金槐、白玉兰等珍贵树种。北山种植紫叶黄杨、红宝石海棠、红栌、黄栌、栾树、五角枫等6000株以彩叶为主的树种，把北山装点成“四季常绿，三季有花，秋红似火”的“小香山”。

2010年西沽公园绿化提升改造后，园内植物由130种增加到216种，栽植常绿树5015株，乔木7345株，花灌木4.98万株，组球5268株，草皮和地被植物2.8万平方米。2010年西沽公园绿化景观工程，获天津市城市园林绿化优质工程一等奖。

4. 公众活动

每年金秋，园内皆举办全市性大型菊展，各种菊花争奇斗艳、花团锦簇、五彩缤纷，吸引大量游人赏菊品花，成一时之盛会。综合性花展室经常举办大型花卉展览。提升改造后的西沽公园于2010年6月1日免费向市民开放。2010年9月2日，中共中央政治局委员、中共天津市委书记张高丽视察改造后的西沽公园。

二、红桥公园

红桥公园坐落于平津战役纪念馆北侧，2004年6月竣工并对游人开放。绿地面积4万平方米，是一座集休闲、健身、娱乐、观赏为一体的综合性开敞式公园。

公园分文化娱乐区、玉湖景区、儿童活动区、安静休闲区4个功能区。设置有供游人休闲的迎宾广场、健身广场、日新广场、儿童游乐广场等多种形式的休憩场所。

园内栽植树木1322株。其中乔木126株、常绿123株、各类花灌木1073株，采用群植、从植的方式，结合园林小品作垂直绿化。公园的主要出入口安装了造型华丽的大型景观灯，在主干道两侧设置有高杆庭院灯，在次路和小径两侧放置草坪灯，在绿地中设置照树灯，在广场设置地灯，为整个公园制造出一个绚丽的夜景灯光效果，为游人营造出一个舒适、和谐、静谧的环境。

红桥公园绿化景观工程，于2004年获天津市城市园林绿化优质工程二等奖。

三、滨河公园

滨河公园位于红桥区子牙河北岸，建于1990年。占地面积3.6万平方米。

公园凭借子牙河堤岸林带和北侧错台式居民楼群借景造园。进园处，堆石山刻有“滨河公园”园名。公园分春、夏、秋、冬4个景区，分别栽植季节特色鲜明的花卉、植物，配有园林小品。春园以山桃、碧桃、垂柳为主景植物；夏园以蝴蝶槐、紫葳为主景植物；秋园以五角枫树为主景植物；冬园遍植油松、云杉、雪松。全园围墙采用常绿植物做绿篱。园内绿树成荫，地势起伏，甬路曲折。

滨河公园栽植树木2060株。其中：乔木352株，常绿96株，花灌木368株，组球154株，藤本植物1090株，月季560株，草坪面积8300平方米，绿篱1362平方米。

2002年，在滨河公园子牙河桥头，兴建了8700平方米的绿化广场。

四、竹园

竹园原址为天津市烈士陵园，位于红桥区陵园路与北辛庄交口东侧，占地面积3.6万平方米，是一座供市民游览和进行革命传统教育的公园。烈士陵园迁走后，于2007年改建为竹园，占地面积3.6万平方米，竹园以栽植竹子为主，园内种植竹林0.5万平方米，并栽植了大量的乔木。

以竹叶、竹节、竹篱笆直线构成的公园景观，体现中国传统造园布局的精髓与现代景观空间布局相结合。园内以画竹、赏竹、咏竹三大景观区为主，将竹的文化景观与公园景观相结合，形成秀美的江南园林景色。

竹园园内栽植竹子和常绿树比较多，栽植有雪松、桧柏、乔木、法桐、杨树等树木1180株，其中：乔木486株，常绿592株，各类花灌木102株，草坪面积2万平方米. 竹园也是植物观赏园。

五、水趣园

水趣园位于南运河与红旗路交口处。占地面积3.34万平方米。由天津市自来水集团芥园水厂于2007年建成并向市民免费开放，2009年交红桥区园林管理局负责养管。这是一座展示水文化、宣传科普知识的开敞式主题公园。通过现代的园林造景手法，把水的文化、水的发展史和水专业工艺流程表现出来。充分体现水文化的深刻内涵和天津水文化历史渊源，让人们更加了解水、珍惜水。

园内有开壁亭、四角亭、单臂花架、山石等小品景点，与南运河景观有机结合在一起。园内栽植法桐、白蜡、国槐、杨树等乔木，山桃、碧桃、石榴等果树，红叶李、金银木、榆叶梅等花灌木以及绿篱，配以雪松等常绿树种。乔灌花草结合，绿树成荫。

园内共有树木8393株。草坪面积2.27万平方米。

第七节 津南区

一、海河故道公园

海河故道，也就是津南人所说的老海河，位于津南咸水沽镇北。出生于咸水沽镇的当代文化名人周汝昌曾说，海河以河道弯曲出名。1901 年至 1923 年，海河先后进行了六次浩大的裁弯取直工程。其中的第四次裁弯取直工程，自 1911 年 4 月 9 日至 1913 年 7 月 15 日，是海河最大规模的裁弯工程，咸水沽镇北的海河故道，就是这段被裁余的老河道。此后，老河道逐渐成为垃圾沟。

21 世纪第一个十年的后期，津南区实施对海河故道的综合改造工程。此工程一是将河道治理和建设生态公园结合起来，按照国际现代化的水生态环境标准进行治理，打造集公众休闲体验、城市生态景观和自然湿地生态于一体的复合立体空间，展现了天津悠久的漕运文化和码头文化，作为城乡百姓旅游休闲的新去处。二是使治理后的河道与其他水系相通，种植环保植物，让海河故道“活”起来。

沿河而建的海河故道公园，自 2008 年年底开工，至 2009 年基本建成并对外开放。该园位于津南区咸水沽镇北部，西起咸水沽镇月牙河，东至津南环线，长度 3.5 公里，南北平均宽度约 200 米。占地约 75 万平方米，其中水面面积 21 万平方米，绿化面积 35.65 万平方米。

该园的建设充分利用海河的知名度，挖掘自然、历史和人文等方面的素材，以沽水生态文化为纽带，串联码头商埠文化、运河风情文化和名人文化，从时间和空间上再现天津独特的地域文化特征和深厚的历史沉淀，用现代的手法和生态的理念诠释津南的昨天、今天和明天。充分利用现有的自然优势，通过恢复和丰富海河故道的湿地生态环境，结合当地的历史文化与地域特色充分发挥其生态功能、休闲功能、游憩功能，为市民提供多样化的休闲体验空间，营建一处人与自然和谐共处的城市生态景观空间。总体布局由海河故道串联起六大片区，宗旨为：“故道漕运留烟云，五行播洒绘今篇”，即以“借古开今”的创作手法描绘全园，提供给市民游憩、商娱和品赏的欢乐天地，自西向东分别为滨水游憩区、船舫美食区、综合娱乐区、水上商娱区、水鸟湿地区及名人文化区。

该园最为突出的景观，是“龙马胜景”和“篓吧”等。“龙马胜景”有八条造型巨龙腾空而起，八匹造型骏马奋蹄奔腾，体现出津南区政府和民众勇往直前的龙马精神。在“龙马胜景”外侧修建了一座造型独特巨大的标志性建筑“篓吧”特色餐屋，其造型仿照渔民捕鱼用的竹篓，反映百年前此地渔民的生产和生活，再现曾经盛极一时的海河岸边的漕运文化。

此外，园区还建有“沽水花洲”“雅石趣园”“沽水篁花”“飘台醉月”和漕运官署菜舫、临水特色餐屋等景点和设施。

第八节 北辰区

一、娱乐园

2001年建，位于北运河右岸王庄村。南起滦水园桥（南仓桥），蜿蜒3000米至北仓桥，占地17万平方米。该园集游戏、赏景、休闲为一体，由沙坑、运河之子、装饰驳岸、雪碧莲花和儿童游乐园等7处景观组成。装饰驳岸是在200平方米的龙卵石周围布列着一些礁石所形成的景观。运河之子为民间雕塑，7个乳白色神态各异的顽童争相嬉戏、观看水花托起闪亮的珠宝，谓“七童窥宝”。

二、御河园

为2001年所建，位于北运河左岸马庄村，呈三角形，占地3.3万平方米。该园以纪念漕运为主题，由浮雕景墙、篇章雕塑、古锚、浮龙顺水、传说曲墙、诗词之路和仿古码头7个景观组成。

三、北辰公园

2004年10月1日落成开放，位于京津路西侧。占地6.4公顷，植有60余种树木及花卉，四季常绿，三季花香。该园标志性建筑为北极星雕塑，雕塑周围为下沉式广场。另有叠水墙、文化墙、亲水平台、童叟趣园等设施。北辰公园在体现都市文化的基础上，突出亲情化的情感空间，创造出鲜明的特色景观。以辰舞广场为主体空间，营造出独具天津北辰文化特色的综合室外文化展示区，形成展示天津北辰地域文化、民间文化、多题材景观雕塑的室外布展中心，由林间茶吧、文化庭园、运动广场和童心广场等构成，与主题广场互动的城市交流空间，为人们提供不同文化品位的户外活动场所。为了体现北辰公园的城市生活和生态休闲的空间氛围，采取景观分流的方式，利用贯穿全园的景观环线作为市民日常锻炼的缓跑径，为市民提供绿地景观中的缓跑空间。同时在园区各处结合生态景观设立健身径，使北辰公园形成绿意盎然、轻松惬意的健身步行系统。北辰公园的阳光花溪以太阳岛为主景，结合观景平台、木栈道，点缀水生植物形成水生植物园，营造出现代生态景观氛围。

第九节 东丽区

一、东丽公园

东丽公园坐落于东丽区福山路南侧，占地面积33333平方米。该园最早为崔家码头村农业用地，后建设为公园。1986年5月开工，同年10月竣工。建设单位为天津市东丽区城乡建设委员会，设计单位为天津市园林设计院，施工单位为天津市东丽区园林管理所。

该园以中间的湖为中轴线，划分为南北两个区域，以桥连接南北两岸。桥中有小亭台，湖东侧栽有荷花及浮萍，湖西侧有一喷泉，旁边为亲水平台。公园北侧建有花房。花房一侧种有竹林，另一侧有一小地形。地形高点建一凉亭，栽有松树等树木。公园南侧中间为海棠林，其间设有长椅。一侧种植花卉小品等，以甬路蜿蜒其中，另一侧为健身设施及儿童游乐设施，滑梯，健身器材，乒乓球台等。

该园绿化面积30036平方米，水面积12000平方米，草坪6560平方米，花卉栽植2206平方米。绿地内栽植树木718株，其中乔木13个品种464株，常绿5个品种142株，灌木10个品种112株。设有儿童滑梯两座，健身器材20套等服务设施。

二、芳草公园

芳草公园始建于1997年，坐落于东丽区外环线以东、津赤路以北，占地面积87000平方米。原为李明庄村农业用地，后改建为公园。

芳草公园以中间湖为基础，湖四周种有草坪，并栽植花卉及乔木。有一桥引入湖中间一亭台，四周水面栽有荷花等水生植物。公园绿化面积83144平方米，水面积33827平方米，草坪6581平方米。栽植乔木3个品种958株，常绿6株，月季2900株。

三、新立公园

新立公园始建于2004年，坐落于津塘路以北，新立村南侧，占地面积25367平方米。新立公园原为新立村用地，后改建为公园。2005年6月开工，同年10月竣工。建设单位为天津市新立房地产开发公司，设计单位为天津市大业园艺有限公司，施工单位为天津市腾祥市政工程有限公司。

新立公园北侧为小广场，以毛泽东塑像为中心，以中心点向四周辐射，用台阶逐级提高。周围建有浮雕雕塑墙，主要题材为人民斗争史。广场南侧是两个并排的起伏地形，其间贯穿甬路连接广场，随着地形起伏栽植绿篱、草坪、花卉、乔木等植物。

公园绿化面积25367平方米，栽植草坪7200平方米，宿根花卉1个品种，面积638平方米；绿篱1个品种27755株，面积1735平方米。绿地内树木合计318株，其中乔木5个品种113株；常绿2个品种31株；灌木5个品种174株；月季2900株。

四、惠民公园

惠民公园工程于2005年3月10日开工，5月31日竣工，9月8日验收交工。工程设计单位为天津市北方园林市政工程设计院，施工单位为天津市北方园林市政工程服务公司、天津二十冶金建设有限公司、天津市恒久建筑时钟科技有限公司。

该公园位于东丽区津塘公路与外环线交口西北侧，地理位置十分重要。公园面积约18000平方米，中心处是1栋36.7米高的钟楼，向东南西北放射出四条林荫大道，四周是大面积的绿地。道路两侧栽植了高大的法桐，安装了庭院灯和座椅。公园入口处安放了两块经过雕刻的景石，上书“惠民公园”，栽植了鸢尾和美人蕉等宿根花卉。该工程铺装面积3000平方米，种植乔木4441株，灌木及花卉18634株，植草皮3500平方米，播种白三叶草籽175公斤。主体建筑钟楼为四面，主体高25米，全高36.6米，具有报时和夜明功能。公园整体形式简洁明快，视觉通透，为周围居民提供了一处休闲娱乐的好去处。也对外环线和津塘公路沿线景观起到了提升作用。

第十节　西青区

一、杨柳青带状公园——御河景区

1. 概述

流经西青区境内的著名京杭大运河，因位于海河干流以南，故名南运河。境内河堤两岸遍植杨柳，因而此地得名“柳口”(今名杨柳青)。随着漕运的往来频繁，境内也逐渐繁盛起来。1951年开掘独流减河把南运河腰两截断，使区境南运河段成了无源河。1985年将杨柳青境内河道夯实改建杨柳青公园（带状公园)，至1987年4月28日建成。1999年开始，西青区斥巨资对运河故道进行了重新开挖和综合治理，由中国风景园林规划设计研究中心天津分院规划设计建成了长达4公里的南运河景观带（御河景区)。

2. 历史沿革

京杭大运河西青段（南运河）从西青区辛口镇大杜庄至西营门街赵庄子，原为汉建安十一年(206年）曹操开凿的平虏渠的一部分。隋大业四年（608年)，隋炀帝下诏开挖永济渠至今河北省青县与平虏渠相通，始称“御河”。至此，南始杭州，北至通州的京杭大运河贯通。金泰和五年（1205年)，改凿运河，实行潞水通漕，开始成为漕运要道。从此，柳口镇（杨柳青镇）人口不断增加，经济开始繁荣。明永乐九年（1411年)，朝廷征民伕疏浚京杭大运河，以济漕运。至永乐十三年（1415年)，京杭大运河全线通航，流经本区的南运河更是漕运的必经之转运地，杨柳青镇成为北方重要运河码头。明成化十三年（1477年）明廷管理和道德工部郎中杨恭，调集军队、民伕共计4000人，加固南运河堤，杨柳青从此名闻遐迩。清朝期间，对南运河进行过多次治理，乾隆二十年（1755年）直隶总督衙门在南运河设立渠长，并将河堤二段分编字号，在河堤栽柳植树，以利加固堤岸。经过战争和自然灾害的洗礼，南运河几经沧桑。明清漕运繁盛时期，河道两岸杨柳青青，芦絮飞飏。

1968年6月旱情严重，南运河断流。1970年12月，历时一个冬季的南运河清淤工程完工。

1974年，西郊区人民政府将杨柳青镇内南运河（2000米）裁弯取直，南移200米，在故道中段改建杨柳青公园（带状公园），1984年填土动工，1987年4月28日建成。

2002年，在原杨柳青公园原址上重新开挖恢复运河故道，并沿故道建成御河景观带，2003年10月竣工，由西青区景区管理所负责管理。于2006年5月被审定为全国重点文物保护单位。

3. 园林建筑绿化景观格局

杨柳青公园分为颐寿、儿童、青年三园，首尾相接，蜿蜒如带，故居民俗称“带状公园”。公园全长1100米，宽36米，占地39600平方米，建筑面积2469平方米。光明路（柳口路）从儿童园与颐寿园之间穿过，街心建成椭圆型绿岛，岛内有高低错落喷泉、水池、灯光与绿地。在颐寿园东临街口处竖建园纪念碑一座，正面由津门著名书画家王颂余先生题写“杨柳青公园”五个大字，碑阴为区政协干部谢玉明撰文，农民书法家郭丕承书写的碑文。

杨柳青公园自东向西由儿童园、颐寿园、青年园3个独具特色的园林组成。儿童园，以儿童情趣设计修建，设有翠林莺歌、大型滑梯、电动玩具、喷泉池、“五子夺莲”汉白玉石雕等场地设备。1991年3月，建立赖宁半身塑像一座。园门为圆拱形，门外有儿童游乐区。颐寿园，园门为中国古典式建筑，一对石狮居于门前两侧，面对广场。入门后，在绿地之中立雷锋塑像，后有假山1座，山上有凉亭。西行，有“翠阁”、“扇形亭”、“兴碧轩”（茶室），门前耸立着玉雕老寿星。出颐寿园西门，穿过街道为青年园，园门为现代式建筑，园内设有亭、廊、桥、池、厅等，曲径环绕，绿地相配。

杨柳青公园内，除甬道外遍铺草坪，种植洋槐、白杨、柳、松、柏、桐等乔木687棵，灌木900棵，常绿树木675株。辟有月季花园地，沿围墙藤本“爬山花”660棵。

儿童园绿化植物量统计表

表3-2-10-1

名称	数量（株）	名称	数量（株）
桧柏	27	西府海棠	5
龙柏	14	玫瑰	30
铺地柏	24	黄刺玫	44
刺柏	35	红叶李	24
毛白杨	165	珍珠梅	107
洋槐	10	紫薇	9
臭椿	8	木槿	49
白蜡	116	金银木	16
栾树	6	七姐妹	29
合欢	38	红叶桃	11

续表 3-2-10-1

名　称	数量（株）	名　称	数量（株）
山　桃	12	鸾枝梅	40
连　翘	68	地　锦	610
榆叶梅	15	国　槐	5
紫　荆	8	黑　松	14
白丁香	47	小叶黄柏球	15
紫丁香	43	草皮（坚固颖）	6400 平方米

青年园绿化植物量统计表

表 3-2-10-2

名　称	数量（株）	名　称	数量（株）
桧　柏	19	合　欢	5
云　杉	9	毛白杨	46
雪　松	2	火　炬	2
大叶黄杨球	245	丁　香	14
小叶黄杨球	260	碧　桃	19
洋　槐	9	玫　瑰	70
国　槐	12	紫　薇	20
龙爪槐	2	珍珠梅	2
垂　柳	9	紫　藤	40
立　柳	12	白　蜡	26
法　桐	8	草　皮	2600 平方米
臭　椿	7		

老年园绿化植物量统计表

表 3-2-10-3

名　称	数量（株）	名　称	数量（株）
桧　柏	33	榆叶梅	13
龙　柏	15	白丁香	19
铺地柏	2	紫丁香	12
黑　松	9	玫　瑰	59
刺　柏	21	黄刺玫	34
沙地柏	3	珍珠梅	73
大叶黄杨球	13	紫　薇	45
毛白杨	90	木　槿	80
洋　槐	27	七姐妹	53

续表 3-2-10-3

名　称	数量（株）	名　称	数量（株）
垂　柳	28	弯枝梅	8
龙爪柳	1	地　锦	411
白　蜡	64	山　桃	3
合　欢	21	臭　椿	8
龙爪槐	5	草皮（坚固颖）	4000 平方米
连　翘	45		

4. 御河景区园林景观布局

御河景区沿御河两岸而建，草坪面积 67976 平方米，河面面积 18.7 万平方米。从镇东小弯处至镇西弯曲向南接运河故道分为五部分。

第一部分为“春之声”：主景观为乾隆御赐杨柳青园，包括从东入口处的“桃花源”（内设一巨湖石景观），“柳口情韵”（石舫画廊，有乾隆、刘墉铸铜像），“杨柳春色”（岸边座石临水有汉白玉村姑雕塑），杨柳青诗廊。“御河景观”的题材内容，由杨柳青书画院的王宝铭担纲设计，由张树清负责组织，由吴国恒等人及山西古物复制人负责制作。“御河景观”由镇东入口处，迎面矗立巨型湖石，由张树清题“流口”二字，背后题“柳口”二字，寓意了历史沧桑变迁的过程。石舫画廊的刘墉、乾隆及汉白玉村姑的铜像，均由天津美术学院雕塑系完成；并在石舫前矗立双龙戏珠碑，碑文由王宝铭撰写。

诗碑廊由古建廊庑布局，内墙面镶山西青石石碑共计 16 方，选取了自元代揭傒斯至新中国邓拓先生的歌咏杨柳青的风物诗词 16 首。即元揭傒斯的《杨柳青谣》，明于慎行的《杨柳青道中》，明吴承恩的《泊杨柳青》，清初高承埏的《柳青词》，清华鼎之的《杨柳青》，清初孔尚任《津门极望》，清管干珍的《杨柳青》，清姚世徕的《津门杂咏（之一）》，清樊彬的《津门好》，清查彬《杨柳青道上》，清蒋诗的《杂咏》，清查礼的《杨柳青驿》，清高景光的《天津杂咏》，清人题白俊英画扇面的《扇面诗》，现代谢觉哉先生的《来杨柳青视察》，现代邓拓先生的《版画新》。由中国书法家协会会员、知名书法家姜钧杰采用真、草、隶、篆诸体书写；由山西王华严先生镌刻勒石，庭院内的吴承恩醉倒莲花白塑像由王宝铭设计。砚形石碑后碑文由王宝铭先生撰文。塑像由西青区园林所监制。诗碑廊的门额“梓韵”、“贤哲吟柳”由张树清题写并监制。诗碑廊处墙镶有石雕盲窗 16 扇，在题材上以民俗禽鸟吉祥图案结合年画人物造型，采用北方淳厚质朴的民间石刻工艺风格，以高浮雕、平浮雕的工艺手法体现地方的审美意蕴，表现历史上劳动人民的理想和希望。王宝铭以此理念设计了一组盲窗图案，即：麟吐玉书、喜上加喜、河清海晏、龙凤呈祥、狮子绣球、鸳鸯贵子、金玉满堂、英雄独立、龟鹤齐龄、丹凤朝阳、九重春色、独占鳌头、室上大吉、风调雨顺、三羊开泰、太平有象，由区园林所负责监制。

第二部分为“绿之南”，主景观为杨柳青砖雕石刻园，包括冉园春色，亲水平台砖雕石刻园，绿云花雨等。杨柳青砖雕廊的砖雕透窗以民俗花鸟吉祥图案为主，结合图案造型，体现地方区域民俗特点为设计理念，由王宝铭设计 14 扇透窗，即：吉祥寿纹、子孙万代、五福和合、岁寒三友、蛟龙警壁、富在眼前、福寿如意、四方春色、竹报平安、莲生贵子、九龙警寿、百事如意、富贵寿考、龟鹤齐龄。该砖雕透窗由王华严雕刻制作。砖雕廊门额“缕粹”“巧夺天工”由张树清题写和监制。砖雕园的碑形为吊线形，碑文由王宝铭撰写。

第三部分为“夏之曲”，从柳口路西起为莲年有余双面铜雕，绿廊叠翠，杨柳青年画廊，步云桥，御河人家等。莲年有余双面铜像，由天津泥人张工作室的董秀峰创作小样，区园林所监制并完成，铜像矗立在运河北岸。

杨柳青年画廊，抱着从欣赏入手，以画中游“有看头”为宗旨，以精品名人名作为准绳，按历史故事、文学故事、娃娃仕女、戏剧人物、风俗故事分类，选用了 16 幅年画佳作，即马庆龙大闹兴顺店（短打）、鱼龙变化（娃娃）、文姬归汉（历史故事）、谢庭咏絮（传奇）、福缘善庆（吉祥）、李太白醉写香表（文学故事）、辕门射戟（戏出）、禹王治水（神话）、忠义堂（文学）、十八魁（仕女）、闻太师西歧大战（评书）、程咬金搬兵（评书）、穆桂英大破天门阵（文学）、四美钓鱼（文学）、俞伯牙摔琴谢知音（传奇）、孔子问答（故事）。以丙烯颜料和传统壁画法制作。张树清、王宝铭负责监制，吴国恒、郑克祥、杨长安、谢天刚等参与制作。年画廊的“童子献寿”雕像由张树清设计，区园林所监制。年画廊门额“国粹”“奇玲焕彩”廊亭抱柱匾“千载御河蕴真趣，百代古镇绽丹青”“七色年画九州绝艺，五彩丹青四海奇葩”均由张树清题写并监制。杨柳青年画廊碑文由王宝铭撰写人物画优良传统，而成为名扬海内外的地方传统文化艺术形式，誉为国之瑰宝。

第四部分为“秋之恋”，主景观有风筝园，包括松林夕照、风筝广场、秋阳绚彩等。杨柳青风筝园以亲水平台式广场组成，设有蝴蝶形飘飞的艺术灯杆。风筝园碑文由王宝铭撰写。

第五部分为“冬之韵”，主景观为精武园，包括雪香云蔚、棋牌天地、岁寒三友、精武广场（霍元甲擂台比武铸铜雕及平面线刻迷综艺图壁等）。

精武园以霍元甲尚武精神为主线，再现了霍元甲与俄国大力士擂台比武的形象，铸铜像由天津美术学院雕塑系设计制作完成。线刻平雕地坪壁画由王宝铭设计，张树清监制完成。王宝铭撰写了精武碑文。

御河景区绿化植物量统计表

表 3-2-10-4

名　称	数量（棵）	名　称	数量（棵）
雪　松	94	银　杏	13
国　槐	165	龙　柏	47

续表 3-2-10-1

名　称	数量（棵）	名　称	数量（棵）
剑　麻	312	大叶黄杨球	26
石　榴	39	大叶女贞	19
栾　树	79	榆叶梅	31
金银木	200	木　槿	31
合　欢	88	山　桃	4
紫叶李	94	沙地柏	51
千头椿	126	紫　荆	26
火　炬	39	玫　瑰	2
毛白杨	139	碧　桃	36
青　桐	62	龙爪槐	19
黄刺玫	22	毛泡桐	2
毛刺槐	2	紫叶小檗	2
云　杉	2	竹　子	8
香茶藨子	3	柳　树	3000
海　棠	98	珍珠梅	3

第十一节　滨海新区

一、塘沽河滨公园

塘沽河滨公园位于天津市滨海新区塘沽西南部、塘沽街中心路南端，形似折扇，三面为海河所环抱，故而得名。1952 年 11 月，征用西场村满、孟、李诸姓农田兴建，1953 年建成开放，该园面积只有 6 公顷多。1961 年，塘沽区政府对公园重新规划，确定了扩建范围。首先兴建了三拱双披重檐式砖混结构的东门，大门两侧的云墙，开有中国式十锦花墙，与大门相互衬托，很是美观。1962 年开挖了西湖，并在西湖东北侧用挖湖土方堆假山，随后把西湖与东湖沟通，全园水系四通八达。其上还建起形式各异、各具特色的桥梁。而后不断扩建充实改造，该园面积达到 30.27 公顷，其中水面积 6.13 公顷，分为东西两园，成为塘沽最大的综合性公园。园中建有楼、阁、廊、亭、文化游艺区、观赏动物区及苏州式园林“南园”。

湖畔主景仿古建筑“湖濒楼”，分上下两层，于 1976 年建成，飞檐斗拱，古朴典雅，东面濒湖建有平台，建有被云墙封闭的庭院和喷泉。其北侧于 1982 年建成具有民族建筑形式的黄色琉璃瓦长廊，北端建有凉亭，通过长廊与“湖濒楼”连接，这组风景建筑与波光粼粼的湖面一起，成为该园代表性的标志景观。

东西两园规划建设各有侧重，东园原为菜农园地，土质较好，且地势较高、排水良好，故以栽植植物为主，以绿化美化为特色。1982 年，建起占地面积 3800 平方米的牡丹园，并在东园西北部建起一座现代风格的花卉展览厅，展厅后建有 1100 平方米的花窖，另建有 2664 平方米的花圃。1997 年，建起占地面积 1800 平方米的月季园儿童乐园也设在东园，园内曾建有儿童自控游艺飞机、旋道滑梯、旱船、转椅等 30 多种游艺器械，东园内还设有电子游艺厅、旱冰场、游泳池等。西园是该园的动物园，于 20 世纪 50 年代末到 60 年代初逐步建成。在最初笼养动物的基础上，随着动物的不断增加，相继建起水禽湖、猴山等兽禽舍，逐步成为较为完备的动物园。飞禽曾达到 28 种、150 只，兽类曾达到 22 种、92 只。

园区植树 80 余种、2 万多株，绿化总面积达 21.5 万平方米，花卉总面积达 687 平方米，草坪总面积达 5746 平方米，绿篱总面积达 3600 平方米。该园设有动物园，饲养动物 55 种，300 余只。该园还开设游泳池、旱冰场、游艺厅和大型电动飞机、空中脚踏车、碰碰车等游乐场所。1991 年，该园还建成开放了温泉游泳馆。

2003 至 2004 年，对该园进行大规模整修改造，新建直通海河岸边的“星光大道”和临河游览区，至 2010 年，该园绿地面积总 26.8 万平方米，园内树木种类 85 种、数量 3.7 万株。

二、塘沽新港公园

新港公园位于塘沽新港 3 号路南，临港路以西，与港口医院相邻，总面积 10.02 万平方米。其中绿化面积 4.56 万平方米，水面积 2.4 万平方米。是一座以中式传统造园手法为基调，以西式建筑为点缀的综合性公园。该园于 1992 年 10 月动工修建，1993 年 11 月竣工，总投资 400 万元，1994 年 3 月正式对游人开放。

新港公园原址地势低洼、盐碱、常年积水，公园规划依据园林造园“因地制宜、洼地成湖、筑土为山”的手法进行建设，在园内栽植各种树木 2948 件。其中乔木 1286 株，常绿 353 株，果树 79 株，灌木 301 株，藤本 820 株，月季 109 株，植草皮 12100 平方米，花卉 40 平方米，修建的拱桥、曲桥、园亭、四角亭、景楼、假山等小品。在公园西北部土山脚下建了人工瀑布，并陆续添置了碰碰车、电动飞机、空中脚踏车等游艺设施。该园路成网、水成环、绿成荫、景相连的综合性大型公园，成为港区群众晨练、娱乐、游览、休憩的好去处。

三、塘沽绿岛公园

塘沽绿岛公园位于天津滨海新区的塘沽，东邻河北路、南邻福州道，为开放式园林，占地 12 万平方米，园内主要由单体建筑、湖泊、绿地、小品、亭台、广场、喷泉、廊桥、风车等景观组成，其中两处标志性雕塑——荷兰风车和北塘渔船最具特色，中国古典式的亭台点缀其中，还设有健身设备。绿化植物主要有国槐、金丝垂柳、雪松、合欢树等。

该公园内的 5 座单体建筑分别为欧罗巴餐厅、北美风情餐饮中心、地中海购物街、日式俱乐部和瀑布茶室等。园内湖水总面积1.8万平方米，全长700米，湖内有两道六桥，把各个景区连接起来，使人文景观和自然景观自然融合。塘沽的广州道小学护绿小队被确定为该公园护绿小卫士队，对更好地养护园林景观和增强学生的爱绿护绿意识，起到了很好的作用。

四、渤海儿童世界公园

渤海儿童世界位于天津市滨海新区原塘沽区新港船闸路东侧，1985年3月立项，占地5.7万平方米，1985年11月建设，1987年6月1日前完成开放。由宋庆龄基金会赞助，康克清为开园剪彩，杨尚昆为该园题名。

该园是一座迪斯尼式的儿童乐园，是可供儿童游览、求知、娱乐、吃住的大型活动场所。园区由儿童世界、金色沙滩、小别墅区、游艺室、室外游艺区、智慧宫、珊瑚岛、“海底探险”、儿童公寓等部分组成。智慧宫远望似腾飞的航天飞机，内分历史、自然两个博物馆，用模型、标本、图片、实物、录像展示中国悠久的历史和丰富的资源。在“海底探险”内，可乘坐摸拟潜艇，进入“海底迷宫”，通过电视看到海底的各种动、植物。游艺室有游艺机、健康球、电动玩具。游艺区有观览车、欢乐轮、毛虫小火东、旋转小蜜蜂、碰碰车和退役军舰。园内还有藏族、苗族、傣族、朝鲜族、高山族建筑特色的五座小别墅和一座公寓，供观赏和食宿。该园绿地、花坛面积57234平方米，种植各种树木1322株。

五、汉沽河西公园

汉沽河西公园位于汉沽新建区河西一经路和蓟运河之间，该园园址原为茶店王庄村的一片园田和稻田，后成为汉沽辟建的一座区级综合性文化休息公园，总面积为18.67公顷，其中水面积1.67公顷。全园平均长度820米，宽窄不一，在185米至400米之间，平均宽度为220米。该园于1983年3月破土动工，1985年6月1日开放。

该园建设实行“人民公园人民建”的方针，动员社会力量投入施工建设。该园园址原为茶店王庄村的一片园田和稻田。1983年，有13000余人参加了义务劳动。挖湖5.3万立方米。堆土山4.05万立方米，筑岛2座。厂矿企业分别承包了园内工程项目。如游船和邮轮管理室的建筑分别由汉沽盐场和国家建工总局六局二公司承包，土山甬道和六角亭由天津化工厂负责修建。因此，加快了公园的建设步伐。

公园的规划布局以南大门为轴线，划分为五区一带。植物观赏区，为公园的中心区域，面积为8.79公顷，占全园的43.17%。儿童活动区，位于公园的西南部，面积为0.52公顷，占全园面积的2.78%。小动物区和公园管理区，位于公园东南部，小动物区面积为0.95公顷，占全园面积的5.09%，设金鱼馆、百鸟笼、小猴山。公园管理区面积为8.5公顷，占全园面积的4.58%。

六、汉沽滨河公园

汉沽滨河公园位于蓟运河东岸，该园分南北两段，南段起杨家寨上至原汉沽七中，北段由汉沽盐场宿舍至汉沽大桥，全长1200米，平均宽60米，面积126000平方米。

该园1984年动工兴建，1987年又扩建汉沽大桥北段至汉沽化工厂南段。园内部分路段硬化，铺设花砖，建门球场地一处，设有20余部体育健身设施，建有3处运动场地。

该园设有多个园中园，自北向南分为欧园区、迎宾园、绿荷园、晶园，占地总面积6.67公顷，1995年立项并动工，总投资440万元，于1996年建成开放。园内栽植各种树木近8000株，其中乔木2000余株、花灌木4000余株，铺草皮17000平方米。

七、航母主题公园

天津滨海航母主题公园地处天津市滨海新区汉沽八卦滩，地处滨海旅游区核心区域，为国家AAAA级旅游景区，总规划面积22万平方米，是以“基辅”号航母这一独特旅游资源为主体，集为航母观光、武备展示、主题演出、会务会展、拓展训练、国防教育、娱乐休闲、影视拍摄八大板块为一体的大型军事主题公园。

1. 沿革

2000年5月，“基辅”号航母告别了俄罗斯的维佳耶夫军港启程，由上海救捞局“德意”号拖轮拖离，途经大西洋，绕好望角，穿马六甲海峡进入中国的南海、东海、黄海驶入渤海湾。于2000年8月29日顺利抵达天津新港南疆码头，历时102天，航程16850海里，完成了航运史上的一次壮举。在国务院和天津市政府的支持下，国家有关部门于2001年1月为航母办理合法手续，将基辅号航空母舰改变为观光用途。

2005年10月9日，天津经济技术开发区实业公司（天津泰达投资控股有限公司的全资子公司）通过公开拍卖，取得原天津国际游乐港有限公司5.57平方千米土地及基辅号航空母舰的所有权。2006年4月，成立天津滨海航母主题公园有限公司，标志着天津滨海航母主题公园的开发建设全面启动。该公司是注册资本3.9亿元人民币的大型国有企业，隶属于天津泰达投资控股有限公司。该公司对园区实行总体规划，以“基辅”号航母旅游资源为主体，以娱乐性军事航母公园为主题，把参与性娱乐与国防教育相结合，围绕军事主题，把园区打造成为世界最大的军事主题公园之一。

2010年11月，对外开放的滨海航母主题公园，成为汉沽地区第一家国家AAAA级景区。2011年10月，永久坐落于航母园区的上海世博会天津馆正式对外开放。2011年12月29日，天津滨海航母旅游集团有限公司正式成立。

2. 园内景点和旅游项目

该园是以“基辅”号航母这一独特旅游资源为主体，大面积的陆、海两域规划，高科技含量的军事、海洋主题，富有体验性、参与性、娱乐性、刺激性体验项目，特大型的国防教育基地，使其成为京津地区的“明星”景区，是京津地区竞争力综合指数最高的景区之一。

该园聘请国际、国内著名规划公司对该园联合进行主题公园的规划设计与项目策划，构建了“一轴一心两区”的总体布局，即航母景观主轴、基辅航母核心、军事观光区、军事体验区。

天津滨海航母旅游集团有限公司对基辅号航空母舰进行恢复性改造，最大限度保持原舰风貌，重现水兵工作与生活的场景，围绕军事主题开发参与性娱乐项目，舰上开放面积8万余平米，设有作战指挥中心、情报舱、航母科技馆、舰船发展史、水兵倾斜舱、勇士走廊等几十个项目。舰下建设世博天津馆、码头广场、4D影院、航母野战营等特色项目。

主要景点和游览项目有：(1) 基辅号航母。“基辅”号航母是苏联“基辅”级航母的首制舰，建造于1970年，1975年建成服役，1994年退役，曾经是令世界瞩目的海上“巨无霸”，服役间曾出访印度、朝鲜和阿尔及利亚等国，作为苏联北方舰队的旗舰，其一度是前苏联海军的象征。“基辅”号航母全长273.1米，宽52.8米，全高61米，标准排水量32000吨。满载排水量40500吨。续航力13000海里，最大航速32节，曾舰载官兵1400名、舰载飞机33架。其中Ka-27/Ka-25反潜直升机19架，Yak-38短距离垂直起降战斗机12架，另有一架教练机和预警机。船体以甲板为界，舰岛上8层、甲板以下9层，全舰共17层。

(2) 俄罗斯文化创意风情街。俄罗斯文化创意风情街是一条以俄罗斯文化为核心的综合型主题街区。商铺各具特色，涵盖俄式餐饮美食、休闲娱乐、文化艺术等领域。

(3)“航母风暴”。“航母风暴”是滨海航母打造的世界首部以真实航母为题材的大型实景海战表演剧。该剧恢复并利用航母原有武备系统，整场表演使用跳船、风扇机船、海豚潜水艇、橡皮艇、水上飞行器等道具，通过潜水、跳水、滑绳、速降、爆破等特技特效表演，已成为航母公园的王牌节目。

(4) 飞车特技。航母飞车特技，是重磅打造的又一部好莱坞式巨作。该剧是国内首部，也是目前全球规模最大的实景飞车特技表演剧。车辆漂移、两轮侧行、车体断裂、摩托车翻滚、极速穿越建筑物、爆炸等，来自全球各地的一流专业飞车手，将完美演绎这些超乎想象的高难度特技。该剧采用一种戏中戏的方式，融合天津本土文化，数辆经过特殊改装的拉风飞车，将同步上演危情时刻，讲述一段发生在天津五大道街区的夺宝故事。

(5) 花车巡游。在俄罗斯风情街，上演航母花车巡游，巡游将军事与俄罗斯文化主题融合，数辆华丽震撼的主题花车队伍，与各具俄罗斯风情的表演方阵，组成一幅巡游画卷。

(6) 喷气飞艇。航母喷气飞艇，是从新西兰引进的一项水上探险运动，是世界上最惊险最刺激的娱乐项目之一，被称为“水上过山车”。引进的该种飞艇，是世界上最先进的喷气飞艇，时速可达80公里。更为惊险的是，全速行驶时可360度急速回旋，在多角度环视“基辅号”航母雄伟英姿。

其他游览项目还有世博会天津馆、基辅4D影院、航母CS野战营等。

八、大港公园

大港公园位于大港区内，总面积7.7万平方米，其中水面6660平方米、绿化面积53280平方米。大港公园始建于1992年5月1日，由区政府投资、企业集资、群众捐资共同建设。总投资500万元，于1993年5月29日正式开放。大港公园占地约为7.7万平方米，其中绿化面积61200平方米，绿地率88%。是大港城区内的综合性公园和重要的城市公共绿地，又因周边多为居住区，因而成为大港市民良好的运动、休闲、娱乐、游憩场所。

大港公园分为五大功能区，分别是南入口景观区、儿童游乐区、安静休息区、动物园景观区、文化娱乐区；南入口景区为大港公园主入口空间，主要为游人提供休憩、集散、观景的场所。广场以欧式柱廊为主景，铺装、花坛相互穿插分割，体现广场的现代气息。安静休息区位于大港公园北侧，主要为游人提供休憩的场所，此区以密林为主，在原有植被基础上增加一些常绿植物，使植物景观更加丰富。儿童游乐区位于公园东侧，整合原有儿童活动场地，修缮、改建儿童游乐设施、游戏沙坑，儿童游乐区有风驰车、双人飞天、荷花杯、小火车、单轨脚踏车、水上游船等六项大型游乐设施和一些小型幼儿活动项目；扩大儿童活动空间，突出空间的活泼性、趣味性。动物园景观区位于公园西侧，占地面积大约为6500平方米，除展出动物外，还增加了一些休息空间和地被植物的运用。文化娱乐区位于大港公园西侧，占地面积大约为21300平方米，设有网球场、休息空间及文化展示空间等。采用规则式布局，设置了几组小型广场，便于游人的集散。建筑小品形式活泼，色彩鲜艳。现大门西侧的月季园，面积1600平方米，建于1994年。布局为自然式，其中的小品、花坛、地面均为月季花图案，十分别致。园中共植月季四大类30余个品种。安静休息区位于公园的北部，为规划预留地。目前主要进行了部分绿化配置，树木以乔木为主。绿化种植面积50000平方米，其中草皮12000平方米，花卉300平方米。植树4670株，其中乔木2500株，灌木1000株，常绿150株，果树20株，藤本1000株。绿篱800延米，栽月季4500株。

行政管理区位于公园的西南角，为一座400平方米的三层办公楼。

九、大港望海山临潮湖公园

大港望海山临潮湖公园，建成于2001年8月，位于滨海新区大港北环路北侧、胜利街北延规划线东侧，三面由多座高校环围，地理位置显赫，总占地面积1000亩。其中名为“临潮湖”的人工湖面积700亩、湖中岛占地190亩、山体占地93亩，高度50米，该园绿化总面积达12.6公顷。

该园一大主景望海山，有人工堆砌的大小山峰5座，主峰高50米，主峰及瀑布南侧各建观景亭一座。东部建有半圆状悬崖，其高17米，弧长72.8米。西部造景观瀑布高20米、长65米。

该园的临潮湖上建有景观曲桥、人行三孔拱桥和单孔平板桥，山顶和湖心建有观景亭。南北有多座桥把山与湖相连相通，山上点缀5万多平方米的怪石，山顶的观景亭可环览该园四周美景。

在软基地上进行有效处理堆山建园，该园尚属全国首例。

十、大港滨海公园

大港滨海公园坐落于大港油田三号院中心区，面积16.5万平米，其中湖面面积5.5万平米，

1985 年对外开放。

该园分两大区域，南部为游乐场，有游乐设施 12 项，北部以水面为主，人工湖中留岛，以拱桥、曲桥、涵洞、汀步将湖中岛屿连成整体。园内绿化疏密有致，沿湖以柳树为主。岛上及公园周围多种植白蜡、国槐、合欢等树木。

十一、开发区泰丰公园

泰丰公园位于渤海之滨的天津经济技术开发区泰丰工业园第四大街南部、京津塘高速公路延长线北侧，总面积 21.7 公顷，其中绿地面积 15.7 公顷、水域面积 4.03 公顷。

公园规划建设充分体现现代造园理念，突出了自然野趣于植物景观相结合，以疏林、草地、缓坡、静水创造开合有度、恬静疏朗的空间。造园突出植物季相变化，种植白蜡、刺槐、皂荚、合欢、银杏、雪松、油松、白皮松、桧柏、西府海棠、碧桃、梨花海棠、玉兰、紫叶李、榆叶梅等百余种花木，草坪以耐盐碱的冷季型高羊茅和暖季型野牛草为主。地形北高南低，北侧为小高地，南侧由西向东依次分布大小、形状、深度各不相同的 7 个人工湖，湖与坡地之间形成 3 个面积较大的开放式缓坡草地，方便游人休憩。园中以西门作为端点，沿边缘线按顺时针方向较均匀地点缀 12 个广场，每个广场以雕塑、喷泉等小品作为景点中心，自成景观，表现不同的主题，园内还建有春樱园、夏露池、秋夕园、冬思园等景点。

该园自 1995 年年底开工，建成于 1997 年，是在昔日的盐碱滩上建造的当时开发区规模最大的公园，改善了开发区的投资环境。如此规模大型公园，在天津市公园建设历史上也是建设速度

最快的。其中草坪面积 14.5 万平方米，是天津市草坪面积最大、占全园面积比例最高的公园。该园湖水面积 3.9 万平方米，湖底在天津市首次采用连锁砌块，一改过去钢筋混凝土结构，可节省投资约三分之一。园内栽植黑松、云杉、桂香柳等植物 89 种共 2.28 万株，是天津市一次栽种植物品种最多、数量最大的公园。园内铺设泰达、古罗马、狂欢节等 11 个绿化广场，是天津市设置广场最多的公园。公园借鉴西方城市中心公园的成功之处，又融合了欧式传统造林手法，在喧嚣的闹市中再现宁静的自然景色。通过缓坡、静水、疏林、草地展现欧美风格的园林景观。园中构造的春樱园、夏露园、秋夕园、冬思园 4 个季节性园中园，以四季不同的景观，突出了返璞归真的意境。

该园又是天津市第一座以植物为主西洋风格的大型公园。全园建设投资 3000 万元，其中由开发区总公司投资 1000 万元，泰丰工业园投资 2000 万元，是天津市一次投资最多的公园，也是企业出资最多所建的公园。泰丰公园没有围墙、护栏，不收门票，是天津市第一座完全开放式的大型公园。昔日寸草不生的盐碱滩，变成一片绿洲，改善了开发区的投资和生活环境。天津市副市长叶迪生专门赋诗赞曰：“晓照长天海日闲，蔚云无际听诗喧，春风千里蓼苍岸，万古荒沙变绿园”。

十二、大港湿地公园

大港湿地公园位于大港生活区南部与石化产业园区之间，西起十米河，东至津岐公路，东西长 5000 米，南北宽 620 米，占地面积 310 万平方米，其中绿化面积 220 万平方米。

该地原为临时性建筑密集和大面积取土形成的水洼，一度脏乱不堪。为彻底治理这片区域，并在大港的生活区和工业区之间形成一道绿色屏障和湿地。2007 年，大港区政府开始兴建此湿地公园。一方面完成改土面积 22.9 万立方米，另一方面尽量保持原坑塘洼甸的水面和芦苇、香蒲、千屈菜等原生植物、湿地植被，并新植了荷花、睡莲、水葱等。他们还首次综合应用节水、节能技术和设施设备，改填埋原来的取土区为整合湖面，通过闸涵形成调、蓄水系统，引入城市雨水，把雨水变成景观用水，满足湿地植被用水和整个园区绿化植物灌溉用水。

该湿地公园整体布局分三个部分，南部防护林带，面积 36 万平方米；中部湿地型绿地，面积 114 万平方米；北部为滨河风景带，面积 70 万平方米。园内栽植各类乔灌木 58 个品种、9.5 万株。其中乔木 28 个品种、灌木 30 个品种。

十三、大港学府园

大港学府园位于津港公路东侧，北环路以南，南部与国家粮食储备库相连，总占地面积 13.06 万平方米，其中绿地面积 7.2 万平方米，湖面 4 万平方米，建设总投资 5400 万元。学府园由大港区建筑设计师设计，该园最突出的柱廊结构部分，由天津大学建筑设计研究院设计。全园以柱廊为中心，东西向折线布置，坐落于湖中，柱廊共有 100 根柱子和高度 37 米、跨度 26 米的穹顶组成，结合浮雕装饰，穹顶内部射灯 12 盏，映射大型彩画——“爱神的诞生”，整体为欧式风格。工程自 2002 年 1 月 1 日开工，同年 7 月 18 日告竣。

第十二节 宝坻区

一、朝霞公园

朝霞公园位于宝邸城区西部通唐公路南侧，原址曾为宝坻砖瓦厂，于1988年开始筹建公园，1993年建成开放。公园总面积196765平方米，其中有大小水面两处106560平方米，土山两处。西部为烈士陵园，东部为公园。

公园由天津市园林规划设计院设计。设计立意为蓟界云山、秦城烟柳、东寺晓钟、北潭望月、石幢金顶、珉碣银钩、潮河飞练、文阁瞻云宝坻八景布置景区。公园建设因地制宜，利用原砖瓦厂水坑和地面，整理坡岸，挖土堆山，铺设园路，植树造林，布置景区。公园内部设有办公区、儿童游戏区、游泳池、水上活动区、植物观赏区、安静休息区。

公园道路为围绕中部土山的环形园路。往东一条支路紧贴东部土山通往水边游船码头。

公园大门正对雷锋雕像，石像前为花坛。公园大门东侧建有儿童游戏区，内部设置电动火车、滑梯等设施。大门东南侧有游泳池及建筑、儿童戏水池及大象石雕滑梯。沿东支路通往水面，岸边设置木建游船码头，原有划船、游艇供游人水上活动。园内还有小卖部、冷饮、摄影等服务摊点。

由于该园是宝坻区第一座公园，园内又拥有城区第一座游泳池和第一处水上划船游乐项目。朝霞公园开放后的几年游人络绎不绝，每天都有大批游人前来游泳、划船、嬉戏、赏景、休闲。经营、管理职工十多人。五一、十一高峰期园内彩旗招展，游人熙熙攘攘，园容园貌布置一新，日游人量近千人。1998年以后城区规划建设重心南移，朝霞公园仍停留在初建的水平上，加之位置偏远，导致游人日渐稀少，管理人员4人。公园园名“朝霞公园”四字由爱新觉罗·溥佐题写。

公园东部土山坡上有一赑屃石雕，出土于广济寺原址的银行院内，20世纪90年代中期运放于此。公园大门内各有杨树、洋槐一棵，两棵大树树龄在30年以上，为建园前原有树木。

除原有杨树、柳树、榆树外，公园内栽植的植物有30种2427棵，其中乔木1321棵，主要品种为国槐、垂柳、合欢、火炬树、杨树、槭树等；常绿树和花灌木1106棵，主要有油松、桧柏、黄栌、金银木等；花卉有月季、菊花、一串红；草坪为野牛草。

由于远离喧闹城区，植物郁闭，园内自然保护较好，林下野生植被繁茂。土山坳处火炬树蔚然成林，秋季红叶炫彩夺目，为园内秋季一景。岸边芦苇、蒲草等水生植物茂密，常有水鸟繁衍栖息。水坑常年不干，野生鱼虾品类繁多。园内散步赏景，树木成荫，登高望远，水面辽阔，鸟鸣虫噪，野趣盎然。正是因为游人稀少，成就朝霞公园另一番幽景。

经过多年养护管理，朝霞公园树木葱郁，水面宽阔，风景秀丽。尽管公园设施相对简陋，急待扩建、升级改造，仍为宝坻区一座建设最早、以水景为主要特色的综合公园。

第十三节　武清区

一、西苑公园

西苑公园始建于1992年10月，1994年6月1日正式开园。占地面积65334平方米，其中水面面积为26667平方米，是区域性二级公园。公园南临振华西道，东、西、北面皆为民房。园内有凉亭、园路、假山、办公用房等设施。植物以乔、灌木为主，共有植物品种20多个。

二、北岚公园

北岚公园东、南侧为居民楼，西侧为建国路，北侧为河东自来水公司。始建于1993年10月，1994年5月正式建成。占地面积3.3万平方米，以苗圃为主，内有人工挖掘的池塘和简单园路。

三、百亩公园

百亩公园北临京津塘高速公路，南侧为禄原道。始建于1996年3月，1996年7月建成。占地面积13.85万平方米。管理单位为武清开发区。内有凉亭、游路等简单设施，以植物种植为主，为开放型公园绿地。

四、武清文化公园

位于天津市武清区的武清文化公园，建设时间是2010年，建设规模是27.3万平方米。该园的设计，获得2011年度天津市“海河杯”优秀勘察设计市政公用工程一等奖、2011年度全国优秀工程勘察设计行业奖和市政公用工程二等奖。公园空间架构采用绿色博古架整合广场与公园，既注重文化与生态的融合，过去与未来的融合，将历史素材以创新的形式表现，同时又形成真正服务于民的多元城市开放空间。红色的半圆体雕塑与水中的虚空间影像，融合为一个圆满的“京津明珠”。设计展示武清文化、历史、未来的地标雕塑——“京津明珠”。周边环境按照古城池的布局打造为四面静谧的水面，红色的半圆体雕塑与水中的虚空间影像融合为一个圆满的“京津明珠”，简明的视觉语言营造出概念玄妙的作品，同时寓意武清如一轮红日冉冉升起。以不同分区和街景为特色的花境，在自然生态区、振华西道的处理上以宿根花卉为主，通过不同层次、色彩、花期设计，意在营造以城市街景为背景的城市花境，展现出高雅大气，五彩缤纷的城市气质。盆景式组团造景，在主轴与次轴的处理上把自然界中的树、草、石等通过园林艺术的创作手法，以组团造景的方式形成大小各异的盆景序列组景。结合不同的场景与主题，形成特征性的场景式夜景。音乐喷泉伴着多彩的灯光与多变的水型，配合相应的音乐节奏，充分展示出欢快、热烈、祥和的氛围。明珠雕塑在七彩灯霓的变换中，营造出大气、靓丽的城市夜景形象。东西两侧花园以黄色、绿色灯光为主，形成静谧的自然式花园。

五、杨村小世界

杨村小世界位于武清县杨村镇西，北距北京80公里，南距天津市30公里，占地32公顷，1990年8月动工兴建，1992年5月17日建成，并正式对外开放。

杨村小世界是我国首家把世界各国具有代表性名胜、古迹、建筑和雕塑艺术，以1∶1至1∶50不等比例，按照地球地理相应位置，把世界80多个国家137个著名景观，布局并构建于该园内。各景点分布合理、错落有序，将东、西方园林、建筑艺术融于一园，可使国人不出国门便能了解世界著名景观。园内还配有相应的文化娱乐活动场所及服务设施建有动植物标本馆、“神奇世界”、“御碑园” 等景点。” 御碑园” 集中了各种碑碣等石刻文物，其中有宋代的石经幢、明代的杨村公署碑记、康熙御笔“寻流济运”、乾隆御笔诗碑等，是广大游客研究历史、学习书法的好场所。园内还建有100米长的雕塑廊、“枪战城”“芬兰娃娃博物馆” 及根据 “阿里巴巴和四十大盗” 故事修建的幸运洞，作为青少年教育基地。

第十四节　静海县

一、紫霞公园

紫霞公园又称儿童乐园，隶属于静海县建设管理委员会，位于静王路南侧，西邻静海砖瓦厂。1994年5月1日正式开工建设，1994年10月1日对游人开放。紫霞公园占地137亩，投资约500万元，其中政府拨款100万元，其余款项为社会爱心人士捐助。公园内正式职工10人，游乐设施10余种。

第十五节　宁河县

一、桥北城市公园

该园位于宁河县桥北镇大杨村南，毗邻运河家园小区和宁河县贸易开发区。

桥北城市公园于2009年开工建设，规划占地总面积635亩，工程预计总投资1.92亿元。规划设计为水景广场、下沉广场、雕塑广场、休闲公园、园艺博览园、儿童娱乐公园、健身公园七个景观节点。

水景广场以喷泉、叠水、雕塑作为主景。两侧为林荫休闲广场，可供市民休闲、停留。广场内有弯曲的水池从中间穿过。水池底部是宁河县大事记，以浮雕的形式记录着宁河县的发展、成就、著名事件等。广场外起伏的绿地，自然的植物群落成为整个广场的底景。水景广场占地面积约4.2万平方米

下沉广场位于两个景观轴的相交处。为增加建筑层次感，广场采取下沉的处理手法，运用高程的变化，既丰富了台地景观，又缩小了植物栽植品种的限制，以创造更丰富的景观。规划总面积4.98万平方米。

雕塑广场正对桥北新区的主要入口。广场中心轴线上布置象征桥北新区的主题雕塑。广场用大片的修剪植物及花卉创造出绚丽、富于装饰性的景观效果。在广场上散落着反映不同主题的现

代雕塑，具有风格鲜明的时代气息。规划总面积 4.12 万平方米。

休闲公园突出植物空间及植物景观的塑造，有茂密的树林，有大面积的疏林草地，有林中空地，有开阔的草坪，有起伏的地形，有各种形式的休闲设施及小品点缀其中，创造出一种自然的、幽雅闲适的环境效果。规划总面积 6.02 万平方米。

园艺博览园由中式园、日式园、英国自然风景园、欧洲古典园及意大利台地园五个不同风格的园组成，运用典型的造园手法，力求集中体现世界五大造园风格，使当地居民不出桥北新区就可欣赏到不同国家的园林景观。规划总面积 25.51 万平方米。

儿童娱乐公园为孩子们布置了沙滩乐园、童话世界、知识广场、游戏园等景观及活动内容。沙滩乐园是在沙滩上摆放可供娱乐的“海盗船”。童话世界是在植物茂密的岛上，将童话故事场景布置其中。知识广场是将中国古代的发明、中国古代的人格教育以及十万个为什么等内容融入广场设计之中，寓教于乐。游戏园中布置简单的游戏器械、旱冰场及浅涉水等，满足儿童游戏需求。儿童娱乐公园占地面积约 12.23 万平方米。

健身公园主要布置健身场所、健身器械等，为不同的使用者提供不同的活动空间。占地面积 5.74 万平方米。

桥北城市公园一期工程已全面完工，占地 100 亩，完成投资 2500 万元。其中完成回填土方 13 万立方米，种植乔木、灌木 9000 株，铺设草坪 4 万平方米，栽植地被植物 5800 平方米。

第十六节　蓟　县

一、凤凰山公园

蓟县位居燕山山脉与华北平原接壤处，城区周边有多处自然山水。2008 年 9 月，一座以自然山体为主体的凤凰山公园，在蓟县东环路旁开工兴建。该园南临于桥水库，北临碧水云天居住小区，其所处山脉形似凤凰而由此得名。开工当年，主要是做了一些建园的前期工作。

2009 年，该园建设工程被列入蓟县十项民心工程之一，遂大规模进行建设。该园建设投资 7000 万元，规划面积 1150 亩，其中绿化面积 50 万平方米。该园定位为地域文化展示、市民休闲游憩、改善城市环境及有历史人文内涵的森林公园。该园在设计上，充分利用原有山体条件与景观优势，突出生态特点，以山为载体，绿化为主体，建成体现蓟县特色和城市文脉的特色景观。

该园内的主要风景建筑有引风塔、窦氏书苑、赵普书屋等，充分体现蓟县悠久的历史文化底蕴，展现渔阳古城良好的自然风光和城市面貌。2010 年，该园又栽植白蜡 60 棵，铺设草坪 2200 余平方米、喷灌设施 1200 延米，令该园容貌进一步提升。

二、府君山公园

府君山坐落于蓟县城北 1.5 公里处，明代以前叫崆峒山，山中多洞，其中穿云洞、山顶洞、白大洞等较为有名。“崆峒积雪”，为古渔阳八景之一。明嘉靖，清康熙和道光年间以及民国时期的《蓟州志》和《钦定盘山志》等，对此山都有记述，并都有黄帝登此山问道广成子的记载。《名胜志》、《太平寰宇记》、《光绪顺天府志》、《天府广记》、《畿辅通志》、《日下旧闻考》等志书也大都肯定了《蓟州志》关于黄帝问道崆峒山（府君山）的说法。清代道光年间《蓟州志》里附有一幅《崆峒山图》，清晰地标明了广成子殿的位置。明代以后，山上建有崔府君庙，故改称为府君山，沿用至今。府君山乃道教文化之古山。

1996 年，蓟县县委、县政府本着突出旅游功能、注重文化品位、挖掘历史内涵、展示山水园林、体现生态宜居的总体要求，开始动工兴建府君山公园。公园总规划面积 11320 亩。2003 年 11 月，府君山公园被划为天津·蓟县国家地质公园景区——府君山地质构造遗迹景区。天津蓟县国家地质公园，是我国惟一记录有中上元古界地球演化地质历史的国家地质公园。2008 年，新修景观路和地质博物馆的相继完工，提高了府君山公园的档次。至 2010 年，府君山公园内设有管理用房、入口三处（其中山门牌楼一座）、功德亭、望湖亭各一座，电视转播和观光塔一座。园内设有比较完善的道路、停车场、开放式运动场、路灯、动物雕塑、地质景观石碑等设施。通过全新的规划、设计，完善了府君山公园的基础设施和景观景点，修建、挖掘出飞来峰、好汉坡、玉皇顶、黄帝遗迹、轩辕台、揽胜亭、朝阳路、夕照路、中天路、乘龙桥、逍遥桥、广角桥等景点。

蓟县政府将府君山公园确定为城区全民义务植树基地，每年还投入大量资金用于公园绿化建设，共栽植各种常绿树木、花灌木 100 多万株。随着府君山公园绿化工程的不断进行，已形成春来万物吐绿、山花烂漫，夏到绿树成荫、鸟语花香，秋至硕果高悬、红叶竞艳，冬临松柏长青、黄绿相间的四季浑然一体，季季景观独特赏心悦目的视觉效果。

府君山公园作为天津蓟县国家地质公园的重要组成部分，已成为蓟县人民群众休闲、娱乐、健身的重要场所，也是来自四面八方的游客旅游、观光的重要场所。

三、州河公园

州河，是蓟州境内最大的河流，也是蓟县人民的母亲河。为了展示州河文化的深厚底蕴，加强生态环境建设，2008 年蓟县县委、县政府决定在州河南侧兴建集观赏、休闲、娱乐为一体的大型综合性公园——州河公园，并把此列为当年十项民心工程中的重点项目，总投资 14500 万元，占地面积 320 亩。

州河公园建设前，拆除了 150 多间沿岸违章建筑及 3000 平方米的各种破旧房屋，并迁移了大型加油站一座。2008 年 3 月 31 日，蓟县县委、县政府在州河沿岸举行了该园的奠基开工仪式。

州河公园由碧荷园和双水园两部分组成，之间相连全长 3750 米的水景观光带，形成“两园一带、点线结合”的生态和景观结构体系。

其中的碧荷园占地面积 60 亩，定位为大型街头公共景观绿地，它充分利用州河水系，突出水景元素，设置人工水面，形成视觉和景观中心，营造出名为“长堤晓月”“碧水青荷”的滨水空间，园内建有人工湖、荷花亭、栈桥、张拉式膜结构亭等园林小品。于 2009 年 6 月竣工并向游人开放。

其中的双水园占地面积 240 亩，是 2010 年市容环境综合整治的主要建设项目之一，该园以水景通道、长河古韵、沙河滨水景观带为三条主景轴线，分为休闲观光区，林荫休息区、娱乐健身区、文化长廊区及管理区五个功能区。双水园围绕三友小筑、童趣天地、文化长廊等主要节点展开建设，建有观景台、亲水台、水中双亭等多处景观景点，并设置了“黄帝问道”“太白题匾”“窦氏五龙”等 12 座特色雕塑，充分展示了蓟县悠久的历史文化。于 2010 年 7 月竣工并向游人开放。

州河公园景观以大面积绿化为主，采用植物群落的形式进行绿化设计，以油松、雪松、万峰桧等名贵树种为主调，以南蛇藤、中华猕猴桃、睡莲等藤本植物和湿生植物做陪衬，以东陵八仙花、白鹤梅、珍珠梅等花灌木做点缀，共栽植各类绿化苗木 100 多万株，涉及苗木种类 157 种，其中常绿树种比例达 30%以上，形成了碧水穿流、四季常绿、花潮如海的自然美景。州河公园建设工程，被评为“天津市 2010 年城市绿化建设优秀工程公园建设一等奖”。

四、蓟县三八水库森林公园

三八水库森林公园位于迎宾大街南侧、长城路东侧，占地面积约 30 亩。该处原为商贩自发形成的活畜交易市场，地面坑洼不平，绿化树种单一，环境脏乱，与周边环境极不协调。

2010 年 6 月，蓟县市容园林委根据该处地形特点，在保持原有地形地貌的基础上，铺装地面，丰富绿化品种，将该处改造成为树荫浓郁、整洁美观的休闲公园。

该园总投资 400 余万元，绿化面积 2 万平方米，栽植紫穗槐、大叶黄杨、紫叶小檗等苗木 2 万余株，铺装彩砖 5000 余平方米，放置景观石 12 块。保留了原有的大乔木，添加了园路、坐凳等基础设施，形成风格自然、平和亲近的绿色空间，从而有效改善周边环境，也为附近居民提供了一个良好的游憩休闲场所。

第三章 社区公园

第一节 和平区

一、睦南公园

睦南公园是坐落在和平区现称五大道地区，由大理道、睦南道、昆明路、云南路围合的一处街心公园，占地 17700 平方米。新中国成立前，这里为英租界的一处花圃。1952 年，改为培育繁殖月季品种的半开放式花圃。1982 年改为公园。采用小公园的布局，增设亭、廊、花架、园灯、座椅等设施，并点缀了一些园林小品。1998 年，重新改造建设，建有 200 平方米的花展厅，展出名贵花卉 300 余种。2009 年 2 月，再次对睦南公园进行提升改造。这次改造秉承“历史文脉与现代人文相辉映”的设计理念，充分发挥绿地公园的功能，将其定位为天津市中心经典欧式月季主题园，延续以月季品种栽植和繁育为主的特色。

2010 年的睦南公园以植物景观为主，功能性为辅，将亭、路、石、水、林、花、广场、门球场融为一体，使景物融合于环境之中。通过乔木、灌木、地被植物的群落式种植以及常绿植物与落叶植物相结合，实现“四季常青、三季有花、两季有果”。同时对公园四周植物采取组团式种植，不仅使各种植物与成片的月季花形成鲜明的对比，而且可以给游客和园地居民提供遮阳降温的生态型小空间，真正形成“小区域大环境、小环境大生态”的景观效果。此外在原有的 50 余种月季品种的基础上，增加国内外的优良品种近 80 余种，并设立科普指示牌，使其成为天津市月季培育和科普基地。在观景的同时，功能性公园的特点也比较突出，近 500 平方米由罗马花架与喷泉相结合的圆形广场，不仅是周边单位集会活动的好去处，也为青年男女举办婚礼提供了优美的场所。在园中的一角保留了原有的 400 平方米的门球场，丰富了市民特别是

老年人的晚年生活。

二、复兴公园

曾用名为皇后公园、黄家花园及兴亚二区第四公园。现名为复兴公园。位于和平区西安道，始建于1937年，是原天津英租界内建的第四座花园，也是天津各国租界内最晚建成的花园。花园位于敦桥道（今西安道）与孟买道（今潼关道）之间，该地原为英国工部局沥青混凝土搅拌场。1936年搅拌场迁出，在原址西部建公园，东部建游泳池。占地11000平方米，布局为规则式。花园占地9500平方米，呈欧式规则布局（见平面图），中部偏东侧有一条长95米的紫藤长廊，贯通花园南、北两个园门，以长廊将花园分为东、西两部分，动静分区明确。西部为园景区，中心花坛孤植大雪松，周边以若干半圆形、方形小花坛围合，种植时令草花，构成视线焦点。沿中心花坛的两条放射线园路，分别通向花园西北和西南两个角门。花园外围的支路自然婉转，环绕西部景区，形成既规整又自然顺畅的英式花园布局。园中种植杨树、国槐、白蜡、栾树、海棠和松柏等树木，与草坪疏密搭配，幽静雅致。沿园路还放置了一些大盆栽南方花木，西侧两座砖木结构凉亭，供游人休闲赏景遮雨。花园东部紫藤长廊以东，是一大片儿童游乐场地，有沙池、滑梯、秋千等器具和球类活动场地。花园围墙为低矮的绿色木隔栅，精致典雅。园虽不大，英式造园风格非常突出。

1937年7月至1945年8月，侵华日军在天津时期，英租界改名为“兴亚第二区”，花园改名“兴亚二区第四公园”，又有称“黄家花园”，此期花园渐荒疏。抗日战争胜利后，更名“复兴公园”，沿用至今。

新中国成立后，天津市政府对公园进行投资改建，增加设施。20世纪50年代以来，几次对花园进行整修，拆掉园内的园亭和原来的围墙，园内儿童活动区改为他用。1952年年底改为花圃后，逐渐以繁殖培养月季为主，并接待游人参观，成为半开放式花圃。之后，采用小公园的布局，增加了一些亭廊花架园灯座椅等设施，从1985年开始，过渡为市花公园。20世纪70年代初曾建儿童战备防空涵洞，铁索桥等。1982年，园内安装园灯，铺装路面，安装儿童玩具攀登架和大象、长颈鹿造型的滑梯。1987年园内建假山叠水喷泉及书法碑林长廊，碑廊中收集全国名人和知名书法家如董必武、范曾和王学仲等手迹42幅，成为该园一大特色。近些年公园整修，保护早年花园中部仅存的紫藤廊架，园中的白蜡、海棠、卫矛都已长成

大树，成了花园过往岁月的见证。2003 年，公园实施拆墙透绿改造工程。改造后的复兴公园在保留原有格局的基础上，扩建了绿地，增设了林荫广场，适当新植一些观赏性强的景观树种，维修和装饰了碑廊，提高了景观档次，公园整体功能更趋于完善，得到了居民群众的认可和赞誉。

2010 年，在市区各级政府的关注下，该园进一步提升改造。改造主要以“海棠花语，城市印记”为主题，新建了古亭，废弃了商业用途的房屋，重建部分曲廊，恢复了公园历史风格，丰富公园的功能，集功能与休闲于一身，保留原有路网和管网结构，营造了适宜休憩的生态环境。

现今的复兴公园是一个“闹中取静”的休闲公园。以恢复复兴公园原始景观、创建宜人宜居生态景观为目标，在改造中，将原有部分曲廊拆除，重建部分曲廊，恢复古典园林景观，将假山叠水引入到整个公园中，使淡出人们视野的景观重新纳入到整体景观当中。在曲廊尽头设立景亭，作为观园的重要节点。在水中设曲桥，供人们近距离观赏叠水和荷花。由于海棠是院内主要的观光景观，为合理地组织观赏和游憩空间，在海棠树下设立了若干坐椅，提供另一种观赏角度，感受不同的观赏效果。在两侧入口旁广场上，将设立多组健身器材，满足附近居民的健身需要。同时营造了几处半私密空间，供游人放松精神和进行小型聚会。提升改造后的复兴公园已成为市中心区民居中的一个绿洲，一个找回儿时回忆、唤起人们亲近自然之心、体验古典园林氛围的好地方。

第二节 河西区

一、西南楼公园

西南楼公园坐落在河西区前进道北侧，与求实中学相邻，东为越秀路，南邻前进道，西为五号路，北靠中环线，占地 0.85 公顷。

据当地老人回忆，公园原址在新中国成立前原为私人花园——孟家花园。新中国成立后，国家开辟西南楼一带，建工人新村段平房，并在孟家花园原址于 1952 年加以兴建，1954 年建成，是最早的工人新村居住区公园。建有凉亭开放式园门，迎门有圆形喷泉，以主通道为轴线，两侧布局规则对称，花木繁茂，春景尤盛。

1991年，该园被列为全市十佳公园。2003年，由市园林局提出公园改造，河西区公园管理所负责设计及施工。在天津市城市绿化建设优良工程评比中，获得公园建设优良工程一等奖。2008年，公园进行改造，以充实植物品种为主。2009年，对该公园再次进行改造，由河西区纪检委与河西区园林局共同投资20多万元，命名为“廉政园”。

该园突出正南正北对称式设计手法，主要强调文化品位和功能性，如练功、跳舞、健身、唱戏、游艺等。公园西侧的浮雕墙刻有“风尚”二字作为主题，并刻有梅、兰、竹、菊四君子石雕，木雕牌子上刻有“论语五则”，极具代表性。月季池处点缀景石，成为全园的重心。

该公园的绿化特色是以乔木为主，悬铃木、蝴蝶槐、国槐、椿树、桑树等都是多年树龄的大树。植物配置与主干道路绿化风格相统一，月季池处点缀景石，配植多种花灌木。每至初春，紫叶李、碧桃、金银木、珍珠梅、西府海棠、石榴等竞相开放，构成色彩斑斓的报春意境。冬季以雪松、油松、云杉、桧柏等柏类为主，构成四季常青的自然景观。

截至2010年底，全园拥有绿化覆盖面积8538平方米，其中草坪1906平方米，月季1680株。

西南楼公园2010年绿化植物现状表

表3-3-2-1

类别	乔木（株）	灌木（株）	常绿（株）	绿篱（株）	组球（株）	藤本（株）	地被及宿根花卉（平方米）
品种（个）	9	6	4	2	2	2	1
数量	132	34	17	25830	20	1200	73

西南楼公园2010年公园用地平衡表

表3-3-2-2

项　目	面积（平方米）	百分比（%）
水　面	—	—
园路广场	5012	58.7
活动场地	—	—
建筑占地	44.62	0.5
绿　地	3526	41.3

二、红光公园

红光公园坐落在河西区泰山路二师附小学校西侧，东起泰山路，西至黄山路，南邻光电公司，北达资水道，占地2.9公顷。

红光公园建于20世纪50年代末60年代初，1982年7月曾进行一次改造。2003年，公园进行建筑修缮，公园东北角原花房进行翻修改造，形成中式院落，为绿化工程队办公区域。2005年，公园进行拆违透绿，拆除公园周边违章建筑，提升了公园景观效果。2004年，在拆除各类违章建筑时，公园围墙周边经营性房屋全部拆除，改建为透视性围墙。

园内布局规则，层次分明，视野开阔，建有土山、喷泉、雕塑、长廊、休息亭等。

红光公园的绿化特色是：以乔木为主，植有白蜡、毛白杨、国槐、玉兰、法桐、刺槐、臭椿、杨槐、樱桃、苹果等多年的大树，树荫茂密。黄刺玫、金银木、木槿、西府海棠、紫荆、连翘、珍珠梅、紫薇、红叶李、石榴花等花灌木点缀其间竞相开放，大量的桧柏组成1米多高的篱笆墙，构成色彩斑斓、四季常青的花园景象。

截至2010年底，全园拥有绿化覆盖面积29390平方米，其中草坪16560平米，月季260株。

红光公园2010年绿化植物现状表

表3-3-2-3

类别	乔木（株）	灌木（株）	常绿（株）	绿篱（株）	组球（株）	藤本（株）	地被及宿根花卉（平方米）
品种个	10	10	2	3	2	1	4
数量	322	499	81	25744	57	4976	883

红光公园2010年用地平衡表

表3-3-2-4

项　目	面积（平方米）	百分比（%）
水　面	—	—
园路广场	6353	21.6
活动场地	—	—
建筑占地	720.35	2.45
绿　地	23018	78.3

该公园是京剧爱好者的聚集地，每天都有票友来此演唱交流。公园曾为1987年天津市第27届菊展河西展区。

三、佟楼公园

1. 沿革

佟楼公园坐落在河西区中环线与贵州路交口，南邻平山北道，西接贵州路，北靠吴家窑大街，呈三角状，占地0.83公顷，是一个文化休闲娱乐公园。截至2010年底，公园养护管理隶属于滨湖公园管理所。

佟楼公园始建于1960年，1998年进行全面整修改造。2002年，实施公园拆墙透绿改造工程，建成融绿化、美化、休闲、娱乐、健身于一体的街景公园。2004年公园再次改造，拆除了全部围墙。在公园西北角处制作安装了京剧脸谱铁艺雕塑，设计制作了木质结构的遮荫亭。2010年，对园内植物进行了提升更新。

2. 园景

园区呈三角形，采用自然布局，亭、廊、花架、假山、喷泉穿插其间，园内辟有儿童活动区和老人活动区。由于地处商业区，游人很多，近年自然形成京剧爱好者的表演场所。在公园西北角处，制作安装了京剧脸谱铁艺雕塑，设计制作了木质结构的遮荫亭。

3. 绿化

佟楼公园的绿化特色是以乔木为主，白蜡、龙爪槐、国槐、合欢、毛白杨、臭椿、蝴蝶槐等都是多年树龄的大树，树荫茂密。金银木、紫薇等花灌木点缀其间，给游人留有更多的活动空间。

截至2010年底，公园绿地面积8323平方米，其中草坪1650平方米，地被及宿根花卉有美人蕉、鸢尾2个品种，总面积107平方米；绿篱有小檗、女贞、黄杨3个品种、总面积911平方米；乔木有白蜡、龙爪槐、国槐、合欢、毛白杨、臭椿、蝴蝶槐7个品种共132株；灌木有金银木、紫薇2个品种5株；另有黄杨球20个、月季有861株。

4. 公众活动

该公园是天津市京剧爱好者的一个主要聚集和演唱地，几乎每天都有票友来此演唱交流。1989年天津市第29届菊展河西展区就设在佟楼公园，在全市评比中荣获菊展布展一等奖、大立菊一等奖。

佟楼公园2010年绿化植物现状表

表3-3-2-5

类别	乔木（株）	灌木（株）	常绿（株）	绿篱（株）	组球（株）	藤本（株）	地被及宿根花卉（平方米）
品种（个）	7	2	3	3	1	2	2
数量	146	29	28	27660	34	1200	231

佟楼公园2010年用地平衡表

表3-3-2-6

项　目	面积（平方米）	百分比（%）
水　面	—	—
园路广场	4923	59.11
活动场地	—	—
建筑占地	36.6	0.4
绿　地	3367	40.43

四、洞庭公园

洞庭公园坐落在河西区洞庭路复兴河南侧，东邻怒江道，西傍河西区行政许可中心，南接洞庭路，北至郁江道，占地1.84公顷。

1. 沿革

洞庭公园建于1978年，原址为陈塘庄工业区街心林地，由河西区城建局园林队设计、施工。园内有管理室、藤萝架、活动广场、云墙透窗、甬道等。园内广植落叶乔木和常绿、花灌木，是较典型的近代园林规则式街心小公园。

2004年，洞庭公园纳入天津市二级河道改造工程项目，对公园进行彻底改造。重建管理室，改建藤萝花架，增建“风车”景点，拆墙透绿，增加绿量。

2. 园景

改造后的洞庭公园为开放式公园，东西两侧有出入口，南北两端外围以坡式绿篱作为隔档，使公园相对封闭。园内小广场装点“十二生肖”石质雕塑作品，分立于各个不同点位，“风车”及管理室交相辉映，形成欧式田园风光，将公园景观融入城市街景、河景，扩大服务面，体现现代园林造园手法和“以人为本”生态园林景观理念。

3. 绿化

洞庭公园的绿化特色是以乔木为主，有白蜡、朝鲜槐、臭椿、构树、国槐、合欢、毛白杨、毛泡桐、苹果、千头椿、青桐等多年的大树，树荫茂密。还新植了山楂、柿树、枣树等果树，供游人观花赏果，丛生紫薇、丁香、独本紫薇、金银木、连翘、木槿、石榴、西府海棠、紫叶李等花灌木点缀其间。公园由7万株大叶黄杨、金叶女贞、紫叶小檗组成了近1米高的植物墙，修剪成内高外低的坡式形状，别具特色。

截至2010年底，全园拥有绿化覆盖面积18480平方米，其中草坪7531平米，月季2180株。

洞庭公园2010年绿化植物现状表

表3-3-2-7

类别	乔木（株）	灌木（株）	常绿（株）	绿篱（株）	组球（株）	藤本（株）	地被及宿根花卉（平方米）
品种个	21	9	4	3	3	—	4
数量	551	5652	173	68266	18	—	883

洞庭公园2010年用地平衡表

表3-3-2-8

项　目	面积（平方米）	百分比（%）
水　面	—	—
园路广场	5440	29.4
活动场地	—	—
建筑占地	172	0.9
绿　地	12443	67.3

五、曲江公园

曲江公园坐落在河西区小海地，东起曲江道，西接菜市场，南邻茂名道，北至东江道，占地2.3公顷。

曲江公园系开辟小海地居民区预留公园用地，建于1990年。1991年，河西区园林局自筹5万余元，达到公园的初步开放。1992年以后陆续添设旱冰场等儿童游艺项目，成为小海地居民活动的主要场所。2001年，投入体育健身器械。2005年，公园进行拆违透绿，拆除公园周边违章建筑，提升了公园景观效果。

园内有花架、花坛和长廊，种植了以月季花为主的花卉，故又名月季园。曲江公园作为体育休闲公园，园内有门球场、篮球场，碰碰车和体育健身器械等多种体育健身设施。

曲江公园的绿化特色是以山楂、柿树、苹果、枣树等果木树乔木为主，青桐、泡桐、火炬树、五角枫、龙爪槐、龙须柳、栾树、红叶椿、金叶槐、柿树、法桐、白蜡、国槐、矮本金枝槐、玉兰、山桃、金叶榆、山楂、千头椿等，品种多样，树荫茂密。金雀梅、玫瑰、碧桃、西府海棠、梨花海棠、八棱海棠、榆叶梅、紫叶碧桃、独本紫薇、造型紫叶矮樱、丛生紫薇、红宝石海棠、紫叶李、紫叶矮樱、木槿、紫荆、重瓣黄刺玫、花石榴、丁香、连翘、金银木、珍珠梅、红瑞木、红王子锦带等24个品种的花灌木点缀其间竞相争艳，构成色彩丰富多样、三季有花的意境。

截至2010年底，全园绿化覆盖面积23300平方米，其中草坪240平米，月季22464株。

曲江公园2010年绿化植物现状表

表3-3-2-9

类别	乔木（株）	灌木（株）	常绿（株）	绿篱（株）	组球（株）	藤本（株）	地被及宿根花卉（平方米）
品种	13	8	2	—	—	1	—
数量	753	894	96	—	—	2547	—

曲江公园2010年用地平衡表

表3-3-2-10

项　目	面积（平方米）	百分比（%）
水　面	—	—
园路广场	1978	8.5
活动场地	500	2.1
建筑占地	311.85	1.34
绿　地	20688	88.78

六、中环公园

中环公园坐落在吴家窑大街与贵州路交口处，南依中环线，北傍津河（废墙子河），占地

0.61 公顷。

中环公园是 1986 年中环线拓宽改造时预留出来的街景公园，2000 年津河改造时，对中环公园内的喷泉景观做了抬高技术处理，绿地采用大卵石围挡。公园养护为河西区公园管理所。2008 年，中环公园及沿线的彩带街景绿地，一并交由人民公园负责养护管理。同年，公园进行了植物调整和补种，重新铺装甬路。2010 年春季，在公园原有风格基础上，增植多种乔灌木，使景观层次更加饱满，景致更加优美独特。

该园采取自然式布局，为条形地带，地势起伏，以科技楼和碧云里高层建筑为借景。自东向西依次建有三环喷泉、环形花架、伞亭组合。三环喷泉造型寓意为内、中、外三环干道环绕津城。球形雾状喷头和线形喷头使水景交织成一幅美丽的画图。伞亭组的亭柱饰为树干，亭顶栉比，高低错落，象征繁荣发展。该园被誉为中环线上的一颗明珠。

中环公园的绿化特色是：以乔木和花灌木为主，乔木以泡桐、榆树、栾树、火炬、合欢、龙爪桑、银杏、卫矛等观赏树种居多；灌木以碧桃、榆叶梅、金银木、西府海棠、木槿、茶藨子、丁香、黄刺玫、连翘、红叶李、紫荆、花椒树、蔷薇、紫叶小檗、珍珠梅等多花品种见长，构成色彩丰富多样、三季有花、四季常青的意境。特别是公园围墙种满蔷薇，从开春到深秋，蔷薇花持续盛开，沿中环线一侧，形成一面高达 2 米多的花墙。

截至 2010 年底，全园绿化覆盖面积 6114 平米，其中草坪 2131 平米，月季 2553 株。

中环公园 2010 年绿化植物现状表

表 3-3-2-11

类别	乔木（株）	灌木（株）	常绿（株）	绿篱（株）	组球（株）	藤本（株）	地被及宿根花卉（平方米）
品种	13	15	3	1	1	—	—
数量	47	581	111	295	24	—	—

中环公园 2010 年用地平衡表

表 3-3-2-12

项　目	面积（公顷）	百分比（%）
水　面	—	—
园路广场	1000	16.4
活动场地	—	—
建筑占地	45.8	0.75
绿　地	4903	80.19

该园是第一届至第五届天津市月季花节在河西区的主景区，特别是在 1991 年天津市首届月季花节，中环公园内摆放了一万余盆鲜艳的月季花，组成了“春的乐章”和“秋的收获”两组花群，分别获全市评比艺术金徽奖和艺术金章奖。巨型草雕“亚洲雄狮”“巨龙腾飞”“马踏云

雀”安装了光电录音设备。1993 年，在第三届月季花节评比中获地棵月季栽培第二名。1994 年，“万民同乐”活动点，获全市迎世乒景点建设评比第一名；在第四届月季花节评比中，获布展第二名。1995 年，在第五届月季花节中，市区领导到中环公园参加了“万民同乐”活动，并获全市第一名。1996 年 3 月 17 日，在此组织了全区大型的“全民义务植树 15 周年纪念”活动；1999 年，在第九届月季花节评比中，获景点一等奖、市花一等奖、“万民同乐”活动一等奖、花节活动组织奖。

七、儿童公园

儿童公园坐落在河西区友谊北路，东邻照耀里小区，南为桃园大街，西接友谊北路，北傍马场道，占地 0.27 公顷。

儿童公园始建于新中国成立后。1958 年，天津市号召实行“大地园林化”，在此一带建起了儿童公园。1981 年，公园进行了小规模的调整改造。2002 年实施公园拆墙透绿改造工程，建成融绿化、美化、休闲、娱乐、健身于一体的街景公园。

按照改造规划设计，儿童公园定位于欧式园林景观的音乐主题公园。在保留原有儿童活动区域的同时，扩大活动区面积，更新、增添儿童器械，以满足儿童嬉戏玩耍的需要。特色雕塑是重要景观之一。

儿童公园的绿化特色是以乔木和花灌木为主，乔木以合欢、龙爪桑居多；灌木以石榴、金银木、西府海棠、紫叶李、紫荆等为主，点缀在公园各处，以提高儿童活动区域的绿化和美化。

截至 2010 年年底，全园绿化覆盖面积 2688 平米，其中草坪 835 平米，月季 576 株。

儿童公园 2010 年绿化植物现状表

表 3-3-2-13

类别	乔木（株）	灌木（株）	常绿（株）	绿篱（株）	组球（株）	藤本（株）	地被及宿根花卉（平方米）
品种	—	5	—	1	—	—	—
数量	24	167	12	5220	10	660	67

儿童公园 2010 年用地平衡表

表 3-3-2-14

项　目	面积（平方米）	百分比（%）
水　面	—	—
园路广场	884	32.9
活动场地	—	—
建筑占地	—	—
绿　地	1804	67.1

八、喻园

喻园坐落在河西区天塔地区宾水北里居民区内，占地 0.11 公顷，是一个独立封闭式休闲小公园。

1. 沿革

喻园建于 1985 年，是开辟体院北居民区时，政府预留的绿化用地。

2. 园景

该园采玲珑秀丽的苏州园林风格。园内小品雕塑多取材于历史故事和寓言故事，汉白玉雕塑“曹冲称象”和“司马光砸缸救友”，造型生动，意态隽永；长廊内陶瓷画“鹬蚌相争”“凿壁借光”“铁棒磨针”等，栩栩如生，呼之欲出。1992 年被评为天津市优秀公园，1991 年被列为全市十佳公园。喻园的绿化特色是以花灌木为主，紫丁香、榆叶梅、石榴、紫叶李、连翘、紫薇、珍珠梅等多个品种，构成色彩丰富多样、三季有花、四季常青的意境。四株紫藤盘绕在藤架上，花开满架，是游人赏花纳凉的好景致。

截至 2010 年底，全园绿化覆盖面积 1121 平米，其中草坪 440 平方米。

喻园 2010 年绿化植物现状表

表 3-3-2-15

类别	乔木（株）	灌木（株）	常绿（株）	绿篱（株）	组球（株）	藤本（株）	地被及宿根花卉（平方米）
品种	5	7	4	1	1	1	—
数量	15	90	16	48	10	4	30

喻园 2010 年用地平衡表

表 3-3-2-16

项　目	面积（平方米）	百分比（%）
水　面	—	—
园路广场	549	48.97
活动场地	—	—
建筑占地	—	—
绿　地	500	44.6

九、西柳公园（原燃气公园）

西柳公园坐落在河西区大沽南路与珠江道交口，东起珠江道，西至雅致里小道，南接珠江道，北邻大沽南路，占地面积 3.5 公顷。

西柳公园又名为燃气公园，建于 2004 年。市政府二号地作为临时绿地。2008 年市政府把此地性质改为正式街景用地，由燃气公司投资，建成简易街头公园，故称燃气公园。

西柳公园的绿化特色是以旱柳、雪柳、龙柳、馒头柳等多种柳树为主，更加凸显公园主题。还种植了苹果、山桃、山楂、石榴等果木树，春秋时节既观花又品果。公园内栽植了大量的碧桃、西府海棠、榆叶梅、黄棣棠、木槿、珍珠梅、茶藨子、丁香等花灌木，构成花红柳绿的自然景观。

截至2010年底，全园绿化覆盖面积35126平米，其中月季13600株。

西柳公园2010年绿化植物现状表

表3-3-2-17

类别	乔木（株）	灌木（株）	常绿（株）	绿篱（株）	组球（株）	藤本（株）	地被及宿根花卉（平方米）
品种	—	—	—	—	—	—	—
数量	670	10452	12361	41020	25	—	4390

西柳公园2010年用地平衡表

表3-3-2-18

项　目	面积（平方米）	百分比（%）
水　面	—	—
园路广场	8870	25.25
活动场地	—	—
建筑占地	1299	3.7
绿　地	24026	68.4

十、友谊公园

友谊公园坐落在河西区友谊路与乐园路交口，占地5.8公顷。

该公园原为友谊广场，建于2001年，是一片开放式绿地。2008年作为迎奥运重点绿化景点及友谊路改造工程的重点项目，进行了全面的提升改造。

友谊公园内建造的“松之岛”“枫之岛”“竹之岛”等众多景观小品，清新自然，一棵高约8米、树龄超过百年的油松，更是整个公园的标志性景观。该绿化工程被评为天津市城市园林绿化优质工程一等奖。

友谊公园将欧式园林疏林草地的造景手法，与中国传统园林的空间布局结构有机的结合在一起，营造出风格独特的绿岛盆景式园林景观。突显出天津作为中国近代重要的工商城市和漕运枢纽中西合璧、南北交汇的地域文化特色。景点布置上借鉴了中国传统文人园的造景手法，营造出风（枫）、雅（竹）、颂（松）三座景观绿岛，形成独具特色的“一园三岛”式绿地景观，是对东方古典式园林空间布局的升华和艺术提升，增加了公园的文化内涵。开创性地实施了古树大乔木的远距离移栽和南方园林观赏植物的引种栽植工作。通过精心的配植、组合，营造出极具视觉震撼力的城市大盆景式园林景观。整个公园无论是在建筑小品风格和细部的处理上，还是在绿化种植上都借鉴了南派园林的优点，强调精致、细腻，与友谊路上整体景观风格相呼应，融为一体，在繁华的城市中心地带营造出一片绿州。

友谊公园的绿化特色是，以大面积的疏林式绿地为特色，在高楼林立的城市中，独具休闲一景。截至2010年底，全园绿化覆盖面积58310平方米，其中草坪48795平方米，月季4344株。

友宜公园2010年绿化植物现状表

表3-3-2-19

类别	乔木（株）	灌木（株）	常绿（株）	绿篱（株）	组球（株）	藤本（株）	地被及宿根花卉（平方米）
品种	43	23	10	—	4	—	—
数量	942	1613	340	14200	333	300	5101

友宜公园2010年用地平衡表

表3-3-2-20

项　目	面积（平方米）	百分比（%）
水　面	—	—
园路广场	3774	6.5
活动场地	—	—
建筑占地	150	0.25
绿　地	54386	93.2

十一、西苑公园

西苑公园坐落在河西区广东路西楼桥东侧，东南依邻津河，西接广东路，北靠西楼后街，紧邻三元公寓，占地约1万平米。

西苑公园作为西楼桥改造、西楼平房改造的预留绿化用地，建于1997年。原址为解放前天津西楼“五村反霸”遗址。2000年，“墙子河”改造，公园作为主要景点按照津河改造的整体设计风格进行改造，是津河改造工程中的重要景观广场。2006年、2008年两度进行园内植物调整充实。设计单位为河西区公园管理所，施工单位为河西区公园管理所。

广场内有办公用房40平米，园路甬路3811平米，栏杆614米，花架22平米，亭廊阁榭2处364平米，圆灯2个，园椅4个，广场入口处摆有两座草雕作品“亚洲雄狮”，是河西区代表天津送给北京亚运会的礼物，现已成为该广场标志性的景观。

西苑公园的绿化特色是以花灌木为主，紫薇、海棠、天目琼花、樱花、紫叶李、锦带、碧桃、黄刺玫、木槿、石榴、金银木、丁香、红瑞木、蔷薇等14个品种种植在公园的各个角落，构成色彩丰富、三季有花、四季常青的意境。

截至2010年底，全园绿化面积6676平方米，其中草坪3668平方米，月季1960株。

西苑公园2010年绿化植物现状表

表3-3-2-21

类别	乔木（株）	灌木（株）	常绿（株）	绿篱（株）	组球（株）	藤本（株）	地被及宿根花卉（平方米）
品种	7	14	4	3	1	1	1
数量	361	1958	330	36335	2	150	45

西苑公园2010年公园用地平衡表

表3-3-2-22

项　目	面积（公顷）	百分比（%）
水　面	—	—
园路广场	—	—
活动场地	—	—
建筑占地	41.03	0.41
绿　地	—	—

第三节　南开区

一、城里公园

城里公园位于城厢中路，曾用名运署西街公园、向阳公园。1957年建成开放，占地面积600平方米。该公园种植白腊、洋槐、椿树、杨树、国槐、泡桐、龙爪槐等114株，桧柏、龙柏球、黑松等常绿树40余株。花灌木有榆叶梅、丁香、珍珠梅、碧桃、海棠等55株，种植绿蓠216米。绿化布局层次分明，树木长势旺盛。

1999年3月，配合城厢中路拓宽改造，对城里公园进行整修及绿化充实改造。整修后城里公园占地由原600平方米扩增到3086平方米，并栽种油松、泡桐等高大树木及海棠、石榴等，由最初209株增加到1800株。

二、南苑公园

南苑公园于20世纪90年代初建成，位于南开区园荫道与苑中路交叉口东。南苑公园坐落在南开区王顶堤居民区东南侧，规划占地3万平方米。

由于建园资金困难，公园停留在规划阶段。1994年，市园林局与南开区政府商量，按照“允许公园建设投资者以10%~20%的土地搞房地产开发用其中部分收入建公园”的原则制定了实施方案，仅100天的时间，就建成了南苑公园，为居民区群众提供了一处优越的休憩和娱乐场所。

2010年3月，该公园提升改造工程开工，5月1日竣工重新开放。绿化设计借鉴现代西方园林的典雅与中国传统统造园形式相结合，公园入口广场处，用环保红色沙岩材质铺设规则式几何构图“迎宾毯”。广场两侧安放汉白玉对称式树池，欧式花钵对称衬托。园内增设喷泉、现代亭廊，艺术连廊、外檐装饰，新建古建亭、阳光广场、古树广场、碎拼甬路、沙坑，突出现代园林廊亭与叠水遥相呼应的幽雅景观。在绿地广场、廊亭周边栽种雪松、桧柏、海棠、青桐、皂角、国槐、金枝设梅、草花等植物，形成“春花，夏荫，秋实，冬青”四季景观。该园此次绿化提升改造工程，获天津市2010年城市绿化建设优秀工程公园建设二等奖。

公园占地13978平方米，平面总体布局使用“自然是组合”手法，采用直线与曲线配合，中西园林风格相融式的独特创作。主景大门（即正门）以五个圆环相连，象征着世界五大洲和平、友谊、繁荣、发展。大门两边的门房为仿欧式尖端弧形建筑，色调采用红色屋顶为主调，浅色为基调，透视围墙围梯柱垛配钢制栏杆，使公园内外景观能够互相衬托。进门入口处是一巨型小广场，利于游人活动和疏散。广场东侧设有组合式活动室。活动室外铺有方砖路面，设有汉白玉圆桌、凳及景窗。廊前广场有一月季花坛，中央用汉白玉雕塑一座“海燕戏浪”。前边一座弧形儿童游泳池，分深浅两区，池中一平台供游人观赏，围池边彩色路面还绕一周，路中三座单臂亭可供游客乘凉、观景。主干路方砖铺路，支路片石拼接，甬路彩色水泥砖，三种路面交错相映。整个公园建筑小品设计，呈中、西结合艺术风格。公园绿化环境，以不同植物组合分区栽植。主干甬道两侧种植了西府海棠当作行道树，每逢春暖花开呈粉红色的海棠路，景色优美。透视围墙周围种植了桧树，大面积的草坪内，组团种植了乔、灌、长绿、月季、草花等绿色植物，片栽月季、荷花菊加以点缀。公园东部有三大处，均以起伏式绿地用来造景铺垫，以阔叶乔木、灌木、针叶乔木形成混交林。泡桐白蜡、五角枫、桧柏、紫薇、紫荆、金银木为树林增添了绿色风采，配以点缀的稀少名贵品种银杏与混交林高低错落有致，碧绿盎然，安静高雅，形成大片自然绿色风光的景观效果。靠花架边上栽植了爬藤植物紫藤，垂直绿化为公园景观锦上添花，整个南苑花园在绿色环境中，给人民群众带来了散步、锻炼、娱乐欣赏、园林艺术景观的精神享受。

三、天塔公园

天塔公园位于卫津南路与紫金山路、气象台南路交接处。该公园始建于1991年，总占地面积22.72万平方米。其中水面面积19.98万平方米，绿地面积1.54万平方米。园内栽植各种树木3000余株，建大、小花坛62个，栽种月季3200余株，栽植绿篱3900余延米。公园入口的一块巨石，镌刻着李瑞环亲笔题写的“天塔”。

园中主要建筑天塔，高415.2米，直耸云霄，雄伟壮观，是天津市有代表性的一大景观，登上天塔上端的全景观览室，可瞭望天津市全景，“天塔旋云”被评为津门十景之一。艳丽多姿的花草树木和波光粼粼的湖面，陪衬着高耸入云的天塔，整体形成一个有特色的公园。

第四节 河东区

一、中山门公园

该园坐落于中山门居住区，新中国成立前多为荒地、苇塘，有少许农田。1952年，随着全国第一个工人新村的建立，始建公园。当时的服务对象只是中山门工人新村的居民。建园初期，由于条件所限，只做了简单绿化。后经多次改造，完善了公园设施，铺设上下水管道，柏油路面，修建了透窗式公园大门，几组供游人休息的凉亭。全园布局以中心路为轴线，种植各种乔木1253株，月季2050株，同时建有鲤鱼喷泉、花架长廊、假山造型、游艺器械和红顶绿瓦的仿古中心亭。总面积24375平方米，其中水面积256平方米。

2010年改造前的中山门公园景观

2010年，中山门公园进行了整体提升改造。本着以人为本的原则，结合中轴景观风格，以“碧水长泽、落英缤纷”为主题设计了面积相对较大的人工水体。修筑了中心岛，保护了原有长势良好的紫薇花树。曲折的木栈桥作为游览主线穿过小岛，抵达临水的休息长廊。长廊的东西两侧为敞开式休息空间，外围运用绿篱结合矮墙的办法进行空间围合，使游人入园即感受到与众不同的别致风情。

中轴景观区局部采用了现代景观设计手法，以阵列式的修建绿篱、多种修剪形式绿篱与文化景墙相结合，形成视觉错落有致的整体夹道，像是两列绿色的迎宾仪仗队，直指中心景观亭，恭候游人的到来。修葺一新的景观亭取名“听风亭”，寓意人与自然和谐相处。

游人活动部分由健身活动区和休闲活动区组成。健身活动区由健身广场、游戏园和动感舞池三部分组成。其中健身广场主要摆放各种建身器械，集中为游人锻炼提供场地。游戏园主要服务于儿童，设有塑胶地面铺装，卡通造型的游戏器具、嬉戏沙池和攀爬架，供儿童们游乐，使他们回归自然享受童趣快乐。休闲活动区由花海广场和晨醒园组成。花海广场上沿同心圆环装饰着以条石座椅围砌的弧形花坛，花坛中种植各色季相花卉，使游人在休息的同时也能感受到自然芬芳的韵味。晨醒园主要为早起晨练的市民提供活动场地，层层低下的彩叶绿篱围合出不受外界打扰的活动空间。

游人休憩部分由曲径休息区和林下休息区组成。曲径休息区以赏心园为主，园内甬路大都采用卵石铺装，市民畅游其中同时达到了健身的效果。保留现状的大雪松成为休息区内的视觉高点，木质铺装，石材铺装和草坪的组合增加了赏心园的地面变化。休息座椅和下棋台分布其间，揽绿而坐，不论休息还是娱乐都达到舒心怡然。

2010年改造后的中山门公园景观

林下休息区以怡景园为主，扇形花坛既不破坏原有的植物格局，又起到划分空间的作用。中心下沉的广场设计有效屏蔽了临近活动区的干扰，圆形轮廓和主景花坛自然形成向心的吸引力，引导游人停留休息。

在公园的西北部，建立了中山门工人新村博物馆。整个博物馆分室内，室外两部分。室内展馆建筑面积430平方米，内分5个展厅，用图片、文字、雕塑、实物等还原了居住在此地的工人工作、生活场景。室外展区占地500平方米，设钢铁、纺织、机床、自行车工厂工人工作场景铜塑6组。

截至2010年底，中山门公园已成为集中老年、青少年健身、文化、娱乐、休闲于一体的综合性公园。

二、唐口公园

该园坐落于河东区唐口一号路终端东侧，占地5927平方米，于1952年建成。建园初期受条件所限，只修了2个凉亭和花架，进行了基础绿化和园内甬路铺设。

提升改造前的唐口公园

提升改造后的唐口公园

1972年，公园进行了提升改造，修建了透窗式围墙、仿古八角亭，铺设了柏油路面。以园区中心大型立体花坛作为重点景区，对园区进了功能划分。南部为儿童游乐区，设有漫游太空、电动摇摆、气跳床等游乐设施。北部为老年活动区，有仿古八角亭一座，植物造型5组。园内种植各种树木420株，绿篱总长6415米，配有大型和平壁画，还有藤萝，草坪2926平方米。2010年，针对公园设施陈旧、功能分区不明确、交通路面简单的状况，重新设计，进行了大规模改造。公园保留了原有的较大的乔灌木，对原有道路进行了合理改造。整个公园分为主景区、休憩区、芬芳园、儿童活动区、娱乐健身区五大部分。提升改造后该公园树木枝繁叶茂，草青花整，环境优美，又有居民健身娱乐的场所，深受周边居民群众喜爱，成为市级优秀公园之一。

三、河滨公园

河滨公园景观

河滨公园建于1992年，总面积16700平方米，坐落于河东八号路旁。为自由式布局，以自然水体扩大了空间。园路流畅贯通，随地形变化而起伏，随景观布局需要而弯曲转折。在折弯处布置灌木丛、山石小品，增加沿路趣味。该园以植物造园为主，大面积的草坪花径点植丰富的树种，凉亭、小桥的点缀分隔了空间植物的布置，增加了景深，形成一个完整的绿化体系。公园绿化面积 12014 平方米，其中，草坪 11000 平方米，乔木 148 株，常绿植物 31 株，灌木 256 株，藤本 2270 株，绿篱 143 延米，月季 5088 株。道路面积 1366 平方米，水面积 1540 平方米。

四、河东果园

河东果园坐落在河东区真理道旁，始建于 1987 年。大门入口正面设有大型山水壁画，入口处设有喷泉与月季种植池。色彩鲜艳的月季衬托着喷水池明净的水柱，与壁面形成大门入口的立体景观。该园总面积 13100 平方米，绿地面积 11135 平方米，道路面积 1400 平方米，其他面积 565 平方米。

该园绿化以果木为主，装饰以月季和藤木为主。果木种植了梨、苹果、桃、柿子、山楂等 494 株，组成大块植物景观，既独立成景，又遥相呼应，达到景深幽静效果。园路两侧共种植 3478 株月季形成月季景观带，围墙以攀嫁植物做垂直绿化，共种植藤木 498 株。广植草坪 6499 平方米，草坪上点缀山石、竹椅，供游人嬉戏、休息。该园特点为春季观花、秋季观景、闹中取静、休息娱乐的好地方。

河东果园景观

五、鹤园

该园始建于 1985 年，仿江南庭院园林风格，布局严谨。建筑精美，是天津居民区庭院中少有的江南风格的小公园。全园面积 2200 平方米，其中水面积 211 平方米。建有苏武彩绘长廊，古色古香；大型鹤壁画障景，增加了景深；凉亭、假山、喷泉、石桥，步移景易；汉白玉雕塑的双鹤交颈，点出鹤园主题。园内植物栽植按季节分区，三季有花，四季常青。步入其中，在起伏的云墙中，引人浮想联翩，韵味无穷。该园于 1985 年获全国城乡建筑成就展览会设计成就奖，成为天津市居民区休闲名园之一。

鹤园（一）

鹤园（二）

第五节　河北区

一、金钢公园

清光绪年间，在天津旧城东北、海河窑洼浮桥北畔，曾建有一座气势非凡的御用“行宫”。光绪二十四年（1898），改建为慈禧太后莅津阅兵时的行宫。天津行宫图现存美国康乃尔大学东亚图书馆，改图约绘于1898年前。行宫占地面积逾70亩。南面正宫门，临海河三岔口上游的子牙河。行宫布局规整，南北中轴线建“正街”，正街以东为太后宫，以西为皇帝行宫。两宫的殿院均为五进式建筑格局，但东宫比西宫的殿堂、游廊、宫门样式更豪华，附属建筑格局也明显有别。紧邻行宫后殿的花园，面积约15余亩，呈自然式布局。园中一弯碧水涟涟，似取挖池之土，凭水堆山数座，高低错落有致，绿柳萦抱池沼，莎荷芦蒲绕池，曲径树带花移。太后和皇帝在后殿二楼上歇憩，便可欣赏园林景致。

行宫本为慈禧太后和光绪皇帝到天津阅兵时驻跸，不料因戊戌政变时起，行宫未用。清光绪二十八年（1902），直隶总督兼北洋大臣袁世凯为推行新政、开发河北新区，将直隶总督衙门迁设与此。辛亥革命后，为直隶省河北政府驻地。1926年，行宫被焚毁。1928年，原地重建的府院（天津特别市政府），与原来的行宫风格迥异，但也称得上是一座中西合璧的园林式府院。府院分前门区、办公楼区和后花园三部分。前门区位置在今河北区金钢公园处；主院落位置在今第二医院处，院内从南到北三排楼房为中国古典式建筑，蓝琉璃瓦铺顶的大飞檐，下有红绿色斗拱椽头，红色明柱和窗框；后花园（原天津面袋厂址）为规则式布局，十字相交的园路，将花园分为四个小区；花园东南门与府内后院连通，门两侧堆砌高逾两丈而幽深的假山道，走出假山道，视野顿开，左边由花木组成的绿带围住一片小场地，为游憩之处；园内坐北居中有一座高台基的方型西式洋楼，台阶上是转圈式明廊，东西两侧绿树成荫；花园西部布局规则，用花坛、花畦和绿篱整齐分隔。日本侵华后，这里为天津市公署和财政局驻地。抗日战争胜利后，天津市财政局一度设于此。1937 年 7 月 29 日，日本侵略军飞机悍然轰炸天津市政府及其他军政要地，府院的建筑、花园和珍贵档案损失殆尽。1951 年，在此兴建金钢公园。

该园坐落在河北区中山路南端西侧，金钢桥西北侧。面积为 1.55 公顷，1951 年兴建，1953 年正式开放。

1976 年唐山特大地震后，公园内设施、树木、景点均遭受损害。1980 年市人民政府拨款重建、充实，1984 年竣工重新开放。园内的主体景点是一座假山，山上、山下遍植花木，其间还建有长廊、喷泉、月门、花架、雕塑“哪吒闹海”、仿古式凉亭等，并辟有儿童乐园。

2009 年 5 月，河北区园林部门在不破坏其内部整体格局的基础上，合理地再次进行提升改造。此工程采用了园林植物与假山、水体景石巧妙搭配的手法，充分体现了现代简约、大气稳重的中式山水园林，完善了主景区、健身运动广场、假山喷泉和文化长廊四大区域，突出特点是扩大了群众集中活动的场所，新建了生态广场，成为附近群众休憩、娱乐、健身的场所，成为海河沿岸景观带和中山路上一道靓丽的风景。

二、月秀公园

月秀园坐落在海门路东侧，始建于 1983 年，原名海门路公园。1990 年，在原海门路公园基础上改建而成，是以市花月季为主要景观的特色公园。该园占地 0.66 公顷，地栽量 1.5 万株。是天津市十佳公园之一。在公园共建活动中，该园将精神文明建设影响力辐射到所在社区，得到群众广泛好评。1997 年 4 月，荣获天津市城建系统十大文明名窗口称号。同年 9 月 29 日，天津市园林系统创建文明行业现场推动会在该园召开，月秀园班长张起以《建园一个、美化一方、服务一方》为题介绍经验。1998 年 7 月，建设部表彰第二批全国建设系统文明服务示范窗口单位，月秀园为受表彰的园林行业 3 个单位之一。7 月 16 日，天津市园林系统宣传推广月秀园经验现场会在河北区举行，天津市委城建工委代表国家建设部向月秀公园颁发文明服务示范窗口单位奖牌。天津市总工会、市委城建工委、市园林局党委、市精神文明建设办公室、市总工会城建工会等部门有关负责人，河北区委、区政府、区工会领导，全市各区县园林绿化部门主要负责人等 200 余人出席现场会。是日，天津市园林局等有关单位在月秀园召开文明示范窗口创建座谈会。2000—2002 年，月秀园职工班组连续两届荣获天津市劳动模范集体称号。

三、河北区音乐公园

音乐公园是天津市海河综合开发重点景观之一。公园位于海河东路、平安街、自由道所围三角地带，占地面积 4700 平方米。由雕塑喷泉和欧式园亭形成一条中轴线，园亭柱梁都是用汉白玉装饰，圆顶用筒瓦镀金制成，显示出园亭的精致华美之感；喷泉水池中心用花岗岩雕刻成的西方古典托盘是三层叠水雕塑，顶部是根据法国画家安格尔的著名油画，“泉”摹写的。最下层有四个小天使和小动物在游玩戏水，表现童酣、蛙鸣、鸟叫、螺响的自然之声。设计一个下沉空间，还设立了五座世界著名音乐家贝多芬、施特劳斯、李斯特、巴赫和海顿的铸铜雕塑，充分体现了西方古典园林风格，突出“音乐”这一主题，富有浓郁的异国情调，为天津市海河岸边又增添了一个亮点。

第六节 红桥区

一、桃花园

桃花园位于西沽北运河畔，面积1.3万平方米。1984年修建，栽植山桃、碧桃、寿星桃800株。1985年起接纳游人，恢复了西沽春观桃花的历史景观。自1990年，每年4月红桥区在园中举办桃花节。2007年8月免费向市民开放。

桃花园建有牌楼、阁亭、廊榭、喷泉造景。大门牌坊刻有“桃花园”匾额，油彩塑制的五龙壁背后刻有“津沽逢盛世，长堤醉桃红。江山生春色，园中腾蛟龙”的诗句。长廊环抱桃花亭，碧波映衬荷花亭。园中还有麻姑献寿雕塑、迎春洞、迎宾阁、九龙泉、玉龙壁等景观。每逢沿岸各种桃花盛开之时，姹紫嫣红，观者盈园。1991年续建园中园、御码头、乾隆皇帝登临处景石。桃花亭中竖《桃柳堤题记》碑，记载了昔日乾隆皇帝于此观桃赏花的盛况。

2007年，结合旧楼区改造，改造维修桃花园。公园把原有的400米封闭围墙改建为透景式围墙，扩大景深，形成园内外景观共享。园内安装上水，埋设电缆，安装草皮灯、照树灯、景观灯90盏。维修园路，更换座椅，充实桃树等植物材料，对园内古建筑进行油漆彩画，绿化景观全面提升。2007年9月16日，中共天津市市委书记张高丽视察了整修改造后的桃花园。

2010年，在开展桃花园景观工程项目建设中，对桃花园进行提升改造。栽植乔木426株，常绿14株，鸳鸯桃、碧桃、山桃等桃树及各类花灌木2000株，宿根花卉、月季3126株。通过提升改造，将桃花园、桃诗园、北洋园建成带状公园。

二、桃诗园

桃诗园位于西沽北运河畔，与桃花园相通。1995年建成，面积4400平方米。园内种植以山桃、碧桃、垂柳为主的各种树木、花卉894株，栽植草皮1800平方米。

公园大门迎面树立大理石浮雕二龙壁，壁背镌刻清代康熙皇帝词《点绛唇》一首。园内围墙两侧建有大型碑廊，集唐朝以来历代名人咏桃诗词佳句50首，邀请天津市部分著名书法家摩勒上石。老同志张再旺、石坚为桃花园题词。

新落成的桃诗园在天津市园林局检查评比中获 1995 年天津市公园建设一等奖。

三、北洋园

北洋园位于丁字沽北运河畔，2001 年 9 月 28 日竣工。面积 6 万平方米，长达 1500 米。新建的北洋园与原有的桃花园、桃诗园连成一线，从北洋桥延伸到勤俭桥，成为依河傍水、桃红柳绿、景观独特的带状公园，重现了昔日沽上胜景。

以北洋桥头为起点，分别是鸿鹜逐浪、团城广场、西沽武库土炮、琴键广场、西学走廊、游船码头、中心舞台、名人墙、开辟鸿蒙等 12 个景观。北洋园团城旧居遗址景点，陈列着施工中出土的西沽武库土炮。团城前方不远处，耸立着名人墙。在花岗岩筑造的墙山上，镶嵌着盛怀宣、丁家立、茅以升等北洋大学校长、学者的头像雕塑及生平简历。镌刻着江泽民、李瑞环的题词及北洋大学老校友、国民党元老陈立夫 94 岁时的题字。琴键广场、西学走廊、中心舞台形成文化、文明、科学的高品位的环境。雕塑位于公园最北端，高 10 米。远看像座山，近看发现是由 3 座独立的主体组成，寓意开天辟地般的巨大变革。雕塑的下边，一股股溪水不断涌出，流入曲折蜿蜒，长达 400 米的溪道中，穿过多个景观并连为一体，象征中华民族源远流长。

北洋园绿地面积 4 万平方米，花草树木尽在其中。栽植常绿、雪松、杨树、柳树、洋槐、椿树、法桐、榆树、白蜡、桃树、各类花灌木 1.02 万株，草坪面积 2.78 万平方米，绿篱 1.03 万平方米。

在紧靠北洋园的河面上，安装了一个的橡胶坝和闸门，可使水面保持一定的高度。河面上有一个活动的喷泉装置，其水柱最高可喷至 10 米。4 只游船停靠在码头上，登船可游览北运河风光。

2010 年 9 月 28 日，中共天津市委书记张立昌、市长李盛霖等乘游船，在北洋园游船码头上岸，参观视察了新建成的北洋园。

四、明秀园

明秀园坐落在咸阳北路凤城楼间，1983 年兴建。面积 2057 平方米，水面积 100 平方米。

明秀园以矮、高两层铁栏作围墙，爬山虎、金银花攀援其间。进门迎面建有透窗龙墙，左面是以太湖石砌成的假山，与湖水相映。园中有洞峰山道，铺设甬路。汉白玉拱桥、小湖、金鱼、荷花构成幽致景观。建有廊亭，沿廊设长椅供游人休憩。园中种植垂柳、合欢、常绿、果木、花灌木 229 株，花坛中栽植月季，铺草皮 960 平方米。

1986 年，邓小平曾到明秀园视察。1991 年 5 月 30 日，全国政协常委王光美参观明秀园并到居民家访问。明秀园 1995 年被天津市园林局评为达标优秀公园。2004 年，红桥区对明秀园进行绿化提升改造。改造后的明秀园恢复了江南景观特色，被天津市园林局评为精品示范公园。

第七节　津南区

一、津南区津沽休闲园

该园位于津南区区政府办公楼与居民楼之间，占地14000平方米，于2004年4月下旬开工，9月竣工。

该休闲园内高差变化的花坛组、喷泉和大舞台是整体环境，呈现出高、中、低相结合的跌岩起伏，富于变化的空间形态，具有良好的整体环境。津沽休闲园集文化、娱乐、休闲于一体，铺装面积较大，便于开展文化娱乐活动。铺装、舞台等占地近8500平方米，栽植草坪3300平方米，栽植乔木87株，常绿146株，灌木16895株，月季280株。广场内植物品种丰富，规格较大，景色优美，是人们休闲娱乐的又一好去处，被评为2004年城市绿化建设优良工程中公园小游园建设优良工程一等奖。

二、月牙河公园

月牙河公园地处津南区咸水沽镇月牙河西侧二道桥村，占地面积39576平方米，共投资236万元。公园始建于1988年，1992年8月1日正式开放。该公园为仿古式园林，功能为综合性公园，并突出文化特点，天津书法家王明九、孙伯翔、田蕴章、唐云来、宁书伦等均为公园作诗题字，所收集的天津书画界名人作品建立的碑廊，共有石碑300多块，市政府原顾问毛昌五为“名人苑”题字。该公园修建了拱桥、长廊、水榭等园林建筑，建筑面积占全园的5.17%，水面占35.8%，绿化面积占46.7%，园内栽植乔木3千余株、常绿树4千余株、花灌木近9000株。

第八节　北辰区

一、集贤公园

1980年始建，1982年竣工。位于集贤里街区中心，占地1.2万平方米，呈椭圆形。园内建有曲形空中花架。中部建有长亭、蘑菇亭、花坛及太湖石假山；南部置有滑梯、秋千、乒乓球台等；北部曾立杨连弟花岗石雕塑像（1995年该雕塑移至杨连弟公园）。

二、滦水园

2001年6月1日始建，9月底竣工。位于北运河左岸南仓村京津路西侧，占地6.88万平方米。正门左侧有时任天津市委书记张立昌的“滦水园”题字。公园由跨越石雕、繁花似锦花圃、津城聚景、引滦入津微缩景观、“水”字碑林和梅林组成。跨越主雕塑为石雕龙，底座直径 20 米，高 20.018 米，石雕两侧有一道彩虹与龙身相接。主雕塑周围是直径 50 米的三层喷泉。繁花似锦花圃面积 4500 平方米，西侧为微缩的城市聚景。该园西部是按 1000∶1 比例微缩，全长 234 米的引滦入津工程景观。占地近 3 万平方米。在布满草坪、树木的丘陵北侧，立有 1 座高 1.5 米引滦英雄纪念碑。丘陵南侧是一片梅林。2002 年春，在花圃、微缩景观两侧及山岭、土丘之间布列“水”字碑林，共 76 块。有古今中外诗人、名家、书法家及帝王的笔迹，也有选自经文、碑文以及甲骨文、石鼓文、汉瓦文中的字体，风格迥异。“水”字下或侧面，镌刻表述水资源珍贵的文字、水资源科普知识、引滦入津工程解说词。“水”字系列石刻为国内公园独创。

第九节　东丽区

一、华明公园

华明公园始建于 2008 年，坐落于东丽区津汉公路旁，华明小城镇内，占地面积 126552 平方米。该公园原为农业用地，后建设为华明小城镇。公园于 2007 年 3 月 15 开工，同年 8 月 24 日竣工。建设单位为天津市滨丽建设开发投资有限公司，设计单位为天津市城市规划设计研究院，施工单位为天津市北方创业园林工程有限公司。

该公园以营造原生态植物环境系统作为设计理念，充满野趣和田野景象。地形参差起伏，木栈道穿行其中，连接亲水栈桥。湖心长堤连接左右两岸，芦苇、菖蒲等水生植物遍布湖面。

公园绿化面积 100023 平方米，水面积 20400 平方米，草坪面积 61720 平方米，花卉栽植面积 1196 平方米，绿篱 5446 平方米。绿地内栽植树木 2949 株，乔木 10 个品种 2204 株，灌木 19 个品种 745 株。

第十节　西青区

一、二经路小游园

二经路小游园位于柳霞路与新华道交口西北角，建于 1986 年，2011 年进行了改造，总绿化面积 2187.7 平米，草坪 120 平米。建设有长椅和儿童游戏器械。种植有五角枫、白蜡、栾树、龙爪槐、洋槐、金枝槐、西府海棠、木槿、红叶李、石榴等共 213 株。

二、火车站游园

火车站游园位于杨柳青火车站前广场，建于1993年，2002年进行了改造，以植物绿化为主，建有花坛、走廊和部分健身器械，给周围居民和上下火车的旅客一个良好的休息和活动场所。该园总绿化面积4821.3平米，乔木135株，月季593株等。主要品种有大叶黄杨、金叶女贞、杨树、龙爪槐、泡桐、桧柏、紫叶李、碧桃、金银木、大叶黄杨、紫叶小檗、爬山虎等。

三、明珠园

明珠园位于御河桥北侧，建于2003年，因其主建筑犹如一颗硕大的明珠而得名。这个明珠在夜晚五彩缤纷的灯光闪耀下，尤为灿烂夺目。以此明珠为中心，周围簇拥着各式各样的植物绿化。园内种植乔木52棵、灌木102棵，草坪面积4738平米，主要品种有石榴、龙爪槐、紫叶李、云杉、合欢、丁香、紫薇、连翘、紫叶小檗、金叶女贞、侧柏、碧桃、银杏、海棠、火炬、白玉兰、龙柏、剑麻、法桐、榆叶梅等。

四、群众园

群众园位于杨柳青汽车站西侧，建于2005年，总绿化面积3800平方米，草坪3600平方米，乔木35株，灌木33株，主要品种有合欢、杨树、金枝槐、桧柏、剑麻、紫叶李、碧桃、爬山虎等，建有走廊、小亭，设有长椅和健身器械。

第十一节　滨海新区

一、汉沽寨上公园

汉沽寨上公园位于滨海新区汉沽新开南路东侧，南邻文化馆，始建于1959年，面积7500平方米。园内建有亭、廊、拱桥及喷泉池，种有国槐及山桃苗木等。

1976年唐山发生特大地震，使园内设施遭到严重破坏。1983年重建，面积扩大1.7倍，更名寨上花园。重建和扩建后的寨上公园，分为花卉观赏区、游览休闲区、广场活动区、儿童活动区和管理区。园内设有各种大、中、小型体育设施15件。北侧有长廊、六角亭、拱桥相连，南侧种有乔、灌木，有花坛7处，各种树木12000株。2009年，园内再行改造提升，更新了基础设施，补栽了多种苗木。

二、紫云公园

紫云公园坐落于天津市塘沽新港，原为天津碱厂制碱废渣堆放场。1996年碱渣山治理开始，1999年列为天津市重点工程项目，2001年该园开始建设，并于2002年建成。该园占地33万平方米，是利用工业废料来营建的城市公园，这样的方式在国内乃至世界范围内都为数不多。它不但成为以环保为主题的公园，更在城市工业废弃地区形成大面积的绿化区域。

该园的设计突出了自然题材的设计手法，注重人与自然的交流，在体现园林生态、绿色空间的主题中，把构成景观的各个要素，以园林式语言的方式向游人展示恢复后的景观内容。利用碱渣配比制成工程土，形成七座连绵起伏的山体，构成公园的主景。并且由两条溪流萦绕于山峰之间，形成不同主题的景观内容。在保留和强化现状已有的部分碱渣峡谷地貌的基础上进行堆山改造，采用空间绿地围合的形式，使游人站在高地形上观看碱渣的原始风貌及原始地貌。

该园的建设体现出城市工业废弃地区生态恢复与再生，形成大面积的绿色区域。园内植有乔木 24000 株，花灌木 68000 株，常绿树木 4000 多株，建立起人与自然共存的良性循环空间，保护和修复区域性生态系统，遵循生态学原理，建立合理的复合型的人工植物群落，保护生物多样性，建立人类、动物、植物和谐共生的城市生态环境，是天津市治理污染变公害为公园的一大典型范例，获得 2002 年度天津市优秀勘察设计（市政公用工程）一等奖。

三、南园

南园位于原塘沽区南端、河滨公园正门东侧，占地 21400 平方米，建筑面积 3338 平方米，湖面 6000 平方米，既是河滨公园的园中之园，又是一座风格独特的独立公园，为典型的苏州古典园林风格，1993 年 6 月开工，1994 年竣工开放。

该园集苏州式园林建筑精粹之大成，建筑主要材料均运自苏州，是天津市当时规模最大的江南园林，1994 年被评为塘沽 10 佳建筑之一，1995 年被评为天津市优秀勘察设计二等奖。

该园由北向南依次分为三个景区：一区以建筑取胜，三种不同特色的苏州风格园林建筑，有硬山正脊式、硬山卷棚式、歇山卷棚重檐式、马头墙硬山式建筑，分隔成景景相连、院院相通的三进院落。以鸳鸯厅过渡，进入以湖面假山取胜的二区，配以亭、廊、桥、榭，岸边载垂柳，水中种荷花，形成迎曦、延月、听荷、梳柳等美妙景致。

南园鸟瞰

南园迴廊

南园景色

三区以自然入境，主景水族馆位于该区西南侧，船舫、小亭、石桥错落有致地分布于水边、坡上、湖面，封闭式天井中有互通贯穿通的露天鱼池，石栏环绕，四周半壁曲廊镶嵌玻璃漏窗，供游客四季观赏室内游鱼。

园内绿地面积21400平方米，栽植有剑麻、芭蕉、淡竹、香樟、罗汉松、云杉、银杏等名贵树种和月季、迎春、连翘、紫薇等花灌木，草皮采用了白三叶、玉带草等新品种，点缀在楼台亭

南园具有浓郁的苏州园林风格

榭之间，构成一幅幅美妙的立体画卷。正如该园门口对联所书："仰视宇宙之大崇山峻岭，晚察品类之盛山水流觞"。

第十二节 宝坻区

一、宝坻南城公园

宝坻南城公园位于宝坻区钰华街与环城南路交口西南角。公园由天津市园林规划设计院设计，2007 年 8 月开工，2008 年建成开放。总投资 669.29 万元。公园规划面积 33861 平方米，其中道路 2673 平方米，广场 2986 平方米，水体 1577 平方米，建筑 597 平方米，绿地 26625 平方米，绿地率 78.6%。公园植物品种丰富，其中乔木 19 种 714 棵，灌木 16 种 1839 棵，常绿树 5 种 155 棵，花卉 7 种，草坪 18669 平方米。

公园设计以开放型公共绿地为功能定位，建设为满足市民休闲娱乐需要，突出现代文明，景观良好、生态健全的城市绿色开放公园。

公园设置出入口 3 处，主要出入口位于环城南路南侧。公园以矗立在中心的青铜奔马雕塑为标志性主景，分为三个景区。

芳庭怡情景区位于公园北部，沿环城南路主入口设置林荫道和柱形景观灯，形成视线开放景观。公园主广场以景观雕塑和生态水池为主景，水池呈椭圆形，池中设有小岛。标志性主景青铜飞马雕塑，采用主景升高的造园手法，成为整个公园的视觉中心。景区东部以三条曲线型道路和蜿蜒的溪水为景观主体，布置松、石、瀑、水，栽植松、竹、梅观赏植物，营造小桥流水、曲径通幽的景观意境。

城南旧事景区位于公园南部，景区以规则的直线铺装结合小品、坐凳、花坛、景墙的设置形成交流广场、休息平台。种植垂柳、槐树、合欢、白蜡等庭荫树，为人们提供休息空间。小广场间通过绿地间隔，布置绿篱及紫花美人蕉、千屈菜等花卉，形成林荫路场地。景墙镌刻铜钱钱币、算盘图案，反映宝坻“京东第一集”的地方历史文化。主广场和休息廊架满足人们休闲、健身活动的需求，每天晚上吸引大量居民跳舞健身。

晨曦之恋景区位于公园中西部，景区通过风景林地、阳光草坪，营造轻松、舒适的休憩场所和活动空间。利用地形在坡地上布置条石镶嵌在草地中。林间走廊布置小品坐凳，形成惬意林下空间。银杏、香花槐等乔木形成的林荫下草坪，便于人们休闲漫步。

南城公园道路以自然式道路结合规则式布局为主，道路分为两个等级，即主干道宽 3 米，为连接各景点的通道及纽带；二级道路宽 1.5~2 米，为各景区内的游览步行路。

南城公园植物栽种以柳树、国槐、白蜡等乡土植物为基础，以乔木为主体要素，结合海棠、紫薇、紫叶矮樱、迎春、榆叶梅等花灌木及大叶黄杨、红叶小檗、金叶女贞等地被植物，形成层次丰富植物景观，注重植物季相变化、色彩搭配及层次变化，创造多种植物空间景观。植物搭配注重生态群略布局，大量采用地方树种，易粗放管理，加大乔木比例，形成大绿效果，创造生态科学、功能合理、群落稳定、景观优美的公园景观。

南城公园东面毗邻钰华街，北以环城南路为界，西、南两侧为规划建设中的龙熙帝景居住区，钰华街是津围公路宝坻城区段，为贯穿宝坻的省级公路，环城南路是城区主干路，北侧为华苑住宅区。公园地理位置重要，交通便利，成为附近居民及外部人士休闲、观光、游览、健身的良好场所，年游人量达 9 万人。

公园有管理人员 6 人，负责游人管理、卫生保洁、水景及植物养护。在管理人员精心管理下，树木长势良好，造型优美，一树一景。公园管理文明，服务规范，园容整洁，设施良好。

公园设计以绿色生态为基础，以满足市民需要为核心，注重文化意蕴的表达，建成特色明显的具有休闲、交流、文娱活动功能的绿色城市空间。以文化主题和传统审美意境为设计创意，构建富有诗情画意城市自然景观，让游人在阳光、草坪、林木、流水环境中，亲近自然，感受城市特有的文化魅力。

二、健身公园

该园位于南三路与开元路交口西北角，建成于 2000 年。东西宽 113.5 米，南北长 130 米，总面积 14755 平方米，其中外围绿地宽 12 米，绿地 5268.4 平方米，绿地铺植草坪，规则式栽植龙爪槐、金丝柳、桧柏球、樱花等。绿地中间有高杆灯一座，外围有草坪草坪灯 24 个，绿地场地布置篮球场、健身设施等，属体育局管理。

三、宝坻窝头河公园

窝头河又名渠河，昔日是宝坻的运河，船运繁忙，鱼虾成群。自20世纪90年代初变为臭水沟，河水严重污染，河道两侧垃圾成山，严重影响了周边居民的生产生活环境，制约了该区域经济的发展。

2008年，宝坻区委区政府以窝头河治理改造绿化工程，作为当年重点民心工程之一，建设窝头河公园。该园由天津园林规划设计院设计，宝坻区城投公司建设。窝头河治理改造绿化工程，西起宝平公路，东至钰华街，全长2.5公里。根据改造内容，分为河道清淤和绿化两个工程。先后进行河道清淤2.125公里，新建景观桥6座，亲水平台11处，入水台阶12处，浆砌石护岸5处，建湖心岛1座。

窝头河治理改造绿化工程全长1896.6米，绿化面积175517平方米。新建亭子5座、迷宫1座、总面积1196平方米的4个木平台；木栈道297.4米、厕所2座。安装各种景观灯314盏，栽植各种花木80余种、共8578株，种植草坪143792平方米。铺设混凝土路面13342平方米、便道6158平方米；铺设甬道14372平方米，绿化景观总面积为23283平方米。

窝头河治理改造绿化工程于2008年6月30日竣工。治理改造后的窝头河为宝坻区创造了一个既生态又自然、既美观又实用的河道景观，为居民创造了和谐舒适的休闲空间，提高了宝坻城区环境品位，丰富了居民精神文化生活，改善了城市面貌和投资环境。

四、开元路游园

该园建成于2008年，位于南三路与开元路交口西南角。面积7000平方米。原址为无线电厂，拆建后保留原有法桐、杨树、核桃树、紫薇等，保留游园中心位置的花架、景墙，重新布置环形园路及通往中心的小路，设置园灯、景石，布置坐凳。绿地内铺植草坪，点缀玉簪等品种草花，栽植了银杏、金丝柳、玉兰、丁香各种观赏植物。开元路游园坐落于居民区中，是人们休闲纳凉、开展文艺活动的重要场所。

五、宝平游园

该园建成于2007年，面积31000平方米，原址为农田。设置园路，坐凳、园灯，布置四角亭一座。园内有体育健身器材。栽植各种观赏树木。

六、建设路公园

该园坐落于建设路东段，火车站路西侧，原址为粮食车队等单位。面积11076平方米。2009年建设，2010年建成。园内设置花架、罗马柱亭，点缀坐凳园灯、山石、雕塑，栽植各种观赏植物。

七、宝坻朝霞公园

朝霞公园位于宝坻城区西部通唐公路南侧，西临烈士陵园，原址曾为宝坻砖瓦厂，于1988

年开始筹建公园，1993年建成开放。公园总面积近2万平方米，其中有大、小水面两处，总面积10余万平方米，建有土山两处，是宝坻一座建设较早并以水景为主要特色的综合性公园。园名“朝霞公园”四字，由爱新觉罗·溥佐题写。

该园由天津市园林规划设计院设计，设计立意按照清乾隆《宝坻县志》记载的蓟界云山、秦城烟柳、东寺晓钟、北潭望月、石幢金顶、珉碣银钩、潮河飞练、文阁瞻云等“宝坻八景”布设景区。该园建设因地制宜，利用原有砖瓦厂水坑和地面，整理坡岸，挖土堆山，铺设园路，植树造林，布设景区。园内部设有办公区、儿童游戏区、游泳池、水上活动区、植物观赏区、安静休息区等。

该园道路为围绕中部土山的环形园路，该园大门内建有雷锋的石雕像，石像前为花坛。儿童游戏区在该园大门东侧，内设电动火车、滑梯等游艺设施。游泳池设在大门东南侧，沿东支路通往水面，岸边设置木建游船码头，有划船、游艇供游人水上活动。园内还有小卖部、冷饮、摄影等服务摊点。

该园内栽植的植物有30余种、2427棵。其中乔木1321棵，主要品种为国槐、垂柳、合欢、火炬树、杨树、槭树等，常绿树和花灌木1106棵，主要有油松、桧柏、黄栌、金银木等，花卉有月季、菊花、一串红，草坪为野牛草。

由于远离喧闹城区，园内自然保护较好，植物繁茂，水面辽阔，鸟鸣虫噪，野趣盎然。土山坳处火炬树蔚然成林，秋季红叶炫彩夺目，为园内秋季一景。岸边芦苇、蒲草等水生植物茂密，常有水鸟繁衍栖息。水坑常年不干，野生鱼虾品类繁多，成就朝该园另一番幽景。

第十三节　武清区

一、双龙公园

双龙公园始建于1997年11月，占地面积18566平方米，东临运河，西侧为北郑庄商城，1998年建成对游人开放。内有园路铺装、管理用房等设施。2005年，政府出资对双龙公园进行了改造，改造后的双龙公园增加了景观灯、景石、花坛等园林设施，丰富了植物品种和数量，与运河景观带形成统一整体。

二、雍园

雍园始建于1986年1月，1988年10月1日建成对游人开放。雍园占地面积20875平方米，位于武清雍阳东道南侧，东临武清人大、政协办公楼，西临武清体育馆，南侧为居民楼。原为杨村驻军部队用地，后经政府征用建设为公园绿地。内部建有湖系、水榭、假山、园路、亭廊、办公用房等设施。2007年4月，政府出资对雍园进行了改造，将办公用房拆除，对湖系护坡、园路、亭廊进行了粉刷和整修，对东侧的游乐区进行重新规划，建成休闲健身广场，增加了照明景观灯。改造后的雍园成为开放式休闲娱乐场所。

第十四节　静海县

一、静海翠湖公园

翠湖公园始建于1987年，公园内的人工湖是由全县各企事业单位职工挖掘出来的。由于年久失修，园内设施严重损坏，植被绿化也遭到破坏，已不能满足周边居民游览、休闲、锻炼的需要。公园位于静海县西城区西北部，坐落于居民区与学校交接处，是周边居民休闲健身的重要场所。由于公园建设早，设计功能已远远不能满足人们日益提高的文化生活需求，为改善周边居住环境，提高该区域文化底蕴，2007年8月对翠湖公园进行全面改造。该工程政府投资800万元，由天津市东林筑景景观规划设计有限公司设计，天津市君泰园林工程有限公司施工建设，天津市环外建设监理有限公司负责监理。该工程被静海县委、县政府确定为当年改善城区公共环境的重点建设项目，于同年“十一”对游人正式开放。此次改造遵循中国古典园林风格，突出绿色、自然、静谧、幽远的特点，追求艺术性和功能性的完美结合，使改造后的翠湖公园成为兼自身历史、生态体系、景观体系和交通体系于一体的城市公共园林，实现最佳景观效果。改造后公园占地1.8万平方米，绿化面积11250平方米，水面面积1900平方米，硬化面积4850平方米。其中新增草坪为7045平方米，新植红王子锦带、红栌等观赏树木1219株，水生植物睡莲、水葱等381平方米，爬藤植物114平方米，片植灌木2257平方米，宿根木本花卉1098平方米，连廊198平方米，六角亭14平方米，景观温室1085.2平方米，管理房143.54平方米。

翠湖公园的设计理念采用绿色、自然、静谧、幽远为特征的中国古典园林的风格，同时借鉴现代园林的表现形式，使其艺术性与功能性完美结合。此次改造通过对现状用地布局、交通体系、视觉景观、周边建筑、人的行为活动、设施、水体、驳岸、植被等内容的分析，力图将翠湖公园改造成融公园自身的历史、生态体系、景观体系、交通体系于一体的城市公共园林。通过形成一个生态系统的良性循环，改善了湖水水质，为更多的亲水活动提供可能。优化了园内的交通系统，形成主要环路与游步小道相结合的道路循环网络，通过增加翠湖公园的绿色通道和绿色空间，来提高整个公园的实用性。以公园原有的文化风格为基础，充分发挥翠湖公园的景观资源价值，增强公园的活力，并完善了配套设施，结合周边的校园以及居住等城市功能，形成一个集文化娱乐、游览休闲于一体，配套设施齐全的开放型公园。

改造后的翠湖公园各项功能设施完善。公园分为南区活动场地的动区和以外的静区，静区中

翠湖园改造前门口

改造后门口

又分为湖体区、种植区以及游步环道系统。诸多划分的区域均以绿植相联接，成为一个有机整体，形成了一串连续不断的绿色回廊。原有的六角亭临水而建，周围配以绿植掩映，并加以修葺。在六角亭北侧，新建一个连廊，亭身凌驾于水上，与原有亭相对成景，一水、一陆遥相呼应，使原有亭不再突兀、生硬，使湖水两岸皆有景可游，有景可赏。驳岸利用原有的水体，采用自然草坡入水式，增加了亲水平台，提供了休憩和活动空间。为保证多功能路径的连续性，将原有拱桥改为平桥，提供游人更精致的休闲空间，丰富了院内景观内容。公园内新建一个热带观光温室，园中时令花卉皆可在此种植，游人可参观，丰富了居民生活和园林景观。园内墙角处建有假山，周围绿植围和搭配。在保留与删改原有植物的基础上，增加了阔叶乔木、不同种类的花灌木，并加大了种植密度，形成多层次的复合绿化，创造一个良好的生态环境，从而带动周边地区的自然生态。

如今的翠湖公园与当地的自然环境、社会环境相结合，使游人感受到改造后的新鲜舒适，为周边居民提供了一个良好的休闲、娱乐、健身的场所。

改造前人工湖

改造后的人工湖

改造前的温室

改造后的观光温室

改造前的围墙

改造后的围墙

二、静海嘉泰公园

嘉泰公园位于静海县胜利大街与北纬四路交口处。2005 年 3 月开工建设，2005 年 5 月竣工。政府投资 213 万元。公园占地 1. 14 万平方米，绿化面积 7567 平方米，栽植法桐、碧桃、榆叶梅、木槿、鸢尾、萱草、马蔺等植物品种。同时优化了园内的交通系统，形成主要环路与游步小道相结合的道路循环网络。通过增加公园的绿色通道和绿色空间，来提高整个公园的实用性。

公园分为休闲区和健身区。休闲区内修建了长廊，并安装了桌椅，供游人休憩。健身区内安装了健身器材，为周边居民提供了健身场所。公园以原有的文化风格为基础，充分发挥嘉泰公园的景观资源价值，增强公园的活力，采用乔、灌、草相结合，常绿与落叶相穿插的栽植结构，为周边居民提供了一个集休闲、娱乐为一体的场所。

第十五节　宁河县

一、华翠公园

华翠公园位于宁河县芦台镇建国村南，北起金翠路，南至经济开发区，西起建国温泉路，东至靳庄村地界，毗邻华翠小区、永兴小区、顺兴小区、建国别墅区、近美花园小区等城区内几大居住区，公园占地128亩。

华翠公园湖景

1994年宁河县决定利用原有的荒地、坟地及养鱼池，由宁河县建委、芦台镇成立专项指挥部负责华翠公园建设。工程于1994年11月开始申请立项，1995年4月经市园林局批准开工建设，市政府于1995年在全市各区县开展公园景点建设工作，并给予政策支持。该园由天津市园林规划设计院进行平面设计，因资金紧张，未进行深度设计，由建委负责具体施工，共投资90万元，仅完成了大门、围墙、警卫室、道路、拱桥、护坡、雕塑、花坛、绿化等小部分基础设施配套工程，大部分地块未进行建设。

从2008年12月开始，县委、县政府对决定对华翠公园进行大规模的提升改造，聘请天津市远成景观设计发展有限公司，对该园进行了高标准的规划调整。方案设计是在原有华翠公园的基础上，重新设计的综合公园。公园保留原有的绿化大树，对原有的地形做了适当的改造，使公园地形更加自然、丰富、错落有致。利用原有的大面积水域，开拓出景观湖面，将原有的湖中小岛加以丰富的植物配置及景观小品，形成一道独特的景观，人们站在岛中，可观全园的景观。

该园以绿化为主，整个公园的构架为山水园林格局，同时赋予现代广场及细部空间景观的处理，使得山水园林整体布局中带有现代设计的气息，同时使人们真正体现到回归自然的生活理念。建成后的公园是一座设施先进、硬件到位、软件配套、既能体现现代公园的人文气质化底蕴，又能显出较强的时代感和超前意识的环境景观。

公园分为三大功能区。A 区：公园入口景区、绿荫广场、雕塑小广场、喷泉广场、林荫广场、漫步观景桥、亲水平台、步行道景观桥、亲水木栈道。B 区：休憩园、风情岛、特色景观桥、四季园、特色亲水平台、特色观景景区。C 区：石趣园、竹书院、健身区、儿童活动区、水生植物园。

华翠公园亲水平台

该园的提升改造工程于 2009 年 11 月开始动工，2010 年 8 月整体竣工。总改造面积约 80000 平方米，总投资 4000 万元。共完成土方 4 万立方米，修建主路 2393 平方米，支路 2053 平方米，广场铺装面积 8032 平方米，碎石铺装面积 1262 平方米，新加水域 1936 立方米，岸线长度 1145 米，建喷泉 68 平米，修建特色景观桥 512 平方米，步行道景观桥 180 平方米，建水上木栈道 650 平方米，亲水平台 125 平方米，观景大平台 700 平方米，水上花架 58 米，跌水堆石 66 平方米，弧形花坛、方格花坛 437 平方米，修建折墙 68 立方米，钢架折廊 56 米，设置儿童器械 1 套，健身器械一套，石材雕塑 3 个，钢结构雕塑 3 个，入口钢结构雕塑 1 个，安装特色灯柱 13 个，新建绿地面积 46237 平方米。栽植常绿树木 1504 株，乔木 1688 株，花灌木 3800 株，栽植宿根花卉 4327 平方米，栽植球类等植物 400 株，草坪 48700 平方米。提升改造后的该园，于 2010 年 10 月 1 日再次正式向游人免费开放。

第十六节 蓟 县

一、三八水库森林公园

三八水库森林公园位于迎宾大街南侧，长城路东侧，占地面积约 30 亩。该处原为商贩自发形成的活畜交易市场，地面坑洼不平，绿化树种单一，环境脏乱，与周边环境极不协调。2010 年 6 月，蓟县市容园林委根据该处地形特点，在保持原有地形地貌的基础上，铺装地面，丰富绿化品种，将该处改造成为树荫浓郁、整洁美观的休闲公园。

三八水库森林公园总投资 400 余万元，绿化面积 2 万平方米，栽植紫穗槐、大叶黄杨、紫叶小檗等苗木 2 万余株，铺装彩砖 5000 余平方米，放置景观石 12 块。保留了原有的大乔木，添加了园路、坐凳等基础设施，形成风格自然、平和亲近的绿色空间，从而有效改善周边环境，也为附近居民提供了一个良好的游憩休闲场所。

第四章 动物园、植物园

第一节 天津动物园

天津动物园位于天津市南开区，东邻水上公园东路，西界水上公园西路，南面宾水西道，北与水上公园相连。园区占地总面积525421.6平方米，其中：陆地面积442630.6平方米，水面面积82791平方米。2010年职工331人，年游人量73.08万人次。动物园前身为水上公园动物区，1980年1月1日正式成立天津动物园。

一、沿革

新中国成立前，天津没有专营动物园，仅宁园（现北宁公园）、市立第一公园（现254医院）、维多利亚花园（现解放北园）、大和公园（现八一礼堂处）等处饲养了一些猫、犬、兔、猴之类的小动物。其中，以宁园饲养的动物最多，有虎、豹、狼、狐等肉食类和草食类动物，后由于园变境迁等原因，各园饲养的动物均不复存在，唯宁园还残存数只动物。

新中国成立后园林事业的发展促进了动物观赏事业的萌起。人民公园内修建了部分禽笼兽舍，购置了一批猴类与禽类小动物，于1951年7月1日开放，成为天津市第一个公营饲养展出动物的公园。1953年，该园又相继购进了虎、蟒蛇等动物。1957年，还添展了苏联马戏团赠送的棕熊。随着野生动物种类的增多，到园观赏动物的游客不断增加，人民公园不断引进珍稀动物种类和提高饲养管理水平，促进了野生动物饲养观赏事业的发展。此后，人民公园又先后建起了虎房、狼狐舍、鹿囿、两栖动物兽舍、孔雀房、鸣禽室等动物兽舍，添展了非洲狮、东北虎、华南豹、黑熊等野生动物。

20世纪70年代初，开始筹建天津动物园。1972年，天津市革委会办公会议讨论通过了将人民公园大、中型动物迁置水上公园南部区域的决定，并组织力量研究制定水上公园动物区的规划方案，委托天津大学设计了新型动物馆舍。

1974年8月，打响了水上公园深挖东湖、填垫动物园基地的会战。成立了全市性会战指挥部，集中了天津市市政工程局所属园林处、市管处、市政公司、地铁等单位的力量，并发动全市广大民兵、机关干部和学校师生投入会战工程，挖东湖土方达10余万立方米，垫高了公园南部动物区地面，为动物园的建设奠定了基础。

1975 年，开始了水上公园动物区建设工程。组织天津市市政工程局四公司、市政公司、园林工程队、排管处、市管处等单位的施工队伍，开展建馆舍会战，先后建成熊山、中猛热馆、中猛寒馆、长颈鹿馆、百鸟笼、熊猫馆、狮虎山、猿猴馆、水禽湖、动物小兽舍及攀禽馆、鸣禽馆、大象馆、河马馆等馆舍。随着各动物馆舍的相继竣工，1976 年起，人民公园的动物也陆续迁至水上公园动物区。

1980 年 1 月 1 日，天津动物园正式成立并对外开放，为独立核算事业单位，至此天津市第一个专业性动物园诞生。动物园的整体规划和兽舍建设科学合理、完整周密，既充分考虑了游人观赏游览效果，又周密顾及了各类动物的产地习性等特点，建设了风格各异的动物馆舍 31 处，建筑面积 16700 平方米，占全园面积的 3.3%。其中熊猫馆、猿猴馆、狮虎山、熊山、大象馆、河马馆、长颈鹿馆、鸣禽馆、攀禽馆、水禽、走禽舍等馆舍设计在全国各类动物园中，尚属领先。1990 年 11 月，在动物园西北部建立了兽医院。为适应市场经济发展，增强动物园发展后劲，1992 年 7 月，动物园在兽医院北面建成珍稀动物繁殖场，造价 146 万元，建筑面积 1581 平方米。1995 年底又建成濒危动物繁殖研究中心科研楼，造价 35 万元，建筑面积 417 平方米。购进了监控器、酶标仪、细胞培养箱等科研仪器设备等，为开展濒危野生动物繁殖研究、扩大动物物种保护打下良好的基础。

步入 21 世纪后，伴随着野生动物保护事业的发展以及人们维护生态环境保护野生动物理念的逐步提升，天津动物园先后进行了两次大规模的提升改造。2000 年 4 月至 2002 年 4 月，天津动物园相继投资和引资建成草食类动物生态游览区三洽园、灵长类动物生态游览区灵峪、鸟类动物生态游览区鸟语林和两栖动物爬行馆栖瑰馆。

2001 年，动物园投资 120 万元，开凿了 930 米深的地热井，实现了全园地热化供水；投资 30 余万元，在国内城市动物园中首家建成了可直接观察主要动物场馆和景区的电视监控系统，加强了动物饲养管理及园区的安全保卫措施。同年，为提升动物园科普教育功能，在园内建设了 4 处科普长廊，其中最大一处建在动物园东门区的科普长廊达 100 延米，用以宣传生物进化与人类起源、动物习性与趣闻、动物形态与分类特征、野生动物保护意义与法规等相关知识。同时，拓展科普宣传渠道，每年都策划组织一系列形式多样、内容丰富多彩彰显动物特色的科普教育活动。2001 年，动物园被命名为天津市科普教育基地。2004 年，被命名为全国野生动物保护科普教育基地。

2003 年底至 2004 年 5 月，天津市园林局组织实施了对动物园袋鼠馆、犀牛馆、食火鸡馆、大象馆、河马馆、猩猩馆、小动物馆、中型动物馆、攀禽馆等 9 座馆舍动物馆舍外檐的卡通化包装改造。同时，新建了侏罗纪恐龙园、嬉水广场、草食动物广场 3 个特色景区。2007 年 4 月又完成了狮虎山卡通化改造。

2004 年 11 月 14 日，动物园与水上公园实行重组。重组后对外动物园和水上公园仍为两个单位，保留两块牌子，单位规格为正处级。

按照天津市政府“蓝天工程”要求，在市建成区内淘汰10吨（含10吨）以下燃煤锅炉，2005年8月初动物园启动了改燃工程，工程投资近400万元，废除了原有3台4吨燃煤取暖锅炉，利用动物园现有地热水资源，用水源热泵供暖形式代替原有传统燃煤锅炉取暖，工程历时2个月，于2005年10月初完成。动物园原有22000平米燃煤集中供热区域，改燃后划分成6个清洁能源供热区域，其中：4个水源热泵供热区域，2个燃气供热区域。供热范围包括全园24个供暖部位，其中有16个动物馆舍，猿猴馆、猩猩馆、长颈鹿馆、鸟馆、攀禽馆采用了地板采暖。

2007年11月，天津动物园顺利通过瑞士SGS公司质量管理体系审核认证，这标志着天津动物园全面建立了符合ISO 9001国际标准，并向规范化、科学化、标准化管理迈出了坚实的一步。

天津市动物园绿地平衡表

表3-4-1-1

序号	类 别	面积（平方米）	备 注
1	总面积	525421.6	788亩
	陆地面积	442630.6	含汽车队6480平方米
	水面积	82791	水禽湖、小南湖、人字湖、长条湖
2	道路面积	20200	长度3296.5米
3	铺装面积	28503	
4	广场面积	10618	嬉水广场、恐龙广场、食草广场、西门广场
5	绿化面积	115570	
6	各类建筑面积	26920	动物馆舍

二、园景

天津动物园展区由动物园观赏区和景观游览区组成。动物观赏区依动物食性及生活习性又划分为杂食动物区、草食动物区、肉食动物区、鸟类动物区和两栖爬行动物区，不同的绿化植物将各区域自然分开。游客沿园内三条环形主干道及支路可顺达各动物展馆或展区。

（一）动物观赏区

杂食动物区由位于动物园中西部的猩猩馆、猿猴馆以及后建于动物园东部的灵峪（猴岛）组成。该区内展有黑猩猩、长臂猿、山魈、狒狒、金丝猴、环尾狐猴、斑狐猴、黑帽悬猴等10余种珍稀野生灵长类动物。该区特色展区为灵峪。灵峪为灵长类动物生态游览区，占地20亩，四周环湖。区内模拟灵长类动物栖息地造山引渠，设瀑着绿，花果山山体雄伟壮观，最高峰9.6米，水帘洞飞流奔涌，轰鸣溅跳。园内放养着百余只猕猴、群猴分居六个山头，各霸一方，与游客和谐共处，各得异趣。该游览区为我国北方当时唯一的灵长类动物放养园。

草食动物区位于动物园西南部，包括长颈鹿馆、大象馆、犀牛馆、河马馆和三洽园。该区内展有亚洲象、白犀牛、长颈鹿、河马大型珍稀草食动物及数十种珍稀小型野生草食类动物。该区特色展馆为三洽园。三洽园为草食动物生态游览区，占地96000平方米。内设7个小区，建有14座欧式木屋兽舍，散布伞亭、方亭、五角亭、眺望亭、荫亭、草架亭等26个。园中除有一长达400米的活流水渠供动物饮用外，还建造了五处人工落雨水帘和动物浴池，一眼“龙井泉”。池、泉、渠中辅放太湖石、鹅卵石，展示天然情趣。2500多米长的围栏隔离带全部用原木制造，保持自然风貌和园林特色。园中散养着梅花鹿、麋鹿、斑马、野驴、原驼、黇鹿等珍稀草食动物28种、240余只。因该区实现了动物、游客和环境三者的和谐融洽，故取名三洽园。

肉食动物区由位于动物园中心区的熊猫馆及位于动物园东南部的狮虎馆、中型猛兽馆、熊山和小动物馆组成。该区展有一批珍稀濒危野生动物如大熊猫、小熊猫、东北虎、孟加拉虎、美洲虎、非洲狮、金钱豹、北极熊、黑熊、棕熊等25种、百余只。

该区的熊猫馆和狮虎馆最具特色。熊猫馆设计独特、造型别致、构思巧妙、装修典雅，既突出了园林建筑的风格特点，又充分兼顾了方便游人参观和适宜饲养管理。熊猫馆占地5080平方米，建筑面积700平方米。展馆由两组圆形建筑组成，西为大熊猫居展馆，东为小熊猫居展馆，两展馆由坡形参观走廊连接，使两处形成一整体。中间游客步道分隔了两个室外活动场，并可通向园内主干道，馆区周围地形起伏，栽有松柏，植有竹林，绿地之上点缀山石。馆前草坪立有大熊猫小品雕塑，与丛草低树相映成趣。不但营造出大熊猫原栖息地出大熊猫环境，而且又形成了一处生动活泼的园林小品。

熊猫馆室内活动场安排在圆形建筑内高台上，用钢化玻璃做隔离橱窗，自然形成了环形参观厅，展线长、视角大，利用地下自然通风管道，比较好地解决了大熊猫在酷暑季节的防暑降温问题。

狮虎馆坐落于动物园的东南隅，是动物园最受游客欢迎的展区之一。2007年3月，对建馆已30余年的天津动物园狮虎山进行了大规模的改造，改造工程历时两个月，于同年4月底竣工，五一期间对游客重新开放。新的狮虎馆为园内第一座卡通式全玻璃幕墙展馆，并正式定名为狮虎馆。新改造的狮虎馆更加注重游客的观赏感觉和体验，原有的铁栅栏和参观护栏以及山墙全部被通透式玻璃幕墙取代，不仅满足了游客近距离观赏“森林之王”的愿望，而且还彻底隔绝了食肉类动物固有的刺鼻的异味，提高了游客的观赏效果。特别是狮虎馆入口处改建成的高15米、宽3米的卡通巨型虎头，深受游客的喜爱，游客从“虎口”进入展厅，增加了游园情趣。

鸟类动物观赏区位于动物园北部区域，该区有百鸟笼、水禽湖、北方鸟笼、鸣禽馆、攀禽馆、雉鸡馆、食火鸡馆和鸟语林。区内展出动物有丹顶鹤、黑颈鹤、白枕鹤、东非冕鹤、褐马鸡、大鸨、绿孔雀、鸵鸟、鸸鹋、食火鸡、多种鹦鹉等。该区中鸟语林最具特色。鸟语林是以原九岛山位中心建设而成，坐北朝南，北傍风景秀丽的水上公园西湖，南邻三洽园，东西纵向170多米，南北宽度100米，占地17000平方米。从东至西耸立着三颗结构新颖的钢制立杆，分别支撑三个巨大的网幕状伞型复合材料特质天网，周围设有215米张拉膜作为点缀式围墙。内有3座土山，最高的土山9.3米。鸟语林内有百鸟怀艺、鸳鸯戏水、嶙峋跌宕、青竹闲憩、栈桥望瀑、观音济水等11个景点。林中放养数十种，近千只珍禽异鸟，包括丹顶鹤、绿孔雀、火烈鸟、金刚鹦鹉等十多种国家一级保护的珍稀鸟类。

栖瑰馆——两栖爬行动物馆位于动物园南端，总建筑面积3027.23平方米。整体建筑外形既具有欧洲风格又突出动感。馆内中心部位是大湾鳄池，池内放养数十条非洲湾鳄，池中有栈道可供游人近距离观赏，喂食湾鳄。在馆内两部展区，分别展有扬子鳄、巨蜥、大鲵、龟类、蟒蛇、热带海洋鱼种等30余种、300余条两栖爬行动物。

此外，馆中养植热带雨林植物，使馆内充满了浓郁的南园风情，全自动的温度调节系统保证馆内四季如夏，与馆内的珍稀动物形成相映生辉的生态景观。

（二）景观游览区

侏罗纪恐龙园毗邻动物园西门区，面积25000平方米。园内有各个地质时期代表性的仿真恐龙，动静结合，单体与组群错落有致。恐龙岛上有28米长的梁龙、22米长的马门溪龙和10米长的剑龙各一只，营造出侏罗纪时期的巨型食草恐龙的生活情景。巨大的恐龙已成为动物园的醒目标志。在恐龙园草坪区的缓坡上放置白垩纪的三角龙和帆龙，12只大小形态各异的霸王龙群似从坡上呼啸而下，使人感受到霸王龙的霸气，竹林绿地上放置的4.5米长、3米高的华阳龙与禽龙，供游客驻足留影。

嬉水广场与恐龙园隔岸相对，面积3000平方米。结合现状地形，该处建有下沉式广场和儿童嬉水池。池内设有嬉水喷泉、景石和彩色卡通图案，岸边设有弧型临水平台和护栏，广场配置观景灯。该广场与恐龙园隔岸遥相呼应，成为天津动物园主要景观区。

三、绿化

动物园开放之初，即着手大规模绿化。本着先绿化后美化的原则，首先选择柳树、刺槐、杨树等速生树种，因景适树，植树造景。沿水禽湖栽植垂柳，组成湖面柳丝轻拂、天鹅盘桓交相映衬的景观，动静结合，情趣盎然。其次采用大树移植的方法，使之早日成荫。为使动物能在模拟的自然生态环境中生活，并让游人在自然美中观赏动物，重点绿化美化了兽舍小区。在鸟类展览区造就森林效果，以乔木为主，精选合欢、栾树、刺槐，适当点缀花灌木观花观叶树种，呈现出绿树成荫、错落有致、鸟语花香的意境。至1988年底，园中栽有树木100余种、2万余棵。绿化面积近10万平方米，占全园面积的20%，绿化美化已见成效。

1996年，为落实天津市园林局“上大绿，见大效果”的工作精神，调整充实绿地面积，解决地面裸露问题，根据实际需要，确定投资建设竹园工程。竹林西起兽医院小路东至花窖圃地，北起兽医院围墙，南至桧柏绿篱，占地面积18000平方米。整个工程历时23天，共清理、移植树木620株，挖排水干渠240延米、土方420立方米，栽植园竹共计63000棵（均为河南潢川引进）。建成后的竹林解决了大熊猫鲜食饲料问题，确保国宝大熊猫的健康生长。经过精心养护，竹林长势旺盛，面积不断繁衍扩大，总面积达到30余亩，成为动物园特色景观和天津竹子栽植规模最大基地。

1998 年，在南门两侧、中猛馆南侧、大象馆东侧建成法桐片林，共栽植胸径 6 厘米的法桐 1000 株（从河南引进），形成片林景观。

进入 21 世纪以来，动物园经过几次较大规模的投资建设，整体环境焕然一新，绿化景观得到丰富提高，逐渐形成具有天津动物特色的绿化景观。2000 年 8 月建成三洽园，规划面积 96000 平方米，园内播种草坪 24000 平方米，铺草坪卷 9000 平方米，并充分利用原有地形地貌，保持原有的树木和绿化格局。新种植毛白杨、白蜡、法桐等乔木树种 300 余株，筛选并种植耐动物啃食适生植被，营造草食动物生境景观。同年 3 月建设鸽子广场，对动物园西半部进行绿化景观规划建设，规划面积 15600 平方米，其中建绿地 12000 平方米，铺装 3600 平方米，移植部分大树黑松。新植大规格雪松、女贞组球、黄杨组球、紫叶小檗组球、剑麻、籽播播草坪等乔灌木。鸽子广场绿化工程改变了原来单一封闭的绿化格局。采取中西结合的造园手法，分为三块绿地、一个圆形广场、一条曲路，背景为竹林带，广场的鸽子与人亲密接触，竹林曲路令人感受新鲜的绿意，绿地中点缀大型观赏树木雪松和黑松，营造疏林草地景观。

2001 年建设鸟语林。鸟语林依水上公园八岛原山形而建，自然地势较好，常绿植物生长旺盛。利用区位优势建设鸟语林项目，新植合欢、国槐、西府海棠、紫叶李、碧桃、金银木等，籽播草坪 10000 平方米。建成后的鸟语林小路幽静，亭台凸现，植被丰富，鸟语花香。

2002 年 3 月进行绿化改造，主要改变动物园斑秃、裸露地面较多的绿化现状。沿狮虎山东侧、办公楼西侧、灵峪沿湖侧、熊猫馆西南侧等，改造绿地面积 6800 平方米，移植各类树木 2076 株，铺草卷 2080 平方米，籽播草坪 2654 平方米，新植金银木、黄刺玫、紫薇、红瑞木、西府海棠、沙地柏、剑麻大叶黄杨、金叶女贞、紫叶小檗等绿化植物 33888 株，首次引种天人菊、荷兰菊等宿根花卉。狮虎山是东门游览的第一个馆舍，为营造狮虎山浓重的绿色环境，增加游客的探索欲望，创造神秘的绿化空间，在东侧绿地制造微地形起伏，大量栽植西府海棠、金银木、丁香、黄刺枚、剑麻、沙地柏等植物，与狮虎山高台的毛白杨、白蜡、桧柏形成多层次、有厚重感的绿带，成为狮虎山的绿色屏障。灵峪河边绿地和花坛均采用绿篱植物和球类进行栽植，修剪成色块或模纹图案，精巧别致，营造了温馨、舒适的游园环境。同年 4 月进行栖瑰馆馆内绿化改造工程。为弥补馆内热带植物缺少的空缺，营造热带温室观赏景观，栽种大型温室观叶植物 10 种、55 株，铺草坪 300 平方米。将馆内绿化分为岛屿和平面栽植两部分。池中岛屿上配置高大的大王椰子、鱼尾葵、小棕榈形成高低相间小群落，为扬子鳄创造隐蔽的休息空间。平面观赏绿地中栽植旅人蕉、槟榔竹、香蕉树等，一派南国风光。

2004 年进行建园最大规模的投资改造项目——卡通式动物园特色精品工程，按功能要求重新进行规划设计，绿化也进行适应性变化建设，给恐龙广场、食草广场、嬉水广场赋予更多的珍爱和自然保护动物的理念，并融入动物历史文化内涵。对改造的袋鼠馆、小动物馆、中猛兽馆、猩猩馆、鸣攀禽馆、河马馆、犀牛馆、大象馆等卡通馆舍周边绿化景观进行调整，对遮挡建筑的乔灌木进行移植，让游人由远及近可以看到馆舍图案。以草代木，大量建植绿色期长的观赏草坪，形成简洁、通透的疏林草地景观。

围绕文化广场营建内涵丰富的绿地景观。恐龙广场综合绿地极具特色，由西门起伏绿地、恐龙起伏绿地、恐龙岛绿地、沿河绿地组成，沿长线600米左右。北侧竹林扩大栽植到鸟语林，绵延的竹林带是一条绿色的防风屏障。西门绿地地势起伏较大，密植雪松、桧柏、龙柏等常绿树，四季的绿色是主色调，金叶槐、紫叶矮樱点缀调色，海棠、石榴等花灌木在春夏开放，增添了绿地的色彩，活泼可爱的小动物雕塑设置在绿地边缘更加激发了游览兴趣。沿观赏路线便是恐龙广场。恐龙起伏绿地南侧与三洽园相邻，密植银杏、合欢、红花槐等观花观叶乔木，形成一条乔木林带。中北侧观赏面栽植组团的花灌木、球类、沙地柏、剑麻等，开敞式绿地便于游客亲近恐龙、亲近自然。

食草区广场位于大象馆犀牛馆河马馆之间，条块形立体花坛组合一起，黑色大理石贴面装饰。广场地面亦为黑白两色的天然石材，色彩协调。花坛和广场中设休闲踏步为原木条材料，缓和了石材的硬质感，卡通动物雕塑和观赏树木分布在广场中间。

嬉水广场位于猿猴馆北的临水区。设置观景栈桥，夜景观光灯柱，建戏水池。铺装广场规则设计预留树穴，栽植大规格柿子树，形成柿树广场。

绿化提升改造对甬路、观赏路做了调整。清理馆舍周围的原有路面，按排水要求重新铺装。绿地更换了绿地侧石，部分微地形绿地改为平整绿地，较高地形起伏改成微起伏绿地，移植有碍景观树木或淘汰生长势差的树木，规范建植绿地，更换绿地种植土，更新草坪品种，全园共计建植草坪10万平方米。

2006年，进行南门绿化改造工程。改变基础设施破旧与整体环境不协调现状，新植杜仲、火炬、紫薇、雪松等乔、灌木树种。绿化改造后，动物园南门临湖，依托栖瑰馆建假山，有流水瀑布；建拱形小桥，有溪水长流。假山南侧建一组梯形花坛，与假山花坛融于一体。沿围墙密植乔木灌木，起伏绿地上面种植雪松，栽植观赏花灌木及各种球类，高矮搭配，营造错落有致、植被丰富的绿化景观。

动物园绿化立足于服务广大游客，通过植物造景模拟野生动物生态环境，在城市小空间内营造动物与园林绿化相结合的微缩景观，构建具有动物园特色的园林绿化。同时坚持“种大树保大树多种树，上大绿见大效果”的绿化宗旨，以植物造景为主，选材坚持适地适树原则，以乡土树为主，饲用树为辅，珍稀景观树点缀的绿化理念。由于动物园地下水位较高，土壤偏盐碱，选择乡土树种耐盐碱树种等绿化材料，通过片植群植，能较快的收到绿化成果，形成多处绿化特色景观，更好地提高树木长势，从而提高了绿化覆盖率和绿视率。

截至2010年底，动物园绿地面积317971.78平方米，绿化植物98种。其中乔木37种3143株，灌木23种1495墩，常绿树11种1185株，组球5种178个，藤本4种116墩，绿篱4种410平方米，宿根花卉7种92平方米，竹子4种8698平方米，一级观赏草坪3种145537平方米。

四、动物饲养

天津动物园经过三十年的发展，建立起一支知识化、专业化的饲养队伍，截至2010年，有职工89人，其中具有大专以上学历32人，占职工总数的36%，具有专业技术职称23人，其中高级技术职称5人，占职工总数的5.6%。建有5个动物饲养管理班组，分别为草食组、肉杂食组、鸟类组、繁殖场和配餐室。

建园初期，动物饲养展出种类有80余种900余只，到1982年种类、数量大幅度增长，达到223种1612只。1988年展出动物数量有所下降，为197种1411只。到2002年动物存栏又达到一个小高峰，有207种2634只。截至2010年，动物存栏169种2016只，其中有国家一级保护动物29种148只，国家二级保护动物44种407只；有哺乳动物65种465只，鸟类动物86种1419只。种类只数都有所下降。

从20世纪90年代初开始，动物园在动物饲养管理上，重点加强了动物饲养的制度化、规范化、科学化管理，不断提高动物的科学化饲养管理水平。一是坚持了“四定一保”的管理办法。即定岗、定责、定任务、定惩罚，保动物价值。制定了8项4类动物的两季标准饲养管理操作规程和12项内部规章制度。二是重点抓好珍稀动物的科学管理和研究工作。针对不同种类动物、不同季节及动物的不同生理时期的需要实施合理配餐，改善动物生栖环境，为动物正常生活、健康成长及繁殖创造了良好条件。三是积极做好动物疾病的预防和治疗。动物疫病的防治采取“以防为主、防治结合”的方针，坚持“三大员”记录（饲养员喂养，兽医日巡诊，队长日检查）制度，坚持动物馆舍每周一次消毒，一年春、秋两次全园大消毒的做法，降低了动物发病率和死亡率，提高了动物患病治愈率。四是加强专业技术培训，不断提高了饲养人员的养管水平。自1991年以来，动物园举办过20次动物专业知识培训班，先后2次派人外出学习，共培训饲养人员1100人次。五是上级主管部门在经费紧张的情况下，优先保证动物饲养经费的投入，有力促进了动物饲养管理工作。

1997年7月，天津动物园新的动物饲养配餐室建成使用，新配餐室占地1660平方米。根据动物食性不同，新配餐室划分为杂食动物饲料配制间、肉食动物饲料配制间、颗粒饲料制做间等功能区，同时配有冷库、保鲜库、粮库、车库等专用库房。新配餐室建成改变了以前功能区域划分不清、人员办公和饲料配制相混的局面，动物饲料的加工制做更加规范。1999年研制出大熊猫专用窝头配方，改变了大熊猫长期饲喂杂食动物窝头配方的传统方法，使大熊猫摄入的营养更加全面，而且适口性更好，更有利大熊猫的健康成长。

2000年以后，动物园发展建设加快，动物饲养展出也进入一个新阶段。野生动物展出模式由笼舍到场景式乃至浸入式的转变，使游客从环境生态学、物种行为学和物种保护的层次上了解动物、增长知识、陶冶情操。2000年8月26日，天津动物园草食动物大型散放区三洽园建成并投入使用。实现了动物、游客、自然环境的和谐融洽。2001年4月30日灵长类动物生态游览区灵峪建成并对游人开放。园内放养猕猴108只。游客能入园近距离无障碍参观猕猴。因灵峪模拟灵长类动物栖息地环境，满足了猴子天性活泼的需要，又顺应了它们回归自然的生态要求，同时又满足了游客亲近野生动物、参与野生动物保护、共享自然的愿望。2002年4月20日鸟类动物散放饲养区鸟语林建成并对游客开放。鸟语林占地6000平方米，内设有小山1座，小渠2条，涉禽湖、游禽湖共2处，亭台小榭栈道各1处，并保留原绿化景观，整个区域用钢结构支撑大面积尼龙网罩住。散放饲养区散养着火烈鸟、大天鹅、斑头雁、白鹳、丹顶鹤、灰鹤、蓝马鸡、白冠长尾雉、大鸨、孔雀等100种1084只鸟类动物，游客置身其中，仿佛进入了小溪潺潺、鸟语花香的意境。2003年4月，动物园在“防非典”期间，为保证零疫情，采取多项防御措施，在动物展区安装了16台移动式紫外线消毒灯，投放肩背式喷雾器20套、体温计30支、手持式体温测量计2支。每天早晚两次测量饲养员和动物体温，关闭了灵峪、鸟语林、三洽园等动物散养区。每天坚持疫情通报制度，向各个展区及饲养员发放了次氯酸钠，定期消毒，并对动物粪便尿液、剩草剩料、垫草垫料进行了无害化处理。

2005年推行了新的动物饲料调配办法，调整草食、杂食、雉鸡三大类动物颗粒饲料的配方，同时根据动物种类、生理时期、营养状况的不同，科学合理地制定每只动物的饲料日定量单。根据季节不同为其调配合理的饲料，使饲养配料更加科学化、规范化。为了强化老龄、长期患病的珍贵动物饲养管理，成立了特别护理小组，定期对动物进行健康状况评估检查，根据评估检查结果进行营养等方面的调整，达到延寿的目的。2005年9月开始推行动物笼舍丰容工作，主要对灵长类动物馆舍进行了笼舍丰富化的尝试，饲养员自己动手利用棕绳、尼龙袋、爬山虎为金丝猴、黑猩猩、松鼠猴等珍贵动物量身制作了秋千、吊床、爬藤等游玩设施，改善了部分动物普遍存在的活力下降、行为刻板等心理及生理状态，保存了其野生状态的行为，提高了游客的参观兴趣和科普宣传教育的效果，达到了延长圈养下动物寿命的目的。2007年开展多种动物行为学训练工作。首先进行了河马口腔检查和长颈鹿身高测量等动物行为学训练的尝试。随后陆续对大熊猫、黑猩猩、长臂猿、长颈鹿等动物，进行动物行为学训练。通过驯练，实现了对大熊猫进行在无保定条件下腹部B超检查，静脉穿刺；对长颈鹿、犀牛在非保定条件下削蹄、锯角；对黑猩猩、长臂猿等动物在非保定条件下进行听诊检查。对鹤、鹳、小熊猫等动物进行芯片植入。芯片植入标记的代码具有唯一性，能够确定野生动物个体身份的基本信息，使野生动物饲养繁殖管理更加规范化、科学化。同年，动物园申报ISO9001质量体系认证，根据质量管理国际标准的要求，结合动物饲养管理实际，引入并建立ISO9001质量体系，编写了各类文件，其中编制动物管理表单八种，修改编写岗位职责与任职要求18种，修订和补充操作规程八项。质量体系的建立和运行，使原有的动物饲养管理各项规章制度、操作规程等得到了进一步完善，日常工作更趋科学和规范。

2009年展开多种动物行为训练，相继对大熊猫、小熊猫、长臂猿、黑猩猩、斑马、大羚羊、长颈鹿等动物进行行为训练，实现人与动物的亲情交流和谐互动。当年9月26日大熊猫“彤彤”入住天津市动物园，为让“彤彤”顺利度过应激期尽快适应环境，饲养员采用耐心喊话、手示、食物引诱等多种办法逐渐与其接近，建立感情，消除其恐惧心理。经耐心反复训练，使其熟悉了新的活动场地，情绪由刚来时的烦躁不安变得安稳下来，如期与游客见面。

2010年，在动物展览模式上进行了新尝试。改造三洽园八区，把大象馆外围拦挡拆除，打通参观甬道，使原有近乎封闭的斑马区、大象馆展露出来，给游客提供了更大的参观空间，提高了动物的观展效果。在动物行为训练上继续丰富实际内容，饲养员通过细致加工打磨制作了各种木墩、小过桥和睡榻。在熊猫馆、狮虎山、中猛寒、繁殖场等猛型动物笼舍外运动场安装各种木件设施20余处，改变了圈养动物无目的地行走、转圈、摇头、击打铁门、撞击护栏、拉拽吊门等老套刻板行为，进一步改善了动物饲养展出环境，提升了游人观赏动物品味。

1980—2010年天津动物园动物种类、数量统计表

表3-4-1-2

年份	合计		鱼类		两栖类		爬行类		鸟类		哺乳类	
	种	只	种	只	种	只	种	只	种	只	种	只
1980	80	900	—	—	—	—	—	—	—	—	—	—
1981	165	1540	—	—	—	—	—	—	—	—	—	—
1982	223	1612	47	374	—	—	1	2	111	1061	64	175
1983	200	1937	47	374	—	—	1	2	133	1226	66	202
1984	215	1937	13	187	—	—	—	—	136	1540	66	210
1985	197	1038	—	—	—	—	—	—	133	822	64	216
1986	180	1155	—	—	—	—	—	—	114	927	66	228
1987	201	1643	—	—	—	—	—	—	133	1373	68	270
1988	197	1411	—	—	—	—	—	—	129	1160	68	251
1989	198	1457	—	—	—	—	—	—	133	1192	65	265
1990	196	1423	—	—	—	—	—	—	127	1158	69	265
1991	217	1900	—	—	—	—	—	—	144	1604	73	296
1992	210	1686	—	—	—	—	—	—	136	1387	74	299
1993	186	1320	—	—	—	—	—	—	118	1062	68	258
1994	185	1381	—	—	—	—	—	—	119	1107	66	274
1995	187	1348	—	—	—	—	—	—	124	1052	63	296
1996	184	1555	—	—	—	—	—	—	121	1232	63	323
1997	178	1565	—	—	—	—	—	—	114	1193	64	372
1998	144	1460	—	—	—	—	—	—	80	1058	64	402
1999	147	1492	—	—	—	—	—	—	81	1035	66	457
2000	141	1683	—	—	—	—	—	—	82	1309	59	374
2001	167	2632	—	—	—	—	—	—	107	2137	60	495
2002	207	2634	1	6	1	1	29	201	113	1951	63	475
2003	208	2832	1	6	1	1	29	201	115	2162	62	462

续表 3-4-1-2

年份	合计		鱼类		两栖类		爬行类		鸟类		哺乳类	
	种	只	种	只	种	只	种	只	种	只	种	只
2004	202	2367	1	6	1	1	29	201	109	1718	62	441
2005	204	2225	1	6	1	1	29	201	107	1550	66	467
2006	194	2148	1	6	1	1	29	201	99	1480	64	460
2007	187	2021	1	6	1	1	29	201	93	1399	63	414
2008	185	1907	1	6	1	1	29	201	88	1284	66	415
2009	184	1995	1	6	1	1	29	201	89	1336	64	451
2010	169	2016	—	—	1	2	17	130	86	1419	65	465

注：缺少 1980 年、1981 年动物月报资料

2010 年天津动物园展览动物一览表

表 3-4-1-3

纲	目	动物名称
哺乳类	灵长目	黑猩猩、金丝猴、豚尾猴、猕猴、山魈、环尾狐猴、斑狐猴、短尾猴、阿拉伯狒狒、绿狒狒、白颊长臂猿、松鼠猴、灰斑悬猴、黑帽悬猴
	食肉目	东北虎、孟加拉虎、美洲虎、黑虎、非洲狮、金钱豹、黑豹、猞猁、浣熊、臭鼬、蓝狐、银黑狐、貉子、猪獾、波斯猫、小灵猫、白熊、灰狼、棕熊、马熊、黑熊、小熊猫、马来熊、豺、
	奇蹄目	果下马、蒙古野驴、斑马、白犀牛、野马、藏野驴、矮马
	偶蹄目	岩羊、河马、长颈鹿、马鹿、黄黇鹿、白黇鹿、梅花鹿、麋鹿、驼羊、小羊驼、蛮羊、白唇鹿、骆驼、牦牛、大耳羊、绵羊
	长鼻目	亚洲象
	有袋目	岩袋鼠
	啮齿目	豪猪
	鳍足目	海豹
鸟纲目	雁形目	大天鹅、小天鹅、狮头鹅、斑头雁、绿头鸭、豆雁、灰雁、鸿雁、非洲雁、白鹅、北京鸭、赤麻鸭、黑天鹅、鸳鸯、翘鼻麻鸭
	鹳形目	火烈鸟、苍鹭、白鹳、黑鹳
	鹤形目	丹顶鹤、白枕鹤、灰鹤、东非冕鹤、大鸨、黑颈鹤
	鸡形目	蓝马鸡、绿孔雀、白孔雀、蓝孔雀、红腹锦鸡、白雉、珍珠鸡、环颈雉、白冠长尾雉、白鹇、红腹角雉、褐马鸡、富贵鸡
	鸥形目	灰背鸥
	鹈形目	鸬鹚
	鹤鸵目	鸸鹋、食火鸡
	鸵形目	鸵鸟
	隼形目	秃鹫

续表 3-4-1-3

纲	目	动物名称
鸟纲目	鹦形目	挂线鹦鹉、大白鹦鹉、娇凤、亚历山大、海南鹦鹉、鲑色凤头、虹彩吸蜜、白玄凤、灰玄凤、绿桃脸、黄冠轮
	雀形目	八哥、斑鸫、红嘴乌鸦、灰喜鹊、白腰文鸟、金山珍珠、白梅花、白文鸟、灰文鸟、丝光椋鸟、灰椋鸟、喜鹊、北朱雀、百灵、红交嘴雀、灰雀、黑尾蜡嘴、松鸦、红嘴蓝鹊、太平鸟、小太平鸟、黑鹎、朱雀、栗鹀、白鹡鸰、相思鸟
	鸻形目	彩鹬
	佛法僧目	戴胜
	鸽形目	观赏鸽、珠颈斑鸠、灰斑鸠
爬形纲	鳄鱼目	鳄鱼
	有鳞目	锦花蟒、蚺蟒
	蜥蜴目	巨蜥、变色龙
	龟鳖目	海龟、陆龟、巴西龟、菠萝龟、象龟、锯缘摄龟
	蛇　目	大王蛇、蝮蛇、赤练蛇、五步蛇、眼镜蛇、灰鼠蛇
两栖纲	有尾目	大鲵

五、动物繁殖

1977 年在条件比较差的情况下，经过饲养员的精心护理，首次成功繁殖东北虎。1978 年东北虎再次产仔，因母虎受到惊扰有弃仔行为，首次进行东北虎幼仔的人工哺育，并获得成功。

天津动物园成立后，随着动物种类和数量的不断增加，繁殖动物科技水平的提高，以及不断改进饲养方法和技术手段，野生动物在人工饲养条件下繁殖成功率不断提高，繁殖动物的种类和只数不断增加。自 1982 年到 2010 年共成功繁殖野生动物 113 种、10290 只，其中：哺乳动物 35 种 1524 只，鸟类动物 78 种 8766 只。

自 20 世纪 90 年代开始，动物园在抓动物繁殖数量的基础上，重点放在抓好繁殖珍贵大型、经济价值高的动物和发展动物种群上。为此，制定了动物繁殖规划和每年的繁殖目标，健全了动物繁殖档案，按繁殖目标认真做好动物的选种、联姻配对工作。由于加大了繁殖工作力度，1991 年至 1995 年共繁殖动物 60 种、2426 只。其中：哺乳类 21 种 226 只，鸟纲 39 种 2200 只。首次成功地繁殖了斑马、阿拉伯狒狒、长颈鹿、金钱豹、小熊猫、黑熊、丹顶鹤、火烈鸟、海狸鼠等。首次进行丹顶鹤人工授精研究获得成功。

1996 年首次繁殖成活一雄性小猩猩“童童”，并首次进行人工育幼，获得成功。2000 年 9 月，由天津市民营企业家张连志捐赠的一对白颊长臂猿繁殖成功。由于母猿弃仔，只能靠人工喂养，在饲养员的精心护理下，全人工育幼长臂猿首次获得成功。

2001 年三治园的建成，为草食动物的生长繁殖提供了得天独厚的条件，繁殖种量大幅提高，当年繁殖黇鹿 41 只、岩羊 10 只、羚牛 1 只、鸵鸟 31 只。同年，对国家一级保护动物东方白鹳进行人工孵化与育雏研究，并取得成功。2002年经过反复对动物饲料配比的调整和栖息环境的改善，东非冕鹤人工孵化及育雏研究首次获得成功，当年育雏成活4只。2003年经过15个月的妊娠期，繁殖已断档近6年的珍稀动物长颈鹿再次繁殖成功。2004年3月和12月分别又繁殖出2只白颊长臂猿，均采取全人工育幼。天津动物园在借鉴人类育婴技术基础上，逐步摸索出一套独特的灵长类育幼技术，表明育幼技术已日臻成熟，而且在国内同行处领先地位。2004年珍稀动物种群已初具规模，当年子二代金丝猴“成成”繁殖获得成功，证明金丝猴已具备了种群建立的基本条件。2005年国家二级保护动物马熊通过借鉴灵长动物全人工育幼技术获得成功，填补了天津动物园及国内马熊人工育幼史上的空白。2006年园内珍稀动物的繁殖又有新突破，繁殖了东北虎、美洲虎、小熊猫等动物物种，其中国家一级保护动物约占四分之一，黑豹、红腹角雉及绿孔雀是首次繁殖成功，创建园以来珍稀动物繁殖最好记录。同时通过科学地调剂动物血缘，使园内动物种群增加。小熊猫自1999年繁殖成功以来，已经繁殖成活8只。2007年继续对马熊进行了人工育幼，阿拉伯狒狒人工育幼也获得成功。经过谱系调查、精心选种、饲养，又成功繁育了白虎。阿拉伯狒狒人工育幼和白虎繁育，均属天津动物园首次。

2009年长劲鹿“津生”在饲养员、兽医人员精心呵护下，经妊娠近一年半时间成功产下一雌性小长颈鹿。河马“七儿”以34岁的高龄再次成功繁殖，至此河马“七儿”已繁殖过小河马17只，在国内实属罕见，它的子孙后代已输出到全国许多公园。

1982—2010年天津动物园繁殖动物种类、数量统计表

表3-4-1-4

年份	合计		鸟类		兽类	
	种	只	种	只	种	只
1982						
1983	22	146	13	131	9	15
1984	26	71	11	41	15	30
1985	17	37	3	14	14	23
1986	29	174	20	159	9	15
1987	26	228	15	208	11	20
1988	27	309	17	277	10	32
1989	33	318	20	289	13	29
1990	32	261	23	236	9	25
1991	43	546	29	509	14	37
1992	50	539	28	489	22	50
1993	45	498	26	445	19	53
1994	43	379	23	329	20	50
1995	40	274	24	237	16	37

续表 3-4-1-4

年份	合　计		鸟　类		兽　类	
	种	只	种	只	种	只
1996	40	270	20	223	20	47
1997	43	305	22	250	21	55
1998	34	266	16	215	18	51
1999	46	342	21	220	25	122
2000	41	390	17	344	16	46
2001	49	721	29	619	20	102
2002	52	550	27	459	25	91
2003	50	586	23	512	27	74
2004	50	541	28	461	22	80
2005	46	455	22	375	24	80
2006	32	331	14	266	18	65
2007	40	377	18	302	22	75
2008	41	447	20	380	21	67
2009	42	505	20	430	22	75
2010	35	424	13	346	22	78

1982—2010 年天津动物园首次成功繁殖的动物一览表

表 3-4-1-5

年份	动物名称
1982	丹顶鹤、棕熊
1983	原驼、美洲狮、平顶猴、金丝猴、广西猴、非洲狮、白腹锦鸡、猴鸡、珍珠鸡、蓝孔雀、白孔雀、石鸡、白鹇、绿孔雀、四川鹦鹉、白梅花、乌鸡、褐马鸡、竹鸡、金山珍珠、灰斑角雉
1984	果下马、马鹿、梅花鹿、白黇鹿、黄黇鹿、日本花鹿、黄猄、黑山羊、鸸鹋、赤袋鼠
1985	大耳羊、白唇鹿、箭猪、灰文鸟、狮头鹅
1986	河马、鸿雁、绿头鸭、白冠长尾雉、黑颈长尾雉、彩雉、黑广东鸡、白广东鸡、牡丹鹦鹉、虎皮鹦鹉
1987	狞猫、豚鹿、白马鸡、驼羊
1988	松鼠猴、日本花鹿、火鸡、挂线鹦鹉、亚历山大鹦鹉、玄凤鹦鹉
1989	黑狼、绿狒狒
1990	野驴、灰狼、白雉、斗鸡
1991	丹顶鹤、岩羊、灰雁、白文鸟
1992	火烈鸟、蓝孔雀
1993	长颈鹿、海狸鼠、马来熊、黑熊
1994	蛮羊、斑马、食蟹猴、阿拉伯狒狒、金钱豹
1995	袋甫、湖鸭

续表 3-4-1-5

年份	动物名称
1996	黑猩猩、斑嘴鸭
1997	恒河猴、白枕鹤、蓝鹇、棕尾虹雉
1998	香猪、牦牛、珠颈斑鸠
1999	小熊猫、羚牛、麋鹿、斑头雁、海狸鼠
2000	棕头牡丹、黄桃脸、绿桃脸、灰芙蓉鸟、黑鹳
2001	白颊长臂猿、马来熊、貉、鸵鸟
2002	野马、小熊猫、黑天鹅
2003	黑豹、浣熊、骆驼、白鹳、戴冕鹤、红腹角雉
2004	
2005	马熊
2006	蓝狐
2007	白虎、阿拉伯狒狒、孟加拉虎、鸬鹚
2008	
2009	非洲雁
2010	

六、动物疾病防治

1976 年，随着熊山、中猛绾、中猛绾、长颈鹿馆、百鸟笼等动物馆舍相继竣工及人民公园的动物陆续迁入，动物园也于 1976 年 6 月组建了由五人组成的兽医室，兽医室设在原配餐室院内。当时兽医室条件简陋，仅有一间 16 平方米的办公室。1980 年动物园正式对外开放后，兽医室迁至动物园办公区的外院，除有两间办公室外还设立了药房、化验室和解剖室。

1990 年 11 月，新建的兽医院竣工。新兽医院坐落在动物园西北部，建筑面积 435.64 平方米，除设有办公室和值班室外，还设有药房、化验室、X 光室、治疗室、消毒室、解剖室、动物病房、小型动物隔离检疫区。1991 年兽医院陆续添置了 X 光机、分光光度计、火焰光度计、半自动生化仪、尿液分析仪等医疗辅助诊断设备。日本神户王子动物园还赠送给兽医院小动物麻醉机、小型移动 X 光机、离心机、显微镜、麻醉枪等医疗设备。医疗设备的引进和临床应用，为野生动物的医疗防治保健工作发挥了重要作用。2010 年兽医院有兽医 8 人，其中高级兽医师 2 人，兽医师 6 人。

（一）动物防疫

自建院起，兽医院始终秉承“预防为主，防治并重”的工作方针，并制定了整套的动物医疗和卫生防疫制度。每年春秋两季兽医院都组织实施对全园各动物馆舍及周边环境的全面消毒，为园中各种野生动物进行预防接种，定期进行寄生虫普查和驱虫，对常见流行病、多发病、易发病采取有针对性的预防措施，对新引进动物进行严格的隔离检疫，从而有效地保证了动物园没有大的疫情发生。

天津动物园每年卫生防疫与预防接种计划简表

表 3-4-1-6

计划内容	防疫对象	防疫、接种类型	实施时间
消毒防疫	全园各动物馆舍及环境消毒	预防各类春季流行病	4月、10月
	全园各动物馆舍及环境防控	预防各类秋季流行病	9月、10月
接种防疫	草食动物	预防口蹄疫	4月
	猫科/鼬科/灵猫科/浣熊科动物	预防猫瘟热、杯状病毒、传染性鼻气管炎等	3月
	犬科动物	预防犬瘟热、细小病毒、传染性肝炎、副流感病毒等	3月
	禽类动物	预防禽流感疫苗	3月、9—10月
	禽类动物	预防大肠杆菌疫苗	4月、11月

（二）动物医疗

天津动物园的动物医疗工作始终坚持对患病动物做到早发现，早确诊和早治疗，提高动物治愈率，降低动物发病率和死亡率。兽医每日深入到各自辖区对动物进行巡诊，对老、弱、病、残、孕动物给予重点关照，对患病动物实行 24 小时专人监护治疗。建立了动物医疗档案，每年为全园动物进行一次健康普查。辅助诊断设备的应用，为野生动物临床医疗工作提供了及时可靠的诊断和治疗依据，从而挽救了许多濒危野生动物生命，提高了动物生存质量。如成功地抢救了长颈鹿难产、亚洲象肠梗阻、金丝猴肠套叠等危重病例，以及控制大熊猫癫痫病的发作、鹿科动物误食塑料袋手术治疗等病例。

天津动物园与天津市多家专科医院建立了长期友好合作关系，借助专业医院的一流专家和设备，共同为园内珍稀野生动物的健康成长保驾护航。如 1978 年与天津市眼科医院专家合作成功完成了国内首例幼年东北虎先天性白内障摘除手术；多次与天津市儿童医院专家合作成功治愈了黑猩猩急性肾功能衰竭、长臂猿新生儿的抢救等。

1991—2010 动物诊治和治愈率统计表

表 3-4-1-7

年份	诊治数（只、头）	治愈率（%）	年份	诊治数（只、头）	治愈率（%）
1991	987	89. 75	1992	786	83. 57
1993	1011	90. 51	1994	687	88. 24
1995	657	77. 83	1996	485	85. 25
1997	682	84. 64	1998	692	89. 94
1999	458	85. 27	2000	451	87. 68
2001	524	79. 94	2002	544	83. 67
2003	1021	87. 27	2004	482	85. 12

续表 3-4-1-7

年份	诊治数（只、头）	治愈率（%）	年份	诊治数（只、头）	治愈率（%）
2005	655	93.68	2006	684	88.53
2007	358	90.25	2008	472	87.95
2009	452	89.6	2010	421	90.12

兽医院对1991—2010年二十年间诊治病历进行统计归类分析，在诊治的全部病例中，消化系统疾病占动物发病率62.65%，呼吸系统疾病占23.12%，运动系统（肌肉骨骼系统）疾病占7.23%，泌尿系统疾病占2.85%，生殖系统疾病占1.23%，其他疾病占2.92%。

七、动物交换与巡展

天津动物园自建园以来，积极开展国际、国内动物交换活动，截至2010年底，从国外引进动物29种108只。其中从日本神户王子动物园引进动物27种98只，有长颈鹿、雪豹、斑弧猴、东北虎、非洲象、黑猩猩、白犀牛等；从荷兰引进动物3种4只；从马来西亚引进鸵鸟4只。2010年9月20日从南非德才国际贸易有限公司引进白犀牛1对。从国内兄弟省市动物园引进动物64种1695只，有亚洲象、金丝猴、斑马、白颊长臂猿、长颈鹿、孟加拉虎等。向国外输出动物16种37只。其中赠送日本神户王子动物园15种35只，有云豹、马熊、兔狲、东北虎、丹顶鹤、小熊猫、黑叶猴等；输出马来西亚骆驼2只。输出给全国各兄弟省市动物园60种1936只，有长颈鹿、东北虎、河马、非洲狮、黑豹、小熊猫、金丝猴等。

为了普及动物科普知识，丰富人民群众的文化生活，增加创收，从1992年开始天津动物园与全国各兄弟省市动物园开展了动物巡展活动。先后赴海南、青岛、河北宣化、秦皇岛海洋公园、洛阳王城公园等10多个地区展出。展出动物有长颈鹿、亚洲象、东北虎、北极熊、河马、黑猩猩等10余种37只。20年来通过开展动物巡展活动取得了较好的社会效益和经济效益，共创收240万余元。

天津市动物园动物巡展情况一览表

表 3-4-1-8

巡展时间	巡展地点	动物名称	只数
1992.10（历时15天）	天津蓟县	亚洲象（娇妮澳） 阿拉伯狒狒	1 1
1993.4—1993.5中旬	山东青岛	亚洲象（娇妮澳）	1
1993.6	山东青州	亚洲象（娇妮澳）	1
1994.4—1994.6	河北宣化	亚洲象（娇妮澳） 非洲狮、黑熊、东北虎	各1只
1994.6—1994.10中旬	河北遵化	亚洲象（娇妮澳）	1
1995.4—1995.6	山东青岛	长颈鹿	1

续表 3-4-1-8

巡展时间	巡展地点	动物名称	只数
1995. 4—1995. 7	山东青岛	亚洲象（娇妮澳）	1
1995. 6—1995. 7	丹东	长颈鹿	1
1995. 6—1995. 7	丹东	山魈	1
1995. 12. 12	海南	长颈鹿	1
1995. 12. 12	海南	山魈	1
1996. 4—1996. 10	秦皇岛	长颈鹿	1
1996. 9. 19—1997. 10. 7	河北保定	亚洲象（娇妮澳）	1
2001. 4	河南濮阳	亚洲象（翁杠）、黑猩猩、美洲虎、美洲狮、黑豹	各 1 只
2002. 4. 25—2002. 8. 1	山西大同	亚洲象（翁杠）	1
2003. 8. 1—2003. 9. 1	内蒙古赤峰	亚洲象（翁杠）	1
2004. 4. 14—2004. 10. 11	洛阳	山魈	1
2004. 4. 14—2004. 10. 11	洛阳	河马	1
2004. 4. 14—2004. 10. 11	洛阳	黑猩猩	1
2004. 4. 25—2004. 9. 23	河北邯郸	亚洲象（翁杠）	1
2004. 6. 25—2004. 10. 24	山海关海洋公园	北极熊	1
2004. 9. 1—2008. 6	河南洛阳	亚洲象（翁杠）	1
2005. 5—2005. 10	山海关海洋公园	北极熊	1
2006. 4. 28—2006. 10. 28	山海关海洋公园	北极熊	1
2007. 4. 28—2007. 10. 28	山海关海洋公园	北极熊	1
2008. 4. 10—2008. 10. 10	山海关海洋公园	北极熊	1
2009. 4. 10—2009. 10. 10	山海关海洋公园	北极熊	1
2010. 4. 15—2010. 10. 10	山海关海洋公园	北极熊	1

天津市动物园动物借展情况一览表

表 3-4-1-9

借展时间	借展地点	借展动物	只数
2001. 2		克隆羊	
2004. 1. 1—2008. 12. 31	四川卧龙	大熊猫	1
2004. 2—2005. 1	北京动物园	大熊猫	1
2004. 7. 13—2004. 10. 15	北京动物园	马来貘	1
2005. 2—2006. 2	北京动物园	大熊猫	1
2006. 2—2008. 2	北京动物园	大熊猫	1
2007. 4—2007. 10	郑州动物园	大猩猩	1
2009. 9. 23—2010. 9. 23	四川卧龙	大熊猫	1

八、服务设施

（一）商业设施

1980年动物园正式对外开放时，园中仅有一个小卖部，设在中型热带猛兽馆跨院内，出售各类食品和茶水。1981年，在动物园中心区的熊猫馆南面建成仙客来餐厅。该餐厅建筑面积538平方米，为庭院式建筑，内设餐厅、综合小卖部和摄影部。1982年在园内西南部临近动物园西门处又建成长春餐厅。该餐厅建筑面积731平方米，可容纳500余人同时就餐。1994年，又在动物园与水上公园交接的白桥南部建成了258平方米的白桥快餐厅。随着游客量的增多，为方便游客，提高动物园经济收入，20世纪90年代中期开始又在园中游客比较集中的区域，如狮虎山、猴山、河马馆、水禽湖、白桥、熊猫馆、恐龙广场等处陆续设立了多处售货摊点，出售食品、饮料、儿童玩具等。

（二）游艺设施

动物园游乐场坐落在动物园中北部。该区域原为一片空地，1990年4月8日投资30万元的动物园游乐场建成并试运行。同年4月15日游乐场正式对游客开放。当时仅有单人摩托车、双人摩托车、高空脚踏车三项游艺项目。随着动物园的不断发展，为满足游客的需求，动物园游乐场逐年扩大，游乐项目也在不断增加和更新。20世纪90年代相继增添了空战机、空中缆车、转马、激光打靶、豪华轿、赛车、迷宫、飞象、丛林鼠、月亮船、双人飞天等游艺项目。1992年9月又在园中的人字湖新添了水上脚踏游船项目。

2006年8月1日开始，动物园再次投资400万元对游乐场进行全面提升改造。同年9月30日竣工，10月1日对游客开放。改造后的游乐场变身为卡通童话式主题游乐场，取名为童话谷。占地3万平方米的游乐场划分为海的女儿和欢乐马戏团两个主题游乐区。在改造过程中淘汰了小型儿童转马、脚踏车等5项老旧过时游艺器械，新引进了激流勇进、双层豪华转马、马戏小火车、海盗船、高空脚踏车、小风车、奇景穿梭和泡泡球8个游艺项目。

（三）动物表演

1999年6月，天津动物园开始与邯郸市丛台驯兽团合作，引入动物表演服务项目。动物表演场设在园内中心区老猴山处。表演大棚占地380平方米，可同时容纳300余名观众。动物表演以驯狮、虎、熊、猴、犬为主，还穿插狒狒、马、羊等动物表演，惊险刺激和幽默滑稽的节目深受游客喜爱。动物表演平日表演三场，节假日加演两场。

2010年10月18日，住房和城乡建设部下发《关于进一步加强动物园管理的意见》，文件要求“各地动物园和其他公园要立即进行各类动物表演项目的清理整顿工作，自本意见发布之日起3个月内停止所有动物表演项目。”动物园于2010年11月30日，停止了持续十一年的动物表演项目。

（四）滑雪场

2003年12月8日，天津动物园与天津北国风体育发展公司签约，联营的北国风滑雪场正式对外营业。滑雪场建在动物园中北部，与动物园游乐场为邻，是天津市内最大的人工滑雪场，雪道长达600米，每年冬季都举办滑雪运动大赛，比赛项目有雪上飞碟、雪爬犁竞速、雪地足球赛、速滑等。

九、友好活动

1973 年，天津与日本神户结为友好城市以后，两市友城关系首先是通过动物的交流与合作研究而不断发展起来的。1976 年 7 月，以神户市长宫崎辰雄为团长的神户市友好代表团访问天津，并向天津人民赠送了一只长颈鹿，由此开始了天津与神户的友好动物交流活动，并奠定了天津动物园与神户王子动物园建立友好动物园关系的基础。1981 年 3 月 19 日至 9 月 15 日，应神户市政府的请求，经国务院批准，天津市大熊猫“蓉蓉”“寨寨”赴日本神户市人工岛国际博览会展览，受到了日本人民的热烈欢迎。1984 年 12 月，两市动物园正式结为友好动物园，从此两市的动物交换、技术交流、人员互访活动日益频繁。1986 年 7 月 21 日至 11 月 4 日，为庆祝在日本神户市举办的“日本全国第三次都市绿化博览会”，经林业部批准，一对金丝猴赴神户展出 107 天。从 1989 年 4 月到 1993 年 10 月五年间，天津动物园派往日本神户王子动物园进行短期研修，参加人数达 14 人。“八五”期间，天津动物园与日本神户王子动物园的动物交流与合作研究更加频繁，特别是通过双方动物互赠活动，不仅充实了两市动物园的动物品种，而且进一步增进了两市人民的友谊。

除中日双方通过动物交换开展友好活动外，天津动物园还同美国费城动物园、荷兰鹿特丹动物园、澳大利亚墨尔本动物园等十余家动物园积极开展国际动物交换活动，建立了友好关系。

天津动物园与外国友好城市动物园交换动物一览表

表 3-4-1-10

友好城市动物园名称	输出时间	天津动物园赠	输入时间	友好动物园赠
日本神户王子动物园	1976. 11. 16	猞猁 1 对 丹顶鹤 1 对	1976. 7. 27	长颈鹿 1 只
			1977. 6. 4	长颈鹿 1 只
			1979. 9. 27	黑猩猩 1 对 河马 1 只
	1980. 5. 6	白马鸡 1 对 黑叶猴 1 对	1980. 9	黑豹 1 对
			1980. 10	河马 1 只
			1981. 9. 30	长颈鹿 1 对 驼羊 1 对
	1983. 2. 22	小熊猫 1 对 兰马鸡 1 对 褐马鸡 1 对	1982. 11	狞满 1 对 美洲狮 1 对 黑猩猩 1 只
	1983. 3	小熊猫 1 对	1983. 9	火烈鸟 5 对 袋鼠 2 对
	1984. 11. 23	果下马 1 对		
			1985. 4	狞满 3 只
			1985. 11	松鼠猴 10 只
	1986. 11. 7	丹顶鹤 1 对	1986. 6	长颈鹿 1 只 黑豹 1 只

续表 3-4-1-10

友好城市动物园名称	输出时间	天津动物园赠	输入时间	友好动物园赠
日本神户王子动物园协会			1987.3.23	非洲象 1 只
日本神户王子动物园			1987.5	黑猩猩 1 只
日本神户王子动物园协会			1987.6.6	黑颈天鹅 1 对 非洲象 1 只
日本千叶市	1987.5.25	丹顶鹤 1 对	1987.5.7	美洲虎 1 对
日本神户王子动物园协会			1988.4.5	阿拉伯狒狒 1 对 绿发 1 对
日本神户王子动物园	1988.9.6	白鹳 1 对 水獭 2 只	1988.10	环尾狐猴 1 对 阿拉伯狒狒 1 对 红金刚鹦鹉 1 对 玻璃金刚鹦鹉 1 对
日本神户王子动物园			1989.11	山魈 1 对 东玫瑰鹦鹉 2 对 鲑色凤头鹦鹉 1 对
日本神户王子动物园	1990.5.31	云豹 1 对 兔狲 1 只	1990.10	白犀 1 对 长颈鹿 1 对
荷兰			1990.11	雪豹 1 只 美洲虎 1 只
荷兰			1991.4.15	黑猩猩 1 只 美洲虎 1 只
日本神户王子动物园	1991.10.21	东北虎 1 只	1992.1 1992.10.29	东北虎 1 只 雪豹 1 对
日本神户王子动物园			1993.7	班狐猴 1 对 小猫熊 1 只
日本神户王子动物园	1994.11.30	马熊 1 对	1994.12	长颈鹿 1 对
马来西亚	1994.10.28	骆驼 2 只		
马来西亚			1995.3	鸵鸟 2 对
日本神户王子动物园	1997.5.14	兔狲 1 只	1995.4	长颈鹿 1 只
日本神户王子动物园			1998.7.4	黑猩猩 1 对 大灰袋鼠 1 对
日本神户王子动物园	2001.10.19	白鹈鹕 1 对	2001.8	斑马 1 只 长颈鹿 1 只 黑猩猩 1 只 羊驼 3 只
日本神户王子动物园			2008.3.13	大赤袋鼠 1 只 大灰袋鼠 1 只
南非德才国际贸易有限公司			2010.9.20	白犀牛 1 对

第二节　天津热带植物观光园

天津热带植物观光园位于西青区中北镇西南部的曹庄花卉市场旁（外环线7号桥北300米），东临天津市区，西接闻名中外的千年古镇杨柳青，是国家级科普教育基地和天津市首批国家AAAA级景区之一。植物园占地500亩，是我国华北地区面积最大的室内植物园。

开园以来，日均游客2000多人，高峰时游客近万人，累计接待游客200多万人次。作为全国科普基地，已对中小学生进行科普教育70万人次，使学生在欣赏美丽热带风光的同时，直观地认识热带植物，丰富了课堂和书本知识。2010年，实现年接待游客量45万余人次。

一、沿革

天津热带植物观光园于2001年10月动工，2003年5月1日建成，2003年6月18日正式开业，建设总投资2.6亿元，占地面积500亩。其中：观光园建筑面积4万平方米，停车场3万平方米，广场1万平方米，道路2万平方米，配套用地2万多平方米。

2009年建成了全年开放的中北运河冰雕乐园，与热带植物园形成强烈的冷热对比。2010年，曹庄花卉植物园旅游区进行了整体提升改造，并斥资引进了国内最先进的4D影院，让游客从视觉、听觉、触觉等全方位的体验精彩绝伦的“丛林探险”。改造后的景区建筑外檐整体呈现欧式风格，不仅大大增加了其观赏性，更使旅游区整体形象得到提升，吸引了更多游客前来参观游览。

二、园林建筑格局

1. 建筑

植物园设计为钢结构全透明大联体式建筑，采用中部圆拱和四周平顶的设计手法，高跨16米，低跨8米。从空中看，它像汉字中“丰收”的“丰”字，既突出了设计的科学性、观赏性，也表达了中北镇人民美好的祈盼，寓示着“五谷丰登”，祝愿年年都有好收成，事业一年比一年更兴旺。工程经过招标，湖北孝感远大建筑集团公司进行细化设计和总体施工建设。北京植物园园景园林工程公司负责景观及植物移栽总承包。上海拓邦电子有限公司为采暖设施承包单位，采用的是先进的高大空间燃气辐射供暖系统，国内行业首家采用此技术，系统为法国进口，环保、节能。喷淋喷雾工程，由北京绿京华园林工程有限公司设计并施工。

2. 配套设施

经过筛选，植物园在国内同行业中首次引进法国环保节能型燃气（天然气）辐射供暖系统，为全智能化控制，并配有自动监控与报警装置。能有效地使温室内空气均匀加热，增加空气湿度，形成热带植物所需的高湿环境。同时又引进了一套水的纯化与喷雾设备，当湿度低于标准时，喷雾设备自动启动进行喷雾，模拟热带雨林中的高湿环境，使空气湿度常年保持在70%以上。植物园还安装了一套喷淋设备，当夏季温度过高，喷雾设备难达标时，喷淋设备开始启动，逼真地模拟出热带赤道地区每日午后下对流雨的环境。这种大范围的喷淋除了增加空气湿度外，也是在炎热夏季给温室降温的有效措施。热带植物喜微酸性、含盐量低的土壤与水分。观光园的土壤与水都呈碱性，而且含盐量高。没有适应的土与水，引种的南方热带植物无法正常生长，甚至会逐渐死亡。为此，植物园采用了暗沟排盐以及有机酸处理水的技术，即在温室周围挖掘暗沟，通过此沟，排出室内土壤多余的盐份，并阻止室外盐份的侵入。同时用有机酸对浇灌水进行处理，改变水的pH值，然后浇灌树木，从而达到改良土壤碱性的目的。还以施有机肥为主的方式，增加土壤有机质，降低土壤碱性。

三、园景植物

天津热带植物观光园分为四个功能区，即综合服务厅、花卉厅、科普厅、雨林厅。为突出立体效果和科普的需要，各功能区除了植物布局的不同，还安装了一些采用美国、意大利进口材料制成的人工塑像、模型、仿真制品等人工景观。景观配合植物，相得益彰。

综合服务厅为办公、餐饮区，并设有国防教育长廊。

花卉厅进口处正中建有一青铜雕塑，生动地再现了毛泽东1959年9月9日到这里视察农业生产，在田间与农民亲切交谈的场面，真切表达了中北镇人民对伟大领袖的无限缅怀之情和对后代进行爱国主义教育的拳拳之心。塑像后面的五彩音乐喷泉，飘洒出万道霞光，周边万千枝四季时令花卉姹紫嫣红、争奇斗艳，从澳大利亚进口的加拿利海藻矗立在万花丛中。再往前行，钟乳灵璧、太湖玄音、石景雅趣等，独具匠心，相互辉映。在右侧的沙生区则是另一番景观，可充分领略沙漠植物通过人工营造的全封闭干热气候环境别具特色的风韵。

科普厅是对青少年进行科普教育的一个重要场所。景色宜人的水景走廊将科普厅分为东、西两个区域：东区是清溪环绕、水车悠悠转动的小小农庄，各种常见的农作物茁壮成长，不仅可使人增加农业知识，还能在碾子和石磨上动手。毗邻的科普墙内容丰富，广场上还有能歌善舞的仿真“小恐龙”。之后又在这个区域建立了天津范围内最大的“香蕉园”，为园内增添了景观，也丰富了科普教育的内容。西区辟有“梦幻森林”，远在一亿年前的异特龙、三角龙等仿真恐龙组合设在其中，浑厚深沉的恐龙吼叫声似乎把人们带到了那远古的恐龙时代。还有憨态可掬可以称体重的仿真袋鼠、大乌龟、卡通树、螳螂捕蝉黄雀在后的典故组合，都会让人留恋。西北处建有百鸟园，各种轻盈可爱的动物，低吟高唱，余音缭绕。猴园的建立又别有一番风味。

雨林厅峰峦叠翠，云雾缭绕，银河飞泻，泉水叮咚，鸳鸯戏水，鸟语花香。丰峰高十多米的假山是用“人工拓摸”的方法移花接木，使数千里之外的贵阳黔灵山风姿，虽远在天边却近在眼前。以居住在云南西双版纳的傣族民居为原型建成的傣家村寨，以及早在哥伦布发现美洲大陆之前就在墨西哥和中美洲见证了灿烂文明的玛雅人金字塔，令人目不暇接，留连忘返。上万株高大植物树影婆娑，各种热带果木、奇花异草，在湿润的空气中星罗棋布。其中，有“国宝”之称的中华桫椤，珍稀的水松，树龄悠久的龙血树，形态各异的高大榕树，珍贵的紫檀、黄檀，高大的木棉、大王椰子、华盛顿椰子、刺桐、紫荆树、雪枫，造型优美的鸡蛋花，神秘的菩提树、佛肚竹等近千种。各类仿真动物穿插其中，密林中的猩猩、树上的巨蟒、瀑布下水潭中的鳄鱼、林地上的孔雀、傣族小楼旁的大象，让人领略热带风韵，南国情调。

植物园内种植了形态各异的各类植物 3000 余种，近 20 余万株，其中不乏一些珍稀名贵植物，如国家一级保护植物、树龄可长达 6000 年的龙血树；具有良好的抗寒性，打破了物种的自然分布，成为“雪中的热带风情”的加拿利海枣；国家三级保护植物、剧毒树木“见血封喉”等，都是植物园中不可不看的独特风景。

园内植物主要包括：一是以广州地区及中山市为主的棕榈类、榕树类、椰子树等树木类。其中几棵高大榕树来自海南岛五指山，经过 2 次以上断根、修剪，运到广州并在广州贮存一年以后，再重新包装，运送到津；二是在云南思茅地区采集了充分体现热带雨林特点和具有板根现象、绞杀现象等类的爬藤类植物；三是来自福建具有沙漠特性的沙漠植物；四是在天津园林系统选择的盆栽花卉等形态各异的各类植物 3000 余种，20 万余株热带、亚热带植物，从南方移至北方，成活率高达 98%。

四、公众活动

在黄金周、节假日以及特殊纪念日等，有针对性地策划活动方案，以新颖独特的视角把植物园介绍给更多的人。其中，热带风情旅游节、“绿野仙踪”夏令营等，已经在大范围内打响了品牌，而水果品尝会、中老年人“社区游”、以及“秋冬游”等也都在全市引起了不小的反响。另外，2005 年“十一”黄金周，植物园倾心打造的以浪漫情侣为主题的大型旅游节庆活动——“过把民族婚礼瘾”，在天津及周边地区收到了非常好的反响，扩大了植物园婚庆服务，植物园已经成为京津冀地区众多影楼的婚纱外景基地。同时，还经常与媒体联合搞活动，开展“为市民寄养奇花异草”等各种公益活动，众多媒体也为植物园做了大量报道，尤其在天津市及北京、河北等省市媒体作了大量宣传，为开展业务奠定了坚实的基础。另外，作为全国科普教育基地，特色科普活动也成为工作中的一个亮点，每年推出一个主题，配套开展“夏令营”等特色活动，不断丰富“科普大餐”，深受老师的认可和学生的喜爱。

天津热带植物观光园先后获得各级荣誉 16 余项。其中，国家级荣誉称号 4 项。2004 年被国家旅游局评为国家 AAAA 级旅游景区，2005 年被中国科学技术协会评为全国科普教育基地，2005 年被国家旅游局、共青团中央评定为全国青年文明号，2005 年被评为全国军民共建社会主义精神文明先进单位。市级荣誉称号 8 项，被天津市科学技术协会评为天津市科普活动基地，被天津市科委、教委、科协定为天津市科普教育基地，被天津警备区列为开展“八个一”活动示范点，被共青团天津市委员会评为天津市青年文明号，2003—2004 年被天津市精神文明建设委员会评为天津市文明单位，2004年在天津市纠风办、市旅游局组织的行风评议中被评为先进单位，被天津市人民政府评为天津市科普工作先进集体，“天津青少年绿野仙踪科普生态一日游”活动被天津市科协评为2004年度优秀科普活动。西青区荣誉称号3项：2004年被团区委、农经委、科委、文明办命名西青区青年科技示范基地，被共青团西青区委员会评为西青区青年文明号，2002—2004年被西青区精神文明建设委员会评为文明单位。另外，2004年获第三届中国国际营林园艺技术设备展览会暨种苗洽谈会优秀奖。

第三节　泰达热带植物园

泰达热带植物园位于天津市滨海新区，位于天津开发区泰丰公国旁，建成于2003年，占地面积27000平方米，植物园总面积5553平方米，由55米拱形玻璃长廊连接的大小两座玻璃金字塔组成。

两塔一大一小宛如母子。大塔底座面积50×50米、高30.88米；小塔底座面积2×25米、高15.5米。两塔均由玻璃和钢铁组合而成，充分发挥钢材特性，造型新颖、简洁，匠心独运，为国内首创。四周衬花草水景，两塔好像两颗镶在绿盘上的璀璨钻石，晶莹剔透并富有现代气息的钢结构玻璃幕墙形式，被我国知名的结构幕墙专家誉为两个第一：国内最大的纯钢结构主体、点式拉杆玻璃幕墙金字塔；国内第一个绿色环保全智能化玻璃幕墙。结构简洁，布局合理，玻璃幕墙和主体结构经过独特的不锈钢件和拉杆体系，有效连接达到了天然合一的效果。

大塔是四季花园，采用了中国古典山水园林设计手法，创造了多角度、多层次的景观空间，分棕榈、水生、花果、蕨类及附生类四个植物区。植物园利用高科技手段，自动控制各种生态要素，让塔内保持最佳温湿度，在这里有瀑布、游鱼、青苔、睡莲和十几米高的大王椰子。园内最引人注目的是全国罕见的佛肚树，该树从澳大利亚引进，重9吨，直径2.5米。

小塔内为沙漠植物园，有高达数米原产南美洲的弁庆柱、山影、松露玉、金琥球、白鹭球等。与四季花园的湿热气候截然不同，这里空气干燥，主要种植仙人掌类多浆多肉耐旱植物。最大的仙人柱5米高，最小的生石花不足1厘半，大小悬殊，如大象和蚂蚁。刺猬般的仙人球学名金琥，大小高低，琳琅满目，大的直径约1米，球体碧绿，刺丛金黄，极耐观赏。

整个植物园现代化、智能化水平很高，人们可以通过电子设备观看到整个地球上的植物和自然景观，相当于把整个自然界搬到了泰达。该植物园不仅是一个旅游景点，更是提高了开发区的城市品位、营造了良好的招商引资环境。

第五章　纪念性公园（绿地）

第一节　中山公园

一、沿革

中山公园坐落在中山路中段东南侧，占地 19980 平方米。始建于清光绪三十一年（1905），初名劝业会场。清宣统年间称河北公园，1912 年更名天津公园。1928 年为纪念孙中山先生到津至园演讲，改称天津中山公园。1936 年 4 月更名天津第二公园。1937 年天津沦陷后，公园被日本侵略军改做兵营。抗日战争胜利后，国民党军队又驻扎园内。至新中国成立前，公园建筑设施、景点俱遭劫难，花草树木损毁殆尽。新中国成立后，人民政府即进行修复。1955 年复名中山公园，重新开放。公园以其特有的历史文化品位享誉津门。为纪念孙中山诞辰 130 周年，1996 年 11 月 12 日，由河北区政协提倡建立，河北区城建局施工的《中山公园记》碑在公园落成。该碑记载了中山公园建园近百年历史，碑阴镌刻着 1912 年 8 月 24 日孙中山到此园（时称河北公园）时的演讲词。园中有江震寰等十七烈士纪念碑、南皮张氏两烈女碑、魏士毅女士纪念碑，皆属历史文物，为河北区文物保护单位。

二、绿化与园景

中山公园于 2009 年在保有原来主题的条件下，进行提升改造。改造后的中山公园拥有乔木 300 余株，灌木 500 余株，地被及宿根花卉 600 余平方米，草坪 13000 余平米。园林配置主题为正门的古典彩绘牌坊式门楼，门楼上中央是“中山公园”四个大字，门楼前有一对雄壮的石狮。入门即见假山瀑布、喷泉水池。更有仿古建筑六角亭、双顶园亭和小型儿童游艺场杂陈其间。园林道路蜿蜒曲折，绿化景色优美宜人，是游人休憩、娱乐的好场所。

第二节　杨连弟公园

杨连弟（1919—1952），是天津市北辰区北仓镇人，抗美援朝时的“登高英雄”。2009 年 7 月，《人民日报》刊登了评选“100 位新中国成立感动中国人物”的 150 位候选人名单，杨连弟位列其中。天津搞的“60位感动天津人物——海河骄子”，他也榜上有名。

杨连弟公园正是为纪念革命烈士杨连弟兴建的，其前身是苍峰北园，于1995年改建为杨连弟公园。该园位于天津市北辰区北仓道与高峰路交口处、果园新村街的西侧，与苍峰中园隔道相邻占地面积1.96万平方米。

杨连弟公园天津市位于北辰区果园新村街的西侧，与苍峰中园隔道相邻。1995年由苍峰园北园改建，并以登高英雄杨连弟烈士命名。占地面积1.96万平方米。

该园迎门是一座椭圆形喷泉池，园中有杨连弟石雕头像和纪念碑。1995年5月5日，全国政协副主席洪学智专门为该园题写“登高英雄杨连弟”，这7个大字镌刻在杨连弟石雕纪念碑的基座上。碑阴刻有烈士生平介绍及6幅展现光辉业绩的画面。头像加基座共5.2米高。

园内还建有大型荷花池、赏荷的蘑菇亭、和赏荷台以及赏荷长廊。该园不仅是群众休憩游览的胜地，更是天津市爱国主义教育基地之一。

第三节　引滦公园

引滦公园坐落在红桥区三岔河口，于1983年为纪念引滦入津工程而建。面积2800平方米。

园内矗立引滦入津工程纪念碑，碑高24米，大理石质地，顶端耸立着用汉白玉雕成的妇女抱婴塑像。碑座一侧设置喷泉，另外三侧建月季花坛。纪念碑周围栽植松柏和花卉。园中栽种小龙柏、白蜡、毛白杨、垂柳、龙爪槐、小叶黄杨等植物1100株，还有应时花卉。

1983年9月12日，中央领导人杨尚昆、杨得志、傅崇碧，在中共天津市委第一书记陈伟达、书记张再旺、市长李瑞环陪同下，视察引滦入津工程纪念碑。

2007年，该园经海河景观工程改造，占地面积扩建到4万平方米，更名为思源广场。

第四节　方舟公园

于方舟，原名兰渚，又名芳洲，1900年生于河北省宁河县（后天津宁河县）。他是天津“五四运动”杰出的领导者之一，也是天津早期党团组织的重要负责人。他曾与周恩来等在天津一起从事革命活动，创建“新生社”，是天津早期党团组织的重要负责人和创始人之一。1927年12月30日晚，于方舟被敌人杀害，年仅27岁。

方舟公园是为纪念革命烈士于方舟在1991年3月18日兴建的，于1992年10月1日正式建成并对外开放。该园坐落在宁河芦台镇商业街与文化路交口处，属于城区中心，占地面积 82 亩，其中湖面 28.8 亩，里面有于方舟的雕像及纪念碑文，园内建有纪念碑、拱桥、凉亭、假山、月季园、儿童游乐器械等，湖面上有游船。园内栽植各种树木 7000 余株，铺栽草坪 4000 多平方米，是当地一大休憩娱乐的场所，也是天津市主要的革命传统和爱国主义教育基地。

第五节　开发区遗址公园

2005 年，为永留天津经济技术开发区最初时期的部分原貌，铭刻开发区人创业的艰辛和业绩，开发区管委会斥资 500 余万元，兴建开发区遗址公园，并于当年 10 月建成开放。

遗址公园保留的原盐碱滩

该园坐落在开发区第八大街与黄海路交口处，面积 3.8 万平方米。其荒芜部分是天津开发区建区之初的局部原貌，并以此为特色。其间保留了原晒盐池、瞭望塔和只在盐碱滩生长的盐地碱篷。而在一墙之外，栽植了在开发区健康生长的 100 余种、3000 余株绿化植物，形成该地区绿化今昔对比鲜明的“两重天”。

第六节　聂公碑绿地

聂公碑绿地位于在和平区卫津南路与南开区水上公园北路的交汇处，占地 1700 平方米，系为纪念在 1900 年抗击八国联军侵略者于天津城南八里台壮烈殉国的直隶提督聂士成而建。为弘扬聂公誓死不屈抵御外寇的爱国主义和革命英雄主义精神，天津市曾在此处设立一座纪念碑并辅以简单绿化。后来，随着卫津南路和水上公园北路的拓宽改造，这个位置地处要冲越发显赫。

2000 年恰逢聂公殉难 100 周年。为了提升档次、改善景观效果，市建委和市园林局决定对这里原地进行大规模改造。改建后的绿地呈三角形，绿地中央是一座 6 米高的聂士成大型青铜雕

像，表现他挥刀跃马的英姿。雕像下方3米高灰色大理石基座上刻有聂士成的生平事迹。基座前方碑石镌刻“聂忠节公殉难处”七个大字。

聂公碑周边地区是一片面积1500平方米的草坪绿地，栽植着绿期长达300多天的冷型草坪。草坪绿地上点缀栽植200多株雪松、紫薇、红叶李、大冠型黄杨球等乔木、常绿、灌木植物。其内装有一组礼花灯和彩色射灯，照射和烘托出聂士成雕像的威武气势，形成白天观景、夜晚赏灯的园林景观。

雕像四周是用黑白花岗岩铺装的440平方米地面，再现国际象棋的战阵。该工程于2000年初动工，当年4月30日告竣，成为天津市街头第一处集爱国主义教育和园林绿化于一体的大型景点，在全市绿化重点工程评比中，聂公碑绿化广场荣获“广场工程一等奖”，并作为天津市重点爱国主义教育基地之一。

第七节　会师公园

会师公园于2005年6月建成，坐落于金汤桥畔，以天津解放为主题，大片绿地成为公园最主要的构成要素，草坪上安放多座不锈钢解放军战士雕塑，全方位体现革命历史文化。以金汤桥为中心，在海河东岸和西岸各建一座公园，公园的道路呈放射状向金钢桥汇聚，寓意“会师”。

会师公园两岸的绿地都以金汤桥头为发射点，向四周发散，绿地中各放置一组以解放军东北部队和华北部队为题材的群雕，作为各自的景观中心。同时，公园还安放着一些与真人大小相仿的写实不锈钢解放军战士雕塑。雕塑与土地环境自然融合，真实再现当年会师情景。北至建国道，东至平安街的东岸公园四周绿地环绕着中心小广场，大型群雕坐落于绿地上，使整体公园在不大的空间呈现出宏伟的气势。西岸公园北至水阁大街，东至张自忠路，结合地下泵设置了一组高矮错落的景观墙雕塑穿插其间，景观墙面与雕塑相结合，雕刻着纪念性文字。

第六章　森林公园

第一节　港北森林公园

港北森林公园位于武清县下伍旗乡南蔡村附近，青龙湾河与北运河的三角地带。南临北运河，距京津公路6公里，面积1120公顷，造林近8000亩，是华北地区面积最大的一座平原森林公园。这里原来是永定河故道，一片荒沙滩地，绵延四个乡、18个村，面积约800公顷。由于这里植被生长条件差，土地贫瘠，水土流失严重，成了出名的穷乡僻壤。

解放前，由于此区域西北略高，东南稍低，水灾频繁，附近的北运河、青龙湾河经常决口，冲击和风积使这一地区土壤沙化十分严重。为了改变这一地区面貌，从50年代开始，营建防风固沙林。1987年，人民政府决定改建成平原森林公园——港北森林公园。经过广大农民群众的植树活动，从栽沙兰杨、小美杨开始，逐步过渡到种植泡桐、桧柏、苹果、梨、桃等，经过几年植树造林，形成以杨树为主，疏密不等，高低各异的大面积平原森林区。按速生林、果树林、混合林、观赏林分区栽植。白毛杨、塔松、垂柳、刺槐、苹果、梨、桃都已枝杈繁茂，郁郁葱葱，别有一番野趣。

由于这里生态环境得到改善，引来了黄雀、布谷、野兔、小獾等50多种鸟兽。同时由于水土保护得到改善，使原来贫瘠的沙滩成为沃土，促进了当地的农业生产。

1990年春，第一期绿化工程已完成，新老林木已栽植800多公顷，其中名、特、优果园200公顷。为了方便游人，已修建通往各园区的柏油马路，建立了森林派出所。建成以森林景观为主体，各园区具有特色的各种旅游设施。并在密林深处设度假村、文化娱乐中心、科研园地、人工湖、野生动物观赏区的，给人们提供一个回归大自然的优美的栖息环境。近年来，为了有效保护、发展、利用这一生态资源，武清区制定并实施更加详细的规划，将自然地段功能划分为动区、静区和观赏区，该园建成以森林环境为主体、集度假、休闲为一体的生态旅游区。并分别建设150亩度假村、300亩森林游乐园、跑马场、2000亩名特优果园、100亩野生动物饲养区、100亩旅游狩猎区、300亩红叶观赏区等14个景区。园区内有毛白杨、沙兰杨、小美杨、常绿观赏

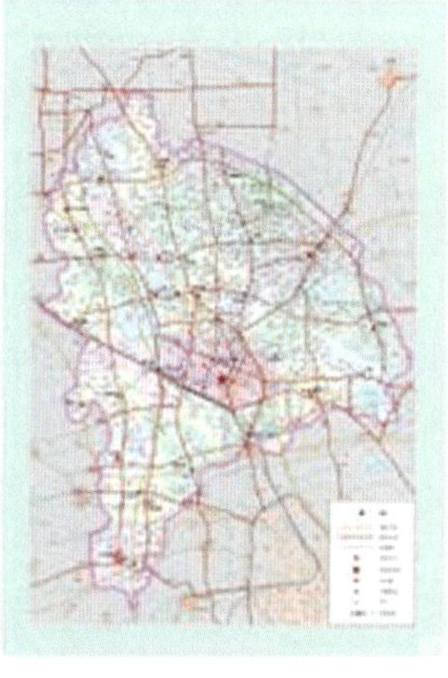

港北森林公园地图

树、果树等20余个品种30万余株，实现了治沙与美化相结合，以乔木、灌木、果树、花卉合理布局，在提高了林木质量的同时，也提高了观赏水平。

第二节 官港森林公园

官港森林公园也叫官港绿化基地。始建于1989年，主要采取发动全市群众义务植树的方式兴建，为天津市最大的湿地型森林公园和最大的平原人工林区，同时也是一块天然的野生动物栖息地。

它位于天津市大港区，距市区45公里，东临渤海，与塘沽区相连，西、北与南郊区接壤，距天津港口25公里，占地面积2138.7公顷。

官港森林公园的中心为官港湖，面积514.7公顷，为了改变官港地区的环境面貌，通过大面积植树造林，逐步形成森林公园，成为天津人民群众野游休憩绿地，也为港口和经济技术开发区提供森林野趣活动的场所。

官港森林公园突出以森林为主体的自然生态环境，以其广阔的水域、茂密的苇丛、丰富的食饵，招引珍禽候鸟，以不同的植物色彩、形态、层次和各种植物群落以及成群放牧的食草动物为特色，使游人领略野趣，陶冶性情与自然之中。

官港森林公园分为10个小区，即垂钓区、休养度假村、水上活动区、跑马场、动物饲养区、果园区、鸟类水禽观赏保护区、文娱活动休息林区，安静休息林区和苗圃区。

官港湖已开发水面514.7公顷，其中自然水面279公顷，芦苇自然保护区135公顷，鸟类自然保护区100.7公顷，并建成苗圃66.66公顷，在改土治水的同时，种植各类树木40余万株，主要树种有白蜡、国槐、刺槐、山海关杨、火炬等。并建成果园等13.3公顷，种植苹果、枣、梨、葡萄、桃等各种果树1.1万多株。

官港森林公园多有娱乐配套设施建设，建成淡水浴场20万平方米；购置高速快艇10多只水上脚踏车船、划船30余只。

由于这里自然环境得到改善，引来了大批水鸟，成为野趣浓郁的森林公园。该园南北宽5公里、东西长5.4公里，面积22.85平方公里，其中陆地面积15.84平方公里，水面5.56平方公里。园区大部分地势低洼，湿生植被以芦苇为主，5.56平方公里官港湖和周边渔塘、2.34平方公里芦苇荡形成天然湿地自然保护区，有“天津小白洋淀”之称。

园区植树120余万株，主要树种有国槐、洋槐、白蜡、杨树、柳树、火炬、紫穗槐等乔、灌木，另有果园0.2平方公里，栽植杏树、李子、冬枣、葡萄等果树木1.5万株。30多万平方米的自然草花、野生花卉，分布于林间平地、湖畔、道边。生物物种具有多样性，木本、草本植物达到45科120多种。该园还有大量的野生珍禽栖息，体现出明显的平原森林特点和海陆交替带的独有景观。

该园的核心资源是森林及湿地生态旅游资源和以高尔夫为代表的休闲游憩资源。该园依照现状条件优势与对用地要求进行整合，分为世界大航海主题公园度假区、湿地生态游乐区、农庄度假区、高尔夫度假区、森林温泉养生区、RBD国际风情休闲街区、森林拓展运动区、水上运动度假区、旅游主题地产区、生态景观廊。规划区将以生态环境为基础，以主题乐园为吸引，以复合度假为中心，以旅游地产为支撑，形成具有平原森林特点、体现滨海地区海陆交替带景观的特色。主要景观环绕自然水系，草木繁茂、鸟语花香，一派独具生态魅力的自然野趣风光。

该园重点发展四大项目是：森林游憩廊道，使其不仅有景观的功能，还能以游线的方式，将所有的森林游憩产品“串”起来；湿地生态游径，即这里设计建造包括湿地漫步游径和泛舟游径在内的湿地生态游径；湿地公园，以典型的湿地景观，体现自然的优美风景；湖心生态公园，即在湖心岛上建立生态公园，开展各项水上游乐活动等。

该园到2010年已初具规模，计划到2015年全面建成完工，预计总投资将达到8亿元。

第三节　滨海森林公园（原塘沽森林公园）

滨海森林公园（原塘沽森林公园），坐落于位于天津市滨海新区塘汉线与北杨线交口南端、塘沽的西北部，东为北塘镇，东南为海洋高新技术开发区，南接天津市经济技术开发区，总面积达4.6平方公里，主要以自然生态绿色景观为主，遍植林木，水系环绕，野趣盎然，设施完备，是塘沽建设规模最大的生态绿化工程和游览胜地。

该园分为文化游憩区、休闲度假区、运动娱乐区、异域风情区、动物区、生态演示区、安静休息区、气垫船游乐区、马术活动区等功能区。于2000年建设，2006年底初步建成开放。建成桥梁23座、主路19公里、辅路10公里、码头7座，挖湖面积70多万平方米，堆土成山650万立方米。累计植树100多万株，绿化面积3平方公里，106种、30万株乔灌木在森林公园安家落户，形成桃花林、樱花林、植物园等特色林带。除白蜡、栾树、洋槐等传统树种扎根园内之外，乔桑、水杉、白玉兰等引进新品也相继落户存活，形成了多样性植物共生共存的局面，绿化总面积高达3平方公里。

为方便游人特别是老年人游览如此大面积的森林公园，该园还备有电瓶车，免费供游人乘车游览。中途设有10多个站点。

第七章 烈士陵园

第一节 天津烈士陵园

天津市烈士陵园原址位于天津市南开区水上公园路的水上公园西侧。2006 年在北辰区铁东路北仓第一殡仪馆旁迁址新建天津市烈士陵园。新建的市烈士陵园占地近 100 亩，地面建筑物 8000 平方米。设有烈士纪念馆一座、革命烈士骨灰馆一座、抗日殉难烈士和华工骨灰馆一座、烈士纪念碑一座。

天津市烈士陵园是天津市爱国主义教育基地之一，始建于 1955 年，初址建于北仓，1973 年迁址于水上公园西侧，由于建成时间较长、陈列条件有限，不能满足群众悼念和接受爱国主义教育的需要。2006 年初，天津市筹划重新选址建设一座新陵园，并于 2006 年清明节前夕正式向市民开放。2010 年，原水上公园的烈士陵园和原 39 军烈士陵园的革命烈士骨灰遗物等全部迁入到天津市烈士陵园。经国务院批准，天津市烈士陵园被确定为全国重点烈士纪念建筑物保护单位。园内存放着 6300 多位烈士的骨灰，他们中有 3691 位是在天津解放战役中牺牲的烈士，2320 多位日本侵华时期被掠去的中国劳工，300 多位建国后为抢救落水儿童、为抢救国家财产或与持枪歹徒搏斗等而牺牲的学生、公安干警、医生等烈士。

一座高 31 米的花岗岩革命烈士纪念碑矗立在陵园中央，正面碑文是毛泽东手书体“人民英雄永垂不朽”。纪念馆呈凹字形，为两层楼结构，东侧为骨灰堂，西侧为天津战役陈列室。革命烈士纪念馆内按照时间顺序将展览分为“鏖战津门”“浩气长存”“献身理想”“继往开来”四部分。展馆里有中国共产党早期领导人于方舟、著名抗日爱国将领吉鸿昌、抗美援朝战争中全国著名登高英雄杨连弟等天津数位著名烈士的事迹展馆。在日殉难烈士·劳工纪念馆是天津市首次也是中国唯一中日合作建立的劳工纪念馆，馆内安放着从日本送回的殉难烈士骨灰，6830 名在日殉难者的姓名镌刻在庄严肃穆的纪念馆西侧黑色大理石名录墙上。

园内还建有 12000 平方米的纪念广场和可举办大型活动的 6000 平方米高层平台、天津战役无名烈士墓区、抗日殉难烈士区、名录墙、雕塑等纪念性建筑物。园内建筑风格古朴、气势恢弘。陵园内还建有假山，植物以松柏类为主，以营造庄严肃穆的气氛，绿化面积达到 17000 平方米。

第二节 蓟县烈士陵园

蓟县盘山烈士陵园位于蓟县城区西北12公里处的国家5A级风景名胜区盘山南麓，总面积300亩，是冀东地区较大和天津最有名的烈士陵园之一。这里清泉奇石，苍松翠柏，果树成林，风景秀丽。为了纪念在抗日战争中牺牲的革命烈士，1956年，中共河北省委、省人民政府，决定于当年修建蓟县盘山烈士陵园，1956年11月动工修建，1957年12月基本建成。该陵园主要建筑有烈士纪念塔、烈士墓区、革命烈士纪念馆、盘山抗日斗争事迹陈列馆、烈士骨灰堂。整个建筑富有民族风格，宏伟壮观，肃穆庄严，是全国重点烈士纪念建筑物保护单位、全国爱国主义教育示范基地、全国红色旅游经典区。

该陵园北部为陵区，四周有围墙，中部为办公区和停车场，南部为林区。陵区是陵园的主体，约占总面积的一半，由园门、遗物陈列馆、烈士纪念馆、骨灰堂、烈士墓区、烈士纪念碑等组成，整个建筑富有民族风格，在苍松翠柏掩映下宏伟壮观，肃穆庄严。隶属县民政局，正科级建制，工作人员由县民政局委派。

一、烈士纪念碑

1957年建，2005年维修。汉白玉结构，位于陵园北部最高处，数十里可见。台基高1.45米，下部由花岗岩石砌成，上部由汉白玉石砌成，汉白玉地面，四边长18米。台基四面有花岗岩台阶，台阶8级，宽5米。台阶两侧及台基周围有汉白玉护栏。台基正中为纪念碑，汉白玉结构，由碑座、碑身、碑顶组成。碑座为须弥座，高1.34米，四边各宽8.9米。碑身下宽上窄带收分，高27.5米。底边边长6米，顶边长4米。碑顶为五碑形，中间碑高2.5米，边长2米，顶端立五角星。四周碑高0.9米，边长0.6米。烈士纪念碑身正面有国徽，四面有阴刻金色题字，南面“光荣烈士永垂不朽”8个字，字径90厘米，为聂荣臻元帅所题；北面“为人民革命事业牺牲的英雄们永垂不朽”17个字，字径50厘米，为原冀东军分区司令员李运昌所题；东面“抗日英雄浩气长存”8个字，字径90厘米，为宋劭文所题；西面“永远活在人民心中”8个字，字径90厘米，为谢觉哉所题。

二、烈士墓和纪念馆

1959年建，位于纪念碑南侧。主墓2座，近长方形，汉白玉结构。下面勒墓主之名，背刻姓名、职务、籍贯、牺牲时间。路西侧为冀东军分区副司令员包森之墓，东侧为冀东西部地分委书记田野之墓。

陪墓35座，花岗岩结构9座，混凝土结构26座。正面勒墓主之名，背石刻有姓名、籍贯、牺牲时间。

石海战斗遗址纪念碑位于石海之侧，2004年4月由县老年促进委员会和民政局投资4.75万元兴建。碑身正面刻隶书“抗日战争纪念碑石海战斗遗址”，背面为碑记。

碑林于2001年立。烈士碑2596座，清白石结构，碑高0.8米，宽0.5米，厚0.1米，碑座高0.3米，其中地面以上0.25米，厚0.2米，宽0.5米。东侧为“人民英雄永垂不朽”，西侧为“死难烈士万岁”。

无名烈士墓区碑2座，位于烈士墓南部甬路东西两侧。1975年，盘山烈士陵园管理处在烈士展览馆原址，将农舍式建筑改建为庑殿式建筑，更名为抗日烈士纪念馆，砖混结构，东西面阔七间，南北进深一间，四周回廊，面阔23.4米，进深8.15米。题字是“死难烈士万岁，星星之火可以燎原，共产主义是不可抗拒的！”四面墙壁悬挂53位烈士遗像。2005年，该馆被拆除，建盘山革命纪念馆。

抗日斗争事迹陈列馆于1957年建，位于烈士陵园喷泉南侧，面阔7间，进深1间，砖混屋顶，硬山青瓦屋顶。内陈列抗日军民斗争事迹介绍及遗物。

抗日烈士纪念馆于1959年建，位于墓群南侧。是年，烈士陵园增建烈士骨灰堂，骨灰堂位于烈士纪念馆西50米台下，西跨院之内。砖混结构，东西面阔7间，南北进深1间，硬山青瓦屋顶。堂内存放抗战以来各时期的286位烈士和干部骨灰。

1980年，该陵园管理处改建农舍式抗日斗争事迹陈列馆，为仿古式混凝土结构建筑，更名为抗日斗争纪念馆。明两层，暗一层，东西各一，砖混结构。底屋四周回廊，正中为穿堂，两侧为馆堂。

1995年，该陵园管理处在烈士英名灵碑前左右侧建七彩琉璃庑殿顶香亭，同时于抗日斗争纪念馆前甬道两侧建七彩琉璃园顶香亭。

盘山革命纪念馆位于墓群南侧，2005年1月筹建，3月拆除原建筑，3月24日奠基，8月主体工竣工，9月2日正式向社会开放。该馆仿清式建筑，上下两层，建筑面积为1158.88平方米。该馆陈列以地方革命史为主线，以抗日烈士事迹为重点，“人”“史”结合的体例。展线长度为160米，展示文物300余件，历史照片以及蜡像微缩景观、雕塑、影像窗、油画等辅助展物，展现了由李子光、包森、田野、白草洼战斗、莲花峰七勇士、子弟兵母亲杨妈妈等众多盘山英烈组成的英雄群体。该馆由国家、市、县三级财政投资兴建。

“永恒的怀念”抗日雕塑于2005年8月由夏德元、夏怀珍、夏怀勇、夏怀勤烈士一家的39名子弟捐建。2005年9月2日揭幕。

纪念碑廊位于烈士群墓与纪念馆南北之间，由县老促会发起，老促会和民政局共同投资兴建。2004年动工，2005年8月竣工。碑廊是为纪念抗日战争胜利60周年而建，全长64米，宽4米，高3.7米，以主甬路为界，碑廊的东西两侧各立9块石碑，立碑高180厘米，宽137厘米，厚20厘米；碑座为须弥座，高50厘米，上宽160厘米，下宽170厘米，上厚40厘米，下厚50厘米。东面正面为陈云题“饮水思源，不忘老区”。背面为萧克题“以老区的光辉历史，推动祖国的建设事业”。西面正面为李运昌题“前事不忘，后事之师”。背面为李中权题“铭记历史，展望未来”。横碑高160厘米，宽230厘米，厚20厘米；碑座为须弥座，高40厘米，上宽250厘米，下宽260厘米，上厚40厘米，下厚50厘米。东部碑文是蓟县革命简史，西部碑文内容为日本侵华时期，日军在蓟县制造的29起骇人听闻的惨案。

三、烈士陵园牌楼、园门

园门位于陵园区南部正中，抗日斗争事迹陈列馆前20米。枋上黄字草书“蓟县盘山烈士陵园”八字，两侧门柱楹联黄字印刷体书“为有牺牲多壮志，敢教日月换新天”。2005年重建，重建后建筑风格为四柱冲天式，两侧门柱为青白玉、理石贴面。

1994年，该烈士陵园管理处在园门南100米处，仿明清建筑式样建盘山烈士陵园牌楼。四柱三门七楼，混凝土结构，东西面阔14.5米，高12.5米，柱为方形，中柱高8.6米，侧柱高8.2米，面阔76厘米，侧宽1.26米，抱柱高2.15米，面阔1.05米，侧宽1.55米，青色大理石镶面。混凝土仿木结构顶楼，黄色琉璃瓦庑殿顶，楼额前嵌黑色大理石，前为黄字阴刻行书“盘山烈士陵园”六字，后为黄字阴刻草书“盘山抗日根据地遗址”九字，均为原冀东军区司令员李运昌题写。牌楼两侧为八字墙，砖混结构，长28米，高3米，卷棚墙顶，东墙内侧悬挂烈士陵园建成后历年所获奖牌、荣誉牌。西墙内侧嵌黑色大理石，镌刻：“盘山烈士陵园简介”。牌楼前为广场，各边厂为40米。广场正中设国旗杆。台座各边长1米，高30厘米。旗杆为不锈钢结构，直径10厘米，高15米。

1997年，该陵园管理处在牌楼南侧建野外训练场、多功能厅。野外训练场，东西长100米，南北宽80米。场东北侧建多功能厅，东西面阔8间，南北进深2间，前间为廊。兼具电子厅、歌舞厅、饭厅等多种功能。

该陵园绿化以松柏为主，到2010年，共计栽植松柏等常绿树10万株，营造出“松柏常青、忠魂永存”的境界与氛围，另栽有其它各类树木8万株，树木多栽植在南部林区。18万株树木把此陵园装扮得庄严肃穆，是天津市绿化规模较大、绿化效果最好的烈士陵园之一。

第三节 汉沽烈士陵园

汉沽烈士陵园始建于1956年，位于汉沽新开北路，座西向东占地面积21450平方米。1976年地震受损，后在原来基础上经过四次改造和大型维修，园区面貌有较大改观。纪念碑前是可容纳5000多人的广场。陵园内栽植松柏等树木和花卉近万株，绿化草坪2840平方米，绿化面积约占陵园总面积的达55%。

1994年，该陵园被天津市委、市政府命名为爱国主义教育基地，同时被列为革命烈士纪念建筑物重点保护单位；1995年，被国家民政部评为革命烈士纪念建筑物管理先进单位；先后被评为市级“绿化百佳单位”和花园式单位，并连续十年被评为“市级绿化先进单位”；2003年，被天津市国防教育委员会命名为“国防教育基地”，并曾多次荣获天津市民政系统“文明示范窗口”“文明窗口”先进单位。

第四节 武清烈士陵园

武清区烈士陵园始建于1956年，当时坐落在杨村镇塔园路，1958年迁到杨村镇机场道。2008年9月，武清区烈士陵园在杨村镇大桥道延长线西侧选址重建。重建后的烈士陵园占地26700平方米，比原址增加了9300平方米；建筑面积2900平方米；硬化面积12100平方米；绿化面积12000平方米，比原址增加了7900平方米，绿化面积占总面积的44%。

园区东西方向中轴线上建有毛泽东手书的“革命烈士纪念碑”。碑体采用米色花岗岩贴面，碑高21.15米。碑后是烈士墓区，安葬着有名烈士和无名烈士128名。无名烈士墓前有圆形汉白玉花圈式墓碑，墓碑正中是由62朵花环绕着的五角星，四周是松枝柏叶，象征62位烈士生前紧紧团结在党的周围，他们的崇高品德象苍松翠柏一样万年长青。

墓区后面是全长150米的长城式纪念大墙。墙上镶有四组2×6米的汉白玉浮雕，分别表现国内革命战争、抗日战争、解放战争、抗美援朝等不同时期我军将士不怕牺牲、英勇战斗的动人场面。

纪念碑前是近5000平方米纪念广场，可同时容纳几千人举行集会。纪念碑南侧建有235平方米的武清区革命史展览馆，展示武清区人民各个时期奋斗历史。纪念碑北侧是附属配套设施用房，纪念碑东侧是综合办公楼。

新陵园整体布局协调统一。绿化种植以草坪、松树、杨树和一些观赏树木为主，形成三季有花、四季常绿、景色宜人、环境优美的花园式爱国主义教育基地。

第八章 风景游览区

第一节 海河公园

一、沿革

海河是天津市的一条主要水源河道，也是天津市的一大象征。20世纪50年代，园林部门曾沿海河右岸北安桥至解放桥一带，初步建设海河公园。1956年5月1日，海河公园正式开放。

但在“文革”期间，该公园失养失管，加之 1976 年的大地震，沿河两岸成为搭设临建棚的避难场所，不仅原来 6 公顷多的绿地被破坏，而且两岸被 80 多个单位圈占，私搭乱盖违章建筑严重，极大地影响市容环境。

为对海河沿岸进行综合整治，并使其成为贯穿市区的一条自然风景轴线，1982 年 9 月，市委、市政府做出建设海河公园的决定，并将此作为建设精神文明、整洁、美丽的新天津的重要组成部分和一大突破口。海河公园的规划建设思路是以绿为主、因地制宜、分段处理、景色各异、两岸呼应、远近结合，逐年完成。设计基本原则是：动静结合，以静为主；水陆结合，充分利用水面，把水搞活；土绿结合，以绿为主，建筑少而精；点线面结合，统一中求变化；形成一条三季有花、四季常青的沿河绿化景观带。

建园工程本着“人民城市人民建”的指导方针和统一规划，统一指挥，专群结合，分区实施”的原则，于 1982 年 11 月 10 日开工，1983 年 9 月底海河公园基本建成开放。1990 年，在评选“津门十景”中，海河风景线以高票入选，命名就是“沽水流霞”。

1996 年，园林部门优质高速地进行了海河公园建防水墙损毁后的恢复重建工程，到当年 9 月底前全部竣工，在此后直至 2010 年，海河公园又不断调整、改造、完善、提高。特别是 2008 年，在迎奥运期间，海河公园进行全面提升改造。2009 年，又结合全市开展市容环境综合整治，海河公园再次进行了提升改造。

在建设海河公园的过程中，全市人民积极响应市委、市政府的号召，踊跃投入公园建设。各行各业为建园各尽其能，各显其长，特别是在 1982 年到 1983 年的建设过程中，有 57 个区、局级单位为建设集资出力，有的单位还承担了部分工程项目。各单位分段包干，组织义务劳动 15 万余人次。为了铭记我市群众义务建设海河公园的业绩，1983 年在海河公园的夏花园内树立了一座建园纪念碑。李先念为建园纪念碑题词“人民城市人民建”。1984 年，《海河公园总体规划及秋景园设计》获国家金质奖。

二、先后建成的园景和绿化

海河公园 1983 年基本建成主要开放的范围是：海河左岸自狮子林桥至月牙河 11.6 公里；海河右岸自金钢桥至四新桥 8.2 公里，两岸全长 19.8 公里，绿化总面积有 20 多万平方米。基本建成开放的海河公园以绿化为基调，分段各具特色，海河右岸自北安桥头至刘庄浮桥，还依次开辟了青年园、草花园、春花园、蔷薇园和秋景园。

海河公园自 1983 年至 2010 年先后建成开放的主要景区有：

1. 青年园自北安桥至鞍山道，长 340 米。自北安桥步入园内，首先映入眼帘的是一座银灰色的双面同步电子石英钟，这是设计者在有意启迪青年们珍惜“黄金时代”的宝贵光阴。花丛中矗立着一座名为“青春”的群雕，4 位亭亭玉立的少女，手挽着手，用热烈的目光互相勉励去追求美好未来。园内中心处有一座花岗岩石碑，镌刻着邓颖超亲笔题写的“青年园”。挺拔、翠绿的白蜡，艳丽、火红的串红，遍布各处，洋溢着一派青春气息。

2. 草花园自鞍山道至解放桥，长 800 米，园内以花境形式种植萱草、鸢尾等宿根花卉和草本花卉。这里靠近天津市最繁华的地区，园外车辆川流不息，人流熙熙攘攘，园内却是闹中取静的好去处。在高耸的草花丛中，建立了一座名为“海河儿女”的雕塑，塑造了一位体态轻盈、健美的渔家女，站立在海河波涛之中，右手高擎一只振翅欲飞的海鸥，一对明眸凝望着蓝天、白云，表达了向往新生活的一片深情。这里最引人注目的是，当时国内规模最大的人造叠水瀑布咏春泉。它占地 800 多平方米，瀑布叠水从岸边直落河中，气势磅礴，蔚为壮观。草花园以东依次是春花园、夏花园，月季园、秋景园，分别栽植了各季盛开的花木和四季常青的松柏，三季花饰不断，四季各有佳景。

3. 春花园自解放桥至营口道，长 940 米，春花园以泡桐、洋槐、西府海棠、连翘、碧桃、榆叶梅等为主体植物，早春时节，百花争艳，呈现出春到海河的景象。

4. 夏花园自营口道至太原道，长 620 米，栽植合欢、栾树、紫薇、木槿、珍珠梅等夏季开花的花木。盛夏时节，绿树成荫，鲜花点缀。在园中的大同道口，修筑了建园纪念碑。特别值得一提的是，这座建园纪念碑，是占据显赫位置的一组山石，这组山石是从天津蓟县老虎顶采集来的震旦亚纪晚前寒武纪叠层石，距今已有漫漫的 10 亿年。李先念题写的“人民城市人民建” 7 个大字，就镌刻在这块石头上，更显得意义非凡。

5. 月季园自太原道至大光明桥，长 450 米，布置错落有致的月季花坛，满栽五颜六色、分外妖娆的天津市市花月季。

6. 秋景园自大光明桥至刘庄浮桥，长 1700 米，该处是海河公园较为宽阔的地段，该园采用自然式的山林野趣手法布置，以微地形和迂回曲折的园路分隔空间，起伏不平的土丘、曲折迂回的小径和小巧玲珑的茅亭，显得层次分明、曲折多变、雅致朴素。全园广栽能表现秋色的火炬、银杏、杜梨、栾树、金银木、枸杞等，并大量栽植黑松、沙地柏等常绿树。秋日，红绿相映，色彩斑斓，秋景格外迷人。1984 年，《海河公园总体规划及秋景园设计》被评为优秀设计，获国家金质奖。

7. 植物造型园从秋景园到海河对岸向西折回，便是植物造型园。这里呈现另一种园艺风格。园林部门借助西方园林的造园手法，以规划式布局为主，每隔七、八十米，就会展现不同形状的组合花池，使甬道更向、丘峦起伏、空间变幻、新意迭出。这里的叠水台、海波亭、儿童乐园、天鹅雕塑，以及五色草编扎成的海狮戏球、白熊憨立、飞鱼展翅、海马望月、海豚钻圈等植物立体造型，也会使人觉得美不胜收。

8.“百龙戏水”向西行到四纬路和六经路交口处赤峰桥与六经路之间，一组恢宏的美景映入人们眼帘，这就是 1988 年建成的大型浮雕彩灯水景“百龙戏水”。这组美景是 1988 年建成的大型浮雕彩灯水景“百龙戏水”。它是一座长 107 米、宽 4 米的白色大理石浮雕，其上镌刻着镌刻 63 条神态各异、翻腾奔跃的白龙，构成 4 个“游龙戏水”的逼真画面。两侧的汉白玉石上，一边刻着“百龙戏水、时泰景和”，一边刻着“津门龙影、万象更新。”每一条龙的嘴部，都含有一个喷头，海河水从龙嘴中喷涌而出，在音乐程序的控制下，不断变幻着水柱的高度和形状。浮雕的前面，装有造雾喷头和300盏水下彩灯。入夜，龙嘴中的水柱，造雾喷头的水雾，交汇在一起，浮雕前仿佛进入“云海茫茫”的境界，水上彩灯又将白龙、水柱、水雾映得五光十色，堪称天津一大奇景。

9. 解放桥广场绿化和世纪钟。为配合新天津站，解放桥广场中央建有高低不同、形状各异的花坛，四周配以高大乔木，形成开阔的园林景观。在天津站西侧、解放桥环岛5000平方米的绿地上，天津市为迎接新世纪在此建成大型标识性城雕建筑世纪钟。

这座世纪钟为全金属材料，钟高40米，直径14.6米，基座面积74.4平方米，金属部分重量为170多吨，分钟盘、摆架和基座三部分。

表盘的周围采用了12星座的浮雕，画面都是根据最原本的故事创作。12个直径2.6米、重约1吨的铸铜浮雕分别为12星座。把在中国代表吉祥的白羊座，放在顶端12点的部分，把代表公平的天秤座，放在最下部6点的部位，体现了把外来的文化与本土文化相融合的观念。

石英钟盘面积154平方米，在直径约8米的内环上，盘芯和指针采取花挡镂空制作，直径约14米的外环与内环间镶嵌12个直径2.6米的青铜浮雕，图案为12星座。表盘的侧面为一个巨大的钟摆造型，摆架为“S”形，取材于太极分割线形状，寓意阴阳交替，互始互终。盘芯及钟指针采用花档镂空制作，显得古朴典雅。厚重的锻铜底座上布满大小齿轮、链条以及巨大的钢制螺钉、铆钉。

锻铜底座

钟摆

基座

钟表的表盘外形为欧式风格体，选用不锈钢材料制作罗马数字及表盘中心骨架。骨架镶嵌高级亚克利透明板材封面，板材厚度8毫米。罗马数字部分为镂空镶嵌。罗马数字外围直径8米，内圆直径5米，中心表盘外圆直径5米。表盘上镶有“天津”及“2000”大幅字样。直径5米表盘内，夜间发光。时、分针用不锈钢激光切割制作，分针全长约4米。时、分针总重量为180公斤。30多个齿轮部分全部用钢制作，外面锻了黄铜，齿轮代表时光流转，世纪更迭，20世纪工业化时代结束，运转到21世纪的高科技时代。

钟盘侧面有一个巨大的钢制长杆造型，全高34米，总重约10吨，上顶太阳，下挂月亮。长杆呈“S”形，取材于太极分割线形状。寓意阴阳交替，互始互终。太阳的光芒和月亮的光环都在以每分钟3转的速度匀速旋转，速度可调，意味着天津是中国的门户，浓缩了一个小宇宙，再配合时钟的运行，给人以动感和强大的生命力，把凝固雕塑提高到动态雕塑。太阳与月亮的外部全都是不锈钢制作，“太阳”的脸儿贴了纯金箔，“月亮”的表面贴了纯银箔，“月亮”旁边的卫星也是贴了纯金箔。立柱使用紫铜制作，长18米、宽6米，重达40吨。用来支撑钟表和机房的平台也是使用钢制的。

表盘及连接装置

在世纪钟的周围竖立了8个星空回转灯（分别发出红、黄、绿、蓝的颜色）、3圈射灯（白色灯光）、16杆水晶灯（每杆水晶灯上装有72个灯泡）。

为了满足大钟报时音响效果的真实性、无噪音，在大钟平台终端处，设置了四组高、低音室外用音箱，总功率在2千瓦以上，使音量上做到了充分可调，保证了音质的效果。大钟在每天第一次报时时，响起“东方红”的音乐，后面每次整点报时时，则采用世界专用钟声。

夜间发光是世纪钟的又一特色。在设计上使用内照明发光，使表盘部分在夜间清晰可见，外照明使整体通亮。并由主控制器提供自动开关信号，根据不同季节夜间长短自动起闭灯光。发光系统还同时给摆杆上的两个转动轮提供电源开关信号，使摆杆上的“太阳”外圆周边在夜间发光，摆杆下端的“月亮”也以同样方式发光。

这座世纪钟，是建成当年资料可查的世界直径和重量最大的独立艺术立体钟。

10. 喷泉游乐场。自解放桥广场西行，就是喷泉游乐场。位于游乐场中心的大型声控喷泉群，伴随着悠扬、明快的乐曲，20多米高的水柱腾空而起，又分别展示幕帘状、涌泉状、雾球状、喇叭状。到了夜晚，160盏水下彩灯，大放光华，水柱被涂上了瑰丽的色彩，喷泉两侧以绿化烘托。在喷泉两侧，曾安装有多件大型游乐器械。

在这一带的海河岸边，设有多处游船码头，在海河水面上投放龙船、快艇、鸳鸯船等小型游船和鲸鱼号、黄莲圣母号等大型游船，供游人在河面上游览。1988年夏，“海河”号等大型游船，开辟“海河渤海一日游”线路。从海河广场桥至塘沽乘船，不仅可观赏海河及两岸风光，还可观赏滨海新区和渤海风光，成为天津旅游的一大王牌项目。

11. 音乐公园。在西临海河东路、东临平安街的北安桥头，建有以这座以音乐为主题的公园。该园面积3600余平方米，整体形状酷似一把小提琴，矗立着李斯特、贝多芬、施特劳斯、海顿和巴赫5位世界著名音乐家的铜像。

公园有三块如地毯状的绿地，分别建在公园的顶部和两侧，面积达3000多平方米。这些绿地种植黄色的金叶女贞、红色的紫叶小檗和绿色的薯块三种植物，这三种颜色组合在一起就好像地毯图案的模纹。围起绿地的路面和台阶由金心麻、芝麻白、印度红、川白玉和中国黑五种色彩搭配而成，与模纹绿地形成鲜明的层次感。三块绿地的圆弧恰好围成了公园的中心建筑——一座三层、直径 14 米的水池，底层由几个小天使相围，顶层有一座手托罐子的女神铜像，水下安装了各种颜色的灯光。它并非一般的喷水池，而是每层水满后自动向下跌水，形成轻盈的“雨帘”。

公园北侧正对水池是一座欧式圆形小亭子，地面直径 5 米多，8 根柱子和顶梁均由汉白玉雕成，金黄色的顶子由贴金铜瓦制成。这座欧式小亭子由白和金两种颜色组成，既有典型中国式亭子的小巧玲珑，又好似宫殿般富丽堂皇。

12. “二龙戏珠” 和 “哪吒闹海”。1986 年，利用原狮子林桥遗留的旧桥墩，在三岔河口紧靠狮子林桥的水面上，建有两组铜质塑像。其中一组塑像是两条雄踞的蛟龙，它们相对昂首嬉戏，龙首中间有一枚彩色圆珠悬空疾转，龙口喷出丈余高的水雾，构成一幅生机盎然的“二龙戏珠”；另一组塑像是顽皮可爱的哪吒，脚踏风火轮，手持降魔圈，身骑一条蛟龙，威风凛凛，气盖山河，再现了我国古代神州传说“哪吒闹海”的生动场景。在两组塑像的周围，悬挂着一串串七色彩灯。每逢傍晚，彩灯闪烁，水声作响，水雾迷蒙。

13. 天津湾公园。2009 年，在全市开展市容环境综合整治过程中，海河公园再次进行进行提升改造，其重点绿化点位之一，就是兴建天津湾公园。

该园位于中环线光华桥畔，地处海河新建的国泰桥下游 100 米河西侧，占地 3.44 万平方米。总体设计以园林景观为主体，突出水上休闲运动的功能和特色，充分利用沿河自然河滩坡地和屋顶绿化，把建筑与景观结合，使建筑融于河岸地形中，形成了独特的景观效果。一期工程 2 万平方米绿化大型林带及花街建设独具特色，种植各类乔木 1000 余株，灌木 300 余株，花卉 2 万余株，铺植草皮 0.7 万平方米，成为海河一颗绿色明珠。

2006 年以后，随着市区海河两岸整体开发和环境综合整治，不断对海河公园进行了调整、补充和提高。自海河上游永乐桥的“天津之眼”，至下游柳林风景区的吉兆桥，拓展了延绵 20 余

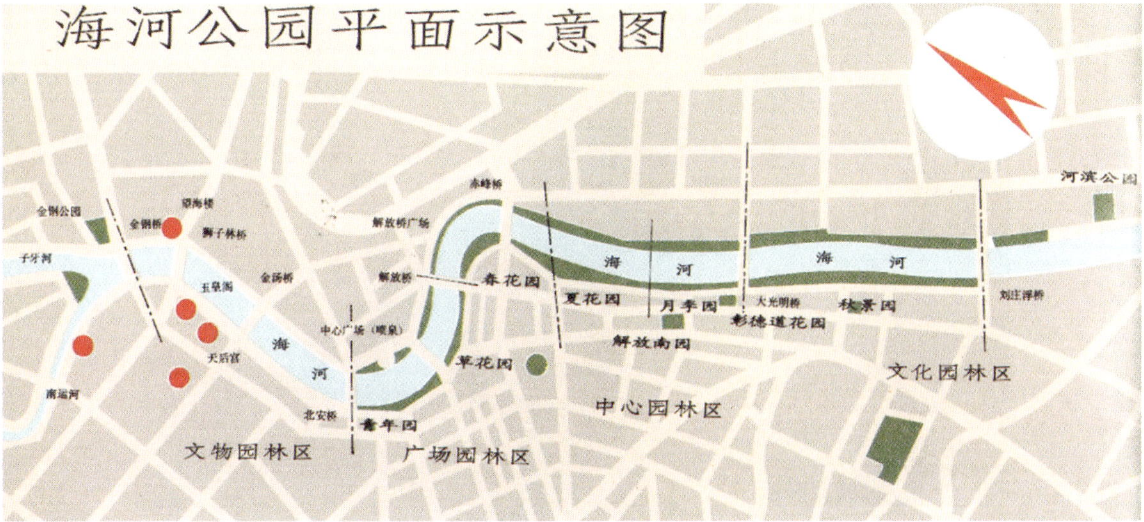

20 世纪 80 年代海河公园平面示意图

公里的沿河景观带，新建和整修了御河码头公园、金钢公园、海河广场公园、滨河公园、富民公园和柳林风景区；并使之与跨越海河的各式桥梁相映衬，与沿河的大悲院、古文化街、城隍庙、意奥风情区、望海楼教堂、天津站、津湾广场、昔日租界码头等历史文化观光区景观相烘托，还改造了沿河垂直堤岸，大量增加沿河景观带的亲水平台设施。海河水面上新投入10多艘大型观光游览船，建成海河两岸夜景灯光带等。而后的海河公园以及景观带，已经成为展示天津形象的一大名片。

20世纪80年代初海河广场桥、锦州道东口一带的海河公园“涌春泉”

今日海河沿河景观（原意奥租界沿河一带）

今日海河沿河景观（原日租界码头一带）

第二节　盘山风景名胜区

盘山风景名胜区，位于天津市蓟县西北 15 公里，占地面积 106 平方公里，因雄距北京之东，故有“京东第一山”之誉，山旧名无终、徐无、四正、盘龙。东汉末年，无终名士田畴率族人隐居于此，因此称田盘山，简称盘山。1990 年，以“三盘暮雨”景观被评为“津门十景”之一。1994 年，被国务院列为国家重点风景名胜区。2007 年被国家旅游局评定为首批国家 AAAAA 级旅游景区。2011 年被评为中国旅游百强景区。截至 2010 年，盘山风景名胜区管理局共有编制 126 人，当年接待游客 75 万人次。

一、沿革

盘山始记于汉，兴于唐，极盛于清。从魏武帝曹操开始，唐太宗、辽太宗、辽圣宗、金世宗直到清代的康熙、乾隆、嘉庆、道光，都曾“鸣驺入谷”，游览过盘山，并在盘山大兴土木，开山建寺，留有 300 多处摩崖石刻。唐太宗李世民东征凯旋途中到此游览，吟诗“兹焉可游赏，何必襄城外”，对盘山景色赞不绝口。唐代兴佛教，此时盘山与山西的五台山东西相互呼应，被称作“东五台”。到明清两代，在此建起寺庙 72 座、宝塔 13 座，行宫、楼台比比皆是，景况空前，成为香火极旺的佛教圣地。文人墨客、善男信女进山逛景，参禅礼佛，络绎不绝，留下了无数诗赋墨宝、碑记题刻，为盘山平添了许多人文景观和无限情趣。乾隆皇帝一生 32 次巡游盘山，留下吟咏盘山的诗作 1702 首，曾慨叹：“早知有盘山，何必下江南！”命人在盘山南侧兴建占地 400 余公顷的行宫“静寄山庄”，庄内亭台楼阁、轩室斋屋无所不有，规模宏大、建筑豪华、布局优美、工艺精良，是著名的皇家园林。但随着历史的变迁，盘山寺庙历经战火的摧残，百年行宫也只存遗址。

抗日战争时期，盘山是冀东革命根据地之一。日军实行残酷的“三光”政策，盘山许多佛寺毁于战火。保留下来的只有碑刻石记和5座石塔。新中国成立后，盘山脚下建立了烈士陵园，供后人瞻仰凭吊。

1978年5月，盘山风景区的保护和开发建设工作被列入天津市和蓟县的总体规划，决定建立盘山游览区管理所。并于1979年1月正式建立，隶属于蓟县城建局，行政科级建制，定编30人，实有干部职工20人，下设基建组、会计组、政工组。所有人员编制、业务领导、工程计划、建设投资均纳入市政建设渠道，对口天津市市政工程局，人员经费由市政工程局划拨。1979年1月，市委同意将盘山林场由蓟县农林局划归盘山游览区管理所管理，总面积2700.7亩，林地2369.3亩。

1979年11月，天津市政府批准了《修建盘山风景区的总体规划》。1980年8月，天津市园林局在营房村北建立天津市盘山花圃，设天津市盘山花圃管理所，与盘山游览区管理所两块牌子一套人马，业务归口天津市园林局领导。1981年4月，盘山管理所受天津市园林局和蓟县政府双重领导。市园林局主要是业务领导，负责建设实施、人员编制、工资劳保福利，蓟县政府负责行政领导。

1982年2月，天津市盘山花圃管理所与蓟县盘山游览区管理所合并，改称天津市盘山游览区管理处，归属天津市园林局管理，规格为行政正处级，增加编制49人。管理处下设办公室、政工科、保卫科、服务科、基建科、计划财务科、花圃管理科与园林队，共有干部职工129人。

1984年12月，天津市政府把盘山定为市级自然保护区。1994年1月，盘山风景名胜区划归蓟县人民政府管理。是年8月，盘山管理处改称盘山风景名胜区管理委员会（简称管委会），管委会在景区内行使县人民政府授予的行政管理职能，规格为行政正处级。主要职责是根据风景名胜古迹管理和规划，负责资源保护、开发利用、规划建设、环境治理、安全管理、游览服务、统一经营。盘山山场及饭店、商店等管理处原花田土地及相关的旅游设施，划归盘山管委会管理。部分管理人员留归天津市园林局。因土地、办公用房产权划归天津市园林局，成立天津市园林局盘山职工疗养院。管委会下设办公室、政工科、工会、保卫科、计划财务科、服务科、基建科、索道建设中心，共有干部职工122名。

1995年6月，盘山风景区管理委员会改称天津盘山风景名胜区管理局，其职能设置、隶属关系未变，编制126人。2008年始，局机关设置办公室、工会、政工科、财计科、保卫科5个职能科室，成立了五大公司，即旅游接待服务公司、景区管理服务公司（保卫科）、索道服务公司、旅游运输服务公司、网络技术服务公司。近几年，盘山管理局加大市场开发，把市场科从旅游接待公司分离出来单独办公。成立了景区服务质量监督检查科、农家院服务办公室、文史研究室、数字化管理办公室，导游服务科等。

二、景区及古迹

1982年，盘山景区正式对游人开放，经过30多年的保护、开发和建设，已形成五大景区，三百余处景点。重点恢复了入胜、天成寺、万松寺、云罩寺、上方寺等景区。蓟县政府、县民政局对盘山烈士陵园进行了改建、完善，形成了爱国主义教育区。盘山集自然山水与文物古迹，佛教文化与传统教育，历史文化与现代艺术于一域，使盘山风景名胜区更具魅力。

1. 天成寺游览区。该景区占地0.82平方公里，为盘山的奥穴地带，也是游盘山的序曲。主景天成寺，又名天成福善寺、天成法界，在翠屏峰南，是距山门最近的寺。取“天成图画”，故名。寺始建于唐，辽、明、清曾扩建重建。主要建筑有大殿、配殿、三间殿、江山一览阁。清乾隆皇帝为寺门题“天成寺”，为江山一览阁题额“江山一览”，为大殿题匾“清净妙音”。日军侵华时期，该寺被日军烧毁。1962年，河北省天津市人委定为市级文物保护单位。1978年，国家旅游局拨60万元重修大殿、配殿、三间殿、江山一览阁，正殿东侧的配殿前立清乾隆皇帝御制《游盘上记》碑一通。新建40多米长的画廊，基本恢复了原貌。1982年3月，天成寺重修竣工。同年7月9日天津市政府将其定为市级文物保护单位。寺门东侧一巨大高台上有卧云楼。楼两层6楹，画栋雕梁，高脊飞檐。每逢天阴雨霁，只见浮云在山谷中穿行，或隐蔽楼身，或穿楼而过，故名。楼对面山脚下有座平台，乾隆皇帝在楼上休息赏景时，御用乐工戏班曾在台上献艺。原建筑已毁，只存其基。2005年5月在旧基上恢复重建。大殿前有银杏树两株，树干高25米，胸围3.1米，皆为雌性，树龄达800年。在大殿后有两眼涓涓泉，泉呈方形，深3米，泉水清澈见底，常年不涸，清冽甘甜。在大殿西有飞帛涧，夏秋时节，水从翠屏峰飞泻而下，形如飞帛，故名。

在入胜至天成寺路旁大石桥头，曾有1棵迎客松，干围2.7米、高10米，树龄约800年，树冠伞状，枝叶扶疏，树身向前斜倾，做迎客状，故名迎客松。自二十世纪九十年代中期以后，树势日渐衰败。1996—1997年间，盘山管理局聘请北京、天津、唐山古树专家多次“会诊”，全力救治。先用高分子化学和特种水泥做防腐剂，填堵腹空的树干、树洞，接着又给树干注药除虫，进而根部开设营养沟，并埋管灌注中药，补充营养和氧气。2003年，多方施救无效，自然衰竭死去。2009年4月15日，盘山管理局在迎客松旁，重新移栽一株高10米，干围0.94米，树龄约90年的松树，代替迎客松，现已经成活。翠屏峰下，是古银杏树掩映的古佛舍利塔、天成寺古建筑群和优美的自然山水景致。站在寺院高台之上，南望山下，山麓如深巷屈曲，涧泉苔石历历可数，远眺林峦攒簇天成图画。景点有翠屏峰、宿云亭、入胜、漱渶、四正门经、元宝石、迎客松、真客、飞帛涧、涓涓泉、滴水濑、梅仙洞、善蛇洞、遏凡尘、一线天、气象万千、东五台山等。

2. 万松寺游览区。该景区占地2.27平方公里。万松寺是盘山最大的寺庙，清朝以前称李靖庵，因唐初名将李靖曾在此居住，故名。该寺始建于唐，明万历年间重修。明万历四年（1576），普照禅师至此主持。明神宗朱翊钧为此庵写了“清心”2字。清初改称卫公庵。清康熙十七年

(1678)，康熙皇帝巡幸万松寺并赐金。翌年春，遣大臣赐“乐天真”匾，悬于佛堂之上。清康熙四十三年（1704），因寺周围有大片古松，故康熙帝赐额“万松寺”。清乾隆十年（1745），赐金重修，御书题额“慈育万物”。日军侵华时，寺毁于战火，仅存佛殿石基和重修李靖庵碑等遗迹。1988—2006年间，陆续修复了千佛殿、藏经楼、照壁、龙王庙、弥勒殿、钟楼、鼓楼、大雄宝殿、不二门、菩提桥、放生池等。寺东山崖上，一松于凌空横生，如凤凰展翅，故名凤翅松。景区内诗词石刻、怪石奇松交相辉映，具有古树翳天、名山梵刹的景观特征。主景为万松寺古建筑群。景点有太平禅师塔、普照禅师塔、望海楼、神牛坟、逍遥游、京东第一山、骆驼石、凤翘松、仙人桥、舞剑台等。

3. 盘谷寺游览区。该景区占地0.64平方公里，为下盘水胜与中盘石胜区的过渡地带。水景与石景兼而有之。因此，景观以水映石趣，深幽秀奇为特色。盘谷寺又名青沟禅院，清康熙十年(1671)，僧人智朴创建，初为宋荦题名“青沟禅院”，清康熙四十三年（1704），康熙皇帝赐额“盘谷寺”。今寺已无存。仅存建筑基础，遗址上存有碑刻三方：一为康熙皇帝《赐智朴和尚》碑；一为《乾隆皇帝御制诗碑》；一为宋荦《青沟禅院碑记》。还有“敕修盘谷寺”石匾一块。主景有盘谷寺遗址。景点有玉乳泉、杏花畈、文殊洞、天池、天井石、清凉石、观音洞、鹰石、浮石舫、捧日、东甘涧、进士坟等。

4. 挂月峰游览区。该景区占地0.9平方公里，以天景景观、天景气象景观为主要特色。登绝顶，览胜境，看日出，观云海，听松涛，尽享大自然美景。主景挂月峰为盘山主峰，海拔864.4米，上锐下削，奇松姿态怪异，景致甚为壮观。作为盘山之巅，有联曰“云禅凌空将摘月，仙峰建塔欲钻天”。主景还有云罩寺，为盘山最高处的寺庙。云罩寺原名降龙庵，始建于唐，因地邻绝顶、云掩雾罩而得名。明万历三十年（1602），敕赐云罩寺。寺内有弥勒殿，供奉皇藏千叶宝莲佛。明万历皇帝承肃贞寿太后命，印施藏经。清康熙十七年（1678），康熙皇帝御书匾额“盘山秀峰”，康熙四十三年，御题匾额“云峰法界”。乾隆七年（1742），乾隆皇帝谒陵回来，登上顶峰，谓“此寺殊胜，命葺其垣，新其栋宇”。乾隆九年（1744）敕修云罩寺，御书匾额“金界常明”、“住智慧山”，题对联“青山白云常自在，禅悦法喜悟无生”。明正统十四年(1449）于峰顶建黄龙祖师殿，殿内塑有黄龙祖师像。明代峰顶有一松，曾在树枝上挂一洪钟，方圆数十里可听见钟声，故名挂钟松。清末以来，云罩寺逐渐坍塌，仅存遗址及石碑。1985年，重建云罩寺的东膳房。1992年，修复了云罩寺的山门、大雄宝殿、东西配殿、观音殿。2005年，盘山管理局投资240余万元，再次重修，并整修挂月峰坝基。2009年7月10日，寺内的广济龙王殿竣工。景点有自来峰、挂钟亭、定光佛舍利塔、南天门、奇境、摩天、脚印石、挂月瀑布等。

5. 上方寺游览区。该区占地0.87平方公里，为盘山“奇绝”、“奇险”之地，游此区可尽盘山之险。上方寺，唐太和二年（828）道宗大师始建。唐代宝积禅师隐居于此。清乾隆十七年(1752)，赐帑重修。御书题匾“云涛花雨”，联“石润苍苔皆佛性，松摇晴籁有禅机”。清末至民国初年，因年久失修，逐渐坍塌。抗战时期毁于战火。寺内现存明正德九年（1514）第四代住持僧性澄的石碑一通。2006至2009年，投资2500万元，恢复建设上方寺。完成了寺庙、钟楼、办公用房、停车场、游览路、水、电配套等工程。并惊喜地发现了100多米高的天然巨大财神像，成为国内一大奇观。主要景观有上方寺、嶕峣峰、财神峰、天门开、白猿洞、大方广、八步险、悬空石、喝断石、棋台、仙台、方开悟界洞等。

6. 少林寺游览区。该区占地0.87平方公里，景区水胜、石胜兼有。少林寺原名法兴寺，在盘山中盘东侧，始建于魏晋，元代重修，寺内有观音殿、明月堂等建筑。元中统（1260—1263）年间，嵩山少林寺雪廷福裕禅师主持此寺，教寺中和尚习少林武功，从此寺内习武成风。元延佑二年（1315），仁宗赐额“北少林寺”。寺东有红龙池，石壁上有一线刻三爪巨龙腾跃水面，气势磅礴，生动可爱。民国之后，殿堂倾圮，庙宇颓败，仅存废基。2008年，嵩山少林寺住持释永信拟出资重修旧寺。主景为红龙池和少林寺多宝佛塔。景点有蛤蟆石、蟒石、萝屏石、帐房石、燕子石、夹木石、仙人望海、黑龙池、报国寺遗址等。

7. 千像寺等游览区。盘山的寺庙千像寺，又名祐唐寺，始建于唐开元年间，唐末毁于战火。辽统和五年（987），希悟大师重修，建有佛殿、僧堂、库厨。佛殿分3层，前殿供弥勒佛，中殿供南海圣佛，后殿为清代所建的藏经阁，供玄奘法师像。像两边有6个红木巨箱，内装经卷。阁两边有配殿，西供药王，东供真武。清乾隆十年（1745），奉敕重修，正殿悬乾隆帝书额“雨花福地”。清末至民国，寺渐毁，今残存坝台和部分墙体。寺后有契真洞，洞内有佛刻，洞口有书法石刻，是天津市保存下来的大型石窟之一。2006年5月25日，千像寺石刻造像群及千像寺遗址被国务院列为第六批全国重点文物保护单位。其他，还有感化寺、天香寺、中盘寺、云净地、净土庵、东竺庵、双峰寺、金山寺、招提寺、白岩寺、瑞云庵、水月庵、大慈庵、普济寺等寺庙遗址。

8. 石趣园游览区。该区占地0.62平方公里，位于下盘，是集自然山水与人文艺术、佛教文化与性文化为一体的景区。1995至1996年玉石庄村投资建设，主要景点有万佛寺、瀑泉石、野趣洞和豹窝洞、饮马潭、晾甲石、响涧、千尺雪、贞观遗踪、庆成艺术馆、盘山湖及八十七神仙卷和石怪山。石怪山有蛙石、玉兔石、鹰石、狮石、猪头石、华盛顿头像石，形象逼真、引人遐想。

9. 革命传统教育区。该区占地0.14平方公里。苍松翠柏下安葬着抗日烈士的英骨，进入此区，令人肃然起敬。现为盘山烈士陵园，有烈士纪念碑、纪念馆、抗日标语石刻、烈士墓区、烈士骨灰堂、革命传统教育纪念馆，抗日纪念碑廊以及石海战斗等革命遗址。区外有八路军十三团指挥部旧址、包森养伤处、白草洼战斗遗址、救国报社遗址。

10. 静寄山庄游览区。该区占地0.26平方公里。静寄山庄现仅存遗址和部分宫墙。周围景点有千像寺遗址内京东第一碑、535尊线刻佛像、救国报社遗址、摇动石、契真洞等。

11. 桃园古洞游览区。该区占地0.26平方公里。主景为桃源古洞。景点有将军石、莲花石。

景区有3个出入口，分别通往万松寺、盘谷寺、挂月峰和中盘游览区。

12. 古中盘游览区。该区占地0.55平方公里，位于中盘石胜区，在紫盖峰、莲花峰、毗卢峰三个山峰之间。主景为紫盖峰和古中盘寺及石塔林等。景点有康熙碑、说法台、万象回簿等。出入口有3个，分别通往少林寺、盘谷寺和上方寺。

13. 玉龙滑雪场。2009年9月，盘山管理局取得玉龙滑雪场经营权。玉龙雪场是天津首家山地滑雪场，占地13万平米。有初级滑雪道2条，中级滑雪道2条和雪圈道1条。

14. 盘山塔林。2006至2007年，投资500万元，完成了恢复盘山塔林工程。完成了99座石塔的安装和装饰。所有石塔形式各异，成为盘山乃至全国的一大奇观。2008年，投资100万元，完成了“三盘暮雨”景观改造工程。

三、绿化及古树名木

1. 植树。20世纪50年代，蓟县政府实行封山育林，在盘山周围的莲花岭、砖瓦窑、王庄子、玉石庄、田家峪、东窝铺6个村封山380公顷。蓟县农林局在盘山建国营林场，下属盘山、庄果峪、小陵3个林区，培育松林，护养自然林。1979年，盘山游览区管理所接收盘山林场面积180公顷，林地面积157.9公顷。其中人工松林51.53公顷，松树25.5万株；自然榛子林67.2公顷，榛子树33.2万株；自然混杂林39.2公顷，混杂树19.4万株。1982年，盘山管理处开始在景区内投资植树，当年投资3万元，以后每年投资2至5万元不等。树种以松柏、火炬为主。1995年，盘山管理局开始重点在索道下站周围绿化植树，当年投资27万元，为景区植树以来投入最多的年份。当年栽植10岁龄油松60株、10岁龄龙爪槐50株、10岁龄合欢树2株、10岁龄国槐50株、14岁龄雪松10株、12岁龄桧柏7株、16岁龄侧柏1000株，绿化植树1.8公顷。

2. 古树名木养护。1982年，盘山管理所开始对盘山名木古树进行养护管理。是年开始对迎客松、天成寺银杏树、香柏等名木古树喷药进行灭虫除害，以后每年喷药3至4次。1988年，盘山管理处开始对景区名木古树进行普查。在普查的同时，为名木古树挂牌，并为迎客松、银杏、香柏、伴塔松、挂钟松等名木古树，建立木质介绍牌。1990年以后，盘山管理处加强对迎客松的管理，每年采用喷药进行灭虫除害保护6至7次，并封堵了树洞。1991年，迎客松出现了枯枝衰竭症状，管理处对迎客松施肥促壮。1996年，盘山管理局请北京市园林科研所、天津市园林科研所、河北省昌黎县果树研究所、蓟县林业局等有关专家到盘山现场实地调查研究，诊断迎客松的病情。在专家指导下进一步加强对迎客松的管理，当年对迎客松采用了施肥肉、封堵树洞、药物熏蒸除虫等保护性措施，但成效不明显。2003年该树主体枯死，只有一杈存活。

1997年，盘山管理局对迎客松、银杏、香柏、凤翘松、挂钟松、伴塔松等安装铁管防护栏，防止游人触摸。为迎客松搭支撑架，进行抗倒伏保护。并对盘山景区名木古树进行普查，建立名木古树档案，一级、二级名木古树挂指示牌。盘山景区共有300年以上树龄一级名木古树425株；300年以下，200年以上树龄的二级名木古树1400株；200年以下，100年以上树龄的三级名木古树3800余株。

名木古树认养。2004年3月1日，盘山管理局启动古树名木认养活动，成立服务小组。至是年5月1日，共35棵古树名木被认养。其中，认养单位4个，认养个人31人，单位捐款共8万元，个人捐款2.67万元。单位捐款最高者为天津市市政道桥建筑工程公司和天津市北方园林市政工程服务公司，各捐款3万元，个人捐款最高者为2500元。是年7月17日，古树名木认养活动暨古树名木观赏游启动。蓟县平安保险公司为第一个认养单位，捐认养费1万元；天津市许福宽为第一个认养个人。至2005年10月，共收认养费12.62万元，其中单位9.3万元，个人3.32万元。认养单位最高额6万元。

四、服务设施

1. 基础设施。2006年，按照国家5A级景区标准，新增引导牌50块、警示牌35块、景物介绍牌35块；投资100余万元更换生态垃圾箱100多个；并将景区内的旱厕全部改造为水冲厕所。2007年，投资1670万元，完成了办公楼、游客中心、售票大厅、影视厅、贵宾厅、星级厕所、门禁系统等入胜旅游服务设施建设工程。投资15万元，完成了占地1500平方米的第一生态停车场建设工程。投资200万元，配合有关部门完成了盘山东路整修工程，拓宽路面到6米。投资600万元，修建了云罩寺停车场及附属用房。投资337万元，完了成24平方米全彩户外大屏幕建设。2008年，投资150万元，改造扩建了天成寺、云罩寺和南天门3座三星级标准厕所。2009年，投资150万元，对山门广场进行了全面改造，取消了停车功能。2010年，投资100万元完成云罩寺游览路改造工程，维修了挂月峰和自来峰的登山步道，增加了防护栏和照明设施。将山门至天成寺游览路水泥路肩全部改为石质。投资100万元维修垃圾箱87个，新增垃圾箱26个，新设标志牌31块，新增触摸屏2台，新增区域导游图6块。

2. 导游服务。盘山景区开放后，设有导游组，导游员3名。导游服务不足时，由各旅行社自备，或由盘山管理人员中临时兼职。1986年，专职导游人员增加到5名。至2005年10月，景区内有专业导游员8名，兼职导游员12名。旅游高峰导游人员仍不足时，由蓟县内各旅行社或业余导游员临时借用，不在编制。2007年蓟县编委批复成立导游服务科。

2001年，盘山景区导游员刘玉成被建设部、国家文明委、旅游总局授予“全国百名文明导游员”称号。业余导游员吴佑庭在全市导游员大赛中，被评为一等奖。

游览步行道：

西路游览线：入胜—万松寺—盘谷寺—挂月峰

东路游览线：挂月峰—少林寺—盘山水库—烈士陵园

中路游览线：天成寺—东甘涧—古中盘—少林寺

乾隆御路：天成寺卧云楼东—万松寺

3. 索道服务。为适应旅游业的发展，盘山景区内外交通不断改善。盘山索道的建成，不但拉近了登山的距离，而且为游客提供了舒适的服务。盘山东路通车，100余辆上山吉普车投入使用，可使更多的游客登临主峰。大量出租车、客运汽车投入运营使游客到达景区更加便利。

（1）入胜索道。1994年10月22日开始运营。全长水平距离920米，斜长980米，高差281米。设有50千瓦主动机一台，铁塔支架17座，吊舱6组18个。每舱可乘坐6人，每小时单向运输量300人。全部工程投资929.4万元。自2010年9月，对入胜索道升级延长改造。升级改造后的入胜索道，下起综合停车场，途经入胜、天成寺、滴水瀨、遏凡尘、神牛坟等景区，上至万松寺。全长1200米，高差372米。安装361千瓦主动机一台，铁塔支架10座，吊舱34个。每舱可乘坐6人，每小时单向运量1200人。总投资3000万元。

（2）云松索道。2004年5月18日竣工并投入运营。下起万松寺，上至南天门，途经青峰寺、盘谷寺、桃园洞等景点。总长1623米，高差291米，安装67千瓦主动机一台，铁塔支架14座，吊舱80组，每舱可乘2人，每小时单向运输量350人。总投资860万元。

（3）挂月索道。2006年9月云罩寺索道改造工程竣工并投入运营。总投资370万元，将原货运索道建成客运索道。下起云罩寺停车场，上至云罩寺。总长260米，高差77米。单线循环吊舱式，每舱可乘2人，单位小时运输量360人。

4. 旅游观光车服务。1991年春，始有村民利用农用三轮柴油车将游人送上盘山主峰。1992年，运客三轮车发展到30多辆。到1995年，运客三轮车和吉普车发展到130多辆。1996年，三轮车退出运行，接送游客全部改用吉普车。2004年5月，客运吉普车控制在80辆以内。2008年4月1日，盘山管理局成立盘山旅游观光运输公司，投资600万元，购置旅游观光车40辆，招收41名农民（原吉普车司机）为合同制农民工，为旅客游览观光服务。2010年，投资50万元购入环保观光车10部。

5. 食宿设施服务。1983年，随着盘山的开放，盘山周边开始兴建疗养院、休养所培训中心等食宿服务设施，截至1996年，已建有天津市纺织局疗养院、天津市公用局疗养院、天津市荣复军人疗养院、天津市电力培训中心、天津市财税局干休所、天津市工商局疗养院、天津市园林局职工疗养院、天津市公安培训中心、天津市中小学教师休养所等10余家市级单位疗养院所和培训中心。

1985年春，就有砖瓦窑村树民利用家庭现有条件，办起了家庭旅馆。20世纪90年代以来，盘山风景区内一些农户自筹资金，改造自家住房，陆续建起农家院旅店，食宿一体，接待小型团体和零散游客，吃农家饭，住农家屋，价格低廉，很受城市人欢迎。1996年，蓟县旅游局、工商局、公安局、盘山管理局为支持农家院发展，组织技术培训，给予资金扶持，使盘山农家院得以健康发展，逐步走向成熟。至2009年，盘山农家院发展至200多户，床位4772张，年接待游客10多万人次。

国有商店和个体销售点。1982年，盘山管理所在入胜停车场西南侧，投资3.5万元，建国有商店1家，面积121平方米，有职工3人，出售旅游用品、旅游纪念品、食品饮料等。于2008年6月改造成“也成阁”快餐厅。1986年，在天成寺再建国有商店1家，面积246平方米。1989年，在万松寺建商店1座，面积200平方米。1992年，在云罩寺建商店1座，面积130平方米。

同年，取消天成寺和万松寺商店，恢复为佛教活动场所。2009 年，投资 120 万元，在入胜索道停车场建成了与景观协调的售货市场木屋 600 平方米，将景区内道路两侧的小摊点全部纳入了售货市场，实行统一管理。

第三节　黄崖关长城风景区

黄崖关长城风景区位于天津市蓟县城北 28 公里的崇山峻岭之巅，是世界文化遗产、国家 AAAA 级风景区、国家文物保护单位、天津市“津门十景”之首，曰“蓟北雄关”，万里长城的重要组成部分，天津市爱国主义教育、青少年教育、国防教育基地。

一、沿革

黄崖关长城始建于北齐天保七年（556）。

唐代，安禄山在这里驻扎其精锐部队——雄武军。杜甫《渔阳》诗中写道：“禄山北筑雄武城，旧防败走归其营。系书请问燕耆旧，今日何须十万兵。”诗里的雄武城，就是黄崖关。《方舆纪要》载：“雄武城在州东北，唐天宝六载安禄山筑。”

明代，戚继光为蓟辽总兵，镇守蓟州 16 年，期间重修了黄崖关长城，增建了凤凰楼、八卦街和许多楼台。明永乐年建黄崖口关，成化二年（1466）建太平寨，后经隆庆、万历年大修，建成正关、水口、东西稍城和砖墩等设施完备的防御工程体系。

清康熙《蓟州志》载：“黄崖关边墙九十三里，东起拦马峪，西至松棚顶，楼台四十五座，墩台八座，边储屯粮地三顷四十九亩七分。”这里曾发生过无数次惊心动魄的战争。

1984 年 9 月 20 日，天津市政府在蓟县召开天津市“爱我中华，修我长城”赞助活动大会，会后成立“爱我中华，修我长城”赞助活动指导委员会，天津市市长李瑞环担任主任委员，下设办公室，主持日常工作。从 1984 年 10 月至 1987 年 9 月，蓟县长城修复工程分三期进行。

1984 年 10 月至 1985 年 9 月，第一期蓟县长城修复工程，修复了太平寨段城墙 873 米、敌楼 6 座、墩台 1 座、登城便门 1 处。

1985 年 10 月 2 日，竣工典礼在太平寨举行，市长李瑞环剪彩。即日对外开放，并被列为市级文物保护单位。

1985 年 10 月至 1986 年 9 月，第二期蓟县长城修复工程。修复泃河西岸的城墙 2152 米、敌楼 12 座、黄崖关城台 1 处和北极阁 1 座，在城北孤峰上，恢复圆形空心敌台凤凰楼及钻碧亭，还在黄崖关新建长城博物馆和长城管理所。

1986 年 10 月 11 日，竣工典礼在黄崖关举行，市长李瑞环剪彩。

1986 年 10 月至 1987 年 9 月，第三期蓟县长城修复工程。修复了黄崖关城、牌楼等建筑，恢复了关城里的八卦街，新建了百将碑林和百家碑林，在太平寨树立了戚继光石雕像。

1987年，黄崖关长城被联合国教科文组织评定为世界文化遗产。

1990年，黄崖关长城被天津市人民政府列为“津门十景”之一。

1992年4月至7月对水关进行修复。9月，建《毛泽东诗词墨迹碑林》。

2000年9月26日，黄崖关长城的长寿园被载入吉尼斯世界纪录。

2001年1月，黄崖关长城被国家旅游局评定为国家AAAA级景区。

1994年以来，先后被天津市政府命名为“爱国主义教育基地”“青少年教育基地”“国防教育基地”。

二、景区及古迹

黄崖关长城以关城为中心，向泃河两岸延伸，东至半拉缸山，有悬崖为屏；西抵王帽顶山，有峭壁为倚。全段长城建筑在海拔738米的山脊之上。

黄崖关长城有楼台20座，八卦关城1座，正关楼1座，寨堡1座。黄崖关城建筑特色鲜明，构成了完整的防御工事体系，包括城墙和东西南北四座城门楼。南城门楼上镌“黄崖口关”，北城门楼上书“黄崖正关”，城墙上建有“北极阁”，也叫“玄武庙”。关城内的街道是著名的“八卦街”，也叫“八卦迷魂阵”，用丁头错位死巷、活巷组合而成。易进而难出，扑朔迷离，街道阡陌纵横，回环辗转，是万里长城沿线唯一的一处别出心裁的古代军事防御体系。关城之外建有圆状空心敌楼，为著名的凤凰楼。从此向南则是横跨泃河的黄崖水关；向西是以长城边墙，和王帽顶峰燧为主要内容的长城高山游览区；向东则是太平寨长城游览区，这里有引人注目的方形敌楼，名为“寡妇楼”，山巅之上还筑有一个黑色的圆形石楼，为北齐天保年间所建的北齐墩台。

黄崖关长城游览区包括“黄崖夕照”“二龙戏珠”和“云海烟波”三大奇观，具有雄、险、秀、古四大特色。修复后的黄崖关长城恢复了古朴雄姿，在此基础上建设了一批文化景观。以“八卦街”的中央提督公署为基础建成了我国第一座长城博物馆。在街内新建了颇具规模的黄崖关长城碑林，包括百将、百家碑林、毛泽东诗词墨迹碑林和篆刻碑林，以及百松园和竹刻名联堂等景点。在太平寨长城内侧广场的石台上竖起了戚继光石雕像，在黄崖关口东侧的八仙湖上还建起了八仙湖水游乐场。主要景点如下

1. 黄崖正关，亦称小雁门关。建于明代，是长城沿线著名关隘，也是蓟县境内唯一的关城。东接寡妇楼，西至王帽顶山，墙体长2152米。包括瓮城关城的城墙，东西南北四座城门楼，以及角楼、门洞、水门、水关、牌坊、八卦街、陷马坑、提调公署和城外的凤凰楼。泃河之上，还有水关相连，呈五孔桥式，上有垛口、射孔，下有铁栅栏，水能流而人马不能越。水关西侧的黄崖正关，上面建有关楼“北极阁”，俗称关帝庙。

2. 太平寨。位于黄崖关东南1公里小平安村。海拔高度400~500米。全长873米。太平寨控扼着黄崖关城东侧的崇山沟谷。寨北谷道称鞑子沟，明嘉靖年间鞑靼曾由此破城入关，故名。

太平寨长城东侧，新建门洞式登城便道，门上嵌“太平寨”石额。太平寨有井字拱券结构敌楼6座、墩台1座、登城便门1座。登城便道前有一个小瓮城，瓮城前广场上，塑有高8.5米的明末戍边修城名将、蓟州总兵戚继光的花岗岩塑像。瓮城西面有一段城墙向外延伸30多米，设一敌台，称哨楼。

3. 寡妇楼。流传百世寡妇楼为一座方形楼，在太平寨长城西段。相传明隆庆年间戚继光曾征调河南军士缮修长城楼台时有十二名妇女结伴寻夫捐资修建了这座敌楼，后人传称为“寡妇楼”。楼高13米，分两层，下层楼外墙与城墙相连，4个大砖柱将楼隔成4个拱顶大厅。上层为长方形小屋，屋脊两端装饰着龙头，4个檐角蹲伏着陶制麟、凤、狮。室内可容纳10余人。

4. 王帽顶山。王帽顶山象封建社会王爷头上的桂冠，峰奇林密，崖陡石怪。

5. 八卦城。黄崖关下的八卦城建于明朝，周长707米，设三关九门，按伏羲八卦图“乾、坎、艮、震、巽、离、坤、兑”的卦形规律，组织街道网络，纵横40多条街，只有一二个门楼相通。这就是“八卦迷魂阵”。

6. 长寿园。被列入吉尼斯世界纪录的长寿园，以颂扬长寿为主题，立意新颖、构思巧妙、选材精美、独具风格。寿字总量超过2万个，不同写法超过1万种，是中华文化宝库，“寿”字大观园。

7. 长城碑林。坐落在八卦城内，为仿清建筑，院落宽敞。是全国第一座以颂扬长城为题材的篆刻碑林，展示了114方用白色大理石拓红而成的篆刻精品；百将墨迹碑林，是全国第一座百将碑林，展示着徐向前和聂荣臻两位元帅、肖劲光和谭政和两位大将、22位上将、74位中将、7位少将为修长城而题词的碑刻；百家墨迹碑林，是全国第一座颂扬长城文化的百家碑林，展示了104位政治家、艺术家、画家、书法家和国际友人的墨宝；毛泽东诗词墨迹碑林，展示了毛泽东自1923年至1964年间书写的28首诗词手稿，气势磅礴，既是中国革命的壮烈史诗，又为永昭后世的文化瑰宝。在百将碑林和百家碑林墨迹碑林的北面，有仿毛泽东墨迹石刻“不到长城非好汉”。在两碑记的中间，有仿邓小平墨迹石刻“爱我中华，修我长城”。

8. 黄崖水关。京东长城著名的水口关隘。控扼泃河谷地，东连太平寨，西接黄崖关城。明永乐年始建。因年久失修，墙垣倾圮，1992年在原址上修复。上建雉堞马道，下设五孔水洞。全长75.5米，通高12.5米，旁架津围公路豁口便桥，以通关城东北角楼。明代水关，雉堞垛口设铁炮铜统，五孔水洞筑栅障闸门，战时迎战敌兵，平时驻关收税。水关好似长虹飞架，金汤壁立。游人漫步其间，可观黄崖夕照；泛舟泃河碧波，可赏飞鸿挂月。

9. 博物馆。天津黄崖关长城博物馆坐落在蓟县城北30公里的黄崖关一带。明代隆庆年间，民族英雄戚继光担任蓟镇总兵，为加强北部边防，对这一段原有的长城进行了重新设计和大修。馆内陈列着中国古长城、蓟县古长城的沿革资料，以及当年戚继光使用过的战刀、戍边将士的兵器和生活用品等珍贵文物，展示了蓟镇长城的历史沿革和建筑特色，具有研究长城历史的重要价值。

三、服务设施

2010年8月，投资350万元新建的黄崖关长城景区旅游接待服务中心投入使用。服务中心为清式仿古建筑，与长城景区整体风格浑然一体，内设售票口、咨询处、游客休息区，配备电子触摸屏、智能门禁系统和五星级厕所等现代化服务设施。工作人员售票、接待咨询等服务全部采用站立式，保持与游客的“零距离”，体现标准化、人性化的服务理念。黄崖关长城拥有高、中、低档涉外宾馆3座，床位500余张，餐厅、大小会议室、接待室等配套设施，可为游客提供以地方特色为主的黄崖菜系、八仙菜系，可容纳2000人同时就餐。

第四节 东丽湖风景区

东丽湖风景区地处东丽区东北部，位于天津市中心城区与滨海新区核心区之间，毗邻泰达西区、高新技术产业园区、空港经济区和华明新市镇，规划面积85.51平方公里。始建于1976年，于2009年实施湖体改造。该地区地热资源储量丰富，定位于高档配套服务区、特色旅游休闲度假区及生态型居住区。

一、沿革

1976年，为提高防洪能力，促进农业生产，东郊（后称东丽）区委、区政府决定在新地河东侧、空军农场灌渠西侧、北靠李场子村南苇地、南靠铁路北环线的范围内修建水库，并调集全区人力、物力，凭借肩挑手推，依靠人工力量修堤筑坝。历时2年，于1978年3月建成新地河水库，总面积7.2平方公里。水库建成后，主要发挥了水利调节功能，提高了周边土地的农业产值，促进了渔业生产。

1984年，东丽区委、区政府通过对广东、深圳等南方发展较快地区的考察研究，与天津市旅游局、天津市经济开发公司联合向市政府提交报告，分析水库的优势，明确提出在新地河水库发展旅游的设想。1985年6月，区委、区政府向市政府正式报送了《关于新地河水库（取名东丽湖）旅游开发区的报告》，东丽湖的名字在天津逐渐叫响，成为以湖称谓的水库，并陆续建成开放东丽湖地热康复中心（后改为东丽湖宾馆）、东丽湖度假村（三星级宾馆）、东丽湖西岸水上乐园等旅游项目。

20世纪90年代，按照水利部关于水库可结合各自实际，在不影响其水利设施功能的前提下，开展多种经营活动，以旅游开发增加地区收入的精神，《东丽湖总体规划方案和近期建设规划方案》于1993年获天津市城乡建设委员会批复。规划的东丽湖温泉度假旅游区，北至金钟公路、南至北环铁路、西至湖西路（今东丽湖路）、东至津汉公路，总面积18.81平方公里，近期规划建设用地 346.5 公顷。性质为以水上活动、温泉疗养、度假为主，兼有娱乐、购物、美食等多功能的市级旅游区。旅游区内规划 9 个景区、3 个功能区和 2 个村庄，分三个阶段开发建设。

根据规划，从 1994 年开始，东丽湖浴场、东丽湖喷泉广场、船楼、十二生肖园林小品、神龟亭等旅游设施相继建成纳客，配有沙滩游泳场、温泉游泳池、按摩池、四滑道水滑梯等设施。夏季开辟水上飞人、索桥、豪华游艇、快艇、摩托艇、碰碰船、遥控船、帆船、脚踏船、手划船等项目；冬季辟有冰帆、冰车、雪橇、冰排、冰滑梯、溜冰、冬钓等项目；推出了休闲钓鱼、“秋韵游”等休闲旅游活动。先后举办华北地区水库冰钓比赛、天津市作协作家采风活动、迎澳门回归天津市铁人三项赛、法国汽车旅行团游览活动、“安踏杯”铁人三项赛等旅游、赛事活动。浴场初期经营十分火爆，游客络绎不绝，年接待人数最高达十余万人次，年收入最高达一百万元，提高了区域知名度。1994 年 4 月被天津市确定为滨海新区旅游度假区域，1999 年被天津市确定为八大旅游区之一和七大生态自然保护区之一。

1999 年，地产业万科率先进驻东丽湖。项目位于东丽湖北岸的黄金地段，占地 4095 亩，建筑面积 190 万平方米，秉承新都市造城理念和持续性生态理念，致力于打造一个设施齐全、功能完备、生态宜居的北欧风情生态城镇。2008 年，万科东丽湖项目在享有“绿色奥斯卡”之称的国际花园城市（社区）竞赛中，击败来自 17 个国家和地区的 43 个竞争项目，一举夺得“可持续发展社区”金奖。

在万科项目的带动下，深圳朗钜、上海亿兆、台湾华纳以及天津市的津东地产等地产企业先后进驻东丽湖开发地产、商业、旅游业项目。各企业纷纷主打欧洲风情的高端产品，形成了东丽湖“万国建筑博览会”的独特景观特色，也掀起了东丽湖发展历史上的第一波投资热潮。其间，东丽湖先后举办了两届世界大学生滑水锦标赛、第 29 届世界滑水锦标赛、国际嘉年华、东丽湖钓鱼比赛、国际鱼拓交流研讨会、全国汽车场地越野锦标赛天津分站赛、天津市第十一届运动会铁人三项比赛、全国风筝锦标赛、全国马拉松游泳锦标赛暨 2008 北京奥运会资格赛以及世界最佳模特大赛中国区总决赛等具有较大影响力的活动，进一步提高了东丽湖的知名度和区域投资价值。

2007 年 9 月 16 日，天津市政府正式批复《东丽湖地区总体规划》。该版规划由原先的旅游规划转变为区域规划，区域面积增至 85.51 平方公里，定位于高档配套服务区、特色旅游休闲度假区和生态型居住区，规划人口 20 万人。在总规的指导下，东丽湖聘请国际知名的设计团队，编制地区城市设计、控制性详细规划以及各专项规划和子规划，确立了“以生态为基础、以旅游为活力、以产业为支撑、以文化为灵魂”的发展理念，规划了中部旅游文化综合服务区、南部总部经济区、西部拓展功能区、北部创新经济区和东部生态涵养区的产业布局，对区域的各种资源进行有机整合，进一步突出东丽湖自身水系特色，确定了“双湖双核”的发展方向。

2009 年，东丽区委、区政府制定了东丽湖“二五八”奋斗目标。即用两年时间基本完成两湖改造工程和以两湖为中心的基础设施建设；用五年时间，基本建成南部总部基地区、中部文化旅游区和北部生态居住区；用八年时间按照《东丽湖城市设计》的要求，基本完成东丽湖区域的开发建设，会议和旅游两大经济引擎对区域经济的拉动作用得到充分体现。启动了东丽湖改造工程，将原东丽湖西侧的坑塘鱼池改造成丽湖，将原东丽湖从“地上湖”改造成“地下湖”，重新修筑岸线和岛屿，形成“双湖相连、两河贯通”的龙形循环水系，总面积达到1.11万亩，总岸线长45.28公里，改造工程分土方开挖、除险加固、绿化景观等工程，区域环境得到提升。

至此，东丽湖基础设施建设不断完善。东丽湖规划展览馆、东丽湖大酒店、朗钜温泉谷、天海风水上休闲运动俱乐部、万科体育运动公园等一批旅游设施相继建成开放；华侨城、恒大、天安数码、滨海汇能、松江置业等一大批国内顶尖企业相继进驻东丽湖开发建设高端旅游度假、会议会展、商业服务、总部经济、医疗休养等产业。“词坛泰斗”乔羽游览东丽湖，为东丽湖作词题字；国内知名词曲创作者及歌唱家创作了《我爱东丽湖》等14首以赞美东丽湖为主题的歌曲，唱响了东丽湖的品牌。拍摄的电视连续剧《东丽湖恋曲》，在中央电视台播出，首开天津市区县拍摄影视剧的先河。组织中国花卉产业论坛、亚洲地热论坛、亚澳论坛等高端会议和论坛，筹办全国有奖征稿大赛、滑水节、大型集体婚礼、家庭戏水大赛、镭战竞技大赛等特色活动，增强区域的吸引力和竞争力。逐步完善社区配套，建成万科实验模范学校，引入伊顿国际双语幼儿园，设立社区医疗服务站，开设中国农业银行东丽湖支行，扶持一批餐馆、超市、菜市场、洗衣店等生活服务商业设施等。东丽湖逐渐发展成为一个宜游、宜业、宜居、宜会、宜购、宜娱的综合新城。

二、景区

东丽湖温泉度假旅游区系国家水利风景区、国家AAA级旅游景区。

区域内水系发达，植被茂盛，总水系面积1.11万亩，原生植物60余种，绿化面积超过400万平方米。东丽湖素有“淡水小海洋”之称，湖区生息繁衍的鱼类、鸟类有几十种，十几万只。其中有十多种为国家重点保护鸟类。区内噪声分贝值远低于天津市区及其他乡镇地区，基本没有噪声污染，是天津市空气质量最好的区域之一。东丽湖地处山岭子地热带的中心区域，地热资源十分丰富，最高出水温度达103℃。采用“两采两灌”和“一采一灌”的开发利用模式，梯级利用、集散自动控制系统、水源热泵等先进技术，实现了地热资源的可循环利用，保证了区域内供热和温泉项目开发利用的需要。

已建成开放的旅游项目有朗钜温泉谷、天海风水上休闲运动俱乐部、万科运动公园、东丽湖神龟亭、东丽湖大酒店、东丽湖度假村等。

三、绿化

东丽湖景区建成以来，经过三十余年的发展，在湖区周边，主要形成了芦苇群落、芦苇杂草草甸群落、刺槐群落等三种生态群落，建成200亩绿化风景林，种植各种树木近31万株。

2010年东丽湖湖体改造完成后，先后恢复、新建绿化面积461万平方米。其中湖周边绿化工程，绿化面积46.56万平方米；东丽湖路和东丽大道绿化提升工程，绿化面积32.44万平方米；

东湖生态岛绿化工程，绿化面积4.1万平方米；东湖自然艺苑区绿化工程，绿化面积55.65万平方米；东湖三带一区绿化工程，绿化面积322万平方米。大面积种植杨树、国槐、金叶槐、紫叶李、垂柳、馒头柳等苗木，紫花苜蓿、马蔺、向日葵、蓖麻、油葵、大花秋葵等地被植物，以及荷花、芦苇等水生植物，形成具有视觉震撼力的大规模花海景象。

四、服务设施

（一）旅游服务设施

一是东丽湖度假村，三星级宾馆，占地面积近4万平方米，建筑面积2万平方米，拥有豪华别墅两座，客房110余套，可同时容纳230余名宾客入住。

二是东丽湖大酒店，按照五星级酒店标准兴建，客房60余间，餐厅面积达5000平方米，拥有中餐厅、西餐厅和18间包房。

三是朗钜温泉谷，占地面积117亩，建筑面积5.1万平方米，是集温泉、水上运动、娱乐、休闲、餐饮、住宿于一体的亚洲最大的室内水上娱乐设施。包括大型演艺舞台、造浪池、室内瀑布景观、水上滑道、太空盆、六道泳池、大型溶洞、温泉理疗池、会议室（3个）、餐厅（4个）、更衣室（1900个席位）、客房（69间）、KTV酒吧、网吧等，项目于2008年5月1日开业运营。

四是天海风水上休闲运动俱乐部，以滑水运动为主题的水上公园，依托东丽湖天然水系与自然景观形成的天然的水上运动场地。俱乐部由国际标准滑水赛道、国际滑水会所与运动主题餐吧三部分组成，滑水赛道按国际标准兴建，是目前国内规模最大的人工滑水赛道。俱乐部还配有沙滩足球场、CS对战娱乐场、迷你卡丁车赛道、冬季滑雪场等各类休闲娱乐设施。

五是东丽湖华侨城综合旅游项目，占地6000亩，建设大型主题公园、五星级度假酒店、多功能演艺中心、综合创意文化街区及特色商务商业区等，致力于打造北中国旅游文化新地标。开工建设娱乐岛陆地公园、水公园和酒店。

六是恒大国际温泉会议中心，占地1305亩，建筑总规模100万平米，打造集超五星级酒店、国际会议中心、温泉中心、贵宾楼及运动中心、饮食中心、商业中心、娱乐中心等商业设施于一体的商务休闲会展区。项目已主体封顶。

（二）生活服务设施

一是交通设施，先后开通了663路、515路公交车、2条通往市区的社区巴士、2条旅游观光线路和东丽湖便民免费班车，建成公交总站。

二是教育设施，建成东丽区实验小学东丽湖校区，引入伊顿国际双语幼儿园，基本建成东丽区职业教育培训中心。开工建设武警后勤学院，占地1125亩，建筑面积23.25万平方米。

三是医疗设施，设立社区医疗服务站；引进开工建设武警第二附属医院，占地132亩，建筑面积8.6万平方米。

四是其他生活设施，开设中国农业银行东丽湖支行，一批餐馆、超市、菜市场、洗衣店等生活服务商业设施开业经营。

第五节 团泊湖风景区

一、沿革

团泊地区在明永乐年间建村，村落四周低洼积水，船只在村边聚集停泊，故名“团泊洼”。这里历史上常年积水，盛产芦苇，是大清河、子牙河洪水汇聚西三洼后超量洪水的分洪场所。团泊洼位于静海县城以东16公里，独流减河南侧，被南运河右堤、独流减河右堤和马厂减河左堤所围。地理位置优越，自然资源丰富，生态环境良好，生活气候宜人，构成了该地区四个显著特色。

由于降雨量减少、水资源短缺、城镇用地扩大等原因，天津市域水面和天然湿地呈现出持续减少的趋势，尤其是市区湿地面积下降更快。团泊水库周边的湿地面积从20世纪20年代到70年代迅速减少，主要原因是气候连续干旱，降雨和上游来水不断减少所致。此外，上游森林植被破坏、建坝、不合理围垦开发、生活与工农业用水增加等多种因素也造成湿地大面积减损。但20世纪70年代之后，团泊洼一带有了较好的保护，在30余年的时间内基本保持了生态湿地的原貌。

20世纪70年代为解决农业用水而建团泊水库。1977年秋始建，1978年竣工。水库四周堤坝总长33.56公里，坝高4.3米，顶宽10米，面积约51平方公里，内设植苇防风平台。蓄水水源来自南运河、大清河及黑龙港河沥水。最大库容1.8亿立方米，合理库容1.3~1.5亿立方米。湖内烟波浩渺，荻苇环生，鱼虾鳖蟹十分丰富，珍禽异鸟栖息繁衍，是天津市鸟类自然保护区。

环湖区以团泊湖为中心，北起独流减河南堤，东至团泊乡大寨渠，南到青年渠南堤，西至津盐公路向西外延200米，总面积132.18平方公里。1992年，团泊风景区被市政府批准为天津十大旅游区之一，并根据工作需要，1992年10月，经静海县委常委会议研究决定，建立静海县团泊风景区管理委员会及静海县团泊风景区开发总公司，规格为县属局级，负责团泊风景区开发建设的管理。

二、鸟类保护区

团泊鸟类保护区的保护重点是湿地和野生动物。早在国务院1999年批复的天津市城市总体规划中，就将各类保护区作为全市的风景区，团泊洼鸟类自然保护区是其中之一。成立于1998年的团泊鸟类自然保护区工作站开展珍惜鸟类的生态、种群分布、数量变化等研究，定期组织鸟类资源调查，掌握鸟类资源消长变化情况和鸟类迁徙路线，发挥团泊地区鸟类优势，与国外鸟类专家进行交流，使这一地区成为对外联系的窗口。

三、团泊风景区绿化景观及水系统规划

绿化系统规划强调绿地与生态，充分凭借水库优势，整合现状水系、湿地，建设系统化、层次化的绿化系统，并加强对鸟类保护区的保护与建设。

(一) 规划原则

1. 注重风景区外围大环境绿化与内部绿地系统相结合，注重生态，强调可持续发展。

2. 规划的城市公园、街头绿地与水系、道路、广场及各类生活服务设施充分结合，方便人们使用，改善城市生态环境。

3. 创造“一湖水，一片绿”的景观特征，以提高环境质量为绿化宗旨。

4. 改变单一的绿化景观，加大树木的栽植和培育力度，增加绿化覆盖面积。

(二) 主题理念

团泊风景区处于大面积湿地与生态园林包围之中，是其最具魅力的特征。北部的独流减河水系与外围交通的绿化隔离空间，形成风景区的背景和依托。环绕风景区的外围生态系统，通过不同方向、不同宽度的绿色廊道引入风景区肌体，内部的水生态绿化同时通过不同方向、不同宽度的绿色廊道渗透进风景区，使整个的绿化成为一个动态系统，蜿蜒穿行在内部组织之中。几个鲜明的绿轴和城市公园的面状绿化，道路绿带与防护隔离带形成的线性回廊，共同构成一个完善的活力四射的系统。规划绿地面积2286公顷，绿地面积占总用地面积的17.3%。

(三) 景观规划

规划充分体现团泊风景区的地域特色，注重发挥自然、灵活、生态的特点，对现状的水渠、坑塘进行人工疏导与整理，对团泊湖的水体以及沿岸景观进行治理，在整体规划中形成完善的绿化、水体景观网络系统。其中每一个区域延续整体绿化景观系统，保证环境景观的完整性与独特性。空间设计尊重现有肌理，在体现整体性、序列性的同时，创造具有人性化尺度、反映地域特色的空间，形成清晰、简洁的城市脉络，创造具有地方特色的新城空间。

1. 城市开放空间

团泊风景区充分利用广阔的自然生态湿地绿化系统，规划了大型的生态开放空间，成为自然环境与人文生活的过渡，体现出规划特色。每个区域中休闲开放的绿带、广场、街道合理布局，为人们提供活动空间的同时，有效地改善了城市气候，提供了新鲜的空气。绿色开放空间连接着团泊洼及其周边的不同区域，分散地遍布在整个风景区中。绿色生态廊道也成为各区域之间有效合理的分隔。

2. 城市轴线

在团泊风景区设立标志性轴线，强化整体轴线系统景观建设，是保证整体景观具备艺术旅游和有序性城市骨架的重要途径。风景区的各个区域面向团泊湖优美景观，优先发展各自轴线，一定程度上保护了自然空间，同时加强了住区与自然之间的联系。每条轴线或以道路优先，或以绿化强调，或以人文为重，体现出各区域的个性特色，并使空间规划与城市设计的意图得以体现，使风景区整体个性鲜明起来，并为城市的景观设计和城市肌理的构架确立引导性的主题目标，形式特色各异的轴线，成为风景区的标志。

四、已建项目及2010年在建项目

高尔夫球场与2005年建成并投入使用，占地面积3180亩，建筑面积0.5万平方米。水产试验基地1998年建成并投入使用，占地面积300亩，建筑面积1.7万平方米。泰达足球训练基地1999年建成并投入使用，占地面积128.8亩，建筑面积14.54万平方米。摩托车检测中心2000年建成并投入使用，占地面积937.4亩，建筑面积0.3万平方米。天津大学仁爱学院2006年建成并投入使用，占地面积1000亩，建筑面积17万平方米。团泊湖温泉酒店2009年建成并投入使用，占地面积150亩，建筑面积3.5万平方米。目前团泊示范镇、芳湖园、水岸澜轩、中惠熙元、光耀城、逸湖岸等一大批项目总占地面积2458亩，建筑面积约143万平方米。

第六节　石趣园风景区

石趣园位于蓟县盘山入胜山门与盘山烈士陵园之间。1993年，蓟县官庄镇玉石庄村投资兴建，隶属玉石庄村。

石趣园内有京东最大的佛、法、僧三宝具全的万佛寺，有独具一格的麦饭石浴场。万佛寺、石怪山、八十七神仙长卷岩画、于庆成泥塑馆为4处主要景点。

万佛寺位于盘山南坡，石趣园门西。1993年，玉石庄村将石佛殿重建于原址西1公里处，更名为万佛殿。万佛殿，位于万佛寺最北部岩石上，背依陡峰，下临危崖，十数里外即清晰可见。殿内置西方三圣石雕立佛，原为静寄山庄石佛店石佛。正中为阿弥陀佛，高8.1米，左右为观世音菩萨、大势至菩萨，像高7.6米。殿内东北西三面墙壁，自裙墙上缘至顶为万佛壁，有窨式小佛龛10960个，各龛内置小佛1尊。

1997年，玉石庄村改建万佛殿，增建万佛殿配殿，明二层，暗一层，增建万佛寺照壁、天王殿、大雄宝殿及东西配殿、九十九级台阶，建成万佛寺。万佛殿东西面阔5间，南北进深2间，前间为廊。面阔30米，进深13.2米，通高15米。二层殿额正中，是“万佛寺”横匾，为全国政协原副主席、全国佛教协会会长赵朴初所题。殿门两侧廊柱楹联黑底金字行书，“万佛庄严满目青山是道场，三密加持全身金色放慧光。”殿内六格混凝土磨石柱楹联，“不生不灭不垢不净不增不减度众生苦而得解脱，无我无人无众生相无寿者相离一切相方正菩萨。”“深山藏古寺万壑松涛鸟衔花落青帐里，高阁出横林千竿竹影风送客归碧岩前。”

殿前东西两侧为东西配殿。配殿南北面阔3间，东西进深2间，前间为廊。

照壁位于万佛寺最南部，正面黑色楷书“万佛寺”三字，为赵朴初所题。背面行书“天下唯缘”四字，为蓟县师范学校教师孙树军所书。

天王殿位于照壁北20米。东西面阔3间，南北进深1间。殿内明间正中为大肚弥勒佛彩绘泥塑坐像，须弥座高90厘米，像高1.1米。大肚弥勒佛背后为彩绘泥塑坐像，台座高27厘米，像高3米。殿额横匾楷书“天王殿”三字，为赵朴初所题。

铁钟在天王殿东侧，铁管支架铁钟一口，钟高 2.5 米，口径 1.45 米，重 4000 公斤，钟顶有二龙抱珠纫。钟身分三格，正面铸有“万佛禅寺”四字，字径 23 厘米。右侧铸有“公元一九九九年”七字，字径 3 厘米，上格铸：“闻钟声烦恼轻，愿成佛度众生，智慧长菩提增，离地狱出火坑”24 字，字径 8 厘米。中格铸：“帝啰唵诃婆娑耶”8 字，字径 9 厘米。下格铸双龙戏球文饰。

大雄宝殿位于天王殿北，单层砖混结构。东西面阔 5 间，南北进深 3 间，前间为廊。两山内壁有十八罗汉贴布彩色壁画，高 2.4 米，长 8 米，为蓟县师范学校教师孙树军所绘。殿内正中有彩绘泥塑释迦牟尼坐像，像高 3 米。左右协侍为阿难、迦叶彩绘泥塑立像，像高 2.4 米。释迦牟尼像背后为倒坐观音像，彩绘泥塑观音立像，像高 3 米。两侧协侍善财、龙女彩绘泥塑立像，高 1.5 米。殿门横匾行书“大雄宝殿”四字，为赵朴初题。殿门两侧廊柱楹联黑底黄字行书：“佛日高悬光明世界，法轮大转普利人天，”为释僧仁贵所书。

石怪山是石趣园中最具代表性的自然景观。山上长满了郁郁葱葱的树木，珍奇鸟类和兽类时有出没，酷似各种动物和人物的怪石遍布满山，并且每块怪石都有一个古老而神奇的传说。灵石山中，绿叶掩映间，众多奇石天然成趣，有青蛙对天长鸣、海豚跃出水面、飞鹰敛翅凝神、老人闭目沉思……这些由五千年地壳运动形成的巨石造型，经过风雨的洗礼，依然驻守在这里，为石趣园平添了无数情趣。

八十七神仙卷岩画原为唐代著名画家吴道子的传世之作，原作现藏于徐悲鸿博物馆。壁画极其壮观，八十七位神仙飘忽而至，一个个神态悠然、洒脱。壁画面积 3200 平方米，为世界之最，被列入“吉尼斯世界纪录大全”。

于庆成泥塑艺术馆，位于门厥东北 20 米处，由玉石庄村投资兴建，于 1994 年建成。艺术馆为仿明清民居式四合院建筑，一正两厢。正房单层五间，东西厢房，共 8 间，院正中有于庆成汉白玉人头雕像。正房、东西厢房为民间艺术大师于庆成泥塑艺术作品展室。精品有《一条大河》《两朵花》《长江黄河》《我家住在黄土高坡》《破庙》《信天游》《神龟》等。

麦饭石浴场位于园门北。1996 年建成，长 12 米，宽 8 米，总面积 1200 平方米。

门厥位于石趣园中南部，仿古春秋门式建筑。厥后有照壁，正面嵌花岗岩磨石红字阴刻“石趣园”三字，为张爱萍所题，北面磨石红字阴刻《玉石庄村歌》。

象棋娱乐场位于园门北 50 米，紫玉山庄门前广场，1997 年建成。棋盘为混凝土结构，长 14 米，宽 12 米，棋子为花岗岩结构，凸腰圆柱形，重 18 公斤。

第七节　柳林风景区

柳林位于天津市灰堆海河西岸，早在 20 年代就是天津著名的游览名胜之一。中华人民共和国成立后，于 50 年代初在这里建筑了一批具有民族形式的医疗、疗养建筑，恢复整修了柳林。

天津的名胜素有“北桃南柳”之称。北桃是指丁字沽的“桃花堤”，南柳则是“柳林”，

沿柳林风景区小径，有一彩绘长廊，长160米，宛如巨龙伏于柳荫之中，长廊彩绘多取材于古典文学和民间传说故事，格调高雅。登上望海亭，则海河西岸风景尽收眼底；步入怪石丛中，有出洞猛虎、母子鹿、蟒缠古树和牧童骑牛等雕塑，栩栩如生，再加上一些具有民族形式的建筑和野生动物、兔、刺猬、喜鹊、画眉等十多种禽兽栖息其间，更增加了柳林的田园风光。

水上公园概况

表 3-8-7-1

<table>
<tr><td rowspan="4">基础信息</td><td colspan="4">公园类型</td><td colspan="4">建园时间</td><td colspan="4">负责人</td><td colspan="3">公园地址</td></tr>
<tr><td colspan="4">市级综合</td><td colspan="4">1951年</td><td colspan="4">徐泽光</td><td colspan="3">南开区水上公园东路</td></tr>
<tr><td colspan="8">电话、传真</td><td colspan="4">邮 编</td><td colspan="3">电子邮箱</td></tr>
<tr><td colspan="8">022-23916111</td><td colspan="4">300381</td><td colspan="3">ssgybgs109@163.com</td></tr>
<tr><td rowspan="2">总占地面积
125公顷</td><td colspan="3">绿地面积</td><td colspan="3">水面面积</td><td colspan="3">建筑占地面积</td><td colspan="3">道路和铺装面积</td><td colspan="3">生活区面积</td></tr>
<tr><td colspan="3">34.86公顷</td><td colspan="3">75公顷</td><td colspan="3">2.25公顷</td><td colspan="3">12.49公顷</td><td colspan="3">0.4公顷</td></tr>
<tr><td rowspan="5">职工状况
683人
（不包括成达公司的41人）</td><td colspan="3">在岗职工</td><td colspan="2">平均年龄</td><td colspan="3">男职工</td><td colspan="2">女职工</td><td colspan="3">离退休</td><td colspan="2">内退及其他</td></tr>
<tr><td colspan="3">364人</td><td colspan="2">43.7岁</td><td colspan="3">238人</td><td colspan="2">126人</td><td colspan="3">285人</td><td colspan="2">34人</td></tr>
<tr><td>机关人员</td><td colspan="4">经营公司94人</td><td colspan="7">绿化园容物业公司111人</td><td colspan="2">服务管理队68人</td><td>其他</td></tr>
<tr><td rowspan="2">83人（含11名工勤）</td><td>队部</td><td>游艺</td><td>游船</td><td>商业</td><td>队部</td><td>广场电工</td><td>维修</td><td>植保</td><td>花卉盆景</td><td>绿化养护</td><td>其他</td><td>队部</td><td>门区及园内巡逻</td><td rowspan="2">8人</td></tr>
<tr><td>8</td><td>33</td><td>28</td><td>25</td><td>13</td><td>10</td><td>15</td><td>10</td><td>10</td><td>46</td><td>3</td><td>3</td><td>65</td></tr>
<tr><td rowspan="2">外聘人员
150~310人</td><td colspan="8">保安人员</td><td colspan="7">保洁人员</td></tr>
<tr><td colspan="8">80（冬）~160（夏）人</td><td colspan="7">70（冬）~150（夏）人</td></tr>
<tr><td rowspan="3">经营设施设备状况</td><td colspan="9">商业服务设施44处12637.58平方米</td><td colspan="3">游乐设施19项</td><td colspan="3">游船</td></tr>
<tr><td colspan="3">大型建筑</td><td colspan="3">游乐商场等建筑</td><td colspan="3">小卖部</td><td>大型</td><td>中型</td><td>小型</td><td colspan="2">码头</td><td>船只</td></tr>
<tr><td colspan="3">25座
10939.93平方米</td><td colspan="3">14处
1103.27平方米</td><td colspan="3">5处
630.38平方米</td><td>8</td><td>9</td><td>2</td><td colspan="2">2</td><td>285只</td></tr>
<tr><td rowspan="4">附属设施状况</td><td colspan="5">公 厕</td><td colspan="5">配电设施</td><td colspan="5">温 室</td></tr>
<tr><td colspan="5">9座723.57平方米</td><td colspan="5">变电器10台630瓦</td><td colspan="5">1栋2442平方米</td></tr>
<tr><td colspan="5">闭路监视系统</td><td colspan="5">广播系统</td><td colspan="5">地热水井</td></tr>
<tr><td colspan="5">无</td><td colspan="5">无</td><td colspan="5">无</td></tr>
</table>

续表 3-8-7-1

附属设施状况	天然气	派出所	其他
	有	有	

动物园概况

表 3-8-7-2

基础信息	公园类型	建园时间	负责人	公园地址				
	动物园	1980 年	徐泽光	南开区水上公园西路				
	电话、传真		邮　编	电子邮箱				
	022-23916111		300381	ssgybgs109@ 163. com				
总占地面积 55. 6 公顷	绿地面积	水面面积	建筑占地面积	道路和铺装面积	生活区面积			
	32 公顷	8. 14 公顷	3. 16 公顷	6. 95 公顷	5. 35 公顷			
职工状况 566 人	在岗职工	平均年龄	男职工	女职工	离退休	内退及其他		
	299 人	44. 6 岁	199 人	100 人	222 人	45 人		
	机关管理人员	票务中心	动物饲养	商业服务	安全保卫	游艺服务	绿化园容	维修其他
	40 人（含 3 名司机）	47 人	91 人	7 人	31 人	23 人	37 人	23 人
外聘人员状况	保洁人员							
	30 人							
经营设施设备状况	商业服务设施	游乐设施	游船	其他				
	10 处 337 平方米	14 项，中、小型各 7 项	51 只					
动物状况	动物馆舍	动物种类	动物总数	国家一级保护动物	国家二级保护动物			
	20 座	183 种	1952 头、只	30 种、177 头、只	45 种、392 头、只			
附属设施状况	公　厕	配电设施	温　室					
	4 座 297 平方米	变电器 1 台 400 瓦	3 栋 779 平方米					
	闭路监视系统	广播系统	地热水井					
	有	有	2 口					
	天然气	派出所	其他					
	有	无						

南翠屏公园概况

表 3-8-7-3

基础信息	公园类型	建园时间	负责人	公园地址
	山体公园	2009 年	安建宇	南开区红旗南路 265 号增 18 号
	电话、传真		邮　编	电子邮箱
	电话 23724800～8001 传真 23736022		300381	ncp2009@ sina. com

续表 3-8-7-3

总占地面积 39.9 公顷	绿地面积	水面面积	建筑占地面积	道路和铺装面积	生活区面积	
	28.49 公顷	8.5 公顷	0.6 公顷	2.2 公顷	0.11 公顷	
职工状况 40 人	在岗职工	平均年龄	男职工	女职工	离退休	内退及其他
	26 人		16 人	10 人	13 人	1
	办公室	安全生产科	绿化养管科	工程管理科		
	10 人	5 人	6 人	5 人		
外聘人员 124 人	保安人员	保洁人员	绿化养护	其他		
	47 人	27 人	冬：15 人，夏：50 人			
经营设施设备状况	商业服务设施	游乐设施	游船	其他		
	8 座 6000 平方米	1 个滑雪场	无			
附属设施状况	公厕	配电设施	温室			
	4 座 700 平方米	变电器 4 台 1990 千伏安	无			
	闭路监视系统	广播系统	地热水井			
	有	有	无			
	天然气	派出所	其他			
	有	无				

解放北园概况

表 3-8-7-4

基础信息	公园类型	建园时间	负责人	公园地址		
	社区公园	1887 年	白润生	和平区大沽路—泰安道—解放路		
	电话、传真		邮编	电子邮箱		
	23394428		300051	无		
总占地面积 0.75 公顷	绿地面积	水面面积	建筑占地面积	道路和铺装面积	生活区面积	
	5200 平方米	0 平方米	51 平方米	2149 平方米	100 平方米	
职工状况 7 人	在岗职工	平均年龄	男职工	女职工	离退休	内退及其他
	7 人	52 岁	5 人	2 人	0 人	0 人
	管理人员	绿化养护	园容保洁	安全保卫	经营服务	其他
	7 人	0 人	0 人	0 人	0 人	0 人
外聘人员 1 人	保安人员	保洁人员	绿化养护	其他		
	1 人	0 人	0 人	0 人		
经营设施设备状况	商业服务设施	游乐设施	游船	其他		
	无	无	无			
附属设施状况	公厕	配电设施	温室			
	1 座 50 平方米	无	无			
	闭路监视系统	广播系统	地热水井			

续表 3-8-7-4

附属设施状况	无	无	无
	天然气	派出所	其他
	无	无	

人民公园概况

表 3-8-7-5

基础信息	公园类型	建园时间	负责人	公园地址		
	区域综合	1863 年	夏宝岚	河西区徽州道 29 号		
	电话、传真		邮编	电子邮箱		
	23240371		300203	ylj-rmgy@tjhexi.gov.cn		
总占地面积 12.9 公顷	绿地面积	水面面积	建筑占地面积	道路和铺装面积	生活区面积	
	79042 平方米	33350 平方米	17393 平方米	13360 平方米	1455 平方米	
职工状况 348 人	在岗职工	平均年龄	男职工	女职工	离退休	内退及其他
	125 人	46 岁	70 人	55 人	196 人	27 人
	管理人员	绿化养护	园容保洁	安全保卫	经营服务	其他
	20 人	23 人	15 人	30 人	26 人	11 人
外聘人员 22 人	保安人员	保洁人员	绿化养护	其他		
	21 人	1 人	0 人	0 人		
经营设施设备状况	商业服务设施	游乐设施	游船	其他		
	13 处 9950 平方米	6 项	30 只			
附属设施状况	公　厕	配电设施	温　室			
	4 座 182.42 平方米	变电器 1 台 600 千伏	1 栋 216 平方米			
	闭路监视系统	广播系统	地热水井			
	有	有	无			
	天然气	派出所	其他			
	有	无				

河东公园概况

表 3-8-7-6

基础信息	公园类型	建园时间	负责人	公园地址		
	区域综合	1995 年	李仁富	河东区程林庄道 120 号		
	电话、传真		邮　编	电子邮箱		
	24660928		300160	无		
总占地面积 10 公顷	绿地面积	水面面积	建筑占地面积	道路和铺装面积	生活区面积	
	71300 平方米	3100 平方米	6500 平方米	18600 平方米	500 平方米	
职工状况 30 人	在岗职工	平均年龄	男职工	女职工	离退休	内退及其他
	30 人	43 岁	14 人	16 人	0 人	0 人

续表 3-8-7-6

职工状况 30 人	管理人员	绿化养护	园容保洁	安全保卫	经营服务	其他
	0 人	22 人	0 人	0 人	8 人	0 人
外聘人员 0 人	保安人员	保洁人员	绿化养护	其他		
	0 人	0 人	0 人	0 人		
经营设施设备状况	商业服务设施	游乐设施	游船	其他		
	2 处 969 平方米	1 项	无			
附属设施状况	公　厕	配电设施	温　室			
	1 座 70 平方米	变电器 3 台 100 千伏	无			
	闭路监视系统	广播系统	地热水井			
	无	有	无			
	天然气	派出所	其他			
	无	无				

二宫公园概况

表 3-8-7-7

基础信息	公园类型	建园时间	负责人	公园地址		
	区域综合	1952 年	李秀海	河东区光华路 2 号		
	电话、传真		邮　编	电子邮箱		
	84236398		300170	tjserg@ sina. com		
总占地面积 20.4 公顷	绿地面积	水面面积	建筑占地面积	道路和铺装面积	生活区面积	
	82773 平方米	51336 平方米	28551 平方米	41340 平方米	0 平方米	
职工状况 188 人	在岗职工	平均年龄	男职工	女职工	离退休	内退及其他
	76 人	47 岁	71 人	29 人	88 人	24 人
	管理人员	绿化养护	园容保洁	安全保卫	经营服务	其他
	28 人	5 人	0 人	9 人	34 人	0 人
外聘人员 0 人	保安人员	保洁人员	绿化养护	其他		
	0 人	0 人	0 人	0 人		
经营设施设备状况	商业服务设施	游乐设施	游船	其他		
	无	14 项	26 只	无		
附属设施状况	公　厕	配电设施	温　室			
	3 座 16 平方米	无	无			
	闭路监视系统	广播系统	地热水井			
	有	有	无			
	天然气	派出所	其他			
	有	无				

桥园概况

表 3-8-7-8

基础信息	公园类型	建园时间		负责人	公园地址	
	区域综合	2008 年		刘同起	河东区快速路卫昆桥东南隅	
	电话、传真			邮 编	电子邮箱	
	84735055			300162	tjhjgs@ sina. com	
总占地面积 22 公顷	绿地面积	水面面积	建筑占地面积	道路和铺装面积	生活区面积	
	166000 平方米	28000 平方米	11000 平方米	15000 平方米	0 平方米	
职工状况 3 人	在岗职工	平均年龄	男职工	女职工	离退休	内退及其他
	3 人	34 岁	2 人	1 人	0 人	0 人
	管理人员	绿化养护	园容保洁	安全保卫	经营服务	其他
	3 人	0 人	0 人	0 人	0 人	0 人
外聘人员 39 人	保安人员	保洁人员	绿化养护	其他		
	18 人	15 人	0 人	6 人		
经营设施设备状况	商业服务设施	游乐设施	游船	其他		
	无	无	无			
附属设施状况	公 厕	配电设施	温 室			
	3 座 400 平方米	无	无			
	闭路监视系统	广播系统	地热水井			
	无	有	无			
	天然气	派出所	其他			
	无	无	桥展馆			
说明	现已移交给河东区创意办					

北宁公园概况

表 3-8-7-9

基础信息	公园类型	建园时间		负责人	公园地址	
	市级综合	1906 年		李长征	河北区中山北路 1 号	
	电话、传真			邮 编	电子邮箱	
	26181759			300241	无	
总占地面积 57. 87 公顷	绿地面积	水面面积	建筑占地面积	道路和铺装面积	生活区面积	
	?	11. 7	?	?	?	
职工状况 299 人	在岗职工	平均年龄	男职工	女职工	离退休	内退及其他
	139 人	53 岁	107 人	32 人	160 人	0 人
	管理人员	绿化养护	园容保洁	安全保卫	经营服务	其他
	32 人	38 人	0 人	9 人	51 人	9 人
外聘人员 30 人	保安人员	保洁人员	绿化养护	其他		
	0 人	30 人	0 人	0 人		

续表 3-8-7-9

经营设施设备状况	商业服务设施	游乐设施		游船	其他
	6 处	7 项		70 只	
附属设施状况	公　厕		配电设施		温　室
	5 座 200 平方米		变电器 6 台		无
	闭路监视系统		广播系统		地热水井
	有		无		1 口
	天然气		派出所		其他
	无		有		
说明	改造中				

王串场公园概况

表 3-8-7-10

基础信息	公园类型	建园时间		负责人	公园地址	
	体育公园	1953 年		蒋瑞华	河北区富强道 9 号	
	电话、传真			邮　编	电子邮箱	
	60516576			300150	无	
总占地面积 6.64 公顷	绿地面积	水面面积	建筑占地面积	道路和铺装面积	生活区面积	
	39776 平方米	0 平方米	1810 平方米	24369 平方米	445 平方米	
职工状况 74 人	在岗职工	平均年龄	男职工	女职工	离退休	内退及其他
	42 人	46 岁	31 人	11 人	32 人	0 人
	管理人员	绿化养护	园容保洁	安全保卫	经营服务	其他
	13 人	4 人	5 人	0 人	15 人	5 人
外聘人员 13 人	保安人员	保洁人员		绿化养护	其他	
	0 人	8 人		5 人	0 人	
经营设施设备状况	商业服务设施	游乐设施		游船	其他	
	无	11 项		无		
附属设施状况	公　厕		配电设施		温　室	
	1 座 10 平方米		无		无	
	闭路监视系统		广播系统		地热水井	
	无		无		无	
	天然气		派出所		其他	
	无		无			

长虹公园概况

表 3-8-7-11

基础信息	公园类型	建园时间	负责人	公园地址
	区域综合	1956 年	曲承志	南开区红旗路 145 号
	电话、传真		邮　编	电子邮箱

续表 3-8-7-11

基础信息	60885553		300110		sjchsty@163.com	
总占地面积 32.2 公顷	绿地面积	水面面积	建筑占地面积	道路和铺装面积	生活区面积	
	186030 平方米	98000 平方米	13900 平方米	24070 平方米	0 平方米	
职工状况 65 人	在岗职工	平均年龄	男职工	女职工	离退休	内退及其他
	64 人	48.4 岁	50 人	14 人	0 人	1 人
	管理人员	绿化养护	园容保洁	安全保卫	经营服务	其他
	9 人	11 人	0 人	27 人	9 人	9 人
外聘人员 43 人	保安人员	保洁人员	绿化养护	其他		
	11 人	8 人	11 人	13 人		
经营设施设备状况	商业服务设施	游乐设施	游船	其他		
	9 处 400 平方米	1 项	30 只			
附属设施状况	公　厕	配电设施	温　室			
	6 座 564 平方米	变电器 1 台 800 千伏安	1 栋 1200 平方米			
	闭路监视系统	广播系统	地热水井			
	有	有	无			
	天然气	派出所	其他			
	有	无				

西沽公园概况

表 3-8-7-12

基础信息	公园类型	建园时间	负责人	公园地址		
	区域综合	1958 年	褚庆东	红桥区桥北大街 3 号		
	电话、传真		邮　编	电子邮箱		
	86516925		300132	xggygls@163.com		
总占地面积 32.52 公顷	绿地面积	水面面积	建筑占地面积	道路和铺装面积	生活区面积	
	180000 平方米	100000 平方米	7003 平方米	37370 平方米	800 平方米	
职工状况 172 人	在岗职工	平均年龄	男职工	女职工	离退休	内退及其他
	67 人	50 岁	37 人	30 人	0 人	105 人
	管理人员	绿化养护	园容保洁	安全保卫	经营服务	其他
	27 人	12 人	9 人	4 人	12 人	0 人
外聘人员 52 人	保安人员	保洁人员	绿化养护	其他		
	0 人	0 人	52 人	0 人		
经营设施设备状况	商业服务设施	游乐设施	游船	其他		
	无	无	无			

续表 3-8-7-12

附属设施状况	公　厕	配电设施	温　室
	3 座 30 平方米	变电器 1 台	3 栋 450 平方米
	闭路监视系统	广播系统	地热水井
	无	无	无
	天然气	派出所	其他
	无	无	

月牙河公园概况

表 3-8-7-13

基础信息	公园类型	建园时间		负责人	公园地址	
	区域综合	1989 年		韩永明	津南区咸水沽镇二道桥村	
	电话、传真			邮　编	电子邮箱	
	28515827			300350	无	
总占地面积 5.69 公顷	绿地面积	水面面积	建筑占地面积	道路和铺装面积	生活区面积	
	39240 平方米	14085 平方米	1125 平方米	2449 平方米	0 平方米	
职工状况 6 人	在岗职工	平均年龄	男职工	女职工	离退休	内退及其他
	6 人	47 岁	2 人	4 人	0 人	0 人
	管理人员	绿化养护	园容保洁	安全保卫	经营服务	其他
	1 人	4 人	1 人	0 人	0 人	0 人
外聘人员 0 人	保安人员	保洁人员	绿化养护	其他		
	0 人	0 人	0 人	0 人		
经营设施设备状况	商业服务设施	游乐设施	游船	其他		
	无	无	无			
附属设施状况	公　厕	配电设施	温　室			
	1 座 30 平方米	变电器 1 台 100 千瓦	无			
	闭路监视系统	广播系统	地热水井			
	无	无	无			
	天然气	派出所	其他			
	无	无				

海河故道公园概况

表 3-8-7-14

基础信息	公园类型	建园时间		负责人	公园地址
	区域综合	2007 年		钟永全	津南区咸水沽镇下郭庄村
	电话、传真			邮　编	电子邮箱
	28549257			300350	TJJNhaihegudao@ 163. com
总占地面积 75.7 公顷	绿地面积	水面面积	建筑占地面积	道路和铺装面积	生活区面积
	400000 平方米	211000 平方米	14500 平方米	131000 平方米	500 平方米

续表 3-8-7-14

职工状况 5 人	在岗职工	平均年龄	男职工	女职工	离退休	内退及其他
	5 人	37 岁	5 人	0 人	0 人	0 人
	管理人员	绿化养护	园容保洁	安全保卫	经营服务	其他
	1 人	1 人	1 人	1 人	1 人	0 人
外聘人员 120 人	保安人员	保洁人员	绿化养护	其他		
	10 人	20 人	80 人	10 人		
经营设施 设备状况	商业服务设施	游乐设施	游船	其他		
	6 处 12642 平方米	1 项	2 只	无		
附属设施 状况	公　厕	配电设施	温　室			
	3 座 243. 6 平方米	变电器 5 台 2495 瓦	无			
	闭路监视系统	广播系统	地热水井			
	无	无	无			
	天然气	派出所	其他			
	无	无				

北辰公园概况

表 3-8-7-15

基础 信息	公园类型	建园时间	负责人	公园地址		
	区域综合	2004 年	刘忠有	北辰区京津路（西）与北仓道（南）交口		
	电话、传真		邮　编	电子邮箱		
	无		300400	无		
总占地面积 7. 8456 公顷	绿地面积	水面面积	建筑占地面积	道路和铺装面积	生活区面积	
	43230 平方米	3650 平方米	460 平方米	31115 平方米	0 平方米	
职工状况 1 人	在岗职工	平均年龄	男职工	女职工	离退休	内退及其他
	1 人	55 岁	1 人	0 人	0 人	0 人
	管理人员	绿化养护	园容保洁	安全保卫	经营服务	其他
	0 人	0 人	0 人	0 人	0 人	0 人
外聘人员 23 人	保安人员	保洁、绿化、养护				其他
	12 人	11 人				0 人
经营设施 设备状况	商业服务设施	游乐设施	游船	其他		
	无	18 项	无			
附属设施 状况	公　厕	配电设施	温　室			
	1 座 70 平方米	变电器 14 台 830 千瓦	无			
	闭路监视系统	广播系统	地热水井			
	无	有	无			
	天然气	派出所	其他			
	无	无				

东丽公园概况

表 3-8-7-16

<table>
<tr><td rowspan="4">基础信息</td><td colspan="2">公园类型</td><td colspan="2">建园时间</td><td colspan="2">负责人</td><td colspan="2">公园地址</td></tr>
<tr><td colspan="2">区域综合</td><td colspan="2">1986 年</td><td colspan="2">李洪艳</td><td colspan="2">东丽区福山路</td></tr>
<tr><td colspan="4">电话、传真</td><td colspan="2">邮 编</td><td colspan="2">电子邮箱</td></tr>
<tr><td colspan="4">84375648</td><td colspan="2">300300</td><td colspan="2">dljw_ cgk@ 126. com</td></tr>
<tr><td rowspan="2">总占地面积 3. 333 公顷</td><td>绿地面积</td><td>水面面积</td><td>建筑占地面积</td><td>道路和铺装面积</td><td colspan="4">生活区面积</td></tr>
<tr><td>17644 平方米</td><td>12000 平方米</td><td>470 平方米</td><td>3219 平方米</td><td colspan="4">0 平方米</td></tr>
<tr><td rowspan="4">职工状况 11 人</td><td>在岗职工</td><td>平均年龄</td><td>男职工</td><td>女职工</td><td>离退休</td><td>内退及其他</td></tr>
<tr><td>11 人</td><td>43 岁</td><td>3 人</td><td>8 人</td><td>0 人</td><td>4 人</td></tr>
<tr><td>管理人员</td><td>绿化养护</td><td>园容保洁</td><td>安全保卫</td><td>经营服务</td><td>其他</td></tr>
<tr><td>1 人</td><td>1 人</td><td>8 人</td><td>0 人</td><td>1 人</td><td>0 人</td></tr>
<tr><td rowspan="2">外聘人员 10 人</td><td>保安人员</td><td>保洁人员</td><td>绿化养护</td><td>其他</td></tr>
<tr><td>9 人</td><td>1 人</td><td>0 人</td><td>0 人</td></tr>
<tr><td rowspan="2">经营设施设备状况</td><td>商业服务设施</td><td>游乐设施</td><td>游船</td><td>其他</td></tr>
<tr><td>无</td><td>无</td><td>无</td><td>无</td></tr>
<tr><td rowspan="6">附属设施状况</td><td>公 厕</td><td>配电设施</td><td>温 室</td></tr>
<tr><td>1 座 140 平方米</td><td>变电器 1 台</td><td>1 栋 245 平方米</td></tr>
<tr><td>闭路监视系统</td><td>广播系统</td><td>地热水井</td></tr>
<tr><td>无</td><td>无</td><td>无</td></tr>
<tr><td>天然气</td><td>派出所</td><td>其他</td></tr>
<tr><td>有</td><td>无</td><td></td></tr>
</table>

河滨公园概况

表 3-8-7-17

<table>
<tr><td rowspan="4">基础信息</td><td colspan="2">公园类型</td><td colspan="2">建园时间</td><td colspan="2">负责人</td><td colspan="2">公园地址</td></tr>
<tr><td colspan="2">区域综合</td><td colspan="2">1953 年</td><td colspan="2">左德全</td><td colspan="2">塘沽区中心路南端</td></tr>
<tr><td colspan="4">电话、传真</td><td colspan="2">邮 编</td><td colspan="2">电子邮箱</td></tr>
<tr><td colspan="4">25862216</td><td colspan="2">300451</td><td colspan="2">无</td></tr>
<tr><td rowspan="2">总占地面积 27 公顷</td><td>绿地面积</td><td>水面面积</td><td>建筑占地面积</td><td>道路和铺装面积</td><td colspan="4">生活区面积</td></tr>
<tr><td>155430 平方米</td><td>61320 平方米</td><td>31900 平方米</td><td>21000 平方米</td><td colspan="4">350 平方米</td></tr>
<tr><td rowspan="4">职工状况 52 人</td><td>在岗职工</td><td>平均年龄</td><td>男职工</td><td>女职工</td><td>离退休</td><td>内退及其他</td></tr>
<tr><td>52 人</td><td>49 岁</td><td>37 人</td><td>15 人</td><td>0 人</td><td>0 人</td></tr>
<tr><td>管理人员</td><td>绿化养护</td><td>园容保洁</td><td>安全保卫</td><td>经营服务</td><td>其他</td></tr>
<tr><td>9 人</td><td>4 人</td><td>3 人</td><td>8 人</td><td>12 人</td><td>16 人</td></tr>
<tr><td rowspan="2">外聘人员 17 人</td><td>保安人员</td><td>保洁人员</td><td>绿化养护</td><td>其他</td></tr>
<tr><td>6 人</td><td>0 人</td><td>11 人</td><td>0 人</td></tr>
</table>

续表 3-8-7-17

经营设施设备状况	商业服务设施	游乐设施		游船	其他
	1 处 300 平方米	1 项		48 只	
附属设施状况	公 厕		配电设施		温 室
	2 座 108 平方米		变电器 1 台		1 栋
	闭路监视系统		广播系统		地热水井
	无		无		无
	天然气		派出所		其他
	无		无		

紫云公园概况

表 3-8-7-18

基础信息	公园类型	建园时间		负责人	公园地址	
	区域综合	2002 年		张兴德	塘沽区中央大道西侧	
	电话、传真			邮 编	电子邮箱	
	66897290、25893840（塘沽建委）			300451	无	
总占地面积 36 公顷	绿地面积	水面面积	建筑占地面积	道路和铺装面积	生活区面积	
	307825 平方米	7050 平方米	24825 平方米	20200 平方米	100 平方米	
职工状况（暂无资料）	在岗职工	平均年龄	男职工	女职工	离退休	内退及其他
	管理人员	绿化养护	园容保洁	安全保卫	经营服务	其他
外聘人员	保安人员	保洁人员		绿化养护	其他	
经营设施设备状况	商业服务设施	游乐设施		游船	其他	
	无	无		无		
附属设施状况	公 厕		配电设施		温 室	
	3 座 135 平方米		无		无	
	闭路监视系统		广播系统		地热水井	
	无		无		无	
	天然气		派出所		其他	
	无		无			

绿岛公园概况

表 3-8-7-19

基础信息	公园类型	建园时间	负责人	公园地址
	区域综合	2005 年	杜宝兴	塘沽区福州道 818 号

续表 3-8-7-19

基础信息	电话、传真			邮　编	电子邮箱	
	塘沽建委城投公司 66308579			300451	无	
总占地面积 13.5 公顷	绿地面积	水面面积	建筑占地面积	道路和铺装面积	生活区面积	
	92300 平方米	20000 平方米	15000 平方米	7500 平方米	200 平方米	
职工状况（物业公司代管）	在岗职工	平均年龄	男职工	女职工	离退休	内退及其他
	管理人员	绿化养护	园容保洁	安全保卫	经营服务	其他
外聘人员	保安人员	保洁人员	绿化养护	其他		
经营设施设备状况	商业服务设施	游乐设施	游船	其他		
	5 座 10000 平方米	无	无			
附属设施状况	公　厕	配电设施	温　室			
	2 座 62 平方米	变电器 2 台	无			
	闭路监视系统	广播系统	地热水井			
	无	无	无			
	天然气	派出所	其他			
	有	无				

新港公园概况

表 3-8-7-20

基础信息	公园类型	建园时间	负责人	公园地址		
	区域综合	1994 年	杜宝兴	塘沽区新港三号路南侧		
	电话、传真		邮　编	电子邮箱		
	塘沽建委城投公司 66308333		300451	无		
总占地面积 8.8 公顷	绿地面积	水面面积	建筑占地面积	道路和铺装面积	生活区面积	
	70470 平方米	15000 平方米	1770 平方米	530 平方米	230 平方米	
职工状况（暂无资料）	在岗职工	平均年龄	男职工	女职工	离退休	内退及其他
	管理人员	绿化养护	园容保洁	安全保卫	经营服务	其他
外聘人员 0 人	保安人员	保洁人员	绿化养护	其他		
	0 人	0 人	0 人	0 人		
经营设施设备状况	商业服务设施	游乐设施	游船	其他		
	无	2	无			

续表 3-8-7-20

附属设施状况	公　厕	配电设施	温　室
	2 座 60 平方米	1 座 160 千伏	无
	闭路监视系统	广播系统	地热水井
	无	无	无
	天然气	派出所	其他
	无	无	

望海山公园概况

表 3-8-7-21

基础信息	公园类型	建园时间		负责人	公园地址	
	区域综合	2001 年		尤春田	大港区迎宾街以北	
	电话、传真			邮　编	电子邮箱	
	63221290			300270	无	
总占地面积 140 公顷	绿地面积	水面面积	建筑占地面积	道路和铺装面积	生活区面积	
	123.82 公顷	12.6 公顷	0.3 公顷	3.28 公顷	0 平方米	
职工状况 9 人	在岗职工	平均年龄	男职工	女职工	离退休	内退及其他
	9 人	39 岁	7 人	2 人	0 人	0 人
	管理人员	绿化养护	园容保洁	安全保卫	经营服务	其他
	1 人	5 人	2 人	1 人	0 人	0 人
外聘人员 9 人	保安人员	保洁人员	绿化养护	其他		
	6 人	2 人	1 人	0 人		
经营设施设备状况	商业服务设施	游乐设施	游船	其他		
	无	无	6 只			
附属设施状况	公　厕	配电设施	温　室			
	2 座 100 平方米	变电器 1 台 300 千瓦	无			
	闭路监视系统	广播系统	地热水井			
	无	无	2 口			
	天然气	派出所	其他			
	无	有				
说明	规划 310 公顷，此表为已建成情况					

滨海公园概况

表 3-8-7-22

基础信息	公园类型	建园时间	负责人	公园地址
	区域综合	1985 年	卢　宏	大港油田三号院
	电话、传真		邮　编	电子邮箱
	25926567		300280	无

续表 3-8-7-22

总占地面积 15.2 公顷	绿地面积	水面面积	建筑占地面积	道路和铺装面积	生活区面积	
	57620 平方米	50490 平方米	1550 平方米	42340 平方米	0 平方米	
职工状况 12 人	在岗职工	平均年龄	男职工	女职工	离退休	内退及其他
	10 人	45 岁	7 人	0 人	0 人	0 人
	管理人员	绿化养护	园容保洁	安全保卫	经营服务	其他
	2 人	0 人	0 人	0 人	0 人	0 人
外聘人员 35 人	保安人员	保洁人员	绿化养护	其他		
	18 人	16 人	1 人	0 人		
经营设施设备状况	商业服务设施	游乐设施	游船	其他		
	无	18 项	无			
附属设施状况	公　厕	配电设施	温　室			
	1 座 20 平方米	变电器 1 台 300 千瓦	3 栋 1756 平方米			
	闭路监视系统	广播系统	地热水井			
	无	无	无			
	天然气	派出所	其他			
	无	无				

泰达公园概况

表 3-8-7-23

基础信息	公园类型	建园时间	负责人	公园地址		
	区域综合	1998 年	邳学杰	开发区宏达街南，发达街北		
	电话、传真	邮　编	电子邮箱			
	25326942	300457	无			
总占地面积 20.09 公顷	绿地面积	水面面积	建筑占地面积	道路和铺装面积	生活区面积	
	193700 平方米	0 平方米	90 平方米	7130 平方米	0 平方米	
职工状况 3 人	在岗职工	平均年龄	男职工	女职工	离退休	内退及其他
	3 人	38 岁	1 人	2 人	0 人	0 人
	管理人员	绿化养护	园容保洁	安全保卫	经营服务	其他
	3 人	0 人	0 人	0 人	0 人	0 人
外聘人员 36 人	保安人员	保洁人员	绿化养护	其他		
	2 人	4 人	30 人	0 人		
经营设施设备状况	商业服务设施	游乐设施	游船	其他		
	无	无	无			
附属设施状况	公　厕	配电设施	温　室			
	无	变电器 2 台 80000 瓦	无			
	闭路监视系统	广播系统	地热水井			

续表 3-8-7-23

附属设施状况	无	无	无
	天然气	派出所	其他
	无	无	

泰丰公园概况

表 3-8-7-24

基础信息	公园类型	建园时间	负责人	公园地址		
	区域综合	1996 年	洪忠海	开发区泰达大街北，泰祥路西，四大街南，泰华路东		
	电话、传真		邮 编	电子邮箱		
	25324985		300457	无		
总占地面积 21.57 公顷	绿地面积	水面面积	建筑占地面积	道路和铺装面积	生活区面积	
	161120 平方米	38840 平方米	470 平方米	15280 平方米	0 平方米	
职工状况 4 人	在岗职工	平均年龄	男职工	女职工	离退休	内退及其他
	4 人	35 岁	3 人	1 人	0 人	0 人
	管理人员	绿化养护	园容保洁	安全保卫	经营服务	其他
	4 人	0 人	0 人	0 人	0 人	0 人
外聘人员 34 人	保安人员	保洁人员	绿化养护	其他		
	2 人	6 人	26 人	0 人		
经营设施设备状况	商业服务设施	游乐设施	游船	其他		
	无	无	无			
附属设施状况	公 厕	配电设施	温 室			
	1 座 122 平方米	变电器 1 台 240 千伏	无			
	闭路监视系统	广播系统	地热水井			
	无	无	无			
	天然气	派出所	其他			
	无	无				

河西公园概况

表 3-8-7-25

基础信息	公园类型	建园时间	负责人	公园地址	
	区域综合	1982 年	马 涛	汉沽区河西一经路	
	电话、传真		邮 编	电子邮箱	
	25694967		300480	hanguyuanlin@ sina. com	
总占地面积 17.67 公顷	绿地面积	水面面积	建筑占地面积	道路和铺装面积	生活区面积
	149950 平方米	16670 平方米	230 平方米	6100 平方米	3750 平方米

续表 3-8-7-25

职工状况 20 人	在岗职工	平均年龄	男职工	女职工	离退休	内退及其他
	20 人	42 岁	14 人	6 人	0 人	0 人
	管理人员	绿化养护	园容保洁	安全保卫	经营服务	其他
	5 人	15 人	0 人	0 人	0 人	0 人
外聘人员 10 人	保安人员	保洁人员	绿化养护	其他		
	4 人	6 人	0 人	0 人		
经营设施 设备状况	商业服务设施	游乐设施	游船	其他		
	2 处 3410 平方米	无	无	无		
附属设施 状况	公　厕	配电设施	温　室			
	2 座 134 平方米	无	无			
	闭路监视系统	广播系统	地热水井			
	无	无	无			
	天然气	派出所	其他			
	无	无				

滨河公园概况

表 3-8-7-26

基础 信息	公园类型	建园时间	负责人	公园地址		
	区域综合	1987 年	陈景成	汉沽区滨河路		
	电话、传真		邮　编	电子邮箱		
	25694967		300480	hanguyuanlin@ sina. com		
总占地面积 7.9 公顷	绿地面积	水面面积	建筑占地面积	道路和铺装面积	生活区面积	
	74470 平方米	700 平方米	50 平方米	3400 平方米	380 平方米	
职工状况 13 人	在岗职工	平均年龄	男职工	女职工	离退休	内退及其他
	13 人	45 岁	9 人	4 人	0 人	0 人
	管理人员	绿化养护	园容保洁	安全保卫	经营服务	其他
	3 人	10 人	0 人	0 人	0 人	0 人
外聘人员 5 人	保安人员	保洁人员	绿化养护	其他		
	2 人	3 人	0 人	0 人		
经营设施 设备状况	商业服务设施	游乐设施	游船	其他		
	无	无	无			
附属设施 状况	公　厕	配电设施	温　室			
	1 座 48 平方米	无	无			
	闭路监视系统	广播系统	地热水井			
	无	无	无			
	天然气	派出所	其他			
	无	无				

百亩公园概况

表 3-8-7-27

基础信息	公园类型	建园时间	负责人	公园地址		
	区域综合	1998 年	武清建委	武清区广源道北侧		
	电话、传真		邮 编	电子邮箱		
	无		301700	无		
总占地面积 13.85 公顷	绿地面积	水面面积	建筑占地面积	道路和铺装面积	生活区面积	
	130680 平方米	7500 平方米	0 平方米	320 平方米	0 平方米	
职工状况 0 人	在岗职工	平均年龄	男职工	女职工	离退休	内退及其他
	0 人	0 岁	0 人	0 人	0 人	0 人
	管理人员	绿化养护	园容保洁	安全保卫	经营服务	其他
	0 人	0 人	0 人	0 人	0 人	0 人
外聘人员 0 人	保安人员	保洁人员	绿化养护	其他		
	0 人	0 人	0 人	0 人		
经营设施设备状况	商业服务设施	游乐设施	游船	其他		
	无	无	无			
附属设施状况	公 厕	配电设施	温 室			
	无	无	无			
	闭路监视系统	广播系统	地热水井			
	无	无	无			
	天然气	派出所	其他			
	无	无				

朝霞公园概况

表 3-8-7-28

基础信息	公园类型	建园时间	负责人	公园地址		
	区域综合	1990 年	赵国庆	宝坻区进京路与西外环交口东南侧		
	电话、传真		邮 编	电子邮箱		
	29242482		301800	无		
总占地面积 19.68 公顷	绿地面积	水面面积	建筑占地面积	道路和铺装面积	生活区面积	
	58765 平方米	106560 平方米	4430 平方米	27045 平方米	0 平方米	
职工状况 2 人	在岗职工	平均年龄	男职工	女职工	离退休	内退及其他
	2 人	32 人	2 人	0 人	0 人	0 人
	管理人员	绿化养护	园容保洁	安全保卫	经营服务	其他
	2 人	0 人	0 人	0 人	0 人	0 人
外聘人员 2 人	保安人员	保洁人员	绿化养护	其他		
	2 人	0 人	0 人	0 人		

续表 3-8-7-28

经营设施设备状况	商业服务设施	游乐设施		游船	其他
	无	无		无	无
附属设施状况	公厕	配电设施		温室	
	1处30平方米	变电器1台30千瓦		无	
	闭路监视系统	广播系统		地热水井	
	无	有		2口	
	天然气	派出所		其他	
	无	无			

府君山公园概况

表 3-8-7-29

基础信息	公园类型	建园时间	负责人	公园地址		
	区域综合	1997年	李晓明	蓟县北环线外侧		
	电话、传真		邮　编	电子邮箱		
	29123390		301900	无		
总占地面积750公顷	绿地面积	水面面积	建筑占地面积	道路和铺装面积	生活区面积	
	744.37万平方米	0平方米	8000平方米	4.8万平方米	300平方米	
职工状况11人	在岗职工	平均年龄	男职工	女职工	离退休	内退及其他
	11人	40岁	4人	7人	0人	0人
	管理人员	绿化养护	园容保洁	安全保卫	经营服务	其他
	3人	6人	1人	1人	0人	0人
外聘人员20人	保安人员	保洁人员	绿化养护	其他		
	3人	3人	14人	0人		
经营设施设备状况	商业服务设施	游乐设施	游船	其他		
	无	无	无			
附属设施状况	公　厕	配电设施	温　室			
	1座100平方米	变电器1台100千瓦	1栋2000平方米			
	闭路监视系统	广播系统	地热水井			
	无	有	无			
	天然气	派出所	其他			
	无	有				

2010 年天津市已废公园一览表

表 3-8-7-30

序号	名　称	类型	建园时间	面积（公顷）	详细地址	古树名木	设施		备注
							游乐设施	商业设施	
河西区									
1	人民公园	综合园	1951	13.22	河西区徽州道 29 号	2	6	6	
2	珠江公园	综合园	1994	3.52	珠江道榆林路口				
3	友谊公园	综合园	2008	5.83	友谊路与宾水道交口				
4	桂江园	社区园	2002	0.93	微山路泗水道口				
5	锦绣园	社区园	1999	1.25	宽福里内				
6	红光公园	社区园	1982	2.94	河西区泰山路与资水道交口		4		
7	春华园	带状园	2001	2.36	河西区宾水道卫津河口				
8	秋实园	带状园	1985	1.56	河西区宾水道卫津河口				
9	西南楼公园	社区园	1954	0.85	东：越秀路南：前进道				
10	曲江公园	体育园	1991	2.33	曲江路与茂名道交口		1		
11	天津湾公园	体育园	2009	2.45	台儿庄路光华桥至古海道				
12	彩带公园	带状园	1986	2.27	围堤道吴家窑大街				
13	华夏未来儿童公园	儿童园	1991	5.54	河西区体院北环湖中道 3 号		3		华夏未来集团
14	燕园	纪念园	1963	13.32	天津市干部俱乐部院内	1			
15	佟楼公园	社区园	1960	0.83	西：贵州路北：中环线		2		
16	儿童公园	儿童园	1981	0.32	友谊北路马场道口		1		
17	解放南园	社区园	1951	0.74	解放南路于杭州道交口		3		
18	洞庭公园	社区园	1978	1.85	洞庭路与郁江道口				
19	中环公园	带状园	1985	0.61	河西区吴家窑大街与贵州路交口				
河东区									
20	桥园	综合园	2008	22.00	河东万新村 23 区旁				
21	河东公园	综合园	1997	10.00	河东区成林道 120 号		1		
22	第二工人文化宫	综合园	1952	20.40	光华路富民路交口市工会				
23	中山门公园	社区园	2010 年改造	2.44	中山门百货旁		22		
24	海河公园	带状园	2008	2.60	赤峰桥至光华桥				
25	真理道公园	社区园	1987	1.31	真理道 31 号增 1 号				

续表 3-8-7-30

序号	名 称	类型	建园时间	面积（公顷）	详细地址	古树名木	设施		备注
							游乐设施	商业设施	
26	唐口公园	社区园	1952	0.59	唐口一号路		17		
27	河滨公园	社区园	1992	1.26	河东区六纬路八号路49号				
28	万新公园	社区园	1993	0.77	万新村冠云中里				
29	海津公园	带状园	2008	1.40	海津大桥				
30	盘山园	社区园	1993	0.78	万新村倚虹中里		10		
南开区									
31	水上公园	综合园	1950	153.74	水上东路				
32	南翠屏公园	综合园	2008	31.92	红旗南路265号增18号				
33	动物园	动物园	1975	51.66	水上东路				
34	奥林匹克公园	体育园	2008	37.04	老馆与新馆之间及周边				体育局
35	长虹生态园	综合园	1986	32.20	红旗路与长江道交口		2	1	
36	南开公园	综合园	1953	4.00	南开二纬路113号				
37	翔宇公园	广场园	2004	3.04	南开二纬路与南开三马路交口				
38	雅憩园	社区园	2000	0.48	林苑北里				
39	川园	社区园	1986	1.29	川府里		22		
40	南苑公园	社区园	1994	1.40	园荫道		1		
41	风湖公园	社区园	1993	0.66	湖波道		22		
42	瀑园	社区园	2000	0.47	华宁北里				
河北区									
43	北宁公园	综合园	1906	50.31	中山北路				
44	幸福公园	综合园	1979	2.40	幸福道与靖江路交口				
45	耳闸公园	综合园	2008	4.00	李公祠大街				
46	月秀公园	社区园	1983	0.67	海门路				
47	金钢公园	社区园	1949	1.38	中山路与李公祠大街交口				
48	北斗公园	社区园	2008	2.50	狮子林桥下				
49	中山公园	综合园	1905	2.00	中山公园路3号				
50	王串场公园	体育园	1953	6.64	三号路幸福市场内				
51	馨园	社区园		2.53	月牙河南道与锦江道交口				
52	笑石园	社区园		1.16	义江里小区内				
53	宜景公园	社区园		1.68	宜白路				
54	宜春公园	社区园		0.60	宜洁路				

续表 3-8-7-30

序号	名　称	类型	建园时间	面积（公顷）	详细地址	古树名木	设施		备注
							游乐设施	商业设施	
55	绿宝石公园	社区园		1.30	金沙江路上				
和平区									
56	睦南公园	综合园	1982	1.46	睦南道与云南路交口				
57	中心公园	社区园	1917	1.60	花园路				
58	解放北园	社区园	1887	0.75	泰安道与解放北路交口				
59	土山公园	社区园	1937	0.74	贵州路与岳阳道交口				
60	复兴公园	儿童园	1937	0.78	西安道与苍梧路交口				
61	儿童公园	儿童园	1953	0.25	山西路包头道交口				
红桥区									
62	西沽公园	综合园	1958	34.95	桥北大街与光荣道交口				
63	滨河公园	综合园	1988	3.58	临水道与子牙河之间				
64	红桥公园	综合园	2003	4.00	纪念馆北路与西路交口				
65	竹园	综合园	2006	3.60	陵园路				
66	水趣园	综合园	2007	3.36	南运河南路中环线至陵园桥				
67	桃花园	专类园	1985	1.36	勤俭桥桥头				
68	北洋园	带状园	2002	4.40	北洋桥与光荣道交口				
北辰区									
69	苍峰体育公园	体育园	2001	1.02	高峰路（东）与果园北道交口		3		
70	苍峰中园	社区园	1999	1.51	高峰路（西）与果园北道交口				
71	杨连弟公园	社区园	1988	1.63	高峰路（西）与北辰道交口				
72	苍峰园	社区园	1987	2.44	高峰路（西）与果园南道交口				
73	集贤公园	社区园	1982	1.61	集贤道与安达路交汇处		15		
74	北辰公园	综合园	2004	7.85	京津路与北辰路交口		18		
津南区									
75	月牙河公园	综合园	1989	5.69	津南区咸水沽镇月牙河与八二路交口				
76	海河故道公园	综合园	2008	75.00	津南区南环路普明里小区旁				
77	津沽休闲园	社区园	2004	1.40	津南区西大桥至东张庄沿老海河两侧		1		

续表 3-8-7-30

序号	名 称	类型	建园时间	面积（公顷）	详细地址	古树名木	设施		备注
							游乐设施	商业设施	
东丽区									
78	东丽公园	综合园	1986	3.33	西起福山路东至外环线				
79	新立公园	综合园	2004	3.17	津塘路以南三号桥以东				系统外
80	惠民公园	综合园	2003	1.75	外环线以西津塘路以北				
滨海新区									
81	河滨公园	综合园	1954	26.88	中心路988号		7		
82	紫云公园	综合园	2001	36.00	中央大道东侧				中心商务区
83	南园	专类园	1994	2.14	中心路988号				
84	望海山	综合园	2001	60.95	北环路与迎宾街交口				
85	湿地公园	专类园	2007	50.00	南环路南侧				
86	带状公园	带状园	1996	18.17	世纪大道两侧				
87	大港公园	综合园	1992	7.70	振兴路南侧		6		
88	滨海公园	综合园	1981	16.70	油田三号院		6		油田
89	滨河公园	综合园	1984	9.70	汉沽滨河路				
90	河西公园	综合园	1982	17.67	河西一经路		7		
91	泰丰公园	综合园	1996	21.70	泰达大街北泰祥路西				
92	泰达公园	综合园	1998	20.52	宏达街南（北海路—太湖路）				
93	环岛公园	综合园	2001	13.93	泰达大街北东海路西				
94	蓝领公园	社区园	2004	1.39	五大街南睦宁路西				
95	体育公园	体育园	1995	1.08	黄海路东五大街北				
96	劳动公园	专类园	1995	1.19	睦宁路东五大街南				
97	新港公园	综合园		10.00	新港三号路与港医路交口				建交局
98	绿岛园	综合园		13.50	河北路与福州道交口				建交局
99	遗址公园	专类园	2004	3.78	九大街南黄海路西				
100	雕塑公园	专类园	1996	0.68	三大街南黄海路西				
101	渤龙湖公园	综合园	2009	60.00	天津高新区滨海科技园				
102	综合服务中心小游园	社区园	2009	10.05	天津高新区滨海科技园				
103	滨海航母主题公园	专类园	2006	79.65	天津市滨海新区汉北路269号		7	3	泰达控股
武清区									
119	西苑公园	综合园	1992	6.53	振华西道				

续表 3-8-7-30

序号	名　称	类型	建园时间	面积（公顷）	详细地址	古树名木	设施		备注
							游乐设施	商业设施	
120	双龙公园	综合园	1997	1.86	建国路				
121	北岚公园	综合园	1993	3.33	建国发路				
122	百亩公园	综合园	1992	13.85	广源道				
123	雍园	社区园	1988	2.21	雍阳东道				
124	运河风景带	带状园	2007	8.68	建国路				水务局
125	小世界公园	专类园	1990	33.00	雍阳西道				
126	青少年活动中心	专类园	2004	16.00	泉旺路				教育局
宝坻区									
127	朝霞公园	综合园	1989	19.68	“进京路与西外环交口东南侧”				
128	南城公园	综合园	2008	3.25	南环与津围路交口西南侧				
129	窝头河公园	带状园	2008	27.00	石桥桥至西环				
130	建设路公园	社区园	2010	1.23	火车站路与建设路交口西南侧				
蓟县									
132	府君山公园	综合园	1996.5	750.00	蓟县北外环				
133	州河公园	综合园	2008.4	20.00	蓟县南外环与中昌路交口				
134	凤凰山公园	综合园	1995.3	23.84	蓟县兴华大街与宝塔路交口				
宁河县									
135	方舟公园	纪念园	1989.04	5.69	芦台镇文化路与商业道交口		5		
136	华翠公园	社区园	1995.06	8.40	芦台镇金翠路西头路南		2		
137	桥北城市公园	综合园	2008.09	10.00	桥北镇				
静海县									
138	翠湖公园	社区园	1987	1.80	北纬二路西段				
139	嘉泰公园	社区园	2005	1.14	胜利大街西侧，北纬四路北侧				
140	玉带公园	带状园	1996	3.47	下三里道北口				

第四篇

城市绿化

第一章 道路绿化

第一节 行道树和道路绿化

道路绿化一直是天津市绿化的一大薄弱环节。1860 年天津开埠后，天津市在租界内开始种植行道树，1902 年袁世凯任直隶总督后便提出绿化，特别是沿河边道路栽树，但总体绿化一直进展缓慢。

天津市的行道树，开始多选用榆树。1886 年，在中街（今解放北路）两侧，种植的就是榆树。1886 年在马场道、1927 年以后修筑的重庆道、睦南道、大理道、桂林路、云南路等道路，所栽植的行道树多为国槐。1948 年，天津解放战役前夕，国民党军队为负隅顽抗，阻止人民军队解放天津，把天津城周围树林及绿化点基本砍伐殆尽。导致一个近 200 万人口的大城市，树木不到两万株。

天津解放后，道路绿化逐步得以发展，根据行道树要尽快成荫的要求，园林部门多选择价低、成活率高、成长快、效果好的树种，如立柳、洋槐、紫穗槐以及一些灌木为先锋树种。1953 年以后，又加选了毛白杨、加杨、唐槭、小叶梣和国槐等。仅 1953 至 1957 年，就先后共种植行道树 16 万株。

天津市的行道树经过长期的探索，最后认识到立柳、加杨、唐槭等树种有许多缺点，如树龄短，病虫害严重，易衰老，易枯枝，即被淘汰；选中了抗盐碱、耐淹泡、病虫害少、适应性强、生长势头好的绒毛白蜡为主要行道树。截至 1990 年绒毛白蜡已占行道树的 40%，并成为天津的市树。绒毛白蜡和白毛杨、立柳、臭椿、国槐、洋槐等成为绿化街道的骨干树种。

而后，在这些骨干树种的基础上，园林部门逐步发展和引进更多适宜天津生长的树种，令天津市的街道两侧和中心隔离带，成为多种植物、多种形态、多种色彩交叉多层次的绿色长廊，不仅极大地改善了城市的生态环境，还为市容环境增色不少。

在进行道路绿化的同时，市园林局还不断组织和推动道路绿化的科研，以促进道路绿化水平的不断提高。其所设立的“天津市行道树树种引种选择的研究”，该课题由天津市建委下达。完成单位是天津市园林绿化研究所，项目主持人为陈小奎，项目参加人为童彤、周小蕾、陈周羡、刘蓉、刘占海、王素珍。2002 年 9 月，该课题进行了评审。研究成果是引进 13 个树木品种，上路试验 8 个树木品种，列出骨干树种 8 种、推荐树种 8 种、试用树种 4 种，制定出行道树养管技术要点。其所设立的"天津城市道路绿化建设标准"研究，该课题由天津市建委下达，由市园林科技信息中心完成。项目主持人为王和祥，项目参加人为郭喜东、韩庆、张启俊。2004年8月6日，该课题进行了评审。研究成果是编写了《天津城市道路绿化建设标准》，其内容全面、体例得当、条款分明、参数科学可靠，具有可操作性、实用性和针对性。可指导天津市道路绿化设计、施工。其所设立的"天津市道路绿化技术规范研究"，该课题由天津市园林局下达，完成单位是天津市园林局项目主持人：陈威、刘祚林，项目参加人为王立新、杨瑞兴、王和祥、张启俊、张春暄，经费2万元。2008年1月9日，该课题进行了评审。研究成果是完成了《天津市道路绿化技术规范》的制定。其所设立的"天津市主要花灌木树种生物学特性和栽培技术研究"，该课题由天津市建委下达，由天津市园林学校、南开园林局绿化管理二所完成。项目主持人为郭育文，项目参加人为范学林、王建团、边起、李怀起，1993年12月31日，进行了鉴定，项目研究成果达到国内领先水平。该课题研究了碧桃、榆叶梅、木槿、紫薇生物学特性和栽培技术。课题通过对碧桃等花灌木年周期枝条生长动态、花芽分化、营养物质变化的观察、解剖、测定研究，揭示了四种花灌木的生理生化规律。尤其在成花的三种代谢传化类型，花芽分化的四个营养转化时期有独到见解，对生产有指导意义。课题把果树修剪原理成功地运用到园林花灌木的修剪上，总结出"截、疏、缩"综合修剪方法，首次提出修剪参数，对增加碧桃等四种花灌木的花枝与花朵数量、延长花期、稳定树体结构、延长树木寿命、提高观赏价值有显著效果。课题把试验示范区放在道路等绿地上，结合园林养管，推广试验1600多株花灌木，总结出四种花灌木养管年历，可操作性强，对生产有指导意义。其所设立的"苗木新品种引进与应用的研究"，该课题由天津市建委下达。完成单位是天津市花苗木服务中心。项目主持人为马连勇、胡新民，项目参加人为康新民、代国英、童彤。2007年5月24日，该课题进行了验收。项目研究成果是引进乔木、灌木、宿根花卉59种，筛选出适合天津地区生长的园林植物29种，课题边引种、边筛选、边扩繁、边推广，加快科研成果的转化。

据统计，截至2010年底，全市实有树木4546.4万株，其中共有行道树117.65万株，中心城区就有行道树48.77万株。

第二节　街景绿地

一、街景绿地的产生与发展

天津市解放前，全市的树木还不到2万株，仅在中心城区的道路绿化，其形式也主要只是种植行道树，基本没有街景绿地。天津市在1949年以来，特别是改革开放以来，园林部门把街景绿化作为城市绿化的骨架、城市绿网和生态城市的主体来建设，扮美城市景观的容颜，形成日新月异、五彩斑斓的优美城市道路街景，更使之成为生态天津的重要组成部分。

20世纪80年代初期，天津市正处于1976年唐山特大地震后的恢复重建时期，遍布街头里巷的地震棚陆续被拆除后，腾出一些边角隙地。园林部门就有针对性地大力开展小游园、小绿地、小街景建设，(简称“三小”绿化)，主要是利用住宅旁和道边的边角隙地和楼群、山墙间空地，见缝插针进行绿化，根据各地区的具体条件，或挖掘土地潜力，或巧用园艺手法，最大限度地来扩大绿化面积。当时提出的口号和采取的办法，就是“见缝插绿、挤地造园”。所营造的小街景、小绿地、小游园，尽管它们面积都不大，但可供居民和行人便捷地经常性享用，因而深受群众欢迎。他们这种投资不多、见效迅速、效益显著的绿化，成为当时天津市一大绿化特色。形成天津道路街景绿化的早期特点，并以此博得了国内外园林界同行的好评。

“三小”绿化的特点是：投资少，见效快，服务半径小，使用效率高。如小游园面积一般在2000平方米左右，服务半径在500米左右。小游园多以自然式、开放式为主，布置多依周围环境，自选主题，突出特色，园内广种花草、树木、适当放置一些座椅，添置简单儿童游戏器械及一些建筑小品，虽不具有正式公园的规模和全部功能，但形式不拘一格，多种多样。

这一形式、方法以及成果，在20世纪80年代表现得尤为突出。截至1990年，市区共建成“三小”绿化234.94公顷。其中比较有代表性的有西康路绿地、光华路绿地、西北角绿地、尖山路绿地等。但其对于大城市而言，“三小”绿化毕竟规模有限，到1993年底，天津市道路绿化面积仅为204.19平方米，全市有行道树128.81万株。

1993年以后，随着城市环境建设综合治理和道路拓宽改造，城市交通骨架的逐步形成与健全，市区道路绿化开始由增绿量、见成效向成规模、上水平方面发展，通过统一规划、合理布局、平面绿化与立体绿化相结合，增加了绿化层次和品位。道路绿化还积极配合拆违实施绿化跟进，先后建成了南京路、南口路立体绿化等“黄土不见天”样板工程，提高了综合治理的环境质量，改善了居民群众的出行环境。此外，相继进行了卫国道、解放南路、大沽路、复康路、新宜白大道、西青道、津塘路、卫津南路等入市道路的绿化建设及宾水道、友谊路、水上公园北路、大港区世纪大道等精品道路绿化。

1999年以后，重点实施了“五大道”、滨江道、和平路等市民关注焦点道路的改造和中环线树带扩绿工程。大理道、常德道、重庆道绿化景观建设以丰富的植物品种、清晰的层次融入欧式的文化艺术内涵，配置活灵活现、民俗风味浓郁的人物、车马雕塑小品，为“五大道”风貌保护区添姿增色。为巩固城市环境保护屏障，改善生态，组织实施了外环线内侧50米绿化带建设及铁路客运城市市区段两侧绿化，极大地改善了天津的生态环境，提高了群众生活环境质量。与此同时，结合道路改造还相继完成了“8路2桥”、“12路5桥”、“10路10桥”等绿化工程。在城市改造中，拆房绿化跟进，挤出集中土地改造，对立交桥周边拆迁并进行绿化跟进，先后实施了八里台立交桥、王顶堤立交桥、金狮立交桥、李公楼立交桥、十一经路立交桥、普济河道立交桥等立交桥绿化建设景观工程。

上述道路绿化景观建设，小面积的采取绿化为主进行植物造景，面积较大的融入地形起伏、铺装及灯光夜景效果，成为一道道靓丽的都市风景线。使园林街景在不同的城市环境中，都表现出独特的景观内涵。至2002年底，全市道路绿化已达2127万平方米，是1993年道路绿化总量的10.4倍；行道树近200万株，较1993年增加70余万株，增幅约55%。其中市内六区道路绿化面积，也由1993年底的145.13万平方米增加至1008万平方米，增幅高达594.5%。道路绿化在美化市容、构筑天津绿化新格局中发挥了日益重要的作用。

2007年，市园林局制定出台了市级园林城区和园林县标准，组织20项民心工程中绿化建设，实施卫国道、津滨大道、大沽南路、解放南路4条主要入市口道路的绿化提升改造工程，使之形成标准、样板路段，作为重点道路绿化的示范，并在迎接和庆祝2008年北京奥运会的进程中，以及2009年市容园林委成立后，先后对天津近百条主要道路的街景绿化，进行总体的补充完善和改造提升。到2010年底，天津的街景绿化达到了前所未有的规模和水平，全市包括街景绿地在内的城市绿地总面积，达到21782.36公顷。

二、绿色街景

（一）友谊南路街景绿地

友谊南路街景绿地位于天津市河西区中南部，北起黑牛城道，南至潭江道，道路总长度2800米。友谊南路绿化工程是随着附近的梅江新建居住区的兴建开始的。始建于2001年2月，2004年和2008年在迎接奥运会和亚欧财长会议期间，对友谊南路街景绿地做过充实提高和部分调整改造。

2010年，全市市容环境综合整治时，园林部门对该条道路街景绿地全线进行改造提升，绿化面积达9.1万平方米。该条道路的绿化特点是充分利用梅江新建地区的优势，运用中西结合、绿美结合、花木结合和开放式、自然式的综合绿化手法，形成大气、洋气、清新、靓丽的绿化美感视觉。

截至2010年底，友谊南路街景绿地有草坪50968平方米，地被及宿根花卉4441平米，绿篱520295株、13015平米。绿地内的树木有乔木15个品种1816株，常绿10个品种8018株，灌木22个品种6073株，组球8个品种、299个，另有藤本植物4702株，月季1400株，是天津市综合绿化水平较高的一条道路。

（二）红旗南路街景绿地

红旗南路街景绿地占地面积12000平方米，1994年施工，投资44万元建成。该处绿地以大面积平铺草坪作铺垫，种植乔木、花灌木、常绿树等多品种大苗木，突出自然主体景观。在沿线点缀奇形怪石，为突出市花月季，外沿布置了一条较宽的月季花裙带。为增加艺术特色，按颜色分出段块，形态各异。在沿线绿地后侧，在原有乔木基础上，采取混交栽植法，使乔、灌、常绿等树种互相对应，形成四季景观整体效果。

（三）西康路街景绿地

西康路街景绿地是和平区园林部门利用九十中学墙外沿马路的一条空地，并延伸到贵州路佟楼桥头，所营造的面积3100平方米的街景绿地。这处小街景绿地，借此间的人行道为通道，贯穿整个绿地，沿途设置花架、立体花台，并在狭长的绿地上种植刺柏、桧柏、石榴、珍珠梅、碧桃、青竹等近30种植物，加上原有的行道树，形成一条林荫小道、过路景区。

（四）光华路街景绿地

光华路街景绿地是河东区园林部门是利用新仓库护城河外侧光华路旁的一条空地，栽种种类繁多的灌木，主要有桃花、珍珠梅、丁香、木槿、紫薇等，并在沿护城河边栽植乔木垂柳。在街口布置两块组团绿地，花坛内种植月季，绚丽夺目，该街景与光华路的第二工人文化宫内园景呼应衬托，更显相得益彰。

（五）西北角街景绿地

西北角街景绿地是1982年拓宽大丰路、西马路时挤建的一块街景绿地，面积3648平方米。该绿地正中为“五童戏水”雕塑，两侧为竹子造型的花架，攀以藤本植物，临西马路一侧，建一组荷叶式凉亭，在绿地上堆假山，配置乔、灌木、花、草、构成立体画面。

（六）尖山路街景绿地

尖山路全长1300米，是沟通市区与工业区的一条重要道路。该路街景绿地分为行道树和绿地两个层次，既起隔音与遮荫功能，又有衬托两旁建筑、绿化环境和美化市容的作用。尖山路行道树以市树白蜡为主，两株之间配植球型刺柏。绿地与楼群间通道景门自然分割，开敞式围合，用侧柏作为绿篱，以桧柏、云杉、黑松为主要常绿植物。花灌木有西府海棠、紫藤、金银木、丁香、红叶李、红碧桃、玫瑰、木槿等，配植月季和草花，并栽培地锦为主的攀缘植物540余株。大面积的垂直绿化，加上小品点缀，同时还尝试将公园的坐凳移植于便道旁，便利行人休息观赏。

（七）五大道街景绿地

“五大道”的名称因贯穿东西的马场道、睦南道（原香港道）、大理道（原新加坡道）、常德道（原克伦坡道）、重庆道（原爱丁堡道）而得名。这些道路都坐落在天津市老城区，被确定为“五大道”历史风貌街区。四至范围于成都道以南、马场道以北、西康路以东、马场道与南京路以西的一片长方形街区，其区域内共有22条道路，总长17公里，总面积1.28平方公里。

“五大道”原为外国租界，有大量风格迥异的洋房，典型的有英式、意式、法式、西班牙式建筑，还有众多的文艺复兴式建筑、古典主义建筑、折衷主义建筑、巴洛克式建筑以及中西合璧式建筑等，号称“万国建筑博览馆”，蕴含着丰富的历史和文化内涵。

但长期以来，因道路路面狭窄，两侧行道树树种单调，缺少街头绿地，加之沿街住宅庭院多由高围墙阻隔封闭，阻断了视线，“五大道”显得空间不够开阔和绿化欠佳。

当时的“五大道”两侧以民居为主，也有一些机关、学校等。院内有一定的绿化基础和条件。据此性质特点，以衬托、保持原有风格为前提，园林部门分别采取了绿化综合治理措施，并首先在马场道展开。在天津外国语学院对面，原是一民居前院，拆除旧围墙后，栽植了绿篱矮墙，使绿色景观直接显现在外。整个绿化布置主要是保留大树、补充乔木、点缀常绿、使树冠线高低起伏，以增添绿化层次感。东部设置白色曲廊花架，覆盖攀援植物，增加立面的绿色比重。创造了一个有层次的协调的空间。

天津外国语学院以疏阔开朗的布局与其对照呼应，沿街改建为较矮的通透围墙，围墙附近种植高大的树群，以开旷的前庭，腾出宽阔的透视线，引导院外行人的视线深入院内。少数散植的树木，有远有近，有露有藏，造成深远的意境。院内设置喷水池，使景观更为丰富。

位于桃园村卫生院西侧的小游园，在设计上运用“藏”的手法。小游园呈纵深向矩形，临街一面切去一角。铁栏杆矮墙的两侧均为建筑物，入口很不明显。入园后由窄变宽，园内中轴线上有前小、后大两个圆形月季花坛，后花坛又为三个弧形花坛环抱、以浓荫密布的大树构成后墙。呈现出逐步推进的自然层次。园内的花灌木以桃树为主、海棠陪衬，乔木以合欢为主，点植龙爪槐。小游园形成街景的组成部分，使之收放有韵，增添了幽深和蕴蓄。

绿化综合治理后的街道风貌焕发，把建筑美、绿化美、环境整洁美融化为一体。街景、院景渗透交融，内外空相互延伸。开合有致，扩大了视野和视野夹角。在美化街容中表现丁园林艺术的布局美。

洋房别墅院落的园林，因空间尺度而异，早年种植的毛白杨、刺槐、白蜡、臭椿、法桐、香椿、银杏、黄金树、梓树等常绿树都已长成大树，还有海棠、山楂、玉兰、碧桃、丁香、枣树、柿子、石榴等花木，加之庭院内的花架、花坛、花钵、雕塑、水景、叠石、地被花草，与洋楼建筑相得益彰，不仅形成了风格各异的庭院园林，也丰富了沿街绿化大背景和园林季相变化。

园林部门结合创立卫生城市、举办2008北京奥运会进行市容环境综合整治，对“五大道”绿化进行多次综合治理提升。这些工程在衬托和基本保持原有风格的前提下，根据“五大道”的风貌特点，主要采取了四种方式。一是沿街开辟开敞式绿地，配置观赏性树木和花草，丰富绿化层次，增加植物品种，并相应增加设置休息设施；二是对部分临街宅院的封闭式围墙，或保持爬满美国凌霄、紫藤的原状围墙，或改建为通透、半通透式新围墙，种植藤本月季、多花蔷薇、五叶地锦等观花观叶蔓生植物，并使之与沿街绿化相结合；三是在有条件的庭院内增加绿化和造景，在街角和街边辟建绿地花坛，种植多种花木、地被花卉和时令草花，增加雕塑和山石等园林建筑小品。植物材料选择了大量耐旱性较强的宿根花卉，并配植了长势强、耐修剪的本土植物，如大叶黄杨、金叶女贞和紫叶小檗等，并以模纹形式栽植，营造三季有花、四季常绿、花园别墅与街道绿化内外结合、乔灌藤花草复层种植的园林景观效果。

在“五大道”中，马场道因路面较为开阔，其绿化更较有规模和特色。特别是自2000年以来，园林部门更致力于该路植物品种的多样化和景观的丰富化，从外埠引进紫荆、马蔺、旱园竹、鹿角桧、丝兰等特色植物品种，行道树则引种了大量银杏，改变了以往只有白蜡、杨树的单一局面。

经过多次提升改造，“五大道”街景总面积达到42558平方米，小游园总面积24930平方米，临时绿地总面积13665平方米，垂直绿化总长9748米，其绿化面貌发生了根本性变化，与各式风貌建筑相得益彰，现在已经成为天津市的代表性的旅游风景区。

“五大道”地区鸟瞰

第三节 主干道绿化

一、中环线绿化

1985年，天津市政府批准“三环十四射”的市区道路规划，并开工建设中环线。中环线是天津城市总体规划中三环十四射道路骨架中一条重要交通主干线，是围绕中心城区兼客货运输功能的快速交通干道，是天津市第一条设计车速为每小时60公里的城市绕城主干道，也是环绕市中心区的一条风景线。

工程分两期建设，1985年1月至6月修建西半环（勤俭桥至光华桥），随即通车。1985年12

月至1986年6月修建东半环（光华桥至勤俭桥），随即通车。中环线全长34.5公里，路宽40至50米。中环线沿线的绿化，作为道路、桥梁施工的重要配套工程，更作为环绕市中心区的一条风景线的主要项目，也都随道路、桥梁施工后期跟进，并在通车前基本完成。

中环线的绿化配套工程，体现了当时天津道路绿化的新水平，对改善市容、美化街景、分隔组织交通和为行人及沿街居民提供休息场地都起了良好的作用。

中环线绿化的一大特点，是根据其具有的市区交通动脉车流量大、车速快、人流量多等实情，采取多条绿带分割点缀、重点路段和地区辟建大型花坛绿地和街头公园等方式，形成中环线的基调和主旋律，从城市的生态系统出发，为城市创造最佳的空间和功能，在勤俭道桥头、长江道口、复康路口、友谊路等14个重要路口及八里台立交桥至佟楼、卫国道至金钟河大街等，作为重点景观路段，建设街景游园，达到总体划一、贯串畅通、优美明快的效果。

中环线绿化景观，全线统一协调，重点地段与路口有变化、有特色，使沿街景观形成连续不断的画面。园林艺术与建筑融为一体，用园艺来丰富城市色彩，增加城市美感。对绿化配置考虑到遮荫、降温、隔离噪声、防尘，改善生活环境等功能，以绿化为主，重视景序排列，适当设置园林建筑小品。中环线跨越子牙河、新开河，途经红旗河、复康河、卫津河等，因此绿化中突出“水”的特点，建成滨河绿带，配置花坛、座椅、园灯，显得路面空间开阔，环境优美。在临街公共建筑、交叉路口和桥头，设置街头绿地或开辟广场，突出现代化城市风格。在沿街居民楼或办公用房，采用“透”“通”“露”手法进行绿化，做到院内院外景观互相渗透。

中环线绿化基本做到“五个结合”，即动景观与静景观结合，点、线、面结合，以线为主；微观效果与宏观效果结合，以宏观效果为主；植物绿化与园林小品结合，以植物绿化为主；院内绿化与院外绿化结合，以衬托外景为主，互相渗透，形成平面绿化与立体绿化结合的综合格局。

中环线的植物配置也丰富多彩。为了突出地方特色，以乡土树种为主，如白蜡和月季，草坪采用耐寒、绿色期长的冷绿型草坪。为了丰富街道的季相和色彩变化，注重大效果，种植春季开花的碧桃、连翘，夏季开花的紫薇、木槿、蔷薇、凌霄，深秋叶色变黄或变红的地锦、白蜡、火炬树等。中环线种植树木5.68万株，栽植月季54万株，藤本植物7.83万延米。建成街心池花坛13.69公顷，人行道两侧绿地7.33公顷，道路红线外绿地26.27公顷。中环线共有绿地47.3公顷，占路面面积的27.4%。其中比较突出的有：在自真理道至民权门一段绿地内小品、浮雕、壁画相连的街景长廊，勤俭桥至青年桥一段黄土不见天的“十里长街”，红旗路与鞍山西道口5200平方米的大型花坛等。

中环线河西区路段，是中环线绿化带的重要组成部分，也是其中一大亮点。仅在1985年建设中环线（西半环）时，就在河西区内长4945米的路段上，建设了共4条绿带。绿化分行道树和街景两个层次，便道是行道树和草皮，两条路心池栽植月季和常绿树。绿化总面积16937平方米，其中草皮2697平方米，草花637平方米，月季花5.8万株，乔木9990株，绿篱1160延米。在八里台立交桥至佟楼北侧，建成1.34万平方米彩带公园。

在中环线的吴家窑大街与贵州路交口处建设的中环公园，更被誉为中环线上的一颗明珠。该园采取自然式布局，为条形地带，地势起伏，以科技楼和碧云里高层建筑为借景，自东向西依次建有三环喷泉、环形花架、伞亭组合。三环喷泉造型寓意为内、中、外三环干道环绕津城。球形雾状喷头和线形喷头使水景交织。伞亭组的亭柱饰为树干，亭顶栉比，高低错落。中环公园的绿化特色是以乔木和花灌木为主，乔木多以泡桐、榆树、栾树、火炬、合欢、龙爪桑、银杏、卫矛等观赏树种居多；灌木以碧桃、榆叶梅、金银木、西府海棠、木槿、荼蘼子、丁香、黄刺玫、连翘、红叶李、紫荆、花椒树、蔷薇、紫叶小檗、珍珠梅等多花品种见长，构成色彩丰富多样、三季有花、四季常青的意境。特别是公园围墙种满蔷薇，从开春到深秋，蔷薇花持续盛开，沿中环线一侧，形成一面高达 2 米多的花墙。在 2000 年津河改造时，对中环公园内的喷泉景观做了抬高技术处理，绿地采用大卵石围挡。2008 年，公园进行了植物调整和补种，重新铺装甬路。2010 年春季，在公园原有风格基础上，增植多种乔灌木，使景观层次更加饱满，景致更加优美独特。截至 2010 年底，该园绿化覆盖面积 6114 平米，其中草坪 2131 平米，月季 2553 株。

园林部门环绕中环线，营造了总长 34 公里的月季花带，把近 500 种、约 50 万株优质月季花栽植在中环线两侧和路中心隔离带，以其宏大的规模和瑰丽的色彩，成为中环线绿化的一大亮点，也成为天津市历届月季花节的主展区和一大特色景观。但是，随着最初栽植的月季花逐渐老化，长势衰弱，花型变小，花朵减少，病虫害日益严重，影响了其整体景观。为此，1997 年春季，园林部门进行了中环线月季花带更新改造工程，并于 5 月中旬全线竣工，为即将开幕的第 7 届月季花节增添色彩。

1989 年 4 月，天津今晚报社发起的群众性荐评天津景观活动。是年 9 月经评委博采民意，反复讨论，评出天津十大景观，中环线风景带入选其一。1989 年底为津门十景命名，中环线风景带定为“中环彩链”。1990 年 1 月 5 日，经天津市地名委员会批准公布生效。

二、外环线绿化

外环线建设始于 1987 年，全长 72 公里，环绕天津中心城区。其内侧绿化带控制线为 58 米，作为天津中心城区面积控制线和环境保护圈。外环线绿化带贯穿津南、东丽、北辰、西青 4 个区，与市区 5 条较大的河流、3 条铁路干线和 14 条放射线相交，是一项大型绿化生态工程。外环线建设之初，沿线形成了一定规模的绿化带。但由于植物品种单调、管理粗放，树木长势普遍较差，加之因资金等问题，历史遗留沿线企事业单位和村庄拆迁不到位，绿化带没能发挥更好的功能。

2007 年初，市委、市政府决定对外环线沿线进行综合治理，全面建设外环线内侧 58 米绿化带，在本市中心城区外围构筑一条绿色生态环廊，进一步改善城市生态环境，提升都市宜居水平，为建设宜居都市奠定坚实基础，并把该工程列入 2007 年 20 项民心工程。

外环线绿化带规划结合外环河治理，构建“四带、一河、三道”的空间布局。其中，“四带”为环内景观带、外环河绿带、生态防护带、生态保护带；“一河”为兼排蓄与景观功能的外环河；

“三道”为外环内侧辅道、外环外侧辅道、休闲绿道。规划以“四带”结构为重点，强化突出了外环线的绿化景观特色。其中，“环内景观带”以大绿浓荫、自然生态为特点，种植乔木、花灌木及水生植物，形成大绿野趣效果，宽度为38至58米。“外环河绿带”以挺拔通透、自然错落为特点，改造提升现有种植，统一全线景观风格，形成通透大气、形态丰富的景观效果，宽度为8至9米。“生态防护带”以都市森林、休闲绿道为特点，种植以国槐、白蜡为主，局部区段保留现状生态湿地，内部规划一条绿道，配置必要的服务设施，为市民提供郊野休闲场所，宽度为200米左右。“生态保护带”以生态绿肺、都市田园为特点，种植以生态林为主，保留部分现状湿地、农田、经济林、苗圃、鱼塘等生态型用地，宽度为300米左右。

2007年，外环线内侧58米绿化带建设工程开工。外环线内侧绿化带改造及建设工程，是由天津市环境建设投资有限公司统一招标、统一施工，全市外环线绿化面积337.5万平方米。工程设计因地制宜，充分考虑天津地域人文特色和景观风格，着眼于建设水绿结合的生态廊道，突出展示天津滨河枕海的地域风貌，将外环线打造成环绕中心城区的绿色生态廊道。施工中充分保留了原有长势较好的苗木，对规格较小、树型欠佳的树木进行合理迁移调整使用。新植树种主要以乡土树种为主，适当保留野生植被，引进适应本地气候的新优树种，大量选用耐旱、耐寒、节水、抗性强、景观效果好的宿根地被植物，既丰富了树种和景观多样性，又节省了人工，降低了养护成本。对坑塘和洼地等水面顺势改造，形成人工湿地，突出北方湿地的景观特色。在建设过程中坚持生态优先，绿美结合的原则，坚持因地制宜，合理布局的原则，坚持高标准、高起步的原则，坚持政府引导与农民投入相结合的原则，贯彻可持续发展理论，与城市总体规划及城市发展形态相结合，环外与环内相结合，从生态的、景观的、使用功能的、综合的角度完善绿地系统。

全长71.4公里的外环线外侧500米宽林带，有果园1113公顷，栽植片林35公顷，林木、果树176万株。多层次、多树种、多结构的人工植物群落配置，成为天津市一条绿色景观圈。在外环线外圈还串联着东丽湖温泉旅游风景区及周边村庄绿化，绿带串明珠，形成天津城区周边一道绿色屏障。

外环线绿化带建设突出“大气、靓丽、自然、生态、节约、具有天津特色”的理念，在统一中求变化，根据不同的现状条件因地制宜，采取拆除违章建筑、改良土壤、合理利用原有树木、利用原有边沟和坑塘、科学选择和栽植植物等措施，展现“都市田园”“缓坡曲水”“城市生态公园”“北方森林”四个生态景观风格。以发挥外环绿化带平衡生态、调节气候、防风保水功能为目标，按照大绿、自然、生态的原则，将绿化带建设成为防止城区蔓延的控制带、改善生态环境质量的生态带、提供市民休闲服务的游憩带。

外环线内侧58米绿化带工程的建成，使绿化带内植被量比原来增加四倍以上，对降低噪音、滞留灰尘、吸收各种有害气体发挥重要作用。2009年4月，外环线内侧58米绿化带工程，荣获住房和城乡建设部颁发的“中国人居环境范例奖”。

三、南京路绿化

在20世纪70—80年代，通过改造墙子河、兴建地铁一号线和清除临建棚形成的南京路，不仅是东西向贯穿和平区的一条主要干道，也是连接天津市小白楼和滨江道、海光寺多处繁华地区的一条主要干道，因而一直是绿化的重点。20世纪70年代，天津市进行自小白楼到海光寺全线约五公里区间的“7047”地铁工程。该工程消除了此区段曾是天津市一大害的脏臭墙子河，并在完成地下铁道的开挖和建设以及地面铺筑路面后，形成了当时市中心区较为开阔的南京路。南京路绿化也于1974年的农历正月初三开工，发动了市内六区园林队、刘园、北仓、程林等三大苗圃和园林处属绿化管理所共十个单位，共同进行绿化大会战，总计一千余名职工参加，是天津市道路绿化历史上少有的园林职工大会战。仅30多天，共完成挖土方5.1万立方米，回填好土6万多立方米，种植乔木6000余株，种植花灌木和常绿树4000余株。到当年3月底，完成全线约五公里的植树绿化任务，由于换土彻底、种良苗壮、施工质量好，成活率接近百分之百，当年绿化就明显见成效，并形成到2010年该条主干道绿化的基础和雏形。

最初的绿化，主要是在道路两侧栽植市树白蜡。1986年在南京路与成都道、河北路交口处兴建的抗震纪念碑及绿化广场，一直是南京路绿化景观的一大节点和亮点。1996年围绕市政府提出的“让天津白天绿起来，晚上亮起来”的目标，对重点道路和裸露土地进行大规模的绿地建设。在南京路沿线和平保育院、四十路公交汽车站等处新建街景绿地13260平方米。后来园林部门又多次对南京路绿化进行提升改造。

2010年最大的一次绿化提升改造工程，于当年年初开工，当年7月竣工，绿化提升范围东起曲阜道，西至卫津路，全长3.2公里，绿化总面积约4.1万平方米。这次绿地提升改造工程，把这条和平区的中轴线分为6个绿化节点，分别是耀华中学节点绿地、机非隔离带绿地、营口道节点绿地、湖北路环岛绿地、新华路环岛绿地和伊势丹商场节点绿地。改造中充分运用自然要素造景，形成静态空间布局和动态景观的序列布局，体现盆景园林景观，打造出视觉景观形象、环境生态绿化于一体的绿化带。其中耀华中学南京路一侧绿地长320米，宽6~8米，面积为2560平方米。绿地中保留原有高大、长势较好的植物，补充造型植物、花卉、常绿组球以及观赏性花灌木等，形成多层次植物配植，体现出细腻的生态意境。南京路机非隔离带绿地长2500米，单侧宽度为2~4米，面积为9000平方米，绿化提升改造工程通过使用常绿组球和地被花卉，以观赏灌木等园林植物的配植方式，形成具有层次、色彩、季相分明的园林景观。营口道节点绿地坐落在营口道、赤峰道与南京路三岔路口处，是营口道和赤峰道重新通路后新增的一处绿地，长75米，宽度为2~20米，面积为1000平方米，绿化提升改造主要以观叶乔木植物为背景，配植造型植物、地被花卉和修剪组球及观赏花灌木，突出植物搭配的层次感。南京路伊势丹商场节点绿地长90米、宽4米，绿化面积为320平方米，采用花岗岩花坛围合成生态休闲空间，花坛中种植造型植物和地被花卉，形成独特的园林空间。

南京路绿化提升改造工程共栽植银杏、黄杨、女贞、龙柏等落叶乔木和常绿球百余株，栽植金针槐、红宝石海棠、石榴、红叶碧桃等灌木 9828 株，栽植绿篱 60000 株，栽植八宝、白晶菊、美人蕉、金鸡菊、蜀葵等草花、宿根植物面积 272 平方米，栽植月季面积 174 平方米，平整绿地面积 1170 平方米。

四、卫国道绿化

卫国道西起唐家口，东至沙柳路，为三块板式道路，自京津塘高速公路收费站到十一经路立交桥，全长近 13 公里，跨越东丽区和河东区，是连接京津塘高速公路和天津滨海国际机场的重要道路，是市区主要干道和迎宾干线之一。卫国道街景绿地始建于 2003 年。

“八五”计划期间，园林部门对道路进行全面绿化，总绿化面积 77447 平方米。中间分车带以栽植丰花月季为主，并以黄杨球点缀其间。丰花月季盛开时，花丛连成一片，翠绿的黄杨球点缀其中，十分绚丽壮观。道路两侧行道树栽植国槐，红线外绿地以植花灌木为主，突出片植的大绿效果，加之道路东侧大量植树建成大片绿地，绿化效果显著。

经数次提升改造，成为天津市绿化较好的道路之一。道路绿化总面积达到 81027 平方米，其中草坪总面积达到 74857 平方米。道路绿地内栽植有树木 12730 株，其中乔木共计 12 个品种、共 1753 株，常绿植物 4 个品种 9784 株，灌木 14 个品种、1160 株。中间分车带以栽植丰花月季为主，并以黄杨球点缀其间。道路两侧行道树栽植国槐，红线外绿地以植花灌木为主，突出片植的大绿效果，加之道路东侧通过大量植树建成大片绿地，绿化效果显著。

2007 年和 2008 年上半年，为迎接北京奥运会，园林部门分两期对这条迎宾主干线的绿化进行提升改造。第一期工程从京津塘高速公路收费站到卫昆桥全长 6 公里，自 2007 年初到同年年底结束，被列入 2007 年全市 20 项民心工程之一，并作为作为全市 60 条奥运道路的示范段。共栽植 40000 多株乔木和花灌木，铺设和栽植了 13 万平方米的草坪和地被植物，绿化面积达 35 万平方米。由于该绿化工程使用了彩叶甘蓝、粉八宝、美人蕉等大量的花卉新品，建成了令人赏心悦目的道路绿化新景观。特别是在卫国道京津塘高速公路收费站的入市口，采取草花、花灌木、地皮植物、乔木科学配植，充分体现自然形态美，改变过去把绿植修剪成“大平头、小平头”的状况，达到三季有花、四季有绿的效果，体现了自然、生态的设计原则，利用原道路绿地自然起伏的地形，营造出“纵向层次、横向节奏”的盆景式绿化效果。在选择植物上，首次在道路绿化中运用竹类、对节白蜡、锦带花等观枝、观叶、观果植物，丰富了园林绿化植物品种，把道路绿化带建成自然舒缓而又富于变化、高低错落的绿色长廊。

这次卫国道绿化二期提升改造工程在卫昆桥到十一经路立交桥全长 6.8 公里路段进行，绿化面积为 30 万平方米，形成乔木、草坪、灌木、花卉、常绿植物交叉多层次的道路带状绿地。

五、大沽南路绿化

大沽南路自天津大道至小白楼地区的徐州道，是天津市的一条主干道。道路两侧原有的绿地面积很小，规划简单，地势低洼，道路两侧多有学校和批发市场，是人员密集场所，对绿地踩踏损坏严重。特别是何庄子批发市场一带，环境脏乱差，原有的绿地已经被踩踏的面目全非。

2003 年，园林部门对大沽南路入市口处进行了新的绿化施工，栽植了乔木 500 余株、花灌木 400 余株、绿篱 2000 平方米，铺草坪 4 万平方米，修建挡土墙，初步形成了三季有花，四季有景的园林景观。2006 年，沿路的部分建筑得以拆迁，园林部门对全线原有绿地进行了地形修整，回填大量的种植土，把原来的绿地变得平整或有小起伏，并进行了重新绿化，对道路中间的隔离带，重新进行了植物种植。共栽植乔木 1700 余株、花灌木 900 余株、常绿树 50 株，模纹花坛 14000 余平方米。

2007 年到 2008 年 4 月，为迎接北京奥运会，园林部门再次对大沽南路绿化进行提升改造。累计栽植各类苗木 6000 余株，其中皂角、国槐、毛白杨、火炬、白蜡、构树、泡桐等大型乔木 1100 余株，雪松、油松、地龙、龙柏、刺柏球、蜀桧等常绿植物 200 余株，西府海棠、丁香、碧桃、珍珠梅、紫叶李、连翘、黄刺梅、金银木、红端木、木槿等花灌木 4700 余株。在设计上采取小组团、模纹式栽植模式，改造街景绿地 25.5 万余平方米，新建了精品游园皂角园、月季园、石榴园、紫薇园、碧桃园、连翘园、紫叶园等，栽植各类常绿乔木、花冠木 78 个品种、6 万株，铺设草坪 31.7 万平方米。其中的月季园，不仅栽植了 40000 余株天津市花月季，而且仿照昆明世博会天津园的一大主景，构建了“百龙戏水”汉白玉石雕。

2010 年，作为市容环境综合整治的重点项目之一，大沽南路绿化又一次进行提升改造。经过园林部门参建人员 44 天连续奋战，到当年 7 月底全部竣工。共改造绿地面积 12 万平方米，栽植乔木 2600 余株、灌木 5000 余株、绿篱 33.5 万余株以及各类花卉 2.7 万株，还改造了碧桃园、连翘园、月季园、丁香园、木槿园、紫叶园等特色主题植物园和道路中心隔离带、机非隔离带的绿化，大沽南路的整体面貌达到历史最好水平。

六、西青道绿化

原称西站西马路，东起沧德庄，西至西横堤，段长 3.5 公里，是天津市内东西方向交通要道。1983 年进行路面拓宽，1984 年进行道路绿化改造工程，建成街景绿地 4.95 万平方米，小游园 1 座面积 2600 平方米，植树 5.54 万株，铺草皮 1.4 万平方米。主要栽植绿篱、花灌木和常绿植物，有云杉、雪松、珍珠梅、大叶黄杨等，建有花坛、园林小品。1988 年，西青道建设绿地 4 万平方米，栽植白蜡、国槐、毛白杨等乔木 650 株，花灌木 700 株，榆树 2.3 万株，月季 5000 株。1993 年，栽种花月季 1 万株。2008 年，对西青道高层下绿地内苗木进行补栽，换草皮 1000 平米。

七、津塘公路（市区段）（东丽段）绿化

津塘公路（市区段）西起河东区九经路，东至市中心区和新四区东部结合部的东丽区张贵庄。道路总长度 8390 米，建有绿地 101420 平方米，栽植行道树 4000 余株。该路绿化始建于 1990 年，“八五”期间重点进行充实提高。特别是结合道路拓宽改造，扩大绿化面积，铺栽草皮，

补栽月季及各种花灌木，安装护栏及清理市政道路占压植物材料，初步形成花繁叶茂、三季有花、四季常绿的绿化大道，在整体上基本具备了大绿效果。

京塘公路东丽段绿化工程，东起外环线张贵庄立交桥，西接塘沽区中心庄，全程18.7公里，于2007年8月开工建设，2008年6月竣工完成。该绿化工程总面积为116万平方米，种植采用以速生乔木为基础，乔灌草相结合的方式，由外至内垂直挂绿，高低错落，共栽植各类苗木20多万株，达到三季有花，四季常绿的景观效果。整个项目强化景观区域特征，建有6大节点公园，构成“一轴、两片、四河、六园、八大亮点”的绿化建设体系。此外，沿线公共活动区域采用绿篱铺装、园林小品点缀的方式、与绿色生态走廊相呼应，形成了丰富多彩的景观，为东丽区增添了一个新的亮点。

八、珠江道绿化

珠江道街景绿地位于河西区东南部，西起紫金山路，东至大沽南路，道路总长度6600米。2010年，全市市容环境综合整治时，该条道路全线打通，道路街景绿化同步进行，道路绿化总面积达8.97万平方米。

该条道路的绿化特点是因地制宜，充分利用不同节点的地理现状，采取点缀式、美化式、开放式、自然式的绿化手法，形成几处亮点。例如在河西监狱区大墙外一段，采取台地起伏式，植物高低错落、色彩丰富多样，花期衔接不断，形成三季有花、四季常绿的绿化风格，构成一处较高水平的街景绿地。截至2010年底，共有草坪67147平方米，地被及宿根花卉249平米，绿篱42830株、1685平方米，绿地内树木3452株。其中乔木757株，常绿477株，灌木1968株，植物组球250个。

九、丁字沽三号路绿化

丁字沽三号路位于红桥区北部，东起光荣道，西北至千里堤，全长3060米，绿化面积1.4万平方米。三号路与四新道交口两侧，栽植常绿、侩柏、大黄杨球等组成的街景绿地，在植物后面是爬满藤本植物的绿色大墙，整个绿地平面绿化与垂直绿化相结合，1万株爬藤植物连绵不断地爬满了三号路两侧大墙，建成红桥区一大“绿色走廊”。在1988年垂直绿化评比中，荣获天津市垂直绿化一等奖，2000年荣获天津市街景绿化一等奖。2008年迎奥运期间，又栽植大黄杨1.5万株，金叶女贞5000株，美人梅82株。2010年又栽植月季、宿根花卉1万株，移栽大树20株。

十、光荣道绿化

光荣道东起北洋桥，西至千里堤，东与京津公路相接，西与津霸公路相连，长4504米。1992年、2008年光荣道两次拓宽。拓宽后马路宽50米，成为丁字沽工业区、商贸科技园区的对外交通干道。光荣道拓宽后，园林部门对道路进行大规模改造，绿化面积6.4万平方米。马路两侧栽植行道树880株，栽植雪松、油松、华山松、蜀松等常绿植物276株，栽植法桐、国槐、毛白杨、栾树、馒头柳、千头椿、白蜡、龙爪槐、栗子树等乔木及果木树2094株，栽植紫叶李、西府海棠、锦带，木槿、紫薇、丁香等花灌木 9171 株，栽植绿篱 0.74 万延，栽植月季、美人蕉、万寿菊等草花、宿根花卉 0.5 万平方米，栽植竹子 140 平方米。

十一、塘沽道路绿化

京津塘高速公路绿带、临港路绿带、河南路绿带、新湖路绿带组成了滨海新区外环道路绿化骨架。“十五”期间，河北路、东江路、福州道等 24 条主次干道实施了绿化建设改造，绿化总长度达 50 多公路，绿化总面积 100 余万平方米。截至 2006 年底，主干道路绿化普及率和达标率分别达到 97%和 81%。初步建成了中心路黄金槐一条街、上海道国槐一条街、河北路法桐一条街、三槐路椿树一条街等特色行道和东江路、福州道、河北路、车站北路、中心北路、新港路、三号路等绿化样板路。

滨海新区核心区城市主干道路共 36 条，其中已绿化 36 条，绿化普及率为 100%，绿地率 25%以上的 30 条，达标率为 83.3%。

滨海新区核心区城市次干道路共 66 条，其中已绿化 63 条，绿化普及率为 95.5%，绿地率 25%以上的 48 条，达标率为 72.7%

十二、大港区世纪大道绿化

世纪大道位于外环线与月牙河之间，西起津港公路，东接港塘公路，全长 4545 米，是大港地区的一条主干道。“八五”期间随着道路拓宽改造，在该道路的绿化上调整布局，先后在北侧港北街至华龙街建设绿地 16000 平方米，港北街至育秀街建设绿地 6700 平方米。自 1996 年开始，随着该道路两侧的大规模拆迁改造，建成带状公园 16.2 万平方米，该路的绿地面积占道路总面积的 56%。该道路绿化面积所占比例之高，在天津市居一流水平。

该条道路占地面积 125663 平方米，绿化面积 125663 平方米，其中草坪面积 120490 平方米。绿地内栽有各种树木 13740 株，其中乔木 11 个品种共 1978 株，常绿树 8 个品种共 8922 株，灌木 12 个品种共 2640 株，灌木组球造型 4 个品种共 200 个。

十三、宝坻环城路绿化

宝坻环城路绿化，是宝坻绿化水平较高的主干道之一，建设于 1998 年，其依托于环城路两侧，绿地宽 20 米，总长 11.6 公里，绿地总面积 22.2 平方米，毛白杨林地 10.1 万平方米。

环城路绿带以整形绿篱和草坪为背景，环城西路南段及北段东侧绿地采用小游园的设计方式，草坪上点缀了乔木、常绿树、花灌木和花卉等观赏植物，园路附近布置了花坛、园亭、山石、雕塑、石凳等园艺小品。依据四条环路地形在刘辛庄、苏家屯、高庄信用社、商贸街、郭庄游园、粮食市场等地，布置装点了六个园林景点，使环城路绿带可观、可游、可休憩。

环城北路、东路大部分位于当时的城郊结合部，采用风景林的布局方式，草坪上列植毛白杨形成规模宏大的具有防风、遮阴的草坪白杨林。环城路绿带绵延纵横，有景有绿，形成了一条多层覆盖、风景连续、变化多姿的绿色走廊，构成了当时的宝坻城区绿化网络的外框，使宝坻城区绿地系统更加合理。绿带内种植草坪20多万平方米，植树3.9万棵，其中毛白杨0.95万棵，挡土墙3千延米，仿大理石围墙2千米，栽植绿篱2.4万米，新建景点6个，铺设园林甬路1500平方米。主要观赏植物20多种，主要有有毛白杨、垂柳、龙爪槐、油松、桧柏、榆叶梅、金银木、珍珠梅、樱花、海棠、连翘、紫薇、月季，绿篱为桧柏篱，草坪为黑麦和高羊茅。

十四、宝坻外环路绿化

宝坻外环路绿化是宝坻规模较大、绿化水平较高的道路绿化，外环路绿化带全长28公里，绿化总面积139.03万平方米。其中潮阳大道长7.66公里，建成于2004年，绿化带两侧宽27.75米，绿地总面积43.06万平方米；西外环北段和北外环西段（进京路至老宝平路）建成于2008年，绿化带两侧宽30米，绿地总面积19.14万平方米；2009年建设新东环（潮阳大道至新北环）、新北环东段、新西环南段，新建绿带及道路分车带绿地86.83万平方米，植树11.1万棵，土方31.38方，铺草坪71.53万平方米，栽植地被植物15.3万平方米。

景观规划大量采用柳树类、槐树类、椿树类、柏树类、白蜡、合欢等乡土树种，既能体现地域生态特色，又易于粗放管理，突出植物群落效果和天际线变化，形成大绿效果。绿化配植以树群和组团为单位，组团变化节奏为500米左右。增加彩叶树，不同地段有不同的主景，植物和主调色彩，视觉上形成大色块，营造动态植物景观，高大乔木和常绿树形成林缘线、林冠线、季相变化丰富的风景林为背景，点缀春、夏、秋季花灌木及地被植物为前景，形成混交复层配植结构。树种分布曲线自然，高低错落，疏密相同，开合有度，富于韵律。在以高大乔木形成的大绿基调下，布置春、夏、秋、冬特色鲜明的系列景观区，主要树种为榆叶梅、迎春、连翘、丁香、海棠、桃、李、杏、梨、刺槐、合欢、紫薇、木槿、珍珠梅、火炬树、金枝槐、白蜡、紫叶碧桃、紫叶李、雪松、云杉等，营造出三季有花、四季常绿景观走廊，高大乔木前栽植常绿树组团，适当配置红端木，龙爪槐等观干、观枝植物，地被铺植流线型沙地柏、金叶女贞、大叶黄杨营造出冬季景观。植物配植注重生物群落布局，大环境强调四季景观特色，通过植物材料的平、立面造型组合，展现高、中、低层次变化和图案变化，全线景观追求连续性和整体性，体现自然与艺术的完美结合。外环路绿带的建设，把宝坻的园林绿化景观推向了一个新的层次。

十五、蓟县东翼路绿化

东翼路西起蓟县环城东路与环城北路交口，东至邦喜路，是蓟县外环线的重要延长部分，全长4.2公里。

东翼路绿化工程于2008年7月开工，2010年6月完工。该道路绿化动土方工程80000立方米，植物品种包括火炬、国槐、油松、桧柏、银杏、金枝国槐、栾树、白蜡、女贞、小檗、小叶黄杨、鸢尾等，栽植乔木130424株，栽有常绿植物31067株，花灌木21910株，模纹绿篱109887平方米，花卉514800墩，草坪和地被植物61000平方米，绿化总面积约39万平方米。

该道路绿化按照“以松柏为底蕴，以名贵树种为主调，以彩叶为陪衬，用鲜花作点缀”的理念进行设计，在原有树种的基础上进行调整、更新，配置色彩丰富的园林植物。保留常绿树，调整阔叶树，保留长寿树，调整速生树，保留观赏树，调整一般树，并引进新品种进行分段栽植，形成自然起伏的林木冠线，着力突出几何造型绿化带，形成了简洁明快、立体规则的道路绿化景观。

蓟县东翼路绿化工程，荣获“天津市2010年城市绿化建设优秀工程奖”。

十六、蓟县盘山南路绿化

蓟县盘山南路是蓟县盘山文化产业园区以及“大盘山”经济规划区的主要交通干道之一，是连接盘山景区、大学城、许家台新农村及盘龙谷别墅区之间的重要纽带，全长2.8公里。

盘山南路绿化工程2010年3月启动，8月底竣工，该道路绿化动土方工程51420立方米，共栽植国槐、油松、红叶椿、紫色秋天、西府海棠、连翘等各类苗木25种，栽植乔木26128株，常绿植物690株，花灌木27850株，模纹绿篱101582平方米，花卉397800墩，草坪和地被植物6850平方米，绿化总面积约为30万平方米。整条路绿化在打破原有绿化模式的基础上，按照适地适树的原则，在道路中央分隔带做微地形起伏，以流畅的彩带式模纹与盆景式造型植物相结合，以国槐作行道树，中间及两侧绿化带用绿篱与花篱相结合，同时点缀不同品种的花灌木，达到色彩艳丽、层次分明的视觉效果，形成富于空间变化、灵动活泼、独具特色的道路绿化景观。

蓟县盘山南路绿化工程，荣获“天津市2010年城市绿化建设优秀工程奖”。

十七、蓟县环城路绿化

蓟县环城路全长20公里，自2003年开工建设，历时四年建设完成，总投资10亿元。建成后的环城路宽50米，主车道为双向六车道，达到国家一级公路标准。

环城路绿化总投资近2亿元，绿化面积达到140万平方米，是天津市绿化规模最大、水平较高、植物品种最丰富、一次性绿化投资最多的道路之一，植物品种多达268种。在采用本土植物的基础上，新增帝皇菊、鸢尾、金娃娃萱草等大量名贵品种，取得了良好的景观效果。

在该道路两侧，开辟各25米宽的带状绿地，其内花灌木、油松、银杏、香花槐、火炬、紫薇、云杉等植物配置合理，乔、灌、花、草层次错落有序，形成了“一路一景、步移景异、三季有花、四季常绿”的道路景观效果。

座落在城区三角地的“环城路”石雕，采用的是8亿年前的叠层岩，环城路绿化建设动土方工程8900立方米，栽植乔木55000株，常绿植物10100株，花灌木7520株，模纹绿篱7451平方米，草坪和地被植物1800平方米。其中的燕山西路东起中昌北路，西至长城路，全长1500米，宽50米，双向四车道。该道路绿化以香花槐为行道树，高度一致，胸径统一。绿化隔离带用小叶黄杨镶边，中间栽植小檗，点缀云杉、紫薇，四季常青。整条道路绿地率和绿化覆盖率均为33.5%。其中的燕山东路西起中昌路，东至宝塔路，全长2510米，宽50米，双向四车道。该道路的行道树以国槐为主，其栽植时都是树木干径均在20厘米以上的大树。绿化隔离带以小叶黄杨作绿篱，以白蜡为主体，点缀蔓河母月季形成大色块，中间再配以福禄考，颜色鲜明，色彩艳丽，整个道路绿地率和绿化覆盖率均为47.48%。其中的宝塔路南起兴华大街，北至燕山东路，全长1620米，宽50米，双向六车道。主要栽植香花槐作为行道树，设置绿化隔离带3条，分为中间和两侧绿化隔离带，中间绿化隔离带以女贞、小檗组成菱形块，以小叶黄杨镶边，并点缀桧柏柱，两侧绿化带以黄杨、小檗作绿篱，花灌木有规律地间隔反复点缀，造型新颖独特，整个道路绿地率为40.64%，绿化覆盖率47.2%。

燕山西路、燕山东路、宝塔路均被天津市园林管理局评为“2005年度城市绿化建设优良工程一等奖”。

十八、104国道绿化

104国道（京沪高速出口至雍阳西道）是高速出口与武清城区连接的重要通道，该道路的绿化工程建设面积154337平方米，于2008年2月18日开工，2008年4月30日竣工。工程根据现状随坡就势，做地形起伏，栽植各种树木24225株，模纹6566平方米，草坪地被73671平方米，形成色彩丰富，层次分明的绿化景观。

十九、河北大街绿化

河北大街绿化工程，绿化面积23000平方米。整个工程突出体现出了现代园林绿化特点，在生态上更贴近自然，栽植抗旱植物，减少草坪面积，突出节水型绿地特点，提升周边环境效果，方便于周围群众的出行、休闲，绿地的起伏和苗木栽植，体现了植物的合理配置，增加了层次感，整体错落有致，达到三季有花，四季常绿的效果，绿地栽植常绿乔木4522株，乔木366，灌木1669株。

二十、金钟河大街绿化

金钟河大街（河北段中环线—外环线）绿化工程是迎奥运环境整治绿化工程之一，绿化总面积约为115000平方米。在工程施工中严格按照园林绿化施工规范操作，施工质量达到优良。在道路两侧的绿化中，主要用用植物材料组成各种模纹绿篱造型、采用紫叶小檗、金叶女贞、大叶黄杨等植物材料组成树叶和花瓣的图案，以植物造景为主题，栽植了大型的，观赏性较强的植物材料，如紫叶李、西府海棠、碧桃、法桐、合欢的，点缀了山石，铺设了彩色水泥砖路面，安装了石材花钵，达到了三季有花，四季常绿的效果。此项工程获得2008年城市园林绿化优质工程一等奖。

二十一、武清区泉达路绿化

泉达路为武清区城区主要交通干道之一，绿化工程建设面积52028平方米，于2008年1月1日开工，2008年4月30日竣工。该绿化工程以植物造景为主，施行微地形起伏，栽植各类乔木、花灌木等树木9020株，植物模纹42139平方米，并大量种植草花，形成层次分明、色彩明快的景观效果。

二十二、十一经路绿化

十一经路绿化工程，从东到西由植物造景、树阵广场、几个游人集中休闲空间分布、其中，以广场、用路、绿化将其串联起来。由一排长势茂盛的大乔木形成绿色的围墙。在大树下设置树椅，形成树阵广场两侧大面积绿地栽植了许多极具观赏价值的植物品种，如雪松、多层次修剪的黄杨、金枝槐、五角枫、紫薇盆景、桶状黄杨、北海道黄杨、小叶黄杨、大叶黄杨、金叶女贞等。还栽植了一些大规模的景观树，如海棠、紫叶李、连翘、木槿、金银木、碧桃、石榴、剑麻等，与沿线建筑物相互协调统一，呈现出靓丽大气、绿树充盈的优美景观。

二十三、志成道快速路绿化

志成道快速路于2005年建成，该快速路位于天津市东北部，东起外环线，西至北运河，南临新开河，贯穿天津市河北区，是连接着天津市外环线至中环线至内环线的一条市内快速路和主要的出入城市道路之一，承载着运输、景观等多功能与一身。

该快速路绿化由河北区市政园林管理局承担，此后又经多次的绿化提升改造工程，该快速路总绿化面积约为29.41万平方米，乔灌木、常绿、组球1.5万株，藤本、月季6.4万株，铺设草坪23.5万平方米。在绿化工程中主要采用植物造景，在绿地内栽植了大量的铺地柏及观赏性较高的紫叶李、碧桃、金银木、剑麻、国槐、洋槐、黄杨球等多种乔灌木、常绿，铺设草坪，形成植物品种多样，景观层次错落有致，三季有花、四季皆绿的景观效果。

第四节　立交桥绿化

一、八里台立交桥绿化

位于天津市河西区、南开区、和平区3区交汇处名为八里台的一座大型互通式立交桥下。该广场占地1.2万平方米，2001年建成开放，其内有8000平方米冷季型草坪、300平米硬铺装地面，以及仿清北派的四踩、六兽、斗拱正方亭、临水眺台、动物石雕等园林小品建筑。大面积草坪内，栽植雪松、珍珠梅、天目琼花、猖石等较高观赏价值的植物，周边为五组花灯。

二、王顶堤立交桥绿化

王顶堤立交桥绿化，是天津市重点绿化工程之一，于1994年开始绿化施工，桥下绿化占地28450平方米，共投资229.6万元。

王顶堤立交桥绿化的中间部分，占地5425平方米，基本铺设草皮，给游人创造一种宏大的开阔感，还采用子叶小蘗、金心黄杨及小叶黄杨组成“海鸥展翅飞翔”图案。在绿地沿桥边栽植爬藤，在桥墩及两侧部分开辟绿地7200平方米，正桥位置做地面起伏，并栽植常绿树，外侧则栽植月季，衬托整体绿化效果。在桥体的南侧开辟绿地2145平方米，该片绿地采用中间衬托桧柏、外围以一条绿化带相围的方式，并用地被菊镶黄色花边，形成色彩反差，增加层次感。桥体南侧的两片小片绿地，则全部栽植月季，形成大桥下各角月季陪衬的景观。

绿地与道路相接处设置侧石，安装网状护栏，既防止水土流失，又起到美化环境作用。

三、金狮立交桥绿化

1994年11月，金狮立交桥建成后，由河北区市政园林管理局负责配套绿化施工建设，他们主要在桥下配套兴建了模纹绿地，在桥上的边缘设立花槽。

2001年，该桥完善左旋翼部分，其周边危陋平房大规模拆迁。河北区园林部门抓住契机，在同年8月昼夜施工，仅用了20多天的时间，在立交桥周边拓展出3.9万平方米绿地，其间筑花坛、栽草坪、铺装休闲小广场。该工程获2001年度市级街景绿化工程一等奖。

2001年至到2010年的期间，河北区园林部门又不断对金狮立交桥绿化进行提升改造，在桥下的绿化中，主要采用植物材料来组成各种模纹绿篱造型，利用紫叶小檗、金叶女贞、大叶黄杨等植物材料组成树叶和花瓣的图案。以植物造景为主题，栽植了大型且观赏性较高的植物材料，如紫叶李、西府海棠、碧桃、木槿、玉簪等，花木间还点缀了山石，为宏大的桥体增添色彩。

四、中石油立交桥绿化

位于河西区西南部，黑牛城道与卫津南路交口，2009年进行绿化改造，截至2010年底，立交桥下绿地面积27781平方米，其中草坪2519平米，绿篱53.55万株，1.78万平米。绿地内树木3.12万株，其中乔木496株，常绿5833株，灌木2.5万株，组球22个。园路甬路3701平米。

五、昆仑桥绿化

坐落于津塘公路河东区段，该桥绿化工程于2004年8月开工，10月竣工。该工程以两个中心广场为依托，通过大面积的草坪景观、模纹景观和花镜衬托快速路的宏大气势，绿地面积21.31万平方米，栽植20余个品种的乔木1564株，常绿297株，灌木8763株，绿篱模纹60余万株，草皮14.79万平方米。

六、卫昆桥绿化

卫昆桥坐落于卫国道，该立交桥绿化工程于2004年8月开工，当年10月竣工。工程以中心环岛的日月池为主景，采用现代材料，将一池三山的传统造景理念融合入当代街景绿化中来，栽植草皮214133平方米，月季1千余株。栽植法桐、银杏、国槐、苦楝、合欢、金叶女贞等近30个品种乔木6320株，云杉、雪松、龙柏等常绿植物1600余株，灌木5000余株，模纹植物70余万株。

第五节 铁路沿线绿化

自1888年以来的100多年间，天津各种铁路线交叉密布，成为天津最重要的交通运输通道之一。特别是津浦铁路和京山两大铁路干线从天津市区经过，使天津成为首都北京通往东北、西南的铁路交通枢纽和必经之驿。但长期以来，在天津铁路两侧各种违章建筑鳞次栉比，环境卫生脏乱不堪，树木花草更是少得可怜。天津在1949年后曾在天津铁路两侧开展局部和少量的植树绿化，但总体面貌欠佳，与天津大都市的形象极不相称。“三五”计划期间（1966—1970年），正值“文化大革命”，绿化植树更陷于低谷。但此间根据国务院总理周恩来关于在铁路沿线植树的指示，天津铁路沿线整治和绿化曾有所动作。自“三五”计划开始的1966年到2010年期间，天津市曾对铁路两侧进行过7次较大规模的治理和绿化。

一、1966、1967年的早期绿化

1966年2月11日，制定《天津市1969年以前实现普遍绿化》的初步安排。2月22日，报市《关于我市铁路两侧绿化初步规划方案》。3月12日，召开全市村植广播大会，副市长王占瀛做了《立即行动起来，为迅速实现我市的普遍绿化而努力》的报告。3月19日，市区铁路沿线绿化计划初步落实，植树的总数为42120株。3月29日，报送《准备在春植高潮期间编印〈春植绿化情况〉》，请市人委核批。4月2日，市人委同意印发《春植绿化情况》的报告并批示：要标上“市人委准临字第7号”字样。4月25日，为丰富绿化树种引入新品种50个，已于第一季度扦插、播种、分栽。5月10日，编制市区铁路两侧绿化计划。5月30日，召开铁路绿化规划会议，决定由市建委、津铁分局、建设局各抽调两人，河北、红桥、河东每区各抽一人，组成规划领导小组。

1967年3月24日，建设局报送市建委关于铁路沿线绿化问题的请示：1. 建议成立铁路沿线绿化，栽植、养护、管理专业班。2. 铁路沿线绿化投资统一由天津市负担。3. 各区园林队增加劳动力。

当年6月21日，市建委、天津铁路分局、建设局和河北、河东、红桥区人委的领导，组成了铁路沿线绿化规划领导小组，并抽调上述单位干部组织工作组。

此阶段天津市铁路沿线绿化有所发展，其中的河东区就完成了津山铁路从东站到詹庄子9.2公里沿线两侧植树任务。但后来铁路沿线绿化一直没有很大起色，长期成为天津市绿化较为落后和脏乱差的死角。

二、1988年第二次较大规模的治理和绿化

1988年4月14日，天津市人民政府下发《关于综合整治铁路沿线容貌的暂行规定》，在铁

路沿线清整范围内，凡居民院内外及房顶杂物，必须彻底清理；单位外围乱堆乱放的物料必须清除；垃圾、渣土要清运干净，保持铁路沿线两侧的道路畅通，形成整齐清洁的环境。铁路沿线的工厂企业，要与整顿厂容厂貌，创建文明单位活动相结合，按照干净、整齐、美化的要求，把厂院内部环境整治好，并在院内空地植树绿化。铁路沿线的绿化，铁路部门实际控制使用范围以内的，由铁路分局负责规划并实施，其他范围（包括单位院内）由区负责规划并实施。

1. 治理铁路客运段沿线

天津市区铁路客运段从西横堤至钢渣山，横贯红桥、河北、河东 3 个区，全长 35 公里。由于长期管理不严，历史上形成了乱圈乱占、私搭乱盖、垃圾遍地的脏差局面。

1988 年 10 月 1 日，天津新火车站改建竣工通车，但铁路沿线的面貌与之极不协调。为此，天津市人民政府决定将综合治理铁路沿线（客运段）作为改善城市人民生活的十件实事之一。经综合治理，共整修楼房 394 幢、平房 1.04 万间、围墙 2.8 万米，新建壁画和小品 21 处，拆除违章建筑 1423 间，拓出规划空地 1.55 万平方米。沿线各区和铁路天津分局，实行分段划片，各负其责，拆除占地 6799 平方米违章建筑，清理堆物堆料 1367 处、垃圾杂土 4.71 万吨。采取因地制宜，就地翻建的办法，综合改造肖家胡同、孙家胡同及墙子胡同等 3 片共 608 间平房，建起 4 层单元住宅 8 幢。植树 7955 棵，新建花坛 15 个，还栽种了组团式的乔灌木和草皮 2400 平方米。顾乡村在清理出的空地上建起一处 1600 平方米的苗圃，成为常年绿化的苗木基地。

2. 治理天津站周边地区

1988 年，为配合天津新车站在国庆节落成通车，整修了与车站毗邻的河北区三经路、河东区郭庄子大街和新市大街。共整修楼房 29 幢、平房 45 间、围墙 703 米，拆除违章建筑 111 间，新建花坛 175 个、大型壁画 4 幅。

3. 治理京山、津浦沿线

1988 年，国庆节天津新车站落成通车后，天津市政府决定对铁路沿线进行综合整修治理，由京山、津浦沿线各区和天津铁路分局实行分段包干，共整修楼房 394 幢，平房 1.04 万间，围墙 2.8 万延米，新建壁画、小品 21 处，拆除违章建筑 1423 间，拓出规划用地 1.55 万平方米，植树 7555 棵，新建花坛 15 个，栽种组团式乔灌木、草皮，共增加绿化面积 2400 平方米。

三、2001 年第三次较大规模的治理和绿化

这次对京山、津浦铁路沿线的治理和绿化，自 2001 年 3 月 9 日开始，到 2001 年 8 月 6 日结束，比原计划提前一个月告捷。在京山、津浦客运铁路线，从西青区外环线至东丽区外环线全长 42 公里铁路沿线，拆除违章建筑、棚亭 2665 间，清运垃圾杂土 11 万吨，清理乱堆乱放废旧枕木 1500 多吨。同时，对沿线 476 栋楼房、9059 间平房、90 万平方米围墙进行了装饰粉刷。部分地段加盖围墙、架设金属网 4.4 万延米。整修沿途车站和 8 个铁路道口，治理后的沿线建设绿地 4.8 万平方米。

四、2004年第四次较大规模的治理和绿化

2004年伊始，天津市人民政府为改善群众生活环境、提高城市整体形象、促进天津对外开放和经济发展，着手大力整顿治理外环线内铁路沿线环境，并按照整体推进、协调发展、追求高水平、实现新跨越的总要求，从环境、社会、经济的综合效益出发，实现整理土地资源、城市基础设施快速路建设、河道和旧路改造、管线入地、铁路提速、房屋开发、市容整修、夜景灯光、绿化建设等项工作的有机结合。

2004年1月17日，天津市人民政府批转市市容委《关于整顿治理外环线内铁路沿线环境的实施意见》(津政发〔2004〕5号)，主要任务是整顿治理外环线内铁路沿线两侧32米线控制区域：清除整治范围内多年堆存的生活垃圾、工程杂土、弃物弃料、坟茔和废品回收点。拆除危陋房屋、违章建筑、违章棚亭、临时建筑、无证房屋和废弃的建筑物、构筑物。完善基础设施。各种架空管线入地，在铁路两侧加设护栏、路灯，修建便于居民出行的路径，补建公厕、上下水和电力、通讯等服务设施，新增绿地200公顷，在铁路客运线两侧建成园林组团式带状公园，在货运线两侧建成以自然生态为主的混交式林荫绿地，形成全新的动态景观长廊。建立长效管理机制。铁路沿线两侧整治工作结束后，按行政区划，由所在区负责，实行属地管理，巩固整治成果。市容、环卫、绿化设施的养护管理，按辖区管界，由所在区负责；其他设施的养护管理，按权属职责范围，由各主管部门分别负责。

2004年，整修的铁路沿线全长74余公里，共6条路线，包括京山线、津浦线、京山三线、陈塘庄支线、北环线和李港线。其中客运线两条即京山线和津浦线，合计36.672公里，货运线四条即京山三线、陈塘庄支线、北环线、李港线（天津地方铁路），合计37.792公里。京山线长26.26公里，从外环线北辰区铁东路地道至东丽区外环线张贵庄立交桥；津浦线长10.421公里，从河北区志成路道口至外环线西青区铁路立交桥；京山三线长5.142公里，从位于河北区的铁路北站至河东区东风地道；北环线长3.650公里，从河北区仓联庄至外环线北辰区宜兴埠地道；陈塘庄支线长24公里，从位于红桥区的铁路西站至河西区下河圈；李港线长5公里，从西青区李七庄李港站至外环线西青区津淄公路立交桥。

整顿治理外环线内铁路沿线工作，从2004年1月开始，集中8个月时间，分三个阶段进行。第一阶段：2004年1月到3月底，清除垃圾杂土等废弃物，拆除违法建筑、危陋房屋，动迁和安置居民，清理摊群市场、废品点和坟茔。第二阶段：2004年3月至7月，清理平整土地，完善和补建各种基础设施，实施绿化和甬路施工，整修建筑和实施夜景灯光建设工程，完成对京山线、津浦线、北环线、京山三线、陈塘支线、李港铁路等沿线74公里两侧各32米内的环境秩序综合整治，拆除危旧房屋和违章建筑60余万平方米，清除垃圾杂土30余万吨，完成绿化面积205万平方米。第三阶段：2004年7月至8月底前，实施工程验收，按行政区划建立长效管理机制。

此次整顿，主要是治理外环线内铁路沿线两侧32米线控制区域，其主要任务是：1. 清除整治范围内多年堆存的生活垃圾、工程杂土、弃物弃料、坟茔和废品回收点。2. 拆除危陋房屋、

违章建筑、违章棚亭、临时建筑、无证房屋和废弃的建筑物、构筑物。3. 完善基础设施。各种架空管线入地，在铁路两侧加设护栏、路灯，修建便于居民出行的路径，补建公厕、上下水和电力、通讯等服务设施。4. 实施绿化。新增绿地200公顷。铁路客运线两侧建成园林组团式带状公园，货运线两侧建成以自然生态为主的混交式林荫绿地。5. 整修街景。清理建筑立面，规范户外广告，对铁路沿线两侧一定范围内的楼、院、墙、绿、路进行清、整、改、建、调，形成全新的动态景观长廊。6. 建立长效管理机制。铁路沿线两侧整治工作结束后，按行政区划，由所在区负责，实行属地管理，巩固整治成果。市容、环卫、绿化设施的养护管理，按辖区管界，由所在区负责；其他设施的养护管理，按权属职责范围，由各主管部门分别负责。

这项整顿治理外环线内铁路沿线工作所执行的相关政策是：1. 违法建筑、违章棚亭、临时建筑和占路市场一律无偿拆除；未经规划、房管部门批准，任何单位和个人擅自扩建、改建、扩大原房屋建筑面积的，均属无证房屋，一律不予补偿。2. 房屋拆迁依据其建筑性质、隶属关系和行政区域的不同，采取不同的补偿标准；非住宅建筑按照建筑面积计算补偿，住宅房屋按照评估价格进行补偿。3. 实行货币补偿拆迁的房屋，均以合法房屋的建筑面积为其补偿面积。对长期居住在违章建筑并持有天津市户口和市内无其他居所的孤寡老人、特困户、残疾人等适当给予一次性补贴。4. 严格执行国务院及本市关于拆迁的有关规定。拆迁人与被拆迁人在房屋拆迁公告规定期限内达不成协议的，由拆迁主管部门进行裁决，逾期仍不拆迁的，由区政府责成有关部门强制拆迁，或由房屋拆迁管理部门依法申请人民法院按照强制执行程序强制拆迁。5. 整顿治理外环线内铁路沿线环境，是市重点建设工程的公益性项目，凡与该项目相关的建设工程规划执照费、拆迁管理费、合同审查费、质量监督费、森林植被恢复费、占路费、临时用水贴费、施工电源贴费、供水贴费、道路挖掘费、道路损坏修复费、工程渣土排放处置费、园林树木迁移费、治安管理费等各类收费一律免交；拆迁或迁移的公共设施，如环卫设施、园林绿地、市政设施、电力、电信设施和各种管线设施的切改等，一律免交补偿费、代建费等各种收费；各种专业管线穿越铁路的，铁路部门应提供便利，简化手续，减免费用。6. 凡铁路地界内需拆除或迁移的铁路所属的各类房屋建筑和设施的费用，由铁路部门自行负担；凡与快速路、河道改造、土地整理、开发建设、道路拓宽等工程有重叠的部分，其拆迁计划和所需资金纳入各项工程之内；京津城际铁路、京沪高速线、陈塘庄支线复线所占线位应同步拆迁，所需资金由各项目建设单位负责筹措；凡已开发房地产的项目未按规划要求实施的，其拆迁建设费用由开发商负责。市统筹安排拆迁的地段，非住宅拆迁按市、区各半分别负担；有契证的住宅拆迁，市补70%，区补30%。7. 架空线缆一律切改入地，原则上由产权单位自行切改；铁路沿线两侧现有建筑物、构筑物整修，由产权单位或使用单位负责；铁路沿线修建护栏、围墙，按统一设计要求，由铁路部门负责；夜景灯光建设，按职责分工由主管部门分别负责；绿化建设不征地，只解决建设费用。8. 铁路沿线两侧32米线内的土地权属原则上不作变动，需适当调整地界的，由市规划土地行政管理部门组织认定。道路管网公司贷款改造完成的土地归道路管网公司。

各区负责的具体路段是：

北辰区负责界内京山线：下行线外环线—普济河道立交桥两侧、下行线普济河道立交桥—榆关道地道左侧、北环线：下行线青年路—外环线左侧、下行线高压线下无名甬路—外环线右侧。

河北区负责界内京山线：下行线普济河道立交桥—榆关道地道右侧、下行线榆关道地道—永生道口两侧、下行线永生道口—天津站邮政枢纽大楼右侧、津浦线：下行线志成道口—子牙河中心线两侧、京山三线：下行线北站—真理道口右侧、北环线：下行线宜白路—仓联庄两侧、下行线仓联庄—青年路左侧、下行线仓联庄—高压线下无名甬路右侧。

河东区负责界内京山线：下行线永生道口—月牙河左侧、下行线天津站邮政枢纽大楼—危险品仓库东北角右侧、京山三线：下行线永生道口—真理道右侧、下行线真理道口—东风地道两侧。

红桥区负责界内津浦线：下行线子牙河中心线—西横堤铁道口两侧。

南开区负责界内陈塘庄支线：下行线芥园西道—迎水道立交桥左侧；下行线迎水道立交桥—宾水西道两侧；下行线宾水西道—卫津南路左侧。

河西区负责界内陈塘庄支线：下行线卫津南路—紫金山路左侧，下行线紫金山路—下河圈两侧。

西青区负责界内津浦线：下行线西横堤铁道口—外环线两侧、陈塘庄支线：下行线津浦线与陈塘庄支线分离线—芥园西道两侧、下行线芥园西道—迎水道立交桥右侧、下行线宾水西道—紫金山路右侧、李港铁路：下行线李七庄车站—外环线两侧。

东丽区负责界内京山线：下行线月牙河—外环线左侧、下行线危险品仓库—外环线右侧。

在拆迁工作分工方面，凡属铁路界内所需拆迁或迁移的，由铁路部门负责；凡整治铁路沿线拆迁与快速路、河道改造、土地整理、房地产开发建设、道路拓宽等项目工程有重叠的部分，分别由各项目工程建设单位负责，并与整治铁路沿线拆迁同步实施；待建的京津城际铁路、京沪高速线、陈塘庄支线复线所占线位的拆迁应与整治铁路沿线拆迁同步，由各项目工程筹建部门负责；凡已实施的房地产开发项目未按规划要求实现的，由开发商负责，无法找到开发商的，由所在区政府负责。凡由市统筹安排拆迁的，由所在区政府负责。

在整治工程分工方面，架空线缆入地和管线切改，按市统一要求分别由产权单位负责；街景整修和夜景灯光建设，由市容部门负责；沿线绿化工程按统一设计要求，由园林部门负责；铁路沿线设置护栏或围墙，按统一设计要求，由铁路部门负责。坟茔治理，由民政部门负责。

这项大规模综合性整治工程的组织领导，市政府成立整顿治理铁路沿线环境指挥部，由各区主管区长和市建委、市容委、市规划和国土资源局、市公安局、市房管局、市市政局、市园林局、市电力局、市公用办及铁路等部门负责同志组成，负责统一部署、统一组织、统一协调、统一验收。各有关区、天津铁路分局和地方铁路局也成立分指挥部，并组织相应工作班子。各区有关政府按照行政区划，牵头负责本辖区内铁路沿线的整治，依法组织实施拆迁，按市指挥部的统一要求，完成各项任务；相关部门按职责分工和权属管理原则，完成所承担的工程任务。

为保障拆迁平稳实施，各区政府根据实施意见的要求，结合辖区的实际，分别制定了的具体方案，分解任务、明确责任、协调各方、形成合力。并与公安、铁路等部门密切配合，注意掌握动态，及时化解矛盾。铁路部门主动协助解决有关问题，公安部门大力给予执法保障。

在这项大规模综合性整治工程的过程中，有关部门和单位广泛开展宣传工作，采取多种形式，向沿线单位和居民群众广泛宣传治理铁路沿线环境秩序的重要意义和有关城市管理的法律、法规和规章，广泛发动群众积极参与，营造良好的氛围，形成强大的舆论声势，收到很好效果，既保证了工程的顺利进行和社会的稳定，又保证了铁路运行、生产秩序、人民生活的正常状态。

此次铁路沿线的综合整修和绿化，从 2004 年启动，到 2006 年基本竣工，共拆迁了危陋房屋、违章建筑 83 万平方米，实施改善基础设施工程，补建了公厕、上下水和电力、通讯等服务设施，修建便于市民出行的道路 9 条，设置铁路防护栏 27 公里，完成沿线建筑整修 169 万平方米。特别是在此基础上新建的 320 万平方米绿地，通过堆土成丘和对不同树种的科学配置，在铁路沿线营造高低错落、层次分明、色彩变幻、起伏延绵的绿化长廊；同时通过高密度、大面积的种植乔灌木，在铁路沿线营造出一条隔离噪音、防止扬尘、流通空气、花红柳绿的生态长廊。其中的铁路客运线两侧，以建成园林组团式带状公园为主；其中的货运线两侧，则主要建成以自然生态为主的混交式林荫绿地。令整修后的外环线内全长 74.46 公里的客运线和 50.29 公里的铁路专用线两侧焕然一新。

城际铁路沿线的绿化工程，则主要包括提升沿线绿化水平、粉刷楼房、整治空调罩等。主要是对京津城际铁路武清至天津站两侧 35 公里实施高标准提升，提升后实现了沿途生态大绿、建筑简约现代、色彩和谐靓丽。在铁路沿线部分空地突出生态自然特色，运用原有水塘、树木、增补湿地植物及乡土树种，发挥自然生态特色，靠近居民区的地块结合居民区社区绿地，增设座椅等设施，展现出立体绿化效果，为津城形成了一条蜿蜒 35 公里绿色多姿的长带。这项工程不仅绿化、美化了天津市城际铁路出入口沿线的环境，使乘坐此城际列车的国内外旅客在旅行中有美好的视觉享受、增加对天津市的美好印象，也造福了沿线 35 公里范围内的单位和居民，带动了沿线区域整体环境面貌的提升。

五、2005 年第五次较大规模的治理和绿化

2005 年 7 月 28 日下午，天津市人民政府召开铁路专用线环境整治工作会议，对 2004 年外环线以内 74 公里铁路沿线环境整顿治理工作进行总结表彰，并对铁路沿线二期治理工程进行部署。

铁路沿线环境二期治理工程范围包括中心城区（外环线内）现状铁路专用线 50 条，总长度约 50.29 公里，占地面积 147.32 公顷。治理区域原则上以铁路路基中心线向两侧扩展 32 米为控制范围，多股铁路以最外侧计算，有条件的地段 32 米线外的平房区也一并纳入治理范围。新建城市永久绿地 102.4 公顷，新建临时绿地 44.92 公顷；新拆危陋房屋 11.34 万平方米。

2005 年 9 月 28 日，天津市人民政府《批转市综治办拟定的〈天津市铁路沿线两侧环境管理暂行办法〉的通知》(津政发〔2005〕088 号)，管理内容包括铁路沿线两侧 32 米线范围内的护

坡、防护栏、铁路运输设施，供排水设施、桥梁、涵洞、道路、户外广告设施、园林绿化、环境卫生、照明设施、道路交通以及建筑容貌的管理。

在整治工程中，拆迁总量83万平方米，涉及河北、河东、河西、南开、红桥、北辰、东丽、西青等8个区，其中铁路客运线拆迁65万平方米，铁路专用线拆迁18万平方米。绿化总量320万平方米，其中铁路客运线绿化面积230万平方米，铁路专用线绿化面积90万平方米，形成了铁路两侧绿化带。完成整修建筑169万平方米，整修围墙7230.79延米，新建围墙3317米，使陈旧的建筑与周边环境达到和谐。

治理后的李公楼附近的石墙子大街铁路沿线

六、2006年第六次较大规模的治理和绿化

2006年3月16日，天津市人民政府办公厅《转发天津市整顿治理铁路沿线环境指挥部〔关于整顿治理中心城区铁路专用线沿线环境的实施意见〕的通知》（津政办发〔2006〕13号），在2004年外环线内74公里铁路正线整顿治理工程取得显著成果的基础上，继续对外环线内铁路支线、专用线进行环境综合整治。

（一）治理范围是

中心城区（外环线内）铁路专用线50条，总长度约50.29公里。治理区域原则上以铁路路基中心线向两侧扩展32米为控制范围，多股铁路以最外侧计算，天拖走行线和西沽支线32米线外的平房区也一并纳入治理范围。

（二）治理的六个主要项目

1. 拆迁和拆除各种房屋、建筑物，违章建筑20万平方米。2. 将各企业停用的16条、总长度为4.38公里的铁路专用线拆除。3. 清理整治范围内堆存的生活垃圾、工程杂土、弃物弃料和废品回收点等，平迁坟茔。4. 整治范围内全部实施绿化，共新增绿地147.3万平方米，以种植乔木为主，乔木灌木结合，在居民较集中地段铺设甬路或自行车道。5. 对铁路专用线两侧建筑进行立面整修，并新建一些围墙。6. 铁路专用线两侧32米线外补建部分公厕和垃圾转运站。

（三）分区任务是

1. 北辰区。拆除停用铁路6条，包括发电设备厂线1、2道，天重线1至4道，总长0.89公里；整治铁路支线、专用线12条，包括南曹线、元件公司储运仓库线、天重线、中储线1至3道、天津宝钢线1至3道、市水泥厂线1至2道、市建材线，总长12.48公里；整理沿线土地面积29.28

公顷，其中：城市绿地面积13.47公顷，临时绿地面积15.81公顷；新建公厕和垃圾转运站各1处。

2. 河北区。整治铁路支线、专用线11条，包括京山津浦下联线、古机入库线、丰机出库线、津浦上行引入线、115粮库线、北环上行线、第五迁出线、京山上行引入线、京山津浦上联线、机车车辆厂线、西沽支线，总长20.41公里。整理沿线土地面积51.77公顷，其中城市绿地面积41.62公顷，临时绿地面积10.15公顷，新建公厕2处、垃圾转运站1处。

3. 河东区。拆除停用铁路5条，包括砂石厂线、新建材线、安全线、冶供线（2条），总长1.42公里；整治铁路支线、专用线6条，包括南站支线、冷库线、公用线、仓储线、105库走行线、煤五线，总长5.12公里；整理沿线土地面积20.11公顷，其中城市绿地面积15.28公顷，临时绿地面积4.83公顷，新建公厕1处。

4. 东丽区。整治铁路支线、专用线3条，包括联建走行线、危走线、构件三厂线，总长3.61公里；整理沿线土地面积16.48公顷，其中城市绿地面积11.68公顷，规划城市道路临时绿地4.8公顷。

5. 河西区。拆除停用铁路3条，包括农机线、油毡厂线、果品线，总长0.29公里；整治铁路专用线1条：建材走行线，总长1.79公里；整理沿线土地面积13.25公顷，其中城市绿地面积9.46公顷，临时绿地面积3.79公顷；城市景观绿化广场1处，位于洪泽路与郁江道交口，占地面积2000平方米。

6. 红桥区。拆除停用铁路1条：西土产线，总长0.33公里；整理沿线土地面积0.81公顷，其中城市绿地面积0.59公顷，规划道路临时绿地0.22公顷。

7. 南开区。拆除停用铁路1条：南开建材线，总长1.45公里；整治铁路专用线1条：天拖走行线，总长2.5公里；整理沿线土地面积15.61公顷，其中城市绿地面积10.29公顷，规划城市道路临时绿地5.32公顷。

（四）实施步骤是：

第一阶段：2006年2月至3月底，平迁坟茔，拆除停用专用线4条，完成靠近主要道路的12条专用线两侧的拆迁任务，完成绿化土方工程和部分苗木栽种任务。

第二阶段：2006年4月初至6月初，完成全部停用专用线拆除、32米线内房屋拆迁、绿化、建筑立面整修等各项工程任务，天拖走行线和西沽支线32米线外的平房区拆迁、环卫设施建设年底完成。

第三阶段：2006年6月底前基本完成工程验收、档案整理工作。

七、2008年和2009年对铁路沿线进行的第七次较大规模的治理和绿化

2008年和2009年，天津市对铁路沿线进行的较大规模的治理和绿化，主要集中在京津城际铁路两侧。2008年，作为迎奥运市容环境整治重点工程之一。治理和绿化的总长度为70.8公里，其中天津站区至外环线17公里，从外环线至北京界53.8公里，贯穿河东区、河北区、北辰区、武清区。整治工程对天津站区网内实施绿化，候车大厅及站台摆放花木；外环线至天津站段可视

范围内建筑物实施立面整修、屋顶改造，并对拆迁地块、建设工地进行有效遮挡；外环线外区域的整治工程是对铁路中心线向两侧 50 米范围内清脏治乱，并实施绿化，500 米范围内完善林网，新建绿地 250 万平方米。

城际铁路沿线的绿化工程，还主要包括提升沿线绿化水平、粉刷楼房、整治空调罩等。主要是对京津城际铁路武清至天津站两侧 35 公里实施高标准提升，提升后实现了沿途生态大绿、建筑简约现代、色彩和谐靓丽。在铁路沿线部分空地突出生态自然特色，运用原有水塘、树木、增补湿地植物及乡土树种，发挥自然生态特色，靠近居民区的地块结合居民区社区绿地，增设座椅等设施，展现出立体绿化效果，为津城形成了一条蜿蜒 35 公里绿色多姿的长带。这项工程不仅绿化、美化了天津市城际铁路出入口沿线的环境，使乘坐此城际列车的国内外旅客在旅行中有美好的视觉享受、增加对天津市的美好印象，也造福了沿线 35 公里范围内的单位和居民，带动了沿线区域整体环境面貌的提升。

2009 年，在 2008 年城际铁路环境整治一期工程基础上，3 月 2 日开始继续对城际铁路两侧环境进行综合整治。沿线清拆违章、建筑物立面整修、屋顶改造、新建绿化等。绿化整治环内区段以铁路中心线向两侧扩展 50 米实施绿化，绿化面积 71 万平方米；环外区段以一期绿化为界向外扩展 25 米实施绿化，绿化面积 155 万平方米。当年 8 月 16 日，城际铁路两侧环境综合整治工程基本完成，其中，226 万平方米的绿化工程在京津间架起一条长达 71 公里的“绿色走廊”。绿化工程种植了搭配协调的金叶女贞、香花槐、西府海棠等 40 余种花灌木，并配以起伏的地势地形，形成色彩分明、错落有致的整体效果。

截至 2010 年 5 月 21 日，京山铁路汉沽段绿化工程也完成各项绿化指标任务，通过验收。此工程共投入资金 3114.78 万元，完成绿化面积 14 万平方米，清除旧草皮 11.2 万平方米，填充杂土 14.36 万平方米，填充绿化土 10.68 万平方米，施肥 1122 吨，种植国槐 5200 棵，种植火炬 10 万余株，种植成活率 95%以上。

第二章　居住区绿化

第一节　庭院绿化的兴起和发展

居民自家房前屋后的公园绿地，1949 年前在天津市多是达官贵人独享的“奢饰品”。天津在 1949 年后，随着当时城市边缘的中山门、王串场等一批工人新村的建设和市中心棚户区的改造，公园绿地开始进入普通居民区，令居民群众直接和经常受益，居民区绿化也成为天津市总体绿化的一大类别和整体绿化格局中的重要组成部分。

1952 年，党和政府为改善劳动人民居住条件修建 7 个工人新村时，就注意新村的绿化建设。但由于城市用地和资金比较紧张，为了多出房首先满足居住的基本需求，提高了建筑的密度，但当时的居民区绿化程度不高。1958 年在中山门、唐家口等工人新村“三角隙地”，栽植各种花灌木并组建起各种小游园 10 余处，改善了居住区的绿化面貌。而后建成的居住区以及改造的旧区住宅，由于预留绿地面积小或因建筑密度大，绿化用地也不太多。园林部门则根据各地区的具体条件，挖掘土地潜力，巧用园艺手法，最大限度地来扩大绿化面积。20 世纪 80 年代开展兴起的小游园、小绿地、小街景建设（以下简称“三小”绿化），就是针对以上情况采取的举措。

“三小”绿化是指在城市建设中，特别是老城市旧城区的改造中，主要是利用住宅旁和道边的边角隙地和楼群、山墙间空地，见缝插针进行绿化，当时提出的口号和采取的办法，就是“见缝插绿、挤地造园”。对建筑和马路的边角隙地，采取见缝插绿，挤地造景的方法，所营造的小街景、小绿地、小游园，尽管它们面积都不大，但可供居民和行人便捷地经常性享用，因而深受群众欢迎。

“三小”绿化的特点是：投资少，见效快，服务半径小，使用效率高。如小游园面积一般在 2000 平方米左右，服务半径在 500 米左右。小游园多以自然式、开放式为主，布置多依周围环境，自选主题，突出特色，园内广种花草、树木、适当放置一些座椅，添置简单儿童游戏器械及一些建筑小品，虽不具有正式公园的规模和全部功能，但形式不拘一格，多种多样。

这一形式、方法以及成果，在 20 世纪 80 年代初期表现得尤为突出。当时，天津市正在唐山特大地震后的恢复重建时期，遍布街头里巷的地震棚陆续被拆除，腾出一些边角隙地，园林部门就大力开展“三小”绿化。这种投资不多、见效迅速、效益显著的绿化，成为当时天津市一大绿化特色。

1984 年 9 月，国务院副总理万里到天津视察工作，对红桥区咸阳北里二、八两个小区的庭院绿化，采取分、割、档、通楼间空地，用花墙和景门使楼群之间形成大小乡间的幽静庭院，大加称赞。他说：“用这个办法好，环境美化了，居民的精神面貌也有了变化，文明程度也有了提高。在这样的环境里，大家都会感到心情舒畅。”此后，党和国家领导人邓小平、谷牧等中央领导人也到天津视察，对天津生活小区庭院式绿化都给予很高评价。

天津在总结红桥区咸阳路二、八小区庭院式绿化的基础上，市园林局提出了“新区住宅要搞好绿化配套，旧区要搞好绿化改造和充实提高”的方针。从 1985—1988 年又强调绿化工作要“以绿为主，以美取胜，用小品点缀”的方针。要突出以植物造景为主，扩大绿化面积，不断提高绿化水平，给群众创造出一个优美的居住生活环境。如在和平区柳州路居民区，以障景等手法建造了柳州路小游园；在其他各区居民区以植物造型为主的桃园、龙园等，新颖别致，各具特色。如体院北居住区，共有 11 个街坊，每个街坊又分成大小、形状、布局各不相同的住宅组团，在各组团之间留有小块空间，经过绿化成为组团间的小花园，构成街坊内庭院式的活泼开朗的空间。体院北居住区共建有 20 个组团式小花园，总占地面积 5 公顷，还建有一个面积达 6 公顷多的小公园，人均占有绿地绿化面积 2. 64 平方米。取春华秋实之意分别建造的春华园和秋实园，各具特色。在体院北居住区沿卫津河一侧建成滨河绿地，居住区内学校、医院、托幼园所等公共建筑都留有绿化用地，与住宅房前屋后庭院绿化共同组成居住区绿化系统。居民区庭院式绿化，多次被市委、市政府列入改善人民生活重点工作之一，并形成当时天津园林绿化中蜚声中外的一大特色。截至 1990 年底，居住区楼间绿化发展到 190. 95 公顷，同年年底，市区共建成“三小”绿化 234. 94 公顷。

而后发展更为迅速，到 1993 年底，城市居住区绿化面积为 242. 11 万平方米；到 2002 年底，已迅猛发展达 1498. 54 万平方米，总量增长了约 6 倍。其中，市中心六区兴建小区绿化 900 余片，绿地面积由 1993 年底的 187. 91 万平方米，增加至 2002 年的 745. 38 万平方米，增幅为 296. 7%，并建成了一批规模大、环境效益好的园林式小区。此后，无论是新开辟的居住区或旧区改造，绿化建设更受到各方面的重视，不仅注重增加居住面积，同时强调要给群众创造一个优美的生活居住环境。

到 20 世纪末期，天津市随着大规模的城市现代化建设，相继建成了体院北、天拖南、咸阳北路、丁字沽、王顶堤、万新村、川府里、华苑等一大批居民新区，庭院式绿化随之蓬勃兴起，不仅提高了居民的生活环境质量，令他们有经常便于休憩娱乐锻炼的场所，还改善了当时居民楼房“一字型”“军营式”的单调呆板的格局。

新建的红桥区咸阳北路居住区绿地面积，占居住区总面积的 10. 77%~22. 54%之间，人均占有公共绿地为 1. 5~2 平方米。南开区川府里小区绿地，更占到总用地面积的 51. 61%，人均占有公共绿地达到 3. 37 平方米。

而后，随着国家经济实力的增强和居民住宅条件的改善，一大批中高档居民区建成使用，楼房布局也发生很大变化，居民区里的绿地、花园，不再是楼房的点缀和陪衬，而是一大重要设施和项目。当年采取“见缝插针、挤地建园”建设的“三小”绿化，变成了“潇洒舒展、鸿篇巨制”般的“三大”绿化，甚至不仅是居民区里有花园，而是达到了花园里有居民楼，津门百姓在日常居家生活中，更加便利和经常性地享受到园林绿化的效益。

到 2010 年底前，陆续出现了华苑、梅江、万松、顺驰名都、开发区翠亨小区、滨海新区中新生态城等一大批花园式居民区，绿化面积接近或超过住宅楼面积。华苑居住区占地 168 万平方米，绿地率 30%以上，内分 10 个小区。设计各具特色，环境优雅。安华里、居华里、碧华里内的绿化组团，充分考虑人文环境，赋予小区韵律之美，1997 年被评为全国示范小区。梅江居住区是天津市规模较大、绿化水平较高的居住区。该居住区占地 184 万平方米，西邻规划中的卫津洼风景区，水域特色鲜明，自然条件良好，内分 15 个小区，绿地率达到 38. 1%。其中“蓝水园”内的“舜池”清秀幽雅，采用亦中亦西设计手法，水景、绿景、情景相映成趣。其中的“芳水园”，拥有53%的水体和绿地面积，使居民尽享临水而居和居住在花园里的美好感受。

21世纪以来的新建居民区，大都由开发商建设，居民区绿化已成为其中的必备项目和一大“卖点”，绿化的规模和水平也呈现越来越大、越来越高的趋势。政府和园林主管部门一般不再直接部署和列项，更多的则是进行宏观管理。园林部门的设计、施工、监理单位，多以投标等方式，参与到居民区的绿化中去。

第二节　垂直绿化

垂直绿化是利用攀缘植物向上着物攀附而美化空间的一种绿化方式。天津市特别是市中心区建筑密集，可供大面积绿化的空地较少，更适宜开展垂直绿化。天津市利用凌霄、紫藤等攀援植物，附于墙壁、花架等处进行垂直绿化的做法历史较久，但大规模开展垂直绿化，并使之成为天津绿化一大特色，是自20世纪80年代初期开始的。

其初期，红桥区园林部门在西于庄居民区等处种植五叶地锦并进行人工造型，美化效果良好。红桥区大伙巷街挤天占地见缝插针，仅用7天就将500多米长的小巷搞成垂直绿化一条街。1988年，园林绿化研究所孙家政等对此进行专题立项研究，证明垂直绿化对墙面有较大保护作用,，对夏季降温效果明显，平均降低室温1到1.3摄氏度。

市园林局立即组织在全市推广垂直绿化，并安排局属刘园、北仓、程林各苗圃大量生产凌霄、紫藤、五叶地锦、爬山虎、金银花等攀援植物，特别是在平房和建筑密集的地区，广泛开展了“家家门前一棵藤，胡同里巷搭荫棚”活动，使小街窄巷也变成“绿满墙、荫满棚、花满院”的绿色走廊。河东区郭庄子街新鱼市一带居民，结合此地区的特点，种植自己喜爱的丝瓜、瓜篓、牵牛花等草本攀缘植物，形成一个以草本植物为主的垂直绿化点，藤条萦绕，瓜豆交垂，花钱不多，容易栽种，且具有独特的农家风韵。河西区尖山路沿线的住宅楼墙面，都植以五叶地锦，仅三年时间，即全面覆盖墙壁，宛若住宅楼的立体绿色屏障，又给沿街增添自然情趣。

和平区沙市道的辅恩里居住区，因楼与楼的间距小，建筑密度大，采取垂直绿化，仅3年的时间，爬山虎就自一楼爬到了六层的顶楼，所形成的面面绿墙犹如道道绿色瀑布，给拥挤狭小的居民区空间，增加了立体绿化空间，创造了大自然的美景。2005年，该区在实施“五大道”地区街景绿化的同时，在有透视墙的单位、居民院落开展垂直绿化，完成垂直绿化建设94处、1334延米，栽植爬蔓月季5000株、蔷薇3300株。2006年在平面增绿有困难的条件下，又多途径增绿，克服垂直绿化地块小且散，施工与养护不便的困难，完成“五大道”地区和旧楼区垂直绿化3000延米，栽植藤本植物1万余株。2007年完成了眼科医院、曲阜道81号、老年公寓等36处立体绿化2787延米，2008年又完成街景、居住区、社会单位等共37处垂绿工程，共计1855

米。植物种类也从原来的五叶地锦、牵牛花、茑萝发展到藤本月季、蔷薇、凌霄、紫藤等品种，丰富了居民的环境生活，提高了垂直绿化生态水平。

红桥区从1984年开始进行的大规模垂直绿化，到1990年，只用了六七年的时间，就在全区90%以上的地区，基本上实现了垂直绿化，其中有条件的里巷、胡同全部实现了垂直绿化。既有效地提高了土地利用率，又极大地改善建筑的环境。

市园林局在组织推动全市开展垂直绿化的同时，还积极开展有关的科研。所设立的“天津市垂直绿化植物品种选择及其应用方式的研究”，该课题由天津市建委下达。交由天津市园林绿化研究所完成。项目主持人为刘志强，项目参加人为邹萌、陈小奎、高军、周小蕾、王文强、张喆媛。研究成果：引进藤本植物20个品种，制定了优良藤本植物筛选标准，筛选出藤本月季、扶芳藤、红花忍冬、山荞麦、乌蔹莓、鸡矢藤6个推广品种，建立垂直绿化植物繁育基地10亩，进行了红花忍冬、蔓长春花、藤本月季规模化生产，年生产5.6万株。在垂直绿化上推广了保水剂、缓释肥、滴灌等新技术和新材料。提出了天津市发展垂直绿化和藤本植物应用建议。探索和应用了垂直绿化新形式，如采用轻型基质、滴灌技术的立体花柱。推广新品种2.3万株，年产值实现13万。这个科研课题于2007年5月11日进行了评审，通过验收，项目研究成果水平达到国内先进水平。

到1990年，全市已栽植各种攀援植物150万株，形成垂直绿化的大气候。此后，天津市的垂直绿化持续广泛开展，范围也从过去的多在狭窄空间，发展到新区建设疏朗广阔的空间，特别是在此后到2010年建成的众多立交桥，垂直绿化成为绿化桥体覆盖水泥立面的一大主要绿化方式，也成为现代都市的一大特色景观。

到2010年底，全市共拥有藤本植物489.45万株，其中仅中心城区就拥有藤本植物294.2万株。

第三节 绿色社区

一、华苑居住区绿化

华苑居住区占地168万平方米，绿地率30%以上，内分10个小区。设计各具特色，环境优雅。其中的安华里、居华里、碧华里等的绿化组团，更是充分考虑人文环境，绿化结合新颖的住宅和配套建筑，不仅给居民创造了良好的生活环境，还赋予小区以韵律之美。

1997年建成的华苑居住区安华里、天华里、莹华里、碧华里、居华里等五个小区，绿化总面积达13万平方米，植树2万多株，栽绿篱2.5万延米，绿地率达30%以上，其中的莹华里绿地面积29500平方米，绿地率达38%。

各小区绿化既注重层次、色彩，又注重图案组合，形成平面绿化与立体绿化相结合，点、线、面相结合的多层次绿化空间。碧华里位于华苑小区的中心地段，绿地2.1万平方米，为满足不同层次人的需求，整个绿地建设分为老年活动区、儿童活动区、中心散步休息区三部分。植物配置注重空间层次，布局形式丰富，铺装大面积草坪，营造开阔景点，从而为小区居民提供了一个观赏性强、活动内容丰富、布局合理、景观优美的居住区环境。居华里中心花园，采用自然手法，运用地形高低变化，突出大片缓坡草坪，体现自然平和的绿色风光。花园入口沿弧线布置花架与叠形花坛组景，在位置较高的绿地中放置一装饰亭并与置石相结合。后面是大片草坪给人以开阔的感觉。花园绿地采用耐践踏的草坪，可供群众活动。安华里绿化是华苑小区绿化重点之一，绿化面积53260平方米，由四个组团和一个中心绿地构成。其中草坪占4万多平方米，栽植花灌木13000余株，建有花坛、花钵及欧式廊亭。

华苑居住区的居华里，获建设部城市住宅小区建设试点金牌奖，安华里绿化获4项部级优质工程。1997年，该居住区被评为全国示范小区。

二、滨海新区中新生态城绿化

（一）背景沿革与概况

"中新天津生态城"是中国、新加坡两国政府战略性合作项目，生态城的建设显示了中新两国政府应对全球气候变化、加强环境保护、节约资源和能源的决心，是以新加坡等发达国家的新城镇为样板，建设成为一座可持续发展的城市型和谐社区，为资源节约型、环境友好型社会的建设提供积极的探讨和典型示范。

2007年4月，国务院总理温家宝在会见新加坡国务资政吴作栋时，共同提议在中国合作建设一座资源节约型、环境友好型、社会和谐型的城市。随后，国家有关部委对天津等多个备选城市进行反复比选和科学论证，在征求新加坡国家发展部的意见后，于当年9月底初步认定生态城选址在天津滨海新区。2007年11月18日，国务院总理温家宝和新加坡总理李显龙共同签署《中华人民共和国政府与新加坡共和国政府关于在中华人民共和国建设一个生态城的框架协议》。随后国家建设部与新加坡国家发展部签定了《框架协议》的《补充协议》。

协议的签订标志中新天津生态城即中国—新加坡天津生态城的诞生。按照两国协议，中新天津生态城将借鉴新加坡的先进经验，在城市规划、环境保护、资源节约、循环经济、生态建设、可再生能源利用、中水回用、可持续发展以及促进社会和谐等方面进行广泛合作。为此，两国政府成立了副总理级的"中新联合协调理事会"和部长级的"中新联合工作委员会"。中新两国企业分别组成投资财团，成立合资公司，共同参与生态城的开发建设。新加坡国家发展部专门设立了天津生态城办事处，天津市政府于2008年1月组建了中新天津生态城管理委员会。至此，中新天津生态城拉开了开发建设序幕。中新天津生态城指标体系依据区域环境、人居现状，突出以人为本的理念，涵盖了生态环境健康、社会和谐进步、经济蓬勃高效等三个方面二十二条控制性指标和区域协调融合的四条引导性指标，将用于指导生态城总体规划和开发建设，为能复制、能实行、能推广提供技术支撑和建设路径。

天津"中新生态城"坐落于天津滨海新区，东临滨海新区中央大道，西至蓟运河，南接蓟运河，北至津汉快速路，毗邻天津经济技术开发区、天津港、海滨休闲旅游区，地处塘沽区、汉沽区之间，距天津中心城区 45 公里，距北京 150 公里，总面积约 31.23 平方公里，规划居住人口 35 万，以新加坡等发达国家的新城镇为样板，建设一座可持续发展的城市型和谐社区。

2008 年 1 月，组建中新天津生态城管理委员会并启动建设。按照两国政府确定的必须依法取得土地、不占耕地、节地节水、实现资源循环利用，有利于增强自主创新能力的原则，选址于自然条件较差、土地盐渍、植被稀少、环境退化、生态脆弱且水质型缺水的地区。同时，选址考虑有大城市依托，基础设施配套投入较少，交通便利，有利于生态恢复性开发。该生态城指标体系依据选址区域的资源、环境、人居现状，突出以人为本的理念，涵盖了生态环境健康、社会和谐进步、经济蓬勃高效等，建设生态结构合理、服务功能完善、环境质量优良的自然生态系统和协调的人工环境系统。

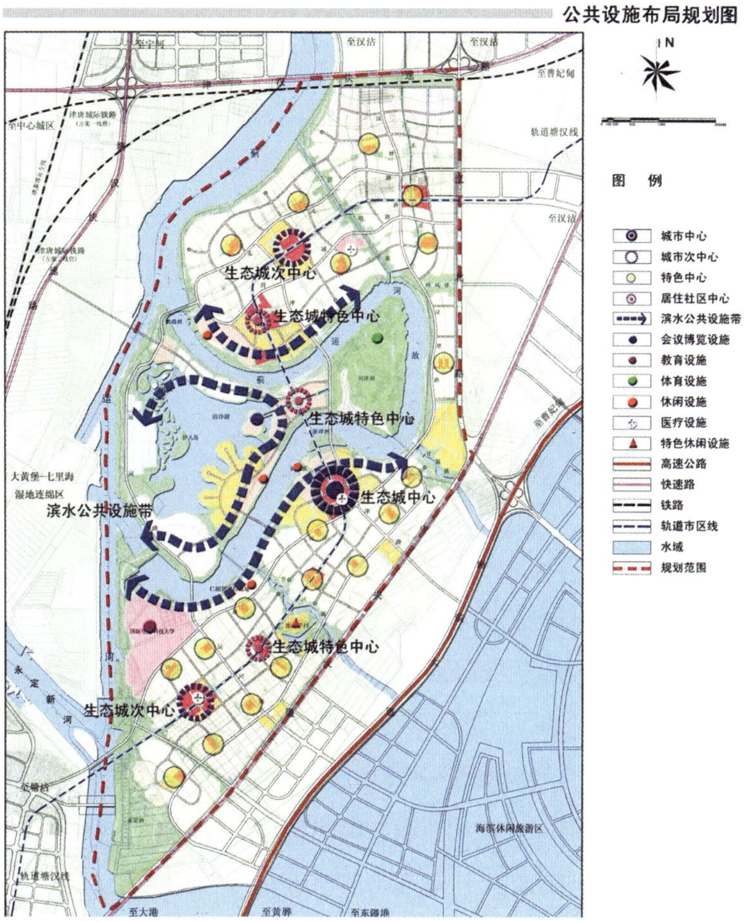

中新生态城总体示意图

该生态城尊重地区既有的自然环境，优化城区环境品质，突出和强化“水、绿、城、文”四个方面主题，采取适宜的生态修复和重建手段，恢复自然水系、湿地和植被，构筑以多级水系、绿色网络为骨架的复合生态系统。生态城绿地系统规划结构，以细胞结构为布局参照，规划“生态细胞”的结构模式，形成自我更新、物质交换、能量流动、活力创新的生命体，即“一心一链、一谷一环、五楔辐射、珠落玉盘”的绿地基层结构。以蓟运河和蓟运河故道围合的区域为生态核心区，蓟运河故道两侧“珠串”式布置的绿地和开放空间形成“一链”；由蓟运河及津汉快速、汉北路和中央大道防护绿地围合形成“一环”，是生态城的保护圈层和对外交通圈层。

生态谷是生态城起步区最重要的景观廊道，长约 11 公里，以生态和谐、绿色自然和运动健康为主题，规划建设多处公园；规划建设蓟运河故道南侧与海滨沟通的 2 条生态廊道，蓟运河故道西侧与蓟运河沟通的 2 条生态廊道，蓟运河故道东侧与滨海休闲旅游区沟通的生态廊道。渗透于生态社区中的邻里公园和街头绿地体系，将建邻里中心公园。以生态社区慢速交通系统为依托，在生态社区中布局街头绿地。该生态城绿地树种以滨海新区宜栽植物为基调树种，强调耐盐碱植物的应用；采用复式种植方式，建设以乔木为主，乔、灌、地被结合的、稳定安全的植物群落结构；协调常绿与落叶、速生与慢生树种的合理搭配比例；生态功能与景观效果并重，形成“三季有花、四季常绿”具有生态城特色的植物生态景观。到2010年，这些绿化规划已经全面进入实施阶段。

（二）公园和公共绿地特色景观

在一片满目苍凉的盐碱荒滩上，中新生态城充分利用原状地势，精心设计绿化景观，广泛选育本地植物，陆续建设了生态岛、生态谷、生态廊道、滨水景观、主题公园、街角绿化等，探索了一条盐碱地绿化景观的可行路径。至2013年6月，该生态城累计建成公共绿地310万平方米，达到四季有绿、三季有花，形成了一幅“绿岛、绿谷、绿廊、绿地”相互交织、辉映成趣的特殊园林绿化场景。

遵循自然、生态、开放的原则，生态城陆续建成永定洲文化主题公园、动漫公园和生态谷南部片区段、蓟运河故道示范段等。

1. 永定洲文化主题公园位于永定洲河口湿地，东临中央大道，南接蓟运河堤，西至生态谷，北至和畅路，占地面积约30万平方米。该园设计体现“民俗风”、“生态雅”、“和谐颂”三个主题，划分为主入口景观区、生态保护区、生态观赏区、生态文化展示区和民风民俗展示区，是一个集当地民俗文化展示、休闲、旅游观光、森林保护、科普教育为一体的文化主题公园。

该园主入口景观区建设了“八仙过海”立体雕塑，是公园的一大主体景观。生态观赏区利用周围地形围合成岛，作为生物栖息地，供游人观赏。生态保护区集中栽种了滨海地区及北方地区的多种植物，如黑松、白皮松等常绿乔木，法桐、银杏、皂角、国槐等落叶乔木，碧桃、紫叶李、西府海棠等花灌木，鸢尾、八宝景天、美人蕉、波斯菊为主的地被花卉等。生态文化展示区采用自然朴素的风格，布置了自然石、观赏草、小野花，使居民在行走间领略自然风光，感受绿色生命，零距离接触生态文化，唤醒人们对生态保护的意识。民风民俗展示区主要体现年画、泥塑、砖雕、木雕、风筝、绒花、剪纸等地道的天津民间文化。

永定洲公园八仙过海雕塑

永定洲公园一景

2. 动漫公园位于国家动漫产业综合示范园内，该园绿化面积约20万平方米。该园分为前广场和中心公园两个部分，全园结合了传统的园林设计元素与现代的景观设计符号，集漫步、休憩、观赏、亲水体验、大型户外活动和科普教育功能于一体，是园区工作人员放松身心的空间和公众休闲的好去处。前广场栽种大量乔灌木，并结合动漫主题，设置了喜羊羊、花仙子、功夫熊猫、狮子王、阿童木等几十组群众熟知的动漫人物雕像。中心公园依托园区主体建筑围合，建设人工湿地内湖，占地面积5公顷，主体水面约1.8公顷，内湖周边建设假山、林荫道、草坡、亲水平台等景观，既提升园区整体景观品质，又可调节微气候，增加空气湿度。

3. 生态谷是由两侧建筑围合而成的“谷状”绿化走廊，全长11公里，呈“S”形贯穿全城，设计理念为“生命之藤”，体现其作为生态城绿色主干的生命力和自然观。

动漫园雕塑

动漫园公园假山

生态谷南部片区段景观工程南起永定新河，北至慧风溪河道，长3.17公里，宽50米，绿化景观面积约13万平方米。生态谷大面积栽植乡土植物，以银白杨、白蜡、国槐为背景林；以柿、苹果、山楂、石榴为主营造山林果园；以山桃、榆叶梅、西府海棠、丁香、紫荆、天目琼花等为观花植物；运用狼尾草、拂子茅、金鸡菊、波斯菊、紫松果菊、落新妇等地被塑造自然花境景观；垂直绿化则选用紫藤、美国凌霄、金银花等植物。沿生态谷布置天津建卫600年风情雕塑，以“精卫填海”雕塑开篇，以“改革开放”雕塑收尾，其间设有“宫廷奏乐”“鸦片战争”“洋务运动”“五四运动”“平津战役”“引滦入津”等主题雕塑，较为集中地展现了天津建卫600年发展历史。

4. 蓟运河故道示范段。蓟运河故道岸线长约2公里，绿化面积22万平方米，北侧与慧风溪生态廊道相接。功能设计以游览观光、雨水净化、湿地保护为主。已建成观鸟平台、雨水湿地、码头、栈道、炮台遗址等多处景点。栽植了宿根花卉、芦苇、千屈菜、柽柳、火炬等天津本地植物。运用乔木、灌木、地被构建了复层植物群落。

蓟运河故道小径

蓟运河芦苇荡

慧风溪生态廊道

5. 慧风溪生态廊道。位于南部片区北端，西与蓟运河故道相连，东至中央大道，长度约2公里，河岸绿化带宽30~40米，绿化景观面积约20万平方米，是生态城六条生态廊道之一。设计主题为“自然”“人”“文化”，以再现自然印记、强化人文参与、体现场地文化。岸线处理采取湿地驳岸、石笼驳岸、枝桠驳岸等驳岸形式，建有高低错落的水池和舒适平缓的木质栈道，溪旁配置茶室、景观廊架、园桥等园林建筑和小品。栽种了荷花、睡莲、千屈菜、香蒲、水葱为主的水生植物。具有原生风貌的芦苇湿地，更是塑造了“蒹葭苍苍，白露为霜”的景致。

6. 清静湖滨水景观。污水库治理全面完成后，生态城已开始推进清净湖及周边景观建设。一是深挖造岛。在污泥清理的基础上，结合水系构建，开展深挖造岛工程，为清净湖区域整体景观建设奠定了基础。二是调水入湖。既是作为区域雨水蓄水池，也是生态城最大规模的内湖景观。三是景观设计。已启动清净湖湖岸景观、堆山公园和污水厂南侧人工湿地工程。清净湖及西侧的堆山公园、西南面的湿地和湖中心的会展中心，将以五指岛、北岛、南岛的形式，打造一个集产业、会展、旅游、休闲、居住等于一体的风情小镇，实现与蓟运河、故道河的“三水连通”，成为生态城水生态系统的核心。清净湖寓含着生态城“水清、水动、水合、水兴”的内涵和意象，对区域生态平衡和物种多样性具有重要的现实意义。

生态城借鉴国内外生态城市道路绿化经验，特意拓宽绿化带，主、次干道绿化带总宽度分别达33米和25米，绿化率超过50%，并合理配置乔灌木比例，形成复层植物群落，强化景观季相变化，形成了“一路一景、一片一景”的景观效果。

1. 主干道道路绿化。主干道两侧12米绿化带采用多层次绿化景观方式，背景林选用高大乔木，如毛白杨、国槐，中层种植花灌木，如山桃、樱花、海棠，前排小型灌木及地被满铺，减少草坪用量，避免裸土。中新大道是贯穿生态城南北的主要交通干线，也是连接生态城与开发区、汉沽的主要通道。道路两侧原址是盐田和鱼塘，经改造后，两侧绿化带各宽20米，利用地形起伏，栽植大量适生植物、宿根花卉和地被植物，形成了道路两侧的绿色屏障。南侧区门建有百旗广场、石碑叠水、城标喷水、特色花卉，形成了有震撼力的综合性景观。中天大道绿化体现四季景观，中央隔离带以栾树为主，搭配石榴、碧桃循环栽植；机非隔离带种植雄性毛白杨、大叶黄杨、紫叶小檗；两侧绿化带以毛白杨为背景，栾树为行道树。

2. 次干道道路绿化。次干道道路绿化采用乔木—花灌木—地被的层次设计，以乡土树种为主。和畅路中央隔离带循环栽植白蜡、海棠、碧桃等树种；机非隔离带以白蜡为主体，大叶黄杨篱、金叶女贞篱循环栽植；两侧绿化带以国槐为背景树，白蜡为行道树，配植花灌木。和惠路中央隔离带以国槐为主体树，西府海棠、木槿循环栽植；机非隔离带种植国槐、金叶莸、沙地柏等植物；两侧绿化带以白蜡为背景，国槐为行道树。和定路中央隔离带选用合欢为主体树，金银木循环栽植；机非隔离带种植合欢、大叶黄杨、金叶莸等植物；两侧绿化带以国槐为背景，合欢为行道树。

3. 街角绿化景观。生态城坚持“塑造现代都市中的原生态”理念，把街角绿化作为城市景观的重要节点，融“绿、景、水、石”于一体，建设了造型各异、风格独特的系列街角景观小品，与草地、树带、公园共同构成“点、线、面”相结合的城市立体绿化系统。中生大道与和韵路交口街角，采用自然式种植为主，搭配散置杂色卵石和涌泉景观，运用国槐、合欢为主体树，栽植油松、山桃、紫薇、丁香、蔷薇等形成植物组团，点缀大叶黄杨球，形成具有特色的植物景观。(见下两图)

中生大道与和畅路交口街角，采用自然式种植为主，内设水池、汀步，增加游览趣味，以国槐、白蜡作为主体背景林，碧桃、山桃为主要观花植物，配植红枫、金叶莸等色叶植物丰富景观效果，下层栽植宿根地被。（见下两图）

和旭路与中天大道交口街角，以石材雕塑为主，展现人物、生活事件，贴近市民生活。运用儿童雕塑，体现童年的美好回忆和天真烂漫的童趣。（见下两图）

和旭路与和韵路交口街角，以金属雕塑为主，展示在不同场景下的人物主题雕塑，生动形象，提升街角景观的观赏性。（见下两图）

绿化中的水景。

中生大道与中天大道交口街角，采用水景为主，运用海洋生物与水景结合，增加动态景观元素，使效果更加生动活泼。(见下两图)

和旭路与和畅路交口街角，塑造叠水水池景观，使水景呈动态体现，将水景的动态与雕塑、植物的静态相对比，动静皆宜。(见下两图)

绿化中的石景。和畅路与和定路交口街角，采用石景为主，搭配油松、白皮松等常绿植物，塑造古松奇石的独特景观，配植榆叶梅、连翘等低矮型花灌木，增加生动活泼的氛围。

中天大道与和定路交口街角，采用仿枯山水的做法，塑造散置碎石或卵石铺砌的小面积空间，围绕景石设置自然蜿蜒的园路，使人们可以近距离地观赏街角景观。(见下两图)

小区绿化景观。生态城确立了居住用地绿地率不低于45%的目标，主要包括社区中心公园和小区绿化景观，每个社区建设500平方米的中心公园。小区绿化由开发商按照规划投资建设，呈现出地中海、现代都市田园、欧美小镇等多种风格。至2013年6月，已建成15个小区的绿化景观，绿地面积近24万平方米，平均绿化率接近50%。

嘉铭红树湾小区，利用小区两个岛状台地的特点，绿化景观设计以“西西里岛的美丽传说”为理念，将景观绿地比拟为地中海小岛，小区整体绿化面积达到21000平方米。

美林园小区，定位为“一处享受美丽与森林的家园”，体现现代都市田园生活理念。小区绿化设计中突出三大区域：槐香苑、樱华苑、棣棠苑，建有特殊灯柱、景墙水景、树阵植物组团和入口树阵，总绿化面积38000平方米。

天和园小区，定位为托斯卡纳小镇风格，景观处理结合半地下车库，局部给予堆坡处理，形成丰富的地形，其中穿插健身广场、休闲木平台和景观长廊，形成了层次丰富的景观效果，总绿化面积13000平方米。

三、天拖南居住区

天拖南居住区位于天津市南开区澄江路街，占地总面积约1000亩，是天津市1976年大地震后兴建的一个大型居住区。1983年，南开区在天拖南居住区进行庭院式绿化试点，而后的1984年，重点开展了天拖南5个小区庭院绿化，其工程质量和园艺水平，被市园林局评为全市当年第二名。

该居住区绿地面积占居住区总面积的16.6%，小区居民人均占有绿地面积5.53平方米。天拖南居住区绿地分10个小区，以横江路和瀑园为骨干，交织连接各小区楼间绿地，成为一个绿化整体。

四、大寺镇绿化

西青区大寺镇坚持以改善生态环境、实现可持续发展为目标，以重点生态工程建设为载体，以绿色通道、绿色河道、绿色村庄、绿色农田、绿色园区等重点绿化工程为内容，动员和组织全社会力量共同参与，努力营造生态功能完善、人与自然和谐的生态宜居环境，在造林规模、标准、机制等方面都有了新的突破。到2010年，全镇共完成绿化造林面积1680.45亩，其中栽植乔木13.2万株、灌木261.6万株，使绿化覆盖率达到14%，是天津市绿化水平较好的地区之一。

五、中北镇绿化

中北镇土地总面积2935.7公顷，现有林地面积566.6公顷。其中，林地面积456.9公顷、灌木林地面积2.6公顷、四旁树面积107.1公顷，森林覆盖率达到了19.3%。中北镇的绿化方式主要以道路绿化、村庄小区绿化、工业园区绿化及河道绿化为主，有面积80000平米的大型园林广场一座。绿化树种以杨树、柳树、槐树、椿树等乡土树种为主，法桐、泡桐也有少量栽植。花灌木品种主要有海棠、碧桃、木槿、紫叶矮樱、金银木等。绿篱品种主要有大叶黄杨、紫叶小檗、金叶女贞、卫矛等。

到2010年，中北镇环境面貌更加优化，生态更加宜居。由于认真落实市委、区委关于着力构筑生态宜居高地的部署，坚持高标准规划、高质量建设、高效能管理，全镇环境面貌发生了明显变化。在生态环境建设上，实现造林面积530.5亩，栽植乔木3.23万株，栽植灌木4.5万株，植树成活率达90%以上；投入近3300余万元，深入开展了“奋战300天”市容环境综合整治，积极巩固创卫成果，环境面貌更加优化，生态更加宜居。顺利通过了“国家卫生镇”的复检验收，全镇市容环境整体水平显著提高。

六、凯立天香家园住宅小区绿化

南开区凯立天香家园住宅小区，是天津市新世纪之初建成的一个大型居住区。该居住区绿化工程于2001年8月启动，2002年6月竣工，绿化总面积18843.9平方米，造价344.1656万元。

该居住区绿化以中心广场雕塑“凤凰”为主景，中心为砖红色花岗岩3层台阶基座，正中央竖立一座欢快飞舞的金色铜质雕塑“凤凰”，周围喷泉烘托，周边三面为十几个立柱式白色挂有大红灯笼的花架。中心广场周围建有汉白玉桥、儿童花园、假山、网球场等建筑、设施和绿化小品。地面为人工草皮砖，小区围墙以透视栏杆装饰彩灯烘托。园内分段铺设24块方型植物的花坛绿地，栽种雪松、龙爪槐、法桐等高大乔木和海棠、大叶黄杨、剑麻、珍珠梅、金叶女贞等常绿、花灌木、垂绿植物高低错落，形成组团式绿化风格。绿化总体采用大绿主色调，充分利用植物色彩搭配和自身变化，调出金黄、红、绿三个色调，雕塑、建筑、小品、花坛高低错落，景观颇为独特，并达到三季有花，四季常绿。

七、川府里绿化小区

由田川里、园川里、易川里、貌川里和中心园川园组成，1990年建成。绿化面积6.4公顷，占小区面积的51.57%。川园是小区绿化的重点，占地12735平方米。绿化布局为开敞式，分为动、静两区。园中心建一座“报晓”雕塑，用抽象造型艺术调解了园内静谧气氛。绿化突出了大绿色彩效果，讲究植物配置的艺术手法。植物材料以乔木、常绿、花灌木为主。其中易川里绿化面积15148平方米，以铺设草皮为主，有如碧草如茵的意境，适当点缀小品，增加文化内涵。该小区荣获建设部颁布的优秀奖。

八、咸阳北路小区绿化

咸阳北路小区地处红桥区西北部，东起咸阳北路，西临千里堤，南与津霸公路相接，北傍北运河，占地面积64万平方米，绿地面积15万平方米，是天津市最早采用庭院式布局的绿化小区之一。

该小区绿化采用“分、隔、挡、通”的园林艺术手法，对行列式、军营式小区进行格局改造，在楼与楼之间建景门、卡墙形成庭院。共建景门242道，卡墙4035延米，栽植苗木13万株，铺草皮7万平方米。建设楼间明秀园、凤城公园、曲亭园、润蕾园等小游园11个，花坛737个，户养盆花8万盆。把20个街坊小区建成100个庭院式绿化小区。初步形成幢幢成院，院院有景，景景相连，整洁幽雅，景观优美的新式住宅小区。

1983年、1986年邓小平、李先念、万里等党和国家领导人先后到此视察，对咸阳北路小区住宅建设和绿化给予高度评价。其前后，还接待了国内外大量宾客，在全国产生较大的影响。1990年，小区补植乔木7700株，铺草皮1万平方米，绿篱2万平方米，还建立了葡萄园和垂直绿化带，令该小区绿化更加充实完善，是天津市20世纪80年代初最早开展居民区庭院式绿化的一个典型代表。

九、万新村绿化小区

自1986年开始建设，"八五计划"期间形成了河东区小区绿化建设的重点。经过10余年的建设，在23个小区共建绿地41万平方米。其中小公园7个，小游园35个，楼间绿地22处。整个小区突出以绿为主，小品点缀，各具特色，有自然式、规划式，有的突出植物造型。如龙园造型以龙爪槐、龙须柳等植物为主，突出小区以龙为主的景观。

十、子牙里小区绿化

子牙里小区坐落于红桥区西于庄街，1987年建成，包括子牙里、子牙东里、子牙南里、子牙西里四部分，小区绿化总面积2.43万平方米，是天津市最早采用周边组团式布局的绿化小区之一。该小区内建有7个小公园，有中心园、芳草园、春华园、鹿园、正则园、薇园和肖园。中心园小区分东西两部分，中间以大理石拱桥相接，东侧以假山为景，西侧设荷花仙子雕塑，与建筑、植物协调有致，其他小园也各有特色，艺术造型风格各异，有较高的环境效益。

2003年，红桥区实施子牙里旧楼区绿化充实改造工程，栽植一批常绿、乔灌木、果木树、藤本植物。2010年，红桥区开展城市环境综合整治，又对子牙里社区绿化进行提升改造，栽植月季、宿根花卉等品种5000株，这次改造后的子牙里小区，成为天津市一大精品社区。

十一、大港西苑小区绿化

西苑小区于1996年由大港油田集团公司投资兴建。小区绿化面积为17万平方米，占小区总面积的45.03%。其中草坪面积14.5万平方米，水面积1.5万平方米。栽植乔木、灌木、藤本52个品种27800株。种植草花15个品种15000多株。彩色喷泉1座，占地面积400平方米，花池10个，凉亭3座，石桌、石凳36套，长椅10个，小区绿化覆盖率达到48%，居住小区构成了独特的园林景观。

十二、明秀园绿化

明秀园坐落在红桥区咸阳北路凤城楼间，由红桥区园林部门1983年兴建，占地面积2057平方米，其中水面100平方米，铺草皮960平方米，小园四周以矮、高两层铁栏做围墙，植物以爬山虎、金银花等攀援其间。

进门迎面建有透窗龙墙，左面是以太湖石砌成的假山，湖水相映，有洞峰山道。园内有甬道、汉白玉拱桥、小湖、金鱼、荷花构成多处景观，并有廊亭和沿廊长椅供游人休憩。园中种植垂柳、合欢、常绿、果木树、花灌木229株，花坛中栽植月季。1986年，邓小平曾来明秀园视察。1991 年 5 月 30 日，全国政协常委王光美来咸阳北路街参观明秀园，并到居民家中访问。1995 年，明秀园被天津市园林局评为达标优秀公园。2004 年，明秀园进行绿化提升改造，改造后的明秀园突出了江南景观特色，被天津市园林局评为精品示范公园。

十三、开发区翠亨小区绿化

开发区翠亨小区始建于 1997 年，1998 年 06 月完工，地址位于开发区第三大街与巢湖路交口北侧，绿化面积为 39000 平方米。设计中考虑了休闲小憩的场所及停车区域，既美化了居民区自然环境，也为附近居民提供了休闲娱乐的空间，同时规范了周边汽车管理，大大提升了整体美观度和生活舒适度。主要栽植树种有白蜡、龙爪槐、松柏、黄杨球、香花槐、合欢树等 31 种。小区绿化率达到 30%。品种多样的植物景观与居民区完美融合，形成一处集景观、休闲及车辆管理为一体的综合绿地园区。

十三、爱家星河国际小区绿化

爱家星河国际小区，坐落于河北区金钟河大街。此项绿化工程是该新建居住小区的绿化配套工程，绿化面积约为 35000 平方米。该小区绿化主要栽植了观赏性较高的乔木、常绿乔木、灌木等植物材料，修建了花架和凉亭等园林景观小品，小区内的道路以水泥彩砖为主，并铺设卵石保健路，以供居民踩石行走健身，为小区内的居民提供了一个绿色环保、舒适宜居的生活环境。

此项绿化工程获得了 2008 年城市园林绿化优质工程三等奖。

十四、河西区通达·尚城小区绿化

通达·尚城小区坐落于河西区黑牛城道与太湖路交口，占地面积 85000 平方米，建筑面积 140000 平方米，是一个由高层和 4~6 层的低密度洋房构成的复合式花园小区，整个小区绿化率高达 35%，其园林规划设计的立体的布局与建筑之美交相辉映，演绎出时尚之城极具现代感的景观空间。通达尚城规划向外充分体现结合城市地域环境的人文地理内涵，向内以形成小区独特的温馨、简洁、明快的环境为目的，小区整体建筑围合形成主次分明的组团，引一条长 250 米的环形生态走廊将小区有机化分，形成不同的景观节点。

十五、香水园绿化

香水园位于河西区紫金山路与郁江道交口东侧，香水园绿化面积 65257 平方米，采用了多种中国园林的造园手法，将水的概念贯穿到每户居家，时时亲水，时时现水，随处更可信手激起涟漪。细水环绕，时而变成三叠飞瀑，时而细语着穿过廊桥。同时这种水的变化和处理，将有限的水脉流动起来，形成水系，无源而有终，有利于生态的保护和对水的治理，提高了水和人的亲近和安全性。在园林构造及布局上采取灵活多变的手法，再沿着每处石径曲折弯曲的道路或廊，巧妙地创造出具有不同景观的景点，或者是一栋亭、榭、或者是古木一棵，翠竹一丛，堆石一处，一路走来步移景异，观赏不同的景致，扩大了可视空间，延长了可观赏的内容。而每一处景致都提高了人的参与性，真正体现了人与自然的高度融洽。香水之约的园林造景，同样提倡一种人文的沿袭和发扬，将对意境的理解，对禅的解释，屏弃了空无的概念，将人的每一处细腻的心境都在每一处景观中得以发泄和流露，得到心灵的领悟和回归。

第三章 单位绿化

在1949年以前，天津单位绿化基本属于空白。天津解放以后，党和政府以及园林主管部门在抓城市公共场所绿化的同时，也非常重视政府机关和企事业单位的绿化，把它视作精神文明建设的一项重要内容。

特别是在20世纪80年代以后，在两个文明一起抓的方针指导下，在开展全民义务植树运动以后，许多工厂企业把绿化厂区作为实现现代化企业的标志之一，很多学校把绿化、美化校园作为培养学生精神文明的重要内容，其它各单位也都根据各自情况，大力开展本单位范围内的绿化、美化，并将此作为应尽的绿化义务部分。各级园林主管部门也更加把组织、协调和推动单位绿化，作为其主要职能和任务之一，并都专门设立相应机构和工作人员，从而涌现出一大批花园式的绿化先进单位，单位绿化已成为天津市总体绿化体系中的重要组成部分，单位绿化成为天津总体绿化的“半壁江山”。

第一节 工厂企业

一、滨海新区企业绿化

1. 天津石化公司

天津石化公司坐落在大港，由于土壤高度盐碱，植物立地条件极差。建厂初期，石化公司基本是一片盐碱荒滩。1979年，该公司绿化部门在厂区搞绿化，当年栽植树木3000余株，成活率不足1%。

从1981年开始，公司绿化部门在市园林专业部门指导下，对重盐碱条件下造林绿化进行有针对性试验，采取换土、铺设隔离层、淋水、抬高栽植地面等措施，有效地防止了地下水位高和土壤二次盐碱化等问题，为植物成活创造了立地条件，从此公司绿化建设步入了大发展阶段。

1990—1992年三年间，在完成六合里、前光里两个住宅小区绿化的基础上，建成了十余万平方米的绿化隔离带，以植物材料为屏障，把产生废弃物的厂区与生活区隔离开。1993年在植物配置上实行乔木、灌木和草坪相结合，实现了远林近景的效果。1994年公司化工厂开始在绿地上设饮水池，在树上搭鸟窝，以吸引鸟类，发展生态园林取得了一定效果。

该公司确定了以道路绿化为骨架，厂区绿化、生活区绿化为基础，小游园，街景绿地为景点，防护林为屏障的点线面相结合，形式多样的多功能绿化体系。全公司已绿化面积127.5万平方米，其中草坪面积16万平方米，花卉面积4.3万平方米，栽植各种植物材料878725株，其中乔木105782株，灌木144481株，常绿树59978株，藤本植物28221株，果树479株，绿篱84968延米，月季140911株，绿化覆盖率32%，人均绿地面积达40平方米。1994年公司荣获“天津市绿化百佳单位”。1996年公司获得“全国绿化先进单位”和“全国部门造林绿化400佳单位”两项国家级荣誉称号。公司下属二级单位中，有两个单位先后荣获“全国部门造林绿化400佳单位”，有两个单位先后被评为“天津市绿化百佳单位”，有六个单位先后被评为“天津市花园式工厂”。

2. 天津石化公司化工厂

天津石化公司的工厂占地面积45.5万平方米。根据生产和三废排放要求，以提高环境质量为目的，在厂区绿化上，侧重选择抗污染净化能力强的植物材料，科学规划，合理布局，因地制宜，因害设防。在规划布局上，力求生态上的合理性，布置上的艺术性，品种上的多样性，注意协调统一和有机结合。该厂已累计建绿地12万平方米，铺草皮7万平方米，栽有树木1.6万株，初步形成了多树种、多层次、高质量、对恶劣环境适应性强和自我修复力强的企业生态体系。该厂绿化覆盖率达到45%，职工人均绿地74平方米，多次被评为花园式单位和绿化先进单位。1993年，被评为全国绿化先进单位。

3. 天津石化公司供排水厂

天津石化公司供排水厂占地面积98687平方米，可绿化面积为59212平方米。该厂把绿化建设和提高环境质量作为提高供水质量的重要举措，厂里专门设有绿化办公室，专门负责全厂绿化建设和管理工作。全厂绿化总面积达到57000平方米，占厂区面积的58%，有各种树木11903株、绿篱2484延米、盆景900余盆。建成小花园5处、盆景园1处、假山4座、亭子2个、大小花坛46个，果园2处，花窖2栋。该厂可绿化面积基本实行绿化，多次被评为天津市市级绿化先进单位。

4. 天津钢管公司

天津钢管公司坐落在天津市东丽区，是全国特大型企业之一。公司规划面积245万平方米。从1991年起，公司坚持基建与绿化同时进行，将厂区绿化交由市园林专业单位负责规划、设计、施工，首先以一次性投资2130万元的“大手笔”，大搞厂区绿化建设。而后不断进行新的投入，完善和提高绿化水平。建成区拥有各种植物材料13个系列、180多个品种，共25万余株。绿地总面积已达60.7万平方米，人均绿地面积达到9.3平方米，绿化覆盖率为31%。形成了三季有花，四季常青，小品点缀，绿树成荫，空气清新，环境优美的景观。从1995年厂区绿化转入养护管理充实提高后，公司成立了绿化委员会，制定了《绿化管理条例》《养护标准》以及保护绿化设施的有关规定。建立了各级绿化责任制，成立了机械队、锄草队、修剪队和打药队。购置了各种绿化养护机械20多台，草坪修剪率达百分之百。该公司曾先后被天津市政府评为绿化百佳单位，被冶金部评为造林绿化先进单位。

5. 中国海洋石油总公司渤海石油公司

中国海洋石油总公司渤海石油公司坐落在塘沽新港，1983年以前，该公司曾试图在盐碱地上搞绿化，由于对土壤情况，特性不了解，常常成活率很低，年年植树不见树。1984年以后，注意选择适宜于滨海土壤、气候、水质等条件的树种，如绒毛白蜡、榆树、刺槐、臭蠢、沙枣等，并进行改土治碱，从地面上挖深70厘米，底部铺20厘米喳石，喳石层中安放滤水管，上面再铺5~10厘米厚粗沙或炉灰，然后再填80~90厘米好土（抬高地面40~50厘米）。经过改良后的土壤结构，有防碱、隔碱、洗碱和防涝、排水作用，使植树成活率达到90%以上。

全公司绿化面积50.4万平方米，占可绿化面积的11.2%。成活树木6.42万株，草坪8500平方米，绿篱11.28万株，育苗1.6公顷，修建花窖9座，假山，喷水池6个，1986年被评为全国绿化先进单位。

二、其他工厂企业绿化

1. 奥的斯电梯（中国）有限公司

奥的斯电梯（中国）有限公司是中美合资企业，是美国例会技术公司旗下奥的斯电梯公司在中国的总部办事机构所在地。位于河西区解放南路443号。东起太湖路，南邻澧水道，西至解放南路，北接公交二公司。奥的斯中国总部始建于1984年，占地面积约2.2万平方米。过去仅有20多株乔木和一个很原始的花窖，没有灌木和绿地。1988年，该公司建起5000平米办公楼，同时配套新建了100平米的绿地和两座花坛。1996年，修建奥的斯（中国）培训中心，周边又建起花坛和栽植藤萝植物。2003年，解放南路拆墙透绿，公司投资60余万元，修建北侧花园，包括绿地3200平方米，帐模亭3个，石桌凳3套，背景音响1套，竹林1处，藤廊2处。2004年，在河西区绿化工程队的帮助下，迁移3株树径50厘米的法桐，至今仍枝繁叶茂。截至2010年底，公司拥有绿化面积7000平方米，大树径乔木28株，灌木1100株，绿化覆盖面积达35%，人均绿地21.2平方米。连续多年被评为市、区级绿化先进单位和“花园式单位”。

2. 天津市电缆总厂

天津市电缆总厂位于黄河道西端，占地面积29.38万平方米，是一座拥有2400多名职工的企业，全厂占地面积18.29公顷，可绿化面积5.38公顷。过去该厂不重视文明生产，场内废料乱堆乱放，车辆进出尘土飞扬。为改变厂区面貌，从1980年开始，该厂大面积植树绿化，先后植树5.04万株，建大小花坛100多个，改建2000平方米花园，开辟1000平方米苗圃和200平方米花窖。厂区绿化面积4.46万平方米，绿化覆盖率高达83.2%。1986年，该厂被评为全国绿化先进单位。2006年，该厂迁离南开区。该厂通过绿化、美化，为职工生产，创造了一个美好的环境，标志着工厂文明生产的提高，进而促进了生产的声誉，经济效益也随之而来。1981—1985年该厂生产速度以7.8%逐年递增，1986年上半年利润比1985年同期增长12.4%。

3. 天津日电电子通信工业有限公司

该单位位于南开区红旗路。占地面积2.45万平方米。1992年建厂时一次性投资24万元完成绿化配套，绿化面积占单位总面积的41.28%。除庭院、通路全部绿化覆盖外，西门迎门建有藤架，架上有绿藤紫花；球场南面有花坛、藤架、石桌、曲径、山石绿地、各色乔木、灌木组成小游园，公司四周院墙成为绿色屏翠。绿墙及厂房周边皆为绿带，黄杨为界，绿地花木错落有致，厂房内多处点缀着盆花。到2010年，该公司绿地面积1.19万平方米，共有植物28万余株。

4. 天津东方红化工厂

天津东方红化工厂曾是一座酸、碱作业多，设备跑、冒、滴、漏、腐蚀、污染土壤严重，绿化难度比较大的企业。但是该厂根据本厂的具体情况，从治本入手，先改造场内陈旧落后设备和生产工艺，消除污染源，然后在场内6420平方米可供绿化的面积中，已绿化6093平方米，栽种乔木5个品种，482株；灌木8个品种，166株；攀缘植物93株，还修建了花园小景和百米长廊，使该厂成为天津市环境优美工厂之一，被化工部评为清洁文明工厂，中央绿化委员会对该厂绿化也给予较高评价。

5. 天津煤建一厂

天津煤建一厂坐落在河东区大桥道，曾是一座环境污染严重、劳动强度大、作业条件差的企业。该厂从1984年开始，在改造企业过程中，把厂区绿化、美化列入议程，集中人、财、物力改造厂区环境，修建长廊、假山、养鱼池、湖中亭及2座喷泉，铺草坪2000平方米，种树3500余株，建花坛小品12处，花房2所，培育鲜花1500余盆，将一个原有又脏又黑的制煤球的工厂，建成有山、有水、有花、有草的花园式企业。

第二节 场馆绿化

一、周邓纪念馆

周邓纪念馆坐落于天津市南开区水上公园北路，占地面积约7万平方米。

1998年，在纪念馆建筑主体工程完成后，由市园林局园林设计院对周邓纪念馆整体绿化进行精心设计，市园林局刘园苗圃等单位实施绿化工程。总绿化面积3.6万平方米。其中，大面积地毯式草坪33000平方米，

根据周邓纪念馆建设整体规划和工程安排，该馆绿化工程需在1997年末和1998年初基本完成，而此时正是天津市各类植物栽植的背季。为确保绿化任务按时完成和周邓纪念馆按原计划全

部建成开放，刘园苗圃实施了一系列反季节栽植法，把本应1998年3月出圃的花木，提前于1997年3月刨出，带土装筐假植，并于当年年末进行整体移栽到该馆。当年的9月初，正是铺栽草坪的好时节，而此时该馆建设整体尚不具备铺栽草坪的施工条件。刘园苗圃于当年的9月底和10月初分3次共铺栽33000平方米草坪后，采用扣棚和地膜覆盖等科学新方法，提高局部温湿度，人为营造“小气候”，并经约5个月的精心养护，取得了在天津市2月末就碧草如茵的良好效果。

该馆内绿地栽植刺柏、合欢、栾树、车梁木、法桐、万年松、雪松、白皮松、黑松等树种，共287株；另栽有黄杨球12个、品种月季700株、荷兰菊1100平方米。一些国际友人和群众还捐种周恩来、邓颖超生前最喜欢的花木，其中海棠230株、樱花20株，该馆花木总数达到7000多株，总绿化面积3.6万平方米，绿化率达到50%以上。绿地内还建有“不染亭”，寓意周恩来、邓颖超两位伟人一生克己奉公、一尘不染的光辉历程和高尚人格。

2006年，在周邓纪念馆东部，完全仿照中南海西花厅建筑和植物的布局和细节，再建了一座“西花厅”。这项工程的最大难题之一，就是在“西花厅”外庭院中心，移植一株天津市少有的高大构树。刘园苗圃内恰有一株生长了50多年的构树，此树高约15米、胸径120厘米、树冠覆盖面积近100平方米，他们决定把此树移植到周邓纪念馆“西花厅”。2007年11月10日深夜，刘园苗圃把刨除的这株特大构树由多部大型吊车和运输车运抵新址并栽植。后经他们两年的精心养护，此树已经存活，成为周邓纪念馆最高大的树木。

二、平津战役纪念馆

获得1998年度天津市优秀勘察设计二等奖的平津战役纪念馆绿化工程，位于天津市红桥区西侧，占地面积5公顷，其中绿地面积1.5公顷，1996年至1997年建设。

该纪念馆绿化工程分布在纪念馆的前区和后区，前区主要突出雕塑广场和胜利花园的设计与布置，后区主要以绿地和植物层次的变化来衬托纪念馆。

平津战役纪念馆绿化设计注重同建筑景观艺术相呼应，注重当年的解放战争史同现代人群内心世界的联系，使馆内的内容与题材在园林设计中加以延伸，并且以造景的手法展现出来，以达到绿化工程同整个纪念馆相得益彰的效果。

该纪念馆园林设计风格以体现文化基质、新的景观建构思想以及人与环境景观的融合为主题，运用空间的组合划分与渗透，以多维艺术结合的造园手法，达到丰富文化意蕴、增加情趣的目的。在意境的处理上，让参观者在观赏景观时，体会景观中的文化意蕴及其内涵。达到真正让观赏者把馆内馆外的思想加以融合，形成内心世界的强烈共鸣，把人们的精神境界升华到时代与历史的交汇之中。

在平津战役纪念馆旁边的纪念馆西路绿化，也于1997年完成，并于1998年荣获天津市街景绿化一等奖。

2001年，红桥区继续实施平津战役纪念馆周边等景观道路绿化建设，新建绿地2万平方米，栽植乔木、花灌木5000株。2006年，社会各界人士在平津战役纪念馆西路等处栽植雪松、香花槐、“政协委员林”“玉兰林”“青年成长林”等纪念树3000株。2008年，又在平津道栽植大叶黄杨700株，金叶女贞800株。在平津战役纪念馆北侧，2004年6月还建成并对游人开放了一座红桥公园。该园绿地面积4万平方米。公园分为文化娱乐区、玉湖景区、儿童活动区、安静休闲区4个功能区。设置有供游人休闲的迎宾广场、健身广场、日新广场、儿童游乐广场等多种形式的休憩场所。园内栽植树木1322株。其中乔木126株，常绿123株，各类花灌木893株。采用群植、丛植的方式，结合园林小品作垂直绿化，达到“春有花、夏有荫、秋有景、冬有绿”的景观效果。主要出入口安装了造型华丽的大型景观灯，在主干道两侧设置有高杆庭院灯，在次路和小径两侧置有草坪灯，在绿地中设置照树灯，在广场设置有地灯，为整个公园营造出一个绚丽的夜景灯光效果，为游人营造出一个舒适、和谐、华丽的环境。该园荣获2004年天津市城市绿化公园建设优良工程二等奖，不仅成为一座集休闲、健身、娱乐、观赏为一体的综合性开敞式公园，也成为平津战役纪念馆外围绿化的组成部分。

三、奥林匹克中心体育场

奥林匹克中心体育场位于南开区宾水西道，占地面积5万多平方米。该中心体育场绿化工程于2007年2月开工，当年6月底竣工。

该工程设计和建设思路体现“绿色奥运”“科技奥运”“人文奥运”的主题，遵循简洁、明快、统一、大方原则，力图展现场馆之间整体效果，体现植物多品种、多色调、高低错落、组团式、成块、成排的绿化风貌。该工程主要包括完成奥运主场馆周边新建，椭圆型人工湖泊和110个白色花池，完成全民建身走廊2200平方米绿化，主场馆外侧凌宾路5280平方米道路绿化，中心停车场10346平方米绿化，足球练习场4531平方米绿化，西坡道南侧休闲区1200平方米绿化，北侧休闲区668平方米绿化，以及体育馆规划路500延米纵向绿化。

此外，在奥运场馆外围内环路新建756平方米绿化带、外环路5260平方米绿化带。2008年，为迎接北京奥运会，还进行了场馆周边绿化景观工程。该工程于2008年3月开工，当年8月1日竣工。占地总面积23.78万平方米，其中绿化总面积16.81万平方米。

四、迎宾馆

天津市迎宾馆坐落于市区西南黄金地段，东邻友谊路，北靠马场道，始建于1960年，1961年投入使用，占地面积达1132.43亩，其中湖水面积373亩，当时名称为“天津市第一招待所”。1980年3月归属天津市旅游局管理，名称改为“天津市迎宾馆”。1985年7月，又划归天津市机关行政管理局管理，名称为“天津市第一招待所”，又称“天津市迎宾馆”。2000年10月，经市委、市政府同意，该馆党务和行政工作由天津市机关事务管理局代管，名称统一为“天津市迎宾馆”。

该馆自建立启用之初，其庭院内就栽有大量树木，是天津市绿化面貌最好的宾馆、招待所之一。2000年，该馆庭院内的园林绿化进行了提升改造，对湖的河坡进行修护，栽植草坪总面积达352853平方米，辟建绿地面积35195平方米，绿化覆盖率达到百分之五十以上。

第三节　校园绿化

一、海河教育园区

天津海河教育园区位于天津市中心城区和滨海新区之间的海河中游南岸，北至天津大道，南至津港公路、津晋高速，西至蓟汕高速联络线，东至咸水沽西外环，规划总占地37平方公里，规划办学规模20万人，居住人口10万人，年社会培训30万人次。

该园区定位为我国职业教育改革创新示范园区、天津市高端科技研发创新示范区、海河南岸生态宜居示范社区。规划建设海河教育园区，是天津市委、市政府作出的一项重要决策，是实施科教兴市和人才强市战略的重大举措，是整合优质职业教育资源、形成教育高水平聚集发展的高地，是落实"一轴两带、南北生态，双城双港、相向拓展"城市空间发展战略的一个支撑点。

根据该园区总体规划，其整体形成"一廊两翼"的规划布局。"一廊"是指中央生态绿廊，"两翼"是指绿廊两侧摆放院校、住宅及配套设施。规划建设整体考虑建筑、绿化、景观、水系相融合，建筑群体的体量、尺度、色彩等因素与地域环境（如河湖水系、树阵、绿化、景观）的关系，体现"环境友善"的原则。园区市政道路两侧设置5~20米不等的绿化带，选择吸尘、滞尘和降噪的树种，实行乔木、灌木、花卉、草坪相结合，形成立体绿化网络。

园区一期工程占地面积约10平方公里，总建筑面积133万平方米，其中职业院校占地约7平方公里，总建筑建筑面积108万平方米，另外建成园区管理中心、职业教育国际交流中心、公共实训中心、公共图书馆等公共设施建筑面积25万平方米，建成绿化面积约530万平方米。

工程于2009年6月份开工，2010年底基本建成，2011年4月投入使用，其中景观工程约550万平方米（包括绿化种植及甬路亭台等工程），种植乔木约42万株。植物种类兼顾景观效果与耐候、耐盐碱性、防风、防沙等的要求，包括法桐、国槐、香花槐、刺槐、蝴蝶槐、金枝槐、泡桐、合欢、毛白杨、白蜡、园蜡、丝棉木、构树、千头椿、臭椿、香椿、红叶椿、花椒、旱柳、绦柳、垂柳、馒头柳、银杏、朝鲜槐、桑树、龙爪桑、栾树、北京栾、金叶榆、金叶槐、金叶白蜡、矮本金叶槐、高杆女贞、矮本金叶榆、品种月季、君迁子、山桃树、寿星桃、梨树、核桃树、柿子树、枣树、西府海棠、红宝石海棠、独本木槿、丛生木槿、金叶接骨木、连翘、玉簪、蔷薇、四季玫瑰、黄刺玫、丛生石榴、山楂树、珍珠梅、樱花、沙地柏、丁香、银白杨、毛泡桐、金枝槐、龙爪槐、龙须柳、火炬、杜仲、垂枝榆、矮本金枝槐、李子树、石榴、樱桃、碧桃、梨花海棠、紫荆、黄栌、红栌、紫叶李、紫叶矮樱、独本紫薇、美人梅、独本丁香、紫丁香、榆叶梅、金银木、钻石海棠、招手桃、马蔺、委陵菜、五叶地锦、金鸡菊、千屈菜、月季、早园竹、黄菖蒲、密枝红叶李、苜蓿、麦冬、苜蓿、荷花、二月兰、紫穗槐、芦苇、香蒲、黑心菊、大花秋葵、假龙头、苜蓿、金鸡菊组合、狼尾草、蔷薇、波斯菊、百日草、四季玫瑰、金娃娃萱草、蛇鞭菊、荷兰菊、蛇莓、玉簪、射干、麦冬、睡莲、黄菖蒲、香蒲、花葱、紫藤、凌霄、紫菀、桔梗等总计约127种植物，植物品种之丰富，堪称一座植物园。

园区河道、景观河湖水系护岸采用“多自然工法”的河岸处理技术，为更多的水生物提供了栖息、生存、繁殖的空间。在局部河岸及水系连接处设置多处亲水平台、台阶以及古香古色的景观桥，方便游人近距离欣赏河湖景色与河流水系互动，亲近自然。并且在景观河湖水系大部分区域设置宽度不一的岸线缓冲带，栽植水生植物净化水质、降低水体富营养化、增强水系的自净能力，栽植的浅水植物如荷花、睡莲、香蒲等植物；缓坡处栽植垂柳、鸢尾、千曲菜等植物；同时自然生长出大量芦苇；为各类水生植物生长提供条件，形成各种鸟类、两栖类野生动物等的栖息、繁育空间，同时为各种鱼类等提供食物，形成人与自然和谐共生的自然生态景观效果。

二、天津大学

天津大学的前身北洋大学堂，创建于1895年10月，是中国近代教育史上享誉海内外的第一所大学。1913年改称国立北洋大学，初址在天津北运河畔西沽武库。抗日战争期间，学校曾西迁西安、汉中，1946年复迁回津。1951年迁址到南开区六里台，更名天津大学。

天津大学卫津路校区位于天津市南开区卫津路92号，占地面积146.57万平方米，绿化总面积52.98万平方米，绿化覆盖率47.7%。其中绿地面积47.11万平方米，有树木39787株，其中有各类乔木1.8万株，灌木2万株、常绿树120株、爬藤1500株，绿篱7000平方米、地被植物142平方米、月季5万株、草坪256749平方米，各种绿化景点25处。

该校景色优美，被誉为花园式高等学府，尤以海棠最盛，栽有各色品种海棠上千株，每年

北洋大学

4月中旬海棠花季成为该校“海棠花节”，不仅为校园增色，还吸引大量市民前来参观。后来又引种大量樱花，与海棠花交相辉映，令该校绿化景观特别是春季景色更加绚丽。

校园中心区有“敬业湖”“青年湖”“爱晚湖”等开阔水面，北洋广场大气厚重，中央的纪念厅铭记百年学府的历史；大型喷泉和水体分布在广场草坪中，广场一边为雪松树阵、一边为毛白杨树林，绿意盎然，凸显广场的简洁开阔，蕴涵百年学府的丰厚底蕴。该校多次被评为天津市绿化先进单位。1993年，被全国绿化委员会评为“全国绿化300佳”先进单位。

2010年时的天津大学9号楼

左为1958年8月13日毛泽东主席视察天津大学。右为天津大学海棠花节

三、南开大学

南开大学是教育部直属重点综合性大学，是周恩来总理的母校。由著名教育家严修、张伯苓秉承教育救国理念创办，肇始于1904年，成立于1919年，1923年8月迁入八里台现校址。1937年校园遭侵华日军炸毁，翌年与北京大学、清华大学合组西南联合大学，南迁云南。1946年回津复校，改为国立。

南大校园毗邻清末民初津门八景之一“南淀风荷”。彼时，每逢夏日，到八里台赏荷、荡舟、游泳者众多。建校之初的马蹄湖保留至今，岸边植芦苇、黄菖蒲等水生植物，水中植荷花、睡莲，昔日风荷景色犹存。校园楼宇之间和绿地，以树多称道，数百顷校园掩映在绿树之中。树林下布置有校钟等园林雕塑。学校主楼前数株桧柏大树对称而植，主楼前大草坪碧绿如茵，中间耸立着周恩来总理塑像，四角是小叶黄杨树篱。校园南部大片梨树群落，花开花落时节，景致格外诱人。

南开大学位于八里台立交桥西北隅，占地面积144.3万平方米，绿化总面积36.44万平方米，绿化面积完成率为95.2%，截至2010年，该校绿化面积66.4万平方米，绿化覆盖率达到46%；各种景区、点17处，栽植各类乔木1.59万株，珍稀树木4种11株，灌木7922株、常绿7433株、绿篱5573米、爬藤7065株、月季8140株，年产草花1.5万株，铺设草坪面积为11.07万平方米。1993年，被国家绿化委员会授予“全国部门绿化300佳单位”称号。2006年获得天津市“绿化先进单位”荣誉称号。

四、天津师范大学

天津师范大学是市属重点高等院校之一。始建于1958年8月1日，原名天津师范学院，1982年更名为天津师范大学。1976年地震后，校园内到处建起临建棚，原有绿地被破坏。1982年，重新开始实施校园绿化，种植各类乔木1500株，花灌木2600株，藤本植物1500余株，植草皮1000多平方米，建花园3处，花坛24处，育苗地500平方米。校园内有假山、水池，有凉亭、游廊，树木森郁，花草繁茂，是天津市花园式院校之一。

1999年4月8日，经市政府决定，教育部同意，新师范大学正式成立。在原师范大学、师范高等专科学校、天津教育学院的基础上组建而成。新师范大学迁至西青区宾水西道393号。原校址进行了综合开发。

五、天津财经大学

天津财经大学位于天津市河西区小海地地区珠江道25号，东起艺林路，南邻泗水道，西至学苑路，北接珠江道，是天津市属重点大学和中国北方培养高级经济管理人才的重要基地，是一所以应用经济和工商管理学科为主干，兼有文学、法学、理学、工学、教育七大学科门类交叉渗透、协调发展的多科性大学。

该大学始建于1958年，是以南开大学经济类专业为基础，并从华北、东北地区高校汇聚一批经济学领域实力较强的教师组建起来的。原名为河北财经学院，1969年10月1日划归天津市领导，更名为天津财经学院。2004年5月17日，经教育部批准，更名为天津财经大学。

该大学校园占地1500亩，建筑面积45.58万平方米，绿化面积40万平方米，绿化覆盖率约为40%。

天津财经大学建校时，周边为长青公社的稻田和双林农场，校园内杂草丛生，仅在学校主干道两旁种植了少量树木。进入1980年后，该大学认真落实《天津市高校校园绿化管理条例》，积极开展校园绿化。2009年，学校根据市教委关于“努力建设生态型、节约型和环境友好型校园，使校园环境与天津市城市大环境总体配套，提升市属高校校园环境，创建和谐校园”的总体要求，编制了《校园环境提升工程实施方案》，即以“一脉、双核、三轴、五点”为环境提升的总体架构，‘财’”为连续多年进行校园环境提升改造，先后新建、改造绿地11万平方米，种植乔木6371株，灌木29484株，草坪15389平方米。

在校园周边栽植成片乔木林，形成院区防风林，新增微地形及疏林草地式的种植手法，体现了校园活力及丰富的林下空间，基本实现三季有花，四季常绿和黄土不见天。

校区大门左侧新建了起伏式绿化景观节点，以“大象无形”经典巨石点缀其间，配以10年树龄且长势茂盛的参天白杨，成片的香花槐、国槐、银杏、碧桃，形成疏林草地，碧波荡漾的湖水风光，体现出优美大气的生态校园景观。

在校园中心辟有2万多平米湖面，湖的东西两侧行道树为美国秋红枫、白蜡、国槐，周边湖坡栽植爬地柏、石榴等。

在主教学区楼群周边种植白蜡、国槐、梧桐作为行道树，另有江南槐、香花槐等树种置于楼间和道边。教学图书馆南侧三角地种植了红果、柿子、红叶椿等特色观赏、观果树种。

在大学生公寓楼宇间，以海棠、秋桐、国槐等乔木与草坪、花灌木组成庭院式花园绿地，以毛白杨、青桐、国槐为行道树，为大学生打造了温馨舒适的生活氛围。

全长500米的公寓至教学区的林荫大道，是连接新老校区的景观大道，东部接新校区中心湖区，西部为老校区。行道树以老校区数十年的参天毛白杨为基本树种，东部补种毛白杨以延续其风格。大道北侧改造提升为起伏绿化景观带，与原有树种梧桐、白蜡、雪松及各类果树结合。大道两侧以起伏形式种植彩色叶、红花灌木、黄花灌木及优质草皮。

提升后的老校区，东侧的绿地上立有景石，植有苹果树、核桃树、柿子树、红果树等，其间甬道起伏蜿蜒。

该大学从1983至2010年底，连续被评为市级绿化先进单位、花园式单位，1996年被评为全国“百家绿化先进单位”。他们还积极参加社会上各种花卉评展活动，在天津市首届月季花评展中，囊括一、二、三名奖项。在天津市月季花节和第43届世乒赛等重大活动中，多次被评为优秀景点。

六、天津商学院

天津商学院坐落在北辰区。多年来，该学院始终把净化环境、绿化和美化校园、创造良好的育人环境作为学院建设的大事来抓。经过广大师生员工的共同努力，学院已实现了三季有花、四季常青的设想，并在大面积绿化的基础上，修建了园林风景小区和“桃李园”“秋实园”“青年园”等18个小区景点，为师生提供了良好的学习、生活环境。

该学院拥有绿地面积65400平方米，种植乔灌木9062株，绿篱3111延米，月季4700株，其他花草3560株，绿化覆盖率已达到41.1%。1992—1996年连续被评为天津市绿化先进单位，还先后被评为天津市绿化“百佳”单位和全国绿化“百佳”单位。

七、其他校园绿化

1. 四十三中学

四十三中学位于南开区三潭路165号，占地面积8万平方米。该校绿化工程2002年5月15日开工，9月30日竣工。其建设范围东至馨名园小区及白堤路，南接航海路，西靠科技东路，绿化17个地块，面积21745.8平方米，造价340.24万元。

校园内设立多处花坛和绿地，有西府海棠190株、常绿苗木40株、常绿组球造型62个，铺设草坪绿苗木40株、铺设草坪159万平方米，并栽植高大落叶乔木雪松、龙爪槐、毛白杨，建设完成月季花坛、草花花坛，假山池4625.6平方米，充分突出了人文景观、现代气息和文化品位。

2. 河北工业大学

坐落在北运河畔，占地面积648万平方米，绿化面积5.58万平方米。

丁字沽校区分院部、东院、南院三部分。园内绿地面积2.1万平方米，栽植乔木2400株、花灌木2100株，绿篱3.2万延米，藤本100株。有花窖240平方米，暖房160平方米，冷窖80平方米。有盆花3000盆，立体花坛10个，花池100个。

学校在东院中心花园栽植乔木2000株，花灌木1000株，绿篱5100延米，草坪0.5万平方米，竹林200平方米，爬藤324平方米，建花坛1035平方米，学校绿化面积达13万平方米。

学校院部大门两侧透视围墙上爬满绿茵茵的爬藤，高大毛白杨形成绿色屏障，中心花园内，最高层是雪松、合欢、柿子树、白蜡、泡桐、榕树、栾树、山楂、石榴等高大树木；中间是榆叶梅、珍珠梅、迎春、月季等观叶、观花灌木；最底层是苑如绿色地毯的草皮。弯弯曲曲的花廊，曲曲折折石凳、石桌点缀期间，成为师生休憩、学习理想场所。

东院花园绿化面积1万平方米，总体造型呈“蝴蝶状”，栽植雪松、侩柏、黄杨、悬铃木、合欢、白玉兰、龙爪槐等。中心部分是月季、美人蕉，金叶女贞、剑麻、石榴、碧桃。学校院部和学术交流中心有喷泉、假山，中心实验楼前茂密竹林，在绿油油草皮衬托下，更显优美、靓丽。

1986—1990年，学校连续5年被评为天津市绿化先进单位。1999年学校荣获全国部门造林绿化“400佳”单位荣誉称号。

3. 第十九中学

第十九中学坐落在和平区河北路、鞍山道、万全道和蒙古路之间的市中心繁华地区，因受地理条件限制，可供绿化的空地很少。但是这所学校千方百计把学校建成从地上到空间房顶，到处有花、有草，成为被绿荫覆盖的花园式学校。该校在操场四周栽种乔木、绒毛白蜡和毛白杨；在教室墙壁进行垂直绿化，种植爬山虎、金银花等藤本植物。又充分利用校园的边角地隙地种植灌木和花草，并修建一座近600平方米的小花园，内建两个喷水池种植荷花；还建成500平方米的屋顶花园。

第四节　医院绿化

一、河西医院

河西医院是一所综合性二级乙等医院。

位于天津市河西医院坐落在河西区琼州道与解放南路交口处，占地1.9万平方米，建筑面积2.1万平方米。该医院于1984年开始实施全院绿化，仅用5个月时间将全院披上了绿装，此后又不断完善，全院绿化覆盖面积达43.7%。特别该医院是在门诊楼三楼的顶部，通过实施设立防水层等一系列特殊手段，建起了匠心独具的屋顶花园，不仅通过花草树木的遮盖，调节了楼内的温湿度，还为医患人员提供了休憩的新空间。这种独特的绿化方式，走在全国前列。

整个医院三季有花，四季常绿，在天津市单位绿化特别是医院绿化中，该医院的整体绿化水平首屈一指，被评为全国绿化先进单位。

二、天津市传染病医院

天津传染病院是国内最大的传染病院之一，它位于天津市南开区苏堤路75号，临红旗路东侧，是天津市卫生局直属的三级甲等医院，其总体水平和绿化居全国传染医院先进行列。

该院占地面积5.95万平方米。医院四周是以乔木为主的三条绿化带，院内茂盛的植物，不仅起到绿化、美化作用，还给传染病防治创造了有利条件。到2010年，该院绿化面积约2.5万平方米，绿化覆盖率达40%以上。其中乔木2800株，常绿树木585株，花灌木4000株，绿篱1.2万米，草坪3000平方米，爬藤植物1万株，多次被评为市和南开区区绿化先进单位。

三、天津市民族医院

坐落在红桥区邵公庄后大道，占地面积3.42万平方米，绿化面积2.04万平方米。

院内修建假山两座，喷泉3处，凉亭4个以及景门、卡墙、花架长廊，设置石桌、石凳。

栽植松柏、米兰、铁树、含笑、白玉兰等树木，摆放着大型花卉盆景。园内绿树成荫，芳草遍地，为到院就诊和疗养患者提供整洁清新环境。天津市民族医院1986年被评为全国绿化先进单位。因快速路建设需要，天津市民族医院于2009年拆迁。

四、天津市精神病医院

天津市精神病医院从1978年以后自己动手，按照先绿化、后美化再香化的精神，经过多年的努力，已绿化面积1.3公顷，占全院土地面积的20%，种植各种树木2000余株，铺草坪4000平方米，建成两座小花园，设置园林小品3处。此外，医院内还建花窖115平方米，育苗450平方米，院内有喷泉、假山、盆景等。

第五节 部队绿化

一、中国人民解放军运输工程学院

坐落在河东区东局子，原系一片坑塘沼泽地，地势低，水位高，碱性大，土质差，不易进行绿化。但是这所学校根据这个地区的特定环境，从1982—1986年选种耐寒、抗碱、适水和不怕风的乡土树种，如榆树、国槐、北方桧柏等取得比较明显的效果。共植各种乔木15320株、常绿树和果树1141株、花灌木2391株、铺草坪14720平方米。此外，还建花坛61个、花园式小庭院1600平方米、培育多种盆花4000余盆、学校绿化覆盖率为44.2%，1986年被评为天津市花园式单位。

二、中国人民解放军254医院

中国人民解放军254医院坐落在河北区黄纬路，其前身为曹家花园，沦陷期间被日军辟为军医院。该院虽然有一定绿化基础，但经长期的人为破坏，已不成样子。20世纪80年代以后，经过院方下大力量整顿，恢复重建，共植树2万余株。植果树1200株、绿篱3500延米、铺草坪4350平方米、并建花坛56个，共7900平方米，还修复了曹家花园。全院绿化总面积近8公顷，占可供绿化面积的98%，实现了医院楼前花坛化，医院楼间花园化，道路两旁绿篱化，基本上达到三季有花，四季常绿，为病休人员创造一个优美、舒适环境。

三、天津警备区第二干休所（水上公寓）

天津警备区第二干休所（水上公寓），是部队在津精品绿化小区之一，绿化面积6200平方米。

该绿化工程在设计布局上采用了庭院式的布局，设计入口主广场及南端中心游园。进入小区迎面主广场以水幕瀑布为背景，与造型假山石相结合，达到“军民鱼水情”的主题立意，设置组合坐凳、布置木制花架、花坛、色带及草坪，丰富了广场内涵，同时配置阔叶乔、灌木及色带造型，以自然式平面分割方式的平面构成使整个庭院达到一种和谐自然的庭院景观效果。水上公寓的绿化工程，被人民日报、天津日报、今晚报、解放军报、中央电视台、天津广播电台等媒体广泛报道。受到全军300多个干休所广泛关注，在全市乃至全国引起反响。

第四章　河道沿岸绿化

第一节　津　河

一、津河的沿革

津河，以前的名称是“墙子河”，清咸丰十年（1860年）正月，清政府统兵大臣僧格林沁为增强天津的防御能力，在原天津老城西部和南部挖壕筑墙并筑起长36里的护城壕墙，形成防御工事并建有11座营门与外界沟通。城墙在当时称为称“墙子”，而壕沟称为“墙子河”。历史上，墙子河全长18公里，宽8米，水深1.2米，北起今红桥区小西关通南运河，向东南在今天长江道附近和红旗河交汇，再向东在海光寺附近和卫津河交汇，然后向东沿今天的南京路至今天的解放南路海河中学附近流入海河。

由于沿途天津各租界不断向河内排入污水，墙子河水质逐渐变差。1925年，天津英租界工部局曾提出引南运河水对墙子河进行冲洗的方案。1936年，天津农会也提出同样设想，但均未实行。1946年，曾以工代赈等方式对墙子河进行疏浚，但收效不大。在1949年后，市人民政府曾多次对墙子河进行清淤整治，20世纪50年代中期，墙子河中曾设有游船供游客游览。后来，随着天津市区的不断扩展，20世纪70年代，在墙子河沿线修建天津地铁，因此，墙子河位于今南京路的海光寺至大营门段被填平，剩余的部分陆续改建为暗渠，三元村至红旗河段，被称为“西墙子河”。此后，墙子河在海光寺以西的长江道部分也陆续被填平，墙子河的总体面貌欠佳。

2000年，市人民政府开始了墙子河大规模的改造工程，总体工程当年3月10日开工，当年年内竣工。而后，“墙子河”的名称就被“津河”取代。作为墙子河大规模的改造的重要组成部分，津河绿化主要集中在河西和南开两个区。

二、津河（河西段）绿化

津河（河西段）东起福建路，西至贵州路，全长4.03公里，绿化工程于2000年5月1日开工，同年10月底竣工，工程面积14万平方米，其中12万平方米为新建绿化工程。设计单位为天津市园林设计院，施工单位为河西区园林局，该局所属的天津格瑞园林发展有限公司总承包。

2008 年，天津市全面启动对二级河道的绿化提升改造工程，津河也得以再次进行绿化的改造和提升。设计、施工单位是天津市格瑞园林发展有限公司，工程于当年 7 月 28 日开工，当年 8 月 6 日竣工。

津河（河西区段）全线两岸，建成了解放路绿化广场等 8 个景区，全线绿带突出“人与自然、人与社会、人与未来”的“以人为本”理念。以花带、喷泉和主体雕塑烘托主题，成为本市具有代表性的园林景点。

截至 2010 年底，津河（河西区段）两岸，绿化总覆盖面积 65812 平方米，其中草坪 51996 平方米；地被及宿根花卉有鸢尾、萱草 2 个品种 3326 平米；绿篱有金叶女贞蓠、紫叶小檗蓠、大叶黄杨蓠 3 个品种 25412 株；绿地内乔木有毛白杨、法桐、泡桐、山楂、杏树、国槐、臭椿、枣树、榆树、桑树、合欢、栾树、千头椿、火炬、青桐、刺槐 16 个品种 689 株；常绿有桧柏、龙柏、爬地柏、剑麻、云杉、白皮松 6 个品种 611 株；灌木有金银木、榆叶梅、紫叶李、丁香、珍珠梅、紫薇、西府海棠、石榴、玫瑰、木槿、黄刺玫、碧桃、连翘、金雀梅、贴梗海棠、紫叶矮樱、天目琼花 17 个品种 4754 株；组球有金叶女贞球、大叶黄杨球、女贞球、紫叶小檗球、龙柏球、桧柏球、黄杨球 7 个品种 180 个；藤本有爬山虎 10835 株。

三、津河（南开区段）绿化

津河南开区段绿化工程，自 2000 年 6 月 25 日启动，北起三元村桥，南至八里台立交桥，全长 9.67 公里，建设绿地 20 万平方米，同年 9 月 5 日告竣。整个工程以反映“人文情趣”为主题，分为沿河两岸绿化、水趣景区建设绿化、广场建设三部分。

津河该区段的绿化，对原复康河、红旗河、西墙子河沿岸以本地植物为基础，以四季不同花草贯通全线，形成沿河两岸大草坪和自然植物绿带。其中复康河两岸以春花树种为骨干，红旗河两岸草坪铺绿，西墙子河两岸运用彩叶和秋叶树种。绿化后的沿河两岸形成带状公园，沿青年路 1.2 公里为绿化样板路，坐落卧龙里小区旁边连接“津河”两岸的是白色七曲桥，岸边草坪绿地内设置长椅、石桌和坐凳。

2005 年上半年，随着津河青年路段西侧建筑物的拆除，该河青年路段段的绿化工程当年 7 月完工。该工程南起长江道，北至青年桥，全长 450 米。依河而建的绿地整体突出绿色休闲的主题，建有广场、亲水平台等设施。其中绿地以大面积草坪为重点，点缀云杉、五角枫树、火炬树、碧桃、银杏等 20 多种植物，同时配以金叶女贞等植物组成的鲜艳色块，增强了绿地的景观效果，为津河又添亮丽色彩。

津河南开区段的水趣景区，坐落一中心医院与王顶堤立交桥之间，由巨型假山塑石瀑布和游船码头广场组成。码头广场占地 2050 平方米，以红色广场砖铺装地面，陪衬 12 个花坛点缀。码头广场对面的第一中心医院沿岸河边，建有一座人造假山大瀑布，占地 1600 多平方米，高 5 米，呈三角形状对着码头广场。假山设有一主、两副三条大瀑布，飞流直泻，气势磅礴，夜晚还有夜景灯光映衬。

津河南开区段的绿化广场，主要有八里台立交桥下绿化广场。该广场占地1.2万平方米，建有8000平米大草坪，300平米硬铺装和仿清北派的四踩、六兽、斗拱正方亭、临水眺台、动物石雕等园林小品建筑。大面积草坪内栽植雪松、珍珠梅、天目琼花猖石等较高观赏价值的植物，周边为五组花灯。

“津河”该区段的绿化中，假山瀑布、码头广场和八里台立交桥下广场绿地等景点，还分别被命名为“珠泻石帘”“停棹摇光”“凝翡拥翠”等景观名称。

第二节 北运河

一、北运河的沿革

北运河古称“御河”，在历史上是一条通向北京的重要漕运河道，流经北京市东部和天津市，北起北京市通州区，流经天津市武清县、纳龙凤河，会永定河，至北辰区屈家店汇永定新河，至郭辛庄、千里堤进入红桥区，流经红桥区东北边缘，于新红桥东汇子牙河，至三岔河口与南运河会合入海河，全长186公里。北运河是天津重要的一级河道，海河干流的重要组成部分，承担着防洪、引滦输水等重要任务，对天津城市的形成和农业、工业及城市的繁荣和发展，起到了重要的历史性作用。

但随着天津城市化进程的加快和人口的大幅增长，古老的北运河背上了沉重的负担。民房占堤、河床污染、年久失修、功能锐减、垃圾蚊蝇孳生，严重威胁着引滦水质，影响着沿河两岸百姓的生活，也严重损害了天津的城市形象。

2、北运河绿化及综合治理

天津市于2001年实施北运河综合治理工程，工程总投资4.7亿元，综合治理河道和两岸，新建橡胶坝1座、桥梁3座、码头18个。北运河绿化工程于2002年进行，范围从屈家店闸至子北汇流口，河道长约15公里，共新增绿地总面积近90万平方米，河道水面和绿化总面积达210万平方米。经过综合治理后的北运河，河水清澈，堤岸翠绿，泄洪畅通，环境幽雅，旅游资源丰富，成为一条亮丽的风景线。

由天津市园林规划设计院设计的工程，将运河文化在天津漕运发展及天津发展中的文化建构融于景观设计之中，将天津河海历史文化结合于景观设计中，把每处的园林景观的亮点串联起来，凝聚与提升天津园林文脉和文化品位。应用大写意景观创作手法与超现实解构手法，旨在形成“块景地域文化”景观，构成城市园林景观动感空间与情感空间之组成序列，形成独具“天津运河文化特色”的园林景观内容，并以多元景观文化的交融音乐创意贯穿景观设计，将柴可夫斯基的“四季”组曲与园林景观形成紧密的结合，体现天津文化中多元文化的相互融合。

其整体工程由新建的北洋园、滦水园、娱乐园、御河园四座主题公园和七条绿化景观带组成，达到环保、旅游、景观、教育、娱乐、休闲等多方面功能的要求。这四座主题公园特色鲜明，滦水园全园由“引滦入津微缩景观”“城市聚景”“繁花似锦”花坛、大型雕塑、引滦展览馆、广场街等景观构成；北洋园则分别以“传统理念定格于历史”和“教育精神根植于人心”为主线，进行精巧的园林设置；御河园由浮雕景墙、篇景、浮龙、顺水、诗词之路、传说之路、古锚、仿古码头七部分组成；娱乐园由沙坑、装饰柱、音乐驳岸、装饰驳岸、趣味铺装、运河之子、希望七个景观组成。

依北运河堤建成开放的桃花园，也不断充实完善，栽有乔灌木5300余株，山桃、碧桃、寿星桃等各类桃木500余株。盛开之时春意盎然，更成为天津市市区主要和有代表性的踏青赏花场所。从北洋桥至屈家店共设有10个码头，游船往返对开13公里，每年春季至秋季，众多游人游人乘船游览沿途美丽风光。

北运河绿化采用的植物总品种近90个，成为天津植物品种最多、形态和色彩最丰富的绿地之一，展现出丰富多彩的河岸景观。园林规划设计院的此项工程设计，获得2002年度天津市优秀勘察设计（市政公用工程）二等奖。

第三节 南运河

一、南运河的沿革

南运河，又称御河。原为古老河道，后经人工开凿，为京杭运河的北段（见京杭运河、海河）。南运河南起山东省临清市，流经德州，再经河北省吴桥、东光、泊头市、沧县、青县入天津市静海县，又经西青区杨柳青入红桥区，流经红桥区南部，至三岔河口与子牙河汇合后入海河。全长509公里，红桥区境内一段长约7.3公里，宽20~40米。在红桥区境内自西向东流经邵公庄、小西关、南头窑、先春园、大伙巷、河北大街、三条石、大胡同等地界，西端对岸为南开区界。沿岸多居民区。东段南岸有“红灯照黄莲圣母停船场”遗址。三岔河口一带是天津开发较早的地区之一，建有“引滦入津工程纪念碑”。河上架有密云桥、咸阳桥、芥园桥、邵公庄闸桥、井冈山桥、大丰桥、团结桥、爱民桥、金华桥、金钟桥等。

南运河是世界上开凿最早、最长的人工河——京杭运河的一部分，也是京杭大运河在华北的主要河段。明永乐年间，漕运大兴，南运河历史上就是一条通向北京的漕运河道。南运河繁忙的漕运和航运，使沿岸聚集了众多的人口，众多人口的聚集又使三岔河口，成为天津市城市发祥地和最早的商贸文化娱乐区。历史上的南运河为天津城市的形成、商贸文化的发展、为天津成为北方大都市和经济贸易中心做出了历史贡献，具有很高的历史价值。南运河还是引黄济津工程在天津市的输水通道。

二、南运河的绿化提升改造

2000年，南运河绿化提升改造工程开工，总开工面积达17万余平方米，绿化面积12.8万平方米，植树2.9万株。涉及河流南北两岸。北岸东起金华桥，西至咸阳桥，南岸东起金钟桥，西至南运河桥。在此次提升改造中，除了传统的乔木、常绿灌木等品种外，还在河流沿岸新栽植樱花、山桃、碧桃、榆叶梅、紫薇等开花植物，绿化景观小品达到移步异景的效果。

为体现出南运河优美的河道风景，在生态上更贴近自然，在植物配植中，采用了片植灌木，既减少草坪的面积，也防止了水分流失，有利于节水。其中利用金叶女贞、大叶黄杨、紫叶小檗做模纹，大叶黄杨球及金叶女贞球点缀在绿地中配以荷兰菊、千屈菜等草花的衬托，做到乔木、灌木、草花的合理配置，达到三季有花，四季常绿，的效果，在景观上附有高、中、低的层次感。

南运河绿化工程主要采用沿线大量苗木栽植，配合结点大型亲水平台、花架和甬道铺装。在地被材料的选择上用白三叶代替了常用的草坪，形成了独特的地被效果，在植物配植方面，纵向采用后高前低的层次栽植，纵向使各种苗木穿插层叠交替，苗木品种以乔木和花灌木为主，注重苗木季节性和色彩的搭配。沿河各种材质的甬道铺装连接下沉亲水广场，使人行其间身心愉悦。通过改造，使南运河两岸苗木品种得到了极大丰富，大大改造了南运河周边居民的生活环境。

第四节　复兴河

复兴河原名为南围堤河，西起卫津河纪庄子泵站，与卫津河相通，东至复兴门闸桥，与海河相连，全长5.8公里。复兴河的绿化主要集中在河西区段，绿化工程始于2002年，4月初开工，9月初全线竣工，同时原南围堤河更名为复兴河。

该工程绿化总面积22万平方米，设计单位为北方园林设计院。2008年，天津市全面启动包括复兴河在内的二级河道绿化改造提升工程，该工程的设计、施工单位是天津市格瑞园林发展有限公司，工程于当年7月28日开工，8月6日竣工。

复兴河（河西段）两岸全线绿化工程突出体现三个特点，一是体现以人为本、人与自然和谐。二是体现生态与景观的统一，营造自然生态环境。三是体现精品意识。工程综合运用园林建筑、树木、花卉、筑山、理水等多种手法，创造融绿化、美化、休闲、娱乐、健身于一体的园林景观，因地制宜点缀各具特色的园林小品，增添了园林艺术的魅力和景观感染力。

天圆广场是复兴河改造中的重要景观广场。位于郁江道与紫金山路交口，复兴河南岸，建于2002年。绿化总覆盖面积6622平方米，绿地面积3782平方米。其中草坪2600平方米，地被及宿根花卉有景天、萱草、费菜、地被菊409平米；绿篱有女贞5880株；乔木有国槐、柳树、构树、苦楝、法桐、垂柳6个品种178株；常绿有雪松、平顶松、油松、云杉4个品种31株；灌木有西府海棠、美人梅、紫叶李、石榴、木槿、紫薇、多花蔷薇7个品种343株；组球有大叶黄杨球、金叶女贞球2个品种73个；月季400株。广场内土建设施面积2840平米，园路甬路2000平米，花坛10个，景石2处40平米，圆灯15个，护栏100平米，护坡800平米。

截至2010年底，绿化总覆盖面积达22.5万平方米，绿地面积为20.63万平方米。其中草坪16.94万平方米，地被及宿根花卉有景天、萱草、费菜、地被菊、美人蕉、迎春、绣线菊、金叶犹、锦带、矮牵牛、草花杜鹃、玉簪、万寿菊、马兰14个品种2049平米；绿篱有女贞、大叶黄杨蓠、金叶女贞蓠、紫叶小檗蓠、黄杨、小檗、爬地柏里、龙柏里、刺柏里、沙地柏、小龙柏蓠11个品种18.99万株7014平方米；乔木有国槐、柳树、构树、苦楝、法桐、垂柳、白蜡、栾树、千头椿、江南槐、火炬、毛白杨、紫穗槐、朝鲜槐、合欢、五角枫、糖槭、山楂、黄金槐、朴树、青桐21个品种6804株；常绿有雪松、平顶松、油松、云杉、龙柏、剑麻、刺柏、蜀桧、白皮松、沙地柏、分级龙柏、高接爬地柏12个品种9386株；灌木有西府海棠、美人梅、紫叶李、石榴、木槿、紫薇、多花蔷薇、美国海棠、金银木、榆叶梅、连翘、丛生木槿、碧桃、红瑞木、红丁香、黄刺玫、美人蕉、绣线菊、紫荆、丁香、珍珠梅、猬实、丛生紫薇、玫瑰、四季锦带、火棘、石楠、丛生锦带、紫叶矮樱、红果树、樱花、山桃、高杆女贞造型、兰宝石海棠、丛生金枝槐35个品种61752株；组球有大叶黄杨球、金叶女贞球、紫叶小檗球、刺柏球、黄杨球5个品种414个；藤本有五叶地锦、金银花2个品种18720株；月季2988株。

第五节 四化河

四化河绿化配套工程主要集中在河西区段，东起垃圾楼，西至李七庄，全长1.5公里。改造绿化始于2003年。绿化面积4.3万平方米。设计、施工单位是天津市格瑞园林发展有限公司。该工程在天津市城市绿化建设优良工程评比中，获得街景绿化建设优良工程一等奖。

截至2010年底，绿化总覆盖面积4.29万平方米，绿地面积4.16万平方米。其中草坪3.35万平米；地被及宿根花卉有萱草、美人蕉、鸡冠花、万寿菊4个品种230平米；绿篱有沙地柏蓠、金叶女贞蓠、紫叶小檗蓠、大叶黄杨蓠、爬地柏蓠5个品种107348株3452平米；乔木有栾树、国槐、旱柳、垂柳、合欢、黄金柳、千头椿、白蜡8个品种1024株；常绿有云杉、华山松、剑麻、龙柏、竹子5个品种8879株；灌木有海棠、紫叶李、石榴、榆叶梅、黄刺玫、金银木、连翘、紫荆、紫薇、珍珠梅、樱花、丁香、木槿、红瑞木14个品种4655株；组球有大叶黄杨球、金叶女贞球、刺柏球3个品种80个；月季8500株。

第六节　先锋河

先锋河（河西段）改造绿化工程北起海河，南至洺水道，全长2.3公里。设计单位为上海市园林设计院，施工单位为天津市格瑞园林发展有限公司总承包。工程于2009年6月27日开工，7月底竣工。

截至2010年底，河岸绿化总覆盖面积55426平方米，绿地面积52064平方米。其中草坪40499平米；地被及宿根花卉有矮牵牛、大花秋葵、大花萱草、费菜、芦苇、马兰、蒲棒、千屈菜、三叶草、水葱10个品种2351平米；绿篱有丛生蔷薇、丛生金枝槐、大叶黄杨、金叶女贞、红瑞木、红王子锦带、金叶莸7个品种55983株5877平方米；其他花草8366平米；乔木有107杨、白蜡、北京栾、国槐、红叶椿、火炬、金枝槐、金叶槐、泡桐、千头椿、香花椿、洋槐、合欢、13个品种1717株；常绿有凤尾兰、雪松、白皮松、沙地柏、小龙柏、雪松、油松、油松、造型女贞10个品种4492株；灌木有华北连翘、独本木槿、花石榴、黄刺玫、珍珠梅、紫叶李、碧桃、北京丁香、照手碧桃、西府海棠、樱花、榆叶梅、金银木、大西府海棠、钻石海棠、紫叶矮樱、紫叶碧桃、紫薇18个品种2103株；组球有大叶黄杨球A、大叶黄杨球B、高杆大叶黄杨3个品种54个；藤本有爬山虎50208株；月季2975株。

第七节　月牙河

月牙河原是一条知名度不高的河道，几经沧桑演变，在20世纪50年代末，经疏浚治理，始定名为月牙河。

月牙河地处天津市区东部，始于新开河红星泵站，流经河北、河东、东丽区，至天津钢厂海河泵站入海河。全长14.2公里，蓄水能力为46.7万立方米，属天津二级河道。随着时代变迁和多种因素共同作用，月牙河道污染日益严重，两岸环境日趋恶化，垃圾遍地，蚊蝇孳生，成为脏污不堪的“龙须沟”。

2008年，按照市委、市政府要求，将治理改造月牙河列为改善城乡人民生活的20项工作的重要任务之一。该工程3月1日开工，5月31日全面竣工，历时92天。绿化提升改造工程面积为35万平方米，重点突出了月牙岛、靖江桥头、天使园及绿宝石公园等河畔游览标志性景点，共完成4.4万平方米的节点绿化工程。每处节点在原有基础上进行了全面提升改造。改造后的两河景观设计新颖，构思精巧，体现了三季有花、四季常绿的景观效果，又注重了整体与局部的关系；突出了近景的造型变化，又兼顾了远景植物组合；考虑了立面层次的尺度，亦强调了平面的分布的距离。从而使绿化景观更加靓丽秀美，使百姓的生活环境更加清新整洁，整体形象更加多姿多彩。

第八节 护仓河

护仓河东起武陵路，西至海河，全长约 2 公里，绿地总体面积约 26883 平方米，其中包括河道绿化和道路旁临时绿化。护仓河带状公园设计，总体规划原则是“人与城市”，其规划布局因地制宜，景观观赏和方便使用相结合，平面构图力求简洁流畅，竖向空间富于变化，强烈的时代感充分体现出城市的历史与文化内涵。河道景观为带状空间，故设计中强调“视觉”的概念。以流畅的道路绿带贯穿节点，形成具有强烈观赏性的动态景观。

第五章 广场绿化

自 1993 起，结合城市环境综合改造，绿地广场建设异军突起，成为天津市园林绿化的一大主要形式和载体。至 2002 年，全市新建绿地广场 804 万平方米，是此前实有总量的 5. 5 倍。特别是 1997 年以后，以建设海河文化广场为龙头，陆续建成了中心文化广场、解放广场、红桥文化广场、南开星光广场、津南全红桥广场、大港世纪广场、塘沽世纪广场、汉沽滨河广场、开发区虹志广场、宝坻文化广场、西青杨柳青广场等一批精品绿地广场。为纪念危改工程取得了辉煌成就，市内各区还兴建了危改工程主题绿地广场。

这些绿地广场基本实现一处一景，主题鲜明，构思新颖，创意独特，达到乔木、灌木、花卉、藤本植物等各种园林绿化植物和视觉空间上的点、线、面、空间、立体结合，辅以雕塑、亭廊、音乐喷泉等园林艺术小品，气势恢宏，景观多样，充满了动感与时代气息，成为群众观赏、休息、娱乐、锻炼的主要场所之一。据统计，到 2010 年底，全市共有绿化广场 63 个，总面积 210 公顷。其中市内 6 区共有绿化广场 31 个，总面积 54. 39 公顷。

第一节　中心城区

一、卫津河榕树广场

榕树广场位于河西区黑牛城道与紫金山路交口，建于2001年，是卫津河改造工程的重要景观广场。设计单位为天津园林设计院，施工单位为天津市古建工程队。

建园之初，园内树立一棵巨大的人工榕树，并因此得名。全园绿化覆盖面积13164平方米，其中草坪6196平米；地被及宿根花卉1598平米；绿篱有32240株共1130平米；竹子519平米；其他花草943平方米；绿地内树木有乔木75株、常绿180株、灌木17563株；植物组球45个；园路甬路2778平米；花坛1个；栏杆86米、园椅21个、假山1处、景石28块，是一处较高品位的绿化广场，也是卫津河一处重要的景观节点。

二、河西区危改广场

河西区危改广场位于河西区广东路与九龙路交汇处，建于2000年，在同时期天津市各区分别建设的危房改造广场中，该广场是面积较大、水平较高、此后10年保存较为完好的一处同类广场。

该广场设计单位为珠江园林管理所，施工单位为珠江园林管理所。该广场绿化覆盖面积5300平方米，绿化面积826平方米，栽植地被及宿根花卉138平米；绿篱10464株；其他花草331平米；常绿36株；组球21个；月季2824株；园路甬路4458平米；园椅2个；假山16平米；是一个开放式、纪念性的街头广场。

三、解放广场

位于红桥区三岔河口海河上游西岸，西临东马路，紧邻天津市古文化街、大胡同商业区和天津老城区，是海河两岸综合开发改造工程中靠近古文化街北面的改扩建项目，位置临近天津解放时人民解放军的会师地，于1999年兴建，广场面积1.05万平方米。四周为大片绿地，中间为醒目的大型解放军塑像，一名战士在吹响冲锋号，另一名战士正把长枪刺向天空。雕像周围的喷泉为旱式环形水池，池底由花岗岩装饰而成，广场公园内种有合欢、银杏、紫叶李等大型乔木，广场上铺有网格状的大理石地面。公园西南角与东面的绿化带连成一体，形成了一道绿色的屏障，将公园与周边的闹市隔开。天津市委书记的张立昌同志为解放广场题名。解放广场的建设，荣获天津市1999年度城市绿化广场建设优秀奖。

四、红桥广场

红桥广场位于中环线勤俭道西侧，光荣道至纪念馆北路交口之间，修建于2008年5月，绿化面积 2.7 万平方米。

红桥广场是一处带状休闲景观广场，也是一座综合开敞式公园。广场内栽植树木 5600 余株，其中常绿、雪松、桧柏 300 余株，白蜡、国槐等乔木 1000 余株，果木树 300 余株，花灌木、藤本植物 4000 余株，草花和宿根花卉 1000 平米，绿篱 3000 延米。

绿地内植物组团层次丰富，品种多样，绿树成荫，芳草萋萋，鸟语花香。同时设置了健身广场、休憩廊架、卵石步道、休闲座椅等景观服务设施，居民可以在广场散步、健身、唱戏、赏花。红桥广场主体部分为抬起的圆形铺装构造，通过树穴、座凳、花架、雕塑、花池等内容的点缀，组合成一个大型的、多种功能与景观完美融合的人文广场。广场共设有安静休憩区、老年娱乐区、综合休闲区、儿童游艺区、自然景观区等五个功能区。广场内共栽植迎客松、金丝垂柳、紫穗槐、紫竹、黄金树、迎春花、白鹃梅、紫薇、金钟花、玫瑰等 30 余种不同科目的苗木及花卉数千株，使进入广场的游客仿佛置身于世外桃源，能够充分体会绿树环绕、花草丛生的感觉。

红桥广场对美化中环线道路景观，改善红桥生态环境起到了重要作用。建成后的红桥广场总面积达 2 万平方米，除大面积广场外，还根据居民的不同需求设置了多个功能性分区，并通过高标准绿化，将其打造成为大型花园式广场，为广大市民提供了又一个休闲、活动的好场所。

2010 年 8 月，天津市红桥广场绿化改造工程完工。此次共提升改造绿化面积近 2 万平方米，新植、补植迎客松、紫穗槐、紫竹、黄金树、迎春花、紫薇、玫瑰等 30 余种不同科目的苗木及花卉数千株。五颜六色的繁花绿树交织在一起，呈现出错落有致、色彩斑斓的景观效果，同时也为市民提供了纳凉健身的场地。该广场于 2010 年命名为园林示范区。

五、南开星光绿化广场

星光绿化广场 2000 年 5 月 8 日开工，9 月中旬竣工，该广场位于黄河道与红旗路交口处，占地 10080 平方米，其中绿地面积 70%，是当时市内 6 区中较大的绿化广场。

该广场呈圆形设计，突出体现“科技、教育、文化”主题，建有相邻的主、副两个广场。主广场占地 2000 平方米，以彩色花岗岩铺装地面，场中央一座 18 米高、20 吨重、造型为 3 座人像的青铜浮雕，寓示着南开奋进、发展、向上的主题精神。雕像两侧是两排脉冲式旱地喷泉、树形霓虹灯和彩色串灯。副广场占地 1000 平方米，其中央是占地面积 600 平方米的螺旋叠水台阶式沉降池及环形喷泉广场。喷泉中央置放着直径 1.6 米、晚霞红大理石的硕大圆形球体，周围射出 2 米高六环叠水和直柱雾状喷泉，映衬着球体绚丽多彩。

该广场东侧建有长 25 米的长方形大理石浮雕群画廊。画面记载着盘古开天、四大发明、四大名著、《史记》、长城等。圆形广场边沿用串红、红火炬、黄火炬、万寿菊等植物组成模纹图案，周围由碧绿草坪衬托，周边植以峦树、合欢、雪松、白皮松等高大乔木和名贵常绿植物。

该广场建设荣获市“广场建设重点工程一等奖”。

六、卫津河“水舞广场”

卫津河“水舞广场”是卫津河改造的起点，位于海光寺与南京路交口处万德花园小区前，占地5000平方米。

该广场建设工程于2001年6月启动，当年9月竣工开放。广场呈带状花园，中央一座叠水台，用钢结构斗拱基座托举着巨大的红色花岗岩制作的标志景观——水动石球，表现“人与自然”的亲情动感空间。水动石球体直径2.1米、基座约16吨重，体积和重量在当时国内同类型水动石球体中是最大的。在直径16米的水池底部，110个喷头射出束束泉水，38盏彩灯一齐聚焦圆球，借助水的浮力，圆球悠悠转动，刚柔相济，水推球动，动静结合，展现出风声水起，生生不息，“石”（时）来运转之势，寓意天津经济滚动、跨越式发展的大好形势。

流线型草皮间硬铺装地面广场，占地1250平方米，采用红、灰相间花岗岩铺设，230多盏地灯相伴其中，蜿蜒曲折穿插于绿地之间，呈波浪状。广场植物以高大乔木龙柏、法桐、合欢做背景，配植紫叶李、蝴蝶槐、江南槐等灌木，南方花卉剑兰点缀绿地，用宿根花卉组成波纹彩带，将水舞广场装扮得更加艳丽，入夜彩灯齐放，球动水舞，流光溢彩。

七、解放路绿化广场

解放路绿化广场位于天津市河西区大沽南路与解放路交口，始建于2000年，是津河改造中的重要景观广场。设计单位为天津园林设计院，施工单位为天津市古建工程队。

该绿化广场绿化覆盖面积22663平方米，其中草皮、地被及宿根花卉16940平方米，绿篱4640株共220平米，其他花草2860平米。绿地内有乔木111株，常绿植物3048株，灌木488株，组球189个，月季2097株，建有花坛3个。

该绿化广场建有园路甬路1497平米，亭廊1处、面积67平米，假山1座。还建有广场喷泉，绿地中设置草坪灯、礼花灯，是一处较高品位的绿化广场。

九、王顶堤立交桥下绿化广场

该广场位于王顶堤立交桥下的复康路与楚雄道相交处边道内，占地5000平方米。广场中央建有一座不锈钢材质制作的抽象艺术雕塑“友谊”，以两只夸张的巨手相交，构成展翅翱翔的“和平鸽”造型。雕塑周边是红黄相间的环形甬路，设置典雅坐椅，方便人们休闲纳凉。为建设该绿地，拆除2480多平方米花窖、平房，让绿于民。绿地中保留原有部分高大乔木，补栽绿篱，形成乔灌草结合、高低错落、色调分明，使之与对面王顶堤立交桥下“津河”塑石瀑布隔岸遥望，形成动静呼应的园林景观。

第二节　滨海新区

一、大港世纪广场

天津滨海新区大港世纪广场是大港为迎接21世纪兴建的一处大型绿化广场，位于滨海新区城区内迎宾街与世纪大道交口处，广场东部配置部分南方花木，北部波浪式流线型嵌草铺装，南部有彩色高清大屏幕，中部建3513平方米旱式音乐喷泉，南部设柱廊表演台，西部为大面积草坪绿地，红屋顶欧式建筑点缀其间，是市民生活休闲、娱乐、锻炼的场所之一。在世纪广场西侧设有机动车限时及不限时免费停车泊位，供市民停放车辆，更方便了来此的市民。

二、红三角广场

红三角广场坐落在滨海新区塘沽滨海立交桥下，该桥于1998年9月动工兴建，位于天津开发区与滨海新区塘沽相邻的史家庄地区，2001年2月竣工，桥下规划了12.17万平米的绿化用地面积。绿化工程有原塘沽区园林管理局2001年3月兴建，当年7月绿化工程竣工交付使用。

项目用地面积12.17万平米，绿地面积5.98万平米，占比49.18%；水体面积2.62万平米，占比21.49%；铺装面积3.50万平米，占比28.73%；配套建筑0.07万平米，占比0.6%。

栽植形式为仿生混合种植、复合种植、规则式种植和立体种植等多种形式。植物的品种主要有国槐、银杏、桑树、刺槐、白腊、构树、千头椿、金枝槐、金叶槐、龙柏、刺柏、垂枝槐、火炬、西府海棠、山桃、碧桃、金银木、红叶李、木槿、旱柳、大叶黄杨、凤尾丝兰、五叶地锦、月季、金叶女贞、紫叶小檗、玉簪、高羊茅等。

该广场建在天津碱厂旁，天津碱厂的“红三角”牌纯碱获得万国博览会的金质奖，广场因此而得名。建成后成为附近居民建身休闲的好去处。总体风格为几何式布局，为多条立交交汇处，被高架路和地面车道所分割，分割后的地块设计成采用几何式布局景点，以充分利用城区零碎用地，景点的主题有职工建设纪念林、健身广场、圆形下沉广场、天津碱厂创始人的雕塑广场、塑假石及湿地水体和生态复合林山体等。

三、通达广场

该广场位于海港保税区核心区，紧邻天保大道和海滨九路，占地面积10.5万平米，其中绿地面积3.2万平米，水域面积2.8万平米，建筑面积0.9万平米，铺装面积3.6万平米，绿地率达30%。

该广场以开敞的大水面为中心，通过建筑小品和道路铺装的组织，合理划分空间，营造大气、整洁的广场景观，广场中建有纪念保税区建区10周年纪念雕塑一座，印证着保税区的发展历程。

在植物选择方面，按照生态、适生的原则选择树种，营造大绿为主、层次分明、突出色彩的景观效果，栽植常绿乔木2种、27株，栽植落叶乔木15种、693株，栽植灌木16种、1165株，栽植绿篱2种、2400平米，栽植宿根地被类6种、2万多平米。

第三节 其他区县

一、东丽广场

东丽广场南依东丽区政府，以栖霞道相隔，东临跃进路，北至津塘路，位置处于东丽区政治、经济、文化的核心地带。该广场由天津市园林规划设计院设计，由天津市绿化工程公司、天津市北方园林市政工程服务公司等单位施工，于2005年6月15日开工建设，同年11月30日竣工开放。

该广场总面积约5.2万平方米，其中绿化面积22403平方米，绿地内载有各种树木735株，其中乔木22个品种、397株，常绿树7个品种，117株，灌木27个品种、3181株，绿篱模纹56580株。

该广场中心设有主雕塑东起鹏程，它以门、船、帆的抽象造型组成，意在表现东丽区作为天津东大门的重要地理位置，以水文化为主题的深厚历史以及在新形势下强劲的发展势头。雕塑整体造型高耸挺拔，静中寓动，其指令性的空间形式，给人以强烈的视觉冲击，使人产生蓬勃向上、奋发有为的情感联想。

该广场以弧形动态绿轴及放射状道路布置，把各个圆形主体广场连接起来。广场主轴线为正南北，区政府大楼正对广场主入口。入口广场以圆形绿地及放射状道路划分为两部分空间，沿放射线道路穿过绿篱上行到一个台地广场。

主广场位于主轴线正中，以近4米高叠水平台为主景，叠台侧壁为浮雕“东乘丽风”，在主广场周边设有6组旱式喷泉。

该广场西侧为都市休闲区，分别设有曲水、圆形木平台、下沉式绿篱广场等；在西侧圆形广场上，高大飘逸的白色张拉膜和山地上的高大乔木，成为东侧及中心广场的底景；西南侧地形起伏，在起伏的山地上不仅种植林木，还设有景石、座椅。

该广场东侧为生态境域区域，设有自然护坡池面，四条放射状木栈道横越水面，中间圆形平台可拾级而下，主广场与水面相接处，设计有栏杆扶手，一条架空廊架将各个空间连接起来。

该广场还设有儿童滑梯2座、健身器材10套、小型文化站1个、台球厅1座。

二、宝坻文化广场

坐落于东城南路西侧，原址为检察院平房。广场总面积26000平方米，其中广场铺装面积11000平方米，绿地草坪5150平方米，池塘面积9850平方米，于1999年建成开放。

广场由南部广场区和北部荷花池两部分组成。广场为长方形，采用对称的规则式造园手法，设东、西、南、北四个出口，内部沿中轴线由北至南依次建有舞台、舞池、声控喷泉，外围绿地栽植龙爪槐、紫薇、云杉、雪松、碧桃、樱花、丁香、黄杨、棕榈、槟榔、橡皮树、女贞及草花等观赏植物，草坪品种为早熟禾，绿地四角设置四座高杆灯。广场北角建有控制室。荷花池包括东、西两个池塘，池塘间建有拱桥，东部池塘建有曲桥，中心为四角亭，为建委工程师付红旗设计。池塘周围为水泥栏杆环绕，岸边栽植垂柳，池塘内栽植荷花。

文化广场坐落在县城中心地带，路边有树，地上有草，水中有荷，建有声控喷泉、廊桥水榭，是居民休闲娱乐、开展文体活动的好去处。音乐启动，喷泉水柱造型变幻，交相自然。夜晚彩灯齐放，广场灯、草坪灯、彩灯交相辉映，人们跳舞、运动、游览，热闹非凡。夏季荷花盛开，荷叶层层叠叠，垂柳拂岸，曲桥古亭，游人纳凉、休闲、赏景，闹中取静。国庆期间，文化广场作为花展中心，数万盆花卉、盆景，布置成花柱花台，平面立体，造型各异。各种奇花异草把文化广场装扮的异常美丽、分外夺目，人们驻足摄影、观赏、游览，更好地烘托了欢庆热烈的节日气氛。

文化广场的建成对宝坻城区整体景观的提高起到了推动作用，是城区绿化的点睛之笔。宝坻城区建设连同 1997 年津围路城区段绿化，1998 年环城绿带及景点绿化，1999 年建设的文化广场，被评为 1999 年津门绿化十景之一“古邑传馨”。

2005 年，在广场安放宝坻籍著名表演艺术家赵丽蓉纪念铜像一座，由李瑞环题字。文化广场自建成开放以来，举办了各种纪念活动、文艺演出、展览宣传近百场。

总之，文化广场位于宝坻城区中心位置，集绿化工程、园林艺术、文体设施于一体，是人民群众休闲、游玩的重要场所，在城区园林景观中发挥着重要作用。

三、西青区杨柳青广场

杨柳青广场东邻柳口路、西靠青远路、南接新华道、北连府前街，总占地面积 75561 平米，其中绿化面积 35488 平米，气势宏伟，简洁明快。

该地区南侧为商业中心，西侧是居民聚居区，北侧和东侧是行政办公区，与杨柳青核心旅游景区相距不足 500 米，交通便利，位置突出。

1999 年初，随着西青区政治、经济和社会各项事业的发展，为满足人民群众日益增长的物质文化需要，区委、区政府决定在杨柳青镇区中心修建杨柳青广场，2001 年 2 月开始破土动工。2001 年 10 月 22 日，该广场正式落成并投入使用。

杨柳青广场由北京中国风景园林规划设计中心天津分院设计，建成后的广场由主广场、副广场两部分组成。

主广场占地 69561 平米，以国旗广场为中轴线向东西两侧延伸开，中部由北向南依次建有庄严肃穆的国旗平台、古朴典雅的汉白玉旱桥、平台。除此之外还建有 12 根汉白玉灯柱，它集照明与装饰于一体，柱头上的 12 盏不锈钢照明灯，新颖别致，在不失庄严、雄伟的同时，又增添了许多现代气息。再往南是高约 16 米的巨型不锈钢雕塑“百福之门”。雕塑呈红色，喻示着人民的生活红红火火。雕塑下面铺装有99块不同字体的“福”字，金色的“福”字在阳光的照耀下熠熠生辉。雕塑四周是面积1000余平米的音乐喷泉。喷泉的水柱随音乐节奏千变万化，时而喷薄而上，气势壮观，时而徐徐奔涌，随意祥和。夜晚再配以五颜六色的灯光，更使其变得扑朔迷离，变幻多彩。

与“百福之门”相呼应的是坐落在主广场东西两侧的蓝色“8”字造型的不锈钢雕塑“发展无限”和黄色的“文”字造型的“文明之光”。“发展无限”雕塑代表着中国先进生产力的无限发展；“文明之光”雕塑代表着中国先进文化的前进方向；“百福之门”代表着中国广大人民群众的根本利益。

主广场两侧以疏林草地为主，在35488平方米的茵茵草坪中，点缀着300余株法桐、栾树、合欢、雪松、火炬树、柳树、杨树、构树、杜仲树、银杏树等落叶乔木和常绿树木，这些树种除具有树形优美，叶色多变外，也是良好的本土树种。

主广场西侧靠近府前街一端，建有一个舞台园。舞台园由圆形的表演台和阶梯状看台组成。整个铺装采用大理石和花岗岩材料，看台上方还设有不锈钢围栏。在这里可以举行小型的演出和集会，是人们自娱自乐的好去处。由舞台园顺着蜿蜒的小路向南，是广场的管理间，管理间设在地下室，因此，这里因地制宜地建了一座假山，这样，既把管理间巧妙地隐藏起来，又具有一定的观赏价值。

主广场东侧由北向南依次建有花架园、水池园和百花园。在花架园周围种植了紫藤和竹林。紫藤攀援而上，绿茵如织，与静谧的竹林浑然一体构成一幅优雅的画面。顺着由鹅卵石铺就的小路漫步，别有一番情趣。再往南是水池园，半圆的花岗岩水池中，一波净水，清澈见底。20个扇形小喷泉一起喷涌，犹如孔雀开屏，与前方花岗岩花钵中的应时花卉相映成趣。与新华路相邻的百花园中，更是姹紫嫣红。这里种植了各色的花卉，争奇斗艳。人们在此观花、赏花、评花，使自己的精神充分放松，陶冶了情操。在广场两侧的疏林草地之中，还有320余盏现代气息十足的草坪灯。夜晚散步于此，犹如置身于点点繁星之中。

新华道南侧的副广场，建有一个104米长、8米高的弧形柱廊。该柱廊体现了优雅的欧式风格，高大雄伟。柱廊整体采用大理石铺装，色调柔和，质感平滑。柱廊前方及主广场中心区，共建有40个大理石花坛，花坛中2万余株火红的串红和黄灿灿的千头菊相间种植，呈现出一派生机勃勃的景象。

四、蓟州府君山广场

府君山广场位于府君山公园南侧，总占地面积4万平方米，于1999年2月动工建设，2000年完成基础设施建设以及前期绿化工程，2001年基本建成并开放，先后投资近2200万元，是集休闲、健身、娱乐、科普于一体的大型文化广场，填补了蓟州区无大型综合性广场的空白。2003年11月天津蓟县国家地质公园主碑及音乐喷泉在广场落成，形成了景观与文化、广场和绿荫有机融合，不仅提高了广场的硬件设施水平，还丰富了广场的文化载体功能，提升了府君山绿地广场的品位。

经过近10年的建设，府君山广场目前拥有花岗岩铺装广场面积1.2万平方米，其中健身广场1500平方米，绿地2.6万平方米，草坪2万平方米、各种树木900余株、模纹2000平方米，各种花卉上万株。2005年4月，县政府决定在府君山广场栽植中日友谊纪念林，并举行揭碑仪式，希望这座象征着和平与友谊的纪念碑，能永远耸立在中日两国人民的心目中。

府君山广场的建成，有效地改善了城区环境，每年来旅游的游客多达40多万人次，已经成为广大城镇居民休闲、健身、文化、娱乐的重要场所，同时也对提升城区文化品位，增强载体功能，提高人民生活质量发挥了积极作用。

五、汉沽滨河广场

汉沽滨河世纪广场是汉沽区政府投资4000万元，于2003年兴建的公益性活动场所，位于蓟运河东岸，南至寨上大桥，北至汉沽大桥，全长1250米，占地260亩（约173420平方米），内含世纪广场、文化休闲区、儿童娱乐场、老年乐园、河景观光台等。广场两侧由花灌木和观赏乔木组成大型绿化带。广场中心耸立着飞镲雕塑，有观景平台，可供大型舞台演出。重大节日时政府还会对广场进行装饰，装饰内容每年一变，但多数情况下是用灯来进行装饰。广场内还设有各类健身器材，可供游人和市民晨练健身。

提升改造后的该广场范围包括滨河广场中心广场和两侧休闲广场，面积达到6万平方米。改造内容主要包括地面、绿化、廊柱、照明四个部分。地面部分主要是对出现破损和有沉降缝的地面石材进行拆除和重新铺装。绿化部分将重新铺种草坪9000平方米，新增乔木类树种2000株、灌木类2000平方米。广场内36根装饰廊柱将进行翻新，12座灯柱照明将进行统一更换。

六、东丽区新立广场

新立广场绿化广场，位于东丽区新立花园小区南侧，与京塘公路接壤，绿地面积25736平方米。新立花园广场有一个主广场和两个副广场组成，广场设计创意新颖，主题明确。主广场正中央矗立着毛泽东的汉白玉雕塑像，在雕塑的周围簇拥着颜色各异的花草苗木，在雕像的后面，矗立着八面造型别致的石材浮雕墙。在东西两侧的副广场也是生意盎然，情绪无限，大片的草坪之中，点缀着不同种类的苗木，既有高大、挺拔的云杉树，也有娇小玲珑的连翘花，突出绿地的装饰效果，利用精致的铺地材料，优美的植物色彩和立面形态，配合错落有致的地形起伏，宿根花卉和缓坡草坪相结合，丰富绿地竖向设计层次。同时在两个副广场中还分别设置了极尽人性化的儿童游乐区和老人活动区，既照顾到了不同年龄人群的精神生活需求，又做到了功能与生态景观创造整体的融合。

2010年绿化广场统计表（一）

表4-5-3-1

单位：公顷

名　称	数量（个）	面积（公顷）
总　计	63	210.00
市内六区	31	54.39
和平区	2	1.58
益世里广场		1.21
胜利广场		0.37
河东区	3	6.32
五号路		0.20
河东危改广场		2.18
港园		3.94
河西区	5	23.23
西苑广场		1.09
危改广场		0.53
解放路广场		2.17
榕树广场		1.32
银河广场		18.12
南开区	7	6.96
危改广场		0.89
星光广场		0.53
聂公碑		0.11
水舞广场		0.53
八里台广场		1.35
银河瀑布广场		0.65
翔宇广场		2.90
河北区	6	6.72
雕塑广场		0.31
文化广场		1.87
香格里拉广场		1.99
阳光广场		0.50
东站广场		1.64
音乐喷泉广场		0.41

2010年绿化广场统计表（二）

表4-5-3-2　　单位：公顷

名称	数量（个）	面积（公顷）
红桥区	8	9.58
解放广场		1.00
危改广场		0.60
吕祖堂		0.66
西站广场		0.55
大胡同广场		0.21
思源广场		3.40
铁路沿线广场		0.36
虹桥广场		2.80
新四区	10	44.45
东丽区	5	33.79
津京高速飞机场口		23.08
东丽广场		5.20
秀丽广场		2.66
新立广场		2.54
丰年村小广场		0.31
西青区	1	7.20
杨柳青广场		7.20
津南区	3	3.03
全红桥广场		1.33
西大桥广场		0.50
益华里广场		1.20
北辰区	1	0.43
宜兴阜健身广场		0.43
滨海新区	13	75.63
红三角广场		12.17
滨海世纪广场		2.40
文化广场		2.09
车站东广场		1.29
车站中广场		2.72
外滩公园广场		13.00
滨河广场		11.50
学府园		12.60
站前广场		2.30
世纪广场		4.05

续表 4-5-3-2

名称	数量（个）	面积（公顷）
文化广场		3.20
滨海广场		3.02
通达广场		4.66
二区	3	4.97
武清区	1	0.75
运通广场		0.75
宝坻区	2	4.22
文化广场		2.62
体育广场		1.61
三县	6	30.55
宁河县	1	0.38
大剧院广场		0.38
静海县	4	22.80
文化广场		3.10
健身广场		1.30
顺弛广场		14.00
府前广场		4.40
蓟县	1	7.37
府君山广场		7.37

第六章　天津滨海重盐碱地绿化

天津滨海新区面积约 2270 平方公里，其中盐土面积为 996.5 平方公里，重度盐化土壤面积为 217.5 平方公里，约占新区面积 53.5%，这些土壤是滨海新区生态用地的土壤基础来源。

天津滨海平原的土壤基本为滨海盐土，滨海盐土土壤质地粘重，含盐量一般在 0.6%以上，土体上下含盐量均高。土壤和地下水的盐分组成均以氯化物为主，地下水矿化度在 10 克/升以上，地下水位高。滨海重盐碱地指土壤含盐量在 0.4%以上的滨海土壤，在这样的土壤上进行绿化，必须进行土壤改良和采取综合性绿化措施。其综合绿化措施包括抬高地面，更换客土，大水洗盐，设置浅密地下盲管网络排盐排水，明沟排水，铺设阻止地下水上升的隔淋层，选择栽植耐盐碱植物，施用有机肥，施用硫酸亚铁、石膏等，将 1 米深土层的理化性质，维持在土壤全盐含量小于0.3%，pH值小于8.0的水平，这个土壤理化性质基本满足了植物生长的条件，避免了盐碱对植物的危害。

新中国成立前，滨海新区境内盐碱土质无人治理，更没有绿化专门机构，故全区少有树木。新中国成立后，党和政府领导全区人民绿化城市，进行改土制碱、植树造林。

针对如此恶劣的土壤条件，该地区园林部门选择栽植的耐盐碱植物有绒毛白蜡、臭椿、杜梨、刺槐、泡桐、国槐、毛白杨、西府海棠、榆叶梅、金银木、连翘、迎春、紫穗槐、柽柳、枸杞、木槿、沙枣等乔灌木品种，以及月季、鸢尾、金鸡菊、萱草、荷兰菊、费菜、粉八宝、野牛草、高羊茅、细叶芒草、狗尾草等地被植物。近年来，又在海湾泥吹填造陆盐土改良绿化技术及相关基础研究方面取得成果，为滨海重盐碱地绿化建设提供了技术支撑。各机关、工厂、部队、学校广泛开展全民性植树运动，分段包任务，栽后包养管。军民普遍在庭院种葡萄，阳台养盆花，绿化得以发展。

1952年，在城区主要街道试栽洋槐、国槐、柳树等，成活率、保存率均不高，1953年，逐步摸索出克制盐碱、提高植树成活率的方法，树木成活率、保存率均有了较大幅度的提高。1963年，采取客土、砌筑高台、设盲沟、铺盲管、垫炉渣改土林盐碱的方法提高植树成活率，至1965年，辖区植树成活率达80%。1968年，大量引种的白蜡树种，对辖区土质适应性极强。1979年起，为美化城市，改善生活环境，每年组织全民义务植树造林活动。

2005年，滨海新区中的原塘沽区，成立创建国家园林城区工作领导小组，全面启动了国家园林城区创建工作。他们克服绿化难度大、资金紧张等不利条件，攻克盐碱地绿化难题，城区绿化取得可喜成绩。截至2006年末，城区绿化覆盖率36.28%、绿地率32.07%、人均公共绿地面积15.2平方米，符合国家园林城区创建标准。

在滨海新区建成区北面，由森林公园、北塘水库风景区、26平方公里的湿地保护区和黄港水库休闲风景区组成了绿色屏障；在东面沿渤海湾修建了海防公路，沿公路建设绿化带；在西面市郊区，京塘高速公路、津滨高速公路等多条高速公路两侧的绿化带已基本形成，加上天津市外环线的绿化带，构成了城市周边的多条绿化带，有京津塘高速公路绿带、临港路绿带、河南路绿带、新湖路绿带等，组成了滨海新区外环道路绿化骨架。“十五”计划期间，对河北路、东江路、福州道等24条主次干道实施了绿化建设改造，绿化总长度达50多公里，绿化总面积100余万平方米。至2006年底，主干道路绿化普及率和达标率分别达到97%和81%。初步建成了中心路黄金槐一条街、上海道国槐一条街、河北路法桐一条街、三槐路椿树一条街等特色绿化道路和东江路、福州道、河北路、车站北路、中心北路、新港路、三号路等绿化样板路。

滨海新区核心区城市主干道路共36条，已绿化36条，道路绿化普及率为100%，其中绿地率25%以上的30条，达标率为83.3%。滨海新区核心区城市次干道路共66条，其中已绿化63条，绿化普及率为95.5%，绿地率25%以上的48条，达标率为72.7%

2010年，全区植树143.5万株，其中白蜡、毛白杨、国槐、洋槐15.7万株，碧桃、紫薇、金银木、西府海棠 91.8 万株，常绿 12.5 万株，组球 1.4 万株，以及藤本 22 万株，成活率达 90%以上。

滨海新区区委区政府不断加强公园的规划和建设各方面投入，至 2010 年，共新建改造公园 26 个，占地面积 357.4 万平方米。滨海新区修建的绿化广场，有红三角广场、汉沽滨河广场、滨海世纪广场、文化广场、车站东广场、车站中广场、外滩公园，绿化覆盖面积 203000 平方米，种植树木 29000 株。滨海新区修建街旁游园 115 个，绿化总面积 4528915 平方米，种植树木 214079 株，其中临港工业区街旁游园最大，绿化覆盖面积 2000000 平方米，种植树木 14283 株。

被誉为“滨海绿肺”的生态绿化工程的滨海森林公园建成，仅此公园的总面积就达 4.6 平方公里，106 种来自各地的乔灌木在公园内安家落户。蓟运河五经路寨上桥和新港公园两大新区绿化建设重点工程顺利完工，新增绿化面积 59.8 万平方米。以北塘区域、京山铁路、以及慧风溪生态廊道工程为代表的道路工程绿化总面积 278 万平方米。

截至 2010 年，滨海新区绿化覆盖面积 10488 公顷，其中建成区 10157 公顷；绿地面积 9560 公顷，其中建成区 9342 公顷。

天津滨海盐滩绿化（天津港保税区，2010）

滨海新区的绿化历程和成就，是天津市绿化历程和成就的一大缩影和突出代表；滨海新区的绿化，现已成为天津市园林绿化发展的强劲动力和新的增长点以及一大靓丽“窗口”“名片”。本书多个篇、章、节中，对滨海新区各方面的绿化成果另多有专题记载。

第七章 全民义务植树

1982 年，全国五届人大四次会议通过《关于开展全民义务植树运动的决议》，把绿化祖国作为国策，靠全民性、义务性、法制性来强化绿化意识，强化植树造林。为了切实贯彻这个决议和国务院的有关实施办法，以及天津市九届人大三次会议《关于在全市开展全面义务植树运动的决议》，市政府于 1983 年 4 月 15 日常务会议通过了《关于开展全民义务植树的实施细则》，以法律的形式公布予以实施。这个细则对开展全民义务植树的意义、组织领导方针政策、奖励办法、公民义务，详尽地制定了 15 条、57 项，提出了明确的要求。1983 年试行，1984 年后在全市铺开，直至 2010 年一直持续开展，收到了较好的效果。

第一节 开展全民义务植树运动的主要做法

在 3 月 12 日的全国植树节和 3 月 20 日的天津植树日，天津市各级领导人和各界群众，集中参加义务植树活动，率先掀起当年全民义务植树运动的高潮。

此外，天津市市区公民义务植树主要有两种方法。一种是承包单位内部绿化美化，使之成为整个绿化体系的重要组成部分；一种是出劳动力或资金，参加社会上的绿化和美化。在贯彻细则的过程中，本着各献其长、各尽其力、人人为绿化天津做贡献的原则，在尽义务劳动的形式上，各区在执行中，根据城市特点进一步具体化，根据单位性质不同，提出不同要求，既发挥他们的专长，也为社会尽了义务，同时也解决了专业绿化力不从心、或力不能及的一些难题。据统计，全市履行义务植树的尽责率在 85%以上。

天津市义务植树劳动具体办法综合起来有以下几种。

1. 出技术。设计部门可以承包一个小区或一个局部的设计任务，折成义务植树的劳动量；运输部门可以出司机，解决育苗、运肥、清废的问题，折合义务劳动量；建筑部门可以出技术工，承担园林小品和景门、卡墙的施工任务，折合义务植树劳动量；影剧院和文化部门采用打字幕、编演节目、搞雕塑等形式进行宣传、鼓动工作、折合义务植树劳动量。

2. 出人力。临时性的突击活动，如新工程的前期土方工程和完成刨坑、栽植、义务植树，育苗等，或者是参加长期的养管任务，即从各单位抽出人来搞一年的养管工作，这样既解决了专业人员不足，也为工厂单位培养了技术力量。

3. 搞承包。交给单位一定数量的工程，或门前绿化设施的建、养、管、工作，折合成义务植树劳动量，如中山路一条街有8块绿地是单位承包完成的；西青道一条街的养管工作是临近单位门前“三包”负责的；红桥区的八一后大道的250米长的道路绿化是这条路所在的三个单位联合建设的。

4. 出物料车辆。凡在园林设施能用上的而单位又积压，或是边角下料的砖、瓦、灰、沙、石、边角铁、木料，均可折成劳动量。运输单位出汽车，环卫部门出肥料，公用部门解决喷灌问题均可折合义务植树劳动量。

5. 交纳绿化费。不能完成单位内部绿化，不能出工，不能出料，不能为绿化做出其他贡献的单位，均以每人每年交六元绿化费的标准为社会尽义务。交纳的绿化费，本着来自绿化用于绿化的原则，专款专用，不准挪用。

第二节 全民义务植树工作的主要管理考核体制

天津市全民义务植树工作主要实行条块结合、以块为主的管理体制，实行市、区、街三级管理。市园林部门作为市绿委会的城市组，行使市绿委对市内各区的领导职能，负责方针、政策的贯彻及调查研究，发动群众，培养典型，总结推广先进经验和搞好各委、办、局的协调工作。各区、街健全绿化领导机构，负责本区、街的全民义务植树运动的领导工作。市内各区绿委会办公室配备7至9人，负责日常工作。市内各区共90个街均设立街绿化委员会或区绿化委员会分会，并设专职人员人员2至3人，由街干部及驻街大单位抽人（折合义务植树劳动量）组成。这样基本上组成了市、区、街三级的绿委会领导机构，形成三级管理网，各负其责，共同负责全市的全民义务植树工作。

市园林部门作为市绿委会的城市组，为了加强市区工作的领导，做好义务植树的基础工作，向市区基层单位发放《全民义务植树考核证书》，使用指数考核走向制度化。基本做到“五清”：即参加义务植树的人数清，可植树的绿化工地清，按每人植树三株（包括相应劳动量）计算应完成的任务清，需要苗木数量清，剩余劳力需区统一安排的数量清，为建立天津市全民义务植树档案奠定了基础。

为了保证三级管理工作的落实，区、街各考核单位，基本健全了领导和管理体系。如区实行了区、街、居（居民委员会）的三级管理，大单位实行了厂长、科长、车间主任或班组长的三级管理，从社会到单位基本落实了责任制，划分了“责任树”“责任片”“责任区”，使养管工作有了新的起色。在管理工作上，由三级管理派生出以下几种形式。

1.“一统三包”责任制。一统，就是居委会统一领导；三包，室主任包片，委员包段，楼门代表负责包块。

2. 居委会包片，驻街单位包段，居民包管责任树的三包责任制。

3. 实行“门前三包”，即栽、包活、包养管。

4. 建立了少年儿童护绿队，固定责任区，轮流管理。

5. 组建群众性的义务绿化养护队（折合义务植树劳动量，负责大块绿地、游园的养管工作）。

6. 组织保洁队，负责绿地的保洁工作。

7. 发动河道巡视员、存车处管理员等，负责责任区的树木管理。

8. 组织民兵和治保联防人员，负责绿地的夜间的巡视管理。

9. 实行绿化个人承包责任制。

10. 发动群众栽植纪念树、纪念林和认建、认养、认管绿地活动。

第三节 全民义务植树运动在法治建设方面的进展

随着国家在绿化建设中法制不断完善，法规建设不断完备和加强，天津市全民义务植树运动在法治建设方面也取得了很大进展。

一、建立了比较完备的绿化工作法律法规体系

根据国家已出台的法律法规，天津市通过调研，反复征求意见，制定了地方性法规和规章。在指导全民义务植树运动方面，分别制定了全民义务植树、城市绿化、农村植树造林三个方面的法规，即经市人大通过的《天津市义务植树条例》《天津市实施森林法办法》，市人民政府以政府令发布的《天津市实施城市绿化条例办法》，同时，还有由市政府制定的有关绿化造林方面的规章性文件，如《天津市义务植树绿化费收缴使用管理暂行办法》等。

二、严格执法，加强执法检查

为了更好地发挥法律法规在绿化工作中的作用，不断强化执法检查，同时加强行政部门内部的检查，督促执法人员严格执法。特别是多次接受市人大的检查，这对于以法治绿发挥重要作用。

三、发挥执法队伍的作用

按照法律法规的规定，在城市绿化、农村植树造林、全民义务植树都分别有了执法队伍，市绿办、市园林、林业主管部门在市政府法制办指导下，对执法人员进行培训，提高素质。随着市政府机构改革的深入，绿化工作的执法队伍建设，将根据新的形势，不断加强和完善。

第四节　开展全民义务植树活动的主要典型和成果

天津市在开展全民义务植树活动的过程中，有多个最突出的代表性典型，由于篇幅所限这里只列举其中二三。

一、海河公园

从1982—1983年，市政府将建设海河公园作为治理脏乱差的突破口，全市各界人民齐动员，有59个单位、15万人次参加义务劳动，并筹集资金500万元，仅一年就建成两岸总长为19.8公里、总面积22万平方米的海河公园。该园分为青年园、草花园、春花园、夏花园、蔷薇园、秋实园等园中园，成为贯穿市区的生态风景轴线。

二、外环线绿化带

1987—1990年的外环线绿化带建设，也是全市各行各业齐动员，开展全民义务植树运动的生动体现。全市公交、城建、商业、文教、农业战线200多个单位、20多万人次，出动上万台机械，投入到大规模的义务劳动中，共栽植树木176万株，完成主体林带185公里，大小配套水利工程260多处。

三、官港森林公园

自1989年10月开始，市政府组织全市18个委办局和大港区的上万名干部职工陆续开赴官港，投入官港森林公园建设义务劳动。共开挖和整修湖面7721亩，挖风景河及边界8.8公里，动土方400多万立方米。1990年，市政府决定将官港森林公园作为市直机关干部义务植树的基地。从1991年开始，市直机关和大港区干部以及驻津部队官兵，每年都到基地参加义务植树劳动，并被全国绿化委员会列为全民义务植树实验基地。

四、河道改造和绿化

2000年的墙子河改造、津河两岸绿带建设，各级领导和各界群众踊跃参加义务劳动，与专业人员配合，经过近半年的努力，全线改造绿地7.6万平方米，新建绿地37万平方米，两岸建设了绿色长廊，在五个重点地区建设五个绿化广场，极大改善了沿河两岸生态环境，昔日的脏乱臭的集中地已成为人们参观游览的好去处。

此外，作为本市市区一大综合性公园，南开区的长虹公园在建设初期，也主要是发动和依靠企事业单位各尽其能和各界群众义务劳动建设的。这些最突出典型的详情，在本书公园和绿化篇中各有专门记述，这里记述的是有关义务绿化的情况。

从十一届三中全会以来到2010年，天津城市的整体绿化事业，基本上就是这样沿着专业与群众相结合的道路发展的。深入广泛的全民义务植树运动，极大地促进了城市绿化的提升。以下的绿化指标发展一览表，特别是自开展全民义务植树活动以来绿化指标的提高，更足以对此做出反映和印证。

1949年以来天津市园林绿化“三率”指标情况表

表4-6-4-1

年 份	建成区绿化覆盖率（%）	建成区绿地率（%）	人均公共（园）绿地面积（平方米）	备 注
1949年以前	0.53		0.28	
1949	0.85		0.27	
1950	0.85		0.27	
1951	1.44		0.54	
1952	1.64		0.64	
1953	1.59		0.64	
1954	2.02		0.65	
1955	2.46		0.68	
1956	3.54		0.96	
1957	3.54		0.93	
1958	4.82		0.90	
1959	6.99		1.01	
1960	7.52		1.02	
1961	8.07		1.32	
1962	6.90		1.26	
1963	5.83		1.22	
1964	5.94		1.19	
1965	6.41		1.18	
1966	6.25		1.17	
1967	6.25		1.15	
1968	6.25		1.15	
1969	6.25		1.18	
1970	6.55		1.19	

续表 4-6-4-1

年 份	建成区绿化覆盖率（%）	建成区绿地率（%）	人均公共（园）绿地面积（平方米）	备 注
1971	6.45		1.14	
1972	6.74		1.12	
1973	6.74		1.11	
1974	6.59		1.11	
1975	6.54		1.10	
1976	6.52		1.09	
1977	6.53		1.08	
1978	6.45		1.06	
1979	6.34		1.04	
1980	6.20		1.10	
1981	7.66	2.64	1.50	
1982	8.00	2.56	1.52	
1983	8.20	2.86	1.51	
1984	8.10	2.79	1.50	
1985	8.30	3.29	1.63	
1986	8.96	3.64	1.69	
1987	9.40	3.45	1.85	
1988	10.64	3.62	1.88	
1989	11.00	4.44	2.05	
1990	11.50	4.10	2.19	
1991	12.97	4.37	2.34	
1992	13.5	4.56	2.47	
1993	15.50	5.31	2.60	
1994	16.50	5.58	2.78	
1995	17.60	6.59	3.20	
1996	19.33	6.92	3.45	
1997	21.00	7.14	3.65	
1998	22.84	12.00	4.07	
1999	23.50	15.89	4.87	
2000	25.02	16.80	5.40	
2001	26.05	17.82	4.92	调整为新统计口径
2002	27.30	19.22	5.63	
2003	31.00	24.43	6.67	
2004	35.01	27.21	8.06	
2005	36.40	28.51	8.38	

续表 4-6-4-1

年　份	建成区绿化覆盖率（%）	建成区绿地率（%）	人均公共（园）绿地面积（平方米）	备　注
2006	37.00	29.00	6.59	调整为人均公园绿地
2007	35.43	27.55	6.88	剔除有关水面和土建面积
2008	30.05	25.42	7.53	
2009	30.33	26.23	8.59	
2010	32.06	27.99	8.56	

绿地分类表

表 4-6-4-2

<table>
<tr><th>大类</th><th>中类</th><th>小类</th><th>内容与范围</th><th>备　注</th></tr>
<tr><td rowspan="12">公园绿地</td><td colspan="3">向公众开放，以游憩为主要功能，兼具生态、美化、防灾等作用的绿地</td><td></td></tr>
<tr><td rowspan="3">综合公园</td><td colspan="2">内容丰富、有相应设施，适合于公众开展各类户外活动的规模较大的绿地</td><td></td></tr>
<tr><td>全市性公园</td><td>为全市民服务，活动内容丰富、设施完善的绿地</td><td></td></tr>
<tr><td>区域性公园</td><td>为全市内一定区域的居民服务，具有较丰富的活动内容和设施完善的绿地</td><td></td></tr>
<tr><td rowspan="3">社区公园</td><td colspan="2">为一定居住用地范围内的居民服务，具有一定活动内容和设施的集中绿地</td><td>不包括居住组团绿地</td></tr>
<tr><td>居住区公园</td><td>服务于一个居住区的居民，具有一定活动内容和设施，为居住区配套建设的集中绿地</td><td>服务半径：0.5~1.0千米</td></tr>
<tr><td>小区游园</td><td>为一个居住小区的居民服务、配套建设的集中绿地</td><td>服务半径：0.3~0.5千米</td></tr>
<tr><td rowspan="5">专类公园</td><td colspan="2">具有特定内容或形式，有一定游憩设施的绿地</td><td></td></tr>
<tr><td>儿童公园</td><td>单独设置，为少年儿童提供游戏及开展科普、文体活动，有安全、完善设施的绿地</td><td></td></tr>
<tr><td>动物园</td><td>在人工饲养条件下，移地保护野生动物，供观赏、普及科学知识，进行科学研究和动物繁育，并具有良好设施的绿地</td><td></td></tr>
<tr><td>植物园</td><td>进行植物科学研究和引种驯化，并供观赏、游憩及开展科普活动的绿地</td><td></td></tr>
<tr><td>历史名园</td><td>历史悠久，知名度高，体现传统造园艺术并被审定为文物保护单位的园林</td><td></td></tr>
</table>

续表 4-6-4-2

大类	中类	小类	内容与范围	备　注
公园绿地	专类公园	风景名胜公园	位于城市建设用地范围内，以文物古迹、风景名胜点（区）为主形成的具有城市公园功能的绿地	
		游乐公园	具有大型游乐设施，单独设置，生态环境较好的绿地	绿地占地比例应大于等于65%
		其他专类公园	除以上各种专类公园外具有特定主题内容的绿地。包括雕塑园、盆景园、体育公园、纪念性公园等	绿地占地比例应大于等于65%
	带状公园	沿城市道路、城墙、水滨等，有一定游憩设施的狭长形绿地		
	街旁绿地位于城市道路用地之外，相对于独立成片的绿地，包括街道广场绿地、小型沿街绿化用地等			绿地占地比例应大于等于65%
生产绿地	为城市绿化提供苗木、花草、种子的苗圃、花圃、草圃等圃地			
防护绿地	城市中具有卫生、隔离和安全防护功能的绿地。包括卫生隔离带、道路防护绿地、城市高压走廊绿带、防风林、城市组团隔离带等			
附属绿地	城市建设用地中绿地之外各类用地中的附属绿化用地。包括居住用地、公共设施用地、工业用地、仓储用地、对外交通用地、道路广场用地、市政设施用地和特殊用地中的绿地			
	居住绿地	城市居住用地内社区公园以外的绿地，包括组团绿地、宅旁绿地、配套公建绿地、小区道路绿地等		
	公共设施绿地	公共设施用地内的绿地		
	工业绿地	工业用地内的绿地		
	仓储绿地	仓储用地内的绿地		
	对外交通绿地	对外交通用地内的绿地		
	道路绿地	道路广场用地内的绿地，包括行道树绿带、分车绿带、交通岛绿地、交通广场和停车场绿地等		
	市政设施绿地	市政公用设施用地内的绿地		
	特殊绿地	特殊用地内的绿地		
其他绿地	对城市生态环境质量、居民休闲生活、城市景观和生物多样性保护有直接影响的绿地。包括风景名胜区、水源保护区、郊野公园、森林公园、自然保护区、风景林地、城市绿化隔离带、野生动植物园、湿地、垃圾填埋场恢复绿地等			位于建设用地之外

2010年园林绿化情况统计综合表

表 4-6-4-3

区县	建成区绿化覆盖面积（公顷）	建成区绿地面积（公顷）	公园绿地面积（公顷）	建成区面积（平方公里）	城区户籍人口（万人）	城区暂住人口（万人）	城区人口+城区暂住人口（万人）	建成区绿化覆盖率（%）	建成区绿地率（%）	人均公园绿地面积（平方米）
天津	24888.14	21782.36	5719.82	754.0800	623.43	29.35	652.78	33.00	28.89	8.76
天津市	22012.80	19220.93	5265.74	686.7100	587.40	27.28	615.29	32.06	27.99	8.56
中心城区	9584.66	7647.11	2727.22	280.8300	443.89	11.82	455.71	34.13	27.23	5.98
和平区	214.70	165.01	48.44		39.93	0.14	40.07			1.21
河东区	1659.00	1136.41	456.68		71.18	0.57	71.75			6.36
河西区	1439.69	1218.62	585.01		79.06	1.79	80.85			7.24
南开区	1532.82	1274.18	572.66		85.34	3.18	88.52			6.47
河北区	1100.03	705.10	258.58		63.12	2.72	65.84			3.93
红桥区	861.15	681.90	280.08		54.24	0.81	55.05			5.09
东丽区	716.30	674.79	180.18		33.24	0.59	33.83			5.33
北辰区	1722.65	1472.24	293.25		17.78	2.02	19.80			14.81
中心城区其他	338.32	318.86	52.34							
滨海新区	8612.56	8072.78	1631.28	304.4400	91.99	9.62	101.61	28.29	26.52	16.05
四区	3815.58	3501.04	907.24	101.44	51.52	6.45	57.97	37.61	34.51	15.65
西青区	616.72	555.79	67.62	15.4900	11.57	2.20	13.77	39.81	35.88	4.91
津南区	885.56	872.22	142.12	23.3900	10.08	1.13	11.21	37.86	37.29	12.68
武清区	1605.87	1498.89	454.62	44.7400	18.51	2.01	20.52	35.89	33.50	22.15
宝坻区	707.43	574.14	242.88	17.28200	11.36	1.11	12.47	39.70	32.22	19.48
三县	2875.34	2561.43	454.08	67.3700	36.03	1.46	37.49	42.68	38.02	12.11
宁河县	974.99	840.68	123.33	23.7800	11.26	0.10	11.36	41.00	35.35	10.86
静海县	696.72	607.19	90.81	17.5000	10.81	1.07	11.88	39.81	34.70	7.64
蓟县	1203.63	113.56	239.94	26.0900	13.96	0.29	14.25	46.13	42.68	16.84

2010年绿地分类统计表

表 4-6-4-4

区县	城市绿地面积	公园绿地	生产绿地	防护绿地	附属绿地	其他绿地	其中：闲置地绿化
天津	2178.36	5719.82	161.21	1986.98	9823.16	3091.19	334.44
天津市	19220.93	5265.74	1009.05	1633.06	8699.95	2613.13	334.44
中心城区	7647.11	2727.22	465.63	317.79	3560.44	576.03	334.44
和平区	165.01	48.44	3.07	—	80.71	32.79	32.79
河东区	1136.41	456.68	3.19	0.40	628.18	47.96	—

续表 4-6-4-4

区县	城市绿地面积	公园绿地	生产绿地	防护绿地	附属绿地	其他绿地	其中：闲置地绿化
河西区	1218.63	585.01	1.77	0.41	486.69	144.75	129.63
南开区	1274.18	572.66	—	—	688.37	13.15	10.12
河北区	705.09	258.58	—	16.57	356.27	73.67	73.67
红桥区	681.90	280.08	—	72.30	302.89	26.63	25.69
东丽区	674.80	180.18	103.00	137.04	157.79	96.79	46.79
北辰区	1472.24	293.25	354.60	—	686.10	138.29	15.75
中心城区其他	318.85	52.34	—	91.07	173.44	2.00	—
滨海新区	8072.78	1631.28	147.05	816.52	3771.91	1706.02	0.00
四区	3501.04	907.24	396.37	498.75	1367.60	331.08	0.00
西青区	555.80	67.62	103.34	0.16	135.14	249.54	—
津南区	872.21	142.12	33.33	140.34	556.42	—	—
武清区	1498.88	454.62	226.67	317.56	498.53	1.50	—
宝坻区	574.15	242.88	33.03	40.69	177.51	80.04	—
三县	2561.43	454.08	152.16	353.92	1123.21	478.06	0.00
宁河县	840.68	123.33	27.63	125.35	452.67	111.70	0.00
静海县	607.19	90.81	7.44	169.18	243.57	96.19	—
蓟县	1113.56	239.94	117.09	59.39	426.97	270.17	—

2010 年树木统计表

表 4-6-4-5

区 县	年末实有树木（万株）	其 中									
		乔木（万株）	常绿（万株）	灌木（万株）	组球（万株）	藤本（万株）	行道树（万株）	月季（万株）	草坪（公顷）	宿根及地被面积（公顷）	绿篱及模纹面积（公顷）
天津	4546. 40	1416. 01	347. 54	2105. 89	187. 51	489. 45	117. 65	689. 80	8743. 06	457. 46	822. 48
天津市	3946. 00	1161. 25	234. 69	1899. 88	181. 75	468. 13	86. 58	649. 21	8255. 33	432. 60	742. 97
中心城区	1260. 25	521. 62	74. 99	342. 68	26. 76	294. 20	48. 77	340. 70	3607. 53	139. 19	320. 02
和平区	33. 91	5. 20	2. 45	5. 63	1. 74	18. 89	2. 04	34. 71	49. 43	4. 36	10. 42
河东区	217. 72	68. 93	7. 85	61. 31	4. 10	75. 53	4. 60	39. 93	551. 58	25. 97	58. 43
河西区	208. 89	41. 17	17. 84	78. 53	6. 43	64. 92	13. 58	73. 26	538. 64	14. 99	61. 60
南开区	117. 62	39. 71	13. 37	40. 73	4. 13	19. 68	5. 71	75. 26	781. 99	12. 37	53. 46
河北区	139. 97	30. 56	7. 16	35. 88	4. 95	61. 42	4. 53	48. 61	363. 16	3. 53	25. 39
红桥区	99. 02	27. 16	3. 27	35. 10	1. 67	31. 82	8. 34	6. 00	296. 59	6. 25	27. 63
东丽区	149. 73	68. 16	13. 88	55. 22	1. 45	11. 02	1. 98	39. 84	390. 08	31. 54	44. 96
北辰区	239. 61	199. 02	8. 26	19. 84	1. 91	10. 58	4. 95	20. 56	519. 78	28. 75	18. 52
中心城区其他	53. 78	41. 71	0. 91	10：44	0. 38	0. 34	3. 04	2. 53	116. 28	11. 43	19. 61
滨海新区	1129. 04	304. 63	111. 60	511. 81	36. 46	164. 54	23. 49	238. 91	2703. 08	218. 99	310. 05
四区	1556. 71	335. 00	48. 10	1045. 39	118. 53	9. 69	14. 32	69. 60	1944. 72	74. 42	112. 90
西青区	203. 63	59. 68	4. 63	19. 61	113. 68	6. 03	3. 02	3. 98	245. 48	2. 37	9. 24
津南区	1025. 76	31. 81	24. 66	967. 49	0. 85	0. 95	0. 55	10. 36	668. 93	14. 19	55. 26
武清区	190. 74	147. 23	8. 07	31. 41	1. 74	2. 29	7. 02	44. 36	748. 19	19. 10	34. 17
宝坻区	136. 58	96. 28	10. 74	26. 88	2. 26	0. 42	3. 73	10. 90	282. 12	38. 76	14. 23
三县	600. 40	254. 76	112. 85	206. 01	5. 76	21. 02	31. 07	40. 59	487. 73	24. 86	79. 51
宁河县	75. 10	53. 64	2. 67	16. 63	0. 96	1. 20	0. 97	10. 35	205. 43	8. 40	15. 21
静海县	132. 94	40. 90	31. 36	47. 62	0. 84	12. 22	3. 30	9. 68	152. 07	4. 14	12. 18
蓟县	392. 36	160. 22	78. 82	141. 76	3. 96	7. 60	26. 80	20. 56	130. 23	12. 3	52. 12

第五篇

规划、设计与施工

第一章　近代天津城市绿地规划

1404 年，天津开始筑城，这是中国传统规划思想指导下的规划建设。1860 年鸦片战争爆发，西方城市规划思想及方法开始影响天津。1903 年，袁世凯主持“河北新区规划”。1928—1930 年，梁思成和张锐制定的《天津特别市物质建设方案》（即城市建设规划），是天津近代城市规划史上第一部详细、全面的规划方案，尽管方案内容有一定的空想性，但反映了当时中国城市规划理论发展的水平与方向，堪称天津城市规划建设史上的重要一页。1945 年，抗日战争胜利后，国民政府接收天津，拟定《扩大天津市计划》，提出扩大市区范围、建设卫星城镇、海河下游分段建设工业区、划分功能区等主张。

《天津特别市物质建设方案》分为 25 章，包括天津物质建设的基础、区域范围、道旁树木种植、海河两岸、公共建筑物、公园系统、分区问题、城市分区条例草案和结论等。天津当时有英法美德意奥俄比日九国租界，20 世纪初，九国租界总面积是老城区的 8 倍。各租界都是各自规划建设，互不衔接。梁思成提出，天津是一座现代化的城市，如果能有全盘规划，租界和华界之间互相贯通，就能解决交通和城市格局问题。他强调应按照“大市”进行规划；强调天津城市的发展基础有赖于港口（河、海交通枢纽）的变迁；强调要收回列强在津设立的租界，把天津作为统一的整体来进行系统规划。建议将天津市、县合并，建市废县，统一行政管理。提出天津的前途发展，以顺海河往东为最相宜，将大沽口划入本市范围以内。提出开辟两条林荫大道的破解之道：其一由天津总站（今北站）至河北大经路（今中山路），至金钢桥折而南行，沿海河东岸，直达旧比国租界（今河东区）；其二由西沽近郊公园越城厢直下，至八里台折而东行，沿马场道，经特别一区至海河西岸。尽管因为历史条件这一规划未及实施，但今天看来，其理念和设计思想仍体现了极大的价值。

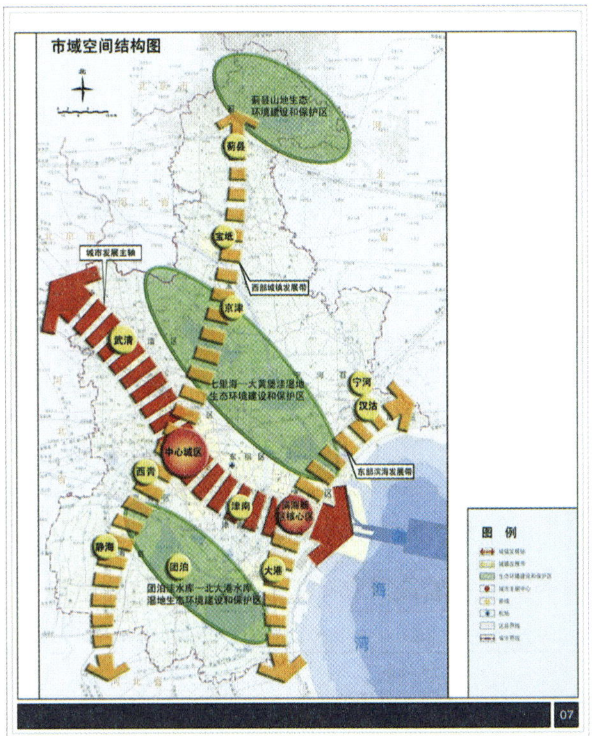

天津市城市总体规划（2005—2020 年）

国务院正式批复的天津三版城市总体规划分别为1986版、1999版和2006版。1986版规划提出了引滦入津、建设三环十四射、建设体院北等14片居住区、工业东移战略促进滨海地区快速发展等；1999版规划提出了城市性质为环渤海地区的经济中心，努力建设成为现代化港口城市和中国北方重要的经济中心，空间结构继续深化“一条扁担挑两头”，形成以海河和京津塘高速公路为轴线，由中心城区、滨海新区及多个组团组成的中心城市；2006版规划确定天津的城市性质是环渤海地区的经济中心，要逐步建设成为国际港口城市、北方经济中心和生态城市。确定天津的城市职能为现代制造和研发转化基地；我国北方国际航运中心和国际物流中心，区域性综合交通枢纽和现代服务中心；以近代史迹为特点的国家历史文化名城和旅游城市；生态环境良好的宜居城市。规划提出加快中心城区绿地系统建设，改造完善市级公共绿地，重点建设主干道、快速路两侧绿化带和社区级绿地，形成“点、线、面”结合的三级绿化体系。

2008—2009年，天津市编制《天津市空间发展战略规划》，提出“双城双港、相向拓展、一轴两带、南北生态”的总体战略。2014年，天津市政府按照市委十届三次全会作出的《关于加快建设美丽天津的决定》和市十六届人大二次会议审议通过的《天津市绿化条例》要求，决定在全市划定生态用地保护红线，对山、河、湖、湿地、公园、林带等实行永久性保护。牢固树立“绿水青山就是金山银山”的发展理念，正确处理好经济发展与环境保护的关系，充分发挥城市绿地改善生态、美化城市、游憩娱乐、文化承载、防灾避险五大功能，在全市构建“三区、两带、多廊、多园”的生态保护体系，形成碧野环绕、绿廊相间、绿园镶嵌、生态连片的实施效果，促进市域“南北生态”战略的落实和生态城市定位目标的实现。

第二章　绿色家园规划文本

总　论

中共十六大提出全面建设小康社会的奋斗目标以后，天津市以“三五八十”四大奋斗目标的基本实现为标志，进入了现代化建设的新阶段。市委八届三次全会又明确提出新阶段树立新标准、制定新目标、展现新面貌具体举措的“三五二一”。园林绿化作为城市基础设施建设的重要内容，将以绿色家园工程建设的形式融入整体规划蓝图之中。

绿色家园规划是天津创建国家环境保护模范城市（简称“创模”）工作的进一步深化，是创模绿化达标工作的跟进与延伸。依据国务院、建设部有关文件及天津市中心城区控制性详细规划，对天津市域范围内的21个区县建成区各类绿地景观建设进行系统规划，明确可改造、开发的绿化储备用地。以建设绿色天津为目标，用5~8年时间把天津市建成国家园林城市，使其跨入全国绿化先进行列，建设国内一流的城市环境、绿化景观，充分展示天津经济、文化发展水平与地方特色显著的现代化城市形象。

第一节 概况及现状

天津位于华北平原的东北部，北依燕山，东临渤海，是我国四大直辖市之一，是华北地区海路交通枢纽和首都的门户，具有先进技术的综合工业基地，开放型的多功能经济贸易中心。

天津市域地形开阔、平坦，海退成陆的低洼地区。河道纵横，洼淀棋布，南运河、子牙河、大清河、永定河、北运河在此交汇，融成海河，蜿蜒贯穿市区，东流入海，曾被誉为“北国江南，水乡泽国”的津沽大地。海拔低，地下水位浅，矿化度高，土壤普遍盐碱。虽然面临渤海，但距冬季风源较近，气温、降水、风向明显偏颇大陆性温带季风气候的特征，冬季干冷、雪稀，夏季干热少雨，年降水量平均在600毫米左右。气候条件给植物材料选择、品种驯化带来了限制。

到2002年年底，全市园林绿化总面积达10113.79万平方米，有大小公园195个，年末实有各类树木2349.94万株，其中行道树191.21万株。城市建成区拥有绿地面积8724.71万平方米，建成区绿化覆盖面积达12394.34万平方米，公共绿地面积3466.60万平方米。建成区绿化覆盖率、绿地率、人均公共绿地面积“三率”指标分别达到27.30%、19.22%和5.63平方米。

第二节 规划总则

一、规划范围

规划区域范围包括中心城区（外环线环内）和环外建成区，涉及21个区县和行政区。2002年年底全市建成区面积达453.99平方公里，城市人口达616.17万人，其中中心城区面积251.25平方公里。

二、主要规划依据

1. 国务院13号文件《国务院关于加强城乡规划监督管理的通知》；
2. 建设部等九部委《关于贯彻落实〈国务院关于加强城乡规划监督管理的通知〉的通知》；

3. 建设部《关于印发〈城市绿地系统规划编制纲要（试行）〉的通知》；

4. 天津市中心城区控制性详细规划。

三、规划指导思想与原则

实施绿色家园行动计划，分三个阶段整体推进，即以2004、2007、2010年为三个发展节点，力争用5~8年的时间，中心城区实现“三、五、三、一〇”目标，即由任意点出发，300米内有街头绿地、500米内有5000~10000平方米公共绿地、3公里内有市、区级公园、10公里内有大型风景区。外围区县形成更高的绿化覆盖，全面提高市域范围内的整体绿化水平。

规划原则为“因地制宜、全面发展；全民动手、全社会动员；统筹兼顾、分步实施”。高起点、科学合理安排城市绿地系统布局，与其他基础设施建设同步发展，共创绿色家园，打造世界名城。

四、规划期限为：2003年至2010年。

第三节　规划目标与主要指标

到2004年，全市建成区绿化覆盖率达到35%，实现“创模”绿化指标；到2007年，建成区绿化覆盖率达到40%，城市绿化达到国家园林城市标准；到2010年，建成区绿化覆盖率达到45%以上，绿化规划布局合理、科学，基本形成绿色天津的骨架，各项绿化指标达到或超过国家绿化先进城市、国际知名城市标准。

第四节　总体绿地系统规划结构与布局

根据未来城市空间发展规划，即采取“优先主轴、拓展外围、扩充两翼、突出区县、有序保护”，形成“海、山、水、田、城”生态城市格局，以“一带、两翼、三城、四区”为城市重点发展地区。建设布局合理、交通便捷、洁净舒适的街区环境，构筑“走廊型”城市整体框架，建成适宜创业发展和生活居住的绿色家园。

城市空间布局构成以京津发展轴为主轴的“一带两核三轴”、“天”字形轴向组团型结构。一带：沿京津发展主轴的“走廊型”都市带；两核：中心城区与塘沽城区两个核心区；三轴：沿宁河、汉沽、塘沽、大港海岸方向发展次轴，沿蓟县、宝坻、北辰、中心城区、西青、静海和中心城区、西青沿津保高速方向发展的辅轴。

空间发展策略为优先主轴：优先发展包括武清城区、中心城区及周边组团、海河两岸地区、塘沽地区、天津港等以海河为主轴的“走廊型”中心城市。拓展外围：近期重点发展武清、大港、东丽湖、银河风景区、空港物流加工区、开发区西区等城市组团，积极发展王庆坨、双口、张窝与辛口等城镇。扩充两翼：以天津港建设为核心，建设港口物流、港口贸易经济区、加工制造、旅游度假和滩涂湿地保护协调发展的蓝色海岸线。北翼重点发展芦台、汉沽开发区和北洋舰船军事主题公园，南翼重点发展散货物流中心、临港工业区、大港石化基地和海上新城等地区。突出区县：宝坻、静海、蓟县城区发展目标定位为中等城市，建设宝坻温泉城、团泊洼生态保护区、大邱庄等重点地区以及各区县重点城镇，完善城镇体系布局。有序保护：重点保护中心城区为核心的历史文化风貌保护区、蓟县北部京津“后花园”、永潮湿地生态保护区、大团湿地生态保护区和海岸湿地生态保护区等自然与历史文化保护区。

城市重点地区的确定概括为“一带、两翼、三城、四区”。一带：以京津发展轴为核心的外围地带，主要包括中心城区和外围组团地区、海河下游两岸地区、塘沽城区和西北部的武清城区。两翼：以塘沽和天津港为轴心的南北沿海两翼。北翼包括宁河芦台镇、汉沽城区和沿海岸地区；南翼包括塘沽南部地区、大港地区和油田中心地区。三城：重点发展宝坻、静海、蓟县三城区。四区：体现天津海、山、水、田、城生态城市格局的四个生态自然保护区，一是指天津市蓟县北部京津“后花园”保护区，二是指永潮湿地生态保护区（指位于永定新河与潮白河之间的三角地区，包括七里海、东丽湖、黄港一库和二库、北塘水库等地区），三是指大团湿地生态保护区（指北大港水库和团泊洼水库等地区），四是指滨海度假区与海岸湿地牛态保护区。

第五节　绿地系统分类规划（略）

第六节　树种规划

一、规划依据

1. 依照国家、市有关城市园林绿化的文件、法规；
2. 遵照本市自然气象、土壤、水文等自然条件，因地制宜；
3. 从本市的环境污染源及污染物的实际出发进行规划；
4. 参照本市园林绿化现状，现有绿化树种生产、生长及引种的实际情况进行规划。

二、规划原则

1. 应选择本地区乡土树种或多年来适应本市自然条件的生长规律外来树种；

2. 注意选择树形美观、卫生、抗性较强的树种；

3. 在提高各类绿地质量和充分发挥其各种功能的情况下，还要注意选择经济价值较高的树种；

4. 应考虑近期和远期相结合、速生树种与慢生树种结合。

5. 符合本城市所处的自然气候带森林植物的生长规律；

6. 能反映本市在植物栽植方面的地方特色和历史文化传统。

三、功能分类规划树种

1. 行道树种：绒毛白蜡、国槐、臭椿、毛白杨、悬铃木、千头椿、构树、垂柳、旱柳、馒头柳、金丝垂柳、栾树、泡桐、合欢、皂荚、杜梨、君迁子、香椿、刺槐、红花刺槐、黄金树、梓树、楸树、丝绵木、银杏、核桃、青桐、元宝枫、柿树、金叶刺槐、杜仲、白蜡、龙爪槐、枫杨、苦楝、大叶女贞、杨树、黑松。

2. 彩叶树种（含秋色叶树种）：红叶李、红叶桃、金叶刺槐、新疆杨、桂香柳、紫叶小檗、红枫、美国红栌、紫叶矮樱、金叶臭椿、平枝栒子、银杏、火炬树、盐肤木、丝绵木、柿树、君迁子、栾树、元宝枫、黄栌、日本小檗、茶镳子、红瑞木、青桐、紫薇、火棘、棣棠、爬山虎、五叶地锦、紫藤。

3. 观果树种：臭椿、构树、栾树、皂荚、杜梨、君迁子、黄金树、梓树、楸树、丝绵木、核桃、元宝枫、柿树、枣树、海棠果、山楂、苹果、梨、桃、杏树、龙爪桑、龙爪枣、桑树、金银木、黄刺玫、小檗属、石榴、文冠果、木瓜、海棠、天目琼花、接骨木、小紫珠、海州常山、枸杞、花椒、平枝荀子、葡萄、南蛇藤、鸡矢藤、观果蔷薇。

4. 观花树种：山桃、迎春、连翘、榆叶梅、丁香、紫荆、黄刺玫、碧桃、西府海棠、贴梗海棠、茶镳子、金银木、多花蔷薇、棣棠、猬实、锦鸡儿、绣线菊、接骨木、文冠果、玫瑰、杏、山楂、梨、苹果、水蜡、桂香柳、胡枝子、柽柳、玉兰、杜梨、泡桐、刺槐、紫藤、月季、石榴、锦带花、海仙花、大花溲疏、牡丹、平枝荀子、太平花、珍珠梅、荚迷、红花刺槐、黄金树、合欢、栾树、君迁子、国槐、美国凌霄、藤本月季、金银花、紫薇、木槿、盐肤木、华北香糯、海州常山、糯米条、山荞麦。

5. 耐荫树种：珍珠梅、金银木、天目琼花、棣棠、荚迷、迎春、迎春、大叶黄杨、小叶黄杨、鸡麻、太平花、连翘、银杏、白皮松、杜仲、红枫、爬山虎、五叶地锦、山荞麦、长春藤、扶芳藤。

6. 耐盐碱树种：杜梨、构树、臭椿、绒毛白蜡、绿苓、旱柳、栾树、泡桐、君迁子、刺槐、丝绵木、盐肤木、枣树、桂香柳、火炬树、榆树、桑树、皂荚、桧柏、龙柏、柽柳、紫穗槐、锦鸡儿、刺玫、金银木、白刺花、木槿、花石榴、胡枝子、接骨木、西府海棠、小叶女贞、金叶女贞、紫丁香、山桃、红叶李、胶东卫矛、砂地柏、五叶地锦、鸡矢藤。

7. 木本地被：日本小檗、紫叶小檗、金叶女贞、水蜡、小叶女贞、平枝荀子、柽柳、迎春、龙柏、砂地柏、地柏、千头柏、鹿角桧、丝兰、锦熟黄杨、小叶黄杨、朝鲜黄杨、大叶黄杨、胶东卫矛、梅朗系列月季、‘绿浪’月季、矮子杉、兴安桧、桧柏、五叶地锦、爬强虎、山荞麦、鸡矢藤、扶芳藤、常春藤。

8. 宿根地被：萱草、矮景天、费菜、丁香红荷兰菊、一枝黄花、粉八宝、芍药、假龙头、马薄荷、玉簪、石刁柏、德国鸢尾、蓍草、勋章花、常夏石竹、白三叶、小冠花、马蔺、蔓萎陵菜、百脉根。

天津市首选部分乔木品种实用明细

表 5-2-6-1

植物名称	拉丁学名	科属	主要生理习性及园林用途	备注
银杏	*G. biloba L.*	银杏科	喜光、耐寒、耐干旱、具抗性，宜庭荫、行道树	
云南油杉	*K. evelynianaMast.*	松科	喜光、不耐荫，喜温暖湿润及干湿季明显，抗旱	
红皮云杉	*P. koraiensis Nakai*	松科	喜空气湿度大，较耐荫、耐寒、耐干旱	
华北落叶松	*L. olgensis Henry*	松科	强阳性，甚耐寒，宜用材及绿化	
黑松	*P. thunbergii Parl.*	松科	强阳性、耐干旱、瘠薄及盐碱土，抗海潮风	
白皮松	*P. bungeana Zucc.*	松科	喜光、耐瘠薄和轻盐碱土壤，抗二氧化硫及烟尘	
水杉	*M. glyptostroboides*	松科	古生树种，喜光、温暖气候，忌积水及过于干旱	
侧柏	*P. orientalis（L.）*	柏科	喜光，耐干旱瘠薄及盐碱地，不耐水涝，宜绿篱	
铺地柏	*S. procumbens（EndI.）*	柏科	喜海滨气候，适应性强，不择土壤，宜覆盖地面	
粗榧	*C. sinensis（Rehd. etWils）*	三尖杉科	喜温凉湿润气候，耐荫性强，可作园林观赏树用	
白玉兰	*M. denudata Desr.*	木兰科	喜光、有一定的耐寒性，是驰名中外的观赏树种	
二乔玉兰	*M. x soulangeana（lindl）*	木兰科	是玉兰与木兰之杂交种，较其更为耐寒、耐旱	
广玉兰	*M. grangiflora L.*	木兰科	喜光、不耐寒，耐烟尘，抗二氧化硫，华北盆栽	
杂种鹅掌楸	*L. chinense xL. tulipifera*	木兰科	为鹅掌楸、美国鹅掌楸杂交种，耐寒性较强	
红楠	*M. thunbergii S. et Z.*	樟科	稍耐荫，具一定耐寒能力，具较强的耐盐性	
白鹃梅	*E. racemosa（Lindl.）*	蔷薇科	喜光、耐半荫，干旱瘠薄土壤，适应性强，耐寒	
风箱果	*P. amurensis（Maxim）*	蔷薇科	产于黑龙江及河北，喜光耐寒，宜植于庭园观赏	
紫叶李	*P. cerasifera Ehrh. cv. Atropurpurea*	蔷薇科	产东北南部、华北、华东及华中，适应性强，管理粗放，以观叶为主	
山桃	*P. davidiana Franch.*	蔷薇科	喜光、耐寒、耐旱，较耐盐碱，忌水湿	
樱桃	*P. pseudocerasus Lindl.*	蔷薇科	产华北、华东、华中至四川，较耐干旱瘠薄	
稠李	*P. padus L.*	蔷薇科	产东北、华北、内蒙古及西北，稍耐荫、耐寒	
山楂	C. pinnatifida Bunge	蔷薇科	喜光、耐寒，喜冷凉干燥气候及排水良好土壤。	
石楠	*P. serrulata Lindl.*	蔷薇科	稍耐荫，喜温暖湿润气候，耐干旱瘠薄，忌水湿	
山荆子	*M. bacata（L.）Borkh*	蔷薇科	喜光，耐寒性强，耐干旱，深根性，寿命较长	
海棠花	*M. spectabilis（Ait.）Borkh*	蔷薇科	喜光、耐寒，耐旱，忌水湿，我国著名观赏树种	
海棠果	*M. prunifolia Borkh*	蔷薇科	喜光、耐寒、耐旱，耐碱，较耐水湿	
杜梨	*P. betulaefolia Bunge*	蔷薇科	喜光、抗寒、抗旱力强，耐盐碱，耐涝性	

续表 5-2-6-1

植物名称	拉丁学名	科属	主要生理习性及园林用途	备注
紫荆	C. chinensis Bunge	苏木科	喜光、喜湿润肥沃土壤，耐干旱瘠薄，忌水湿	
羊蹄甲	B. purpurea L.	苏木科	喜暖热气候，耐干旱，生长快	
皂荚	G. sinensis lam.	苏木科	喜光、较耐寒，轻盐碱土上能正常生长，抗污染	
山皂荚	G. japonica miq.	苏木科	喜光、耐寒、耐干旱，深根性，少病虫害	
合欢	A. julibrissin Durazz.	含羞草科	形优美，喜光、较耐寒，耐干旱瘠薄，不耐水湿	
山合欢	A. macrophylla（Bunge）	含羞草科	喜光、喜温暖气候及肥沃湿润土壤，耐干旱瘠薄	
槐树	S. japonica L.	蝶形花科	喜光耐寒，耐强剪，轻盐碱土上能正常生长，对烟尘及有害气体抗性较强。变种还有龙爪槐等	
刺槐	R. pseudoacacia L.	蝶形花科	喜光、耐干旱瘠薄，对土壤适应性强，萌蘖性强	
黄檀	D. hupeana Hance	蝶形花科	喜光、耐干旱瘠薄，产长江流域及其以南地区	
紫穗槐	A. fruticosa L.	蝶形花科	喜光、适应性强，耐盐碱、水湿、干旱、瘠土	
山梅花	P. incanus Koehne	蝶形花科	喜光、较耐寒，怕水湿，不择土壤，庭园观赏	
毛梾木	C. walteri Wanger	山茱萸科	较喜光、喜深厚肥沃土壤，较耐干旱瘠薄	
山茱萸	M. officinale nakai	山茱萸科	性强健，喜光、耐寒，也能耐旱	
蓝果树	N. sinensis Oliv.	蓝果树科	喜光，耐干旱瘠薄，秋叶红色，宜作庭荫树	
珊瑚树	V. awabuki K. Kvch	忍冬科	稍耐荫，不耐寒，耐烟尘，抗二氧化硫及氯气	
接骨木	S. williamsii Hance	忍冬科	性强健、喜光、耐寒、耐旱，宜于园林绿地观赏	
枫香	L. formosana Hance	金缕梅科	喜光、喜温湿气候，耐干旱瘠薄，抗风，秋色叶	
悬铃木	P. xacerifolia（Ait.）Willd.	悬铃木科	生长快、耐修剪，抗烟尘、适应性强，宜行道树	
法桐	P. orientalis L.	悬铃木科	喜温湿气候，耐寒性不强，宜作行道及庭荫树	
美桐	P. occidentalis L.	悬铃木科	我国有少量栽培，宜作行道及庭荫树	
毛白杨	P. tomentosa Carr.	杨柳科	喜光、抗烟尘及有毒气体，其雄株宜作行道树	
新疆杨	P. alba L. cv. Pyramidalis	杨柳科	喜光、耐大气干旱及盐渍土，抗风性强	
加杨	P. x Canadensis Moench	杨柳科	喜光、耐水湿和轻盐碱土，其雄株宜作行道树	
小叶杨	P. simonii Carr.	杨柳科	喜光、适应性强、耐寒、耐干旱瘠薄，抗风力强	
胡杨	P. euphratica Oliv.	杨柳科	喜光、耐大气干旱及寒冷、干热气候，抗盐碱	
旱柳	S. matsudana Koidz.	杨柳科	喜光、耐寒，抗风力强，其变种有龙须柳等	
垂柳	S. babylonica L.	杨柳科	性喜水湿，耐水淹，也耐干旱，姿态优美	
杨梅	M. rubra（Lour.）S et Z	杨梅科	稍耐荫，不耐烈日直射，不耐寒，抗有毒气体	
白桦	B. platyphylla Suk.	桦木科	喜光、耐严寒，喜酸性土，耐瘠薄及水湿	
苦槠	C. sclerophylla Schott.	山毛榉科	喜光、稍耐荫，耐干旱瘠薄，抗二氧化硫等气体	
桤木	A. cremastogyne Burk.	桦木科	喜光，喜温湿气候，耐干旱瘠薄，护岸固堤树种	
栓皮栎	Q. variabilis Bl.	山毛榉科	喜光，对气候、土壤适应性强，耐寒和干旱瘠薄	
槲栎	Q. aliena Bl.	山毛榉科	喜光，稍耐荫，对气候适应性较强，抗烟尘等	
枫杨	P. stenoptera C. DC.	胡桃科	喜光、适应性强，颇耐寒，耐低湿，宜作护岸树	
木麻黄	C. equisetifolia L.	木麻黄科	喜光、喜炎热气候，耐干旱瘠薄及盐碱，耐潮湿	

续表 5-2-6-1

植物名称	拉丁学名	科属	主要生理习性及园林用途	备注
榆树	*U. pumila L.*	榆科	喜光、适应性强，耐寒、耐旱、耐盐碱，抗毒气	
榔榆	*U. parvifolia Jacq.*	榆科	喜光、喜暖湿气候，耐干旱瘠薄，抗二氧化硫等	
榉树	*Z. schneideriana Hand.*	榆科	喜光、稍耐荫，耐烟尘，抗病虫害能力较强	
朴树	*C. tetrandra Roxb. Ssp.*	榆科	喜光、稍耐荫，对土壤要求不严，耐轻盐碱土，抗烟尘及有毒气体，冠大荫浓，宜作庭荫树	
	Sinensis（*Pers*） *Y. C. Tang*			
青檀	*P. tatarinowii Maxim*	榆科	喜光、稍耐荫，耐干旱瘠薄，树皮为制造宣纸材	
桑树	*M. alba L.*	桑科	喜光、适应性强，耐湿，耐干旱瘠薄，耐轻盐碱	
构树	*B. papyrifera*（*L.*）*Vent.*	桑科	喜光、适应性强，耐干旱瘠薄，抗大气污染力强	
杜仲	*E. ulmoides Oliv.*	杜仲科	喜光、耐寒，在酸性、中性及轻盐土上均能适应	
山桐子	*I. polycarpa Maxim.*	大风子科	树冠端整，秋日红果累累，宜作庭荫树及观赏树	
柽柳	*T. chinensis Lour.*	柽柳科	有抗涝、抗旱、抗盐碱及沙荒地的能力，可入药	
糠椴	*T. mandshurica Rupr.*	椴树科	喜光、耐寒，喜凉润气候，宜植于干湿适中的平原，树姿雄伟，叶大荫浓，花有香气	
蒙椴	*T. mongolica Maxim.*	椴树科	较耐荫，喜湿润之阴坡，耐寒性强，秋叶亮黄色	
梧桐	*F. simplex*（*L*）*W. F. Wight*	梧桐科	喜光、喜暖湿气候，耐寒性弱，怕水淹，可入药	
乌桕	*S. sebiferum*（*L.*）*Roxb.*	大戟科	喜光、喜温暖气候及肥沃土壤，耐水湿、秋叶红	
丝绵木	*E. bungeanus Maxim.*	卫矛科	稍耐荫，适应性强，耐寒、耐旱耐水湿，宜观赏	
沙枣	*E. angustifolia L.*	胡颓子科	喜光、耐干冷气候，抗风沙，盐碱地能生长	
沙棘	*H. rhamnoides L.*	胡颓子科	喜光、耐寒，抗风沙，适应性强，耐盐碱，入药	
枣树	*Z. jujuba Mill.*	鼠李科	喜光、适应性强，喜干冷气候，耐干旱瘠薄	
柿树	*D. kaki L.f.*	柿树科	喜光、耐寒，耐干旱瘠薄，忌水湿盐碱，秋叶红	
君迁子	*D. lotus L.*	柿树科	适应性强，耐寒、耐干旱瘠薄能力均比柿树强	
黄檗	*P. amurense Rupr.*	芸香科	喜光、耐寒力强，喜湿润、肥沃、排水良好土壤	
臭檀	*E. deniellii*（*Benu*）*Hemsl*	芸香科	果红色美丽，秋叶鲜黄，为园林观赏，可入药	
臭椿	1. *altissima*（*Mill.*）	苦木科	喜光、耐寒，耐干旱、瘠薄及盐碱地，不耐水湿，抗污染能力强，生长快、少病虫害，可入药	
香椿	*T. sinensis*（*A. Juss*）*Roem*	楝科	喜光、喜肥沃土壤，较耐水湿，一定的耐寒能力	
栾树	*K. paniculata Laxm.*	无患子科	喜光、耐寒、耐旱，耐低湿和盐碱地，抗烟尘，病虫害少，秋叶黄色，宜作观赏庭荫及行道树	
黄栌	*C. coggygria Scop.*	漆树科	喜生于半荫及较干燥环境，秋叶红艳，可入药	
黄连木	*P. chinensis Bunge*	漆树科	喜光、适应性强，耐干旱瘠薄，抗二氧化碳等	
盐肤木	*R. chinensis Mill.*	漆树科	喜光、适应性很强，秋叶红色，可入药	
火炬树	*R. typhina L.*	漆树科	性强健，耐寒，耐盐碱，秋叶红艳，宜园林观赏	

续表 5-2-6-1

植物名称	拉丁学名	科属	主要生理习性及园林用途	备注
南酸枣	*axillaries* (*Roxb.*)	漆树科	喜光、耐干旱瘠薄，不耐寒，生长快，冠大荫浓，宜作庭荫及行道树，可入药	
	Burtt etHill			
元宝枫	*A. truncatum Bunge*	槭树科	喜侧方庇荫、温凉气候，适应性强，秋叶黄、红	
泡桐	*P. fortunei* (*Seem.*) *Hemsl.*	玄参科	喜光、耐寒性不强，幼年生长极快，春天白花满树，夏日浓荫如盖，常作庭荫及行道树	
女贞	*L. lucidum Ait.*	木犀科	稍耐荫，喜温暖湿润气候，不耐寒，抗有害气体	
暴马丁香	*S. reticulata* (*Bl.*) *Hara*	木犀科	花有异香，常植于庭园观赏	
	Var. mandshurica Hara			
白蜡树	*F. chinensis Roxb*	木犀科	喜光、喜温暖、耐寒，耐轻盐碱，耐旱、抗烟尘	
水曲柳	*F. mandshurica Rupr.*	木犀科	喜光、耐寒，生长快，抗风力强，抗水湿	
洋白蜡	*F. pennsylvanica Marsh.*	木犀科	喜光、耐寒及低湿，发叶迟、落叶早，宜行道树	
绒毛白蜡	*F. velutina Torr.*	木犀科	耐寒、耐旱、耐瘠薄，耐低洼及盐碱地，对有害气体及病虫害抗性较强，生长快，常作行道树	

第三章　各区规划文本

第一节　和平区规划文本

和平区位于天津市的中心，东北以海河为界，与河北、河东两区相望；西面分别以南马路、南门外大街、卫津路、八里台立交桥北侧为界，与南开区毗连；南面以马场道、河沿路、徐州道为界与河西区相接。区域总面积为 9.97 平方公里，共有常住人口约 32.23 万人，辖 34 条主干道，内设 6 个街道办事处，94 个居民委员会，逐步建成商贸金融中心区、现代服务业示范区、都市风貌形象区。绿地构成主要包括：中、小公园 14 处、占地 12.77 公顷，小游园 24 处、占地 2.59 公顷，居住区绿地占地 14.70 公顷，道路绿地 13.15 公顷，单位附属绿地 8.99 公顷，其他绿地 3.16 公顷（含李七庄苗圃 3.06 公顷），截至 2002 年底，和平区园林绿地面积 915074 平方米，其中公共绿地面积 519440 平方米。人均公共绿地 1.61 平方米，绿化覆盖率 13.59%，绿地率 9.18%。

一、规划基本原则：

1. 维持现有绿地生态功能，统筹考虑，均匀、合理布局；

2. 点线面结合，形成科学合理的绿色空间网络结构；

3. 加大垂直绿化、屋顶绿化、阳窗台绿化以及树木栽植的额度，强化空间绿化理念；

4. 因地制宜，充分保留，结合风貌，合理规划，分期实施。

二、规划有 14 个中小公园，改造完善公园功能，提升公园景观水平。改造和新建绿化广场。街头绿地结合地铁工程，实施金角银边工程。居住区绿地遵循见缝插绿、均匀分布的原则。单位附属绿地其附属绿化也将成为和平区绿化增量的主要增长点之一，绿地率要力争达到单位用地总面积的 25%~30%以上。对区内拆迁后未建设的闲置空地实施临时绿化，改善城市环境。

三、规划实施措施：依照相应的政策、法规，保证园林绿化专项规划的实施。加强道路绿化，做好主要入区口的绿色景观建设。做好新建、扩建的公园建设。多渠道筹集资金。

长期做好城区域内可绿化用地的普查工作。

第二节　河西区规划文本

河西区位于天津市中心东南部的海河西岸，建成区面积 36.9 平方公里，人口 71.2 万，是天津市中心城区之一，也是我市重要的政治、商务中心区和对外交流的窗口。近年来，该区以争创国家园林城市为目标，坚持政府组织、社会参与、合理规划、因地制宜、讲求实效的原则，按照量的突破、质的提高、特色的形成三位一体的要求，大力推进城区绿化建设，大幅增加绿量，全面实施规范化管理，提高城市绿化整体水平，努力建设绿色河西。该区连续三次（六年）获得天津市绿化先进区县，2003 年河西区园林局被国家建设部授予全市唯一的创建国家园林城市先进集体称号。截止到 2002 年年底，河西区已有公园 29 处，面积 123.01 万平方米，其中绿化广场 11 处，面积 13.06 万平方米；小游园 45 处，面积 14.4 万平方米；街景绿地 291 万平方米；居住区绿地 184.5 万平方米；单位附属绿地 171.6 万平方米；生产绿地 1.8 万平方米；风景林地 9.4 万平方米。截至 2002 年底，河西区的“三绿”指标分别达到：绿化覆盖率 33.55%，绿地率 23.06%，人均公共绿地 5.1 平方米。

按照“建设绿色家园”工程的总体要求，河西区努力建设“八大工程”，使全区园林绿化再上新水平。

2004—2010 年河西区增绿项目主要来自以下几个方面：

到 2010 年绿点工程增绿项目 44 项，增绿 10.42 万平方米。绿块工程增绿项目 32 项，增绿 27.57 万平方米。绿园工程规划建设柳林风景区。绿脉工程增绿项目 11 项，增绿 55.37 万平方米。绿荫工程建设项目28项，增绿面积9.35万平方米。河西区绿屏工程建设项目54项，绿化长度达7.21公里。将继续做好屋顶绿化和阳台绿化。绿居工程建设项目11项，增绿52.85万平方米。该区每年将加大力度实施临时绿化工程，到2010年争取绿化保存量在25万平方米。“绿临工程”使土地得到最充分的利用，环境效益最大化。

2004—2010年，河西区规划建设项目184项，共新增绿地面积185万平方米。建设总量适宜、分布合理、植物多样、景观优美的城区绿地生态系统，是全区今后几年乃至更长时间的目标。公园绿地努力创造文化公园、精品公园和特色公园，改善公园的综合服务功能。河西区规划建设2万平方米以上的公园2处：一处在梅江地区，一处在陈塘庄陈家胡同。绿化广场突出城市个性和特色，反映城市历史文脉，同时为区域经济服务，全力打造高品味广场。街景绿地实施“金角”工程，使全区可绿化道路全部绿化。2004年—2010年，河西区规划建设街景绿地87项，新增绿化面积93.362万平方米。规划行道树的树种由原来常用的8种增加到17种，街景绿地选用骨干树种17种，基调树种10种，一般树种30种。居住区绿地规划的原则是：以人为本，建设绿量适中、功能统一、植物多样、配置合理的居住区绿地系统。2004—2010年规划建设居住区绿地11处，绿化面积52.9万平方米，老居住区绿地要逐年实施改造。单位附属绿地的规划原则是：以改善单位环境为目标，以治理“三废”为前提，以服务单位形象为侧重。2004年—2010年，再建设9.4万平方米的单位附属绿地。主要包括学校、医院和其它企、事业单位内的绿地。到2010年，河西区建成区范围内达到居民由任意点出发：

300米内有一处1000平方米以上的公共绿地；

500米内有一处5000平方米以上的公共绿地；

3公里内有一处20000平方米以的公园；

10公里内有一处大型风景区。

河西区建设项目184项，绿化总面积185万平方米，建设总投资25248万元；拆迁规模达到28.71公顷，拆迁投资需要145040万元。

规划实施措施：要紧紧围绕绿色家园工程这一中心工作，依靠和发动多方力量，做好四个“保障”即（一）法规和政策保障；（二）土地保障；（三）资金保障；（四）科技保障。

第三节　南开区规划文本

南开区位于天津市中心区的西南角，与红桥区、和平区、河西区、河北区、西青区、北辰区相接壤。老城里为天津市历史上行政中心，天后宫一带为历史上的漕运中心。该区界内还有天后宫、文庙、鼓楼商贸区、广东会馆、水上公园、周邓纪念馆等一系列人文景观。以天津大学、南开大学为核心的天津市科技园区已初现规模，将成为市科技文化中心。该区得天独厚的地理环境和文化底蕴是各项发展的重要依托和动力。津河、卫津河横贯南开区。截至2002年年底，全区绿化覆盖率达到31%。

规划奋斗目标是："南开就是公园"。规划原则是："因地制宜，分步实施；巩固成果，保证增量；科学布局，统筹兼顾；全民动手，全面发展"。共创绿色家园，打造新南开。以老城厢、张自忠路为重点，向南带动南门外大街、卫津路，向西带动黄河道的全面改造，以南开区段的中环线和津河为主轴，向两翼发展。已工业园区为龙头，带动整个西部地区。到2010年该区将建成一重点、一龙头、一主轴布局合理的"三大绿色景观"和以河道、铁路为主的南北走向的"五大绿色走廊"。

第四节 红桥区规划文本

红桥区位于天津市西北部，面积为21.23平方公里，人口为55.6万人。截至2002年年底全区共拥有各类树木（大苗）90.86万株（其中乔木22.53万株），拥有城市绿地面积508.01公顷（其中公共绿地168.47公顷），全区的城市绿地率为23.9%，人均公共绿地面积为3.03平方米，城市绿化覆盖率为31.99%。

红桥区紧紧围绕"一三二一"新经济布局和"三河五岸"的地域特点，通过绿化规划建设良好的生态效益的城市居住活动场所，扩大城市生态空间。2004年年底该区创建环保模范城区、市政府下达的城市绿化覆盖率要达到35%的目标不变。从2005年到2007年三年该区要完成121.81公顷的绿化增量建设，到2010年新增绿化面积113.91公顷。

2004年至2010年全区共新增绿化面积281.39公顷，共需投入建设资金113393.03万元。其中绿化建设总投入18774.85万元，市投入11442.85万元，区自筹7332万元；拆迁等需投入94618.18万元。

措施保证：(一) 加大绿化的宣传力度，利用各种媒体全方位的宣传城市绿化对健全城市生态环境，改善城区环境质量的重要作用。(二) 加强法制建设，依法进行绿化的规划、建设、管理，认真贯彻执行"天津市城市绿化条例"，强化规划管理，增强法制观念和规划意识，严格执行各类绿化用地在城市建设中的比例。(三) 继续强化绿化的养护管理，加大养管力度，下力量搞好全区的绿化养护。(四) 完成规划资金是保证，在实施规划的过程中，多渠道筹集资金，力争建设与绿化同步，为提前完成规划打下基础。(五) 充分发挥科技先导，科技兴绿的作用。

第五节　河东区规划文本

河东区是天津市中心区之一，也是中心市区连接滨海新区的前沿，是全市经济重心东移的战略要地。河东区目前的主要发展目标定位在综合开发海河两岸基础建设，营造良好的投资环境加快招商引资速度。河东区地处海河东岸，人口63万，河岸线8.28公里，发展空间很大。已启动南站中心商务区和天钢地区泰达海河明珠建设项目，并以此为轴心向该区腹地辐射发展全力搞好海河综合开发改造，努力形成有河东特色的服务性经济带、景观带、绿化带。

河东区大直沽是天津市最早的聚落，津门有“先有大直沽，后有天津卫”之说。大直沽是津门七十二沽之中最具盛名的名沽。早在元代就是南粮北运的转运中心，并建有天妃宫、接运门、临清万户府，经济繁荣、宗教文化发达，是当时直沽地区政治、经济、宗教文化中心。九十年代，该区根据建设“直沽旅游商城”的规划目标，对该地区实施改造，天妃宫遗址博物馆和直沽历史文化陈列馆已正式建成对外开放。

截至2002年年底，该区现有各种绿地426万平方米，其中：公共绿地335万平方米，专用绿地91万平方米，公共绿地占全区绿地78.6%。全区绿化覆盖率达到32%，绿地率18.74%，人均绿地5.08平方米。

第六节　河北区规划文本

河北区地处三岔河口、海河东岸，位于天津市东北部。建成区面积26.8万平方公里，常住人口60.99万人。具有交通、文化、旅游等环境优势。有30余处列为国家级或市区级文物保护单位或爱国主义教育基地。到2002年底，全区实有绿地317.5公顷、树木148.4万株。其中公共绿地254.6公顷，专用绿地62.9公顷。全区现有公园23座78.7公顷，大型广场绿地6处10.5公顷，绿化小区232片107.3公顷。城区绿化覆盖率达到30.2%，人均公共绿地达到6.19平方米。

绿地系统分类规划：(一) 公园：中小规模、合理分布、突出特色，达到居民出行3公里以内可以到达1处2万平方米以上的公园。到2010年之前，拟建区级公园3座，计22.1万平方米。(二) 街景及绿化广场：以本区两纵两横路网为重点，主干道交口退角、两厢退线、在立交桥周边、河流两岸拆出较大空间，拓宽绿量，到2010年前，新增街景和绿化广场106处，205.69万平方米。(三) 居住区绿地：到2010年前，预计新增居住区绿地35万平方米，年均增加5万平方米。

（四）单位附属绿地：年均建成单位专用绿地 1 万平方米，到 2010 年共建成专用绿地 7 万平方米。

建成区绿地系统构筑以“两团一线”“三射”“一路”“三桥”“五河”为骨架，公园、绿化广场合理分布，居住区普遍绿化的全区绿化体系。

2004 年该区拟新建绿地 53.95 万平方米，2005—2007 年拟新建绿地 114.31 万平方米，2008—2010 年拟新建绿地 101.53 万平方米。

规划实施措施：（一）加强领导，统一思想，提高认识。（二）分解任务，层层落实。（三）广泛开展义务植树和绿地率达标工作。

第七节　东丽区规划文本

东丽区地处天津市东部，南临海河，东为塘沽，滨海国际机场座落区内，津塘公路、京津塘和津滨高速公路从境内经过，地理位置优越，为天津市窗口地区。土壤盐碱，较粘重。建成区面积 16.68 平方公里，各类建筑密度较大。

截至 2002 年年底，建成区绿地总面积 355 公顷，绿地率 21.5%；绿化覆盖总面积 444 公顷，绿化覆盖率为 26.64%；公共绿地总面积 63 公顷，人均公共绿地 5.57 平方米。

建成区规划：巩固旧区绿化成果，调整绿地布局，结合环内地区旧区改造增辟大面积广场、街景绿地，并实施金角和绿点、绿块工程，新建区域的绿化规划要突出生态特点，并加快建成区的规划实施，完成各规划居住区、产业园区及先锋南景区等的绿化配套建设。到 2004 年年底新增城市绿地 160.11 公顷，2005—2007 建成区新增绿地 1309 公顷。

旧区的绿地规划结合各项改造规划进行，以增建公共绿地为主，新建地区居住绿地率按 35% 的指标进行绿化配套规划，区内采取嵌入式规划法，将各类居住区视作整块绿地，各类建筑“岛”状嵌入，然后按建设详规将其余绿地进行分类规划。新建各产业园区周围建设生态林带，单位附属绿地按行业划分，分别按 30%、35%的绿化配套指标进行规划。先锋南地区按海河综合开发规划，完成风景区建设。

第八节　北辰区规划文本

北辰区地处天津市北部，北与武清区相连，西与西青区交界，南与中环线相接，东与东丽区和宁河县接壤，交通四通八达。国干线和高速路占全市之首。北辰区外环线绿化带长约 22

公里，内外侧绿化带面积现为外侧237.8万平米，内侧86万平米，共323.8万平米，截至2002年年底，绿化实有量为1066.8万平米，绿化覆盖率达30.8%，绿地率达24%，人均公共绿地17.9平米。

北辰区历史文化悠久，清道光年间，仅北仓一带就有72道皇会。因境内有桃花寺、桃花口等名胜、古渡，历史文人墨客巡游至此，留下不少吟咏胜景的妙章佳句，康熙帝也为桃花口写下《点绛唇》词。清末至民国年间，河北梆子、评剧等戏曲成为时尚；其后，话剧、活报剧等带有革命内容的新的文艺形式在北仓、柳滩、双口等数十村兴起。

2003—2004年确保完成334.5万平米绿化任务；2007年建成区新增绿化面积438.05万平米；2010年建成区新增绿化面积651万平米。实施的八大工程：(一）绿点工程：2004年至2010年底，改造和新建街头绿地和小游园，绿化面积169万平米。(二）绿块工程：2004年至2010年，改造和新建街头绿地广场，绿化面积31.4万平米。(三）绿园工程：新建区级和市级公园4处，绿化面积200.8万平米。(四）绿景工程：加快建设和完善银河度假村、屈家淀游览区、北仓公墓的改建和扩建工程，绿化面积120万平米。(五）绿环工程：到2010年，全部实现外环线外侧500米绿化工程，绿化面积738万平米。(六）绿脉工程：根据市有关部门的意见，改造北辰区二级河道丰产河两侧绿地，京山铁路沿线绿化新增绿化面积49.35万平米。(七）绿荫工程：充分发挥每个企业、机关、学校的全民义务植树活动的积极性，集中社会力量完成绿荫工程115万平米，为提高北辰区绿化覆盖率增绿量。(八）绿屏工程：为丰富绿化形式，增加城市绿量，大力提倡垂直绿化，每年要求14万平米的垂直绿化量。

第九节　津南区规划文本

津南区位于天津市东南部，海河下游南岸，是天津市的四个环城区之一，是连接市中心区和滨海新区的重要通道。东与塘沽区接壤，南与大港区毗邻，西与河西区、西青区相连，北与东丽区隔海河相望，东部的葛沽镇是滨海新区的重要组成部分。津南区是全国“田径之乡”。区内巨葛庄战国遗址和为纪念清代天津总兵周盛传而建成的小站会馆周公馆，均为市级文物保护单位。小站地区自古为屯田驻兵之地，近代袁世凯在此练兵起家，练兵营盘遗址犹存。著名的民俗活动有葛沽辇会等。葛沽镇以“九桥十八庙”和“辇会”、“花会”为特色的民俗文化而著称与世。小站镇以驰名中外的小站稻、袁世凯小站练兵等闻名遐迩。津南大地曾孕出著名红学家周汝昌、电影艺术家田方、曲艺表演艺术家田连元、著名作家邢野等一代名流。津南大地可谓人杰地灵。截至2002年年底，建成区面积为8.14平方公里，绿地1027519平方米，绿化覆盖面积1532823平方米。绿地构成主要包括：公共绿地853处410938平方米、居住区绿地1949处38869平方米、道路绿地 248 处 157080 平方米、单位附属绿地 129 处 162900 平方米、生产绿地 1 处 206700 平方米、防护绿地 1 处 47372 平方米、风景林地 1 处 3660 平方米。绿化覆盖率 18.83%，绿地率 12.62%，人均公共绿地 3.89 平方米。

绿地系统分类规划：（一）公园、广场：新建公园、广场绿地，提供更多的游玩、休憩场所。（二）道路街景：街头绿地主要提供居民日常的休憩之用，尽可能分布均匀、方便到达，形成道路的风景。（三）居住区绿化：绿地不低于居住用地的 30%。

规划实施措施：按照相应的政策、法规，保证园林绿化规划的实施，力争建成以人为本的绿地系统，满足人们的需要；多渠道筹集资金，进行绿化建设。

第十节　西青区规划文本

西青区位于天津市西南侧，独流减河与子牙河之间。东与天津市红桥区、南开区、河西区、津南区毗邻，东南与大港区相连，南隔独流减河与静海县相望，北与北辰区以子牙河为界，西与武清区及河北霸州市接壤。辖 1 街道办事处、2 镇、7 乡。

杨柳青镇是西青区区政府所在地。东与工农联盟农场相邻，南与张窝乡和上辛口乡相接，西邻武清县和河北省霸州市，北连本市北辰区。总面积 65 平方公里，其中建成区 12.9 平方公里。

在西青区内有一级河道 3 条，区辖二级河道 10 条，排水河 4 条。

杨柳青镇是有着千年悠久历史的文明古镇，是中国三大木版年画之一杨柳青年画的发祥地，同时也是天津市汽车工业基地。

杨柳青镇区现存有“石家大院”“文昌阁”“普亮宝塔”“平津战役前线指挥部遗址”等历史遗迹。

根据杨柳青总体规划思路，以加快基础设施建设为契机，带动杨柳青镇的旧区改造和新区建设。形成杨柳青镇区内的五横六纵的道路骨架。整体实现杨柳青路网格局体系，启动柳口路中心商业街和明清街二期古楼会馆的建设，全面完成御河人家旅游商埠建设，使旅游业成为西青区的支柱产业，树立杨柳青旅游文化品牌，带动社会的进步，既具文化历史古蕴，又充分体现现代特的的集商贸、旅游、休闲为一体的文化古镇将展现在津沽大地，成为津门一颗耀眼的明珠。区委区政府提出的力争把杨柳青建设成为全国文明的园林花园式城镇的目标一定能够实现。

到 2002 年年底绿化覆盖面积为 509.2 公顷。杨柳青镇主要的人文景观有：杨柳青广场、京杭大运河、高尔夫球场、柳叶岛公园等。截至 2002 年年底，西青区的绿化覆盖率为 38%，绿地率 32.8%，人均公共绿地面积为 12.52 平方米。

第十一节　塘沽区规划文本

塘沽区位于天津市区东部，濒临渤海，属于暖温带半湿润大陆性气候，受季风环流影响很大。该区地表属于滨海冲击平原，西北高，东南低，海拔高度1~3米，地面坡度小于1/10000。区内有北塘水库、大面积的盐田和众多的坑塘，因此水面面积大和地势低平成为本区的主要地貌特征。但由于濒临渤海，地势低洼，地下水高，土壤为灰褐色淤泥质黏土，含盐量高，平均在0.5%左右，矿化度高，pH值8.2~8.5，是典型的盐碱地。

截至2002年年底，绿化面积达829公顷，其中公共绿地为364公顷，居住区绿地107公顷，道路绿地22公顷，专用绿地277公顷，风景林地8公顷，生产绿地50公顷。绿化覆盖率达16.15%，绿地率10.54%，人均公共绿地面积为9平方米。

规划指导思想：（一）优化生态环境，为地区经济社会可持续发展创造环境条件。（二）城郊一体化，使城区与城郊居民点的生态板块与大自然的生态基质沟通。（三）大力推进绿色通道建设，优先加强对外公路干线、城市道路、高压走廊及河流两侧、重要堤岸沿线一级重点水库周边地区的绿带建设，形成带、网、片、点相结合。（四）在城区中主干道两侧设置宽幅林荫道，构筑城市绿化骨架。（五）倡导单位和居民在同意规划下积极开发庭院绿化、阳台、屋顶、墙面的立体绿化美化，见缝插绿，实现黄土不见天。

规划2002—2004年，建成区面积78.58平方公里，增加绿地1490公顷；2005—2007年，建成区面积82.95平方公里，增加绿地568公顷；2008—2010年，建成区面积86.87平方公里，增加绿地591公顷。

绿地系统分类规划：（一）公共绿地：修建一批较有特色的公园小游园、广场绿地。（二）居住区绿地：以宅旁绿地和组团绿地为基础，以小游园为核心，以道路绿化为网络，使小区绿化自成体系，并与居住区绿化系统相协调。（三）防护绿地：加强区内海河、黑猪河等自然河道两侧的绿化，形成沿河绿色防护林带。（四）风景林带：在海河沿岸、大沽炮台处建成大面积的风景林地。

第十二节　大港区规划文本

大港区位于天津市东南部，东临渤海湾，距市中心45公里。大港区属北半球温暖带半湿润大陆性季风气候，呈冬夏长、春秋短、四季分明、季风显著的气候特征。大港城区为组团结构，分为港城、滨海、官港三片，占地面积41.95平方公里，至2002年，人口18万人，多年来，大港区在坚持城市建设就是产出、基础设施也是生产力、抓城市建设就是抓经济的思想，按照“把道路变宽、把地面变绿、把房子变大、把夜晚变亮、把城乡变美”的目标，创造性地进行城乡建设改造，截至2002年年底，建成区现有绿地面积1283.7万平方米，其中：公园635.6万平方米、游园28.5万平方米、居住区102.6万平方米、街头绿地245.3万平方米、单位附属绿地115.2万平方米、防护林地68.6万平方米、生产绿地87.9万平方米。建成区绿化覆盖率31.8%、绿地率30.6%、人均公共绿地面积36.9平方米。

大港区以创建“国家园林城区”建设生态型园林城市为目标，塑造城市总体的美、环境的美、形象的美、内在的美，并将大港港城区、滨海区、官港区各绿化景区用绿色通道进行连接，做到处处有绿、处处见绿。

实施措施：(一) 完善组织机构。(二) 千方百计、开源节流筹措绿化建设资金。做到专款专用，使有限的资金发挥最大的效益。(三) 规范绿化规划设计。基建与绿化统一规划，统筹安排，分期实施。(四) 建章建制，严格管理。

第十三节　汉沽区规划文本

汉沽区地处京津唐三角地带，是滨海新区的重要组成部分，位于天津东部，是天津通往东北三省的门户，汉沽地处京津冀经济圈中，地理位置得天独厚。辖区面积442平方公里，陆域面积为365平方公里，滩涂面积为77平方公里，有海岸线长30公里，类型分为缓慢淤积型和冲刷型。地势低平，河渠、洼淀众多，鱼塘虾池星罗棋布。蓟运河自北而西流经本区。截至2002年年底，汉沽区建成区15.6平方公里，绿化面积为199.72公顷，绿化覆盖面积417.85公顷，公共绿地面积87.58公顷，城市绿地率12.76%，人均公共绿地7.30平方米，绿化覆盖率26.79%。公园面积69.57公顷，居住区绿地6.15公顷，街头绿地11.86公顷，单位附属绿地33.24公顷，树木371086株。

汉沽区规划建设“三区一城”，实现“三新”目标的总体发展战略，并对规划区进行绿地系统规划，规划公园绿地：重点建设天津国际游乐港公园、龙海国际乡村俱乐部城区外大型公园，同时逐步建设月亮湾葡萄谷、城郊休闲公园等具有乡土特色，适合假日野炊等休闲活动的公共绿色空间；绿化广场：结合新的行政中心的建设，重点发展沿蓟运河的市民绿色广场，规划建设市民文体广场。

规划原则：汉沽城区“一中心、三环、三线、两景”绿化框架为基础，形成建成区的绿化系统格局。(一) 绿点工程：新建、完善一批居住小区组团绿地，使市民在日常生活中更直接的享受绿色的居住环境。(二) 绿环工程：包括两组道路环线绿化。(三) 绿脉工程：对建成区内18条干道、次干道进行绿化完善。(四) 绿荫工程：严格控制新建各类项目绿化控制指标，实现改造片、新建区绿化建设的高标准，同时加大机关、学校、工业企业等单位的绿化建设力度，开展绿化达标活动。(五) 绿屏工程：建设200~400米滨海工业区防护林带，形成绿色屏障，以减少污染。分三期进行绿化建设。

规划实施措施：(一) 依照规划预留出园林绿化用地，由区政府及有关行政执法部门严加管理，落实到地块，不得改作他用。(二) 加强园林绿化规划法规的制定，搞好详规，严格审核绿化指标和绿地率，确保园林绿化规划的实施。(三) 多渠道筹措资金，做到绿化与建设同步进行。(四) 加强宣传，提高认识，发动群众，大搞义务植树绿化活动，坚持“人民城市人民建，人民城市人民管”的方针。(五) 明确各级、各部门对绿地的兴建、管护的职责范围，进一步落实逐年绿化任务，划定责任地段，制定相应的奖惩制度。(六) 为确保本规划实施的可行性，在园林建设上应注意由公益性绿化建设（政府投资）逐步转变为经营性建设为主，形成以园养园、以地养绿，多方筹资的格局。(七) 采取多种方式，解决好绿色通道建设问题，新建、改建、扩建道路和河渠、堤坝、水库沿线的绿化用地和工程用地要统一规划，同步建设。

第十四节　天津经济技术开发区规划文本

天津经济技术开发区位于天津市东南部，距市中心45公里，南依天津—塘沽干线公路（新港四号公路），北至北塘河口，西界为京山铁路线，东至东海路，规划总面积33.0平方公里。全区以横贯其中的京津塘高速公路进港延伸线为分界，形成南北两大功能区。高速公路以南为金融贸易生活区，占地面积8.5平方公里；高速公路以北为工业区，占地面积24.5平方公里。开发区地处渤海湾西侧，是百年的退海之地，属冲积—海积平原。

自1984年建区以来，主要指标保持两位数增长速度。已累计批准外商投资企业3518家。美国《财富》杂志最新公布的全球500强企业中共有来自境外9个国家的37家跨国公司在天津开发区投资，投资企业达75家。以世界著名跨国公司在天津开发区的投资项目为主体，天津开发区迅速崛起了四大支柱产业——电子电气、食品饮料、医药化工、机械制造。2002年人口普查结果为，开发区有常住人口5万，从业人口20万。

目前，开发区已经建成人文景观五处，即垦荒犁、五洲擎天、雕塑公园、泰丰公园、泰达广场。截至2002年年底共有绿地439.74万平方米，其中公共绿地239.1万平方米，道路绿地为13.3万平方米。有乔木162624株，灌木423593株，草坪329.2万平方米，建成区绿化覆盖率

27.5%，绿地率25.87%，人均绿地22平方米（20万计算）。有大小公园11处，面积达到108.6万平方米，分布合理，基本满足人们的娱乐、健身、休闲活动的需要。

在原来基础上完成“二点（百和路、洞庭路三大街）、三块（南海路绿化带中）、十一园（森林公园、环岛、睦蓝公园、遗址公园、植物园、海腾公园、协和公园、海跃公园、海翼公园、睦达公园、利达公园）、三景（学院区、会展中心、体育中心）、一环（环境保护圈）、三脉（南海路、十二大街绿廊、东海路水系）、完成绿荫工程200万平方米、绿屏工程30万平方米”，实现四横、两纵、一圈的总体规划目标。具体指标为：到2004年建成绿地760万平方米，2007年建成绿地1047万平方米，2010年建成绿地1156万平方米。

截至2002年年底，已经建成绿地439.74万平方米，公园绿地1086005平方米、小游园54512平方米、居住绿地75027平方米、生产绿地100万平方米、防护绿地669125平方米、单位附属绿地1129618平方米、街景绿化1250259平方米。

规划实施措施：(一) 提高认识，加快绿色家园建设步伐。(二) 法制绿化，逐步落实城市绿化指标。(三) 科技兴绿，走盐滩绿化可持续发展之路。(四) 合理布局，实现点、块、园、景相结合。(五) 见缝插绿，扩大绿化面积。(六) 加大投资，建立绿化工作的保障体系。

第十五节　保税区规划文本

天津港保税区是经国务院批准于1991年5月12日设立，总用地面积5平方公里，保税区的三大功能为国际物流、保税加工、国际贸易。地处渤海湾西端海河下游入海口，位于天津港北部，天津开发区以东。区内无常住人口，到2002年年底，暂住人口达到8500人。保税区大部分土地原系滩涂、盐田、荒地，地势低洼，经吹填及人工填土形成，地势较平坦、起伏不大。土体含盐量平均约为4.73%，最高达7%。地下水为盐水型矿化水，土壤质地紧密，透水性差，不具备一般园林植物生长成活的立地条件。气候类型属于大陆性季风性半干旱气候。十几年来，经过保税区绿化建设者的努力已经探索出一套比较合理的绿化技术途径，到2002年年底，全区各类绿化面积57万平方米，绿地率为17.8%，绿化覆盖率18.8%，人均公共绿地5平方米。

到2002年年底，保税区建成区面积3.2平方公里，至2004年年底5平方公里全部建成，将达到保税区总体规划规定的绿地率21.2%，绿地面积达到106万平方米。保税区绿地分为三种类型：街头绿地、防护绿地、专用绿地。重点建设项目有金融贸易区中心广场、汪子绿化、区内部分道路绿化及群众单位绿化共计39.7万平方米，投资3487万元。

规划实施措施：为了确保实现既定的绿化指标，保税区成立了由一把手任主任，各职能部门主要领导为成员的保税区绿委，由管委会主管副主任主持日常工作的领导班子，确保政令能够上传下达。在审查道路及单位项目规划时，严把绿地率审查关，以实现总体规划制定的绿化指标。

第十六节　武清区规划文本

武清区位于天津市西北部，处于华北沉降的冀中凹陷，是一个被身后新生代松散沉积覆盖的平原地区，地表坦荡低平，属暖温带湿润大陆季风气候。境内河流较多，现有一级河道4条，二级河道7条，北运河贯穿城区，有水库3座。到2002年年底，建成区面积16.44平方公里，人口9.76万人，绿化覆盖面积428.8公顷，绿化覆盖率26%，绿地率20.7%，人均公共绿地21.1平方米。其中：公园绿地115.97公顷，街景绿地79.54公顷，小游园绿地10.04公顷，居住区绿地36.89公顷，单位附属绿地119公顷，生产绿地3公顷，防护林地64.36公顷。

规划目标是，以建设“绿色家园”为主题，本着突出自然特色，提升文化品位的原则，力争用5~8年的时间，实现“城在园中，路在林中，楼在绿中，人在景中”的布局，把武清城区建成空气清新，环境优美，生态良好，人居和谐的绿色家园。要做好现有绿化的管理，而且要突出重点，加快绿化工程建设。一是要提高街头绿地、道路绿化质量。二是建设大型生态绿廊，形成城区整体生态效应。充分利用现状纵横交错的水网，两岸植树种草，疏通整修，形成特有景观。三是利用北运河穿城而过的有利条件，建成运河风景区。四是建设大型城市主题公园。五是要发动群众搞好庭院绿化和单位绿化建设，提高小区内的绿化水平。

分期建设规划：到2004年，城区建成区面积达29.34平方公里，新增绿地598公顷；2005—2007年，城区建成区面积预计达到40平方公里，新增绿地面积573公顷；2008—2010年，建成区面积预计达到46平方公里，增加绿化面积470公顷。

规划实施措施：(一) 加强领导，建立健全组织，确保规划的制定和实施。(二) 搞好规划设计，在新建绿化项目上要提高设计水平，体现出武清城区的风格和特色。(三) 加强宣传教育，积极引导人民群众为加快城区绿化建设作贡献。利用广播、电视、会议等多种形式宣传建设“绿色家园”的重要意义，形成人人自觉爱绿护绿、保护绿化成果的良好社会氛围。(四) 加大改革力度，把绿化养管工作引入市场，积极探索在市场经济条件下搞好绿化工作的新路子。(五) 实行多项投资，在“绿色家园”建设中实行统一规划，统一指导，多方投资，分工管理，共同建设，保证“绿色家园”工程建设的顺利实施。

第十七节　宝坻区规划文本

宝坻区位于天津市北部，属华北平原北部，燕山南麓的一部分，是北部的商贸集散中心，以外向型轻工业为主的小城市。地处北京、天津、唐山三个特大城市中心地带。目前占地面积12平方公里，西北距北京市85公里，南距天津市73公里，东距唐山市105公里。距北京机场85公里，距天津机场75公里，距天津新港90公里。津蓟铁路、津蓟高速公路、宝平公路、津围公路贯穿南北；京沈高速公路、通唐公路横贯东西，京沈高速公路、津蓟高速公路与城区东北部交口，位于“大北京地区”中心地带，交通十分便利。较为完善的交通体系，优越的地理位置，得天独厚的自然条件，为宝坻经济文化的建设提供了有利条件，是名副其实的“宝坻宝地”。到2002年年底，宝坻建成区绿化覆盖率36.6%，绿地率为22.3%，人均公共绿地为15平方米。实有绿地267.9598公顷，其中公共绿地122.8029公顷；树木40.85万株，其中乔木35.99万株，灌木1.67万株，常绿2.51万株。

规划到2010年城区规划范围北起环城北路，南到朝阳大道，东起津蓟铁路，西至宝平路改线，总用地约20平方公里。规划指导思想：（一）以保护现有生态、地理、自然资源的完整性，从区域经济角度出发，确保宝坻区在天津市和北方地区中的地位和作用，体现宝坻生态、园林、交通的优势。（二）根据宝坻区的发展战略，使生态建设和经济建设同步发展，使生态资源能够得到有效保护和利用，以生态经济理想为指导，利用京沈高速公路、津蓟高速公路的优势发展地区经济和绿化环境建设。（三）着眼于现代化城市发展的需要，改善内部景区的景观设施，形成合理、协调、优质的空间结构布局，对城市建设用地、远景发展用地和环境生态用地统一规划，形成一个联系方便、运营自如、和谐优美的城市环境。（四）规划强调树立动态、发展的观念，满足可持续发展的要求，使城市有不同发展时期，保持其整体环境结构的完整性。

绿色家园建设分三期逐步落实。2002—2004年，完成“创模”建设的各项任务，即区内点、块绿地建设和公园与景观林建设绿化工作，总面积110.56公顷，其中公共绿地63.5公顷；2005—2007年，完成各新建道路、河流的绿环绿脉工程和新建单位和小区绿荫、绿屏工程及公园景观林后期完善，总面积185.6公顷，其中公共绿地91.8公顷；2008—2010年，完成各公园和绿地休闲广场及景观林的绿化建设，逐步完成完善新建单位、小区的绿化景观，总面积280公顷，其中公共绿地162.9公顷。

建成区绿地规划体现宝坻区特有的田园风光，有城市外围规划生态绿廊，并在城市主干道两侧建防护绿地，将田园自然风光引入城市，重点增加城市中心地区、重要节点地区、服务盲区的绿地总量，形成合理服务半径、分布均匀的绿地系统的结构和布局，其布局分区如下：（一）景观节点：广场、城市交叉口和交叉口附近建筑周围进行绿化建设，高质量上档次，体现地方特色。(二) 地标：是区别于其他城市的重要标志，与城市景观节点伴行，是节点的一部分，规划绿色走廊，具有明显的体量。(三) 景观轴：是城市景观的绿色通道，联系主要节点和地标。景观节点和地标点是绿色通道对景。在节点的不同风格建筑或雕塑周围配置以各种植物，达到对景构图的变化，创造动态对称的绿色景观效果。(四) 视线走廊：节点与地标间的视线走廊有助于加强主要景点与最佳观赏点的有机联系，赋予城市空间层次感。(五) 景观区：同类型、同功能的景观构成规划类景观区。

到2010年年底，新建绿地总面积636.06公顷，其中公共绿地317.3公顷，总投资4494.8万元（不含征地费、拆迁费）。规划实施措施：(一) 建立机构，加强领导。(二) 完善法规，依法治绿。(三) 科技建园，提高效益。(四) 筹措资金，增加投入。

第十八节　静海县规划文本

静海县位于天津市西南部，地势低平，地貌属于天津中南部海积冲积平原区，土壤属砂壤质潮土和氯化物硫酸盐盐化潮土。到2002年年底，建成区面积为13平方公里，人口9.75万人，实有树木为222441株，绿地面积为232.24公顷，公共绿地面积为30.39公顷，三率指标为：绿地率17.86%，绿化覆盖率为21.45%，人均公共绿地为3.12平方米。一期规划，新增绿地面积为120.77公顷；二期规划，新增绿地374.89公顷；三期规划，新增绿地面积为162.14公顷。绿化发展计划：(一) 大力发展公园建设，增加公共绿地面积。公园建设利用原有废弃坑池建设水上公园，利用运河穿城段规划为滨河公园。(二) 旧区改造、新区建设，进行居住区绿化规划。(三) 深入挖潜，发展群众单位绿化，利用单位庭院内的空地、闲置地进行绿化，增加城市绿化覆盖率。县城建成区内绿地分为：公园绿地305.1公顷、街景绿地144.03公顷、绿化广场12公顷、居住区绿地82.25公顷、防护绿地179.2公顷、生产绿地（在建成区外）338公顷。规划原则：(一) 遵循生态学理论，合理配置植物的原则。(二) 强调生物多样性的原则。(三) 混合型绿地布局的原则。(四) 大园林的绿地建设原则。

结合静海城市建设的现状，静海县绿地系统由点状绿地：(街头绿地和小游园)、块状绿地（绿化广场、公园、城标广场、水上公园）、带状绿地（河边、道路绿化）环状绿地（外环绿化带如：北外环、东外环、南外环）等组成混合绿地布局，这些绿地相结合而构成绿地网，组成点、线、面相结合的绿地体系，有利于县城生态环境和城区卫生状况的改善，丰富了城市景观。规划实施措施：(一) 多家建设，多渠道投资，加快绿化建设。(二) 加强法制，保障绿化规划建设的实施。(三) 以绿治污，凡有污染的工厂，应建设防护林，废水、废气、废渣通过绿化进行治理，改善城市环境，治理环境污染，使单位居民养成人人建绿，人人护绿的意识，保障县城绿化规划的实施。

第十九节 宁河县规划文本

宁河县位于天津市东北部。总面积10.31平方公里。地貌属海积、冲积平原区，地势北高南低，地处九河下梢，蜿蜒的蓟运河从芦台镇城区中部流过。芦台镇是县政府所在地，也是县城的政治、经济、文化中心。通过高速公路、国道与市级道路与天津市区和滨海新区有着方便快捷的交通。截至2002年年底，全县园林绿地总面积114公顷，公共绿地68.3公顷，人均公共绿地13.65平方米，绿地率11.09%，绿化覆盖率22.61%，单位绿地18.18公顷，居住区绿地25.5公顷，绿化覆盖面积211.61公顷。

2004—2010年，城区规划面积为10.34平方公里，绿化规划重点放在老城区平房改造工程，建设新的高标准居住区绿地和市政健身广场，并通过老城区厂矿的重组外迁，使宁何县可以进一步对城区格局进行新的规划。围绕城区道路、津榆支线、芦汉路等道路两边，兴建大型高标准街景绿地；在蓟运河两侧、京山线西侧、董庄子干渠两侧，建设带状公园、防护林带，使之成为中心城区防护屏障。规划城区绿化面积在三个阶段应分别新增185.29、16.7、51.7公顷，到2010年城区绿化面积应达到465.3公顷。

分期建设规划：到2004年计划完成重点绿化工程18项，建设面积187.18公顷，投资估算29692.3万元。到2007年计划完成重点工程7项，建设面积17.01公顷，投资估算12614.8万元。到2010年计划完成重点工程8项，建设面积52.16公顷，投资估算6627.8万元。

规划实施措施：(一）加强组织领导，强化责任意识。(二）做好调查研究。(三）规划设计力求创新，打造园林绿化精品。(四）强化管理，加大园林监管力度。

第二十节 蓟县规划文本

蓟县位于天津市最北部，燕山南麓。东临唐山，西襟北京，南联天津，北靠承德。现辖26个乡镇，全县79.9万人。蓟县历史悠久，1913年，蓟州改为蓟县，1973年8月由河北省划归天津市管辖。全县地势北高南低，地貌类型多种多样，可分为剥蚀中山、剥蚀低山、剥蚀丘陵、堆积盆地、洪积冲击平原、扇缘洼地。蓟县建成区面积为16.73平方公里，人口9.2万人。至2002

年年底，绿地面积为448.16公顷，其中公共绿地面积为109.3公顷；居住区绿地9.84公顷；道路绿地11.63公顷；单位附属绿地45.39公顷；生产绿地25.29公顷；防护林地246.68公顷。绿化覆盖面积504.92公顷，人均公共绿地11.9平方米，绿地率26.78%，绿化覆盖率30.18%。

以构建中等旅游城市为目标、以天津后花园为发展定位，充分利用自然山水地貌，绿化与建设相互融合、渗透，做好县城绿化系统的延伸和补充。在县城整体布置格局上，建成几处综合公园，形成全县人民的共享空间，成为凝聚人心之所。居住区绿地分为三类，各类绿地率分别为35%、30%、20%。以植物造景为主，乔灌花草相结合的布置方式，树种选择应突出天津后花园的特色植物景观，充分利用垂直绿化，屋顶绿化、阳台美化等多种绿化方式增加绿视率。

建成区绿地规划系统是以加强城市生态环境建设，创造良好的人居环境，促进城市可持续发展为中心，坚持统一规划，因地制宜，讲求实效的原则，实施科技兴绿的战略。努力建成总量适宜、分布合理、植物多样、景观优美，乔灌花草相结合，营造既有古城风貌又有现代化城市特色的园林城市。

规划实施措施：(一) 提高认识，加强领导。(二) 加强规划控制，提高园林绿化设计水平，确保城区绿地的数量和质量。(三) 拓宽融资渠道，加大投资力度，调动全社会力量加快种类园林绿地建设步伐。(四) 改革用地制度，消灭城区内撂荒用地；清除私搭乱建，加快建设几处居住公共绿地和小游园。(五) 设置专门的绿化执法机构，加大绿化管理监察力度。

第二十一节　天津高新技术产业园区规划文本

天津高新技术产业园区位于天津市中心城区西南部，规划总面积11.58平方公里，分为两个部分，外环线内2平方公里，外环线外9.58平方公里。区内用于开发的用地基本为农田、草地，地势平坦，自然坡度小，现存少量企业，均为无污染类型。区内水域状况较好，南邻自来水河，十字干渠贯穿区内东西、南北两向。华苑产业区紧邻第三高教区，高教区内现有天津城建学院、天津农学院、天津商学院、天津师范大学国际女子学院四所高等学校，即将规划新建天津师范大学、天津轻工学院、天津工业大学新校区。

截至2002年年底，环内2平方公里已初步建成，各条道路的绿化带和行道树已栽植完毕，2平方公里内建有喷泉广场1处，小公园4个，防护林带1条，现有公共绿地面积16万平方米，企业内部绿地率都在30%。区内绿化覆盖率达35.4%。今后2~3年内区内工作重点是环内美化上品位，环外开发上规模。环外9.58平方公里处在开发阶段，起步区3平方公里基础设施已逐步建成，其余6.58平方公里正在进行基础设施建设。

规划到2004年年底，完成起步区内10条道路的绿化工作，南部高尔夫球场项目，绿化面积

54 万平方米。到 2007 年年底，完成北部高尔夫球场及 14 条道路的绿化和 4 个广场、3 个道路节点景观绿化，绿化面积 93 万平方米。到 2008 年全区绿化覆盖率将达 45%，人均公共绿地 16.8 平方米。

二〇〇三年九月编制

第四章　天津市城市园林绿化“十一五”规划设想及 2020 年发展展望（摘要）

根据 2004 年 6 月 10 日天津市城市总体规划和土地利用总体规划修编动员会的部署，于 6 月 16 日、6 月 24 日市建委、市规划局相继召开的《市政公用设施“十一五”规划方案编制工作会》和《规划修编工作座谈会》以后，我局高度重视规划修编工作，立即着手，迅速组织强有力的工作班子开展工作，力争按要求完成修编任务。为使天津城市园林绿化规划修编材料更具科学性，更切合发展实际，我们几次提出需要有关部门及时提供分阶段城市建成区面积、人口规模和路网规划等基础数字和资料，但一直未能得到。故此次完成的天津城市园林绿化规划修编材料中所涉及的基础数据主要依据于城建系统“绿色家园”工程发展计划中的数据和我们的推测，特此说明。

二〇〇四年八月十日

第一节　规划编制说明

根据市委第八次党代会提出“建设绿色天津”的总体要求和“两个规划”修编工作的部署，特编制天津市城市园林绿化“十一五”规划设想及 2020 年发展展望（摘要）。该规划与市委、市政府确定全市发展“三步走”战略紧密结合，提出了天津城市绿化的“三步走”规划，即“二三三绿色家园”工程发展计划和 2020 年远景规划。实现这一发展计划，以实施“绿点、绿块、绿园、绿景、绿环、绿脉、绿荫、绿屏”八大绿化工程为载体，分年度落实绿化建设用地和资金。到 2004 年城市建成区绿化覆盖率达到 35%，达到国家环保模范城市绿化达标要求；到

2007年建成区绿化覆盖率达到40%，建成国家园林城市；到2010年，城市建成区绿化覆盖率力争达到45%以上，使全市城市绿化跨入全国绿化先进城市行列，建成“绿色天津”，城市建成区内实现“三、五、三、一〇”绿地系统布局（即：城市居民由任意点出发，300米内有街头绿地、500米内有5000~10000平方米公共绿地，3公里内有区级公园，10公里内有大型风景区和市级公园）。

到2020年，城市园林绿化由大规模建设向提高园林景观艺术水平、提高园林文化品位、健全城市生态环境的方向发展，城市建成区绿化覆盖率努力达到50%，瞄准现代国际大都市发展指标要求，建设具有地方特色的现代化国际大都市园林绿化形象。

第二节 规划编制依据

一、《国务院关于加强城市绿化建设的通知》（国发〔2001〕20号）。

二、建设部等九部委《关于贯彻落实〈国务院关于加强城乡规划监督管理的通知〉的通知》。

三、建设部《关于印发〈城市绿地系统规划编制纲要（试行）〉的通知》（建城〔2002〕240号）和《城市绿线管理办法》（建设部112号令）。

四、市政府审议通过的关于全市“两个规划”修编工作方案、提供相关资料的通知（规划修编工作部署会议材料）。

五、“二三三”绿色家园工程发展计划以及创建“最适宜人居，最适合创业”城市指标体系的有关资料。

六、《天津市城市总体规划——园林绿化专项规划（1996—2010）》，1999年8月经国务院批复实施。

七、《天津市园林绿化“十五”计划和2015年发展规划》文本资料。

第三节 指导思想和主要原则

一、规划编制的指导思想

贯彻落实《国务院关于加强城市绿化建设的通知》精神和市委、市政府提出“建设绿色天津”的总要求，与市委、市政府确定全市发展“三步走”战略紧密结合，提出城市园林绿化“三步走”规划。与此同时，紧紧抓住天津经济社会和城市建设发展的重要战略机遇期，以科学的发展观引领，通过修编天津市园林绿化系统规划和用地规划，科学制定绿化建设发展目标和用地布局，达到保护和改善城市生态环境，优化城市人居环境，促进城市可持续发展的目的。

二、规划编制的主要原则

1. 在规划目标上，与“建设绿色天津”的总体要求衔接，与天津市“二三三”绿色家园发展计划第二步、第三步目标衔接。

2. 在规划思路上，坚持向内挖潜，向外拓展；实行强调布局均衡，结构合理，城乡一体，中心城区与滨海新区联动；远近结合，统筹规划。

3. 在规划理念上，突出以人为本，突出生态优先，突出保护和利用自然、人文资源，形成津城园林风貌。

4. 在规划实施上，体现科学性、前瞻性与可持续性；整体规划，分步实施，专群结合，全社会动员；提高品位，量质并举。

5. 组织规划修编，实行政府组织，规划与园林、环保、农林、水利等部门相结合，市区两级规划和园林部门相结合，领导、专家、部门与公众参与相结合。

三、规划期限为：2004 年至 2020 年。

第四节　规划目标与主要指标

一、国家规定的指标

《国务院关于加强城市绿化建设的通知》（国发〔2001〕20 号）明确指出，今后一个时期城市绿化的工作目标和主要任务是：

1. 到 2005 年，全国城市规划建成区绿地率达到 30%以上，绿化覆盖率达到 35%以上，人均公共绿地面积达到 8 平方米以上，城市中心区人均公共绿地达到 4 平方米以上。

2. 到 2010 年，城市规划建成区绿地率达到 35%以上，绿化覆盖率达到 40%以上，人均公共绿地达到 10 平方米以上，城市中心区人均公共绿地达到 6 平方米以上。

3. 创建国家园林城市要求的秦岭淮河以北直辖市城市建成区“三率”指标分别为：绿地率 28%、绿化覆盖率 33%，人均公共绿地 6 平方米。

二、天津城市绿化制定的指标

1. 规划范围内容

此次规划区域范围包括中心城区（外环线环内）和环外建成区，涉及 21 个区县和行政区。

2003年年底全市建成区面积达487.47平方公里，城市人口达623.89万人，其中中心城区面积253.63平方公里。

2. 分阶段主要计划指标

计划从2003年起，用2年时间，到2004年年底，全市建成区绿化覆盖率、绿地率、人均公共绿地面积分别达到35%、28%、8平方米，达到国家环保模范城市绿化指标要求。

（1）从2005年起，用3年时间，到2007年年底，建成区绿化覆盖率、绿地率、人均公共绿地面积分别达到40%、32%、10平方米，主要指标达到或超过国家园林城市标准，建成国家园林城市。

（2）从2008年起，再用3年时间，到2010年年底，建成区绿化覆盖率达到45%以上，外围区县形成更高的绿化覆盖，全面提高市域范围内的整体绿化水平，建成“绿色天津”，使我市城市绿化跨入全国先进行列。

（3）到2020年，城市园林发展重心由“建设型”转向“管理型”，由“快建设”转向“上档次”，由“多靓点”转向“大景观”，城市整体园林风格特色明显。形成总量适宜、分布合理、植物多样、景观优美的城市绿地系统，建成生态环境优美的现代化国际港口大都市。

三、分类指标预测

1. 2003—2010年天津城市建成区“八大工程”绿化建设项目汇总表（表5-4-4-1）
2. 2003—2010年绿色家园工程计划拟建项目专业汇总表（表5-4-4-2）
3. 2010年计划及2020年远景规划建成区指标预测情况表（表5-4-4-3）
4. 天津市绿色家园计划“八大工程”分阶段规划（表5-4-4-4）
5. 天津市绿色家园计划“三五三一〇”建设目标分阶段规划（表5-4-4-5）
6. 天津市绿色家园计划专业性分类规划（表5-4-4-6）
7. 2010年以前（及近期）部分重点公共绿地拟建项目情况一览表（表5-4-4-7）

2003—2010年天津市城市建成区“八大工程”绿化建设项目汇总表

表5-4-4-1

序号	区属	合计（公顷）	绿点工程（公顷）	绿块工程（公顷）	绿园工程（公顷）	绿景工程（公顷）	绿环工程（公顷）	绿脉工程（公顷）	绿荫工程（公顷）	绿屏工程（公顷）
**	天津市	15569.89	767.14	935.51	2458.86	2209.31	2035.98	4200.06	2768.17	194.86
1	和平区	159.83	15.72	116.19	14.43	0	0	9.76	3.73	0
2	河西区	166.55	10.42	27.57	4.49	0	0	55.37	61.49	7.21
3	南开区	213.94	7.96	26.86	33.5	54	0	91.62	0	0
4	河北区	269.79	8.33	36.48	97.69	0	0	85.29	42	0

续表 5-4-4-1

序号	区属	合计（公顷）	绿点工程（公顷）	绿块工程（公顷）	绿园工程（公顷）	绿景工程（公顷）	绿环工程（公顷）	绿脉工程（公顷）	绿荫工程（公顷）	绿屏工程（公顷）
5	河东区	282.23	5.62	39.56	94.15	0	0	142.9	0	0
6	红桥区	281.39	8.43	25.9	31.3	0	0	93.56	122.2	0
7	东丽区	1565.31	40	103	142.4	0	0	495.01	784.9	0
8	西青区	177.1	0	0	109	0	0	16.82	51.28	0
9	津南区	956.77	0	1.64	230.08	195.74	273.76	100.14	155.41	0
10	北辰区	1437.6	169	31.4	200.8	120	738	49.4	115	14
11	塘沽区	2652	144	397	331	1189	0	432	139	20
12	汉沽区	302.99	37.69	32.6	25.07	0	0	77.34	42.64	87.65
13	大港区	809.95	0	0	35	100	0	492.55	182.4	0
14	开发区	741.44	0	3	192.8	118.5	52.06	145.08	200	30
15	保税区	1298.7	0	0	66.7	0	0	772	460	0
16	产园区	147	0	0	4.8	70	0	72.2	0	0
17	武清区	1324.25	0.35	0	42	122.3	404	557.4	182.2	16
18	宝坻区	579.56	40.3	64.4	110	73.1	123.36	118.4	30	20
19	蓟　县	940.86	0	0	350.03	0	250.6	208.69	131.54	0
20	宁河县	604.83	277.23	12.6	38.52	166.67	15	40.5	54.31	0
21	静海县	657.8	2.09	17.31	305.1	0	179.2	144.03	10.07	0

2003—2010 年绿色家园工程计划拟建项目专业汇总表

表 5-4-4-2

序号	区属	合计（公顷）	公园		道路街景（公顷）	绿化广场		居住区		单位绿地（公顷）	其他绿地（公顷）
			面积（公顷）	个数		面积（公顷）	个数	面积（公顷）	片数		
＊＊	天津市	16159.86	3487.75	107	4003.49	506.5	243	1596.33	247	1515.74	5050.04
＊	市内六区	1439.04	201.79	34	547.59	282.32	208	193.64	102	58.18	155.52
1	和平区	232.34	14.43	3	78.91	116.19	124	19.08	44	3.73	0
2	河西区	159.35	4.49	2	93.36	0	0	52.15	11	9.35	0
3	南开区	213.94	35.32	11	147.11	15.58	2	1.41	15	1.9	12.62
4	河北区	269.79	22.1	3	96.70	108.99	55	35	12	7	0
5	河东区	282.23	94.15	11	5.62	39.56	26	0	0	0	142.9
6	红桥区	281.39	31.3	4	125.89	2.0	1	86.0	20	36.2	0
＊	新四区	4279.03	435.68	16	1169.03	78.5	17	819.97	44	266.62	1509.23
7	东丽区	1721.61	97.8	4	508.31	44.6	8	566.8	3	218.1	286
8	西青区	177.1	109	4	16.82	0	0	25.76	5	25.52	0

续表 5-4-4-2

序号	区属	合计（公顷）	公园		道路街景（公顷）	绿化广场		居住区		单位绿地（公顷）	其他绿地（公顷）
			面积（公顷）	个数		面积（公顷）	个数	面积（公顷）	片数		
9	津南区	956.77	28.08	4	474.9	2.5	1	155.41	24	0	295.88
10	北辰区	1423.55	200.8	4	169	31.4	8	72	12	23	927.35
*	滨海区	5814.24	1328.87	28	1571.39	48	9	348.36	36	851.47	1666.15
11	塘沽区	2644	911	9	103	22	3	134	30	139	1335
12	汉沽区	302.99	22.57		78.84	2.5		52.39		42.64	104.05
13	大港区	809.95	135.6	4	492.55	13	1	145.97	28	10.83	12
14	开发区	758.6	193	12	257	10.5	2	16	8	200	82.1
15	保税区	1298.7	66.7	3	640	0	0	0	0	459	133
*16	产园区	147	70	1	72.2	4.8	4	0	0	0	0
*	二区	2277.05	563.35	4	495.06	74.76	3	139.5	5	260.77	743.6
17	武清区	1640.99	424.05	4	352.7	31.06	3	97.8	5	197.47	537.9
18	宝坻区	636.06	139.3		142.36	43.7		41.7		63.3	205.7
*	三县	2203.5	888.06	24	148.22	18.12	5	94.86	30	78.7	975.54
19	蓟县	940.86	350.03	9	64.29	0	0	53.99	5	14.31	458.24
20	宁河县	604.83	199.37	3	12.3	6.12	3	32.23	17	54.31	300.5
21	静海县	657.81	338.66	12	71.63	12	2	8.64	8	10.08	216.8

2010 年计划及 2020 年远景规划建成区指标预测情况表

表 5-4-4-3

项目 \ 阶段	2003 年	2004 年	2005 年	2007 年	2010 年	2020 年
绿化覆盖面积（公顷）	15114.56	17569.3	20169.3	25279.2	31945.1	45000
园林绿地面积（公顷）	11910.46	14055.44	16500	22119.30	28395.60	39600
公共绿地面积（公顷）	4161.34	4639.44	5412	6838.3	11215.35	18000
绿化覆盖率（%）	31.00	35.00	36.67	40.00	45.00	50.00
绿地率（%）	24.43	28.00	30.00	35.00	40.00	44.00
人均公共绿地面积（平方米）	6.67	8.00	8.80	10.00	15.00	20.00
较上一阶段增加绿化覆盖面积（公顷）	—	2454.74	2600	5109.9	6665.9	13054.9
该阶段土地需求情况预测（公顷）	—	—	3000	5000	8000	16000

注：2000 年年底全市建成区面积为 385.12 平方公里，非农人口数 481.61 万人。

按照上述指标推算，预计 2005—2020 年间全市大体需要绿化建设用地 32000 公顷

天津市绿色家园计划“八大工程”分阶段规划

表 5-4-4-4　单位：万平方米

序号	阶段	合计（取整）	工程分类规模							
			绿点	绿块	绿园	绿景	绿环	绿脉	绿荫	绿屏
1	2003—2004	4348	256.75	420.99	743.34	1142.97	540.72	675.26	537.65	30.61
2	2005—2007	6119	385.04	301.87	1014.41	672.04	708.70	1729.21	1256.99	51.42
3	2008—2010	5102	125.35	212.65	701.11	394.30	786.56	1795.54	973.53	112.83
总　计		15570	767.14	935.51	2458.86	2209.31	2035.98	4200.01	2768.17	194.86

天津市绿色家园计划“三五三一〇”建设目标分阶段规划

表 5-4-4-5　单位：万平方米

序号	阶　段	合　计（取整）	服务半径300米项目	服务半径500米项目	服务半径3公里项目	服务半径10公里项目
1	2003—2004	3669	411.37	577.97	1316.32	1363.44
2	2005—2007	3716	494.08	647.06	1285.47	1289.45
3	2008—2010	3040	160.99	317.66	980.95	1580.8
总　计		10425	1066.44	1542.69	3582.74	4433.69

天津市绿色家园计划专业性分类规划

表 5-4-4-6　单位：万平方米

序号	阶　段	合计（取整）	公　园	道路街景	绿化广场	居住区绿化	单位绿化	其他绿化
1	2003—2004	4657	948.13	1055.92	212.37	375.39	431.62	1633.44
2	2005—2007	6354	1385.89	1524.57	184.34	776.11	586.97	1896.13
3	2008—2010	5149	1154.53	1423	109.79	444.32	497.14	1520.47
总　计		16160	3488.55	4003.49	506.5	1595.82	1515.73	5050.04

2010年以前部分重点公共绿地拟建项目一览表

表 5-4-4-7

序号	项目名称	拟建规模估算（公顷）	建设内容概述	备注
01	天津植物园	140	建成集休闲、娱乐、科普教育于一体的植物专类公园	
02	大型主题公园建设	2500	建设海洋公园、野生动物园、文化公园、体育公园等主题公园	
03	海河景观带建设	208	综合开发海河，建成现代高水平精品园林绿地，成为我市政治、经济、文化活动的中心	

续表 5-4-4-7

序号	项目名称	拟建规模估算（公顷）	建设内容概述	备注
04	近郊风景区建设	400	新四区分别建设一个大型风景区，以疏密有致、多层次和色彩的混交林、风景林为基调，作为与市区联系的纽带	
05	路网河流配套绿地建设	800	与重点公路、快速路、立交桥、河流等重点市政道路工程同步，配套进行绿化建设，丰富市容景观。	
06	环城绿化带建设	1500	继续丰富、完善环城绿化带建设	
	合计	5548	—	

第五节　园林绿化土地需求情况预测

分阶段、地域园林绿化建设用地需求预测表

表 5-4-5-1

阶段划分 \ 绿化用地需求情况	需用地总量估算（公顷）	其中：中心城区（公顷）	外围城区（公顷）
2005 年	3000	1000	2000
2006—2007 年	5000	2000	3000
2008—2010 年	8000	3000	5000
2011—2020 年	16000	6000	10000
合计	32000	12000	20000

2020 年以前园林绿化建设分类土地利用预测表

表 5-4-5-2

序号	土地来源分类	土地规模（公顷）	其中：中心城区（公顷）	外围城区（公顷）
01	居住区绿化用地（房地产开发）	8000	3200	4800
02	全社会单位绿化出地	12000	4600	7400
03	市重点绿化建设项目拆迁用地	8000	3000	5000
04	区县政府组织公共绿地建设用地	4000	1200	2800
	合计	32000	12000	20000

第六节 城市树种规划及古树名木保护

一、城市树种规划原则

1. 依照国家、市有关城市园林绿化的文件、法规；
2. 遵照本市自然气象、土壤、水文等自然条件，因地制宜；
3. 从本市的环境污染源及污染物的实际出发进行规划；
4. 参照本市园林绿化现状，现有绿化树种生产、生长及引种的实际情况进行规划。
5. 因地制宜，适地适树，体现树种规划的科学性。
6. 选好、用好乡土树种，体现树种规划的地域性。
7. 筛选国内外新品种，体现树种规划的多样性。
8. 近期和远期相结合，速生树种与慢生树种结合，乔灌草结合，体现树种规划的可持续性。

二、树种功能分类规划

1. 行道树种（40种）绒毛白蜡、国槐、臭椿、毛白杨、悬铃木、千头椿、构树、垂柳、旱柳、馒头柳、金丝垂柳、栾树、泡桐、合欢、皂荚、杜梨、君千子、香椿、刺槐、红花刺槐、黄金树、梓树、楸树、丝绵木、银杏、核桃、青桐、元宝枫、柿树、金叶刺槐、杜仲、中国白蜡、龙爪槐、枫杨、苦楝、大叶女贞、海棠、玉兰、杨属、黑松。

2. 彩叶树种（30种）(含秋色叶树种)：金叶国槐、红叶李、红叶桃、金叶刺槐、新疆杨、桂香柳、紫叶小檗、美国红栌、紫叶矮樱、金叶臭椿、平枝栒子、银杏、火炬树、盐肤木、丝绵木、柿树、君千子、栾树、元宝枫、黄栌、日本小檗、茶镳子、红瑞木、青桐、紫薇、火棘、棣棠、爬山虎、五叶地锦、紫藤。

3. 观果树种（40种）臭椿、构树、栾树、皂荚、杜梨、君千子、黄金树、梓树、楸树、丝绵木、核桃、元宝枫、柿树、枣树、海棠、山楂、苹果、梨、桃、杏树、龙爪桑、龙爪枣、桑树、金银木、黄刺玫、小檗属、石榴、文冠果、木瓜海棠、天目琼花、接骨木、小紫珠、海州常山、枸杞、花椒、平枝栒子、葡萄、南蛇藤、鸡矢藤、观果蔷薇。

4. 观花树种（60种）(春花33种) 山桃、迎春、连翘、榆叶梅、丁香、紫荆、黄刺玫、碧桃、西府海棠、贴梗海棠、茶镳子、金银木、多花蔷薇、棣棠、猬实、锦鸡儿、三椏绣线菊、接骨木、文冠果、玫瑰、杏、山楂、梨、苹果、水蜡、桂香柳、胡枝子、柽柳、玉兰、杜梨、泡桐、刺槐、紫藤。(夏花20种) 月季、石榴、锦带花、海仙花、大花溲疏、牡丹、平枝栒子、太平花、珍珠梅、荚迷、红花刺槐、黄金树、合欢、栾树、君千子、国槐、美国凌霄、藤本月季、金银花、红花金银花。(秋花7种)紫薇、木槿、盐肤木、华北香薷、海州常山、糯米条、山荞麦。

5. 耐荫树种(20种)珍珠梅、金银木、天目琼花、棣棠、荚迷、迎春、大叶黄杨、小叶黄杨、鸡麻、太平花、连翘、银杏、白皮松、杜仲、红枫、爬山虎、五叶地锦、山荞麦、常春藤、扶芳藤。

6. 耐盐碱树种(40种)杜梨、构树、臭椿、绒毛白蜡、绿岑、旱柳、栾树、泡桐、君千子、刺槐、丝绵木、盐肤木、枣树、桂香柳、火炬树、榆树、桑树、皂荚、桧柏、龙柏、柽柳、紫穗槐、锦鸡儿、刺玫、金银木、白刺花、木槿、花石榴、胡枝子、接骨木、西府海棠、小叶女贞、金叶女贞、紫丁香、山桃、红叶李、胶东卫矛、砂地柏、五叶地锦、鸡矢藤。

7. 木本地被(30种)日本小檗、紫叶小檗、金叶女贞、水蜡、小叶女贞、平枝栒子、柽柳、迎春、龙柏、砂地柏、千头柏、鹿角桧、丝兰、锦熟黄杨、小叶黄杨、朝鲜黄杨、大叶黄杨、胶东卫矛、梅朗系列月季、'绿浪'月季、矮紫杉、兴安桧、桧柏、五叶地锦、爬山虎、山荞麦、鸡矢藤、扶芳藤、常春藤。

8. 市花月季(70种)杂交茶香月季(47种)红色系:红和平、萨蒙莎、白金、歌星、吉普赛女郎、米朗、口红、赞歌、自由、美国骄傲、美国明珠、香云、露士美。橙黄色系:黄和平、新星、圣普朗斯、坤特、金牌、金徽章、金奖章、白兰地、威士忌、大奖章、杰乔依、月季夫人。粉色系:粉和平、粉后、月亮女神、信用、法国花边、全美小姐。白色系:肯尼迪、荣誉、白闪电、坦尼克。复色系:雪火、奥西利亚、芝加哥和平、朝云、荣光、我爱、摩纳哥公主、彩云、红双喜、阿林卡、游园会、雅典娜。丰花月季(10种)红色:曼海姆宫殿、霍尔斯坦、小步舞曲、红帽子、黑火、山激情。黄色:金色赫尔斯坦、金玛利。粉色:赫尔恩.。白色:冰山。藤本月季(7种)御用马车(深红色)、多特蒙特(红色)、至高无上(深红色)、大游行(深粉色)、金秀娃(黄色)、光谱(深黄色)、橘红色火焰(橘红色)。地被月季(4种)红梅朗、粉梅朗、白梅朗、绿浪(白色)。微型月季(2种)奥林杰(红色)、什样锦(复色)。

9. 宿根地被(20种)萱草类、矮景天、费菜、丁香红荷兰菊、一枝黄花、粉八宝、芍药、假龙头、马薄荷、玉簪、石刁柏、德国鸢尾、蓍草、勋章花、常夏石竹、白三叶、小冠花、马蔺、蔓萎陵菜、百脉根。

10. 水生植物(10种)荷花、睡莲、千屈菜、花菖蒲、凤眼莲、香蒲、花叶芦竹、水生美人蕉、水葱、芡实。

天津市域范围内的古树名木资源,档案有记载的共725株。其中A级(树龄300年以上)古树550株,B级(树龄100年以上)古树173株,纪念性名木2株。包括油松、侧柏、国槐、银杏、桑树、枣树、刺槐、悬铃木、皂荚、紫藤等近39个树种,全部列为市级保护。规划到2010年列为市级保护的古树名木力争突破1000株,2020年达到1500株,全部建立电子档案并动态跟踪保护,大力发展名木资源和纪念性树木资源。

二〇〇四年八月十日

第五章　天津市中心城区及环城四区绿地系统规划（2008—2020 年）

第一节　概况及现状分析

一、概况

（一）自然地理条件

1. 地理位置

天津市位于北纬 38°34′至 40°15′，东经 116°43′至 118°4′之间，处于国际时区的东八区。地处华北平原的东北部，海河流域下游，东临渤海，北依燕山，西靠首都北京，是海河五大支流南运河、子牙河、大清河、永定河、北运河的汇合处和入海口，素有“九河下梢”、“海河要冲”之称。天津地处太平洋西岸环渤海经济圈的中心，背靠华北、西北、东北地区，面向东北亚，是中国北方十余个省市区对外交往的重要通道，是北方最大的港口城市。天津距北京 120 公里，是拱卫京畿的要地和门户，地理区位优势明显。

2. 地形地貌

该区地表属于滨海冲积平原，西北高，东南低，海拔高度 2~5 米，地面坡度小于 1/10000。主要地貌类型有滨海平原，泻湖和海滩。潮汐和海浪是地貌形成的主要动力。天津市域内海河、永定新河、独流减河、子牙河、新开河、南运河、北运河等主要河流均流经本区。区内还有东丽湖、天嘉湖、鸭淀水库等众多的湿地、水库，因此水域面积大和地势低平成为本区主要地貌特征。

3. 气象与气候特征

天津地处北温带半干旱半湿润季风气候区，四季分明。冬季受蒙古冷高压控制，盛行西北风，天气寒冷干燥；夏季受西北太平洋副热带高压西侧影响，多偏南风，且高温高湿，雨热同季；春季干旱多风，冷暖多变；秋季天高云淡，风和日丽。天津主要为大陆性气候特征，但受渤海影响，有时也显现出海洋性气候特征，海陆风现象比较明显。天津市全年平均气温在 11.4℃~12.9℃之间，1 月最冷，月平均气温在 -3.0℃~5.4℃之间；7 月最热，月平均气温在 25.9℃~26.7℃之间。年平均降水量为 566 毫米，全年 85%左右的降水集中在夏秋季。年平均日照时数在 2471~2769 小时之间。年平均风速为 2.3 米/秒。

4. 自然资源

天津自然资源丰富：一是充足的油气资源。天津有渤海和大港两大油田，是国家重点开发的油气田，已探明的石油地质储量40亿吨，油田面积100多平方公里，2006年年产原油1943万吨。已探明的天然气地质储量1500多亿立方米，2006年年产天然气10.5亿立方米；二是取之不尽的海盐资源。天津约有153.3公里的海岸线，中国最著名的海盐产区长芦盐场就位于这里，2006年年产原盐236万吨，占中国海盐总产量的十分之一，三是丰富的金属和非金属矿产资源。金属矿产主要有锰硼石、锰、金、钨、钼、铜、锌、铁等20多种。非金属矿产主要有水泥石灰岩、重晶石、跌层石、大理石、天然石、紫砂陶土、麦饭石等，都具有较高的开采价值。四是蕴藏较为丰富的地下热水资源。具有埋藏浅、水质好的特点，已发现的具有勘探和开发利用价值的地热异常区，面积2434平方公里，水温在30℃～90℃之间。五是土地资源丰富。天津市土地总面积119.19万公顷。其中耕地面积44.52万公顷，占天津市土地总面积的37.3%；居民点及工矿用地26.40万公顷；未利用土地3.99万公顷。天津市的土地，除北部蓟县山区、丘陵外，其余地区都是在深厚沉物上发育的土壤。在海河下游的滨海地区有待开发的近200平方公里的荒地、滩涂。这些地区交通条件好，开发费用低，是国内其他大城市所不具备的。

（二）社会经济发展

天津地处环渤海区域的中心位置，是中国四大直辖市之一，北方最大的沿海开放城市，也是中国历史文化名城，在区域经济和中国经济发展中具有重要的地位和作用。2006年3月，中共中央、国务院从中国发展的大局出发，做出了进一步加快天津滨海新区开发开放的重大决策。国家“十一五”（2006—2010年）规划作出了具体部署，国务院制定了实施意见，表明滨海新区的开发开放已由地区发展战略上升为国家发展战略，标志着天津向“国际港口城市、北方经济中心和生态城市”的发展目标迈出了坚实的一步。

1. 综合经济实力再上新台阶，运行质量取得新突破

据初步核算，并经国家统计局评估审定，全市实现地区生产总值（GDP）5018.28亿元，按可比价格计算，比上年增长15.1%，全市经济连续第五年在高增长平台上快速、稳定运行。其中，第一产业实现增加值102.86亿元，增长1.4%。第二产业增加值2891.33亿元，增长16.5%。第三产业增速比上年加快2.9个百分点。三次产业结构为2.1∶57.6∶40.3。按常住人口计算，全市人均生产总产值达到45829元，按年平均汇率折合6022美元，增长11.2%。

全市财政收入突破1000亿元，达到1204.33亿元，比上年增长30.1%，占全市生产总值的比重为24.0%，比重比上年提高2.7个百分点。其中地方一般预算财政收入540.13亿元，增长29.6%。市和区县财政收入实现同步均衡增长，市级收入增长30.2%，十八个区县增长31.7%，开发区、保税区和科技园区增长27.4%。全市财源税源结构优化，增值税增长17.5%，营业税增长26.3%，企业所得税增长43.8%，个人所得税增长38.4%。

2. 工业继续保持稳定快速增长，经济效益持续好转

工业总产值突破1万亿元。全年规模以上工业增加值完成2952.68亿元，按可比价格计算，比上年增长18.2%；工业总产值达到10075.07亿元，增长20.4%。中、小型工业企业生产活跃。中型工业企业完成增加值1093.06亿元，增长24.4%，小型工业企业增加值843.14亿元，增长22.9%，增幅均高于全市工业平均水平。规模以上工业主管业务收入超过1万亿元。全年全市规模以上独立核算工业企业完成主管业务收入1097.50亿元，增长17.3%。

3. 服务业发展速度明显加快，比重提高

全年服务业增加值增长14.3%，比上年加快3.2个百分点，增速为近十年来最好水平，占全市GDP的比重为40.5%，比上年提高0.2个百分点。交通运输仓储邮政业和其他服务业带动服务业发展提速。

4. 就业、收入快速增长，民计民生继续改善

就业规模继续扩大，民生之本更加巩固。2007年全市新增就业33.37万人，增长13.2%，其中安置下岗失业人员10.45万人。年末全市城镇单位从业人员人数达到199.2万人，比上年增加4.2万人，增长2.2%，连续五年保持增长。城镇登记失业率3.6%，继续稳定在较低水平。

职工和居民收入快速增长。与2000年相比，城乡居民收入均翻了一番，实现了“三步走”战略第二步人均收入增长目标，社会保障体系不断完善，人与环境更加和谐。

（三）城市园林发展

商贾重地，天子津渡—天津曾有较多的私家园林，历史名园曾有辉煌，

1. 盐商缙绅的私家园林。
2. 至乾隆时期，津城内外有私家宅园40余处，至嘉庆年间，已达60余处。
3. 柳墅行宫、天津行宫等皇家园林。
4. 天津早期历史名园共有43处，近代历史名园44处，盛极一时。
5. 租界园林——在中国近代公园历史上占重要地位。
6. 1880年至1937年，外国人在租界内先后建有10座花园和一些西洋风格的俱乐部及私人别墅（其中1880年在法租界修建的海大道花园，在天津近代造园史上是重要转折点）。
7. 目前仍有2个风貌建筑保护区、5座花园、1个俱乐部保留至今。

（四）近年的城市绿化取得显著成效

1. 80、90年代的居住区绿化、海河带状公园。
2. 外环线防护绿地建设、高速公路两侧绿化带建设。
3. 新世纪初的二级河道绿化工程。
4. 迎奥运线路两侧绿化工程。
5. 近年绿化增速较快，十五期间绿化增量约是前五十年的建设总量。

天津在发展经济的同时，十分重视环境保护，实施可持续发展战略，致力于营造适宜创业发

展和生活居住的生态城市，谋求经济和环境的协调发展。

二、绿地现状与分析

通过航拍摄影卫星遥感与绿地普查相结合的方法，对天津中心城区与环城四区的各类绿地进行了全面调查。同时，对天津市历年的热岛效应变化情况进行了分析，研究了2007年中心城区与环城四区的热场分布与热岛强度，做了NDVI植被特征分析，为中心城区绿地系统规划提供了重要的科学依据。在此基础上，对城市园林绿化现状的有关资料和影响因素进行了综合分析。

1. 各类绿地现状统计分析

现状公园绿地面积为4108.53公顷。中心城区有公园28个，千亩以上的市级公园只有水上公园1个，面积在300亩以上的公园有动物园、北宁公园、青少年活动中心、西沽公园、长虹公园、堆山公园等6个，其他均为不足百亩的小公园。

现状防护绿地为912.47公顷，天津市的防护绿地占城市绿地5.76%。

全市现状生产绿地为1185.65公顷，共有苗圃72处，其中建成区内主要大型植物苗圃包括刘园、程林、北仓等3处。

现状附属绿地为6449.28公顷。经抽样调查，1856个居住区，平均绿地率仅为21%，达标居住区仅占调查居住区总量的30%。中环线以内的居住区基本不达标。绿化达标单位共有1126个，占调查单位总量的19.29%。天津市345条主干道，道路绿地率为21.46%，与《国家园林城市标准》规定的不低于25%相差3.54个百分点。

现状其他绿地面积为3162.90公顷（其中含闲置空地临时绿化面积263.31公顷）。

2. 园林绿化建设管理情况

截至2006年年末，天津市建成区园林绿地面积已达16499公顷，比上年增加了758公顷。其中公园面积1100公顷，附属绿地面积6174公顷。2006年建成区绿化覆盖率达到37%，比上年提高0.6个百分点；建成区绿地率达到29%；城市人均公园面积6.59平方米。全年天津市植树140.13万株，年末实有树木2221.38万株。

各区园林绿化行政管理机构设置。天津的城市园林绿化实行市、区两级行政管理。全市21个区县、管委会均下设绿化行政主管部门，负责本区域的绿化建设、养护和管理。

3. 存在的主要问题与制约因素有

绿量不足、中心城区绿地严重缺失、尤其缺少大型综合性公园；

结构不明、现状绿地散状分布、不成结构体系；

分布不均、城市人口密集区域缺绿尤为严重，500米服务半径盲区较多，城市热岛效应明显。

第二节 规划总则

一、规划编制的背景

2006年国务院批复《天津市城市总体规划（2005—2020年）》的城市性质明确了生态城市的定义。天津市第九次党代会提出高水平规划和完善都市绿化体系的重大战略思想，并提出了中心城区和滨海新区率先建成生态城市。

此次规划编制，是落实《天津市城市总体规划（2005—2020年）》，实现天津城市定位的需要；是建设都市绿化生态体系，实现城市绿化结构性调整的需要；更是关注民生，实现城市环境可持续发展的需要。通过规划，充分发挥城市绿地改善生态、美化城市、游憩娱乐、文化承载、防灾避险五大功能，实现保护和改善城市生态环境、优化城市人居环境、促进城市可持续发展的目的，具体指导天津市园林绿化建设。

二、规划的依据、期限、范围与规模

1. 规划的依据

《城市绿化条例》（1992年国务院100号令）

《国务院关于加强城市绿化建设的通知》（国发〔2001〕20号）

《城市绿化规划建设指标的规定》（1993年建设部784号）

《国家园林城市标准》（建城〔2000〕106号）

《城市绿地分类标准》（CJJ/T85-2002）

《城市绿地系统规划编制纲要（试行）》（建城〔2002〕240号）

《天津市城市绿化条例》

《天津市城市总体规划（2005—2020年）》

《天津市城市规划管理技术规定》

2. 规划期限

本次规划期限为2008—2020年。

近期为2008—2012年；

中期为2013—2015年

远期为2016—2020年。

3. 规划范围与规模

为了保障天津市绿地系统的生态性、完整性，规划确定为市内六区及环城四区行政辖区，包括和平区、河西区、河北区、河东区、南开区、红桥区、东丽区、西青区、津南区、北辰区10个行政区，规划用地面积2082平方公里。

三、规划的指导思想与原则

（一）指导思想

以邓小平理论和“三个代表”重要思想为指导，认真贯彻落实市委九次党代会精神，坚持以人为本，全面、协调、可持续的科学发展观。按照九次党代会的要求，抢抓滨海新区开发开放和创建国家园林城市，建设生态城市和建立都市绿化体系的机遇，加快天津市园林绿化建设好中求快、又好又快地发展，使全市的绿化景观面貌尽快有一个明显改善，特色品位更加鲜明，充分体现现代化大都市的风貌，创造生态优美的宜居环境。同时，进一步提高城市绿化的规划、建设和管理水平，促进城市经济、社会和人的全面发展，不断提高城市载体功能和构建和谐社会的能力。

（二）规划原则

1. 生态优先原则。要妥善处理好城市建设与生态环境保护的关系，充分认识城市绿化是唯一有生命和突出改善环境景观面貌的重要基础设施，是提高城市生态效益、载体功能和促进城市全面可持续发展的基础。规划以城市绿地的有计划发展来促进城市的可持续发展。

2. 近远兼顾的原则。此次园林绿化专项规划的期限为2008—2020年，共计13年，其中2008—2012年（共计5年）为近期规划，提出具体的项目并落实到地块上；2013—2015年（共计3年）为中期规划；2016—2020年（共计5年）为远期规划。中、远期规划达到概念性规划要求。

3. 总体控制的原则。到2020年年底，全市达到国家生态园林城市标准，三率指标分别为：建成区绿地率达到38%以上，绿化覆盖率达到45%以上，人均公共绿地达到12平方米以上，具有绿化设施完善、适宜人居创业的园林景观体系和生物多样性系统。

4. 合理分布的原则。按照《国家园林城市标准》关于“城市公共绿地布局合理，分布均匀，服务半径达到500米（1000平方米以上公共绿地）”的要求，结合天津市创建国家园林城市的实际，建议专项规划要紧扣城区公园绿地服务半径实现“五一三一〇”目标要求（即：城市居民由任意点出发，500米内有1000平方米以上街旁绿地，1公里内有3000~10000平方米公园绿地，3公里内有30000平方米以上的区域性公园，10公里内有市级公园或大型风景区），公共绿地的用地系数为12%~15%，并将“五一三一〇”的项目落实到规划中去。充分发挥城市绿地的综合效应，最大程度实现其各项功能，实现绿地的网络化和绿地结构的系统化。

5. 坚持全面发展的原则。按照市九次党代会提出的“建立都市绿化体系”的要求，城市园林绿化涵盖内容为公园绿地、道路绿化、河道绿化、居住区绿化、单位附属绿地、城市防护林绿化、风景名胜区绿化、生产绿地以及立体绿化（即屋顶和垂直绿化）等子系共同组成我市城市绿化体系。因地制宜形成自身特色，注重绿地乡土植物的科学配置，坚持全面、协调发展。

第三节 规划目标

一、规划目标

1. 构建完善的都市生态绿地系统。

2. 满足市民多层次、均好、易达的游憩需求。

3. 创建宜居、优美的城市环境。

4. 完善城市综合防灾、减灾体系。

二、规划指标

1. 国内外实例研究

资料显示，2000年欧美及亚洲主要城市人均公园绿地面积为37.2平方米。下表为主要城市的数据：

表 5-5-3-1

城　市	公园绿地面积平方米/人	城　市	公园绿地面积平方米/人
巴西利亚	100	华　沙	90
堪培拉	70	维也纳	70
斯德哥尔摩	68.3	华盛顿	50
柏　林	26.1	伦　敦	25.4
莫斯科	21.0	洛杉矶	18.06
纽　约	14.4	罗　马	11.4
巴　黎	8.4		

根据对世界49个城市的统计，人均公园绿地10平方米以上的占70%。有“世界生态之都”称号的巴西库里蒂巴市，城市绿地为581平方米/人，是世界上绿化最好的城市之一，它与温哥华、巴黎、罗马、悉尼被联合国首批命名为“世界最适宜人居的城市”。

新加坡土地面积648平方公里，人口386万，人口密度5965人/平方公里，现有绿地7500公顷，人均25平方米，进入世界城市绿化先进行列。

从国内的情况看，1999年年底，全国667个城市的建成区绿地率23%，绿化覆盖率27.4%，人均公园绿地面积6.5平方米。

北京2007年，建成区人均绿地面积达到48平方米，人均公园绿地面积达到了12.6平方米。

绿化覆盖率达到43%，绿地率为40.36%。《北京城市总体规划（2004—2020年）》提出2020年城市绿地率达到44%到48%，人均绿地面积40到45平方米，人均公园绿地面积15到18平方米。

广州2007年，建成区人均公园绿地面积达到12.6平方米，绿化覆盖率达到37.14%，绿地率为33%，《广州市城市绿地系统规划》，计划到2010年，使广州城市建成区人均公园绿地面积由现在的10.56平方米增加到15平方米。

上海市从1995年开始实施“国家园林城市工程”，至2005年，上海城市绿化覆盖率达到37%，人均公园绿地面积达到11平方米，到2010年，人均公园绿地面积达到13平方米，与伦敦、巴黎等国际大都市接轨。上海市中心城区绿化覆盖率达38%。至2007年城市绿化覆盖率为37.6%，人均公园绿地面积超过12平方米。

南京市自2002年开展“绿色南京”工程，到2003年绿地面积达到17115公顷，绿地率39.0%，绿化覆盖率43.0%，人均公园绿地面积9.51平方米。

综合以上，不难得出国内外城市由于地域情况和发展阶段的不同，绿地系统的各项数据相差较大，所以在拟定指标时必须综合考虑各种因素，不能一概而论。中国的许多重要资源人均占有均低于世界平均水平，而且资源分布极不均衡。绿地指标拟定过程中，必须根据中国的实际情况做到切实可行。我国的绿地指标应达到：绿地率40%，人均绿地面积40平方米。人均公园绿地面积15平方米。

2. 分期规划指标

至2012年市中心区率先建成生态城区。规划建成区绿化覆盖率、绿地率、人均公园绿地，分别达到34%、29%、7平方米以上；

至2015年底规划建成区绿化覆盖率、绿地率、人均公园绿地，分别达到41.5%、36.5%、10平方米以上，建成生态城市，整体生态环境质量明显改善并趋向良性循环；

至2020年底规划建成区绿化覆盖率、绿地率、人均公园绿地，分别达到46.5%、41.5%、12平方米以上，建成“绿色天津”，形成多级城市绿化系统，具有完善的园林景观体系和生物多样性系统，综合经济、社会和生态环境步入全面、协调和可持续发展轨道。

三、分区指标分解

天津市中心城区及环四区分阶段绿化覆盖率

最低控制性规划指标情况明细表

表5-5-3-2

区县名称	2012年底绿化覆盖率（%）	2015年底绿化覆盖率（%）	2020年底绿化覆盖率（%）
中心城区	34.29%	42.29%	46.66%
和平区	22.50%	26.00%	28.00%

续表 5-5-3-2

区县名称	2012 年底绿化覆盖率（%）	2015 年底绿化覆盖率（%）	2020 年底绿化覆盖率（%）
南开区	38.00%	46.00%	48.00%
红桥区	41.00%	45.00%	48.00%
河北区	30.00%	40.00%	45.00%
河东区	34.00%	41.50%	46.00%
河西区	32.00%	41.00%	46.00%
高新区	38.50%	43.00%	46.00%
环内其他	—	—	—
东丽区	35.00%	43.00%	48.00%
北辰区	35.00%	43.00%	48.00%
津南区	34.00%	43.00%	48.00%
西青区	34.00%	43.00%	48.00%
环城四区环外	—	5.00%	—
东丽区	34.00%	41.00%	47.00%
北辰区	34.00%	41.00%	47.00%
津南区	34.00%	41.00%	47.00%
西青区	35.00%	41.00%	47.00%
10 区汇总	34.27%	41.60%	46.86%

第四节　城市绿地系统规划分析

以北部蓟县山地生态环境建设和保护区、中部“七里海—大黄堡洼”湿地生态环境建设和保护区与南部“团泊洼水库—北大港水库”湿地生态环境建设和保护区为主体，在西北及北部地区结合三北防护林工程、环北京防沙治沙工程，沿津冀、津京边界和主要河流，建设由蓟县、宝坻、武清、西青、静海等区县相连接的津北及津西北防风固沙大型林带。

沿各主要河流及海岸线，建立滨海河湖绿化防护体系。加强发展沿主要公路、铁路等交通干道的绿化建设。

中心城市及各新城、乡镇建设的绿地生态系统。在新城之间规划大片的生态农业用地、森林公园、郊野公园和海滨风景林带等，在主城区和滨海新区之间结合古海岸自然保护区构筑连同南北两大湿地的三道绿化生态隔离带。

第五节 城市绿地系统规划结构布局与分区

一、规划结构

通过现状分析，天津市目前尚未形成明确、清晰的绿地系统，从结构上看，缺少一些外围大型生态防护圈、深入城市中心与外围防护圈相连的楔形绿地等要素。规划借鉴北京和莫斯科典型成功经验，增设楔形绿地，实现城市内外生态融合与连通；借鉴伦敦典型成功经验，拓展绿环，强化环城绿带功能，并限定城市无序扩张；借鉴波士顿、罗马和合肥典型成功经验，打造天津的翡翠项链工程，改善中心城区绿地结构；借鉴墨尔本、巴黎典型成功经验，营造城市自然水体生态主轴，强化城市特色。

综合以上分析，并结合现状天津河流水系，形成以外围生态保护绿地为基质，河流水系为网络，城市公园为节点的网络型生态绿地体系。规划区构建具有天津特色的“两轴、三环、四园、五楔”绿地系统。

（一）两条生态绿化轴

专家研究表明35米宽的河流可以使周围环境温度降低1~1.5℃，而且当水体周围有绿地存在时，还可以使水体对周围区域的降温作用增强；100米宽以上的周围有绿地的水体可以在水平方向上影响大约200米左右的范围，使其周围的环境温度降低5~7℃。以主要河道构成的生态景观十字轴线，将建立城市通风廊道，减缓城市热岛，及时排除城市内的有害气体。

1. 海河—北运河生态绿化轴：规划以海河、北运河及沿河绿化带、公园，构成一条南北向城市生态绿化主轴。海河沿岸设置绿化带，中环线以外地区，结合用地建设情况，沿绿化带设置公园、垂直于海河楔型绿地等，增强海河生态绿化轴与城区生态连通作用。

2. 子牙河—新开河生态绿化轴：规划以新开河、子牙河及沿河绿化带、公园，构成一条东西向城市生态绿化主轴。

（二）三条生态环

自1940年代以来，世界上的很多特大城市如、巴黎、柏林、莫斯科、法兰克福等均规划并建设了城市绿化控制带。从这些特大城市的实践效果看，无论是环形、楔形、廊道还是其他类型的绿化控制带，对于引导和控制城市格局、改善城市环境、提高居民生活质量都具有显著作用。伦敦、莫斯科等城市通过环形绿带的建设，对引导和控制城市格局、改善城市环境、提高居民生活质量都具有显著作用。

1. 城市外围生态环：于规划区外围设置1000~2000米林地，形成城市生态保护圈，并起到控制无限度城市扩张作用。北环沿永定新河、京津高速公路设置，与“七里海—大黄堡洼”生态湿地保护区构成城市北部生态涵养区；东环以津岐公路至古海岸自然保护区的城市隔离带构成；南环沿独流减河设置，与“团泊洼水库—北大港水库”生态湿地保护区构成城市南部生态涵养区，西环以天津西北防风固沙林带、京九铁路津霸联络线两侧绿化带构成。

2. 外环线500米宽绿化带：历史上我市于外环线外侧控制了500米宽绿化带用地，经过多年建设，目前已经形成100~200米宽绿化带。该绿化带将起到为中心城区制造新鲜氧气和生态通廊作用，同时将降低中心城区城市污染。

3. 中心城区生态水环（翡翠项链）：规划通过对中心城区的主要一、二级河道改造，形成以绿水相依的绿化环线。城市主要大型城市公园与生态水环连通，形成城市网络型生态绿地系统架构。规划控制河道包括：南运河、新开河、卫津河、月牙河。

（三）五楔

自城市外围生态环至外环线设置五个大型楔形绿地。楔形绿地连通城市与外围生态涵养区，作为生态涵养区向城市输送新鲜空气的主通道作用。楔形绿地主要由林地、郊野公园构成。

1. 西部楔形绿地位于北辰区南部，连通津西防风固沙防护林带的绿色通廊。规划控制范围：东至外环线、西至京福公路、南至子牙河、北至津霸快速路。

2. 南部楔形绿地位于西青区东南部，连通团泊水库的绿色通廊。规划控制范围：东至津汕快速路、西至排污河、南至津晋高速公路、北至外环线。

3. 东南部楔形绿地位于津南区西南部，连通大港水库的绿色通廊。规划控制范围：东至红泥河、西至鸭淀水库、南至独流减河，北部以津港快速路绿化带与外环线连通。

4. 东北部楔形绿地位于东丽区北部北辰区南部，连通七里海湿地、东丽湖湿地的绿色通廊。规划控制范围：东至黄港水库、西至规划外环线、南至金钟河及规划路、北至京津高速公路及规划路。

5. 北部楔形绿地位于北辰区东北部，连通大黄堡湿地、尔王庄水库的绿色通廊。规划控制范围：东至仁和营村、西至京津塘高速公路、南至永定新河、北至机场排污河。

（四）六园

“点”作为绿地系统中的一个必要元素，与其他元素线环、楔、廊相结合，才能使各类绿地有机地连接成一个完整的系统，发挥城市绿地系统的最大效能。它是现代城市文明的一个标志，不仅有供市民游憩的功能，更有改善地区小生态（吸尘、防噪、蓄水、防灾、缓解热岛效应、提高空气含氧量等）的功能。

规划结合城市布局，设置具有生态职能的大型公共绿地，与绿色廊道相嵌相联，形成点线串联的网状结构。结合城市生态廊道设置六个大型城市郊野公园。

1. 青光郊野公园：结合城市西部生态廊道，利用子牙河良好生态资源，规划于子牙河、外环线交汇西北部设置一个以森林为主题的郊野公园，规划占地约500公顷。

2. 北运河郊野公园：结合城市南北向生态轴，利用北运河、永定河良好生态条件，规划于北运河与永定河交汇西部，设置一个以北方园林为主题的郊野公园，规划占地约500公顷。

3. 大兴水库郊野公园：结合城市北部生态廊道，利用永定新河、大兴水库河良好生态条件，规划以大兴水库为核心，建设以大型水体为主题的郊野公园，规划占地约500公顷。

4. 东丽湖郊野公园：结合城市东北部生态廊道，规划于永定新河、金钟河交汇西部，通过对现状湿地保护与利用，设置一个以湿地为主题的郊野公园，规划占地约500公顷。

5. 八里台郊野公园：结合城市东南部生态廊道，规划于津晋高速公路、津港快速路交汇西部，设置一个以北方园林为主题的郊野公园，规划占地约500公顷。

6. 青泊洼郊野公园：结合城市南部生态廊道，规划于独流减河、团泊快速路交汇东部，通过对现状湿地保护与利用，设置一个以湿地为主题的郊野公园，规划占地约500公顷。

二、规划布局

（一）建立三级城市绿地体系

1. 城市外围生态保护绿地

以郊野公园、农业观光园、苗圃、农田、果园、湿地、自然保护区为重点，为城市提供氧源和生态基础的自然本底。外围生态保护绿地与规划区外部。

2. 近郊生态隔离与连接绿地

以楔形绿地、外环线绿化带、植物园以及外环线周边从风景区调整建设的大型城市公园为重点，对城市发展具有控制和引导功能的绿地。

3. 城区休闲、游憩绿地

以社区公园、小游园、街头绿地、滨河绿地、绿化广场、区级和市级公园为重点，具有游览、休闲娱乐功能的市民贴身服务绿地。

第六节　城市绿地分类规划

一、公园绿地规划

公园绿地指各种公园和向公众开放的绿地。包括综合公园、社区公园、专类公园、带状公园和街旁绿地。在城市绿地系统中，绿地为居民提供游憩场地是其主要功能之一。这种活动，随着人们活动时间的不同、活动内容的不同、使用交通工具的不同，是由一个自楼间绿地、社区公园、区级公园、市级综合公园、郊野公园直至郊区风景名胜区这样一个由小到大、由近及远的休闲绿地体系来承担的。

1. 综合公园

市级综合公园的服务对象为全体市民，一般规模较大（规划面积100公顷左右），园内有较明确的功能分区，设施较为完备，质量较好。规划服务半径5公里。规划全市性公园10个，总面积2630公顷。

区级综合公园的服务对象主要是本区域内的居民，每个区可以有一至数个区级公园。区域性综合公园应以植物景观为主，服务和游乐性设施为辅。规划服务半径3公里。共规划此类公园36个，总面积965公顷。

2. 社区公园

社区公园应提供足够的场地供居民晨练、跳舞、唱歌、下棋等。其设施内容以植物题材为主，多设园椅等休息设施，适当配备休息座椅、喷泉、花坛、宣传廊等园林小品。共规划此类公园68个，总面积204公顷。

3. 专类公园

结合天津市重点项目，建设天津市植物园、野生动物园等专类城市公园。共规划此类公园2个，总面积200公顷。

4. 带状公园

带状公园位于规划的道路红线以外。带状公园的宽度不低于20米、面积不小于400平方米，作为绿化种植带的延续并布置小型休息设施。共规划此类公园34个，总面积78公顷。

5. 街旁绿地

街旁绿地包括小型沿街绿地、街道广场绿地等。共规划此类公园163个，总面积96公顷。

二、生产绿地规划

规划于北辰区西北部、东北部设置2个苗圃1385公顷，西青区西北部设置苗圃500公顷，津南区东南部设置苗圃680公顷。各区县设置小型生产绿地，规划面积占城市建设用地比例大于2%。

三、防护绿地规划

规划用城市、城乡之间的道路、轨道、高压走廊等线状联系形成整个区域内的绿色廊道，与市区环网式绿地系统相结合，形成更为稳定的生态空间保护体系。按照城市总体规划结构和用地功能安排，依托主城区环状放射型的道路网体系，结合城市高压走廊、铁路、轨道、河流等，因地制宜，形成多条城市核心区与外环绿化带的空气输送通道，构筑城市防护绿地系统。绿化带宽度按照《天津市城市规划管理技术规定》的要求进行控制。

1. 轨道绿化主要包括铁路、高架轻轨、地铁及配套设施等。营造横向有韵律、纵向有层次的大绿植物景观，隔音降噪，改善生态环境。

2. 道路绿化主要包括高速公路、快速路、公路、城市道路等。营造不同层次、不同植物景观特点的绿脉、绿网，注重规划尺度和林荫效果，植物配置突出适地适树的原则。

3. 河道绿化主要包括城市一级河道、二级河道等。营造不同控制宽度的滨河带状公园，讲求植物配置，突出亲水、自然、和谐、怡人的生态环境改善。

4. 高压走廊绿化主要包括高压电力线网等。营造一定宽度的绿带，突出大绿效果。

四、附属绿地规划

附属绿地包括附属在公共设施用地、工业用地、仓储用地、对外交通用地、道路广场用地、市政公用设施用地和特殊用地中的绿化用地。附属绿地是居民日常生活中接触最为密切的绿化空间，因此要严格控制新建区附属绿地建设，同时完善旧区附属绿地。

1. 新建居住区或者成片建设区绿地率，中环线以内不得低于35%，中环线以外不得低于40%。其中，用于建设公共绿地的绿地面积，不得低于建设项目用地总面积的10%。

2. 新建城市道路绿地率应当达到国家规定的标准，改造旧有城市道路应当使绿地率逐步达到国家规定的标准。

3. 新建宾馆、疗养院、学校、医院、体育、文化娱乐、机关等公共设施的绿地率不得低于35%，工厂、仓储附属绿地的绿地率不得低于20%，产生有害气体及污染的工厂绿地率不得低于30%。

4. 新建供水厂、污水处理厂和垃圾处理厂的绿地率不得低于45%。

五、其他绿地规划

其他绿地是指对城市生态环境质量、居民休闲生活、城市景观和生物多样性保护有直接影响的绿地。包括：风景名胜区、水源保护区、郊野公园、森林公园、自然保护区、风景林地、城市绿化隔离带、湿地和垃圾填埋场恢复绿地等。

1. 风景名胜区。

重点建设东丽湖、天嘉湖等风景区。

2. 郊野公园与森林公园。

在城市近郊规划建设多个特色鲜明、风格各异的郊野公园，分别为青光郊野公园、北运河郊野公园、大兴水库郊野公园、东丽湖郊野公园、八里台郊野公园、青泊洼郊野公园。郊野公园的辟建主要满足市民群众郊游、亲近和体验自然的需求。

3. 城市绿化隔离带与风景林地。

依据《天津市城市总体规划（2005—2020年）》，规划于用地东部沿津岐路、蓟汕联络线，结合古海岸自然保护区，控制两条南北向城市绿化隔离带。

六、防灾绿地规划

绿地系统防灾避险规划应充分考虑经济、社会、自然、城市建设等实际情况，依据城市防灾减灾规划要求，确定相应的规划建设指标。要按照以人为本、因地制宜、合理布局、平灾结合的原则，科学设置防灾公园、临时避险绿地、紧急避险绿地、隔离缓冲绿带、绿色疏散通道，形成一个防灾避险综合能力强、各项功能完备的城市绿地系统。

科学设置各类避险绿地。在城市中心区、老城区等人口稠密地区，结合城市改造，按照绿地服务半径等要求，规划出紧急避险绿地和绿色疏散通道。在城市外围、城市功能分区、城区之间、易发火源或加油站、化工厂等危险设施周围设置隔离缓冲绿带。不具备安全性和防灾避险基本条件的城市绿地，以及需要特别保护的动物园、文物古迹密集区和历史名园等不应纳入城市绿地防灾避险体系。结合天津市防灾避险规划，对部分城市公园进行防灾分级配置。

避灾绿地滞留面积按照避难时期分为紧急避难、初期避难和后期避难，其指标分别为：紧急避难用地。灾害突发时（灾害发生当天内），按照1~2平方米/人的标准，可以满足站立的基本空间，适宜布置在步行1分钟能到达的地方，如小区集中绿地。

初期避难用地。灾害初发后（灾后1日至数周内），按照3~5平方米/人的标准，可以满足帐篷搭建空间，可布置在步行10分钟能到达的地方，服务半径300~500米。

后期避难用地。灾后恢复时（灾后数周至数年内），建议执行10~12平方米/人的标准，可以满足过渡性住房等搭建空间，宜布置在服务半径1000~2000米的地方。

城市绿地、公园多方面的防灾功能具体包括：避震、防洪、抗旱、保持水土。避震，一般地震发生后，部分树木不致倒伏，可以利用树木搭建帐篷，创造避震的临时生活环境；防火，一定面积规模的城市公园等绿地，能够切断火灾的蔓延，防止飞火延烧，在熄灭火灾、控制火势、减少火灾损失等方面有独特的贡献。许多绿化植物枝叶中含有大量水分，一旦发生火灾，可以阻止火势蔓延扩大；防风，北方城市的风沙、沙尘暴，沿海城市的海潮风、风暴等灾害常常给城市带来巨大损失。另外，由于绿地公园地势平缓，建筑稀少、低矮，不仅可以作为灾民的临时生活住所，也可作为救灾物资的集散地、救灾人员的驻扎地、临时医院的所在地和救援直升机的起降地

七、树种规划

（一）树种规划的基本原则

适地适树原则。根据本地自然、地理、土壤、气候条件，选用生长良好的乡土树种为主，引进外来树种为辅，以形成鲜明的本地特色植物景观。

1. 坚持以乔木为主，乔木、灌木、花卉、草皮、地被植物合理配置的原则，建立相对稳定的城市生态植物群落。

2. 生态功能和景观效果并重，兼顾经济效益的原则，景观又以体现亚热带植物景观为主。

3. 选择抗性强的树种；速生树和慢生长寿树相结合；常绿植物与落叶植物种类相结合的原则。

4. 合理利用搭配观叶、观花、观果、芳香树种，形成动态的丰富多彩的植物景观的原则。

5. 生物多样性的原则，增加树种数量，丰富树种品种。

（二）基调树种、骨干树种和一般树种的选定

1. 基调树种

这一类树种代表一个城市地方景观特色的树种，它适应性强，应用广泛，对城市生态和景观

影响大，栽培管理较易，受群众欢迎。如绒毛白蜡、国槐、刺槐、绦柳、桧柏、龙柏、臭椿。

2. 骨干树种

骨干树种是指与基调树种相配合，构成城市四季色相景观特色，丰富城市绿化美化的观赏树种。

乔木类：

共计18种，悬铃木、毛白杨、垂柳、杜氏毡毛梣、馒头柳、栾树、旱柳、红花刺槐、银杏、泡桐、构树、蜀桧、雪松、河南桧、石榴、千头椿、碧桃、山桃。

灌木类：

共计12种，月季、金银木、紫叶小檗、大叶黄杨、金叶女贞，西府海棠、连翘、紫薇、珍珠梅、木槿、黄刺玫、榆叶梅。

竹类及藤本5种，早园竹、五叶地锦、爬山虎、蔷薇、金银花。

3. 特定用途树种

特定用途树种是指依据树种的生物学特性和其它习性，可为不同绿化美化的用途而选择应用的树种。

行道树

绒毛白蜡、国槐、刺槐、红花刺槐、悬铃木、毛白杨、旱柳、垂柳、泡桐、栾树、臭椿、银杏、桧柏、千头椿、河南桧。

庭荫树

共计31种。悬铃木、银杏、国槐、刺槐、红花刺槐、臭椿、香椿、毛白杨、杜仲、丝棉木、皂荚、合欢、新疆杨、旱柳、垂柳、绦柳、馒头柳、枣树、黄金树、桂香柳、枫杨、栾树、青桐、五角枫、玉兰、紫玉兰、二乔玉兰、构树、苦楝、核桃、千头椿。

4. 公园、公共绿地、风景林树种

常绿树：桧柏、侧柏、雪松、黑松、油松、黑皮油松、白皮松、龙柏、蜀桧、河南桧、沙地柏、铺地柏、鹿角桧、塔柏、金球桧、球柏、粗榧、锦熟黄杨、大叶黄杨、小叶黄杨、胶东卫矛、云杉、日本五针松、竹、朝鲜黄杨、凤尾兰。

落叶乔木：悬铃木、银杏、垂柳、旱柳、绦柳、毛白杨、国槐、龙爪槐、刺槐、红花刺槐、江南槐、朝鲜槐、栾树、合欢、绒毛白蜡、臭椿、香椿、杜仲、皂荚、五角枫、火炬树、构树、青桐、龙爪柳、桑树、龙爪桑、枫杨、苦楝、桂香柳、苹果树、梨树、榉树、黄金树、盐肤木、红叶李、千头椿、女贞、碧桃、山桃、石榴。

灌木：西府海棠、金银木、枸杞、紫荆、木槿、紫薇、紫穗槐、紫丁香、兰花丁香、白丁香、四季丁香、裂叶丁香、榆叶梅、黄刺玫、锦鸡儿、太平花、玫瑰、棣棠、月季、柽柳、雪柳、锦带花、海仙花、绣线菊、珍珠绣球、银芽柳、连翘、金钟花、溲疏、天目琼花、红瑞木、文冠果、珍珠梅、花木兰、胡枝子、白刺花、多花蔷薇、茶藨子、糯米条、无花果、白棠子树、紫珠、海州常山、猥实、华北香薷、日本小檗、紫叶小檗、朝鲜小檗、细叶小檗、贴梗海棠、水蜡、小叶女贞、小蜡、金叶女贞、冻绿、迎春。

果树：核桃、山楂、苹果树、枣树、梨、杜梨、桃、葡萄、石榴。

藤本：五叶地锦、爬山虎、凌霄、美国凌霄、金银花、山荞麦、南蛇藤、山葡萄、藤本月季、蔷薇。

5. 滨水绿化植物

乔木：旱柳、垂柳、绦柳、馒头柳、龙爪柳、桂香柳、枫杨、绒毛白蜡、加拿大杨、杜梨。

灌木类：红瑞木、紫穗槐、华北香薷、醉鱼草、柽柳、雪柳、枸杞、大叶黄杨、胶东卫矛。

6. 值得推广的树种

这是指已经过试验或调研，对一些引种栽培表现较好、可以在本市生长、且观赏效果好的树种，列入规划，推广应用。

蜀桧、胶东卫矛、兴安桧、金边大叶黄杨、金心大叶黄杨、银边大叶黄杨、银斑大叶黄杨、斑叶大叶黄杨、盐肤木、拐枣、鸡矢藤、山荞麦、车梁木、梓树、楸树、鼠李、园叶鼠李、小叶鼠李、黄山栾、黄连木、大芽银芽柳、朝鲜小檗、长白忍冬、苦豆子、柽柳属的若干种、珠美海棠、七叶树、郁香忍冬、三叶木通、黄荆、荆条等。

7. 各类树种比例

乔木：灌木为1∶2。

常绿树：落叶树3∶7。

第八节 生物（重点是植物）多样性保护与建设规划

一、天津乡土盐生植物的保护

规划地区有许多盐生植物组成的群落，应以保护。

二、天津自然湿地保护

天津湿地资源丰富，实施湿地保护工程，重点保护湿地生态系统。对湿地资源进行生态修复，充分利用，以调节和改善区域生态环境。

三、耐盐植物遗传多样性保护

天津的城市土壤盐碱，多年来大量引种耐盐碱植物，在耐盐性方面，许多树种具有丰富的品种，应予与保护，作为育种、育苗资源。

四、月季、菊花遗传多样性保护

月季为天津的市花，天津曾大量引种各种月季品种，这些月季品种应在划定的基地中加以保护。菊花是天津的传统名花，深受天津老百姓喜爱，经多年的积累，天津已培育、引种 700 多个品种，这些品种应加以保留，形成天津菊花的特色。

第九节 古树名木保护

一、古树名木数量、树种和生长状况

截至 2003 年年末，规划范围内档案有记载的共 148 株。其中 A 级（树龄 300 年以上）古树 27 株，B 级（树龄 100 年以上）古树 121 株。包括油松、侧柏、国槐、银杏、桑树、枣树、刺槐、悬铃木、皂荚、紫藤等近 39 个树种，全部列为市级保护。

各区县古树名木

表 5-5-9-1

序号	所在区县	株数
1	和平区	33
2	河东区	4
3	河北区	14
4	河西区	22
5	南开区	13
6	红桥区	30
7	东丽区	7
8	津南区	5
9	西青区	2
10	北辰区	18

规划区现有三株以上的古树群 4 个，分别是位于南开区的古云杉群，红桥区的古绒毛白蜡群，东丽区的古槐群和津南区的古槐群。

二、古树名木保护措施

1. 对古树名木进行每木调查，记录年龄、胸径、高度、树况、生境等，并对其进行拍照，建立档案文件，整理存档。同时按照相关古树名木的保护管理办法进行合理的分类和分级，并设

置标志，标明其树种、树龄和保护级别等。

2. 采用卫星定位，将全市古树名木所在具体位置标于市地形图上，便于日后为建设单位提供相关资料，在规划设计以及施工中能够给予充分的保护。

3. 通过电视、广播、报纸、传单、书籍等宣传体系，加强对古树名木保护的宣传，提高广大市民对古树名木保护重要性的认识。

4. 以国务院颁布的《城市古树名木保护管理办法》和天津市政府颁布的《天津市古树名木保护管理办法》为依据，落实古树名木责任制，责任单位和个人按照市城市绿化行政主管部门制定的古树名木管理技术规范对其进行正确的养护和管理，以确保古树名木的健康生长。

5. 按照天津市古树名木不同的保护级别制定相应的管理技术规范。

6. 采用土壤改良技术、合理施肥技术、促根技术和生长激素等先进的技术方法栽培复壮，封补树洞及树枝截面，抢救生长势衰弱的古树名木。

7. 加强对古树名木的科学研究工作，如树龄的测定及各种复壮措施等。

第十节 近期建设规划

中心城区未来四年（2009—2012 年）应加大绿化投入力度，实现绿量增加、景观提升、结构优化、生态良好、服务便捷的城市绿地系统。

一、一般性建设

1. 2009 到 2012 年，环城四区每区至少建设 2 个 300 亩以上的区级公园。规划建成区内，每区每年至少建设 2 片不小于 5000 平方米的公共绿地。

2. 市区现状平房和工厂拆迁地块优先建设绿地。绿地建设必须保证 80%为集中绿地。

3. 有条件的临时绿地尽量转化为永久性绿地。

4. 各区确定的重点开发地区绿化先行。

5. 河道、道路、铁路、居住区、社会单位等绿化配套建设严格按照相关绿线控制要求一次到位。独立工业区、新建城镇和大学城的绿化建设必须按照要求配套到位。

6. 建成植物园，并积极推进生产绿地建设。

二、结构性建设

因天津市目前绿地系统结构尚未形成，除一般性建设外，必须进行大规模、结构性、集中绿化建设。

1. 建设完善“两轴”生态轴线功能，子牙河、新开河轴线有条件的区域要达到 100 米宽以上。海河中游两侧要大规模提供城市绿化用地，在会展中心、津南柳林、咸水沽、葛沽等区域建设形成大型公园及楔形绿地。

2. 辟建三环绿带，启动建设新四区外边界1000米宽绿化带；确保外环线外侧500米宽、内侧58米宽绿化带落实到位；完成中心城区生态水环（翡翠项链）各结点的串联工程。

3. 尽快组织实施外环线两侧屈家淀、侯台、卫南洼、成林庄、南淀、银河等大型城市公园，内外拓展延伸形成楔型绿地雏形。

4. 实施卫国道等20条入市道路；津围公路等20条入市公路以及城市内部主次干道、二级河道、铁路两侧绿化带建设，形成多层次、多通道连接的网状绿化脉络。

三、调整性建设

针对城市热岛效应突出、500米服务半径空白、开发强度过高的区域划定调整性建设片区。在建设片区内，通过置换性开发进行绿地补偿，达到指标基本平衡，缓解突出矛盾。

四、分区规划指标

分区主要绿化指标情况统计测算表

表 5-5-10-1

区县	城市建设用地（平方公里）	城市人口（万人）	绿化覆盖率（%）	绿地率（%）	人均公园绿地面积（平方米）
中心城区	313.90	447.00	34.29%	29.29%	7.09
和平区	9.8	26	22.50%	17.50%	1.8
南开区	39.9	74	38.00%	33.00%	7.8
红桥区	18.3	40	41.00%	36.00%	6.4
河北区	28.1	62	30.00%	25.00%	5
河东区	39.9	68	34.00%	29.00%	6.8
河西区	36.7	65	32.00%	27.00%	7.4
高新区	1.70		38.50%	33.50%	
东丽区	33.8	24.6	35.00%	30.00%	8
北辰区	59.2	52.7	35.00%	30.00%	11
津南区	12.6	11.7	34.00%	29.00%	7.5
西青区	33.9	23	34.00%	29.00%	7.5
东丽区	114	45	34.00%	29.00%	8
北辰区	61.1	25	34.00%	29.00%	8
津南区	26.6	25.5	34.00%	29.00%	10
西青区	66	38.2	35.00%	30.00%	8
10区汇总	581.6	580.7	34.27%	29.27%	7.39

五、近期建设项目

按照城市总体规划的目标，到2012年中心城区及滨海新区率先建成生态城市，任务很重，规划认为应抓住主要矛盾，分类、分层次推进绿化建设。

（一）绿园建设

1. 郊野公园：在城市近郊规划建设5个特色鲜明、风格各异的郊野公园，分别为青光郊野公园、大兴水库郊野公园、东丽湖郊野公园、八里台郊野公园、青泊洼郊野公园。郊野公园的辟建主要满足市民群众郊游、亲近和体验自然的需求。5个郊野公园规划建设总规模预计约达3500万平方米以上。

2. 市级综合性公园：把原外环线附近规划预留的大型风景区规划建设为9个市级大型综合性公园，分别为屈家淀公园、侯台公园、南淀公园、银河公园、李七庄公园等，预计规划增绿1611万平方米。与“刘园公园”“成林公园”、水上公园等现有绿地构成中心城区及环城四区市级综合性公园体系。

3. 区级综合公园：在南开长虹公园、红桥西沽公园等现有区级公园的基础上，新建北草坝绿水园、泰园、会展中心等18个规模在10~50公顷的区级公园，预计规划增绿540万平方米。完善城市的区域服务功能，缓解市民群众就近综合游览、娱乐的矛盾，实现区级公园在中心城区及环城四区的均衡覆盖。

4. 社区公园：在完善郊野、市级、区级公园层面骨架的基础上，各区按照500米服务半径要求结合实际增建5~10公顷规模的社区公园、小游园，为市民群众提供贴身绿地服务。与此同时，中心城区及环城四区每区每年建设不少于两片5000平方米以上的公共绿地。此项规划预计增绿约达160万平方米以上。

（二）绿环建设

1. 城市外围生态环：环城四区优先建设苗圃和林地每年实施50~100万平方米，近期预计增绿400万平方米左右。

2. 外环线绿化带：到2012年年底以前，要全部完成外环线外侧500米宽绿化带建设。预计增绿约达2000万平方米。

3. 生态水环：加强水系连通，实现中心城区57公里一、二级河道水环两侧规划绿线。预计增绿约达100万平方米。

（三）绿廊建设

铁路两侧绿化工程：分步实施铁路沿线绿化，达到绿线控制宽度。主要包括新建津沪高速（31公里）、津保铁路（16公里）、津秦客运（33公里）；整治京山铁路（26公里）、李港铁路（32公里）。预计增绿500万平方米以上。

河道两侧绿化工程：近期实施的小王庄排污河、北丰产河、南丰产河、双林排水河、东场引河等五条河道约21.6公里改造，营造自然生态景观，实现绿线控制规划，预计增绿约达760万平方米。

道路两侧绿化工程：实施城市道路综合整治工程，逐步实现道路两侧绿化达标，预计增绿约达200万平方米以上。

（四）绿荫建设（增加城市绿视率）

大力实施垂直绿化，专项推进屋顶绿化，形成墙体绿化、阳窗台绿化、屋顶绿化综合发展的空间立体绿化体系，提高绿视率。屋顶绿化每年建设8万平方米，四年预计增加绿化覆盖面积不小于30万平方米。

城市绿化通过一般性建设保持常规稳定增长，同时，通过结构性建设，突出强调大规模和集中增绿，中心城区还需注重以调整性建设缓解热岛效应、消除服务半径盲区。

第十一节 实施措施

一、政策保障

将城市绿地系统规划纳入国民经济和社会发展计划；完善园林行业法律、法规；将绿化纳入城市综合开发、建设与改造，出台重点绿化、推广绿化的政府奖励性措施。同时，加强政策引导，重视绿色斑块建设、确保拆迁增绿、坚持开发带绿、严控配套建绿、落实专项建设等。

二、用地保障

着眼生态优先和城市可持续发展战略理念，明确绿线管制范畴，对城市现状绿地进行严格保护，对规划绿化用地进行严格保障。同时，将生态环境建设作为近一阶段扩大内需的重要举措，确保城市绿化建设健康持续平稳发展。

三、资金保障

充分认识城市绿化为公益性事业，为市民群众提供公共产品的属性，应将城市公共绿地建设、养护、管理纳入市区两级政府财政预算，规范投资渠道，鼓励、提倡多渠道、多方式筹措绿化资金。重点大型绿化建设项目市给予资金支持。

四、机制保障

依法赋予城市绿化行政主管部门相应的职能，以利于按照“事权一致”的原则加强和规范行业管理，建立健全“绿色图章”、绿化不达标异地补建等审批制度和程序，城市绿化行政主管部门参与开发项目的联合审查，营建政府引导、专业管理、部门监督、全社会参与建绿的良好氛围。

市级公园近期建设项目一览

表 5-5-11-1

编 号	名 称	占地面积（公顷）
1	屈家淀	142
2	植物园	106
3	候台	160
4	李七庄公园	134
5	解放南路公园	102
6	柳林公园	80
7	成林公园	82
8	南淀公园	405
9	银河公园	400
	合 计	1611

区级公园近期建设项目一览表

表 5-5-11-2

编 号	项目名称	用地规模（公顷）
1	创智园	10
2	嘉盛公园	21
3	绿水园	23
4	阳光公园	15
5	红桥文园	28
6	泰园	26
7	咸水沽公园	47
8	辛口公园	35
9	新城中心公园	23
10	新开河畔公园	14
11	北运河畔公园	30
12	复兴河畔公园（河东区）	33
13	复兴河北岸公园（河西区）	15
14	子牙河畔公园	26
15	五号路公园	10
16	密云路公园	10
17	西站绿洲公园	12
18	会展中心公园	12
	合 计	470

河流两侧绿化近期建设项目一览表

表 5-5-11-3

河流名称	长度（千米）	蓝线宽度（米）	绿化量
小王庄排污河	5.1	25	178.5
北丰产河	5.7	30～40	199.5
南丰产河	2.4	35	84
双林排水河	3.8	25～30	133
外环河（局部）	1.5	25～30	52.5
东场引河	4.6	30	161
合　计	23		808

道路两侧绿化近期建设项目一览表

表 5-5-11-4

编号	道路名称	道路长度（千米）	绿化量（万平方米）
1	卫津南路	4.9	8.6
2	津塘路	10.2	46
3	光荣道	3.84	12
4	红旗南路	3.48	9.6
5	京津路	7.7	32
6	绍兴道	2.5	0.53
7	芥园道	2.88	0.87
8	中山路（中山北路）	4.05	1.86
9	广东路（九龙路）	2.33	0.75
10	黑牛城道（凌西路）	6.2	26
11	胜利路	1.6	0.4
12	长江道	4.3	1.96
13	勤俭道	2.9	1.66
14	合　计	56.88	142.23

第六章　天津市城市总体规划1996年至2010年（节选）

第一节　总　则

一、为适应建立社会主义市场经济体制的需要，根据《中华人民共和国城市规划法》、《中华人民共和国土地管理法》和其它有关法规，结合《天津市国民经济和社会发展“九五”计划和2010年远景目标纲要》，特别是1997年7月8日国务院确定的天津城市发展目标的要求，对1986年经国务院批复的《天津市城市总体规划》进行修编。

二、切实体现经济社会可持续发展的原则和城市现代化的目标，全面贯彻“十分珍惜、合理利用土地和切实保护耕地”等基本国策。

三、天津市城市规划区是指天津市行政辖区范围，土地面积11919.7平方公里。

市区是指市辖和平、河西、河东、河北、南开、红桥、东丽、津南、西青、北辰及塘沽、汉沽和大港13个区的范围，土地面积4276平方公里。

中心城市由中心城区和滨海城区及多个组团组成。

中心城区是指外环绿化带围合的范围。

滨海城区包括塘沽城区、汉沽城区、大港城区和海河下游工业区。

四、规划期限：近期2000年，远期2010年，远景21世纪中叶。

第二节　城市生态环境

第三十七条　加强市域绿化建设。市域北部山区重点营造水土保持林，形成绿色防护屏障；平原地区形成纵横交织的农田防护林网；沿海地区建设海防林。全市形成从北到南，由西向东，山、河、湖、海相间的空间景观和森林生态系统。

第三十八条 中心城区以海河为风景轴线，以外环线绿化带为生态环境调节区，在中环线和外环线之间规划建设由植物园、侯台风景区、卫南洼风景区、柳林风景区，以及程林庄公园、月牙河公园、宜白公园、铁东公园、刘园苗圃等组成的九条楔形绿地，形成楔入市中心区的绿色通廊，构成多种绿地类型有机结合的多功能绿地系统。中心城区西南部保留部分水面、农田和绿地作为开敞空间，形成新鲜空气的通道，以形成良好的空气环境。中心城区西北部建设防风林带，阻止风沙的侵袭。外环线以内保留一定面积的农业用地，以保护和改善城市生态环境。

第三十九条 2010 年，中心城区人均公共绿地达到 8 平方米以上，绿地率达到 30%以上，绿化覆盖率达到 35%以上。

（一）中心区规划新增公共绿地面积 128.2 公顷，包括体育公园、南开文化公园、西站公园、郑庄公园、科技广场、乌江公园、卫国道公园、沙柳路公园等 22 处。

（二）外围区规划公共绿地面积 1776.5 公顷，包括海地公园、靶档公园、京山公园、西横堤公园等 23 处。

（三）居住区人均公共绿地达到 2 平方米以上，绿地率 30%。旧区改造所建居住区人均公共绿地不得低于相应指标的 50%，绿地率达到 25%以上。

（四）工业和一般仓储用地绿地率达到 20%以上。

第十四条 滨海城区绿化布局以贯穿塘沽城区、海河下游工业区、汉沽城区、大港城区的河流为各城区的自然风景轴线，建设中心城区至滨海城区的隔离绿带，加强沿河林带、沿海防护林带和道路绿化建设，发挥区内河湖水系成网、坑塘密布、濒河临海的优势，开辟多种类型的风景区和森林公园。

第四十一条 2010 年，滨海城区人均公共绿地达到 9 平方米以上，绿地率达到 35%以上，绿化覆盖率达到 40%以上。

第四十二条 加强海河、永定新河、独流减河、蓟运河、潮白河和子牙河等河流的综合治理，形成由 19 条行洪河道、79 条骨干排沥河道和众多水库、洼淀组成，兼顾防洪、排沥、输水、蓄水、排污、航运及旅游等多功能的河湖水系。

第四十三条 全市旅游景点布局形成以中心城市为中心，海河为风景轴线，蓟县和滨海地区为重点，带动各区、县协调发展的格局。确立滨海都市旅游形象。重点建设 10 个旅游区，即：中心城区综合旅游区、海滨旅游度假区、蓟县风景名胜旅游区、武清军事旅游娱乐区、西青民俗旅游区、东丽湖旅游度假区、团泊旅游风景区、宝坻集市贸易旅游区、大港水上野趣旅游区和七里海湿地保护旅游区。

第三节 天津中心城市建设用地平衡表

天津市主要迎春花市一览表

表 5-6-3-1

序号	用地代号	用地名称	面积（平方公里）		占城市建设用地（%）		人均（平方米/人）	
			现状	规划	现状	规划	现状	规划
1	R	居住用地	96.4	146.6	24.2	26.4	20.0	22.2
2	C	公共设施用地	36.4	60.3	9.1	10.8	7.5	9.1
		其中 行政办公用地	5	6.1	1.3	1.1	1.0	0.9
		其中 教育科研用地	15.8	26.1	4.0	4.7	3.3	4.0
		其中 商业金融用地	7.7	15.4	1.9	2.8	1.6	2.3
		其中 文化娱乐用地	2.5	5.9	0.6	1.1	0.5	0.8
3	M	工业用地	92.8	100.4	23.3	18.1	19.2	15.2
4	W	仓储用地	27.3	18.3	6.8	3.3	5.7	2.8
5	T	对外交通用地	22.5	33.4	5.6	6	4.7	5.1
6	S	道路广场用地	42.1	106.1	10.5	19.1	8.7	16.1
7	U	市政公用设施用地	12.4	21.2	3.1	3.8	2.6	3.2
8	G	绿地	40.3	62.2	10.1	11.2	8.4	9.4
		其中：公共绿地	14.9	56.4	3.7	10.1	3.1	8.5
9	D	特殊用地	29.1	7.5	7.3	1.3	6.0	1.1
合计		城市建设用地	399.3	556	100.0	100.0	82.8	84.2

备注：1995 年现状城市人口 482.2 万人
2010 年规划城市人口 660.0 万

第七章 园林绿化专业规划（分别规划到2000年到2010年）

改革开放以来，天津的园林绿化事业有了很大的发展，在改善环境，调节气候，提供游憩场所，保护农田等方面发挥了积极作用，取得了显著成绩。但由于我市园林绿化基础薄弱，绿化事业的发展离生态城市和国际化港口大都市的要求还相差甚远。因此，必须进一步完善绿化规划，加速绿化建设，逐步建立健全点、线、面、带、网、片相结合，城乡一体化完整的绿化体系，使生态环境向良性循环转化。

本次规划，主要体现以下三个方面：

第一、明确提出充分利用山、河、湖、海自然生态体系规划发展与城市生态系统相结合，提出县城、村镇建立各自的绿色生态环境圈并规定有关指标，规划连接中心城市与县城绿色走廊及中心城市外围的绿色生态环。

第二、在中心城区内以海河为城市风景主轴线，中心广场为中心，沿海河规划开敞绿色空间并开辟四条景观绿化带；在外围区内，规划了九处楔形绿地和规划高绿地率区，使中心城区绿化系统要更充实更完善，为市民提供良好的生存环境。

第三、根据天津市城市性质和布局结构等多种因素的要求，园林绿地系统规划目标是体现以人为中心，运用城市生态理论和现代科学技术，探求人与环境、环境与社会、经济的最佳结合，从而改善和维护良好城市生态环境，提高市民生活质量。

第一节　市域绿化规划

一、概况

1. 现状

自实施 1986 年《京津周围地区天津市造林绿化总体规划》以来，天津市的造林绿化取得了明显成绩。目前，合计造林面积 128013.0 公顷。完成主要工程有：

（1）公路干线绿化。津围、津塘、京津公路（市域内）两侧已建林网 200 多公里，完成绿化面积 466.7 公顷。

（2）建成三大果品基地。津西水果基地，面积 7066.7 公顷；蓟宝果品基地，面积 13600.0 公顷；天津小枣基地，面积为 5800.0 公顷。

（3）蓟县古长城旅游风景区、盘山风景区基本建成，成为我市具有特色的风景旅游区。

2. 存在问题

（1）森林覆盖率低，水土流失严重，环境质量差。

全市现状林木覆盖率仅为 10.0%。北部蓟县山区仍有荒山秃岭。平原地区由于人口和城市规模逐年扩大，工业和乡镇企业蓬勃发展，加之基础设施和环保措施跟不上，致使环境污染严重，环境质量较差。

（2）山区自然风景资源丰富，但缺乏统一的规划。

天津北部山区自然风景资源丰富，文物古迹也多，但景点散乱，交通不便，不能适应旅游事业发展的需要。

(3) 自然保护区管理不善，动植物资源受到破坏。

中上元古界地质自然保护区和八仙山自然保护区，因规划管理不够完善，人为破坏增多，致使地质资源和动植物资源受到破坏。

(4) 山区、沿海地区造林投资少，难度大。

新中国建立后几十年来的植树绿化，使沿山地带和浅山区的宜林山地基本绿树成荫，但剩下的山地有的岩石裸露，寸草不长，营林困难，成活率和保存率极低，加上人力财力和物力不足，山区造林的难度越来越大。沿海地区由于是盐碱地，造林难度更大，加之投资又少，至今没有形成防护林体系。

二、规划指导思想

1. 形成以林木为主体的生态系统，以改善和提高城乡生态环境质量。并充分发挥林木的涵养水源、保持水土、防风固沙，调节气候、净化大气和防治污染等重要作用。

2. 充分利用天津市山、河、湖、海多类型自然资源，为市民度假、休养、旅游等活动创造优美的环境，为发展旅游事业提供更多的场所。

3. 更新绿化传统观念，坚持生态效益与经济效益相结合，大力发展多种经营，建立绿化生态体系。

4. 尊重科学，务求扎实，推广先进技术，实行集体经营，提高森林资源管理水平。

5. 1986 年国务院批复的城市总体规划的基础上，进一步完善、提高和充实规划内容，形成点、线、面、带、网、片相结合的完善的生态绿化系统。

三、规划布局

北部蓟县群山林地全部实现绿化，成为名副其实的“绿色屏障”。平原地区实现高标准农田林网，加强果品基地和海防林体系建设。加强发展公路、铁路、河流的绿化建设，沿主要高速公路和海防路建设四条绿色走廊，在中心城区和滨海城区之间建设三条绿化隔离带，开辟建设风景区及森林公园，确定县城、村镇建立各自绿色生态环境系统，形成以山、河、湖、海为骨架的自然生态体系。

四、绿化规划指标和内容

1. 规划绿化指标

到 20 世纪末，天津市造林面积达到 190650.0 公顷，林木覆盖率达 18.3%（详见表 2、天津市造林绿化规划）；2000 年以后，天津市新造林任务逐渐减少，主要是加强林木更新和抚育管理，林业由生态型走向生态经济型，建立比较完善的林业生态体系。

2. 规划内容

(1) 山区

蓟县北部山区，经过“八五”期间的努力，基本上实现了灭荒，但由于立地条件较差，降雨量少等自然因素影响，仍然有荒山需要造林。因此，要以抚育、补植为主，到2000年，造林面积将达到64032.0公顷，使该区成为天津市山绿水清的后花园。

（2）平原

①市区、县城、村镇建立各自的绿化生态环境圈

目前，市区、县城、村镇建设用地不断的向外扩展，城乡建设占地与保护生态环境的矛盾日益尖锐。为了确保环境质量，沿其各自外围建立绿化生态环境圈。在绿化生态环境圈内，保留水面、林地、果园等，强调主、次公路和河流两旁有条件的地带，建造隔离带、风景林带，各自形成完善的绿色环境圈。

②建立连接中心城区与滨海城区，中心城市与县城之间的绿色走廊

结合城镇体系规划和道路交通规划，开辟一条连接中心城区、武清、宝坻、蓟县的绿色走廊，即津围高速公路绿色走廊；沿京津塘高速公路、山广高速公路规划二条中心城区区和滨海城区的绿色走廊，并在中心城区和滨海城区之间建设三条绿化隔离带，绿色走廊均在公路两侧规划宽度各30~50米。

③建设自然保护区、风景区和森林公园。

到2000年，建设风景区和森林公园共8处，包括盘山风景旅游区、八仙山自然保护区、中上元古界自然保护区、东丽湖风景旅游区、银河风景旅游区，西裕森林公园、官港森林公园、杨柳青黑森林公园、占全市总用地面积的1.0%。到2010年，全市建设风景区和森林公园15处，占全市总用地面积的2.8%（详见表1、天津市风景区和森林公园规划明细表）。

蓟县盘山风景旅游区：不断开发完善旅游设施，成为天津市的主要旅游区。

蓟县西峪森林公园：位于蓟县古强峪国营林场，占地1800.0公顷，现已形成郁郁葱葱森林景观，并分布有多种珍贵的动植物资源以及大量自然景观，可谓山青水秀，峰峦叠翠，鸟语花香，景色宜人。

八仙山自然保护区：1990年被批准为市级保护区，总面积1049.1公顷，动植物资源丰富，具有温带、亚热带、北温带综合生态系统的特色。可成为北方的物种保护中心，开展生态考察、旅游观光等多项活动。

中上元古界自然保护区：总面积900公顷，有形成于中上元古界的地层剖面；古生物化石和生物遗迹；沉积构造；古地磁，地质年月信息。对专业考察和研究有重要价值。要保护其特有地质构造，加强植被建设，充分利用特色资源，逐步开辟旅游服务。

团泊洼风景区：位于静海县内，总面积6000公顷，充分利用团泊洼水面，建立以候鸟栖息自然保护为主题的风景区。

七里海湿地自然保护区：位于宁河县内，规划总面积为99000公顷，具有良好的湿地生态系统和珍稀濒危野生动物，远期将开辟为国家级海洋自然保护区。

港北森林公园：位于武清县内，现状人造森林景观良好，占地733公顷，规划建成以森林景

观为主，反映植物生态群落的森林公园。

东丽湖旅游度假区：占地1881公顷，近期已开发运营，远景将成为以水上活动为主，兼有娱乐、购物、美食多功能的市级旅游区。

营城湖风景区：位于汉沽营城以南，占地850公顷，结合水产养殖，开发建设成为垂钓等娱乐项目的自然风景区。

黄港风景旅游区：占地1970公顷，依托黄港一库、二库和苇场，开发野营、垂钓、赛马、小型狩猎等旅游度假项目。

官港森林公园：位于大港区内，总面积2207公顷，建立森林生态环境，开辟跑马，垂钓和水上娱乐活动，成为中心城区近郊游憩场所。

军粮城山地、水上娱乐区：位于京津塘高速公路高新技术产业带上的军粮城科学园区内，拥有独特的地理条件，规划择其总面积1000公顷中的165公顷，开发为军事娱乐、野营、登山、垂钓、划水等项目的水上乐园。

上古林风景区：位于大港区，现存贝壳堤，牡蛎滩古代沉船，总面积1.2平方公里，远期将成为集古迹和自然于一体的风景区。

银河风景旅游区：位于北辰区，面积655公顷，区内有面积达195公顷的永金水库，水质清澈，绿树丛生，开辟以水上娱乐、高尔夫俱乐部、度假村等旅游项目为主的风景旅游区。

杨柳青森林公园：位于杨柳青镇域内，总面积200公顷。现有自然景观尚好，规划建设成为森林体育公园。

④建设植物花卉开发中心

在子牙桥头市林果服务站，建立花卉开发中心，占地3.0公顷，引进名贵花卉，发展花卉市场。

⑤建设果品基地

以市场为导向，逐步建成以武清、宝坻、北辰、西青为主的水果基地、以静海为主的金丝小枣基地，以及蓟县干果品基地，总面积约20000公顷。并建立果品精加工工厂。

⑥加强公路、铁路、河流两侧和水库的绿化建设

公路绿化：将11条高速公路两侧各50米宽范围内进行绿化，23条一级公路（如：津围、邦喜、宝平、宝芦、京津塘、津渝、京福等），两侧各宽15~20米范围内进行绿化；22条二级公路两侧各10~15米范围内进行绿化。本着“统一规划，宜宽则宽，宜窄则窄”的原则，带、片结合，形成多层次，多组团的绿色长廊。

铁路绿化：在市域范围内的京浦、京山、李港、津蓟、京秦多条铁路干线上，沿铁轨中心线向两侧各留32米宽做为铁路用地，在该范围内除规划线路以外均进行绿化。

河流绿化：将市域内的主要河流，如独流减河、永定新河、潮白新河、蓟运河和北运河的沿岸进行综合治理，并根据其用地情况栽植林木，一级河流两侧林带宽度不小于30米，二级河流

两侧林带宽度不小于15米。

水源防护林：于桥水库和尔王庄水库是天津市的主要饮用水源，要加强其上游流域地区蓟县、宝坻、武清三个县的综合治理，建设水源保护林，以保证水质良好。上述地区现有水源保护林木面积85922公顷，到2000年，将扩大到107676公顷。

⑦提高和改善农田林网的质量和结构

津西北高上区：包括蓟县平原、宝坻、武清等地规划造林36466.7公顷，含防护林、用材林、经济林，营建高标准农田林网，发展果品基地，并结合村镇建设，提高村庄绿化水平。

津东南低洼区：包括静海、宁河等地，规划造林24200公顷。由于该区立地条件较差，重点发展果粮间作和枣树林网立体生态农业。

滨海地区：规划造林面积为7272公顷。

⑧防护体系规划建设

平原防护林体系建设，是天津市造林发展的主体，由于青龙湾河、永定河、金钟河等河流的冲积，使蓟县南部、宝坻、武清等地土壤沙化，经过多年治理，效果显著。

沿海防护林体系建设，是国家重点工程之一，涉及塘沽、汉沽和大港3个区，规划沿153公里长的海防路营造不小于30米宽海防防护林带。另外，在3个区内近期规划造林面积7266.7公顷，要求建立以基干林带为骨架，农田林网为依托，经济林填网格的防护体系。针对土壤含盐量高，造林难度大，以科技为先导，改良土壤，适地适树，建设高标准的沿海防护林带，形成林网、林带相结合的海防林体系。

⑨不断提高城镇和村庄绿化水平

县城、村镇现有绿化水平低，公共绿地极少，各县县城绿化依据建设部的有关规定和实际情况，规划人均公共绿地面积，到2000年不应小于5.0平方米，绿地率不应小于15.0%；到2010年不应小于8.0平方米，绿地率不应小于30.0%。(具体指标见表3、县城园林绿化规划指标、表4县城园林绿化规划情况)。依据“村镇规划”要求，中心镇、建制镇绿化用地占城镇建设用地的2.0%~6.0%，镇区内至少建设一处公园，占地面积不小于1.0公顷。

第二节　中心城区及外围组团绿化规划

一、概况

1. 现状

“八五”期间天津市园林建设发展较快，绿化效果显著。到1994年年底，市内六区公共绿地达995。36公顷（1995年底1038公顷），人均公共绿地2.9平方米，城市绿化覆盖率18.0%

④柳林公园：利用自然资源、植被和农田，成为市区的森林公园，占地面积325公顷。

⑤程林庄苗圃：利用现有水面做为市区主要的生产绿地，占地面积96.0公顷。

⑥月牙河公园：保留并发展现有果园、农田，形成一处楔形绿地，占地面积2.4公顷。

⑦宜白公园：增加公园内绿化层次，丰富公园内容，发展成市级综合公园，占地面积约20.0公顷。

⑧铁东公园：形成文化、娱乐、体育等多功能公共绿地，占地面积80.0公顷。

⑨刘园苗圃：是中心城区苗木主要基地，占地面积205公顷。

（5）八个组团：在中心城区绿色走廊周围，以杨柳青、大寺等8个组团为重点，各组团与中心城区以果园、林地、水面、风景区相连，保留水面约2000公顷，菜田约13000公顷，果园约500公顷，其中风景区有：杨柳青森林公园、军粮城山地、水上娱乐区、东丽湖旅游度假区、银河风景旅游区等共5处，总面积2901公顷。让绿色环抱8个组团，成为中心城区水清、气洁、土净的环境调节区。

四、中心城区绿化规划内容

到2000年，中心城区人均公共绿地3.5平方米，绿地率10.2%，绿化覆盖率22.8%，到2010年，中心城区人均公共绿地8.3平方米，绿地率30.1%，绿化覆盖率35.2%。

1. 中心区

中心区是以金融、商贸、办公、居住、文化、教育、科研、体育为主的城市功能区。绿化建设将满足城市居民生活需求，改善城市文化、娱乐、教育环境。中心区绿化布局，以中环线绿化为中心，结合跨越四条河道加强滨河绿地建设，适地开辟城市广场、小游园，新增区级公园，突出现代化城市的风格，形成环形绿带与块状绿地结合、路网与水网绿化结合的空间布局。

（1）广场、小游园共5处，分别位于中环线与芥园道北端、复康路北端、马场道西端、光华桥东端、新开河北端的交叉处，每处占地面积约1.0公顷。

（2）公共绿地（1公顷以上）11处，包括电台路公园、体育公园、南开文化公园、西站公园、体育中心、郑庄公园、科技广场、乌江公园、卫国道公园、砂江路公园、海口路公园，总占地面积90.5公顷。

核心区：是中心区内一部分，以金融、商贸、办公、文化、高级居住为主的密集区。绿化规划以创造现代化国际港口大都市风貌为目的，在大量硬质景观（建筑、道路）中，加入富有变化的绿化空间。

公共绿地（1.0公顷以上）11处，占地面积共约37.7公顷。

商务区3处：包括海河沿岸2处，一处北起海河、南至兴安路、东起大沽路、西至鞍山道；另一处北起海河、南至哈尔滨道、东起黑龙江路、西至大沽路。再一处是万全道公园，北起新疆路、南至西藏路、东起鞍山道、西至万全道。

其他地区8处：包括兴隆公园、龙城公园、南市公园、重庆道公园郭庄公园、华兴公园、九经公园和南站公园（详见表8、中心城区新公共绿地一览表）。

（3）风貌建筑保护区绿化规划

①一宫风貌建筑保护区，具有独特的意大利建筑风格。结合保护区规划北起兴隆街，沿民族路，南至中心广场，开辟街头绿地。并新建兴隆公园，占地面积7.5公顷。

②五大道风貌建筑保护区。开辟1处绿地，在新华路与重庆道交口处，面积1.0公顷。力争扩大睦南道公园、复兴公园用地，提高绿化质量，增加绿化层次，丰富公园内容。同时，要注重区内行政办公等单位专用绿地的建设，具体指标详见公共设施绿地规划。

2. 外围区

外围区做为城市居住、工业综合区，划分为9个相对独立的综合新区。绿化的目标是：维护“分散集团式”城市布局，控制污染源的传播，创造良好的生活环境。

（1）在综合新区之间，规划9个楔形绿地，总面积1666公顷。

（2）在综合新区内规划公共绿地（1.0公顷以上）24处，总面积1776.5公顷，包括海地公园、靶档公园、京山公园、西横堤公园等。在9个新区的居住区内，居住区公共绿地面积为194.0公顷。

（3）保留和改造生产绿地

①改造宜兴埠花圃。现占地面积11.7顷，利用水面扩大用地，远期形成占地16.7公顷，集培养、繁殖、游赏于一体的现代花圃。

②改造和发展北仓苗圃。现状为苗木基地，近期规划为公共绿地，占地面积78.0公顷。

（4）建设西北防护林

位于中心城区西北部，建设森林公园约111.7公顷，保护农田约200.0公顷，加强道路、专用附属绿地和风景林地的绿化，形成多层次防护林体系。

3. 生态环境调节区

城市生态环境圈是天津市大环境绿化的重要内容，它的建设更好地维护了中心城区分散集团式布局，不仅有效地控制了中心城区向外扩展，而且向中心城区输送新鲜空气和一定量的水果、蔬菜、鱼类等，使中心城区与外围组团形成良好的连接。

（1）外环线绿化带。沿外环线外侧设500~1000米绿化带，是具有城市功能性质，注重保护高产农田和发展果林、渔业的生态保护带，总面积3700公顷，外环线内侧为30米绿化带，建设以观赏、游憩为主的花木绿带，总面积为213.0公顷。

（2）局部扩展外环线外侧绿化带。把屈家店、南淀风景区纳入生态环境圈内，充分利用现有自然资源，建成以植物、水系为主的风景区，总面积为300.0公顷。

4. 居住区

居住区绿化建设是以宅旁绿化为基础，以小区（游园）为核心，以道路绿化为网络，使小区绿化自成系统，并与城市绿化系统相协调。居住区内设置集中绿地，要充分利用现有水面等自然条件，为居民提供绿色开敞的游憩空间和相互沟通的活动场所。必须根据《城市居住区规划设计规范》的有关规定进行规划建设。

（1）居住区人均公共绿地必须达到1.5平方米以上，绿地率达到30.0%以上；旧区改造居住区人均公共绿地不得低于相应指标的50.0%，绿地率达到25.0%以上。

（2）居住区绿地率指标

表5-7-2-1

类　别	绿地率	备　注
别墅区	50.0%以上	
一类居住用地	40.0%以上	环境良好，建筑布局合理的低层住宅用地
二类居住用地	30.0%以上	20世纪80年代末至90年代建设的多、中、高层住宅用地，有绿化基础，但需要局部改造
三类居住用地	20.0%以上	现状绿地率较低，且改造有一定困难的老式建筑和20世纪80年代的多层住宅用地

5. 专用附属用地绿地规划

（1）公共设施附属绿地

公共设施附属绿地，在满足生态功能的同时，还应结合公建自身特点加强其外向景观特色。道路两侧的公共设施与高建筑应预留绿色广场，要与道路景观和城市景观相协调。

规划公共设施绿地率为30.0%以上，宾馆、疗养院、学校、医院、体育、文化娱乐、机关等公共设施绿地率达到35.0%以上，位于中心区以内的各种公共设施用地，绿地率可在以上限定基础上，降低5~10个百分点。

（2）工厂附属绿地

工厂绿地率规划指标必须控制在20.0%以上。

（3）仓储附属绿地

仓储附属绿地风格宜简洁、美观，绿地布局和植物选择与配置，首先要满足交通要求，便于装卸运输与安全防火要求等，一般规划仓储附属绿地率为20.0%以上。

（4）市政公用设施附属绿地

应以卫生防护功能为主，结合市政公用设施类型选择绿化方式，创造绿色景观，市政公用设施附属绿地率为30.0%以上，供水厂的绿地率达到45.0%以上。

6. 道路绿地

根据《城市绿化条例》规定和中心城区干道路网布局以及实际情况规划建设道路绿地。

（1）以城市主干道绿化为重点，次干道绿化为辅，形成进入中心城区的绿色走廊，确定为2

个等级。

①主干道两侧道路绿化宽度：内环线—中环线之间，宽度5~10米

中环线—外环线之间，宽度10~20米

②次干道两侧道路绿化宽度：内环线—中环线之间，宽度3~5米

中环线—外环线之间，宽度5~10米

（2）环线道路绿化：发展环线两侧绿带，内环线绿化强调垂直绿化，适当地段开辟小游园；中环线绿化注重断续相间的绿化带，在其内外两侧区域，开辟公共绿地；外环线绿化带，开辟内外侧不等宽的绿化带。

①内环线有条件的地方实施2~5米宽绿化带，加强垂直绿化。

②中环线规划5~10米宽绿化带，可结合建筑物断续建设。

③外环线内侧规划30米宽绿化带，外侧规划500~1000米宽的绿化带。

（3）重要道路绿化：

①南门外大街—卫津路—津盐公路：城市发展景观绿化带，宽度20米以上。

②哈密道（海河至南京路段）：中心商务区林荫游憩带，宽度50米以上。

③新华路—马场道—围堤道：商贸景观绿化带，宽度5~10米。

④营口道（从海河至气象台路）：风情建筑景观绿化带，宽度5~10米。

⑤复康路—友谊路、围堤道—张贵庄（机场路）：迎宾绿化带，宽度10~15米。

⑥天津站—六纬路—东兴路（中环线）：迎宾绿化带，宽度5~10米。

7. 防护绿地

（1）河流绿化带：

海河作做为中心城区风景主轴线，两岸规划绿化带基本宽度各50米，重点建设贯穿中心城区子牙河到外环线，局部地段放宽。

北运河、南运河、新开河、子牙河等5条一级河道，两侧宽15~25米绿化带。

卫津河、红旗河、复康河等11条二级河道两侧宽10~15米绿化带。

（2）防护林带：

分布在中心城区内的11个工业区，结合工厂搬迁、并转，建设卫生防护林带。以重型机械、建材、化工为主的北仓、铁东工业区，其卫生防护林带宽度为30~40米；以钢铁、机械为主的东南郊、陈塘庄、白庙工业区，其卫生防护林带宽度为10~30米。其他工业区卫生防护林带宽度为10~20米。

8. 高绿地率区规划

位于中心城区西南部，北起南运河，东到核心区以外和解放南路地段，自然条件良好，有水面约919.0公顷，占中心城区水面70.0%。规划区内有：

（1）城市风景区2处：侯家台公园、卫南洼公园。

（2）市级公园4处：水上公园、青少年活动中心、长虹公园、人民公园。

（3）涉外旅游宾馆14处：喜来登大酒店、水晶宫饭店、迎宾馆、津利华大酒店、天津宾馆、乐园宾馆、先达大酒店、国际科技咨询大厦等。

（4）居住区多处：体院北居住区、水上村、天拖南居住区、谊景新村、王顶堤居住区、宁家房子、黄河道居住区、西湖村，人均居住区公共绿地1.2~1.5平方米。

（5）规划居住区3处：华苑居住区、梅江居住区、梅江南居住区，人均居住区公共绿地1.5平方米以上，绿地率30.0%。

（6）西营门和天拖高新技术产业中试基地：区域内的居住用地和公共设施附属绿地的绿地率比其他地区所规定的绿地率指标提高5~10个百分点。

9. 中心城区近期规划

到20世纪末，中心城区将新建一批公园、居住区等绿地（详见表9、天津市中心城区园林绿化近期建设项目一览表）。

五、外围组团绿化规划指标和内容

1. 规划指标

到2000年，外围8个组团人均公共绿地3.3平方米，绿地率10.0%，绿化覆盖率19.0%。到2010年，人均公共绿地8.3平方米，绿地率30.4%，绿化覆盖率37.4%（详见表10-8个外围组团规划绿化指标）。

2. 规划内容

（1）以杨柳青、大寺等外围8个组团为重点，结合环市区绿色生态圈、近郊风景区和河湖绿带，各组团与中心城区以绿地、果园、林地、菜地、水面、风景区等相接，规划保留水面约2000公顷，菜田13000公顷，果园487公顷。

（2）各组团内部结合各自特点，开辟绿地，发展蔬菜、林果等生态农业，形成为城市输送新鲜空气的外围空间。

（3）到2010年，8个组团人均建设用地面积在100平方米以下，依据《规划建设用地标准的》要求，绿化用地应占建设用地的8.0%~15.0%。

第三节 滨海城区绿化规划

一、概况

滨海城区园林绿化基础薄弱，各城区间园林绿化发展不均衡，截止到1994年年底，滨海城区园林绿地面积为378.8公顷（1995年年底631公顷），其中公共绿地226.8公顷（1995年年底283公顷），人均公共绿地3.3平方米，绿地率3.4%，绿化覆盖率13.4%。

1. 塘沽城区现有园林绿地194.6公顷（1995年年底272公顷），其中公共绿地109.0公顷（1995年年底117公顷），人均公共绿地3.0平方米，绿地率2.5%，绿化覆盖率8.2%。

2. 汉沽城区园林绿地面积46.9公顷（1995年年底65公顷），其中公共绿地39.6公顷（1995年年底43公顷），人均公共绿地3.5平方米，绿地率3.5%，绿化覆盖率16.1%。

3. 大港城区园林绿地面积126.7公顷（1995年年底297公顷），其中公共绿地66.9公顷（1995年年底123公顷），人均公共绿地3.4平方米，绿地率3.9%，绿化覆盖率16.0%。

4. 海河下游工业区正在建设，主要为农田，目前还没有形成公共绿地和防护绿地体系。

二、绿化规划布局和内容

以分别流经各城区的海河、蓟运河、独流减河为绿化自然风景轴线，在城区外围、大型工业区之间、居住区与企业之间（指混杂区）建立宽50~100米具有园林功能与防护功能相结合的防护绿带。试种沿海防护绿带，加强道路林荫带建设，充分利用区内河湖水系成网、濒河临海的优势，结合历史遗迹和独特的生态环境，开辟多类型风景区、风景林和生产绿地，使新区融于绿色环抱之中（具体指标见表11、滨海城区园林绿化规划表）。

1. 塘沽城区

（1）天津港、保税区、经济技术开发区、海洋高新技术产业园区，到2010年，人均公共绿地达10平方米以上，绿地率达35.0%以上。

（2）在区内现有2个区级公园基础上再开辟10处公共绿地，另规划建设一些居住区级公共绿地。

（3）沿海河、黑猪河、大沽排水河、京津高速公路、津塘高速轻轨、海防路、河北路、京山线等两侧布置绿带，宽度为20~50米，形成区内绿化骨架。

（4）天津海滨浴场目前拥有陆域面积28.0公顷和建筑面积5100平方米的温泉娱乐宫。在2010年前，建成滨海娱乐城，形成以海洋为特色，集海水浴、温泉、娱乐、康复、水上体育、会议、展览于一体的综合性多功能的国际性游乐区。

（5）大沽口炮台是国家级重点文物保护单位，力争在“九五”期间建成我国古代海防军事微缩炮台公园。

到2010年，该区规划公共绿地将达到900公顷，人均公共绿地10.0平方米，绿地率35.0%，绿化覆盖率40.0%。

2. 汉沽城区

（1）完善现有公园绿地，充实内容，提高水平，建成河西公园及街坊内预留的10处绿地。

（2）完善7公里的滨河绿地，建设营北、崔庄南防护绿地。

到2010年，该区公共绿地将达到170.0公顷，人均公共绿地10.0平方米，绿地率35.0%，绿化覆盖率45.0%。

3. 大港城区

独流减河是本区的一条风景轴线。南部搞好大港油田中心区绿化，北部搞好城区道路绿化以及防护绿地建设，把大型公共绿地集中布置在城区中心地带，居住区绿地建设与居住区同步实施。

到2010年，该区公共绿地将达到330公顷，人均公共绿地10.0平方米，绿地率35.0%，绿化覆盖率45.0%。

4. 海河下游工业区

在区内各组团间、企业间均设置500~1000米宽防护隔离带，以降低重化企业对居住区的干扰和污染。在津塘公路、京津塘高速公路、津北公路、津港公路、津沽一线、津沽二线等主干道两侧布置10~50米宽的绿带，构成城区绿色框架。

到2010年，该区公共绿地180.0公顷，人均公共绿地10.0平方米，绿地率35.0%，绿化覆盖率40.0%。

第四节 实施规划措施

一、利用多种媒体，全方位地宣传城市绿化对健全城市生态、改善城市环境的重要作用。树立绿化是关系城市生存发展的战略措施的思想，增强市民的绿化意识，确立规划实施的思想基础和群众基础，动员全社会的力量来关心支持和参与天津的绿化建设。

二、加强法制建设，依法进行绿化的规划、建设和管理。认真贯彻执行《天津城市绿化条例》，强化规划管理，强调有关城市绿化法规、规章条例和绿化规划方案的严肃性，增强法制观念和规划意识。进一步制订和完善有关风景区管理、各类绿化用地在城市建设用地中的比例和沿铁路、公路、主要干道、河流两侧绿化管理等方面的规定，建全有关实施规划的工作办法和程序，以法确保本项规划的实施，杜绝侵占绿地等现象的发生。

三、充分发挥科学技术的先导作用，抓好天津市盐碱地绿化造林的科研工作，形成科技工作网络，推广新技术，加速绿化进程。

四、加强山区林场和苗圃的建设与管理，充分发挥其骨干和示范作用，以推动全市造林绿化事业的发展。

五、切实完成“九五”计划的绿化建设项目，以及不同类型的绿地建设，采取不同建设方式，多种渠道筹集资金，做到绿化与建设同步完成。

天津市风景区和森林公园规划

表 5-7-4-1

编号	景区名称	景区性质	地理位置	面积（公顷）	景区特色
1	盘山风景名胜区	森林生态与人文景观	蓟县	710.0	盘山自然生态丰富，文物遗迹众多，兼备秀、幽、雄、险、奇的风景区，达到国家级风景名胜区水平
2	八仙山自然保护区	森林生态	蓟县	1049.1	有植物362种，动物429种，具有温带、亚热带、北温带综合生态系统的特点
3	中上元古界自然保护区	地质遗迹	蓟县	900.0	形成于中上元古界的地层剖面，古生物化石和生物遗迹；迭层石；沉积构造，古地磁，地质年代等信息。84年列为国家级自然保护区
4	西裕森林公园	森林生态	蓟县	1800.0	已形成郁郁葱葱森林景观，并有大量自然景观，山青水秀景色宜人
5	团泊洼风景区	湿地及野生动物保护区	静海县	6000.0	于1978年建成，近年开展多种经营，水库面积达5133.0公顷，有候鸟46种，是天然的候鸟乐园，并有良好的自然湿地生态系统
6	七里海风景区	古海岸及湿地保护区	宁河县	99000.0	做为国家级海洋自然保护区，是典型的湿地生态系统也是珍稀濒危野生动物迁徙、繁殖和栖息的基地
7	上古林风景区	古海岸自然保护区	大港区	120.0	贝壳堤，剖面完整、层理清楚、是国家级古海岸自然保护区，并有古代沉船
8	官港森林公园	休息、游乐	大港区	2207.0	水域广阔，树林茂密，开展森林跑马，垂钓以及水上活动
9	营城湖风景区	休息、游乐	汉沽区	850.0	水面辽阔，结合水产养殖，开发垂钓等娱乐项目
10	黄港风景区	旅游、度假区	东丽区	1970.0	黄港一库、二库和苇场，开发野营、垂钓、赛马等多项内容
11	港北森林公园	植物生态保护区	武清县	733.0	沙丘起伏，林木郁郁，人造森林景观良好
12	军粮城山地、水上娱乐区	娱乐区	军粮城科学园	165.0	90.0公顷堆山，75.0公顷水面，属于天津市地热异常区，可产75℃地热温泉，全区水系成网，绿树成荫
13	东丽湖旅游风景区	市级旅游、度假	东丽区	1881.0	水面辽阔，地下温泉，建设，以水上活动为主，兼有娱乐、购物多功能风景旅游区
14	银河风景旅游区	旅游度假区	北辰区	655.0	有永金水库面积195.0公顷，水面宽广，碧波万顷，水库四周绿树丛生
15	杨柳青黑森林公园	旅游度假区	西青区	200.0	树木茂密、植物丰富、开发跑马、民族风情村等内容

市内十区现状园林绿化水平表

表 5-7-4-2

	城市园林绿地	公共绿地（公顷）					专用附属绿地	生产绿地（公顷）	风景林地（公顷）	人均公共绿地（平方米）	绿地率（%）	绿化覆盖率（%）
		小计	公园	小游园	道路	庭院						
市内六区	1243.37	995.36	564.54	46.04	165.86	202.92	235.75	18.66	8.65	2.68	7.17	18.60
和平区	47.05	44.54	28.53	2.23	5.24	8.54	15.06	0.09	2.42			
南开区	429.90	368.61	258.37	10.98	35.98	63.28	61.29					
红桥区	147.44	114.48	45.97	4.61	22.41	41.49	27.82	5.14				
河北区	193.44	137.37	80.64	8.03	28.16	20.54	43.81	11.66	0.60			
河东区	159.06	134.89	52.85	9.63	38.40	34.01	20.98		3.19			
河西区	266.48	195.48	114.19	10.56	35.67	35.06	66.79	1.77	2.44			
新四区	572.90	91.00	18.18	2.67	60.83	9.32	69.72	412.18		3.13	9.43	17.30

中心城区及外围组团园林绿地规划指标表

表 5-7-4-3

	规划到 2000 年				规划到 2010 年			
	公共绿地（公顷）	人均公共绿地（平方米）	绿地率（%）	绿化覆盖率（%）	公共绿地（公顷）	人均公共绿地（平方米）	绿地率（%）	绿化覆盖率（%）
中心城区	1470.00	3.50	10.20	22.80	3548.13	8.25	30.11	35.20
八个组团	125.40	3.30	10.00	19.00	683.06	8.33	30.38	37.75
合计	1595.48	3.40	10.10	20.90	4231.85	8.29	30.24	36.48

中心城区园林绿地规划表

表 5-7-4-4

绿地类型		规划到 2000 年（公顷）	规划到 2010 年（公顷）
公共绿地	公　园	699.11	2471.60
	居住区公园和小游园	140.00	295.70
	林荫道及外环绿带	630.89	780.83
	小　计	1470.00	3548.13
居住区绿地		434.61	1388.61
道路广场		233.58	1593.13
单位附属绿地		512.75	2432.98
生产绿地		322.63	322.63
防护绿地		427.48	1710.00
风景林地		87.65	195.65
合　计		3488.70	11191.13

2010年中心城区新建公共绿地一览表

表5-7-4-5

区域		名称	规划面积（公顷）	名称	规划面积（公顷）
中心区		1. 南开文化宫	1.20	7. 体育中心	25.00
		2. 电台道公园	1.60	8. 西站公园	8.00
		3. 体育公园	20.00	9. 科技广场	1.20
		4. 乌江公园	6.00	10. 郑庄公园	4.30
		5. 卫国道公园	17.00	11. 沙江路公园	5.00
		6. 海口路公园	1.20		
		小　计	90.50		
	核心区	1. 兴隆公园	7.50	6. 海河公园（2处）	8.2
		2. 龙城公园（4处）	4.50	7. 万全道公园	1.44
		3. 南市公园	2.00	8. 重庆道公园	1.00
		4. 郭庄公园	1.60	9. 九经路公园	2.00
		5. 华兴公园	1.50	10. 南站公园	10.00
		小　计	37.74		
外围区		1. 植物园	144.00	14. 月牙公园	2.40
		2. 侯家台公园	300.00	15. 铁东公园	80.00
		3. 卫南洼公园	450.00	16. 京山公园	40.00
		4. 海地公园	24.00	17. 沙柳路公园	90.00
		5. 柳林公园	300.00	18. 程林庄公园	12.00
		6. 靶档公园	16.00	19. 津京公园	35.00
		7. 珠江公园	3.52	20. 向阳公园	25.00
		8. 解放南路公园	30.00	21. 密云路公园	2.00
		9. 前进公园	9.00	22. 西横堤公园	4.00
		10. 森林公园	88.13	23. 绿宝石公园	1.80
		11. 南仓道公园	1.00	24. 芳草公园	8.67
		12. 北仓公园	78.00	25. 宜白公园	20.00
		13. 梅江公园	12.00		
		小　计		1776.52	
总　计				1907.06	

注：凡1.0公顷以上公共绿地均列入此表内

天津市中心城区园林绿化近期建设项目一览表

表 5-7-4-6

类型	名称	建设规模（公顷）	四至范围（东、南、西、北）
公园绿地	植物园一期 筹建		红桥区政府、子牙河、外环线、规划路、菜园
	侯家台风景区一期 筹建		陈塘铁路支线、规划路、外环线、规划路
	卫南洼风景区一期 筹建		规划路、外环线、津盐公路、规划路沿长线
	河西区海口路公园	1.20	海口路公园扩建
	河北区绿宝石公园	1.80	靖江路、月牙河道、金沙江路、月牙河
	月牙河公园	2.40	北塘排污河两侧
	河东区森林体育公园	20.00	泰昌路、张贵庄路、建新路、程林庄路
	靶档公园	16.00	天山路、盘山路、昆仑路、卫国道
	郑庄公园	4.30	富民路、护库河、沿河街、规划路沿长线
	南开区南开文化公园	1.20	白堤路、苏堤路、灵隐路
	红桥区南仓道乐园	1.00	丁字沽工人新村六段内
	北辰区京津公园	78.00	现北仓苗圃
	东丽区芳草公园	8.67	津汉公路、外环线、果园
	小计	133.57	
居住区公园及小游园	河西区鹤园、荷园、华江园、双林小区、梅江新村 河北区志城公园、金辉公园桃园北小区、万松居住区 河东区直沽寨公园、翠府新村、阳新里小区 南开区风湖公园、华苑新村、老城厢改造、赵庄子 红桥区怡合小区 全市 164 处危改片	93.96	
庭院小区绿化	河西区谊景新区、富裕广场、双林新区、梅江新村 河北区月牙河北里、桃园北小区、万松居住区等 河东区卫国道居住小区、中山门居住小区 南开区永基花园、水上村、华苑居住区、赵庄子等 红桥区植物园小区、中环楼小区、怡合小区等 和平区若干小区 北辰区欢颜里等 东丽区詹滨里、津门里等	231.69	
道路广场绿化	铁东路、津淄公路、先锋路西段、植物园东路、西站前街、三号路等	67.72	
单位附属绿化	华苑高科技园区、西营门高科技园区等	277.00	
防护绿地	各区河流绿化带和卫生防护林带等	194.00	
外环线绿化带	内侧 30 米	213.00	
合计		1210.9	

八个组团绿化规划指标表

表 5-7-4-7

	规划到 2000 年			规划到 2010 年		
	人均公共绿地（平方米）	绿地率（%）	绿化覆盖率（%）	人均公共绿地（平方米）	绿地率（%）	绿化覆盖率（%）
杨柳青	2.05	5.00	15.00	9.00	30.00	38.00
咸水沽	2.60	3.00	18.00	8.20	27.00	36.00
双街	4.20	18.00	21.00	8.00	28.00	32.00
小淀	3.25	8.00	15.00	8.40	30.00	38.00
新立	4.30	18.00	28.00	8.50	32.00	40.00
军粮城	3.00	5.00	15.00	8.10	38.00	45.00
双港	3.10	8.00	15.00	8.20	28.00	35.00
大寺	3.90	15.00	25.00	8.20	30.00	38.00
合计	3.30	10.0	19.00	8.33	30.38	37.75

第八章　天津市园林局经济和事业发展“十一五”（2005—2010 年）规划

编制说明：近几年来，天津社会经济发展迅速，已经步入了快速发展轨道，并迎来了一个重要的战略机遇期。为了更好地落实科学发展观，共同营建和谐社会，做好发展规划至关重要。

为落实科学发展观，创建规范、和谐、具有前瞻性的发展环境，按照全市的统一部署，天津市园林局认真调研、深入思考、结合发展形势和我局实际，在统筹分析的基础上，研究、编制了天津市园林局经济和事业发展“十一五”规划。该规划以园林局经济建设为中心，由园林经济发展、科技进步发展和人才建设发展等主要内容组成，由八个部分构成，具有相应的指标体系、保障措施等。

“十一五”规划是中共十六大提出全面建设小康社会目标后的第一个五年计划，也是贯彻落实党中央提出“以人为本，全面协调可持续发展”的第一个五年计划。按照全市“十一五”规划编制工作的整体安排，根据 2005 年园林局工作会议有关精神，坚持“高水平是财富，低水平是包袱”的理念，围绕经济建设这个中心，突出行业管理，努力促进经济、行业、科技、人才的全面、协调和可持续发展，特制定本规划。

第一节　园林系统现状总体情况概述

截至2005年二季度末，天津市园林局共有职工3048人，其中在岗人数2207人，不在岗841人，内退547人，退休1571人，离休51人。下属处级基层单位8个，分别是绿化处、花卉处、水上公园、天津动物园、海河处、园林学校、会宾园饭店、成达公司和开发公司。局机关内设处室13个。

第二节　现状及“十五”期间的完成情况

“十五”前四年，天津园林事业已经实现了整体进步和跨越发展，各项指标实现了历史性突破。提前规划好“十一五”发展目标和发展计划，是加快建成国家园林城市、加快建设绿色家园、实现建设绿色天津宏伟目标的形势要求和重要保证。

一、城市绿化必须保持高速发展

2001至2004年，全市新建各类绿地6470万平方米。尤其是2002年以来，三年“创模”完成绿化总量5826万平方米，超过了天津市前50年绿化建设量的总和，实现了历史性突破。2005年计划新增各类绿地2100万平方米，继续保持高速增长态势，这样，“十五”期间预计将新增各类城市绿地达8570万平方米，约是“九五”期间绿化增量的6.3倍。即使如此，天津市的城市绿化整体水平还处于中、下游水平，根据2003年国家建设部公布的数字表明，天津市建成区绿地率、绿化覆盖率及人均公共绿地在全国31个直辖市和省会城市中的排位分别为22位、20位和17位，因此，城市绿化必须保持高速发展的态势，才能够跟上全国整体发展的水平。

二、园林经济整体呈现出快速增长态势

据统计，作为天津市实施“三步走”战略第一年的2003年，全市人均生产总值已突破3000美元，全市人均生产总值比上年增长13.8%，三次产业全面发展，第一产业、第二产业、第三产业完成增加值分别增长6.1%、17.8%和11.5%，三次产业的比重分别为3.7%、50.8%和45.5%。财政收入大幅增长（天津统计年鉴，天津市统计局，2004，中国统计出版社）。

“十五”期间，园林系统按照天津市对城市总体规划的定位：围绕把天津建设成为现代化港口城市和我国北方重要的经济中心的总体目标，以“抓住机遇，加快发展”为基本工作方针，以建设良好的城市生态环境，大力提高绿地覆盖率和绿地水平为工作重点，园林经济取得了突破性发展，特别是从2003年以来，我局的各项经济指标实现了历史性的突破，圆满完成了各项既定任务，为天津经济社会发展提供了良好的基础条件。“十五”期末，全局产值营业额提前一年突破6亿元，实现在2002年基数上翻一番的目标。计划全局产值营业额由“十五”期初的2.5亿元增长到6.9亿元，增长1.76倍，超额完成计划指标；利润（结余）由“十五”期初的-224万元增长到4830万元，利润率达到7%；国有资产计划由21582.56万元增值2893.99万元，达到24476.55万元，国有资产保值增值率达到123.41%；在岗职工可支配收入由13763元达到22123元，增长0.6倍，平均每年都以10%以上速度增长。全局园林经济提前一年实现比2002年翻一番的目标。各基层单位经济指标的完成保证全局园林经济高速度、高质量、多元化良性发展，达到经济实力雄厚、发展后劲强劲、职工步入小康的经济发展新水平。

园林局主要经济指标情况统计表

表5-8-2-1 单位：万元

项目名称	2001年	2002年	2003年	2004年	2005年（计划）
全局产值营业额	25345.82	31015.93	43992.52	60084.41	69000
全局利润（结余）	-224	821.63	675.58	2955.99	4730
全局国有资产	21582.56	24210	23039.01	24358.55	24476.55
全局在岗职工可支配收入	14082	16842	17060	20112	22123

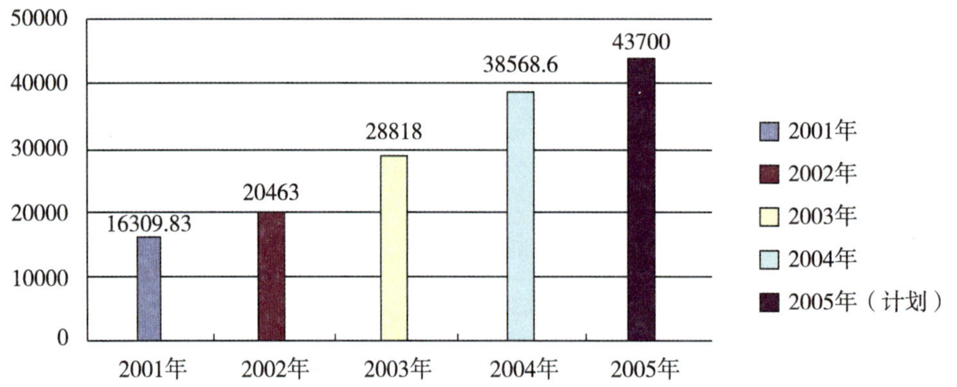

园林局产值营业额统计图

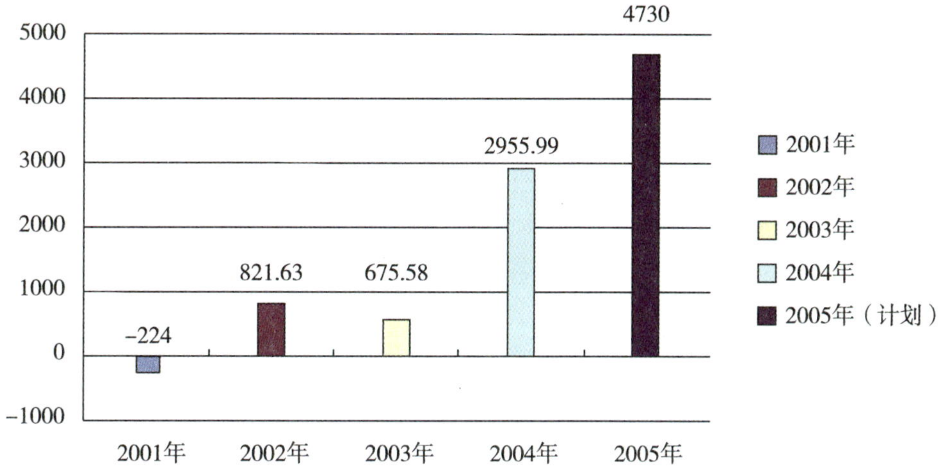

园林局利润（结余）统计图

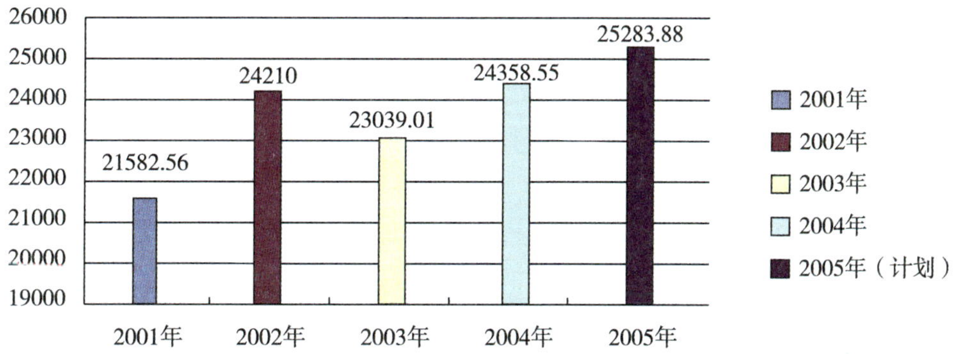

园林局国有资产统计图

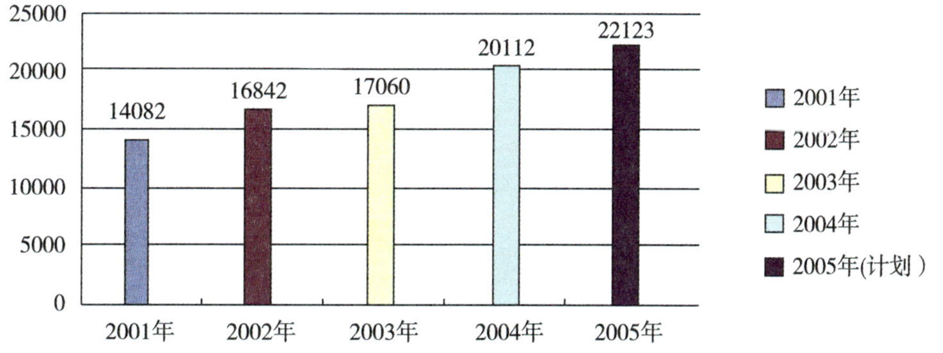

园林局在岗职工可支配收入

“十五”期间，园林系统各行业经济增长迅速，努力实现园林城市目标，促进环境质量明显改善。“十五”末，绿化设计施工计划完成产值营业额 46137 万元，花苗木计划完成产值营业额 8910 万元，公园游览及宾馆服务计划完成产值营业额 9736 万元，其他各项经营产值营业额达到 4217 万元。

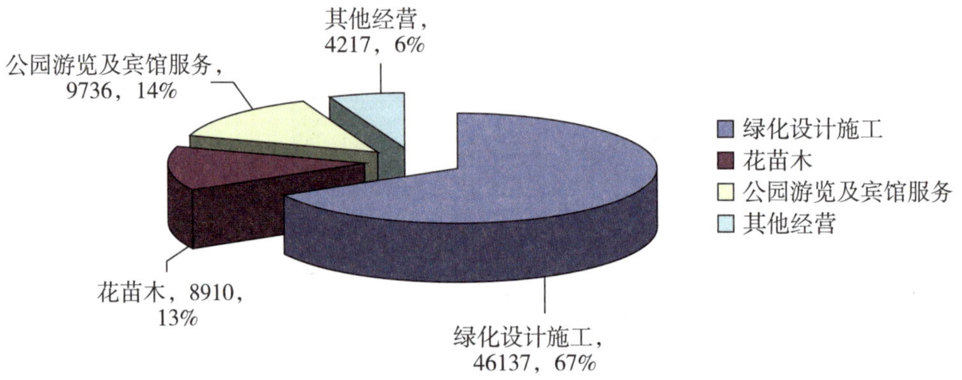

园林局在岗职工可支配收入（单位：万元）

三、园林科技从传统的理论研究逐步向应用推广型转变

“十五”期间，园林绿化科学技术，在保证“量”的同时，特别注重“质”的提高，确保科技为园林绿化和园林经济服务。共完成科研项目30项，推广项目30项。大量引进花苗木新优品种花卉，丰富了天津的园林绿化植物品种，有40种新优品种得到推广和应用。园林设计完全实现计算机设计。微喷、滴灌等技术在一定范围内得到应用，反季节绿化栽植技术取得一定的探索和完善。园林植保无公害防治取得显著进展。智能化温室建设与管理有了较大发展。种苗生产取得很大的进步。动物繁殖取得可喜的进步，累计共繁殖动物50种120余只。

四、人才建设有待向成梯次、综合型发展

从学历结构看，全局共有在岗职工2741人，其中：研究生13人，占在岗职工总数0.5%；大本学历335人，占在岗职工总数12.2%；大专学历431人，占在岗职工总数15.7%；中专以下1962人，占在岗职工总数71.6%（城建系统中专学历人员22178人，占职工总数的25.9%；高中学历人员20349人，占职工总数的23.7%；初中及以下学历23562人，占职工总数的27.5%，总共中专以下占77.1%）。从年龄结构看，35岁以下的有823人，占在岗职工总数30%；36至45岁的有692人，占在岗职工总数25.2%；46至55岁的有1098人，占在岗职工总数40.1%；56岁以上的有128人，占在岗职工总数4.7%。从职称结构看，全局拥有专业技术人员797人，占29.1%，其中：高级职称109人，占专业技术人员的13.7%；中级职称248人，占专业技术人员的31.1%；初级职称440人，占专业技术人员的55.2%。高、中、初级职称比例为1∶2.3∶4。从技工队伍看，高级工942人，占在岗职工总数的34.4%，技师8人，占在岗职工总数0.3%。全局在岗职工中没有高级技师。

为适应当前发展的需要，初步统计、分析，全局紧缺人才需求数量为139人，从专业需求上看，党务管理人才19人，占需求总数的13.7%，行政管理人才22人，占15.8%；园林设计、施工管理人才49人，占35.3%；市场策划人才16人，占11.5%；财务会计人才15人，占10.8%；饭店管理、旅游管理、教学管理、动物饲养等其它专业人才18人，占12.9%。从学历需求上看，

研究生学历10人，占需求总数的7.2%；大本学历126人，占90.6%；大专学历3人，占2.2%。从年龄需求上看，35岁以下的110人，占需求总数的79.1%，36至45岁的29人，占20.9%。在紧缺人才补充方式上，组织培养41人，占29.5%；院校招录78人，占56.1%；外单位引进、社会招聘20人，占14.4%。

五、行业管理与园林市场化运作开始起步

为适应社会主义市场经济不断推进的形势发展，近两年来，相继成立了园林建设开发有限公司和天津市园林行业协会。园林建设开发有限公司负责园林建设工程项目代理、招标代理等，进一步规范和适应市场化运作。天津市园林行业协会负责行业宣传、协调沟通、资质管理、培训教育、检查评比、技术协作、信息交流等服务，进一步强化了行业管理，为园林建设有形市场的形成、规范与逐步完善奠定了良好基础。

第三节 存在问题简要分析

虽然“十五”期间天津园林绿化各方面建设取得了不同程度的突破性的进展，但是与发展的形势和需求相比，还有一定的差距。

在园林经济发展方面，主要表现在：经济建设、经营发展的观念、理念不新，经济利润率、运行质量还不够高，四大园林经济支柱发展不平衡，发展模式单一，花苗木生产经营尚未真正形成大发展的产业，公园游览、旅游、餐饮服务业经营开发手段单一，经营策划水平不高，缺乏不断创新的动态活力，经济结构仍需进一步调整。此外，在盘活资产，招商引资，增强活力上力度不大，大手笔不多，对那些效益好、有潜力的开发改造项目，洞察力不强，开发的魄力不足。

在科技发展方面，一是行业科技水平还是偏低，科技创新能力不强，属于自己的核心技术太少，科研对生产的支撑和推动不够，花苗木生产在许多方面仍沿袭着多年传统的生产模式和生产工艺，园艺水平降低，花卉品质不稳定，产品档次不高，许多品种仍重复过去，处于低水平竞争状态。二是各级领导对城市绿化科技工作的认识需进一步提高。三是科研的水平有待进一步提高。四是科研推广和成果转化亟需大力加强，科技成果转化推广滞后，成果转化率低。五是科研人员匮乏。据统计，截至2003年年底天津市全市自然科学专业技术人员中，平均每万名从业人员有工程技术人员705人，科学研究人员19人（天津市2004年统计年鉴，天津市统计局编，中国统计出版社）。而优秀科研人才奇缺，专门从事课题研究的技术人员少，研究成果也缺乏深度。

在人才建设方面，职工队伍学历结构分布不尽合理，大专以上学历人数偏少，专业技术人员比例部高。园林事业发展急需的高层次专家、高级经营管理人才短缺，人才分布不均衡与人才流失并存。园林绿化建设市场面临着激烈的竞争和挑战，加速人才培养已成为当前的一项紧迫任

务。据初步预测和统计，全局紧缺人才需求数量为139人，从专业需求上看，党务管理人才19人，占需求总数的13.7%，行政管理人才22人，占15.8%；园林设计、施工管理人才49人，占35.3%；市场策划人才16人，占11.5%；财务会计人才15人，占10.8%；饭店管理、旅游管理、教学管理、动物饲养等其它专业人才18人，占12.9%。从学历需求上看，研究生学历10人，占需求总数的7.2%；大本学历126人，占90.6%；大专学历3人，占2.2%。从年龄需求上看，35岁以下的110人，占需求总数的79.1%，36至45岁的29人，占20.9%。在紧缺人才补充方式上，组织培养41人，占29.5%；院校招录78人，占56.1%；外单位引进、社会招聘20人，占14.4%。

第四节　规划总则

一、指导思想

本规划的指导思想是：着眼现代化国际港口大都市发展要求，围绕建设绿色天津的长远目标，紧紧抓住天津经济社会和城市建设发展的重要战略机遇期，以邓小平理论和“三个代表”重要思想为指导，全面落实科学发展观，围绕园林经济建设与发展这个中心，以2008年奥运会召开和创建国家园林城市为契机，促进园林经济、科技、人才、行业及城市绿化全面、协调、持续发展，达到保护和改善城市生态环境，优化城市人居环境，促进可持续发展的目的。

城市绿化要强调布局均衡，结构合理，城乡一体，中心城区与滨海新区联动，远近结合，统筹规划。在规划理念上，突出以人为本，生态优先，保护和利用自然、人文资源，形成天津园林风格。规划实施上体现科学性、前瞻性与可持续性；整体规划，分步实施，专群结合，全民动手，全社会动员；提高品位，量质并举。

园林经济工作要切实把经济发展的着力点放在调整结构，深化改革，转变经济增长方式，提高经济运行质量上，要围绕市场定计划，围绕市场抓生产，围绕市场搞经营，围绕市场谋发展。确保园林经济持续、快速、协调、健康发展，实现园林事业全面进步。

实施“科技兴园”战略，坚持走园林建设必须依靠科学技术，科学技术必须面向园林建设之路。按照高起点规划、高水平设计、高标准建设、高效能管理的城市基础设施建设与管理的要求，重点围绕建设国家园林城市，在绿化建设和园林生产上大力推广应用新技术、新材料、新工艺和科技成果，改造传统工艺，调整产品结构，增加科技含量，增强竞争能力，为园林经济的发展培养新的经济增长点，提高对经济的贡献率。深化园林科研与生产的结合，坚持研究开发和群众性科技活动相结合，全面提高园林职工的科研意识和科技素质，全方位推动园林科技发展，提高园林行业科技的总体水平和自主创新能力，加速提高园林产业的竞争力，增强我局经济综合实力，保持我局经济可持续发展。

人才建设要着眼于园林事业的长远发展，紧紧抓住培养人才、吸引人才、用好人才三个关键环节，着力建设领导干部和经营管理人才、专业技术人才和技术工人人才三支队伍，为实现园林事业的新发展提供坚强的人才保证。高起点、科学合理安排城市绿地系统布局，与其他基础设施建设同步发展，全面提高天津市整体绿化水平，共创绿色家园，建成“绿色天津”，使天津市城市绿化跨入全国先进行列。

二、规划原则

此次规划按照“高水平是财富，低水平是包袱”的理念，突出高起点、高质量、高水平；体现因地制宜、全面发展、统筹兼顾、远近结合；坚持园林经济的持续增长、集约化发展和均衡协调发展；坚持市场的基础性作用与政府的管理职能相结合、发挥比较优势和培育竞争优势相结合、经济增长与社会进步相结合、规划的刚性和弹性相结合的原则。

三、规划依据

1. 国务院《关于加强城市绿化建设的通知》
2. 建设部《关于印发〈城市绿地系统规划标志纲要（试行）〉的通知》
3. 天津市城市总体规划
4. 天津市“二三三”绿色家园发展计划
5. 国家和地方其他相关的法规、规定等
6. 2005年园林局工作会议

四、规划期限

“十一五”规划的期限为2006—2010年，五年。

第五节 “十一五”主要发展指标

一、城市绿化发展规划的目标体系

城市绿化要围绕创建国家园林城市指标体系，按照城建工作“四高”的要求，抓住到2007年底新增绿化面积6353万平方米的主要矛盾，与天津市“二三三”绿色家园发展计划相衔接，与“建设绿色天津”的总体要求相吻合，到2010年年底，建成区绿化覆盖率达到45%以上，使天津市城市绿化跨入全国先进行列，建成绿色天津。

二、园林经济发展规划的目标体系

遵照2005年工作会议精神，结合发展形势，园林经济“十一五”规划编制要达到三个目标：一是持续增长目标，“十一五”末经济总量和利润实现“十五”基础上翻一番，产值营业额达到14亿元，争取15亿元，利润达到1亿元以上，职工人均收入逐年提高；二是均衡协调发展的目标，改变绿化设计施工一枝独秀单打一现状，形成多元化协调发展的格局；三是向集约化发展的目标。经济运行质量，管理能力，经济效益逐步转向良性循环。从而保证园林经济高速度、高质量、多元化良性发展，达到经济实力雄厚，发展后劲强劲。职工步入小康的经济发展新水平。

这样，产值营业额按照“十五”期末达到6.9亿元测算，到2010年年底，按照即定产值营业额达到14亿元，争取15亿元进行初步预测，则年增长率须不低于15.2%，力争超过16.8%以上。

附“十一五”经济指标图

园林局产值营业额

表5-8-5-1 单位：万元

2006年	2010年
76734	141000

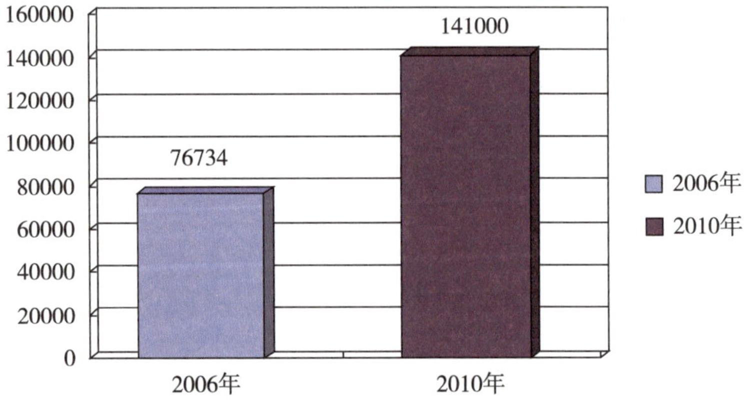

园林局各单位产值营业额所占比例

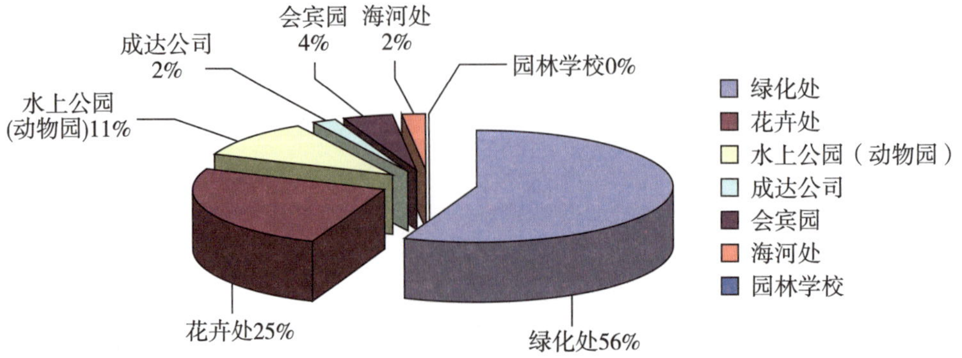

园林局利润（结余）统计图

园林局利润（结余）

表 5-8-5-2　单位：万元

2006 年	2010 年
4755	10470

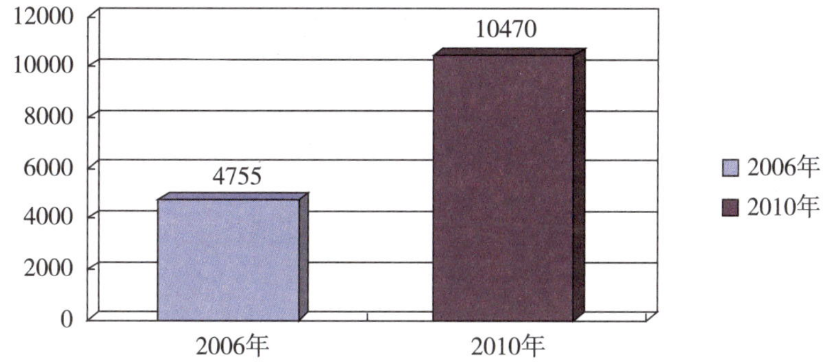

园林局各单位利润所占比例（单位:%）

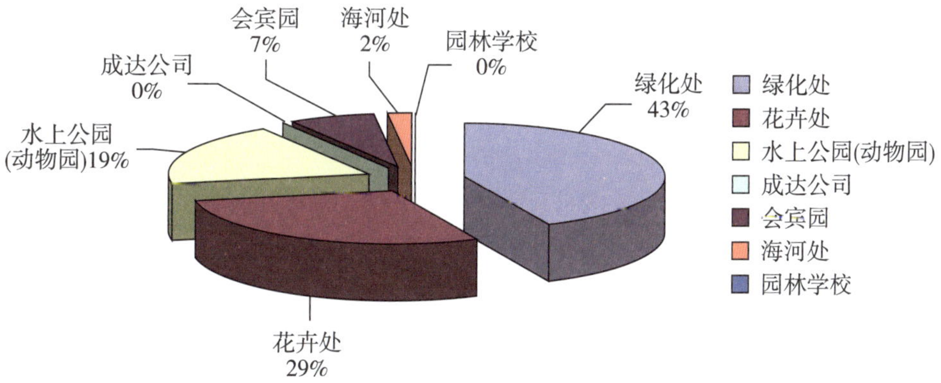

园林局国有资产

表 5-8-5-3　单位：万元

2006 年	2010 年
27189. 79	46455. 34

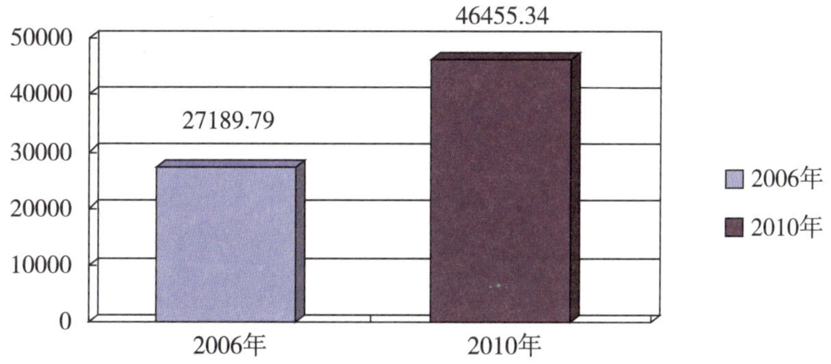

园林局在岗职工可支配收入

表 5-8-5-4 单位：元

2006 年	2010 年
23796	34017

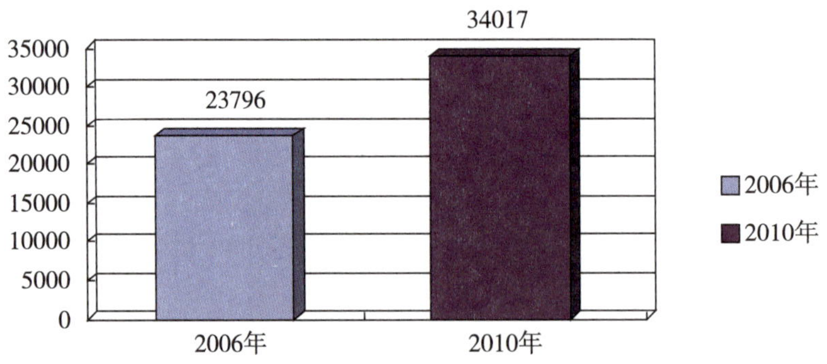

1. 绿化处：产值营业额计划由48135万元增长到80000万元，增长0.66倍；利润由2835万元增长到4500万元；国有资产计划由8950万元增值9510万元，达到11500万元，国有资产保值增值率达到128.49%，平均每年以6.51%的速度增长；职工可支配收入由29852元达到40614元，增长0.36倍，平均每年都以8%的速度增长。

产值营业额

表 5-8-5-5 单位：万元

2006 年	2007 年	2008 年	2009 年	2010 年
48135	53090	58600	64750	80000

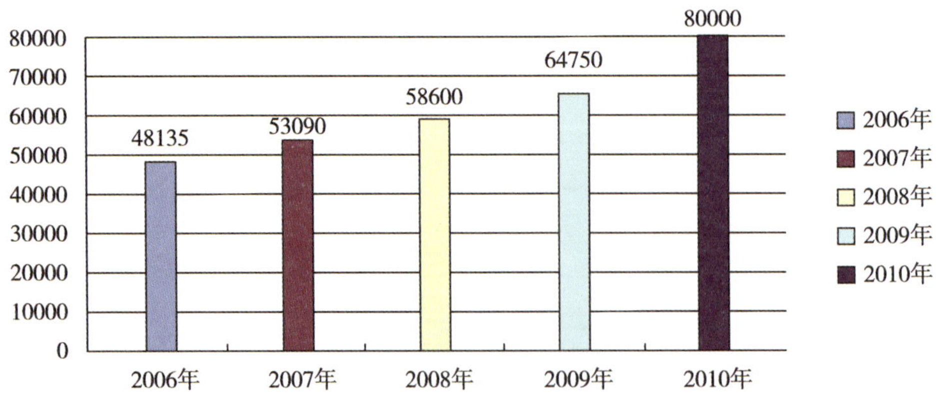

利润

表 5-8-5-6 单位：万元

2006 年	2007 年	2008 年	2009 年	2010 年
2835	2970	3110	3250	4500

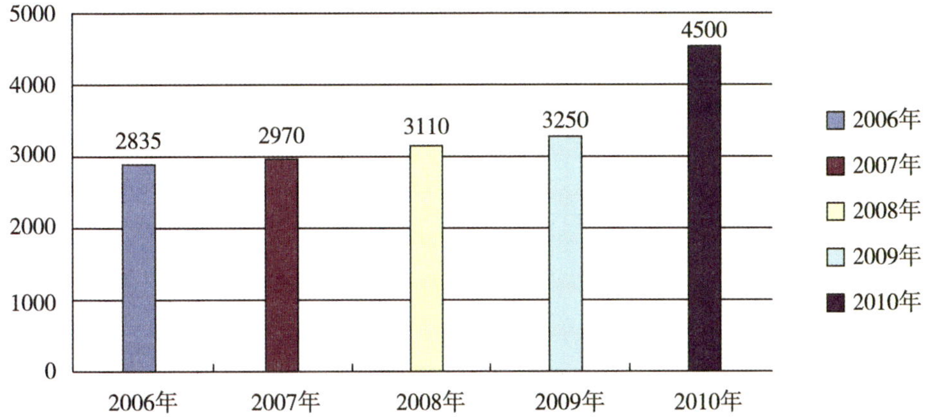

2. 花卉处：产值营业额由16146万元增长到35000万元，增长1.17倍；利润由1035万元增长到1810.22万元；国有资产由7471.2万元增值2693.29万元，达到10164.49万元，国有资产保值增值率达到136.05%，平均每年以8%的速度增长；职工可支配收入由21276元达到34080元，增长0.6倍，平均每年都以12.5%的速度增长。

产值营业额

表5-8-5-7 单位：万元

2006年	2007年	2008年	2009年	2010年
16146	18567.9	21353.09	24556.05	35000

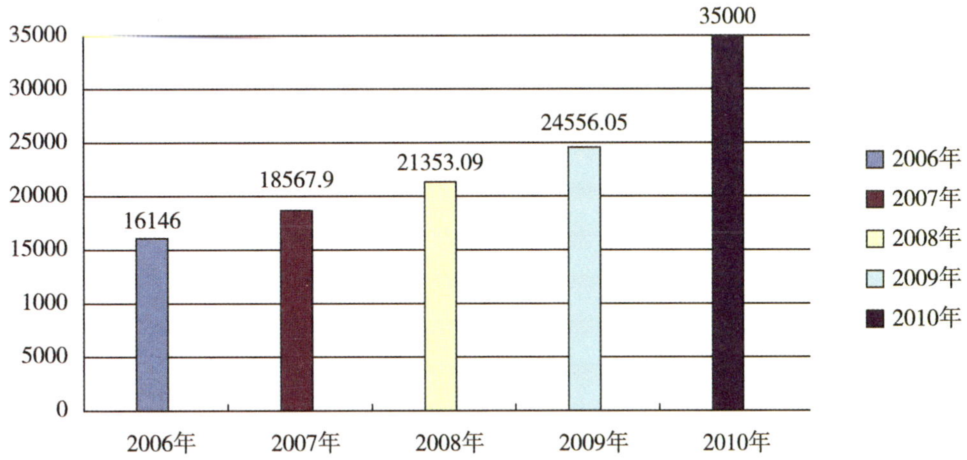

利润

表5-8-5-8 单位：万元

2006年	2007年	2008年	2009年	2010年
1035	1190.25	1368.79	1574.11	3000

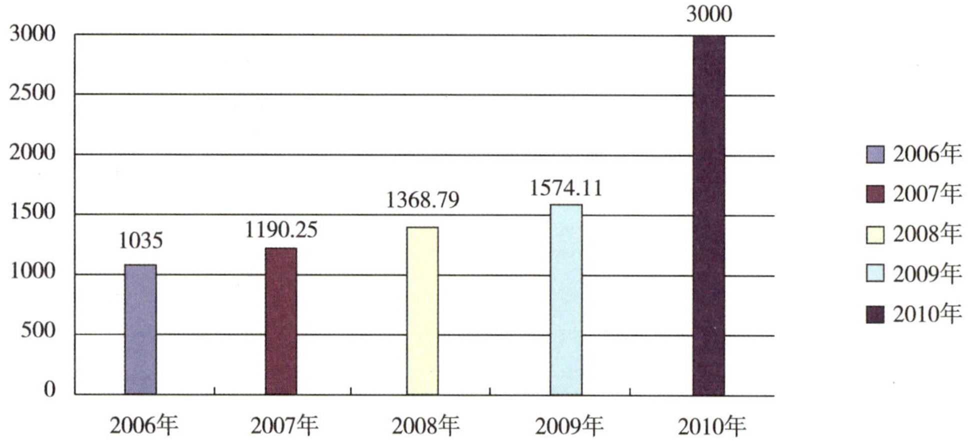

3. 水上公园（动物园）：产值营业额由6160万元增长到15000万元，增长1.44倍；利润由642万元增长到965.1万元；国有资产由5857.57万元增值13598.39万元，达到19455.96万元，国有资产保值增值率达到332.15%，平均每年以35%的速度增长；职工可支配收入由25678元达到37596元，增长0.46倍，平均每年都以10%速度增长。

产值营业额

表 5-8-5-9

单位：万元

2006 年	2007 年	2008 年	2009 年	2010 年
6160	7268.8	8577.18	10121.08	15000

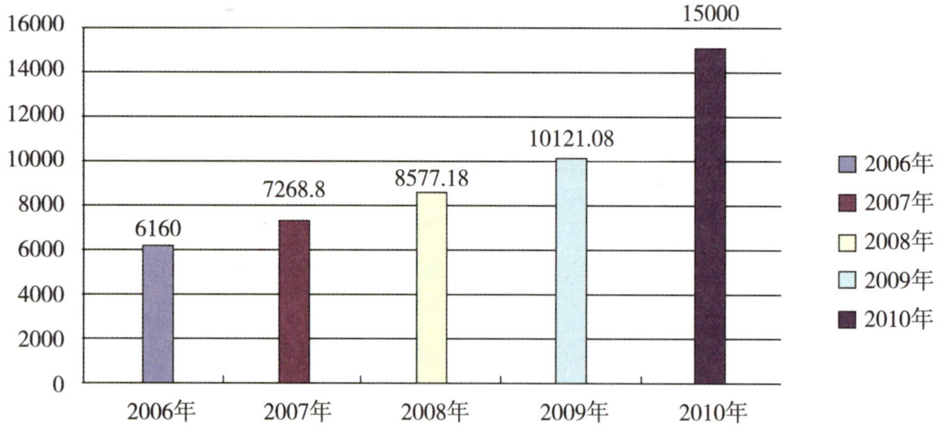

利润

表 5-8-5-10

单位：万元

2006 年	2007 年	2008 年	2009 年	2010 年
642	719.04	805.32	901.96	2000

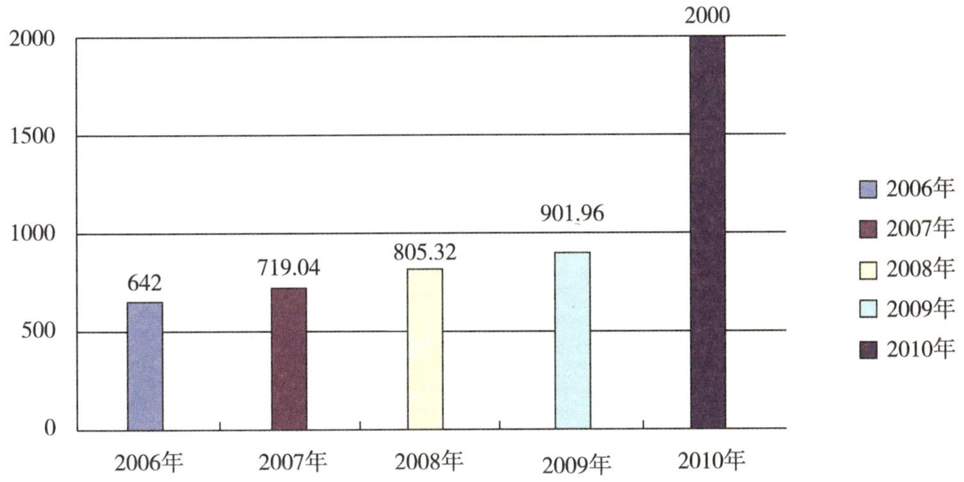

4. 成达公司：产值营业额由1760万元增长到2800万元，增长0.59倍；利润由33万元增长到50万元；国有资产由833.41万元增值218.76万元，达到1052.17万元，国有资产保值增值率达到126.25%，平均每年以6%的速度增长；职工可支配收入由27295元达到37135元，增长0.36倍，平均每年都以8%的速度增长。

产值营业额

表5-8-5-11　　单位：万元

2006年	2007年	2008年	2009年	2010年
1760	1936	2129.6	2343	2800

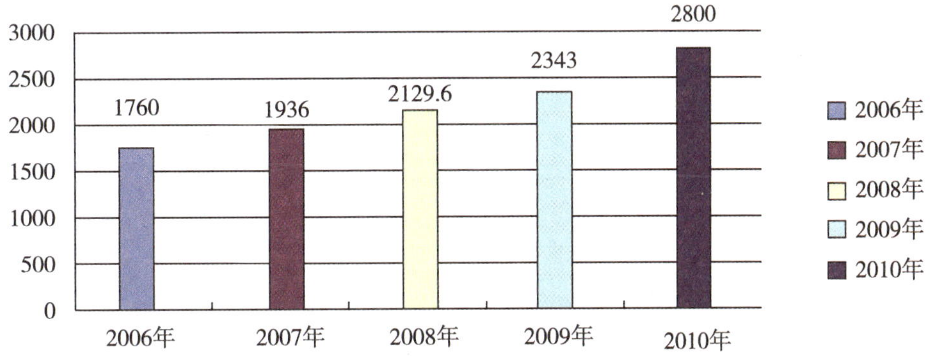

利润

表5-8-5-12　　单位：万元

2006年	2007年	2008年	2009年	2010年
33	36.3	39.93	43.92	50

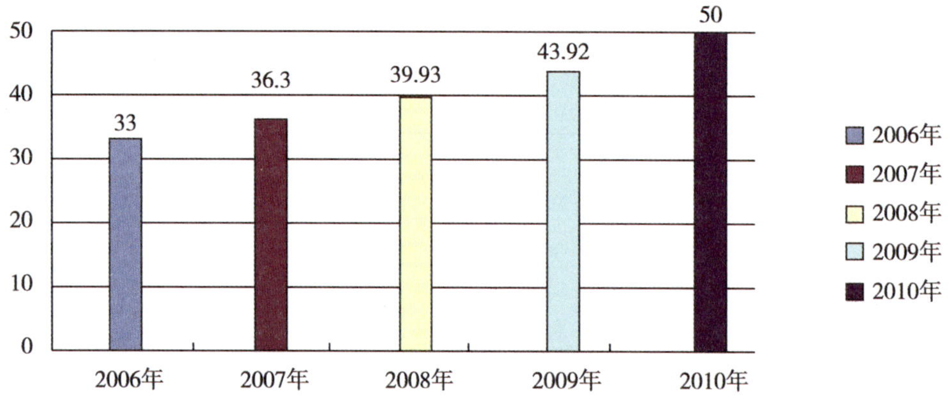

5. 会宾园：产值营业额由3500万元增长到5000万元，增长0.43倍；利润由380万元增长到700万元；国有资产由2575.54万元增值104.58万元，达到2680.12万元，国有资产保值增值率平均达到101%，平均每年以1%的水平增长；职工可支配收入由18370元达到26895元，增长0.5倍，平均每年都以10%的速度增长。

产值营业额

表5-8-5-13 单位：万元

2006年	2007年	2008年	2009年	2010年
3500	3700	3900	4050	5000

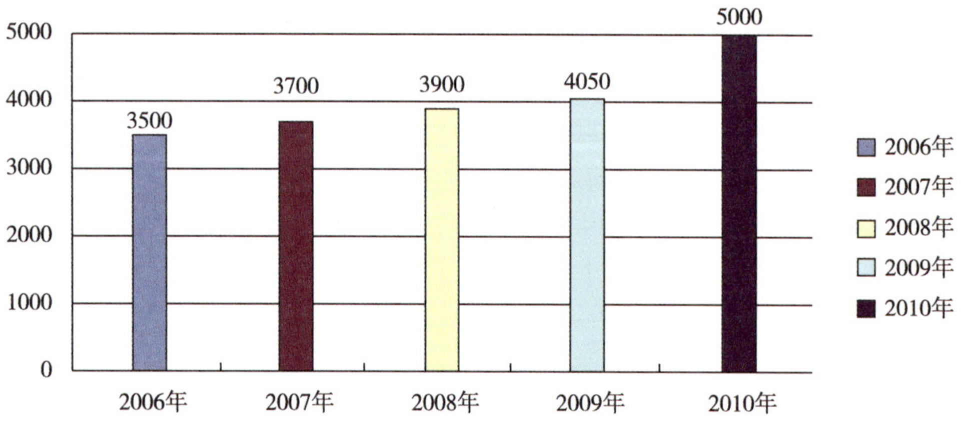

利润

表5-8-5-14 单位：万元

2006年	2007年	2008年	2009年	2010年
380	440	500	550	700

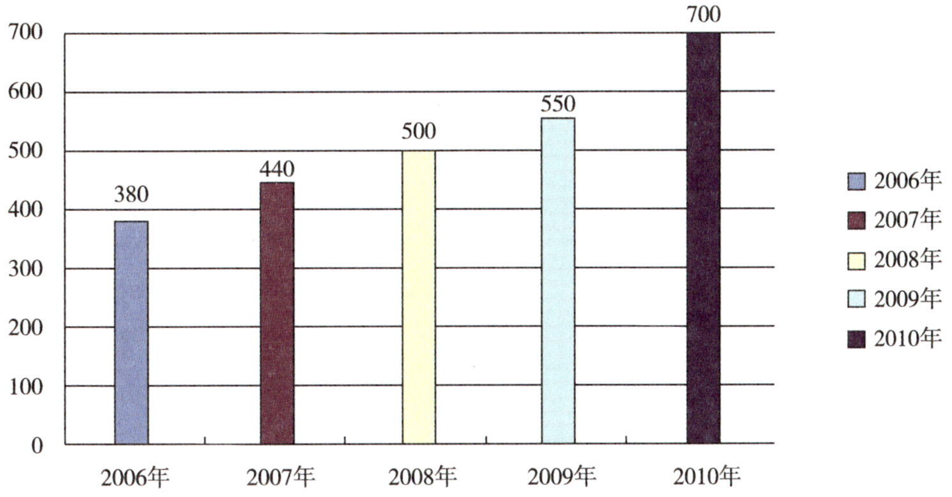

6. 海河处：产值营业额由750万元增长到2700万元，增长2.6倍；利润由-170万元增长到200万元；国有资产由875.07万元增值35.53万元，达到910.6万元，国有资产保值增值率达到101%，平均每年以1%的水平增长；职工可支配收入由21000元达到32000元，增长0.5倍，平均每年都以11%的速度增长。

产值营业额

表5-8-5-15 单位：万元

2006年	2007年	2008年	2009年	2010年
750	1000	1250	1600	2700

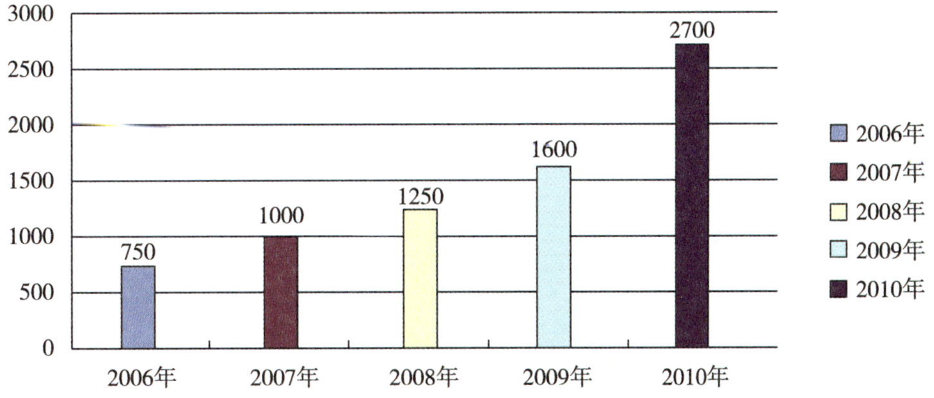

利润

表5-8-5-16 单位：万元

2006年	2007年	2008年	2009年	2010年
-170	-110	-60	60	200

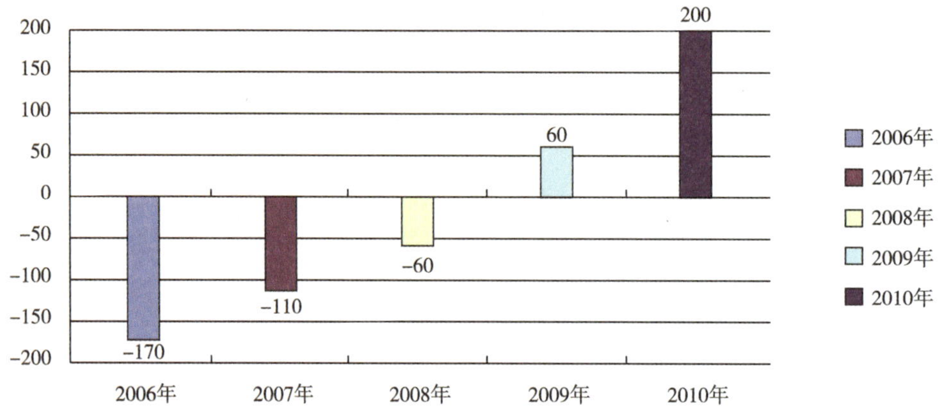

7. 园林学校：产值营业额由283万元增长到500万元，增长0.77倍；利润由0万元增长到20万元；国有资产由627万元增值65万元，达到692万元，国有资产保值增值率达到110.37%，平均每年以2.2%的水平增长；职工可支配收入由23100元达到29800元，增长0.3倍，平均每年都以7.2%的速度增长。

产值营业额

表5-8-5-17　　单位：万元

2006年	2007年	2008年	2009年	2010年
283	308	336	366	500

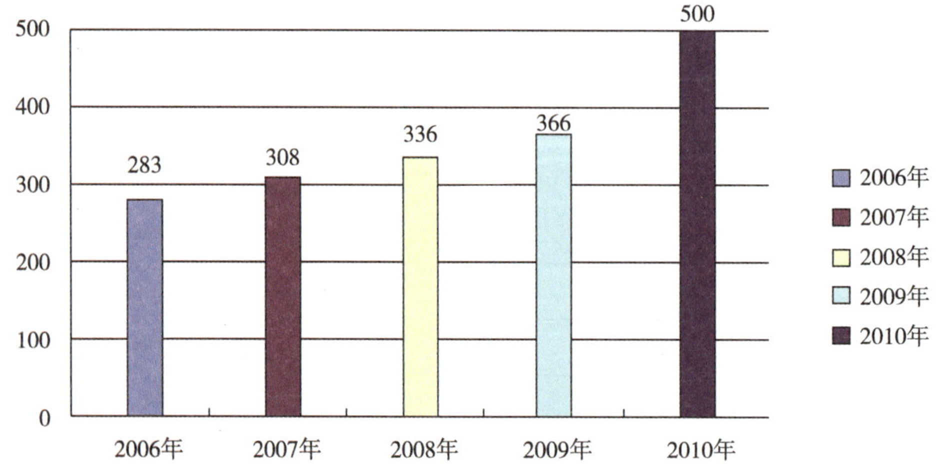

利润

表5-8-5-18　　单位：万元

2006年	2007年	2008年	2009年	2010年
0	0	5	10	20

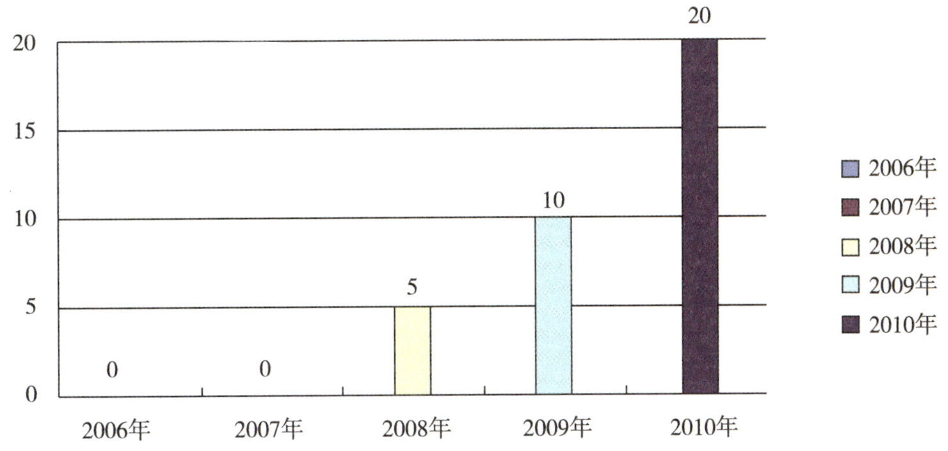

三、园林科技发展规划的目标体系

1. 天津市园林行业在名贵花卉育种、栽培技术、园林植保、生物防治、苗木引种驯化、栽培、园林施工技术及珍稀动物繁殖和种群优化等领域的整体技术水平达到国内领先水平，接近发达国家20世纪末的水平。部分花苗木品种及园林产品，能够进入国际市场，生产和施工单位主要技术装备达到国内领先水平，园林管理和服务达到科学化、规范化、信息化。

2. 基础设施实现现代化。花苗木生产要达到高技术、高效益、低消耗的水平。

3. 园林绿化科技进步跨上一个新台阶，园林科技实力和经济增长的技术含量处于国内领先水平。取得较大的科研成果15项，推广应用率达到80%以上，科技进步对园林经济增长贡献率达到50%以上。行业的科技投入明显增长，全局研究与发展经费占全局产值的比例提高到1.8%以上。

4. 拥有一批的优秀专业技术人才，专业技术人员占职工总数的25%。

四、人才建设发展规划的目标体系

“十一五”期间，全局人才队伍建设的总体目标是：对现有人才队伍实施整体培训，使人才队伍的综合素质有明显提高；加大各类人才，特别是紧缺人才的引进力度，完善与园林建设、园林经济结构相适应的人才结构；进一步深化干部人事制度和人才管理体制的改革，形成有利于人才成长，有利于人才建功立业的有效机制和宽松环境。

第六节 规划内容

一、园林经济

1. 与时俱进，开拓创新，走园林城市建设产业化之路。“十一五”初期，我国加入WTO后的一些产业保护过渡时期刚好结束，届时大量国际市场的产品和资本将进入我国农业，服务业和基础设施等行业。企业要与之竞争，必须联合起来，形成产业链，从育苗，到设计，到工程，到机具，甚至园林中介公司等一条龙服务。园林产业化发展提倡企业化经营，市场化运作。除此之外，很重要的一点就是要培育城市园林的品牌优势，就是要大力发展优势品牌，要强化精品意识，要多出精品。到“十一五”末应该在园林产业的各个环节都发展出几个优势品牌，只有实施品牌战略，才能在激烈的市场竞争中获得更多的市场份额，真正实现园林经济从粗放型向集约型的转变。

2. 抓住机遇，再接再厉，继续发挥绿化设计施工的拳头优势。“十一五”期间正值08年奥运会召开之际，市政府提出从2005年开始三年创建国家园林城市。即到2007年年底建成区绿化覆盖率达到40%，局属各绿化设计施工部门应抓住这一机遇，利用整体优势和规模优势参与竞争，同时，工程设计施工要继续实施外埠战略，在有效规避风险的情况下，扩大外埠市场甚至国外市场的份额。绿化施工设计应继续扩大业务范围，绿化处设计院咨询资质由丙级升为乙级，并使咨询收入成为设计院创收的新的经济增长点。作好园林建设总公司晋升一级资质工作。提高美至园林设计所的设计水平和经营范围，保持设计收入年递增30%的发展速度，力争在“十一五”期间产值突破1000万元。绿化设计施工一直以来是全局经济运行的增长点，“十一五”期间应继续发挥它的拳头优势，保持强势增长。

3. 切实抓好结构调整，使花苗木产销成为新的经济增长点。随着国家园林城市的建设和人民生活水平的不断提高，花苗木的生产和销售将成为新的经济增长点。花卉处要积极筹措资金，保证示范中心20000平方米智能温室按期建成，使之成为北方最大的设施最先进的中高档花卉生产基地。加快花苗木生产结构的调整力度，压缩常规、中小规格苗木生产，引进高附加值的新优树种、花卉，加大大规格苗木储备，同时将几大苗圃由生产型向销售型转变，逐步成为北方花苗木集散中心。在此基础上应加大引资力度，盘活土地资源：①拟将刘园苗圃建成集种植、养殖、旅游、休闲度假、林业观光为一体的生态观光园。②拟利用东方花市现有资源，建成可供餐饮、住宿、洗浴、温室花卉为一体的绿色休闲中心。③拟对园林工程处旧址进行开发。

4. 加大引资融资力度，开发公园娱乐经济。水上公园（动物园）应充分发挥各自得优势特色，转变观念：①扩大引资、融资力度，重点完成五大建设项目。（A. 引进国内外资金，建设水上公园大型游乐场。B. 建设水上公园水上游乐园。C. 动物园观赏动物种群建设。D. 动物园海豚表演馆。E. 动物园动物馆舍“卡通”改造。）②在此基础上盘活现有设施潜力，拉动设施运营效益。（A. 两园办公楼经营开发。B. 园内“水上八岛综合楼”经营开发。C. 动物园别墅楼经营开发。D. 碧波庄、神户园等馆舍开发利用。）③调整门票，游艺机船，商业经营结构，由原来的5：4：1调整到4：3：3。

5. 大力发展旅游、宾馆和餐饮业，使之形成规模经济。①海河处根据市政府把海河建成经济带、文化带、景观带，把海河建成世界名河的精神：随着海河综合改造的完成，开通各具特点的水上，海上旅游线和四通八达的水上巴士线，发展丰富多彩的水上游览项目，点线结合，社会效益和经济效益互动，带动沿线的旅游业、娱乐业、服务业的发展。在河、湖、海相通的基础上逐步打通水域，建设成一条贯通全市的“黄金通道“，形成大旅游、大市场、大发展的态势，扩大市场知名度，逐步形成规模经济，再创海河处新局面。②会宾园的总体目标是要在“十一五”期间实现局党委为会宾园制定的“3+5”整体规划，通过招商引资合作，建成一座现代化五星级酒店。同时，会宾园饭店还考虑成立专业酒店管理公司，将饭店经济逐步向外拓展，最终转向集团化。③餐饮业是服务业中利润相对较高的行业之一，随着社会的发展和人民生活水平的提高，这一行业的发展必将带来可观的经济效益，“十一五”期间，餐饮业的发展应该形成一定的规模：首先，加快黄金地段饭店的改造力度，其次改革经营管理方法，学习先进饭店的经营管理模式，尽快让这一行业见效益。“十一五”末期餐饮业在局经济中应占有一定的份额。

6 统筹兼顾，保证园林经济全面推进。①园林学校：学校应集中精力，加大招生力度，力争在三年内实现根本性的好转，使在校人数达到一千余人，同时加强大专，本科层次培训教育。为使固定资产保值增值，学校应为闲置的办公楼，宿舍楼联系租赁事宜，争取一部份收入。②成达公司：国际贸易是优势项目，经过长期时间锻炼，积累了丰富的经验，又了一定的贸易渠道。“十一五”期间应在此基础上拓宽贸易渠道，扩大贸易项目。同时针对主营项目绿化工程施工的问题拿出整改措施，力争让这一经营活动在 2006 年见效益。

二、园林科技

1. 城市绿化技术。①建立天津市布局科学合理的绿地系统。开展《天津创建国家“园林城市”绿地系统的研究》，以生态原理为指导，充分利用土地资源和环境条件，构筑城乡一体的大环境园林。开展《天津现代园林绿化风格的研究》课题，确立天津市园林绿化的总体风格。用以指导天津园林绿地系统的规划、设计和施工。开展《天津城市绿地模拟自然植物群落示范与应用的研究》课题，提出适合天津的科学合理的 50 余种绿化植物群落结构。制定《天津市园林绿地植物群落模式和种植结构参数标准》。科学规划建设好植物园。加大园林植物种质资源保护，把天津植物园建成具有地方特色的、耐盐植物种质资源保护与开发的基地。收集植物园植物种质资源 2000 余种。②开展园林植物引种工作，引种筛选观花乔木、阔叶常绿，彩叶花灌木、地被植物、水生植物等，为丰富城市景观提供因地制宜的植物新材料。

2. 花卉生产。①建立高产、优质、高效、低耗的效益型，具有自己品牌的花卉生产企业。盆花生产达到专业化水平，采用科学配方施肥。发展天津的盆花生产优势，重点发展 20 个左右盆花生产品种，10 个花卉品种达到周年生产的水平。每年引进 5 个左右草花新品种，种子均采用高品质 F1 代种子，保证成品花的品质，改进草花生产工艺，缩短栽培周期，降低生产成本。②调整花卉的产品结构，建立名优花卉基地，通过引种筛选新品种，不断推出优质花卉，占领国内外花卉市场。③保持天津仙客来名优花卉的优势，形成优良种苗生产技术，进一步提高仙客来专业化生产的技术水平。④建立优质种苗中心，通过组培技术，进行火鹤、竹芋、花叶玉簪、德国鸢尾等品种的种苗生产，掌握优质种子、种苗的规模化生产技术，种苗销售推向全国市场。

⑤加快传统温室设施的更新换代。到“十一五”末，现代化智能温室的面积达到15万平方米。

3. 苗木生产。①到“十一五”末，引种各类园林植物新优品种250种以上。重点引种抗逆性强的、常绿的、观叶、观果、观枝、竹类、匍匐低矮常绿灌木和抗性强、绿色期长、耐践踏草种和地被植物。不断调整苗木产品结构，使大规格和新优品种苗木生产替代不适应发展的“大路货”苗木。②建立市树和乡土树种优良品系种子园。开展以乡土树种为主的树木种苗选优工作。③改进育苗工艺和栽培技术，开展灌木乔化、嫁接快繁和花灌木整型修剪栽培技术等领域的研究，缩短育苗周期，使树木形态多样化，提高苗木产品的档次和技术附加值。发展容器苗技术，开展容器培育大规格苗木、珍贵树种的生根复壮、平衡树势研究，“十一五”末接近日本等国家的树木容器苗生产水平。④推广优质水管、喷灌、滴灌、中水浇灌等节水技术，降低浇水成本。开展《天津市园林耐旱植物评定》课题，引种筛选耐旱植物，搞好节水型园林设计。“十一五”末，中水灌溉达到100万平方米。⑤实施生态间作、轮种，提高土地利用率和地力。对圃地土壤进行测试、分析，科学配肥和施肥，提高土壤肥力。筛选最佳的锄草剂，提高工效，降低成本。

4. 绿化养护管理。①开发推广《园林绿地设施》数据库软件，实现全市园林绿化设施的动态管理。②开发“生物防治”和“栽植养护技术调控预防”园林病虫害为主的系列技术，推广应用无毒、低毒农药和害虫天敌，杜绝使用高毒和有毒农药，有虫无害的标准的基础上，实现园林病虫害无公害防治。③掌握瓢虫、管氏肿腿蜂、周氏啮小蜂、白僵菌、绿僵菌等15种害虫天敌微生物的繁殖生产技术，其中能规模化生产蛀干害虫天敌8种。④掌握六星黑点豹蠹蛾和白蜡哈氏茎蜂等蛀干害虫的防治技术。⑤掌握现代化智能温室花卉病害虫的控制技术。⑥开展土肥和生物制剂研究，进行天津绿地土壤状况普查，制定《园林栽植土质量标准》。开发缓效肥等系列肥料。

5. 珍稀动物的饲养和繁殖。①掌握珍稀动物的繁殖、纯化、哺乳动物妊娠诊断及兽类人工授精关键技术。“十一五”期间繁殖15种200只珍稀动物。采用科技手段后，珍稀动物繁殖的成功率要达到85%。②开展动物谱系和种群的调查。完成动物卡通式展览和生境式养管模式。③建设动物园科普馆和完善动物科普知识长廊，使动物园成为全市最重要的实物、音像、图片相结合的生物多样性科普教育基地。

6. 园林设计和施工。①园林设计要体现生态学原理和地方特色。编制《天津市园林设计植物应用手册》，将天津地区可生长的骨干树种，耐盐碱、耐旱、耐荫、爬藤、水生、观花、观果、观叶、观枝、抗污染等各类植物，分类汇总，图文并茂，使设计和施工人员充分掌握园林植物的生物学特性，科学地应用园林植物。②园林施工中推广新技术、新材料、新施工方法，改进施工工艺，要求优质工程达到95%。缩短施工周期，降低成本。利用抗蒸腾剂等技术，进一步完善非栽植季节绿化种植技术。开发新的改土技术。③积极推广先进适用的设计软件，提高设计水平。④制定《施工期苗木养管技术规程》，使雪松等珍贵苗木的移栽成活率达到90%以上。⑤掌握防水层处理、种植层厚度、园林植物和栽培基质选择等屋顶绿化技术。

7. 公园管理。公园的管理、设施维护和服务达到信息化、科学化、规范化，提高利用率和安全系数。

8. 园林信息化。①建立天津园林 GIS 信息系统。②完成天津市中心市区的热岛效应测定。开展《天津市城市绿化缓解城市热岛效应的研究》，分析天津城市热岛效应成因、分布及特征，探索利用城市绿化缓解城市热岛效应的技术措施。③财务管理做到 100%信息化管理。④利用航拍对天津城市绿化覆盖率进行定期测定，对天津市绿地总体状况进行准确的动态管理。

四、人才建设

1. 领导干部和经营管理人才队伍建设。完善基层处、直属单位领导班子结构。班子配齐 35 岁左右、大本以上学历的年轻干部，平均年龄下降至 45 岁；班子成员中大专以上文化程度的要达到 95%以上，其中大本以上的要达到的 60%以上；在领导班子中实施合理的专业配制，重点充实和加强经济、经营型领导成员；实施董事长、总经理人选培养战略，为事业单位的改革进行人才储备；以 40 岁以下、大专以上学历人员为主要对象，加大专业管理人才的培养力度，在重点管理岗位实施“四个五”人才培养计划，即：培养 50 名党务工作者，培养 50 名二级项目经理，培养 50 名经营业务经理，培养 50 名会计、财务管理人员。

2. 专业技术人才队伍建设。在全面提高专业技术人才队伍整体素质的基础上，重点培养技术骨干和学科带头人。在绿化、花卉、设计、动物四个园林主学科中，要各有 20%以上的人员成为学科技术骨干，达到能独立主持完成市、部级项目课题的标准。四个主学科中，各确定 2 名学科带头人培养对象，使其成为具有世界学识水平的科技人才。力争再培养出 1~2 名市政府授衔专家。要重点充实、培养具有专业学科知识，发展园林经济急需的金融、财会、营销、法律方面的专门人才。

3. 技术工人队伍建设。以提高基础知识技能、专业知识技能和关键核心技能为基本目标、建设高素质的技术工人队伍。在全局育苗、花卉、绿化、动物饲养、瓦工五大工种中，培养 200 名技术能手。

第七节 近期主要项目

一、天津动物园兽舍及环境改造项目。该项目系根据 2004 年城建工作会议提出“改造提升水上公园、动物园等一批市、区级公园”的要求立项，改造规模约计 10 万平方米，计划分年度实施，总投资 6000 万元。在一期工程完成的基础上，“十一五”期间将完成剩余部分项目改造，总投资 3000 万元。

二、天津市园林绿化研究所实验楼建设项目。该建设项目系因天津市城市快速路建设，致使原绿化研究所整体搬迁。建设规模为2000平方米，建设地点拟定在水上公园北侧原园林工程处院内，计划投资400万元。资金来源为拆迁补偿。

三、“园林科技中心楼”建设项目。该建设项目系因天津市城市快速路建设拆迁，需异地重建。建设规模为4500平方米，建设地点拟定在市园林局院内北侧，计划投资900万元，资金来源为原市绿化研究所拆迁补偿及部分自筹。

四、水上公园海豚海豹表演馆建设项目。该项目系贯彻市对外开放会议精神，确定的直接引进外资项目，已经批准立项。建设规模为6000平方米，建设地点拟在水上公园内原月季花节主会场处，计划投资1亿元，资金来源全部为引资。

五、天津市花卉生产及展示中心建设项目。建设规模为2.5万平方米，建设地点拟定在水上公园内北大墙生产花窖内，计划投资4000万元，主要建设现代花窖和花卉展示大厅。资金来源为引资及部分自筹。

六、花苗木储备项目。为适应城市基础设施及环境改造，提高绿化景观水平，按照市领导的有关讲话精神，“十一五”期间重点进行花苗木储备，计划资金2000万元，用于城市重点绿化工程、市政道路改造绿化配套等，同时逐步形成良好的专项资金循环利用渠道。

七、组织完成水上公园东、北门改造，动物园南门建设，以及植物观赏专类园中园（包括梅园、桂花园等）建设和配套环境改造项目。实施水上公园游乐场改造和动物园动物表演馆建设，计划总投资约9000万元。

八、中心市区立交桥垂直绿化建设项目。至……年设计方案已全部完成并上报市，施工组织以示范段为先导，着力突出景观效果。

九、绿化处土地资源盘活开发项目。寻求合作伙伴，与专业公司联合开发三大苗圃，以筹建拓展训练基地、彩弹射击俱乐部为主打项目，形成特色，创出品牌，将刘园苗圃建成集种植、养殖、旅游、休闲度假、林业观光为一体的生态观光园；以野营、野炊、休闲活动为主要内容，将北仓苗圃建成休闲娱乐园；利用东方花市优势资源，建成可供餐饮、住宿、洗浴、温室花卉为一体的绿色休闲中心。将园林工程处旧址划分两个区域，分别建设成高档办公别墅和中档办公楼对外出租。将东站译园土地开发为临时多层停车厂。上述土地资源盘货后预计可拉动年产值两千万。

十、园林绿化施工外埠拓展战略。分三个阶段分步实施，第一阶段，用2~3年的时间，面向三北地区，在经济发达的城市，采取合作、联合、总包、分包等多种方式打入外埠市场；二是用4~5年时间，在东北、西北、华北、华东、华中地区建立10个左右分公司的形式，打入外埠市场，利用天津地理优势和大力发展滨海新区的机遇，重点开辟环渤海经济圈和长江三角洲的园林绿化市场；三是瞄准国际市场，与国内总承包企业建立信息平台和融洽的合作关系，努力获取境外施工资质，探索并力争打入国际绿化建设市场。外埠施工产值争取达到绿化处施工总产值的60%~70%。

第八节 保障措施

一、园林经济实施规划的制度保障

1. 全面开展“规划”的实施宣传活动。“十一五”经济规划一经颁布实施，局属各单位应开展“十一五”经济规化的宣传活动，特别是各级领导更应该高度重视，并明确本单位所承担的工作任务，保证“十一五”经济规划的有效落实。

2. 要拓宽资金渠道。加大引资融资力度，制定政策，创造条件，吸引多元投资，确保建设资金到位。

3. 要加强对园林经济规划运行的质量管理。可持续性发展以经济发展为核心，追求资源节约，环境友好性的发展道路。因此对规划运行质量的管理不仅要关注规划目标的实现，更要关注长期发展能力的建设，注重对未来持续发展的动力和后劲的培植。

4. 部门联动，促进发展。局属各单位，各部门要在“十一五”经济规划中积极发挥作用，园林经济的发展是一项系统工程，需要局属各单位各部门通力合作，共同保证园林经济高速度、高质量、多元化良性发展。

二、园林科技规划的保证措施

1. 树立科技兴绿意识，加强对科技工作的领导。党政一把手要亲自抓第一生产力，将单位的科技进步目标作为一个重要内容纳入党政领导任期目标，并进行定期考核。干部职工都要贯彻科学技术是第一生产力的思想，树立科技创新是园林经济工作生命线的意识。充分认识科技创新的重要性，看到我们在技术和设施设备方面的差距，增加科技兴园的急迫感。依靠科技进步增强我局生产施工的竞争力，发挥科技对经济的支撑作用。建立健全有效的科技进步组织领导体系，认真研究落实科技规划、年度计划和推广计划的执行情况，定期检查、监督。建立利于企业创新的机制，大胆采用吸收推广国内外先进实用科技成果，搞好技术改造，逐步淘汰落后工艺和设备。提高园林产业的科技贡献率。

2. 加大科技投入、加强园林科研工作。局和各单位都要建立科技创基金，增加科技投入。各单位要多渠道筹集资金，投入到科技攻关、技术改造、新设备建设和新品种的引进上要达到1000万。提高科研经费的使用效能。通过项目做好和大专院校、科研院所“产学研”的对外合作，使别人的科研成果为我所用。

3. 加快实施“人才强园”战略，人才是科技发展的根本，是科技创新的关键。在全局形成尊重知识、尊重人才和尊重创造的政策环境和氛围，充分发挥科技人员的作用，制定激励政策，对做出贡献的科技人员实施奖励。加强科技人才的引进和培养，充实科研力量。培养“技术带头人”50名，业务尖子300名。改变尖子人才少、高级技工少的状况，把劳动力成本优势转化为劳动力素质优势。建设适应我局园林经济发展需要的高素质职工队伍。

三、人才建设规划的保证措施

1. 加大人才培养力度。一是深化理论培养工作。坚持用科学的理论武装各类人才的头脑，采取举办培训班的形式对党政领导干部、专业技术人员和技术工人进行政治理论培训，培训的重点内容是党在现阶段的基本路线、基本理论；二是组织开展业务培训活动。重点安排企业管理知识、资本运营知识、营销知识和WTO知识等专业知识的学习，提高各类人才对市场经济规则和国际通行惯例的知晓程度。同时还要针对不同人才的特点开展形式多样的岗位培训活动。(1) 对党支部书记、行政首长、总工程师进行岗位任职资格培训。(2) 组织开展经营管理人员培训，重点培训：花苗木经营人员、公园游览服务业务人员，动物饲养、驯化人员、园林务业管理人员、商贸经营人员及项目经理、预算员、质量员。(3) 优秀中青年科技人才培训，用3年的时间培训100名中青年科技人员。(4) 外语与计算机培训。45岁以下专业技术人员达到具有申报中级以上技术职称的外语达标资格。45岁以下的管理人员必须具有计算机初级以上证书，并达到与本岗规则相适应的操作能力。(5) 专业讲座。以园林绿化知识和领导科学、公文写作、法律知识为主要内容，在全局科以上干部和具有职称的专业技术人员中每年至少举办2次专业知识讲座；三是抓好继续教育。采取党校进修、选送骨干继续学历教育、到高等院校进行专业培训等方式，提高现有人员的学历层次和知识层次。对确定的学科带头人，要安排到境外参加培训；四是注重实践培养。在党政领导干部和经营管理人员中，根据不同层次、不同类别后备人才的成长规律和特点，积极创造条件安排人员到重点工程或能够独立发挥作用的关键岗位锻炼，进一步加大领导干部轮岗交流力度，以扩大复合型干部在干部队伍中的比例。在专业技术人员中组织开展技术创新活动，每年确定一批重点研究课题、推广课题组科研攻关活动。在专业技术人员中开展个人技术能力评估活动，注重在科研实践中发现培养人才。明确技术骨干和学科带头人在技术工作中的地位、作用。在技术工人中开展技术练兵、技术比武活动，定期地评选技术能手，发现和树立不同工种的技术尖子，倡导并组织开展拜师学艺活动。

2. 实施人才聚集战略。一是适应加大应届大本以上毕业生的招录数额，保证人才队伍后继有人。对金融、经贸、政教等我局短缺专业毕业生要加大招录力度；按实际工作需要，有计划地补充技术工人，使技术工人队伍的结构进一步得到改善；二是允许各单位打破职称结构比例限制，超职数配制专业技术人员，让人才脱颖而出。使一些确有一技之长而受到资力、职数限制的专业技术人员取得相应的技术职称；三是建立局内部人才流动制度，让能人自选舞台。允许各类人员在局内流动，鼓励优秀人才从条件好的单位到条件差的单位流动，提倡各类人才到自己熟悉的岗位发挥作用；四是允许优秀人才“柔性流动”。具有高级职称人员在不影响工作的情况下允许到系统外的单位兼职兼薪；五是坚持党政管理干部聘任和公开选拔制度，让“贤者”越级而上。打破干部、工人界限，按任职条件选聘管理人员和管理干部；六是允许各单位高薪从外单位聘请人才，让行家“破门而入”。通过从外单位聘请专门人才，解决经营管理人才短缺的困难。建立专家工作站，使社会人才为发展园林事业服务；七是建立局人才管理中心。负责搜集、储存人才信息，为基层单位选择人才提供服务。

3. 建立健全人才激励机制。一是进一步完善收入分配制度。完善领导干部业绩考核制度，在严格考核的基础上，提高领导干部的工资水平，继续推行领导干部年薪制。在专业技术人员中坚持实行技术职称评聘分离，严格按受聘技术职务兑现工资收入。在技术工人中要坚持推行岗位工资和效益工资制度，切实做到把按照技术等级确定工资标准与按照个人技能兑现工资待遇结合起来。各单位可根据实际需要提高大本毕业生、硕士研究生工资标准，制定并实施优秀人才破格晋级政策；二是完善奖励制度，建立优秀人才奖励基金。每两年在科技人员和技术工人中进行一次“优秀人才奖”的评选活动，每次各评选一人，奖励金额各为一万元。设立科技人员突出贡献奖，每年奖励五人，奖金额度为两千元。改进综合达标考核办法，对业绩突出的基层领导干部实行重奖。在直接创造经济效益的科技人员和技术工人中实行奖金计提制度，明确计提标准，保证奖金兑现。在技术工人中开展技术能手评选活动，建立技术能手津贴。

4. 加强组织领导。人才工作要列入各级党组织的议事日程，摆上突出位置。要制定政策、营造环境、整合力量、改善服务，为人才提供发展机遇，促使人才健康发展；要构建党委统一领导，组织部门牵头抓总，有关部门各司其职的建设人才工作格局。各单位每年都要制定专门的人才工作计划，并逐项抓好落实。每年至少要专题研究一次人才工作，全面把握人才工作动态，适时提出加强和改进工作的意见。全局人才工作主管部门为组织干部处。要在全局进一步强化人才意识。通过宣传人才战略，落实人才政策，重用优秀人才等具体措施，努力营造、形成尊重知识、尊重人才的工作氛围。要逐级建立党政主要领导与优秀人才的联系沟通制度，畅通各级组织与优秀人才经常性的联系渠道，及时发现和解决人才工作中的问题，及时为优秀人才排忧解难。要定期对制定和落实人才规划、人才政策情况进行检查，及时协调解决人才工作和人才队伍建设中的重大问题。

四、创建节约型单位

建设节约型社会是可持续发展的基础，是坚持和落实科学发展观的必然要求，是党中央、国务院提出的一项战略任务。

1. 充分认识创建节约型单位的重大意义

十六大明确提出要建设节约型社会，就是要在经济社会发展的各个方面切实保护和合理利用各种资源，提高资源利用效率，以尽可能少的资源消耗获得最大的经济效益和社会效益。要从全局和战略的高度，充分认识加快建设节约型单位的极端重要性和紧迫性，以高度的历史责任感和使命感，以对国家和群众，对子孙后代高度负责的精神，把加快建立节约型单位的工作摆在突出的重要位置。局直属各单位要充分认识建设节约型单位的重大意义，结合本单位业务特点和实际，统一思想认识，加强组织领导，从点滴做起，从身边做起，采取切实措施，扎扎实实地做好建设节约型单位的各项工作。

2. 加强宣传教育，牢固树立节约意识

局直属各单位要认真组织学习党中央、国务院关于建设节约型社会的重要指示，学习市委、市政府关于建设节约型城市的有关要求，使广大干部职工充分认清节约资源对国家、对民族、对经济社会发展的重大意义，了解我国资源状况和供求矛盾的严峻形势，自觉增强忧患意识和危机意识，积极投入到创建节约型单位的各项工作中来。要深入开展中华民族崇尚节俭的传统美德、党的艰苦奋斗优良传统和作风的教育，倡导艰苦创业、厉行节约、善用资源、珍惜民力，反对不计成本、大手大脚、随意浪费，坚决纠正比排场、摆阔气、挥霍浪费的行为。要教育全体干部职工从现在做起，从自己做起，从身边小事做起，养成自觉节约一度电、一杯水、一张纸、一滴油的良好习惯，争做资源节约的表率。同时，要大力宣传、普及节约资源的各种知识。要把创建节约型单位作为保持共产党员先进性教育整改和巩固成果的重要内容。通过组织开展多种形式的宣传教育活动，努力在本单位营造资源节约的良好氛围，达成“节约光荣、浪费可耻”的广泛共识，形成崇尚节约的良好风气。

3. 采取有力措施，把各项创建活动落到实处

局直属各单位要按照建设节约型单位的要求，结合自身实际，加强成本核算，创新工作思路和工作方法，采取必要的新技术、新材料和新工艺，不断强化管理，把握环节，将各项措施落到实处，务求取得实实在在的效果。

（1）节约各项能源和原材料。①节约用水。增强节水意识，加强对上下水的实时管理和监督，杜绝使用过程当中的跑冒滴漏现象；绿地养护用水尽可能少用自来水，就近取材，苗圃用河水，公园用湖水。进一步推广花卉示范中心收集、利用雨水的经验做法；动物园兽舍冲洗用水，要循环利用、一水多用，充分利用现有资源，利用热水井的水冲洗兽舍的做法值得推广；单位的生活用水要尽可能少用，采用一些有效的节水器具和节水措施，尤其是对用水量较大的（如洗浴时间），要严格控制、合理安排。②节约用电。办公场所要尽量采用自然光照明，杜绝白昼灯、长明灯、隔夜灯，养成随手关灯的习惯；办公室、会议室等夏季空调气温设置不得低于26摄氏度，做到无人时不开空调，开空调时不开门窗。每天力争少开1.5个小时的空调；减少热水器的使用，减少走廊照明；办公室的电脑、打印机等用电办公用品在不使用时要及时关机。③节约用油。对车辆、船舶用油要严格控制，建立办公用车加油报销统计台帐制度，对节油车辆给予奖励；加强车辆的日常统一管理和维护，定期检查保养，做到少出故障，车辆的日常维修要采用招标的形式，优选合理的维修单位，降低维修经费。④节约土地等资源利用。充分利用苗圃、花圃土地资源，杜绝掠夺式经营，从管理上要效益，想方设法提高单位产值；充分利用公园、湖水等资源，搞好保护利用，强化环保意识，降低运行成本，做好增收节支。⑤节约办公用品使用。办公用品采买要货比三家，选购物美价廉的商品，做好采购台帐，加强财务管理和监督；办公用品的领取与使用要厉行节约，充分使用，提倡修旧利废（如纸张的反正面使用等）。充分利用局域

网络“OA”系统，有关文件能一份传阅的尽量不多份复印，避免不必要的浪费；加强后勤管理，强化定期检查和能耗评估，严格执行公务用车编制和配备标准，以及固定资产报废制度；④实事求是，努力降低各种办公费、招待费、差旅费、通讯费等费用支出。

（2）节约时间，改进作风。①节约时间，提高办事效率。将节约型机关同服务型机关的创建紧密结合起来，不断强化党员干部职工的时间观念和效率意识，科学合理地安排工作，不断提高办事效率和服务水平。坚决纠正办事拖拉、推诿扯皮、不讲效率的现象；②改进作风，克服形式主义。进一步精简会议、活动和文件，严格控制公务活动规模，避免重形式、比规格、讲排场等铺张浪费的现象。严格杜绝超规格接待和公款大吃大喝。领导到基层调查研究、检查工作，要轻车简从，减少迎送陪同，克服形式主义。

（3）加强项目预算，强化建设市场管理。①项目建设要严格程序管理，做好施工组织设计，选择科技含量高、发展潜力大、经济效益好、资源消耗低、环境污染少、运行成本低的项目，提高项目利润率；②在进行基础设施维修、改造，购买和更新设备时，严格执行政府的有关规定，积极采用、推广高效节能的新技术、新产品；③加强项目预算管理，强化成本核算，严格用工定额和用工管理。

4. 加强组织领导，落实节约责任制。①各单位要增强政治责任感，切实把创建节约型单位作为一项重要工作。加强领导、精心组织、抓好落实，强化对资源节约工作的日常管理，保证资源节约工作经常化、制度化、规范化；②建立健全专项工作责任制，领导带头发挥模范表率作用，将资源节约责任层层分解落实到具体的管理部门和工作岗位，并纳入各级领导干部年终政绩考核指标。不断探索和建设促进能源资源节约的管理体制和机制；③建立并落实巡查、检查、监督制度，及时发现问题，及时纠正。财务、审计、监察部门要加强对各单位各项经费预算的审核和使用情况的监管，强化审批环节，有效控制铺张浪费。

二〇〇五年八月

第九章 “十一五”城市绿化发展计划

第一节 城市建设与发展形势分析

2004年天津市进行了城市总体规划的修编，城市绿化规划也要作出相应的调整。经历了“十五”的发展，城市基础设施建设已经积累了很好的基础，明确了城市定位，天津进入了一个发展的新阶段。“十一五”发展计划既是具体的执行计划，又是对今后城市绿化发展的指导，对两个绿化规划起到承前启后的作用，“十一五”期间的五年对城市绿化乃至整个城市的发展都是一个关键时期，制定发展计划具有非常重要的意义。

“十一五”城市绿化发展计划对天津市域范围内的各类绿地景观建设进行系统规划，促进规划的战略调整，辅助推进规划的严格执行；

为未来五年的发展提供指导，具体体现规划的总体控制；

在天津城市发展的重要时期，统筹考虑城市发展，以建设绿色天津为目标，以具体计划保证创建国家园林城市，加快城市绿化事业发展，创造宜居环境，建设国内一流的城市环境、绿化景观，充分展示天津经济、文化发展水平与地方特色显著的现代化国际化大都市形象。

第二节 总 则

一、计划编制的依据

〔〕《国务院关于加强城市绿化建设的通知》(国发〔2001〕20 号)；

建设部《关于印发城市绿化系统规划编制纲要（试行）的通知》(建城〔2002〕240 号）和《城市绿线管理办法》(建设部 112 号令)；

《天津市城市绿化条例》；

市政府审议通过的《批准市计委市规划和国土资源局市滨海委拟定的天津市国民经济和发展“十一五”规划等四个规划编制工作方案的通知》(津政发〔2004〕62 号)；

“二三三”绿色家园工程发展计划；

国家园林城市、“最适宜人居，最适合创业”城市及生态园林城市指标要求；

《天津市城市总体规划——园林绿化专项规划（1996—2010)》，1999 年 8 月经国务院批复实施；

市建委关于《天津市市政、公用设施发展“十一五”规划编制工作方案》。

二、计划编制期限

本计划适用年限为 2006 年—2010 年。

三、计划编制的范围与规模

本计划所界定的规划区域范围包括中心城区（外环线以内）和环外建成区，规划内容涉及 18 个行政区县及开发区、保税区、高新区，建成区面积 738.60 平方公里，其中：中心城区建成区面积 368.00 平方公里，滨海新区建成区面积 272.63 平方公里，津南区和西青区建成区面积

26.97 平方公里，宝坻区和武清区建成区面积，71.00 平方公里。

第三节　基本思路

一、计划编制的指导思想与原则

"十一五"城市绿化发展计划的编制坚持以科学发展观为指导思想，树立全面、协调、可持续的发展观，认真落实十六届三中全会提出的"五个统筹"的要求，突出以人为本，强化生态保护，体现城市建设和发展对人和人的生存环境的终极关怀，力争以建设国家园林城市和宜居城市为载体全面修复和改善城市生态环境，实现人与自然的和谐发展。

编制原则为"生态优先、重在保护；城乡结合、协调发展；重点突出、因地制宜"，高起点、高标准、科学合理安排城市绿地系统布局，与其他基础设施建设同步发展，共创国家园林城市、宜居城市和生态园林城市，打造世界名城。

二、对"绿色家园"发展计划和 1996 年的园林绿化规划的调整、执行意见

确定和增加生态优先的城市发展战略，突出保护优先的城市绿化规划和建设原则；把城市绿化规划的中心从中心城区单中心转变为中心城区和滨海新区两中心，并把滨海新区的绿地规划作为天津天津绿地系统规划的重要组成部分，给予特别关注，使滨海新区的绿地增长成为未来五年城市绿地指标新的增长点；把中心城区绿化规划理论从"服务半径"理论，转变为"生态保护与生态恢复"和"服务半径"并重；把绿色家园的城市绿地形象要求从"三五三一〇"调整为"五一三一〇"，具体目标调整为城市居民由任意点出发，500 米内有 2000 平方米以上的街头绿地，1 公里内有 3000~10000 平方米公共绿地，3 公里内有 2 万平方米以上的公园，10 公里内有市级公园或大型风景区；城市绿化指标调整：到 2010 年城市绿地率达到 35%、绿化覆盖率达到 40%、人均公共绿地面积达到 12 平方米。

将"重点项目配套增绿"和"见缝插绿"的城市绿化建设理念转变为"规划建绿"，重点在城市用地规划和用地平衡中专项增加绿化用地；中心城区绿地规划重点关注外环线周边地区城郊结合部的生态绿地建设，从中心区增绿优先转变为城市边缘区自然地保留和生态保护优先；在继续保持持续、稳定的绿化建设基础上，全市城市绿化增量从"城市外围增绿转变为中心区增绿"，注重城市绿地系统结构的形成和整个系统质量的提高，重点增加以公园为主题的公共绿地；注重绿化养护管理工作与建设工作的协调发展，重视建养平衡问题，开始建设型向管理型的转型；继续完善 1996 年城市绿化规划的中心城区绿化建设目标，落实"绿色家园"发展计划的绿化建设计划；加强城市湿地研究与保护，对河道和水系的系统绿化提出保护意见；对城市生态保护提出

综合指标和控制目标；加强对城郊结合部自然和生态绿地的保护，建设城乡一体化的绿地系统。

三、计划编制的基本思想

以规划为龙头，确定城市绿地系统结构、布局和框架，建设城乡一体化的绿地格局，以生态保护优先，部分区域引导城市发展；加强滨海新区的绿化规划，全力建设全新的滨海新区。

以创建国家园林城市为载体，全面加强城市生态建设与保护，建设亲民绿地，改善城市绿化环境，实现创建国家园林城市目标。

以转变政府职能为切入点，以转变政府职能为切入点，完成园林行业体制改革；加强市场引导和监管，形成规范的绿化建设市场；推进养管体制改革，专业绿地实现作业与管理分离，实现养护作业市场化。

具体要“抓住一个载体、围绕两个核心、实现三大目标”，即：以创建国家园林城市为载体；围绕市内六区和滨海新区为两个核心地区，逐步提高市内六区的绿地指标和景观水平，重点建设滨海新城；未来五年确保实现全市建成区绿地率到达35%，城市公共绿地服务半径达到“五一三一○”目标。

四、计划发展目标

充分利用天津城市的自然条件，突出中西合璧的文化特色，强化海河风景轴线，完善中心城区绿地均衡布局，达到“五一三一○”的形象要求，形成外环和楔形绿地的盛泰隔离和保护圈格局，突出滨海新区的盛泰安全和总体布局，按照生态优先和保护优先的原则构建城乡一体化的“水绿生态回廊”。

在继续扩大增绿量的同时，“十一五”期间，重点致力于提高绿化景观水平、完善绿地系统布局、狠抓两个重点；一是抓区域重点，将市内六区和滨海新区作为量大核心地区，致力于提高市内六区绿地景观水平更新老城区绿地系统，着力增加中心城区的绿地量，缩小各城区间绿化指标的差距，同时，抓住建设滨海新区的历史机遇，促进和推动滨海新区为核心地带的绿化工作发展。二是抓项目重点，重点保护近郊区自然和盛泰绿地，加强市中心的大型公共绿地和公园的建设，强化居民区和道路绿地率的达标，发动全社会个企事业单位、机关、部队、学校等单位抓好自身绿化的达标，力争形成总量适宜、分布合理、植物多样、景观优美的城市绿地系统。

五、计划发展指标

“十一五”城市绿化发展绿化，以2006—2008、2009—2010年为两个发展阶段，五年规划新增绿地10714.20万平方米（不含三县），到2010年底城市绿地面积达到25851.00万平方米，绿化覆盖率面积达到29544.00万平方米，公共绿地面积达到9024.00万平方米，城市建城区三率指标分别达到35%、40%和12平方米，基本实现“五一三一○”总体规划目标。

第四节　城市绿地系统规划结构、布局与分区

一、城市绿地总体布局

完善“一轴、两核”的城市格局，维护海河下游的自然生态隔离，建设以海河为轴线的多中心组团式网络城市，不断发展海河下游的工业区和居住区组团。

1. 中心城区构建“一轴、二环、六射、八楔”的绿地结构。

一轴：以海河为轴，注重增加林带宽度和块状绿地。

二环：强化中环线和外环线，中环线附近要增加公园和块状绿地，形成城市中心地区的绿地网络，与海河轴线一起消除中心区的绿地服务盲区；完善外环线内侧和外侧的护林体系，注重生态保护建设和生态隔离。

六射：外环线内与海河相同的六条二级河道，即南运河、北运河、子牙河、新开河、复兴河、月牙河，通过河道改造和不断扩展的滨河绿地形成中心城区的水绿网络。

八楔：从外环线伸向城市中心区的块状绿地或自然保留地，形如楔形，起到城市内外空气交换、生态隔离作用的八片生态绿地。即屈家淀风景区（刘园）、植物园、侯台风景区、卫南洼风景区、柳林风景区、程林庄苗圃、南淀风景区、铁东路绿地。

二、城市绿地景观的构成要素

注重挖掘城市自然和文化元素，形成城市中西合璧的特色，城市河流、城郊结合部自然保留地、城市范围内的农田、水塘、莱田是天津城市绿地的自然要素，应以不同形式进行强化；文物古迹、风貌建筑是中式和西式建筑的代表，是中、西文化元素，也是城市绿地景观的重要构成要素。

1. 中兴城区的绿地景观要素

滨河绿带：海河两岸和二级河道沿线绿化，成为城市绿地网络基础，是城市重要的河流廊道，也是联系城市自然与文化元素的纽带；

2. 城市道路：中环线、外环线、快速路系统及其他城市主干道路是城市中重要的线性廊道；

3. 城市公园：作为自然和人为融合的场所，为市民提供休闲娱乐服务，是城市中重要的绿地斑块；

4. 城市建筑风貌保护区：是体现城市历史和异域风情的特别地区，是自然与人文融合的区域，也是城市景观基质中的特殊区域；

5. 历史古迹和文物：天后宫、玉皇阁、鼓楼、望海楼教堂等是城市历史的见证，是城市景

观基质的特殊点；

城郊结合部的自然和生态保留地：是城市内仅存的未开发的自然资源。

6. 滨海新区的绿地景观要素

7. 海河下游和蓟运河：是城市中重要的河流廊道；

8. 湿地和森林公园：是生态屏障，也是构筑城乡一体的绿地系统的重要的绿地斑块。

第五节 城市绿地景观及建筑规划

城市各类新增绿地的选址要按照规划目标要求，综合考虑城市生态保护、市民娱乐休闲和防灾避险，实现均衡布局，与已有的城市绿地一起构建有机的、科学的、能够充分发挥生态效益的绿地系统。

一、公共绿地规划

在保护好和利用好现有公共绿地的前提下，新增公共绿地空间布局规划要求为：

充分考虑合理的服务半径，力争按照“五一三一〇”目标，发挥其改善生态、美好环境、游览观赏、休憩娱乐及防灾避险的功能。

全市五年新增公共绿地3286.40万平方米，建成区人均公共绿地面积达到12平方米。

积极发展城市公园，制定专项的城市公园发展计划。

1. “十一五”期间在中小城区和滨海新区要各完成3~5个面积在10万平方米以上的综合性公园的建设，另外每个区要建成3~5个2万平方米以上的公园，全市新增公园绿地面积　万平方米。

2. 在中心城区实施“绿心计划”，即针对中心城区的热岛效应和绿地总体布局。在中环线以内建设大型绿地，主要通过拆迁和用地平衡增加城市中心区的绿化用地。

3. 建成绿色家园规划中的28个大型公园和绿地。

4. 继续加强现有公园的改造，强化公园的绿线管理，部分公园可考虑扩建。

5. 对历史名园进行恢复，重点是中国古典园林通过参考历史资料，可考虑重点恢复水西庄和柳墅行宫，以此强化天津城区历史，形成中国园林的历史文脉。

6. 加强原有风貌建筑保护区内公园的保护，睦南公园、土山公园、复兴公园加强管理，恢复一宫，对解放北园进行保护性改造。

7. 采取与友好城市互建友谊园或国际性招投标方式，在风貌建筑保护区附近建设国外风格的典型园林，重点考虑意大利、法国和英国风格的公园，以此强化中西合璧的历史特征和天津市异国风情区氛围。

城市主干道、快速路沿线每隔500米要建设500平方米以上的街头绿地。

二、生产绿地规划

严格控制现有的苗圃、花圃，保证生产绿地性质；

保护和合理开发以绿化苗木、花卉生产为主的农业用地，重点是红桥区、北辰区和西青区的外环线内部分；

在外环线周边地区通过规划划定生产绿地；生产绿地总面积要达到城市建设区面积的2%以上。

三、防护绿地规划

防护绿地是指为改善城市自然环境和卫生条件而设置的防护林地。规划重点在中心城区和滨海新区两大核心地带之间布设防护林地；在市区的不同地段设置不同类型的防护绿地，主要是在公路、铁路、高速公路、快速路、高压走廊、河道沿线开辟防护绿地；在主要工厂、仓库与城市其他区域间布局防护绿地。市区防护绿地的设置，应当符合下列规定：

海河两岸要加大防护绿地宽度，特别是光华桥至外环线段要重点保留现有的防护绿地，并保证其宽度各不少于50米，天钢以下区段应重点考虑自然堤岸和两岸风景区建设。

北运河、月牙河、复兴河三条二级河道要通过继续的改造和充实提高在河流沿线增加块状绿地，强化廊道功能。子牙河、新开河、南运河三条二级河道要利用改造之机，严格控制两岸的防护绿带宽度各不少于30米。

铁路沿线要专项制定绿化规划，注重与其他块状绿地和廊道的连通，并突出防护功能。

城市干道规划红线外两侧建筑的退缩地带和公路规划红线外两侧的不准建筑区，除按城市规划设置人流集散场地外，均应用于建造隔离绿化带。在“十一五”期间主干道的绿地率控制在25%以上，城市快速路按照国家规定执行。滨海新城的建设，要提前做好规划，从严控制。

高压输出线走廊下安全隔离绿化带的宽度，应按照国家规定的行业标准建设，即：550千伏的，不少于50米；220千伏的，不少于36米，110千伏的，不少于24米。

四、居住区绿地规划

新建居住区的绿地率，应严格按照《天津市城市绿化条例》所规定的中环线以内不得低于35%，中环线以外不得低于40%；

居住区绿地的规划设计，要严格遵循国家颁布的《城市居住区规划设计规范》(GB50180-95)，绿地中的绿化种植面积应不低于其总用地面积的75%；

大力提倡垂直绿化，适当推进屋顶绿化；

特别要注重城郊结合部、外环线附近以及外围区县的大盘房地产开发项目，严格控制绿化指标，规定与自然保留地的界限；

开展居住区绿化专项普查，把物业管理居住区绿化纳入统一监管。

五、附属绿地规划

市区内所有建设项目均按《天津市城市绿化条例》规定的建设指标配套附属绿地。新建宾馆、疗养院、学校、医院、体育、文化娱乐、机关等公共设施的绿地率不得低于35%，工厂、仓储附属绿地的绿地率不得低于20%，产生有害气体及污染的工厂绿地率不得低于30%。附属绿地的建设应与植物造景为主，绿化种植面积不低于其内地总面积的75%。

大型公建项目、海河两岸、老城厢地区、商贸区作为绿化指标控制的重点地区。

加强对滨海新区和中心城区与滨海新区的中间地带的新建工厂、仓储以及工业加工区绿地指标的监管。

六、其他绿地规划

重点保护近郊区自然和生态预留地，以保护促建设，以绿化规划的形式确认这些地块的城市生态绿地功能，以此引导城市边缘区的生态圈建设；

目前，外环线附近除八块楔形绿地以外，仍有大量自然保留地、农田、鱼池和菜田，若

作为生态隔离地区，则不参与建设用地平衡。而部分楔型绿地，具备建成郊野公园、生态公园和城市湿地公园的条件。截至2004年，天津市风景林地仅有2400万平方米，中心城区984万平方米，仍有增长的空间。滨海新区现有风景林地849万平方米，而绝大部分处于塘沽区，因此在塘沽区、开发区、汉沽区、大港区之间的广大区域仍有巨大的增长空间。

第六节 生物多样性保护规划

一、树种规划

1. 树种规划的基本原则

适地适树原则。以乡土树种为主，并选择多年来适应本市自然条件的外来树种。

树种多样性和均衡性原则。

已引种成功树种为主原则。加强园林植物引种工作，选择树形美观、卫生、抗性较强的树种；在提高各类绿地质量和充分发挥其各种功能的情况下，选择经济价值较高的树种。

速生树种与慢生树种相结合原则。考虑到近期和远期相结合。

突出植物区系特点，展现地方特色原则。叶落叶树种为主，突出观花、观果和彩叶植物的应用，努力选用常绿树种。要符合本地区所处的自然气候带森林植物的生长规律；能反映本市在植物栽植方面的地方特色，和历史文化传统。

以乔木为主，注重乔、灌、藤、草立体结合。大力推进木本地被和宿根花卉应用。

2. 骨干树种

天津的骨干树种：绒毛白蜡、国槐、刺槐、旱柳、毛白杨、臭椿、桧柏、西府海棠，西府海棠、月季。

3. 重点推荐树种和应用中需要引起注意的树种

重点推荐银杏、国槐、榆树、月季、木本地被、宿根花卉；应用中需要引起注意的树种悬铃木、大叶黄杨、金叶女贞、白蜡、雪松、云杉。

二、生物多样性保护规划

1982 年天津市观赏植物名录共收录园林植物 1423 种（或变种），隶属 713 属，162 科。采用恩格勒（A. Engler）系统分类，除栽培种外，也包括可供引种的野生种质资源。

结合城市绿地系统规划，在城郊接合部、城镇外围划定需要重点保护的生态绿地和森林公园，作为城市生物多样性保护的基地，重点是塘沽森林公园、官港森林公园、府君山公园、侯台风景区；在滨海新区建立滨海滩涂保护区域工作站，开展盐生植被、湿地生物资源调查研究，重点是塘沽和大港主城区边缘；在城市公园中，重点丰富植物品种，保护重点植物群落，丰富城市绿化树种的多样性，作为城市生物多样性保护的实验区，主要是水上公园（动物园）、西沽公园、长虹公园、中山公园、河西公园（汉沽区）、泰丰公园、紫云公园、森林公园（开发区）、朝霞公园（宝坻区）、海河两岸绿地、二级河道沿线绿地；铁路沿线绿地，外环线防护林带注重保护自然植被、增加园林植物品种，作为城市生物多样性保护的网络；制定专项的城市园林植物引种计划，将园林植物从现在的 220 种左右增加到 350 种以上，常用植物品种从现在的 80 种增加到 120 种以上；动物园注重珍惜动物和一二级保护动物的迁地保护，继续有计划的引进动物品种；府君山公园、大杨森林公园、官港森林公园、塘沽森林公园设立观鸟站；建立城市绿地植物病虫害数据库和预警系统，开展病虫种类普查，明确检疫性病虫害、病害种类；展示生物入侵种和潜在入侵种的跟踪调查研究。

三、古树名木保护规划

截止目前，全市共有 725 株古树名木，其中中心城区 125 株，滨海新区 2 株，盘山风景名胜区 425 株；标注电子地图，实行微机管理，并将古树坐落位置标注到城市行政地图（交通地图）上；对照古树名木管理档案，每年对全市范围的古树名木开展专项检查，并有针对性的对部分古树名木进行健康诊断；将盘山风景名胜区，古树名木群作为加强风景名胜区管理的重要内容，进行重点保护和管理；对已认定和公布的古树名木进行清理和分级，区分古树与名木，对古树进行分级；在开展创建国家园林城市活动期间，按照修改后的《古树名木保护办法》制定完成《古树名木损坏赔偿办法》和《古树损坏鉴定等级标准》，明确赔偿、死亡鉴定机构，为执行保护和赔偿创造条件；清除古树周围建筑，完成古树周围的环境改造，“解放古树”；开展古树、名木后续资源（准古树或特殊的大树）认定和保护工作，各区县列出区级保护树木；大力开展古树认养，加强宣传。

第七节 城市绿化养护管理工作发展计划

城市绿化养管体制改革是园林行业事转企、走向市场化的关键环节。在建设速度连续加快的大形势下，加快严管体制改革既是形势的需要，也是坚持“建养并重”的具体体现。“十一五”期间，应结合和行业改革和政府职能调整完成城市绿化养护管理机制改革。

一、提高城市绿化养护水平

按照《天津市城市绿化养护技术规程》，进行专业养护绿地的分类分级管理，公共绿地一级养护水平达到90%以上，形成不同绿地类型、不同风格绿地的养护模式；实现园林植物病虫害的稳定控制，大力推广生物防治技术，城市范围内无毒或低毒农药的使用率达到95%以上；养护操作的机械化水平比十五期末翻两番。

二、改革城市绿化养护管理机制

1. 改革目标

养护管理的机制改革要顺应和服从行业体制改革，结合转变政府职能，实现养护和管理分离；

专业养护绿地作业市场化；

建立健全市、区（县）三级管理网络，实现城市绿化的全面监管。

2. 改革内容和需要解决的问题

市、区两级城市绿化行政主管部门转变政府职能，行使全面的行业管理；

结合园林行业的事转企改革，首届绿化养护公司；

核定专业养护绿化设施量，按照属地管理原则，根据绿化养护定额，由区县财政按照《天津市城市绿化条例》落实养护费；

建立绿化养护招投标管理程序，健全管理办法。

三、分期建设计划及投资计划

“十一五”期间，城市绿化建设分两个阶段进行。

1. 2006—2008 年：城市绿化各项指标达到国家园林城市考核标准，实现创建国家园林城市目标。

本阶段重点是以创建国家园林城市为载体，完成城市绿地系统规划的编制，强化公共绿地建设，基本实现中心城区绿地合理布局，加大滨海新城绿化增量，形成全面科学的城市绿化事业发展形势，全面提高城市生态环境质量，成为国家园林城市。

重点建设指标：

城市绿地率达到32.5%、绿化覆盖率达到38.68%、人均公共绿地面积达到10.72平方米；全市建设城市绿地6281.03万平方米，其中公共绿地1895.04万平方米（占其他各类绿地的30%左右），中心城区建设城市绿地，3152.60万平方米（占全市增绿量的50%左右），其中公共绿地1009.61万平方米；滨海新城

2. 2009—2010年：开始创建生态园林城市，创造宜居城市环境，建设绿色天津。

提出完整的城市生态发展战略、措施和行动计划，应用生态学与系统学原理来指导城市绿化规划和建设；城市与区域协调发展，形成良好的市域生态环境，形成完整的城市绿地系统，使自然地貌、植被、水系、湿地等生态敏感区域得到有效保护，实现绿地系统的合理分布，区县间各项绿化指标趋于平衡，城市生物多样性趋于丰富。城市大气环境、水系环境良好，并具有良好的气流循环，热岛效应较低；城市人文景观和自然景观和谐融通，继承城市传统文化，保持城市原有的历史风貌，保护历史文化和自然遗产，保持地形地貌、河流水系的自然形态，展现独特的城市人文、自然景观；城市各项基础设施进一步完善。城市供水，燃气、供热、供电、通讯、交通等设施完备、高效、稳定，市民生活，工作环境，清洁安全，生产、生活污染物得到有效处理；城市生活环境全面得到改善。城市公共卫生设施完善，达到较高污染控制水平，建立相应的危机处理机制。市民能够普遍享受健康服务。城市具有完备的公园、文化、体育等各种娱乐和休闲场所。住宅小区、社区的建设功能俱全、环境优良。居民对本市的生态环境有较高的满意度；社会各界和普通市民能够积极参与涉及公共利益政策和措施的制定和实施。对城市生态建设、环保措施具有较高的参与度。

第八节 保障措施

一、政策法规

在“十一五”期间，天津的城市绿化发展，应重点研究和学习上海发展模式与经验；研究上海快速发展城市绿化的做法和政策措施，侧重整体发展经验、政策研究和学习。

开展与国际上同类型城市的绿化发展模式比较研究，应重点搜集十个左右国外同类型城市的资料，并确定重点靶标城市。侧重城市规划规划理念和城市公共绿地发展模式研究和比较借鉴。

坚持依法行政，全面贯彻落实《天津市城市绿化条例》及其实施细则和收费办法。

研究和制定吸引外资和民间资本进入城市绿化领域的专项政策，鼓励外资和民间资本建设城市的专类公园；鼓励开发商在房地产周围按照城市绿化规划布局建设公园和公共绿地。

针对公园发展计划，研究起草《天津市公园管理办法》，并争取“十一五”期间上升为地方法规。通过《办法》明确公园定义和功能，认定和重新登记公园，确定市级保护公园和历史名园，促进公园事业发展。

针对城市内的自然保留地，研究制定《城市自然保留地和生态隔离地区保护管理办法》，确定自然保留地和生态保留地区的绿地性质，划定范围，明确保护优先的原则，明确管理部门和措施。

制定和实施城市立体绿化专项计划，鼓励实施屋顶绿化，重点推动和平区及中环线以内实施屋顶绿化。

明确和执行公共绿地建设市、区两级补贴政策和办法，推动公共绿地建设。

养护市场化的机制、体制改革政策。制定专项改革方案，报市政府。

建立天津市园林专家库，建立外聘专家顾问制度，为决策提供咨询。

通过不同层次的国内外考察、学术讲座、学术论坛及培训提高管理者、设计者及其他相关人员的专业水平，统一全行业的发展理念，营造活跃的学术氛围。

二、绿化规划

研究和制定《天津市城市绿线管理办法》，保证内线的控制和实施。

在国务院对《天津市城市总体规划》批复后，立即组织专项开展《天津市城市绿地系统规划》的修编工作。

制定城市绿地系统规划的同时，进行控制性详细规划的编制工作。

重点关注滨海新区规划、城市交通规划、城市用地规划、海河综合开发规划。

用城市防灾避险要求和规划，辅助服务半径理论下公共绿地的选址。

三、绿化建设

市、区两级政府都要建立城市绿化建设基金，保障绿化建设的投入。

制定城市中心区绿地、大型公园、立交桥绿化等各类型绿地的指导性投资标准。

在制定城市公园发展计划的基础上，加大对以公园为主的公共绿地建设的投入力度，针对规划项目确定专项资金。

区、县投资的公共绿地建设项目，采取以奖代补的形式实现市、区（县）的匹配投入。

按照《天津市城市绿化条例》对市属重点建设项目、跨区县的建设项目和河道、道路、公园等标志性建设项目的附属绿化工程设计方案进行审查，市城市绿化行政主管部门必须成立方案审查的专项工作组。

市投资的绿化建设项目或大型重点工程的绿化项目都要实行招投标，市、区政府投资的绿化项目一律实行代建制，并委托具有园林项目代建资质的公司进行市场化运作和专业化管理。

由市城市绿化行政主管部门负责组织绿化设计、施工企业资质的申报、评审和年检，要开始绿化养护企业的资质申报、评审工作。

推行监理制，实行绿化工程全过程监理。

以绿色图章制度实施开工许可，并实行项目开工、竣工的备案制度，按照属地管理原则，各类绿化建设项目要在开工前，到区县城市绿化行政主管部门备案，市属重点建设项目、跨区县的建设项目和河道、道路、公园等标志性建设项目的附属绿化工程实行市、区两级备案。

对各类新建项目要按《天津市城市绿化条例》规定，严格监督和控制绿地率，确保达标，绿化不达标的一律不许开工建设，因特殊原因不能达标的项目，必须经城市绿化行政主管部门同意并收取异地补建代建费后方可开工建设。

按照属地管理原则由区县城市绿化行政主管部门组织对各项绿化工程的竣工验收，市属重点建设项目、跨区县的建设项目和河道、道路、公园等标志性建设项目的附属绿化工程由市城市绿化行政主管部门组织验收。

发挥绿化行业协会优势，引导、促进行业发展，加强行业自律和监督。

按照城市公园发展计划采取建设、保护、改造、恢复等措施形成城市公园建设的不同理念，构建内容丰富的城市公园体系。

按照树种规划，审查建设项目树种选择与应用。

制定大规格苗木应用计划，从战略上在周边地区建立大苗储备基地。

市重点工程和公共绿地专项建设、行道树实行苗木集中采购制，制定大规格苗木使用标准及要求。

四、养护管理

市和区、县人民政府要严格按照上一年度绿化设施量和绿化养护定额足额拨付城市绿地的养护经费。

全市全面推进绿地分类分级管理，通过达标升级竞赛活动用三年时间使公共绿地养护级别达标。

加强养护技术培训，制定全市园林职工的培训计划，形成对各类绿地设计和建设理念下的不同养护模式。

每年列专项对重点病虫害防治、养护机械购置进行补贴。

针对社会单位绿化要成立专门的技术咨询、指导机构。

每年列古树名木保护专项资金。

开展养护市场化的试点工作，试行内部绿化养护招投标；重点支持和扶持改革先进区县的养护公司进入养护市场；园林系统内部建立并试行《城市绿地养护招投标、评标管理办法》；总结并制定《天津市城市绿地养护招投标管理办法》。

对现有绿地划定分级保护类别，严格管理，执行绿化规划调整程序，杜绝非法侵占行为和现象。

在城市建设中，古树名木的保护按照《天津市古树名木保护管理办法》执行，对已确定的区级保护树木和胸径40厘米以上的大树，要采取避让措施，不得迁移。

制定大树移植的限制措施。

开展园林式居住区评比，重点促进物业管理居住区的监管。

聘请社会义务监督员，参与城市绿化监督管理。

五、科研工作

开展规划的基础性研究，建立全市绿化设施量的数据库，标注电子地图，利用遥感和卫星图片对城市绿化发展进行监测和指导。

成立专门工作组开展城市绿地系统规划、绿地布局、判图和电子地图制作工作。

开展城市热岛效应研究，为城市绿地布局提供基础资料。

第十章　天津植物园规划

此项规划市园林局下达给局园林规划设计院承担。该院组织设计人员于1995年9月对国内5个城市的7个植物园进行了考察和调研。11月12日，局领导听取植物园规划的汇报并提出一些意见，修改后于12月28日园林学会组织专家进行审查。

天津植物园拟位于天津市红桥区子牙河与勤俭道西北向交口处占地面积86.4公顷，根据天津的实际情况，建园方针是通过师法自然的手段，突出功能，建成一个具有园林外貌和科学内容，具有游览观赏、科研示范、科普教育的基地，为国民经济建设和园林建设提供丰富的园林品种和栽培管理技术，为天津市园林绿化服务。

在总体规划中主要掌握以下几点：

1. 全国以自然式布局为主，为调节小气候，适应不同植物对不同生态环境的要求和增进园景变化，有必要在原地挖湖堆山，增加地形起伏变化。

2. 根据天津地下水位高，土壤盐碱化的现状，应进行土壤改良，一方面进行换土，另一方面通过植物进行土壤改良。

3. 突出地方性，力求反映出地区的植物资源，做到少而精，突出特色。如耐盐碱植物区的建立，将成为抗盐碱性植物的集聚地。

全国园林小品宜少不宜多，温室建设本着功能第一，造型第二的原则进行设计，室内采用自然式布置，布移景异，使参观者如穿行于花丛林间，令人流连忘返。

根据天津的实际情况，在植物分类系统园中采用，Cronquist系统，根据对华北地区植物品种的调查研究，初步确定收集品种数量为1500~2000种。

为了与市场经济接轨，规划用5~10公顷土地进行多种经营，作为植物园的科研、科普、养护、管理等工作的坚强经济后盾。

在分区规划中，设置一定的苗圃地、温室、阴棚、实验室等科研实验场所，并结合游览休憩和造景的需要，设置亭廊、花架等园林小品和茶室、餐厅等园林服务设施。

规划中全园分为以下各区：

1. 植物化石展览馆。

2. 温室：占地面积1公顷，建筑面积为5000平方米。

3. 植物分类系统园：占地37.2公顷。

4. 百花园：占地0.9公顷，收集各种露地宿根花卉。

5. 树木园：占地5公顷，收集各种乔灌木植物，形成一种疏林草地的景观效果，建成一个自然生态区。

6. 水生植物园：水面约3.2公顷，收集各种水生植物。

7. 百草园：占地0.7公顷，栽培民间的中草药植物。

8. 经济植物区：占地3.6公顷。

9. 抗污染植物区：占地4公顷，宣传保护城市环境。

10. 耐盐碱植物区：收集各地耐盐碱性植物。

11. 示范区：占地0.8公顷，草皮、地被植物、藤本绿篱。

除以上各展区外，还设有木本引种试验区集科研试验区、园务管理区等。

第十一章　园林设计

第一节　设计单位

一、天津市园林规划设计院

天津市园林规划设计院是建设部批准的具有风景园林工程设计甲级和建筑设计乙级资质的科技型企业，能够承担完成大型风景区、综合性公园、大型城市广场、公园游乐场、城市绿地系统规划设计、纪念性场馆、工矿企事业单位、别墅区居住区和各种道路的环境设计、中小型民用建筑设计、仿古建筑设计、大型喷泉设计、技术咨询服务及相应的建设工程总承包业务及项目管理和相关的技术与管理服务，是国内具有较强综合实力的风景园林规划设计单位之一。

1979年11月21日，天津市园林管理局下发了市园林办字〔1979〕第9号文件，决定建立天津市园林规划设计科研处。办公地址是和平区山西路209号，机关编制为90人（含工勤人员）。机关内部设办公室、政工科、一科、二科、测量队。

1981年4月，根据市建委建办〔1981〕62号文件的批复，市园林局直属单位组织机构进行了调整，园林规划设计科研处改为设计处，仍为公司级事业单位，原人员编制不变，其规划业务划归生产计划材料处，科研业务划归科技教育处。1983年4月，成立管理科，撤销政工科，其政工业务并入办公室。1984年迁至南开区水上公园东路12号，1988年3月，测量队改名为工程队，主要承担园林测量、建筑、绿化施工任务，原级别不变。1990年12月，将生产管理科变更为生产技术科，负责全处的生产经营、技术管理工作。1992年11月，更名为天津市园林规划设计院。20世纪90年代初，该院在市场经济大潮的强大冲击下，在现有管理制度机制的束缚下，以及自身在市场开发上存在的问题，发展遇到前所未有的困难。1996年3月，该院作为独立的法人单位，与绿化工程处联合生产经营，迁至河西区南京路8号。此后在市场开发和经营上取得历史性的突破，并逐步提高了企业的社会知名度。

2007年3月，该院从绿化工程处中剥离出来独立自主经营，院领导班子带领设计院全体职工牢牢抓住园林发展的历史机遇和改革重组的有利契机，积极进取，奋力拼搏，通过认真分析市场形势，研究发展定位，制定详细的市场开发战略，大大增强了核心竞争力，使各项管理工作步入健康发展的轨道。全院在综合管理、市场开发、技术质量管理、完成产值营业额、实现利润等方面有了一个大的飞跃。

该院至此技术力量雄厚、设备先进，有工程绘图仪1台，喷墨绘图仪2台，计算机90多台，笔记本电脑20多台，复印机3台，投影仪5台。建立了合理的人才网络体系，成为一支涵盖风景园林、规划设计、建筑、结构、水电等专业的设计团队，有高级工程师23人，工程师20人，助理工程师30人。

该院成立初期至20世纪80年代，先后承担了天津市海河公园总体规划、水上公园规划设计、铁路沿线绿化规划、天津蓟县盘山风景区规划及设计、全市九十三条干道重点绿化设计、人民公园改造规划及设计、胜利公园、金钢公园、天津市三环公园等设计，特别是天津市海河公园总体规划及秋景园设计获国家级优秀设计金奖，对天津市公园体系的确立和城市绿化建设起到了重要的作用。

到20世纪90年代，该院在城市广场、喷泉设计、仿古建筑等多方面都处于领先地位，水上公园琵琶岛、水上公园牌楼、天津盆景园等都获优秀勘察设计奖。在市场开发和经营上取得历史性的突破，并逐步提高了企业的社会知名度。

进入21世纪，该院在大型风景区公园规划设计、绿地系统规划、大型广场规划设计、专类园林景观、主题公园设计、居住区环境设计、滨水绿地景观、道路和高速公路以及铁路沿线绿地景观等方面，起到了引领行业发展的作用，设计成果辐射祖国大江南北20多个省市自治区，先后获得部级、市级优秀设计奖近百项，另有低碳园林创意实践园获得美国芝加哥最佳设计奖。

该院一直把“精心设计，打造园林精品，实现顾客满意”作为企业的质量目标。本着“以质量求生存，以信誉求发展”的原则，严格按照ISO9001质量体系的要求，对设计项目进行严格而全面的技术管理和质量管理，把精品意识融入到每一个项目的精心构思和高水准的设计中，正是这些优秀园林设计精品和快捷有效的服务提升了天津市园林规划设计院的品牌效应和知名度，成为全国具有影响力的园林规划设计企业。

二、天津泰达园林规划设计院有限公司

该公司成立于1993年10月，隶属于天津泰达集团，注册资本1000万元，是一家具有风景园林设计甲级资质的园林规划、设计企业。公司现有职工80余人，其中外籍优秀设计师6名。

该公司研究发明了“滨海地区浅潜水综合治理规模绿化技术”，其中包括管排盐技术原（盐）土改良直接绿化技术和吹填海底泥改良直接绿化技术等一套针对该地区特殊的土壤地质条件的技术体系，并获得国家盐碱地绿化专利20余项。依托盐碱地绿化技术和设计理念，完成了天津大道、天津开发公园、河北曹妃甸森林公园、新疆库尔勒市南市区人工湖园林景观、临港地二期、于家堡河公园、官港森林公园等1600余个设计项目。与其它设计公司合作完成包括中新友好公园、文化中心公园、天津生态城南堤滨海步道等项目。经营范围已拓展到云南、山东、河北、辽宁、新疆、河南、山西等多个省市自治区，获得建设部优秀勘察设计表扬奖一次，二等奖一次，天津市优秀勘察设计奖一等奖五次，二等奖六次，三等奖九次。获得滨海新区守合同重信誉企业多次，模范集体一次，科技进步奖一次。

三、天津瑞德尔曼环境景观设计有限公司

天津瑞德尔曼环境景观设计有限公司隶属于红桥区园林局，前身是红桥区园林局设计所。2005年1月，红桥区园林设计所改制成立了天津瑞德尔曼环境景观设计有限公司。该公司具备园林、室内设计专业技术能力及工程施工能力，同时配备有先进的绘图设备和打印设备，专业技术人员全部为本科学历，并具有从事多年园林施工、设计丰富的工作经验。

该公司成立以来，先后完成了天塔湖景观、瑞江花园环境景观、城厢中路、友谊南路、福安大街、大丰路、金纬路、黄纬路、津塘路、红桥区咸阳北路、咸阳路、南运河北路等道路绿化和多个重点园林景观的设计任务。

2009年，该公司荣获全国“巾帼文明岗”等荣誉称号。2009年1月，红桥区实行城管体制改革。园林局基层作业单位实现政企分开，养管分离，瑞德尔曼环境景观设计有限公司与绿化管理二所、西沽公园管理所、绿化工程管理所、瑞景公司、归红桥区潞河环境建设有限公司管理。

第二节 设计成果

一、天津市蓟县长城修复工程

据1989年8月29日市建委〔1989〕建总486号文，天津市园林规划设计院进行的天津市蓟县长城修复工程设计，被评为1989年度天津市优秀勘察设计三等奖。

据市园林科字〔1990〕第84号文，天津市蓟县长城修复工程获科技进步一等奖。

天津境内的长城，是万里长城的重要组成部分，地跨蓟县2个乡11个自然村，全长41公里。黄崖关长城以黄崖关关城为中心，向泃河两岸延伸，东经太平寨，有悬崖为屏障，直插半拉缸山；西临八步险，以峭壁作依托，飞抵王帽顶山，共长4.33公里。黄崖关长城，隋即有之，明毕其功。黄崖关建于永乐，太平寨筑于成化，嘉靖垒边墙，隆庆创敌台。自清代采取怀柔政策长城年久失修，加以十年动乱破坏，地上建筑已不复存。仅留长城墙基和几处断壁残垣，供人寻踪览迹。黄崖关长城具有独特的景观特色。一是雄峙崇山峻岭之巅，以山势险峻，关口雄奇，景色清秀而著称。二是利用燕山天险，因地制宜修筑了关城、寨堡、城墙、敌楼、战台、烟墩，构成楼台相连，烽火相望，层层布防，设施完备的古代防御体系。三是黄崖关长城按地理单元和不同内容分为太平寨、黄崖关两大景区和9个著名景点。黄崖关以雄见长，太平寨以多变取胜。总体以自然景观与历史人文景观融于一体，展馆、碑林文化品位较高，旅游设施服务功能较好。雄关古塞，重现光辉，山林文物，令人神往。

蓟县黄崖关长城修复工程分为三期进行，第一期从1984年10月开始，至1985年9月完工，修复完成太平寨段边墙873延米，东起半拉缸山至寡妇楼，含敌台七座，登墙便门一处，同时完成登山公路4.7公里和一处停车场，以及在太平寨修建了约450平方米的配套管理用房。第二期从1985年10月开始，至1986年9月完工，完成泃河两侧的边墙2152延米，东接寡妇楼，西抵王帽顶，含敌台十二座，以及"黄崖正关"城台一处和北极阁一座；在城北一公里的馒头山孤峰上，恢复圆形空心敌台凤凰楼；在凤凰楼下修建"钻碧亭"。同时还在黄崖关修建长城博物馆一座，以及建筑面积为23000平方米的长城管理所。第三期从1986年10月开始，至1987年9月完工，修复黄崖关城、水关、牌楼等建筑，同时根据民间传说和关城现状，恢复关城里"八卦街"，修建长城碑廊，在太平寨树立戚继光石雕像。

经过三年努力，工程全部完成，修复后的全部长城工程和配套设施，经有关专家检验鉴定，一致认为设计、施工完全符合修复古文物的原则，质量是好的，同时还作了如下总结性评述：修复3000多延米的墙体，在全国是最长的；修复了二十座墩台、敌楼，在全国是最多的；修复整座关城，及其包含的全部城楼、角楼、门洞、水门、水关、街道和牌坊，在全国是仅有的；新建的长城博物馆、长城碑林、长城度假村，在全国是首创的；在一个不大的范围里集中了各种类型的长城建筑形式，形成“小而全”的长城建筑群，周围山清水秀，并且和全国著名的独乐寺、盘山、清东陵等文物风景联成一体，在全国是少有的；修复工程从筹集资金、物料到现场施工，三期工程年年都是当年完工，其速度是最快的；工程的造价和总投资，在类似工程中也是最低的。

短短的三年，终于使原来遍体鳞伤的长城巨龙，重又以磅礴的气势、矫健的雄姿、腾飞在蓟州大地，充满生气和活力。

该工程设计，严格按照文物修复原则，所修复的蓟县长城，再现了其深厚古朴，气势雄伟，恢宏壮丽的风貌，并以突出长城雄姿为核心，力求做到多景点、多层次的布局，使人工建筑和这一带山青水秀，林木深邃的自然景色融为一体，相得益彰。雄关古塞，重现光辉，山林文物，令人神往。

二、平津战役纪念馆绿化工程设计

由天津市园林规划设计院设计的平津战役纪念馆绿化工程，获得 1998 年度天津市优秀勘察设计二等奖。平津战役纪念馆位于天津市红桥区西侧，占地面积 5 公顷，其中绿地面积 1.5 公顷，1996—1997 年，根据天津市园林规划设计院的设计方案建设。

该馆绿化工程分布在纪念馆的前区和后区，前区主要突出雕塑广场和胜利花园的设计与布置，后区主要以绿地和植物层次的变化来衬托纪念馆。

平津战役纪念馆绿化设计，注重同建筑景观艺术相呼应，注重当年的解放战争史同现代人群内心世界的联系，使馆内的内容与题材在园林设计中加以延伸，并以造景的手法展现出来，以达到绿化工程同整个纪念馆相得益彰的效果。

该馆园林设计风格，以体现文化基质、新的景观建构思想以及人与环境景观的融合为主题。运用空间的组合划分与渗透，以多维艺术结合的造园手法，达到丰富文化意蕴、增加观赏效果的目的。在意境的处理上，让参观者在观赏景观时，体会景观中的文化意蕴及其内涵，达到真正让他们把馆内外的展现的思想和景观加以融合，形成内心世界的强烈共鸣，力图把人们的精神境界升华到时代与历史的交汇之中。

三、石家庄尖岭公园工程设计

天津市园林规划设计院设计的石家庄尖岭公园工程，获得 2001 年度天津市优秀勘察设计二等奖，位于石家庄市区东南部，北临槐南路，西邻体育大街，与东部的高尔夫球场、南部的世纪花园商住区相邻，是一座大型城市文化休闲娱乐综合性公园。1999—2000 年根据天津市园林规划设计院的设计方案建设，主要设计人有王洪成、尹志利、吕晨、周华春、徐艳、翟金燕、刘泽生、梁瑞英。

该园于 2000 年 10 月 1 日正式开放，整体规划设计以世纪钟广场和 80 亩广阔湖面为核心. 采取现代造园手法，吸取国内外造园之精粹，实现东西方文化、人与自然、人与环境等的结合，形成极具现代气派魅力和气息的园林风格，是能同时能满足不同层次人群需要的精品园。

整个公园由广场景观区、体育活动区、艺术走廊区、南国花园展区和水上活动区五个区域组成。特别是其中广阔的世纪湖，湖岸上假山、瀑布、草坪、花卉、树林和各具特色的雕塑、风铃，遍布湖边和小路边的各种雕塑，以及园外不远处的电视塔，共同构建出风景如画的都市休闲娱乐佳境。

四、天津市塘沽区碱渣山（紫云山）公园

天津市园林规划设计院设计的天津市塘沽区碱渣山（紫云山）公园，获得2002年度天津市优秀勘察设计（市政公用工程）一等奖。该园位于天津市塘沽，建设规模为33公顷，2001年根据天津市园林规划设计院的设计方案建设，主要设计人有王洪成、徐艳、董和元、翟金燕、郭丽君、刘泽生、梁瑞英。

该园是利用工业废料来营建的城市公园，这样的性质和内容，在国内乃至世界范围内都是为数不多的。它不但成为以环保为主题的公园，更在城市工业废弃地区形成大面积的绿化区域，恢复了该区域的绿色环境，为城市科学发展所追求的大生态环境提供了新的途径。

该园设计突出了自然题材的设计手法，注重人与自然的交流，在体现园林生态、绿色空间的主题中，把构成景观的各个要素，以此特殊方式向游人展示恢复后的景观内容。利用碱渣配比制成工程土，形成七座连绵起伏的山峰，构成公园的主景。并让两条溪流萦绕于山峰之间，形成不同主题的景观内容。在保留和强化现状已有的部分碱渣峡谷地貌的基础上，还进行堆山改造，采用空间绿地围合的形式，使游人站在高地形上观看碱渣的原始地貌。

该园在碱渣山形成大面积的绿色区域，体现出城市工业废弃地区生态恢复与再生，在都市边缘建立起人与自然共存的良性循环空间，保护和修复区域性生态系统，遵循生态学原理，建立合理的复合型的人工植物群落，保护生物多样性，建立人类、动物、植物和谐共生的城市生态环境。

五、天津市北运河环境治理工程环境设计

天津市园林规划设计院设计的天津市北运河环境治理工程，获得2002年度天津市优秀勘察设计（市政公用工程）二等奖。其建设地点在北辰区，设计范围从屈家店闸至子北汇流口，河道长约15.15公里，总面积约90公顷。主要设计人有吕晨、陈晓晔、冯一多、王威、马玉芳、胡仲英、梁瑞英、郭丽华。

北运河环境治理工程，将运河文化在天津漕运发展及天津发展中的文化建构融于景观设计之中，形成独具“天津运河文化特色”的园林景观内容。设计中大写意景观创作手法与超现实解构手法的应用，旨在形成“块景地域文化”景观，构成城市园林景观动感空间与情感空间之组成序列。体现天津多元文化的相互融合，将天津河海历史文化结合于景观设计中，凝聚与提升天津园林文脉。长约15.15公里的北运河环境治理工程，及所形成的总面积约90公顷的绿地，有植物

品种近 90 种，是天津市植物品种最多的绿地之一，展现出丰富多彩的河岸绿化景观。

六、卫津河绿地环境改造工程

由天津市园林规划设计院设计的卫津河绿地环境改造工程，获得 2003 年度市级优秀园林景观及建筑室外环境设计一等奖。卫津河绿地环境改造工程全长约 10 公里，位于卫津河（海光寺—外环线），2001 年 3 月，根据天津市园林规划设计院的设计方案建设，2002 年 11 月竣工，主要设计人有王洪成、尹志利、杨素卿、徐艳、郭丽君。

卫津河绿地景观以都市文化、都市生活、都市风采贯穿沿线景观，体现城市与人、与环保、与自然、与河之间相融相生的理念。在景观处理上，强调景观创作的感染力，注重情感空间与动感空间的应用，重点突出贴近百姓、贴近生活的亲情化情感空间，将城市地景艺术融入景区规划中，充分利用树、石、水、花等景观元素，形成独具魅力的景观热点和系列的滨河风景线。

体现都市文化以“水舞广场”为景观起点，以水的多姿舞动，象征改造后的卫津河及周边环境的舞动腾飞，以“花境”暗喻附近天津大学、南开大学、师范大学等学府作为祖国未来的莘莘学子的“花样年华”。

七、西藏昌都澜沧江——天津广场工程

由天津市园林规划设计院设计的西藏昌都澜沧江——天津广场工程，获得 2003 年度市级优秀园林景观及建筑室外环境设计二等奖。西藏昌都澜沧江——天津广场，位于西藏昌都市，建设规模为 20000 平米，2002——2003 年，根据天津市园林规划设计院的设计方案建设，主要设计人有周华春、王维芬、李风敏、秦川、赵维民。

西藏昌都澜沧江——天津广场工程，为天津市援藏的“交钥匙”（即把完全竣工的项目整体交给对方）的重点工程。该广场以集会休闲为主，通过各种景观要素的结合，把西藏地区独特的地域文化特征，与天津的人文景观有机地融合在一起，很好地体现了广场的主题。

该广场设计通过一系列水景观的处理，如入口广场入口用藏汉两种文字镂刻了广场名字及纪念文字的叠水景观墙、气势磅礴的喷泉水带及主雕塑上的高空跌瀑等水景观相互呼应，体现了广场所在地为澜沧江源头“水之源”的独特地理位置。充分利用当地特有石材，创造具有西藏特色的铺装图案，增强视觉效果，体现地域特征。

该广场设计还合理利用地形，将广场分为主、次两个空间，以满足不同人群和不同功能的需求。另外，广场入口还设置了体现民族团结的“玉寰”雕塑。主广场上设寓意天津“津门”和昌都“西藏之门”的“龙”门型主题雕塑，高 21.8 米，其底部是西藏八宝吉祥图和天津津门八绝的浮雕，巧妙地将两地的地域文化特征融合在一起；主体建筑青稞架，更体现出浓郁的西藏特色。

该广场建成开放后，不但为当地群众提供了一处开放型的休闲娱乐空间，更成为昌都市的标

志性景观，同时该广场也是西藏地区第一个现代的开放型集会广场。

八、烟台滨海南路环境景观规划设计工程

由天津市园林规划设计院设计的烟台滨海南路环境景观工程，获得2003年天津市市级优秀勘察设计（市政类）二等奖。该工程位于烟台市东部海滨，是烟台市“黄金海岸”旅游线的重要组成部分，全长2.8公里，绿地面积约37.8万平方米，建设时间是2003年，主要设计人有王洪成、金文海、杨一力、栗增悦、韩向利、史永红、饶煦、栾雅娟、郭丽君、王毅。

该规划设计强调景观环境艺术设计以及人与海之间的相融相生的概念，以“生态学”为理念，坚持以人为本的思想，突出滨海地域文化特色，借鉴国内外滨水环境景观设计的理论和有关实践，运用各种新的工程措施和手法，顺应现有地形、地貌，创造出优美的海滨环境景观，实现烟台海滨生态公园景观、生态和人性化方面独具特色的设计构想。

在滨海南路海滨景区的规划设计上，力求形成生态海滨公园的特色，体现人与海的关系及海的文化，将大海的内涵融入景区规划之中。充分运用海滨景区的自然风貌，形成独具魅力的景观热点，以假日海滩风情区与金沙湾风情区，形成一系列的海景风景线。

假日海滩景区主要由沙滩、渔船及植物景观构成，重点强调游人的参与，使游客亲近大海、融入自然，真正做到以人为本，达到人与海的和谐融洽。金沙湾风情区则突出海洋生态内容，以海洋生态、仿生小品和植物景观相结合，使之成为充分体现海洋生态文化为内涵的生态海滨公园，使之成为烟台市民休闲观光最具魅力的景观热点。

九、淄博市桓台少海公园工程

由天津市园林规划设计院设计的淄博市桓台少海公园，获得天津市2004年市级优秀勘察设计（市政类）二等奖。淄博市桓台少海公园，位于淄博市桓台县城市新区的主轴线上，是该城市景观通廊的重要组成部分,。该公园建设规模为21公顷，建设时间是2003年1月至5月，主要设计人有陈良、周华春、王维芬、李凤敏、元秋英、薛广平、吉训宏、崔丽。

该公园设计采用水景外置的方法，形成“园在水中，水在城中，公园与城市无界线”的独特滨水景观。，将公园融解在城市景观中，最大限度地增强了公园景致的共享性、开放性。同时将桓台悠久的历史文脉作为设计依托，讲求“清、淡、闲、远”的意境，向人们展现了一个富有文化内涵的、清新的生态山水园。

该公园设计通过对多种环境因素的深刻思考，把全园划分为四个主题花园：“桓古韵”（文化园——体现桓台的地方精神、人文特质）；“水晶莹”（水景园——满足人们的亲水、恋水情节）；“阳光舞”（康乐园——是人们享受大自然、享受生活休闲娱乐健身的场所）；“绿世界”（植物园——以乡土植物为蓝本，建立具有休闲、科普性质的园林植物景观。）通过这四个主题花园的建设，满足了人们不同的功能需求。该公园建成后，不仅成为当地居民的主要休闲、娱乐、观赏场所，对于该新区的建设，还起动了巨大的推动作用。

十、安阳市东区公园

由天津市园林规划设计院设计的安阳市东区公园，获得2005年度天津市级优秀勘察设计（市政类）二等奖。安阳东区公园位于安阳市城区东部，其位置为安阳市拓展的新区。东区公园占地面积32.16公顷，2002年7月开始设计，2005年4月竣工。由安阳市园林绿化管理处建设，安阳市城乡建设有限责任公司施工。主要设计人有王洪成、尹志利、王威、金文海、王旭、胡仲英、王溪正、元秋英、张乃成、王维芬、郭丽华、梁瑞英。

该公园设计运用新的景观构成手法和园林造景理论，在分区上兼具统一与对比，形成连续的景观变化，规划强调景观因素的连续性、空间的导向性、以及景观构筑物的点缀性，把景观与人、都市文化、环境本身联结起来，注重动、静结合的观赏内容，以及广泛的参与主题。

该公园设计采取景观语言的方式和特殊魅力，以都市、绿、阳光作为总创意骨架，以大自然情诗、满天星、红蜻蜓和绿天使等四个景观区为景观主线，将城市与人、人与生态、人与休闲，充分地融合于景观设计中。该公园以大自然情诗，形成最具冲击力的视觉景观轴线，与满天星、绿天使的动态景观，形成强烈的对比，创作出富有线形景观魅力的、具特色与风情的生态文化休憩公园。

该公园设计注重每个景区的内在景观特色和整体呼应关系，景点以文化建构的景观题材构成，以不同的形式、不同的规模，向游人展示一个全新的以植物景观为主的生态文化休憩公园。该公园在体现都市园林文化基础上，突出亲情化的情感空间，创造出鲜明的特色景观。丰富的植物栽植，贯穿公园各个景点，体现四季景观。通过植物景观的组织，体现城市文化与植物景观艺术的完美结合。

十一、天津市北辰公园工程设计

由天津市园林规划设计院设计的天津市北辰公园，获得2005年度天津市优秀勘察设计二等奖。该公园位于天津市北辰区是规划旅游文化带的中心地段，规划用地约10万平方米，建设时间是2004年。主要设计人有王洪成、吕晨、胡仲英、张乃成、郭丽华、王溪正、梁瑞英。

该公园在体现都市文化的基础上，突出亲情化的情感空间，创造出鲜明的特色景观。以辰舞广场为主体空间，营造出独具天津北辰文化特色的综合室外文化展示区，形成展示天津北辰地域文化、民间文化、多题材景观雕塑的室外布展中心，丰富全年的公园文化景观特色，突出北辰人生活空间中的广泛参与性主题。

该公园由林间茶吧、文化庭园、运动广场、童心广场构成，形成与主题广场互动的城市交流空间，为人们提供不同文化品位的户外活动场所。为了体现北辰公园的城市生活和生态休闲的空间氛围，还采取景观分流的方式，利用贯穿全园的景观环线，作为市民日常锻炼的缓跑路径，为市民提供在绿地景观中的缓跑空间。同时，在园区各处结合生态景观设立健身径，使该公园形成绿意盎然、轻松惬意的健身步行系统。北辰公园的阳光花溪以太阳岛为主景，结合观景平台、木栈道，点缀水生植物形成水生植物园，其间并放养天鹅，营造出现代生态景观氛围。

十二、天津市水上公园三期改造工程

由天津市园林规划设计院设计的天津市水上公园三期改造工程，获得2005年度国家建设部部级优秀勘察设计三等奖和2004年度天津市优秀勘察设计（市政类）一等奖。天津市水上公园三期改造工程，建设时间是2003—2004年，改造建设规模为2公顷，主要设计人有王洪成、杨一力、栗增悦、栾亚娟、郭丽君、王毅。

该改造工程规划围绕“保存遗韵、延续文化和完善生态”的设计线索而展开，水上公园的二岛与三岛，都以文化内容作为景观营造主体，但在形式上形成较大反差。首先是实行对公园内在精神的保护规划，以“反规划”的手段，把三岛确定为需严格保护的标志景观，并保持新设计与既有景观的整体联系，以达到延续历史、延续“人地”关系的目的。

围绕保护、利用眺远亭为核心，适当挖掘特有历史掌故，营造贴近自然、宁静闲适的园林氛围。为了配合景区的造园意匠，新增种植了玉兰、紫薇等花木品种，取其特有气质，烘托岛上朴素清新的“古意”。

在设计“赋新”上，强调了时代色彩和开放性的要求，将二岛规划设计成为园内最大的集会、活动场地——“玫瑰广场”，以天津市花——月季（玫瑰）展开景观主题。改造规划中另一项重要的工作是完善生态，重点规划设计水生植物区，营建水生生态群落。并引入水上“浮岛”，摆放应季花卉，提升了植物景观。增加新优品种和群落类型，围绕人的活动展开理想的生境空间。

十三、山东省肥城市康王河公园

由天津市园林规划设计院设计的山东省肥城市康王河公园，获得2008年度天津市“海河杯”优秀勘察设计（市政类）一等奖。该公园占地135公顷，建设时间是2006年，主要设计人有王洪成、冯一多、吕晨、代继秀、曾晓露、何瑾、胡仲英、元秋英、张乃成、王溪正、翟金燕、张乐、徐凯、郭丽华、梁瑞英。

该公园位于肥城市康王河与龙山河两条主要河流的交汇处，公园基址处于河道行洪范围内，设计难度很大。难点其一在于如何实现防洪功能与景观功能的完美统一；难点其二由于康王河和龙山河均属季节性河流，水位很不稳定；难点其三由于降水量相对较少，河流的另一个重要水源就是经过简单处理的中水，而由于处理的程度较低，很难达到景观用水的要求。

针对以上难点，该设计院在设计上开拓思路，大胆创新，根据肥城市的水文资料和河道的现状特点，确定了合理的水位（包括常水位、保证水位、行洪水位）和橡胶坝的位置。利用人工湿地的营造，充分发挥湿生植物的特点，很好的解决了植物景观同季节性河流水位不稳定的矛盾。大量的水生、湿生植物在净化水体、改善水质上发挥了重要作用，为水生动物的生存创造了条件，使得整个公园的生态链趋于完整，实现了很好的生态修复功能。由于水工设施设置合理，实现了防洪功能与景观功能的完美结合，收到了预期效果。公园的给水系统采用双水源，节约了自来水；照明系统采用 LED 灯为主要光源，节电效果明显。种植设计采用大植物组团与细腻配置相结合的手法，实现了景观与生态效应的统一。

十四、淄博市高青县黄河公园（芦湖公园）工程

由天津市园林规划设计院设计的淄博市高青县黄河公园（芦湖公园）工程，获得 2008 年度天津市“海河杯”优秀勘察设计（市政类）二等奖。

该公园位于淄博市高青县城区东部，占地面积 13.1 万平方米，2005—2006 年建设，主要设计人有王威、吕晨、代继秀、张云鹏、张乃成、胡仲英、王溪正、郭丽华、马玉芳、梁瑞英。

该公园设计突出当地文化特色及环境特点，结合扳倒井、安澜铁牛、兖龙桥等的典故和传说，设计相应景点。环境景观突出绿、静、幽，宽松、疏展的特色，以安静、休息、文化为主。其中根据关于赵匡胤“扳倒井”的典故，设计了一个方形的涌泉广场——龙探井，并结合抬高的地形设置了崖壁，以使游人有好似身处井中的感受，涌泉同时成为公园水系的源头。此外，还结合“扳倒井”景点，设置了 6 米高的水车，以这种标志化的构筑物传达高青县水文化及黄河文化。以公园中央水面，结合生态岛、龙探井，设置湖涧、溪池、叠水、涌泉、喷泉、雾喷等多种水景形式以丰富景观。通过各种人为措施，使局部水体流动，增加水景情趣。

十五、天津市华夏未来儿童公园

由天津市园林规划设计院设计的天津市华夏未来儿童公园，获得 2006 年度天津市优秀勘察设计一等奖、2008 年度全国优秀工程勘察设计行业奖和市政公用工程三等奖。该公园位于天津市河西区，建设时间是 2006 年 3—4 月，主要设计人有王洪成、王威、张乃成、胡仲英、王溪正、翟金燕、郭丽华、张云卿、曾晓露、梁瑞英。

该公园前身是河西区滨湖公园，南依环湖南路，西至环湖西路，东北侧毗邻环湖中路，规划面积 55400 平方米。该公园设计体现贴近儿童，贴近生活的景观情趣，为少年儿童的健康成长营造积极向上的景观氛围，创造出自由的时空，突现儿童公园的特殊景观效果及广泛的参与性，成为最具特色与风采的儿童天地。

该公园设计依据现状，对儿童的活动进行更加明确的引导，把公园划分为“欢笑”——华夏剧场、”童年”——蓝色天际、“梦想”——梦幻森林三个景观区，强调人造景观同环境题材景观的融合。体现出“欢笑·童年·梦想”的主题，让孩子们在欢笑中度过他们的童年，描绘他们的梦想。

该公园设东、南、西三个入口，东侧公园入口区设管理室等办公建筑，本设计方案对东西两个入口的环境作了细致处理，使其装饰效果更为突出，成为相临道路的对景，并且结合修剪花带的设计，成为兼顾街景及道路对景的独特景观，吸引游人的视线。在小岛的南部布置美人鱼沙滩，让孩子们在沙滩上尽情的嬉戏，去感受神秘的大海、梦幻的美人鱼，突出梦幻森林景区童话

般的美丽情境。

十六、天津市友谊公园、快速路迎宾线绿地景观设计

由天津市园林规划设计院设计的天津市友谊公园、快速路迎宾线绿地景观，获得2009年度天津市“海河杯”优秀勘察设计（市政类）一等奖。

天津市友谊公园、快速路迎宾线绿地景观设计，公园位于天津市河西区友谊路规划面积5.7公顷，2008年3月开始建设，2008年4月竣工，主要设计人有王洪成、陈晓晔、薛广平、张云鹏、张申、王珺、王悦、胡仲英、翟金燕、尹伊君、郭丽华、陈雅楠、张乃成。

该公园将欧式园林疏林草地的造景手法与中国传统园林“一池三山”的空间布局结构有机的结合在一起，营造出风格独特的绿岛盆景式园林景观。凸显天津作为中国近代重要的工商城市和漕运枢纽、中西合璧、南北交汇的地域文化特色。在景点布置上，借鉴了中国传统文人园引申、谐音的造景手法，营造出风（枫）、雅（竹）、颂（松）三座景观绿岛，形成独具特色的“一园三岛”式绿地景观，是对“一池三山”东方古典式园林空间布局的升华和艺术提升，增加了公园的文化内涵。开创性的实施了古树大乔木的远距离移栽和南方园林观赏植物的引种栽植工作，通过精心的配植、组合，营造出极具视觉震撼力的城市大盆景式园林景观。整个公园无论是在建筑小品风格和细部的处理上，还是在绿化种植上都借鉴了南派园林的优点，强调精致、细腻，与友谊路上整体景观风格相呼应，融为一体，在繁华的城市中心地带营造出一片绿色乐土。

快速路（友谊路至卫国道段）结合道路周边现状及规划的实际情况，在设计中强调景观化布局方式，力求体现“赋予城市大园林特征的生态绿化廊道”的设计主题。全线景观以“诗、情、画、意”作为设计理念，在绿化造型、树形搭配上，更多的使用大规格植物用于道路两侧景观，令人们在快速行车的情况下，仍可更加清晰地欣赏到路边的景观效果。并就地形堆砌问题反复推敲，完成后的地形起伏不仅对后侧不良的景观进行了有效的遮挡，同时更加体现了高低远近的层次变化，增加了绿地的纵深感。

十七、济宁市人民公园改建工程

由天津市园林规划设计院设计的济宁市人民公园改建工程，获得2009年度天津市“海河杯”优秀勘察设计市政公用工程二等奖。该公园位于山东省济宁市，建设规模为8.68公顷，建设时间是2007—2008年，主要设计人有陈良、周华春、崔丽、丛林、杨芳菲、毕艳霞、董娜、吉训宏、薛广平、栾雅娟、李风敏、徐凯、韦立、尹伊君、刘丽霞。

原人民公园占地面积近6公顷，始建于20世纪60年代，是济宁一座里程碑式的公园。随着时代的发展，公园内各种功能要求的激增，见缝插针进行了许多局部改造，终因一直没有将整体规划作为主导，缺乏一统全局的规划，致使现公园呈现了陈旧、零乱的状态。

改建后的该公园，山水体系贯通整个布局，山和水的要素形成了有节奏的空间开合和景观的

对应关系，打造出都市自然山水园的整体形态。其中对山体现状老土山进行的轮廓修整，依托山体开辟林下休息空间，丰富登山路径。新设山体注重与老土山的脉络承接与延绵，与老土山呈呼应之势。水体形成了一个由深潭—瀑布—湖面—溪流—旱溪构成的循环动感水系。新人民公园辟建了三大空间：广场空间、内湖空间、外围空间。通过水轴建立了空间和交通的联系，把湖水向广场延续，增强了公园与广场的整体性。

改建后的该公园，成为自然山水园中山水依托的整体形态、高密度城市化区域中的山水栖息地。强调公园绿地功能的纯粹性，是城市中心人与自然亲密接触的场所，追求绿地率最大化和场所文脉的写意表达。

十八、天津市水上公园改造工程

由天津市园林规划设计院设计的天津市水上公园改造工程，获得 2010 年度天津市“海河杯”优秀勘察设计（市政公用工程）一等奖和 2011 年度全国优秀工程勘察设计行业奖市政公用工程一等奖。该公园改造工程，建设规模为 122 公顷，公园改造从 2008 年 9 月至 2009 年 8 月完成，主要设计人有王洪成、杨一力、薛广平、刘美、张绍刚、尹伊君、胡仲英、王雅鹏、孙宁、韦立、王高峰、徐凯、扈传佳、张乃成、何瑾。

公园规划强调总体布局的关系和景区的内在特色，体现内外结合、动静结合、景区结合，营造风格突出、特征鲜明的城市绿色开放空间。形成“两湖、四岛、六区”的总体布局。

在空间结构的章法上，规划设计特别注重围绕水景为核心的景观和建筑落位。因此规划设计在保护维修现有标志建筑的基础上，根据岸线关系和对应点位选择场地，复建或新建了整体风格一致的景观建筑，使每一岛上均有观景点和景观焦点，大大增加了游人穿越水面的视线交流。丰富了沿岸的景观形态，也通过建筑体量组合提供参照物体系，使湖面观感接近于实际体量。

在公园四周界面的处理上，以“拆墙透绿”为手段，加强公园内外景观渗透融合。特别是公园东西两岸毗邻城市主干道，为了突出体现通透的景观效果，布置疏林草地和低矮地被植物，把公园景观映入城市街景中，成为城市景观体系的有机组成部分

对公园改造整体结构和关键问题剥丝抽茧、层层递进的分析过程中，也使得每一景区的空间营建和细节晕染不断明晰起来。以水为魂、堤岛为骨、建筑草木为发肤，六个景观区划既整体服务于“水上四季”的主题，同时，又表现为丰富的参与和游赏活动内容，步移景异，异彩纷呈。

十九、天津市南翠屏公园环境工程设计

由天津市园林规划设计院设计的天津市南翠屏公园环境工程，获得 2010 年度天津市“海河杯”优秀勘察设计（市政公用工程）二等奖和 2011 年度全国优秀工程勘察设计行业奖市政公用工程二等奖。

该公园位于天津市南开区水上西路与宾水西道交口，规划总面积35.6公顷，建设时间是2009年4月，主要设计人有王洪成、陈晓晔、史永红、王珺、张乃成、潘墨苑、胡仲英、翟金燕、郭丽华、尹伊君、任立莹、张申、孙文宇。

公园规划强调“景在园中，观在园外”的外向式规划布局，设计从城市大尺度景观规划的宏观角度出发，通过与市区的标志性地标的紧密呼应，强化公园与城区整体景观体系的融合。

公园景观空间布局突出中国式山水园的景观特点，以山为筋骨，以水为血脉，景点布置因山就势、以水融贯，山涵水、水映山，山水交汇，融为一体。结合现代园林生态学理论，通过对自然生境的艺术再现与模仿，特别是对植物景观多样性的体现，实现“虽由人作，宛自天开”的造园境界。

在节水技术措施上，公园绿地上水采用滴灌与喷灌相结合，提高水资源使用效率；公园用水以城市中水和人工湖蓄积的天然降水为主，减少自来水的使用，重视对天然降水的收集与使用。

公园在建设过程中，消化了约500万方建筑渣土，栽植了10万余株树木，在昔日一片荒芜的涝洼地上矗立起一座美轮美奂的大型山水园林，是一次建设和谐环保型城市园林景观理念的成功实践。该公园于2009年4月竣工并开放，已经成为市中心区广大市民登高观景、休闲健身的首选佳地和城市西南部的重要景观亮点，产生开了良好的社会和生态效益。

二十、武清文化公园设计

由天津市园林规划设计院设计的武清文化公园工程，获得2011年度天津市“海河杯”优秀勘察设计市政公用工程一等奖和2011年度全国优秀工程勘察设计行业奖市政公用工程二等奖。该公园位于天津市武清区，建设规模27.3万平方米，建设时间是2010年，主要设计人有王洪成、马玉芳、王威、代继秀、张云鹏、胡仲英、扈传佳、王高峰、徐凯、郭丽华、尹伊君、何瑾、底占峰、孙长娟、陈一杰。

该园以绿色博古架整合广场与公园，形成真正服务于民的多元城市开放空间，其空间架构采用绿色博古架整合广场与公园，既注重文化与生态的融合、过去与未来的融合，将历史素材以创新的形式表现，同时又形成真正服务于民的多元城市开放空间。红色的半圆体雕塑与水中的虚空间影像融合为一个圆满的“京津明珠”，成为展示武清文化、历史、未来的地标雕塑。

该园周边环境按照古城池的布局打造，为四面静谧的水面，红色的半圆体雕塑与水中的虚空间影像融合，简明的视觉语言，营造出概念玄妙的作品，同时寓意武清如一轮红日冉冉升起。以不同分区和街景为特色的花境，在自然生态区、振华西道的处理上以宿根花卉为主，通过不同层次、色彩、花期设计，意在营造以城市街景为背景的城市花境，展现出高雅大气、五彩缤纷的城市气质。

盆景式组团造景，在主轴与次轴的处理上把自然界中的树、草、石等通过园林艺术的创作手法，以组团造景的方式形成大小各异的盆景序列组景。结合不同的场景与主题，形成特征性的场景式夜景。音乐喷泉伴着多彩的灯光与多变的水型，配合相应的音乐节奏，充分展示出欢快、热烈、祥和的氛围。明珠雕塑在七彩灯霓的变换中，营造出大气、靓丽的城市夜景形象。东西两侧花园以黄色、绿色灯光为主，形成静谧的自然花园。

二十一、铁岭市桂林公园设计

由天津市园林规划设计院设计的铁岭市桂林公园，获得 2011 年度天津市“海河杯”优秀勘察设计市政公用工程二等奖和 2011 年度全国优秀工程勘察设计行业奖市政公用工程三等奖。该公园位于铁岭市新城市民服务中心北侧，是整个铁岭新城的核心处，规划总面积 28 公顷，2009 年 12 月设计，2010 年 3 月竣工。主要设计人有王洪成、陈晓晔、邢丽娟、史永红、王珺、张乃成、扈传佳、翟金燕、王高峰、郭丽华、尹伊君。

在桂林公园的景观格局设计上，与铁岭城中的山水格局相呼应，集中体现铁岭的自然景观。把湿地景观肌理融入水景布局，在水景的设计上融入湿地的代表性元素和识别性元素，也是与新城湿地景观相呼应。情节式布局手法再现地域文化特色，公园的人工景观，强调凸显本土文化底蕴和历史传承。双岭制高点分别以“铁岭传说”“新城故事”为主题，设置景观节点，再现城市历史渊源和新城建设成就。

南方细腻的造园手法与北方园林的雄浑之融合，整个公园景观风貌，集北方的雄浑与南方造园的细腻于一体。北方地区寒地景观的营建，以营造地域特色鲜明的寒地景观为原则，绿地栽植总体风格大气、厚重，以季相丰富的针阔混交林为骨干，局部又不失精致细腻，点缀精品盆景式栽植。以白桦、栎树、油松为骨干的针阔混交风景林，再现了辽北寒地特色山林景观。

二十二、海河公园总体规划及秋景园设计

1982 年 9 月，市政府做出了整治海河两岸，建设海河公园的决定，要求翌年“5・1”初见成效。海河公园全长 19. 8 公里。右岸从金钢桥至四新桥全长 8. 2 公里，左岸从金钢桥至月牙河全长 11. 6 公里。总面积 20. 87 公顷。全园划分为六园两场一带。即右岸的青年园、草花园、春花园、夏花园、月季园和秋景园，左岸的中心广场、解放桥广场和工厂仓库绿化带。天津市园林规划设计院承担了海河公园总体规划及秋景园设计。

其中的秋景园，自大光明桥至刘庄浮桥，全长 1700 米。该处是全园最宽地段，采用自然式的山林野趣手法布置。以高低错落的土丘，迂回曲折的小道，小巧玲珑的茅草亭分隔空间，形成一个层次分明、曲折多变、雅致朴素的景观。全园广栽能表现秋色的火炬、银杏、杜梨、栾树、金银木、枸杞等，并大量栽植黑松、沙地柏等常绿树。秋日，红绿相映，格外鲜艳。

经整治后的海河公园，两岸树木浓绿，芳草如茵，繁花似锦，历史悠久的海河被装扮一新。它的建成，充分改善了市中心的环境质量，增加了街景，满足了群众文化休息活动的需要。1984 年，《海河公园总体规划及秋景园设计》被评为优秀设计，获国家金质奖。

第十二章　园林施工

第一节　天津市部分园林一级施工单位

一、园林建设总公司

该公司是国家一级园林绿化施工企业，成立于1992年，先后承担了昆明、深圳、沈阳园博会天津园的建造，并荣获综合类最佳奖，建筑小品金奖，博览会银奖等奖项。

公司先后承担了快速路系统中大沽南路，解放南路道路两侧绿化提升改造工程，滨海高新区，起步区规划路十、十一（部分）、杨北公路北侧绿化工程（四标段）；天津港保税区生活区一期项目，-B02、B03、A05区景观绿化及配套工程滨海高新区综合服务中心周边景观工程二标段；滨海高新区渤龙湖景观工程（三标段）；伴景湾家园景观绿化工程；水上公园提升改造项目景观绿化三区、四区、七区工程等近百项绿化工程项目。

工程验收合格率100%，优良率90%，其中公用局庭院绿化工程被评为2003—2004年度天津市城市园林绿化优质工程三等奖；仁爱濠景庄园景观工程（D区、F区）被评为2006年度市城市园林绿化优质工程二等奖；开发区泰达图书馆绿化工程被评为2006年度天津市城市园林绿化优质工程三等奖；晨昌路—丁字沽3号路绿化工程被评为2007年度市园林绿化优质工程二等奖；玛歌庄园一期景观工程（五标段）被评为2008年市园林绿化优质工程二等奖。大沽南路、解放南路道路两侧绿化提升改造工程，分别被评为2008年市园林绿化优质工程一等奖和二等奖。水上公园三区、七区工程被评为2009年市园林绿化优质工程一等奖和二等奖。军事交通学院“严复园”工程和滨海高新区2009年一期道路绿化工程（三标段）被评为2010年度天津市城市园林绿化，优质工程二等奖和三等奖。

二、天津市九州园林工程公司

天津市九州园林工程公司2004年成立，2009年晋升为园林绿化工程二级资质企业，为有限责任公司。主要从事园林工程设计、施工、花卉苗木销售和租摆、绿地养护服务、园林技术咨询服务等。重点工程优良率和一般工程合格率都达到了天津市园林绿化工程施工技术质量标准，多次获得天津市城市园林绿化优质工程奖。公司还具有建设假山、石桥、喷泉、长廊、仿古亭等工程的施工力量。公司拥有自己的苗木繁育基地，占地40余亩，既可满足自身的花木供应，又可对外销售。

三、天津市瑞景园林建设有限公司

2002年，天津市瑞景园林建设发展有限公司由红桥区园林绿化工程所选派干部职工组建而成。拥有城市绿化工程施工二级资质，公司性质为国有企业，注册资金500万元。公司2004年4月通过ISO9001：2000质量保证体系认证，并取得建筑施工安全生产许可证。

该公司自成立以来，荣获天津市绿委、市建委、市园林局组织检查评比优秀奖达40项，绿化施工面积达140万平方米。2005年，该公司承建的津浦铁路沿线绿化工程，荣获天津市城市绿化建设优良工程一等奖；2006年，该公司承建的铁路沿线绿化工程20标段，受到天津市政府、市建委和市园林局好评，荣获2006年度天津市城市园林绿化优质工程三等奖；2007年，该公司承建的天津市快速路景观工程、西纵中段（河北大街立交桥—南运河），荣获2007年度天津市城市园林绿化优质工程三等奖；2008年，该公司承建的迎奥运火炬传递路线河北大街绿化工程，荣获2008年度天津市城市园林绿化优质工程二等奖；2009年，该公司承建的红桥区市容环境综合整治新增项目及绿化工程2标段，荣获天津市城市园林绿化优质工程一等奖；2010年，该公司承建的承建西沽公园绿化景观工程，荣获天津市城市园林绿化优质工程一等奖。

四、天津市格瑞园林建设有限公司

天津市格瑞园林发展有限公司是国家城市园林绿化壹级资质企业，公司坐落在河西区黑牛城道298号。截至2010年年底，隶属于河西区园林局。

天津市格瑞园林建设有限公司成立于2000年1月，是一家以城市园林绿化工程为主，集园林设计、施工、绿地养护、花苗木生产经营为一体的国家城市园林绿化一级企业。

该公司先后承建了津河、卫津河等市绿化重点工程和顺驰世纪城、凤凰城、四季馨园等一批高档小区绿化工程以及友谊公园、榕树广场等一批奥运绿化工程。其中，多项工程在天津市街景绿化、小区绿化及厂区绿化评比中获奖。

1. 沿革

天津市格瑞园林发展有限公司是由河西区园林局提议，河西区政府常务会讨论通过成立的。组建于1999年11月，经天津市建委审批确定为事业二级资质。公司于2000年1月开始正式运营，2002年4月28日，经天津市建委审批确定改为企业二级资质。2004年8月28日，经国家建设部审批确定为国家城市园林绿化壹级资质企业，并已通过ISO9001质量管理体系、ISO14001环境管理体系和GB/T28001职业健康安全管理体系的认证。

2. 经营范围

公司主要经营园林市政工程设计、施工；园林市政设施管理；花苗木种植；室内外装饰；房屋、场地租赁；园林技术咨询、技术服务等。

3. 公司业绩

公司坚持“诚信为本，质量为先”的经营理念，并凭借雄厚的技术实力及开拓创新精神，先后在天津、北京、河南、陕西等地承接建设了多项园林绿化工程。其中，友谊公园绿化工程被评为天津市城市园林绿化优质工程一等奖，津同公路、总工会院内道路绿化、河西区迎宾线提升项目、天津中心渔港中心绿带景观（一标段）、2011 年河西区大沽路公园提升改造项目等工程被评为天津市城市园林绿化优质工程二等奖，人民公园景观改造、天津数字大厦绿化、河西区巩固发展九百天市容环境综合整治园林绿化等工程被评为天津市城市园林绿化优质工程三等奖。此外，在珠江道、天津大道等大型绿化建设工程中，公司以绿化产品造型美、成活高、养管好的特点受到了多方的肯定。

4. 人才队伍

公司拥有一支业务素质高、经验丰富、富于创新精神的绿化专业管理团队，职工总数 142 人。公司以“人才成就企业，企业造就人才”的理念为指导，鼓励支持员工学历深造、参加专业技术进修及资格考试等。公司有中高级职称人员 30 名，一、二级建造师及造价师 36 名，且专科以上学历人员占到总人数 90%。

5. 公司荣誉

公司法人治理结构完善，各项管理制度严格规范。自成立以来，公司先后荣获“园林系统文明集体”“重质量、讲信用双优示范单位”“全国工程建设质量安全信誉 AAA 级保障单位”“全国园林绿化工程专业承包百强企业”“天津市园林绿化行业守信企业”“天津市五一劳动奖状”“天津市劳动关系 A 级和谐企业”等多项荣誉，项目一部还被评为“天津市模范集体”。

五、天津市帕克园林工程有限公司

该公司创建于 2003 年，隶属于河东区市容和园林管理委员会，主要从事园林工程设计和施工、道路排水施工、花卉苗木销售和租摆、绿地养护服务、园林技术咨询服务等。公司注册资本 1000 万元，具有企业二级园林绿化专业施工资质。拥有高级工程师 2 名；工程师 8 名；助理工程师及技术员 22 名，并汇集了花卉工、草坪工、养护工、瓦工、木工、假山营造工等一批各类专业技术人员，是一支综合性的具有高水平的绿化施工队伍。

2009 年，承接的成林公园改建绿化工程，荣获天津市园林绿化优质工程一等奖；承接的靖江路隔离带绿化工程，荣获天津市城市园林绿化优质工程一等奖；承接的津塘路绿化工程，荣获天津市城市园林绿化优质工程二等奖；承接的东南半环（海津—昆仑路）绿化工程，荣获天津市城市园林绿化优质工程三等奖。

到 2010 年，帕克园林工程有限公司已成为天津市园林绿化、大型景观施工方面的一支主力军。

六、天津泰达绿化集团有限公司

天津泰达绿化集团有限公司成立于 1987 年，隶属于天津泰达投资控股有限公司，是由作为首批国家级开发区之一的天津经济技术开发区（英文缩写 TEDA 简称“泰达”）管委会批准建立，总部位于天津市经济技术开发区，是一家规模大、专业配备齐全、专注盐滩绿化多年、拥有重盐碱地核心技术的盐滩生态绿化专业企业。

该公司是中国最早取得国家城市园林绿化一级资质和风景园林工程设计甲级资质的绿化企业，拥有天津市首批工程技术中心和企业博士后科研工作站，已发展成为中国规模最大、专业配套最齐全、拥有重盐碱地核心技术的盐滩生态绿化专业企业之一。

天津泰达绿化集团有限公司能够提供科技研发、规划设计、施工建设、专业养护、苗木花卉和生物肥研销相配套的一站式服务体系，并积极开拓生态修复、沙漠化治理、国土绿化等方向，业务范围覆盖全产业链。

天津泰达绿化集团有限公司（简称“泰达绿化”）成立以后，与天津经济技术开发区同步创业，作为唯一的绿化开拓实验者承担起开发区的选址地——长芦塘沽盐场三分场的盐田上建设绿色城区的艰巨使命。在海拔高度仅为 1~2.5 米，地下水位 0.5~1.0 米且矿化度大于 30 克/升、土质黏紧，通透不良、每立方米土体平均含盐量 4.73%，最高达 7%（是绿色植物承受力的 10 倍），蒸发量大，多风少雨的盐碱滩上依靠科技刻苦攻关。经过反复实验和不断创新，探索发明了“滨海浅潜水地区综合治理规模绿化技术”等一套针对滨海重盐碱地特殊土壤条件，技术措施与工艺手段配套完整的技术体系。这套技术体系包括：滨海浅潜水地区暗管排盐、规模化绿化技术、原土、吹填土直接绿化技术和植物生长调控技术。这套技术体系不仅历经三十年时间的检验，还经历了 2000 万平方米绿地植物实际生长效果的检验，通过推广辐射到二十余个省、市、自治区，历经各类典型沿海滩涂、低洼盐碱地等环境的检验，其良好的效果证明了技术体系的先进性、成熟性和可靠性。历届论证、评估、鉴定和研讨活动中，均被公认“国内首创，国际领先”，将论证时期曾被称为“绿色植物禁区”的盐碱荒滩建设成为树木葱茏，绿意盎然，生态面貌焕然一新的绿色新城区，破解了重盐碱地绿化世界性技术难题。

“泰达绿化”依靠拓荒的丰富积累，科学研究的深厚底蕴和技术优势，为天津经济技术开发区和滨海新区建设开展了一大批针对性的课题研究，推动生态绿化的可持续发展。以重盐碱地土壤改良、海湾淤泥、粉煤灰和工业废弃物利用为代表的新土源研究，耐盐植物的筛选引进、城市节水灌溉等一系列国家“863”高科技项目和“948”引进国际林业先进项目、国家科技支撑课题和天津市重要课题项目研究全面推进，取得重要成果并广泛运用。荣获国家科技进步二等奖、天津市科技发明一等奖、天津市科技进步二等奖等 20 余项国家和省部级科技奖励，取得盐碱地生态绿化核心技术发明专利 10 余项，具有国内领先、国际先进水平的科技成果 10 余项。

“泰达绿化”拥有功能完善、装备先进的专业研发团队和专业设计团队，拥有从技术研发到规划设计、建设施工、养护管理、苗木花卉生产和生物肥研销相配套、涵盖园林绿化全部专业的“一体化”功能、“一条龙”式服务能力和一支多年创业实践中锻炼成长起来、具有丰富的盐碱地绿化施工和养护管理经验的专业队伍。在养护管理质量控制、责任考核机制、精细化作业标准以及病虫害信息反应与防治方面配套体系完整。其固定作业区域覆盖滨海新区全境和天津市区，日常作业半径覆盖全市所属范围及周边地区。多年来，在天津市、滨海新区和开发区各类急、难、重的艰巨任务面前连创佳绩，被多方客户及社会舆论誉为“绿化铁军”的称号，还先后被评为“全国部门造林绿化400佳单位”和“全国绿化模范单位”。

“泰达绿化”先后与中科院南京土壤所、中科院海岸带研究所、中科院植物研究所、中国农科院、等就盐碱地生态绿化进行了广泛地技术合作与交流，这不仅锻炼了盐滩绿化专业化队伍，培养了人才，也为产学研联合共建科技技术平台积累了丰富的经验。同时，与美国、日本、加拿大、澳大利亚、荷兰等国的专家也建立了广泛的合作交流机制，开展了多种形式的学术交流与技术合作，中国科学院和中国工程院有关土壤、生态、植物和环境等知名院士都来过开发区，对开发区绿化取得的成绩给予了高度评价。泰达绿化的盐滩绿化技术成果成功在辽宁、河北、山东、江苏等沿海重盐碱地区推广应用，有效促进了当地生态环境与经济社会的发展。科研奠基，设计先导，施工冲锋，养管固阵，繁育备需，五大优势业务齐头并进，打造盐滩绿化领军企业竞争合力。全力构建的可复制、可推广的“泰达模式”——泰达特色盐滩绿化规范体系，形成服务行业的综合优势，推动集团的技术进步与市场拓展。

“泰达绿化”在开发区、滨海新区缔造了一批经典绿化工程：包括泰丰公园、泰达滨海广场等为代表的大型公园绿地景观，天津大道、京津塘高速（滨海段）等道路绿化等，创造了开发区从“昔日盐碱荒滩”到如今“绿色宜居新型城区”的生态奇迹，也为开发区实现连续十余年国家级开发区综合实力排名第一的经济奇迹构筑了坚实的环境和形象基础。

七、天津市北方创业园林工程有限公司

公司隶属于天津北方创业集团，是一家专业性强、实力雄厚的大型园林绿化施工企业，具有国家城市园林绿化一级资质。可承揽国内外各种规模和类型的城市园林绿化工程。

公司曾承建的公园绿地有长泰园、华明公园、惠民公园、东丽公园等；居住区绿地有华厦芳水园、万科水晶城、长瀛、御龙湾、朗钜、天域等，道路公共绿地有天津站前广场、东丽广场、东丽湖广场、西青管委会广场、东丽之光大道、津塘公路、津京塘高速、津静公路、京津公路、友谊路延长线等，其他绿地还有摩托罗拉天津西青厂区绿化、天津市宝洁公司等等。

公司通过ISO9001、ISO1400、OHSAS18001体系认证，先后获得“第六届亚欧财长会议优秀服务单位”等荣誉称号，被天津市政府命名为“守合同重信用”单位，连年被中国农业银行评为“AAA”信用企业。

八、红港绿茵花草有限公司

公司是1994年成立的中港合作企业，公司拥有园林绿化一级资质，及草坪设计施工、科研、生产、建坪服务、信息咨询为一体。公司通过了和ISO9002质量体系认证和ISO14001环境管理体系认证。公司有生产基地2000余亩，新建苗木基地300亩。公司成立的草坪技术中心，农垦草坪科学研究所为公司充分的提供了科技依托。公司承担的“现代草坪草卷推广及应用推广”和“天津，抗盐碱草坪的引种与推广”项目2004和2006年分别获得天津市科技进步二、三等奖。

公司生产的“红港牌”草坪草卷获得了市政府颁发的第二届、第三届市农业名牌产品。

公司承接的运动场馆主要有2008年奥体中心主赛场及训练场、体工大队、体校、付村训练基地、广东九运会主副赛场、天津市民园体育场、大连人民体育场、泰达训练基地、澳门体育局体育场等大型的重点运动场馆足球场的综合施工，养护管理工作。2007年10月，被FIFA2007年中国女足世界杯天津赛区组委会评为突出贡献单位，20008年被评为天津市参加和协办北京奥运会和残奥会的先进集体、天津市工人先锋号并有多项绿化工程被评为天津市优质工程。

九、绿化工程公司

该公司成立于1992年，是一家拥有国家城市园林绿化一级资质企业，2010年时隶属于天津市市容和园林管理委员会管辖。注册资金2000万元。公司拥有10家园林绿化工程、古建工程、水电喷泉工程、景观设计、花苗木生产经营、园林资材营销等专业分公司和子公司，专业分工明确，综合实力强大。

公司拥有2000余亩园林苗木生产、储备基地。具备四季出圃的技术和能力，能满足全年施工的需要；构建了庞大而畅通的供方系统，有上百家常年合作的供应商和专业施工队；特别是在新优植物材料选育与应用、反季节栽植技术，大树移植技术等方面得到了普遍的推广。

公司有员工400余人，其中各类中高级技术、管理人员160余人。近年所承建的园林景观工程项目遍及全国几十个省市自治区，2008年度、2012年度及2013年度分别荣获全国城市园林绿化企业50强。

十、创世生态景观建设股份有限公司

该公司始创于1997年，成长为集生态景观设计、园林施工建设、工程绿化养护、花卉苗木培育生产于一体的全产业链生态景观建设公司。

公司拥有员工150余人，其中本科以上学历占28%，硕士学位10人，高级工程师3人，造价工程师7人，普通工程师26人，助理工程师32人，项目经理13人。

十一、绿茵景观工程有限公司

该公司注册于天津滨海高新技术产业园区，为国家园林绿化一级企业并通过质量管理体系认证及环境体系认证的企业，是一家集园林绿化施工、绿地养管、园林设计及苗圃建设于一体的综合型企业。

公司自1998年成立以来，已拥有包括博士、硕士人员在内的一支架构合理的高科技管理团队和一批经验丰富、技术精良的施工人员。

近年来公司先后承建各种类型的园林绿化工程项目多达200余项，主要包括房地产景观绿化、高速公路、城市景观道路、大型立交桥绿化、公园、广场、河道景观、厂区绿化、校园绿化、足球场建设等。如万科水晶城、万科东丽湖、滨海高新区、渤龙山庄、滨海一号、京沪高速、京津塘高速、津外环线58米绿化带、天津大道、海河教育园区、快速路东风立交桥、复康路立交桥、天津滨海高新区等。其中，天津海河教育园电子信息职业技术学院获中国建设工程鲁班奖，京沪高速公路天津段（二期工程）第26合同段及天津滨海高新区投资服务中心景观工程获天津市优质海河杯奖。天津外环线内侧58米绿化带提升改造工程，获中国人居环境范例奖。此外，天津快速路东风立交桥景观工程、复康路迎奥运绿化工程、天津大道绿化工程5标段、开发区北大街绿化提升工程、南运河景观工程、天津市外环线内侧58米绿化带提升改造工程、高新区渤龙山庄景观工程、万科水晶城景观工程、海河教育园电子信息职业技术学院和中德职业技术学院等获天津市优质工程奖。

公司在静海县拥有4000多亩苗木生产基地，常年为绿化工程提供多品种、多规格、标准化、高质量的优质苗木，特别是苗圃拥有大量大规格的土球苗、容器苗，在反季节施工中具有独特的优势。

十二、远成景观建设发展有限公司

公司成立于1998年，以市政景观建设为主营，及景观设计、园林施工、绿地养护、苗木培育生产、出售、租摆为一体的综合性公司，通过了长城GB/T19001质量体系，GB/T28001职业健康安全管理体系认证。

公司注册资本2006万元，拥有一支实力精湛的技术队伍，其中本科以上学历69人，工程技术和经济人员56人，包括结构、建筑、造价、建造、监理、水电和给排水等不同专业，为工程设计和施工及公司发展，提供了可靠的技术保证和坚实的后劲。

十三、津美园林工程有限公司

公司建于2002年3月，现注册资金1000万，2004年通过了ISO9001质量管理体系，公司自有苗圃500余亩，承建了新宜白大道绿化工程，九洲大道绿化工程，铁路沿线绿化工程等道路绿化工程，并与万科、优联、融创、顺潮、首创等大型房地产成为合作伙伴。

十四、天禾环境景观工程有限公司

公司建立于2003年1月，通过了ISO9001：2000质量管理体系认证，2006年获得国家技术质量监督局协会颁发的重质量守信誉双优示范单位称号。运用古典与现代园林相结合，中西方相结合的造园手法打造了一大批园林景观建设精品，其中万科水晶城二期环境工程，玛歌庄园A、C区分别获得2007年城市园林绿化优质工程二等奖、三等奖；玛歌庄园一期三标段环境景观工程，丹东名仕庄园示范区工程分别获得2008年度城市园林绿化优质工程一等奖、二等奖。

十五、天馨园林工程有限公司

公司成立于2009年，注册资金5800万元，是一家以承接市政工程施工，园林工程设计及施工、园林古建筑工程施工、城市及道路照明工程施工为主业的专业工程公司，公司拥有大型苗木基地，以“大规模、多规格、多品种、低价格”为经营理念，发挥自身优势，把现代与传统技术融为一体，在技术、规模、品种等方面取得了突破性进展。

十六、海泰市政绿化有限公司

该公司是天津海泰控股集团有限公司所属的国有全资子公司，注册在天津滨海高新技术产业开发区华苑科技园。公司目前拥有城市园林绿化一级资质等业务的多元化、专业化公司。

公司施工技术力量雄厚，拥有一大批高、中、初级职称专业技术人员，项目运作及管理经验丰富，人员持证上岗率达到百分之百。近年来先后完成了 ISO9001：2008 质量管理体系和 ISO1400：2004 环境管理体系的双认证，并荣获天津市“重合同守信誉”单位称号和“AAA 劳动和谐企业”称号。

公司自 2006 年 8 月组建以来，先后承担建设了一大批高新区、滨海新区和全市重点项目，如华苑产业区综合改造工程、滨海高新区综合服务中心周边景观工程、滨海高新区渤龙湖景观工程，海河教育园海运学院景观项目、子牙园和生态城道路绿化工程、市文化中心中心湖湖水防渗工程和水系统工程等综合型大型景观工程。

十七、雍阳园林绿化有限公司

该公司是武清区国有独资企业，注册资金 2180 万元，有苗木培育基地 2000 余亩，各种园林绿化机械设备 200 余台（套）。有各类专业技术人员共 69 人，其中高级职称 4 人，高级技工 15 人。主要承揽公园、园区、道路绿化，绿地等园林绿化景观综合工程施工和养护。承做的上百项园林绿化景观工程，全部一次验收合格。有 13 项工程获得了国家和天津市有关部门的奖项。其中武清区文化公园建设工程获得天津市城市绿化建设优秀工程“公园建设一等奖”，并荣获中国风景园林学会“优秀园林绿化工程金奖”。翠亨路、强国道、建设南路等，荣获市绿化建设优秀工程“景观道路一等奖”；公司荣获 2010 年度“天津市劳动模范集体”。

十八、宏路园林绿化工程有限公司

该公司注册资金 1000 万元，通过 ISO90012000 国际质量管理体系认证。自 2000 年成立以来，先后承接室内外，中型园林工程数十个，多项工程被评为市级优质工程。

公司在宁河县建有草坪园圃基地 660 余亩，年生产能力达到生产草坪和苗圃 60 万平方米，种类多种多样完全满足了大型绿化工程数量和质量的要求，有机械设备 20 余套，总价值 650 万元。

十九、格瑞园林发展有限公司

该公司成立于 2000 年 1 月，是一家以城市园林绿化工程为主，集园林设计、施工、绿地养护、花苗木生产经营为一体的国家城市园林绿化一级企业。

该公司先后承建了津河、卫津河等市绿化重点工程和顺驰世纪城、凤凰城、四季馨园等一批高档小区绿化工程以及友谊公园、榕树广场等一批奥运绿化工程。其中，多项工程在天津市街景绿化、小区绿化及厂区绿化评比中获奖。

二十、开发区广厦园林建设工程有限公司

该公司1995年3月成立，注册资金人民币1000万元，有职工280人（绿化，土建人才兼备），其中高、中级管理人员40余人，技术工人80余人，固定资产418万元，各种施工生产，运输设备及仪器仪表工具齐全。

本公司先后承建了多项大中型园林绿化工程，施工项目涉及园林小品、花坛、花廊、大型雕塑、喷泉、水榭、给水浇灌、排水排盐、苗木栽植、养护、铺装及大型土建项目工程，连续五年被天津市人民政府授予“守合同、重信用”单位称号，其中泰达会馆东方花园工程，泰达城市公园绿化工程，泰丰植物示范园绿化工程等多项工程被天津市园林管理局评为天津市优质绿化工程奖，2002年顺利通过了ISO9001：2000国际质量管理体系认证。

二十一、亚平市政园林工程有限公司

该公司成立于2005年，注册资金2000万元，为农行信用等级“AAA”企业。先后承建了多项重点工程项目，包括津蓟高速九园绿化、丹拉高速公路景观绿化、京沪高速前毕庄互通立交及收费站绿化、唐官屯立交改造绿化、西纵北段道路绿化、京津高速桥梁绿化、华明镇农民安置区道路绿化、华明镇农民安置区西区四、五标绿化等。

该公司2003年被天津市政府评为“守合同，重信誉”单位，2005年又被评为“2005年度天津市优秀企业”。

二十二、华策园林工程有限公司

该公司始建于1997年，是一家致力于大型园林景观工程及房地产配套的建筑智能化工程设计，施工配套公司，管理中全面实施ISO9000质量管理体系，完成了以仁爱花园、大通花园、天江格调、格调春天、师范大学等多个颇具规模的大型绿化项目。

二十三、兰苑园林绿化工程有限公司

该公司成立于1994年3月，有在册职工188人，园林专家组3人，各类专业技术人员36人，其中高级职称8人，中级职称26人，二级以上建造师34人。公司注册资金12000万元，自有苗圃基地2100亩。公司取得了ISO9001：2008；GB/T50430-2007质量管理体系、ISO14001：2004环境管理体系和OHSAS18001：2007职业健康安全管理体系认证证书。已经成为市政、园林工程施工、景观设计、绿地养护、苗木花卉生产、销售为一体的综合性园林企业。

二十四、瑞景园林建设发展有限公司

该公司成立于2002年，注册资金1300万元，有职工70人，其中高级工程师三人，工程师11人，助理工程师十人。公司2004年4月通过ISO9001：2000质量保证体系认证，并取得建筑施工安全生产许可证。承建了150多项绿化工程，有40多项获奖，绿化施工面积达140多万平米。公司年施工能力80万平米，年产值达1亿元，

二十五、石艺园林艺术工程有限公司

该公司成立于2005年，具有城市园林绿化壹级、市政公用工程总承包、古建筑专业承包、环保工程专业承包等资质，主要经营园林景观绿化设计施工、市政公用、环保、园林古建、艺术雕刻、绿地养管等综合性景观建设工程。公司坐落于滨海新区海洋高新技术开发区，在河北定州建有大规模园林苗圃。

公司实行总经理责任管理制，设置业务部、设计部、经营部、采购部、工程部、养护管理部、人事行政部、财务部、供应部，实行现代化的管理模式。

二十六、顺通俊海园林绿化工程有限公司

该公司位于津南区双港开发区联东U谷，成立于2009年，注册资金5800万元，本公司是一家以承接市政工程施工、园林工程设计及施工、园林古建筑工程施工的大型综合性施工企业。

公司拥有大型苗木基地，以“大规模、多规格、多品种、低价格”为经营理念，把现代与传统技术融为一体逐步形成了以中大规格乔木为主、花冠木为辅的生产格局。

第二节　天津市部分园林二级施工单位

一、天津市嘉德园林工程有限公司

天津市嘉德园林工程有限公司前身是河北区绿化管理三所，始建于1994年，获GB/T9001：2000质量认证，具有国家建设部颁发的《城市园林绿化企业资质标准》二级证书的施工单位。

公司可以承揽、建设园林绿化工程为主业，拥有一支具有高、中级职称10人，项目经理11人，专业技术人员30人的技术力量雄厚，年轻有为，富有创新精神，能够实施大中型园林绿化工程的专业队伍。

二、天津港保税区君泰城建工程有限公司

天津港保税区君泰城建工程有限公司于1998年3月30日成立，地点在天津自贸试验区（天津港保税区）西四路40号3-106室。

经营范围：市政、园林工程及养护；控沉减灾工程；以及各类工程的沉降变形、位移和应力应变等检测；与以上项目有关的技术商品经营服务，计算机软件开发和研究（依法须经批准的项目，经相关部门批准后方可开展经营活动）。

三、天津市松江生态产业有限公司

天津市松江生态产业有限公司于2001年4月13日在天津市市场和质量监督管理委员会登记成

立。法定代表人董刚，公司经营范围包括林业种植、农作物种植；畜牧及家禽饲养；淡水养殖等。

天津松江生态产业有限公司位于天津市静海县范庄子菜市场东侧天津松江生态林，营业范围有花卉；公司介绍更多天津市松江生态产业有限公司是大型国有控股企业、注册资金5000万，主要以景观工程为支柱产业，兼营物业、旅游、观光、拥有五家子公司。产品报价更多。

天津市松江生态产业有限公司是大型国有控股企业、注册资金5000万，主要以景观工程为支柱产业，兼营物业、旅游、观光、拥有五家子公司。

四、天津市胜日园林绿化工程有限公司

天津市胜日园林绿化工程有限公司于2004年8月22日成立，地址在天津市津南区北闸口电子工业区俊陵路9号经济发展中心内3003-81号。

经营范围：园林绿化工程、景观、广场、喷泉、假山、亭廊、公园以及土石方工程、普通货运、苗木批发兼零售、绿化养护服务、苗木种植等。

五、天津市盛兴园林景观工程有限公司

天津市盛兴园林景观工程有限公司于1998年12月4日成立，地址在天津市北辰区双口镇下河头村。

经营范围：园林绿化，花草种植，室内外装修，建筑材料，批发零售，花草苗木培育，植物防寒材料批发兼零售，从事广告业务，雕刻服务等。

六、天津市开发区金苑景观营造有限公司

天津市开发区金苑景观营造有限公司于1997年04月23日，是专注于政府/公共事业/非营利机构行业的公司，公司坐落于天津经济技术开发区第二大街57号泰达MSD-G1座9层903单元C25，主要经营园林绿化工程；园林设计；鲜花生产（限区外分支机构）、销售；雕塑；家居装饰；水电安装。(依法须经批准的项目，经相关部门批准后方可开展经营活动)，天津开发区金苑景观营造有限公司以始终坚持“诚信为本、客户至上、互惠互利，开拓创新”的企业宗旨，本着“本质为本、专业执着、精益求精”的经营销售理念，力求给客户提供全方位优质服务。经过几年的发展，已成为政府/公共事业/非营利机构行业知名企业。

七、天津市原野绿化工程有限公司

天津市原野绿化工程有限公司成立于2004年，主营园林工程施工、绿化养护管理、花卉租摆、各类苗木的生产和销售。是一家具有独立法人资格的二级资质专业园林绿化公司，拥有一批优秀的设计人员和部门齐全的能工巧匠，可以独立承担各种大型环境设计和绿化施工等项目。

科学的管理和高素质的队伍使公司的业务得到了快速的发展，在全体员工的共同努力和广大客户的大力支持下，公司充分发挥了自身的技术优势，优质完成了多项场馆、广场、公路、住宅区等园林绿化设计与施工。获得了建设单位的任何和有关部门的表彰，取得了良好的社会效应。

八、天津市博克园林工程有限公司

天津市帕克园林工程有限公司成立于2003年，前身为河东区园林工程所，主要从事园林工程设计施工、道路排水施工、花卉、苗木销售、租摆、绿地养护服务、园林技术咨询服务等。我公司具有二级园林绿化专业施工资质，注册资本1000万元，公司拥有大量优秀专业技术人才和先进的技术设备，是一只综合性的具有高水平的绿化施工队伍。

公司完成的绿化工程有卫国道立交桥、十一经路立交桥、李公楼立交桥、新开路、十三经路、津塘路、后广场、快速路、长城公寓、民族园、美景花园、万新村、恋日银河小区等，其中多项工程荣获市级优质工程奖。仅2008年，就完成施工总面积24万余平方米，工程投资6500万元。

九、天津市连盛达园林绿化工程有限公司

天津市连盛达园林绿化工程有限公司成立于2008年2月29日，是一家集园林工程施工、设计、养护及苗木生产销售于一体的城市园林绿化二级资质企业。连盛达园林涉及的园林项目包括别墅区景观绿化、公园改造提升、道路绿化、河道综合整治、商业街景观绿化以及其它政府重点公建周边环境提升工程。

十、天津市环投绿化工程有限公司

天津市环投绿化工程有限公司成立于2009年2月11日，为城市园林绿化二级资质企业，下设财务部、综合办公室、工程部、苗木部等部门。主要经营绿化工程及技术咨询、绿化养护；花卉、林木批发兼零售；现代农业技术及产品的开发、咨询、服务、转让等业务。

公司在本市芦台建有1300亩苗木生产基地，拥有先进的现代办公设备和施工机械，年生产、施工能力5000万元以上。曾先后施工完成了天津金融城津湾广场绿化工程、高速公路人才培训中心绿化景观工程、铁路沿线景观绿化工程、天津大道绿化工程（第3标段）和海河中心广场绿化景观工程。

公司按照现代企业制度要求，建立了规范的法人治理结构，实行董事会领导下的总经理负责制。公司立足于高起点，依靠规范化的管理模式，现代化的运营机制，规模化的产业结构，高素质的管理人才，长期同各界保持密切联系和广泛合作，必将在业界取得飞速发展。

公司地址：天津市南开区卫津南路76号创业环保大厦

十一、天津绿苑园林绿化工程有限公司

天津绿苑园林绿化工程有限公司创建于2011年8月10日，地址在南开区白堤路航宇公寓5-2-503。公司成立以来，务实经营，得到了良好的发展，现拥有一批精干的管理人员和一支高素质的专业技术队伍，人数在200~500人，有舒适优雅的办公环境和现代化的生产经营场所。日常经营过程中严控质量关，市场范围不断扩大。

十二、天津市九州园林工程有限公司

天津市九州园林工程有限公司成立于2004年11月，经营范围：园林工程设计与施工（凭资

质证经营)；园林养护管理及技术咨询；各种花木销售、租赁；园林机械及工具销售。天津市九州园林工程有限公司作为一家以制造、加工、销售和服务为一体的大型综合型企业，具有雄厚的技术、管理、生产能力和经验。多年来，公司一直被评为“诚信企业”“AAA资信企业”“和谐劳动关系企业”“文明单位”，荣获“全国五一劳动奖状”，并取得了质量、环境、职业健康安全管理体系认证。

十三、天津市开发区天马园林有限公司

天津市开发区天马园林有限公司成立于2002年8月7日，地址：天津经济技术开发区黄海路88号；经营范围：园林绿化景观工程、古建筑工程、园林绿化养护工程、建筑装修、修装饰工程、市政公用工程、城市及道路照明工程、环保工程、通信工程、体育场地设施工程等。

十四、天津市静海县艺林绿化工程有限公司

天津市静海区艺林绿化工程有限公司于2003年5月8日成立，地址位于天津市静海县静海镇津德路19号。公司主要经营：园林及公路绿化工程、设计、施工、养护；苗木、树木、花卉、草坪的培育、销售；植物病虫害预警及防治；劳务服务；绿化机具销售、租赁；花卉租赁；森林防火工程；农业观光服务；园林仿古建筑工程；给排水管道施工工程；绿化技术咨询、信息服务等公司属于天津绿化工程公司。

十五、天津市巨川园林工程有限公司

天津市巨川园林工程有限公司于2002年7月3日成立，地址：天津市河北区狮子林大街与金纬路交口金海岸公寓2-804D。主要经营：园林绿化工程等。根据经营生产需要天津市巨川园林工程有限公司设置多个职能部门，包括经理室、财务室、行政办、技术部等。

十六、天津市华泰苑环境艺术工程有限公司

天津市华泰苑环境艺术工程有限公司是由一个对园林事业有着无限追求的，并以弘扬中国传统园林艺术，创造和谐自然美为终生奋斗目标的专业团队组成，经过多年的发展，已成为园林行业中具有影响力的企业。

公司是以承建室外环境艺术工程为主的，集环境艺术景观设计、施工、园林植物的生产、科研及销售为一体的综合性园林绿化企业。具有园林绿化施工二级资质和风景园林景观设计乙级资质，并且通过了ISO9001国际质量体系认证。

十七、天津市绿源环境景观工程有限公司

天津市绿源环境景观工程有限公司于1995年11月6日成立，地址：天津开发区信环西路19号泰达服务外包产业园3号楼3502-2。经营范围：园林绿化工程；园林园艺设计；道路排水维修；室内外装饰、装修工程；苗木花卉、肥料销售；绿化养护工程；花卉租赁、礼仪策划；劳动服务；水处理工程；污染水处理；土壤改良；生态环境综合治理；节能环保工程；生态环境及土

壤修复治理工程；节能环保设备、工业自动化控制设备、化工原料制剂（不含危险化学品，易燃易爆易制毒品）的销售；机械设备租赁（金融租赁除外）等。

十八、天津市中滨园林工程有限公司

天津市中滨园林工程有限公司成立于2001年，注册资金2008万元，具有园林绿化二级资质。该公司的技术力量雄厚，拥有员工150余名，其中有职称技术人员33人，高、中级职称人员有28人，有苗圃800余亩，拥有大中小型机械设备120台，年施工能力在5000万元以上。

公司自成立以来，承揽临港22景观公园绿化工程（E标）、津滨高速公路东丽区道绿化、津京塘高速公路东丽区段绿化、开发区西区高压走廊绿化、水木清华园周边绿化等多项重点绿化工程，面积达几百万平方米。

十九、天津鲜美园林工程有限公司

天津鲜美园林工程有限公司成立于2006年11月9号，地址位于静海县静海经济开发区。主要经营：园林绿化；花卉盆景、假山喷泉、水榭雕塑设计施工；灯具、园林机械设备零售；土方工程；地下排水管道安装工程（特种设备需取得特种设备安全监察部门许可后经营）；机械设备租赁；劳务服务。

二十、天津绿洲园林有限公司

天津绿洲园林有限公司成立于1991年4月6日，该公司位于地址天津开发区睦宁路26号。主要经营：园林绿化施工、绿地养护管理、园林材料、花卉、旅游商品、工艺美术品、食品饮料销售、花卉租摆、园林绿化展览等。

二十一、天津市海岸盐碱地生态绿化工程有限公司

天津市海岸盐碱地生态公司成立于2001年，注册资金5000万元，属国有控股企业，具备城市园林绿化施工二级资质，已通过ISO9001国际质量管理体系认证，在多家银行具备“AAA级信用等级客户”资格，多次被天津市人民政府授予“守合同重信用单位”荣誉称号。

该公司立足天津经济技术开发区盐碱荒滩，主要从事重盐碱地方面的园林绿化技术开发，绿化施工与养护管理。公司承建了多项滨海新区“十大战役”相关绿化项目，在滨海新区开发区东区、西区、南港工业区、临港工业区、临港产业区、塘沽海洋高新区、航母园区、滨海旅游区均开拓有大型建设项目，多项工程被评为市级优质工程。

二十二、天津市亚鹏园林工程有限公司

天津市亚鹏园林工程有限公司成立于2002年，注册资金1000万元人民币。是一家有限责任公司，员工人数有1000人。

二十三、天津市滨海园艺工程有限公司

天津市海滨园艺工程有限公司成立于2000年11月，注册资本壹仟零壹拾捌万元，主要从事

园林绿化工程设计、施工、养护管理，具有城市园林绿化施工二级资质。

公司现有技术人员和管理人员32人，其中高级工程师5人，工程师8人，助理工程师5人，注册建造师6人。公司自有大型施工机械8台（套），固定资产已达3000万元。

公司始终贯彻" 顾客至上、质量第一” 的经营宗旨，所承建的梅江畅水园、景瑞阳光尚、工业大学新校区、领世郡普霖小区等项目均获得了业主的高度评价。

二十四、天津宏远园林工程有限公司

天津宏远园林工程有限公司，成立于1998年3月，是一家以承建城市园林绿化工程为主，及园林施工、绿地养护、苗木生产、出售、租摆为一体的国家园林二级企业。

目前公司现有职员52人，其中管理人员20人，专业技术人员21名，具有中、高级职称的技术人员占公司职工人数的40%以上。在岗职工均参加过天津市园林、水电、司机等专业技术中、高级培训。

二十五、天津市华顺景观建设发展有限公司

天津华顺景观建设发展有限公司成立于2005年11月，地址在天津市武清区曹子里乡政府北侧34号。主要从事园林绿化工程、市政工程、房屋建筑工程、照明工程施工，体育场馆基础、面层、设施的施工、普通公路工程施工及养护、园林绿化及养护、花卉销售、废旧建筑物拆除。

二十六、天津鸿丰环境景观工程有限公司

天津鸿丰环境景观工程有限公司于2004年2月9日在天津开发区工商局注册的园林绿化施工的企业。注册资本金为1000万元人民币，后于2008年经过天津市建委批准取得了园林绿化施工的二级资质。公司已有管理人员31人，其中有职称的管理人员24名，工程技术专业工种人数35人，其中具有高、中级专业技术的人员13人，各专业工种种类齐全，企业年平均人数为175人。在施工能力方面注重资金的投入，先后购买了挖掘机、推土机、自卸汽车的机械设备，以加强工程的施工能力。

2004年先后承建了美克九厂室外绿化及室外照明工程、馨桥园别墅小区绿化景观工程和天津开发区世纪药业厂区绿化工程，总产值430.25万元，工程合格率达到了100%，2006年先后承建施工了天津开发区赛威工业设备有限公司厂区绿化工程、河北省吴桥县城市广场景观绿化工程、天津市塘沽区宏愿小区景观绿化工程，2007年已完工的工程有塘沽巨川唐人街工程、天津武清垃圾综合处理厂绿化工程、开发区捷达园绿化工程、河北省衡水市城市广场绿化景观工程、塘沽秀谷阳光小区绿化工程、天津纺织工业园棉纺一厂景观绿化工程，2007年总产值达2108万元，工程合格率100%。2004年，在天津市塘沽区河头镇建立了一个50余亩的苗圃，经过一年多的经营管理，目前苗圃规模已经发展到100余亩，苗木品种由原来的40余种发展到70余种，苗木规格齐全；基地内培育了花卉35000余盆，草坪30000余平方米，并且与外地一些苗木基地建立了联营机制。2005年，公司的绿化养护面积已达20万余平米，养护人员45人。

公司立足于市场及服务，面向开发区及滨海新区进行绿地规划、施工、养护及观赏花卉栽培等方面的咨询服务，并送部分管理人员进行管理、施工、技术、质量、安全等项目的培训。

二十七、天津滨海新区大港津港园林工程公司

天津滨海新区大港金港园林工业公司，成立于1993年3月12日，地点在天津市滨海新区大港振兴路19号。经营范围：小型古建筑维修，小型绿化工程；劳务服务（限境内）；游艇船服务；自有临建房租赁；园林绿化工程、绿地养护、市政道路和给排水工程、土方工程。

二十八、天津市隆源园林工程有限公司

天津市隆源园林工程有限公司成立于2005年4月18日，地点在天津市河西区洞庭路与怒江道交口西北侧美年广场3，4号楼4-2008。

主要经营：园林绿化工程设计、施工、养护、土木建筑、石雕、木雕加工等服务，下设工程技术部、采购部、财务部、机械部、综合部，在静海独流镇自有苗圃种植基地，拥有施工人员、管理人员、高级工程师、中级工程师、助工和技术工种骨干人员。为更好的开展各项工程施工，单位拥有机械设备、绘图仪器、计算机及信息处理系统等专业设备，能满足不同类型的施工需要。

附：城市园林绿化企业资质等级标准

一、一级资质

（一）资质标准

1. 注册资金且实收资本不少于2000万元；企业固定资产净值在1000万元以上；企业园林绿化年工程产值近三年每年都在5000万元以上。

2. 6年以上的经营经历，获得二级资质2年以上，具有企业法人资格的独立的专业园林绿化施工企业。

3. 近3年独立承担过不少于5个工程造价在800万元以上的已验收合格的园林绿化综合性工程。

4. 苗圃生产培育基地不少于20亩，并具有一定规模的园林绿化苗木、花木、盆景、草坪的培育、生产、养护能力。

5. 企业经理具有8年以上的从事园林绿化经营管理工作的资历或具有园林绿化专业高级技术职称，企业总工程师具有园林绿化专业高级技术职称，总会计师具有高级会计师职称，总经济师具有中级以上经济类专业技术职称。

6. 园林绿化专业人员以及工程、管理、经济等相关专业类的专职管理和技术人员不少于30人。具有中级以上职称的人员不少于20人，其中园林专业高级职称人员不少于2人，园林专业中级职称不少于10人，建筑、给排水、电子专业工程师各不少于1人。

7. 企业中级以上专业技术工人不少于30人，包括绿化工、花卉工、瓦工（或泥工）、木工、电工等相关工种。企业高级专业技术工人不少于10人，其中高级绿化工和或高级花卉工总数不

少于5人。

（二）经营范围

1. 可承揽各种规模以及类型的园林绿化工程，包括：综合公园、社区公园、专类公园、带状公园等各类公园，生产绿地、防护绿地、附属绿地等各类绿地。

2. 可承揽园林绿化工程中的整地、栽植及园林绿化项目配套的500平方米以下的单层建筑（工具间、茶室、卫生设施等）、小品、花坛、园路、水系、喷泉、假山、雕塑、广场铺装、驳岸、单跨15米以下的园林景观人行桥梁、码头以及园林设施、设备安装项目等。

3. 可承揽各种规模以及类型的园林绿化养护管理工程。

4. 可从事园林绿化苗木、花卉、盆景、草坪的培育、生产和经营。

5. 可从事园林绿化技术咨询、培训和信息服务。

二、二级资质

（一）资质标准

1. 注册资金且实收资本不少于1000元；企业固定资产净值在500万元以上；企业园林绿化年工程产值近三年每年都在2000万元以上。

2. 5年以上的经营经历，获得三级资质3年以上，具有企业法人资格的独立的专业园林绿化施工企业。

3. 近3年独立承担过不少于2个工程造价400万元以上的已验收合格的园林绿化综合性工程。

4. 企业经理具有5年以上的从事园林绿化经营管理工作的资历或具有园林绿化专业中级技术职称，企业总工程师具有园林绿化专业高级技术职称，总会计师具有中级以上会计师职称，总经济师具有中级以上经济类专业技术职称。

5. 园林绿化专业人员以及工程、管理、经济等相关专业类的专职管理和技术人员不少于20人。具有中级以上职称的人员不少于12人，其中园林专业高级职称人员不少于1人，园林专业中级职称人员不少于5人，建筑、给排水、电气工程师各不少于1人。

6. 企业中级以上专业技术工人不少于20人，包括绿化工、花卉工、瓦工（或泥工）、木工、电工等相关工种。企业高级专业技术工人不少于6人，其中高级绿化工和/或高级花卉工总数不少于3人。

（二）经营范围

1. 可承揽工程造价在1200万元以下的园林绿化工程，包括：综合公园、社区公园、专类公园、带状公园等各类公园，生产绿地、防护绿地、附属绿地等各类绿地。

2. 可承揽园林绿化工程中的整地、栽植及园林绿化项目配套的200平方米以下的单层建筑（工具间、茶室、卫生设施等）、小品、花坛、园路、水系、喷泉、假山、雕塑、广场铺装、驳岸、单跨10米以下的园林景观人行桥梁、码头以及园林设施、设备安装项目等。

3. 承揽各种规模以及类型的园林绿化养护管理工程。

4. 可从事园林绿化苗木、花卉、盆景、草坪的培育和经营，园林绿化技术咨询和信息服务。

三、三级资质

（一）资质标准

1. 注册资金且实收资本不少于200万元，企业固定资产在100万元以上。

2. 具有企业法人资格的独立的专业园林绿化施工企业。

3. 企业经理具有2年以上的从事园林绿化经营管理工作的资历或具有园林绿化专业初级以上技术职称，企业总工程师具有园林绿化专业中级以上技术职称。

4. 园林绿化专业人员以及工程、管理、经济等相关专业类的专职管理和技术人员不少于10人，其中园林专业中级职称人员不少于2人。

5. 企业中级以上专业技术工人不少于10人，包括绿化工、瓦工（或泥工）、木工、电工等相关工种；其中高级绿化工和/高级花卉工总数不少于3人。

（二）经营范围

1. 可承揽工程造价在300万元以下园林绿化工程，包括：综合公园、社区公园、专类公园、带状公园等各类公园，生产绿地、防护绿地、附属绿地等各类绿地。

2. 可承揽园林绿化工程中的整地、栽植及小品、花坛、园路、水系、喷泉、假山、雕塑、广场铺装、驳岸、单跨10米以下的园林景观人行桥梁、码头以及园林设施、设备安装项目等。

3. 可承揽各种规模以及类型的园林绿化养护管理工程。

4. 可从事园林绿化苗木、花卉、草坪的培育、生产和经营。

四、三级资质以下

三级资质以下企业职能承担50万元以下的纯绿化工程项目、园林绿化养护工程以及劳务分包，并限定在企业注册地所在行政区域内实施。具体标准由各省级主管部门参照上述规定自行确定。

五、相关注释

（一）省级主管部门：指省、自治区住房和城乡建设厅和直辖市园林绿化主管部门。

（二）工程造价：以竣工造价为准。

（三）综合性工程：指工程建设内容除园林绿化植物栽植、整地外，至少含两种下列内容的园林绿化工程：园林绿化项目配套的500平方米以下的单层建筑（工具间、茶室、卫生设施等）、小品、花坛、园路、水系、喷泉、假山、雕塑、广场铺装、驳岸、园林景观人行桥梁、码头以及园林设施及设备安装项目等。单纯的绿化项目和绿化管理养护项目，如公路绿化、厂区绿化养护等，一律不算综合性工程。

（四）园林景观人行桥梁：桥梁设计以游客通行和园林景观效果为主，设计负载在250公斤/平方米以下，并只限应急车辆通行的单跨桥梁。

（五）建筑专业：包括建筑、工民建和土木工程专业。

（六）园林专业：指与园林绿化工程规划设计施工及养护管理相关的专业，包括园林（含园林规划设计、园林植物、风景园林、园林绿化等）、园艺、城市规划、景观、植物（含植保、森保等）、风景旅游、环境艺术等专业。

（七）专业人员资格的认定：专业技术人员所学专业、职称证书专业原则上应与标准要求的专业一致，其它情况按下列原则认定：

1. 申报人员所学专业与标准要求专业不一致，但职称证书专业与标准要求专业一致，则按照其职称证书专业认定。

2. 申报人员所学专业与标准要求专业一致，但职称证书专业与标准要求专业不一致，经考核其个人工作经历符合要求的（中级职称人员需从事相关专业工作 6 年以上；高级职称人员须从事相关专业工作 10 年以上），按照其所学专业认定。

3. 申报人员职称证书上未注明专业的，按照其毕业证书专业认定。

4. 申报人员毕业证书专业、职称证书专业都与标准要求专业不一致，但就业后从事标准要求专业的脱产学习至少一年，并取得相应结业证书的，经考核其个人工作经历符合要求的（中级职称人员需从事相关专业工作 6 年以上；高级职称人员需从事相关专业工作 10 年以上），按照结业证书专业认定。

5. 申报人员毕业证书专业、职称证书专业都与标准要求专业不一致，且达不到上述认定要求的，一律不予认定。

（附：天津市一、二级资质施工单位一览表）

一级资质园林施工单位一览

一、天津市北方创业园林股份有限公司

二、天津市泰达绿化集团有限公司

三、天津市红港绿茵花草有限公司

四、天津市绿化工程公司

五、天津市创世生态景观建设股份有限公司

六、天津市绿茵景观工程公司

七、天津市远成景观建设发展有限公司

八、天津市津美园林工程有限公司

九、天津市天禾环境景观工程有限公司

十、天津市天馨园林工程有限公司

十一、天津市园林建设总公司

十二、天津市海泰市政绿化有限公司

十三、天津雍阳园林有限公司

十四、天津市宏路园林绿化工程有限公司

十五、天津市格瑞园林发展有限公司

十六、天津开发区广厦园林建设工程有限公司

十七、天津市亚平市政园林工程有限公司

十八、天津市华策园林工程有限公司

十九、天津市兰苑园林绿化工程有限公司

二十、天津市瑞景园林建设发展有限公司

二十一、天津市石艺园林艺术工程有限公司

二十二、天津市顺通俊海园林绿化工程有限公司

天津市部分二级资质园林施工单位一览

一、天津市嘉德园林工程有限公司

二、天津港保税区君泰城建工程有限公司

三、天津市松江生态产业有限公司

四、天津市胜日园林绿化工程有限公司

五、天津市盛兴园林景观工程有限公司

六、天津市开发区金苑景观营造有限公司

七、天津市原野绿化工程有限公司

八、天津市博克园林工程有限公司

九、天津市连盛达园林绿化工程有限公司

十、天津市环投绿化工程有限公司

十一、天津绿苑园林绿化工程有限公司

十二、天津市九州园林工程有限公司

十三、天津市开发区天马园林有限公司

十四、天津市静海县艺林绿化工程有限公司

十五、天津市巨川园林工程有限公司

十六、天津市华泰苑环境艺术工程有限公司

十七、天津市绿源环境景观工程有限公司

十八、天津鲜美园林工程有限公司

十九、天津绿洲园林有限公司

二十、天津市海岸盐碱地生态绿化工程有限公司

二十一、天津市亚鹏园林工程有限公司

二十二、天津市滨海园艺工程有限公司

二十三、天津宏远园林工程有限公司

二十四、天津市华顺景观建设发展有限公司

二十五、天津鸿丰环境景观工程有限公司

二十六、天津滨海新区大港津港园林工程公司

二十七、天津市隆源园林工程有限公司

第三节　优秀外埠工程项目

一、中国99昆明世界园艺博览会天津展区

中国99昆明世界园艺博览会，于1999年5月至10月举行，天津市园林局代表本市参展。

根据世博会组委会要求，参展城市除参加室内布展外，还要在室外展区建设一座代表本地园林风格特色的园林，并进行评比。“天津园”建设工程于1998年4月开工，经过该局园林工程处、绿化工程处等单位近10个多月的施工，“天津园”按要求如期完工。

该园坐落在世博园室外展区的中心位置，占地近2000平方米。东与“香港园”隔路相望，西邻河北省的“燕赵紫翠园”，南靠安徽省的“徽园”，西南与北京的“万春园”相接。

“天津园”的造园风格，充分体现了天津城市发展受中西文化交汇影响，既古老又现代，既传统又开放，呈现中西合璧、古今交融的历史性和风貌。在国内除天津本土以外，该园是第一座以天津命名并汇集天津园林精华的园林。全园分为前景区、水景区和背景区三个部分，其空间布局由低向高分层次变化。园内建有“百龙嬉水”“连翼亭”等园林建筑。“百龙嬉水”汉白玉浮雕高2.6米、宽16.4米，和水上旋转石球组成一组动态水景，气势磅礴。台地上所建仿清式的“连翼亭”高5米、面阔2.75米，作为该园的背景，与“百龙嬉水”上下呼应，相得益彰。园内遍植的月季、茶花等具有天津和南方特色的花木，6万株草花形成多色彩、流线型的图案。经世博会组委会组织中外专家评比，“天津园”的设计和灯光夜景分获银奖，全园施工和“连翼亭”创作分获金奖，“百龙戏水”动态水景获大奖。

天津名花仙客来，正常花期是11月至翌年2月，为让中外宾客能在世博会期间欣赏天津名花仙客来，市园林绿化研究所采取分期播种、控制温度、调节营养、去除雄株等措施，进行延时栽培试验，成功地把仙客来的盛花期人为延长了两个多月。在昆明世界园艺博览会开幕前夕的4月26日，20多个品种、710盆盛花期的仙客来，空运到在昆明世界园艺博览会天津展区。

在昆明世界园艺博览会举办期间的10月12日至18日，根据组委会的安排，举办了“天津园”活动。其主题是：创造人与自然的和谐城市——迈向21世纪的天津。在“天津园”活动期间，本市举办了经贸展销、文化产品和旅游项目推介和文化演出等。

二、锦州古塔公园

锦州古塔公园是天津园林工程处1999年初承揽的一项大型外埠工程，造价1亿4千万元，1999年春季动工，2000年夏季竣工开放。

该园以千年古塔为中心制高点，以2001年6月被国务院公布为全国重点文物保护单位的大广济寺古建筑群为借景，体现锦州古城历史文脉和现代园林风光理念相结合的特点，全园分为文物游览区、老年活动区、观赏植物区、安静休息区、儿童活动区和木化石林观赏区六个主要景区。其中最有特色的是木化石林观赏区。该区位于公园北部，占地4000多平方米，以200多株辽西特产的木化石为主要原料，用多种造型手法形成一处“虽由人作，宛若天开”的木化石林，是继深圳木化石林后世界上第二座迁地保存的木化石林。这些木化石产于义县及辽西地区，形成于1.5亿年前。当时由于地壳运动或火山爆发，古代森林瞬间被泥沙或火山熔岩所掩埋，在漫长的岁月中，树木中的有机质逐渐为二氧化硅所取代，所以木化石又称硅化木，是石化了的树干化石。由于这一过程需要极特殊的自然环境和地壳运动，所以木化石林景观在世界上极为珍贵和罕见。

古塔公园千年古塔与现代园林合为一处，历史文化和现代文明融为一体，以其特有的园林风格，成为锦州乃至辽宁省的又一个旅游名胜区。

三、山东潍坊人民公园

山东潍坊人民公园始建于1951年，位于潍坊白浪河西岸、青年路中段，南北与健康西街和民生西街相接，地处潍坊的市中心区。原是以观赏动植物为主、封闭式管理的市级公园。为适应城市发展的要求，进一步提升人民群众的文化生活品质，2004年年初，潍坊市委、市政府决定斥资近亿元，对人民公园进行改造提升。

该园改造提升工程本着利用原有生态资源、运用现代造园手法、突出生态性和人本性、突出体现潍坊历史文化底蕴、突出人与自然和谐与融合的原则，总体要求很高，故广泛进行招标。

天津市园林建造和设计的两个“排头兵”——绿化工程处和园林设计院，由于实力强劲、方案卓越，分别一举中标该园的设计和施工。这项工程自2004年9月开始，至2005年5月基本竣工，并于2005年“六一”开园纳客。

改造提升后的人民公园占地13公顷，以“人、水、树、生活”为主题，遵循以绿为主、以水取胜、保护生态等原则，巧妙地以贯穿潍坊市区的白浪河为一大主景，并把这条河以沟渠的形式，引为蜿蜒全园的水系，还在水系沿途以潭、泉、溪、瀑等方式营造水景，附近的园路、广场、建筑、植物也临水而设，建设了中式园和西式园两个园中园和园中溪流景观带和沿河景观带两条主景观带，还精心打造了湖泊楼榭、喷泉瀑布、水中舞台等水系景点和叠瀑园、戏水园、盈翠岛、滨水长廊等7大景区，以及枫林、流沙、云城、谊园、听香屋、天趣园、明心岛等12个大型景点，成为潍坊市中心大型综合性公园。全园分南、北、西三个出入口，为一处寓休闲、娱乐、健身、观赏等多种功能于一体的开放式市级公园。

四、济南第七届园博会天津园“天泰苑”

在济南举行的第七届国际园林花卉博览会，于2009年5月至10月举行，天津市园林局代表本市参展，并再次建造有天津特色的园林，此项工程由天津市绿化工程处承建，其园名为“天泰苑”。该园北依园博园主广场，东邻滨湖大道，处于园博园核心区域，占地近5000多平方米，在本市所建的多个天津园林中，是面积较大的一个。

其设计和建造主要展现天津市600多年的历史文化积淀和其在当代巨大的发展变化，整体空间构成巨船型，体现天津市特别是滨海新区在当代社会发展中的领航地位。在园区景观中轴线上，依次设置了天津特色的牌楼、采用泥人张手法的雕塑、人工浅溪、汉白玉拱桥、叠水浮雕墙和八角亭等，形成以牌楼为框景，雕塑和浮雕墙为中景，八角亭为北背景，的多层次、多纵深景观视觉效果。

经第七届国际园林花卉博览会组委会评选，“天泰苑”获得综合奖金奖、建筑小品大奖、植物配置大奖等系列大奖，获奖数量和等级，在国内外300多个参展耽误中名列前茅。第七届国际园林花卉博览会2009年10月在济南闭幕后，“天泰苑”被留在当地永久展出。

五、第五届中国园林花卉博览会天津园林“津深情”

在由国家建设部和深圳市政府举办的第五届中国园林花卉博览会上，市园林局代表天津市参加天津园林室内外两部分的展览和评比，由天津市园林建设总公司施工。

在室内部分，花卉管理处送展的花卉仙客来、双线竹芋获金奖。在室外部分，建造的园林名为“津深情”，该园占地1200平方米，工程造价120万元。其内主景是一座高8米的假山和一条从山顶蜿蜒入池的涧溪，周围栽植有水杉、铁树、鹤望兰等花木。该园获第五届中国园林花卉博览会造园综合奖银奖，并永久留在深圳第五届中国园林花卉博览会原址展出。

六、沈阳世园会天津园林“瀚海津门”

2006年沈阳世界园艺博览会，于2006年5月至10月举行，市园林局代表天津市参展。

根据世博会组委会要求，参展城市要在世博园里建设一座代表本地园林风格特色的园林展出，并进行评比。本市参展的园林，以主要表现天津教育的辉煌为主题，名为“瀚海津门”，由天津市园林局花卉管理处承建，沈阳世园会天津园林“瀚海津门”

该园坐落在世博园位置最为显赫的一号展区，与“法国园”相邻，占地近2100平方米，工程造价120万元。该园以展现天津教育辉煌为主线，以培养了新中国两位总理和56位两院院士的南开中学百年辉煌成就为主线，通过构筑单体景墙、回廊式浮雕和假山、瀑布等建筑小品，既巧妙地分割、点缀了咫尺空间，又以园林艺术手法，生动地表现了天津教育的历史、现在和未来，以及天津教育在中国和世界的重要地位和影响。

该园入口处的主景是以南开中学伯苓楼建筑立面为蓝本的南开牌楼，透过牌楼可看到著名教育家张伯苓的铜像。其后的汉白玉浮雕墙着重表现了南开培育了新中国两位总理和 56 位两院院士的百年辉煌成就。位于该园一侧的塑山叠水是该园的又一大景观，自然的山石上如飞瀑般的叠水落入水池中。该园的植物种植突出层次的变化与绿化的围合，主入口处两侧栽植大规格的山桃，并配植紫叶李，寓意为桃李满天下。为烘托景观效果，依层次栽种草花和天津市花月季以及矮生美人蕉。为体现周恩来总理在南开的学习和生活，特选栽了周总理生前最喜爱的西府海棠。该园后侧则采用大规格乔木，并由天津市移栽天津市树绒毛白蜡，与大型常绿植物共同形成背景。

经有关专家评选，“瀚海津门”荣获 2006 年沈阳世界园艺博览会最高奖——综合类最佳奖、展园设计金奖、施工金奖，并永久留在沈阳世界园艺博览会原址展出。

2006 年 5 月 29 日，天津市代表团来沈阳参观此届世界园艺博览会，并把一块产于天津蓟县中上元古界地层剖面、经历了 15 亿年漫长岁月的中上元古界化石，捐赠给世园会。这块化石高 80 厘米，宽和厚 60 厘米。2006 年 5 月 29 日，天津文化活动周在沈阳世界园艺博览会天津园“瀚海津门”开幕，一周期间，在此分别举行了图片展、文艺表演、城市推介活动。

第十三章 监理单位

第一节 天津市园林监理公司

天津市园林建设工程监理有限公司成立于 2002 年 1 月，位于天津市南开区园荫道园荫里 17 号楼西侧，法定代表人陈召忠，是天津市最早成立的国有园林专业监理企业之一。该公司自主经营、自负盈亏，具备“市政公用工程甲级、房屋建筑工程乙级”监理资质；业务范围覆盖园林绿化工程、仿古建筑工程、市政工程、房屋建筑工程监理以及园林绿化工程技术咨询。该公司通过了 ISO9001 质量管理体系、ISO14001 环境管理体系、OHSAS 18001 职业健康安全管理体系认证。

该公司拥有专业齐全、年龄结构合理、专业经验丰富的技术人员 100 余人，其中国家注册监理工程师 30 人，具有高、中级职称的专业技术人员占 60% 以上。团队执业资格涉及园林绿化、市政、房屋建筑、装饰装修、电气、给排水等专业，并拥有多名具有国家注册造价工程师、国家注册一级建造师等资格的专业人员。

多年来，该公司承揽了天津市及周边省市多项重大园林景观工程，同时也开拓了项目管理、项目咨询和第三方质量评估方面的业务，如天津市侯台风景区、外环线58米绿化带、生态城动漫中心公园、滨海中央大道景观工程、杨柳青民俗大院仿古建筑群、河北省首届园林博览会（衡水）园博园项目、山东淄博市孝妇河景观工程、山西大同市御河园景观工程等。

该公司注重园林专业工程技术的总结和研究工作，成立了以行业专家及业务骨干为核心的专业技术团队，积极参与学术活动，主持编制了国家行业标准《园林绿化工程施工及验收规范》CJJ82-2012、天津市地方标准《天津市园林绿化工程监理规程》DB/T 29-241-2016；参与编制了地方标准《天津市园林绿化土壤质量标准》DB/T 29-226-2014等；主编并出版了《园林绿化工程施工质量控制手册》ISBN 978-7-112-16502-5等专业书籍。

该公司贯彻“严格监理、科学规范、热诚服务、以质取信”的质量方针、倡导“诚实、勤慎、负责、服从”的员工行为准则，在行业内取得了良好的信誉，多次被授予“天津市AAA诚信监理企业”“天津市先进监理企业”“守合同重信誉企业”“园林系统先进党支部”等荣誉称号；多名员工被授予“园林系统先进个人”“天津市五一劳动奖章”“全国城建系统先进个人”“天津市优秀总监理工程师”“天津市优秀监理工程师”“天津市AAA诚信监理人员”等荣誉称号。

第二节　天津市方正监理中心

天津市方正园林建设监理中心是天津市城乡建设委员会于2000年9月批准成立的天津市一家园林建设监理单位，也是全国第二家园林监理单位。该中心主要承担园林绿化工程建设监理；园林古典建筑工程施工监理；园林绿化工程招投标阶段监理；小型工民建筑工程监理；绿化工程技术咨询服务以及园林绿化工程设计阶段监理等业务。本中心人才密集，专业齐备，拥有园林绿化工程、建筑工程、电气设备工程、给排水工程等各类专业技术管理人员40余人。其中高级、中级技术职称人员占90%以上。于2000年9月18日在天津工商局登记注册挂牌成立，单位注册资本50（万元），在职员工30名天津市方正园林建设监理中心是具有市政公用工程、房屋建筑工程双甲级资质的监理企业。

该中心以专业规范的服务积极开拓监理市场，自2000年成立至后，共完成天津市和外省市工程监理项目553项，工程总造价达105亿元。中心在外省市的监理服务涉足山东、河北、河南、辽宁、江苏、内蒙古等。

第六篇

园林花苗木业

概　述

据记载，明朝初年，天津城郊即有农民种植花卉。清代，逐渐形成了主要集中于南运河西岸的花农聚居地，出现了“月季之乡”“菊花之林”等京津闻名的花乡。

天津开埠后，出现了专营园林花木生产经营的花苗圃和花店，英国人首先在租界伟夫路修建花圃、苗圃，中山公园、宁园及其他各国租界花园建有花窖、小花圃。1949 年，天津市政府工务局园林管理所接收花圃一处（伟夫路花厂，面积 1.13 公顷）。苗圃六处（马场道苗圃，面积 0.66 公顷；睦南道苗圃，面积 1 公顷；大直沽苗圃，面积 2.48 公顷；昆明路苗圃，面积 1.29 公顷；重庆道苗圃，面积 0.27 公顷；贾家沽苗圃，面积 8 公顷）。总计花苗圃面积 14.83 公顷。

解放初期，根据中共七届二中全会“必须以极大的努力学会管理和建设城市”的方针，天津编制了城市建设初步规划方案，城市园林建设进入新的历史阶段，园林花木业被摆上重要位置。1950 年 3 月，市政府批准划拨宜兴埠温家花园土地 6.7 公顷，辟建苗圃，相继又辟建新建了东局子苗圃（面积 16 公顷）、小孙庄合营苗圃（面积 6.8 公顷）。至 1952 年年底，园林花苗圃面积共 44.33 公顷。

“一五”计划期间，园林广场处成立了专门的花木业管理机构——花苗圃管理所，制订了七年扩建苗圃的规划。1953 年新建湾兜苗圃，面积 4.2 公顷；1954 年开始建设刘园苗圃，后经 1955 年、1957 年两次扩建面积达 101.1 公顷，1956 年，杨庄子花农联合成立花木园艺场，有土地 1.44 公顷，地上土窖 97 间，冷窖 31 间。1958 年成立天津市花木公司，花苗木开始实行统一管理。1959 年相继新建程林庄苗圃（面积 111.6 公顷）、赵庄子苗圃（面积 121.4 公顷）。同年市政府批准征用杨庄子以东、北辛庄以西土地 20 公顷，扩建花木园艺场后改为北辛庄花圃，至 1961 年形成了北辛庄、湛江路两个花卉生产基地。1962 年，调整苗圃布局，赵庄子苗圃移交市园林局。1963 年，中央第四次城建会议和华北林业会议，提出五年实施城市普遍绿化的要求，天津市制定了五年绿化规划。为实现这一目标，保证绿化所需苗木，1964 年市政府批准新建北仓苗圃，面积 72 公顷。经过这一时期的努力，天津园林花木业初步具备了与城市绿化相适应的规模，为城市绿化发展奠定了基础。1965 年年底，全市花木生产用地总面积 372 公顷，为这一时期城市绿化建设提供了苗木近 1000 万株。

“文革”期间，极左思潮泛滥，养花被说成“玩物丧志”“香风臭气”“腐蚀人的思想”。花苗圃经历了一场浩劫，大量树木花卉被砍伐，一些生产设备被盗被抢，花卉温室被拆除，苗圃品种园和育苗室被毁。由于过分强调园林结合生产，打乱了花木品种结构，花灌木遭淘汰，大面积的土地改种落叶乔木、果树及蔬菜等农作物，破坏了花木业发展规划，给园林花木业造成重大损失。

十一届三中全会的召开，使各条战线走上正轨。第五届全国人大第四次会作出开展全民义务植树运动的决议，园林花木业进入了一个前所未有的大发展时期。“六五”“七五”计划十年中用于花木业建设的资金801.9万元，相当于自解放初至1978年三十年投资的总和。为满足城市对苗木的需求，1980年经市政府批准，再度扩建刘园苗圃，总面积达到212.13公顷，成为华北地区最大规模的综合性园林苗圃。同时，扩建了宜兴埠花圃。在此期间，塘沽区、汉沽区、大港区、东郊区、南郊区、西郊区先后建有为本地区城镇绿化服务的花苗圃。到1988年年底，全市苗圃、花圃总面积为570.67公顷，占天津建成区面积的1.8%。在此过程中，大力加强花苗圃基础设施建设，建育苗和花卉温室11142平米，改建新建花苗圃道路、泵站及灌溉渠系，购置配备圃地作业和园林施工机械设备，提高了圃地耕作、乔木刨苗、出圃吊将装、运输、植保的机械化水平。

为适应城市园林由普遍绿化向绿化美化方向发展的需求，市园林局提出了发展园林育苗的远期设想和近期规划，恢复了28个天津乡土树种的生产，增加了观赏乔木及夏、秋开花观果灌木的生产比重，推进优质花木的引种、驯化和投产。从改革工艺、推进专业化生产、更新品种、提高质量入手，确定月季、仙客来、菊花等优先发展产品，月季品种由300个增加到550个，建立月季生产和养护基地。花卉经营得以恢复。1980年，胜利路、美艳、四季春、北辛庄、长春道、青苑等鲜花店先后开业者；同时，各区县园林部门也新建开业了一批花店，并开始出现个体私营鲜花店。

“八五”“九五”计划期间，是天津园林事业加快发展的阶段，也是园林花木业最好的时期，重点是实施了结构调整和技术创新。1989年，市园林局组织制定《发展三十个骨干树种，调整苗木品种结构的计划》，在安排1991年的工作中，把调整花苗木生产结构纳入工作要点，根据各苗圃的自然条件和工作基础，确定了程林苗圃以生产乔木为主，兼营少量常绿树；北仓苗圃实行综合发展，形成多品种、多规格生产的苗木基地。

为适应市场经济的发展，市园林局提出了花木业实施大生产、大流通的战略。为加快园林花木业进入市场，取消花苗木生产指令，放开价格管理；改革内部经营管理体制，引进企业管理，推选多种形式的“承包责任制”。使花苗木生产经营以市场为导向，品种、数量、规格等趋于合理，提高了市场竞争力。在实施结构调整，改革经营管理机制的同时，大力实施以“新品种。新技术、新工艺、新材料”为内容的技术创新以及容器育苗、组培育苗的应用。计算机调控大棚温度、湿度、浇水、施肥等技术的推广，提高花苗木业的科技含量，提高产品质量，扩大生产规模，增加产品的市场份额。据统计，“八五”“九五”期间，市属苗圃苗木出圃年均40余万株，品种140余个，其中引进新品种50余个。市属园林花圃盆花生产年均30万盆，出圃24万盆；切花出圃年均13万支。

第一章　花乡与花卉市场

第一节　花　乡

天津的花卉生产，据记载已有近三百年的历史。明初，天津城郊即农民种植花卉，并有肩挑花担，走街唱卖的花贩。随着城市经济的日趋繁荣，花卉需求增加，逐渐出现了专事花卉生产的经营的花农，并主要集中于南运河两岸的村庄。

清代，出现了各具特长的花乡。如北辛庄、赵庄、三元村等被誉为“月季之乡”；杨庄、曹庄等称为“菊花之村”；大觉庵（前园）附近以莳养牡丹、芍药闻名；阎街子一带则以培育草花著称。南运河两岸的花农，或直接向集市、庙会供应花卉，或批发给村民摆摊设点，走街穿巷，挑担唱卖；也定期为宅邸、商店租摆应时花卉盆景。《津门杂记》对这里花卉的生产、担售多有记载：“津沽极目无寸山，绝少游览之地，唯城西四五里，村名芥园、小园、大觉庵等处，人多艺花为业，所开花厂甚多，万紫千红，灿若朝霞，聊可供人玩赏，花农于每日凌晨担花售于市，人争购之。”南运河一带的花卉，最盛时上市量达 3 万多盆（株），曾远销三北和供奉京师之用，也曾有少量花卉销往香港。当时，天津的名花主要是菊花，已经莳养出独本菊，时称扦子。流行的切花有晚香玉、唐菖蒲、芭兰等。有的花农还在市区开设花店，经营花卉，有的专供行贩。

曹庄坐落在天津市西青区中北镇。中北镇种花历史悠久，据清代《天津卫志》记载，由于村庄多依南运河而建，土地肥沃，适宜水稻、蔬菜、花卉种植。清朝初年，成为津西粮仓。清朝中期，曹庄和邻近数村广植晚香玉、菊花、霸王鞭等花卉，迄今已有 200 多年的历史。至清末，已成为名噪京津的花卉之乡。新中国成立后，特别是改革开放，促进了花卉业的大发展，曹庄花卉之乡日渐扩大种植规模，引进新的品种，成为北方花卉基地之一。2000 年被国家林业局、中国花卉协会命名为“全国重点花卉市场”和“中国晚香玉之乡”，曹庄牌重瓣晚香玉，1999 年被市政府评为第二批天津市农业名牌产品。2001 年，全镇花卉总产值达到 1 亿元，占全镇农业总产值的 45%。2002 年，天津市西青区中北镇依托百年花卉种植优势，将花卉产业作为全镇经济的主导产业，建起总面积达 10 万平方米的大型花卉市场，同时采取多项优惠政策鼓励农民种植花卉，建成集花卉科研开发、新品种引进、产后加工为一体，面积达 240 公顷的花卉种植基地。

第二节　花卉市场

一、花店

天津自有了专业花卉生产的花农，花卉市场就开始形成和发展。起初，花农卖花主要以挑担走街串巷叫卖，或集市摆摊售卖为主。清代后期，即有花农在城里开设花店，或定期给商店送花代售。天津开埠后，城里花店渐多，经营盆花、切花、苗木、金鱼，以至花鸟工具。解放后公私合营时，共有武记、振生祥、永庆合、公兴鸣、墅光五家花店。

1958 年，成立天津花木公司，统一管理花店的业务。同年，第一商业局将各区的鲜花门市部全部移交花木公司，共接受长春道、和平路、中心公园、河东、玫瑰、滨江站定、新乐、福临、贵阳路、胜利公园、维斯礼堂、新华、跃进、振卉、荣吉街、长江、墅光等 18 个花店，从业人员 60 人，花店主要经营品种有盆花、切花、盆景、园艺工具，并承接花蓝、花圈的制作。“文革”期间，花卉行业受到严重破坏，鲜花门市部大部分关闭，仅剩下北门外、西安站定、长春站定 3 个门市部。1980 年 4 月，花卉管理所下属的胜利路花卉综合门市部开业，这是“文革”结束后开业的第一个花卉门市部。随后，四季青花店、兰香苑花店、华艺花店、美艳花店、青苑花店、北门外花店、万年红花店，以及马场道、西安道、浦口道具、宝鸡道、吉利、利顺德花屋相继开业，由花卉管理所经营管理。

进入 20 世纪 80 年代，随着改革开放和城市建设发展，花卉业迎来了快速发展的时期。为了适应形势的要求，1981 年 5 月 1 日，在原花卉管理所的基础上，建立天津市花卉管理处。花卉管理处成立后，在扩大花卉生产的同时，为了适应花卉业逐步进入市场的要求，加强经营管理和市场开发工作，于 1984 年 7 月，成立花卉基层总店，1987 年 1 月基层总店确立为科级事业单位，实行内部独立核算，自主经营，自负盈亏。1998 年，天津市花卉管理处对基层总店进行资产重组，人员交流，将事业单位法人资格撤销，更名为花卉经营租赁中心。因涉及几个花卉门市部的经营业务，基层总店的工商经营执照未注销。2001 年 2 月，基层总店营业执照注销，其下属的华艺花店、美艳花店、三友酒家划归宜兴埠花圃；万年红鲜花门市部划归花卉咨询服务中心经营。

在此期间，各区县园林部门相继组建花卉商店，开展租摆业务，由于花卉市场的全面放开，社会资本大量进入花卉业，花店遍布全市。

二、花市

明清时期，由于花卉生产经营规模小，花农卖花这一切以挑担走街串巷叫卖，或集市上摆摊售卖为主；天津开埠之初，仍以传统方式自产自销分散经营，尚未形成专门的有规模的花市。20

世纪 20、30 十年代，北马路一年一次年集，成为天津最早的花市。北马路西连芥园和近郊花乡，东达估衣街、大胡同、天后宫北，天然的地理条件和商业聚集环境，是花市的理想场所。每年腊月初八，买卖家“上全街”的日子，花农们纷纷进城来到北马路卖花，花市很快热闹起来。市上花卉品种繁多，草木本皆备，最为畅销的是迎春、梅花、桃花、水仙、兰草、海棠等。另外，牡丹、绣球、万年青、玫瑰、碧桃、茶花、杜鹃、天竹、石榴，以及一些叫不上名来的花草都不乏买主。

寒冬中的花草需精心保护。比较娇贵的牡丹、海棠、茶花等，花农将其放在筐里，筐的周围包着毛头纸，筐上盖着小棉袄。当时，由于生产数量有限，加之运输保养的支出较大，鲜花的售价较高。以 1931 年为例，像牡丹这样的珍品，每株售价大致一元大洋，人们过年图吉利，当时的清供多按组出售，一尺多高的腊梅与石榴配组，一般要价二元，紫色的丁香两株要三元。好养的花比较便宜，如绣球两盆只要一元，晚香玉售价三、四角，桃枝仅需一毛钱就能买两束。

天津人喜欢鲜花。为了买好花，人们往往在晨曦中就赶到花市，下午花市客流最旺。

1949 年初期，天津花卉经营除花农摊贩延续传统的分散经营外，主要集中在几个花店。1958 年，天津市花木公司成立，由其统一领导全市花卉行业的业务，管理物价，制定业务方针和年度计划，组织货源，调节产供销。公司设生产、供销、财务等职能部门，下辖花卉商店。在计划经济的管控下，花卉市场独园林一家，市花木公司（后改为花卉管理所）根据花店对市场的分析和销售预期，制定花卉生产计划，花卉生产单位按计划要求的种类、数量、交货时间安排生产，产品拨给花店销售。

改革开放后，市场经常的建立使花卉市场一家独营的书面迅速改变。1979 年开始，在市区结合部出现花鸟鱼虫小集市，同时，一批私营、集体所有的花店相继开业。花卉市场长期实行的高度集中的计划经济体制逐步为市场经常所取代。20 世纪 80 年代前期，园林花卉行业尚能处主导地位，80 年代后期，统一的花卉市场解体后，园林花卉生产经营单位凭借多年的基础和自身优势，仍然在一定程度上发挥主渠道作用。90 年代开始，花木生产经营适应市场经常，由计划调节转为市场调节，各花苗圃可以直接组织营销，自行举办展销会，开设零售商店，减少流通环节，适应市场的变化。

市场经济下的新的经营管理体制，促进了花卉市场的繁荣，不同性质单位，多渠道投资花卉市场建设，建设了一批规模不一，各具特色的花卉批发或零售市场。

1. 东方花市

东方花市（天津市东方世纪花苗木有限公司）坐落于天津市东丽区津滨大道与跃进路交口。

该公司于 2003 年 1 月成立，由天津市绿化工程处所属绿化工程公司投资，注册资金 1600 万元，是具有独立法人资格的企业性质单位。2006 年，园林局对天津市绿化工程处进行改组，将刘园、北圃、程林三个苗圃组合成立天津市花苗木服务中心，将东方花市资产转为花苗木服务中心所有，仍为独立法人资格的企业单位。

东方花市员工由两部分人员组成：一部分是东方花市企业自主招聘的企业编人员，一部分是程林苗圃事业编制人员。

东方花市的前身，是2001年2月经园林局批准，天津市绿化工程公司筹建的花卉基地，占地面积66700平方米，工程投资300万元。2001年3月开始辟建第一期工程——18栋阳光温室，共计9000平方米，5月基本建成，并投入使用，以生产矮牵牛、一串红、鸡冠花等一年草花为主，7月开始对外销售。

2001年7月辟建第二期工程——4500平米的全光智能温室，经营南方高档花卉，引进美国及加拿大等地新优苗木品种，利用全光智能温室实现工厂化育苗技术，扩大生产经营规模。2002年4月，花卉基地与加拿大籍华人张伟合资组建了“天津华枫生态园艺有限公司”，其经营范围为：园林苗木（观赏苗木、木本地被、草花）及园林产品的产销及技术咨询。但因管理不善，一年的经营亏损34万元，2003年3月，华枫生态园艺有限公司董事会研究决定，终止合作经营。

2002年4月，为再一次扩大花卉生产经营，天津市绿化工程公司开始筹建天津市东方花木大市场，并向园林局和东丽区商委做了请示报告。2002年5月开始辟建第三期工程——A、B、C三个全光温室，总计面积26000平米，拟形成花卉批发交易市场。2002年9月底建成，10月开始招商。

2003年1月1日，天津市东方花市正式开业。天津市第十八届迎春花市也在此同时举办开市仪式，市人大常委会副主任李振东、副市长王德惠出席开市仪式。2003年3月4日，天津市市长戴相龙等市领导到东方花市进行视察。

东方花市占地总面积68000平方米。其中：全光温室3座，经营面积26000平方米；全光智能温室4500平方米，采用高档阳光板按国际标准建设，并配有智能化的调光、调温、调湿和调风设备；阳光温室9000平方米，用于花卉生产、养管及储存。东方花市有地热井一眼，停车场10000平方米，附属建筑及道路18500平方米。主营花苗木批发零售，园林工具、器材、农药、土肥批发零售，一年生草花生产，花卉租赁，展览服务及绿化施工。

2006年，天津市园林局对绿化处进行改组后，按照2007年3月津园党发〔2007〕6号文件《关于花苗木服务中心机构设置和人员编制的决定》，东方花市仍为独立法人企业，由程林苗圃统一管理。

2. 曹庄花卉市场

曹庄花卉市场坐落在天津市西北城郊结合部的西青区中北镇曹庄，2002年，西青区中北镇依托曹庄200多年花卉种植优势，将花卉产业作为全镇经济的主导产业大力发展，建起大型花卉市场。

该市场是由中北镇政府投资兴建并直接管辖的集体所有制花卉市场，总占地面积500亩，拥有三个上万平方米的花卉交易大厅，以及33间总面积近3000平米的欧式商铺，有来自全国各地的商户500余家。该市场集购物、观光、旅游、休闲等多种功能为一体，是全国重点花卉市场和全国农业旅游示范点之一。

北厅主要经营广东、福建、海南、浙江、东北、山东以及德国、丹麦、荷兰、比利时、几内亚、日本等地区与国家的各类、各科、各种高中低档花卉，南厅主要经营鲜切花、干燥花、观赏鱼、水族箱、陶瓷、根雕、木雕、石雕、工艺品以及各种天然观赏石类，书画等。

该市场全年销售额达一亿元以上，是面向天津市辐射“三北地区”的超大花卉卖场和天津市鲜切花批发源头。

这里还建有曹庄花卉观赏鱼专业批发市场和曹庄花卉宠物市场。曹庄花卉观赏鱼专业批发市场，室内大厅面积6000平米，该市场内基础建设、配套设施、卫生防疫系统齐全，具有大型专业批发规模，在全国同类市场中首屈一指。主营名贵观赏鱼品种（红龙、罗汉、七彩神仙、鳄鱼龟等）、进口、国产精品水族箱、水族器材、鱼粮和鱼药等，曹庄花卉宠物市场占地面积12000平方米，市场内配套设施齐全、卫生防疫体系完善，是全国建设标准配套服务较全的宠物市场之一。市场分为观赏犬区、大型犬区、精品犬区、宠物医院、宠物商店、宠物美容所、宠物婚介所、宠物寄养所、宠物照像、宠物食品店、宠物用品店等区域。经营有犬类、猫类、爬行类动物，共有品种300多种，其中名贵品种有阿拉斯加、哈士奇、德国牧羊犬等。该市场于2005年10月举办了世界名犬争霸赛，得到国内外爱犬专业人士的高度赞扬。

3. 梨园头花卉市场

梨园头花卉市场位于西青区李七庄街东南部，卫津南路与外环线交口东南200米处，总占地535亩，总投资10800万元，有商户300多家。

该市场设有花卉厅、工艺品厅、水族厅、鲜切花厅、宠物交易区、快捷酒店、精品商铺等，主营鲜切花、仿真花、盆景、绿植、古玩、瓷器、根雕、木雕、奇石、观赏鱼、水族器材、宠物等，花卉储存批发区占地380亩，建二代温室84栋；交易区占地155亩，建交易大厅5个，其中花卉厅3个，建筑面积共计10800平米；工艺品厅1个，建筑面积3600平米；观赏鱼水族器材厅1个，建筑面积6000平米，鲜切花区600平米。

该市场于2010年10月开业，集花卉盆栽、绿植、鲜切花、宠物水族、古典家具、工艺木雕、玉石瓷器、古玩字画销售等于一体，是天津东南部面积最大的、功能最全的花鸟鱼虫并兼有快捷酒店、休闲垂钓、精品商铺等功能的综合交易中心。

4. 张窝花市

张窝花市位于天津市西青区张家窝，距市中心7.5公里，距京沪高铁天津南站2公里，距津晋高速出口2.5公里，距津沧高速出口0.9公里。

该市场交易面积4万平方米，配套设施包括8万平方米智能温室和30万平方米二代日光温室，拥有天津市最大的蝴蝶兰生产基地和批发中心，可囤花、种植等，为商家提供了前店后厂的便利条件。交易市场安装风机、水帘、温控及水暖，常年保持16~30℃，水电等配套设施齐全。

5. 迎春花市

花卉市场需求的季节性强，受中国传统文化影响，每年春节是花卉销售旺季。为适应市民传统文化心理需求，丰富春节文化生活，自1986年起，春节期间，由天津市园林局组织迎春（春节）花市。迎春花市以园林局所属花圃、苗圃、花卉门市部、园林绿化研究所及各区园林专业单位为主，并支持非园林专业单位参加。春节花市的组织形式不尽相同，初始几届，主要采取组织大市场，各单位进场展销的方式。后来，随着花卉市场的迅速发展，花卉供需数量的大幅增加，即改为统一组织，分散设点的方式，扩大了春节花市的规模，丰富了花市经营品种，更好地满足了市民的需求；同时也大幅增加了花市经营收入。

附：天津市迎春花市一览表

天津市主要迎春花市一览表

表6-1-2-1

时间	名称	展出地点	展出情况
1986年1月25日至2月8日	春节花市	人民公园	为天津首届春节花市，李瑞环市长为花市题词："移风易俗美化生活"
1988年1月17日	第三届迎春花市	人民公园	天津市花卉管理处获一、二、三等奖各一项
1990年1月17日	第五届迎春花市	人民公园	本届花市共售出盆花7万余盆，切花1.3万把（支）。金鱼5万尾。销售额达20万元
1992年1月25日至26日	第七届迎春花市	人民公园	全市14个花卉生产专业单位和102个群众单位选送了近百种10万盆花卉投放市场。在全市28个迎春花市展销点设立了5个咨询服务站，为5111人次开展咨询，发放宣传资料4300份
1993年	春节花市	宜兴埠花圃	天津市花卉管理处宜兴埠花圃获春节花市花卉质量一等奖；销售二等奖。北辛庄花圃获花卉销售一等奖；质量二等奖
1994年	第九届迎春花市	全市多处	全市共设销售点32处，销售各种盆花、切花18.23万盆（支），销售额114.76万元。本届花市评出优秀布展奖：河东区花展馆等3个；优美店堂：四季春花店等4个；优良产品奖：宜兴埠花圃等7个；最佳销售奖：北辛庄花圃等4个；优秀组织奖：河东区城建局等4个；优质服务奖：人民公园等3个
1995年1月20日至2月5日	第十届迎春花市	全市多处	本届花市以"鲜花满城，繁荣发展，津门热盼仙客来"为主题。统一组织，分散设点，联合展销，不设主会场
1996年12月22日	第十一届迎春花市	全市多处	本届花市主题是："鲜花春意浓，繁荣天津城，让鲜花进入千家万户"。统一组织，分散设点，联合销售。以花圃、苗圃和花卉门市部为主要销售点
1997年2月24日	第十二届迎春花市	全市多处	销售花卉21.96万盆（头、枝），销售额133.25万元。天津市花卉管理处荣获展销结合、布置艺术优秀奖

续表 6-1-2-1

时间	名称	展出地点	展出情况
1998 年 12 月 28 日	第十三届迎春花市	北辛庄花圃	展销各种花卉 40 余个品种，10 万余盆，销售额 220 万元
1999 年 2 月 3 日至 13 日	第十四届迎春花市	全市多处	本届花市贯彻“统一组织，分散设点，展销结合，以销为主”的原则，由天津市花卉管理处承办，市内 6 区和 11 家专业单位参加，设立 50 余处网点。展销花卉 93 个品种，44.54 万盆（支、头），销售额达 893.41 万元。其中天津市花卉管理处展销花卉品种、数量和销售额分别占本届花市售花的 65%、46%和 35%
2000 年 1 月 26 日至 2 月 4 日	第十五届迎春花市	全市多处	本届花市贯彻“统一组织，分散设点，展销结合，以销为主”的原则，由天津市花卉管理处承办，期间花卉处组织了“鲜花送模范”活动，由花卉处前往 10 名劳模所在单位，送去优质名牌花卉，表达园林职工对模范的敬意和爱戴，本届花卉高投放了百万盆花卉。仅花卉管理处 48 个销售点，销售额就达 1033.4 万元
2006 年	第二十一届迎春花市	天津花圃花卉示范中心 花卉经营服务中心 绿化研究所	天津市园林花卉管理中心迎春花市产值突破 1000 万元，天津日报、今晚报、每日新报、城市快报、北方网刊登了花市信息，天津电视台、天津卫视播出了花市盛况
2007 年	第二十二届迎春花市	天津花圃花卉示范中心 花卉经营服务中心 绿化研究所	天津市园林花卉管理中心在基层单位分设 4 个销售市场，共销售各类花卉 200 余万盆（头、支），实现营业额 1261.5 万元
2008 年	第二十三届迎春花市	天津市园林花圃花卉示范中心 花卉经营服务中心 绿化研究所	天津市园林花卉管理中心在基层单位分设 4 个销售市场，投放各种花卉 200 余万盆（头、支），实现销售额 1013.37 万元
2009 年	第二十四届迎春花市	天津市园林花圃花卉示范中心 花卉经营服务中心 绿化研究所	天津市园林花卉管理中心在基层单位分设 4 个销售市场，同时在外环线 39 公里处的花卉产业中心租赁 6000 平米温室，经营各类花卉 100 余个品种，总计 36.5 万盆，累计销售额 1119.5 万元
2010 年	第二十五届迎春花市	天津市园林花圃花卉示范中心 花卉经营服务中心 绿化研究所	天津市园林花卉管理中心在基层单位分设 4 个销售市场，经营各类花卉 100 余个品种，总计 39.4 万盆，实现营业额 1235.9 万元

第二章 花 圃

明、清时期，花卉生产是个体分散进行，花农多是根据季节和自然条件，与农作物交叉种植，没有专营花卉生产的成规模的花圃。天津开埠后，租界园林绿化促使花卉业的发展。英国人首先在租界地纬夫路修建花厂（后称湛江路花圃），花厂内建有全光温室两幢，锅炉暖气供热，当时称其为“洋窖”。与此同时，宁园、维多利亚花园等外国人所建公园中亦设有温室、花窖。

1956年，对私营工商业进行社会主义改造前夕，应杨庄子几户花农组成的红五星花卉生产合作社的申请，成立了公私合营花木园艺场，有土地1.44公顷，地上土窖97间，冷窖31间。

1958年，成立天津市花木公司，花卉生产开始由个体分散经营逐渐转为相对集中的经营管理模式，至1961年形成了北辛庄花圃、湛江花圃等两个花卉生产基地。1965年，盆花生产发展到410个品种，草花131个品种；其中，月季400个品种，仙客来36个品种，菊花一科就有1500个品种。

“文革”期间，花卉生产遭到严重破坏，大批名贵花卉被毁，大量温室被拆除。机关、企事业单位禁止摆花，花卉业跌入低谷，迫使花圃改种粮食、蔬菜、药材等，花圃停止了花卉生产。

中共十一届三中全会的召开，迎来了花卉业的绚丽春天，花卉基地得到了恢复和新的发展。1990年，全市有花圃28.52公顷（其中市内六区为19.27公顷），市属公园内有花卉温室0.93公顷，年产盆花24万盆。1996年，友谊路拓宽和两侧建设规划调整，湛江路花圃撤销，新选址在西青区柳青路重建，1997年建成投产，并更名为天津花圃（2007年更名为天津市园林花圃），占地面积23.7公顷。2001年，经市规划局批准，天津市花卉管理处在津南区外环线解放南路东侧征地8公顷，建成天津市花卉示范中心；2002年，因城市建设规划调整，花卉示范中心迁至天津花圃重建，当年投产。

进入21世纪，天津经济社会的快速发展和建设现代化大都市的要求，使花卉业进入了一个加快发展时期，在市园林局拥有直属五个大型花圃的同时，各区县园林部门、农林部门所属花圃及民营花圃迅速发展起来。到2010年年底，全市有花圃16个，总面积78.17公顷。

天津市 1990 年花圃一览表

表 6-2-1

花圃名称	花圃面积（公顷）	温室面积（平方米）	年产量		
			盆花（万盆）	切花（万支）	草花（万株）
总计	28.52				
市属花圃	18.99	9335	24.19	11.70	2.72
北辛庄花圃	5.14	4656	17.17		
宜兴埠花圃	11.66	2236	5.52	11.70	2.72
湛江路花圃	1.97	2443	1.50		
杨庄子花圃	0.22				
区属花圃	9.53				
和平区吴家窑花圃	0.28				
西郊区园林队花圃	0.09				
东郊区园林队花圃	8.10				
南郊区园林队花圃	0.04				
北郊区园林队花圃	0.66				
大港区园林队花圃	0.36				

天津市 2010 年花圃一览表

表 6-2-2

名　称	数量（个）	面积（公顷）	备　注
总　计	14	54.47	
市内六区	4	4.96	
河东区	3	3.19	
沙柳路三十亩地花圃		2.00	
程林庄花窖		0.19	
沙柳路十五亩地花圃		1.00	
河西区	1	1.77	
二十二亩地花圃		1.77	
新四区	2	15.30	
北辰区	2	15.30	
北兴园林花卉服务中心		4.00	
宜兴埠花圃		11.30	
滨海新区	3	15.05	
园林花窖		13.00	
油田花窖		1.50	
电厂花窖		0.55	

续表 6-2-2

名　称	数量（个）	面积（公顷）	备　注
二区	4	19.03	
宝坻区	4	19.03	
刘辛庄苗圃		4.40	
第二苗圃场		3.30	
果树站生产绿地		4.00	
森保站生产绿地		7.33	
三县	1	0.13	
宁河县	1	0.13	
红杉花圃		0.13	

第一节　北辛庄花圃

北辛庄花圃坐落于天津市红桥区咸阳路20号，正式建于1960年，于2000年撤销。

北辛庄花圃源自清末，这里地处南运河畔，有充沛的灌溉水源和良好的淤积土壤，是天津最早花卉基地。解放前曾一度被国民党拆毁，解放后很快得以恢复。1960年3月1日，天津市花木公司接收北辛庄万年红农业社花队，人员151人，土地有北辛庄156亩、怡合村36亩、安家沟40亩、邵公庄8亩、海张五坟地17亩、第五玻璃厂10亩，花圃建有花窖110余间，和制做花盆的窑厂，正式称为北辛庄花圃。当时，北辛庄花圃土地面积14.73公顷。1986年底为10.79公顷，1990年年底为5.14公顷。1984年8月12日，投资6.5万美元，从美国西雅图引进天津市首座全光温室，面积660平方米。

北辛庄花圃在花卉栽培上有较好的经验，对各类盆花、草花及南方花木的栽培管理都有独到之处。在传统生产工艺方面也较为突出，如对盆载栽的月季、锦带、海棠等木本花卉的整形修剪和拿弯造型，供应春季市场的牡丹、玉海棠、月季、绣球、小海棠等盆栽花卉的催延花期，以及芍药、香绒、唐菖蒲、晚香玉等切花的栽培技术均处于先进水平。

北辛庄花圃主要生产各类盆花和草花，及一、二年生球根、木本、水生等花卉，20世纪90年代，生产各类盆花75种，年产17万盆；草花年产量20万能株。盆花中主打产品仙客来年产成品4.5万盆。其它品种有：串红、樱草、鹤望兰、瓜叶菊、天竺葵、菊花、大丽花、各类秋海棠、文竹、天冬草、常春藤、绿萝、彩叶草、石榴、一品红、倒挂金钟、硬骨凌霄、迎春、八仙花、朱顶红、夹竹桃等。

随着城市建设的拓展，北辛庄花圃的土地不断被占用，生产用地起来越少，且被周围的建筑包夹中间，生产条件日趋恶化。2000年，经市政府批准，对北辛庄花圃所余土地进行开发，并撤销了北辛庄花圃。

第二节 宜兴埠花圃

宜兴埠花圃坐落于天津市北辰区宜兴埠花卉大街20号，属政府财政差额拨款事业单位，2010年全年产值1555.30万元。

1950年3月30日，市人民政府批准划拨宜兴埠温家花园土地辟建苗圃，土地面积6.7公顷。花圃隶属于天津市园林管理所、花苗圃管理所。

1960年5月30日，宜兴埠苗圃移交给河北区建设局。计：苗木30个品种、58015株，土地120亩，房屋58.05平方米。1970年扩建，土地面积扩充到11.66公顷。1974年4月26日，河北区提出“无力经营宜兴埠苗圃，请市园林处收回。”1974年9月8日，市园林处接收宜兴埠苗圃后，园林处决定将宜兴埠苗圃改建成为专供重点道路和公园绿地培育大苗的苗圃。1983年8月13日，天津市花卉管理处为适应天津花苗圃布局调整的要求，经研究并报市园林局同意，决定宜兴埠花圃不再生产与各苗圃相同的苗木品种，以生产盆花（包括盆栽造型花灌木）为主，适当增加成型金鱼生产。将宜兴埠花圃的产品方向规划为三大部分，即：盆花生产、金鱼生产、泥制盆生产，使其成为综合性花圃。1995年8月16日，宜兴埠花圃办公楼建成。

宜兴埠花圃面积最大时占地11.43公顷，（包括围墙和花卉大街），其中含6500平方米水池1个。2004年，因修建志成道快速路被征地8586平方米。2010年年底，宜兴埠花圃占地面积10.57公顷；其中办公楼面积523平方米，温室、冷窖41栋，共11000余平方米，其余圃地用于乔灌木及宿根花卉生产。1995年，宜兴埠花圃为第43届世界乒乓球锦标赛场馆摆花，获市级先进集体。

2005年5月，经市园林局同意，花卉管理处对宜兴埠花圃实施重组，将原有的生产经营业务和资产设施设备及人员分别向天津花圃（天津市园林花圃）、天津市花卉示范中心（天津市园林花卉示范中心）和天津市花卉经营租赁中心等单位重组分流。实施重组后，宜兴埠花圃原科级事业单位建制保留，但其经营范围主要是花卉租赁经营中心的任务。

第三节 湛江路花圃

湛江路花圃坐落于天津市河西区湛江路20号，原系旧英租界里的一个花厂，即伟夫路花厂，面积1.13公顷。1949年天津解放后，由天津市工务局接收，园林管理所管理。1952年11月，伟夫路西侧空地30亩，划给花厂使用，1960年伟夫路花厂改名为湛江路花圃，土地面积扩建为1.97公顷，其中温室面积2443平方米。

湛江路花圃以养护花卉为主，主要任务是保障各重大节日集会性会场布置所需大型盆栽花卉，以及市里各种会议、展览、迎送来宾等提供所需花卉；同时承办各单位临时性用花的租摆业务。该圃还负责月季花优良品种的繁育和养护管理工作。

为了提高养护花卉的管理质量，引进驯化新品种，1985年，经市建委、市园林局同意，湛江路花圃从美国引进玻璃纤维全光温室一座，面积580平方米。

1993年10月，因友谊路拓宽占用湛江路部分土地，市政府给予地上物补偿50万元，天津市花卉管理处用20万元在改建后的友谊路东侧建房18间，成立“天津市园林花卉开发服务中心”。随之，天津市园林局与花卉管理处研究，鉴于友谊路拓宽及市政府对友谊路西侧建设规划，湛江路花圃的土地越来越少；但因社会经济发展，花卉的社会需求量却越趋增长，湛江路花圃已无发展空间，需对花圃布局作战略调整，1994年1月，天津市园林局决定，将湛江路花圃更名为“天津市园林花卉开发服务中心”，在养护花卉的主业外，增加了科技咨询、绿化代办工程、花卉肥料和农药的研发等业务。

1995年11月，根据友谊路西侧建筑设计要求，天津市规划局同意湛江路花圃地块转让，并于同年11月27日，批准了天津市花卉管理处与天津集贤房地产开发公司关于湛江路20号院土地转让协议。1996年，天津园林花圃建成投产，湛江路花圃（即天津市园林花卉开发服务中心）撤销。

第四节　天津市园林花圃（天津花圃）

天津市园林花圃1996年建成，座落于天津市西青区柳青路8号，1995年，由于湛江路花圃土地被占用，市园林局在进行湛江路花圃土地转让的同时，决定选址建一新的花圃。根据花圃建设对土壤、水源、交通等条件的要求，经调研，并报经市规划局批准，新花圃选址在杨柳青农场。1995年8月31日，天津市花卉处与杨柳青农场签定了土地购置合同，遂即开工建设，1996年年底竣工，定名天津花圃。1997年1月18日，天津市花卉处举行天津花圃竣工暨开业典礼，天津市政府、市人大领导、市建委、市园林局的负责人出席典礼，副市长王德惠为花圃题词：“津门第一花圃”。

天津花圃土地355亩，温室面积14600平米，其余用于露地植物生产和办公区。温室设施中，用于花卉生产的充气大棚2100平米，2栋，塑料单层阳光温室7650平米，22栋，双层充气膜温室1680平米，8栋，新改建单层阳光温室1260平米，6栋；另有用于销售花卉的大棚1栋，

1610 平米，用于生产的冷窖 1260 平米 7 栋。

天津花圃为政府财政差额拨款事业单位。建圃时有职工 16 人，2010 年，有职工 44 人，其中生产经营 40 人（大专以上专业技术人员占 50%），管理人员 4 人。

天津花圃生产花卉主要品种：仙客来、一品红、月季、宿根花卉、草花，并适量引进高档盆花凤梨、百合、郁金香、比利时杜鹃等。2010 年完成产值 1250 万元，盆花生产 17 万盆，成品 16 万盆；生产草花 165 万盆，成品 154 万盆；生产乔灌木 13 万株，成品 9 万株；播种苗生产 220 万株，成品 190 万株；生产露地宿根花卉 150 万芽，成品 125 万芽。

2009 年，根据天津市编委关于规范事业单位名称的要求，天津花圃更名为天津市园林花圃。

第五节　天津市园林花卉示范中心

天津市园林花卉示范中心坐落于西青区柳青路 8 号，土地面积 8 万平米。

2000 年，花卉处通过土地置换，以拨款方式征得津南区外环线北侧，中石化华北制桶厂土地 67684 平米。2000 年 6 月 12 日，天津市城乡建设委员会同意天津市花卉示范中心项目立项，当年新建智能温室 13305 平米，办公用房 765 平方米，并配套建设供水、供电、供热设施。2001 年 6 月 12 日正式投产使用，并对外营业。

2002 年，因市政建设规划调整，天津市示范中心迁至西青区柳青路 8 号天津花圃南侧重建，占地 8 公顷，新建智能温室 1 栋，建筑面积 8870 平方米，迁建原示范中心温室 8870 平方米；并建办公用房及配套设施 468 平方米。此后又陆续引进智能温室 5 栋，智能温室总面积达 42766. 8 平方米；新建种苗中心组培室 788 平方米，另有 35977. 2 平方米土地用于露地苗木生产。

天津市园林花卉示范中心为政府财政差额拨款事业单位。2010 年年底有职工 27 人，其中生产技术人员 24 人，行政管理人员 3 人。

天津市花卉示范中心主要生产红掌、竹芋、一品红等高档花卉，2010 年完成产值 1287 万元，年产高档花卉 70 万盆。该中心设备技术先进，他们培育的精品盆花在第五届中国国际花卉博览会上获得多个奖项。至 2010 年，组培技术取得了新的进展，红掌种苗已有 10 个品种获得突破，已形成种苗的产业化生产，年产种苗百万株，除满足自己生产用苗外，还销往河南、河北、山东等地。

2009 年，根据天津市编委关于规范事业单位名称的要求，天津市花卉示范中心更名为天津市园林花卉示范中心。

第六节　汉沽花圃

汉沽花圃1959年建于李公庄苗圃内，有暖窖195平方米，育桂花、茶花、文殊兰等2000余盆。1971年圃址被征用。1974年在崔兴庄苗圃建花窖，占地135平方米，盖冷窖3间，暖窖6间，购进花卉。1981年圃址又被征用，1983年在园林处办公楼西侧建成275平方米花窖，设有冷窖4间，暖窖14间，储养花卉68个品种、3780余盆，主要育有君子兰、文竹、天门冬、米兰、茶花等。1982年10月，在河西公园始建草花地，面积1332平方米。1984年为3996平方米，1985年为4662平方米。先后种植近20种草花，出圃39万株。2010年，在园林绿化管理中心办公楼西侧重新改扩建花窖，利用新设计、新工艺，建成450平方米的带有全新先进阳光暖排风设施的花窖，改建后的花窖可培育、存放各种大中小型花卉。

第三章　苗　圃

第一节　刘园苗圃

天津市刘园苗圃位于天津市北辰区北运河西岸、始建于1953年，土地面积164.5252公顷。

一、沿革

刘园苗圃建设用地原系天津市北郊区（后改为北辰区）农业用地和荒地。天津解放后，市政府非常重视苗木生产基地建设，相继新建了一批花圃苗圃。

1953年春，市建委划拨刘园村、桃花寺村、董新房村、王秦庄等村农用土地627亩，开展刘园苗圃一期工程，当时隶属于市政工程局下的养护管理处。1955年2月，市政工程局与建委合并为天津市建设局，1956年1月，成立花苗圃管理所，所长孙永成，刘园苗圃隶属于建设局花苗圃管理所。1958年2月，建设局决定：园林绿化工作从养护管理处划分出来成立天津市建设局园林处，园林处下设花苗圃管理所刘园苗圃仍隶属于花苗圃管理所。1960年6月，撤销花苗圃管理所，分设刘园苗圃、赵庄苗圃、程林庄苗圃，1962年1月，以这三个苗圃为基础，成立苗圃管理所。

1970 年 11 月，园林处、市管处、公路处合并为市政工程管理处，刘园苗圃隶属于市政工程管理处；1974 年 1 月成立市政工程局，园林处从市政工程管理处中分出，重新成立园林管理处，隶属于市政工程局。1979 年 2 月，经市政工程局批准，园林管理处将刘园苗圃分为刘园苗圃和北仓苗圃两个苗圃。

1979 年 11 月，天津市园林管理局成立，当时直属单位 10 个，刘园苗圃管理所是其下属单位之一。1981 年 4 月 6 日，经市建委批准，天津市园林局调整局属单位机构，绿化管理所升格为绿化工程处，为处级事业单位，刘园苗圃隶属于绿化工程处。

2006 年，天津市园林管理局对天津市绿化工程处进行改组。经天津市机构编制委员会批准，以刘园苗圃、北仓苗圃、程林庄苗圃为主体，成立天津市花苗木服务中心，同时加挂天津市花苗木工程公司的牌子，为一级核算处级事业单位，三个苗圃不再是具有独立核算的法人资格的科级单位。2007 年 3 月按照津园党发〔2007〕6 号文件关于花苗木服务中心机构设置和人员编制的决定，刘园苗圃与北仓苗圃从事花苗木生产和销售的人员组成了天津市花苗木工程公司生产经营分公司，一起进行花苗木生产培育，人员编制 263 名，其中科级干部 3 人。2007 年 12 月，因生产经营的需要，两家单位又分开独立生产经营，刘园苗圃为生产经营一分公司，2010 年 1 月，花苗木中心又将“生产经营一分公司”名称改为“天津市花苗木服务中心刘园苗圃”，现一直延续至今。

二、一期建圃工程三次扩建后六次被征用

1954 年，刘园苗圃一期工程使圃地面积达到 627 亩。后经 1955 年、1957 年和 1980 年三次扩建，土地面积增加到 212.13 公顷。随着天津市城市建设的发展，自 20 世纪 80 年代起，刘园苗圃先后六次被征用土地，分别是 1986 年外环线建设征用 6.15 公顷，1998 年 8 月修建辰昌路征用 8.17 公顷；2003 年 11 月修建地铁一号线刘园车场征用 23.2 公顷，2005 年 7 月北韩道拓宽改造征用 2.89 公顷，2005 年 7 月辰昌路拓宽改造征用 2.4 公顷；2007 年 8 月修建外环辅道征用 4.92 公顷，总计被征用土地 47.73 公顷。经实际测量，刘园苗圃实有土地面积 164.5252 公顷（2468 亩）。其中，生产作业区面积 127.78 公顷，占总面积的 77.66%，沟渠、道路、办公生活区占地 36.75 公顷，占总面积的 22.34%。

刘园苗圃圃地平坦，平均海拔 4.4 米。土壤为粘壤土，比较肥沃，pH 值 7.3，含盐量 0.2% 左右，地下水位深度在 1.8 米以下，土层深厚，适合多种园林苗木的生长。苗圃南侧为龙州道，西侧紧靠外环辅路，东临京津公路可直达京津塘高速路，辰昌路贯穿中间，天津地铁一号线终点达刘园苗圃，交通十分便利。

三、比较完善的生产设施设备

1. 水利设施设备：苗圃水源取自北运河，设有三级明渠系统，河水经过渠首泵站提升，通过各级明渠自流灌溉。排水系统设有两级明渠，以排地表径流为主。苗圃有抽水泵站 1 座、有直

径500毫米水泵2台、直径300毫米水泵1台、直径200毫米水泵1台、地下管网1套，可灌溉面积800亩。另配有潜水泵、汽油机水泵若干台。

2. 花卉生产温室设施：薄膜阳光温室2栋900平米，玻璃阳光温室18栋3924平米，全光温室1栋828平米。

3. 供电设施：刘园苗圃配备有500千瓦的变压器及汽配的输电线路，能满足苗圃用电所需。

4. 交通运输设备及专用设备：苗圃配有水罐车、双排、轻型卡车各1辆，抢险车3辆，小装载车、翻斗车、旋耕机、推土机各1台，吊车3台，微耕机若干台。还有拖拉机6辆、打药机5台。

四、其他方面情况

刘园苗圃是非法人独立经营的国有差额事业单位。2010年年底，在岗职工135人，其中科级干部5人；副高级职称1人、中级职称6人、初级职称23人、高级技术工人53人，中级及以下技术工人23人；学历结构：研究生2人、本科30人、大专24人。

刘园苗圃根据生产经营情况和管理工作的需要，设置综合办公室、财务部、生产部、销售部、工程管理部及内蒙项目部等生产经营和管理部门。随着市场的发展和事业单位改革的深化，刘园苗圃积极探索和改革苗圃内部经营管理机制。在花苗木生产管理上推行成本责任制，定额管理、劳务承包，加之以三新技术的推广应用等技术手段来降低生产成本，获取更高的利润；在花苗木销售经营管理上推行销售激励机制、制定奖励办法，以提高销售人员的积极性，不断促进单位花苗木销售额的增长。在绿化工程施工上，依托本苗圃花苗木品种规格优势，每年绿化工程量稳步增长。

刘园苗圃经过近60年的经营管理，造就了一支成熟的育苗队伍，积累了丰富的管理经验，以培育全冠大规格苗木、新优树种、抗盐碱苗木、容器苗木的生产经营为特色，生产出的苗木品种多、档次高、规格齐、品种全，享誉京津两地和华北地区。苗圃可常年出圃苗木230余种，每年出圃量达到近50余万株（盆）。其中乔木95种，花灌木82种，常绿树26种，绿篱17种，藤本6种，果树12种，并有近30余种宿根花卉。以上苗木都能满足四季出圃的的需要，夏季出圃苗木采取容器包装，成活率较高。

刘园苗圃在抓好花苗木生产经营的同时，自20世纪80年代起，组建绿化施工队伍，积极开展绿化工程市场，逐步使其成为具有二级园林资质的施工单位，多年来完成多项全市重点绿化工程，在园林绿化市场上享有较高的声誉。进入21世纪后，刘园苗圃大力开拓外埠绿化施工，各工程项目部运行质量、环境、职业健康安全三个管理体系的标准，以质量赢得信誉。在内蒙成立了项目管理部，每年都承担着当地的一些重点工程，赢得了甲方的高度评价。其中，“鄂托克前旗上海庙新镇区鹰骏草原文化公园一期工程——天骏广场（一标段）”工程被中国风景园林学会评为2011年度优秀园林绿化工程金奖。“北川新县城安昌河南段景观绿化工程A标段工程,”荣获2010年度四川省灾后重建项目天府杯金奖。

第二节　北仓苗圃

北仓苗圃位于天津市北辰区高峰路与果园南道交口，始建于1964年，土地面积78.2913公顷。

一、沿革

1964年冬，市建委划拨北仓工业区（天津重型机械厂、发电设备厂、机床厂三家企业的厂间区）的土地1080亩，辟建北仓苗圃，苗圃隶属于天津市建设局园林处苗圃管理所，由刘园苗圃统一管理。

1965年春，该苗圃开始进行春植生产，分栽洋槐根和一部分刘园生产出来的小苗。3月3日，北仓苗圃与合成纤维厂商定，利用该厂冷却回水解决了北仓苗圃灌溉用水问题。

1979年2月，刘园苗圃和北仓苗圃分为两个苗圃管理所。1979年11月，天津市园林管理局成立，北仓苗圃管理所是其下属单位之一。1981年4月6日根据市建委〔1981〕建办62号文件的批复，天津市园林局绿化管理所升格为绿化工程处，为处级事业单位，北仓苗圃隶属于绿化工程处。

2006年，天津市园林管理局对天津市绿化工程处进行改组。2007年1月19日，经天津市机构编制委员会批准，以刘园苗圃管理所、北仓苗圃管理所、程林苗圃管理所为基础，成立天津市花苗木服务中心，同时加挂天津市花苗木工程公司的牌子，为一级核算处级事业单位。同时撤销天津市绿化工程处刘园苗圃管理所、北仓苗圃管理所、程林苗圃管理所，三个苗圃不再是具有独立核算的法人资格科级单位。2007年3月，经天津市园林局批准，花苗木服务中心将刘园苗圃与北仓苗圃从事花苗木生产和销售的人员，组成天津市花苗木工程公司生产经营分公司，2007年12月，两家又分开独立生产经营，北仓苗圃为生产经营二分公司。2010年1月，花苗木服务中心又将“生产经营二分公司”名称改为“天津市花苗木服务中心北仓苗圃”。

二、基本情况

北仓苗圃建圃初期确认土地面积为1080亩；1987年12月，天津市房地产管理局与天津市北郊区房地产管理局核发北仓苗圃土地使用证面积为78.2913公顷，即1174.37亩，截至2010年底，土地没有发生过变化。

北仓苗圃圃地平坦，地面海拔3.6~3.9米，地势较周围低洼，雨季常造成地面积水，使一些不耐涝苗木因地表积水而涝死。建圃初期地下水埋深度0.45~0.9米，pH值为7.3~8.3，土壤含盐量为0.78%，地下水矿化度4.3（克/升），无论是土壤还是地下水，含盐量都较高。土壤表层为轻粘壤土，腐殖质较为丰富，下层为夹砂层壤土，渗透性较强。北仓苗圃规划设计吸取了刘园苗圃、程林苗圃建设经验，建圃工程技术人员在现场勘查，进行了排水沟断面与地下水降低相关性和主要树苗根系活动层调查，取得了可靠资料。根据调查分析，为建圃方案设计提出了三条依据，一是控制苗圃地下水埋藏深度临界值为0.8~1.2米；二是排水模量按十年一遇，三日内累计最大降水量为187毫米，排水模量为0.39立方米/秒·1平方千米，排水总能力为0.29立方米/秒；三是排灌渠道按三级对应设置，由马庄自来水厂引北运河水过津京路，经果园南道暗管送入苗圃明渠，用大水将土壤中可溶性盐淋入排沟渠，过高峰路入丰产河，形成排灌分明的系统。

苗圃生产作业区面积54.86公顷，占总面积的81.47%，土地利用率较高；沟渠、道路、办公、（生活）区等占地11.17公顷，占总面积的16.59%。其他生产用地1.3公顷，占总面积的1.94%。生产作业区规划设计比较合理，生产区由30个作业区组成，小区东西长276米，南北宽72.5米，小区面积2公顷左右。道路系统主次分明，便于生产管理。

北仓苗圃系非法人独立经营的财政拨款差额事业单位。2010年年底，有在岗职工48人，其中科级干部3人；副高级职称1人、中级职称2人、初级职称23人、高级技术工人53人，中级及以下技术工人23人；学历结构：研究生2人、本科30人、大专24人。

北仓苗圃根据本单位的实际生产经营情况，设置了综合办公室、财务、劳资、生产部、销售部、工程管理部等生产经营和管理部门。随着市场经济的发展和事业单位改革的不断深化，苗圃实行事业单位企业化管理，经营管理机制逐步与市场接轨。

三、较完备的设施设备

北仓苗圃在建圃初期至20世纪90年代，主要以生产乔木和常绿树种为主，后根据市场的需求和苗圃的生产条件，不断扩展经营范围，增加苗木品种，实现乔木、常绿、花灌木、果树、藤本、绿蓠等综合全面生产经营，截至2011年年底，苗圃在圃各类花苗木30.9007万株，其中乔木共49个品种，约5.6万株；花灌木共35个品种，约2万株；常绿0.4万株，藤本、绿篱、果树合计6.62万株，月季及宿根花卉16.28万株，在圃总产值达1032.12万元。

1. 花卉生产温室设施：现有砖墙、钢架结构的薄膜阳光温室20栋5000平米，温室主要用于囤储月季及宿根花卉生产。

2. 灌溉设备：抽水泵站1座，有直径500毫米水泵2台，直径300毫米水泵1台，直径200毫米水泵1台；灌溉泵房1座，有直径500毫米水泵2台，直径300毫米水泵1台，直径200毫米水泵1台；地下管网1套，可灌溉面积400亩。

3. 供电设施：变压器500千瓦及匹配的输电线路。

4. 生产设备：现有肩背机动喷雾器2台；30型拖拉机打药车1辆；4吨农用吊车1辆；12吨吊车1辆；4寸汽油泵1台；3寸汽油泵2台；2寸汽油泵2个；打药机1台；5吨浇水车1辆。

第三节 程林苗圃

程林苗圃坐落于天津市东丽区，南侧为津滨大道，东临外环线，北临南程林村。始建于1958年，现有土地面积86.242公顷。

一、沿革

1958年9月17日，市建委划拨张贵庄公墓东土地111.345公顷（约1670亩）新建苗圃，称程林苗圃，隶属于天津市园林处花苗圃管理所。1960年6月，撤销花苗圃管理所，分建刘园、赵庄、程林三个苗圃。1962年1月，以三个苗圃为主体，成立苗圃管理所。1970年11月，园林处、市管处、公路处合并为市政工程管理处，程林苗圃隶属于市政工程管理处，1974年1月，园林绿化业务从市政工程管理处中分出，成立园林管理处，隶属于市政工程局。程林苗圃属园林处下辖单位，1979年11月，成立天津市园林管理局，当时直属单位10个，程林苗圃是其下属单位之一。1981年4月6日，经市建委批准，园林局调整局属单位组织机构，绿化管理所升格为绿化工程处，为处级事业单位，程林庄苗圃隶属于绿化工程处。

2006年，天津市园林管理局对天津市绿化工程处进行改组，经天津市机构编制委员会批准，将天津市绿化工程处的刘园苗圃、北仓苗圃、程林苗圃合并，成立天津市花苗木服务中心，同时加挂天津市花苗木工程公司的牌子，为一级核算处级事业单位。同时撤销天津市绿化工程处刘园苗圃管理所、北仓苗圃管理所、程林庄苗圃管理所，三个苗圃不再是具有独立核算的法人资格的科级事业单位。2007年3月，经市园林局同意，花苗木服务中心将程林苗圃和东方花市从事花苗木生产销售的人员组成天津市花苗木工程公司科研中心，主要职责是进行花苗木新优品种引进驯化以及高新技术开发。经两年多的实践，因其不适应对外生产经营的要求，2010年1月，花苗木服务中心又将“科研中心”的名称改为“天津市花苗木服务中心程林苗圃”。

1958年程林苗圃建设初期，市建委划拨土地为111.345公顷。1993年6月，天津市东丽区规划土地管理局核发程林苗圃土地使用证面积为96.1213公顷。后因市城市建设需要，曾于1999年、2002年、2008年三次征用程林苗圃土地，总面积9.8793公顷，现有土地面积为86.242公顷。

二、基本情况

程林苗圃环境条件较差，土壤为强盐渍化粘土，透水性差。建圃初期含盐量为0.6%，地下水深度在80厘米左右，因此在圃地规划时采取了深沟排水，抬高地面，大水压碱等改造措施。在两地号之间和路边都设置排水沟，两地号之间排水沟与路边排水沟相连，再与苗圃一条中沟相连，使圃地内淋出的水经过中沟通过排水泵排走。特别是在春季、雨季地下水位过高时，通过泵站排水，不但降低了地下水位，而且对盐碱地的改造有很大帮助。程林苗圃经过50多年坚持不懈地实施土壤改良、利用，现土壤含盐量基本上已下降到0.3%左右，培育树种也由建圃初期的十几种，增加到百种以上。

生产作业区规划设计比较合理，规划布局可概括为“一渠跨两地（作业小区），两地夹一路”，两地间及路边均设置排水沟。生产区由62个作业小区组成，地号南北方向长度不等，东西宽度均为50米，道路系统主次分明，支路与各生产区沟通，循环往复，十分便于生产管理。

程林苗圃系非法人独立经营的国有财政差额事业单位。2010年年底，有在岗职工133人，其中科级干部3人，副高级职称1人、中级职称10人、初级职称31人、高级技术工人40人，中级技术工人13人；学历结构：研究生2人、大本33人、大专20人。

程林苗圃根据生产经营需要，设置了综合办公室、财务部、生产部、业务部、花卉部、机械部、工程管理部、项目管理部等生产经营和管理部门。程林苗圃历经50多年的发展，造就了一支具有丰富经验的职工队伍，花苗木生产不断创出新成果。科学利用苗圃，土壤盐碱土质粘重的自然条件，培育繁殖出的各类苗木都具有抗盐碱、抗病虫害、适应性强的特点。尤其适合天津市滨海地区及周边省市退海地区生长。现有各种规格苗木百余个品种，在圃量百万株，能满足周年出圃。主要包括各种乔木、观赏乔木、常绿树、花灌木、藤本、绿篱、果树、宿根花卉和各种观赏花卉、盆景。其培育的天津市市树绒毛白蜡及白蜡系列品种（优质白蜡、金枝白蜡、美国白蜡“紫色秋天”），国槐及国槐系列品种（金叶槐、金枝槐、龙爪槐、蝴蝶槐），栾树、法桐等乡土树种闻名于津城。程林苗圃还在静海、武清设立了苗木生产基地，以满足多方业务的拓展。为满足绿化市场对高端精品苗木的需求，程林苗圃自2009年开始辟建第一期精品苗木展示区近8000平米，已完成三期精品区建设，面积达4.5公顷，栽植的苗木主要以大规格苗木、珍、奇、特景观苗木为主，如对节白蜡、日本罗汉松、榕树盆景、古桩紫薇、造型龙柏、平顶松、中华太阳李、中花柽柳、大国槐、大石榴、大山桃等。精品区苗木在圃地内都采取了断根、装容器等方法，能满足随时出圃，而且成活率较高。

在大力发展苗木生产的同时，自20世纪80年代起，程林苗圃积极开拓园林绿化施工业务，使成为集设计、施工、养护、技术咨询服务于一体的园林建设队伍，为天津市和周边城市的园林建设发挥了重要作用，创造了一批优质工程，如山东省潍坊市人民公园改造工程，天津市津滨大道改造工程、外环线绿化带工程、水上公园改造工程、天津市迎宾馆四号院绿化改造工程及中南海绿化改造工程，其中的中南海绿化改造工程还得到了中办秘书局的高度称赞。

三、较完备的生产设施设备

1. 浇灌设备：程林苗圃建圃初期，水源来自海河，由郑庄子泵站提升，通过邻村农田渠道流入苗圃。自20世纪70年代海河水系开始枯衰，改为打井取地下水。现有3眼深水井和蓄水池一个，基本能满足苗圃苗木用水的需要。苗圃建有抽水泵站1座，到夏季雨水较多时，可及时排除地号内积水。

2. 供电设施：有500千瓦的变压器及匹配的输电线路，能满足苗圃用电所需。

3. 交通运输设备及专用设备：程林苗圃拥有比较齐全的各类交通运输及专用设备，现有 3 辆洒水车、2 辆双排抢险车及液力机车、吊车、箱式运输车各 1 辆。拥有各种型号的拖拉机 7 辆、轮式装载机、起重机各 1 辆，多功能田园管理机、旋耕机 6 辆，2010 年还新购入了移树机 1 台，方便苗木的出圃，不但节省了人工费用和出圃的时间，而且提高了苗木成活率。

第四节　官港苗圃

官港苗圃建于 1989 年 5 月，坐落在大港官港森林公园西部的 13 号地域，东临港西路，南接官港森林公园的 12 号地域，西靠西排干渠，北与官港森林公园的 14 号地域相连，总面积 1080 亩。

该苗圃于 1989 年 5 月 24 日动工建设，当年就投入育苗生产，其初期隶属市园林局领导，1992 年 2 月，经市建委批复，把官港苗圃移交给大港区官港森林公园管理，为科级事业单位，有育苗土地 750 亩，育有垂柳、白蜡、洋槐、侧柏等树种，成为主要向当地特别是向官港森林公园提供绿化用苗的一大育苗基地。

第五节　汉沽苗圃

汉沽苗圃始建于 1956 年，位于汉沽完全小学北侧，当时以培育柳、榆、国槐等为主。1957 年，该苗圃移至蓟运河右岸，征用李公庄、崔兴庄农田 226 亩建苗圃，以培育白蜡、臭椿、洋槐、国槐、柏树等为主。1970 年，于太平村东建苗圃，占地 1055 亩，1974 年压缩为 767 亩，主要培育的树木品种有白蜡、白榆、国槐、垂柳、侧柏、松柏等，年出圃 24000 株左右。1987 年年末，苗圃已有苗木 168116 株，后因占地规划圃地被征用。

第六节　天津市高新有容苗木有限公司

天津市高新有容苗木有限公司，位于天津市西青区辛口镇水高庄村西，是私营股份所有制形式，占地 4000 余亩地，公司有管理人员 30 名，研发人员 10 人，生产人员 180 人，销售人员 10

人，其中大专以上学历人员占30%以上，生产工人多为具有丰富苗圃生产经验的技术工人，公司为提高人员的技术水平和能力，特别聘请专业技术老师现场理论和实操培训。

该苗圃本着“高品质、高标准、高定位、新思路、新模式、新创意”的三高三新工作思路，企业依靠科技进步，紧跟市场走，围绕市场转，做到始终保持苗木品种的先进性，走在国内苗木行业的前列，形成管理现代化、种植标准化、品种多样化的苗圃，2009年荣获“全国十佳苗圃”的称号。

该公司具有标准化生产容器苗基地500亩，标准化生产小苗的大棚设施30个，占地面积200亩，标准化的温室大棚占地100亩，标准化的繁育基地200亩，标准化的常规乔木生产基地3000亩。苗圃主要品种有法桐、国槐、栾树、白蜡、银杏、构树、千头椿、五角枫、山楂、毛白杨、黄栌、杏树、垂柳、樱花、樱桃、榆树、梨树、丝棉木、玉兰、杨槐、合欢、柿子树、马褂木、造型松、造型水蜡、造型龙柏、金枝槐、金叶槐、黄金榆、金叶复叶槭、红叶碧桃、金叶莸、红宝石海棠、八棱海棠、北美海棠、紫色小檗、红叶李、紫色秋天、金叶女贞等以及各种常见的宿根花卉，其中主要推广品种有金枝槐、黄金榆、金叶复叶槭、红叶海棠、红叶李和造型苗等，该苗圃的容器苗木全部采用低压管道设施进行喷灌，不仅节约了人力，更主要的是节约灌溉用水，新增节水控制面积2000亩。

该苗圃的苗木全部采用标准化的生产管理，把传统的、简单的种植升华到标准化的种植技术，通过标准化的容器苗的种植生产，不仅满足了城市绿化的需求，还为反季节绿化的需求提供方便。

苗圃统计表（一）

表6-3-6-1 2010年

名　称	数量（个）	面积（公顷）	备注
总　计	60	1252.79	
市内六区	1	3.07	
和平区	1	3.07	
李七庄苗圃		3.07	
新四区	16	562.31	
东丽区	3	103.00	
程林庄苗圃		90.00	
大顺苗圃		5.00	
百亩苗圃		8.00	
西青区	7	103.00	
五街苗圃		2.00	
六街苗圃		3.00	

续表 6-3-6-1

名 称	数量（个）	面积（公顷）	备注
十一街苗圃		2.00	
十七街苗圃		13.00	
廊坊林场		10.00	
南大苗圃		33.00	
杨柳青苗圃		40.00	
津南区	1	20.67	
五登房苗圃		20.67	
北辰区	5	335.64	
津环苗圃		13.30	
红港绿茵		68.00	
刘园苗圃		167.67	
北仓苗圃		78.00	
市铁路分局南仓林场		8.67	
滨海新区	11	200.14	
四道桥苗圃		29.50	
侯家洼苗圃		19.60	
四道桥苗圃外围		5.40	
园林苗圃		26.00	

苗圃统计表（二）

表 6-3-6-2　　2010 年

名 称	数量（个）	面积（公顷）	备注
四公司苗圃		0.93	
六局苗圃		0.11	
官港苗圃		46.00	
农林国营苗圃		13.30	
农民私营苗圃		19.10	
个体苗圃		38.20	
泰达苗圃		2.00	
二区	15	358.67	
武清区	11	315.67	
雍阳西道政府东侧苗圃		3.00,	
小世界东侧苗圃		53.00	
四支渠北侧苗圃		57.17	
机场道北侧苗圃		20.00	
雍阳西道北侧四支南苗圃		18.00	

续表 6-3-6-2

名　称	数量（个）	面积（公顷）	备注
部队东侧苗圃		30.00	
南东路西侧生产绿地		20.00	
开源道北侧泉丰路东侧苗圃		25.00	
前进道北侧生产绿地		47.50	
高薪公寓北生产绿地		29.00	
高薪公寓西生产绿地		13.00	
宝坻区	4	43.00	
小道口苗圃		8.00	
喻庄子苗圃		21.00	
西环葡萄园		8.00	
金地园生产绿地		6.00	

苗圃统计表（三）

表 6-3-6-3

2010 年

名　称	数量（个）	面积（公顷）	备注
三县	17	128.60	
宁河县	1	1.22	
蓝达花木场		1.22	
静海县	4	7.44	
北水厂苗圃		0.96	
春曦道园林苗圃		1.85	
开发区苗圃		3.47	
供水站东水厂		1.16	
蓟县	12	119.94	
娄庄子村苗圃		8.00	
板桥村苗圃		1.20	
三港子村苗圃		2.00	
开发区苗圃		22.74	
东七园苗圃		2.00	
上埝头苗圃		12.00	
东大井苗圃		3.29	
于桥苗圃		8.00	
七里峰苗圃		6.80	
西卢各庄苗圃		36.00	
魏庄子苗圃		15.00	
泗溜苗圃		2.90	

第四章　常用花卉品种及花卉、盆景展

第一节　常用花卉

天津古为退海之地，地处九河下稍。天津特殊的土壤水源、气候等自然条件，始于明初的花农，主要种植菊花、芍药、月季、海棠、绣球、锦带、常春藤等盆花切花香绒、晚香玉、唐昌蒲、芭兰、霸王鞭等。天津开埠后，租界园林兴起，种植花卉品种日渐增多，如球根花卉大丽花、美人蕉、水仙；水生花卉荷花；草本花卉一串红、玫瑰、鸡冠花、菊花、月季；温室花卉仙客来、望鹤兰、海棠、吊兰、朱顶红、文竹、一品红、兰花、天竺葵、扶桑、仙人掌。20 世纪 80 年代开始，随着花卉市场需求的增加和变化，较大量的引进国外花卉和南方花卉，有凤梨、郁金香、比利时杜鹃、生石花、龙血林、发财树、竹芋、广东万年青、非洲紫苣苔、美国薄荷、荷兰菊、德国鸢尾、美女樱、波斯菊等。这些引进的国外花卉，大部分通过本地驯化，在本地落根，有的已大量种植。但也有一些花卉经过实验，不适天津大量生长，只作为应季观赏之用。

常见草本花卉一览表

表 6-4-1-1

序号	中文名称	拉丁学名	主要特性
1	鸡冠花	*Celosia argentea* L. var. cristata Kuntze	株高 25~90 厘米，花期 8—10 月，喜炎热而空气干燥的环境，不耐寒，宜栽于阳光充足、肥沃的砂质壤土中。播种繁殖
2	一串红	*Salvia splendens* Ker-Gawl.	花期 7—10 月，果熟期 8—10 月，好阳光充足也能耐半荫，忌霜害。播种或扦插繁殖
3	金鱼草	*Antirrhinum majus* L.	株高 20~90 厘米，花期 5—7 月，较耐寒，喜向阳及排水良好的肥沃土壤，稍耐半荫。播种繁殖，也可用扦插繁殖
4	毛地黄	*Digitalis purpurea* L.	株高 90~120 厘米，花期 6—8 月，果熟期 8—10 月，中等肥沃、湿润而排水良好的壤土，略耐干旱，较耐寒，可在半荫环境下生长。播种或分株繁殖
5	金盏菊	*Calendula officinalis* L.	株高 30~60 厘米，花期 4—6 月，果熟期 5—7 月，性较耐寒，生长快，适应性强，轻松肥沃的土壤和日照充足之地，生长显著良好。播种繁殖

续表 6-4-1-1

序号	中文名称	拉丁学名	主要特性
6	百日草	*Z. elegans Jacq.*	株高 50~90cm，花期 6—9 月，果熟期 8—10 月，百日草性强健而喜光照，要求肥沃而排水良好的土壤。种子繁殖
7	万寿菊	*Tagetes erecta* L.	株高 60~90 厘米，花期 7—9 月，果熟期 8—9 月，喜温暖，但稍能耐早霜，要求阳光充足，抗性强，对土壤要求不严。播种或扦插繁殖
8	孔雀草	*T. patula* L.	株高 20~40 厘米，花期 6—10 月，喜温暖，但稍能耐早霜，要求阳光充足，抗性强，对土壤要求不严，播种或扦插繁殖
9	三色堇	*Viola tricolor* L.	株高 15~25 厘米，花期 4—6 月，果熟期 5—7 月，性较耐寒，好凉爽环境，略耐半荫，要求肥沃湿润的沙壤土。播种繁殖。
10	凤仙花	*Impatiens balsamina* L.	株高 60~80 厘米，花期 6—8 月，果熟期 7—9 月，喜炎热而畏寒冷，需阳光充足。播种繁殖
11	石竹	*D. chinensis* L.	株高 30~50 厘米，花期 5—9 月，耐寒性强，喜肥，要求高燥，阳光充足和通风良好之处。播种繁殖
12	矮牵牛	*Petunia hybrida Vilm.*	株高 20~60 厘米，性喜温暖，不耐寒，忌雨涝，播种或扦插繁殖
13	长春花	*Catharanthus roseus* (L.) G. Don,(*Vinca rosea* L.)	株高 30~60 厘米，花期春至深秋，喜湿润的沙质壤土，要求阳光充足，忌干热，播种繁殖，也可扦插繁殖
14	美女樱	*Verbena hybnida Voss*, *V. hortensis Vilm.*	株高 30~50 厘米，花期 6—9 月，果熟期 9—10 月，喜阳光充足，对土壤要求不严。播种或扦插繁殖
15	飞燕草	*Consolida ajacis* (*L.*) *Schur*	株高 30~120 厘米，性较耐寒，喜高燥而忌积涝，宜栽植于阳光充足、通风良好的凉爽环境，播种繁殖
16	福禄考	*Phlox drummondii Hook.*	株高 15~40 厘米，喜冷爽环境，耐寒性较弱，性不宜过肥，并忌涝及碱地。播种栽植
17	花环菊	*Chrysanthemum carinatum* L.	株高 70~100 厘米，喜冷凉气候而不耐寒。播种繁殖
18	波斯菊	*Cosmos bipinnatus Cav.*	株高 1~2 米，喜阳，耐干旱瘠薄土壤。播种繁殖。
19	藿香蓟	*A. conyzoides* L.	株高 30~60 厘米，要求阳光充足，适应性强，分枝能力强，可修剪以控制高度。播种或扦插、压条繁殖，春播
20	虞美人	*Papaver rhoeas* L.	株高 30~60 厘米，好日光充足的凉爽气候，要求高燥通风之处，不宜湿热过肥之地，但土壤不择。播种繁殖
21	月见草	*O. biennis* L.	株高 1~1.5 米，花期 6—9 月，原产北美，要求阳光充足而高燥之地。播种繁殖。
22	羽扇豆	*Lupinus.*	株高 30~100 厘米，要求酸性土，是酸性土的指示植物，好凉爽气候，略耐荫，直根性，不可移植。播种繁殖

续表 6-4-1-1

序号	中文名称	拉丁学名	主要特性
23	香雪球	*Lobularia maritima* Desv.	株高 15~30 厘米，稍耐寒，喜冷凉气候，宜向阳，轻松土壤。播种繁殖
24	茑萝	*Quamoclit Mill.*	喜阳光充足及温暖环境，对土壤要求不严，直根性。春播。
25	银边翠	*Euphorbia marginata* Pursh	株高 50~80 厘米，喜生于温暖向阳之处，不耐寒，而耐干旱，要求轻松土壤。直根性。播种繁殖
26	扫帚草	*Kochia scoparia* Schrad.	株高 1~1.5 米，喜阳，不耐寒，极耐炎热气候，干旱及瘠薄地。播种繁殖
27	三色苋	*Amaranthus tricolor* L.	株高 100~140 厘米，好日光充足，高燥而排水良好，忌湿热或积水。播种繁殖
28	千日红	*Gomphrena globosa* L.	株高 40~60 厘米，喜炎热干燥气候，不耐寒，要求向阳，轻松而肥沃土壤，花期自初夏至中秋。播种繁殖
29	锦葵	*Malva sylvestris* L.	株高 60~90 厘米，适应性强，较耐寒，喜冷凉，播种繁殖。
30	秋葵	*A. esculentus Moench*, *Hibiscus esculentus* L.	株高 0.5~3 米，好深厚肥沃土壤，阳光充足之地，要求温暖，不耐寒。春季播种繁殖
31	紫茉莉	*Mirabilis jalapa* L.	株高约 1 米，宜向阳及温暖环境，不耐寒，好土层深厚、肥沃之地，性健壮生长快。春播，直根性，直播或尽早移苗
32	半支莲	*Portulaca grandiflora* Hook.	株高 15~20 厘米，好温暖而不耐寒，必须栽于阳光充足之处，耐干旱及瘠土，好沙壤土，适应性强，播种繁殖
33	五色苋	*A. bettzickiana Nichols*	性喜温暖而畏寒，宜日光充足，喜高燥的沙质土，均用扦插繁殖。
34	裂叶牵牛	*P. hederacea Choisy* (Ipomoea hederacea Jacq.)	叶常 3 裂，深达叶片中部，性强健，耐瘠地及干旱，喜肥，直根性，花朵通常只清晨开发。播种繁殖。
35	大花牵牛	*P. nil Choisy*, *Ipomoea nil Roth*	花色极富变化，特宜盆栽观赏，性强健，耐瘠地及干旱，喜肥，直根性，花朵通常只清晨开发。播种繁殖。
36	圆叶牵牛	*P. purpurea Voigt*, *Ipomoea purpurea Lam.*	叶阔心脏形，全缘。性强健，耐瘠地及干旱，喜肥，直根性，花朵通常只清晨开发。播种繁殖。
37	醉蝶花	*Cleome spinosa* L.	株高 100 厘米，花期 6—9 月，喜光照，耐半荫，喜土质肥沃，宜春季直播。
38	含羞草	*Mimosa pudica* L.	株高 30~50 厘米，花期 7—8 月，适应性强，喜温暖及光照，暖地多年生或亚灌木。春播宜直播
39	夏堇	*Torenia fournieri* Linden	株高 30 厘米，喜温暖气候，湿润土壤及半荫环境

常见木本花卉一览表

表 6-4-1-2

序号	中文名称	拉丁学名	主要特性
1	玫瑰	*Rosa rugosa* Thunb.	花期 5—6 月，耐寒、耐旱，不耐荫、不耐涝，分株、扦插繁殖为主
2	月季花	*Rose chinensis* Jacq.	花期 4 月下旬—10 月，以富含有机质、排水良好、微酸性土壤为好，多用扦插或嫁接法繁殖

续表 6-4-1-2

序号	中文名称	拉丁学名	主要特性
3	野蔷薇	*Rosa multiflora Thunb.*	花期 5—6 月，性强健，喜光，耐寒，对土壤要求不严，播种、扦插、分根均易成活
4	醉鱼草	*Buddlegja lindleyana Fort.*	花期 6—8 月，性强健，喜温暖湿润的气候及肥沃而排水良好的土壤，不耐水湿。分蘖、压条、扦插、播种均可繁殖
5	绣球绣线菊	*Spiraea blumei*	花期 5 月，可扦插、分株、播种繁殖
6	溲疏	*Deutzia scabra*	花期 5—6 月，喜光，稍耐荫，有一定的耐寒力，喜富含腐殖质的微酸性和中性土壤。扦插极易繁殖
7	山茱萸	*Cornus officinalis*	花期 3—4 月，果期 9—10 月，温带阳性树种。喜阳光，稍耐荫，较耐湿，宜肥沃、疏松沙质壤土。播种繁殖
8	糯米条	*Abelia chinensis*	花期 5—9 月，喜凉爽、湿润环境。耐瘠薄干旱，萌蘖力、萌芽力强盛，耐修剪整形。用播种和扦插法繁殖
9	藤本月季	*Climbing Hybrid Roses*	株高一般超过 2 米，一季开花或二季开花，花期晚春至初夏。
10	金银花	*Lonicera japonica*	花期 4—6 月，喜阳、耐荫、耐寒，也耐干旱和水湿，可用播种、扦插、压条和分株法繁殖。

常见宿根花卉一览表

表 6-4-1-3

序号	中文名称	拉丁学名	主要特性
1	芍药	*Paeonia lactiflora Pall.* （P. albiflora Pall.）	株高 60~120 厘米，花期 4—5 月，果熟期 8—9 月，性极耐寒，北方均可露地越冬，土质以壤土及沙质壤土为宜，排水必须良好，盐碱地及低洼处不宜栽种，喜向阳处。以分株繁殖为主，也可播种
2	鸢尾	*I. tectorum Maxim.* （I. tomiolopha Hance.）	株高 30~40 厘米，花期 5 月，耐寒性较强，耐半荫，喜生于排水良好，适度湿润土壤中。通常用分株法繁殖
3	德国鸢尾	*I. germanica* L.	株高 60~90 厘米，花期 5—6 月，耐寒性较强，喜生于排水良好，适度湿润土壤中，要求日照充足。通常用分株法繁殖
4	黄菖蒲	*I. pseudacorus* L.	植株高大而健硕，花期 5—6 月，耐寒性较强，适应性极强，旱地、湿地均生长良好，喜生于浅水中。通常用分株法繁殖
5	马蔺	*I. lactea Pall. var. chinensis*（*Fisch.*）*Koidz.* （I. Palliasii Fisch. var. chinensis Fisch.）	花期 5 月，耐寒性较强，喜生于湿润土壤至浅水中，通常用分株法繁殖
6	耧斗菜	*A. vulgaris* L.	株高约 60 厘米，花期 5—6 月，性强健而耐寒，喜富含腐殖质、湿润而排水良好的沙质壤土，在半荫处生长及开花更好。分株或播种繁殖
7	蜀葵	*Althaea rosea Cav.*	株高可达 3 米，花期 6—8 月，性耐寒，喜向阳及排水良好的肥沃土壤。播种繁殖

续表 6-4-1-3

序号	中文名称	拉丁学名	主要特性
8	紫菀	*A. tataricus L. f.*	株高 0.4~2.0 米，花期 7—9 月，喜日照充足及通风良好的环境，宜较湿润又排水良好的肥沃壤土、尤忌夏日干燥。播种、分株或扦插繁殖
9	荷兰菊	*A. novi-belgii L.*	株高 50~150 厘米，花期 8—10 月，喜日照充足及通风良好的环境，宜较湿润又排水良好的肥沃壤土、尤忌夏日干燥。播种、分株或扦插繁殖
10	蓍草	*A. alpina L.*（A. sibirica Ledeb.）	株高 60~90 厘米，花期 7—8 月，对土壤及气候条件要求不严，春秋可分株或播种繁殖
11	落新妇	*A. chinensis Franch. et Sav.*	株高 40~80 厘米，花期 7—8 月，性强健，喜生于疏林下湿润处及路旁草丛间，分株或播种繁殖
12	大金鸡菊	*C. lanceolata* L.	株高 30~60 厘米，花期 6—8 月，栽培容易，常能自播繁衍，生产中多用播种或分株繁殖
13	大滨菊	*C. maximum Ramond*（Leucanthemum maximum DC.）	株高 60~100 厘米，花期 5—7 月，多年生草本花卉，耐寒性强，生长健壮，喜日照充足，宜排水良好的肥沃壤土，管理便捷。通常播种或分株繁殖，也可进行软材扦插
14	常夏石竹	*D. plumarius* L.	株高 30 厘米，花期 5—10 月，喜凉爽及稍湿润的环境，土壤以沙质土为好，排水不良则易生白绢病及立枯病。可用播种、分株和扦插法繁殖
15	宿根天人菊	*Gaillardia aristata Pursh*（G. purennis Hort.）	株高 60~90 厘米，花期 6—10 月，喜阳光充足、排水良好之处，以壤土或沙质壤土为宜，在半荫处生长不良，春、秋播种繁殖
16	玉簪	*Hosta plantaginea Aschers.*	株高约 40 厘米，花期 6—8 月，性强健耐寒而喜荫，忌直射光，植于树下或建筑物北侧生长良好，土壤以肥沃湿润，排水良好为宜。多用分株法繁殖，春、秋均可进行
17	萱草	*H. fulva* L.	花期 6—8 月，性强健而耐寒，适应性强，又耐半荫，华北可露地越冬。对土壤选择性不强，以富含腐殖质、排水良好的湿润土壤为佳。春、秋以分株繁殖为主
18	红秋葵	*H. coccineus Walt.*	株高 1~2 米，花期 7—9 月，性喜温暖及阳光充足的环境，需覆盖越冬或掘起后于冷床越冬，故北京地区多盆栽。通常春、秋分株繁殖，也可在春夏扦插新梢
19	芙蓉葵	*H. moscheutos* L.（H. palustris L.）	株高 1~2 米，花期 6—8 月，性喜温暖及阳光充足的环境，在北京地区可露地越冬。通常春、秋分株繁殖，也可在春夏扦插新梢
20	火炬花	*K. uvaria Hook.*	花期 6—10 月，性强健而耐寒，露地易于栽培，要求阳光充足，不择土壤，但以粘质壤土为好。可播种繁殖，但后代易出现分离，因此除杂交育种外，多用分株繁殖，播种后约 2 年开花
21	剪秋罗	*L. senno Sieb. et Zucc.*	株高约 60 厘米，花期 7—8 月，性强健而很耐寒，要求日照充足，夏季喜凉爽气候，又稍耐荫，土壤以排水良好的沙质壤土为好，又耐石灰质及石砾土壤。以分株繁殖为主，春、秋均可进行
22	美国薄荷	*M. didyma* L.（M. coccinea Hort.）	株高 50~90 厘米，花期晚夏至初秋，不择土壤，长势较好。春季播种繁殖，或春、秋季分株繁殖

续表 6-4-1-3

序号	中文名称	拉丁学名	主要特性
23	宿根福禄考	*P. paniculata* L.	株高 60~120 厘米，花期 7—9 月，性强健，抗寒性较强，喜石灰质壤土，但一般土壤也可生长，在日照充分之处生长尤佳。以春、秋分株繁殖为主
24	假龙头	*Physostegia virginiana Benth.*	株高 60~120 厘米，花期 7—9 月，宜在排水良好的壤土或沙质壤土上栽培，夏季干燥则生长不良，应保持土壤湿润。分株或播种繁殖
25	桔梗	*Platycodon grandiflorum* A. DC.	株高 30~100 厘米，花期 6—10 月，喜凉爽湿润环境，喜阳光充足，但也能耐微荫，适栽于排水良好、含腐殖质的沙质壤土中。播种或分株繁殖
26	金光菊	*R. laciniata* L.	株高 60~250 厘米，花期 7—9 月，适应性及耐寒性均强，不择土壤，极易栽培，尤以排水良好的沙壤土及向阳处生长更佳，多春、秋分株繁殖及播种繁殖
27	蝎子草	*S. spectabile Boreau*	株高 30~50 厘米，花期 7—9 月，华北可露地越冬。喜光照，对土质不甚选择。以分株扦插繁殖为主
28	费菜	*S. kamtschaticum Fisch.*	株高 15~40 厘米，花期 6 月，具有一定耐寒性，地上部分于冬季枯萎。喜光照，对土质不甚选择。以分株扦插繁殖为主
29	垂盆草	*S. sarmentosum Bunge*	株高 9~18 厘米，花期夏季，性耐寒，喜稍荫湿环境，对土质不甚选择。以分株、扦插繁殖为主
30	佛甲草	*S. lineare Thunb.*	株高 10~20 厘米，花期 5—6 月，具有一定耐寒性，喜光照，耐荫，对土质不甚选择。以分株、扦插繁殖为主
31	射干	*B. chinensis* L.	株高 50~100 厘米，花期 7—8 月，性强健，喜干燥气候，耐寒性强，对土壤要求虽不严，但以沙质壤土最好，要求排水良好及日光充足之地。多用分株法繁殖
32	紫松果菊	*Echinacea purpurea Moench*	株高 60~120 厘米，花期 6—10 月，性强健而耐寒，喜光照及深厚肥沃富含腐殖质土壤，可自播繁衍
33	堆心菊	*Helenium nudiflorum Nutt.*	株高 30~90 厘米，花期 8—10 月，喜日照，适栽于壤土或沙质壤土中。播种或分株繁殖
34	多叶羽扇豆	*Lupinus polyphyllus Lindl.*	株高 90~150 厘米，花期 5—6 月，喜日照充足，土层深厚及排水良好之地，春、秋播种繁殖
35	蛇鞭菊	*Liatris spicata Willd.*	株高 60~150 厘米，花期 7—9 月，性强健，较耐寒，对土壤选择性不强，要求日照充足，春、秋分株繁殖
36	芒	*Miscanthus sinensis Anderss.*	株高 1~2 米，花期晚夏至初秋，原种多为野生，未见庭园栽培。园艺变种，主要用分株繁殖，也可播种
37	毛叶水苏	*Stachys lanata Jacq.*	株高 30~50 厘米，花期 7—9 月，夏季露地栽培，冬季冷床越冬，喜排水良好的沙质壤土，播种、分株繁殖，易于成活
38	紫露草	*Tradescantia reflexa Rafin.*	株高 30~50 厘米，花期 5—7 月，性强健而耐寒，北京可露地越冬，喜日照充足，但也耐半荫，不择土壤。多用分株繁殖，春、秋都可进行

续表 6-4-1-3

序号	中文名称	拉丁学名	主要特性
39	钓钟柳	*P. campanulatus Willd.*	株高 40~60 厘米，花期 7—10 月，性强健，对土质要求不严，但以排水良好、含石灰质的沙质壤土为佳，喜光照，但夏季炎热、干燥择生长不良。通常春、秋分株繁殖
40	花叶芦竹	*Arundo donax* ‘Variegates’	株高 1.5~3 米，喜光、耐半荫、耐寒、耐旱、喜水湿，对土壤适应性强

常见球根花卉一览表

表 6-4-1-4

序号	中文名称	拉丁学名	主要特性
1	大丽花	*Dahlia pinnata Cav.* (D. variabilis Desf.)	株高 40~150 厘米，花期夏季至秋季，既不耐寒又畏酷暑而喜高燥凉爽、阳光充足、通风良好的环境。以扦插繁殖及分株繁殖为主
2	唐菖蒲	*Gladiolus hybridus Hort.*	株高 60~150 厘米，花期夏秋，喜温暖，并具一定耐寒性，不耐高温，尤忌闷热，以冬季温暖夏季凉爽的气候最为适宜。分球繁殖为主，亦可进行切球、播种和组织培养等方法繁殖
3	美人蕉	*Canna indica L.* (C. variabilis Willd.)	株高 1~1.3 米，性强健，适应性强，几乎不择土壤，具一定耐寒力。分株繁殖
4	晚香玉	*Polianthes tuberosa* L.	花期 7 月上旬至 11 月上旬，盛花期则在 8—9 月，喜温暖湿润，阳光充足的环境，生长适温 25~30℃，对土质要求不严，以粘质壤土为宜，对土壤湿度反应较敏感，喜肥沃潮湿而不积水的土壤。主要分球繁殖，亦可播种
5	中国水仙	*Narcissus tazetta var. chinensis Roem.*	花期 1—2 月，喜温暖湿润气候及阳光充足的地方，尤以冬无严寒，夏无酷暑，春秋多雨的环境最为适宜。以分球繁殖为主
6	郁金香	*T. gesneriana* L.	株高 20~40 厘米，喜冬季温暖湿润，夏季凉爽稍干燥，向阳或半荫的环境。耐寒性强，喜富有腐殖质肥沃而排水良好的沙质壤土。通常分球繁殖
7	风信子	*Hyacinthus orientalis* L.	花期 4—5 月，喜冬季温暖湿润，夏季凉爽稍干燥，向阳或半荫的环境。耐寒性强，喜富有腐殖质肥沃而排水良好的沙质壤土。以分球繁殖为主
8	百合	*Lilium* L.	株高 50~150 厘米，花期因品种而不同，喜冷凉湿润气候，要求肥沃，腐殖质丰富，排水良好的微酸性土壤及半荫环境。忌连作。可分球、分珠芽、扦插鳞片以及播种等方法繁殖
9	花毛茛	*Ranunculus asiaticus* L.	株高 20~40 厘米，花期 4—5 月，喜凉爽及半荫环境，忌炎热，较耐寒，要求腐殖质多、肥沃而排水良好的沙质或略粘质土壤，pH 值以中性或微碱性为宜。以分球繁殖为主
10	铃兰	*Convallaria majalis* L.	株高 20~30 厘米，花期 4—5 月，喜凉爽湿润和半荫的环境，忌炎热，耐严寒。要求富含腐殖质酸性或微酸性的壤土及沙质壤土，PH 值 4.5~6。通常以分割根状茎及根茎端的小鳞茎进行繁殖

常见水生花卉一览表

表 6-4-1-5

序号	中文名称	拉丁学名	主要特性
1	荷花	*Nelumbo nucifera Gaertn.*	株高花期 6—9 月，果熟期 9—10 月，喜阳光和温暖环境，耐寒性也甚强，喜湿怕干，喜肥土，尤喜磷、钾肥多。通常以分株繁殖为主
2	睡莲	*Nymphaea Linn.*	花期夏秋季，喜阳光充足，通风良好，水质清洁、温暖的静水环境，要求腐殖质丰富的粘质土壤。通常以分株繁殖为主
3	千屈菜	*Lythrum salicaria* L.（L. aneeps Hort.，Salicaria vulgaris Mnch.）	株高 1 米以上，花期 7—9 月，性喜强光和潮湿以及通风良好的环境，尤喜水湿，通常在浅水中生长最好，耐寒性强。对土壤要求不严，可用播种、扦插、分株等方法繁殖
4	芡	*Euryale ferox Salisb.*	花期 7—8 月，多为野生，适应性很强，深水或浅水中均能生长，而以气候温暖，阳光充足，泥土肥沃之处生长最佳。常自播繁衍
5	水葱	*Scirpus tabernaemontani Gmel.*	株高 0.6~1.2 米，花期 6—8 月，性强健，在自然界常生于湿地、沼泽地或池畔浅水中。通常春季分株繁殖
6	王莲	*Victoria amazornica*，*Sowerby*	花期夏秋季于每日下午至傍晚开放，性喜温暖、空气湿度大、阳光充足和水体清洁的环境。喜肥，尤以有机基肥为宜，多用播种繁殖
7	凤眼莲	*Eichhornia crassipes*（*Mart.*）*Solms-Laub.*（E. speciosaKunth，Pontederia crassipes Mart.）	株高 20~30 厘米，花期 7—9 月，对环境适应性很强，喜气候温暖、阳光充足的环境，具有一定耐寒性，通常分株繁殖
8	雨久花	*Monochoria korsakowi Regel et Maack*	株高 50~90 厘米，花期 7—9 月，喜温暖、潮湿和阳光充足的环境，也耐半荫，不耐寒。播种繁殖
9	菖蒲	*Acorus calamus Linn.*（A. asiaticus Nakai）	花期 6—9 月，耐寒性不甚强，通常春季分株繁殖

常见草坪及地被植物一览表

表 6-4-1-6

序号	中文名称	拉丁学名	主要特性
1	结缕草	*Z. japonica Steud.*	高 15 厘米，花果期春夏，抗旱性强，也耐寒、耐荫，枝叶密集又耐践踏。可用块植，或切取匍匐茎栽植，栽后保持湿润
2	细叶结缕草	*Z. lenuifolia Willd. ex Trin.*	高 10~15 厘米，花期夏秋，耐干旱，匍匐茎发达，不需经常轧剪，不耐寒，植株低矮，喜黄壤土，耐踏，耐潮湿，但不耐荫。用块茎或匍匐茎铺植
3	野牛草	*Buchloe dactyloides*（*Nutt.*）*Engelm.*	秆高 5~25 厘米，耐践踏，再生力强，与杂草竞争力强，耐寒性强，耐盐碱。多用分根繁殖
4	狗牙根	*Cynodon dactylon*（L.）Pers.	秆匍匐地面，长达 1 米，直立部分高 10~30 厘米，花果期 5—8 月，耐旱、耐热，但不耐荫，不耐寒，轻霜即枯死，耐践踏，生活力强，绿色期为 180 天，对土壤要求不严，分根或用匍匐茎繁殖

续表 6-4-1-6

序号	中文名称	拉丁学名	主要特性
5	草地早熟禾	*P. Pratensis* L.	高 50~80 厘米，花期 5—6 月，喜生于湿润土壤，绿色期长达 7 个月，耐寒性强，抗旱力弱，抗热，稍耐荫，耐湿，宜排水良好。秋季播种
6	羊茅	*F. ovina* L.	株高 15~30 厘米，花期 6—7 月，播种繁殖
7	多花黑麦草	*L. multiflorum Lam.*	秆高 50~70 厘米，能抗寒，但易受霜害，喜壤土及沙壤土，也适于粘质土壤，但以肥沃湿润而深厚的土壤生长最好。春播或秋播均可
8	白车轴草	*Trifolium repens* L.	喜湿润，较耐荫，耐干旱，耐寒，耐瘠薄，各种土壤均能生长。播种或扦插繁殖
9	多变小冠花	*Coronilla varia*	花期 6—9 月，生活力强，适应性广，耐旱，抗寒，耐瘠薄地。繁殖易，除种子繁殖外，扦插或分根均可
10	紫花苜蓿	*Medicago sativa* L.	高 30~100 厘米，适应性强，抗旱，耐寒，耐瘠薄，喜温暖半干旱气候，可播种，生长期最忌积水
11	百脉根	*Lotus corniculatus* L.	茎高 10~16 厘米，耐热，耐湿，但不耐寒，再生性强，耐践踏。播种繁殖
12	蛇莓	*Duchesnea indica* (Andr.) Focke	花期 3—12 月，对土壤适应性强，喜半阴半阳或偏阴的生活环境，在强阴下长势较差。分栽或播种繁殖均可
13	二月兰	*Orychophragmus violaceus* L.	高 30~60 厘米，花期早春 4—6 月，生于平地或树荫下，播种极易，可自播繁衍

常见温室花卉一览表

表 6-4-1-7

序号	中文名称	拉丁学名	主要特性
1	瓜叶菊	*Senecio cruentus DC.* (Cineraria cruenta Masson)	喜凉爽气候，冬惧严寒，夏忌高温，在夏季炎热地区畏烈日，忌雨涝，越夏困难，生长期间要求光线充足、空气流通并保持适当干燥，以播种繁殖为主，也可扦插
2	报春花	*P. malacoides Franch.*	株高约 45 厘米，花期冬春。喜温暖湿润，夏季要求凉爽通风环境，不耐炎热。种子繁殖
3	蒲包花	*Calceolaria herbeohybrida Voss*	株高 20~40 厘米，喜凉爽、空气湿润、通风良好的环境。不耐严寒，又畏高温，要求光照充足，但栽培中要避去夏季的强光。喜肥沃，忌土湿，宜排水良好的轻松土壤。播种繁殖，也可扦插
4	彩叶草	*Coleus blumei Benth.*	株高 50~80 厘米，喜温暖湿润，阳光充足、通风良好的栽培环境，要求富含腐殖质、肥沃疏松而排水良好的沙质壤土。播种繁殖
5	君子兰	*Clivia Lindl.*	喜温暖湿润，宜半荫的环境，要求疏松肥沃、排水良好、富含腐殖质的沙质壤土。播种法与分株法繁殖
6	非洲菊	*Gerbera jamesonii Bolus*	株高约 60 厘米，四季常开，以 5—6 月和 9—10 月为盛花期，喜温暖、阳光充足和空气流通。喜肥沃疏松、排水良好、富含腐殖质的沙质壤土，忌重粘土，宜微酸性土壤。播种、分株和组织培养法繁殖

续表 6-4-1-7

序号	中文名称	拉丁学名	主要特性
7	鹤望兰	*Strelitzia reginae Banks*	高达 1~2 米，喜温暖湿润，光照充足，也较耐寒。夏天宜放荫棚下栽培，耐旱力强，不耐水湿，盆土以肥沃、排水良好的稍粘质土壤为宜。多用分株法繁殖
8	虎尾兰	*S. zeylanica Willd.*	花期 9 月，抗逆性强，生长强健，喜温暖环境，夏忌强光，需适当遮荫。较耐干燥，宜通气、排水良好的土壤。通常扦插和分株繁殖
9	四季秋海棠	*Begonia semperflorens Link et Otto*	喜温暖，不耐寒，适宜空气湿度较大、土壤湿润的环境，不耐干燥，亦忌积水，喜半荫环境，夏季不可放阳光直射处。播种、扦插和分株等方法繁殖
10	何氏凤仙	*I. holstii Engler et Warb.*	株高可达 1 米，喜温暖湿润、日照充足的环境，夏季要求凉爽，并需稍加遮阴，不耐寒，皆温室栽培。播种或扦插繁殖
11	一叶兰	*Aspidistra elatior Blume.*	花期春季，喜阴湿温暖的环境，忌干燥和直射阳光，要求疏松而排水良好的土壤，适应性很强。分株繁殖
12	吊兰	*C. comosum Baker*	花期春季，喜温暖湿润及半荫环境，好轻松肥沃的沙质壤土，冬宜多见阳光，以保持叶色鲜绿。通常分株繁殖，也可分栽走茎上的幼株繁殖
13	豆瓣绿	*P. tithymaloides A. Dietr.* (P. magnoliafolia A. Dietr.)	株高约 20 厘米，喜高温及半荫环境，宜腐殖质丰富而排水良好的轻松土壤。通常用扦插法繁殖
14	花叶万年青	*D. picta Schott* (D. brasiliensis Veitch, Caladium pictum Lodd.)	高达 1 米，要求高温高湿又稍蔽荫的环境，宜轻松土壤，扦插繁殖
15	非洲紫苣苔	*Saintpaulia ionantha H. Wendl.*	花期夏秋，喜半荫，温暖湿润环境，夏季忌强光和高温，喜疏松、肥沃、排水良好的腐殖质土壤，通常采用播种、扦插和分株法繁殖
16	万年青	*Rohdea japonica Roth*	高 10~20 厘米，花期 6—7 月，9—10 月果熟，喜温暖湿润及半荫的环境，夏宜半荫，不耐积水，稍耐寒。播种或分株繁殖
17	鸭跖草	*Zebrina pendula*	喜温暖湿润，不耐寒，生长期需充分灌水，适当追肥，在阳光较为充足处栽培，但忌强光，夏天宜置荫棚下，也颇耐荫，宜肥沃而轻松的土壤。扦插或分株繁殖
18	广东万年青	*Aglaonema modestum Schott* (A. acutispathum N. E. Brown)	高近 1 米，喜高温多湿环境，耐荫，忌强光直射，夏天宜在荫棚下栽培。栽培用土以疏松肥沃、排水良好的微酸性土壤为宜，扦插和分株繁殖
19	竹芋	*M. arundinacea* L.	高 60~180 厘米，喜半荫和高温多湿的环境，冬宜阳光充足，夏需半荫环境，分株法繁殖
20	仙客来	*Cyclamen persicum Mill.*	喜凉爽、湿润及阳光充足的环境，秋冬春三季为生长期，要求疏松、肥沃、排水良好而富含腐殖质的沙质壤土，土壤反应宜微酸性，播种繁殖

续表 6-4-1-7

序号	中文名称	拉丁学名	主要特性
21	大岩桐	*Sinningia speciosa Benth. et Hook.* (Gloxinia speciosa Lodd.)	株高 12~25 厘米，花期夏季，生长期要高温、潮湿及半荫环境，通风不宜过分，以保持较高的空气湿度。栽植用土以轻松、肥沃而排水良好的腐殖质土壤为宜。播种繁殖
22	球根秋海棠	*Begonia tuberhybrida Voss.* (B. tuberosa Hort.)	株高 30~100 厘米，花期夏秋，喜温暖湿润、日光不过强的环境。栽植土壤以疏松、肥沃、排水良好和微酸性的沙质壤土为宜。以播种繁殖为主
23	马蹄莲	*Zantedeschia aethiopica Spreng.*	花期从 12 月起直到翌年 6 月，喜温暖，不耐寒，要湿润的环境，不耐干旱，喜疏松肥沃、腐殖质丰富的沙质壤土，以分球繁殖为主
24	朱顶红	*H. rutilum Herb.*	鳞茎近球形，径 5~7.5 厘米。喉部具一小副冠。生长期间要求温暖湿润，阳光不过于强烈的环境，需给予充分的水肥，稍耐寒。要求富含腐殖质、疏松肥沃而排水良好的沙质壤土。常用分球和播种繁殖
25	小苍兰	*Freesia refracta Klatt*	高 30~45 厘米，花期春季，夏季休眠。喜凉爽湿润环境，要求阳光充足，耐寒力较弱。要求肥沃、湿润而排水良好的沙质壤土，对二氧化硫抗性较弱。常用播种和分球法繁殖
26	文殊兰	*C. asiaticum L. var. sinicum Baker*	株高可达 1 米，花期 7—9 月。喜温暖湿润，耐盐碱土壤，夏忌烈日暴晒，喜肥，生长期间要经常施肥，宜腐殖质丰富的土壤。常用播种和分株法繁殖
27	香石竹	*Dianthus caryophyllus* L.	株高 30~60 厘米，花期 5—7 月，喜空气流通，干燥和阳光充足的环境。喜肥，要求排水良好、腐殖质丰富、保肥性强、呈微酸性反应的稍粘质土壤。不可栽于低洼地，忌连作。喜凉爽，不耐炎热，可忍受一定程度的低温。可用扦插、播种和压条法繁殖
28	倒挂金钟	*F. hybrida Voss.*	花梗长达 3~4 厘米，丛生灌木，花朵倒垂，萼筒与萼裂片近等长。喜凉爽而湿润的环境，不耐炎热高温，稍有耐寒力，夏季宜半荫处，忌雨淋。要求腐殖质丰富、排水良好的肥沃沙质壤土。繁殖以扦插为主
29	天竺葵	*P. hortorum Bailey*	株高 30~60 厘米，花期因地域不同而不同，喜冷爽，怕高温，亦不耐寒。要求阳光充足，不耐水湿，而稍耐干燥，宜排水良好的肥沃壤土。扦插繁殖为主
30	木茼蒿	*Argyranthemum frutescens* (L.) Sch. -Bip.	高可达 1.5 米，花期全年，喜凉爽湿润的环境，要求土壤湿润，但忌积水，以疏松肥沃，有机质丰富的沙质壤土为宜。以扦插繁殖为主
31	文竹	*Asparagus plumosus Baker*	喜温暖湿润的环境，不耐强光和低温，忌积水，不耐干旱，喜肥，宜栽于疏松肥沃的沙质壤土中。播种或分株繁殖
32	一品红	*Var. plenissima Hort.*	顶部总苞下叶片和瓣化的花序，多层瓣化瓣。喜温暖湿润及阳光充足的环境，对土壤要求不严，但以微酸性的肥沃砂质壤土最好，耐寒性弱。扦插繁殖为主
33	扶桑	*H. rosa-sinensis* L.	高 2~5m，花期夏季，喜温暖湿润，不耐寒，要求光照充足，喜肥沃而排水良好的土壤。可用扦插、播种和嫁接法繁殖

续表 6-4-1-7

序号	中文名称	拉丁学名	主要特性
34	变叶木	*Codiaeum variegatum Bl. var. pictum Muell. -Arg.*	高 50~250 厘米，喜高温多湿和日光充足的环境，多用扦插法繁殖
35	八仙花	*Hydrangea macrophylla Ser.*	高 1~4 米，喜温暖湿润及半荫的环境，宜肥沃、富含腐殖质、排水良好的稍粘质土壤。扦插、压条、分株皆可繁殖
36	叶子花	*B. glabra Choisy*	攀援性灌木，苞片脉显著。花期夏季，喜温暖湿润环境，适于在中温温室栽培。不耐寒，较耐炎热，要求光照充足，光照充分则着花多。对土壤要求不严，但以轻松肥沃的沙质壤土为宜。采用扦插法繁殖
37	山茶	*C. japonica* L.	高可达 15 米，花期春季，喜温暖湿润及半荫的环境，不耐烈日曝晒，过冷、过热、干燥、多风均不宜。需疏松、肥沃、腐殖质丰富、排水良好的酸性土壤。可用播种、扦插、压条及嫁接法繁殖
38	朱蕉	*C. terminalis Kunth*	株高 90~300 厘米，喜高温多湿，冬季稍耐低温，不低于 10℃ 即可。夏宜半荫处，需以苇帘遮荫。可用播种、扦插、压条法繁殖
39	狭叶龙血树	*D. angustifolia Roxb.*	株高 1~4 米，喜高温多湿，要求日光充足。扦插、压条、播种等方法繁殖
40	蓬莱蕉	*Monstera deliciosa Liebm.*	高达 7~8 米，花期 7—8 月，喜温暖湿润和蔽荫环境，不耐寒，要经常保持环境湿润，不耐干燥。忌强光直射，宜轻松、肥沃土壤。用扦插法繁殖
41	瓶儿花	*Cestrum purpureum Standlley*	株高 1~3 米，花期全年，要求温暖湿润、日光充足的环境，喜肥沃土壤。繁殖用扦插或播种法
42	印度橡皮树	*F. elastica Roxb.*	高 20~25 厘米，喜高温多湿，光照充足和通风良好环境。以扦插繁殖为主
43	常春藤	*H. nepalensis K. Koch var sinensis* (Tobl.) Rehd.	长可达 20 余米。性强健，较耐寒，喜稍微蔽荫之地，但在光线充足或不见直射阳光的室内环境下均可正常生长。对土壤和水分要求不严，常用扦插、分株、压条法繁殖
44	鸭嘴花	*Adhatoda vasica Nees* (Justicia vasica L.)	高达 3 米，花期 7 月，温室栽培 3 月开花。喜温暖，要求土壤肥沃疏松、腐殖质丰富。扦插繁殖
45	春兰	*Cymbidium goeringii* (Rochb. f.) Rchb. f.	花期 2—3 月，喜温暖湿润气候，耐寒力较强，通常以分株繁殖为主
46	蕙兰	*Cymbidium faberi Rolfe*	花期 4—5 月，喜温暖湿润气候，耐寒性较强，通常以分株繁殖为主
47	台兰	*Cymbidium floribundum var. pumilum* (Rolfe) Y. S. Wu et S. C. Chen	花期 4—6 月，喜温暖湿润气候，通常以分株繁殖为主
48	建兰	*Cymbidium ensifolium* (L.) Sw.	花期 7—9 月，喜温暖湿润气候，耐寒力稍弱，通常以分株繁殖为主

续表 6-4-1-7

序号	中文名称	拉丁学名	主要特性
49	墨兰	*Cymbidium sinense* (Andr.) Willd.	花期 11—1 月，喜温暖湿润气候，耐寒力稍弱，通常以分株繁殖为主
50	寒兰	*Cymbidium kanran Makino*	花期 9—10 月，喜温暖湿润气候，通常以分株繁殖为主
51	卡特兰	*Cattleya labiata Lindl.*	花期秋冬，宜中温温室栽培，对光线要求稍多。原产地生长期在春、夏季，要求高温高湿；秋冬为休眠期，宜稍微干燥
52	兜兰	*Paphiopedilum sp.*	花期 11 月至次年 5 月，要求稍荫环境，宜低温及中温温室。原产地生长期在春、夏季，要求高温高湿；秋冬为休眠期，宜稍微干燥
53	石斛	*Dendrobium nobile Lindl.*	中国产品种花期 3—6 月，宜高温温室栽培。原产地生长期在春、夏季，要求高温高湿；秋冬为休眠期，宜稍微干燥
54	棒叶万带兰	*Vanda teres Lindl.*	中国产品种花期 7—8 月，生长期要求高空气湿度，根部不宜太大湿度，有显著休眠期
55	铁线蕨	*A. capillus-veneris L.*	株高 30~50 厘米，喜温暖湿润及荫蔽的环境，要求松软、湿润的土壤，以含石灰质壤土为宜，以分株繁殖为主
56	肾蕨	*N. cordifolia Presl.*	叶长 60 厘米，叶缘具尖齿。喜温暖湿润环境，半荫，可采用播种孢子，分栽块茎以及分株法繁殖
57	三角鹿角蕨	*P. stemaria Desv.*	喜温暖阴湿环境，自然界常附生于树干开裂处或分枝处，孢子繁殖或分株繁殖，以分株繁殖为主
58	巢蕨	*Neottopteris nidus* (Linn.) J. Sm.	株高 100~120 厘米，宜植于林下阴湿处，或移植于枯树上装饰，或盆栽吊于宾馆内厅欣赏
59	卷柏	*Selaginella tamariscina* (Beauv.) Spring	高 5~15 厘米，生于山谷或山坡林下土中、岩石上或石缝中。干时拳卷，遇水伸展
60	金琥	*Echinocactus grusonii Hildm.*	喜含石灰质的沙砾土，夏季应置于半荫处，生长较迅速
61	仙人球	*Echinopsis thbiflora Zucc.*	习性强健，易孳生仔球，播种也容易出苗
62	仙人掌	*Opuntia ficus-indica Mill.*	易于栽培，耐寒性强，扦插繁殖，易于发根
63	令箭荷花	*Nopalxochia ackermannii Kunth.* (Epiphyllum ackermannii Haw.)	喜温暖、湿润气候及富含腐殖质的土壤，生长季中扦插变态茎易于成活
64	山影拳	*Piptanthocereus peruvianus var. monstrous DC.* (Cereusperuvianus Haw. ver. monstruosa P. Decan.)	习性强健，生长迅速，喜光照，多用扦插繁殖，生根容易

续表 6-4-1-7

序号	中文名称	拉丁学名	主要特性
65	蟹爪	*Zygocactus truncactus* K. *Schum.*	喜温暖而湿润的气候条件及富含腐殖质的土壤，夏季应有遮荫，冬季阳光要充足，扦插繁殖容易生根
66	仙人指	Schlumbergera russellianus Britton et Rose（*Epiphyllum russellianum Hook.*）	喜温暖、湿润条件。扦插繁殖容易生根
67	昙花	*Epiphyllum oxypetalum*（DC.）Haw.	喜温暖、湿润及半荫的环境条件，生长季应充分浇水及喷水，剪取扁平变态茎扦插繁殖
68	生石花	*Lithops pseudotruncatella* N. E. Br.	干季休眠，球体渐次萎缩埋入地中
69	芦荟	*Aloe arborescens var. netalensis Bgr.*	生性强健，能耐-3℃低温，多用分离吸芽进行繁殖
70	龙舌兰	*Agave americana* L.	花期5—6月，生性强健，多采用分生吸芽进行繁殖

第二节　菊艺展

天津有着悠久的菊花栽培历史。清代，天津城郊南运河两岸的杨庄、曹庄即是有相当规模的菊花之村。被喻为清代三大私家园林之一，并在天津园林史上占据重要位置的水西庄，就坐落在南运河畔，为天津长芦盐商查日乾与其子辈查为仁、查为义等经营。乾隆皇帝曾先后四次下榻于此，并赐名“芥园”。园艺水平很高的水西庄，那时就引进了原产墨西哥并由日本转口进入我国的洋菊数十本。名品有“鹅铺”“鹤鳖”等，皆花大于盘。查为仁曾有诗曰：“有客番舶来，赠我数本菊。云从酿整来，奇商种所独。”水西庄中除移栽洋菊外，本地菊花种植更盛，品种繁多，多次举行赏菊盛会，留下众多诗篇。其中有一奇罕品种名“黄金颖”，黄色而形状呈方形，仿佛一颗金印，这是水西庄中独特的名品菊花；此花一旦移至外面，第二年即松且圆，不成黄金印形。与“黄金颖”齐名的另一名品为“芙蓉城”，为方形粉红色菊花，也是水西庄独有的。可惜的是，这些名品花卉随着水西庄的没落而失传。

由数位名画家合作而成的《慕园老人携孙采菊图》（高0.5米、长1.5米），由著名画家蒋缕画人物及松树，朱岷画菊花等。画上有查日乾后人查善和、查淳、查诚等人题咏，是天津早期菊花盛况的形象史料。

天津大众赏菊也是历史悠久。最早的大众赏菊场所在清代康熙年间的宜亭。据《天津县志》记载，宜亭位于老城西门外、演武场右月坛，为康熙年间天津朱士杰所建。那时，夏天人们在宜亭消暑纳凉，这块地被商贩们作为经商的好场所。秋季天气转凉后游人少了，商贩们便在宜亭布置菊花，既招揽人观菊，又兜售商品，颇受欢迎，渐渐成为每年一度的庙会。每到重阳时节，宜亭便成了人们赏菊的好去处。赏菊成了文人墨客以菊会友的最佳方式。民国的时候没有官办的菊展，所有菊展都是私人行为。那时的《北洋画报》《大公报》和《益世报》等都有很多关于举办菊展的文字和图片报道。

位于现红桥区内的永丰屯是一个很大的菊花集散地，每年秋季都会聚集很多花农在此售卖菊花。而当时的公园、学校、医院以及一些大厂商、社会名流也在公共场所或自家举办菊展，借此扩大联谊宣传。譬如寿丰面粉厂每年都在劝业场、一带的中原公司举办菊展；民国时候天津有一家非常有名的菊圃"玉芳园"，每年也举办菊展。在中国教育史上有重要地位的南开中学，也曾是天津主要赏菊场所之一，1930 年 11 月 15 日的《益世报》发表"南开菊展洋洋大观"一文称：本市南开中学之菊花展览会，自开幕以来，每日门前车水马龙，士女如云，络绎不绝。据该校统计，平均每日参观人数，确超千人以上，当此金风之际，有如此菊展，点缀秋光，津门生色。

新中国成立后，人民政府把办好一年一届的菊展及其他花卉展览，作为园林工作的重要内容之一，旨在不断提高花卉栽培水平，丰富人民物质文化生活。自 1952 年举办天津市首届菊花展览，至 2010 年共举办菊展 49 届，除"文革"期间展览停办，基本上是每年一届。其中，规模最大一次菊展是 2003 年的第 43 届菊展。这届菊展于 9 月 27 日至 11 月 2 日在水上公园展出，主题是："赏菊怡情·感悟自然·珍爱生命"。采取专业布展和群众参展相结合、游园和菊展相结合、本市办展和外埠参展相结合的方式，设 10 大主景点、18 处副景点，共展出菊花 20 万盆。为了烘托节日气氛，各参展单位用科技手段，使菊花提前开花，菊展时间较往届提前近一个月。在本届菊展的筹备过程中，市园林局对天津市菊花品种进行普查，全市 644 个品种菊花全部收入《天津菊花》光盘。

9 月 25 日上午 10 时至 11 时，国务院原总理朱镕基偕夫人在中共中央政治局委员、中共天津市委书记张立昌的陪同下，参观游览了为迎接国庆和天津市第 43 届菊展开幕而身着盛装的水上公园。9 月 27 日，张再旺、吴振、聂壁初、刘晋峰等二十余位老干部及其家属、工作人员，游览了公园，参观了菊展各大景点。10 月 1 日上午，市委书记张立昌、市长戴相龙及市委、市人大、市政府、市政协的领导在水上公园参加了国庆游园活动，参观了盆景园、芙蓉轩、水晶广场等菊展景点，观赏了威风锣鼓、少儿表演等精彩节目。

天津市历届菊展一览表

表 6-4-2-1

菊展时间	菊展届数	展出地点	展出情况
1952 年	第 1 届菊展	人民公园	
1953 年	第 2 届菊展	人民公园	
1954 年	第 3 届菊展	人民公园	
1955 年 10 月 30 日	第 4 届菊展	铁路工人文化宫（北宁公园）	展出菊花一千多种，共万余盆

续表 6-4-2-1

菊展时间	菊展届数	展出地点	展出情况
1956 年	第 5 届菊展	人民公园	
1957 年	第 6 届菊展	人民公园	
1958 年	第 7 届菊展	人民公园	
1959 年 11 月	第 8 届菊展	人民公园	11 月 13 日召开菊展总结评比会。13 个单位参加展出，接待观众 31609 人次，外埠参观团和代表单位 8 个。评出优秀单位和个人共 9 个（纺机厂、二疗、棉二、二宫、历史博物馆、人民公园、花木公司、河东园林和邓翼如）
1960 年	第 9 届菊展	人民公园	保留菊花品种 300 个。
1961 年	第 10 届菊展	人民公园	保留菊花品种 300 个
1962 年	第 11 届菊展	人民公园	保留菊花品种 500 个
1963 年秋季	第 12 届菊展	人民公园	展出品种 650 个，3000 余盆，接待观众 8 万余人次。保留 1000 个品种
1964 年	第 13 届菊展	人民公园	保留 1000 个品种
1965 年	第 14 届菊展	人民公园	保留 1200 个品种
1966—1973 年			因“文化大革命”停办
1974 年	第 15 届菊展	人民公园	
1975 年	第 16 届菊展	人民公园	
1976 年			因唐山大地震停办
1977 年 10 月 25 日至 11 月 26 日	第 17 届菊展	水上公园	由于“文革”的干扰破坏，菊花品种从原有的 1500 余种，减少到只剩 300 余种，故此次菊展仅为向市民汇报花卉生产初见成效的情况。观众 69000 多人次
1978 年	第 18 届菊展	人民公园	综合花展
1979 年 10 月	第 19 届菊展	桂林路公园 西沽公园 人民公园	展出菊花 2000 余盆。名画家孙奇峰为此题词作画。北京园林部门也送花参展
1980 年 9 月 25 日至 11 月 5 日	第 20 届菊展	由各区及公园分散举办	全市设十二处展区，展出品种 650 个，共计 26000 盆
1981 年 10 月 16 日	第 21 届菊展	分别在全市 7 个区的 12 处展出	展品约 650 个品种，10000 余盆
1982 年	第 22 届菊展	人民公园各区	
1983 年	第 23 届菊展	西沽公园	
1984 年 10 月 25 日至 11 月 20 日	第 24 届菊展	水上公园	观众达 20000 余人
1985 年 10 月 20 日至 11 月 10 日	第 25 届菊展	水上公园	展出 350 个品种，3000 余盆。观众达 35000 余人次

续表 6-4-2-1

菊展时间	菊展届数	展出地点	展出情况
1986 年 10 月 19 日至 11 月 20 日	第 26 届菊展	水上公园	
1987 年 11 月 3 日至 11 月 10 日	第 27 届菊展	各区、各单位分设展区	本届菊展共有 60 个群众单位、22 个专业单位参展。参加展览的个人有行政干部、企业职工、中专学生、退休人员和家庭妇女。共评出 18 种专业奖、四种群众奖。展区布局评比：红光公园—河西展区获第一名，南开公园—南开展区和公园管理处获第二名，河滨公园—塘沽展区和花卉管理处、天津市园林绿化研究所并列第三名。景点布置评比：第一名，河东区的“蛟龙腾飞、玉兔增辉”。第二名，河西区的“思乡桥”、南开区的“珍宝”河北区的“二龙戏珠”。第三名，河西区的“百鸟聚宝”、水上公园的“玉兔齐欢庆祝丰收”天津市花卉管理处的“秋菊盛开庆十三大”。群众单位景点获奖者：南开区的“花篮”“二龙戏水”“长城”
1988 年 10 月 19 日至 11 月 2 日	第 28 届菊展	中心公园及各区分展	
1989 年 10 月 20 日至 11 月 3 日	第 29 届菊展	西沽公园	局属 8 个单位、市内 6 个区、塘沽区及北宁公园。各区还设有分展区，参展菊花 3 万余盆，近 500 个品种。参展的专业单位中获奖的有：(一）布展：一等奖：河西区；二等奖：水上公园、红桥区、和平区；三等奖：河北区、湛江路花圃。(二）优秀造型：一等奖：河西区“光照山河”；二等奖：南开区的“金鲤戏水”、河北区的“二龙戏珠”；三等奖：河西区的“花篮”、动物园的“孔雀开屏”、和平区的“鹿鹤同春”。(三）悬崖菊：河北区、动物园、河西区分别获一、二、三等奖
1990 年 10 月 21 日至 11 月 4 日	第 30 届菊展	水上公园	展出菊花品种 500 种，3 至 4 万盆
1991 年 10 月 20 日至 11 月 4 日	第 31 届菊展	水上公园、各区、北宁公园	河西区获展区布置最佳奖，南开区、园林绿化研究所获展区布置优秀奖，水上公园、河北区、花卉管理处获展区布置艺术奖。品种最佳栽培奖，标本菊：南开区等 11 个单位 34 株；多头菊：河北区等 5 个单位 13 株。小菊最佳栽培奖：绿化处等 5 个单位；大立菊最佳栽培奖：河西区；悬崖菊最佳栽培奖：河北区、水上公园、南开区；盆景菊佳作奖：和平区、塘沽区、水上公园、动物园；案头菊最佳栽培奖：南开区等 7 个单位 12 件；菊花造型佳作奖：园林绿化研究所等 7 个单位 7 个；最佳菊花栽培群众单位：天津财经学院等 4 个单位

续表 6-4-2-1

菊展时间	菊展届数	展出地点	展出情况
1992 年 10 月 25 日至 11 月 5 日	第 32 届菊展	水上公园	有 14 个专业单位、8 个群众团体及部分个人参展。共展出名贵菊花 1.8 万余盆。市有关领导出席了开幕式。经评比，评出优秀品种菊 93 个，单项优秀 33 个，布展奖 22 个
1993 年 10 月 5 日至 11 月 3 日	第 33 届菊展	水上公园	评出菊花品种栽培奖 28 个，各项菊艺佳作奖 17 个，景点布置奖 6 个。李鹏总理在市委书记高德占、市长张立昌及市园林局局长左子敬陪同下，于 10 月 31 日上午 10 时到水上公园盆景园参观第 33 届菊展。并和“天津菊花状元”叶家良亲切握手。希望园艺工人培育出更多的菊花精品，为美化人民生活多做贡献。李鹏题词“金菊芳满园”
1994 年 10 月 22 日至 31 日	第 34 届菊展	水上公园	本届菊展的主题是：“参与、宣传、发展”。参展单位 13 个，展区设两个菊花观赏区和 12 处花饰景点，展出菊花 500 种 3 万盆。设立 10 项大奖，共产生最佳奖、优秀奖和一、二、三等奖 59 个
1995 年 10 月 21 日至 31 日	第 35 届菊展	水上公园（主展区）	本届菊展主题是“参与、发展、提高”。共展出菊花 2 万多盆，经过评选，和平区城建局等 8 个单位选送的 10 个品种菊花获得最佳菊花品种栽培奖；河西区园林局等 3 个单位选送的小菊获最佳小菊栽培奖；港务局等 2 个单位选送的菊花盆景获最菊花盆景奖；和平区城建局等 3 个单位获最佳布展奖
1996 年 10 月 18 日至 11 月 3 日	第 36 届菊展	水上公园	本届菊展主题是“菊花颂盛世，菊府崭新姿”。共展出菊花 5 万盆。参展单位有局直属、市内六区、溏沽区以及群众单位和个人，本届菊展体现专业性、社会性、文化性、艺术性和商业性融为一体。并组织现场诗画、菊花茶会、新品种征名、展品订购等一系列活动。是自 1959 年以来数量及品种最多，造型景点最美的一届。展出品种 500 多个，5 万多盆。菊展沿水上公园东门、桃柳堤至北门，共布展菊花景点 12 处。花卉管理处、海监局分别获景点、盆景菊一等奖。河西区、河北区获小菊优秀栽培奖
1997 年 10 月 18 日至 11 月 2 日	第 37 届菊展	水上公园	本届菊展主题是“文明花开津城，承前启后；百菊争鸣风格，同创辉煌”。全市有 13 个单位参展，共设 12 个景点展出菊花近 5 万盆。经评委与群众共同评选：水上公园、红桥区园林局、河西区园林局等选送的品种菊、案头菊、盆景菊等六个单项评出了 2 个栽培奖。花卉管理处、河西区园林局、南开区园林局等设计的“锦秀中华”“四海同心”“前程似锦”“丰”“九华喜庆”和“再创辉煌”等获景点造型奖。菊展期间共接待参观者近 7 万人次

续表 6-4-2-1

菊展时间	菊展届数	展出地点	展出情况
1998 年 10 月 23 日 至 11 月 3 日	第 38 届菊展	市内六区 各公园 人民公园为主展区	以“人与自然”为主题，参展单位 14 家。共展出菊花 500 余种，6 万余盆（株），其中 4 万盆菊花在主展区，装点了“秋实”“高山流水”等 6 个大型菊花景点。同时还举办了菊花精品展、菊花插花展，并开展了民间花会、书画表演等活动。经评委评选，评出品种菊、小菊、案头菊、盆景菊、大立菊、悬崖菊 33 个栽培单项奖，评出由天津市花卉管理处、天津市园林绿化研究所等单位设计制做的插花作品“都市风情”“在水一方”等 11 个奖项。同时，还评出不同层次的菊花展区、景点布展奖及大菊精品栽培奖
1999 年 9 月 9 日 至 10 月 25 日	第 39 届菊展	水上公园	以“跨世纪的微笑”为主题。设“韵流芳沁”“奋进”“开拓”“走向未来”等景点 12 处，展出菊花品种 500 余个，近 8 万盆。在盆景园举办精品展、作品展、插花展等。15 万中外游人参观了展览。参展单位 13 个，评出不同等级菊展景点布置奖 12 个，大型室外插花奖 6 个，菊艺栽培单项奖 24 个，大菊精品栽培奖 6 个，室内插花作品奖 24 个，菊展方案设计奖 7 个
2000 年 10 月 26 日 至 11 月 16 日	第 40 届菊展	水上公园	以“菊花·人·城市”为主题，共展出 500 多个品种 5 万余盆
2001 年 10 月 20 日 开幕	第 41 届菊展	水上公园	以“新世纪·菊花·文化”为主题，采取集中与分设展点相结合的方式展出菊花 8 万盆，在市内六区和大港区各设一处展点，方便市民就近观展
2002 年 10 月 18 日 至 11 月 2 日	第 42 届菊展	人民公园	主题是“秋菊佳色，飘香万里”，共展出菊花 8 万盆。本届菊展确定了菊展永久徽章
2003 年 9 月 27 日 至 11 月 2 日	第 43 届菊展	水上公园	菊展的主题是：“赏菊怡情·感悟自然·珍爱生命”。采取专业布展和群众参展、游园活动和菊展、本市办展和外埠参展三结合的方式办展，确定了 10 大主景点、18 处副景点，共展出菊花 20 万盆。国务院总理朱镕基以及市领导张立昌、戴相龙等先后参观了本届菊展
2004 年 9 月 30 日 至 11 月 8 日	第 44 届菊展	水上公园	主题为“金秋菊韵·盛世津门”，展现建国 55 周年来天津发展成就。共设 14 处菊花主景点和 10 处副景点。同时举办小菊盆景展、艺菊造型展、水上公园菊花名品和中日名菊展等菊花精品展，以及菊文化介绍和名家书法、绘画展等
2006 年	第 45 届菊展	水上公园	本届菊展主题为“怡性赏菊韵·菊香溢津城”，市内六区绿化行政主管部门、蓟县园林局、花卉管理处、绿化工程处、水上公园（动物园）参展。举办精品菊花评比活动

续表 6-4-2-1

菊展时间	菊展届数	展出地点	展出情况
2007年10月13日至10月30日	第46届菊展	水上公园	本届菊展主题为“津秋菊韵·和谐盛世”，市内六区绿化行政主管部门、水上公园、天津市园林花卉管理中心、天津市城市绿化工程服务中心、蓟县园林管理局参加展出
2008年10月23日至11月5日	第47届菊展	水上公园	市内六区绿化行政主管部门、水上公园、园林花卉管理中心、城市绿化工程服务中心、蓟县园林管理局参加展出
2009年10月24日至11月6日	第48届菊展	水上公园	本届菊展以“金秋金菊·盛世盛典”为主题，旨在迎接国庆60周年，市内六区绿化行政主管部门、水上公园、园林花卉管理中心、市花苗木服务中心参加展出。菊展期间开办菊文化图片展、菊花主题笔会、诗会
2010年10月16日至11月1日	第49届菊展	水上公园	市内六区绿化行政主管部门、园林花卉管理中心、花苗木服务中心、城市绿化工程服务中心、水上公园参展。在东门、北门、“春辉秀水”景点，盆景园门外布置四个景点，举办精品菊花评比活动

天津参加全国及埠际菊展情况

表 6-4-2-2

菊展时间	花展名称	展出地点	展出情况
1982年10月15日	中国菊花品种展览	上海	天津市送展的“十丈竹簾”荣获全国第一名，“帅旗”和“银世界”获第二名，展区布置获优胜奖
1985年11月2日	中国第二届菊花品种展	上海	天津市送去展品35个品种240盆，获得5个项目中的19个奖项。计：2个第一、3个第三、7个优胜、3个新品种优胜及4个单项
1992年10月30日至11月29日	第四届中国菊花品种展览	无锡	天津市园林局送展菊花共获得奖牌23枚。其中金牌2枚，银牌3枚，铜牌16枚，并获展台布置最佳奖和最佳评委风格奖
1995年10月27日	第五届中国菊花品种展	成都人民公园	天津送展菊花6项350盆参展。共获得金奖7个、银奖4个 、铜奖7个
2000年10月26日至11月16日	首届中国菊花精品荟萃展	天津水上公园	北京、上海、南京、唐山、中山市等17个城市21个专业单位参展。天津市菊花盆景“祥云”等荣获9个第一，以总分第一的成绩夺冠
2001年11月16日	第七届中国（南京）菊花展	南京	水上公园获多个奖项。其中金奖3枚、银奖6枚、铜奖4枚，另获展台布置二等奖
2004年6月22日	第八届全国菊展		水上公园参展

第三节　月季花展（节）

月季是天津的乡土花卉，种植广泛，历史悠久。清代，即有北辛庄、赵庄、三元村等被誉为“月季之乡”。20世纪80年代，特别是月季被确定为天津市花后，为了广泛推广和普及月季的种植，不断提高月季养护水平，培育月季新品种，同时丰富人民文化生活，市园林局提议，并经市政府批准，确定每年举办一次月季花展。

1991年，天津市人民政府决定“市花月季展”改为“月季花节”，同年5月26日至6月9日，举办了天津市首届月季花节。截至2002年，共举办12届月季花节。2003年，因“非典”防治工作任务繁重，形势严峻，月季花节停办。

主要月季花展及历届月季花展（节）一览表

表6-4-3-1

时　间	名　称	展出地点	有关情况
1985年5月20日	天津市月季花展	睦南道公园	北京月季花公司，唐山、杭州、西安、天津盆景协会、市园林局内各区园林队及直属单位参展，参观人数达1.7万人次，吴振前来参观
1989年5月14日至21日	第五届市花月季展	湛江路花圃等地	本届花展有14个专业单位和32个群众单位参加，共展出月季37000余盆（株），200多个品种。通过评选，湛江路花圃荣获本届市花布展一等奖；河东区城建局、红桥区园林局获二等奖；河北区城建局、动物园、天津市园林绿化研究所获三等奖
1991年5月26日至6月9日	天津市首届月季花节	主会场水上公园及全市	本届月季节口号是“和平、友谊、繁荣、发展”。全市设大型月季景点9处，植物造型9处和10组大型室外插花。群众单位设景点百余个，推出地棵（栽）和盆栽月季200多万盆（株），同时举办插花展览，售出切花3000余支，切叶花卉2000余支。中央、外省市及外宾和市有关方面领导及数万人出席了开幕式
1992年5月17日至5月24日	天津市第二届月季花节	水上公园（主会场）及全市	主题是“祥和、友好、振兴、发展”。以“津门十景”为题制作10大景点。中央以及市有关领导、各地来宾等3600余人参加了开幕式。市长聂壁初致词，市委书记谭绍文为开幕式剪彩。举行了大型文艺演出。在中心花园百花厅举行“天津市第二届月季花节插花比赛”，评选出一等奖2名、二等奖3名、三等奖5名。本届月季花节以水上公园、天塔观览区为龙头，以中环线、海河为中心游览线，以各大公园、8条月季路、7个月季园、百片绿地为重点，共推出地棵（栽）月季200万株，盆栽月季15

续表 6-4-3-1

时　间	名　称	展出地点	有关情况
1992 年 5 月 17 日至 5 月 24 日	天津市第二届月季花节	水上公园（主会场）及全市	万株，其它花卉盆景 10 万盆、各种草花 200 万株、切花、切叶近万支，共建景点 34 处。市园林局、水上公园、天津市花卉管理处被评为市级先进单位。另有 23 人被评为市级先进个人，102 人被评为局级先进个人
1993 年 5 月 27 日至 6 月 5 日	天津市第三届月季花节	主会场水上公园及全市	中央及市有关领导、国内外来宾共数千人参加开幕式。本次月季景点评比中 8 个单位获奖，全市共评出养花能手天津市花卉管理处周玉华等 46 名。市园林局、水上公园、信誉杯家具服务公司被评为先进单位，园林系统王荣局长等 29 人被评为先进个人
1994 年 5 月 15 日至 5 月 22 日	天津市第四届月季花节	全市	以市区各大公园为依托，以中环线两侧月季带为骨架，以 22 处月季景点做点缀，结合世乒赛，突出绿化重点
1995 年 5 月 12 日至 5 月 19 日	天津市第五届月季花节	全市	宗旨是：建设宏大的月季景观，创造热烈的节日气氛，吸引广大的群众参与，塑造开放、腾飞的天津形象，为办好第 43 届世乒赛增光添彩。评选出优秀景点 15 个，组织奖中环公园等 10 个，先进集体南开区绿管所、天津市花卉管理处等 50 个，先进个人南开区康秀芬等 97 人
1995 年 5 月 20 日至 5 月 27 日	天津市第六届月季花节	全市	本届月季花节以“繁荣、稳定、发展”为主题，在市区主要干道及重点公园设景点 26 处，沿街摆花组景 80 处，摆放盆花 15 万盆，造型植草 10 余万株。1996 年 6 月 12 日，市园林局召开第六届月季花节总结会
1997 年 5 月 17 日至 5 月 24 日	天津市第七届月季花节	各区县	不搞开、闭幕式，全市各区、县设“万民同乐”活动点 29 处，建设大型景点 42 个，摆放各种花卉 30 多万盆，地栽月季 300 多万株，各区县组织了 10 大类群众喜闻乐见的各种活动，有 200 多万人次参加。1997 年 6 月 27 日，市召开第七届月季花节总结表彰大会。对成绩突出的 35 个区、县、市局直属单位、群众团体予以表彰
1998 年 5 月 16 日至 5 月 23 日	天津市第八届月季花节	各区县	主题是：欢乐、祥和、繁荣、发展。以节俭务实，服务于群众为原则，不搞开、闭幕式。本届月季花节设“万民同乐”活动点 24 处，建设大型景点 45 个，“三年绿起来”图片展牌 88 块，插花展作品 170 余件，摆放各种花卉 10 余万盆，地栽品种月季 300 余万株，组织 10 大类演出等活动，有 150 余万人次参加活动。1998 年 7 月 24 日，召开第八届月季花节总结表彰会

续表 6-4-3-1

时　间	名　称	展出地点	有关情况
1999 年 5 月 15 日至 5 月 22 日	天津市第九届月季花节	各区县	主题为“欢乐、优美、繁荣、发展”。在全市共设景点 18 处，“万民同乐“活动点 15 处。以迎接建国 50 周年和澳门回归等为主要活动内容，坚持节俭、务实、服务于群众的原则，展出月季 300 多万株，全市有 200 多万人次的市民观花赏景。1999 年 5 月 22 日，市园林局发出通知，表彰 16 个获奖集体
2000 年 5 月 14 日至 5 月 21 日	天津市第十届月季花节	各区县	主题是：欢乐、创新、全面上水平。本着节俭、务实、服务于群众的原则，不搞开、闭幕式。展出中环线月季带、月季路、月季园、月季小区和各公园内月季共 300 余万株。花节期间共设景点 26 处，各区县政府“借台唱戏”安排了八大类 200 项形式多样的活动。2000 年 7 月 31 日，市园林局发出通报：表彰第 10 届月季花节先进单位 34 个
2001 年 5 月 12 日至 5 月 19 日	天津市第十一届月季花节	水上公园 人民公园	市有关领导参加开幕式。在全市 24 个花节景点中评出 4 个最佳景点、6 个优秀景点；在 7 个月季园中评出 3 个优秀月季园；在 18 条月季路（段）中评出 5 条优秀路（段）；有 6 个区（县）获优秀组织奖
2002 年 5 月 5 日至 5 月 12 日	天津市第十二届月季花节	全市	以“提高文化品位，共建美好家园”为主题，以市区中环线月季带及月季路、月季园、公园和街景绿地为基础，月季总数 380 万株

第四节　插花展

1990 年 10 月 21 日，天津市园林系统职工插花比赛在水上公园盆景园举行。局属 7 个单位和市内 6 个区园林职工送展作品 85 件，经评委会评定有 30 件作品获奖。

1994 年 9 月 23 日，天津市园林局团委、工会、宣传部、科教处举办的“园林青年插花大赛”，在水上公园盆景园举行。共展出插花作品 120 件，评出获奖作品 28 件。

2004 年 12 月 21 日，“花样年华迎新春插花艺术展”，在天津日报大厦阳光大厅举行，展览分为：“走向辉煌”“巨龙腾飞”“海河恋歌”“春光畅想曲”“蝶恋花”五个部分。此次艺术展由《每日新报》、天津农垦集团、天津市花卉产业协会主办，由经报进修学院、诸葛花艺工作室、津报职业技能培训中心承办，是《每日新报》成立五周年之际奉献给读者的一项公益性活动。展览的插花作品用仿真花和干花作为素材，由诸葛花艺工作室主任、经报进修学院客座教授诸葛增霞及其学员、市园林学校的学生、市花卉产业协会的工作人员创作。

2009 年 8 月 21 至 23 日，由中共天津市委宣传部、天津市文联主办的庆祝中华人民共和国成立60周年。天津市美术、书法、摄影、民间艺术系列展民间艺术部分之“天津市首届花卉艺术大赛作品展”，在天津美术展览馆举办。天津市文联、市书法家协会等有关部门的负责同志出席了开幕式。

2000年，天津市插花花艺协会正式成立。2007年2月，插花花艺协会召开会员代表大会，决定插花花艺协会并入天津市园林绿化行业协会。插花花艺协会对外仍为独立社团，在天津市绿化行业协会内为插花花艺专业委员会。

2000年9月，天津市插花作品参加上海市主办的中国国际园林花卉博览会艺术插花比赛，获得银奖。

2001年，参加深圳市举办的中国国际插花花艺博览会，获得个人插花三等奖，团体布展金奖，压花比赛项目优秀奖。天津市插花花艺协会获一等奖。

2002年，承办并参加天津市中国插花花艺大赛，获得展区比赛、壁挂花比赛两项金奖，迎宾插花比赛银奖。

2006年，天津市有4件插花作品参加由北京奥组委、北京花卉协会等单位联合举办的迎奥运礼仪花卉插花大赛，其中颁奖用花作品获得三等奖。同时，参赛选手也获得了由北京市劳动局颁发的中、高级插花花艺师资格证书。

第五节　大型综合性花卉展

1960年5月1日至5月15日，在人民公园举办“百花齐放”花卉展览，共展出温室花木47种543盆；温室草花65种1326盆；露地草花66种496盆；其它花木151种688盆。总计373种，3495盆。共有73个单位和13位个人参展，参观人数264590人次。这次花展是天津市记载最早也是规模最大的一次花展。

1960年9月12日至国庆节期间，花木公司举办“迎国庆花展”展出四季花卉共379种，其中春花132种，夏花184种，秋花20种，冬花43种。四季花卉，国庆齐开，充分展示了花卉工人高超的技能和科学养花的成果。1978年10月1日，人民公园举办“国庆花展”。此次花展以展出花卉为主，同时还展示了园林结合生产的药材、农作物成果，及鱼鸟等。

改革开放以后，在市场经济的条件下，纯粹意义上的大型花卉展览逐渐减少。1979年9月30日，市园林处为推动道路、街头绿地的美化，在桂林公园举办街头花展。其后，大型综合性花展逐步被花卉展销会、春节花市各类专项花展（节）代替。作为城市花卉行业的主管部门，市园林局把精力主要放在组织参加全国及埠际大型的花卉博览会、展销会上。

天津参加全国及埠际花展主要情况

表 6-4-5-1

花展时间	花展名称	展出地点	展出情况
1979 年 10 月 5 日	波恩国际花展	西德	花卉管理所和北宁公园培植的一批盆景鲜花运往西德，参加波恩举行的花展
1982 年 9 月 2 日	全国花卉展销会	天津人民公园	8 省市提供展品，接待 6 万人次，售出盆花 3 万多盆，营业额 5.2 万元。其中，天津市花卉管理处售出 1 万元，获纯利 2000 元
1987 年 4 月 28 日至 5 月 8 日	首届全国花卉博览会	全国农业展览馆	由天津市花卉管理处、天津市园林绿化研究所、西沽公园、多浆植物协会四家参展，天津统一使用园林系统名称
1987 年 10 月 17 日	全国花联花木展销会	深圳	天津市花卉管理处
1989 年 9 月 30 日	全国第二届花卉博览会	北京	天津市园林绿化研究所培育的部分优质花卉。经专家评选天津市园林绿化研究所的仙客来工厂化生产技术项目获一等奖；天津展区获三等奖；月季培养基质改良技术获科技进步奖
1991 年 5 月 1 日	中国盆景艺术流派作品展	天津水上公园	展览荟萃全国 14 个地区、20 多个园林单位 500 多盆作品。其中有岭南、川、海、苏、扬、徽等艺术流派。参加开幕式的市领导有吴振、张再旺、毛昌五、李振东和中国盆景协会理事长王纪泉。开幕式由李振东主持，吴振剪彩，毛昌五致词
1992 年 4 月	第二届国际花卉博览会		天津市花卉管理处和天津市园林绿化研究所组团参加
1993 年 4 月 21 日	中国第三届花卉博览会	北京农展馆	天津市园林局代表天津组团参加，送展花卉获得金牌 2 枚、银牌 1 枚、插花优秀作品奖一项
1994 年 5 月 10 日	第三届中国盆景评比展览	天津水上公园	国家建设部及市有关领导参加开幕式。共 77 个城市参加，展品 1004 件，分树桩盆景、山石盆景、微型盆景、尝（赏）石盆景 4 类。通过对作品打分，评出一等奖 36 项；二等奖 77 项；三等奖 131 项；优秀作品 157 项
1999	中国 99 昆明世界园艺博览会	昆明	在世博会园林园艺 21 项竞赛评比中，天津市园林系统获得 107 枚奖牌。其中综合大奖 1 枚，综合金奖 1 枚，单项和专项大奖 1 枚，金奖 15 枚，银奖 47 枚，铜奖 42 枚。天津市花卉管理处获得 71 枚奖牌，被建设部评为先进单位
2000 年 9 月 23 日至 10 月 22 日	第三届中国国际园林花卉博览会	北京	天津市园林局的榆《小鸟天堂》；榆《峭》；五针松《涛声依旧》、真（针）柏《人与自然》分获盆景艺术金、银、铜奖。盆栽仙客来获银奖、《海河情》获景点铜奖

续表 6-4-5-1

花展时间	花展名称	展出地点	展出情况
2001 年	第四届中国国际园林花卉博览会		天津市园林管理局《津滨世纪情》获室外庭院综合奖铜奖、庭院创作单项奖的设计银奖、施工铜奖、设施铜奖。另天津市花卉管理处仙客来获观赏花木类单项金奖（室内）
2003 年 7 月 17 日至 22 日	第十七届全国荷花展	河北省白洋淀和南戴河	水上公园送展荷花品种 40 个，受到与会人员的广泛好评
2004 年 9 月 27 日	第五届中国国际园林花卉博览会	深圳	天津市参展项目获金、银、铜奖。天津市花卉管理处《津深情》获室外造园单项奖的园林建筑小品奖
2009 年 9 月 22 日至 2010 年 5 月	第七届中国（济南）国际园林花卉博览会	山东省济南	天津市花卉管理处 5 件插花作品参展
2009 年 9 月 26 日至 10 月 5 日	第七届中国花卉博览会北京展区	北京	天津市园林绿化研究所 3 件插花作品参展，“麻姑捧寿”获银，“秋桔晚红”“唐宇傲霜”分获铜奖
2009 年 9 月 26 日至 10 月 5 日	第七届中国花卉博览会山东展区	山东省青州	天津市园林绿化研究所 4 件插花作品参展，“太平丝竹”“清见由来”“清见的美”“石莲吐火”获 4 项铜奖

第六节　荷花展

2003 年 7 月 15 日至 8 月下旬，天津市首届荷花节在水上公园举办。主题是“红荷绿韵，生态水上”，展出荷花种。

2005 年 7 月 20 日，天津市第三届荷花节在水上公园举办，主题为“红荷绿韵·生态自然”，10 天内有 2 万人参观摄影留念。

第七节　蜡梅展

梅花为我国传统名花之一，已有 3000 多年的栽培历史。本市自 2004 年开始举办较大规模的迎春蜡梅展，都在水上公园内的天津盆景园举行。到 2010 年，基本每年的农历正月初一至正月十五期间举办，尤以 2005 年的第二届最具规模、水平，最为隆重。

一、2004 年 1 月 13 日至 2 月 5 日的首届迎春蜡梅展以“踏雪迎春、赏梅怡情”为主题，市园林局花卉处和水上公园，自安徽和河南等蜡梅盛产地，引进 300 余盆蜡梅盆景展出，并配以表现梅花主题的名人书画作品。为更好表现这次展览的主题，并营造“梅花欢喜漫天雪”的诗化意境，水上公园还在这次展览开幕前夕，对盆景园进行了人工造雪。

二、2005 年举办的天津市第二届腊梅艺术展，还以“踏雪迎春·赏梅怡情”为主题，采用室内展与室外雪景和展出相结合的形式，规模和水平达到新高度。

在盆景园三友斋内，以“岁寒而知松柏之后凋也”这一古语的内涵为立意，以苍松为背景，修竹作客景，梅花怒放于松、竹之间为主景，构成了相得益彰的“岁寒三友图”。其迎面以梅花瓶插与春盘为主景，配以素雅清香的水仙花和盆栽万年青，组成互为补异的“岁朝清供图”。

在盆景园四川馆内，朝阳一面沿线高低错落处摆放了不同品种、不同派别样式的腊梅和梅花盆景，其对面为梅花历史、诗词、趣闻等知识介绍。

以“梅、兰、竹、菊”四君子立意，在梅展的主展区天舫楼的楼口迎面处设置一组以腊梅为主景，竹作客景，兰、菊盆景远近相宜、互为衬托的“四君子图”，让游客们在赞赏梅花不畏风霜严寒的君子品格的同时，备受感染和教化。天舫楼内，以山野古桩上盆驯化的腊梅盆景为主，配以松类盆景、竹类盆景等与之呼应，墙壁张挂以梅、兰、竹、菊为题材的津门名家字画，使展厅内的文化氛围更加浓郁。

梅展期间，公园在盆景园实施了人工造雪，并配以自然式榆叶梅树桩盆景，营造“探梅时节，香雪十里”的高雅意境。公园还特邀天津市古琴协会的艺术家们作现场演奏，以烘托出腊梅展的情调，营造了高雅祥和的艺术氛围。

第八节　盆景展

1978 年 6 月 1 日，在水上公园举办花卉盆景展。

1984 年 9 月 23 日，天津首届盆栽果实展在北宁公园举行，展出各种柑桔、各种葡萄、石榴、苹果 20 余种共百余盆，同时展出应季花卉和植物盆景。

1986 年 12 月 21 日，北宁公园举办柑桔展，展出 50 余盆，有“代代”“香橼”“佛手”“四季柑”“朱砂”“金蛋”等 10 多个品种。

1991 年 5 月 1 日，中国盆景艺术流派作品展，在天津水上公园举行。展览荟萃全国 14 个地区、20 多个园林单位 500 盆作品。其中有岭南、川、海、苏、杨、微等艺术流派。市领导吴振、张再旺、毛昌五、李振东，中国盆景协会理事长王纪泉出席开幕式。

1994年5月10日，第三届中国盆景评比展览，在水上公园举行。共77个城市参加，展品1004件，分林桩盆景、山石盆景、微型盆景、赏石盆景四大类。展览评比出一等奖36项，二等奖77项，三等奖131项，优秀作品157项。

第七篇

古树名木与市花市树

第一章　古树名木

古树名木作为活的文物，是城市园林的瑰宝。它将自然景观和人文景观融为一体，传递历史文化信息，记录了社会文明发展史及城市建设史，并为今人继承和发扬古代园林的精华，建设现代园林提供了活的依据。

天津的古树名木，是天津历史的见证，以其特有的风姿体现着天津悠久的历史，以其丰富的历史内涵展现天津灿烂的文化。古、稀、奇、秀的古树名木，形成特有的景观，为城市园林尤其是名胜古迹增辉，流传着许多古人与古树的轶闻趣谈和美丽传说。

第一节　古树名木的种类、数量及分布

据普查，从天津市分布看，蓟县盘山的古树名木为最多。仅据盘山风景区 2010 年统计，有树龄 300 年以上一级古树名木 425 株，300 年以下至 200 年以上树龄二级古树名木 1400 株，200 年以下至 100 年以上树龄三级古树名木 3800 余株。城市中心区及其他区县也存数量不等的古树名木。

2006 年，全国绿化委员会组织了古树名木普查、筛选。天津在全市筛选的基础上，推选了年代久远、树型优美且富有深刻寓意和神奇传说的 12 株古树上报国家绿委，经专家反复筛选，确定蓟县下营镇青山岭的“鹰盘松”“并蒂松王”、蓟县许家台“九龙槐”，北辰天穆镇闫街“神槐”，红桥区原西沽小学古槐，蓟县东后子峪村“蟠龙松”，津南区葛沽药王庙古槐等 7 株古树，为中华古树名木，并列为国家重点保护范围。

主要古树名木简介：

一、银杏【*Ginkgo biloba* L.】。以盘山天成寺的两棵银杏最负盛名，东侧一株高 29. 1 米，胸径 1. 1 米；西侧一株高 29. 12 米，胸径 1. 146 米，，树龄 700 多年。和平区睦南道 72 号院一株银杏树高 20 米，胸径 42 厘米。南开中学院内、大悲院内三株银杏树胸径 40 厘米。蓟县城关农机厂一株银杏树胸径达 2 米。

二、油松【*Pinus tabuliformis*】。主要分布在蓟县。其中最闻名的是盘山“入胜”的迎客松，高 9. 1 米，胸径 0. 8 米，树龄 860 年。万松寺的凤翘松、云罩寺的挂钟松，树龄在 500 年以上。东后子峪村的盘龙松，其长势奇特，干高不足 2 米，干围 2~3 米，呈伞状，冠径覆盖面积 260 平

方米，主侧枝蜷曲盘结，状似虬龙横出，腾飞空际。现树之侧枝，设有石柱和水泥架梁保护，使其不被雪压风摇而损害。生长于蓟县下营镇青山岭的“鹰盘松”，树形酷似一只盘旋的雄鹰。清朝建东陵后，山林叠翠，风景宜人的青山岭划为皇家园林区。康熙皇帝亲政后，到东陵祭陵，顺便到此私访，一住数日，与本村农民魏三元相拜结交，临别时，康熙御赐三元老人腰刀一把，黄马褂一件。后人为纪念康熙皇帝和三元的情谊，又把此树叫迎盘松。

三、侧柏【*Platycladus orientalis*（Linn.） Franco】。主要分布在蓟县一带。蓟县北操场的2株侧柏高12米，其中一株胸径85厘米，另一株胸径102厘米。

四、桧柏【*Sabina chinensis*】。分布在盘山和市中心区。胸径50厘米以上桧柏，市区均分布在南开区。

五、水杉【*Metasequoia glyptostroboides* Huet Cheng】。天津市于20世纪50年代引进。现有胸径40厘米以上的水杉树3株，均位于南开区。

六、毛白杨【*Populus tomentosa* Carr】。毛白杨在天津分布较广，为郊县主要造林树种，也是市区行道树树种之一，大树较多。红桥区三关庙大街南运河北路一院内的一株毛白杨高20米，胸径75厘米，树龄120年以上，现生长旺盛。

七、法桐【*Platanus orientalis*】。天津有胸径40厘米以上法桐树92株，主要分布在市中心区。最大的一株在和平区赤峰道一院内，相传为1936年法国人所栽，现生长茂盛，胸径78.7厘米。

八、杜梨【*Pyrus betulifolia* Bge】。杜梨树系耐碱力很强的树种。市中心区有胸径40厘米以上杜梨树4株，其中河北区2株,，河西区1株，塘沽区1株。塘沽区自来水公司院内一株村梨树胸径53.5厘米，高10米，果大如山楂。

九、国槐【*Sophora japonica* Linn.】。原产中国，生长慢，寿命长，耐盐碱，是天津广为种植的乡土树种。天津现存胸径50厘米以上的国槐200多株，又以蓟县、河北区、河东区为多。生长于蓟县许家台镇的“九龙槐”其树干似有9棵树长在一起，树上又生有9大干枝，各自蜿蜒曲折，故称之为“九龙槐”，该树龄高达390多年。生长于北辰区天穆镇闫街“神槐”，树干已全部中空，仅余10厘米的厚树皮，且从上到下有一纵裂，长达2米，但树势依然良好，故名“神槐”。静海县赵齐庄一株古槐高约20米，胸径2米，该树呈半匍匐状向南倾斜，树干北侧常年均匀地附着一层绿苔。据考，此树是一刘姓先人在清朝年间从静海县口子门移居此处时栽植，树龄已300年，至今依然树繁叶茂。蓟县公白庄村一株古槐树龄800多年，至今生长茂盛，该树与众不同的是每年两次发芽，两次长新枝。天津最老的一株国槐是蓟县川房峪的“唐槐”，树上有乾隆皇帝题字，至今已千余年，为唐朝栽植，其胸径2.64米，树干中心已空腐，其内长出一株径粗40厘米的白榆，俗称槐抱榆。此树已列为国家级保护文物。

十、垂柳【*Salix babylonica*】。为天津的乡土树种，是城乡绿化的主要树种之一，尤以河湖坑塘种植最多。河北区中山公园有多株胸径50厘米以上的大垂柳。

十一、白榆【*Ulmus pumila* L.】。天津乡土树种，分布较广，因多病虫害，大树不多。据调查，天津有胸径40厘米以上，50厘米以下的白榆5株，50厘米以上的8株。和平区睦南道7号院内1株白榆高约18米，胸径54厘米，生长健壮。红桥区有1老榆树胸径70厘米，树龄100年以上。

十二、臭椿【*Ailanthus altissima*】。天津乡土树种，现存大树较多，又以和平区、河北区为多。红桥区北门东中学（山西会馆）内的1株臭椿，胸径66厘米，筑有石台围墙加以保护。红桥区嵩根胡同有1株胸径70厘米，高约18米，生长健壮，树龄200多年。

十三、绒毛白腊【*Fraxinus velutina* Torr】。原产于美国，1954年引入天津。现天津的白腊树中的大树均为当时引入的一批树苗，主要栽植在红桥区、河北区、和平区。现存胸径50厘米以上的白腊树有140株。

十四、花椒【*Zanthoxylum bungeanum*】。为著名香料和油料树种，种皮为调料，可入药。天津花椒树稀少，现存胸径40厘米的花椒树2株，均在南开区。

十五、黄金树【*Catalpa speciosa* Warder】。树皮红褐至黄褐色厚鳞片状深裂。三叶轮生，叶大阔卵形，花大白色，5—6月开花。黄金树为良好的庭院绿化树种。天津现有胸径40厘米以上的黄金树10株，主要分布在和平区和南开区；马场道162号院内一株黄金树胸径42厘米均为1952年栽植。

十六、枣【*Zizyphus jujuba*】。枣树是天津种植分布较广的果树之一，古树大树较多，尤大港区为最。据调查，天津有百年以上枣树一株，位于大港区，因此大港区有“枣乡”之称。枣作为大港地区特产已有600年栽种史，据记载，明朝万历皇帝在巡游中曾到现大港区崔庄品尝冬枣，并下令建御枣园，派官兵把守，专供御用，“皇家枣园”因此得名。后人不断扩大种植规模。现崔庄有600年以上枣树168株，400年以上枣树3200株。近年重建“皇家枣园”“驿站戏楼”，新建了枣文化博物馆和怡心园等五个精品园。

十七、合欢【*Albizia julibrissin* Durazz.】。合欢又名绒花树，每逢夏季，伞形的树冠上开满绒球状的粉红色花，甚为美观。市区有胸径40厘米以上的绒花树3株，生长在南开区。

十八、皂荚【*Gleditsia sinensis* Lam】。皂荚又名皂角，因其荚果长而大，煎汁可代肥皂而得名。

第二节　古树名木的保护

天津受城市发展历史和自然条件的影响，古树名木相对稀缺，加之一些古树名木常伴有神奇的历史和民间传说，自古以来，人们都比较重视古树名木的保护。

早在康熙二十五年（1686）就有《益蜀免柴需碑记》载：通永道宋明文慨念佛地胜境，不妨砍伐，（益蜀）免柴需，勒石永记。蓟州正堂杨为晓谕若有玩法之奸棍，勒令山僧备需，砍伐山场树木，各寺住持扭送禀报本州，尽法究处，决不姑息。

康熙二十七年（1688）五月，直隶通永道山东安察司佥事孟，为严禁盗伐树木，以培胜地事，使得盘山诸庵为畿左右刹，皇帝巡幸之地，树木最为丰茂，以壮崇观。净业卫公庵僧人，务须不时在山巡查，如有地棍串通匪僧盗砍古木得价分肥者，立即扭禀该地方，飞报本道，以凭严提，尽法究处，绝不轻贷。

康熙二十八年（1689），盘山野火四起，七日七夜，连绵不息，焚毁树木无计其数，诸多古树名木，亦未能幸免。康熙三十年（1691年）春三月十四日，虫灾突起，松死万计。清末，万松寺一带曾开设木材场，终日伐木不止，致诸多名松古树惨遭斧锯之灾。

清帝逊位之后，民国期间战乱频发，军阀混战，盘山失管，盘山行宫被拆，古树名木被盗伐者无数。抗日战争期间，盘山寺庙被日军炸毁，古建筑所剩无几，大量古树名木毁于战火之中。

20世纪60、70年代，一些企业和农村社队，在盘山开山采石，挖坑取沙，盘山古树名木再次遭到严重破坏。

在天津的其它区县，由于长期的战争环境，“文化大革命”的破坏和1976年大地震的损毁，加之建国初期在城市改造建设中缺乏对古树名木的保护意识，古树名木品种稀缺，存量不多。

1979年，市委、市政府决定成立天津市园林管理局，园林事业进入一个新的发展时期。伴随着整个园林事业的加强，古树名木的保护摆上了重要位置。是年，政府决定恢复盘山景区建设，成立了盘山游览区管理所。在盘山景区建设规划中，把环境治理和古树名木保护列为重要内容。蓟县人民政府印发了《关于加强盘山游览区管理工作通知》。1986年，天津市园林管理局组织全市古树名木的普查。在此基础上，建立古树名木档案，为古树名木挂牌，确定养护单位和责任人。1987年8月17日，天津市园林管理局颁布《天津市市区郊县城镇古树名木及大树管理办法》规定，使古树名木的保护工作得到全面加强。

针对由于长期失养失管，一些古树名木长势日渐衰败的情况，1988年开始，在全市城镇范围内实施抢救性养护措施。对长势不好的树木采用挖营养沟，追肥换土，注营养液，喷药除虫等，进行复壮管理。对重点古树名木安装防护栏、支撑架，进行抗倒伏保护，防止人为损害。生长在红桥区原西沽小学的一株古槐，明朝栽植，“文革”时被人在树干上砍了数刀，出现一个大洞。2002年，园林部门对树洞进行填补并做支撑保护，不仅使其得以复壮，而且成就了新的特色。

在城市改造和建设中，严格规划设计把关，使城市建设与古树名木保护相统一，尽最大可能不损坏古树名木。1988年天津市胸科医院新建医院大楼，新楼楼基处有一株胸径74.5厘米法桐树，是天津现存第二大法桐树。为保护此树，又不影响新楼改建，经市领导同意批准，将此树在院内迁移。市园林局和市园林风景学会邀请10名专家进行论证，提出迁移方案，并确定由和平区城建局和平区施工。施工单位精心准备，周密组织，科学施工，是年2月26日修剪缩枝，3月27日挖槽起台；4月1日用两台75吨吊车吊运至距此树原址50米处定植。移栽后按时浇水、喷水，并搭围棚防护，大树如期萌芽，抽发新枝，当年新枝长度50厘米。第二年此树正常发芽，长势良好。

表 7-1-2-1

序号	生长地区	位置	树种	市级编号	区级编号	树龄（年）	干径（厘米）	干周（厘米）	养护部门	类别				备注
										百年以上	有历史纪念意义	树种珍贵	树形奇特	
1	南开大学	南大老图书馆-东 1	水杉	A0018	—	70	44	138	南开大学					
2	南开大学	南大老图书馆-东 2	水杉	A0019	—	70	44	138	南开大学					
3	南开大学	南大老图书馆-东 3	水杉	A0020	—	70	44	138	南开大学					
4	南开大学	南大东村-东门南侧围墙边	悬铃木	A0021	—	67	88	276	南开大学					
5	南开大学	南大北村 1 号楼西侧	悬铃木	A0022	—	67	111	349	南开大学					
6	天津大学	天大九楼南侧一东	龙爪枣	B0034	—	70	32	100	天津大学				√	
7	天津大学	天大九楼南侧一西	龙爪枣	B0035	—	70	32	100	天津大学				√	
8	糖心家族幼儿园	水上公园展览馆西	一球悬铃木	B0036	—	63	90	283	水上公园					
9	糖心家族幼儿园	水上公园展览馆东	一球悬铃木	B0037	—	63	94	294	水上公园					
10	和平区	西安道原胸科医院院内	法桐	A0030	—	85	85	263.5	和平区绿化所					
11	和平区	河北路大理道口	法桐	A0031	—	90	91	279	和平区绿化所					
12	和平区	睦南道 70 号院内	法桐	A0032	—	80	81	254.3	和平区绿化所		√			
13	和平区	睦南道 70 号院内	法桐	A0033	—	100	110	345.3	和平区绿化所	√				
14	和平区	承德道绿园内	法桐	B0075	—	80	80	251.2	和平区绿化所					
15	和平区	岳阳道设计里院内	法桐	B0079	—	85	88	276.3	和平区绿化所					
16	和平区	岳阳道设计里院内	法桐	B0080	—	80	83	260.6	和平区绿化所					
17	和平区	鞍山道 70 号静园院内	洋槐	A0035	—	80	81	254.34	和平区绿化所		√			
18	和平区	成都道 30 号家俱五厂后院	洋槐	B0087	—	80	80	251.2	和平区绿化所					
19	和平区	西宁道独山路 9 号院内	洋槐	B0092	—	65	68	213.5	和平区绿化所					
20	和平区	马场道河大宿舍外绿地内	洋槐	B0096	—	90	92	288.9	和平区绿化所					
21	和平区	西安道第一中学院内	国槐	B0072	—	55	58	182.1	和平区绿化所					

续表 7-1-2-1

序号	生长地区	位　置	树种	市级编号	区级编号	树龄（年）	干径（厘米）	干周（厘米）	养护部门	类别				备注
										百年以上	有历史纪念意义	树种珍贵	树形奇特	
22	和平区	睦南道 8 号院内	国槐	B0093	—	65	67	210.3	和平区绿化所					
23	和平区	成都道 60 号院内	国槐	B0094	—	70	70	219.8	和平区绿化所		√			
24	和平区	常德道铭通里	国槐	B0095	—	70	71	222.9	和平区绿化所					
25	和平区	睦南道 70 号院内	榆树	B0078	—	90	90	282.6	和平区绿化所		√			
26	和平区	鞍山道 70 号静园内	榆树	B0084	—	60	60	188.4	和平区绿化所		√			
27	和平区	成都道市体育局院内	卫矛	A0034	—	80	84	263.7	和平区绿化所			√		
28	和平区	成都道敦本里 3 号门前	卫矛	B0086	—	55	56	175.8	和平区绿化所			√		
29	和平区	西安道第一中学院内	皂角	B0071	—	65	65	204.1	和平区绿化所			√		
30	和平区	贵州路人民体育馆院内	法桐	B0081	—	85	85	263.5	和平区绿化所					
31	和平区	睦南道 70 号院内	银杏	B0077	—	60	65	204.1	和平区绿化所			√		
32	河西区	绍兴道区政府门前	刺槐	—	A0025	64	97	304	河西区公园管理所				√	
33	河西区	天津干部俱乐部院内	法桐	—	A0026	64	90	282	天津市干部俱乐部			√		
34	河西区	绍兴道台儿庄口	刺槐	—	A0027	64	80	251	河西区公园管理所				√	
35	河西区	天津外国语大学院内	枣树	—	B0054	44	30	95	天津外国语大学				√	
36	河西区	天津外国语大学院内	皂荚	—	B0055	44	50	157	天津外国语大学			√		
37	河西区	天津外国语大学院内	刺槐	—	B0100	64	93	292	天津外国语大学				√	
38	河西区	天津干部俱乐部院内	杜梨	—	B0059	44	35	109	天津市干部俱乐部			√		
39	河西区	台儿庄路	刺槐	—	B0060	64	66	207	河西区公园管理所				√	
40	河西区	天津第一招待所院内	法桐	—	B0061	64	70	220	天津第一招待所			√		
41	河西区	天津第一招待所院内	法桐	—	B0062	64	79	248	天津第一招待所			√		

续表 7-1-2-1

序号	生长地区	位　置	树种	市级编号	区级编号	树龄（年）	干径（厘米）	干周（厘米）	养护部门	类别				备注
										百年以上	有历史纪念意义	树种珍贵	树形奇特	
42	河西区	天津第一招待所院内	法桐	—	B0063	64	72	226	天津第一招待所			√		
43	河西区	天津第一招待所院内	法桐	—	B0068	64	90	282	天津第一招待所			√		
44	河西区	天津第一招待所院内	文冠果	—	B0102	39	25	79	天津第一招待所			√		
45	河北区	民族路与进步道交口	银杏	A0023	—	107	60	—	个人	√				
46	河北区	望海楼教堂	洋槐	A0024	—	107	82	—	望海楼教堂	√				
47	河北区	天泰路拆迁片内	国槐	A0680	—	300 年以上	90	—	河北区公园管理所	√				
48	河北区	天津美术学院	杜梨	B0041	—	108	76.5	—	天津美术学院	√				
49	河北区	八三五七所	银杏	B0043	—	100 年以上	43	—	八三五七所	√				
50	河北区	大悲禅院	洋槐	B0046	—	152	53	—	大悲禅院	√				
51	河北区	美术中学	洋槐	B0047	—	100 以上	60	—	美术中学	√				
52	河北区	铁路工程技术学院	榆树	B0099	—	200 年以上	127	—	铁路工程技术学院	√				
53	河北区	大悲禅院	国槐	B0042	—	77	54	—	大悲禅院					
54	河北区	八三五七所	黄金树	B0044	—	67	57	—	八三五七所					
55	河北区	二五四医院	悬铃木	B0048	—	57	70		二五四医院	—				
56	河北区	原河北中医院（已拆迁）	银杏	B0049	—	87	40	—	河北区公园管理所					
57	河北区	天津市第二中学	洋槐	B0050	—	97	80	—	天津市第二中学					
58	河北区	河北五幼	法桐	B0051	—	63	70	—	河北五幼					
59	河北区	中山公园内	杜梨	B0052	—	87	45	—	河北区公园管理所					

续表 7-1-2-1

序号	生长地区	位　置	树种	市级编号	区级编号	树龄（年）	干径（厘米）	干周（厘米）	养护部门	类别				备注
										百年以上	有历史纪念意义	树种珍贵	树形奇特	
60	河东区	河东区大直沽荐福庵内	国槐	A0006	—	600 年	130	430	荐福寺	√				
61	河东区	河东区吴家大院 38 号	枣树	B0013	—	110 年	75	233	河东绿化二所	√				
62	河东区	河东区大直沽西街 13 号	洋槐	B0005	—	100 年	90	294	河东绿化二所	√				
63	河东区	河东区大直沽王家胡同 5 号	国槐	A0037	—	110 年	85	275	河东绿化二所	√				
64	西沽公园	游泳池前中心园	法桐	—	B0028	60	80	250	西沽公园					
65	西沽公园	游泳池前中心园	榆树	—	B0029	60	98	309	西沽公园					
66	西沽公园	游泳池前中心园	榆树	A0016	—	60	96	303	西沽公园					
67	西北角大伙巷清真寺	中院一北	国槐	—	B0021	110	49	155	大伙巷清真寺	√				
68	西北角大伙巷清真寺	中院一中	西府海棠	—	B0022	160	40	125	大伙巷清真寺	√				
69	西北角大伙巷清真寺	中院一南	西府海棠	—	B0023	160	32	100	大伙巷清真寺	√				
70	西北角大伙巷清真寺	中院一北	国槐	—	B0024	110	58	182	大伙巷清真寺	√				
71	丁字沽一号路	风采里 32/36 旁双星专卖前	白蜡	—	B0006	60	87	273	绿管所					
72	丁字沽一号路	风采里南花园	白蜡	—	B0040	60	89	278	绿管所					
73	丁字沽一号路	麦当劳前	白蜡	—	B0007	60	79	249	绿管所					

续表 7-1-2-1

序号	生长地区	位置	树种	市级编号	区级编号	树龄（年）	干径（厘米）	干周（厘米）	养护部门	类别				备注
										百年以上	有历史纪念意义	树种珍贵	树形奇特	
74	丁字沽一号路	吸引力男装店前	白蜡	—	B0008	60	89	280	绿管所					
75	丁字沽一号路	凯莱赛正门前	白蜡	—	B0009	60	57	178	绿管所					
76	丁字沽一号路	麦当劳与肯德基之间道口	白蜡	—	B0010	60	70	220	绿管所					
77	丁字沽一号路	一号路与五爱道交口	白蜡	A0007	—	60	102	320	绿管所					
78	丁字沽一号路	凯莱赛前存车处口	白蜡	A0008	—	60	85	267	绿管所					
79	红桥一幼	北院东北角	白蜡	A0009	—	110	103	322	区教育局	√				
80	红桥一幼	院前	紫藤	—	B0011	110	2～12	7～37	区教育局	√		√		
81	红桥一幼	院前	紫藤	—	B0012	110	9～25	80～28	区教育局	√		√		
82	红桥一幼	院前	紫藤	—	B0013	110	15～17	48～53	区教育局	√		√		
83	红桥一幼	院前	紫藤	—	B0014	110	9～14	28～44	区教育局	√		√		
84	西沽街	原明朝三官庙（西沽小学）	国槐	A0010	—	410	111	350	李金德	√	√			
85	西沽街	原明朝三官庙（西沽小学）	国槐	A0011	—	410	70	220	李金德	√	√			
86	西沽街	西沽大街陆家胡同 8 号	国槐	—	B0015	210	70	170	王鸿敢	√				
87	西沽街	西沽大街 39 号	枣树	—	B0016	160	61	192	冯宝亮	√				
88	西沽街	庞家胡同 6 号	洋槐	A0012	—	110	99	310	李淑云	√				
89	丁字沽	五爱道风采里 55-56 号	白蜡	A0013	—	110	92	290	绿化二所	√				
90	西沽街	西沽大街陆家胡同 4	国槐	—	B0017	110	90	283	田恒通	√				

续表 7-1-2-1

序号	生长地区	位　置	树种	市级编号	区级编号	树龄（年）	干径（厘米）	干周（厘米）	养护部门	类别				备注
										百年以上	有历史纪念意义	树种珍贵	树形奇特	
91	西沽街	西沽大街 21 号	国槐	—	B0018	200	60	188	耿鸿珍	√				
92	新红路	西于庄常关一条胡同 9 号	刺槐	—	B0019	150	95	300	王百年	√				
93	新红路	西于庄常关一条胡同 12 号	刺槐	—	B0020	120	92	289	刘明汉	√				
94	铃铛阁街	挑水胡同 1 号	刺槐	—	B0025	110	77	243	刘丽珍	√				
95	铃铛阁街	海会寺西街睦邻胡同 8 号	榆树	—	B0026	110	90	282	绿化二所	√				
96	芥园街	先春园纪春里小区门前	白蜡	—	B0030	110	91	286	绿化二所	√				
97	铃铛阁街	芥园道永明寺大街 40 号	枣树	A0684	—	210	35	109	黄德宏	√				
98	西沽街	西沽大街 6 号	枣树	A0683	—	170	60	187	王林义	√				
99	东丽区	老袁庄村老姆庙	枣树	A0626	—	500	54.3	171	老袁庄村委会	√				
100	东丽区	老袁庄村老姆庙	枣树	A0627	—	500	41	129	老袁庄村委会	√				
101	东丽区	范庄村委会	国槐	A0628	—	200	73	230	范庄村委会	√				
102	东丽区	范庄村委会	国槐	A0629	—	200	61	192	范庄村委会	√				
103	东丽区	范庄村于宅	国槐	A0630	—	200	73.6	231	范庄村于宅	√				
104	东丽区	詹庄村老年活动中心	国槐	A0631	—	600	105.7	332	詹庄村委会	√				
105	杨柳青镇	杨柳青商贸街柳口路以西	国槐	—	1	百年以上	70	220	西青区园林所	√				
106	杨柳青镇	古运河十五街摆渡口	国槐		2	百年以上	86	270	西青区园林所	√				
107	杨柳青镇	世纪新苑小区对岸元宝岛	国槐	—	3	百年以上	76	240	西青区园林所	√				
108	杨柳青镇	世纪新苑小区对岸元宝岛	国槐	—	4	百年以上	57	180	西青区园林所	√				
109	杨柳青镇	世纪新苑小区对岸元宝岛	国槐	—	5	百年以上	70	220	西青区园林所	√				
110	杨柳青镇	世纪新苑小区外古运河以北	国槐	—	6	百年以上	76	240	西青区园林所	√				
111	杨柳青镇	14 街古运河居民区内运河以北	洋槐	—	7	百年以上	80	250	西青区园林所	√				

续表 7-1-2-1

序号	生长地区	位　置	树种	市级编号	区级编号	树龄（年）	干径（厘米）	干周（厘米）	养护部门	类别				备注
										百年以上	有历史纪念意义	树种珍贵	树形奇特	
112	杨柳青镇	11 街药王庙旧址古运河以北	国槐	—	8	百年以上	75	235	西青区园林所	√				
113	杨柳青镇	星河湾小区内古运河以北	国槐	—	9	百年以上	45	142	西青区园林所	√				
114	杨柳青镇	星河湾小区内古运河以北	国槐	—	10	百年以上	70	220	西青区园林所	√				
115	杨柳青镇	星河湾小区内古运河以北	国槐	—	11	百年以上	75	235	西青区园林所	√				
116	杨柳青镇	西咀村念佛堂院内	国槐	—	12	百年以上	85	267	西青区园林所	√				
117	杨柳青镇	西咀村念佛堂院内	国槐	—	13	百年以上	85	267	西青区园林所	√				
118	杨柳青镇	西咀村念佛堂院内	国槐	—	14	百年以上	150	470	西青区园林所	√				
119	杨柳青镇	西咀村念佛堂院内	国槐	—	15	百年以上	65	205	西青区园林所	√				
120	杨柳青镇	胡杨庄村	国槐	—	16	百年以上	50	157	西青区园林所	√				
121	杨柳青镇	胡杨庄村	国槐	—	17	百年以上	80	250	西青区园林所	√				
122	杨柳青镇	东桑园村	国槐	—	18	百年以上	80	250	西青区园林所	√				
123	中北镇	东北斜西景园小区内	国槐	—	19	百年以上	100	315	西青区园林所	√				
124	中北镇	东北斜西景园小区内	国槐	—	20	百年以上	60	190	西青区园林所	√				
125	中北镇	东北斜西景园小区内	国槐	—	21	百年以上	70	220	西青区园林所	√				
126	中北镇	东北斜西景园小区内	国槐	—	22	百年以上	100	315	西青区园林所	√				
127	中北镇	东北斜西景园小区外	国槐	—	23	百年以上	55	173	西青区园林所	√				
128	中北镇	祁庄廉家院内	国槐	—	24	百年以上	70	220	西青区园林所	√				
129	辛口镇	木厂村	国槐	—	25	百年以上	100	315	西青区园林所	√				
130	张家窝镇	张窝村大庙院外	酸枣树	—	26	百年以上	110	345	西青区园林所	√				
131	张家窝镇	张窝村大庙院内	酸枣树	—	27	百年以上	82	260	西青区园林所	√				
132	张家窝镇	古佛寺村	国槐	—	28	百年以上	60	190	西青区园林所	√				
133	张家窝镇	古佛寺村	国槐	—	29	百年以上	60	190	西青区园林所	√				

续表 7-1-2-1

序号	生长地区	位　置	树种	市级编号	区级编号	树龄（年）	干径（厘米）	干周（厘米）	养护部门	类别				备注
										百年以上	有历史纪念意义	树种珍贵	树形奇特	
134	张家窝镇	小甸子村	国槐	—	30	百年以上	82	260	西青区园林所	√				
135	精武镇	大南河村	国槐	—	31	百年以上	62	195	西青区园林所	√				
136	精武镇	大南河村	国槐	—	32	百年以上	70	220	西青区园林所	√				
137	西营门镇	小稍直口村	国槐	—	33	百年以上	70	220	西青区园林所	√				
138	精武镇	孙庄子村	榆树	—	34	百年以上	70	220	西青区园林所	√				
139	津南区葛沽镇	葛沽镇民俗活动中心进门右侧	国槐	A0054	—	443	110	—	—					
140	津南区葛沽镇	葛沽镇民俗活动中心西侧门口旁	国槐	B0121	—	220	65	—	—					
141	津南区葛沽镇	葛沽镇私人住宅院内	国槐	B0122	—	218	110	—	—					
142	津南区葛沽镇	葛沽镇民俗活动中心正庙后院中央	国槐	A0056	—	510	75	—	—					
143	北辰区	天穆镇闫街村老年活动站	国槐	A0057	001	617 年	124	390	闫街村委会	√	√			
144	北辰区	天穆镇闫街村赵家胡同	国槐	B0131	002	137 年	70	222	闫街村委会	√				
145	北辰区	宜兴埠镇十街梁家胡同 15 号	国槐	B0134	011	137 年	48	150	孟庆德	√				
146	北辰区	宜兴埠镇宫前街 1 号	国槐	B0127	012	217 年	96	300	北辰区教育局	√	√			
147	北辰区	北仓镇北仓村吕家胡同东	国槐	—	019	313 年	58	180	北仓村村委会	√				
148	北辰区	天穆镇马庄村马庄大街 5 号	国槐	—	申 001	122 年	50	156	王俊福	√				
149	北辰区	北仓镇丁赵村老村胡同北口	国槐	—	申 002	112 年	56	175	付长明	√				
150	北辰区	北仓镇丁赵村老村胡同北口	国槐	—	申 003	112 年	50	156	付长明	√				
151	北辰区	天穆镇天穆村张家胡同 14 号	枣树	—	申 004	122 年	30	96	魏长明	√				
152	北辰区	宜兴埠镇津围路 214 号	国槐	—	申 005	152 年	58	183	七街居委会	√			√	

续表 7-1-2-1

序号	生长地区	位　置	树种	市级编号	区级编号	树龄（年）	干径（厘米）	干周（厘米）	养护部门	类别				备注
										百年以上	有历史纪念意义	树种珍贵	树形奇特	
153	北辰区	天穆镇南仓村南仓桥区绿地	国槐	—	申 007	142 年	76	240	南仓村村委会	√				
154	北辰区	北仓镇丁赵村丁赵胡同南口	国槐	—	申 010	102 年	55	174	赵忠	√				
155	塘沽	船厂院内原轮机厂房西侧	杨树	B0202	—	115	80	246	天津市船厂	√	√			
156	塘沽	船厂院内原轮机厂房西侧	杨树	B0203	—	115	80	246	天津市船厂	√	√			
157	塘沽	东沽闸北路 6 号	桑树	B0160	—	150	59	370	兴海园物业	√				
158	塘沽	东沽闸北路 6 号	桑树	B1601	—	150	49	310	兴海园物业	√				
159	宁河县	赵本乡杨富小学院内	文冠果	A0635	01	423	42	131. 88	赵本乡杨富小学	√	√			
160	宁河县	赵本乡杨富小学院内	文冠果	A0636	02	423	102	320. 28	赵本乡杨富小学	√	√			
161	宁河县	大辛乡小月河中心校	国槐	A0637	03	613	104	326. 56	小月河中心校	√				
162	宁河县	大辛乡小月河中心校	国槐	A0638	04	613	126	395. 64	小月河中心校	√				
163	宁河县	后棘坨乡蓝庄子中心校	国槐	A0639	05	513	134	420. 76	蓝庄子中心校	√				
164	宁河县	造甲乡造甲村老年活动中心	国槐	A0640	06	713	105	329. 7	老年活动中心	√				
165	宁河县	赵本乡西苗村	国槐	A6035	07	313	62	194. 68	西苗村	√				
166	静海县	静海镇工农大街	国槐	A0633	—	150 年以上	71. 7	225	住户	√				
167	静海县	静海镇东方红路与工农大街交口	国槐	—	—	150 年以上	132. 2	415	物业	√				
168	宝坻区	新开口镇新开口村废弃小学内	槐树	0554	001	186	62	194. 7	新开口村委会	√				
169	宝坻区	新开口镇新开口村废弃小学内	槐树	0555	002	186	56	175. 8	新开口村委会	√				

续表 7-1-2-1

序号	生长地区	位置	树种	市级编号	区级编号	树龄（年）	干径（厘米）	干周（厘米）	养护部门	类别				备注
										百年以上	有历史纪念意义	树种珍贵	树形奇特	
170	宝坻区	新开口镇王家口村现幼儿园院内	槐树	0556	003	146	64	201	王家口村委会	√				
171	宝坻区	新开口镇王家口村现幼儿园院内	槐树	0557	004	146	54	169.6	王家口村委会	√				
172	宝坻区	新开口镇焦庄子村委会院内	槐树	0558	005	316	55	172.7	焦庄子村委会	√				
173	宝坻区	新开口镇龙尾屯村委会院内	槐树	0559	006	182	41	128.7	龙尾屯村委会	√				
174	宝坻区	新开口镇后六口村二区七排 9 号东侧	槐树	0560	007	316	90	282.6	后六口村委会	√				
175	宝坻区	大口屯镇后庞家湾村委会院内	槐树	0561	008	410	84	263.8	庞家湾村委会	√				
176	宝坻区	大口屯镇庞家湾村一区 1 号门前	槐树	0562	009	284	70.1	220.1	庞家湾村委会	√				
177	宝坻区	大口屯镇朱台村古河幼儿园门前	槐树	0563	010	530	132	414.5	朱台村委会	√				
178	宝坻区	大口屯镇西堼村村委会院内	槐树	0565	012	710	153.5	482	西堼村委会	√				
179	宝坻区	大口屯镇西南仁垺村庙庄区一街东侧	槐树	0566	013	460	72.7	228.3	南仁垺村委会	√				
180	宝坻区	朝霞街道丁家套村	槐树	0568	015	610	150	471	丁家套村委会	√				
181	宝坻区	朝霞街道肖家堼村古庙院内	槐树	0569	016	302	79	248.1	肖家堼村委会	√				

续表 7-1-2-1

序号	生长地区	位置	树种	市级编号	区级编号	树龄（年）	干径（厘米）	干周（厘米）	养护部门	类别				备注
										百年以上	有历史纪念意义	树种珍贵	树形奇特	
182	宝坻区	朝霞街道肖家垡村古庙院内	槐树	0570	017	152	55	172.7	肖家垡村委会	√				
183	宝坻区	朝霞街道肖家垡村古庙院内	槐树	0571	018	112	44.5	139.7	肖家垡村委会	√				
184	宝坻区	大白街道马贵庄村老街 26 号	槐树	0573	020	232	62.5	196.3	马贵庄村委会	√				
185	宝坻区	王卜庄镇龙虎庄村老学校院内	侧柏	0574	021	665	76.5	240.2	龙虎庄村委会	√				
186	宝坻区	潮阳街道王辛庄村老学校院内	槐树	0575	022	420	114	358	王辛庄村委会	√				
187	宝坻区	黄庄镇北辛码村 2 区 3 排 5 号	槐树	0579	026	336	90.5	284.2	北辛码村委会	√				
188	宝坻区	黄庄镇水流庄村 2 区 2 排 13 号	槐树	0580	027	314	78.5	246.5	田秉华	√				
189	宝坻区	尔王庄镇冯家庄村北头	槐树	0581	028	213	75	235.5	冯家庄村委会	√				
190	宝坻区	尔王庄镇刘万庄村委会西	柳树	0582	029	200	120	376.8	刘万庄村委会	√				
191	宝坻区	大唐庄镇东淀村废弃小学院内	槐树	0583	030	116	57.5	180.6	东淀村委会	√				
192	宝坻区	大唐庄镇董官庄村老街东 31 号	槐树	0584	031	312	67	210.4	董义祥	√				
193	宝坻区	大唐庄镇南李庄街南排 8 号	槐树	0585	032	176	52.8	165.8	冯作辉	√				
194	宝坻区	大唐庄镇大张庄老街 20 号	槐树	0586	033	309	73	229.2	张德增	√				
195	宝坻区	大唐庄镇大张庄老街 26 号	槐树	0587	034	424	38.6	121.2	张德云	√				
196	宝坻区	周良街道马营村大街 30 号	槐树	0588	035	166	47	147.6	马营村委会	√				
197	宝坻区	周良街道马营村大街 46 号	槐树	0589	036	216	62	194.7	马营村委会	√				

续表 7-1-2-1

序号	生长地区	位　置	树种	市级编号	区级编号	树龄（年）	干径（厘米）	干周（厘米）	养护部门	类别				备注
										百年以上	有历史纪念意义	树种珍贵	树形奇特	
198	宝坻区	周良街道辛庄村大街 30 号	槐树	0590	037	116	75. 4	236. 8	钱汉学	√				
199	宝坻区	周良街道张岗铺村前大街 13 号	槐树	0591	038	116	45	141. 3	张岗铺村委会	√				
200	宝坻区	周良街道张岗铺村前大街 26 号门前	槐树	0592	039	315	57	179	张岗铺村委会	√				
201	宝坻区	周良街道张岗铺村前大街 38 号	槐树	0593	040	116	46. 1	144. 8	张岗铺村委会	√				
202	宝坻区	周良街道蔡家铺村西街 12 号	槐树	0594	041	116	54	169. 6	蔡家铺村委会	√				
203	宝坻区	郝各庄镇大五登村东 4 区 4 排 18 号（西）	槐树	0595	042	216	50. 2	157. 6	马世海	√				
204	宝坻区	郝各庄镇大五登村东 4 区 4 排 19 号（东）	槐树	0596	043	216	48	150. 7	马世海	√				
205	宝坻区	郝各庄镇大五登村老学校院内	槐树	0597	044	340	58	182. 1	大五登村委会	√				
206	宝坻区	大钟庄镇小刘庄西区 5 排 12 号门前	槐树	0599	046	350	80	251. 2	小刘庄村委会	√				
207	宝坻区	大钟庄镇岳家楼村村委会院西侧	槐树	0600	047	506	95	298. 3	岳家楼村委会	√				
208	宝坻区	方家庄镇冯家庄村西区三排 5 号院内	槐树	0601	048	115	53	166. 4	高峻岫	√				
209	宝坻区	方家庄镇冯家庄村西区四排 5 号	枣树	0602	049	108	34. 5	108. 3	王祖功	√				

续表 7-1-2-1

序号	生长地区	位 置	树种	市级编号	区级编号	树龄（年）	干径（厘米）	干周（厘米）	养护部门	类别				备注
										百年以上	有历史纪念意义	树种珍贵	树形奇特	
210	宝坻区	口东街道前齐村中心大街	槐树	0603	050	615	133	417.6	前齐村委会	√				
211	宝坻区	口东街道前齐村塑料厂院内	槐树	0604	051	115	66	207.2	前齐村委会	√				
212	宝坻区	牛家牌镇赵家湾村北区1排15号	槐树	0605	052	222	56.2	176.5	董占江	√				
213	宝坻区	郝各庄镇西刘各庄东区5排4号	槐树	0607	054	320	66.6	209.1	陈学印	√				
214	宝坻区	尔王庄镇许辛庄村街北38号门前	槐树	0509	056	230	52.5	164.9	许艳斋	√				
215	宝坻区	大钟庄镇宝船窝村东区一排1号	槐树	0610	057	130	75	235.5	张怀华	√				
216	宝坻区	朝霞街道高家庄村5排8号	枣树	0611	058	340	63	197.8	王景锐	√				
217	宝坻区	海滨街道小道口村三排东头	槐树	0572	019	365	98.4	309	小道口村委会	√				
218	宝坻区	钰华街道王家庵村学校院内	槐树	0606	053	190	84.8	266.3	王家庵村委会	√				
219	宝坻区	海滨街道驻防营村北区3排11号	枣树	0608	055	220	52	163.3	项建国	√				
220	蓟县	黄土坡村老大庙旧址	国槐	—	13	141	67.5	212	城关镇黄土坡村委会	√				
221	蓟县	冀庄村内	国槐	—	14	316	81.2	255	城关镇冀庄村委会	√				
222	蓟县	党校教学楼前西侧（1）	油松	—	27	266	46.2	145	蓟县县委党校	√	√			
223	蓟县	党校教学楼前西侧（2）	油松	—	28	266	36.6	115	蓟县县委党校	√	√			
224	蓟县	党校教学楼前西侧（3）	油松	—	29	266	38.2	120	蓟县县委党校	√	√			

续表 7-1-2-1

序号	生长地区	位　置	树种	市级编号	区级编号	树龄（年）	干径（厘米）	干周（厘米）	养护部门	类别				备注
										百年以上	有历史纪念意义	树种珍贵	树形奇特	
225	蓟县	党校教学楼前西侧（4）	油松	—	30	266	36.6	115	蓟县县委党校	√	√			
226	蓟县	党校教学楼前西墙东（南1）	油松	—	31	266	35.0	110	蓟县县委党校	√	√			
227	蓟县	党校教学楼后（西1）	油松	—	32	266	39.8	125	蓟县县委党校	√	√			
228	蓟县	党校教学楼后（西2）	油松	—	33	266	35.0	110	蓟县县委党校	√	√			
229	蓟县	党校教学楼东（南1）	油松	—	34	266	35.0	110	蓟县县委党校	√	√			
230	蓟县	党校教学楼东（南2）	油松	—	35	266	33.4	105	蓟县县委党校	√	√			
231	蓟县	党校教学楼东（南3）	油松	—	36	266	38.2	120	蓟县县委党校	√	√			
232	蓟县	党校西墙外（南1）	油松	—	37	266	47.8	150	蓟县县委党校	√	√			
233	蓟县	党校西墙外（南2）	油松	—	38	266	38.2	120	蓟县县委党校	√	√			
234	蓟县	党校西墙外（南3）	油松	—	39	266	49.4	155	蓟县县委党校	√	√			
235	蓟县	党校教职工宿舍楼后	油松	—	40	266	47.8	150	蓟县县委党校	√	√			
236	蓟县	党校车库后（东1）	油松	—	41	266	46.2	145	蓟县县委党校	√	√			
237	蓟县	党校车库后（东2）	油松	—	42	266	31.8	100	蓟县县委党校	√	√			
238	蓟县	党校车库后（东3）	油松	—	43	266	38.2	120	蓟县县委党校	√	√			
239	蓟县	党校车库后（东4）	油松	—	44	266	55.7	175	蓟县县委党校	√	√			
240	蓟县	蓟县政府办公楼前东侧	洋槐	—	45	116	78.0	245	蓟县人民政府办公室	√				
241	蓟县	蓟县人大办公楼西侧	桑树	—	46	116	82.2	258	蓟县人民政府办公室	√				
242	蓟县	城关小学文庙前（南1）	侧柏	—	47	266	33.8	106	蓟县教育局	√	√			
243	蓟县	城关小学文庙前（东1）	侧柏	—	48	266	28.0	88	蓟县教育局	√	√			
244	蓟县	城关小学文庙前（东2）	侧柏	—	49	266	28.0	88	蓟县教育局	√	√			
245	蓟县	城关小学文庙前（东3）	侧柏	—	50	266	31.8	100	蓟县教育局	√	√			
246	蓟县	城关小学文庙前（东4）	侧柏	—	51	266	28.0	88	蓟县教育局	√	√			

续表 7-1-2-1

序号	生长地区	位　置	树种	市级编号	区级编号	树龄（年）	干径（厘米）	干周（厘米）	养护部门	类别				备注
										百年以上	有历史纪念意义	树种珍贵	树形奇特	
247	蓟县	城关小学文庙四合院东（南1）	侧柏	—	52	266	3.8	12	蓟县教育局	√	√			
248	蓟县	城关小学文庙四合院东（南2）	油松	—	53	266	36.9	116	蓟县教育局	√	√			
249	蓟县	城关小学文庙四合院东（南3）	油松	—	54	266	37.9	119	蓟县教育局	√	√			
250	蓟县	城关小学文庙四合院西（北1）	油松	—	55	266	36.0	113	蓟县教育局	√	√			
251	蓟县	城关小学文庙四合院西（北2）	油松	—	56	266	36.9	116	蓟县教育局	√	√			
252	蓟县	城关小学文庙四合院西侧	侧柏	—	57	266	29.0	91	蓟县教育局	√	√			
253	蓟县	蓟县一中	侧柏	—	58	116	30.3	95	蓟县一中	√				
254	蓟县	蓟县一中公寓	油松	—	59	266	36.0	113	蓟县一中	√				
255	蓟县	蓟县一中公寓（西1）	小叶梧桐	—	60	266	51.0	160	蓟县一中	√				
256	蓟县	蓟县一中公寓（西2）	小叶梧桐	—	61	266	58.0	182	蓟县一中	√				
257	蓟县	蓟县一中公寓	国槐	—	62	116	45.9	144	蓟县一中	√				
258	蓟县	蓟县旋耕机厂内（西）	银杏	—	63	1016	149.7	470	蓟县工业局	√	√			
259	蓟县	蓟县旋耕机厂内（东）	银杏	—	64	1016	92.4	290	蓟县工业局	√	√			
260	蓟县	蓟县独乐寺内	达氏吴茱萸	—	65	46	37.3	117	蓟县文化局			√		
261	蓟县	蓟县独乐寺内	洋槐	—	66	111	79.6	250	蓟县文化局	√				
262	蓟县	蓟县北城墙（西）	侧柏	—	67	1016	86.0	270	蓟县市容卫生管委会	√	√			
263	蓟县	蓟县北城墙（东）	侧柏	—	68	1016	105.1	330	蓟县市容卫生管委会	√	√			
264	蓟县	蓟县公路巡警城区大队	国槐	—	69	116	61.5	193	蓟县公安局	√				

园林专业专升本课程设置

表 7-1-2-2

		1	2	3	4	5	6	7	8	9	10	11	12	13	14	15	16	17	18	19	20	21	22	23	24
	合计	国槐	刺槐	枣树	龙爪枣	酸枣树	白蜡	榆树	悬铃木	紫藤	黄金树	文冠果	银杏	杜梨	西府海棠	桑树	水杉	卫矛	杨树	柳树	小叶梧桐	皂荚	达氏吴茱萸	油松	侧柏
		蝶形花亚科槐属槐树种乔木植物	蝶形花亚科刺槐属刺槐种	鼠李科枣属	鼠李科枣鼠属	鼠李科枣属酸枣树种灌木科木本植物	木犀科梣属白蜡树种落叶乔木	榆科榆属榆树种	悬铃木科悬铃木属落叶大乔木	千屈菜科紫薇属紫薇种	无患子科无患子属乔木	无患子科文冠果属落叶灌木或小乔木	银杏科银杏属银杏种落叶大乔木	蔷薇科梨属乔木	蔷薇科苹果属小乔木	桑科桑属落叶乔木	杉科水杉属水杉种落叶乔木	卫矛科卫矛属卫矛种小乔木	杨柳科杨属	杨柳科柳属落叶乔木	梧桐科梧桐属	豆科皂荚属落叶乔木	属芸香科吴茱萸属落叶乔木	松科松属油松种常绿乔木	柏科侧柏属侧柏种
合计	266	124	20	11	2	2	11	5	20	4	3	3	6	3	2	3	3	2	2	1	2	2	1	23	11
宝坻区	52	47	0	3					0											1					1
蓟县	45	4	2						0				2			1					2		1	23	10
红桥区	35	7	4	3			11	3	1	4					2										
西青区	34	30	1			2		1	0																
和平区	17	6	4						7																
河北区	15	2	4					1	2		1		3	2											
河西区	13	0	4	1					5			1		1								1			
北辰区	12	11	0	1					0																
南开区	9	0	0		2				4								3								
和平区	7	0	0						1		2		1					2				1			
宁河县	7	5	0						0			2													
东丽区	6	4	0	2					0																
滨海新区	4	0	0						0							2			2						
河东区	4	2	1	1					0																
津南区	4	4	0						0																
静海县	2	2	0						0																
武清区	0	0	0						0																

古树名木信息情况统计表（建成区内）

表 7-1-2-3

2014

填报单位（盖章）：天津市蓟县园林管理所

生长地区	位　置	树种	市级编号	区级编号	树龄（年）	干径（厘米）	干周（厘米）	管护单位（人）	类别				备注
									百年以上	有历史纪念意义	树种珍贵	树形奇特	
蓟县	出头岭村北（东）	国槐		1	416	60	187	出头岭镇出头岭村委会	√				
蓟县	出头岭村北（西）	国槐		2	416	168	528	出头岭镇出头岭村委会	√				
蓟县	出头岭村小学	侧柏		3	316	48	152	出头岭镇出头岭村委会	√				
蓟县	大穿芳峪村主街	国槐		4	1396	266	835	穿芳峪乡大穿芳峪村委会	√	√			
蓟县	大穿芳峪村主街	国槐		5	316	92	290	穿芳峪乡大穿芳峪村委会	√				
蓟县	大穿芳峪村主街	国槐		6	1396	153	480	穿芳峪乡大穿芳峪村委会	√	√			
蓟县	果香峪村南	油松		7	316	41	129	穿芳峪乡果香峪村委会	√				
蓟县	果香峪村中	国槐		8	316	76	240	穿芳峪乡果香峪村委会	√				
蓟县	果香峪村小学	香柏		9	316	45	140	穿芳峪乡果香峪村委会	√				
蓟县	东水厂村刘春华门前	国槐		10	666	220	690	穿芳峪乡东水厂村委会	√				
蓟县	毛家峪村南山坡	酸梨		11	191	61	190	穿芳峪乡毛家峪村委会	√				
蓟县	北台头村西	国槐		12	716	140	440	穿芳峪乡北台头村委会	√				
蓟县	东门外村原邦均中学墙外	国槐		15	416	114	358	邦均镇东门外村委会	√				
蓟县	邦均镇中心幼儿园	国槐		16	416	83	262	邦均镇中心幼儿园	√				
蓟县	洇溜镇中心幼儿园	香柏		17	811	62	196	洇溜镇中心幼儿园	√				
蓟县	西龙虎峪村油路西街口	国槐		18	516	152	477	西龙虎峪镇西龙虎峪村委会	√				
蓟县	二百户村老大队院内	油松		19	616	59	186	五百户镇二百户村委会	√				
蓟县	六百户村北	国槐		20	411	110	345	五百户镇六百户村委会	√				

续表 7-1-2-3

生长地区	位　置	树种	市级编号	区级编号	树龄（年）	干径（厘米）	干周（厘米）	管护单位（人）	类别				备注
									百年以上	有历史纪念意义	树种珍贵	树形奇特	
蓟县	头百户村村委会门前（东）	香柏		21	121	33	105	五百户镇头百户村委会	√				
蓟县	头百户村村委会门前（西）	香柏		22	121	27	85	五百户镇头百户村委会	√				
蓟县	弥勒院村小学	小叶梧桐		23	511	75	234	别山镇弥勒院村委会	√				
蓟县	西山二村中心小学	香柏		24	411	34	106	别山镇西山二村中心小学	√				
蓟县	大云泉寺村委会门前	国槐		25	511	99	312	别山镇大云泉寺村委会	√				
蓟县	翠南庄中心小学	油松		26	311	56	175	别山镇翠南庄中心小学	√				
蓟县	西关王雅萍家	藤萝		70	111	25	79	城关镇西关王雅萍	√				
蓟县	官庄镇塔院村（东）	国槐		71	466	57	178	官庄镇塔院村委会	√				
蓟县	官庄镇塔院村（西）	国槐		72	466	62	196	官庄镇塔院村委会	√				
蓟县	官庄镇挂月庄南北街（南 1）	国槐		73	111	57	180	官庄镇挂月庄村委会	√				
蓟县	官庄镇挂月庄南北街（南 2）	国槐		74	111	46	145	官庄镇挂月庄村委会	√				
蓟县	官庄镇挂月庄东西街（东 1）	国槐		75	161	64	200	官庄镇挂月庄村委会	√				
蓟县	官庄镇挂月庄东西街（东 2）	国槐		76	161	49	154	官庄镇挂月庄村委会	√				
蓟县	官庄镇大彩各庄东西大街	国槐		77	416	150	470	官庄镇大彩各庄村委会	√				
蓟县	官庄镇西后子峪东西大街	国槐		78	361	113	355	官庄镇西后子峪村委会	√				
蓟县	官庄镇东后子峪朝阳庵	侧柏		79	316	53	165	官庄镇东后子峪村委会	√				
蓟县	官庄镇东后子峪朝阳庵	侧柏		80	316	37	117	官庄镇东后子峪村委会	√				
蓟县	官庄镇东后子峪朝阳庵	油松		81	646	73	230	官庄镇东后子峪村委会	√	√			
蓟县	罗庄子镇清水泉村南	油松		82	516	63	197	罗庄子镇清水泉村委会	√				
蓟县	罗庄子镇清水泉村	国槐		83	216	47	147	罗庄子镇清水泉村委会	√				
蓟县	罗庄子镇城下村	国槐		84	616	150	471	罗庄子镇城下村委会	√				
蓟县	罗庄子镇青山村南山	油松		85	266	56	175	罗庄子镇青山村委会	√				

续表 7-1-2-3

生长地区	位　置	树种	市级编号	区级编号	树龄（年）	干径（厘米）	干周（厘米）	管护单位（人）	类　别				备注
									百年以上	有历史纪念意义	树种珍贵	树形奇特	
蓟县	罗庄子镇青山村松树顶	油松		86	666	115	361	罗庄子镇青山村委会	√				
蓟县	罗庄子镇杨庄村后峰山	油松		87	646	90	282	罗庄子镇杨庄村委会	√				
蓟县	罗庄子镇杨庄	国槐		88	846	119	373	罗庄子镇杨庄村委会	√				
蓟县	罗庄子镇翟庄村北山	油松		89	316	58	181	罗庄子镇翟庄村委会	√				
蓟县	罗庄子镇翟庄村	国槐		90	516	120	376	罗庄子镇翟庄村委会	√				
蓟县	罗庄子镇三道岭村北山	侧柏		91	611	46	144	罗庄子镇三道岭村委会	√				
蓟县	罗庄子镇三道岭村	茶树		92	531	48	150	罗庄子镇三道岭村委会	√				
蓟县	罗庄子镇杨家峪村	国槐		93	116	48	150	罗庄子镇杨家峪村委会	√				
蓟县	罗庄子镇杨家峪村	国槐		94	576	180	565	罗庄子镇杨家峪村委会	√				
蓟县	下营镇常州村	油松		95	466	60	188	下营镇常州村委会	√				
蓟县	下营镇青山岭村	油松		96	646	68	214	下营镇青山岭村委会	√				
蓟县	下营镇青山岭劲松园	油松		97	646	124	388	下营镇青山岭村委会	√	√			
蓟县	下营镇青山岭劲松园	油松		98	646	83	262	下营镇青山岭村委会	√	√			
蓟县	下营镇中营村东西大街（西）	国槐		99	816	139	435	下营镇中营村委会	√				
蓟县	下营镇中营村东西大街（西）	国槐		100	816	100	313	下营镇中营村委会	√				
蓟县	下营镇中营村南北街	国槐		101	816	145	456	下营镇中营村委会	√				
蓟县	下营镇中营村玉皇顶	油松		102	316	37	117	下营镇中营村委会	√				
蓟县	许家台乡许家台村	国槐		103	1396	201	630	许家台乡许家台村委会	√	√			
蓟县	许家台乡大石峪村	油松		104	211	29	90	许家台乡大石峪村委会	√				
蓟县	许家台乡大石峪村	油松		105	211	32	100	许家台乡大石峪村委会	√				
蓟县	许家台乡大石峪村	国槐		106	466	115	360	许家台乡大石峪村委会	√				
蓟县	东赵各庄乡上窝头村	国槐		107	1016	132	416	东赵各庄乡上窝头村委会	√				

续表 7-1-2-3

生长地区	位　置	树种	市级编号	区级编号	树龄（年）	干径（厘米）	干周（厘米）	管护单位（人）	类　别				备注
									百年以上	有历史纪念意义	树种珍贵	树形奇特	
蓟县	礼明庄乡康毛庄无尽寺小学	油松		108	316	46	145	礼明庄乡康毛庄无尽寺小学	√				
蓟县	礼明庄乡孟家楼平津战役前线司令部旧址	榆树		109	111	67	210	驻蓟部队	√				
蓟县	下窝头镇台头村郭俊余家	皂角		110	411	55	172	下窝头镇台头村郭俊余	√				
蓟县	下窝头镇下窝头村	国槐		111	171	56	177	下窝头镇下窝头村委会	√				
蓟县	杨津庄镇公白庄村原东风小学	国槐		112	816	154	485	杨津庄镇公白庄村委会	√				
蓟县	下仓镇大李各庄村小学	桧柏		113	1011	84	264	下仓镇大李各庄村委会	√				
蓟县	盘山大石桥旁	油松		114	816	59	186	盘山管理局	√				
蓟县	盘山天成寺（西）	银杏		115	766	121	381	盘山管理局	√	√			
蓟县	盘山天成寺（东）	银杏		116	766	118	369	盘山管理局	√	√			
蓟县	盘山天成寺	侧柏		117	1216	103	324	盘山管理局	√				
蓟县	盘山索道上站	油松		118	366	33	104	盘山管理局	√				
蓟县	盘山万佛寺望海楼	油松		119	366	32	102	盘山管理局	√				
蓟县	盘山万佛寺望海楼	油松		120	716	39	123	盘山管理局	√			√	
蓟县	盘山舞剑峰东梁	油松		121	316	28	88	盘山管理局	√			√	
蓟县	盘山舞剑峰东梁	油松		122	416	31	98	盘山管理局	√				
蓟县	盘山舞剑峰东梁	油松		123	366	33	103	盘山管理局	√				
蓟县	盘山舞剑峰东梁	油松		124	616	41	129	盘山管理局	√			√	
蓟县	盘山舞剑峰东梁	油松		125	316	34	106	盘山管理局	√				
蓟县	盘山舞剑峰东梁	油松		126	366	27	86	盘山管理局	√				
蓟县	盘山舞剑峰东梁	油松		127	316	37	117	盘山管理局	√				

续表 7-1-2-3

生长地区	位置	树种	市级编号	区级编号	树龄（年）	干径（厘米）	干周（厘米）	管护单位（人）	类别				备注
									百年以上	有历史纪念意义	树种珍贵	树形奇特	
蓟县	盘山舞剑峰东梁	油松		128	316	30	95	盘山管理局	√				
蓟县	盘山舞剑峰东梁	油松		129	616	30	95	盘山管理局	√				
蓟县	盘山舞剑峰东梁	油松		130	316	36	114	盘山管理局	√				
蓟县	盘山舞剑峰东梁	油松		131	316	30	94	盘山管理局	√				
蓟县	盘山舞剑峰东梁	油松		132	316	28	88	盘山管理局	√				
蓟县	盘山舞剑峰东梁	油松		133	566	30	95	盘山管理局	√				
蓟县	盘山舞剑峰东梁	油松		134	466	28	88	盘山管理局	√				
蓟县	盘山舞剑峰东梁	油松		135	496	35	109	盘山管理局	√				
蓟县	盘山舞剑峰东梁	油松		136	446	28	88	盘山管理局	√				
蓟县	盘山舞剑峰东梁	油松		137	616	28	89	盘山管理局	√				
蓟县	盘山舞剑峰东梁	油松		138	596	28	88	盘山管理局	√				
蓟县	盘山舞剑峰东梁	油松		139	366	32	99	盘山管理局	√				
蓟县	盘山舞剑峰东梁	油松		140	566	26	83	盘山管理局	√				
蓟县	盘山舞剑峰东梁	油松		141	566	34	106	盘山管理局	√				
蓟县	盘山盘古寺护林点西	油松		142	416	27	85	盘山管理局	√				
蓟县	盘山盘古寺护林点	油松		143	566	30	93	盘山管理局	√				
蓟县	盘山盘古寺护林点南坡	油松		144	466	30	93	盘山管理局	√				
蓟县	盘山盘古寺护林点南坡	油松		145	416	36	112	盘山管理局	√				
蓟县	盘山盘古寺西	油松		146	566	30	95	盘山管理局	√				
蓟县	盘山东松岭	油松		147	466	34	106	盘山管理局	√				
蓟县	盘山东松岭	油松		148	566	28	89	盘山管理局	√				
蓟县	盘山东松岭	油松		149	436	39	124	盘山管理局	√				

续表 7-1-2-3

生长地区	位　置	树种	市级编号	区级编号	树龄（年）	干径（厘米）	干周（厘米）	管护单位（人）	类　别				备注
									百年以上	有历史纪念意义	树种珍贵	树形奇特	
蓟县	盘山东松岭	油松		150	416	33	104	盘山管理局	√				
蓟县	盘山东松岭	油松		151	556	38	118	盘山管理局	√				
蓟县	盘山东松岭	油松		152	566	46	143	盘山管理局	√				
蓟县	盘山东松岭	油松		153	366	37	116	盘山管理局	√				
蓟县	盘山东松岭	油松		154	316	33	104	盘山管理局	√				
蓟县	盘山东松岭	油松		155	316	48	150	盘山管理局	√				
蓟县	盘山东松岭	油松		156	366	39	122	盘山管理局	√				
蓟县	盘山东松岭	油松		157	366	27	85	盘山管理局	√				
蓟县	盘山东松岭	油松		158	366	35	109	盘山管理局	√				
蓟县	盘山东松岭	油松		159	366	42	131	盘山管理局	√				
蓟县	盘山东松岭	油松		160	366	32	101	盘山管理局	√				
蓟县	盘山东松岭	油松		161	366	34	108	盘山管理局	√				
蓟县	盘山东松岭	油松		162	366	30	94	盘山管理局	√				
蓟县	盘山东松岭	油松		163	366	35	110	盘山管理局	√				
蓟县	盘山东松岭	油松		164	366	28	88	盘山管理局	√				
蓟县	盘山东松岭	油松		165	316	41	128	盘山管理局	√				
蓟县	盘山东松岭	油松		166	366	27	85	盘山管理局	√				
蓟县	盘山东松岭	油松		167	316	26	83	盘山管理局	√				
蓟县	盘山东松岭	油松		168	316	32	101	盘山管理局	√				
蓟县	盘山东松岭	油松		169	366	27	86	盘山管理局	√				
蓟县	盘山东松岭	油松		170	516	30	95	盘山管理局	√				
蓟县	盘山东松岭	油松		171	316	30	95	盘山管理局	√				

续表 7-1-2-3

生长地区	位 置	树种	市级编号	区级编号	树龄（年）	干径（厘米）	干周（厘米）	管护单位（人）	类 别				备注
									百年以上	有历史纪念意义	树种珍贵	树形奇特	
蓟县	盘山东松岭	油松		172	316	33	105	盘山管理局	√				
蓟县	盘山东松岭	油松		173	366	25	80	盘山管理局	√				
蓟县	盘山东松岭	油松		174	516	34	108	盘山管理局	√				
蓟县	盘山东松岭	油松		175	416	31	98	盘山管理局	√				
蓟县	盘山东松岭	油松		176	516	37	115	盘山管理局	√				
蓟县	盘山东松岭	油松		177	466	30	93	盘山管理局	√				
蓟县	盘山东松岭	油松		178	416	27	85	盘山管理局	√				
蓟县	盘山东松岭	油松		179	416	30	93	盘山管理局	√				
蓟县	盘山东松岭	油松		180	366	27	85	盘山管理局	√				
蓟县	盘山东松岭	油松		181	366	30	94	盘山管理局	√				
蓟县	盘山东松岭	油松		182	416	36	114	盘山管理局	√				
蓟县	盘山东松岭	油松		183	366	32	102	盘山管理局	√				
蓟县	盘山东松岭	油松		184	366	30	94	盘山管理局	√				
蓟县	盘山东松岭	油松		185	366	34	107	盘山管理局	√				
蓟县	盘山东松岭	油松		186	316	35	109	盘山管理局	√				
蓟县	盘山东松岭	油松		187	496	30	95	盘山管理局	√				
蓟县	盘山东松岭	油松		188	446	29	91	盘山管理局	√				
蓟县	盘山东松岭	油松		189	466	34	106	盘山管理局	√				
蓟县	盘山东松岭	油松		190	316	41	130	盘山管理局	√				
蓟县	盘山东松岭	油松		191	366	39	121	盘山管理局	√				
蓟县	盘山东松岭	油松		192	366	33	103	盘山管理局	√				
蓟县	盘山东松岭	油松		193	416	31	96	盘山管理局	√				

续表 7-1-2-3

生长地区	位　置	树种	市级编号	区级编号	树龄（年）	干径（厘米）	干周（厘米）	管护单位（人）	类别				备注
									百年以上	有历史纪念意义	树种珍贵	树形奇特	
蓟县	盘山东松岭	油松		194	716	39	123	盘山管理局	√				
蓟县	盘山东松岭	油松		195	416	30	95	盘山管理局	√				
蓟县	盘山东松岭	油松		196	416	39	124	盘山管理局	√				
蓟县	盘山东松岭	油松		197	416	32	99	盘山管理局	√				
蓟县	盘山东松岭	油松		198	366	27	86	盘山管理局	√				
蓟县	盘山东松岭	油松		199	366	31	96	盘山管理局	√				
蓟县	盘山东松岭	油松		200	366	38	120	盘山管理局	√				
蓟县	盘山东松岭	油松		201	366	31	97	盘山管理局	√				
蓟县	盘山东松岭	油松		202	366	32	100	盘山管理局	√				
蓟县	盘山东松岭	油松		203	366	43	134	盘山管理局	√				
蓟县	盘山东松岭	油松		204	366	33	104	盘山管理局	√				
蓟县	盘山东松岭	油松		205	316	38	118	盘山管理局	√				
蓟县	盘山东松岭	油松		206	366	37	115	盘山管理局	√				
蓟县	盘山东松岭	油松		207	366	28	88	盘山管理局	√				
蓟县	盘山东松岭	油松		208	366	28	87	盘山管理局	√				
蓟县	盘山东松岭	油松		209	366	32	101	盘山管理局	√				
蓟县	盘山东松岭	油松		210	316	29	90	盘山管理局	√				
蓟县	盘山东松岭	油松		211	366	32	100	盘山管理局	√				
蓟县	盘山东松岭	油松		212	366	40	125	盘山管理局	√				
蓟县	盘山东松岭	油松		213	366	58	181	盘山管理局	√				
蓟县	盘山东松岭	油松		214	366	44	137	盘山管理局	√				
蓟县	盘山东松岭	油松		215	366	34	107	盘山管理局	√				

续表 7-1-2-3

生长地区	位　置	树种	市级编号	区级编号	树龄（年）	干径（厘米）	干周（厘米）	管护单位（人）	类别				备注
									百年以上	有历史纪念意义	树种珍贵	树形奇特	
蓟县	盘山东松岭	油松		216	316	32	102	盘山管理局	√				
蓟县	盘山东松岭北坡	油松		217	366	59	185	盘山管理局	√				
蓟县	盘山东松岭北坡	油松		218	316	34	108	盘山管理局	√				
蓟县	盘山东松岭北坡	油松		219	366	39	122	盘山管理局	√				
蓟县	盘山东松岭北坡	油松		220	366	32	102	盘山管理局	√				
蓟县	盘山东松岭西	油松		221	416	39	123	盘山管理局	√				
蓟县	盘山东松岭西	油松		222	366	32	102	盘山管理局	√				
蓟县	盘山东松岭西	油松		223	366	36	114	盘山管理局	√				
蓟县	盘山东松岭西	油松		224	316	34	108	盘山管理局	√				
蓟县	盘山东松岭西	油松		225	366	34	106	盘山管理局	√				
蓟县	盘山东松岭西	油松		226	316	37	115	盘山管理局	√				
蓟县	盘山东松岭西	油松		227	366	29	92	盘山管理局	√				
蓟县	盘山东松岭西	油松		228	316	26	82	盘山管理局	√				
蓟县	盘山东松岭西	油松		229	316	33	105	盘山管理局	√				
蓟县	盘山东松岭西	油松		230	366	32	101	盘山管理局	√				
蓟县	盘山东松岭西	油松		231	366	31	98	盘山管理局	√				
蓟县	盘山东松岭西	油松		232	366	53	165	盘山管理局	√				
蓟县	盘山东松岭西	油松		233	316	41	130	盘山管理局	√				
蓟县	盘山东松岭西	油松		234	366	35	111	盘山管理局	√				
蓟县	盘山东松岭西	油松		235	316	32	100	盘山管理局	√				
蓟县	盘山索道上站北坡	油松		236	316	29	92	盘山管理局	√				
蓟县	盘山索道上站北坡	油松		237	316	32	101	盘山管理局	√				

续表 7-1-2-3

生长地区	位置	树种	市级编号	区级编号	树龄（年）	干径（厘米）	干周（厘米）	管护单位（人）	类别				备注
									百年以上	有历史纪念意义	树种珍贵	树形奇特	
蓟县	盘山索道上站北坡	油松		238	366	32	102	盘山管理局	√				
蓟县	盘山索道上站北坡	油松		239	316	33	104	盘山管理局	√				
蓟县	盘山索道上站北坡	油松		240	316	30	93	盘山管理局	√				
蓟县	盘山索道上站北坡	油松		241	316	32	101	盘山管理局	√				
蓟县	盘山索道上站北坡	油松		242	316	32	101	盘山管理局	√				
蓟县	盘山索道上站北坡	油松		243	366	29	90	盘山管理局	√				
蓟县	盘山索道上站北坡	油松		244	316	25	80	盘山管理局	√				
蓟县	盘山索道上站北坡	油松		245	316	33	103	盘山管理局	√				
蓟县	盘山索道上站北坡	油松		246	416	31	98	盘山管理局	√				
蓟县	盘山虎头山东坡	油松		247	366	35	110	盘山管理局	√				
蓟县	盘山虎头山东坡	油松		248	366	28	87	盘山管理局	√				
蓟县	盘山虎头山东坡	油松		249	416	27	86	盘山管理局	√				
蓟县	盘山虎头山东坡	油松		250	416	30	93	盘山管理局	√				
蓟县	盘山虎头山东坡	油松		251	416	28	87	盘山管理局	√				
蓟县	盘山虎头山顶	油松		252	416	34	107	盘山管理局	√				
蓟县	盘山虎头山顶	油松		253	416	28	88	盘山管理局	√				
蓟县	盘山虎头山顶	油松		254	366	32	101	盘山管理局	√				
蓟县	盘山虎头山顶	油松		255	366	38	120	盘山管理局	√				
蓟县	盘山虎头山顶	油松		256	366	31	96	盘山管理局	√				
蓟县	盘山虎头山顶	油松		257	416	31	96	盘山管理局	√				
蓟县	盘山虎头山顶	油松		258	416	28	88	盘山管理局	√				
蓟县	盘山虎头山西梁	油松		259	366	25	80	盘山管理局	√				

续表 7-1-2-3

生长地区	位置	树种	市级编号	区级编号	树龄（年）	干径（厘米）	干周（厘米）	管护单位（人）	类别				备注
									百年以上	有历史纪念意义	树种珍贵	树形奇特	
蓟县	盘山虎头山西梁	油松		260	416	32	100	盘山管理局	√				
蓟县	盘山虎头山西梁	油松		261	416	33	103	盘山管理局	√				
蓟县	盘山虎头山西梁	油松		262	416	34	107	盘山管理局	√				
蓟县	盘山虎头山西梁	油松		263	366	34	106	盘山管理局	√				
蓟县	盘山虎头山西梁	油松		264	366	31	97	盘山管理局	√				
蓟县	盘山虎头山西梁	油松		265	416	32	101	盘山管理局	√				
蓟县	盘山虎头山西梁	油松		266	416	33	103	盘山管理局	√				
蓟县	盘山舞剑峰南坡	油松		267	366	39	123	盘山管理局	√				
蓟县	盘山舞剑峰东坡	油松		268	416	31	96	盘山管理局	√				
蓟县	盘山舞剑峰东坡	油松		269	366	32	100	盘山管理局	√				
蓟县	盘山自来峰东梁	油松		270	466	32	101	盘山管理局	√				
蓟县	盘山自来峰东梁	油松		271	596	41	130	盘山管理局	√				
蓟县	盘山自来峰东梁	油松		272	366	69	216	盘山管理局	√				
蓟县	盘山自来峰东梁	油松		273	336	33	103	盘山管理局	√				
蓟县	盘山自来峰东梁	油松		274	366	33	105	盘山管理局	√				
蓟县	盘山自来峰东梁	油松		275	316	32	100	盘山管理局	√				
蓟县	盘山自来峰东梁	油松		276	316	39	124	盘山管理局	√				
蓟县	盘山自来峰东梁	油松		277	366	34	108	盘山管理局	√				
蓟县	盘山自来峰东梁	油松		278	506	34	106	盘山管理局	√				
蓟县	盘山自来峰东梁	油松		279	466	45	140	盘山管理局	√				
蓟县	盘山自来峰东梁	油松		280	396	29	92	盘山管理局	√				
蓟县	盘山自来峰东梁	油松		281	466	28	88	盘山管理局	√				

续表 7-1-2-3

生长地区	位　置	树种	市级编号	区级编号	树龄（年）	干径（厘米）	干周（厘米）	管护单位（人）	类　别				备注
									百年以上	有历史纪念意义	树种珍贵	树形奇特	
蓟县	盘山自来峰东梁	油松		282	316	28	88	盘山管理局	√				
蓟县	盘山自来峰东梁	油松		283	466	45	140	盘山管理局	√				
蓟县	盘山自来峰东梁	油松		284	526	28	89	盘山管理局	√				
蓟县	盘山自来峰东梁	油松		285	556	31	96	盘山管理局	√				
蓟县	盘山自来峰东梁	油松		286	566	29	91	盘山管理局	√				
蓟县	盘山自来峰东梁	油松		287	506	33	103	盘山管理局	√				
蓟县	盘山自来峰东梁	油松		288	606	32	101	盘山管理局	√				
蓟县	盘山自来峰东梁	油松		289	436	35	109	盘山管理局	√				
蓟县	盘山自来峰东梁	油松		290	466	39	121	盘山管理局	√				
蓟县	盘山自来峰东梁	油松		291	566	39	121	盘山管理局	√				
蓟县	盘山自来峰东梁	油松		292	486	39	122	盘山管理局	√				
蓟县	盘山自来峰东梁	油松		293	486	31	98	盘山管理局	√				
蓟县	盘山自来峰东梁	油松		294	466	37	117	盘山管理局	√				
蓟县	盘山自来峰东梁	油松		295	506	33	103	盘山管理局	√				
蓟县	盘山自来峰东梁	油松		296	446	30	93	盘山管理局	√				
蓟县	盘山自来峰东梁	油松		297	556	30	94	盘山管理局	√				
蓟县	盘山自来峰东梁	油松		298	586	31	96	盘山管理局	√				
蓟县	盘山自来峰东梁	油松		299	466	30	94	盘山管理局	√				
蓟县	盘山自来峰东梁	油松		300	616	29	91	盘山管理局	√				
蓟县	盘山自来峰东梁	油松		301	526	29	90	盘山管理局	√				
蓟县	盘山自来峰东梁	油松		302	466	31	96	盘山管理局	√				
蓟县	盘山自来峰东梁	油松		303	466	26	83	盘山管理局	√				

续表 7-1-2-3

生长地区	位　置	树种	市级编号	区级编号	树龄（年）	干径（厘米）	干周（厘米）	管护单位（人）	类　别				备注
									百年以上	有历史纪念意义	树种珍贵	树形奇特	
蓟县	盘山自来峰东梁	油松		304	466	25	80	盘山管理局	√				
蓟县	盘山自来峰顶	油松		305	1396	55	174	盘山管理局	√			√	
蓟县	盘山自来峰南	油松		306	536	32	102	盘山管理局	√				
蓟县	盘山自来峰南	油松		307	626	29	92	盘山管理局	√				
蓟县	盘山自来峰南	油松		308	466	27	84	盘山管理局	√				
蓟县	盘山自来峰南	油松		309	466	34	108	盘山管理局	√				
蓟县	盘山自来峰南	油松		310	466	32	100	盘山管理局	√				
蓟县	盘山挂月峰	油松		311	816	32	99	盘山管理局	√			√	
蓟县	盘山挂月峰南梁	油松		312	466	31	97	盘山管理局	√				
蓟县	盘山挂月峰南梁	油松		313	416	44	137	盘山管理局	√				
蓟县	盘山挂月峰南梁	油松		314	416	38	119	盘山管理局	√				
蓟县	盘山挂月峰南梁	油松		315	466	35	111	盘山管理局	√				
蓟县	盘山挂月峰南梁	油松		316	466	33	103	盘山管理局	√				
蓟县	盘山挂月峰南梁	油松		317	576	36	112	盘山管理局	√				
蓟县	盘山挂月峰南梁	油松		318	566	34	107	盘山管理局	√				
蓟县	盘山挂月峰南梁	油松		319	446	38	119	盘山管理局	√				
蓟县	盘山挂月峰南梁	油松		320	506	40	125	盘山管理局	√				
蓟县	盘山挂月峰南梁	油松		321	466	36	114	盘山管理局	√				
蓟县	盘山挂月峰南梁	油松		322	606	36	112	盘山管理局	√				
蓟县	盘山挂月峰南梁	油松		323	506	31	96	盘山管理局	√				
蓟县	盘山挂月峰南梁	油松		324	416	33	103	盘山管理局	√				
蓟县	盘山挂月峰南梁	油松		325	316	29	92	盘山管理局	√				

续表 7-1-2-3

生长地区	位　置	树种	市级编号	区级编号	树龄（年）	干径（厘米）	干周（厘米）	管护单位（人）	类　别				备注
									百年以上	有历史纪念意义	树种珍贵	树形奇特	
蓟县	盘山挂月峰南梁	油松		326	316	30	95	盘山管理局	√				
蓟县	盘山挂月峰南梁	油松		327	316	32	100	盘山管理局	√				
蓟县	盘山挂月峰南梁	油松		328	416	32	100	盘山管理局	√				
蓟县	盘山挂月峰南梁	油松		329	366	37	115	盘山管理局	√				
蓟县	盘山挂月峰南梁	油松		330	366	31	98	盘山管理局	√				
蓟县	盘山挂月峰南梁	油松		331	366	31	98	盘山管理局	√				
蓟县	盘山挂月峰南梁	油松		332	366	39	123	盘山管理局	√				
蓟县	盘山挂月峰南梁	油松		333	516	28	89	盘山管理局	√				
蓟县	盘山挂月峰南梁	油松		334	366	36	114	盘山管理局	√				
蓟县	盘山挂月峰南梁	油松		335	366	36	112	盘山管理局	√				
蓟县	盘山挂月峰南梁	油松		336	366	34	106	盘山管理局	√				
蓟县	盘山挂月峰东梁	油松		337	366	36	114	盘山管理局	√				
蓟县	盘山挂月峰东梁	油松		338	466	35	110	盘山管理局	√				
蓟县	盘山挂月峰东梁	油松		339	496	37	116	盘山管理局	√				
蓟县	盘山挂月峰东梁	油松		340	436	33	103	盘山管理局	√				
蓟县	盘山挂月峰东梁	油松		341	366	34	108	盘山管理局	√				
蓟县	盘山挂月峰东梁	油松		342	566	30	94	盘山管理局	√				
蓟县	盘山挂月峰东梁	油松		343	556	32	99	盘山管理局	√				
蓟县	盘山挂月峰东梁	油松		344	466	34	106	盘山管理局	√				
蓟县	盘山挂月峰东梁	油松		345	416	34	108	盘山管理局	√				
蓟县	盘山挂月峰东梁	油松		346	316	39	122	盘山管理局	√				
蓟县	盘山挂月峰东梁	油松		347	366	36	114	盘山管理局	√				

续表 7-1-2-3

生长地区	位　置	树种	市级编号	区级编号	树龄（年）	干径（厘米）	干周（厘米）	管护单位（人）	类　别				备注
									百年以上	有历史纪念意义	树种珍贵	树形奇特	
蓟县	盘山挂月峰东梁	油松		348	536	36	113	盘山管理局	√				
蓟县	盘山挂月峰东梁	油松		349	436	36	113	盘山管理局	√				
蓟县	盘山挂月峰东梁	油松		350	616	31	98	盘山管理局	√				
蓟县	盘山挂月峰东梁	油松		351	476	34	106	盘山管理局	√				
蓟县	盘山挂月峰东梁	油松		352	556	37	116	盘山管理局	√				
蓟县	盘山挂月峰东梁	油松		353	316	39	122	盘山管理局	√				
蓟县	盘山挂月峰东梁	油松		354	316	33	104	盘山管理局	√				
蓟县	盘山挂月峰东梁	油松		355	316	31	97	盘山管理局	√				
蓟县	盘山挂月峰东梁	油松		356	316	33	103	盘山管理局	√				
蓟县	盘山挂月峰东梁	油松		357	316	37	115	盘山管理局	√				
蓟县	盘山挂月峰东梁	油松		358	436	36	112	盘山管理局	√				
蓟县	盘山挂月峰东梁	油松		359	586	30	95	盘山管理局	√				
蓟县	盘山挂月峰东梁	油松		360	586	33	104	盘山管理局	√				
蓟县	盘山挂月峰东梁	油松		361	616	26	81	盘山管理局	√				
蓟县	盘山挂月峰东梁	油松		362	366	35	111	盘山管理局	√				
蓟县	盘山挂月峰东梁	油松		363	366	40	125	盘山管理局	√				
蓟县	盘山挂月峰东梁	油松		364	316	38	118	盘山管理局	√				
蓟县	盘山挂月峰东梁	油松		365	366	36	113	盘山管理局	√				
蓟县	盘山挂月峰东梁	油松		366	366	37	117	盘山管理局	√				
蓟县	盘山挂月峰东梁	油松		367	366	32	102	盘山管理局	√				
蓟县	盘山云罩寺停车场北坡	油松		368	366	32	101	盘山管理局	√				
蓟县	盘山云罩寺停车场北坡	油松		369	366	35	110	盘山管理局	√				

续表 7-1-2-3

生长地区	位置	树种	市级编号	区级编号	树龄（年）	干径（厘米）	干周（厘米）	管护单位（人）	类别				备注
									百年以上	有历史纪念意义	树种珍贵	树形奇特	
蓟县	盘山云罩寺停车场北坡	油松		370	366	40	127	盘山管理局	√				
蓟县	盘山云罩寺停车场北坡	油松		371	616	35	110	盘山管理局	√				
蓟县	盘山云罩寺停车场北坡	油松		372	566	31	96	盘山管理局	√				
蓟县	盘山云罩寺停车场北坡	油松		373	516	31	98	盘山管理局	√				
蓟县	盘山云罩寺停车场北坡	油松		374	516	32	101	盘山管理局	√				
蓟县	盘山云罩寺停车场北坡	油松		375	616	38	118	盘山管理局	√				
蓟县	盘山云罩寺停车场北坡	油松		376	316	39	121	盘山管理局	√				
蓟县	盘山云罩寺停车场北坡	油松		377	316	50	158	盘山管理局	√				
蓟县	盘山大梨园	油松		378	316	60	187	盘山管理局	√				
蓟县	盘山大梨园	油松		379	316	30	93	盘山管理局	√				
蓟县	盘山大梨园	油松		380	316	30	94	盘山管理局	√				
蓟县	盘山大梨园	油松		381	316	30	94	盘山管理局	√				
蓟县	盘山大梨园	油松		382	316	39	123	盘山管理局	√				
蓟县	盘山大梨园	油松		383	316	36	112	盘山管理局	√				
蓟县	盘山大梨园	油松		384	316	30	94	盘山管理局	√				
蓟县	盘山大梨园	油松		385	316	32	102	盘山管理局	√				
蓟县	盘山大梨园	油松		386	316	31	98	盘山管理局	√				
蓟县	盘山大梨园	油松		387	316	42	132	盘山管理局	√				
蓟县	盘山大梨园	油松		388	366	34	108	盘山管理局	√				
蓟县	盘山大梨园	油松		389	316	31	97	盘山管理局	√				
蓟县	盘山大梨园	油松		390	316	32	100	盘山管理局	√				
蓟县	盘山大梨园	油松		391	566	31	97	盘山管理局	√				

续表 7-1-2-3

生长地区	位 置	树种	市级编号	区级编号	树龄（年）	干径（厘米）	干周（厘米）	管护单位（人）	类 别				备注
									百年以上	有历史纪念意义	树种珍贵	树形奇特	
蓟县	盘山大梨园	油松		392	416	31	96	盘山管理局	√				
蓟县	盘山大梨园	油松		393	366	29	92	盘山管理局	√				
蓟县	盘山大梨园	油松		394	366	37	117	盘山管理局	√				
蓟县	盘山大梨园	油松		395	316	32	99	盘山管理局	√				
蓟县	盘山大梨园	油松		396	316	46	146	盘山管理局	√				
蓟县	盘山大梨园	油松		397	366	40	125	盘山管理局	√				
蓟县	盘山大梨园	油松		398	316	41	129	盘山管理局	√				
蓟县	盘山大梨园	油松		399	316	32	101	盘山管理局	√				
蓟县	盘山大梨园	油松		400	316	40	127	盘山管理局	√				
蓟县	盘山大梨园	油松		401	416	41	130	盘山管理局	√				
蓟县	盘山大梨园	油松		402	365	36	112	盘山管理局	√				
蓟县	盘山大梨园	油松		403	365	34	106	盘山管理局	√				
蓟县	盘山大梨园	油松		404	365	37	115	盘山管理局	√				
蓟县	盘山大梨园	油松		405	315	41	128	盘山管理局	√				
蓟县	盘山大梨园	油松		406	315	38	118	盘山管理局	√				
蓟县	盘山大梨园	油松		407	315	45	142	盘山管理局	√				
蓟县	盘山大梨园	油松		408	315	37	116	盘山管理局	√				
蓟县	盘山大梨园	油松		409	366	32	100	盘山管理局	√				
蓟县	盘山大梨园	油松		410	366	29	91	盘山管理局	√				
蓟县	盘山大梨园	油松		411	366	27	85	盘山管理局	√				
蓟县	盘山大梨园	油松		412	316	28	87	盘山管理局	√				
蓟县	盘山大梨园	油松		413	316	38	120	盘山管理局	√				

续表 7-1-2-3

生长地区	位　置	树种	市级编号	区级编号	树龄（年）	干径（厘米）	干周（厘米）	管护单位（人）	类别				备注
									百年以上	有历史纪念意义	树种珍贵	树形奇特	
蓟县	盘山大梨园	油松		414	366	32	101	盘山管理局	√				
蓟县	盘山大梨园	油松		415	366	34	108	盘山管理局	√				
蓟县	盘山大梨园	油松		416	366	34	108	盘山管理局	√				
蓟县	盘山大梨园	油松		417	366	39	124	盘山管理局	√				
蓟县	盘山大梨园	油松		418	366	34	108	盘山管理局	√				
蓟县	盘山大梨园	油松		419	316	34	108	盘山管理局	√				
蓟县	盘山大梨园	油松		420	316	34	107	盘山管理局	√				
蓟县	盘山大梨园	油松		421	356	28	88	盘山管理局	√				
蓟县	盘山大梨园	油松		422	366	30	94	盘山管理局	√				
蓟县	盘山大梨园	油松		423	316	33	105	盘山管理局	√				
蓟县	盘山大梨园	油松		424	316	34	108	盘山管理局	√				
蓟县	盘山大梨园	油松		425	316	34	106	盘山管理局	√				
蓟县	盘山大梨园	油松		426	316	35	109	盘山管理局	√				
蓟县	盘山大梨园	油松		427	366	36	114	盘山管理局	√				
蓟县	盘山云罩寺停车场	油松		428	366	39	121	盘山管理局	√				
蓟县	盘山云罩寺停车场	油松		429	366	40	127	盘山管理局	√				
蓟县	盘山云罩寺停车场	油松		430	366	35	110	盘山管理局	√				
蓟县	盘山挂月峰东梁（路南）	油松		431	316	39	123	盘山管理局	√				
蓟县	盘山大梨园	油松		432	506	43	135	盘山管理局	√				
蓟县	盘山大梨园	油松		433	556	44	139	盘山管理局	√				
蓟县	盘山大梨园	油松		434	476	41	128	盘山管理局	√				
蓟县	盘山大梨园	油松		435	686	39	123	盘山管理局	√				

续表 7-1-2-3

生长地区	位　置	树种	市级编号	区级编号	树龄（年）	干径（厘米）	干周（厘米）	管护单位（人）	类　别				备注
									百年以上	有历史纪念意义	树种珍贵	树形奇特	
蓟县	盘山大梨园	油松		436	366	42	133	盘山管理局	√				
蓟县	盘山大梨园	油松		437	316	39	123	盘山管理局	√				
蓟县	盘山大梨园	油松		438	366	35	110	盘山管理局	√				
蓟县	盘山大梨园	油松		439	366	33	103	盘山管理局	√				
蓟县	盘山大梨园	油松		440	366	36	114	盘山管理局	√				
蓟县	盘山大梨园	油松		441	356	36	113	盘山管理局	√				
蓟县	盘山大梨园	油松		442	366	40	127	盘山管理局	√				
蓟县	盘山大梨园	油松		443	366	36	114	盘山管理局	√				
蓟县	盘山大梨园	油松		444	316	39	123	盘山管理局	√				
蓟县	盘山大梨园	油松		445	316	46	143	盘山管理局	√				
蓟县	盘山大梨园	油松		446	366	43	134	盘山管理局	√				
蓟县	盘山大梨园	油松		447	316	39	122	盘山管理局	√				
蓟县	盘山大梨园	油松		448	366	38	119	盘山管理局	√				
蓟县	盘山大梨园南沟	油松		449	366	43	135	盘山管理局	√				
蓟县	盘山大梨园南沟	油松		450	466	41	130	盘山管理局	√				
蓟县	盘山大梨园南沟	油松		451	366	37	116	盘山管理局	√				
蓟县	盘山大梨园南沟	油松		452	566	35	110	盘山管理局	√				
蓟县	盘山大梨园南沟	油松		453	466	36	113	盘山管理局	√				
蓟县	盘山八步险北沟	油松		454	466	38	119	盘山管理局	√				
蓟县	盘山八步险北沟	油松		455	416	39	123	盘山管理局	√				
蓟县	盘山八步险北沟	油松		456	466	60	187	盘山管理局	√				
蓟县	盘山八步险北沟	油松		457	516	45	142	盘山管理局	√				

续表 7-1-2-3

生长地区	位　置	树种	市级编号	区级编号	树龄（年）	干径（厘米）	干周（厘米）	管护单位（人）	类别				备注
									百年以上	有历史纪念意义	树种珍贵	树形奇特	
蓟县	盘山八步险北沟	油松		458	416	32	99	盘山管理局	√				
蓟县	盘山八步险南沟	油松		459	466	35	109	盘山管理局	√				
蓟县	盘山八步险南沟	油松		460	416	33	105	盘山管理局	√				
蓟县	盘山八步险南沟	油松		461	416	32	101	盘山管理局	√				
蓟县	盘山悬空石北梁	油松		462	516	37	117	盘山管理局	√				
蓟县	盘山悬空石北梁	油松		463	366	35	110	盘山管理局	√				
蓟县	盘山悬空石北梁	油松		464	366	34	106	盘山管理局	√				
蓟县	盘山悬空石北梁	油松		465	556	29	91	盘山管理局	√				
蓟县	盘山悬空石北梁	油松		466	556	33	104	盘山管理局	√				
蓟县	盘山悬空石北梁	油松		467	536	32	102	盘山管理局	√				
蓟县	盘山悬空石北梁	油松		468	536	32	100	盘山管理局	√				
蓟县	盘山悬空石北梁	油松		469	556	32	99	盘山管理局	√				
蓟县	盘山悬空石北梁	油松		470	556	31	96	盘山管理局	√				
蓟县	盘山悬空石北梁	油松		471	536	31	96	盘山管理局	√				
蓟县	盘山悬空石北梁	油松		472	496	37	115	盘山管理局	√				
蓟县	盘山悬空石北梁	油松		473	476	33	104	盘山管理局	√				
蓟县	盘山悬空石北梁	油松		474	526	35	110	盘山管理局	√				
蓟县	盘山悬空石北梁	油松		475	476	44	137	盘山管理局	√				
蓟县	盘山悬空石北梁	油松		476	596	42	133	盘山管理局	√				
蓟县	盘山悬空石北梁	油松		477	446	31	98	盘山管理局	√				
蓟县	盘山悬空石北梁	油松		478	586	40	126	盘山管理局	√				
蓟县	盘山悬空石北梁	油松		479	316	32	99	盘山管理局	√				

续表 7-1-2-3

生长地区	位　置	树种	市级编号	区级编号	树龄（年）	干径（厘米）	干周（厘米）	管护单位（人）	类　别				备注
									百年以上	有历史纪念意义	树种珍贵	树形奇特	
蓟县	盘山悬空石北梁	油松		480	586	31	96	盘山管理局	√				
蓟县	盘山悬空石北梁	油松		481	646	43	134	盘山管理局	√				
蓟县	盘山悬空石北梁	油松		482	506	37	115	盘山管理局	√				
蓟县	盘山悬空石北梁	油松		483	386	35	109	盘山管理局	√				
蓟县	盘山悬空石北梁	油松		484	546	31	96	盘山管理局	√				
蓟县	盘山悬空石北梁	油松		485	566	28	88	盘山管理局	√				
蓟县	盘山悬空石北梁	油松		486	466	34	106	盘山管理局	√				
蓟县	盘山悬空石北梁	油松		487	466	36	114	盘山管理局	√				
蓟县	盘山悬空石北梁	油松		488	596	29	91	盘山管理局	√				
蓟县	盘山悬空石北梁	油松		489	466	36	112	盘山管理局	√				
蓟县	盘山悬空石北梁	油松		490	496	36	114	盘山管理局	√				
蓟县	盘山悬空石北梁	油松		491	466	29	90	盘山管理局	√				
蓟县	盘山悬空石北梁	油松		492	466	27	85	盘山管理局	√				
蓟县	盘山悬空石北梁	油松		493	466	32	99	盘山管理局	√				
蓟县	盘山悬空石北梁	油松		494	596	27	86	盘山管理局	√				
蓟县	盘山悬空石北梁	油松		495	526	37	117	盘山管理局	√				
蓟县	盘山悬空石北梁	油松		496	586	33	104	盘山管理局	√				
蓟县	盘山悬空石北梁	油松		497	556	26	83	盘山管理局	√				
蓟县	盘山悬空石北梁	油松		498	466	37	115	盘山管理局	√				
蓟县	盘山悬空石北梁	油松		499	466	27	85	盘山管理局	√				
蓟县	盘山南天门上方	油松		500	466	42	131	盘山管理局	√				
蓟县	盘山南天门上方	油松		501	646	39	124	盘山管理局	√				

续表 7-1-2-3

生长地区	位置	树种	市级编号	区级编号	树龄（年）	干径（厘米）	干周（厘米）	管护单位（人）	类别				备注
									百年以上	有历史纪念意义	树种珍贵	树形奇特	
蓟县	盘山南天门上方	油松		502	396	33	104	盘山管理局	√				
蓟县	盘山南天门上方	油松		503	366	29	91	盘山管理局	√				
蓟县	盘山南天门下方	油松		504	366	37	117	盘山管理局	√				
蓟县	盘山南天门下方	油松		505	416	30	95	盘山管理局	√				
蓟县	盘山南天门下方	油松		506	366	29	92	盘山管理局	√				
蓟县	盘山南天门下方	油松		507	516	35	110	盘山管理局	√				
蓟县	盘山南天门下方	油松		508	416	34	108	盘山管理局	√				
蓟县	盘山南天门下方	油松		509	366	30	95	盘山管理局	√				
蓟县	盘山南天门下方	油松		510	366	32	99	盘山管理局	√				
蓟县	盘山南天门下方	油松		511	366	40	127	盘山管理局	√				
蓟县	盘山南天门下方	油松		512	366	30	95	盘山管理局	√				
蓟县	盘山南天门下方	油松		513	366	28	89	盘山管理局	√				
蓟县	盘山南天门下方	油松		514	316	26	81	盘山管理局	√				
蓟县	盘山南天门下方	油松		515	316	32	100	盘山管理局	√				
蓟县	盘山南天门下方	油松		516	316	33	103	盘山管理局	√				
蓟县	盘山摩天石下方	油松		517	316	34	106	盘山管理局	√				
蓟县	盘山摩天石下方	油松		518	316	41	128	盘山管理局	√				
蓟县	盘山摩天石下方	油松		519	366	34	108	盘山管理局	√				
蓟县	盘山摩天石下方	油松		520	316	32	102	盘山管理局	√				
蓟县	盘山将军石	油松		521	316	45	141	盘山管理局	√				
蓟县	盘山将军石	油松		522	366	33	104	盘山管理局	√				
蓟县	盘山将军石	油松		523	466	33	104	盘山管理局	√				

续表 7-1-2-3

生长地区	位置	树种	市级编号	区级编号	树龄（年）	干径（厘米）	干周（厘米）	管护单位（人）	类别				备注
									百年以上	有历史纪念意义	树种珍贵	树形奇特	
蓟县	盘山将军石下方	油松		524	416	42	131	盘山管理局	√				
蓟县	盘山将军石下方	油松		525	316	32	101	盘山管理局	√				
蓟县	盘山将军石下方	油松		526	416	33	105	盘山管理局	√				
蓟县	盘山紫盖峰南	油松		527	316	39	124	盘山管理局	√				
蓟县	盘山紫盖峰南	油松		528	316	39	123	盘山管理局	√				
蓟县	盘山紫盖峰南	油松		529	316	37	116	盘山管理局	√				
蓟县	盘山紫盖峰南	油松		530	366	33	104	盘山管理局	√				
蓟县	盘山紫盖峰南	油松		531	316	30	95	盘山管理局	√				
蓟县	盘山紫盖峰南	油松		532	366	33	105	盘山管理局	√				
蓟县	盘山紫盖峰南	油松		533	366	34	106	盘山管理局	√				
蓟县	盘山紫盖峰南	油松		534	366	32	100	盘山管理局	√				
蓟县	盘山紫盖峰南	油松		535	316	31	97	盘山管理局	√				
蓟县	盘山紫盖峰南	油松		536	466	28	88	盘山管理局	√				
蓟县	盘山将军石上方	油松		537	466	34	108	盘山管理局	√				
蓟县	盘山悬空石北梁	油松		538	526	28	89	盘山管理局	√				
蓟县	东赵张进士村社区服务站院内	槐树		0539	180	64	201	张进士庄村委会	√				
蓟县	马伸桥北辛庄大队庙址	油松		0540	400	61	190	北辛庄村委会	√				
蓟县	白涧大梨园头老学校院内	侧柏		0541	850	37	115	大梨园头村委会	√				
蓟县	白涧大梨园头老学校院内	侧柏		0542	850	35	110	大梨园头村委会	√				
蓟县	白涧大梨园头老学校院内	侧柏		0543	850	35	110	大梨园头村委会	√				
蓟县	白涧大梨园头老学校院内	侧柏		0544	850	48	150	大梨园头村委会	√				
蓟县	白涧大梨园头老学校院内	侧柏		0545	850	44	138	大梨园头村委会	√				

续表 7-1-2-3

生长地区	位 置	树种	市级编号	区级编号	树龄（年）	干径（厘米）	干周（厘米）	管护单位（人）	类别				备注
									百年以上	有历史纪念意义	树种珍贵	树形奇特	
蓟县	白涧大梨园头老学校院内	侧柏		0546	850	46	146	大梨园头村委会	√				
蓟县	白涧官善村中心小卖部北	槐树		0547	120	63	198	官善村委会	√				
蓟县	白涧庄果峪大队门口	槐树		0548	300	61	190	庄果峪村委会	√				
蓟县	桑梓毛庄子村广场	槐树		0549	180	97	306	毛庄子村委会 阚兴宝	√				
蓟县	桑梓毛庄子村广场	槐树		0550	180	68	213	毛庄子村委会 阚兴宝	√				
蓟县	上仓镇河西镇大队院内	槐树		0551	210	60	187	河西镇村委会	√				
蓟县	上仓镇河西镇大队院内	槐树		0552	210	56	177	河西镇村委会	√				
蓟县	上仓镇东塔庄院内	槐树		0553	150	78	244	东塔庄村委会	√				
蓟县	上仓镇东塔庄院内	皂角		0554	200	50	157	东塔庄村委会	√				
蓟县	上仓南刘各庄二区 33 号门前	槐树		0555	130	54	171	南刘各庄村委会	√				

单位负责人：关洪涛　　填表人：宋艳杰　　填表日期：2015. 1. 21　　填报日期：2015. 1. 24

西青区精武镇傅村现存一汉代古槐，相传汉孝子董永和七仙女，在此树下定情。因城市发展需要，傅村整体搬迁，村子原址将按规划进行项目开发。为了保护这株具有神话色彩的千年古槐，傅村村委会将老槐树所在的一个院落整体保存下来，并有专人负责养护管理。

2004年，盘山风景名胜区启动古树名木认养活动。是年7月17日在盘山组织了古树名木认养暨古树名木观赏游。蓟县平安保险公司为第一个认养单位，许福宽为第一个认养人。至2005年，共有47株古树名木被认养。其中认养单位有天津市城乡建设委员会、天津市政道桥建筑工程公司等8家；认养个人44人，其中不乏李冰冰、郭达、任泉、付迪声、任静、金巧巧、高圆圆等社会名人。古树名木的认养活动不仅可以筹集一些古树名木养护经费，更重要是通过认养活动，宣传了保护古树名木的意义，普及古树名木的常识，增强人们崇尚自然，爱护树木，保护生态环境的意识。

表 7-1-2-4　　单位：元

认养单位	林木编号	认养单位	林木编号
天津市城乡建设管理委员会委员	0003	天津三林电机	0021
中国平安保险公司天津分公司	0001	天津汇源印刷有限公司	0060
天津北方园林市政工程总公司	0004	天津市万得福印刷包装公司	0060
天津市政道桥建筑工程公司	0005	天津电视台都市频道	

盘山风景名胜区古树名木认养人一览表

表 7-1-2-5

姓　名	树木编号	姓　名	树木编号	姓　名	树木编号	姓　名	树木编号
南宇	0839	韩元	0098	张长江	0019	朱晓宇	0116
李金跃	0200	英志刚	0843	孙晶	0053	金巧巧	0399
董廷	0068、0283	吴依景	0016	张晓军	0029	高捷	0156
郭学成	0065	莫永顺	0059	王艳	0357	韩金东	0008
周建平	0077、0078	刘振才	0752	唐国怀	0391	张宝国	0095
边岳生	0472	王建光	0856	段利峰	0309	李冰冰	0386
段波	0308	解建国	0056	袁剑萍	0399	王颖	0199
周铁征	0258	许克明	0265	许福宽	0166	杨志华	0061
吴东升	0107	高圆圆	0375	段宝	0316	周建萍	0178
任永利	0101	任泉	0369	王锦冬	0177	郭达	0206
本米法师	0999	任静、付迪生	0196	杨葳	0198		

针对古树名木养护中的一些技术性难题，确定专项科研课题，进行技术攻关，提高古树名木的养护质量。对于保护级别高，社会知名度高，但长势衰败，病虫害严重，无力挽救的古树，采取特殊技术手段，选择可替代的同树种，进行替代移植。2009 年，盘山风景区成功地从大石桥处移植 150 岁龄的油松一株，代替入胜景区的迎客松。此举为保护以古树名木为标志的景区景观，走出了一条新路。

开展天津市古树名木保护与复壮技术研究，作为一大科研课题，由天津市建委下达，完成单位是天津市园林局及所属的园林绿化研究所。该科研课题的项目主持人：贺振、李占东，项目参加人：王和祥、陈小奎、刘志生、陈金岗、韩桂林、桂秀峰。

该科研课题组通过对全市古树名木资源进行的普查，新发现并命名古树名木 595 株，建立了管理技术档案和古树名木信息管理系统。研制开发了古树复壮专用肥，将盐碱地改良技术和古树复壮专用肥，用于衰弱古树的保护和复壮。制定了古树复壮和养护技术要点，通过古树找出天津地域性代表树种，为天津市盐碱地绿化树种选择指明了方向。该科研课题的鉴定日期是 2001 年 2 月 19 日，经鉴定，项目研究成果达到国内领先水平 。

1993 年到 2002 年，通过组织对古树古木的普查、鉴定和实地考察，先后发布四批古树名木保护名录，确定分布在公园、风景名胜区、庭院、街道里巷的古树名木 720 株，建立了完整的古树名木档案，开发了天津古树名木数据库，利用微机对古树名木实行动态管理。设围栏、加避雷针、补树洞、防治病虫害、复壮濒危古树，为古树名木提供了有力的保护。

第二章　市花——月季

天津市市花的公开征选最早见于 1928 年。当时，北平、南京等大城市都有市花，而做为北方工商业中心的天津还没有市花。因此，津门百姓热切希望确定天津市花。《北洋画报》于 1928 年 11 月 15 日刊发该报主编王小隐《天津市花问题》，文中称：“我国夙以牡丹为国花，正大堂皇，涵融万有，泱泱大国之风也。比者南京以兰花为市花，北平以菊花为市花矣，而天津为东方重镇，华北巨埠，若不速定市花，以资象征，非徒相形见绌，抑且不免简陋。”1928 年 11 月 20 日，《北洋画报》发文，向读者公开征选天津市“市花”，并提出评选市花的五条，即：易于培植、普通易见、为人喜爱、符合本地人的性格、富有意义。随即，市民踊跃参与，纷纷投函，提出个人心目中的市花。1929 年 5 月 1 日，《北洋画报》刊文《市花答案揭晓》：“前本报征求关于天津市花答案，蒙阅者纷纷投函，年前已接有百数件，惟以选举芍药者为最多。芍药前有王小隐君倡之于先，复经众意公选于后，故本报即假定芍药为天津市市花。”

1984年6月16日，天津市市花的公选重新被提上日程，天津市园林学会召开理事会，讨论评选“市树”“市花”的候选范围。同年7月4日，天津市城乡建设管理委员会同意开展评选“市树”“市花”活动。同年7月9日，天津市人大常委会副主任石坚邀集新闻界和有关人士座谈，听取市园林局和市园林学会关于评选市树、市花准备情况的汇报。同年12月24日，经反复酝酿、群众讨论，天津市园林局、天津市园林学会提议推荐“月季（*Rosa Chinensis*）”为市花，“绒毛白蜡”（*Fraxinus velutina* Torr）为市树，报市政府转呈市人大常委会决定。1984年12月25日天津市第十届人大常委会第十六次会议批准，将月季定为天津市市花。

月季（*Rosa Chinensis*），为蔷薇科，蔷薇属的木本花卉，原产中国，18世纪末经印度传入欧洲。经园艺家与同一科属的许多品种进行千万次的杂交、回交、复交，使月季品种发生根本变化，已培育出7000多个品种，形成了现代月季庞大体系，名列世界名花之一。天津有“月季之乡”之称。在诸多的乡土花卉中，尤以月季栽培最久、最普遍。在月季被确定为天津市花以后，月季花在天津得到了进一步的推广，使其成为绿化美化天津的标志性花木。自1991年开始，市园林局拨专款支持建立月季生产基地，制定1990—1995年月季发展规划，建设和平月季园等一批月季公园，修建卫津路、曲阜道、大沽南路等月季路；尤其是34.5公里长的中环线月季带，受到广大市民和中外来宾的一致赞誉。

第一节　月季的特性

月季对环境适应性颇强，我国南北各地均有栽培，京津地区在小气候条件良好处可露地越冬。对土壤要求不严，但以富含有机质、排水良好而微酸性（pH 6~6.5）土壤最好。月季喜光条件，但过于强烈的阳光照射又对花蕾发育不利，花瓣易焦枯。月季喜暖，一般气温在22~25℃最为适宜，夏季的高温对开花不利。因此，月季虽能在生长季中开花不绝，但以春、秋两季开花最多最好。

第二节　月季的繁育及应用

月季多用扦插或嫁接法繁殖。硬枝、嫩枝扦插均易成活，一般在春、秋两季进行。天津以夏季软枝扦插为主。嫁接采用枝接、芽接、根接均可，一般春季用枝接，芽接春、夏、秋均可进行；砧木用野蔷薇、白玉棠、刺玫等，天津以刺梅为好，可以增强月季的抗寒能力。此外还可采用分株及播种法繁殖。新栽植株要重剪，以后每年初冬也要根据当地气候情况适当重剪。一般老枝仅留 2~4 芽，弱枝、枯枝、病枝及过密枝则齐基剪除，这样来年就可发枝粗壮，形成丰满株形。20 世纪 90 年代始，花卉管理处探索出利用早春温室扦插刺梅成活于 5 月进行芽接的方法，当年秋季即可成苗出圃，大大缩短了成苗时间。月季花色艳丽，花期长，是园林绿化的好材料。宜作公园、花坛、花境及基础栽植，用在草坪、园路角隅、庭院、假山等处配植也很合适。近年来，天津将月季大量用于道路绿带和街景绿地，取得了很好效果。月季还可以盆栽及作切花用。

月季扦插繁殖小苗

月季成品花

应用形式（一）

应用形式（二）

第三节　月季的养护管理

月季在生长季中发芽开花多次，消耗养料较多，因此要注意多施肥。一般入冬施一次基肥，生长季施2~3次追肥，平时浇水也可掺施少量液肥。这样既可助长发育，使叶茂花大，又可增强对病虫害的抵抗力。但炎热的伏天和10月以后不宜追肥。月季的耐寒性较差，淮河流域及其以南地区可自然安全过冬，不必封土；华北地区须在初冬先灌冬水，重剪后封土保护，以安全过冬。盆栽月季应移入冷窖越冬。

月季耐修剪。休眠期修剪可结合越冬防寒进行，一般在11月。在街心绿地等处栽植的月季，为减少人为损伤，冬剪可推迟到3月花芽萌发前进行。生长季节修剪，主要是花后剪残花，"强枝弱剪，弱枝强剪"，以调节新发枝的长势，使花开得更旺。生长季节修剪还应注意一剪徒枝、交叉枝、重叠枝、病枯枝和砧木上的萌枝。

月季主要病虫害的防治：

一、白粉病。4—6月和9—10月为发病高峰期。初发时嫩叶和花蕾上出现退绿黄斑，覆盖白色霉状物，扩展后叶片卷曲、枯萎、脱花。防治方法：用0.3~0.5度石硫合剂或700托布消2000倍液，50%退菌特1000倍液喷布，并及时清除落叶烧毁。

二、黑斑病。6月开始发生，染病时叶片边缘出现褐色斑点，渐成圆形，周围黄色，重者脱叶。8、9月最为严重。防治方法，两周喷一次500倍代霖峰或0.3度石硫合剂。

三、红蜘蛛。6—8月最盛，能造成大量落叶。可喷洒1000倍50%马拉硫磷乳剂或1000倍40%乐果乳液杀灭。

四、蚜虫。春季危害幼叶。可喷洒1500倍80%敌敌畏乳液或1000倍40%乐果乳液杀灭。

第四节　月季分类及主要品种

月季的品种繁多。现代月季约有24000余个品种。在园艺分类上，中国花卉协会月季分会决定采用1979年世界月季联合会批准的分类法，将现代月季划分为四大系统（杂种香水月季、聚花月季、微型月季和藤本月季）八大类。

1. 灌丛月季（灌木型月季）简称S.

植株在紧凑型和松散型之间，高度一般超过150厘米，多是现代月季品种与古代月季品种或种、变种杂交的品种，花期长，或一年二季开花。如“柏林（Berlin）”等。

柏林（Berlin）

西方大地（Westerland）

2. 杂种香水月季（杂交茶香月季）*Hybrid Tea Roses* 简称 HT.。

植株紧凑型，矮状灌木，高度一般在 60~150 厘米，植株大而挺拔，枝条粗壮而长；花单生，大型花，直径一般大于 10 厘米，重瓣，花型优美，花色丰富多彩，芳香浓郁，四季开花。品种最多，如“和平（Peace）”“明星（Super Star）”等。

和平（Peace）

明星（Super Star）

3. 聚花月季（丰花月季）Floribunda Roses 简称 F. 或 FL.

植株紧凑型，矮状灌木，高度一般在 60~150 厘米，植株中等，茎枝分枝多，植株耐寒、耐病等抗性强；花中型，花直径一般 5~10 厘米，花朵多、聚生、成束开放；具花色丰富，花耐开等特点。品种较多，如“杏花村（Betty Prior）”“玛丽娜（Marina）”等。

玛丽娜（Marina）

金玛丽（Goldmarie）

4. 微型月季 Miniature Roses 简称 Min.

植株矮小，株高和伸展宽度约 20 厘米左右，枝条细小；花小型，直径约 3 厘米左右，多为重瓣，枝密花多，常成束开放；晚秋开花较少。代表品种有“小假面舞会（Baby Masquerade）”“微型金丹（Colibri）”等。

克拉丽莎（Clarissa）

太阳姑娘（Sunmaid Min）

5. 藤本月季（攀援月季、杂交藤本月季）Climbing Hybrid Roses 简称 CL.。

植株松散型，藤本，高度一般超过 2 米，一季开花或二季开花；晚春至初夏开花，多成束开放；晚秋开花较少。代表品种有“藤和平（Climbing Peace）”等。

怜悯（Compassion）

美利坚（America）

6. 蔓性月季（地被月季）Ramblers（Grand Cover Rosrs）简称 R.。

植株蔓生型，藤本，茎枝匍匐生长，花多朵聚生成束开放，一般抗病性较强。品种较少，代表品种有“道潘金（Dorothy Perkins）”等。

巴西诺（Bassino）

梅朗珍珠（Pearl Lang Mei）

7. 小姐妹月季 Polyanthas 简称 Pol.。

植株紧凑，矮灌丛，株高 100 厘米左右，支细，叶小；花直径 2.5 厘米左右，重瓣，花多朵聚生成大簇，四季开花，抗寒性、耐热性较强。代表品种有“太阳光波（Sunbeam）”“凯旋（Orange Triumph）”等。

冬梅（Dong Mei）

仙女（The Fairy）

8. 壮花月季 Grandifloras 简称 Gr. 。

植株紧凑型，灌木，株高 1.5 米以上，花大型，直径一般 10 厘米以上，通常多花聚生，抗病性、耐寒性较强。目前品种较少，代表品种有“雪峰（Mount Shasta）”“伊利莎白女王（Queen Elizabeth）”等。

至 2010 年年底，天津市共栽植月季 689.8 万株。杂种香水月季、聚花月季和藤本月季应用最为广泛。

雪峰（Mnunt Shasta）

伊利莎白女王（Queen Elizabeth）

截至2010年年底天津市月季分布一览表

表7-2-4-1 单位：万株

区县	月季数量	区县	月季数量
天津	689.80	中心城区其他	2.53
天津市	649.21	滨海新区	238.91
中心城区	340.70	四区	69.60
和平区	34.71	西青区	3.98
河东区	39.93	津南区	10.36
河西区	73.26	武清区	44.36
南开区	75.26	宝坻区	10.90
河北区	48.61	三县	40.59
红桥区	6.00	宁河县	10.35
东丽区	39.84	静海县	9.68
北辰区	20.56	蓟县	20.56

第三章 市树——绒毛白蜡

绒毛白蜡（*Fraxinus Velutina* Torr），属木犀科，白蜡属。其变种称杜氏毡毛梣（*Fraxinus* Var. *Toumeyi* Rehd），习惯上统称为绒毛白蜡。该树种原产美国西南部地区，20世纪初由山东禹城铁路苗圃引进。1953年至1954年分两批引入天津，共2000余株，分别栽植于丁字沽新村、昆明路、河北路、新华路、山西路、浦口道和人民公园、水上公园，分布面广、路线长，立地条件差异很大。不同地区的含盐量分别为0.2%~0.5%，地下水位分别为大沽水平0.8~1.2米。历经10年观察，证明它可以代替原有的绿梣树种。故于1961年在刘园苗圃开始作试验性繁殖。1966年，天津第二代绒毛白蜡开始出圃，种植于南口路、张自忠路、台儿庄路。历经30年在天津繁殖、栽培，进一步证明绒毛白蜡耐盐碱、抗旱、耐涝、耐寒、抗病虫害等优点，非常适应天津地区的土壤、气候和城市条件，受到专家和业内人士的肯定，深受广大市民的欢迎，使绒毛白蜡很快成为天津市城乡绿化的骨干树种。

第一节　绒毛白蜡树的特征、特性

绒毛白蜡为高大乔木，树干挺拔通直，树皮灰褐色，树冠阔卵圆形。枝繁叶茂，舒枝条展。分枝角一般大于45°中部以上枝条叶柄及叶均被绒毛，网脉较明显。花期4月下旬。果期9—10月，11月中果成熟。变种杜氏毡毛梣的叶、叶柄和小枝通常无毛，只沿中脉两侧有绒毛，叶缘具细锯齿；小枝灰绿色被蜡质白色粉状物；树皮开裂晚，裂纹较细，裂片整齐。

绒毛白蜡的特性：喜光，对气候、土壤要求不严，耐寒，耐干旱，耐水湿，耐盐碱。深根树种，侧根发达，生长较快，少病虫害。抗风，抗烟尘，材质优良。

一、绿色期长。从3月下旬芽萌动，到11月底落叶共约8个月，比同属其他树种约长1个月。但由于其种子繁殖的后代中分化现象比较严重，所以出现了落叶早的品种。天津地区通过选优和建立良种园等措施，保持这一重要特性。

二、生长快。一年苗高1.3~1.5米。其幼年期，新稍年生长最高能达2米。10年开始结实，20年后高生长渐缓，30年达结实高峰，长势渐衰。

三、耐盐碱。多年栽培实践证明，绒毛白蜡在土壤含盐量0.5%以下的中轻度盐碱地上可以正常生长，在含盐量超过0.5%的重盐碱地上，只要进行简单的土壤改良，如树穴加垫土层排碱即可正常生长。土壤酸碱度对绒毛白蜡的影响不明显，在土壤酸碱度为7.5~8的条件下能正常生长。

四、抗旱耐涝耐寒。栽植成活两年的绒毛白蜡，在天津年降水量仅600毫米的条件下终年不浇水可正常生长；在地下水位高离地面仅50厘米的低洼地区也能正常生长。天津地区的无霜期为210天，极端值在-20.9℃，气候条件比绒毛白蜡原产地（无霜期201天，极端低温-18℃）差，所以绒毛白蜡幼苗期有受冻害枯梢现象，但干径5厘米以上的都无需防寒，可以经受天津地区的最低温度正常越冬。

五、抗病害能力强。绒毛白蜡的病虫害较少。刺蛾、介壳虫的虫口密度比美洲红梣、美洲绿梣等少得多。但蛀干害虫吉丁虫、小木蠹蛾、食叶害虫美国白蛾等发生量很明显须注意防治。

六、愈伤能力强，耐修剪。受人、畜、机械损伤的树皮、枝、干都能较快地自愈或萌发新枝，恢复生长。进行截枝、截干、平茬等各种修剪都可达到预期的效果。

第二节　绒毛白蜡的繁育及应用栽培

绒毛白蜡多采用种子繁殖，有冬播和春播两种方法。

一、冬播法：苗圃多采用冬播。冬播白蜡易遭风害，故播种地要选在有防风设施的无明显风口的地块。于11月底12月初从成年、健壮、纯正母株上采集种子，经过筛、风选去掉杂质及树叶得纯净种子。可按60厘米垄距，每公顷180~200公斤播种量，10~15厘米宽的播幅于整平整细的土地上均匀撒种，然后覆土10厘米以上进行培垄，浇透冬水。翌年4月初，视种子萌动情况，分两次撤土，保持种子上覆土3~4厘米即可。

二、春播法：四月中旬，是春播的适宜时期。如进行春播，可采用水浸法或沙藏法处理，以保证发芽整齐。水浸法即用30~40℃水浸种一昼夜，使种皮吸足水分，然后捞出洗净摊在木板或席片上。厚度不能超过20厘米。上覆湿麻袋片，每天用30℃水投洗1~2次，经15天后即可发芽。在种子萌动见芽30%左右时即可播种。沙藏法是将种子用温水浸泡一昼夜后捞出掺沙两倍，置于背风向阳处。上覆湿麻袋，经常保持湿度，定期翻倒。沙藏时间大约一个半月。待种子有30%~40%发芽时即可播种。沙与种混合后，最好喷洒0.5%高锰酸钾溶液进行消毒，或分别对种子与沙子进行消毒处理。春播前要做好60厘米垄距的高垄，垄高17~20厘米以上，垄顶宽15~18厘米，水平一致；按每公顷200~225公斤的播种量均匀播种，覆土4~5厘米。播后于垄沟进行侧方浇水，以明水不漫垄顶而阴湿垄顶为度。播后要松土保墒，不要撤土。

绒毛白蜡为生长快、绿色期长、树干挺拔、根深冠阔的高大乔木，适合作行道树、庭荫树和造林等用。因其具有较强的耐盐碱性，而成为沿海城市绿化的优良树种。绒毛白蜡树冠大，枝繁叶茂，栽植密度不宜太大，一般株距不能小于4米，而以6~8米为宜。因其抗逆性强，移植容易成活，故采用一般栽植技术都可得到较高的成活率，休眠期裸根移植和生长季带土台移植的成活率都高于其他树种。常用的根幅和土台规格为苗木直径的6~8倍。在土壤含盐量高于0.4%的地区栽植，应进行土壤改良。最简单的办法是把植坑加深20厘米，并在坑底填以煤渣稻草和马粪等渗排水物和有机肥，可以收到良好的效果。在主干道和人行道路面都铺装的道路上栽植，最好用带状树池树穴加盖板。

第三节　绒毛白蜡的养护管理

绒毛白蜡的日常养护管理如施肥、浇水、修剪等无特殊要求。重点是加强病虫害的防治管理：

一、防治吉丁虫。吉丁虫是绒毛白蜡的主要蛀干害虫，危害比较严重，会造成树木死亡。吉丁虫幼虫期因在树干内危害，很难防治，所以吉丁虫的防治关键是抓住有效防治期，一般在5月上旬至5月下旬成虫羽化前进行封杀防治，喷药部位以树干和直径5厘米以上枝条为主。药剂采用10%吡虫啉可湿性粉剂2000倍液，每隔15天喷一次，也可采用敌氧合剂500倍液，每隔7天喷1次；5月中旬至6月中旬，采用1.2%烟参碱乳油1000倍液，每隔10天喷1次，也可采用敌氧合剂1000倍液，每隔7天喷1次。

1989年5月，在西青区曹庄子车站首次发现吉丁虫，到1991年5月，在2个区县80多万株白腊中7万多株受危害，有3、4万株死亡。为消灭吉丁虫，市园林局两次下发防治吉丁虫的紧急通知，在全市集中开展灭虫会战，1991年举办百人参加的防治吉丁虫技术培训班，开展虫情普查。1992年2月在程林苗圃召开防治吉丁虫现场会。经过两年的防治会战，取得了防治吉丁虫的胜利。

二、防治小线角木蠹蛾。小线角木蠹蛾为绒毛白蜡的主要蛀干害虫，危害程度也呈逐年上升趋势，对小线角木蠹蛾的防治，要抓住成虫盛发期（7月上旬至8月下旬）。用性信息素诱杀成虫；用黑光灯诱杀成虫；及时修剪虫枝和消除受害严重植株，消灭幼虫；也可由树上的排粪孔注射芫菁线虫防治；从幼虫排粪孔注入80%敌敌畏乳油50~100倍液，或10倍烟参碱注射，以杀死幼虫。

三、防治美国白蛾。该虫以蛹过冬，1年发生3代，各代幼虫为害期分别为4月下旬到6月下旬，7月中下旬到8月下旬，8月下旬到10月下旬。该虫害一旦发生，除治不及时，常造成整株成片树的叶片被吃光。

防治美国白蛾可采用人工挖蛹、捕成虫、剪卵块、摘网幕进行防治，在老熟幼虫下树化蛹时，在树干上绑疏松的稻草引其进入化蛹，适时解除草把烧毁，消灭其蛹。也可利用天敌防治，在各代老熟幼虫期、蛹期释放白蛾周氏啮小蜂，敌杀美国白蛾。药剂防治可在每代盛卵期至幼虫破网前可喷洒20%除虫脲6000~8000倍液防治，幼虫分散为害至老熟期可喷洒1.2%烟参碱乳油1000倍液，也可使用其它有机磷、氨基甲酸酯和拟除虫菊酯类触杀剂、胃毒剂进行防治。

其他见于绒毛白蜡的虫害和病害还有：双齿绿刺蛾、褐边绿刺蛾、桑褶翅尺蛾、小黄鳃金龟子、槐坚蚧等虫害，白蜡黑斑病、紫纹羽病（为绒毛白蜡根部病害）等病害。如果出现以上病虫害要及早防治，以利于白蜡树的正常生长。

第八篇

园林科技教育

第一章 科 技

第一节 主要科技机构——园林绿化研究所

天津园林绿化的科学技术工作始于1958年，当时天津市建设局园林处在河西区湛江路花木公司设置试验室，从事两方面的研究：一是水质化验，主要解决盐碱地绿化的适地适树问题；二是病虫害防治，解决当时造成树木大量枯死的腐烂病和蛀干害虫的防治，同时又搞了两个科研课题，即加杨和小叶梣的盆栽抗盐试验及加杨枯叶的病因探讨。

1960年的三年灾害，天津的园林科研工作暂时停止，到1962年年底才得到恢复，重新开始园林绿化的科研工作，把树木的病虫害防治、盐碱地绿化等方面的科研，纳入正规性业务。同时还将菊花、月季的研究列入科研范畴并开始着手编撰《天津观赏植物名录》。绿化研究所成立于1962年12月1日。1963年3月5日，绿化研究所制订首年九项主要科研工作。即：土壤水质化验；病虫害调查；病虫害预测预报；害虫标本制作；新农药的试验推广；菊花、月季品种的调查、整理；天津园林植物目录花卉培育、养护管理的技术措施以及花卉病虫害防治的技术指导等。1969年12月24日，绿化研究所和花木公司合并，改名为花木管理所。1974年2月，花木管理所分为花卉管理所和绿化队，同年12月29日，花卉管理所改为差额补助单位。1978年5月29日，天津市市政工程局批复“恢复园林绿化研究所”。是年9月成立“天津市市政工程局园林管理处园林绿化研究所”，编制50人。

一、从1963—1966年，天津市园林绿化研究所先后完成了11项科学实验和调查研究工作。即：

1. 国槐叶柄小蛾生活习性及防治法研究的初步探讨；
2. 主要蛀干病虫（天牛、木囊蛾）的防治研究；
3. 高压水银灯和黑光灯诱蛾效果初步观察；
4. 柳吉丁虫生活史观察防治试验；
5. 中心广场刺松衰亡原因的初步调查；
6. 树木耐盐力试验（水上公园九岛、大环路、黄河道）；
7. 天津市盐碱地绿化问题；
8. 天津市法桐发芽生长情况调查；

9. 便道灰土对树木生长影响的调查；

10. 北仓苗圃土壤调查及种植设计；

11. 关于天津各条河流上游堤埝植树的初步研究。

在“文革”期间，1968年建设局园林处成立天津市绿化管理所，绿化研究所合并于绿化管理所，原有园林绿化科技人员下放劳动，在北辛庄花圃设青虫菌农药生产车间，月产农药100余公斤。1978年年底，重新组建天津市园林绿化研究所。此后由天津市园林局制定《天津市园林绿化研究所科研、双革工作管理办法（草案)》和《关于科学技术成果鉴定和奖励办法》。从此，天津的园林绿化科研工作走上正常轨道。截至1990年，天津市园林绿化研究所是天津市城建系统所属8个科研、设计单位之一。该所设置有绿化、花卉、植保、土肥等四个研究室，科技咨询室和情报资料室；5个专业实验室以及综合标本室、显微摄影，科技档案等室，建筑面积1400平方米，有试验温室8栋，总面积2100平方米，其中4栋试验温室的设备条件，居国内同行的先进水平。此外，还拥有试验圃地3.8公顷；拥有常规仪器设备160余件。

截至1990年，科研所共有职工107人（不含离、退休16人)，其中技术人员50人（有高级职称8人，中级职称15人，初级职称27人)，该所人员结构比较合理，设备配备能适应城市绿化方面的需要，为国内较大的园林绿化科研所之一。从1981—1990年，天津市园林绿化方面获得部、市级科研成果奖11项。其中遥感在分析城市污染植被上的应用，获中科院科技成果二等奖、国家级科技进步二等奖；绿色植被净化作用及其利用途径的研究，获市科技进步二等奖；天津市园林植物病虫害天敌资源普查检疫对象名录的研究，或城乡建设部科技成果二等奖；白僵菌除蛀干害虫木囊蛾的研究，获国家科技发明四等奖等。

截至2010年年底，天津市园林绿化研究所在职职工68人，其中：技术人员60人，行政管理人员8人。全所土地2.02公顷，其中办公区及道路占地0.63公顷，试验圃地0.53公顷，东院0.85公顷，办公用房面积1200平方米。全光温室1510平方米，1栋；塑料大棚900平方米，4栋；玻璃冷窖760平方米，4栋。2010年全年产值558.45万元。

天津市园林绿化研究所坐落于河东区津塘路101号，政府财政全额拨款事业单位，是天津市唯一的园林行业综合性研究机构、天津市科普教育基地，主要从事城市园林绿化的研究、成果推广和科普工作。

该研究所根据城市绿化建设实际，推行需求型科研运行模式。科研方向坚持基础研究与应用研究并重，管理机制上坚持研究与开发一体。重点研究绿化与城市生态的关系，摸清城市热岛效应的成因、特点与城市绿地的关系，从充分利用有限空间最大限度地提高生态效益的角度，提出科学合理的种植结构和合理的绿地布局，为绿化建设的高起点规划提供理论依据。

二、基础研究重点方向及研究内容：

1. 开展园林植物适应性量化指标的研究。针对天津特殊的气候条件与地理条件，将绿化中植物的抗寒耐旱性、耐盐碱、抗污染等选择指标量化，直接用于指导绿化建设实践，避免盲目建设带来的损失。

2. 开展园林植物病虫害预测预报及重大病虫害疫情防控技术的研究。确保绿地系统的安全和环境质量。

3. 制定、完善园林绿化施工、花苗木生产等方面的技术规程或标准，制定《天津市绿化土壤技术标准》《大树移栽技术规程》《桥区绿化技术规程》《花苗木种苗培育技术规程》等。这些标准将直接服务于行业，具有明显的公益性质是行业急需的共性技术。

应用研究的重点研究方向及研究内容：

1. 开展园林植保无公害技术的研究及产品开发，研究管氏肿腿蜂、白僵菌等害虫天敌的繁殖生产技术，开发黏虫胶、性诱剂等植保产品。

2. 加强产品开发，如宿根花卉、水生植物、藤本植物、花卉种苗等，建立一定规模的中试基地，以产品闯市场。

3. 开展用于提高树木种植成活率的抗蒸腾剂、腐质酸肥等产品的研发，开发树木棒肥、缓释肥、草坪专用肥等专用肥料。

4. 摸清天津的植物资源底数，并对优良的乡土植物进行开发，建立优良乡土植物资源圃。

5. 引进和选育新优植物品种，丰富天津市园林绿化树种。

6. 筛选节水抗旱植物，开展园林节水灌溉技术的研究，建设节水型园林。

第二节　科研项目

一、园林绿化技术研究主要项目及成果水平

1. 海河生态景观带绿化模式及绿化节水技术应用研究

该课题由天津市科委下达。计划类别：海河生态关键技术专项。完成单位：天津市园林科技信息中心。鉴定日期：2006 年 12 月 15 日。项目主持人：王和祥；项目参加人：韩庆、焦春宝、刘万民、赵世敏、刘泽良、陈小奎、陈莉丽、陈之波。

研究成果：对海河沿岸进行了大量的基础调查，摸清了海河两岸开发带的自然风貌、立地条件、自然植被、绿地、湿地、古树、大树、野生植物和鸟类、历史园林等。提出了海河生态景观带建设控制性指标和植物配置模式 。以节水、生态效益高、可持续存在和植物之间协调为原则，在参考了原有成功绿地植物构成的基础上，提出了以树木为主、以乡土植物为主的人工植物群落配置模式 52 个。确立了海河生态景观带建设指导原则。建成海河生态景观带样板景观绿地 2 万平方米。对园林绿地节水技术进行了推广应用。收集植物配置景观图片 1200 张，建成滨水绿地可利用的植物数据库。

项目研究成果水平：国内领先。

2. 应用遥感技术进行城市绿化现状调查的研究

该课题由天津市建委下达。完成单位：天津市园林局、天津市遥感中心。鉴定日期：2001年1月12日。项目主持人：刘昆华；项目参加人：胡子霞、许朝、张青梅、张杰、包福英、刘淑霞、李占东、高国华、蒋志浩、贾有良。

研究成果：该课题采用RS与GIS相结合的技术，进而研究分析了外环线以内城区绿化覆盖现状和绿化用地现状。

项目研究成果水平：国内领先。

3. 天津市屋顶绿化技术研究

该课题由天津市建委下达。完成单位：天津市河西区园林局、天津市城乡建设委员会城建处。验收日期：2007年6月6日。项目主持人：焦春宝、胡新民、刘泽良；项目参加人：汪四旺、李宝辰、罗开喜、陈莉丽、卢百灵。研究成果：课题解决了天津建筑物绿化承载、防水、抗冻胀、防腐和植物选择的技术难点，确定了天津市屋顶绿化的基本原则、应遵循的技术标准及养护标准。课题编写了《天津市屋顶绿化技术规程》，该规程符合天津实际，可操作性强，能够保证在安全、生态和经济的条件下进行屋顶绿化。

4. 园林植物优质种苗生产技术的研究

该课题由天津市建委下达。完成单位：天津市园林绿化研究所。鉴定日期：2002年4月5日。项目主持人：付新生；项目参加人：姜世平、张和琴、汤巧香、杨奎姝。

研究成果：课题筛选了月季103个、宿根地被植物76个品种、草坪65个品种。推广月季种苗59万株，丽格海棠7万株、万寿菊F1代籽种47公斤，草坪种子60吨。

项目研究成果水平：通过验收。

5. 天津市城镇绿化技术规范的研究

该课题由天津市建委下达。完成单位：天津市园林绿化研究所。项目主持人：孙义干；项目参加人：高国华、刘祚林、王立新、王岁英、张启俊。

研究成果：制定天津市城镇绿化技术规范。

6. 木本地被植物引种栽培研究

该课题由天津市建委下达。完成单位：天津市园林绿化研究所。鉴定日期：1997年1月29日。项目主持人：王和祥；项目参加人：么秀文、刘风琴、杨瑞兴、孟庆云。

研究成果：界定了木本地被植物的含义，制定8项筛选原则，引种木本地被植物40种，从中筛选出平枝栒子、胶东卫矛、秦岭小檗、地被月季等7种，并进行推广应用2.5万株。

项目研究成果水平：国内先进。

7. 园林地被植物的引种栽培及其应用的研究

该课题由天津市建委下达。完成单位：天津市园林绿化研究所。项目主持人：汤巧香；项目参加人：邳树田、刘风芹。

研究成果：选出了4个优良地被品种，观察了引种地被的生物学特性和抗逆性，进行了引种地被的栽培、养护和应用试验。

8. 天津市城市绿化工程施工技术规程

该课题由天津市建委下达。完成单位：天津市园林局。评审日期：2004年3月10日，项目编号：DB29-68-2004。项目主持人：孙义干；项目参加人：王和祥、高国华、郭喜东、张启俊。

研究成果：该修订的规程在原规程的基础上，及时吸纳新技术、新工艺、新材料，对原规程进行了充实和完善，符合园林绿化发展需要，具有实用性、可操作性和超前性。

项目研究成果水平：国内领先。

9. 花苗圃生产性圃地土壤养分分析及改进技术的研究

该课题由天津市建委下达。完成单位：天津市园林绿化研究所、刘园苗圃、宜兴埠花圃。鉴定日期：1999年1月26日。项目主持人：韩国英；项目参加人：肖广尧、张斌。

项目研究成果：课题实施有机肥和磷肥混施，促进苗木生长，缩短育苗期1~2年，提高了圃地利用率25%左右，课题进行测土配方施肥，维持了花圃、苗圃的土壤肥力。

项目研究成果水平：国内领先。

10. 天津滨海地区园林植物适应性选择及配置技术的研究

该课题由天津市建委下达。完成单位：天津市园林绿化研究所、天津市经济技术开发总公司园林绿化公司。鉴定日期：1998年5月12日。项目主持人：谭唯广、周洪义、肖学斌；项目参加人：周荣艳、王树生、马家勇。

项目研究成果：选择出适合滨海地区栽植的植物102种，其中乔木35种、灌木30种、常绿11种、果树10种、藤本7种、草坪9种，其中适应性较强的42种。总结了开发区道路绿化、街景绿化、居住区绿化、厂区绿化、公共场馆绿化5种配置形式。

项目研究成果水平：国内先进。

11. 天津城市道路绿化建设标准

该课题由天津市建委下达。完成单位：天津市园林科技信息中心。评审日期：2004年8月6日。项目主持人：王和祥；项目参加人：郭喜东、韩庆、张启俊。

研究成果：编写了《天津城市道路绿化建设标准》，内容全面，体例得当，条款分明，参数科学可靠，具有可操作性、实用性和针对性，可指导天津市道路绿化设计、施工。

12. 居住区绿地设计规范

该课题由天津市建委下达。完成单位：天津市园林规划设计院。评审日期：2004年12月23日。项目主持人：王洪成；项目参加人：杨一力、吕晨、薛广平、张申。

研究成果：课题编写了《天津市居住区绿化设计标准》，具有可操作性、实用性和针对性。

13. 天津市屋顶绿化技术规程

该课题由天津市建委下达。完成单位：天津市园林局、河西区园林局。评审日期：2004年12月18日。项目主持人：王和祥；项目参加人：焦春宝、李宝辰、罗开喜、刘泽良。

研究成果：课题编写了《天津市屋顶绿化技术规程》，具有可操作性、实用性和针对性。

14. 天津市园林绿化工程质量检查评定和验收标准

该课题由天津市建委下达。完成单位：天津市园林学会。评审日期：2004年8月5日。项目主持人：高国华；项目参加人：郭喜东、王和祥、康新民、刘风杰、徐胜利、张立博、陈召忠、陈涛。

研究成果：课题编写了《天津市园林绿化工程质量检查评定和验收标准》，具有可操作性、实用性和针对性。

15. 天津市城镇绿化技术规范

该课题由天津市建委下达。完成单位：天津市园林局。鉴定日期：1994年12月20日。项目主持人：高国华、孙义干；项目参加人：王岁英、王立新、张启俊。

研究成果：课题编写了《天津市城镇绿化技术规范》，该规范具有园林绿化内容的综合性和针对天津盐碱地的特殊性，内容全面，重点突出。在国内处于领先水平。

16. 天津市道路绿化技术规范研究

该课题由天津市园林局下达。完成单位：天津市园林局。评审日期：2008年1月9日。经费：2万。项目主持人：陈威、刘祚林；项目参加人：王立新、杨瑞兴、王和祥、张启俊、张春暄。

研究成果：完成了《天津市道路绿化技术规范》的制定。

17. 大规格景观树容器生产栽培技术的研究

该课题由天津市园林局下达。完成单位：天津市绿化工程处。鉴定日期：2003年11月14日。项目主持人：康新民、刘汉友；项目参加人：隋家祝、童彤、王荣辉。

研究成果：课题总结出《大规格景观树容器生产栽培技术规程》，包括基质配比、容器选择、整形修剪、病虫害防治、装运等技术和容器苗质量标准。研究成果应用性强，满足非栽植季节施工的需要，推广价值高。

项目研究成果水平：国内领先。

18. 城市大型生产绿地节水措施的研究

该课题由天津市园林局下达。完成单位：天津市绿化工程处。鉴定日期：2003年11月13日。项目主持人：倪志明；项目参加人：隋家祝、刘新华、代国英。

19. 课题研究了在城市大型生产绿地采用地膜覆盖、保水剂、喷灌等节水技术效果，结果显示地膜覆盖和草坪喷灌效果显著，保水剂效果不明显。

项目研究成果水平：国内先进。

20. 花石榴杂交育种

该课题由天津市园林局下达。完成单位：天津市园林学校。鉴定日期：1993年10月15日。

项目主持人：杨明漪；项目参加人：马颖、李莉、崔国良、姚忠。

研究成果：采用“月季石榴”（百子石榴）与“平瓣红”石榴杂交，从杂交二代中获得了耐寒、耐涝石榴和早花型高石榴两类植株，经试验证实石榴具有自花授粉能力。为遗传育种教学提供了直观实例。

项目研究成果水平：国内先进。

二、主要植物保护研究

1. 乡土园林植物的引种驯化与开发研究

该课题由天津市科委下达。完成单位：天津市园林绿化研究所。验收日期：2007 年 1 月 11 日。项目主持人：姜世平；项目参加人：刘亮梅、马小军、李玉军、刘志强、张喆嫄。

研究成果：明确了乡土植物的概念，确定了乡土植物选择原则，制定了优良乡土植物小筛选标准，撰写了共 269 种乡土植物资源名录。开展了田旋花、蒲公英、委陵菜、紫花地丁、马蔺、蛇莓的生物学特性、生长指标、生理生化指标的跟踪调查和抗逆性能检测试验。筛选出蒲公英、委陵菜、紫花苜蓿、马蔺、蛇莓、刚毛柽柳和球果白刺 7 个优良乡土植物品种。实现了蛇莓、马蔺、委陵菜的规模化生产，建立了优良乡土植物繁育基地 50 亩。

2. 市树白蜡吉丁虫防治技术的研究

该课题由天津市科委下达。完成单位：天津市园林绿化研究所。鉴定日期：1993 年 8 月。项目主持人：张良玉。

研究成果：摸清了白蜡吉丁虫的生活史、活动规律及习性，提出了幼虫和成虫的防治方法，筛选出适合于幼虫与成虫防治的不同药剂 2 种，总结了吉丁虫的综合防治技术，防治后树木虫株率低于 80%，每株白蜡年防治费用低于 2 元。

3. 美国白蛾生活史观察及防治技术研究

该课题由天津市科委下达。完成单位：天津市园林绿化研究所。

研究成果：研究了美国白蛾生活史及在天津市的代数及生活习性；研究了幼虫危害高峰及防治适宜时期，筛选 3 种无害低毒农药，虫害的防治率在 90%以上；建立了美国白蛾在天津市重点区域的全年防治方案。

4. 天津市主要蛀干害虫的生物防治技术研究

该课题由天津市建委下达。完成单位：天津市园林绿化研究所。项目主持人：庞建军、张祥敏；项目参加人：邳新生、康振、刘金英、翟善民、张连生。

研究成果：筛选出了无低毒生物药剂 2 种，确定了使用方法及防治适宜时间，防效达 85%以上，收集了天津市主要蛀干害虫的天敌昆虫，引进管氏肿腿蜂，掌握了繁蜂及防蜂防治技术，确定了有效的生物防治类型和方法。

5. 天津市园林植物几种主要害虫可持续性防治技术的研究

该课题由天津市建委下达。完成单位：天津市园林绿化研究所。项目主持人：张连生；项目参加人：刘金英、庞建军、黄启生、杨贵礼。

研究成果：研究了园林主要害虫的发生规律，筛选出了无、低毒生物药剂 3 种，制定了全年规范化防治技术。

6. 天津市新传入钻蛀害虫生物防治技术的研究

该课题由天津市建委下达。完成单位：天津市园林绿化研究所，

鉴定日期：1989 年 3 月—1991 年 10 月。项目主持人：张淑萍、庞建军，项目参加人：欧亚玲、陆喆、彭文奇、李渤晖。

课题研究了 3 种新传入钻蛀害虫和 2 种逐渐上升为主要害虫的钻蛀害虫的发生危害规律，调查了其优势天敌，引进了 2 种新材料，确定了使用方法和防治对象，在天津进行了中试推广。

7. 美国白蛾生活史观察及防治试验的研究

该课题由天津市建委下达。完成单位：天津市园林绿化研究所。评审日期：1999 年 11 月 21 日。项目主持人：张连生；项目参加人：庞建军、刘金英、翟善民、周荣艳。

项目研究成果水平：国内先进。

8. 大型公园绿地和居住区组团绿地病虫害系统防治技术研究

该课题由天津市建委下达。完成单位：天津市园林绿化研究所、水上公园管理处。评审日期：2004 年 1 月 9 日。项目主持人：胡文华。项目参加人：王少芬、金成甲、查良刚、王维有、周荣艳、翟善民。

项目研究成果水平：国内领先。

9. 天津市园林植物几种主要虫害可持续性防治研究

该课题由天津市建委下达。完成单位：天津市园林绿化研究所。评审日期：1999 年 12 月 28 日。项目主持人：刘金英；项目参加人：庞建军、杨贵礼、周云、陈周羡、翟善民。

项目研究成果水平：国内先进。

10. 美国白蛾生物防治技术开发工程技术研究

该课题由天津市建委下达。完成单位：天津市园林绿化研究所。验收日期：2001 年 12 月 30 日。项目主持人：庞建军；项目参加人：杨忠岐、翟善民、刘金英、张淑萍、胡文华。

研究成果：研究出了饲养美国白蛾的人工配方，为人工繁育美国白蛾寄生性天敌提供了物质条件。建立了白蛾周氏啮小蜂生产车间，自制了接蜂台，创造了“津式”接蜂法，掌握了蜂种复壮技术，筛选出夏季繁蜂寄主，制定了操作技术规程和生产质量标准，实现了白蛾周氏啮小蜂繁育工艺技术的商品化、规模化、标准化。完善了美国白蛾生物防治系统工程技术，在全国范围内推广，取得了很好的防治效果。

项目研究成果水平：国内领先。

11. 市树白蜡吉丁虫防治技术的研究

该课题由天津市建委下达。完成单位：天津市园林绿化研究所。鉴定日期：1994 年 5 月 4

日。项目主持人：张良玉；项目参加人：陈周羡、杨国栋、孟庆云、黄启生。

研究成果：国内领先水平。研究摸清了白蜡窄吉丁虫幼虫和成虫期的活动规律，摸清该虫的活动范围、传播途径、产卵出孔时间、幼虫耐低温能力。课题筛选防治药剂、最佳防治时间和方法。课题采用“敌氧合剂”对白蜡小树进行封杀，采用氧化乐果防治白蜡大树，效果达98%。

12. 选用无公害低毒农药防治花灌木刺吸口器害虫的研究

该课题由天津市园林局下达。完成单位：天津市园林绿化研究所。项目主持人：张淑萍；项目参加人：胡文华、李素珍、黄启生、查良刚。

研究成果：摸清了危害天津市花灌木主要螨类及蚜虫的发生规律，筛选了无公害低毒4种用于防治螨类和蚜虫，提出了防治最佳时期及药剂使用浓度，在全市进行了推广。

13. 新传入金叶女贞粉蚧防治技术的研究

该课题由天津市园林局下达。完成单位：天津市园林绿化研究所。评审日期：2008年1月9日。项目主持人：翟善民；项目参加人：张淑萍、张津华、周云、吴杉子、轩凤桐。

研究成果：完成了金叶女贞粉蚧全年的生活史观察，确定该虫在天津市一年发生3代，主要以卵越冬，严重发生期在7月中下旬到8月上旬，防治适期一代为5月中，下旬二代在7月上中旬，三代为8月下旬到9月中旬。研究筛选了苦烟乳油、吡虫啉和花保三种药剂，编写了金叶女贞粉蚧防治年历。

14. 草坪草病害、虫害防治及科学养护技术的研究

该课题由天津市园林局下达。完成单位：天津市园林绿化研究所。鉴定日期：2004年12月19日。项目主持人：刘金英；项目参加人：边起、杨贵礼、姚秋宾、马小军、姜瑄。

研究成果：为天津市草坪草主要病虫害的鉴别防治和草坪养管提供了关键技术，总结出《天津市草坪养管技术要点》。确定了草坪主要虫害16种，害螨2种，其他有害动物2种，主要病害4种，提出了日本结缕草和大穗结缕草为抗麦岩螨的草种。

项目研究成果水平：国内先进。

15. 天津市新传入钻蛀害虫生物防治技术的研究

该课题由天津市园林局下达。完成单位：天津市园林绿化研究所、天津市公路局津南分局、山西农业大学、南开区园林局。项目主持人：张淑萍、庞建军；项目参加人：韩松年、张金桐、黄才、翟善民、彭文奇、周荣艳、李渤晖。

研究成果：课题研究了3种新传入钻蛀害虫和2种逐渐上升为主要害虫的钻蛀害虫的发生危害规律，调查了其优势天敌，引进了2种新材料，确定了使用方法和防治对象，在天津进行了中试推广。

16. 园林植物主要病虫害预测预报技术研究

该课题由天津市园林局下达。完成单位：天津市园林绿化研究所。鉴定日期：2004年12月19日。项目主持人：翟善民、胡文华；项目参加人：张淑萍、刘金英、刘代文、查良刚、林京、

于丽娜。

研究成果：课题对美国白蛾、国槐尺蛾、白蜡窄吉丁虫、小线角木蠹蛾、草履蚧、白蜡绵粉蚧、斑衣蜡蝉 7 种害虫采用植物物候法进行预测预报，并对美国白蛾等几种害虫进行了经验性温度指标法预报试验，取得了大量的害虫各虫态数据和图片，编写了《几种害虫虫态发生期与物候观测表》和《几种害虫的防治年历》，为直观、准确预测预报虫害发生，提供了科学依据。

项目成果的水平：国内先进水平

17. 报春、瓜叶菊主要病虫害生产防治的研究

该课题由天津市园林局下达。完成单位：天津市园林绿化研究所。组织鉴定单位：天津市园林局。鉴定日期：1995 年 5 月 8 日函审。项目主持人：张连生；项目参加人：谭唯广。

研究成果：报春、瓜叶菊在生产方面常罹白粉虱、红蜘蛛、棉蚜及白粉病危害。课题筛选出“石油乳剂”“727 可湿性粉剂”及植物性农药“绿灵”等六种药剂，可有效防治白粉虱、朱砂叶螨、棉蚜等害虫。

项目研究成果水平：国内先进。

18. 名贵花卉常见病虫害防治研究

该课题由天津市园林局下达。完成单位：天津市园林绿化研究所，天津市花卉示范中心。项目主持人：张慧慧；项目参加人：闫超、姜倩云、张淑萍、翟善民、刘金英。

研究成果：课题在天津首次对红掌、竹芋细菌性叶斑病进行了病原物的鉴定，确定病原物为黛粉黄单胞杆菌，掌握了病害的发生规律，筛选了防治药剂，并总结出了该病害的防治措施。摸清了危害红掌的主要花蓟马的发生规律，筛选出了防治药剂，提出了综合防治措施。

项目研究成果水平：国内先进。

三、主要的花卉研究

1. 鲜切花保鲜技术发展趋势的研究

该课题由天津市科委下达。完成单位：天津市园林绿化研究所、天津市花卉管理处、南开大学、天津农科院。项目主持人：周经芸。

研究成果：对鲜切花保鲜技术进行了综合分析，提出了发展天津鲜切花的战略方针对策建议及科学攻关项目。

2. 应用生物技术培育花卉和番茄新品种

该课题由天津市科委下达。计划类别：应用基础研究计划重点项目。完成单位：天津市农业生物技术研究中心、天津市园林绿化研究所。验收日期：2005 年 11 月 15 日。项目主持人：刘仲齐；项目参加人：姜世平、薛俊、赵万苓、金凤媚、张要武、刘亮梅、颊艳红、付新生、杨奎姝。

项目研究成果水平：国内领先。研究成果：成功研究出改变花色的仙客来新品种两个：黄斑

仙客来和桃红（二乔）仙客来，大岩桐新材料 2 份。在国内首次采用原位生殖系统导入法——花粉管通道法对仙客来进行了遗传转化，成功得到仙客来转化种子 4400 余粒。种子播种后，其中 8 株白花植株的花瓣出现了黄斑或略显黄色，个别花瓣变成了黄色花瓣，3 株白花植株的个别花瓣出现了桃红色条带（二乔），甚至整个花朵完全变成了桃红色。

3. 多倍体萱草等宿根花卉植物快繁技术研究

该课题由天津市科委下达。完成单位：天津市园林绿化研究所。鉴定日期：2006 年 3 月 22 日。项目主持人：杨奎姝；项目参加人：刘亮梅、刘志强、周小蕾、赵万苓。

项目研究成果水平：国内领先。研究成果：课题成功地进行了红、黄色系多倍体萱草、黄色天人菊、亚菊等宿根花卉新品种组织培养，建立了优良品种母瓶苗群体。在国内率先成功地以种子进行“红运”萱草、“金娃娃”萱草、“紫蝶”萱草的组培，以茎段为材料进行了黄天人菊和亚菊的组织培养。在国内率先成功地进行了“红运”萱草、黄天人菊、亚菊等品种的试管苗快繁生产，多倍体、天人菊、亚菊品种种苗生产量达 49 万余芽。该研究在国内首先创制了适合以上新品种试管苗的增殖继代及生根的通用培养基，到达减少试管苗生产工序，简化操作的目的。该研究在国内首次总结了多倍体萱草、黄天人菊、亚菊的试管苗快繁技术规范，总结了上述品种从组培繁殖到圃地栽植的种苗快繁生产流程。

4. 彩色马蹄莲、大叶花烛、三季花藤本月季等花卉新品种引进筛选及栽培技术研究

该课题由天津市科委下达。完成单位：天津市园林绿化研究所。鉴定日期：1998 年 1 月 6 日。项目主持人：杨奎姝、张和琴；项目参加人：邹萌、赵万苓、刘蓉、李洪远、尚佑文。

项目研究成果水平：国内领先。研究成果：课题引种了彩色马蹄莲、大叶花烛新品种 16 个，优选出 9 个，生产种苗 3.5 万株，引种三季花藤本月季 14 个，推广 1 万株。研究在彩色马蹄莲继代培养方面，成功进行了“一步成苗”的试验和批量生产，简化了培养程序，降低了成本，在大叶花烛试管苗组培利用液体培养基替代了固体培养基进行了试管苗快繁和种苗推广。采用植物保湿剂用于三季花藤本月季保护越冬，具有推广价值。

5. 名贵花卉新品种选育与开发技术研究

该课题由天津市科委下达。完成单位：天津市园林绿化研究所。鉴定日期：2005 年 11 月 17 日。项目主持人：姜世平；项目参加人：邹萌、杨奎姝、袁东升、李玉军、付新生、张树林、许宪龙。

项目研究成果水平：国内领先。研究成果：引进并筛选出丽格海棠品种 6 个、口红花品种 2 个、鹤望兰品种 3 个。提出了丽格海棠等三种花卉的温室栽培技术规范，通过组培手段实现了丽格海棠和口红花的优质化，筛选出适合丽格海棠等三种花卉规模化生产的复合栽培基质，研究出丽格海棠和口红花的肥料配方和鹤望兰的三种专用营养液肥，采用叶插法生产丽格海棠小苗到达进口苗的标准。通过综合技术，使鹤望兰在天津提前 2~3 年进入花期，初步实现了鹤望兰的规模化生产。

6. 宿根花卉新品种选育及规模化生产技术的研究

该课题由天津市科委下达。完成单位：天津市园林绿化研究所。鉴定日期：2007 年 10 月 30 日；项目主持人：周小蕾、刘志强、刘亮梅、高军、赵万苓。项目研究成果水平：国内领先。

7. 应用转基因技术培养花卉新品种

该课题由天津市建委下达。完成单位：天津市园林绿化研究所。项目协作单位：北京大学生命科学院。鉴定日期：2004 年 4 月 1 日。

项目主持人：朱永丽、赵万苓。项目参加人：付新生、姜世平、杨奎姝、李毅。

项目研究成果水平：国内领先。

8. 仙客来玫瑰红品种的育种和制种技术的研究

该课题由天津市建委下达。完成单位：天津市园林绿化研究所。鉴定日期：2002 年 9 月 10 日。项目主持人：朱永莉、姜世平。项目参加人：付新生、姜文华、刘睦园。

研究成果：确定了玫瑰红品种 6 个品系，生产玫瑰红园艺种 6 个，各品系选择优良单株 50 株，对选出的单株进行自交纯化代。以不同的品系亲本进行杂交，杂交组合 100 个，生产玫红 F1 代种子 10 万粒，品系内杂交授粉生产的玫红园艺种 4 个 60 万粒。通过玫瑰红品质间混合授粉，生产杂合基因型品种，制种 120 万粒。完成直接经济收入 65 万。

项目研究成果水平：国内领先。

9. 观花藤本植物引种栽培及应用的研究

该课题由天津市建委下达。完成单位：天津市园林绿化研究所。鉴定日期：1998 年 5 月 12 日。项目主持人：么秀文、张和琴；项目参加人：王和祥、刘蓉、邹萌。

研究成果：引种木本藤本植物 39 种，提出观花藤本植物筛选的 5 项标准，筛选出花色、叶色优美的山荞麦和藤本月季 10 种，推广 2.5 万株，总结了观花藤本植物的繁殖方法和养管要点。采用保湿剂用于藤本月季越冬，防寒效果显著。

项目研究成果水平：国内先进。

10. 名新切花品种种苗规模化生产技术的研究

该课题由天津市建委下达。完成单位：天津市园林绿化研究所。项目主持人：杨奎姝；项目参加人：张和琴、刘亮梅。

研究成果：引进了花烛、满天星、彩色马蹄莲切花植物新品种，研究了切花品种繁育技术和规模化生产技术。

11. 进口球根海棠的引种栽培试验研究

该课题由天津市建委下达。完成单位：天津市园林花圃。鉴定日期：2008 年 7 月 31 日。项目主持人：吴国智；项目参加人：邹萌、朱海剑、张培培、王媛媛。

研究成果：从国外引进球根海棠“无限”系列新品种，提出《球根海棠盆花生产技术流程》，研究出了球根海棠各生产阶段肥料配方。生长阶段 N∶P∶K=1∶1∶2 与 N∶P∶K=2∶1

：1 交替使用，花前 6 周开始使用 N：P：K＝15：15：20 的复合肥，最适宜栽培基质为草炭+蛭石+珍珠岩＝2：1：1。球根海棠可以通过促成栽培进行花期控制，球根海棠最佳扦插时间为 9 月 20 日左右、最适环境温度 20℃～25℃，以进口土：珍珠岩＝3：1 为最佳扦插基质。球根分割，易造成球根腐烂，不适合球根海棠的繁殖。课题生产球根海棠 3000 盆。

12. 天津市园林花卉发展规划及经营战略的研究

该课题由天津市建委下达。完成单位：天津市园林局花卉处。项目主持人：高国华、刘福才；项目参加人：王岁英、孙义干、翟洪武、郭喜东、张启俊。

研究成果：调查了天津市花卉生产经营现状，研究了天津花卉发展有利条件和途径；调查了北京、上海、广州等重点城市花卉产销发展状况和花卉产业发展政策；收集国外花卉产销情况，跟踪收集国外花卉技术发展前沿；提出了天津市园林花卉发展战略规划与对策。

13. 迎世乒赛仙客来优质盆花生产技术的研究

该课题由天津市建委下达。完成单位：天津市园林绿化研究所；项目主持人：姜世平、卢李红。项目参加人：付新生、佡质慧。起止日期：1993 年 7 月—1995 年 3 月。

研究成果：筛选观赏价值高而又具有一定抗高温、抗病特性的品种 10 个，完善了仙客来营养元素监控和系列花期控制技术，使仙客来优质品率达到 70%以上。

14. 园林草本花卉新品种引种栽培研究

该课题由天津市建委下达。完成单位：天津市园林绿化研究所，鉴定日期：1999 年 1 月 26 日。

研究成果：引进草花品种 85 个，筛选出皱叶剪秋萝、勋章花、石竹等 10 个品种进行推广。筛选出素土、草炭、蛭石 2：2：1 的最佳配比播种基质，播种可一次定植，省去一次移植工序，缩短了育苗周期。

项目研究成果水平：国内领先。

15. 提高月季优良品质和栽培技术的研究

该课题由天津市建委下达。完成单位：天津市园林绿化研究所。鉴定日期：1999 年 1 月 26 日。项目主持人：李洪远；项目参加人：尚佑文，刘会茹，周小蕾。

项目研究成果：优选出适宜在天津推广应用的两种月季新砧木无刺蔷薇和美国砧，总结月季抽条的主要原因和时期，对黑斑病做了新的药剂实验，初步探索了月季花期控制技术。

项目研究成果水平：国内领先。

16. 仙客来优良种苗生产技术的研究

该课题由天津市建委下达。完成单位：天津市园林绿化研究所。鉴定日期：1996 年 2 月 8 日。项目主持人：付新生；项目参加人：佡质慧、姜世平、卢李红、肖学斌。

项目研究成果：从国外引种 22 个，已成功筛选出异花型品种 4 个，优良品种 7 个，在科研所建立国内唯一仙客来种质基因库，保存品种 110 个。开展杂交组合 620 个，筛选出目的性状新品种2个，采用杂合基因型育种技术繁育具抗病、抗高温优良品种9个。应用外源DNA片段导入技术，开展远缘杂交育种，获得携带外源目的基因性状的变异子代。选择出最佳育种技术，繁育优良种子100万粒，培育优质苗15万株。

项目研究成果水平：国内领先。

17. 碧桃类植物新品种引进及应用技术研究

该课题由天津市建委下达。完成单位：天津市园林绿化研究所。鉴定日期：2008年12月26日。项目主持人：刘亮梅；项目参加人：张喆嫄、谢宏山、戴松香、米伟、周小蕾。

项目研究成果：引进碧桃品种4个，经过试验筛选，其中“合欢双色”“垂枝桃”具有较强的抗盐性。在国内率先对4个碧桃品种在干旱胁迫、盐胁迫、寒冷条件下，植物的生长量、脯氨酸、可溶性糖、净光合速率、叶绿素、伤害值等生理生化指标进行了测定，采用以上指标进行植物抗逆性综合评价碧桃的抗逆性，系统总结了碧桃新品种的养护技术。

项目研究成果水平：国内领先。

18. 利用光合自养微繁技术和工厂化播种育苗技术开展优质花卉种苗规模化生产

该课题由天津市建委下达。完成单位：天津花圃。验收日期：2007年7月11日。项目主持人：郝砚英；项目参加人：佟宝君、张斌、江倩云、邹萌、赵哀梅。

研究成果：筛选安祖花、荷兰小菊的光合微繁适宜的CO2浓度和培养基配方，改进草花的播种基质、环境和育苗技术，提高了草花种子的发芽率、成苗率，降低了成本，实现了草花播种育苗的工厂化生产。总结了一套适用于组培工厂化的光合微繁及草花播种育苗的技术流程。

项目研究成果水平：通过验收。

19. 迎春花新品种的引进及规模化生产技术的研究

该课题由天津市建委下达。完成单位：天津市园林绿化研究所。鉴定日期：2002年9月10日。项目主持人：姜世平；项目参加人：朱永莉、邹萌、赵万苓、姜文华。

研究成果：引种筛选出4种19个品种迎春花卉品种，对这些花卉进行了了定量研究，完成了一整套工艺流程。

项目研究成果水平：国内领先。

20. 天津市仙客来栽培技术规程

该课题由天津市建委下达。完成单位：天津市园林局。评审日期：2004年12月23日。项目主持人：付新生；项目参加人：王和祥、姜世平、张启俊。

研究成果：编写了《天津市仙客来栽培技术规程》，具有可操作性、实用性和针对性。

21. 天津市盆栽安祖花和竹芋生产技术规程

该课题由天津市建委下达。完成单位：天津市花卉处。评审日期：2006年12月28日。项目主持人：江倩云；项目参加人：张斌、闫超、王媛媛、张培培、周玉华。

研究成果：编写《盆栽安祖花和竹芋生产栽培技术规程》，具有可操作性、实用性和针对性。规程包括栽培技术和生产管理技术。

项目研究成果水平：国内领先。

22. 丰花月季大规模生产示范研究

该课题由天津市建委下达。完成单位：天津花圃。鉴定日期：2004 年 4 月 1 日。项目主持人：谭国栋、尹宝仓；项目参加人：吴国智、窦连会、谢俊萍、王欣。

项目研究成果（开题报告）：引进大花月季和丰花月季，筛选出抗性强、好繁殖、耐粗放管理的月季 20 种优良品种，掌握月季生长特性，总结繁殖、栽培、养护技术 ，建立 1 公顷母本月季品种圃地。

23. 大花秋海棠、凤梨等新花卉品种的引进及规模化生产技术的研究

该课题由天津市园林局下达。完成单位：天津市园林绿化研究所。起止时间：1997 年 3 月—1999 年 12 月。项目主持人：杨奎姝、姜世平；项目参加人：朱永莉、赵万苓、邹萌、刘亮梅、韩福田。

研究成果：引进大花秋海棠、凤梨新品种 19 个，形成新花卉品种种苗及盆花规模化生产的技术规范，包括种苗组培和常规育苗的快繁技术、催花技术、栽培技术达到年生产种苗和盆花 2 万盆的规模。

24. 仙客来玫瑰红品种的育种和制种技术的研究

该课题由天津市园林局下达。完成单位：天津市园林绿化研究所。项目主持人：朱永莉、姜世平；项目参加人：付新生、姜文华、刘睦园。

研究成果：确定了现有玫红品种 3~5 个品系，各品系选择优良单株 50 株，对选出的单株进行自交纯化。本研究完成了 2 代，以不同的品系亲本进行杂交，生产玫红 F1 代种子 10 万粒，品系内杂交授粉生产的玫红园艺种 20 万粒。

25. 草本切花引种试验栽培

该课题由天津市园林局下达。完成单位：宜兴埠花圃。项目主持人：郑桂芳、周玉华。项目参加人：李冠玉、刘福才、翟洪武、曹韫。

研究成果：完成草本切花引种的试验报告，生产草本切花 10 个品种 1 万枝，主要有紫罗兰、飞燕草、勿忘我、滨菊、翠菊、金鱼草、情人草、藿香蓟、白头翁、大蓟、陆连花。

26. 仙客来等 8 种花卉生产规范化的研究

该课题由天津市园林局下达。完成单位：花卉处。项目主持人：董哲元；项目参加人：翟洪武、王元刚、李玉军、张雅望。

研究成果：总结了 8 种花卉的生产工艺流程。

27. 仙客来生产制种栽培的研究

该课题由天津市园林局下达。完成单位：花卉处、北辛庄花圃。鉴定日期：1997 年 5 月 8

日。项目主持人：李玉军；项目参加人：于世江、刘福才、任娜、赵丽娜。

研究成果：引进了仙客来优良籽种，进行了栽培试验，对栽培技术措施和环境因子进行了研究，提出集中分种，分散栽植和一年制种用于两年播种的生产制种栽培模式。

项目研究成果水平：国内先进。

28. 利用引进温室及配套设施进行花卉生产示范的研究

该课题由天津市园林局下达。完成单位：天津花圃。项目主持人：张宝强、谭国栋；项目参加人：王玉昊、尹宝仓、郑桂芳、贾林会。

研究成果：测定了进口双层全光温室的各项性能，在温室与不同配套设施组合的情况下，进行了几种植物组合的栽培试验，探索了进口温室的利用方式，对一些花卉进行了集约化生产试验。

29. 仙客来彩云系列品种芳香化育种研究

该课题由天津市园林局下达。完成单位：天津市园林绿化研究所。鉴定日期：1999 年 1 月 12 日。项目主持人：付新生；项目参加人：姜世平、朱永莉、陈晓奎、姜文华。

研究成果：该研究追踪国际上芳香化育种的主潮流，通过杂交、回交、自交，完成了芳香型与彩云花型基因的高频率与高稳定性的重组植株，成功地获得了彩云芳香化系列品种。

项目研究成果水平：国内领先。

30. 小菊盆景的栽培制作及研究

该课题由天津市园林局下达。完成单位：水上公园管理处。鉴定日期：2000 年 3 月 2 日。项目主持人：申鹏；项目参加人：张勍、曹霖、李宪章。

研究成果：完成了菊花盆景制作、造型与养护的技术研究，优选出了适于天津地区发展的盆景菊花品种八宝菊、珍珠菊等 10 种。成功运用了国内各流派的造型技法，制作出不同风格类型的菊花作品 53 件，并具有较好的观赏性。总结了菊花盆景的栽培养护管理技法，摸索出菊花盆景的多种造型技法。尝试了菊花盆景木质化栽培方法。

项目研究成果水平：国内先进。

31. 大花惠兰组织培养及栽培技术研究

该课题由天津市园林局下达。完成单位：宜兴埠花圃。鉴定日期：1998 年 1 月 21 日。项目主持人：张斌；项目参加人：李兵、赵锦红、吴国智。

研究成果：课题筛选出大花惠兰诱导、继代、生根壮苗培养基的合理配方，并通过初步栽培试验，提出了栽培技术要点。获得瓶苗 5000 株、移栽苗 1400 株、二年生苗 200 余株。

项目研究成果水平：国内先进。

32. 引进切花月季性状观察和栽培研究

该课题由天津市园林局下达。完成单位：天津花圃。鉴定日期：1998 年 1 月 20 日。项目主持人：谢骏萍；项目参加人：刘福才、尹宝仓、贾林惠、窦连会。

研究成果：通过对引进切花月季的性状观察、栽培试验、抗性观察，筛选出适合天津地区栽培的切花月季品种 18 个。该研究采用阳光温室、高畦滴灌栽培和适合设施栽培的切花月季品种，采用塑料袋假植切花月季，提高了移植成活率。

项目研究成果水平：国内先进。

33. 杜鹃、一串红、绿萝三种花卉不同生长发育阶段对肥分需求的研究

该课题由天津市园林局下达。完成单位：花卉处。鉴定日期：1994 年 6 月 13 日。项目主持人：李玉军；项目参加人：董哲元、翟洪武、王元刚、陈景路、肖国平。

研究成果：通过对比试验，总结了三种植物营养配方与提高花卉品质的关系。对多年不能正常开花的杜鹃采用浇灌 ABT 生根粉、提高湿度、改善生长环境、整枝、去芽、套盆等技术，较好解决了杜鹃不能正常开花问题。采用控制钾肥使用量来控制绿萝节间长短，提高了观赏价值。

项目研究成果水平：国内先进。

34. 部分重点花卉生产规范化的研究

该课题由天津市园林局下达。完成单位：天津市花卉处。鉴定日期：1994 年 6 月 13 日。项目主持人：董哲元；项目参加人：翟洪武 、王允刚、李玉军。

研究成果：通过对仙客来、瓜叶菊、大丽花、银星海棠、常春藤、绿萝、花叶芋八种花卉繁殖、生长、发育各阶段周期性的试验研究，总结了八种花卉的适生环境条件，提出了适宜的基质、温度、相对湿度、光照时间、光照强度及水肥管理等具体量化指标，列出八种花卉的物候期，总结出八种花卉的生长规范，弥补了现有技术资料中的数据空白，对花卉生产具有指导意义。

项目研究成果水平：国内先进。

35. 利用智能温室进行盆栽安祖花专业化生产的研究

该课题由天津市园林局下达。完成单位：天津花卉示范中心。鉴定日期：2003 年 5 月 8 日。项目主持人：王玉昊；项目参加人：谭国栋、郑桂芳、张勇、阎超。

研究成果：该课题从荷兰引进 15 个安祖花盆栽品种，在智能温室的条件下，抽取 4 个品种进行了环境因子和无土栽培试验，通过试验和商品评价，筛选出适合天津地区种植的盆栽品种。总结出安祖花专业化无土栽培技术流程，生产规模达到近万平方米，年生产花卉 6 万盆，每盆花 40 元，生产成本 30 元，利用率 12.5%。

项目研究成果水平：国内领先。

36. 鸢尾属植物栽培及繁殖技术的研究

该课题由天津市园林局下达。完成单位：天津市园林绿化研究所。鉴定日期：1999 年 1 月 12 日。项目主持人：么秀文；项目参加人：陈德芳、杨焕婷、王和祥、刘凤琴。

研究成果：课题对引进的日本、美国 60 个鸢尾品种进行了生物学特性观察，并进行了抗病虫害试验，筛选出适合天津市生长的植株高矮、花期、花色不同的品种 15 个，推广 2 万株新品

种，获得4个鸢尾品种的组培方法及出瓶后栽培成苗配套技术，为今后大批量微繁、快繁工厂化育苗打下了基础。

项目研究成果水平：国内先进。

37. 小菊育种研究

该课题由天津市园林局下达。完成单位：天津市水上公园。鉴定日期：2003年3月21日。项目主持人：叶家良；项目参加人：胡 勇、王少芬。

研究成果：通过杂交选育出27个小菊品种，4个盆景的小菊品种。新育品种已向全国推广17035株30个品种。

项目研究成果水平：国内领先。

38. 仙客来抑制栽培的研究

该课题由天津市园林局下达。完成单位：花卉处、北辛庄花圃。鉴定日期：1995年4月14日。项目主持人：李玉军；项目参加人：董哲元、刘福才、翟洪武、陈景路。

研究成果：仙客来属低温花卉，主要观花期为11月—翌年2月。为保证四十三届世乒赛期间（5.1—5.14）供花，本研究通过延期播种，低温处理、栽培措施等，有效抑制了仙客来的花期，为世乒赛提供了用花，在生产中找到了仙客来延长供花周期的途径。

项目研究成果水平：国内先进。

39. 仙客来专用栽培基质、肥料的研制与开发

该课题由天津市园林局下达。完成单位：天津市园林绿化研究所。鉴定日期：2002年4月5日。项目主持人：姜世平；项目参加人：朱永莉、韩国英、肖学斌、邹萌。

研究成果：本研究针对仙客来不同生育阶段对养分的不同要求，研制和开发了专用基质和专用肥料，缩短了生长周期，提高了仙客来的品质，为仙客来专业化生产提供了配套产品。根据仙客来播种期、营养生长和生殖生长不同阶段对养分的不同需求，分别对三个不同阶段栽培基质的pH值、全盐含量、速效N、P、K和专用肥料的N、P、K配比，铵态N和硝态N比例，微量元素以及施肥浓度提出了科学合理的指标、配方和建议。

项目研究成果水平：国内领先。

40. 月季花期调节试验研究

该课题由天津市园林局下达。完成单位：天津市园林学校、河西区园林局、南开区园林局、河北区城建局。鉴定日期：1995年12月16日。项目主持人：郭玉文、姜玉珍；项目参加人：王建团、陈家波、范学林、贾林会。

研究成果：通过研究露地月季枝条、根系的生长动态、芽的分类、花的孕育条件及过程、分析了不同生长发育阶段营养物质、生理指标，揭示了月季的成花规律，为制定月季养管技术标准提供了理论依据。总结了月季花期的调节技术。

项目研究成果的水平：国内先进。

41. 大花型、丰花型月季大规模生产示范研究

该课题由天津市园林局下达。完成单位：天津花圃。鉴定日期：2002 年 8 月 29 日。项目主持人：谭国栋；项目参加人：尹宝仓、吴国智、陈国、郑桂芳、王勇。

研究成果：课题对引进的 81 种大花、9 种丰花月季进行抗旱、耐寒、耐热、耐盐碱、抗病试验，初步筛选出 26 种适合天津栽植的品种。课题进行了扦插、嫁接繁殖和假植方法试验，建立 1 公顷品种圃地，三年出圃 15 万盆。初步整理了月季生产管理技术要点和在圃修建方法，总结了月季规模生产的繁殖技术。

42. 菊花品种资源收集培育的研究

该课题由天津市园林局下达。完成单位：天津水上公园。鉴定日期：2006 年 6 月 14 日。项目主持人：叶家良；项目参加人：徐有章、张勇、胡勇。

研究成果：课题收集整理优良菊花品种 739 种，其中大菊 606 种、小菊 103 种、切花菊 20 种、国庆菊 10 种。取得 400 余品种的花期照片 1500 余张，编写菊花目录。以种苗和种子的形式建立了菊花品种资源库，保留品种 739 种，品质上全国第一，数量上全国第三。总结了多年菊花育种栽培经验，编写《大菊育种技术要点》。包括亲本选择、人工授粉、养管、种子采取、播种、实生苗培育、新品种的选留标准。课题在菊花品种选留标准“软材浅插法”和缩短栽培期三方面有所创新。

项目研究成果水平：国内领先。

43. 天津市花卉市场未来五年花卉品种流行趋势的调研和预测

该课题由天津市园林局下达。完成单位：天津市花卉管理处。鉴定日期：2004 年 12 月 3 日。项目主持人：李冠玉；项目参加人：郭庆年、佟宝君、邹萌、赵慧、谭国栋。

研究成果：课题采用专家会议法、问卷调查法、销售部门调查法对花卉流行趋势进行了预测，方法科学，对园林行业组织花卉生产决策提供了依据。

项目研究成果水平：国内先进。

44. 天津市花卉市场及生产企业构成调查分析研究

该课题由天津市园林局下达。完成单位：天津市花卉管理处。鉴定日期：2006 年 11 月 28 日。项目主持人：佟宝君；项目参加人：李冠玉、张斌、丰芸、邹萌、谭国栋、王欣。

研究成果：课题对市场进行了调研，取得了一手资料，预测花卉产业的发展趋势，分析了存在的问题，提出了相应的对策。

项目研究成果水平：国内先进。

四、主要的树木研究

1. 天津市行道树树种引种选择的研究

该课题由天津市建委下达。完成单位：天津市园林绿化研究所。鉴定日期：2002 年 9 月。项目主持人：陈小奎；项目参加人：童彤、周小蕾、刘蓉、刘占海、王素珍。

研究成果：引进 13 个品种，上路试验 8 个品种，列出骨干树种 8 种、推荐树种 8 种、试用

树种4种，制定出行道树养管技术要点。

项目研究成果水平：国内先进。

2. 天津市主要花灌木树种生物学特性和栽培技术研究

该课题由天津市建委下达。完成单位：天津市园林学校。协作单位：南开园林局绿化管理二所。鉴定日期：1993年12月31日。项目主持人：郭育文；项目参加人：范学林、王建团、边起、李怀起。

项目研究成果的水平：国内领先水平。

课题研究了碧桃、榆叶梅、木槿、紫薇生物学特性和栽培技术。课题通过对碧桃等花灌木年周期枝条生长动态、花芽分化、营养物质变化的观察、解剖、测定研究，揭示了四种花灌木的生理生化规律。尤其在成花的三种代谢传化类型，花芽分化的四个营养转化时期有独到见解，对生产有指导意义。课题把果树修剪原理成功地运用到园林花灌木的修剪上，总结出“截、疏、缩”综合修剪方法，首次提出修剪参数，对增加碧桃等四种花灌木的花枝与花朵数量、延长花期、稳定树体结构、延长树木寿命、提高观赏价值有显著效果。课题把试验示范区放在道路等绿地上，结合园林养管，推广试验1600多株花灌木，总结出四种花灌木养管年历，可操作性强，对生产有指导意义。

项目研究成果水平：国内领先。

3. 苗木新品种引进与应用的研究

该课题由天津市建委下达。完成单位：天津市花苗木服务中心。验收日期：2007年5月24日。项目主持人：马连勇、胡新民；项目参加人：康新民、代国英、童彤。

项目研究成果：引进乔木、灌木、宿根花卉59种，筛选出适合天津地区生长的园林植物29种，课题边引种、边筛选、边扩繁、边推广，加快科研成果的转化。

项目研究成果水平：通过验收。

4. 天津市古树名木保护与复壮技术研究

该课题由天津市建委下达。完成单位：天津市园林局、天津市园林绿化研究所。鉴定日期：2001年2月19日。项目主持人：贺振、李占东；项目参加人：王和祥、陈小奎、刘志生、陈金岗、韩桂林、桂秀峰。

研究成果：对古树资源进行了普查，新发现并命名古树595株，建立管理技术档案，建设古树名木信息管理系统。研制开发古树复壮专用肥，将盐碱地改良技术和古树复壮专用肥用于衰弱古树的保护和复壮。制定古树复壮和养护技术要点，通过古树找出天津地域性代表树种，为天津市盐碱地绿化树种选择指明方向。

项目研究成果水平：国内领先。

5. 筛选引进新优树种试验

该课题由天津市园林局下达。完成单位：刘园苗圃。项目主持人：高国华、郭乃苓；项目参加人：康新民、刘广林、王素珍、童 彤。

研究成果：引进61种乔木、灌木和常绿树木。

6. 工业污水在定移植苗木中的应用研究

该课题由天津市园林局下达。完成单位：天津市程林苗圃。项目主持人：杨文才、陈周羡；项目参加人：桂秀峰、张振忠。

研究成果：制定了园林苗木污水灌溉标准，对污水灌溉与井水灌溉苗木生长情况进行了对比。

7. 日本乔木型黄杨引种试验

该课题由天津市园林局下达。完成单位：水上公园。鉴定日期：1995年12月函审。项目主持人：查良刚；项目参加人：于风美、郭路朝、宋艳、马奎进、徐有章。

研究成果：完成了日本乔木型黄杨在天津的引种试验，掌握了其生物学特性和物候期，并在不同的环境条件下和用不同的养管措施进行了栽培试验和繁殖试验，总结了日本乔木型黄杨的生长适应情况和繁殖养管方法。

8. 天津城市园林树木物候期观测的研究

该课题由天津市园林局下达。完成单位：天津市园林绿化研究所。项目主持人：杨瑞兴。

研究成果：统计了50种园林树木的物候期，每个树种的观测资料在5年以上。

9. 天津城市环境与园林树种规划的研究

该课题由天津市园林局下达。完成单位：天津市园林绿化研究所。鉴定日期：1995年12月19日。项目主持人：杨瑞兴；项目参加人：刘玉贞、王和祥、郭喜东、么秀文。

研究成果：本研究对天津城市的树种资源、树种分布状况、现有树种生态适应性、生长情况、主要树种物候、绿色期、可观花树开花期提供参考报告，并提出规划的五项原则和依据（以耐寒、耐阴、耐盐碱、耐水湿作为树木的评判标准）。在此基础上对天津市的树种划分四类：即骨干树种、重点观赏树种、不同用途选择的树种、值得推广的树种及其他。并对天津园林绿化提出三点具体建议。天津城市主要园林绿地树种调查、天津市园林树木频数表、天津市主要园林树种生态适应性及生长情况调查表、天津市主要园林树木树冠绿色期表、天津市区可观赏树木开花日期表。规划原则和依据论点正确，提出以引种成功的树种为主，充分选用乡土树种，保持已经形成的天津树种特色。在树种规划中推荐的树种具有实用性，按不同用途推荐的规划树种有不少新品种可供选择，可进一步丰富天津的树种。

项目研究成果水平：国内先进。

五、主要的立体绿化研究

天津市垂直绿化植物品种选择及其应用方式的研究

该课题由天津市建委下达。完成单位：天津市园林绿化研究所。验收日期：2007年5月11日。项目主持人：刘志强；项目参加人：邹萌、陈小奎、高军、周小蕾、王文强、张喆嫄。

研究成果：引进藤本植物20个品种，制定优良藤本植物筛选标准，筛选出藤本月季、扶芳藤、红花忍冬、山荞麦、乌蔹莓、鸡矢藤6个推广品种，建立垂直绿化植物繁育基地10亩，进行了红花忍冬、蔓长春花、藤本月季规模化生产，年生产5.6万株。在垂直绿化上推广保水剂、缓释肥、滴灌等新技术和新材料。提出天津市发展垂直绿化和藤本植物应用建议。探索和应用了垂直绿化新形式，如采用轻型基质、滴灌技术的立体花柱。推广新品种2.3万株，年产值实现13万元。

项目研究成果水平：通过验收，国内先进水平。

六、主要的草坪研究

1. 冷季型草坪草种资源评价与示范研究

该课题由天津市科委下达。完成单位：天津市园林绿化研究所。鉴定日期：2002年1月26日。项目主持人：汤巧香；项目参加人：马小军、白建平、陈周羡、季淑梅。

研究成果：完成天津草坪业现状调研，制定天津草坪的发展规划。对引进的123个草坪品种进行全面评估，筛选出比较适合天津的优良品种58个，并据此建立适合天津的草坪评价体系，明确了评价因子与标准，为天津草坪建植与养管提供了科学依据。建成2000平方米、品种达100个以上的草坪草种示范区。

项目研究成果水平：国内领先。

2. 城市园林绿化草种研究

该课题由天津市科委下达。完成单位：天津市园林绿化研究所。鉴定日期：2004年7月15日。项目主持人：汤巧香；项目参加人：马小军、付新生、李玉军、富东英、葛苏。

研究成果：收集适应性强的草坪17个种219个品种，建立草坪草种资源库，提出了“三抗一低”（抗旱、抗盐碱、抗低温、低养护）的筛选标准，通过观察、对比试验筛选出适合天津市绿化养管水平具有较强实用性的草坪草品种6个。总结繁种技术，试验种子的清洗和保存方法。

项目研究成果水平：国内领先。

3. 天津市草坪混播技术的研究及质量评估

该课题由天津市建委下达。完成单位：天津市园林绿化研究所。鉴定日期：2002年1月26日。项目主持人：汤巧香；项目参加人：马小军、白建平。

项目研究成果：

（1）观察不同草种生物学特性，对天津市主栽草种高羊茅、多年生黑麦草、草地早熟禾等111个品种生物学的9个因子进行评估，在我国首次为混播草种的选择提供科学依据。

（2）依据天津市盐碱地的情况，根据高羊茅、多年生黑麦草、草地早熟禾种间竞争能力的研究，提出三种草混播的适宜比例。

（3）课题总结草种混播的原则、混播的类型，提出混播的关键技术措施。

项目研究成果水平：国内领先。

4. 天津滨海地区草坪耐盐性鉴定及引种研究

该课题由天津市建委下达。完成单位：天津市园林绿化研究所。鉴定日期：1999 年 1 月 26 日。项目主持人：汤巧香；项目参加人：马小军、肖学斌、赵胜跃。

项目研究成果：为天津市引进草种 9 个属、46 个品种，筛选出 4 个属、12 个品种，为天津滨海地区的适宜草种。最先引进并推广耐盐草种高羊茅和黑麦草，并确定矮生型高羊茅与草坪型黑麦草为天津地区的主要栽植草种。对耐盐优良草种进行发芽期、苗期耐盐性定量分析，提出耐盐性指标。探讨利用盐胁迫下草种植株脯氨酸的含量变化来确定草种的耐盐性，以此作为草种的耐盐性生理指标。

项目研究成果水平：国内领先。

5. 草坪生产及施工技术研究

该课题由天津市园林局下达。完成单位：天津市绿化工程处。项目主持人：康新民。项目参加人：童彤、郭乃苓、沈继申、杨文才。

研究成果：引进新草种，采用植生带、可降解地膜技术，开展草坪的直播、混播和养管研究，生产草坪 20 万平方米。

七、主要的土壤肥料研究

1. 园林长效（缓释）复合肥的研究

该课题由天津市园林局下达。完成单位：天津市园林绿化研究所。鉴定日期：2004 年 12 月 31 日。项目主持人：肖学斌；项目参加人：李津立、谢宏山、马晓军、韩国英。

研究成果：课题研制出一种长效复合肥，提出肥料的配比原则，进行肥料的成型、造粒工艺试验，确定工艺流程，获得以 C 包膜位复合肥的包膜材料，肥份利用率比普通肥高出 20%，长效缓释肥可控制在三个月内。

项目研究成果水平：国内先进。

八、主要的生态园林研究

1. 天津市生态居住区水体绿化的应用与研究

该课题由天津市建委下达。完成单位：天津市园林绿化研究所，天津市水上公园管理处。鉴定日期：2007 年 5 月 11 日。项目主持人：赵万苓；项目参加人：刘志强、谢宏山、陈周羡、邹萌、刘亮梅、徐有章。

研究成果：收集和引进水生植物 31 种 80 个品种，筛选出适应性好和观赏性优良的水生植物 14 种 46 个品种。在天津首次成功播种繁殖千屈菜和黄昌蒲，提出天津市可应用的优良水生植物品种，开展睡莲、香蒲、水葱和千屈菜等四种水生植物净化水质、修复污染水体试验。在梅江生态居住区进行水体绿化示范试验，总结制定可推广应用的天津市生态居住区水体绿化模式，使水体绿化达到丰富水面、绿化美化景观、修复污染水质，保护水体的目的。完成水上水生植物专类园的建设，收集睡莲21个品种。设计并实施水生植物生长的人工浮岛。繁殖水生植物30万余芽，推广水生植物8.9万株。

研究成果水平：国内先进。

2. 天津市园林生态经济发展战略的研究

该课题由天津市建委下达。完成单位：天津市园林局、和平区城建局。项目主持人：贺振、徐金祥；项目参加人：徐恒醇。

研究成果：调查天津、北京、上海、重庆、杭州、济南等不同类型的城市的园林部门发展园林生态与经济的情况、矛盾、解决办法、政策、对策，完成了园林生态经济发展战略研究和天津市园林生态经济发展战略研究两个报告。建立园林生态经济理论的概念，确立园林生态经济的特性和系统的结构、功能。天津园林生态经济发展要树立“大园林”的思想，通过实行“大园林”的有效途径和政策保障，促使园林经济生态园林良性发展。

3. 生态居住区园林绿化的研究

该课题由天津市建委下达。完成单位：天津市园林局。鉴定日期：2003年7月8日。项目主持人：贺振、王和祥；项目参加人：刘福才、庞建军。

研究成果：确立生态优先建设人居环境绿化模式的原则，提出生态居住区营造的新理念，确立生态居住区的规划指标、设计和建设原则，结合天津实际，推荐生态居住区的植物配置方式，种植结构及合理的树草比。制定植物丰富度指标和天津市生态居住区绿地建设技术规程，提出无公害防治居住区植物病虫害的技术规程。

项目研究成果水平：国内先进。

4. 园林植保无公害防治的生态环境效益分析

该课题由天津市建委下达。完成单位：天津市园林绿化研究所。验收日期：2009年4月22日。项目主持人：张淑萍；项目参加人：翟善民、蔡万里、文勇、姜艳霞。

研究成果：研究确定了对天津园林绿化植物造成重大危害的美国白蛾等7种关键害虫，总结出物理、机械防治、食物防治以及药物防治等系列无公害防治技术，筛选出无低毒药剂15种。进一步完善周氏啮小蜂规模化生产技术，建立3处无公害防治示范区，并对无公害防治的生态环境效益进行分析。

项目研究成果水平：通过验收。

九、主要的规划景观研究

1. 津门十大景观保护与开发的探讨

该课题由天津市建委下达。完成单位：天津市园林学会。鉴定日期：1993年3月9日。项目主持人：刘增褫，张春泽；项目参加人：张晓明、王岁英、吕桐、魏克晶。起止日期：1997年1月—1998年12月。

研究成果：课题广泛搜集资料和现场调查，以简约史志的写法撰写报告，考证准确，突出景观特色，科学性强，提出了切实可行的保护建议，为今后规划设计提供了资料，为有关部门决策提供科学依据。

2. 绿色天津绿地系统规划的研究

该课题由天津市建委下达。完成单位：天津市园林局科教处。项目主持人：毕光庆；项目参加人：王和祥、郭喜东。

研究成果：形成了绿色天津规划地图，包括现状绿地和未来规划建设绿地，形成了城乡一体化大绿化的规划格局。

3. 天津市园林绿化设计原则及绿化种植结构的研究

该课题由天津市建委下达。完成单位：天津市园林局科教处。项目主持人：王和祥、郭喜东。

研究成果：形成了天津市园林绿化设计原则及植物种植结构指导意见。包括天津市园林设计指导原则，绿化种植结构的指导原则，种植结构总的指导参数。

4. 园林水体护岸的研究

该课题由天津市园林局下达。完成单位：天津市园林学校。鉴定日期：1996 年 12 月 28 日。项目主持人：谷运年；项目参加人：李洪玉、苏文元、蒋桂香、孟瑾、陈晨。

研究成果：课题通过大量的调研，从驳岸护坡的类型、使用特点、结构形式、景观形式等方面做了总结，剖析水上公园驳岸的优缺点，分析造成驳岸破坏的因素，提出北方公园绿地可推广的驳岸形式及设计、施工要点。

项目研究成果水平：国内先进。

十、主要的动物研究

1. 关于水禽湖水禽类爆发性疫情的原因研究与预防

该课题由天津市园林局下达。完成单位：天津动物园。项目主持人：王杰；项目参加人：韩克嘉、柴恭春、屈大水、张玉龙、张运通。

研究成果：找到造成水禽大量死亡的原因，包括病原、病原入侵途径和致病的基本机制。找出水质条件或环境与病原体变化的关系，提出预防此病的科学方法和水禽湖预防此病的管理措施。

2. 东方白鹳人工繁殖研究

该课题由天津市园林局下达。完成单位：天津动物园。项目主持人：张丽敏、李超；项目参加人：张涛、王俊丽、于永波，

研究成果：摸索出人工繁殖东方白鹳的方法与措施。

3. 亚洲象人工繁殖研究

该课题由天津市园林局下达。完成单位：天津动物园。项目主持人：李超、李宝忠；项目参

加人：陈会艳、张运通、柴恭春、张泽殿、刘勇。

研究成果：成功地繁殖出亚洲象幼体一只，成活期二年，摸索出北方动物园人工繁殖亚洲象的系统方法与措施。

4. 小熊猫粪中菌类激素变化与反正行为关系的研究

该课题由天津市园林局下达。完成单位：天津动物园。鉴定日期：1997 年 2 月 28 日。项目主持人：卢宝泉；项目参加人：王俊丽、王蕴玲、张丽敏。

研究成果：课题摸清国家二级保护动物小熊猫在笼养下的繁殖行为和粪中菌类激素变化规律，从繁殖生理上解决排卵监测和妊娠诊断等问题，为其他动物在不伤害动物的情况下，安全准确监测生殖期内分泌机制提供了科学方法。

5. 长颈鹿一种中毒性病症的原因研究——干柞树叶和壳斗有毒成分分析

该课题由天津市园林局下达。完成单位：天津动物园。鉴定日期：1997 年 2 月 28 日。项目主持人：张运通、卢宝泉。

研究成果：课题找到天津动物园长颈鹿数次死亡的主要原因，即长颈鹿所食专用饲料槲树（*Quercus entata*）干叶与壳斗中含有天然有毒成分，水解性鞣酸，通过定性和定量检测分析，确证有毒成分含量分别为 10.8%与 7.09%。课题首次发现长颈鹿食用较多槲树树叶，可发生中毒死亡，导致多脏器综合性病变。课题对槲树树叶的毒理作用与病理变化进行分析，确证干槲树树叶不能作为饲料应用于野生动物饲养。天津动物园停止使用干槲树叶做饲料后，未发生此种原因死亡。我国北方一些动物园习惯将干槲树作长颈鹿的专用肥料，此研究也为北方饲养长颈鹿提供了宝贵的信息。

6. 岩羊免疫多胎繁殖研究

该课题由天津市园林局下达。完成单位：天津动物园。项目主持人：张玉龙。

研究成果：试验失败。试验中采用了双羔素，免疫后提高双胎率幅度不大。

7. 猕猴人工授精试验

该课题由天津市园林局下达。完成单位：天津动物园。项目主持人：魏金泓；项目参加人：张生、王俊莉、王建勇。

研究成果：试验失败。但掌握了电刺激采精的技术，取得实际数据，发现利用激素能很好控制雌猴发情和排卵。

8. 笼养下东方白鹳繁殖研究

该课题由天津市园林局下达。完成单位：天津动物园。鉴定日期：2002 年 2 月 10 日。项目主持人：张丽敏；项目参加人：王俊莉、张涛、孙肃反、柴恭春、于泳波。

研究成果：通过改善东方白鹳营养条件和生活环境，重新进行选择配对，繁殖成功 2 只白鹳，且在一对种鹳中人工孵化与育雏和自然孵化与育雏两种方式同时获得成功，对白鹳繁殖行为进行观察，包括筑巢行为、发情表现、交配时间及次数、产卵数量、自然孵化与育雏行为，总结出白鹳繁殖期的行为规律。

项目研究成果水平：国内领先。

9. 野生食草动物放养区适生性地被植物的筛选研究

该课题由天津市园林局下达。完成单位：天津动物园。鉴定日期：2004 年 8 月 14 日。项目主持人：张运通；项目参加人：来金菊、焦建生、朱子义、王丽、柴恭春。

研究成果：课题从草原野生植物和乡土植物以及栽培植物中筛选目标植物，从国内外引种采集了 15 科 68 种目标地被植物，在动物可完全介入活动的试验区中，通过实地栽植试验，成功筛选出牛筋草、矩阵草、绊根草、黑穗苔草、野牛草五种适生性地被植物。研究首次阐述动物放养区适生性植物必须综合具有四个特性：即浅根性、植物分生组织低位性、旺盛的无性再生性、匍匐化和低矮化。

项目研究成果水平：在抗受野生动物啃食与践踏性的地被植物研究上，处于国内领先水平。

十一、其他有关园林绿化的研究

1. 计算机在温室环境因子控制及调节上的应用观花藤本植物引种栽培及应用的研究

该课题由天津市建委下达。完成单位：天津市园林学校。项目主持人：齐爱军；项目参加人：付新生、张启俊、孙泽明、田克明。

研究成果：将计算机运用于温室，进行有效的环境因子控制，编制有关软件。

2. 绿化植物与建筑物关系的研究

该课题由天津市建委下达。完成单位：天津市园林绿化研究所。项目主持人：孙家政；项目参加人：薛冉、李学今、马小军、刘雷、王全德。

课题系统研究垂直绿化、基础种植与建筑物的关系，绿化植物对建筑物的侵蚀、保护、降温、防晒等数据并进行分析，不同建设设施、面层、间距对植物生长的影响，绿化植物对建筑物产生的环境效益测试分析，居住楼宇、公共建筑物与绿化植物配置的关系。深入了解绿化与建筑物的关系，得出明确数据，为改进绿化配置设计和建筑设计，提高绿化效果提供了科学依据。

3. 天津市遥感影像绿地统计标准

该课题由天津市建委下达。完成单位：天津市园林局、河西区园林局。评审日期：2004 年 12 月 18 日。项目主持人：王和祥；项目参加人：刘泽良、罗开喜、文勇、焦春宝、宋士宝。

研究成果：制定《天津市遥感影像绿地调查标准》，该标准符合天津园林绿地调查统计实际，实用性和可操作性较强，可作为地方行业标准颁布执行。

4. 建立天津市园林绿化管理地理信息的研究

该课题由天津市建委下达。完成单位：天津市园林科技信息服务中心。验收日期：2007 年 10 月 16 日。项目主持人：韩庆、王和祥；项目参加人：于海波、宋士宝、李志毅。

研究成果：开发《天津市园林绿化管理地理信息系统》，该系统包括基础数据库、10个专业图层和报表系统，适应天津园林绿地建设与养管发展的需要，该系统绿地分类和数据统计符合国家标准及天津实际，具有先进性、实用性、可视性，统计内容完备，能够定量反映天津园林绿化实际。

项目研究成果水平：通过验收。

5. 绿色天津（电子地图）规划编制的研究

该课题由天津市建委下达。完成单位：天津市园林局。验收日期：2009年8月7日。项目主持人：毕光庆、王和祥；项目参加人：胡新民、许朝、韩庆、汪四旺。

研究成果：课题明确“绿色天津”的概念内涵，制定“绿色天津”绿地系统的构建原则和指标体系，并提出了对策建议。该项目采用地理信息和遥感技术，建成了绿地电子地图规划管理系统，初步实现了城市绿地规划与建设的信息化管理。

项目研究成果水平：通过验收。

6. 园林轻型电动链锯

该课题由天津市建委下达。完成单位：天津市和平区绿化管理所、天津市公用事业设计研究所。鉴定日期：1997年5月6日。项目主持人：王泰；项目参加人：王春景、唐卫国、赵彭域、陈金岗。

研究成果：研制的园林轻型电动链锯为国内最轻、尺寸紧凑，能单手握持，操作灵便，功效高，填补了国内轻型电动链锯的空白。研制图纸、资料齐全。

7. 微机在园林科技文献上的应用

该课题由天津市园林局下达。完成单位：天津市园林绿化研究所。鉴定日期：1995年12月27日。项目主持人：韩庆；项目参加人：张爱珍。

研究成果：建立国内唯一的园林专业科技文献数据库，收集国内外公开和内部150多种期刊及有关资料文献，文献记录近万条。建立国内唯一的一套《园林汉语主题词表》及附属索引表及词表的标准说明，共收录主题词5396个，其中正式主题词5209个，非正式主题词190个。分一级目录22个，二级目录58个。实现利用微机对园林科技文献的管理，为生产单位提供了咨询服务。制作《园林科技文献库》软盘一套。

项目研究成果水平：国内先进。

8. 天津市园林绿化地理信息管理系统

该课题由天津市园林局下达。完成单位：天津市园林局。评审日期：2004年4月1日。项目主持人：郭喜东、王和祥；项目参加人：韩庆、张春暄、常小萍、李志毅 。

研究成果：开发了天津市园林绿化地理信息管理系统，对天津市绿地现状进行全面分析；根据园林绿地统计相关属性数据，采用Foxpro数据库合理设计统计报表和相应园林数据库，规范了天津市园林绿地基础资料统计；设计独特的输入窗口，可和相关数据库表格相联；采用Maptitude

地理信息管理软件，将园林地理数据和园林相关属性数据库相联，在天津 1∶2000 电子地形图上，标注了公园绿地、居住区绿地、单位附属绿地、道路绿地、滨水绿地、风景林地、古树名木和街区绿地等各种图层，图层分点层、线层和面层，图文并茂地反映了园林绿化的整体情况；系统可对园林绿化的统计数据进行查询和统计；系统加载了天津市中心建成区 Quickbird 0.61 卫星遥感图，可为园林绿地和园林树木进行遥感地图查询，系统可为树木和绿地进行影响带分析，为规划设计提供技术支持。

9. 园林科技信息网络化应用技术的研究

该课题由天津市园林局下达。完成单位：天津市园林绿化研究所。项目主持人：韩庆；项目参加人：周小蕾、张爱珍。

研究成果：建成园林科技文献数据库，含 2 万条数据。园林科技成果数据库、园林植物资源图数据库、园林政策法规数据库、园林植物病虫害图文数据库，形成一个完整的网络信息管理系统。

项目研究成果水平：国内先进。

10. 河西园林绿化管理信息系统

该课题由天津市园林局下达。完成单位：河西区园林局。鉴定日期：2003 年 3 月 21 日。项目主持人：刘锐、吴静；项目参加人：鞠爱华、郭志荣、罗开喜、郭秋月、肖春燕。

研究成果：课题应用 Mappinfo 做为图形支撑平台，PowerBuilder 做为开发工具，Access 做为后台数据库。课题结合园林实际，建立了业务管理、统计报表、查询管理以及系统维护，操作简便，系统图文并茂，具备业务管理所需要的各项功能，对提高园林规范化、信息化管理水平具有重要作用。

项目研究成果水平：国内领先。

第三节　科技成果

一、获市级及以上奖项项目

表 8-1-3-1

项目编号	项目来源	项目名称	起止年限	承担人	获奖情况	成果简介
1981-4-020	1983-4-45	白僵菌除治蛀干害虫木蠹蛾的研究	1983—1986 年	张德林 张淑萍	国家发明四等奖、市科技进步二等奖	该项目将自然界中可将木蠹蛾染病致死的真菌——白僵菌“413”菌株分离加工制成了有效的生物农药，既有效地防治了小木蠹蛾的危害，又避免了对城市环境的污染
1981-4-022	1981-2-22	园林绿化净化大气的研究	1981—1982 年	刘福才 薛苒	天津市科学进步二等奖	该项目确定了大气的主要污染物质是烟尘、二氧化硫、氯气、氟气、氯化氢气、酸雾气、和氮氧化物等，对园林植物的危害很大；同时发现园林植物有吸附有害物质净化空气的作用；并筛选出 17 种具有较强抗性的园林植物；还证明了园林绿地的降温、增湿和减尘的作用
1982-2-035	1981-2-34 科发四字（79）3 号	遥感在分析城市污染植被上的应用	1982 年	刘福才　薛苒 翟惠娴　武文龙	总项目获中科院重大科技二等奖，国家科技进步二等奖	为市科委下达环保局，中科院项目《津渤海环境遥感试验研究》的子项目，通过不同物质对彩红外线的反射光谱不同的机理，可在从高空拍摄的遥感照片上分析城市植被受到污染的状态，从而提出相应的对策
1983-4-041	1983-2-44	仙客来病毒病害的研究	1982 年	郭佩联　付新生	获市级三等奖	该项目通过生物测定、血清学测定和电镜观察，对影响仙客来生长的病毒做了鉴定，并研制出了抑制和摆脱病毒的有效方法和技术措施
1983-4-042	科委：37-（3-2）-230	绿化植被净化作用及其利用途径的研究	1983 年	刘福才　付新生 翟慧娴　饶孝栋 薛苒	获市级二等奖	该项目研究测定城市绿地系统对大气中有害气体的迟滞、减尘、吸收、杀菌等的效果进行了测定，并运用遥感彩红外航片进行准确直观的分析，提出了各种绿化模式和所需树种

续表 8-1-3-1

项目编号	项目来源	项目名称	起止年限	承担人	获奖情况	成果简介
1984-1-043	1984-2-58	天津市园林植物病虫害、天敌资源普查和检疫对象名录的研究	1984—1986 年	李忠恕 张连生 张良玉 付新生 胡文华	获部级二等奖，市级三等奖	该项目通过普查对天津市园林植物的病、虫害和天敌资源以及检疫对象进行了分类学的排列，提出了五套名录
1986-2-049	1986-2-63 科拨（85）21 号	名贵花卉工厂化快速育苗技术的研究——月季、仙客来	1986—1988 年	李忠恕 付新生 仙质慧 刘家光 尚佑文 杨奎姝 张和琴 涂友琴 周经芸 周小蕾 李洪远 卢李红 于淑英 谢宏山	分别获市级三等奖	该项目分为两个专项研究项目。仙客来在专用全光温室设计、诱变育种、工厂化周年供花的生产技术和组培繁殖都有突破性成果。月季部分也在以组培技术为主的快繁中突破了多个品种的诱导分化、继代增殖、生根成苗及提高移栽成活率的难关，提出了相应的技术规范
1989-4-066	科委：900080401000	仙客来育种的研究	1989—1991 年	仙质慧 付新生 卢李红 姜世平	获市三等奖	该项目通过杂交和辐射相结合的方式成功地培育出新的仙客来品种
1990-3-075		天津市园林系统科技现状和发展趋向		刘福才 韩庆	评为天津市1992 年度最佳科技住处成果三等奖	该项目通过对天津园林系统科技现状、科技的发展导致行业进步的要求的分析提出了园林绿化科技发展的必然趋势，为今后行业科技的发展提出了新的要求
1991-3-080	建委：91-软（5）	绿化模式与气候效益的研究	1991—1994 年	刘福才 白玉荣 薛 苒 饶孝栋 张启俊 杨荣绪 付辉	获市级三等奖	该项目根据城市绿化面积少、绿化覆盖率低的具体情况，提出 11 种具体的绿化模式，为提高城市的绿化效益，缓解城市的“热岛”提出了规划上的具体建议
1992-4-091	园林局 94~36	微机在园林科技情报上的应用	1992—1994 年	韩庆 张爱珍	国内先进，获建设部三等奖，建委一等奖	该项目利用 Micro-CDS/ISIS 通用信息检索系统建立了适合园林专业检索的数据库管理系统，为行业的服务走向了现代化
1993-3-095	建委：92~26	仙客来优良种苗生产技术的研究	1992—1995 年	付新生 仙质慧 卢李红 姜世平	获林业部三等奖，建委三等奖	该项目通过改进制种技术、提高营养水平、控制播种期、筛选基质、改善植保手段等技术措施来提高优质种苗的生产率，同时利用外源基因导入技术培育黄花仙客来初见成效

续表 8-1-3-1

项目编号	项目来源	项目名称	起止年限	承担人	获奖情况	成果简介
1995-2-110	科委：9300308020	彩色马蹄莲、大叶花烛、三季花藤本月季引种及快繁研究	1995—1997 年	杨奎姝　张和琴　邹萌　赵万玲　刘蓉	国内领先，获市科技进步三等奖	该项目在三年的时间内对彩色马蹄莲、大叶花烛、三季花藤本月季进行了以组织培养为主的快繁研究，形成一整套从消毒接种、诱导分化、继代增殖、生根移栽的系列技术，尤其对三季花藤本月季的栽培更要注意随时绑扎，且越冬时须喷涂保湿剂
1996-4-115	园林局 96~1	仙客来彩云系列品种芳香化的育种研究	1996—1998 年	付新生　朱永莉　姜世平　姜文华　陈小奎	国内领先，获市科技进步三等奖（与其它项目汇总申报）	该项目采用复杂的杂交技术，完成了基因重组，获得了稳定性较高的具有芳香气味的仙客来彩云系列品种
1996-3-117	建委 96~23	天津市园林植物几种主要害虫可持续性防治技术的研究	1996—1999 年	刘金英　杨贵礼　庞建军　黄启生等	获市科技进步三等奖（与其它项目汇总申报）	该项目深入研究国槐尺蛾、桑白盾蚧等五种害虫发生规律；归纳出同时防治五种害虫的最佳防治期；并筛选出高效、无公害、来源方便、价格经济的几种药剂（齐螨素、烟参碱等）及槐小卷蛾性诱剂。减少用药量和用药次数；采用“性诱法”，降低槐小卷蛾的繁殖基数；保护了园林生态的可持续发展
1997-2-119	科委：963109911	美国白蛾生活史观察及防治技术的研究	1997—1998 年	张连生　杨忠歧　周洪义　路美玲　毛世富　庞建军　陈华盛　刘金英　翟善民　魏建荣　周荣艳	国际先进，获市科技进步三等奖	该项目在充分调查了美国白蛾的危害规律和防治适期之后，推出了以放飞其天敌-白蛾周氏啮小蜂等生物防治为主的系列防治技术
1998-3-127	建委：97~20	天津市草坪混播技术的研究及质量评估	1998—2000 年	汤巧香　马小军　白建平	国内领先，合获市科技进步三等奖（与其它项目汇总申报）	该项目对天津市主栽的草种进行了研究，总结出有效的混播原则、混播类型，提出了混播的关键技术

续表 8-1-3-1

项目编号	项目来源	项目名称	起止年限	承担人	获奖情况	成果简介
1998-3-128	建委：97~18	仙客来玫瑰红品种的育种和制种技术的研究	1998. 1—2000. 12	朱永莉 姜世平 付新生 姜文华 刘睦圆	合获市科技进步三等奖	本研究综合应用引、选、育三种途径丰富、更新了我所仙客来玫瑰红品种资源，并带动、促进了其它品种的品种更新工作。明确了仙客来二倍体、四倍体的概念，确定玫瑰红品系 6 个
1999-3-133	建委：1999-28	美国白蛾生物防治技术开发工程研究	1999. 3—2001. 3	庞建军 杨忠岐 翟善民 张淑萍 陈金岗 刘金英 胡文华	国内领先，市科技进步三等奖（与其它项目汇总申报）	该项目在完善了美国白蛾的人工繁育技术及其天敌白蛾周氏啮小蜂的规模化生产繁育技术的同时制定了白蛾周氏啮小蜂的人工繁育及放蜂的技术规程及质量标准，并在全国范围内进行了推广
1999-3-137	建委：1999-30	天津市草坪建植和草坪养护管理技术规程研究	1999. 6—2000. 6	汤巧香 马小军 白建平	国内领先，获市科技进步三等奖（与其它项目汇总申报）	该项目根据天津市草坪发展现状，制定出适合天津市的草坪建植与养护管理技术规程，对提高草坪的建植质量及对行业的指导具有重要意义。
2000-4-140	园林局：2000-4-204	仙客来专用栽培基质、肥料的研制与开发	1999. 12—2001. 12	姜世平 朱永莉 韩国英 肖学斌 邹萌	国内领先，获市科技进步三等奖（与其它项目汇总申报）	分别对仙客来播种期、营养生长期、生殖生长期三个阶段的栽培基质与肥料进行研制与开发，为生产者提供配套的专用基质与肥料，提高产品质量及优质成品率

资料来源：天津市园林绿化研究所提供

获市级及以上奖项项目

表 8-1-3-2

项目编号	项目来源	项目名称	起止年限	承担人	获奖情况	成果简介
1981-4-020	1983-4-45	白僵菌除治蛀干害虫木蠹蛾的研究	1983—1986 年	张德林 张淑萍	国家发明四等奖、市科技进步二等奖	该项目将自然界中可将木蠹蛾染病致死的真菌——白僵菌“413”菌株分离加工制成了有效的生物农药，既有效地防治了小木蠹蛾的危害，又避免了对城市环境的污染
1981-4-022	1981-2-22	园林绿化净化大气的研究	1981—1982 年	刘福才 薛苒	天津市科学进步二等奖	该项目确定了大气的主要污染物质是烟尘、二氧化硫、氯气、氟气、氯化氢气、酸雾气、和氮氧化物等，对园林植物的危害很大；同时发现园林植物有吸附有害物质净化空气的作用；并筛选出 17 种具有较强抗性的园林植物；还证明了园林绿地的降温、增湿和减尘的作用

续表 8-1-3-2

项目编号	项目来源	项目名称	起止年限	承担人	获奖情况	成果简介
1982-2-035	1981-2-34 科发四字（79）3 号	遥感在分析城市污染植被上的应用	1982 年	刘福才 薛 苒 翟惠娴 武文龙	总项目获中科院重大科技二等奖，国家科技进步二等奖	为市科委下达环保局，中科院项目《津渤海环境遥感试验研究》的子项目，通过不同物质对彩红外线的反射光谱不同的机理，可在从高空拍摄的遥感照片上分析城市植被受到污染的状态，从而提出相应的对策
1983-4-041	1983-2-44	仙客来病毒病害的研究	1982 年	郭佩联 付新生	获市级三等奖	该项目通过生物测定、血清学测定和电镜观察，对影响仙客来生长的病毒做了鉴定，并研制出了抑制和摆脱病毒的有效方法和技术措施
1983-4-042	科委：37-（3-2）-230	绿化植被净化作用及其利用途径的研究	1983 年	刘福才 付新生 翟慧娴 饶孝栋 薛苒	获市级二等奖	该项目研究测定城市绿地系统对大气中有害气体的迟滞、减尘、吸收、杀菌等的效果进行了测定，并运用遥感彩红外航片进行准确直观的分析，提出了各种绿化模式和所需树种
1984-1-043	1984-2-58	天津市园林植物病虫害、天敌资源普查和检疫对象名录的研究	1984—1986 年	李忠恕 张连生 张良玉 付新生 胡文华	获部级二等奖，市级三等奖	该项目通过普查对天津市园林植物的病、虫害和天敌资源以及检疫对象进行了分类学的排列，提出了五套名录
1986-2-049	1986-2-63 科拨（85）21 号	名贵花卉工厂化快速育苗技术的研究——月季、仙客来	1986—1988 年	李忠恕 付新生 仙质慧 刘家光 尚佑文 杨奎姝 张和琴 涂友琴 周经芸 周小蕾 李洪远 卢李红 于淑英 谢宏山	分别获市级三等奖	该项目分为两个专项研究项目。仙客来在专用全光温室设计、诱变育种、工厂化周年供花的生产技术和组培繁殖都有突破性成果。月季部分也在以组培技术为主的快繁中突破了多个品种的诱导分化、继代增殖、生根成苗及提高移栽成活率的难关，提出了相应的技术规范
1989-4-066	科委：900080401000	仙客来育种的研究	1989—1991 年	仙质慧 付新生 卢李红 姜世平	获市三等奖	该项目通过杂交和辐射相结合的方式成功地培育出新的仙客来品种
1990-3-075		天津市园林系统科技现状和发展趋向		刘福才 韩庆	评为天津市 1992 年度最佳科技住处成果三等奖	该项目通过对天津园林系统科技现状、科技的发展导致行业进步的要求的分析提出了园林绿化科技发展的必然趋势，为今后行业科技的发展提出了新的要求

续表 8-1-3-2

项目编号	项目来源	项目名称	起止年限	承担人	获奖情况	成果简介
1991-3-080	建委：91-软（5）	绿化模式与气候效益的研究	1991—1994 年	刘福才 白玉荣 薛 苒 饶孝栋 张启俊 杨荣绪 付辉	获市级三等奖	该项目根据城市绿化面积少、绿化覆盖率低的具体情况，提出11 种具体的绿化模式，为提高城市的绿化效益，缓解城市的“热岛”提出了规划上的具体建议
1992-4-091	园林局 94~36	微机在园林科技情报上的应用	1992—1994 年	韩 庆 张爱珍	国内先进，获建设部三等奖，建委一等奖	该项目利用 Micro-CDS/ISIS 通用信息检索系统建立了适合园林专业检索的数据库管理系统，为行业的服务走向了现代化
1993-3-095	建委：92~26	仙客来优良种苗生产技术的研究	1992—1995 年	付新生 仙质慧 卢李红 姜世平	获林业部三等奖，建委三等奖	该项目通过改进制种技术、提高营养水平、控制播种期、筛选基质、改善植保手段等技术措施来提高优质种苗的生产率，同时利用外源基因导入技术培育黄花仙客来初见成效
1995-2-110	科委：9300308020	彩色马蹄莲、大叶花烛、三季花藤本月季引种及快繁研究	1995—1997 年	杨奎姝 张和琴 邹 萌 赵万玲 刘 蓉	国内领先，获市科技进步三等奖	该项目在三年的时间内对彩色马蹄莲、大叶花烛、三季花藤本月季进行了以组织培养为主的快繁研究，形成一整套从消毒接种、诱导分化、继代增殖、生根移栽的系列技术，尤其对三季花藤本月季的栽培更要注意随时绑扎，且越冬时须喷涂保湿剂
1996-4-115	园林局 96~1	仙客来彩云系列品种芳香化的育种研究	1996—1998 年	付新生 朱永莉 姜世平 姜文华 陈小奎	国内领先，获市科技进步三等奖（与其它项目汇总申报）	该项目采用复杂的杂交技术，完成了基因重组，获得了稳定性较高的具有芳香气味的仙客来彩云系列品种
1996-3-117	建委 96~23	天津市园林植物几种主要害虫可持续性防治技术的研究	1996—1999 年	刘金英 杨贵礼 庞建军 黄启生等	获市科技进步三等奖（与其它项目汇总申报）	该项目深入研究国槐尺蛾、桑白盾蚧等五种害虫发生规律；归纳出同时防治五种害虫的最佳防治期；并筛选出高效、无公害、来源方便、价格经济的几种药剂（齐螨素、烟参碱等）及槐小卷蛾性诱剂。减少用药量和用药次数；采用“性诱法”，降低槐小卷蛾的繁殖基数；保护了园林生态的可持续发展

续表 8-1-3-2

项目编号	项目来源	项目名称	起止年限	承担人	获奖情况	成果简介
1997-2-119	科委：963109911	美国白蛾生活史观察及防治技术的研究	1997—1998 年	张连生 杨忠歧 周洪义 路美玲 毛世富 庞建军 陈华盛 刘金英 翟善民 魏建荣 周荣艳	国际先进，获市科技进步三等奖	该项目在充分调查了美国白蛾的危害规律和防治适期之后，推出了以放飞其天敌——白蛾周氏啮小蜂等生物防治为主的系列防治技术
1998-3-127	建委：97~20	天津市草坪混播技术的研究及质量评估	1998—2000 年	汤巧香 马小军 白建平	国内领先，合获市科技进步三等奖（与其它项目汇总申报）	该项目对天津市主栽的草种进行了研究，总结出有效的混播原则、混播类型，提出了混播的关键技术
1998-3-128	建委：97~18	仙客来玫瑰红品种的育种和制种技术的研究	1998. 1—2000. 12	朱永莉 姜世平 付新生 姜文华 刘睦圆	合获市科技进步三等奖	本研究综合应用引、选、育三种途径丰富、更新了我所仙客来玫瑰红品种资源，并带动、促进了其它品种的品种更新工作。明确了仙客来二倍体、四倍体的概念，确定玫瑰红品系 6 个
1999-3-133	建委：1999-28	美国白蛾生物防治技术开发工程研究	1999. 3—2001. 3	庞建军 杨忠歧 翟善民 张淑萍 陈金岗 刘金英 胡文华	国内领先，市科技进步三等奖（与其它项目汇总申报）	该项目在完善了美国白蛾的人工繁育技术及其天敌白蛾周氏啮小蜂的规模化生产繁育技术的同时制定了白蛾周氏啮小蜂的人工繁育及放蜂的技术规程及质量标准，并在全国范围内进行了推广
1999-3-137	建委：1999-30	天津市草坪建植和草坪养护管理技术规程研究	1999. 6—2000. 6	汤巧香 马小军 白建平	国内领先，获市科技进步三等奖（与其它项目汇总申报）	该项目根据天津市草坪发展现状，制定出适合天津市的草坪建植与养护管理技术规程，对提高草坪的建植质量及对行业的指导具有重要意义
2000-4-140	园林局：2000-4-204	仙客来专用栽培基质、肥料的研制与开发	1999. 12—2001. 12	姜世平 朱永莉 韩国英 肖学斌 邹萌	国内领先，获市科技进步三等奖（与其它项目汇总申报）	分别对仙客来播种期、营养生长期、生殖生长期三个阶段的栽培基质与肥料进行研制与开发，为生产者提供配套的专用基质与肥料，提高产品质量及优质成品率

续表 8-1-3-2

项目编号	项目来源	项目名称	起止年限	承担人	获奖情况	成果简介
1990-3-075		天津市园林系统科技现状和发展趋向		刘福才 韩 庆	评为天津市1992年度最佳科技成果三等奖	该项目通过对天津园林系统科技现状、科技的发展导致行业进步的要求的分析提出了园林绿化科技发展的必然趋势，为今后行业科技的发展提出了新的要求。
1992-4-091	园林局：94~36	微机在园林科技情报上的应用	1992—1994年	韩 庆 张爱珍	国内先进，获建设部三等奖，建委一等奖，局二等奖	该项目利用Micro-CDS/ISIS通用信息检索系统建立了适合园林专业检索的数据库管理系统，为行业的服务走向了现代化
1993-3-095	建委：92~26	仙客来优良种苗生产技术的研究	1992—1995年	付新生 仙质慧 卢李红 姜世平	获林业部三等奖，建委三等奖，局一等奖	该项目通过改进制种技术、提高营养水平、控制播种期、筛选基质、改善植保手段等技术措施来提高优质种苗的生产率，同时利用外源基因导入技术培育黄花仙客来初见成效
1995-2-110	科委：9300308020	彩色马蹄莲、大叶花烛、三季花藤本月季引种及快繁研究	1995—1997年	杨奎姝 张和琴 邹 萌 赵万玲 刘 蓉	国内领先，市科技进步三等奖，局一等奖	该项目在三年的时间内对彩色马蹄莲、大叶花烛、三季花藤本月季进行了以组织培养为主的快繁研究，形成一整套从消毒接种、诱导分化、继代增殖、生根移栽的系列技术，尤其对三季花藤本月季的栽培更要注意随时绑扎，且越冬时须喷涂保湿剂
1996-1-118	1996-1-157	园林植物蚧虫的识别与防治	1996—1997	张淑萍 胡文华	国际先进	该项目为建设部大项目的子项目，在详细阐明园林植物上主要蚧虫的识别特征后，提出了防治的有效方法
1997-2-119	科委：963109911	美国白蛾生活史观察及防治技术的研究	1997—1998年	张连生 杨忠歧 周洪义 路美玲 毛世富 庞建军 陈华盛 刘金英 翟善民 魏建荣 周荣艳	国际先进，市科技进步三等奖局科技进步一等奖	该项目在充分调查了美国白蛾的危害规律和防治适期之后，推出了以放飞其天敌-白蛾周氏啮小蜂等生物防治为主的系列防治技术
1998-3-127	建委：97-20	天津市草坪混播技术的研究及质量评估	1998—2000年	汤巧香 马小军 白建平	国内领先，合获市科技进步三等奖（与其它项目汇总申报）	该项目对天津市主栽的草种进行了研究，总结出有效的混播原则、混播类型，提出了混播的关键技术

续表 8-1-3-2

项目编号	项目来源	项目名称	起止年限	承担人	获奖情况	成果简介
1998-3-128	建委：97-18	仙客来玫瑰红品种的育种和制种技术的研究	1998.1—2000.12	朱永莉 姜世平 付新生 姜文华 刘睦圆	合获市科技进步三等奖	本研究综合应用引、选、育三种途径丰富、更新了我所仙客来玫瑰红品种资源，并带动、促进了其它品种的品种更新工作。明确了仙客来二倍体、四倍体的概念，确定玫瑰红品系6个
1998-2-130	科委：973112310（1）	冷季型草坪草种质资源的评估及示范的研究	1998—1999年	汤巧香 马晓军 白建平	国内领先，获市科技进步三等奖（与其它项目汇总申报）	该项目综合国内外资料对我国冷季草坪首次提出了资源评价体系，并对现有品种进行了综合评价，为草坪推广提供了一定的依据
1998-3-132	建委：98-32	天津市主要蛀干害虫的生物防治技术	1999—2001年	庞建军 张祥敏 邳新生 康振 刘金英 翟善民 张连生	国内领先，获科技进步三等奖（与其它项目汇总申报）	该项目针对天津市主要蛀干害虫，采用生物药剂或利用性引诱剂防治成虫；采用天敌微生物和天敌昆虫防治幼虫的方法，归纳出每种害虫切实可行的的生物防治技术，具有极大的推广利用价值
1999-3-133	建委：1999-28	美国白蛾生物防治技术开发工程研究	1999.3—2001.3	庞建军 杨忠歧 翟善民 张淑萍 陈金岗 刘金英 胡文华	国内领先，获第六届中国花卉博览会科技成果二等奖，获科技进步三等奖（与其它项目汇总申报）	该项目在完善了美国白蛾的人工繁育技术及其天敌白蛾周氏啮小蜂的规模化生产繁育技术的同时制定了白蛾周氏啮小蜂的人工繁育及放蜂的技术规程及质量标准，并在全国范围内进行了推广
1999-3-137	建委：1999-30	天津市草坪建植和草坪养护管理技术规程研究	1999.6—2000.6	汤巧香 马小军 白建平	国内领先，获科技进步三等奖（与其它项目汇总申报）	该项目根据天津市草坪发展现状，制定出适合天津市的草坪建植与养护管理技术规程，对提高草坪的建植质量及对行业的指导具有重要意义
2000-4-140	园林局：2000-4-204	仙客来专用栽培基质、肥料的研制与开发	1999.12—2001.12	姜世平 朱永莉 韩国英 肖学斌 邹萌	国内领先，获科技进步三等奖（与其它项目汇总申报）	分别对仙客来播种期、营养生长期、生殖生长期三个阶段的栽培基质与肥料进行研制与开发，为生产者提供配套的专用基质与肥料，提高产品质量及优质成品率

二、科技论著

1.《天津园林绿化》《天津园林绿化》编写组编著，1989年12月天津科学技术出版社出版。主编：王荣；副主编：张春泽、刘增褫、高国华；作者：张雨生、张春泽、高国华、陈威、贺振、王景彬、王立新、饶孝栋、翟洪武、刘祚林、杨维栋、黎永惠、刘福才、田济泽。1989年12月天津科技出版社出版，16开122页8章20余万字，选用图片180余张。《天津城市建设丛书》之一。本书力求从学术角度介绍天津园林绿化的技术水平、艺术风格和特点，用横竖贯穿的笔法，从不同角度介绍天津园林绿化的过去、现在和未来。

2.《天津的园林古迹》来新夏主编，章用秀编著。2004年8月天津古籍出版社出版，32开274页15万字。《天津建卫600周年》丛书八题之一。介绍了天津的官署园林、私家园林、御用园林、坛庙寺观园林，随文插图，以为文献积存。

3.《园林建设工程施工监理手册》2006年6月中国林业出版社出版。

主编：高国华；副主编：康新民、周洪义、郭丽君；参编：陈涛、张琮、张云卿、杨清雁、李志云、史丽婷、柴新利、韩晓、刘明。2006年6月中国林业出版社出版，16开684页。全书13章，较全面地对园林建设工程施工监理运作程序、工程技术管理，特别是施工质量的监理要点和园林工程特有的一些实际问题给予介绍和解答。

4.《天津历史名园》郭喜东、张彤、张岩著，2008年5月天津古籍出版社出版，16开20.75印张315页。该书沿历史脉络，分早期历史名园、近代历史名园、近代租界名园三篇，且每篇首作一综述，以为解读天津造园历史。书中注释占一定篇幅，为读者说明历史和人物背景。

5.《园林绿化高级技师培训教材》主编：2008年9月中国建筑工业出版社出版。

主编：王岁英；副主编：魏侠、陈涛、高学刚；参编人员：丁洪、王岁英、叶范文、刘凤杰、刘福才、何芬、李素华、陈文富、张琮、杨清雁、郭晓洁、傅新生、童彤、韩国英、韩晓、翟洪武。2008年9月中国建筑工业出版社出版，16开29¼印张825千字，全书10章，内容涵盖园林植物与环境、植物营养与土壤肥料、城市园林绿化的生态功能与发展趋势、园林植物繁殖技术、花卉栽培与应用、园林树木的应用与养护、园林植物保护、景观规划设计与应用、园林建设工程等学科理论、技能的知识。

6.《园林景观植物图鉴（上)》，主编：周洪义、张清；副主编：李玉军、李培军、徐君、祁永、于福艳；编者：富东丽、陈召忠、刘明、李凤敏、刘雪梅、徐建军、姜世平、李慧丽、庞建军、李瑞清、刘永、周小蕾、谷运年、葛文婕、张文生、赵杰、卢云慧、崔艳芬、赵辉、王国强、陈周羡、邳学杰、周文杰、李同明、王宝昆、马作国、王耐君、范桦、王新宇、李德全、王思清。2009年10月中国林业出版社出版，210毫米×285毫米开本50印张。该书对所收录的常用园林景观植物进行简要阐述。全书分上下两卷，上册是木本植物卷，分为针叶树钟、长绿阔叶树钟、落叶乔木树种、落叶灌木树种、木质藤本树种、棕榈类和竹类植物六篇，是一部集实用性、观赏性于一体，兼具艺术性的园林景观植物应用工具书。

此外，1998年至2003年间，天津市园林学会组织编辑出版了《天津园林物候》(1998年，杨瑞兴)、《大众花卉丛书［七册］》(2000年，贺振等)、《家庭花卉病虫害防治》(2001年，高国华)、《天津城市园林规划设计和绿化种植结构导则》(2002年，郭喜东、王和祥)、《海河、景观、生态论文集》(2002年)、《生态园林建设论文集》(2003年) 等，分别由中国林业出版社、天津科学出版社出版发行。

第四节　科普宣传

一、《大众花卉》杂志

该杂志由天津市园林管理局、天津市园林学会主办，1982年10月创刊，1988年12月停刊。初期为16开32页，后增至48页，内插4彩页，在国内外公开发行。开设有栽培技术、品种介绍、花径拾英、室内装饰、花卉与生活、史话·趣谈·传奇、新技术·新尝试·新成果、盆景之窗、庭院花卉、家庭养花、名花谱、育花小经验、鸟鱼虫、每期一课、秋翁信箱、园艺家剪影、国外养花动态等栏目，是一份兼具科学性、大众性、知识性、实用性、趣味性的科普双月刊。共出版发行38期。最高发行量34万份（1984年)，累计发行量近700万份。

首任主编袁格方，主持编辑了该杂志的第一期至第三十四期，继任主编贺振主持编辑了该杂志的第三十五期至第三十八期，随后停刊。

《大众花卉》杂志还在1985年第六期发起请读者评选中国十大名花活动，共收到有效选票近3万张。选票由天津商学院电子计算机教研室设计程序，统计选票，评选出牡丹、月季、梅花、兰花、菊花、杜鹃、山茶花、荷花、桂花、君子兰为花卉爱好者最喜爱的十大名花，于1986年第四期推出十大名花特辑。《大众花卉》杂志还曾举办过花卉摄影大奖赛等活动。

二、主要科普活动

1. 1991年3月至4月，天津市园林学会花卉学组组织编辑《家庭盆栽月季》《插花艺术》《菊花栽培管理》《仙客来养管》和《干鲜花在室内装饰和利用》等资料，作为科普教材。

2. 1992年，天津市园林学会在全市举办“环境与发展”有奖征文活动。经过初选有10篇论文入围。经专家评议，论文《人与绿色环境》获一等奖，论文《垂直绿化是天津生态园林建设方向》获二等奖。

3. 天津市园林学会自1987年开始，每年都按照天津市科协的安排，并根据园林绿化的实际，有针对性地组织一年一届的科技周活动。其中的1995年9月12日至20日，天津市园林学会组织的第九届科技周活动，分别开展学术报告会、技术讲座、技术比武、计算机应用培训、发布全面质量管理小组成果、科技咨询服务活动等，被天津市科协评为优秀组织单位。此外，在2013年5月24日至26日的天津市科技周期间，天津市园林学会举办月季栽培能手及月季十佳观赏景点评比活动，评出优秀月季景点10个、月季栽培能手20人。

第二章　教　育

天津市在1949年后，天津市园林部门就着手进行职工教育，从最初的以扫盲为主逐渐发展到致力于提高职工的文化水平和科技能力。特别是在改革开放后，天津市作为第三大直辖市，在政治、经济、科技、文化建设飞速发展的同时，城市面貌不断改善，绿地面积不断扩大，对园林绿化的标准要求日益提高，从业人员队伍不断扩大，对于技术力量的需求更为迫切。天津市园林主管部门以多种形式培育和引进园林绿化专业人才。

第一节　成立天津市园林学校

一、招生及建校初期的建设

为培养大批技术人才和管理人才，经天津市建委〔1979〕建城405号文件批准，决定成立天津市园林学校。

1981年2月27日，天津市园林管理局〔1981〕市园林办字第34号文件批准，自1981年3月1日起，启用天津市园林学校印章，并对外办公。校址为贾沽道原天津市市政工程学校旧址。学校占地面积45亩。1981年4月，园林学校开始招生。首次招生为“园林绿化专业职工培训班”。园林局所属单位的工人、干部，工人25岁以下，干部30岁以下，具备高中毕业（或同等学力）经考试后择优录取，共计招生40名，学制两年半，全部为走读生。

学生在校学习期间，由原单位发放工资，学习期间计算工龄，毕业后根据园林局需要择优分配，按照达到的技术水平安排为技术人员或管理人员。本届培训班39人和并入园林学校的原天津市市政技校园林班44人于5月4日正式开课。1981年9月，第一次面向社会招生，专业为园林绿化，设有一个中专班，学制三年；一个技工班，学制两年，招收对象为天津市应届高中毕业生。当年，中专班招收了 29 人，技工班招收了 37 人。1982 年，招收园林绿化专业中专班学生 34 人；1983 年，招收园林绿化专业中专班学生 40 人，技工班 28 人。1984 年，经市园林局、市二教局批准，增设园林绿化专业职工中专班，学制三年，招收对象为天津市园林局 25 岁以下、两年以上工龄的具备初中毕业证的在职职工，当年招收了 42 名在职职工。1984 年，经市二教局批准，园林绿化专业中专班和技工班开始招收应届初中毕业生，学制为四年和三年。分别招收了 39 名中专生，28 名技工生。1985 年，招收园林绿化专业中专班 39 人，职工中专班 25 人，技工班 28 人。

经申请，1985 年由国家建设部、天津市建委、天津市园林局投资，对学校进行改建，1985—1986 年，完成了教学楼、学生宿舍楼、行政办公楼、图书馆、阶梯教室、餐厅、浴室等主要建筑，总建筑面积 13776 平方米，可同时容纳 640 名学生。学校操场 6000 平方米，设有足球、篮球、排球场地和 250 米环形跑道。

天津市园林学校中专学生人数统计

表 8-2-1-1　　单位：人

年份班级	人数	年份班级	人数	年份班级	人数
81 中专	29	87 职工	28	92 中专一班	42
81 职工中专	39	87 技工	33	92 中专二班	42
81 技工	37	87 中专一班	43	92 中专三班	45
82 中专	34	87 中专二班	40	92 规划	43
83 中专	40	88 职工	20	92 职工	20
83 技工	28	88 技工	26	93 技工	35
84 中专	39	88 中专	31	93 规划	34
84 职工	43	89 中专	43	93 中专一班	40
84 技工	28	89 技工	43	93 中专二班	40
85 中专	38	90 中专	29	93 中专三班	40
85 职工	24	91 技工	39	93 管理一班	40
85 技工	28	91 规划	40	93 管理二班	38
86 中专	44	91 中专一班	40	93 管理三班	40
86 规划	40	91 中专二班	39	94 财会	43
86 技工	38			94 涉会	43
				94 技工	25
				94 计算机	44
				94 规划	44

续表 8-2-1-1

年份班级	人数	年份班级	人数	年份班级	人数
94 中专一班 94 中专二班 94 管理	52 44 35	97 技工一班 97 技工二班 97 绿化一班 97 绿化二班 97 绿化三班 97 绿化四班 97 绿化五班 97 绿化六班 97 财会	40 41 57 59 80 56 30 58 80	98 绿化七班 98 建筑管理一班 98 建筑管理二班 98 建筑管理三班	49 63 30 49
95 财会 95 财会计算机 95 计算机 95 涉会 95 绿化 95 规划	30 20 44 45 40 42			99 绿化一班 99 绿化二班 99 绿化三班 99 绿化四班 99 绿化五班 99 绿化六班 99 成人 99 建筑一班 99 建筑二班 99 建筑三班 99 技工	54 50 49 54 50 49 39 42 42 48 40
96 技工 96 成人 96 计算机 96 日语 96 规划一班 96 规划二班 96 财会一班 96 财会二班	29 33 33 44 49 49 45 40 71	98 技工 98 成人 98 财会计算机 98 绿化一班 98 绿化二班 98 绿化三班 98 绿化四班 98 绿化五班 98 绿化六班	32 54 38 61 53 51 51 51 52		

年份班级	人数	年份班级	人数
2000 年绿化 2000 年规划一班 2000 年规划二班 2000 年规划三班 2000 建筑	45 62 61 41 42	2007 2008 2009 2010 2011	211 197 148 137 743
2001 年规划一班 2001 年规划二班 2001 年花卉 2001 年绿化一班 2001 年绿化二班	53 41 30 33 30	2012	314
2002 年高中课改班 2002 绿化一班 2002 绿化二班 2002 绿化三班 2002 绿化四班	20 40 44 39 36		
2003	178		
2004	834		
2005	165		
2006	101	合计	8288

二、建立了职业技能鉴定所

1997年，经市劳动局审定，成立了天津市园林行业考核站，负责园林行业系统初、中、高级技术工人的考核鉴定，1993年，天津市人事局认定园林学校为技术考核工作中，正式挂牌为天津市机关事业单位工人技术等级考核第七工作站。

2000年完成各类园林职业工种技能培训、鉴定：407人次

2001年完成各类园林职业工种技能培训、鉴定：605人次

2002年完成各类园林职业工种技能培训、鉴定：972人次

2003年完成各类园林职业工种技能培训、鉴定：745人次

2004年完成各类园林职业工种技能培训、鉴定：543人次

2005年完成各类园林职业工种技能培训、鉴定：541人次

2006年完成各类园林职业工种技能培训、鉴定：1470人次

2007年完成各类园林职业工种技能培训、鉴定：1196人次

2008年完成各类园林职业工种技能培训、鉴定：705人次

2009年完成各类园林职业工种技能培训、鉴定：846人次

2010年完成各类园林职业工种技能培训、鉴定：865人次

2011年完成各类园林职业工种技能培训、鉴定：931人次

2012年完成各类园林职业工种技能培训、鉴定：803人次

三、成立了北京林业大学函授学院

1987年，北京林业大学在园林学校开设三年学制的园林专业函授教育班（大专）。1995年开始开办本科函授班。

经过北京林业大学考察组到校实地考察验收，于2003年正式批准天津市园林学校为北京林业大学继续教育学院天津分院。

四、园林学校成立后新设机构

2007年8月18日，经过多方考察研究，天津市园林学校向天津市教委提出《关于申请成立中国农业大学现代远程教育天津市园林学校学习中心的请示》。

2008年4月14日，天津市教委下发《关于同意天津市园林学校等量各单位设立现代远程教育校外学习中心的批复》，中国农业大学现代远程教育天津市园林学校学习中心正式成立。

五、天津市园林学校学习中心专业设置与改革

1. 专业设置

自2008年正式开办以来，天津市园林学校学习中心先后开设园林（高起专、专升本），动物科学（高起专），动物医学（专升本），会计（专升本），食品质量与安全（专升本），公共事业

管理（专升本）等专业。

2. 招生及毕业学生

表 8-2-1-2 单位：人

序号	批次	项目	层次	专业	报名人数	录取人数	毕业人数
1	082	普通	专升本	园林	1	1	1
2	082	普通	高起本	园林	19	19	8
3	091	普通	高起本	园林	1	1	1
4	091	普通	专升本	园林	3	3	3
5	091	普通	专升本	食品质量与安全	2	2	2
6	091	普通	专升本	水利水电工程	2	2	1
7	092	普通	高起本	园林	3	3	1
8	092	普通	高起专	园林	51	51	49
9	092	普通	专升本	土地资源管理	1	1	1
10	092	普通	专升本	园林	24	22	12
11	101	普通	专升本	园林	3	3	3
12	101	普通	专升本	食品质量与安全	1	1	1
13	101	普通	高起专	园林	23	22	17
14	102	普通	专升本	公共管理	1	1	0
15	102	普通	专升本	园林	15	15	9
16	102	普通	高起专	园林	39	39	29
17	102	普通	高起本	园林	7	7	0
18	102	普通	高起本	电气工程及其自动化	1	1	0
19	111	普通	高起专	园林	23	23	14
20	111	普通	专升本	园林	4	4	4
21	112	普通	高起专	园林	52	51	26
22	112	普通	专升本	食品质量与安全	2	2	1
23	112	普通	专升本	园林	11	10	5
24	112	普通	专升本	会计学	2	2	1
25	121	普通	专升本	园林	8	8	4
26	121	普通	高起专	园林	42	42	在籍学员未到毕业
27	122	普通	高起专	园林	15	15	
28	122	普通	专升本	园林	11	10	
29	122	普通	专升本	公共管理	1	1	
30	131	普通	高起专	园林	14	14	
31	131	普通	专升本	园林	22	22	
32	132	普通	高起专	园林	20	20	

续表 8-2-1-2

序号	批次	项目	层次	专业	报名人数	录取人数	毕业人数
33	132	普通	专升本	食品质量与安全	1	1	
34	132	普通	专升本	会计学	1	1	
35	132	普通	专升本	园林	14	13	
36	141	普通	高起专	园林	6	5	
37	141	普通	高起专	动物科学	1	1	
38	141	普通	专升本	动物医学	1	1	
39	141	普通	专升本	园林	10	10	

3. 办学特色

天津市园林学校学习中心充分利用中国农业大学的教育资源，采用弹性学制、学分制的教育管理制度和自助学习为主、协作学习为辅的新型教学模式。学习中心选派经验丰富、认真负责的教师担任远程教育教学辅导工作，提供学习支持服务。学员在教师指导下通过以网络为主的多种媒介进行分散式的自主学习，学习资源主要有网络课程、光盘课件和纸介教材，学习环节主要有学习指导、课件学习、网上讨论、网上答疑、课程作业（线上和线下）、课程考试、毕业实践等。

园林专业专升本课程设置

表 8-2-1-3

序号	课程类别	课程名称	所占学分
1	任选课	行政管理学	4
2	任选课	行政法及行政诉讼法	4
3	任选课	资源与环境	4
4	任选课	现代企业管理	4
5	通识课	毛泽东思想、邓小平理论和“三个代表”重要思想概论	5
6	通识课	网络学习指导	2
7	通识课	哲学	3
8	通识课	应用文写作	4
9	通识课	社会心理学	3
10	通识课	传播与沟通	3
11	通识课	文献检索	2
12	统考课	大学英语（B）	0
13	统考课	计算机应用基础（统考）	0
14	专业教育课	花卉学	4
15	专业教育课	插花艺术与盆景	2
16	专业教育课	园林美术	4

续表 8-2-1-3

序号	课程类别	课程名称	所占学分
17	专业教育课	测量学	4
18	专业教育课	画法几何与阴影透视	4
19	专业教育课	园林树木学	4
20	专业教育课	园林设计	4
21	专业教育课	园林工程	4
22	综合实践	毕业论文（设计）	12
合计			80

园林专业专升本课程设置

表 8-2-1-4

序号	课程类别	课程名称	所占学分
1	任选课	管理学原理	4
2	任选课	市场营销学	4
3	任选课	资源与环境	4
4	任选课	现代企业管理	4
5	通识课	思想道德修养与法律基础	3
6	通识课	网络学习指导	2
7	通识课	哲学	3
8	通识课	应用文写作	4
9	通识课	公共管理学	4
10	通识课	社会心理学	3
11	通识课	农业概论	3
12	通识课	办公自动化	4
13	专业教育课	土壤肥料学	4
14	专业教育课	植物与植物生理学	4
15	专业教育课	绿地规划	4
16	专业教育课	观赏树木学	4
17	专业教育课	园林苗圃	4
18	专业教育课	园林花卉学	4
19	专业教育课	园林植物遗传育种	3
20	专业教育课	园林树木栽培养护	3
21	综合实践	毕业论文（设计）	8
合计			80

教材建设情况表

表 8-2-1-5

姓名	教材名称	主编	参编	出版单位	出版日期
张培冀	园林测量	√		中国建筑工业出版社	1999.5
张舟	仿古建筑与园林工程定额与预算		√	中国建筑工业出版社	1999.5
谷运年	园林制图与识图		√	中国建筑工业出版社	1999.5
李莉	园林植物学		√	中国建筑工业出版社	1999.5
何芬	园林树木		√	中国建筑工业出版社	1999.5
张舟	园林构造与材料		√	中国建筑工业出版社	1999.5
李珂	园林构造与材料		√	中国建筑工业出版社	1999.5
王英	园林花卉		√	中国建筑工业出版社	1999.5
蒙俊杰	园林树木栽培学		√	中国建筑工业出版社	1999.5
孟瑾	园林规划设计		√	中国建筑工业出版社	1999.5
陈晨	园林工程与施工		√	中国建筑工业出版社	1999.5
王翠敏	园林植物遗产育种	√		中国建筑工业出版社	1989.7
何芬	园林树木		√	中国建筑工业出版社	1990.12

天津市园林学校学习中心以服务社会，培养在职人员为办学指导思想；以始终坚持为经济建设和社会发展服务的办学方向为宗旨；坚持“一切为了学生，为了学生一切”的原则，以学习者的需求为导向，以学生的学习为中心，牢固树立服务意识、质量意识，走内涵发展的道路。

2013 年完成各类园林职业工种技能培训、鉴定 625 人次。

第二节　园林学校的专业设置与改革

天津市园林学校的专业设置，是根据普通中专学校《专业目录》和建设部颁发的《园林绿化专业目录》《园林专业》等教学文件，结合天津市经济发展和园林行业人才培养目标确定的。专业设置和专业调整均组织有高级职务（职称）的有关专家和领导进行论证并报主管部门同意后再申报上级教育行政部门批准。

1986 年以前，园林学校开设的专业以园林绿化为主，1986 年以后陆续开设了“园林技术”、“园林花卉”“园林规划设计”“园林经营管理”“涉外会计”“计算机及应用”“财会计算机”“建筑装饰”“建筑经济管理”“园林工程造价”“工程造价”等专业。园林绿化是一个通用的大专业，课程涉及面广，学生毕业后适应面较宽，但在专业知识和专业技能上受到一定限制。随着社会和行业人才需求的形势发展，学校进行了有目的、有计划、有步骤地课程体系改革，使园林专业称为具有鲜明特色的骨干专业。

一、园林专业

园林专业是天津市园林学校的重点专业，开始为园林绿化专业，1994 年根据普通中专《专业目录》改成园林专业，在长期的发展过程中形成了自己的特色，为天津市乃至全国的城市绿化美化建设源源不断地输送了大批在第一线工作的中等技术人才和技术工人。

园林专业在 1998 年以前招收普通中专班与技工班两个层次的学生。普通中专班学制 4 年，技工班的学制以 3 年为主，1998 年后停止招收技工班学生。

1. 招生对象和学制

招生对象：应届初中毕业生

学制：4 年

2. 培养目标

培养德、智、体、美、劳全面发展，牢固掌握必需的文化科学基础知识和专业知识，有较强实践能力的园林绿化中等技术人才。

3. 课程设置

（1）普通课

政治、思想品德、体育、英语、语文、数学、物理、化学。

（2）专业基础课

植物学、植物生理学、园林美术、园林气象、园林测量学、园林土壤与肥料、园林树木学、算法语言初步、园林美学、园林制图、园林植物病虫害防治学。

（3）专业课

园林植物组织培养、园林花卉学、园林育苗学、园林绿地规划设计、园林植物育种学、绿化施工养护、园林管理概论、盆景与插画、毕业论文写作。

（4）选修课与讲座

除计划规定的必修课之外，根据本行业科技发展动态和人才需求状况开设园林美术与园林艺术、中外园林史、插画盆景艺术、园林市场营销学等与本专业有关的选修课或讲座。

（5）实践环节

课程设计与大作业

园林美术

园林制图

园林绿地规划设计

（6）实习

认识实习；生产实习；课程实习（植物实习、园林土肥实习、园林气象实习、园林病虫害防治实习、园林测量实习、绘画写生实习、园林树木实习、园林育苗实习、绿化施工与养护实习、

园林花卉实习、园林植物育种实习、园林绿地规划设计实习）；毕业实习

（7）毕业论文

根据培养目标要求，从培养学生运用所学知识的综合能力出发，让学生结合园林绿化生产、科研、经营管理等方面的实际问题，进行调查研究，科学试验，在此基础上撰写毕业论文，提高学生分析问题、解决问题的能力。

二、专业调整与改革

1997 年，根据建设部《中等专业学校园林专业教育标准》《普通中等专业学校园林专业培养方向》的要求，在天津市园林局的指导下，加强了园林专业的调整建设。学校在进行生源与市场分析的同时，对用人单位的毕业生进行跟踪调查，收集了大量信息和第一手资料。针对学生毕业走上工作岗位后所反映出来的问题和用人单位的意见进一步修订了园林专业的建设计划。新修订的园林专业，主要突出了三个方面：一是培养目标调整了知识、能力结构，二是大幅度调整了课程结构，三是强化了毕业实践环节。但仍受到学科体系束缚，突出职业教育不够。

三、增加专业能力的主要内容

园林植物的繁殖、抚育的技术能力；温室花卉的繁殖、养护管理的能力。

各类小型绿地的园林绿化种植设计及绘制园林绿地的设计施工图的能力。

依据施工图进行树木栽植、花坛布置、园林工程施工及施工组织安排、管理的能力。

从事园林绿化科学研究的辅助工作和园林绿化科研成果的应用推广工作的能力。

课程设置的改革

普通课把思想品德的内容放到政治课中；根据园林专业的人才培养规格，减掉了物理课；根据培养学生综合素质的要求，增设了创业教育课。

专业基础课：专业基础课除了保留园林美术、园林制图、园林土壤肥料、园林树木学、园林植物病虫害防治学、园林测量学等 6 门课外，新开设 5 门课：植物与植物生理、城市植物生态学、园林初步设计、园林建筑设计基础、计算机应用。

专业课：开设园林花卉学、园林绿地规划设计、园林管理概论、园林树木栽培学、园林工程、毕业论文及讲座。

选修课：除计划规定的必修课外，根据行业技术发展和人才需求状况开设一定数量的盆景、插画、草坪、园林艺术、森林生态等选修课，以加强专业内容或为园林专门化方向拓宽学生知识面，增强适应社会的能力。

实践环节的改革：课程设置与大作业、园林美术、园林制图、园林绿地规划设计

实习：认识实习；生产实习；课程实习（绘画写生实习、园林测量实习、园林树木实习、园林病虫害防治实习、植物实习、园林土肥实习、树木栽培实习、园林花卉实习、园林绿地规划设计实习）；毕业实习

毕业设计（毕业论文）、课程体系整体改革、培养目标与专业范围、知识结构与能力结构、课程设置及教学要求。

课程体系采用“宽基础、活模块”。宽基础阶段包括，文化基础、工具、社会能力强化、专业通用能力五个板块。活模块阶段包括园林规划设计与施工、、园林花卉、园林植物栽培与养护、草坪生产与经营、植物造景与盆景制作

四、园林经济与管理专业

1987 年，根据天津市园林局政府职能不断提升和对园林经济管理人才的需要，经天津市园林局同意，报天津市高等教育局批准开设了园林经济与管理专业。

1. 教学计划如下：招生对象是应届初中毕业生，学制 4 年，培养目标是德、智、体全面发展，牢固掌握必须的文化科学知识和专业知识，有较强的实践能力和工作适应力的园林中级经营与管理人才。

业务范围和应具备的知识能力是了解园林树木、花卉和地被植物的一般习性及应用范围。掌握常见园林植物的识别方法，具有绿化养护的基本知；了解中国园林的风格、特点和主要造园手法，了解中外园林的发展历史，熟悉天津园林概况，认识园林事业在社会发展中的地位和作用；具有管理心理学的基本知识，掌握行政管理、公共关系的基本原理，熟悉园林法规，能够从事城市绿化管理和一般行政管理工作；具有财会管理工作的基础知识，掌握会计原理，能够进行初步的经济分析工作，能够进行成本核算及会计报表编制工作；具有园林文物管理知识和公园景区经营管理知识，能够从事相应管理工作；掌握市场营销学的基本原理，具有园林种苗生产、经营基本知识，能够从事园林种苗经营工作；掌握绿地规划设计原理，具有绿地种植设计和园林工程的基本知识，能够从事园林工程核算和园林工程经营工作；具有计算机应用的基本知识和操作能力。

2. 课程设置：文化基础课是政治、体育、语文、数学、英语、地理。

（1）基础课是：园林植物基础、园林概论与园林史、行政管理学、绿化施工养护、法学基础、公共美学、市场营销学、园林美学与园林艺术、计算机应用。

（2）专业课是：园林文物管理、城市绿化管理、会计原理、企业会计、公园与风景区经营管理、绿化工程经营、园林种苗经营。

选修课和讲座，则根据专业发展和社会需要，开设 1 ~ 2 门选修课，在公园经营，旅游、商业管理等方面拓宽学生专业面。

实践环节包括：认识实习、生产实习、课程实习（园林植物基础实习、绿化施工与养护实习、绿化工程经营实习、园林种苗经营实习、公园与风景区经营管理实习）、毕业实习和毕业论文。

五、旅游与服务专业

1. 招生对象：应届初中毕业生，学制 4 年。

培养目标是：德、智、体、美、劳全面发展，具有初步导游专业知识、园林知识，具有较强

的园林导游讲解能力。并能从事其他园林服务工作。

2. 课程设置：

（1）文化基础课包括：

政治、体育、语文、英语、天津通史。

（2）专业课：

园林概论与园林史、园林植物基础、旅游政策与法规、旅游服务礼仪礼节、礼仪心理学、中国旅游地理、旅游美学、导游讲解基础知识、导游业务、园林讲解艺术、英语导游初步。

（3）实践教学：

专业课和部分专业基础课，要根据园林讲解员的工作特点安排必须的现场教学，以提高学生的认识水平和理解水平。

导游基础知识与导游业务各实习半周，以参观公园景点服务工作，了解园林讲解工作为主，提高学生对导游讲解工作的认识，园林讲解艺术、园林英语讲解初步实习各一周，主要到现场进行中文英文讲解练习，体验、熟悉讲解工作。

根据用人单位的需要，以见习导游讲解员的身份到各公园从事导游讲解实习，提高学生的实际能力，并通过园林讲解员的等级考试。

选修课：根据社会需要开设商贸、外事服务、园务等方面课程，以拓宽学生知识面，满足用人单位要求。

六、物业管理专业

1. 招生对象是：应届初中毕业生，学制4年。培养目标是物业基层技术管理人员和维修人员。

2. 毕业生主要面向住宅小区、写字楼宇、综合大厦等物业管理基层部门，从事档案资料管理、设备管理与运行、房屋修缮与管理、环境管理等工作。

毕业生应掌握的知识和应具备的技能、能力：了解物业管理的政策与法规，掌握房地产市场营销的基本知识；掌握物业财务管理、文秘档案管理的基本知识；了解建筑力学与结构、房屋维修技术与预算的基本知识；了解常用建筑设备的基本原理和维修方法；具有电工、电梯工、防水工、测量工、给排水设备维修工、绿化工中某项职业的操作技能；具有从事房屋修缮与管理、设备管理与运行、环境管理等工作的能力；具有较强的公关能力和语言表达能力。

3. 课程设置

（1）文化基础课：

德育、体育与健康、语文、英语、数学、计算机应用

（2）专业课：

物业管理概论、物业档案管理、建筑识图与房屋构造、房屋维修与预算、建筑力学与结构、物业管理会计、物业设备管理与维修、物业管理实物、园林绿化、房地产综合开发、房地产市场营销、房地产综合评估、物业管理软件实用实训。

选修课：房地产经济学、公共关系学、电工学、水暖学、房地产测绘。

（3）实践环节：教学实习、认识实习、综合实习

七、计算机及应用专业

1. 招生对象初中毕业生或具有同等学历者，学制 3 年。

2. 培养目标与业务范围

本专业培养与我国社会主义现代化建设要求相适应的，德、智、体、美等方面全面发展的，掌握必需的科学文化知识的，具有扎实的计算机专业基础知识和基本技能的，在生产、服务和管理第一线工作的计算机系统管理、维护和应用操作人员。

本专业毕业生主要面向计算机产业公司、制造业、企业、和国家机关等企事业单位的计算机房、计算机室及办公计算机岗位，主要从事计算机设备、计算机网络的管理与维护，从事计算机的操作、计算机产品销售及售前、售后服务等工作。

3. 知识结构、能力结构及要求

知识结构与要求：

计算机及应用专业的知识结构为本专业学生必须具备的知识要素，可分为文化基础知识、专业知识和专业互补性知识。

具有必备的文化基础知识，主要包括德育、数学、语文、英语、计算机应用、体育、美育等基础知识。

专业知识方面：

掌握电工、计算机电路、计算机原理、汇编语言、高级语言的基础知识；掌握计算机软硬件安装、调试、维护、销售的基本知识；掌握计算机网络、多媒体技术、数据库系统及常用应用软件的基础知识。

专业互补性知识方面：

了解人口、法律、资源与环保等方面的知识；了解创业、立业与就业政策等方面的知识；了解财会原理、成本核算、市场营销、企业管理等方面的知识。

4. 能力结构与要求

在专业能力方面，能熟练使用常用办公软件；能使用与维护计算机及常用外部设备；具有网络操作系统与应用程序的安装、设置与操作技能；学会使用与管理数据库系统；初步具备开发、设计多媒体软件、网页的能力；具有一定的计算机英文资料的阅读能力

关键能为培养学生良好的思想品德，并使其具备学习的能力、与人合作的能力、较强的心理承受能力和一定的自我管理能力。

5. 课程设置及教学要求

计算机及应用专业的课程可分为文化基础课程、专业必修课程和专业选修课程三大类。每门课程注明了参考学时或教学周数，学时范围 3 年制。

（1）文化基础课程：德育、职业道德与职业指导、法律基础知识、经济与政治基础知识、邓小平理论概要、哲学基础知识语文、数学、英语、计算机应用基础、体育与健康、物理。

（2）专业必修课程：电工基础、计算机电路基础、计算机原理、编程语言基础、数据库应用基础、数据库应用基础、计算机组装与维修、计算机网络技术、多媒体技术应用、就业与创业、计算机专业英语学时、英文打字实训、录入与图文编排实训、计算机组装与维修实训、上岗实习、毕业实践与毕业设计。

（3）专业选修课程：常用应用软件、商务基础、文学与艺术欣赏、Internet 应用、Web 应用开发、多媒体制作、动画设计制作。

（4）其它课程：艺术欣赏、科学技术基础、人口与就业、计算机外设使用与维护。

八、计算机及应用专业（多媒体技术与应用）

1. 招生对象与学制

本专业招收初中毕业生或具有同等学历者，学制 3 年。

2. 培养目标和业务范围

本专业培养与我国社会主义现代化建设要求相适应的，德、智、体、美等方面全面发展的，掌握必需的科学文化知识的，具有扎实的计算机专业基础知识和基本技能的，在生产、服务和管理第一线工作的计算机系统管理、维护和应用操作人员。

本专业毕业生主要面向计算机产业公司、制造业企业和国家机关等企事业单位的计算机房、计算机室及办公计算机岗位，主要从事计算机设备、计算机网络的管理与维护，从事计算机的操作、计算机产品销售及售前、售后服务等工作。

3. 知识结构、能力结构及要求

计算机及应用专业的知识结构为本专业学生必须具备的知识要素，可分为文化基础知识、专业知识和专业互补性知识。

（1）文化基础知识：具有必备的文化基础知识。主要包括德育、数学、语文、英语、计算机应用、体育、美育等基础知识。

（2）专业知识：掌握电工、计算机电路、计算机原理、汇编语言、高级语言的基础知识；掌握计算机软硬件安装、调试、维护、销售的基本知识；掌握计算机网络、多媒体技术、数据库系统及常用应用软件的基础知识。

（3）专业互补性知识：了解人口、法律、资源与环保等方面的知识；了解创业、立业与就业政策等方面的知识；了解财会原理、成本核算、市场营销、企业管理等方面的知识。

4. 能力结构与要求

（1）专业能力：能熟练使用常用办公软件；能使用与维护计算机及常用外部设备；具有网络操作系统与应用程序的安装、设置与操作技能；学会使用与管理数据库系统；初步具备开发、设计多媒体软件、网页的能力；具有一定的计算机英文资料的阅读能力。

（2）关键能力：培养学生良好的思想品德，并使其具备学习的能力、与人合作的能力、较强的心理承受能力和一定的自我管理能力。

5. 课程设置

计算机及应用专业的课程可分为文化基础课程、专业必修课程和专业选修课程三大类。每门课程注明了参考学时或教学周数，学时范围3年制。

（1）文化基础课程：职业道德与职业指导、法律基础知识、经济与政治基础知识、邓小平理论概要、哲学基础知识、语文、数学、英语、计算机应用基础、体育与健康、物理。

（2）专业必修课程：电工基础、计算机电路基础、计算机原理、

编程语言基础、数据库应用基础、计算机组装与维修、计算机网络技术、多媒体技术应用、就业与创业、计算机专业英语、英文打字实训、录入与图文编排实训、计算机组装与维修实训、上岗实习、毕业实践与毕业设计。

（3）专业选修课程：常用应用软件、计算机安全与管理、商务基础、文学与艺术欣赏、Internet应用、Web应用开发、电子商务。

（4）其它课程：艺术欣赏、科学技术基础、人口与就业、计算机外设使用与维护。

九、饭店服务与管理专业

1. 招生对象与学制

本专业招收初中毕业生或具有同等学力者，学制3年。

2. 培养目标与业务范围

培养与我国社会主义现代化建设要求相适应、德智体美等全面发展，具有较强的综合职业能力，在饭店一线工作的中初级服务人员和管理人员。所培养的学生应具备以下基本素质：具有科学的世界观、人生观和爱国主义、集体主义思想，具有良好的职业道德和较强的服务意识；掌握必需的文化基础知识、专业知识和熟练的职业技能；具有继续学习的能力和适应职业变化的能力；具有创新精神和立业创业能力。

本专业毕业生主要面向各类饭店，从事饭店前厅、客房、餐饮、康乐等一线接待服务与相应的基层管理工作。可担任如下岗位的工作，包括：迎宾员、客房预订员、总台接待员、问讯员、外币兑换与收银员、机场车站代表、商务中心服务员、电话接线员、客房服务员、客房服务中心联络员、公共区域清洁及服务员、布件收发保管员、布件洗烫工、餐厅迎宾员、餐厅服务员、酒吧服务员、调酒员、送餐服务员、餐务管理员、健身及娱乐场所服务员、饭店大堂副理、客户关系主任、营销代表等。

3. 知识结构、能力结构及要求

知识结构与要求：掌握本专业所必需的文化基础知识、打好扎实的外语基础、掌握旅游职业道德和礼貌礼节的基本知识、

掌握人际交往与沟通的基本知识、掌握饭店前厅服务与管理知识、掌握饭店客房服务与管理知识、掌握饭店餐饮服务与管理知识、掌握饭店康乐服务与管理知识。

能力结构与要求：具有较强的语言表达能力和思辨能力、能用外语进行接待服务和业务沟通、具有运用计算机进行业务操作的能力、具有一定的人际交往和社会协作能力、具有胜任前厅服务和前厅部基层管理的能力、具有胜任客房服务和客房部基层管理的能力、具有胜任餐饮服务和餐饮部基层管理的能力、具有胜任康乐服务和康乐部基层管理的能力、具有继续学习和适应职业变化的能力、具有吸收和应用新技术的能力、具有一定的创新和创业能力。

4. 课程设置及教学要求

文化基础课程：（德育：职业道德与职业指导、法律基础知识、经济与政治基础知识、邓小平理论概要、哲学基础知识）语文、数学、英语、计算机应用基础、体育与健康、历史。

专业必修课程：旅游地理、旅游概论、旅游心理学、旅游服务礼貌礼节、形体训练、饭店管理概论、专业外语。

专业选修课程：饭店财务、前厅服务与管理、客房服务与管理、

餐饮服务与管理、康乐服务与管理、综合实习。

其它课程：艺术欣赏、旅游美学、饭店设备常识、饭店装潢与布置、公关营销。

5. 实践教学

饭店服务与管理是应用性很强的专业，理论与实践相结合是该专业基本的教学原则。因此，教学必须强调实践，突出实践。

本专业实践教学采用以下形式：

操作演示和训练：根据不同教学内容，可采用在课堂理论教学中辅以操作演示或单独开设操作训练课两种办法。

模拟：模拟是学生动手实践的第一步。饭店服务的教学内容都应安排比较充分的时间让学生模拟。

见习：通过实地观察和了解，使学生获得饭店服务及其相关工作的感性知识。

实习：实习是培养学生职业技能的主要环节，也是对学生进行劳动教育、职业道德教育和培养职业意识、养成职业习惯的重要措施。实习应尽可能安排在档次较高、管理良好的饭店，实习时间为一学期。

十、会计专业（基建会计专门化）

1. 招生对象与学制

本专业招收初中毕业生或具有同等学力者，学制 3 年。

2. 培养目标与业务范围

本专业培养与我国社会主义现代化建设要求相适应，德智体美等全面发展，具有综合职业能力，面向基层企事业单位从事会计核算与会计事务管理工作的人员。

本专业毕业生主要面向企事业单位和经济组织，从事基层会计核算、会计分析、会计事务管理等工作。其岗位层次为中、小型企业、经济组织会计核算员；基层财税协管员；银行出纳；商

业及服务企业收银员；统计员；营销员等。

3. 知识结构、能力结构及要求

（1）具有从事具体行业会计工作的能力。

（2）具有熟练的珠算、点钞、计算器操作等技能。

（3）具有计算机操作技能和使用会计软件的能力。

4. 课程设置及教学

（1）文化基础课程：职业道德与职业指导、法律基础知识、经济与政治基础知识、邓小平理论概要、哲学基础知识、语文、数学、英语、计算机应用基础、体育与健康。

（2）专业必修课程：关系型数据库、基础会计、财政与金融基础知识、税收基础、统计基础知识、经济法律法规、会计基本技能、企业财务会计、财务管理、政府与非营利组织会计、会计电算化、审计基础知识。

（3）专业选修课程：会计模拟实习、会计岗位实习、基建会计实务、施工项目管理、基本建设投资概预算。

（4）其它课程：艺术欣赏、公共关系、礼仪礼貌、人口与就业。

十一、会计专业（工业企业会计）

1. 招生对象与学制

本专业招收初中毕业生或具有同等学力者，学制3年。

2. 培养目标与业务范围

培养目标：本专业培养与我国社会主义现代化建设要求相适应，德智体美等全面发展，具有综合职业能力，面向基层企事业单位从事会计核算与会计事务管理工作的人员。

业务范围：本专业毕业生主要面向企事业单位和经济组织，从事基层会计核算、会计分析、会计事务管理等工作。其岗位层次为中、小型企业、经济组织会计核算员；基层财税协管员；银行出纳；商业及服务企业收银员；统计员；营销员等。

知识结构、能力结构及要求：具有从事具体行业会计工作的能力；具有熟练的珠算、点钞、计算器操作等技能；具有计算机操作技能和使用会计软件的能力。

3. 课程设置及教学要求

（1）文化基础课程：（德育：职业道德与职业指导、法律基础知识、经济与政治基础知识、邓小平理论概要、哲学基础知识）语文、数学、英语、计算机应用基础、体育与健康。

（2）专业必修课程：关系型数据库、基础会计、财政与金融基础知识、税收基础、统计基础知识、经济法律法规、会计基本技能、企业财务会计、财务管理、政府与非营利组织会计、会计电算化、审计基础知识。

（3）专业选修课程：会计模拟实习、会计岗位实习、企业管理基础知识、成本会计、工业经济学基础知识。

（4）其它课程：艺术欣赏、公共关系、礼仪礼貌、人口与就业。

十二、机电技术应用专业

1. 招生对象与学制

本专业招收初中毕业生或具有同等学力者，学制 3 年。

2. 培养目标与业务范围

培养目标：本专业培养与我国社会主义现代化建设要求相适应，德智体美等全面发展，具备从事机电技术必需的理论知识和综合职业能力的机电设备、自动化设备和生产线的运行与维护人员。

业务范围：本专业毕业生面向各行业，主要从事机电设备、自动化设备和生产线的安装、调试、运行、维修与检测工作，也可从事机电产品的营销与技术服务等与机电技术应用相关的工作。

3. 知识结构、能力结构及要求：具备必需的文化基础知识；

掌握机械、电工与电子技术、自动控制等方面的基础知识；掌握典型机电设备的结构与工作原理；具有机电自动化设备安装、调试、运行和维修的基本能力；具有一般机械加工的操作能力和编制简单零件工艺规程的能力；具有简单机电设备改装的能力。

4. 课程设置及教学要求

（1）文化基础课程：职业道德与职业指导、法律基础知识、经济与政治基础知识、邓小平理论概要、哲学基础知识、语文、数学、英语、计算机应用基础、物理、体育与健康。

（2）专业必修课程：机械制图、机械基础、电工电子技术及应用、金属工艺学、机电设备概论、液压与气压传动、电器及 PLC 控制技术、微机控制技术及应用、传感器及应用。

（3）专业选修课程：自动化设备及生产线调试与维护、机电商品学、市场营销、实践教学、钳工、测绘、机加工、电工、机械拆装、电子工艺及装配、典型电气控制线路安装与调试、液压与气压传动、电工电子技术及应用、电器及 PLG 控制技术、微机控制技术及应用。

（4）其它课程：艺术欣赏、生态环境、科学技术基础、应用软件、家用电器。

十三、野生动植物保护专业

1. 招生对象与学制

本专业招收初中毕业生或具有同等学历者，学制 3 年。

2. 培养目标与业务范围

培养目标：本专业培养德、智、体全面发展，掌握必须的文化基础知识，具有职业基本技能的野生动植物保护、繁育、利用和自然保护区管理人员。

业务范围：本专业毕业生主要面向自然保护区、植物园、动物园等基层单位及林农专业户，能从事野生动植物饲养、繁殖、疾病防治及自然保护区管理等工作。

3. 知识结构、能力结构及要求

知识结构与要求：具有必需的文化基础知识；掌握森林植物、森林环境与森林生态的基本知识和基本理论，了解森林植物调查及森林：壤调查与速测的基本技术要求和操作方法，具有识别常见森林植物及采集制作植物标本的能力；掌握森林病虫害防治和野生动植物保护和森林火灾预防的基本知识，具有森林病虫鼠害，查测和防治检疫、病虫标本采集制作的能力；理解国家的林业政策和法规，初步具备依法进行森林资源保护、林业生产经营和管理活动的能力。

4. 能力结构与要求

掌握野生动物驯养、保护、利用、疾病防治、检疫等基本知识和技能；具有野生动植物园和自然保护区的管理能力；掌握计算机的基础知识，熟悉计算机操作的一般技能及与专业有关的计算机软件的使用方法；本专业学生毕业时应取得相应的职业资格证书或技术等级证书，并达到相应的技能水平。

5. 课程设置及教学要求

（1）文化基础课程：职业道德与职业指导、法律基础知识、经济与政治基础知识、邓小平理论概要、哲学基础知识、体育与健康、数学、英语、计算机应用基础。

（2）专业必修课程：森林植物、森林环境、森林病虫害防治、林业政策与法规。

（3）专业选修课程：植物生理学、森林动物学、动物解剖生理基础、森林植物检疫、森林病虫害综合治理、森林防火、自然保护区管理。

（4）其他课程：艺术欣赏、人口与就业、摄影技巧、观赏植物学。

十四、建筑经济管理专业（建筑工程造价专门化）

1. 招生对象与学制

本专业招收初中毕业生或具有同等学力者，学制 3 年。

2. 培养目标与业务范围

培养目标：本专业培养建筑经济管理的基层业务人员。

业务范围：本专业毕业生主要面向建筑施工、房地产开发、中介机构等单位，从事工程概预算、统计、材料、劳资等基层管理工作。

3. 知识结构、能力结构及要求

掌握市场经济、建筑经济、经营管理的方针、政策和有关法规。

掌握建筑识图与构造、工程材料以及施工技术与施工组织等基本知识。

具有较熟练的珠算操作能力；具有工程预算、会计核算的基本能力；具有从事预算员、材料员、统计员、劳资员等岗位工作的初步能力；具有应用计算机处理预算和管理业务的能力。

4. 课程设置及教学要求

（1）文化基础课程：职业道德与职业指导、法律基础知识、经济与政治基础知识、邓小平理论概要、哲学基础知识、语文、数学、英语、计算机应用基础、体育与健康、物理。

（2）专业理论课程：会计原理、建筑材料、建筑统计、建筑识图与房屋构造、建筑施工技术、建筑工程定额与预算、建筑企业经营管理、计算机在建筑经济管理中的应用、建筑施工项目管理、建筑力学与结构基础、房屋设备基础、装饰工程预算、安装工程预算。

（3）专业实践课程：房屋测绘实习、施工认识实习、毕业综合实习、工种操作训练、毕业调查报告或论文、预算综合练习、施工组织设计、预算电算化操作、工程预算综合实践。

（4）其它课程：艺术欣赏、科学技术基础、生态环境、公共关系、人口与就业。

十五、建筑经济管理专业（建筑财务会计专门化）

1. 招生对象与学制

本专业招收初中毕业生或具有同等学力者，学制 3 年。

2. 培养目标与业务范围

培养目标：本专业培养建筑经济管理的基层业务人员。

业务范围：本专业毕业生主要面向建筑施工、房地产开发、中介机构等单位，从事工程概预算、统计、材料、劳资等基层管理工作。

3. 知识结构、能力结构及要求

知识结构与要求：掌握市场经济、建筑经济、经营管理的方针、政策和有关法规。掌握建筑识图与构造、工程材料以及施工技术与施工组织等基本知识；能力结构与要求：具有较熟练的珠算操作能力；具有工程预算、会计核算的基本能力；具有从事预算员、材料员、统计员、劳资员等岗位工作的初步能力和应用计算机处理预算和管理业务的能力。

4. 课程设置及教学要求

（1）文化基础课程：职业道德与职业指导、法律基础知识、经济与政治基础知识、邓小平理论概要、哲学基础知识、语文、数学、英语、计算机应用基础、体育与健康、物理。

（2）专业理论课程：会计原理、建筑材料、建筑统计、建筑识图与房屋构造、建筑施工技术、建筑工程定额与预算、建筑企业经营管理、计算机在建筑经济管理中的应用、珠算；建筑企业会计、建筑企业财务、财政与金融基础、审计基础。

（3）专业实践课程：会计综合练习、财务课程设计、会计电算化操作、建筑会计综合实践。

（4）其它课程：艺术欣赏、科学技术基础、生态环境、公共关系、人口与就业。

第三节 主要教学事件年鉴

一、1981 年 10 月，天津市第二教育局津二教计〔1981〕86 号批复建立天津市园林学校。有关建校问题函复如下：学校规模暂定 270 人。每年拟招生 90～100 人。学制问题待与有关部分协商后，另行函复。根据目前学校的建设条件，暂设园林绿化专业。

二、2001年4月，天津市教育委员会津教委职〔2001〕49号批复园林学校专业设置调整的批复。同意开设如下专业：1. 园林，2. 会计，3. 计算机及应用，4. 机电技术应用，5. 建筑装饰，6. 环境保护与监测，7. 物业管理，8. 饭店服务与管理，9. 野生动植物保护，10. 建筑经济管理，11. 市场影响，12. 旅游服务与管理（森林生态旅游）。

三、2009年2月，天津市教委职教处下发关于同意天津市宝坻中等专业学校等13所中等职业学校试办新专业的通知，通知中同意天津市园林学校试办园林工程与监理、园林工程造价专业。

四、2010年，天津市教委职教处致函天津市市容园林委科技教育处，同意天津市园林学校增设新专业的函，经研究同意将园天津市园林环境管理中等职业学校的市容环境监理、环境治理技术专业，调整到园林学校，该专业自2010年招生，学制为三年。

五、2010年，天津市园林学校园林技术专业，被评为天津市中等职业学校市级骨干专业。

六、2010年，天津市园林学校园林专业，被调整为园林技术和园林绿化两个专业。

七、2009年，制定天津市园林学校专业建设发展规划。

八、2011年9月，天津市市容和园林管理委员会下达2011年科研课题计划的通知。天津市园林学校科研课题为：天津市行道树生长状况及影响因子研究和天津市市容园林委教育资源配置研究。

九、2012年，天津市园林学校制定天津市中等职业教育示范学校建设计划项目建设规划方案。

十、2010年10月，建立企业兼职教师管理制度并建立专家库。

十一、根据市教委34号文《关于我市职业教师到企业实践锻炼制度的意见》以及教育部《关于建立中职教师到企业实践锻炼的意见》，天津市园林学校制定了《天津市园林学校教师深入基层参加实践锻炼的制度》，2000年又重新做了修订。

十二、2006年，制定天津市园林学校教师师资培训计划。

十三、2007年7月至2008年8月，姜振海老师参加中等职业教师素质提高计划园林专业骨干教师国家级培训；2013年上半年，马颖老师参加中等职业教师素质提高计划园林专业骨干教师国家级培训；2013年下半年，范树春老师参加中等职业教师素质提高计划园林专业骨干教师国家级培训。

十四、2010年6月，天津市园林学校荣获2010年全国中等职业学校学生技能作品展洽会三等奖。

十五、2011年6月，乔飞同学在2011年全国职业院校技能大赛农业技能大赛（中职组）园林植物修剪比赛中获优秀奖。

十六、2011年6月，聂文强同学在2011年全国职业院校技能大赛农业技能大赛（中职组）

园林植物修剪比赛中获优秀奖。

十七、2010年4月，天津市市容和园林管理委员会再次核定了天津市园林学校实习实验基地，名单如下：天津市花苗木生产服务中心所属程林庄苗圃管理所、北仓苗圃管理所、刘园苗圃管理所、东方花市。天津市花卉管理处所属花卉生产示范中心、天津花圃、花卉租赁中心、宜兴埠苗圃管理所、园林科研所。

十八、2004，与天津市农学院合办园林技术专业三二分段；2004年和天津城市管理职业技术学院合办工程造价专业三二分段；2009年和天津市国土资源和房屋职业学院合办园林技术专业三二分段。

十九、2010年，天津市园林专业指导委员会组成人员名单郭喜东、王和祥、姜世平、邹萌、张斌、王洪成、吴国志、赵万玲、刘风杰、童彤、江倩云、陈晓奎、焦春宝、罗开喜。

二十、2007年9月，制定天津市园林学校工学交替实施方案、指南和学生守则。

二十一、2011年，制定天津市园林学校实习实训安全管理规定。

二十二、2010年3月，完善了天津市园林学校教学管理制度汇编。内容包括：1. 天津市园林学校学籍管理规定；2. 教师岗位责任制；3. 教务管理人员岗位管理责任制；4. 教务科打印制度；5. 教材管理制度；6. 关于教学管理文件的若干规定；7. 关于教学研究、学术论文与教学经验总计的规定；8. 关于学生设计的有关规定；9. 测量仪器管理制度；10. 实验室管理制度；11. 电教设备管理办法；12. 电教室安全规则；13. 电教室管理规则；14. 电教室管理职责；15. 多媒体教室设备使用管理规定；16. 机房安全管理办法；17. 机房设备管理办法；18. 机房设备维护和保养的规定；19. 机房使用管理办法；20. 计算机防病毒措施；21. 计算机机房、电教室管理人员职责；22. 计算机实习课管理办法；23. 阅览室制度；24. 丢失损坏图书资料赔款办法；25. 关于操场和体育器械库的管理规定；26. 外聘教师管理制度。

二十三、天津市园林学校建有本校网站（www. tjylschool. com. cn），网站内容丰富、更新及时、功能齐全。

二十四、2010年，建立天津市园林学校技能大赛制度。

二十五、2007年，制定教学质量评价管理方案。

二十六、2007年，制定提高教育教学质量规划方案。

二十七、2007年，制定教学质量监控方案。

二十八、2007年，建立教学质量监控制度。

二十九、天津市园林学校2010级、2011级、2012级录取新生1214人。

三十、1993、1994年，园林局为适应天津市建设发展需要，贯彻《中国教育改革和发展纲要》的精神，根据园林局实际情况出发，不断扩大服务、面向基层，招收一批园林局负责分配和部分自费生，于1997、1998年毕业率100%，包分配学生就业率100%。

三十一、1998年6月，制定《天津市园林学校教师教学质量综合评估实施办法（草案)》。

三十二、1996 年 3 月，天津市园林学校与天津市河北区市政园林管理局签订园林学校在河北区市政园林管理局简历实习基地的协议。

三十三、1999 年 9 月 16 日，李莉撰写的论文《面向社会，加强园林专业中专生的技能培养》，在 1999 年中国建设教育协会中专委员会华北组年会论文中获一等奖。

三十四、1999 年 6 月，组织面向社会加强中专生的技能培训活动。

三十五、1997 年 9 月 3 日，朱剑峰、张培冀、李莉、谷运年、王建团的《面向园林建设，实行教学、生产实践，技术服务三结合教学体制的探索与实践》项目，在 1997 年天津市普通中专学校优秀教学改革成果评选中获一等奖。

三十六、1998 年 8 月 26 日，天津市建委科技项目开题报告，项目名称教学实践生产三结合办学模式的研究。

三十七、1998 年 9 月,《教学、实践、生产三结合办学模式的研究课题阶段性汇报》

三十八、高等教育自学考试“园林与花卉”专业学员名单 264 人。

三十九、1996 年 3 月，天津市园林管理局关于建立园林学校实习实验基地的通知。

四十、1998 年 1 月，天津市园林局设立奖教奖学基金。

四十一、1996 年 12 月，成立天津市园林技术工种职业技能鉴定站。

四十二、甲方为天津市园林学校，乙方为天津市液压技术学校，协议内容为“天津市园林学校与液压技术学校联合办学事宜”。

四十三、甲方为天津市园林学校，乙方为天津职工冶金学校天钢分院，协议内容为“天津市园林学校与职工冶金学院天钢分院联合办学事宜”。

四十四、甲方为天津市园林学校，乙方为天津市水上宾馆园饭店。协议内容为“天津市园林学校与水上会宾饭店联合办学事宜”。

四十五、1997 年 1 月 25 日，聘请高国华为园林学校管理委员会主任。

四十六、1998 年 1 月 16 日，聘请高国华担任天津园林学校园林专业指导委员会主任；聘请桂秀峰、郭喜东担任天津园林学校园林专业指导委员会副主任；聘请李伟担任天津园林学校园林专业指导委员会秘书长；聘请王和祥、李冠玉、赵玉良、于荣伦担任天津市园林学校园林专业指导委员会委员。

四十七、1998 年 1 月 19 日，园林专业指导委员会成立，标志着园林学校的教学教育管理迈上新台阶。

四十八、1998 年 1 月 20 日，接到《关于天津市园林局设立奖教奖学基金的通知（〔1998〕市园林科字第 6 号）》及《天津市园林局奖教奖学试行办法》。

四十九、1998 年 5 月，制定《天津市园林局奖教奖学基金使用细则》。

五十、1983 年 12 月，城乡建设环境保护部颁发《中等专业学校园林绿化专业教学计划和教学大纲（试行）》。

五十一、1993 年 9 月 10 日，关于园林学校在程林苗圃管理所建立实习基地的协议

五十二、1996 年 3 月 20 日，关于建立园林学校实习实验基地的通知。

五十三、1997 年 1 月 10 日，天津市园林学校下发《天津市园林学校党委 1997 年工作要点》坚持为行业服务与社会服务并重，充分发挥多功能办学作用，下大力气，抓好生源，努力完成九七年的招生工作。加强教学管理和师资队伍建设，深化教学领域改革，强化学生实践技能的培养，努力提高教学质量。深化学校管理体制的改革，提高学校管理水平。落实党的十四届六中全会精神，突出精神文明建设，优化校园环境。强化学生日常管理和住宿管理，报纸学校良好的教学与生活秩序。搞好后勤保障工作，努力为教学服务，为学生服务。努力增加创收，严格财务管理，赌赛漏洞，勤俭办学。加强领导班子建设和基层党组织建设，加强教职工思想政治工作。

五十四、1997 年 1 月 30 日，天津市园林学校下发《园林学校党委一九九七年重点工作目标责任制实施方案》。

五十五、1997 年 1 月，颁发天津市园林学校管理委员会章程。章程包括：第一章：总则；第二章：组织机构；第三章：权利与义务；第四章：附则。

五十六、1997 年 7 月 15 日，天津市园林学校下达关于转发《建设部中等专业学校园林专业教学文件》的通知，党校牵头主编的《建设部中专学校园林专业教学文件》当年 9 月 1 日起实施。

五十七、1997 年 7 月，由中华人民共和国建设部颁发《中等专业学校园林专业教学文件》

五十八、1997 年 7 月，颁发《中华人民共和国建设部部标准：中等专业学校园林专业教育标准（试行)》专业编号 030105。主编单位：建设部中等专业学校园林专业指导委员会。主要起草人：李纬、王世动、陈春妹、闵心晋、陆易农、赵春林、郭育文、李莉。批准部门：建设部；实行日期：1997 年 9 月 1 日。

五十九、1997 年 7 月，由中华人民共和国建设部颁发《普通中等专业学校园林专业培养方案（试行)》。培养目标是：德、智、体全面发展，掌握必须的文化基础知识，具有职业基本技能的园林中等技术人才。

毕业生适应的业务范围是：本专业的毕业主要面向园林部门和其他企事业单位，能从事园林植物的繁殖栽培管理工作，能承担绿地设计和中小型公园规划设计工作，能根据设计文体编制工程预算，组织施工，并能担任园林管理工作。

毕业生的基本要求是：有马列主义、毛泽东思想基础知识，有理想、有道德、有文化、有纪律、热爱社会主义祖国和社会主义事业，热爱劳动、热爱园林事业，有为社会主义现代化建设事业而奋斗的科学精神；掌握本专业必备的文化知识和专业基础理论，基本技能及技术，具有运用所学知识分析和解决问题的能力。具有一定的自学能力和组织管理能力。初步掌握一门外国语；具有一定的体育卫生知识和运动技能，自觉坚持体育锻炼。身体健康，能担任建设祖国，保卫祖国的光荣任务。

毕业生应具备的知识和能力是：具备植物及植物生理，生态方面的基础知识，掌握园林植物生长发育的基本规律及其与环境因子的相互关系，掌握适合于本地区的园林树木、花卉、地被植物常见种类的生物学特征、观赏价值及应用原则；具备园林植物病虫害防治的基础知识，能从事本地区病虫害预测预报及防治工作；掌握本地区常见园林植物的繁殖、栽培管理技术规范和操作技能；具备美学的基础知识，掌握美学的基本理论和绘画基本技能并有一定的鉴赏能力；掌握园林绿地规划设计的基本原理和设计程序，具有绿地、中小型公园的规划设计和参与城市绿地系统规划的能力；掌握园林工程施工程序，具有根据设计文体编制施工预算，组织施工的基本能力；掌握一般园林建筑的设计原理，并具有独立完成一般园林建筑设计方案的能力；掌握园林经营管理的基本知识，了解园林各项规和地方性的规章制度。具有园林经营管理的初步能力；掌握计算机的基础知识，上机操作技能达到规定的等级标准；掌握一门外国语，借助字典，具有阅读专业资料和书刊的能力。

学制：招收初中毕业生，学制四年（各地区各校根据当地需求，也允许学制为三年）。

课程设置和基本学时：

基础课程：共 7 门课程。语文、数学、政治、外语、体育、化学、计算机应用。

相关课程：共 9 门课程。园林植物及植物生理学、植物生态学、园林树木学、园林植物病虫害防治、园林测量学、园林制图与识图、园林美术、建筑力学与结构、建筑构造与材料。

专业课程：园林花卉学、园林树木栽培学、园林规划设计、园林工程与施工、园林建筑设计、园林工程定额与预算、园林管理概论。

实践教学环节：认识实习至少一周；课程为单项实习、课程设计、大作业等；生产实习至少一周；毕业实习至少十周；毕业设计（论文）至少六周。

六十、1997 年 7 月，天津市园林学校下发《关于加强园林专业教学、实践、生产相结合的改革方案》。

六十一、1999 年 9 月，园林学校园林专业，被评为市级（B 等）骨干专业（由天津市教育委员会 1999 年 9 月颁发）。

第四节　园林学校的行政后勤管理

行政后勤工作是学校工作的三大支柱之一，园林学校 1981 年开始办学，在选调行政后勤主管干部时，选择了有教学经历的干部担任。以下是该校行政后勤管理的大事记。

一、1983 年至 1986 年由建设部投资兴建园林学校教学楼、宿舍楼。

二、从 1987 年至 1990 年间重点进行了实验室、温室、运动场、食堂和改建和校园的绿化美化，进一步修改和制定各项规章制度，建立新的校园秩序。

三、1991年，园林学校在进行校内综合配套改革的同时，抓紧建章建制工作。在修订原有规章制度的同时，制定《印信管理规定》《文印管理规定》《文件管理和保密管理工作制度》《教职工考勤管理规定》《录用临时工的规定》《献血办法》《财务管理办法》《财产物资管理制度》《物品管理及索赔制度》。

四、1993年6月，园林学校根据天津市中专学校评估委员会工作小组到学校评估后提出的应加强管理的意见，修订《档案管理制度》《教职工聘任补充规定》《关于实施工作技术等级工资补贴实绩考核细则》。

五、1994年，园林学校结合国家工资制度改革，修订《结构工资方案》和《实施细则》以及《岗位职级划分标准》《教职工聘任办法》，制定《传达室值班人员制度》《教职员工值班管理制度》。

六、1995年，在原有考核制度基础上，增补对科级以上干部责任目标的考核，制定《科级干部管理责任目标考核标准》《各级干部管理条例》，《聘用干部管理条例》，进一步完善了考核实施办法。制定《科室卫生评比条例》。

七、1997年，园林学校根据天津市教育委员会继续深化各样综合配套改革力度的精神，进一步从深化劳资、人事制度改革的力度入手，重新制度了新的结构工资方案。根据新的结构结构工资方案，制定《考核办法》。考核办法分为：《教职工勤纪考核扣分标准》《老师岗位责任目标考核标准》《教师岗位考核标准》《非教师岗位工作人员考核办法》。此外，还分别制定《现金管理办法》《关于向学生收取各种费用的规定》《固定资产管理制度》《财务科安全管理规定》《货币资金领用审批规定》。

八、1998年，园林学校为贯彻落实中华人民共和国教育法和专业技术人员继续教育规定以及天津市教委文件精神，制定继续教育管理办法。为加强医疗保健工作，制定医务室工作制度、医务室药品购置使用办法、劳保公费医疗管理办法。

九、1999年，园林学校行政管理工作坚持以教学为中心的指导方针，注重发挥职能科室的作用。完善规章制度实施考核办法，逐步实现规范化管理。1月15日，园林学校档案工作通过了天津市档案局的达标验收。制定加班管理办法，根据工资指标，做出当年工资总额加班工资预算，合理使用加班工资。

十、2000年，园林学校开展三五普法保密宣传教育检查验收工作。制定园林学校工作人员日常通讯工具安装、配备和管理规定、科级干部考核标准和各类岗位人员的考核标准。对食堂进行了初步承包，精简人员，调整余缺。加强财务管理和清产核资产工作，组织财会人员参加新会计法知识培训，年内进行了清产核资产和财务审计。

十一、2001年，园林学校围绕扩大办学规模、教学督导评估迎评等工作目标，明确提出了贯彻落实的七项具体措施，要求党员干部把抓管理贯穿于工作之中。进行机构人员调整。为进一步加强安全管理工作，根据天津市关于重大安全事故行政责任追究的规定和天津市安全生产领导责任追究规定，园林学校制定了天津市园林学校安全工作责任追究规定。

十二、2002 年，园林学校有效地行使行政职能，实行干部人事的依法管理和公共监督。做好各类文件的处理、利用、管理、阅卷、和归档，严格收支两条线管理制度，监督、参与计划管理和经营决策。落实安全预防事故的要求，严格安全责任的考核和责任追究制度。暑期对学校环境进行了综合整治。正式建立校园网，并于 12 月 12 日通过天津市教委的评估验收。被评为省部级重点中专。

十三、2003 年 4 月，非典疫情席卷而来，园林学校积极贯彻执行上级批示，及时认清形势，提早动手预防。4 月 18 日，成立了以校长为组长的预防非典工作领导小组，制定了天津市园林学校预防控制非典的工作方案、预防非典人事流程图以及防止非典应急预案，在全校贯彻全体动员，全力预防，全面监控，全方位落实的四全方针，坚持党政工团齐抓共管，采取部门分级负责制，建立健全信息报告机制。尽心竭力做好日常防范工作，连续出台了关于非常时期的管理规定、卫生管理制度卫生工作标准等制度，加强卫生环境治理，为园林学校非典零疫情起了积极作用。

十四、2004 年，在园林局领导的关心支持下，学校于年底完成了学生宿舍楼的维修工作，使之宿舍环境面貌焕然一新。学校根据新情况、新问题，提出了强化行政管理，完善规章制度，提高服务意识等措施。修改和完善关于违反学校各项规章制度的处罚规定、聘任岗位工资方案实施细则、关于禁止侵占或破坏学校公共房产的规定、档案管理实施细则、资金管理办法、信息实施细则等规章制度。

十五、2006 年，以节约增效为目标和主题，强化后勤内部各环节的管理，严把食堂的进货质量关，坚持每天检查食堂卫生和 24 小时校医值班制，建立学生病情监控周报告制度，对流行性疾病做到早发现、早报告、早预防，确保教职工和学生的饮食安全和身体健康。

十六、2007 年上半年，维修改造教学楼、食堂；整修、绿化道路两侧，对院内操场、绿地、花窖、路灯、上水管进行改造，修建大门，铺装裸露地面。经估算，需经费 412.4 万元。

十七、2006 年 11 月，承接了市有关部门的培训任务后，申请购买 1000 套课桌椅，讲桌 21 张，弧形黑板 10 块，阶梯教室用上下推拉黑板二组，办学条件改善。

十八、2006 年 9 月，为美化环境，创造良好的教学条件和工作环境，经与河东道路管理所协商，对科研所院内，学校大门至津塘路 500 米长、1200 平方米道路进行翻修改造，工期处 2006 年 10 月 1 日至 2006 年 10 月 15 日止，工程总价 16.5 万元。

十九、2008 年 4 月 18 日，向园林局提出支持重建学校花窖，花窖建筑面积为 400 平米，资金 26 万元。

二十、2008 年 1 月，天津市下达园林学校教学楼及校园环境改造第三批专项资金计划：根据局《关于追加园林学校改造工程决算造价的通知》（津园计〔2007〕278 号）精神，追加后该项目决算总造价为545.3934万元。鉴于局已下达该项目资金计划累计442.6万元（详见津园计〔2007〕229号），经研究，现再下达学校资金计划38.6398万元，资金来源由局修购基金列支，至此，局已累计下达该项目资金计划481.2398万元。其中，此次下达资金计划明细如下：外环境改造工程（操场跑道工程）23.6398；大门及整体规划设计费5万元；校园规划设计费10万元；根据园林局审定的2007年度园林学校及校园环境改造工程决算总造价545.3934万元，已完成一年工程养护期，验收基本合格。鉴于局已累计下达学校该项目工程资金计划481.2398万元（详见津园计〔2008〕8号），经局领导批准，现再下达该项目工程尾款64.1536万元，资金来源由局修购基金列支。至此，该项目资金资金计划已全部下达完毕，并做好工程资料存档和成品养护管理工作。

二十一、因近三年生源紧张，招生人数不多，致使学校出现部分教学设施闲置情况。2009年6月，园林学校与天津市华夏经贸专修学院签定了2009—2011年两学年部分教室和宿舍的租用协议。

二十二、2007年，学校进行校园全面装修改建，原有的花窖被拆除后未重建。根据学校实践教学的具体要求和市教委对职业学校教学实训基地建设的相关标准，2009年7月，再次重建一个全光温室花窖。花窖建筑面积约为1000平方米，资金126.26万元。

二十三、2009年11月，根据市市容园林委《关于下达天津市园林学校重建教学实习实训基地（花窖）专项资金计划的通知》（津容规〔2009〕393号），拨付园林学校资金50万元，专项用于校重建教学实习实训基地项目。

第五节 学生管理

园林学校把学生管理作为全校管理工作中的重要组成部分，自建校以来，一直都设有班主任作为学校和学生、学校和学生家长（成人学员的原工作单位）的联系纽带制度。

成立学生会，在学生中充分发挥民主管理的作用，活跃校园生活；各班都建有班委会，协助班主任做好班级管理。

随着办学规模的不断扩大，该校坚持“以学生为本”的现代教育思想，加强了对学生的管理力度，进一步建立和健全了《班主任工作纲要》《班主任职责》《班主任聘任办法》《班主任工作考核评比办法》《奖学金发放规定》《学生守则》《学生日常行为规范》《课堂规则》《学生宿舍管理规定》《食堂用餐规定》等一套行之有效的管理制度。

1999年，该校进一步修改了德育工作计划，落实班委会和斑务会制度，班级建立了德育评分小组，形成了校团委、学生科、班主任、学生开展争创先进班集体的互动书面。开展以学籍管理为主要内容的校规校纪教育，加强校风校纪的检查和养成教育。

2000年，该校在学生管理中，注重调动学校、社会、家长三方面的力量，发挥班主任的主导作用和团委、学生会的积极作用。结合学生管理的实际，制定和修订班主任工作纲要和住宿生管理规定。

2001年，该校对学生实行全过程、全方位的管理教育工作，制定《学生日常行为考核奖惩暂行办法》，并与助学金奖惩结合起来，增强了学生遵纪守法意识。

2002年，该校制定了学生管理和校风建设年度目标和阶段目标，制定《学生学籍管理实施细则》。加强对班主任的培训和管理，制定试行《班主任工作聘任办法》和《班主任管理考核办法》，保证班主任聘任及管理的制度化及规范化。

2004年，该校制定了宿舍管理规定，聘用退休教师担任宿舍管理工作。在管理中实行楼长负责制，层长联系制；从卫生和作息纪律抓起，开展文明标兵宿舍评比活动。

2005年，该校党总支于12月13日决定成立学生党支部。党总支书记参加学生党支部活动，加强对学生工作的直接领导。

2006年，该校对《班主任考核》《违纪学生处分细则》等有关规定进行了修订，进一步加强对学生思想道德行为规范的考核度。

为资助贫困家庭学生顺利完成中等职业教育，满足经济社会发展对高素质劳动者和技能型人才的需要，该校根据财政部、教育部《关于印发〈中等职业教育国家助学金管理暂行办法的通知〉》《关于完善中等职业教育贫困家庭学生资助体系的若干意见》以及市委、市政府《关于印发〈关于大力发展职业教育的若干意见〉的通知》，从2006年起，设立中等职业教育贫困家庭学生助学金。为加强资金管理，特制订《天津市中等职业教育贫困家庭学生助学金管理暂行办法》。

第六节 领导人员机构和毕业生主要分布

一、历任学校领导名单

表 8-2-6-1

姓名	职 务	任职时间
王 荣	校长	园林学校前身市政学校阶段
刘增禨	校长、书记	1981—1982年
张焕亭	副校长	1981—1982年
国洪庆	副校长	1981—1982年

续表 8-2-6-1

姓名	职　务	任职时间
李福清	副校长、副书记	1981—1988 年
郭庆云	书记、副校长	1981—1988 年
王生云	副书记	1983—1984 年
李　纬	副校长、校长	1983—1997 年
魏永安	副校长、副书记	1984—1994 年
高　原	副校长	1987—1993 年、2000—2004 年
白纪元	书记	1988—1993 年
王同霄	副校长	挂名—1996 年
王政卿	副校长	1995—2003 年
桂秀峰	校长	1997—2011 年
刘　伟	书记	1997—2006 年
朱剑峰	副校长	1993—2002 年
李兴德	副书记	1991—1999 年
陈忠新	副校长	1990—1997 年
李兴堂	副校长	1997—2010 年
杨莉娅	副校长	1998—2011 年
王　波	副校长	1998—2006 年
张秀军	书记、副校长	2010 年

二、机构体制

经天津市园林局党委批准，园林学校设立办公室（含政工）、政治理论研究室、教务科、学生科、总务科三科两室。

三、园林学校自成立以来到 2010 年年底，毕业生主要分布在天津、北京、新疆、青海、甘肃、山西、内蒙、河北、陕西、、辽宁、山东、吉林、辽宁、黑龙江、河南、安徽、浙江、湖北、四川、海南等省、市、自治区的 64 个市、县。

第九篇

社团组织

第一章　市级社会团体

第一节　天津市园林学会

该学会是由天津市园林绿化和相关行业有关单位及工作者自愿结成的学术性非盈利性的社会团体，由助理工程师以上的专业及相关专业技术人员组成，有团体会员单位45个，个人会员900余人。前身是在天津市建筑学会下设的成立于1981年的园林绿化分会。1984年升格为市级学会。下设组织工作委员会、学术工作委员会、科普教育及出版工作委员会（含学术刊物编委会）和咨询工作委员会（下设科技咨询服务部）。该学会接受天津市科协的工作指导，关系至2009年7月挂靠在天津市园林局，2009年8月起挂靠在天津市市容园林委，是中国风景园林学会下设的地方性分会。

学会历届班子的沿革是：

第一届理事会（1984.9—1988.5）

理事长：刘增褫

副理事长：王景彬、叶于岗、陈威、胡德君

秘书长：陈威

第二届理事会（1988.6—1991.7）

理事长：刘增褫

副理事长：陈威、王景彬、张春泽、贺振

秘书长：陈威

第三届理事会（1991.8—1996.9）

理事长：张春泽

副理事长：陈威、贺振、高国华、马德成、王岁英

秘书长：马德成

第四届理事会（1996.10—　）

理事长：高国华

副理事长：贺振、马德成、郭喜东、王岁英、刘福才

秘书长：马德成

学会发挥技术优势，围绕天津市园林绿化建设发展需要，组织学术活动，对口技术咨询，承

接科技项目，参与项目评估，开展科普宣传等工作。

1984 年 6 月，由天津建筑学会·园林绿化分会推荐，天津市十届人大常委会 16 次会议批准，确定绒毛白蜡为市树，月季为市花。

1985 年 6 月，会刊《天津园林》创刊，至 2010 年已出刊 30 余期。

1989 年 11 月，对胸科医院 1987 年移植的大树法桐进行鉴定，确认成活，首创生长期移植大树记录。

1991 年 3 至 4 月，组织编辑《家庭盆栽月季》《插花艺术》《菊花栽培管理》《仙客来养管》和《干鲜花在室内装饰和利用》等资料，作为科普教材。同年，针对市树绒毛白蜡吉丁虫严重危害，学会及时向天津市政府和市绿委提出抢救市树的报告和建议，提出集中人力、机具跨越市郊界限，集中打歼灭战。至 1992 年，学会与天津市园林局共同制定市树白蜡吉丁虫综合防治具体措施，全市紧急动员，举办防治培训班，抑制了虫害。

1991 年 9 月，应日本公园绿地协会邀请，天津园林绿化学术交流团一行 5 人，由时任天津市园林局长王荣带队，赴日进行学术交流和考察。同年 10 月，应日本神户市邀请，天津市园林代表团一行 4 人，由学会副理事长高国华带队，参加神户市举办的“花与绿”都市国际会议，同时护送天津动物园赠送神户市王子动物园的一只东北虎。

1992 年，提出“实施城乡一体化大环境绿化建议”，获天津市科协优秀建议奖。

1993 年 3 月，学会理事长张春泽主持的《津门十大景观保护与开发的探讨》课题组织鉴定，获天津市建委科技进步三等奖。同年 5 月，学会理事长张春泽一行 3 人应邀赴日参加“国际娱乐管理联合会亚太支部大会暨日本公园绿地协会第 35 次全国大会”进行学术交流。是年，在中国风景园林学会第二次代表大会上，学会被评为先进集体。

1994 年，配合天津市科协举办“国际化大都市天津城市发展”论文征集活动，组织会员撰写《天津市园林建设发展战略研究》等 7 篇论文，其中 5 篇被市科协收入论文集。

1995 年，学会完成天津市科协“金桥工程”项目，在推广应用“花卉栽培基质泥炭营养土”和“机注防治柳树蛀干害虫”等科研成果中，被市科协评为优秀组织一等奖和优秀项目一等奖。同年 9 月，

学会组织天津市第九届科技周活动，开展学术报告会、技术讲座、技术比武、计算机应用培训、发布全面质量管理小组成果、科技咨询服务活动等，被天津市科协评为优秀组织单位。是年，学会顾问王荣、副理事长陈威、贺振出席中国风景园林学会在徐州召开的理事扩大会。协会被评为先进集体，陈威、张春泽、陈丽笙被评为先进工作者，高国华撰写的《三新工作计划实施初报与思考》、刘福才撰写的《发展产生生态园林思考与展望》和贺振主持的《园林生态经济发展战略的研究》等获得中国风景园林学会 1994—1995 年度优秀论文奖。同年，学会承担市建委下达的软科研课题《天津市园林绿化计划、投资、管理效益的研究》通过专家评审，被市建委、市科协评为优秀科研项目。

1997年，学会名誉理事长张春泽参加日本公园绿地第39次会议，接受“佐藤国际交流奖”，并在中国园林讲演会上作《中国园林的过去、现在与未来》学术报告。是年，学会副理事长陈威完成建设部下达的国家行业标准《城市绿化工程施工及验收规范》编制任务，历时3年，完成编制并通过评审，于1999年颁布实施。

1997年，应建设部要求，学会组织专家调研提出《天津城市绿地系统植物多样性保护情况报告》和《天津市草坪建植及养管状况分析报告》；组织编写《天津市月季栽培与养管技术要点》，发各区县园林部门。

1997年9月—1999年10月，根据天津市政府和天津市园林局工作部署，学会全程参加’99昆明世界园艺博览会天津展区各项参展活动，包括室外“天津园”规划设计和室内系列参展项目方案设计及实施，圆满完成参展任务。

1998年—2007年，学会组织编辑的《天津园林物候》(1998年，杨瑞兴)、《大众花卉丛书》(2000年，贺振等)、《家庭花卉病虫害防治》(2001年，高国华)、《天津城市园林规划设计和绿化种植结构导则》(2002年，郭喜东、王和祥)、《海河、景观、生态论文集》(2002年)、《生态园林建设论文集》(2003年)、《天津历史名园》(2007年，郭喜东)、《园林建设工程施工监理手册》(2006，高国华等)、《园林绿化高级技师培训教材》,《园林景观植物图鉴》(2007年，周洪义、张清等）分别由中国林业出版社、中国建筑工业出版社、天津古籍出版社、天津科技出版社出版。

2001年，学会理事长高国华主持天津市建委下达的地方标准《天津市园林绿化工程质量检查评定和验收标准》编制任务，历时3年，完成编制并通过评审。

2003年，天津市政协围绕海河开发建设组织专家建言献策，学会副理事长郭喜东提出的《营造海河特色园林景观的建议》被市政协推荐到大会交流，并刊登于《天津政协公报》2003年特刊。《海河两岸综合开发中如何提高城市绿化水平的研究》和《海河综合开发中两岸景观的保护与恢复》收入天津市科协论文集。

2004年5月，天津市举办科技交流学术月活动，学会与天津市绿委、天津市林学会联合举办绿色天津高级研修班，240余人参加，历时一周。同年10月，学会承担天津市建交委下达的标准编制任务，与天津市园林建设工程质量监督站等参编单位完成了《天津市绿化工程施工质量检查评定标准》编制。

2008年，学会常务理事孙义干等承担住建部下达国家行业标准《园林绿化工程施工及验收规范》修编任务。

学会第三届理事会期间，组织学术活动80余次，其中举办大型学术报告16次，参加人数4000余人；参加国际性学术交流会议7次，发表论文6篇，张春泽获得日本公园绿地协会颁发荣誉证书和奖杯；学会动物学组和天津市动物园与日本神户王子动物园进行人员互访、学术交流、技术讲座、专业人员进修等活动；接待日本公园绿地协会和神户、东京、京都派团到津考察交流活动10次。

学会第四届理事会期间，举办各种学术交流活动和开展技术培训活动达100余场次，参加2000多人次。

学会连续多年获得天津市科协先进学会称号，多次被评为学会之星。

第二节 天津市公园协会

该协会成立于1995年9月，时有会员单位33家，在2005年12月召开的协会年会上会员单位增加至39家。

协会主要是为加强园林绿化行业横向联系，吸收园林建设、管理先进经验，整合行业资源，提高专业水平，促进城市公园和绿地建设、管理，为改善生态美化环境，为人民群众提供休憩和开展科学文化活动而工作。开展“护绿杯”检查、公园星级评比、绿化建设、动物交流等活动，普及大树移植、公园日常管理、病虫害防治等知识。

协会的主要业务范围是宣传贯彻党和国家关于园林绿化的方针、政策、法规和标准，组织会员开展公园和绿地的规划、建设和经营管理经验交流，加强协作，组织会员举办研讨、讲座、培训，以各种形式促进公园和绿地管理水平的提高；调查了解各类公园和绿地的情况，反映会员的意见和要求，维护会员合法权益，向行政主管部门提供行业发展情况和资料，提出工作意见和建议；组织会员开展有关公园和绿地绿化的科学技术、历史文化知识宣传，加强对园林绿地、名胜古迹、园林动植物种类、城市生态环境的保护；组织会员开展有关公园和绿地发展规划、公园和绿地设计营造、园林植物配置与栽培、户外康乐活动组织和公园经营管理等业务的咨询和技术服务；组织会员开展同行业组织机构和专家间的交流，开展评比竞赛，积极参加中国公园绿地协会和中国动物园协会组织的各项活动；协助行政主管部门组织拟定行业规范以及各类标准，为会员组织行业培训，提高从业人员技能和素质；编辑出版有关公园和绿地的内部信息资料和书刊，普及科学技术知识；承办行政主管部门及其他团体委托调查、评比等事项，开展促进行业发展的其他活动。

第三节 天津市花卉盆景协会

该协会是天津市专业和业余花卉盆景及其他园林艺术工作者、爱好者自愿结成的专业性、非营利性社会组织。成立于1991年4月并于同年注册登记。办公地点原设在河西区滨湖公园雅趣园，2007年迁址西青区国风星苑27号楼2门102。协会下设园林艺术专业委员会、盆景根艺专业委员会、观赏石专业委员会、多肉植物专业委员会4个分支机构。协会办事机构是秘书处，专职工作人员5人。截至2010年底，有会员253人、单位会员3个。业务主管单位是天津市园林管理局，2009年变更为天津市市容和园林管理委员会。

协会历届领导班子沿革情况如下。

第一届：1991年4月至1994年9月，名誉理事长毛昌五，理事长兼秘书长马廷林。

第二届：1994年9月至1997年10月，名誉理事长毛昌五，理事长兼秘书长马廷林。

第三届：1997年10月至2004年6月，理事长毛昌五，副理事长兼法定代表人高国华，秘书长李明森。

第四届：2004年6月召开会员代表大会，选举产生新一届领导班子，理事长王启利，副理事长高国华、刘宪昌、王岁英、文甡、李冠玉、张雨生，秘书长兼法定代表人张雨生。

协会的业务范围是保护和繁衍花卉盆景和观赏植物资源，推广先进养殖技术，提高园艺水平；组织花卉盆景、观赏石观摩展评，交流品种，切磋技艺；组织培训，开展咨询服务，传播花卉盆景技艺，为会员提供信息和服务，促进共同提高；向政府部门提供信息和合理化建议，把政府的政策、法规贯彻给广大会员，为政府联系人民群众起到桥梁纽带作用；加强同全国各兄弟协会的联系与合作，沟通信息，交流经验，增进友谊；完成中国风景园林学会花卉盆景赏石分会和上级业务主管单位交办的任务。

协会组织会员参加了在天津（1994年）、扬州（1997年）、苏州（2001年）、泉州（2004年）、南京（2008年）举办的第三至第五届中国盆景展和四届中国赏石展，1999年在昆明举办的中国’99昆明世界园艺博览会，2005年在北京举办的第八届亚太地区盆景赏石会议暨展览，2009年在山东省举办的第七届中国（济南）国际园林花卉博览会，2010年在上海举办的中国盆景精品展，均摘取奖牌。为繁荣天津盆景创作，丰富群众文化生活，协会在1989年7月、1990年6月、1998年7月、2000年10月、2004年9月，共主办组织了五届天津市盆景展。协会共举办了十届天津市观赏石展。为树立盆景专业领军人物，引导盆景创作，协会分两批组织开展了天津市盆景艺术大师认定工作，共认定14人天津市市级盆景艺术大师。举办了天津市市级盆景艺术大师和私人盆景园华龙盆景园盆景精品展、盆景名家个人展。协会倡导理论研讨，开启实践与理论并重轨道，2006年在《天津园林》推出天津盆景艺术专栏，发表文章5篇。举办了天津市盆景艺术研讨会等活动，会员在《中华奇石》杂志发表文章达百余篇。

第四节 天津市观赏动物协会

该协会是天津市专业和业余观赏动物工作者、爱好者自愿结成的专业性、非营利性社会组织。成立于1991年10月，并于同年注册登记。办公地点原设在河西区滨湖公园雅趣园，2007年迁址西青区国风星苑27号楼2门102。协会下设观赏鸽专业委员会、观赏鱼专业委员会、犬猫专业委员会3个分支机构。协会办事机构是秘书处，专职工作人员5人。截至2010年底，有会员465人。业务主管单位是天津市园林管理局，2009年变更为天津市市容和园林管理委员会。

协会历届领导班子沿革情况如下。第一届：1991年10月至1994年9月，名誉理事长毛昌五，理事长兼秘书长马廷林；第二届：1994年9月至1997年10月，名誉理事长毛昌五，理事长兼秘书长马廷林；第三届：1997年10月至2004年6月，理事长王荣，秘书长兼法定代表人李明森；第四届：2004年6月召开会员代表大会，选举产生新一届领导班子，理事长王启利；副理事长吴静、姚宝亮、李玉军、韩伟、张春暄，法定代表人王启利，秘书长张雨生。

协会的业务范围是保护和繁衍观赏动物资源，推广先进养殖技术，促进养殖技艺的提高；组织观赏动物观摩展评，交流品种，切磋技艺；组织专业培训，开展咨询服务，传播观赏动物养殖技艺，为会员提供信息和服务，促进共同提高；向政府部门提供信息和合理化建议，把政府的政策、法规贯彻给广大会员，为政府联系人民群众起到桥梁纽带作用；加强同全国各兄弟协会的联系与合作，沟通信息，交流经验，增进友谊；完成上级业务主管单位交办的工作任务。

协会成立以来，共举办了18届天津市观赏鸽大赛，集中展示了头型鸽、京系鸽、津系鸽、外系鸽优秀品种。历届大赛均有东北、华北、西北、华南的40余个城市的育鸽高手云集津门，一展名鸽风采。

自2005年起，连续3年圆满完成了防治高致病性禽流感工作，保护了观赏鸽名优品种和珍贵资源。2005年9月，协会应邀参加沈阳首届观赏鱼博览会。同年9月，协会配合天津市委宣传部、河东区政府成功举办了“我爱我宠”家庭宠物赛，协会与天津市精神文明办、今晚报社、天津电视台、天津电台生活台共同向天津市民发出了《保护环境、爱护动物、遵纪守法、构建和谐社会、做文明市民倡议书》，对文明饲养宠物发挥了正确引导作用。2006年10月，在北京首届“长城杯”超级神仙鱼大赛上荣获全场总冠军。协会倡导理论研讨，编写制定了《天津地区部分观赏鸽赏评基本标准》，规范了观赏鸽评比工作。编辑印制了《第十六届观赏鸽大赛获奖精品集》。

第五节　天津市插花花艺协会

天津市插花花艺协会成立于2000年8月23日，选举产生了协会领导机构。选举李冠玉为理事长（兼法人代表），高峰、傅新生、桂秀峰、王如立、赵国防、李玉军为副理事长，李玉军兼秘书长，田菲、文理为副秘书长，另有理事16人。协会共有单位会员17个，个人会员75个。会址设在天津市花卉管理处办公楼内。

2006年12月21日，协会理事会决议：为进一步整合行业资源，实现信息、资源共享，有利于开展多样化创新性的活动，进一步提升园林绿化行业知名度，有利于加强与全国其他省市同行的交流合作，将天津市插花花艺协会并入天津市园林绿化行业协会，为行业协会下设的插花花艺专业委员会，对外保留天津市插花花艺协会名称。

2007年2月2日，协会召开第二届会员大会，选举产生了新一届理事会。选举郭喜东为理事长（兼法人代表），李冠玉、高峰、阎国荣、汪海霞、桂秀峰、傅瑗为副理事长兼秘书长，张斌、姜世平为副秘书长。会址设在天津市园林绿化行业协会内。协会的主要业务范围是编写资料、组织展览、比赛、评比，同国内外同行切磋、交流等。协会成立以来，先后组织了多项活动：

2000年9月，组织会员参加了上海市举办第三届中国国际园林花卉博览会艺术插花比赛，提高了天津插花花艺协会在全国的知名度。

2001年，组织会员参加了广东省深圳市举办的首届中国国际插花花艺博览会，获得了个人插花三等奖，团体布展金奖。在压花比赛中获优秀奖。

2002年，协会与天津市园林局、天津市林业局、天津市农垦局等多家单位共同主办了天津市第三届插花大赛。协会会员积极参加比赛，并包揽了各项奖项。同年9月，协会承办了中国首届插花花艺大赛，获得了展区比赛、壁挂花比赛的两项金奖和迎宾插花比赛银奖。

2003年，为弘扬中华传统插花艺术，增进台海两岸同胞友谊，协会组织会员进行两岸中华插花艺术交流活动，

2006年，由北京奥组委、北京花卉协会等单位联合举办了第二届迎奥运礼仪花卉插花大赛。协会会员的颁奖用花作品获得了三等奖。同时，参赛选手也获得了由北京市劳动局颁发的中、高级插花花艺师资格证书。

2007年4月22日，插花花艺协会举办了插花花艺讲座，邀请了全国插花花艺协会副理事长王绥芝和全国首届插花花艺大师王莲英来津进行公益讲座。

2008—2009年，分别组织会员参与了迎奥运、迎国庆60周年园林景点布展，组织部分花卉专家针对花卉产业发展的热点问题开展了调查研究。协助上海园林绿化行业协会在天津国展中心成功举办了2009天津（国际）城市园林景观设计设施展览会。

2010年，组织部分会员赴台湾参观了2010台北国际花卉博览会。协助上海园林绿化行业协会在天津国展中心成功举办了2010天津（国际）城市园林景观设计设施展览会。

六、天津市园林绿化行业协会

天津市园林绿化行业协会成立于2005年5月26日。业务范围是：履行政府转移职能，贯彻执行法律法规，开展行业培训、技术咨询、评比和协调服务。会长兼法定代表人马连勇，副会长郭喜东、徐胜利、高学刚、李悦生、李冠玉、刘锐、陈玉衡、张金琪，张金琪兼秘书长。共有理事34人，会员企业57个，个人会员3个。会址设在南开区水上公园路44号天津市园林局办公楼内，2010年迁至河西区围堤道107号天津市市容环境研究所办公楼B座。

协会成立之初，从加强组织工作和基础建设入手，建立健全了各项规章制度，创建了网站，开展了调查研究，撰写了《关于加强园林绿化行业市场建设和行业协会工作的调查报告》，参与了天津市建委组织的园林绿化工程评优活动。

2007年，协会独自组织了园林绿化优质工程评比活动。至2010年，共评出一等奖37项，二等奖86项，三等奖94项。承担了全市二、三级资质园林绿化企业就位、评估及技术工人培训工作。开展了施工质量创优服务活动，并就成立天津市建设交易中心园林分中心进行了可行性调研。与上海、云南等省市行业协会一起，就园林施工企业项目经理管理的制度性问题开展调查研究并联名上书国家建设部。

2008年，在总结三年评优工作基础上，编纂了《园林绿化优质工程图集》。围绕企业创优开办了工程施工、养护管理、施工监理培训班，举办了国际大师高级论坛。参与了园林绿化养护资质管理和养护质量标准的制定。协助天津市建委对80余家园林绿化企业资质进行了初审，落实了国家标准。联合上海、北京、云南等省市行业协会，共同促成了2008全国部分省市行业协会工作交流会的召开，参与了筹备全国性行业协会的若干工作。进一步加强了协会的制度建设，制定了行业协会机构设置和工作人员管理办法及行业协会工作一览。会员企业达到87家。

2009年，为进一步展示园林发展成果，扩大国内业内影响，拓展协会服务职能，与上海园林绿化行业协会共同举办了2009天津（国际）城市园林景观绿化设计及设施展览会。

2010年，协会协助上海园林绿化行业协会继续举办了2010天津（国际）城市园林景观绿化设计及设施展览会，并按照2009中国省市园林绿化行业协会工作交流会的决定，于2010年10月12日至14日在津组织召开了2010中国省市园林绿化行业协会工作交流会。参加会议的有全国十几个省市园林绿化行业（企业）协会的代表近30人。2010年底，受台北市园艺花卉商业同业公会的邀请，带领部分会员单位的领导赴台参观了我国首次获得国际授权举办的A2B1级世界博览会——2010台北国际花卉博览会。

第二章　区县社会团体

第一节　河西区园林学会

河西区园林学会是河西区园林局领导下的学术团体，成立于1983年，当时隶属于河西区城市建设管理局，园林科（绿化办公室）负责具体学会工作。1986年河西区园林局成立，学会隶属于河西区园林局。学会始终在天津市园林学会的直接指导下开展工作。群众绿化科（绿化办公室）负责具体学会工作。截至 2010 年，有会员 170 人。

1997 年 12 月 8 日，学会正式办理非法人社会团体登记，负责人为孙广荣。业务范围是开展学术交流，普及园林科学知识，提供咨询服务。

1999 年 9 月 29 日，学会变更法定代表人为刘锐，时任河西区副区长张志方为学会名誉理事长。自 1999 年，河西区园林学会进入较快发展阶段，时有会员 111 名，其中年轻的专业技术人员超过 40 人，占总会员数的 35%。

2005 年 1 月，换届选举产生第四届理事会。2006 年会员达到 180 人，年轻的专业技术人员占到 60%。2007 年被中国风景园林学会评为该年度优秀社会团体单位。

2008 年 12 月 30 日召开了第五届会员大会，大会选举产生了第五届学会理事会、理事长，理事长兼法定代表人变更为王洪泉。

学会陆续组织完成了国家“863”项目子课题《天津河西区北方半干旱都市小区绿地再生水利用综合示范区建设》和天津市建委《海河生态景观带绿化模式及绿化节水技术应用研究》的验收工作；承担了天津市科委《利用再生水作为景观水体补充的水质保护技术研究》，天津市建委《天津市屋顶绿化技术研究》和天津市园林局《六星黑点豹蠹蛾综合防治技术研究》等课题研究工作；与天津移动合作开展了《园林通绿化管理信息系统》的研究工作；与北京大学遥感与地理信息系统研究所合作开展了《基于 BS 结构的城市园林绿化地理信息系统研发》、《城市遥感综合评价系统》的研究工作。其中，《园林通绿化管理系统》和《天津市屋顶绿化技术研究》两个项目被评为 2006 年度和 2007 年度区科技进步三等奖。同时，学会还组织技术骨干于 2005 年至 2007 年编写了《天津市园林植物病虫害防治手册》（一、二、三册），推动了全市病虫害防治工作，受到了业内人士的好评。学会被河西区社团办评为 2001—2003 年度河西区优秀社会团体单位。2003 年成功完成《天津园林（河西专刊）的征稿和发行工作，其中有两篇文章被收入《海河综合开发与城市绿色环境建设论文专集》，有八篇文章被天津市园林学会评为优秀论文。

学会确定了《园林灌溉技术应用与研究》、《新优树种的选育及推广》两项基础研究性课题。其中，《园林灌溉技术应用与研究》已完成立项，正在实施阶段，已在 15 万平方米的绿地中使用了自动喷灌系统、摇臂式喷灌、微喷灌、微喷带、滴灌等 10 余种节水灌溉设备，涉及公园、道路、居民区等多种绿地类型，使用了包括河水、中水、自来水等不同水源，平均节水率达 30%以上。此外，还与天津市节约用水管理中心合作，在友谊公园建设了“友谊公园自动灌溉系统示范区（第一期）”。学会与天津市节水用水事务管理中心合作开展了《城市园林绿地节水定额研究》、《西柳公园节水灌溉工程研究》，还建成了“西柳公园自动灌溉系统示范区”，共计 1.2 万平方米绿地实现了自动节水灌溉。

第二节　红桥区园艺学会

红桥区园艺学会是挂靠在红桥区园林局的学术团体，1980年成立，有会员121人。2010年7月，红桥区城管体制改革后，红桥区园艺学会办公地点设在红桥区市容园林委。学会成立以来，进行了园林学术交流，普及园林科技知识，开展园林技术服务，提高科技人员业务能力、园林规划设计和绿化工程质量、绿化养护管理水平等活动。每年秋冬季，组织专家学者讲课，开展园林业务培训。

第十篇

人　物

第一章　先进模范人物和高级技术人员有关情况

第一节　市级劳模情况一览

表 10-1-1-1

序号	姓名	性别	出生年月	荣誉称号	所在单位
1	吕向东	男	1939. 1	1965 年市级劳动模范	动物园
2	王世霖	男	1950. 6	1977 年市级劳动模范	动物园
3	孙宝城	男	1956. 9	1979、1980 年市级劳动模范	园林学校
4	叶家良	男	1954. 12	1982 年获市特级劳动模范 84、86、88、92 年获市级劳动模范	水上公园
5	李宝忠	男	1951. 5	1982 年市级劳动模范	动物园
6	师俊如	女	1943. 10	1984 年市级劳动模范	花苗木中心
7	张德林	男	1936. 9	1986 年市级劳动模范	花卉中心
8	尹宝仓	男	1956. 3	1988 年市级劳动模范	花卉中心
9	闫鸿声	男	1943. 5	1994 年市级劳动模范	花苗木中心
10	刘国春	男	1958. 3	1995 年市级劳动模范	动物园
11	郑启丽	女	1950. 1	1996 年市级劳动模范	动物园
12	康新民	男	1953. 12	1996 年市级劳动模范	绿化中心
13	李秀兰	女	1949. 9	1998 年市级劳动模范	水上公园
14	孙国昱	男	1954. 3	1998 年市级劳动模范	委机关
15	刘淑兰	女	1947. 3	2000 年市级劳动模范	南翠屏公园
16	周玉华	男	1959. 9	2000 年市级劳动模范	花卉中心
17	张志顺	男	1955. 7	2003 年市级劳动模范	委机关
18	梁树民	男	1956. 7	2004 年市级劳动模范	花卉中心
19	孙培茹	女	1963. 8	2010 年市劳动模范	园林规划院

第二节 获得市级以上荣誉称号人员情况

表 10-1-2-1

序号	姓名	性别	出生年月	荣誉称号	所在单位
1	吴慧兰	女	1953.12	1973 年、1974 年“工业学大庆”先进生产者	花苗木中心
2	王翠敏	女	1944.6	1986 年全国教育系统劳动模范	园林学校
3	赵培强	男	1953.12	2004 年全国建设系统先进工作者	花苗木中心
4	赵四茹	男	1951.8	2007 年建设部人事部先进工作者	园林规划院
5	陈 良	男	1965.10	2017 年全国住房城乡建设系统先进工作者	园林规划院
9	陈召忠	男	1964.7	2017 年全国住房城乡建设系统劳动模范	园林开发公司

第三节 副高级以上职称人员有关情况

历年专业技术职称评审情况

表 10-1-3-1

序号	姓名	职 称	取得资格年份
1	李忠恕	高级工程师（正高级）	1988
2	刘再春	高级工程师（正高级）	1988
3	蒋介煜	高级工程师（正高级）	1988
4	袁格方	高级工程师（正高级）	1988
5	刘增虓	高级工程师（正高级）	1988
6	张春泽	高级工程师（正高级）	1988
7	陈 威	高级工程师（正高级）	1988
8	王景彬	高级工程师（正高级）	1988
9	高国华	高级工程师（正高级）	1999
10	贺 振	高级工程师（正高级）	1999
11	付新生	高级工程师（正高级）	1999
12	王洪成	高级工程师（正高级）	2003
13	尹志利	高级工程师（正高级）	2003
14	杨奎姝	高级工程师（正高级）	2003
15	康新民	高级工程师（正高级）	2006

续表 10-1-3-1

序号	姓名	职 称	取得资格年份
16	陈 良	高级工程师（正高级）	2009
17	李玉军	高级工程师（正高级）	2009
18	杨一力	高级工程师（正高级）	2011
20	张 斌	高级工程师（正高级）	2011
19	邹 萌	高级工程师（正高级）	2011
21	陈晓晔	高级工程师（正高级）	2012
22	陈召忠	高级工程师（正高级）	2012
23	赵万苓	高级工程师（正高级）	2012
24	江倩云	高级工程师（正高级）	2013
25	吴国智	高级工程师（正高级）	2013
26	查良钢	高级工程师（正高级）	2013
27	王铁兵	高级工程师（正高级）	2014
28	冯一多	高级工程师（正高级）	2014
29	王绪鹤	高级工程师	1987
30	沈永昌	高级工程师	1987
31	刘家光	高级工程师	1987
32	杨瑞兴	高级工程师	1987
33	郭佩联	高级工程师	1987
34	张连生	高级工程师	1987
35	张德林	高级工程师	1987
36	牛宝琪	高级工程师	1987
37	吴月华	高级工程师	1987
38	黎永惠	高级工程师	1987
39	马筠筠	高级工程师	1987
40	竺诗吟	高级工程师	1987
41	张兆铨	高级工程师	1987
42	吕志强	高级工程师	1987
43	陈 宁	高级工程师	1987
44	秦宝仙	高级工程师	1987
45	袁桂生	高级工程师	1987
46	翟洪武	高级工程师	1987
47	梁 萍	高级工程师	1987
48	刘福才	高级工程师	1987
49	杨为栋	高级工程师	1987
50	吴怀民	高级工程师	1987
51	周连翰	高级工程师	1987

续表 10-1-3-1

序号	姓名	职 称	取得资格年份
52	孙庆凯	高级工程师	1987
53	郑忠智	高级工程师	1987
54	魏德宝	高级工程师	1987
55	袁世琛	高级讲师	1987
56	张玉芳	高级讲师	1987
57	苏本一	副编审	1988
58	吕向东	高级畜牧师	1988
59	李瑞春	高级工程师	1988
60	黄佩英	高级工程师	1988
61	安靖州	高级工程师	1988
62	宋玉兰	高级工程师	1988
63	李 纬	高级工程师	1988
64	杨明漪	高级讲师	1988
65	王翠敏	高级讲师	1988
66	朱玉黛	高级农艺师	1988
67	王 杰	高级兽医师	1988
68	佡质慧	高级工程师	1991
69	尚右文	高级工程师	1991
70	张良玉	高级工程师	1991
71	宋晋文	高级工程师	1991
72	张仪贞	高级讲师	1991
73	梁伯华	高级工程师	1992
74	李彦玲	高级工程师	1992
75	周惠兰	高级工程师	1992
76	饶孝栋	高级工程师	1992
77	高桐坡	高级工程师	1992
78	李文英	高级讲师	1992
79	谢天兰	高级讲师	1992
80	蒙俊杰	高级讲师	1992
81	胡连明	高级工程师	1994
82	董哲文	高级工程师	1994
83	刘玉贞	高级工程师	1994
84	杨奎姝	高级工程师	1994
85	高国华	高级工程师	1994
86	唐慧莹	高级讲师	1994
87	黄歆东	高级讲师	1994
88	李树清	高级工程师	1995

续表 10-1-3-1

序号	姓名	职 称	取得资格年份
89	张晓明	高级工程师	1995
90	张全宝	高级工程师	1995
91	穆怀忠	高级工程师	1995
92	郭育文	高级讲师	1995
93	张自蓁	高级讲师	1995
94	何 芬	高级讲师	1995
95	赵克勤	高级讲师	1995
96	蔺高岐	高级讲师	1995
97	李 萍	高级讲师	1995
98	卢宝泉	高级农艺师	1995
99	李 超	高级畜牧师	1996
100	吕文明	高级工程师	1996
101	邱长生	高级工程师	1996
102	李瑞陇	高级工程师	1996
103	周敢伦	高级工程师	1996
104	郭喜东	高级工程师	1996
105	贺 振	高级工程师	1996
106	王开发	高级工程师	1996
107	孙义干	高级工程师	1996
108	王立新	高级工程师	1996
109	马德成	高级工程师	1996
110	赵玉罗	高级工程师	1996
111	王岁英	高级工程师	1996
112	王秀敏	高级工程师	1996
113	郭世敏	高级讲师	1996
114	程丽雯	高级讲师	1996
115	李玉华	高级讲师	1996
116	李怀起	高级讲师	1996
117	姒元宏	高级讲师	1996
118	李凤英	高级翻译	1997
119	康新民	高级工程师	1997
120	魏 侠	高级工程师	1997
121	谢凤琴	高级讲师	1997
122	吴艳霞	高级讲师	1997
123	张培冀	高级讲师	1997
124	张和琴	高级工程师	1998
125	梁瑞英	高级工程师	1998

续表 10-1-3-1

序号	姓名	职　称	取得资格年份
126	刘玉萍	高级讲师	1998
127	朱春风	高级讲师	1998
128	姜文华	高级农艺师	1998
129	韩　庆	高级工程师	1999
130	马桂苓	高级工程师	1999
131	胡伯玲	高级工程师	1999
132	韩国英	高级工程师	1999
133	汤巧香	高级工程师	1999
134	么秀文	高级工程师	1999
135	蒋志浩	高级工程师	1999
136	杨　华	高级工程师	1999
137	刘泽生	高级工程师	1999
138	翟金燕	高级工程师	1999
139	安景琴	高级工程师	1999
140	郑国祥	高级工程师	1999
141	杨丽娅	高级讲师	1999
142	王学刚	高级讲师	1999
143	王　英	高级讲师	1999
144	周小蕾	高级工程师	2000
145	李俊成	高级工程师	2000
146	刘广林	高级工程师	2000
147	崔修勇	高级工程师	2000
148	陈玉华	高级工程师	2000
149	李凤鹏	高级工程师	2000
150	俞金玲	高级讲师	2000
151	于俊荣	高级讲师	2000
152	苏文元	高级讲师	2000
153	王建团	高级讲师	2000
154	边　起	高级讲师	2000
155	李　莉	高级讲师	2000
156	方　旭	高级讲师	2000
157	戈树桐	高级讲师	2000
158	张文生	高级工程师	2001
159	童　彤	高级工程师	2001
160	王　强	高级工程师	2001
161	张培冀	高级工程师	2001
162	王铁兵	高级工程师	2001

续表 10-1-3-1

序号	姓名	职 称	取得资格年份
163	陈亚华	高级工程师	2001
164	刘凤杰	高级工程师	2001
165	刘雪梅	高级讲师	2001
166	孟 瑾	高级讲师	2001
167	谷运年	高级讲师	2001
168	齐爱军	高级讲师	2001
169	王 波	高级讲师	2001
170	张友闻	高级讲师	2001
171	张丽敏	高级畜牧师	2002
172	朱永莉	高级工程师	2002
173	王和祥	高级工程师	2002
174	桂秀峰	高级工程师	2002
175	肖广尧	高级工程师	2002
176	张 琮	高级工程师	2002
177	周华春	高级工程师	2002
178	李凤敏	高级工程师	2002
179	来金菊	高级工程师	2002
180	袁学东	高级工程师	2002
181	蒋桂香	高级讲师	2002
182	李洪玉	高级讲师	2002
183	姜振海	高级讲师	2002
184	魏金泓	高级兽医师	2002
185	刘淑芬	副研究馆员	2003
186	张 虹	副研究馆员	2003
187	赵四茹	高级工程师	2003
188	张 勇	高级工程师	2003
189	刘永红	高级工程师	2003
190	王溪正	高级工程师	2003
191	王维芬	高级工程师	2003
192	孙培茹	高级工程师	2003
193	肖学斌	高级工程师	2003
194	张志强	高级会计师	2003
195	张玉龙	高级兽医师	2003
196	柴恭春	高级兽医师	2003
197	张 涛	高级畜牧师	2004
198	郭丽君	高级工程师	2004
199	任 娜	高级工程师	2004

续表 10-1-3-1

序号	姓名	职　称	取得资格年份
200	邹　萌	高级工程师	2004
201	张运通	高级工程师	2004
202	张绍刚	高级工程师	2004
203	董建生	高级工程师	2004
204	查良刚	高级工程师	2004
205	张焕祥	高级工程师	2004
206	韩克嘉	高级兽医师	2004
207	王俊莉	高级兽医师	2004
208	陈静媛	副研究馆员	2006
209	陈会艳	高级畜牧师	2006
210	张志军	高级工程师	2006
211	柳泥莎	高级工程师	2006
212	林　颖	高级工程师	2006
213	李学今	高级工程师	2006
214	佟宝君	高级工程师	2006
215	郝砚英	高级工程师	2006
216	胡仲英	高级工程师	2006
217	俞金玲	高级会计师	2006
218	李　萍	高级兽医师	2006
219	杨素卿	高级工程师	2007
220	刘　林	高级工程师	2007
221	代国英	高级工程师	2007
222	李晓芬	高级工程师	2007
223	张　瑾	高级工程师	2007
224	刘金英	高级工程师	2007
225	郭庆年	高级工程师	2007
226	俄继武	高级工程师	2007
227	张乃成	高级工程师	2007
228	李志云	高级工程师	2008
229	宋百秋	高级工程师	2008
230	史永红	高级工程师	2008
231	韩向利	高级工程师	2008
232	王　威	高级工程师	2008
233	金文海	高级工程师	2008
234	李洪玉	高级工程师	2008
235	刘亮梅	高级工程师	2008
236	吕　涛	高级工程师	2008

续表 10-1-3-1

序号	姓名	职　称	取得资格年份
237	杨清雁	高级工程师	2008
238	刘中浩	高级工程师	2008
239	史长江	高级工程师	2008
240	刘志强	高级工程师	2008
241	薛广平	高级工程师	2009
242	马玉芳	高级工程师	2009
243	吉训宏	高级工程师	2009
244	孟东立	高级工程师	2009
245	王凤芸	高级工程师	2009
246	赵　杰	高级工程师	2009
247	杨永德	高级工程师	2009
248	贾　磊	高级工程师	2009
249	阚　彬	高级安全工程师	2010
250	张秋菊	高级工程师	2010
251	叶　刚	高级工程师	2010
252	张国瑞	高级工程师	2010
253	李金生	高级工程师	2010
254	王丽艳	高级工程师	2010
255	谢广茹	高级会计师	2010
256	何　瑾	高级工程师	2011
257	张　鸽	高级工程师	2011
258	韩向英	高级工程师	2011
259	李津立	高级工程师	2011
260	王　丽	高级工程师	2011
261	刘　刚	高级工程师	2011
262	霍立军	高级工程师	2011
263	张汉杰	高级工程师	2011
264	张宏伟	高级会计师	2011
265	张　生	高级兽医师	2011
266	贾　非	高级工程师	2012
267	霍　然	高级工程师	2012
268	戴松香	高级工程师	2012
269	谢宏山	高级工程师	2012
270	苏有印	高级工程师	2012
271	纪淑梅	高级工程师	2012
272	张　弛	高级工程师	2012
273	张云卿	高级工程师	2012

续表 10-1-3-1

序号	姓名	职　称	取得资格年份
274	史丽婷	高级工程师	2012
275	徐友章	高级工程师	2012
276	李　珂	高级讲师	2012
277	马　颖	高级讲师	2012
278	张秀巧	副研究馆员	2013
279	虞　志	高级工程师	2013
280	张新爱	高级工程师	2013
281	张　政	高级工程师	2013
282	张　勇	高级工程师	2013
283	邳树田	高级工程师	2013
284	刘有明	高级工程师	2013
285	王媛媛	高级工程师	2013
286	张培培	高级工程师	2013
287	靳秋生	高级工程师	2013
288	岳　岗	高级工程师	2013
289	刘云红	高级工程师	2013
290	权爱军	高级工程师	2013
291	张　申	高级工程师	2013
292	孟　璟	高级工程师	2013
293	王　凯	高级经济师	2013
294	李　君	高级畜牧师	2014
295	许　鹏	高级工程师	2014
296	杨力强	高级工程师（非园林绿化）	2014
297	韦　立	高级工程师（非园林绿化）	2014
298	刘新华	高级工程师	2014
299	林莹莹	高级工程师	2014
300	邓　炜	高级工程师	2014
301	孙文宇	高级工程师	2014
302	赵爱迪	高级工程师	2014
303	刘曼苓	高级工程师	2014
304	陈　琛	高级工程师	2014
305	候　睿	高级工程师	2014
306	崔　凯	高级工程师	2014
307	谭向军	高级工程师	2014
308	蒋月华	高级会计师	2014

第二章 园林系统副局级以上干部有关情况

第一节 正局级干部

一、赵悦祥

男，生于1921年9月，汉族，山西武乡人，1937年10月入党，1937年参加工作，初中文化。

1937年10月至1945年1月山西省武乡县牺盟会工作员、区委书记、县委组织部部长。

1945年2月至1950年9月太行地委党校总支书记、地委组织部部长、榆次地委组织部副部长。

1950年10月至1954年2月北京中共中央华北局组织部组织员、组长。

1954年2月至1962年6月包头617厂副厂长、天津105厂党委书记。

1962年7月至1965年7月天津市委工业部处长。

1965年7月至1970年11月天津市河东区委副书记。

1970年12月至1975年6月天津市内燃机厂党委书记。

1975年7月至1979年9月天津市建委援外办公室副主任、主任。

1979年10月至1982年11月天津市园林局党委书记、局长。

1985年3月离休。

二、王荣

男，生于1930年11月，汉族，北京平谷人，汉族，1945年3月入党，1945年3月参加工作，初中学历。

1945年至1950年人民解放军战士、班长。

1950年至1952年华北军区速成中学学员。

1952年至1962年天津市市政公司党总支副书记、组织股长。

1963年至1965年天津市建设局道桥处党委副书记。

1966年至1969年“文化大革命”中受审查。

1969年至1970年天津市建设局道桥管理处革委会第一副书记。

1971 年至 1973 年天津市建设局道桥管理处党委副书记。

1974 年至 1982 年天津市市政工程局党委常委、副局长。

1982 年至 1992 年天津市园林局局长。

1992 年 1 月离休。

三、左子敬

男，生于 1939 年 11 月，汉族，河北昌黎人，大专文化，中共党员，1962 年 2 月入党，1959 年 1 月参加工作。

1959 年 1 月至 1970 年 9 月解放军某军工兵营一连战士、排长、副连长。

1930 年 9 月至 1976 年 10 月解放军第二炮兵某基地某团作训股副股长、股长。

1976 年 10 月至 1979 年 3 月解放军第二炮兵某基地某团参谋长。

1979 年 3 月至 1981 年 3 月解放军第二炮兵某基地某团副团长。

1981 年 3 月至 1983 年 5 月解放军第二炮兵某基地某团团长。

1983 年 5 月至 1987 年 4 月解放军第二炮兵某基地后勤部部长。

1987 年 4 月至 1992 年 6 月天津市园林管理局副局长。

1992 年 7 月至 1993 年 3 月天津市园林管理局局长、党委副书记。

1993 年 3 月至 1997 年 8 月天津市园林管理局党委书记、局长。

1997 年 8 月至 2000 年 7 月天津市园林管理局党委书记。

2004 年 2 月退休。

四、李占东

男，生于 1944 年，天津市人，高中学历，中共党员。1962 年 6 月参加工作。

1962 年 6 月至 1970 年 7 月中央警卫团战士、干部。

1970 年 7 月至 1984 年 3 月江西省军区司令部办公室秘书、副主任、军务处副处长。

1984 年 3 月至 1989 年 3 月天津市市容委调研处副处长、处长。

1989 年 3 月至 1996 年 5 月天津市市容卫生管理委员会（天津市爱国卫生运动委员会办公室）副主任。

1996 年 5 月至 2002 年 12 月天津市园林管理局副局长、党组副书记、局长、党委书记。

2002 年 12 月至 2005 年 12 月任天津市市容环境管理委员会（天津市爱国卫生运动委员会办公室）主任、党组书记。

2008 年 9 月退休。

五、马连勇

男，生于 1952 年，河北和田人，大专学历，中共党员，1969 年 2 月参加工作。

1969 年 2 月至 1974 年 2 月昆明军区 3744 部队战士、班长、党支部委员。

1974年2月至1974年9月天津市公用局煤气灶具厂工人。

1974年9月至1983年9月天津市公用局干部。

1983年9月至1985年7月天津大学管理工程系基本建设管理工程干部专修班学习。

1985年7月至1986年8月天津市公用局基建处副处长。

1986年8月至1990年11月天津市城建委城管处副处长。

1990年11月至1995年4月天津市城建委城建处处长；1993年9月至1995年7月天津大学工商管理专业学习。

2000年5月至2002年12月天津市建设管理委员会副主任。

2002年12月至2007年4月天津市园林管理局党委书记、局长。

2007年4月至2009年7月天津市园林管理局党委副书记、局长。

2009年7月至2013年3月天津市人大城乡建设环境保护委员会副主任委员，天津市市容和园林管理委员会（天津市爱国卫生运动委员会办公室）巡视员。

六、耿发起

男，生于1954年5月，河北阜城人，研究生学历，中共党员，1975年5月入党，1970年8月参加工作。

1970年8月至1978年10月天津市建工局一建公司工人，二工区一队施工队副队长、党支部副书记。

1978年10月至1980年10月天津市建工局一建公司团委副书记、书记。

1980年10月至1983年2月天津市建筑工程学校工业与民用建筑专业学生。

1983年2月至1985年2月天津市建工局一建公司四工区党总支副书记、书记。

1985年2月至1989年2月天津市建工局一建公司党委办公室主任、行政办公室主任（其间：1985年2月至1987年12月在天津市委党校政治工作专业学习）。

1989年2月至1991年1月天津市建工局一建公司四工区主任。

1991年1月至1994年6月天津市纪委检查二处、一室干部。

1994年6月至1996年10月天津市纪委第一纪检检察室副处级检查员、监察员。

1996年10月至1997年5月天津市纪委第一纪检监察室副主任。

1997年5月至1997年9月天津市纪委第一纪检监察室副主任（正处级）。

1997年9月至1998年4月天津市纪委案件管理室副主任（正处级）。

1998年4月至1998年5月天津市纪委副秘书长兼监察综合室主任。

1998年5月至1998年7月天津市纪委监察综合室主任；1998年7月至1999年11月天津市纪委监察综合室主任（副局级）。

1999年11月至2002年4月天津市监察局副局长。

2002年4月至2007年4月天津市纪委常委、市监察局副局长。（其间：2001年3月至2004

年 1 月在中央党校在职研究生法学理论专业学习）。

2007 年 4 月至 2009 年 7 月天津市园林管理局党委书记；2009 年 7 月至 2014 年 5 月天津市市容和园林管理委员会（天津市爱国卫生运动委员会办公室）巡视员；2014 年 5 月 29 日退休。

七、李福海

男，生于 1957 年，天津市人，中专毕业，中共党员，1980 年参加工作。

1980 年 12 月至 1983 年 2 月武清县河北屯乡中学教师、教育办公室总辅导员。

1983 年 2 月至 1984 年 5 月武清县团委学少部部长。

1984 年 5 月至 1986 年 11 月武清县团委副书记、书记。

1986 年 11 月至 1990 年 8 月武清县梅厂乡乡长、乡党委书记。

1990 年 8 月至 1995 年 4 月武清县大沙河乡党委书记。

1995 年 4 月至 1998 年 7 月赴西藏挂职、任西藏昌都县委书记。(1997 年 8 月至 1999 年 12 月在中央党校函授学院政法专业学习)

1998 年 7 月武清县委副书记；至 2006 年 12 月武清区委副书记。

2006 年 12 月至 2009 年 5 月天津市政府副秘书长（正局级）。

2009 年 5 月天津市市容和园林管理委员会（天津市爱国卫生运动委员会办公室）主任、党委书记。

八、孙玉萍

女，生于 1954 年 5 月，大专学历，中共党员，1970 年 8 月参加工作，1973 年 3 月入党。

1970 年 8 月至 1973 年 3 月天津市和平区园林队工人。

1973 年 3 月至 1976 年 5 月天津市和平区城建局团总支书记。

1976 年 5 月至 1976 年 9 月天津市和平区城建局政办室副主任。

1976 年 9 月至 1979 年 7 月天津市和平区城建局革委会副主任。

1979 年 7 月至 1983 年 10 月天津市和平区城建局政工科科长。

1983 年 10 月至 1993 年 4 月天津市和平区城建局党委副书记。

1993 年 4 月至 1998 年 1 月天津市和平区城建局党委副书记、局长。(其间：1993 年 9 月至 1997 年 7 月在天津广播电视大学汉语言文学专业学习)

1998 年 1 月至 2002 年 11 月天津市和平区副区长。

2002 年 11 月至 2005 年 11 月天津市和平区委常委、副区长。

2005 年 11 月至 2006 年 10 月天津市市容环境管理委员会（天津市爱国卫生运动委员会办公室）副主任。

2006 年 10 月至 2009 年 5 月天津市市容环境管理委员会（天津市爱国卫生运动委员会办公室）副主任，天津市城市管理综合执法局党委书记、局长、政委。

2009年5月至2010年4月天津市市容和园林管理委员会（天津市爱国卫生运动委员会办公室）副主任，党组副书记，天津市城市管理综合执法局党委书记、局长、政委。

2010年4月至2014年5月，天津市容和园林管理委员会（天津市爱国卫生运动委员会办公室）巡视员、副主任、党组副书记。

2014年5月退休。

九、张群芳

男，生于1951年8月，天津人，研究生学历，中共党员，1972年入党，1968年12月参加工作。

1968年12月至1971年12月天津市市政局园林处程林苗圃工人。

1971年12月至1972年11月天津市市政局园林处水上公园团支部副书记。

1972年11月至1974年1月天津市市政局市管处团委干事。

1974年8月至1978年7月天津市市政局园林处副处长。

1978年7月至1980年1月天津市市政局团委副书记。

1980年1月至1982年7月天津市园林管理局团委副书记。

1982年7月至1985年7月天津市园林管理局公园管理处副处长。

1985年7月至1988年4月天津市园林管理局公园管理处处长。(其间：1983年9月至1986年7月天津管理干部学院企业管理专业学习)

1988年4月至1992年5月天津市园林管理局公园管理处处长、水上公园管理处主任。

1992年5月至2009年7月天津市园林管理局副局长。

(其间：1997年9月至2000年7月在中央党校在职研究生班经济学专业学习)。

2009年7月至2010年4月原天津市园林管理局副局长。

2010年4月至2012年2月天津市市容和园林管理委员会（天津市爱国卫生运动委员会办公室）巡视员。

2012年2月退休。

十、白纪元

男，生于1949年10月，山东宁津人，大学学历，中共党员，1970年5月入党，1969年3月参加工作。

1969年3月至1977年9月中国人民解放军1796部队、52998部队战士、班长；

1977年9月至1979年11月天津市市政局园林处组干处干事。

1979年11月至1983年11月天津市园林管理局纪检筹备组干事。

1983年11月至1988年4月天津市园林管理局纪检副书记。

1988年4月至1993年4月天津市园林学校党委书记。

（其间：1984 年 9 月至 1988 年 9 月天津新华职大政史专业学习）

1993 年 4 月至 1995 年 3 月天津市园林管理局党委组织部部长。

1995 年 3 月至 1997 年 12 月天津市园林管理局局长助理、组织部部长。

1997 年 12 月至 2003 年 8 月天津市园林管理局纪委书记。

（其间：1997 年 8 月至 199 年 12 月在中央党校函授学院经济管理专业学习）

2003 年 8 月至 2008 年 3 月天津市园林管理局纪委书记、天津市海河综合开发工程指挥部党委专职副书记。

2008 年 3 月至 2009 年 5 月天津市园林局纪委书记、天津市海河综合开发工程指挥部党委专职副书记、天津市发展海河经济领导小组办公室常务副主任。

2009 年 5 月至 2010 年 4 月原天津市园林管理局纪委书记、天津市海河综合开发工程指挥部党委专职副书记、天津市发展海河经济领导小组办公室常务副主任。

2010 年 6 月退休（按正局级领导职务工资标准办理退休）。

第二节　市园林局及市容园林部门副局级以上干部任免职情况（以任免时间为序）

1. 1979 年 12 月 20 日津党发〔1979〕287 号文件通知，市委〔1979〕第 90 次会议讨论决定：建立中共天津市园林管理局委员会，由赵悦祥、方菊珍、李山河、刘增褫、安彦增、杨宝贵、崔滨亭组成，赵悦祥任书记，方菊珍任副书记；

赵悦祥任天津市园林管理局局长，免其天津市基本建设委员会任职；

李山河任天津市园林管理局副局长，免其天津市市政工程局副局长、党委委员、常委会任职。

刘增褫任天津市园林管理局副局长，免其天津市市政工程局副局长；安彦增任天津市园林管理局副局长。

2. 1981 年 5 月 7 日，〔1981〕市园林党字第 22 号通知，根据中共天津市委津党发〔1981〕67 号文通知：李贵山任天津市园林管理局副局长、党委委员；张春泽任天津市园林管理局副局长。

3. 1982 年 7 月 12 日津党〔1982〕46 号文件通知，经市委讨论同意，贺振任天津市园林管理局副局长，1982 年 9 月 11 日〔1982〕市园林干字第 223 号文件通知，接天津市人民政府津政人〔1982〕9 号文件通知，经市人民政府第七十五次常务会议决定：贺振任天津市园林管理局副局长。

4. 1982年9月11日，〔1982〕市园林党字第42号文件通知：接中共天津市委党〔1982〕45号文件通知，市委决定：王荣任天津市园林管理局党委委员、书记。免去赵悦祥天津市园林管理局党委书记职务。

5. 1982年11月1日，津党〔1982〕60号文件通知，1982年11月18日，〔1982〕市园林党字第52号文通知，经中央批准：王荣任天津市园林管理局局长，免去赵悦祥天津市园林管理局局长职务。

6. 1982年12月15日，〔1982〕市园林党字第58号文件通知：按市委津党〔1982〕72号文件通知，杨宝贵任天津市园林管理局党委副书记。

7. 1984年6月19日，中共天津市委党〔1984〕69号文通知：市委决定，免去方菊珍的中共天津市园林管理局委员会副书记。天津市人民政府津政人〔1984〕7号文通知，经1984年9月27日市人民政府第十九次常务会议决定：方菊珍任天津市园林管理局顾问。

8. 1985年4月11日，津政人〔1985〕2号文通知：经1985年3月29日市人民政府第27次常务会议决定：张春泽、李贵山、贺振任天津市园林管理局副局长。

9. 1985年5月17日，中共天津市委组织部津党组〔1985〕53号文通知：市委决定：李贵新任中共天津市园林管理局委员会副书记。

10. 1985年9月6日，〔1985〕市园林劳字第195号、1985年8月12日津政人〔1985〕5号文通知：经市人民政府常务会议决定：高国华任天津市园林管理局副局长。

11. 1986年3月3日，津政发〔1986〕20号文件通知：经1986年3月1日市人民政府第41次常务会议决定：免去刘增褫天津市园林管理局副局长职务。

12. 1986年12月22日，中共天津市委城乡建设管理工作委员会津党建〔1986〕干字28号文件通知：经研究同意：张春泽、贺振、许乃奎任中共天津市园林管理局委员会委员；免去方菊珍、刘增褫中共天津市园林管理局委员会委员职。

13. 1987年4月14日，天津市人民政府津政发〔1987〕49号文通知：经1987年4月11日市人民政府第49次常务会议决定：左子敬任天津市园林管理局副局长。

14. 1991年6月13日，津园党〔1991〕46号文件通知、市委城建工委津党建（91）干字22号文件通知：原天津市园林管理局副局长刘增褫退休。

15. 1991年6月23日，津园党〔1991〕51号文件通知：市委组织部津党建〔1991〕90号文件通知：市委决定：天津市园林管理局副局长李贵山离职休养。

16. 市政府津政人〔1991〕16号文件通知，市人民政府第66次常务会议决定：免去张春泽的天津市园林管理局副局长职务。

17. 1991年6月23日，津园党〔1991〕52号文件通知：市委城建工委津党建〔1990〕干字34号文批复，同意免去张春泽、李贵山中共天津市园林管理局委员会委员，从局发通知起生效。

18. 1992年6月2日，市政府津政人〔1992〕29号文通知：经1992年5月30日市人民政府第92次常务会议决定：许乃奎、张群芳任天津市园林管理局副局长。

19. 1992年6月9日，市人大常委会津人发〔1992〕10号文通知：1992年6月9日天津市第11届人民代表大会常务委员会第35次会议通过：任命左子敬为天津市园林管理局局长，免去王荣的天津市园林管理局局长职务。

20. 1992年6月9日，市政府津政字〔1992〕30号文件通知：经1992年6月6日市人民政府第93次常务会议决定：高国华任天津市园林管理局总工程师（兼）。

21. 1992年6月20日，天津市委组织部，津党组〔1992〕230号文通知：市委决定：原中共天津市园林管理局委员会书记、天津市园林管理局局长王荣离职休养。

22. 1992年7月11日，天津市委组织部，津党组〔1992〕251号文件通知：市委同意左子敬任中共天津市园林管理局委员会委员、副书记。

23. 1992年7月11日津园党〔1992〕40号文件通知：1992年7月6日，局领导办公会议决定高国华为常务副局长。

24. 1993年4月26日，津园党〔1993〕36号文通知：根据中共天津市委组织部津党组〔1993〕55号文通知：市委决定左子敬任中共天津市园林管理局委员会书记。

25. 1995年3月17日，津党建〔1995〕干字2号文件通知经市委城建工委全委会1995年3月17日会议研究，同意白纪元、王义彬天津市园林管理局局长助理。

26. 1995年9月1日，津党建〔1995〕干字24号文通知市委同意，天津市园林管理局副局长张春泽离职休养。

27. 1996年5月8日，中共天津市委组织部通知，津党组〔1996〕233号文件，市委决定：李占东任市园林局党委委员、副书记。

28. 1996年5月20日，市政府通知，根据津政人〔1996〕35号文件，任命李占东任市园林局副局长。

29. 1996年4月25日，中共天津市委组织部津党组〔1996〕202号通知：中共天津市园林管理局委员会副书记李贵新、天津市园林管理局副局长许乃奎退休。

30. 1996年8月30日，市委城建工委决定，根据津党建工〔1996〕干字35号文件：增补白纪元为市园林局党委委员。

31. 1997年9月10日，津人发〔1997〕34号，天津市第12届人民代表大会常务委员会第35次会议通过决定：任命李占东为天津市园林管理局局长，免去左子敬天津市园林管理局局长职务。

32. 1997年12月17日，市委组织部通知，根据津党组〔1997〕362号文件，市委决定王义彬同志任中共天津市园林管理局委员会副书记。

33. 1997年12月31日，据中共市委组织部津党组〔1997〕417号文件，市委同意白纪元同志任中共天津市园林管理局纪律检查委员会书记。

34. 2000 年 6 月 22 日，据中共市委组织部津党组〔2000〕60 号文件，市委同意贺振不再担任天津市园林管理局副局长职务、退休；高国华不再担任天津市园林管理局副局长、总工程师职务，退休。市委城建工委通知，津党建〔2000〕干字 24 号：免去贺振、高国华中共天津市园林局委员会委员职务。

35. 2000 年 8 月 18 日，中共市委津党任〔2000〕131 号，市委决定李占东任天津市园林管理局党委书记，免去左子敬天津市园林管理局党委书记、委员职务。

36. 2001 年 6 月 25 日，天津市人民政府决定，毕光庆同志任天津市园林管理局副局长。

37. 2001 年 11 月 1 日，天津市委规划建设工委决定：毕光庆任天津市园林管理局党委委员。

38. 2002 年 12 月 21 日，据中共天津市委津党任〔2002〕207 号文件，市委决定马连勇任天津市园林管理局党委委员、书记；免去李占东天津市园林管理局党委书记、委员职务。

39. 2002 年 12 月 28 日，据天津市人民政津政人〔2002〕42 号文件，马连勇任天津市园林管理局局长；免去李占东天津市园林管理局局长职务。

40. 2003 年 12 月 13 日，据中共市委组织部津党组〔2003〕136 号文件，市委同意中国人民政治协商会议天津市第十届委员会委员、天津市市园林管理局原党委书记左子敬退休。

41. 2004 年 4 月 23 日，据中共天津市委津党任〔2004〕31 号，市委决定李继生任天津市园林管理局助理巡视员。

42. 2004 年 11 月 19 日，据中共市委组织部津党组〔2004〕153 号文件，市委同意郭喜东任天津市园林管理局助理巡视员。

43. 2006 年 11 月 10 日，据中共市委津党任〔2006〕285 号文件，市委决定丛建华任天津市园林管理局党委委员、副书记。

44. 2006 年 11 月 10 日，据中共市委组织部津党组〔2006〕157 号文件，市委同意王义彬不再担任天津市园林管理局党委副书记、委员职务，退休。

45. 2007 年 4 月 9 日，据中共市委津党任〔2007〕66 号文件，市委决定耿发起同志任天津市园林管理局党委委员、书记，免去其天津市纪律检查委员会常务委员职务；免去马连勇天津市园林管理局党委书记职务。

46. 2007 年 4 月 9 日，据中共市委津党任〔2007〕67 号文件，市委决定马连勇任天津市园林管理局党委副书记。

47. 2008 年 8 月 6 日，据中共市委组织部津党组〔2008〕124 号文件，市委同意免去郭喜东天津市园林管理局副巡视员职务。

48. 2009 年 5 月 5 日，据津党任〔2009〕38 号、47 号文件，市委决定任李爱国任天津市市容和园林管理委员会副主任、副书记。

49. 2009 年 5 月 6 日，市政府任命刘鸿尧任市容园林委总工程师。

50. 2009 年 5 月 5 日，据津党任〔2009〕38 号文件，市委决定孙玉萍任天津市市容和园林管理委员会副主任、副书记。

51. 2009年5月5日，据津党任〔2009〕38号文件，李宝龙 任天津市市容和园林管理委员会副巡视员。

52. 2009年5月5日，王宗涌任天津市市容和园林管理委员会巡视员。

53. 2009年5月6日，据津党任〔2009〕37、38、47号文件，李福海任天津市市容和园林管理委员会主任。

54. 2009年5月6日，据津党任〔2009〕38号文件，苗家兴任天津市市容园林委副主任。

55. 2009年6月10日，据津党组〔2009〕122号任文件，苗家兴任天津市市容园林委党组成员。

56. 2009年7月1日，耿发起任天津市市容和园林管理委员会巡视员。

57. 2009年7月7日，据津党任〔2009〕108号文件，毕光庆任天津市市容和园林管理委员会副主任。

58. 2009年11月13日，高秀泉任天津市市容和园林管理委员会纪检组组长

59. 2010年4月9日，据津党任〔2010〕27、50、51、52号文件，津党组〔2010〕66号文件，市委决定李汕源任天津市市容和园林管理委员会副主任、党组成员。

60. 2010年4月9日，据津党任〔2010〕27、50号文件，孙玉萍任天津市市容和园林管理委员会巡视员。

61. 2010年4月9日，据津党组〔2010〕50号文件，张群芳任天津市市容和园林管理委员会巡视员。

62. 2010年5月29日，据津党组〔2014〕106号文件，孙玉萍不再担任天津市市容和园林管理委员会巡视员、副主任、党组副书记，退休。

附　录

附录 1

市政府关于颁布《天津市市区、郊县城镇园林绿化及其设施管理暂行办法》的令

（发布日期：1982. 12. 22　生效日期：1982. 12. 22）

各区、县人民政府，各委、局，各直属单位：

为加速绿化建设，维护和改善生态环境，美化城市，保障社会主义建设事业顺利发展，市人民政府第五十四次常务会议通过了《天津市市区、郊县城镇园林绿化及其设施管理暂行办法》，现予颁布施行。

天津市市区、郊县城镇园林绿化及其设施管理暂行办法

第一条 根据第五届全国人民代表大会第四次会议《关于开展全民义务植树运动的决议》和《中华人民共和国森林法（试行）》及国家其它有关规定，制订本办法。

第二条 本办法管理范围包括：

（一）公园、广场、街坊、市区铁路两侧、市区河岸和道路两侧及分车岛内的树木、花卉、草坪等公共绿地；

（二）机场、港口、车站、营房、居民庭院及企事业单位场院内的树木、花卉、草坪等专用绿地；

（三）苗圃、花圃、果园、绿化科研等生产用地；

（四）风景区和市区、郊县城镇、工业区的防护林及有历史文物价值的古树老树、稀有珍贵树种。

第三条 市区、郊县城镇及工业区的公共绿地、园林绿化生产用地、防护林和风景区，由园林部门建设和养护；

专用绿地由各所属单位和居民自行建设和养护。

第四条 市区公共空地、坑塘周围、沿河堤岸及三年内不进行建设或拓宽的马路两侧空地，可由园林部门植树或建设绿地。

第五条 园林部门经营的树木归国家所用。

单位投资种植并养护管理的树木归单位所有；居民在庭院或经园林部门批准在房前屋后自费种植并养护管理的树木归居民个人所有。单位或居民搬迁时，经协商可将其所有的树木转移给迁入单位或居民，也可由园林部门酌情给予补偿，将树木收归国有。

第六条 任何单位或个人均不得侵占公园、绿地、风景区及绿化生产用地。

第七条 禁止下列各种损害树木、绿地的行为：

（一）折采枝叶、剥树皮、摘花果、摇动幼树；

（二）在树上钉铁钉、挂衣物、拴牲畜或停靠车辆；

（三）放纵牲畜啃咬树木、草皮；

（四）在树穴和绿地内取土、堆放垃圾物料或倾倒污水；

（五）践踏绿地、损伤绿篱、花围。

经批准占用马路、人行道施工、堆放物料或设置售货亭的，不得损害占用范围内的树木和绿化设施。

第八条 市区、郊县城镇及工业区范围内的树木，无论所有权属于国家、集体或个人，未经园林部门批准，均不得迁移、砍伐、抹头。

有历史文物价值的古树、老树和稀有珍贵树种，必须妥善保护和精心培植，严禁损害。

第九条 电力、电讯、电车、路灯等架空缆线应与绿化建设协调一致。新设架空缆线要按规划部门批准的路径架设。旧有缆线与树木互相跨越或接近的，其限距及树木的修剪工作，应照顾现状，逐步改造。线路不符合有关规程标准的，由电力、电讯、电车、路灯管理部门尽快安排解决。未解决前，应密切配合园林部门妥善安排树木的修剪工作，既要保护树木正常生长，又要保障缆线安全运行。

第十条 对保护园林绿化及其设施有突出成绩的单位或个人，给予表扬和奖励。

第十一条 违反本规定，造成树木或园林设施损坏的，由损坏单位或个人，按园林部门制订的《树木及园林设施损坏赔偿标准》予以赔偿；情节严重的，按赔偿标准的二至三倍罚款。

第十二条 盗伐或蓄意破坏树木、园林设施的，由公安部门依法处理。

第十三条 核收的赔偿费和罚款，用于补贴园林绿化费用和奖励保护园林绿化及其设施有突出成绩的单位和个人。

第十四条 本办法由市、区、县各级园林部门负责实施。

第十五条 本办法自公布之日起施行。

原天津市人民委员会一九五九年颁布的《天津市市内园林绿化建设管理暂行办法》即行废止。

附录 2

天津市绿化造林管理条例

（1989 年 1 月 24 日天津市第十一届人民代表大会常务委员会第六次会议通过 1989 年 1 月 24 日公布 1989 年 3 月 1 日起施行）

目　录

第一章　总则

第一条　为了加强本市林木、林地、绿地的建设和管理，促进绿化造林事业的发展，美化城乡生活环境，维护生态平衡，根据《中华人民共和国森林法》、《国务院关于开展全民义务植树运动的实施办法》和国家其他有关法律、法规，结合本市实际情况，制定本条例。

第二条　凡本市行政区域内的单位和居民都必须遵守本条例。

第三条　绿化造林工作实行统一领导、分级负责和专业管理与群众管理相结合的原则。

各级人民政府统一领导本行政区域内的绿化造林工作。

各地区、各部门、各单位都应当按照本条例的规定做好绿化造林工作。

第四条　凡条件具备的地方，男十一岁至六十岁、女十一岁至五十五岁的本市居民，除丧失劳动能力的以外，都应当承担义务植树劳动任务。

十一岁至十七岁的青少年，应当根据实际情况，就近参加力所能及的绿化劳动。

第五条　凡本市的单位和居民都有保护林木、林地、绿地和绿化造林设施的义务。

第二章　林木、林地、绿地的所有权和使用权

第六条　园林、城建、农林管理部门建设的林地、绿地和种植的林木，归全民所有。

全民所有制单位在规定的用地范围内建设的林地、绿地和种植的林木，归全民所有，单位依法有经营管理的权利。

集体所有制单位在规定的用地范围内建设的林地、绿地和种植的林木，归该单位所有。

第七条　农村居民在房前屋后和自留山种植的林木，城镇居民在自有房屋的庭院内种植的林木，归个人所有，可以依法继承和转让。

个人在承包的全民所有和集体所有的责任山、责任田、荒山和荒地种植的林木，其所有权和收益按照承包合同执行。

第八条　全民所有的和集体所有的林木、林地，以及个人所有的林木和使用的林地，由区、县人民政府登记造册，核发证书，确认其所有权或者使用权。

第九条　因林木、林地、绿地的所有权和使用权发生争议的，依照《中华人民共和国森林法》第十四条的规定处理。

第三章　林木、林地、绿地的规划与建设

第十条　绿化造林规划应当按照本市总体规划制定，并纳入国民经济和社会发展计划。

第十一条　市区和郊区、县人民政府所在地城镇的绿化规划，由市园林管理部门制定。郊区、县范围内（人民政府所在地的城镇除外，下同）的造林规划，由市农林管理部门制定。

各区、县人民政府，市人民政府有关部门，应当按照本市绿化造林规划的要求，制定本行政区域或者本系统的绿化造林计划。

第十二条　市区和郊区、县人民政府所在城镇的公共绿地、生产绿地和防护林的建设，由园林或者城建管理部门负责。

乡、镇和街的绿化造林工作，分别由各乡、镇人民政府和街办事处负责。

机关、团体、企业事业单位的专用绿地的建设，由本单位负责。

第十三条　机关、团体、企业事业单位和乡、镇人民政府以及街办事处，应当按照有植树义务的居民每人每年植树三至五株或者相应的劳动量制定计划，并完成绿化造林任务。

区、县人民政府应当按照有关规定对本行政区域内的机关、团体、企业事业单位和乡、镇、街当年的绿化造林，进行验收；对不合格的，应当责令其补种。

第十四条　机关、团体、企业事业单位在本单位范围内没有条件植树或者没有条件完成相应劳动量的，由区、县绿化委员会负责为其安排相应数量的社会绿化造林任务。

机关、团体、企业事业单位在本单位范围内不完成义务植树任务又不承担社会绿化造林任务的，由区、县绿化委员会按照规定征收绿化费。

绿化费必须用于绿化造林。

第十五条　市区坑塘周围和河道、道路两侧红线以外的空地，由园林管理部门负责绿化。

第十六条　新建的厂矿企业、公共建筑、民用建筑和其他成片建设地区的绿化，应当与工程建设同时规划、同时设计、同时落实投资。工程项目竣工交付使用后，建设单位应当按照要求及时绿化，完成绿化的时间至迟不得超过工程交付使用后的第二个植树节。工程所在地的区、县人民政府负责工程绿化的验收。

新建住宅区和其他成片建设地区的绿化面积，在市区一般不得少于总用地面积的25%，在郊区、县一般不得少于30%。

第十七条　架空线、地下管线和绿化造林的建设应当按照规划协调进行。

新建架空线、地下管线损坏林木、林地、绿地和绿化造林设施的，建设单位应当赔偿损失。

第四章　林木、林地、绿地的管理

第十八条　市和区、县园林或者城建管理部门，主管市区和郊区、县人民政府所在地城镇的绿化工作。市和郊区、县农林管理部门，主管郊区、县范围内的造林工作。

铁路、公路、水利等部门，分别主管铁路、公路、河道两侧和水利设施周围的绿化造林工作。

第十九条　城市住宅区的林木、绿地的管护工作，实行民办公助原则，由街办事处负责组织。

第二十条　郊区、县和乡、镇人民政府应当配备专职或者兼职林政人员，负责林业管理工作；村和有林单位应当配备专职或者兼职护林员。

第二十一条　因自然灾害、突发事故等紧急情况，林木影响架空线安全时，架空线单位可先行修剪，并通知林木的所有者或者管护者。

第二十二条　区和县的园林、城建、农林管理部门，分别负责各自管辖范围内的林木病虫害的预测和预报工作。区和县的园林、城建、农林管理部门和有林单位以及个人，应当及时除治林木病虫害。

农林管理部门负责规定林木种苗的检疫对象，划定疫区和保护区，对林木种苗进行检疫。

第二十三条　有林单位和个人，应当加强防火工作。发生林木火灾时，当地人民政府必须立即采取措施组织扑救。

第二十四条　砍伐林木必须遵守下列规定：

（一）在郊区、县范围内成熟用材林的砍伐量必须小于生长量；

（二）防护林只准进行抚育和更新性质的砍伐；

（三）古树名木严禁砍伐。

第二十五条 迁移、砍伐林木的，必须按照规定办理审批手续，领取许可证，但下列情况除外：

（一）农村居民在自留地和房前屋后种植的归个人所有的零星林木；

（二）因防汛、救火等紧急抢险需要就地砍伐的林木。

第二十六条 申请林木迁移、砍伐许可证，应当向有审批权的部门递交申请报告。审批部门接到申请后，应当在一个月内办理完毕。

第二十七条 迁移、砍伐林木的审批权限：

（一）市区和郊区、县人民政府所在地城镇一次迁移、砍伐林木，十株以下的，由区、县园林或者城建管理部门审批；十一株至一百株或者单株胸径在二十厘米以上的，由市园林管理部门审批；超过一百株的，由市人民政府审批；

（二）郊区、县范围内砍伐林木，不得超过规定的年采伐限额。一次砍伐林木，十株以下的，由乡、镇人民政府审批；十一株至二百株的，由区、县农林管理部门审批；二百零一株至五百株的，由市农林管理部门审批；超过五百株的，由市人民政府审批；

（三）在郊区、县范围内的铁路、公路、河道两侧和水利工程设施周围砍伐林木的，分别由铁路、公路、河道的主管部门审批，并向市和郊区、县农林管理部门备案。

第五章 奖励与惩罚

第二十八条 市和区、县主管部门对在绿化造林和保护林木、林地、绿地等方面做出优异成绩的单位和个人，应当给予精神鼓励和物质奖励。

第二十九条 年满十八岁的居民无故不履行植树义务的，由所在单位或者乡、镇人民政府和街办事处给予批评教育，责令限期补种或者按照绿化费的一至二倍处以罚款。

第三十条 有下列行为之一的，分别由园林、城建或者农林管理部门按照各自的管理权限给予处罚：

（一）不按照规划标准建设绿地或者建设项目完成后逾期未完成绿化的，责令限期完成，并按照绿地建设费用的一倍处以罚款；

（二）临时使用宜林地、绿地不按时归还的，责令限期归还，并按照林地、绿地建设费用的一至二倍处以罚款；

（三）侵占林地、绿地的，责令限期退出，赔偿损失，并按照被侵占的林地、绿地征地费用的一倍处以罚款；

（四）擅自改变林地、绿地用途的，责令限期改正，并按照被改变的林地、绿地征地费用的一倍处以罚款；

（五）毁坏苗木，损坏林木、林地、绿地和绿化造林设施的，应当赔偿损失，并按照所造成损失的一至二倍处以罚款；

（六）无证迁移林木的，除赔偿损失和限期补种外，按照所造成损失的一至二倍处以罚款；

（七）在森林防火期违反规定用火的或者违反规定用火引起森林火灾的，依照《中华人民共和国森林法实施细则》第二十二条的规定处理。

第三十一条　滥伐林木的，除责令赔偿损失和补种滥伐株数五倍的林木外，并处以违法所得二至五倍的罚款；构成犯罪的，依法追究刑事责任。

第三十二条　盗伐林木的，除责令赔偿损失和补种盗伐株数十倍的林木外，并处以违法所得三至十倍的罚款；构成犯罪的，依法追究刑事责任。

第三十三条　园林、城建、农林管理部门的工作人员，不按照本条例的规定履行职责造成损失的，由其主管部门给予行政处分；构成犯罪的，依法追究刑事责任。

第三十四条　当事人对园林、城建、农林管理部门的处罚不服的，可以在接到处罚决定书之日起三十日内，向人民法院起诉；期满不起诉又不履行的，园林、城建、农林管理部门可以申请人民法院强制执行。

第三十五条　交纳的罚款和赔偿费，企业单位应当从税后留利中列支，机关、团体事业单位应当从包干结余或者预算外收入中列支。

赔偿费只准用于绿化造林，不得挪作他用。

第六章　附　则

第三十六条　本条例的具体应用问题由市绿化委员会负责解释。

第三十七条　本条例自 1989 年 3 月 1 日起施行。

附录 3

天津市义务植树管理规定

（1989 年 3 月 2 日天津市人民政府令第 10 号发布）

《天津市义务植树管理规定》，已于一九八九年三月二日经市人民政府批准，现予发布施行。

第一条 根据国务院《关于开展全民义务植树运动的实施办法》，结合本市实际情况，制定本规定。

第二条 绿化祖国是一项重要国策。开展义务植树活动，是加速实现绿化，改善生态环境的重要途径，各部门、各单位都应认真贯彻实施本规定。

第三条 本规定适用于本市行政管辖区域内的所有单位和居民。

驻津部队的义务植树活动，按国务院、中央军委和人民解决军总部的有关规定执行。

第四条 义务植树活动，实行领导干部任期目标责任制。把义务植树任务的完成情况，作为考核干部政绩的内容之一。

第五条 市、区（县）、乡（镇）和街道办事处绿化委员会（小组），分别负责本区域内义务植树活动的组织、协调、指导、督促检查工作。

义务植树任务较大的委、局，大专院校，千人以上企业，应确定一名负责人分管义务植树工作，并指定办事机构具体负责，其他单位也应根据义务植树任务的大小指定办事机构或人员兼管。

第六条 各区（县）绿化委员会应根据天津市城市总体规划及市绿化规划制定本区（县）义务植树计划。

第七条 男十一岁至六十岁、女十一岁至五十五岁的居民，除丧失劳动能力的以外，都应当承担义务植树劳动任务。其中，男十八岁至六十岁、女十八岁至五十五岁的居民，每人每年应义务植树四株，包括：整地、挖树坑、栽植、培土、浇水、管护等。

十一岁至十七岁的青少年，应根据实际情况，就近参加力所能及的绿化劳动。

第八条 义务植树任务可由绿化劳动折抵，绿化劳动包括：整地、育苗、栽植花草、挖树坑、清土、换土、浇水、管护树木和花草绿地等。

绿化劳动折抵义务植树四株的标准，分别为：

（一）育苗二十平方米；

（二）植草花或草坪十四平方米；

（三）植绿篱十四米（延米）；

（四）植爬藤四十株；

（五）挖符合标准要求的树坑二十四个；

（六）清除废土或换好土十六立方米。

第九条　义务植树的成活率应达到85%，区（县）绿化委员会对各单位义务植树情况，每年分别在五、六月份进行一次检查，十、十一月份进行考核验收，合格的发给《义务植树合格证书》。

第十条　机关、团体、企业事业单位和居民委员会、村民委员会应如实向所在乡（镇）人民政府、街道办事处绿化委员会（小组）报告应尽植树义务的人数，由乡（镇）、街道办事处绿化委员会（小组）汇总上报区（县）绿化委员会。区（县）绿化委员会按照所报人数，分配义务植树任务。

第十一条　机关、团体、企业事业单位不完成义务植树任务的，须交纳绿化费。

绿化费的标准按每人每年应植树的株数计算，每株五元。

第十二条　绿化费由区（县）绿化委员会负责征收。绿化费必须用于绿化造林，不得挪作他用。区（县）绿化委员会每年应向市绿化委员会报告绿化费的使用情况，市绿化委员会发现使用不当的，应负责追缴。

第十三条　对在义务植树活动中取得优异成绩的单位和个人，由市、区（县）绿化委员会予以表扬和奖励。

第十四条　对年满十八岁的居民无故不履行植树义务的，按《天津市绿化造林管理条例》的规定处罚。

第十五条　对未达到义务植树成活率标准的单位，由乡（镇）、街道办事处绿化委员会（小组）限期补栽。

第十六条　交纳绿化费的单位应在本年度考核后三十日内交付，逾期不交的，按日收缴应交金额1%的滞纳金。

第十七条　本规定由天津市绿化委员会负责解释。

第十八条　本规定自发布之日起施行。

附录 4

天津市人民政府关于发布《天津市市区三年绿化实施办法》的通知

发文单位：天津市人民政府

文　　号：津政发［1995］30 号

发布日期：1995-5-8

执行日期：1995-5-8

各区、县人民政府，各委、局，各直属单位：

现将《天津市市区三年绿化实施办法》予以发布，望遵照执行。

一九九五年五月八日

附：

天津市市区三年绿化实施办法

第一条　为实现本市市区三年绿化目标，根据全国人大五届四次会议《关于开展全民义务植树运动的决议》和《城市绿化条例》(国务院令第 100 号）及有关规定，制定本办法。

第二条　本办法适用于本市外环线以内地区及塘沽区、汉沽区、大港区的城市规划控制区(以下统称市区)；其他地区的绿化按有关规定执行。

第三条　城市绿化要立足于把本市建成现代化国际港口大都市的战略，绿化市区，改变市区裸露地面较多、绿化指标较低的现状，进一步改善生态环境，到 1997 年底市区绿化覆盖率达到 21%，人均公共绿地达到 3.3 平方米，为创建园林城市奠定基础。

第四条　市区三年绿化的任务是：

（一）主、次干道和一般道路凡是适宜绿化的裸露地面必须绿化；

（二）胡同里巷中裸露地面适宜绿化的要全部绿化，胡同里巷、院墙适宜搞垂直绿化的要垂直绿化；

（三）居住区内裸露地面适宜绿化的全部绿化；

（四）绿化南运河、北运河、子牙河、新开河、红旗河、月牙河、金钟河、卫津河、复康河、墙子河等 10 条河流的流经市区段，沿河造景，提高水系绿化水平；

（五）绿化高压走廊，变废地、荒地为绿地；

（六）机关、团体、企事业单位、部队及其他组织和民用住宅的沿街院墙、房屋适宜搞垂直绿化的必须全部搞垂直绿化或阳台绿化，单位院内要植树、栽花、种草进行绿化美化；

（七）新建居住区建设庭院式绿化小区；

（八）建设街景绿地、公园；

（九）建设外环线内侧 30 米宽绿化带；

（十）市区内的农用土地随规划建设的实施应绿化的要进行绿化。

第五条　实施三年绿化任务采取总体推进、重点突破的办法，1995 年高起步，全面推开；1996 年基本完成；1997 年充实、完善、巩固、提高。具体实施步骤是：

（一）1995 年重点绿化的部位是：完成王顶堤立交桥下、天塔及体育中心周围区域内裸露地面的绿化；完成主次干道和一般道路的绿化及立交桥垂直绿化；进行胡同里巷的绿化；完成 10 条河流和 4 条高压走廊的绿化；完成沿街院墙、房屋的垂直绿化；完成外环线内侧绿化带内闲散地及农业大田的片林、果园的建设；新建 5 个公园，筹建河东区森林体育公园；城市植树 100 万株，新建公共绿地 80 万平方米；新建庭院式绿化小区 20 片；以 54 条迎宾干线为重点，建街景绿地 47 处，景点 30 个；以河西区、和平区为重点，各单位院内植树、栽花、种草，进行绿化美化；完成居住区裸露地面绿化的 50%。

（二）1996 年基本完成绿化任务。重点完成外环线内侧绿化带内其余地段，包括鱼池、河塘、路口、桥梁、建筑物周围的造景；完成主次干道、一般道路和胡同里巷遗留裸露地面的绿化；全部完成居住区内裸露地面的绿化；全部完成单位院内绿化美化；继续新建庭院式绿化小区；见缝插绿继续新建街景绿地、中小公园。

（三）1997 年在前两年的基础上巩固完善，美化重点部位，提高园艺水平，制定新的发展计划。

第六条　各项新建、改建、扩建工程绿化配套应做到不欠新帐，必须坚持绿化与工程建设同步规划、同步设计、同步施工。园林行政主管部门参与建设工程项目的审查，未经园林行政主管部门同意，规划部门不发《建设工程规划许可证》；凡不按规定同期完成绿化的工程不予验收，不准使用。

第七条　市区绿化指标按《天津市实施〈城市绿化条例〉办法》的有关规定执行。

第八条　规划道路应按国家和本市的有关规定留出绿线，并分步实施。

第九条　城市绿化人人有责。必须坚持全市动员，全民动手，普遍绿化，重点美化的方针。

第十条　本市三年绿化坚持条块结合以区为主、专群结合以群为主的原则，统一领导，分级负责。

（一）各区人民政府统一领导本行政区域内的绿化工作，按照本办法在市园林局指导下制定三年实施方案和年度计划，并组织、协调、监督、检查所辖单位绿化任务的落实；

（二）市属各委、局要确定一位负责同志分管绿化工作，明确具体工作部门，保证下属单位完成所在地区人民政府下达的绿化任务；

（三）各类道路、桥梁、胡同里巷裸露地面的绿化由各区负责；其中需要铺装的部位，道路由市政局负责，胡同里巷由各区负责；

（四）外环线内侧绿化带建设由市绿化办、市建委、市农委共同负责，按行政管辖区域分别组织东丽、津南、西青、北辰区实施；

（五）高压走廊绿化、河流绿化，按行政管辖区域由各区负责；

（六）建成区内的农用土地应按规划用途绿化，由土地权属单位所在区负责；

（七）居住区内尚未绿化部位的绿化由各区负责；

（八）部队营区、仓库、医院、干休所的绿化，由所属部队负责；

（九）市园林局要按本办法制定全市市区三年绿化实施计划及长远发展规划；监督、检查本办法的贯彻落实；掌握情况，加强业务指导，总结推广经验，推动绿化工作的落实；

（十）市规划（土地）局应确保道路绿线及公园建设用地范围外开发项目所需土地的划拨；

（十一）市绿化办、市建委、市农委负责协调涉及两个以上委（区、局）的绿化工作。

第十一条 实行三年绿化领导责任制。把绿化工作列入各级领导任期工作目标，作为领导干部政绩考核的内容之一。市、区人民政府主要领导同志每年组织一到两次绿化检查，年终进行总结评比，以推动绿化工作的落实。

第十二条 各类绿地按责任分工实施养护管理：

（一）公共绿地由各区安排专业人员养护管理；

（二）单位附属绿地自建自养；

（三）居住区绿地实行物业管理，没有实行物业管理的由产权单位负责养管；

（四）实行“门前三包”，各单位、各家各户均应保护树木花草不受损坏。

第十三条 市、区园林行政主管部门，要设置行政执法机构，配备相应的园林监察人员，负责城市园林绿化监察，行使园林监察管理。市园林局对各区园林行政执法队伍实行统一领导，并实行分级管理与区域管理相结合，严格管理现有绿地、树木，不准随意侵占、砍伐。

第十四条 供水部门应当保证绿化建设与养护的用水指标，并按民用水收费标准计收。

第十五条 绿化资金来源：

（一）各区公共绿地的建设，以社会集资、区人民政府投资为主，市人民政府给予一定补贴；

（二）新建、改建、扩建工程项目和居住区建设的绿化费用在工程费中列支；

（三）各单位附属绿地由各单位投资，其中企业绿化费在企业管理费中列支，行政事业单位绿化费在经费包干结余和预算外收入中列支；

（四）已建成居住区裸露地面的绿化由区人民政府组织建设单位和产权单位投资；

（五）新建公园绿地，允许在规划时多划出10%至20%的土地搞开发，收入所得用于建设公园绿地；

（六）东丽区、西青区、津南区、北辰区及各县新建百亩以上公园，由市人民政府给予适当的补贴；

（七）设立津门绿化基金。基金来源，提倡本市居民和在津长期居住的外地人员自愿捐献，并接受海内外捐赠。该基金用于绿化建设和奖励。

第十六条　各区园林行政主管部门收缴的易地补建费、全民义务植树绿化费、迁砍林木补偿费应设立专户存储，定期上报，经市园林局批准后，由区专项使用。

第十七条　广播、电视、新闻、出版、文化、教育、环保、园林等部门都要加强绿化科学知识和绿化法律、法规的宣传，增强全民绿化意识，使绿化工作成为全市人民的自觉行动。

第十八条　开展绿化造福杯、绿化之家和绿化功臣奖章竞赛活动。对做出优异成绩的单位授予绿化造福杯；对做出优异成绩的家庭，授予绿化之家称号；对做出优异成绩的个人，授予绿化功臣奖章。并可给予物质奖励。

第十九条　对于违反本办法的行为，由园林行政主管部门按《天津市实施〈城市绿化条例〉办法》的有关规定给予处罚。

第二十条　市园林局可以根据本办法制定实施细则，报市建委批准后施行。

第二十一条　本办法自发布之日起施行。

附录 5

天津市义务植树条例

（1997 年 10 月 22 日天津市第十二届人民代表大会常务
委员会第三十六次会议通过 1997 年 10 月 22 日公布施行）

目　录

第一章　总　则

第一条　为推动本市义务植树，加快绿化进程，保护和改善生态环境，促进经济和社会发展，根据国家有关法律、法规，结合本市实际情况，制定本条例。

第二条　本条例适用于本市行政区域内机关、团体、企业事业单位及其他组织（以下称单位）和适龄公民的义务植树活动。

第三条　本条例所称义务植树，是指单位和适龄公民按照各级人民政府义务植树主管部门安排的任务，在指定场地无报酬参加的植树、种花、种草或者其他绿化劳动。

第四条　本条例所称适龄公民，是指年满 11 岁至 60 岁的男性公民和年满 11 岁至 55 岁的女性公民。但丧失劳动能力的除外。

第五条　各级人民政府应当把义务植树事业纳入国民经济和社会发展规划及年度计划；实行领导任期目标责任制。

第六条　义务植树主管部门应当根据国家规定及本市国民经济和社会发展计划，确定义务植树的任务和场地，下达义务植树指标，并组织实施。

第七条　鼓励和加强绿化植树的科学研究，总结推广先进经验和先进技术，提高植树质量和管理水平。

第二章 组织和实施

第八条 市和区、县人民政府义务植树主管部门负责组织、协调、指导、监督本地区义务植树和城乡绿化造林工作。

园林、林业部门应当按照各自的职责，做好义务植树的实施工作。

第九条 乡、镇人民政府和街道办事处负责本乡、镇和街道范围内的义务植树和绿化造林的具体组织工作。

第十条 天津经济技术开发区、天津港保税区和天津新技术产业园区的华苑产业区的义务植树工作，分别由本区管理委员会按照本条例组织实施。

第十一条 各单位应当按照市或者区、县人民政府义务植树主管部门的安排，组织职工参加义务植树劳动。

第十二条 个体工商户应当参加所在区、县人民政府义务植树主管部门安排的义务植树劳动。

第十三条 高等学校学生的义务植树劳动，由市教育行政主管部门按照市人民政府义务植树主管部门的安排统一组织。

组织中、小学生参加义务植树活动，应当就近安排力所能及的劳动。

第十四条 农民的义务植树劳动，由村民委员会按照区、县人民政府义务植树主管部门和乡、镇人民政府下达的任务统一组织。

第十五条 各单位应当按期向所在地区、县人民政府义务植树主管部门报送义务植树登记卡，并接受对义务植树完成情况的考核。

第十六条 各级人民政府义务植树主管部门和各单位应当积极开展义务植树宣传教育，增强公民义务植树意识，推动义务植树和绿化造林事业的发展。

第十七条 新闻出版、广播电视等单位应当加强对义务植树意义和常识的宣传，传播先进典型，促进义务植物运动的开展。

第十八条 各级人民政府应当扶持、鼓励单位和个人发展苗木生产，办好苗圃，保证义务植树所需苗木。

第十九条 在国有土地上义务栽植的树木、花草，归土地使用者所有；没有土地使用者的，由区、县人民政府确定所有权。

在集体所有土地上义务栽植的树木、花草，归集体经济组织所有；另有协议或者合同约定的，按照协议或者合同约定确定所有权。

第二十条 义务栽植的树木、花草，由所有权人或者管护责任人负责养护管理。

第二十一条 不能完成义务植树主管部门下达的植树、种花、种草和其他绿化劳动任务的，应当按照规定缴纳绿化费。

绿化费由市或者区、县人民政府义务植树主管部门负责收取。绿化费标准和收取办法由市人民政府制定。

第二十二条 市和区、县人民政府义务植树主管部门收取的绿化费应当用于绿化造林，专款专用，并每年向缴费单位通报使用情况。

第三章 奖励和处罚

第二十三条 在义务植树活动中做出显著成绩或者捐资支持义务植树的，由市和区、县人民政府或者义务植树主管部门给予表彰和奖励。

第二十四条 不完成下达的义务植树任务，又拒不缴纳绿化费的单位，由义务植树主管部门处以应缴绿化费数额三倍以下罚款。

第二十五条 义务栽植的树木、花草所有者或者管护者，不履行管护义务造成树木、花草损坏、损失的，由义务植树主管部门责令补植，并可处以损失价值三倍以上五倍以下罚款。

第二十六条 不按期缴纳绿化费的，从逾期之日起，按日加收千分之二的滞纳金。

第二十七条 当事人对行政处罚决定不服的，可以依照《行政复议条例》和《中华人民共和国行政诉讼法》的规定，申请复议或者向人民法院起诉。逾期不申请复议、不起诉、又不履行处罚决定的，由作出处罚决定的机关申请人民法院强制执行。

第四章 附 则

第二十八条 本条例自公布之日起施行。1989 年 1 月 24 日天津市人民代表大会常务委员会通过的《天津市绿化造林管理条例》同时废止。

附录 6

天津市人民政府批转市绿化办关于加快我市绿化步伐若干问题意见的通知

发文单位：天津市人民政府

发布日期：1999-8-16

执行日期：1999-8-16

市人民政府同意市绿化办《关于加快我市绿化步伐若干问题的意见》，现转发给你们，望遵照执行。

关于加快我市绿化步伐若干问题的意见

为贯彻落实党的十五届三中全会提出的有关绿化工作的方针政策，加快我市绿化步伐，现就有关问题提出以下意见。

一、目标和布局

我市城乡绿化工作的奋斗目标：到 2000 年，市区建成区和有农业的区及各县政府所在地（以下简称城区）的绿化覆盖率要达到 25%；农村森林覆盖率要达到 15%；2002 年，城区绿化覆盖率达到 27%，农村森林覆盖率达到 16%；2005 年，城区绿化覆盖率达 30%，农村森林覆盖率达到 17.6%；2010 年，城区绿化覆盖率达到 35%，进入国家园林城市行列，农村森林覆盖率达到 20%. 各区县人民政府、各部门要围绕全市总目标，确定自己的目标，并有计划地分步骤实施。

要按照天津市城市总体规划，形成一个与社会发展相适应、充分体现天津特点的绿化规划布局，建设中心城区多功能绿地区。中心城区，以海河为风景轴线，以 14 条出市干线道路绿化为骨架，大中小绿地遍布其中。建设环城生态风景线区。市区南部建成高绿地率区，结合风景公园、生产绿地、水体绿化楔入市区，形成为城市输送新鲜空气的绿色通道。滨海新区要成为滨海生态风景综合治理区。环绕中心市区，建成以外环线绿化带、城市防洪堤绿化带为重点的城市双层绿化生态保护圈。农村地区作为改善和建设生态环境的主要区域，要进一步绿化荒山、荒沙，建设山地水土保持水源涵养区，成为绿色保护屏障，用贯穿境内的公路、铁路、河流建成绿色通道，使“圈”、“线”、“片”、“网”、“点”相连接，形成城乡一体的现代化绿化布局，并把天津融入国家生态环境建设重点区域之中。

二、深化改革，完善政策，切实解决绿化用地

（一）加大执法力度，切实保护现有林地资源。要认真贯彻执行《天津市实施〈中华人民共和国森林法〉办法》、《天津市义务植树条例》和《天津市实施〈城市绿化条例〉办法》，加强执法队伍建设，加大执法力度，切实保护来之不易的绿化造林成果。严禁毁林开发，坚决制止挤占绿化用地搭建违章建筑现象的发生。2000年底以前，原则上停止批准征用占用林地，冻结各类林木采伐。国家和本市重大项目确需征用占用林地的要经林业行政主管部门审核，报国务院批准；征用占用绿地的，要经园林行政主管部门审批。征用占用林地和绿地都要按有关法规，足额交纳绿地补偿费和植被恢复费。

（二）严格执行国务院、天津市对新建、扩建、改建项目绿化用地的规定：新建居住区绿地率不低于30%；旧居住区改造绿地率不低于25%；新建和扩建的主干道路绿地率不低于25%，次干道路绿地率不低于20%；产生有害气体及污染物的工厂绿地率不低于30%；新建学校、医院、疗养院（所）、机关、团体、公共文化场馆、部队等单位的绿地率不低于35%，由园林行政主管部门先行审核批准后，规划部门方可发放建筑施工许可证。各区县人民政府要对辖区内新建、扩建、改建单位绿化达标情况进行检查，凡达不到标准的，要交纳易地补建费，并缴入区县财政专户，由区县人民政府统一安排用于绿化建设。

（三）规划内的林地、绿地实行总量控制。按照天津市城市总体规划，在土地资源普查和后备资源调查的基础上，在全市和区县用地总体规划中明确绿化、林业发展用地；已经规划的绿化林业用地，一般不得改变用地性质，若改变用地性质，必须征得规划、园林、林业行政主管部门同意。

（四）预留交通干线绿化发展用地。按照国家有关部门关于铁路和主要公路干线两侧20米内不得搞永久性建筑的规定，结合我市实际情况，在我市过境主要干线公路、铁路、河流两侧20~30米内，要预留绿化发展用地。

（五）挖掘土地潜力，利用河、渠、库堤和城镇村庄的边角隙地造林绿化。在武清、西青、北辰等区县风沙区和蓟县山区有计划地实行退耕还林。有农业的区及各县要各筹建一处500亩以上的森林公园，争取二三年内建成。规划中已有的城市风景区、植物园要加快组织实施，并严格控制改变用地性质。已有的森林公园，要抓紧完善提高。市区闲置两年以上的建设用地要实行临时绿化。要借鉴外省市拆房建绿的作法，在中心城区有计划、分步骤地拆房集中建绿地。沿河坡堤岸、水塘周边，要植树造林，围合水面，增加绿化总量和景观。

（六）建立开发造林绿化新机制。对荒山、沙荒地、盐碱地可拍卖，鼓励单位和个人开发造林。座落在城区内的农用土地，可实行租赁搞绿化。城区内可绿化而未绿化的土地可推行单位和个人认建认养，并赋予认建认养单位和个人以冠名权。

三、多渠道筹集资金，努力增加对绿化造林的投入

要实现绿化造林奋斗目标，必须进一步拓展筹资渠道，坚持国家、地方、集体、个人一起

上，多渠道、多层次、多方位筹集建设资金，增加投入总量。

（一）市和区县财政要根据本地区规划目标，在年度预算中必须安排绿化造林资金，并逐年随着财政收入的增长而增加。市财政预算安排的绿化造林资金，专项用于市重点工程绿化造林和列入市重点工程绿化计划的区县项目的补助。预算内基本建设投资、财政支农资金、农业综合开发资金的安排使用，都要把生态环境建设作为一项重要内容，统筹安排。对市和区县绿化重点工程项目，要按一定比例匹配资金，区县达不到匹配标准的，市不予拨款。

（二）要将对城乡生态环境建设有重要影响的绿化工程，列入市年度经济和社会发展计划，纳入基本建设项目。

（三）坚持人人尽义务，全社会办绿化。依法加强对绿化费的收缴，发挥农村义务工和积累工在植树造林中的作用。加强园林、林业收费管理，做到专款专用，发展绿化造林。各重点绿化部门要根据绿化任务，每年安排一定额度的资金用于绿化。水利、公路、铁路等部门要随工程安排相应的绿化资金列入工程预算。

（四）要本着“以绿引资，引资开发，开发建绿，以绿养绿”的原则，加大改革力度，多渠道、多形式吸引外资和国内资金搞绿化，并积极主动争取国家扶持资金。

四、集中力量，精心组织，切实抓好重点绿化工程

要集中人力、财力、物力，精心组织，精心设计，精心施工，抓好市和区县具有示范作用的重点绿化工程。市和区县绿化重点工程的总面积要占本地区年绿化造林总任务的30%以上。实施重点工程要做好以下几项工作：

（一）要做好规划设计。农村重点绿化工程规划设计，要坚持水田林路综合治理与综合环境治理相结合，坚持高标准，既体现生态效益，又体现形象景观。城市绿地广场的设计要具有国内领先的水平，要突出天津的特色，要合乎人民群众的意愿。

（二）要注重质量。要按照工程规模和设计水平审核施工队伍的资质，坚决杜绝层层转包、影响工程质量的作法。农村重点工程要采取专业队造林的办法。要实行区域（部门）责任制和监理制。各级人民政府的主要负责人，都要负责在本地区有影响的一项工程。各级重点工程由责任地区或部门具体实施，其上级部门指派督导员进行指导和检查。督导员要深入工地，忠于职守。

（三）要提高适用科学技术成果的转化率。针对工程实施中的技术难题，要积极组织科技攻关，以取得新的突破。充分发挥重点绿化工程的示范作用。

五、全民动员，深入开展全民义务植树运动

全民义务植树运动是邓小平同志倡导、全国人大以法律形式确定的实现国土绿化、改善生态环境的重要途径。要进一步贯彻实施《天津市义务植树条例》，提高全民义务植树的尽责率。对未履行义务的单位和公民，各级人民政府的绿化委员会要依法收缴绿化费。要加强对外来人口参加义务植树的组织和管理，在我市经营和就业的外来人员必须按《天津市义务植树条例》的规定

参加义务植树或缴纳绿化费。要加强对绿化费的管理，凡是用收缴来的绿化费植树、建绿地或养护管理绿地树木的要立牌明示，也可以公告形式向社会公布，主动接受社会的监督。要继续组织大学生到植树基地义务植树，继续开展百万青少年植绿护绿活动，组织青年、妇女、学生、职工群众利用节假日、纪念日，栽植纪念树。要进一步开展群众认养认管认建绿地活动，开展创建花园式单位、绿化之家、园林城区活动。

部门和单位绿化是天津绿化的重要组成部分。各部门必须按照全市绿化总体规划要求，结合本部门实际，搞好规划，确定年度计划，确定自己的重点绿化工程。特别是水利、铁路、公路、农垦、民航、石油、石化、教育等部门要自筹资金，完成各自的绿化工程以及市和区县分解的指标，为实现全市绿化目标、绿化美化津门做贡献。

六、加强领导，落实绿化造林目标责任制

实现2000年及长远绿化造林的奋斗目标，关键在于各级领导对生态环境建设的认识和摆位，在于加强对绿化造林工作的领导。要按照《中共中央国务院关于深入扎实地开展绿化祖国运动的指示》(中发〔1984〕3号）精神，把加快天津绿化步伐作为各级领导重要任务，实行领导任期目标责任制。要按照分阶段的目标将全市的指标进行分解，以责任书的形式落实到各区县人民政府和有关部门，作为任期考核内容之一。各级人民政府的负责同志要认真坚持承包绿化重点工程的制度，深入基层，现场指导，总结经验，推动全局。各区县人民政府要充实和加强绿化委员会和园林、林业机构建设，充分发挥他们的职能作用。

天津市绿化委员会办公室

一九九九年六月二十五日

附录 7

天津市城市绿化条例
(2004 年发布版和 2012 年修正版)

(2004 年 9 月 14 日天津市第十四届人民代表大会常务委员会第十四次会议通过根据 2012 年 5 月 9 日天津市第十五届人民代表大会常务委员会第三十二次会议《关于修改部分地方性法规的决定》修正)

第一章　总则
第二章　规划和建设
第三章　保护和管理
第四章　检查和监督
第五章　附则

第一章　总　则

第一条　为了促进本市城市绿化事业的发展，保护和改善生态环境，提高人民群众生活质量，根据有关法律、法规，结合本市实际，制定本条例。

第二条　本条例适用于在本市行政区域内种植和养护花草树木等城市绿化的规划、建设、保护和管理。

本市城市绿化应当以种树为主。

第三条　市和区、县人民政府应当把城市绿化作为城市基础设施建设的重要组成部分，纳入国民经济和社会发展计划。

第四条　市城市绿化行政主管部门负责全市城市绿化管理工作。

区、县城市绿化行政主管部门以及天津经济技术开发区、天津港保税区的管理机构负责本辖区城市绿化管理工作，天津新技术产业园区的管理机构负责华苑产业区的城市绿化管理工作；业务上受市城市绿化行政主管部门的指导。

法律、法规规定应当由林业行政主管部门管理的绿化工作，依照有关法律、法规执行。

建设、规划、市政、房管、水利、环保等有关部门，应当按照各自职责做好城市绿化工作。

第五条 本市鼓励单位和个人加强绿化科学研究，培育、选育、引进适应本市自然条件、不产生物种侵害的植物新品种，提倡植物多样性，优化植物配置，推广生物防治病虫害技术和绿化先进技术，提高城市绿化的艺术水平。

第六条 任何单位和个人都应当爱护城市绿地、花草树木和绿化设施，有权对违反本条例的行为进行劝阻和举报。

第七条 各级人民政府及其城市绿化行政主管部门对在城市绿化工作中做出显著成绩的单位和个人，应当给予表彰和奖励。

第二章 规划和建设

第八条 市城市规划行政主管部门和市城市绿化行政主管部门共同编制城市绿地系统规划，并纳入城市总体规划。城市绿地系统规划按照规定程序报批后，由市人民政府组织有关部门实施。

区、县城市绿化行政主管部门和城市规划行政主管部门根据本市绿地系统规划和本辖区区域规划编制本区、县城市绿地规划。

经批准的绿地系统规划应当向社会公布，接受公众监督。

因特殊原因确需改变绿化规划的，按照国家有关规定由城市绿化行政主管部门审批。改变后的绿化规划方案应当按照原规划审批程序重新确定。

第九条 市城市绿化行政主管部门应当根据城市绿地系统规划制定城市绿化年度实施计划报市人民政府批准，并依据城市绿化年度实施计划分解绿化责任指标。

区、县人民政府应当根据绿化分解责任指标，制定本辖区年度实施方案并组织实施。

第十条 城市规划行政主管部门应当会同城市绿化行政主管部门，按照城市绿地系统规划确定城市绿地范围控制线。城市绿地范围控制线未经法定程序批准，不得改变。

城市绿地范围控制线内禁止新建、扩建各类建筑物、构筑物或者其他设施。违反规定的，责令其停止违法行为，恢复原状。

第十一条 各类建设项目的绿地率（绿地面积占用地总面积的比例）应当达到下列规划指标：

（一）新建居住区或者成片建设区绿地率，中环线以内不得低于百分之三十五，中环线以外不得低于百分之四十。其中，用于建设公共绿地的绿地面积，不得低于建设项目用地总面积的百分之十。

（二）新建城市道路绿地率应当达到国家规定的标准，改造旧有城市道路应当使绿地率逐步达到国家规定的标准。

（三）新建宾馆、疗养院、学校、医院、体育、文化娱乐、机关等公共设施的绿地率不得低于百分之三十五，工厂、仓储附属绿地的绿地率不得低于百分之二十，产生有害气体及污染的工厂绿地率不得低于百分之三十。

（四）新建供水厂、污水处理厂和垃圾处理厂的绿地率不得低于百分之四十五。

（五）城市河流、湖泊等水体周围的绿地率和新建铁路、公路的绿化带宽度应当符合绿地系统规划和有关技术规程。

（六）城市生产绿地的面积不得低于城市建成区总面积的百分之二。

第十二条　确需建设但因建设场地的限制而绿地面积达不到规划指标的建设项目，市规划行政主管部门在审批建设工程规划时，应当征求市城市绿化行政主管部门的意见。建设单位应当按照所缺绿地面积和地级差价缴纳异地补建绿地代建费。

有落实绿地面积规划指标的建设场地但实际建成的绿地面积低于规划指标的建设项目，按照《中华人民共和国城市规划法》的有关规定处理。建设单位未按照绿地规划指标补建绿地的，应当按照所缺绿地面积和地级差价缴纳异地补建绿地代建费。

异地补建绿地代建费，由城市绿化行政主管部门根据城市绿地系统规划，在本规划地段内就近统一安排绿化建设。异地补建绿地代建费必须用作绿地建设，不得挪作他用。

第十三条　公共绿地、风景林地、干道绿化带及其行道树等属于城市公共绿化范围的建设资金，应当以政府投入为主。

市和区、县人民政府应当将城市公共绿化列入年度基本建设计划，安排和筹措必要的资金，保证城市公共绿化的建设需要。

本市鼓励多渠道筹集城市公共绿化建设资金，鼓励投资或者自愿捐助城市绿化建设；认建、认养公共绿地或者栽植花草树木；建立城市绿化基金，专款专用。

第十四条　单位附属绿地、单位管界内的防护绿地、单位自建公园和新建居住区等的绿化建设，由建设单位负责。

建设项目绿化经费由建设单位承担，列入建设项目总投资。

投资者对其自行投资建设的城市绿地和其他城市绿化设施，依法享有占有、使用和收益等权利。

第十五条　市属重点建设项目、跨区县的建设项目和河道、道路、公园等标志性建设项目的附属绿化工程设计方案，按照基本建设程序审批时，由市城市绿化行政主管部门参加审查；其他建设项目的附属绿化工程设计方案，由所在区、县城市绿化行政主管部门参加审查。

建设项目的附属绿化工程设计方案未经审查擅自施工或者未按照审定的设计方案施工的，按照国务院《城市绿化条例》的有关规定处理。

第十六条　建设单位应当在工程建设项目开工前，向城市绿化行政主管部门缴纳绿化建设保证金。城市绿化行政主管部门应当根据绿化工程进度返还绿化建设保证金。

第十七条 建设项目的附属绿化工程应当与建设项目同时规划、同时设计、同时竣工。确因季节原因不能完成的，完成绿化工程的时间不得迟于主体工程竣工后的第一个绿化季节。违反规定，建设单位未按期完成绿化工程的，责令限期完成；逾期仍不能完成的，由城市绿化行政主管部门用绿化建设保证金代为绿化。

第十八条 绿化工程竣工后，建设单位应当将验收结果向城市绿化行政主管部门备案。未备案即交付使用的，责令限期改正。

第十九条 经土地行政主管部门确定为闲置土地的，土地使用人应当按照临时绿化标准和要求在六个月内进行临时绿化，所需建设和养护费用由土地使用人承担。不进行临时绿化的，责令限期改正；逾期不改正的，由绿化行政主管部门按照临时绿化面积处以每平米一百元以上二百元以下的罚款。

第二十条 临时绿化完工后，土地使用人应当向城市绿化行政主管部门备案。临时绿化的暂缓建设用地开工的，土地使用人应当持施工许可证到城市绿化行政主管部门注销备案。用于临时绿化的植物，土地使用人可以自行处理，也可以交城市绿化行政主管部门处理；但属于国家所有的原有植物，必须交城市绿化行政主管部门处理。

第三章 保护和管理

第二十一条 城市绿化用地应当严格管理和保护。任何单位和个人不得擅自改变城市绿化用地的使用性质，不得擅自占用城市绿化用地，不得进行经营性开发建设。因特殊原因确需改变城市绿化用地使用性质的，按照国家有关规定由城市绿化行政主管部门审批。

第二十二条 城市绿化养护管理责任按照下列规定确定：

（一）公园、道路、广场，动物园、植物园、特种公园等的公共绿地由园林单位或者所属单位负责；

（二）单位附属绿地、单位管界内防护绿地、自建公园由该单位负责；

（三）居住区绿地实行物业管理的，由物业管理单位进行管理；未实行物业管理的，由所在区、县人民政府城市绿化行政主管部门根据实际情况确定的单位管理；

（四）生产绿地由经营管理者负责；

（五）私人庭院内的绿化由房屋所有人负责。

第二十三条 市和区、县人民政府每年应当按照上一年度绿化设施量和绿化养护定额，安排城市公共绿化的养护经费。养护经费应当专款专用。

城市公共绿地的养护可以通过招标投标等方式选聘专业养护单位，实行养护社会化。

第二十四条 城市绿地的养护管理单位应当建立健全管理制度，严格执行绿化养护技术规程，保持花草树木繁茂、园容整洁优美、设施完好；城市绿化行政主管部门应当加强对城市绿化养护管理工作的监督和指导，定期进行检查。

第二十五条 任何单位和个人不得擅自砍伐城市树木。因树木病虫害严重、死亡或者倒伏、断枝等对人身和其他设施构成危险确需砍伐的，须经城市绿化行政主管部门批准。砍伐树木后应当及时补栽。

未经批准擅自砍伐城市树木的，应当按照树木赔偿费的十倍缴纳补偿费用，由城市绿化行政主管部门统一安排补栽树木。

第二十六条 任何单位和个人不得擅自迁移城市树木。因建设需要确需迁移的，须向城市绿化行政主管部门提出申请，经批准后方可迁移。建设单位提出申请时须具备以下条件：

（一）建设项目已获批准；

（二）在城市建成区内已落实迁入地点；

（三）已落实养护措施；

（四）迁移施工单位具备相应的技术条件。

迁移树木未成活的，应当在城市绿化行政主管部门指定的地点补栽未成活数量三倍的树木或者缴纳相应的树木补偿费。

未经批准擅自迁移树木的，应当在城市绿化行政主管部门指定的地点补栽迁移数量十倍的树木或者缴纳相应的树木补偿费。

收取的树木补偿费由城市绿化行政主管部门统一安排补栽树木。

在本单位管界内迁移本单位附属绿地上的树木应当向城市绿化行政主管部门备案，并采取保证树木成活的必要措施。原有的绿地率达到规划指标的，树木迁移后不得低于规划指标，未达到规划指标的，不得减少原有的绿地率。

第二十七条 修剪树木应当严格遵守技术规程。城市绿化养护责任单位应当及时修剪、扶正影响交通、管线、房屋和人身安全的树木。

第二十八条 因抢险确需砍伐、迁移、强行修剪树木的，可以先行处理，但应当在四十八小时内通报城市绿化行政主管部门，并补办有关手续。

砍伐、迁移、强行修剪树木的，树木所有人有依法获得赔偿或者合理补偿的权利。

第二十九 条迁移、砍伐树木和占用绿地审批按照下列规定分级管理：

（一）每处每次迁移、砍伐树木十株以下或者占用单位附属绿地面积不足一百平方米的，由区、县城市绿化行政主管部门审批。

（二）每处每次迁移、砍伐树木十一株以上不足一百株或者单株胸径二十厘米以上，或者占用单位附属绿地面积一百平方米以上的，由区、县城市绿化行政主管部门审核，报市城市绿化行政主管部门审批。

（三）市重点工程或者跨区、县工程建设迁移、砍伐树木由区、县城市绿化行政主管部门审核，报市城市绿化行政主管部门审批。

（四）每处每次迁移、砍伐树木一百株以上或者单株胸径四十厘米以上的，由市城市绿化行政主管部门审核，报市人民政府审批。

第三十条 新建、改建各类管线应当保证树木与管线间的安全距离，符合绿化技术规程。确属无法避让的，应当采取保护措施。

第三十一条 百年以上的树木、树种珍贵稀有、树型奇特罕见、具有历史价值和纪念意义的树木属古树名木。

城市绿化行政主管部门统一管理古树名木。古树名木生存地的使用单位和个人，是该古树名木的养护责任人。

城市绿化行政主管部门应当对古树名木进行调查鉴定、建立档案、设置标志，确定保护等级，划定保护范围，制定养护管理技术规程，加强监督和指导。

禁止砍伐古树名木。

第三十二条 禁止下列损坏城市绿地和绿化设施的行为：

（一）在树上钉、刻、划、挂，攀折、摇晃树木；

（二）封堵树穴影响树木生长；

（三）占压绿地，将树木围建营业设施或者房棚之中；

（四）向绿地、树穴倾倒有毒有害物质；

（五）损坏草坪、花坛、绿篱及雕塑、园林小品等绿化设施；

（六）其他损坏城市绿化及其设施的行为。

违反前款规定的，责令限期改正，并视情节对违反第（一）、（二）项的，处五十元以上二百元以下罚款，并可以没收违法悬挂的物品；违反第（三）、（四）项的，处二百元以上二千元以下罚款；违反第（五）、（六）项的，处五百元以上五千元以下罚款。

第四章 检查和监督

第三十三条 本条例规定的行政处罚由集中行使城市管理行政处罚权的行政执法机构实施；尚未实行集中行使城市管理行政处罚权的，由城市绿化行政主管部门实施。

实行集中行使城市管理行政处罚权的区、县城市管理执法机构，发现损害绿化的违法行为或者接到城市绿化行政主管部门通知后，应当立即采取措施制止违法行为，依法实施行政处罚。

第三十四条 破坏树木、草坪、花草，应当给予治安管理处罚的，由公安机关依法处罚；非法砍伐、毁坏珍贵树木和国家保护的树木，破坏绿化设施，构成犯罪的，依法追究刑事责任。

第三十五条 城市公共绿化养护管理单位及其工作人员养护管理不当，造成花草树木死亡或者其他损失的，应当依法承担相应的责任。

第三十六条 城市绿化行政主管部门及其工作人员玩忽职守、滥用职权、徇私舞弊的，由其所在单位或者上级主管部门给予行政处分；构成犯罪的，依法追究刑事责任。

第五章附则

第三十七条 本市城市绿地是指：

（一）公共绿地，是指向公众开放的市级公园、区级公园、居住区公园、小游园、道路、广场绿地以及动物园、植物园、特种公园等。

（二）居住区绿地，是指除居住区公园、小游园以外的其他居住区内的绿地。

（三）单位附属绿地，是指机关、团体、学校、部队、企业、事业单位等内部的绿地。

（四）生产绿地，是指为城市绿化提供苗木、花草、种子的苗圃、花圃、草圃等。

（五）防护绿地，是指用于保护城市环境、卫生、安全以及防灾等目的的绿带、绿地。

（六）风景林地，是指具有一定景观价值的林地。

第三十八条 外环路外侧绿化带的管理，按照有关规定执行。

第三十九条 本条例规定的异地补建绿地代建费、绿化建设保证金、树木赔偿费的收取标准和管理办法，由市物价、财政和城市绿化行政主管部门共同拟定，报市人民政府批准后执行。

第四十条 本条例自 2004 年 10 月 15 日起施行。

附录 8

关于印发《天津市市容和园林管理委员会主要职责内设机构和人员编制规定》的通知

（津党办发［2009］18 号）

各区县党委和人民政府，市委各部委，市级国家机关各党组（党委），各人民团体党组：

《天津市市容和园林管理委员会主要职责内设机构和人员编制规定》已经市委、市人民政府同意，现予印发。

中共天津市委办公厅

天津市人民政府办公厅

2009 年 8 月 24 日

天津市市容和园林管理委员会主要职责内设机构和人员编制规定

根据市委、市政府《关于印发〈天津市机构改革实施方案〉的通知》（津党发〔2009〕15 号），设立天津市市容和园林管理委员会。市市容和园林管理委员会为负责全市市容市貌、环境卫生、城市园林绿化、爱国卫生和城市管理综合执法工作的市政府组成部门。

一、职责调整

（一）将原市市容环境管理委员会、原市园林管理局的职责整合，划入市市容和园林管理委员会。

（二）增加负责全市生活废弃物收集、运输和处置的统一监督管理职责。

（三）增加负责全市城市管理考核职责。

（四）取消已由市政府公布取消的行政审批事项。

二、主要职责

（一）根据国家有关法律、法规，拟订全市市容市貌、环境卫生、城市园林绿化方面的法规和规章草案，并监督实施。

（二）组织编制城市总体规划中有关市容市貌、环境卫生、城市园林绿化建设规划；拟订市容市貌、环境卫生、城市园林绿化事业发展规划和计划；指导区县编制区域市容市貌、环境卫生、城市园林绿化事业发展规划。

（三）制定全市市容市貌、环境卫生、城市园林绿化的行业政策、工程质量和管理标准；负责城市园林绿化企业的资质审查工作。

（四）配合有关部门对市投资的市容市貌、环境卫生、城市园林绿化设施用地实行控制；组织实施市容市貌、环境卫生、城市园林绿化设施建设项目；负责全市城市路灯照明的养护和管理工作；承担市市容园林部门国有资产的监管责任；负责全市市容市貌、环境卫生、城市园林绿化方面的综合统计工作。

（五）组织、协调全市环境秩序的综合治理工作，并进行指导、督办和检查；承担户外广告、夜景灯光设施的安全监管责任；负责全市城市管理综合执法队伍的协调、调度和考核工作。

（六）负责城市管理数字化平台建设；拟订完善城市管理考核指标体系和管理制度，并对市级有关部门和各区县的城市管理工作进行考核，并承担相关责任。

（七）负责城市维护管理专项资金的安排和使用监督，商市财政部门下达项目投资计划；负责与市容市貌、环境卫生、城市园林绿化有关的对外经济技术合作与交流。

（八）根据有关规定，负责市容市貌、环境卫生、城市园林绿化、爱国卫生方面的行政审批、行政复议和行政诉讼工作。

（九）组织开展全市市容市貌、环境卫生、城市园林绿化、爱国卫生、城市管理综合执法方面的宣传教育和普法工作。

（十）组织开展创建国家卫生城市活动；组织、指导全市开展爱国卫生运动。

（十一）对全市市容环境作业、城市园林绿化、机动车辆清洗等进行行业管理。

（十二）负责全市生活废弃物工作的宏观管理及收集、运输和处置的统一监督管理工作。

（十三）承担市绿化委员会办公室城市组的职责，组织城市规划区的全民义务植树工作；对全市重大活动中涉及城市园林绿化工作及城区重大虫情疫情的防治实施统一指挥。

（十四）指导公园、动物园、风景游览区园林绿化工作和城市规划区的古树名木保护工作。

（十五）组织推动市容市貌、环境卫生、城市园林绿化重大科技项目的研究、鉴定和评估，以及科技成果的应用推广。

（十六）承办市委、市政府交办的其他事项。

三、内设机构

根据上述职责，市市容和园林管理委员会设20个内设机构：

（一）办公室

负责委机关政务和行政管理工作；负责汇总、拟订年度工作计划、工作总结以及重要会议的组织工作；负责重要文件和会议决定事项及重点任务的督查、督办工作；负责相关应急突发事件的处置工作。

（二）法规处（研究室）

拟订本市市容市貌、环境卫生、城市园林绿化方面的法规和规章草案，并监督实施；调查研究有关法律、法规、规章和政策的执行情况；负责有关行政复议、行政诉讼、执法监督和普法工作。

（三）规划处

拟订市容市貌、环境卫生、城市园林绿化事业发展规划和相关专业规划；参与组织相关重大建设项目的规划选址和可行性研究；指导区县市容园林专业规划的编制工作；负责综合统计工作。

（四）市容建设工程管理处

负责对市容环境建设项目设计方案进行技术审查；负责拟订市容环境建设项目施工方案；组织指导建设、代建单位施工管理。

（五）环境秩序协调管理处

拟订环境秩序综合治理方案，并组织实施；负责重大活动中涉及到市容和园林工作的重点、难点问题进行协调和裁决；负责对城市管理综合执法的协调工作。

（六）街容管理处

拟订城市容貌、户外广告、夜景灯光工作规划、计划，并组织实施；组织拟订全市重点地区、重大项目城市容貌、户外广告、夜景灯光标准，并督促检查；负责重大节日、重要活动期间的市容环境布置工作。

（七）环境卫生管理处（机动车辆清洗管理处）

负责全市环境卫生的管理和清融雪工作，并承担相应责任；拟订市容环境卫生发展规划、保洁质量和管理标准；负责全市市容环境作业和机动车辆清洗行业管理。

（八）废弃物管理处

负责全市生活废弃物收集、运输和处置的统一监督管理工作，推动生活废弃物再生利用和无害化处理工作。

（九）城市管理数字化处

负责城市管理数字化平台建设和管理工作。

（十）考核监督处

拟订城市管理考核指标体系和管理制度；对市级有关部门和各区县的城市管理工作进行考核。

（十一）路灯照明管理处

拟订城市路灯照明养护管理标准；负责全市城市路灯照明的养护管理工作。

（十二）园林建设管理处

组织开展创建国家园林城市活动，承担市绿化委员会办公室城市组的职能；负责城市园林绿化基础建设项目设计、施工方案的技术审查并组织实施。

（十三）园林养护管理处

负责城市园林绿化设施的养护管理工作，负责对全市重大活动中涉及城市园林绿化工作及城区重大虫情疫情的防治实施统一指挥。

（十四）公园管理处

负责全市公园管理的行业指导；负责动物园内动物的养管工作；指导公园、动物园、风景游览区园林绿化工作和城市规划区的古树名木保护工作。

（十五）爱国卫生管理处

组织开展创建国家卫生城市活动；组织、指导全市开展爱国卫生运动；负责对防治病媒生物药剂和器械经营、使用的监督管理，组织专家对防治病媒生物药剂的实际应用效果进行评估。

（十六）行政许可处

根据有关规定，负责市容市貌、环境卫生、城市园林绿化和爱国卫生等相关行政许可工作。

（十七）科技教育处

组织推动本系统重大科技项目的研究、签定和评估，以及科技成果的应用推广；组织行业职工专业技术培训和继续教育。

（十八）社会宣传处

负责市容园林方面的社会宣传工作；负责本系统精神文明建设、窗口工作。

（十九）财务处（审计处）

负责本系统的财务管理；编制市容园林资金预算、决算；负责本系统各类经济活动的审计工作；承担城市管理“以奖代补”资金的拨付和监管工作。

（二十）组织人事处

负责本系统党的组织、思想、作风和干部队伍建设工作；负责本系统人事、编制、劳资、福利、职称管理工作；负责市市容园林委党组的日常工作。

老干部处负责机关离退休干部的管理和服务工作；指导所属单位的离退休干部管理和服务工作。

机关党委负责机关和所属单位的党群工作。

四、人员编制

市市容和园林管理委员会机关行政编制149名（含老干部处行政编制3名）。其中：主任1名，副主任5名；处级领导职数22正26副（含机关党委专职副书记1名，老干部处处长1名）。

机关工勤事业编制另行核定。

纪检、监察工作机构按规定派驻，人员编制另行核定。

五、其他事项

（一）市市容和园林管理委员会加挂天津市爱国卫生运动委员会办公室牌子。

（二）天津市城市管理综合执法局设在市市容和园林管理委员会。

六、附则

本规定由市机构编制委员会办公室负责解释并对执行情况进行监督检查，其调整由市机构编制委员会办公室按规定程序办理。

天津市城市管理综合执法局主要职责内设机构和人员编制规定

天津市城市管理综合执法局是负责全市城市管理综合行政执法工作的行政机构，设在市市容和园林管理委员会，规格为副局级。

一、主要职责

（一）贯彻执行国家和本市有关城市管理方面的法律、法规和规章，拟订本市城市管理综合行政执法方面的法规、规章草案。

（二）研究编制全市城市管理综合行政执法工作规划，制定工作目标、标准，并组织实施和考核。

（三）负责全市城市管理综合行政执法监督工作，制定执法程序，规范执法文书和处罚标准；指导有关行政诉讼工作，受理相关行政复议案件。

（四）组织、指挥、调度全市城市管理综合行政执法机构开展执法活动；负责重大和跨区域违法违规案件的查处及执法协调工作。

（五）负责全市城市管理综合行政执法人员的培训、考核和执法资格审查工作。

（六）对各区县城市管理综合行政执法机构的党政正职的任免调整提出建议。

（七）负责对全市城市管理综合行政执法队伍的监察工作。

（八）负责全市城市管理综合行政执法的宣传教育工作；指导行政执法机构的精神文明建设和作风建设工作，制定行为规范，并监督实施。

（九）指导全市城市管理综合行政执法的信访工作；负责上级交办、群众反映的案件查处和督办工作。

（十）承办市委、市政府交办的其他事项。

二、内设机构

根据上述职责，市城市管理综合执法局设5个内设机构：

（一）办公室

负责局机关政务和行政管理工作；负责重要文件和会议决定事项及重点任务的督查、督办工作；负责对外联络和机关后勤保障工作。

（二）人事教育处

负责局机关及执法督察机构党的思想、组织、作风和干部队伍建设工作；负责人事、编制、劳资、福利管理工作；负责退休干部管理工作。

（三）法制处

负责城市管理综合执法政策的研究，拟订本市城市管理综合执法方面的法规和规章草案，并监督实施；负责本市城市管理综合执法人员的法制和业务培训工作。

（四）执法协调处（信息指挥中心）

研究拟订全市城市管理综合行政执法工作规划，制定工作目标、标准，并组织实施和考核；组织、协调全市城市管理综合行政执法机构开展执法活动。

（五）计划财务处（审计处）

负责本局的财务、审计工作；负责对各区县城市管理综合执法机构补助经费的分拨及财务审计工作。

三、人员编制

市城市管理综合执法局机关行政编制 26 名。其中：局长（政委）1 名（由市市容和园林管理委员会 1 名副主任兼任），副局长 2 名（正处级，其中 1 名兼副政委）；处级领导职数 5 正 3 副。

机关工勤事业编制另行核定。

编　后　记

《天津市志·园林志》由天津市地方志编修委员会、天津市市容园林委编著，是《天津市志》一部重要的行业分志，是天津市修志史上第一部全面记载津自有园林记载以来至2010年园林绿化历史和现状的资料书。天津市地方志办公室市志指导处处长张月光等，对该志的编撰进行了全程指导。

天津市市容园林委历届领导对志书编修工作都很重视，组织制定编修方案、编修流程以及规范编修工作的各项规章制度，并根据编修工作需要，调整编委会组成人员，旨在有计划、有步骤地推进编修工作，完成一部高质量、高水平的志书。

《天津市志·园林志》的编修工作，历经了业务培训、篇目设计、资料收集、志稿撰写、征求行业专家意见、行业专家评审、市级专家评审、审后修改、终审定稿等过程。

《天津市志·园林志》篇目初拟于2010年，编修小组根据编修方案，设计、起草了志书篇目框架。为使篇目既概括行业发展全貌，又突出各项工作特点，既切合志体规范要求，又体现园林的文化性质，编修小组将志书篇目在系统内广泛征求意见，并将收集来的意见进行分类、整理、吸纳。经过认真论证、反复研讨，对篇目进行多次补充、修正、调整后呈送编修委员会和专家评审，然后送天津市地志办审定。

《天津市志·园林志》要真实、详实地反映园林绿化事业的史实，资料收集工作是修志的基础。然而由于历史原因，2010年前园林绿化事业的许多资料和统计数字，沉埋或星散于浩瀚的典籍之中，有的已经散失。“文化大革命”期间部分档案、文件惨遭人为毁灭，再加上园林部门的机构和隶属关系几经嬗变，大量资料和统计数字散失，因而给资料收集工作带来很大困难。编修委员会和编修小组按照拟定的篇目要求，不惮寒暑、不虑苦累，想方设法，开展广泛的资料搜集、整理工作，不断有所进展。

《天津市志·园林志》要将庞杂的资料用志书特有的体例、规范的语言、简洁的文风，编排有序地呈现出来，再现历史，让后来人了解过去，审视当下，以史为镜，借鉴资政，既费周折，也需匠心。编修小组在收集、掌握一定资料的基础上，对资料去粗取精，去伪存真，由表及里，客观公正地进行再甄别、重认识，边整理，边撰写。

《天津市志·园林志》编修过程中，承蒙各有关单位，各级领导的和有关同志的热心关怀，大力支持，值此志书问世之际，再次向各方表示衷心感谢和诚挚敬意。

修史之难，莫过于志，更由于年代跨度很大和资料缺失收集困难，虽砥砺前行，数易其稿，但疏漏谬误之处在所难免，恳请指正，亦寄希望于后人续修时给予补正。

《天津市志·园林志》编修委员会

2018年12月31日